CORPVS CHRISTIANORVM

Series Latina

CXV C

CORPVS CHRISTIANORVM

Series Latina

CXV C

IVLIANI
TOLETANI EPISCOPI
OPERA

PARS III

TURNHOUT
BREPOLS
2024

IVLIANI TOLETANI EPISCOPI

ARS GRAMMATICA

edidit
José CARRACEDO-FRAGA

TURNHOUT
BREPOLS
2024

CORPVS CHRISTIANORVM

Series Latina

in Abbatia Sancti Petri Steenbrvgensi
a reuerendissimo Domino Eligio Dekkers
fundata
nunc sub auspiciis Vniuersitatum
Universiteit Antwerpen
Vrije Universiteit Brussel Universiteit Gent
Katholieke Universiteit Leuven
Université Catholique de Louvain
edita

editionibus curandis praesunt
Gert Partoens Alexander Andrée Rita Beyers
Emanuela Colombi Georges Declercq Jeroen Deploige
Paul-Augustin Deproost Greti Dinkova-Bruun
Anthony Dupont Jacques Elfassi Guy Guldentops
Hugh Houghton Mathijs Lamberigts Johan Leemans
Paul Mattei Marco Petoletti Dominique Poirel
Bram Roosen Kees Schepers Paul Tombeur
Toon Van Hal Peter Van Nuffelen
Marc Van Uytfanghe Wim Verbaal

uoluminibus parandis operam dant
Tim Denecker Bart Janssens
Christine Vande Veire Julian Yolles

D/2024/0095/266
ISBN 978-2-503-61423-6
Printed in the EU on acid-free paper

INTRODUCCIÓN

1. LA AUTORÍA DEL TRATADO GRAMATICAL

1.1. Un maestro visigodo de Toledo

Cuando a finales del siglo XVIII el erudito jesuita Faustino Arévalo (1747-1824) estaba trabajando en la Biblioteca Apostólica Vaticana en la identificación de manuscritos para su magna edición de la obra completa de Isidoro de Sevilla, descubrió allí unos textos gramaticales contenidos en el códice Pal. Lat. 1746 que iban encabezados con el nombre de Julián de Toledo. En el folio 126v de ese manuscrito pudo leer *Ars Iuliani Toletani* y en el folio 87r *Item Iuliani episcopi Toletani de littera*[1]. Inmediatamente comunicó su hallazgo al cardenal y arzobispo de Toledo Francisco Antonio de Lorenzana (1722-1804), el cual estaba entonces también ocupado en la edición de todas las obras de los escritores latinos toledanos. Arévalo quedó convencido de que los textos gramaticales estaban claramente relacionados con Toledo y de que concordaban con el ingenio, la erudición y el estilo del obispo Julián (*c.* 644-690), y se encargó, por lo tanto, de que se realizase una cuidada copia manuscrita de esos textos, para ponerlos a disposición del cardenal Lorenzana. Esa copia es la hoy conservada con el número 119 entre los manuscritos de la Colección Borbón-Lorenzana de la Biblioteca de Castilla-La Mancha de Toledo, y fue la utilizada por el cardenal Lorenzana para preparar la edición príncipe del *Ars grammatica*[2].

---

[1] Como explicaré más adelante en el apartado dedicado a la transmisión manuscrita del tratado, el códice vaticano presenta actualmente alteraciones en el orden de sus folios.

[2] El trabajo de edición de los escritores toledanos se concretó en tres volúmenes bajo el título *Sanctorum Patrum Toletanorum quotquot extant opera nunc primum simul edita*, Madrid, 1782 (t. I), 1785 (t. II), 1793 (t. III). El tratado gramatical fue publicado como suplemento al segundo volumen de la obra anterior con el título *Sancti Iuliani episcopi Toletani Ars grammatica, poetica et rhetorica e membranis antiquis Bibliothecae Vaticano-Palatinae nunc primum in lucem edita*, Roma, 1797.

El propio Arévalo señala que el manuscrito vaticano procede de la abadía de San Nazario de Lorsch y que en el antiguo catálogo de libros de esa abadía elaborado en el siglo IX y conservado en otro códice vaticano, el Pal. Lat. 1877, f. 1r-34r, aparece ya reseñado aquel manuscrito en la entrada número 394 también con atribución específica a Julián de Toledo[3]: *Ars grammatica sancti Augustini adbreuiata. Item eiusdem. Item Pauli diaconi ad Karolum regem. Item sancti Isidori episcopi. Item cuiusdam sapientis. Item Tatuini. Item Iuliani Tolotani [sic] episcopi. Item eiusdem de littera, eiusdem de barbarismo et ceteris uitiis, eiusdem de scematibus. Ars Marii Victorini grammatici et Althelmi de regula metrorum et enigmata Simphosii in uno codice*[4]. Así pues, desde la *editio princeps*, que sirvió para recuperar y dar a conocer en época moderna el tratado gramatical, este tratado quedó vinculado a la autoría de Julián.

En ninguno de los otros códices que transmiten el *Ars grammatica* y que hoy conocemos aparece atribución específica a Julián de Toledo. Como es frecuente en textos escolares en general y en gramaticales en particular, el tratado figura sin autor específico o en un caso, en el códice Bern 207, copiado a finales del siglo VIII, con una referencia genérica al gramático convertido en modelo de las escuelas de la alta Edad Media, Elio Donato: *incipiunt partes maiores Donati* (f. 18v). Quedan, no obstante, noticias en otros catálogos de bibliotecas medievales que testimonian la existencia de algún otro manuscrito que contenía algún texto gramatical atribuido a Julián de Toledo. Similar en contenido al manuscrito de Lorsch era el códice mencionado en el catálogo de libros de la abadía de Saint-Riquier redactado en el año 831: *Explanatio Augustini et Iuliani et Pauli de partibus orationis in I volumine*[5]. Una entrada del registro de libros de la

---

[3] Véase su descripción del manuscrito en los *Prolegomena* a la publicación *Sancti Isidori Hispalensis episcopi Hispaniarum doctoris opera omnia*, vol. II, Roma, 1797, p. 370-375 (reimpr. en *PL* 81, col. 879A-883D).

[4] Cito el texto latino del catálogo por la edición de A. Häse, *Mittelalterliche Bücherverzeichnisse aus Kloster Lorsch. Einleitung, Edition und Kommentar*, Wiesbaden, 2002, p. 164. El texto que cito está en el f. 30v del mencionado manuscrito palatino.

[5] Edita el catálogo G. Becker, *Catalogi bibliothecarum antiqui*, Bonn, 1885 (reimpr. Hildesheim, 1973), p. 25. El catálogo aparece reseñado bajo el número 1740 en A.-M. Genevois – J. F. Genest – A. Chalandon, *Bibliothèques de manuscrits médiévaux en France. Relevé des inventaires du VIIIᵉ au XVIIIᵉ siècle*, Paris, 1987, p. 214.

biblioteca de la abadía de Fulda elaborado en el siglo XVI recoge:
Ars grammatica Iuliani episcopi Toletani[6].

La no atribución específica a Julián de Toledo en la mayoría de
los códices transmisores del *Ars grammatica* puede ser uno de los
argumentos utilizados para negar la paternidad del obispo toledano. Otro argumento a favor de esa teoría es el silencio en el
catálogo de obras de Julián elaborado por Félix de Toledo (693-
c. 702)[7]. El sucesor de Julián en la sede episcopal de la capital
visigótica redactó una noticia bibliográfica sobre su antecesor y
maestro, la conocida como *Vita sancti Iuliani*, como suplemento
al catálogo *De uiris illustribus* compuesto por el también obispo
toledano Ildefonso (607-657), al cual ya había dado igualmente
continuidad el propio Julián elaborando un *Elogium beati Ildephonsi*. En la *Vita* podemos leer algunas pinceladas sobre la vida
y la personalidad de Julián, pero sobre todo un detallado reperto-
rio de su prolífica producción literaria[8]. Es indudable que Félix
conocía de forma directa toda la amplia actividad literaria de
Julián, pero no sabemos hasta qué punto fue exhaustivo en su
enumeración, sobre todo en lo relativo a lo que podríamos llamar
"facetas menores" desde un punto de vista más estrictamente
literario. No hay referencia específica a la conocida labor de
carácter legislativo de Julián tanto en el corpus de leyes promul-
gadas por los reyes visigodos Ervigio y Égica, como en los cáno-

---

[6] El texto del catálogo de Fulda está reproducido en K. CHRIST, *Die Bibliothek des
Klosters Fulda im 16. Jahrhundert. Die Handschriften-Verzeichnisse*, Leipzig, 1933, p. 151-
152, 235-236.

[7] Desarrollo aquí algunos argumentos ya presentados por la anterior editora de la
obra M. A. H. MAESTRE YENES, *Ars Iuliani Toletani episcopi: una gramática latina de
la España visigoda*, Toledo, 1973, p. xxxi-xxxvii, o por mí mismo en J. CARRACEDO-
FRAGA, 'Sobre la autoría del tratado gramatical atribuido a Julián de Toledo', *Euphrosyne*, 33 (2005), p. 189-200, y *El tratado "De uitiis et uirtutibus orationis" de Julián de
Toledo. Estudio, edición y traducción*, Santiago de Compostela, 2015, p. 9-23. El *Ars grammatica* aparece referenciada como de dudosa autoría en los catálogos de E. DEKKERS,
Clavis Patrum Latinorum, Steenbrugis, 1995, n°s 1266 y 1555, y de M. C. DÍAZ Y DÍAZ,
Index Scriptorum Latinorum Medii Aevi Hispanorum, Madrid, 1959, nº 308.

[8] Tenemos estudio y edición de la *Vita* a cargo de V. YARZA URQUIOLA, '*Felicis
Toletani episcopi Vita Iuliani*', en *Iuliani Toletani episcopi opera. Pars II* (*CC SL*, 115A-B),
Turnhout, 2014, vol. 1, p. 31-118, y vol. 2, p. 7-14, respectivamente. Para la figura y la
abundante producción literaria de Julián remito a J. C. MARTÍN – J. ELFASSI, '*Iulianus
Toletanus archiepiscopus*', en *La trasmissione dei testi latini del Medioevo. Mediaeval Latin
Texts and their Transmission. Te.Tra 3* – ed. P. Chiesa – L. Castaldi, Firenze, 2008, p. 373-
431; J. C. MARTÍN, 'Julián de Toledo', en *La Hispania visigótica y mozárabe. Dos épocas
en su literatura* – coord. C. Codoñer, Salamanca, 2010, p. 155-172; y S. PABST, *Das
theologische Profil des Julian von Toledo. Das Leben und Wirken eines westgotischen
Bischofs des siebten Jahrhunderts*, Leiden, 2021.

nes de los concilios celebrados en Toledo durante su episcopado, los concilios XII, XIII, XIV y XV, reunidos respectivamente en los años 681, 683, 684 y 688. No hay allí mención alguna de su importante trabajo de compilación y recensión de la *Collectio Canonica Hispana*. No figura en la lista el *Elogium Ildephonsi* antes comentado. A la destacada función de magisterio de Julián en la escuela episcopal de Toledo, donde Félix fue su propio alumno, solamente se dedica una genérica y vaga alusión[9], y tampoco encontramos, por lo tanto, información sobre la responsabilidad de Julián en la elaboración de textos escolares.

De lo que no cabe mucha duda es de que el *Ars grammatica* que nos ocupa es un producto de una escuela de la Hispania visigótica y, más en concreto, de la escuela de Toledo. Incluye como ejemplos gramaticales varios nombres de lugares hispanos: Mérida (148, 230), Cartagena (148, 231), Zaragoza (150, 246), Barcelona (150, 249), Toledo varias veces (148, 235; 150, 246; 150, 249), y la propia Hispania (453, 176). Aparecen mencionados también en los ejemplos gramaticales varios nombres de personajes visigóticos probablemente contemporáneos: *Isidorus* (23, 205; 33, 321; 53, 19), *Romaricus* (30, 338), *Gisclamundus* (30, 342), *Onemundus* (32, 352), *Donumdei* (62, 143), *Afrila* (210, 217; 224, 89), *Trasemundus* (447, 21), *Trasemirus* (20, 213; 447, 25), *Vincila* (448, 38; 454, 191; 458, 322), y, lo que es más significativo, el rey Ervigio (35, 346; 63, 155) y el rey Égica (447, 21)[10].

El texto de las *Artes* de Donato utilizado como base y que es en gran parte reproducido en el interior del tratado pertenece a una rama de la tradición manuscrita de la obra del gramático romano vinculada a la Hispania visigótica y a Toledo. Además de por numerosas variantes textuales singulares, esa rama está definida por cambios en la ordenación de las distintas partes de los contenidos gramaticales y añadidos de algunos capítulos complementarios, como tendremos ocasión de explicar con más detalle más adelante[11]. También la transmisión textual de nuestro propio

---

[9] Al hablar de las virtudes que adornaban por igual a Julián y a su íntimo amigo Gudila, compañeros en Toledo de estudios primero y de carrera clerical después, dice Félix: *erant enim in subditis docendis operosae uirtutis* (ed. YARZA URQUIOLA, 'Felicis Toletani episcopi Vita Iuliani', p. 10).

[10] Sobre estos personajes en contexto visigótico puede verse L. A. GARCÍA MORENO, *Prosopografía del reino visigodo de Toledo*, Salamanca, 1974.

[11] Es la familia α en el excelente estudio de L. HOLTZ, *Donat et la tradition de l'enseignement grammatical. Étude sur l'Ars Donati et sa diffusion (IVe-IXe siècle) et édition critique*, Paris, 1981 (reimpr. 2010), p. 453-474.

tratado gramatical conduce a ambientes hispanos; como veremos en el apartado correspondiente, es posible reconstruir un arquetipo en escritura visigótica y el tratado circuló desde el primer momento formando parte de compilaciones gramaticales relacionadas con la escuela visigótica.

Es sabido que cada nuevo tratado gramatical supone un proceso de reelaboración y de actualización de la tradición precedente, y en el caso del *Ars grammatica* que nos ocupa un elemento primordial de ese proceso es el gran protagonismo concedido a poetas cristianos leídos y apreciados en la Hispania visigótica entre los numerosos *auctores* citados como justificación de los fenómenos lingüísticos explicados: Ausonio, Sedulio, Venancio Fortunato o señaladamente los hispanos Prudencio e Isidoro de Sevilla. También está incorporado jugando un papel especial el poema *Laudes Dei* del escritor cartaginés Draconcio en la versión reelaborada por el también obispo toledano (646-657) y gran poeta Eugenio a petición del propio rey visigodo Chindasvinto (641-652). Eugenio es sin duda el principal maestro cristiano para el autor del tratado, ya que su *Libellus* de poemas es utilizado allí con notable profusión[12]. A Toledo conduce igualmente la utilización del singular anónimo *Epitaphium Antoninae*, compuesto en la capital del reino visigodo hacia el año 650 y que parece haber tenido una difusión literaria muy local[13].

Ofrecen también indicios en el mismo sentido sobre el origen del *Ars grammatica* otros aspectos: la reproducción de varios textos de himnos propios de la liturgia visigótica, algunos de ellos relacionados con obispos de la sede toledana, como los propios Eugenio y Julián[14]; la cita (80, 371) del verso 15, 2 de la colección de *Aenigmata* atribuida al africano Sinfosio con variantes singulares coincidentes con una rama de la transmisión de la obra de

---

[12] Sobre la importancia de este tratado gramatical como testimonio indirecto de la obra de Eugenio puede verse la última edición y el correspondiente estudio a cargo de P. F. ALBERTO, *Eugenii Toletani opera omnia* (*CC SL*, 114), Turnhout, 2005. Véase también allí el apartado dedicado al estudio y a la edición de la *recognitio* eugeniana de la obra de Draconcio, p. 279-390.

[13] Ofrece edición y estudio de esa elegía M. C. DÍAZ Y DÍAZ, 'Aspectos literarios del *Epitaphion Antoninae*', en *Anecdota Wisigothica*, Salamanca, 1958, p. 37-48. Téngase precisamente en cuenta que los cuatro últimos versos del epitafio son también citados en el texto titulado *Insultatio uilis storici in tyrannidem Galliae*, que sirve de apéndice a la *Historia Wambae* de Julián de Toledo; cfr J. N. HILLGARTH, *Iulianus Toletanus. Opera I* (*CC SL*, 115), Turnhout, 1976, p. 249.

[14] Véase J. CASTRO SÁNCHEZ, *Hymnodia Hispanica* (*CC SL*, 167), Turnhout, 2011, especialmente p. 386, 491, 674, 678, 825-826, 836 y 851-852.

Sinfosio localizada en la Península Ibérica y conservada en el códice de San Millán de la Cogolla 39, del siglo X[15]; la mención explícita del *Liber Commicus Toletanus* (306, 34); la coincidencia de varias citas bíblicas con el texto de versiones de la *Vetus Latina* características de la Hispania visigótica, especialmente en el libro de los Salmos[16].

Los argumentos que acabamos de repasar permiten proponer una escuela de Toledo como el lugar de origen del *Ars grammatica*. Las ya mencionadas referencias concretas a los reyes visigodos Ervigio (680-687) y su yerno y sucesor Égica (687-702) permiten conjeturar los últimos años del siglo VII como el momento de elaboración del tratado gramatical. Nada impide, por lo tanto, que pongamos en la órbita de Julián de Toledo la composición de ese tratado, coincidiendo probablemente ya con los años de su obispado en la capital visigótica (680-690). Como ya queda dicho, Julián se ocupó como maestro de la escuela catedralicia de Toledo durante varios años de su trayectoria eclesiástica y continuó siendo su responsable máximo durante su pontificado. Mantuvo una estrecha relación y colaboración especialmente con el rey Ervigio, pero también con el rey Égica.

Existen además entre el tratado gramatical y otras obras de Julián, a pesar de su diferente carácter, varias significativas similitudes en uso de fuentes, lengua, estilo de redacción e incluso contenido. Reproduzco aquí tres ejemplos ilustrativos, en los cuales quedan claramente relacionados saberes gramaticales y explicaciones exegéticas o apologéticas[17]. En el *Apologeticum de tribus capitulis* Julián incluye un largo excurso de carácter gramatical sobre el tropo de la sinécdoque con varios ejemplos tomados principalmente de la Biblia, para explicar que el ser humano está compuesto de cuerpo y alma y que cualquiera de las dos sustan-

---

[15] Analiza y edita el texto de Sinfosio transmitido en ese manuscrito ahora conservado en la Biblioteca de la Real Academia de la Historia de Madrid M. C. DÍAZ Y DÍAZ, 'Para la crítica de los *Aenigmata* de Sinfosio', *Helmantica*, 28 (1977), p. 121-136.

[16] Estudio esas coincidencias bíblicas en J. CARRACEDO-FRAGA, 'La Biblia en el *Ars grammatica* de Julián de Toledo', en *Estudios de filología e historia en honor del profesor Vitalino Valcárcel* – ed. I. Ruiz Arzalluz, Vitoria, 2014, vol. I, p. 169-182. Véase más adelante el apartado dedicado a los *exempla auctorum*.

[17] Los textos del *Apologeticum* están tomados de la edición de J. A. CABRERA MONTERO, *Julián de Toledo. Apologético. Introducción, texto crítico, traducción y notas*, Madrid, 2021, p. 180. El texto de los *Antikeimena* es de la edición de J. C. MARTÍN-IGLESIAS, *Iulianus Toletanus. Opera. Pars II* (*CC SL*, 115B), Turnhout, 2014, p. 154-155. Para otros lugares paralelos que no recojo aquí véase el aparato de fuentes y paralelos de la presente edición.

cias puede ser utilizada de forma traslaticia para referirse al ser humano en general. Uno de esos ejemplos está utilizado en el *Ars grammatica* para ilustrar también el tropo de la sinécdoque; otro es aprovechado, en cambio, para ejemplificar la figura de la silepsis consistente en utilizar el número singular en lugar del plural:

Apol. 2, 4 (p. 180, 1-6)	*Gramm.* 384, 196-198
Scriptum inuenimus de flagellatione Aegypti in Psalmis: "immisit in eis muscam caninam"; necnon et illud: "dixit et uenit locusta et brucus"; uolens Scriptura isto genere locutionis non singularitatem sed pluralitatem muscarum et locustarum intelligi. Non enim una musca uel locusta sed multitudo muscarum et locustarum repleuerunt Aegyptum.	Item in Psalmo: "Inmisit in eis muscam caninam", quum non una sed diuersae muscae totam repleuerint Aegyptum.

Apol. 2, 4 (p. 180, 12-15)	*Gramm.* 350, 91-92
Tale quippe et illud est ubi populus ad Moysen clamauit dicens: "ora ad Dominum ut auferat a nobis serpentem", cum non unius serpentis sed multorum serpentium molestias ille populus pateretur.	In Exodo pro multis unus: "Ora ad Dominum ut, auferat a nobis serpentem" pro serpentibus quas patiebatur populus.

Por otra parte, entre los numerosos ejemplos tomados de la Biblia para ilustrar en el *Ars grammatica* el tropo de la metonimia se encuentran dos relativos a la utilización de los sustantivos "víctima" u "ofrenda", ofrecidas para la expiación de los pecados, en lugar del propio sustantivo "pecado". En los *Antikeimena* también Julián pone en relación los dos mismos pasajes bíblicos, el primero del Nuevo Testamento (II Cor. 5, 21; nótese el error en el tratado gramatical) y el segundo del Antiguo Testamento (Os. 4, 8), y explica su oscuro texto de un modo idéntico:

Antik. 42 (p. 154, 7-15)	*Gramm.* 374, 101-104
Quod autem Paulus dicit: *Eum qui non nouerat peccatum, pro no-*	Item in Euangelio: "Qui non nouerat peccatum, pro nobis

bis peccatum fecit; hoc ipsum quod dixit, *fecit*, ad Patris personam retulit, id est, quia Deus Pater Filium suum, qui peccatum non fecit, hostiam illum pro peccatis nostris fecit, cum eum pro saluatione mundi immolari permisit. Dicitur enim, quod eum Pater peccatum fecit, quia eum hostiam pro peccato fieri uoluit; sicut dicitur: *Peccata populi mei comedent*, cum non peccata comedantur, sed oblationes quae pro peccatis offeruntur.

peccatum fecit", id est 'hostia' pro 'peccato'. Item "Peccata populi mei comedent", id est 'oblationes' quae pro peccatis offeruntur.

Podríamos estar ante similitudes derivadas de que un texto pudo ser fuente del otro. Sin embargo, teniendo en cuenta el modo de proceder con las fuentes que observamos en el tratado gramatical y en otras obras de Julián y teniendo en cuenta el resultado que tenemos en los textos paralelos arriba presentados, la posibilidad que nos parece más adecuada es que un mismo autor es el responsable de todos esos textos. Así pues, podemos atribuir a las enseñanzas de Julián el resultado que hoy tenemos en la completa *Ars grammatica* que nos interesa. Cabe la posibilidad de que en la redacción última de ese resultado haya intervenido algún colaborador o intermediario del maestro, pero eso no debe impedir que atribuyamos la responsabilidad principal y, por lo tanto, la autoría a Julián de Toledo.

1.2. LA DOBLE REDACCIÓN DEL TRATADO

Como veremos con detalle en el apartado dedicado a la tradición textual de la obra, la comparación de errores de copia conjuntivos permite establecer dos líneas principales de transmisión, que llamamos familias α y β, derivadas de un mismo arquetipo. Pero además entre esas dos familias existen numerosas variantes de redacción no debidas a errores en el proceso de copia, sino a la intervención voluntaria de alguna mano que busca modificar y ofrecer alternativas[18]. Observamos un claro interés por jugar con la variación de formas verbales:

6, 17 loquebamur α: 7, 9 locuti fueramus β

12, 98 dictum est α: 13, 92 dixit β

38, 441 fecisti α: 39, 405 facis β

40, 447 terminatur α: 41, 411 terminari debetur β

52, 16 acsi dicam α: 53, 18 sicut si dicas mihi β

66, 192 recitata fuerint α: 67, 186 recitantur β

Es también evidente el recurso a la substitución de sinónimos, tanto en palabras aisladas como en expresiones más complejas:

10, 67 uocatur α: 11, 64 dicitur β

30, 330 commanet α: 31, 296 habitat β

44, 507 exit α: 45, 471 mittit β

56, 73 quomodo et pro femina α: 57, 80 sicut et pro muliere β

60, 127 da eius exemplum α: 61, 139 ut puta β

94, 171 quomodo ponuntur α: 95, 154 qualem ordinem obtinent β

104, 303 unde hoc scis α: 105, 291 quomodo β

126, 616 quod ad agendum pertinet α: 127, 597 quod ad futurum sit β

Otro aspecto que es susceptible de reelaboración es el de los ejemplos citados para ilustrar los contenidos gramaticales explicados. En este caso se puede proceder o bien proponiendo ejemplos diferentes o bien aumentando o reduciendo la lista de esos ejemplos[19]:

---

[18] He estudiado la cuestión en J. CARRACEDO-FRAGA, 'La doble redacción en el *Ars grammatica* de Julián de Toledo', *Emerita*, 89 (2021), p. 127-148; retomo aquí y completo algunos de los argumentos allí expuestos. Ya Hagen, cuando leyó los textos transmitidos en los códices *Bern 207* y *Bern 123* y los comparó con los extractos de la edición de Lorenzana reproducidos antes por Keil (*GL*, 5, p. 317-324), pudo advertir las diferencias notables entre las dos versiones y propuso la posibilidad de que se tratase de dos obras distintas, una de ellas fuente de la otra o ambas derivadas de una fuente común; H. HAGEN, *Anecdota Helvetica quae ad grammaticam Latinam spectant ex bibliothecis Turicensi, Einsidlensi, Bernensi collecta*, Leipzig, 1870 (*GL*, 8; reimpr. Cambridge, 2010), p. cciv-ccxxxix.

[19] En los ejemplos que cito se está explicando respectivamente: los nombres que aluden a un solo referente, los nombres propios, los nombres apelativos, los grados del adjetivo, el modo imperativo.

12, 96 sol luna Deus *α*: 13, 91 sol *β*

14, 112 Deus *α*: 15, 101 Vergilius *β*

14, 124 homo uir mulier *α*: 15, 114 dies *β*

16, 136 doctus est Careto, doctior Fronto et doctissimus Seruandus *α*: 15, 125 doctus est Cato, doctior Vergilius, doctissimus Donatus *β*

86, 76 lege, medita *α*: 87, 66 lege, scribe, curre *β*

De igual modo se puede actuar en la introducción de citas tomadas de los *auctores* modelo de lengua correcta utilizadas para justificar muchos de los fenómenos gramaticales tratados. En aproximadamente el 10% de los casos esas citas no coinciden en las dos familias de transmisión, ya sea porque hay alguna variación en la misma cita, ya sea porque son utilizados *exempla* distintos para la misma explicación, o ya sea, sobre todo, porque una familia añade una cita donde la otra no ofrece nada[20]:

138, 88-89 Eia age, rumpe moras. Varium et mutabile semper femina. Sic fatus nocti se inmiscuit atrae *α*:   139, 87-89 Sic – atrae *om.* *β* (VERG., *Aen.* 4, 569-560)

174, 201 Igitur quum uenisset Dominus *α*: 175, 191 Igitur quum uenisset uir Dei *β* (cfr IV Reg. 17, 28)

208, 201-202 Christus erat panis, Christus petra, Christus in undis (SEDVL., *Carm. Pasch.* 1, 159) *α*: 209, 195-196 Abraham mercatus agrum cui conderet ossa (PRVD., *Tit.* 17) *β*

220, 37-38 Nulla tuos umquam cantus imitabitur ales (EVGEN. TOL., *Carm.* 33, 13) *α*: *om.* *β*

No es fácil saber si se debe a reducción o a ampliación el hecho de que en una versión tengamos listas enumerativas completas y en la otra aparezcan, en cambio, incompletas y generalmente acompañadas de expresiones como *et cetera* o *et reliqua*. Así, por ejemplo, la rama *α* presenta la declinación completa de todos los pronombres personales, posesivos y demostrativos (58, 97-78, 348), mientras que la rama *β* solamente ofrece los dos primeros casos para la mayoría de esos pronombres. Por el contrario, las largas listas de conjunciones racionales (171, 156-158) y de prepo-

---

[20] Los *exempla* que menciono sirven para explicar respectivamente: el *aduerbium hortandi 'eia'*, usos de la conjunción *igitur*, valor prosódico de la consonante 'r', cantidad de la vocal 'a' en la palabra *ales*.

siciones de acusativo y ablativo (177, 34-181, 93) aparecen completas en la familia β, pero en la familia α están reducidas exclusivamente a algunas de las primeras de las respectivas series.

Quizás el caso más claro de reelaboración lo constituye la presencia de diferencias relevantes en las explicaciones de algunos contenidos gramaticales. Estas diferencias pueden venir dadas por una explicación un poco más detallada que otra, como en los siguientes textos sobre el género epiceno (28, 307-310/29, 264-267):

α	β
Quomodo 'uisu minime discernitur'? Si uideo auem uolantem, sexum illius conprehendere non possum, utrum masculus sit an femina. Ista nomina quomodo declinanda sunt? Sine articulis.	Quomodo? Puta si uideam coruum, nescio si masculus sit, si femina. Epicenon generis nomen quomodo declinandum est, cum articulis an sine articulis? Sine articulis.

Hay, sin embargo, situaciones mucho más complejas, en las cuales en una de las versiones se amplía o se modifica la doctrina gramatical, acudiendo por lo general a alguna de las fuentes utilizadas en el *Ars grammatica*. Sirvan de ejemplo los textos sobre los grados del adjetivo (16, 140-141/17, 129-136 y 16, 153-18, 162/17, 152-153 respectivamente) que reproducimos a continuación; en el primer caso la familia β completa la presentación de los grados del adjetivo con un excurso sobre las sílabas finales de los tres grados tomado de las *Explanationes in Donatum* (491, 18-23); en el segundo caso la rama α añade la explicación etimológica de los tres términos derivada de las *Etymologiae* (1, 7, 27) de Isidoro de Sevilla:

α	β
Et quot gradus sunt in conparatione? Tres. Qui? Positiuus, conparatiuus et superlatiuus.	Et quot gradus sunt in conparatione? Tres. Qui? Positiuus, conparatiuus, superlatiuus. Positiuus plures formas habet: exit in 'us', ut 'doctus'; exit in 'is', ut 'docilis'; exit in 'ens', ut 'prudens'; exit in 'er', ut 'niger'. Conparatiuus duas formas habet: 'ior' et 'ius', 'doctior' et 'doctius'. Superlatiuus in singulis generibus binas: 'simus' et 'rimus', 'sima' et 'rima', 'simum' et 'rimum'.

<table>
<tr><td align="center">α</td><td align="center">β</td></tr>
<tr><td>Et apud nos quot gradus sunt in conparatione? Tres. Qui? Positiuus, conparatiuus et superlatiuus. Positiuus cur dicitur? Eo quod primus ponatur in conparatione, ut 'doctus'. Conparatiuus quare? Eo quod conparatus positiuo praefertur illi, ut 'doctior'; plus enim nouit 'doctior' quam 'doctus'. Superlatiuus cur dicitur? Eo quod conparatus positiuo et conparatiuo praeferatur illis, ut 'doctissimus'; plus enim nouit 'doctissimus' quam 'doctus' aut 'doctior'.</td><td>Et apud nos quot gradus sunt? Tres tantum: positiuus, conparatiuus, superlatiuus.</td></tr>
</table>

Sabemos que los textos escolares son por antonomasia de carácter abierto y están, por lo tanto, sometidos a continuas y sucesivas intervenciones. Es evidente que eso sucedió también con el *Ars grammatica* de Julián. Ya en un momento muy próximo en lugar y tiempo al propio Julián algún alumno o maestro de su ámbito escolar procedió a introducir elementos reelaborados en algunas partes del manual primigenio. Los resultados que hoy nos conservan las dos versiones del texto presentan características muy similares en el estilo de redacción, en el uso de fuentes y en la introducción de ejemplos. Eso nos da a entender que ambas redacciones son productos de una misma o similar escuela y que ese centro de estudio estaba bajo la influencia del magisterio de Julián. Por eso mismo resulta también muy difícil, si no imposible, poder saber cuál de las dos redacciones es la más próxima al proyecto inicial de Julián y, en consecuencia, considero oportuno colocar ambas versiones bajo la responsabilidad más o menos directa e inmediata del maestro toledano y ofrecer al lector los dos textos en paralelo.

1.3. La segunda sección sobre las *partes orationis*

Entre la tradición manuscrita del *Ars grammatica* hoy conocida solamente el códice Bern 207 (f. 81v-101r) conserva un texto singular bajo el título *De partibus orationis*. En su momento ya

Hagen[21] llamó la atención sobre ese texto y puso en evidencia algunos elementos de relación con el manual gramatical de Julián de Toledo antes editado por Lorenzana, los cuales le permitieron postular para ambos textos la misma autoría. La principal objeción ante esa propuesta es que solamente transmite ese texto un único testimonio y además separado del resto del tratado de Julián. Quizás esa fue la razón que llevó a Maestre Yenes a no incluir en su edición esa pieza. Es Luigi Munzi quien reclama de nuevo también la paternidad de Julián para esta sección *De partibus orationis* y publica el texto íntegro[22]. Son varios los argumentos que apoyan la teoría de que esa sección puede ser considerada parte integrante del conjunto del *Ars grammatica* julianea[23].

Encontramos el mismo interés por utilizar en los ejemplos gramaticales referencias a personajes y lugares de la Hispania visigótica. Aparecen mencionados *Trasemundus* (447, 21), *Trasmirus* (447, 25), *Vincila* (448, 38; 454, 191; 458, 322), y, sobre todo, el rey Égica (447, 21)[24]. Están mencionadas expresamente las *Etymologiae* y las *Differentiae* de Isidoro de Sevilla (475, 17 y 476, 39 respectivamente). El complemento de dirección está ejemplificado con la oración *ad Hispaniam pergo* (492, 133).

Varios de los *exempla auctorum* utilizados en el *De partibus orationis* pertenecen a los mismos poetas y textos apreciados en la escuela visigótica. Están las *Ephemerides* de Ausonio (461, 388),

---

[21] HAGEN, *Anecdota Helvetica*, p. ccxi-ccxix; allí también transcribe partes del texto. La propuesta de Hagen fue recogida y aceptada por Ch. H. BEESON, 'The *Ars grammatica* of Julian of Toledo', en *Miscellanea Francesco Ehrle*, vol. I, Città del Vaticano, 1924, p. 51-52.

[22] L. MUNZI, 'Il *De partibus orationis* di Giuliano di Toledo', *Annali dell'Istituto Universitario Orientale di Napoli, Sezione filologico-letteraria*, 2-3 (1980-1981), p. 153-228. Ya había defendido esa paternidad antes L. HOLTZ, 'Édition et tradition des manuels grammaticaux antiques et médiévaux', *Revue des Études Latines*, 52 (1974), p. 79-81. MAESTRE YENES, *Ars Iuliani Toletani episcopi*, no explica en ningún lugar su decisión y solamente hace una breve referencia al *De partibus orationis* en p. xxii-xxiii, xxx y lxv.

[23] Repaso los argumentos utilizados por los estudiosos referidos y algún otro ya presentado por mí mismo en CARRACEDO-FRAGA, 'Sobre la autoría', p. 198-199, y 'Problemas y soluciones en la edición de un tratado gramatical de testimonio único: el *De partibus orationis* de Julián de Toledo', *Filologia Mediolatina. Studies in Medieval Latin Texts and their Transmission*, 25 (2018), p. 89-96. También analiza algunos de los argumentos en contra y a favor de la unidad de autoría A. LATTOCCO, 'Dall'*Ars Iuliani* al *De partibus orationis*: considerazioni a margine di un'unità mancata. A proposito del Bernensis 207, ff. 81v-101r', *Atene e Roma*, 14 (2020), p. 332-345.

[24] Un conde Trasemundo interviene firmando en las actas del XV Concilio de Toledo celebrado en el año 688. Un clérigo Trasemiro aparece igualmente firmando en las actas del XIII Concilio de Toledo (año 683) y otro del mismo nombre es mencionado en la *Historia Wambae* de Julián de Toledo (cap. 4).

el *In laudem Iustini Augusti* de Coripo (461, 398) y el *Carmen Paschale* de Sedulio (459, 354 y 461, 399). Juega de nuevo un papel especial la colección poética de Eugenio de Toledo: aparecen citados sus poemas 37 y 55, y dos veces las *Laudes Dei* de Draconcio en la versión eugeniana. Igualmente significativos son los usos de himnos propios de la liturgia visigótica: dos versos del *Hymnus in anniuersario sacrationis basilicae* (460, 363 y 460, 373) y un verso del *Hymnus in agenda mortuorum* (460, 365). También hay una cita de la *Formula honestae uitae* de Martín de Braga (464, 477).

Las fuentes utilizadas son las mismas. El estilo narrativo y el método compositivo escolar basado en el sistema de preguntas y respuestas son idénticos. Encontramos, por ejemplo, las mismas fórmulas de introducción de preguntas y respuestas (*Quomodo? Quia*; *Quare? Eo quod*; *Quomodo? Quantum ad rationem pertinet*; *Est aliqua discretio an non? Est*; etc.), el uso abundante de *tantundem* en preguntas y respuestas con el mismo valor de *tantummodo*, las mismas expresiones de presentación de ejemplos (*ut puta, puta si dicam, da eius exemplum*, etc.), o la utilización de la expresión *sed mentiuntur* para introducir la oposición a alguna explicación gramatical con la que se discrepa. Son además numerosos los paralelos de contenido, en los cuales el juego entre literalidad y no literalidad de las coincidencias, el aprovechamiento de los mismos materiales y las mismas fuentes en contextos distintos, la repetición o la variación en los ejemplos citados como apoyo a las distintas explicaciones, la exclusividad de algunas propuestas o el juego combinatorio en la selección de contenidos invitan a pensar más en un mismo autor que en autores diferentes. Puede servir de ejemplo ilustrativo el uso del mismo contenido en dos lugares distintos de la parte principal del *Ars grammatica* y en la segunda sección *De partibus orationis*[25]:

Da feminini: 'quae'. Istud 'quae' quomodo erit scribendum? Quando praepositiuum fuerit, ut puta	'Quae' est pronomen, et est coniunctio: quando praepositiuum fuerit, ut puta 'quae anima', erit	Istud 'quae' quomodo erit scribendum? Quando praepositiuum fuerit, ut puta 'quae domus',

---

[25] El primer texto corresponde al capítulo sobre el género de los pronombres, el segundo al capítulo sobre las conjunciones copulativas y el tercero al capítulo sobre las *qualitates* de los pronombres. He procurado señalar en el aparato de fuentes de la edición todos los lugares en los que se produce la coincidencia de contenidos gramaticales entre la segunda sección *De partibus orationis* y el resto del *Ars grammatica*.

'quae anima', erit pronomen et per diptongon scribendum; quando uero subiunctiuum, ut puta "Dixitque Dominus", erit coniunctio et simpliciter scribendum (56, 61-65).

pronomen et per diptongon scribendum; quando subiunctiuum fuerit, ut puta "Dixitque Dominus", erit coniunctio et simpliciter scribendum (162, 45-49).

'quae anima', 'quae ecclesia', erit pronomen feminini generis et erit per diptongon scribendum; quando subiunctiuum fuerit, ut puta si dicam "Dixitque Dominus", "Locutusque est Dominus", erit coniunctio et erit simpliciter scribendum (476, 40-45).

Algunos de esos contenidos coincidentes son además singulares y parecen particulares de Julián. Es lo que ocurre, por ejemplo, con la explicación del llamado "octavo caso", en la cual el gramático toledano utiliza la expresión coloquial *cellae uado*[26]:

Quando octauus? Quando per accusatiuum casum loquor, ut puta 'ad cellam uado': 'ad' praepositio est, 'cellam' accusatiuus casus, dempta praepositione, uersum accusatium in datiuum, et facis 'cellae uado' (34, 385-388).

Quando octauus? Quando accusatiuus dempta praepositione uertitur in datiuo et sine praepositione profertur; ut puta si dicam 'cellae uado', est octauus casus. Quomodo? Puta si dicam 'ad cellam': dempta praepositione uersus accusatiuus in datiuo, ut puta si dicam 'cellae uado', est octauus casus (467, 567-571)

En ocho ocasiones el propio autor del *De partibus orationis* remite expresamente a un anterior tratado, cuando no quiere repetir contenidos que dice ya haber explicado con detalle en ese primer tratado: en los capítulos dedicados a las *figurae nominum* (466, 522-524), a la definición del verbo (480, 4-5), a los *genera uerborum* (483, 98 y 484, 111), a la conjunción (496, 5-6), a la definición de la preposición (494, 4-5), a las preposiciones que rigen acusativo y ablativo (498, 44) y a la interjección (499, 4). No es normal que un autor que está elaborando un manual propio de gramática remita a su fuente para no tener que explicar algunos de los contenidos necesarios. Sí es natural, en cambio, que un autor omita esos contenidos, si ya él mismo los ha explica-

---

[26] Véase J. CARRACEDO-FRAGA, 'Los casos "séptimo" y "octavo" en el *Ars grammatica* de Julián de Toledo', en *Nuevos Estudios de Latín Medieval Hispánico* – ed. C. Codoñer – M. A. Andrés Sanz – J. C. Martín-Iglesias – D. Paniagua, Firenze, 2021, p. 181-192.

do antes y prefiere y puede reenviar al lugar correspondiente. Para que tales reenvíos puedan tener sentido, es necesario que todo forme parte de un mismo conjunto del autor; además, teniendo en cuenta las expresiones de remisión utilizadas poco precisas (*sicut in primo tractatu adnotata sunt* o *ut superius diximus*), hay que entender que todo el conjunto estaba disponible en un mismo volumen[27].

Podemos suponer, pues, que Julián de Toledo fue el responsable de un *Ars grammatica* en la cual quería ofrecer todo el programa gramatical definido por el modelo escolar de Donato, como veremos más adelante en el apartado dedicado al contenido del tratado. La parte dedicada a las clases de palabras de acuerdo con el libro II del *Ars maior* de Donato es complementaria y necesariamente repetitiva respecto a la sección también dedicada a las *partes orationis* según el esquema del *Ars minor* del mismo Donato. Es casi seguro que el apartado *De partibus orationis* correspondiente al libro II del *Ars maior* donatiana iba cerrando el conjunto del *Ars grammatica* de Julián, después del suplemento métrico llamado *Conlatio de generibus metrorum*. Por esa razón esta parte era más fácilmente separable del conjunto, igual que sabemos que lo fueron la propia *Conlatio* o la sección *De uitiis et uirtutibus orationis*, o en general cualquier capítulo más o menos autónomo de un manual de gramática, que puede ser copiado de forma separada e ir formando parte de colecciones monográficas por tipo de contenido. Su carácter complementario y redundante y su posición final en el conjunto pudieron favorecer que este *De partibus orationis* fuese omitido, de forma involuntaria o voluntaria, en el proceso de transmisión. Añádase precisamente que el único manuscrito hoy conocido que lo conserva lo presenta separado del conjunto del *Ars grammatica* de Julián al haber sido introducido antes el *Centimeter* de Servio como complemento temático a la *Conlatio de generibus metrorum*; a su vez la segunda sección *De partibus orationis* va en ese manuscrito asociada al libro II del *Ars maior* de Donato.

---

[27] Las diferencias en el tratamiento de algunos contenidos entre las dos secciones *De partibus orationis* que señala, por ejemplo, S. Giannini como objeción a la posibilidad de una autoría común, son precisamente debidas a que ambas secciones están concebidas como complementarias y en la segunda de ellas se atiende preferentemente a aspectos no tratados o tratados con menor detalle en la primera; S. GIANNINI, *Percorsi metalinguistici. Giuliano di Toledo e la teoria della grammatica*, Milano, 1996, p. 91-104.

2. EL TRATADO GRAMATICAL

2.1. Contenido y estructura

Es bien conocido que el gramático Elio Donato, que trabajó en Roma a mediados del siglo IV, se convirtió en un modelo de referencia para las escuelas de la Antigüedad Tardía y de la alta Edad Media. El maestro romano se ocupó de recoger y sintetizar en dos breves manuales, los conocidos como *Ars minor* y *Ars maior*, los principales contenidos teóricos que la tradición antigua venía asociando a la escuela del gramático. Quedó así fijado un programa de estudios, cuyos seguidores tuvieron que ir desarrollando y completando en su propia aplicación, debido al carácter de brevedad y esquematismo de los manuales donatianos. Surgieron entonces los denominados tratados gramaticales exegéticos, en los cuales los breves contenidos de los manuales de Donato son ampliados y actualizados con las explicaciones que cada maestro en cada momento y en cada lugar considera oportunas y necesarias para una cabal comprensión de toda la doctrina gramatical, al estilo de lo que ocurre en la exégesis bíblica[28]. Dentro de esa tradición Julián de Toledo pretende en su *Ars grammatica* crear uno de esos manuales avanzados que abarcan todo el programa didáctico donatiano. Así pues, en ella presta atención a todos los apartados de ese programa, siguiendo el método exegético de reproducir los lemas de la obra de Donato acompañados de las correspondientes explicaciones y utilizando por lo general el sistema didáctico y catequístico de preguntas y respuestas entre alumno y maestro[29]. Pero sigue un orden y una combinación de

---

[28] Habla de ósmosis de métodos exegéticos entre comentarios bíblicos y tratados gramaticales L. Munzi, *Custos Latini sermonis: testi grammaticali latini dell'Alto Medioevo*, Pisa – Roma, 2011, p. 11-32. Para conocer el papel de Donato en la tradición gramatical hay que remitir necesariamente al estudio de Holtz, *Donat et la tradition*, p. 3-326; puede verse también F. Cicolella, *Donati Graeci. Learning Greek in the Renaissance*, Leiden, 2008, p. 1-73, y el resumen ofrecido por J. E. G. Zetzel, *Critics, Compilers, and Commentators. An Introduction to Roman Philology, 200 BCE - 800 CE*, Oxford, 2018, p. 190-196.

[29] Sobre el sistema escolar de preguntas y respuestas pueden verse los estudios recogidos en M. P. Bussières, *La littérature des questions et réponses dans l'Antiquité profane et chrétienne: de l'enseignement à l'exégèse*, Turnhout, 2013.

los contenidos que son considerados propios de la tradición escolar visigótica[30].

La primera sección está dedicada al tratamiento de las ocho *partes orationis* o clases de palabras de acuerdo con el esquema y los contenidos definidos en el *Ars minor* de Donato: *nomen, pronomen, uerbum, aduerbium, participium, coniunctio, praepositio, interiectio*. En algunas ocasiones, para completar las explicaciones, son aprovechados elementos del libro II del *Ars maior*, como por ejemplo: la identificación de los nombres de la tercera declinación con el genitivo plural en *-ium* (42, 492-44, 508), la clasificación de las *formae nominum* (50, 569-580), la declinación de los pronombres compuestos (80, 386-393), la explicación de las *figurae uerborum* (124, 596-126, 605), o la formación de adverbios (134, 22-49). Julián considera, al modo de Donato, que esta es la parte introductoria de las enseñanzas gramaticales e incluso trata de justificar por qué es necesario empezar con esta sección y no, como hacen otros gramáticos, con el apartado dedicado a la letra (6, 2-8)[31].

Tratando de combinar explicación teórica con manual inicial práctico, el maestro toledano incluye un detallado y minucioso repaso de las distintas declinaciones y conjugaciones al estilo de los manuales elementales de morfología conocidos como *Regulae*, los cuales ofrecían paradigmas de declinaciones de nombres y pronombres o de conjugaciones de verbos[32]. Algunos de esos materiales complementarios ya habían acabado siendo introducidos en el *Ars minor* de Donato en la versión que circulaba por la Hispania visigótica y así los recibió el propio Julián. Los dos elementos principales son: un capítulo sobre la distinción de las declinaciones de los substantivos a partir de la desinencia del

---

[30] Véase HOLTZ, *Donat et la tradition*, p. 453-474; L. HOLTZ, 'Le *De grammatica* des *Étymologies* d'Isidore de Séville: structure générale et traitement des sources', en *Actas del IV Congreso Internacional de Latín Medieval Hispánico* – coord. A. A. Nascimento – P. F. Alberto, Lisboa, 2006, p. 55-68; J. CARRACEDO-FRAGA, 'De gramáticas y gramáticos en la Hispania visigótica', en *Wisigothica. After M. C. Díaz y Díaz* – ed. C. Codoñer – P. F. Alberto, Firenze, 2014, p. 67-89; CARRACEDO-FRAGA, *El tratado "De uitiis et uirtutibus orationis"*, p. 34-39.

[31] Ya antes Servio (*Gramm.* 405, 4-11) y Pompeyo (*Gramm.* 96, 10-18) habían destacado el mérito de Donato por considerar la explicación de las *partes orationis* como parte introductoria de la gramática en contraposición con los esquemas utilizados por otros maestros. Julián, en todo caso, ofrece una razón distinta. Véase HOLTZ, *Donat et la tradition*, p. 97-108.

[32] Véase HOLTZ, *Donat et la tradition*, p. 344-348; CARRACEDO-FRAGA, 'De gramáticas y gramáticos', p. 75-76; ZETZEL, *Critics, Compilers, and Commentators*, p. 170-172.

genitivo singular (46, 535-50, 568), el cual ya aparece en el tratado de Servio (*Gramm.* 408, 36-409, 3) y es después reproducido en las *Explanationes in Donatum* (496, 26-30) y adoptado por Prisciano en su *Institutio de nomine* (3, 3-5, 14); un capítulo sobre los verbos impersonales, el cual lleva incluso en los códices de la familia *β* del *Ars grammatica* el título específico *Item de inpersonalibus uerbis* (128, 630-132, 681)[33].

En la segunda sección la *dictio* es el objeto de estudio, es decir, la palabra en cuanto a sus elementos básicos constitutivos, lo cual se corresponde con el contenido del libro I del *Ars maior* de Donato: *littera, syllaba, pedes, accentus, positurae*. El propio Julián, haciéndose eco de nuevo de unas palabras de Pompeyo (*Gramm.* 157, 2-12)[34], explica también que este segundo apartado de contenidos supone un nivel más avanzado y un grado mayor de dificultad en el estudio de la gramática (190, 2-18). Puede observarse que Julián omite el pequeño capítulo inicial del *Ars maior* sobre la *uox*, al igual que ocurre en la varias veces aludida tradición visigótica de la obra de Donato. Particular de esa misma rama de transmisión textual visigótica de Donato es igualmente el añadido de dos capítulos monográficos suplementarios al final del apartado dedicado a la sílaba: uno sobre los *accidentia syllabae* (230, 162-236, 219) similar al ofrecido por Prisciano en sus *Institutiones grammaticae* (2, 51, 21-53, 6), otro extenso sobre las sílabas finales de las distintas clases de palabras y su naturaleza prosódica (p. 236-260), derivado del *De finalibus syllabis* atribuido a Máximo Victorino y que sirve de transición y enlace entre el apartado *De syllaba* y el apartado *De pedibus*. Este segundo suplemento es casi seguro que ya estaba insertado en ese lugar en la copia del *Ars maior* de Donato utilizada por Julián, como ocurre en la mayoría de los códices de la mencionada familia visigótica. Eso explica

---

[33] Cito la obra de Prisciano por la edición de M. Passalacqua, *Prisciani Caesariensis Opuscula II. Institutio de nomine et pronomine et uerbo; Partitiones duodecim uersuum Aeneidos principalium*, Roma, 1999. Puede verse el capítulo sobre los verbos impersonales añadido a la versión del *Ars minor* que transmite precisamente el códice Bern 207 (f. 7r-v) en la transcripción que ofrece Hagen, *Anecdota Helvetica*, p. xviii.

[34] Las palabras de Pompeyo pertenecen al prólogo de su tratado gramatical recuperado por L. Holtz, 'Tradition et diffusion de l'œuvre grammaticale de Pompée, commentateur de Donat', *Revue de Philologie*, 45 (1971), p. 48-83, y recientemente estudiado y reeditado por A. Zago, 'The (New) Prologue to Pompeius' *Commentum*', *Rationes Rerum*, 14 (2019), p. 141-192; remito a esta última edición. Sobre estos dos niveles en la presentación de los contenidos gramaticales escribe T. Denecker, 'Latin grammar and/in pedagogy. The two *partes grammaticae* according to Julian of Toledo', *Euphrosyne*, 45 (2017), p. 297-304.

que Julián atribuya explícitamente el texto del *De finalibus* al propio Donato en tres ocasiones (238, 32 ; 238, 39 ; 240, 51)[35].

Atendiendo al orden más tradicional de los manuales de gramática de Donato, en tercer lugar deberían estar los contenidos relativos a las *partes orationis* incluidos en el libro II del *Ars maior*. Sin embargo, ya hemos mencionado que otro de los rasgos que caracterizan la tradición hispana de Donato es la alteración en el orden de los libros del *Ars maior* en la secuencia I, III, II, buscando una especie de distribución circular de los contenidos. Sigue, por lo tanto, la sección dedicada a los *uitia et uirtutes orationis*, esto es, a los principales errores que deben ser evitados en el uso común de la lengua latina correcta y a los principales adornos adecuados para un uso elegante y eficaz de esa lengua. Julián presta una especial atención a esta parte, ya que servía de básica formación retórica, y elabora un completo manual, el cual tuvo, como veremos en el capítulo dedicado a la tradición textual del *Ars grammatica*, una transmisión como monografía independiente del conjunto[36].

Como ya queda dicho, la escuela visigótica estuvo especialmente interesada por la formación métrica y por la creación poética. Eso queda también patente en que varios de los manuscritos relacionados con la circulación de Donato por la Hispania visigoda incluyen al lado de los manuales de Donato monografías sobre métrica, a veces incluso insertadas entre algunos de los libros donatianos[37]. Julián no es, por supuesto, ajeno a ese interés e incluye en su *Ars grammatica*, además del arriba mencionado capítulo *De finalibus syllabis*, un amplio desarrollo en el capítulo *De pedibus*, inspirado principalmente en la parte correspondiente del tratado de Áudax titulado *De Scauri et Palladii libris* excerpta (333, 25-341, 7), y un completo suplemento monográfico sobre los

---

[35] Reproduce también HAGEN, *Anecdota Helvetica*, p. xviii, el texto sobre los *accidentia syllabae* añadido a la obra de Donato en el códice Bern 207 (f. 11r). Sobre el *De finalibus* véase la edición de D. CORAZZA, [*Maximi Victorini*] *Commentarium de ratione metrorum, con cinque trattati inediti sulla prosodia delle sillabe finali*, Hildesheim, 2011 ; los códices de la rama visigótica de la tradición textual de Donato constituyen en esa edición la familia *p*, a la cual pertenecería también el ejemplar del *De finalibus* utilizado por Julián (véanse allí especialmente p. xlv, cxxxiv-cxxxvii, lxxxvii, lxxxix, 152).

[36] Como manual independiente fue editado por W. M. LINDSAY, *Julian of Toledo "De vitiis et figuris"*, London, 1922, y por mí mismo CARRACEDO-FRAGA, *El tratado "De uitiis et uirtutibus orationis"*.

[37] Sirva de ejemplo el varias veces citado códice Bern 207, el cual, como ya se ha mencionado, incluye el *Centimeter* de Servio Honorato antes del libro II del *Ars maior* de Donato.

distintos metros, que la tradición presenta insertado después de la parte correspondiente al libro III del *Ars maior* bajo el título *Conlatio de generibus metrorum*. Este suplemento está elaborado sobre la base de los capítulos IV-XII del *De metris* de Malio Teodoro, combinados con algunos elementos de la mencionada sección del tratado de Áudax y adaptados con ejemplos propios de los textos poéticos utilizados por Julián[38]. La utilización de los materiales de Malio Teodoro que nos ofrece Julián está relacionada con reelaboraciones similares de esos materiales que sabemos que fueron utilizadas en las escuelas visigóticas y de las cuales quedan muestras en la versión de Malio Teodoro que transmite el manuscrito Berlin, Staatsbibliothek, Diez. B Sant. 66 (siglo VIII[ex]), p. 231-234 o en varias entradas sobre métrica del conocido como *Liber glossarum*. En esas reelaboraciones se fueron introduciendo como nuevos ejemplos versos de Venancio Fortunato, Prudencio, Eugenio de Toledo o de varios himnos propios de la liturgia visigótica, algunos de esos versos también presentes en la *Conlatio* de Julián[39].

La última sección del *Ars grammatica* es la correspondiente a las *partes orationes* de acuerdo con el tratamiento que reciben en el libro II del *Ars maior*, tal como ya ha sido explicado más arriba en el apartado sobre la cuestión de la autoría. Debido a que esta parte está hoy conservada únicamente en el códice Bern 207 y aquí además después del *Centimeter* de Servio, añadido como complemento de la *Conlatio*, no podemos saber con certidumbre

---

[38] Los capítulos del tratado de Malio Teodoro corresponden a la edición de F. ROMANINI, *Malli Theodori De metris*, Hildesheim, 2007, p. 17-55; la editora analiza la relación del texto de Julián con el texto de Malio Teodoro en p. clxv-clxviii. Resulta difícil saber si Julián prescindió de los tres capítulos iniciales del *De metris*, dedicados respectivamente a una introducción general, a la sílaba y a los pies, porque el ejemplar por él utilizado pertenecía a una rama de transmisión que omite esos tres capítulos o porque él mismo excluyó contenidos ya tratados antes en los capítulos correspondientes de su manual. En todo caso, no hay nada de esos tres capítulos aprovechado en el tratado julianeo. Sobre la *Conlatio* véase también A. GÓMEZ HEREDIA, 'Julián de Toledo, su *Ars grammatica* y la doctrina de métrica de su *Conlatio de generibus metrorum*', *Florentia Iliberritana*, 10 (1999), p. 147-161.

[39] Véanse los varios trabajos sobre el tema de P. F. ALBERTO, 'Formas de circulación de versos visigóticos en la escuela carolingia', *Voces*, 21 (2010), p. 13-24; 'Poésie wisigothique dans l'exemplification du *Liber glossarum*', *Dossiers d'HEL : Le* Liber glossarum *(s. VII-VIII): composition, sources, réception*, 10 (2016), p. 159-176 (https://hal.archives-ouvertes.fr/hal-01420099v2/document [consulta 15/05/2024]); 'New Evidence for Julian of Toledo's *Ars grammatica*', *Revue d'Histoire des Textes*, 13 (2018), p. 165-183. Sobre la versión de Malio Teodoro en el manuscrito de Berlín y su difusión posterior véase F. ROMANINI, *Malli Theodori De metris*, p. cviii-cxi y clxiii-clxiv.

si esa posición en el final de todo el conjunto fue realmente la planificada por Julián en la estructuración de su tratado. Un argumento a favor de que pudo ser así es que, como he dicho más arriba, una estructura claramente circular en la distribución de los contenidos fue la buscada por los responsables de la organización de los libros de la obra de Donato en el orden *Ars minor, Ars maior* I, III, II. Las explicaciones sobre las distintas clases de palabras abren y cierran el conjunto. La segunda parte es necesariamente complementaria de la primera y por eso Julián, que ya había tratado con gran detalle todos los aspectos importantes de las *partes orationis* en la primera parte, dedica esta segunda principalmente a repasar algunos de esos aspectos o a explicar algunos nuevos, como puede verse sobre todo en la parte dedicada al nombre a propósito de la tipología nominal (447,16-455,237)[40].

Además de a las cinco principales secciones que acabo de presentar y a sus respectivos contenidos propios, Julián de Toledo da cabida a lo largo de toda su *Ars grammatica* a otros aspectos gramaticales que él considera importantes, pero que no son objeto de un apartado específico. Estos son principalmente tres: la etimología, la diferencia y la ortografía. Se trata de conocimientos a los que prestó especial atención la escuela visigótica en general y también Isidoro en particular, buscando conseguir un uso correcto de una lengua latina cada vez más alejada de la lengua hablada y el dominio de un vocabulario amplio, variado y preciso[41].

2.2. Fuentes gramaticales

El método principal de enseñanza de cualquier gramático en las escuelas de la Antigüedad y de la Edad Media consistía en recoger los materiales que la tradición ponía en sus manos y reelaborarlos y adaptarlos a su momento y a su lugar. La tradición gramatical es, pues, un continuo acumulativo y cualquier manual puesto por escrito depende necesariamente de fuentes anteriores

---

[40] Es normal, por lo tanto, que la extensión de la segunda parte sea aproximadamente la mitad de la primera. El apartado dedicado al nombre es con diferencia el más extenso de esta segunda parte.

[41] Para una breve presentación del programa de estudios en la escuela del gramático de la Hispania visigoda puede verse J. Carracedo-Fraga, 'De gramáticas y gramáticos', e 'Isidore of Seville as a Grammarian', en *A Companion to Isidore of Seville* – ed. A. Fear – J. Wood, Leiden, 2020, p. 222-244.

que van siendo aprovechadas y combinadas en un nuevo resultado. Lo difícil desde la perspectiva actual es definir cuáles pueden
ser en cada caso esas fuentes concretas, ya que no tenemos conocimiento exacto de todo lo que en su momento pudo haber y de
cuántos intermediarios pudieron jugar algún papel entre dos
maestros que ofrecen contenidos similares.

En el caso de Julián de Toledo es seguro que tenía como
manual principal de referencia una copia de las *Artes* de Donato.
Su propia *Ars grammatica*, como tratado de carácter exegético
que es, incorpora literalmente la mayor parte del texto donatiano, para ir explicando, desarrollando y completando cada uno
de los contenidos propuestos por su modelo. Al igual que cualquier comentario de la obra de Donato, el tratado de Julián es un
excelente testimonio indirecto de la transmisión textual de aquella. Hemos ya señalado que el ejemplar de la obra del maestro
romano que utiliza el maestro toledano pertenecía a una rama de
tradición propia de la Hispania visigótica y especialmente relacionada con Toledo. Esa rama está caracterizada por los cambios
estructurales y por los añadidos de contenidos complementarios
que ya hemos comentado en el apartado anterior, pero además
por numerosas variantes textuales singulares. Me permito recor-
dar aquí, a modo de ejemplo, algunas de esas variantes textuales
significativas[42]:

585, 7-8 (10, 66-68) proprie – flumen α (*exc. A*): *om. cett.*

591, 3 (78, 349-352) praepositiua – tantus α: *om. cett.*

592, 9 (118, 502) haec et ab imperatiuo modo α: h. in imp. *cett.*

599, 13 (158, 2) quid est coniunctio α: coniunctio quid est *cett.*

600, 2 (171, 157-158) uidelicet idcirco propterea α: propterea idcirco
cett.

600, 18 (178, 50-53) quae ab his – uado α: *om. cett.*

605, 14 (220, 25) id est z α: *om. cett.*

606, 10 (224, 97) creditur α: uidetur *cett.*

---

[42] HOLTZ, *Donat et la tradition*, p. 433 y 453-461, destaca la importancia del *Ars grammatica* de Julián como testimonio de la denominada familia α. El propio Holtz recoge algunas de esas variantes textuales en p. 453, n. 17. En la pequeña selección de variantes que ofrezco indico la referencia a la edición de Holtz (p. 586-674) y entre paréntesis la equivalencia en la presente edición. Entiéndase que con la abreviatura *cett.* aludo a todos (o casi todos) los demás códices que transmiten la obra de Donato distintos de los pertenecientes a la familia visigótica.

607, 2 (230, 150) graeca consonans atque duplex a: consonans graeca
dup. *cett.*

Otro modelo indudable para toda la obra de Julián fue el
gramático norteafricano del siglo V Pompeyo. Siguiendo los
pasos de Servio Honorato, que compone en Roma hacia el año
400 d. C. un extenso comentario a las *Artes* de Donato, el
maestro africano elabora también un prolijo *Commentum Artis
Donati*, en el cual busca ir aclarando de forma precisa todos los
contenidos de Donato, de forma a veces insistente y repetitiva,
pero siempre con un estilo didáctico directo y eficiente, que
recuerda incluso la oralidad propia de las clases presenciales con
los alumnos. Sabemos que el manual de Pompeyo tuvo una
importante circulación por la Hispania visigótica y que desde la
Península se difundió hacia otras zonas de Europa; en algún
testimonio manuscrito de Pompeyo encontramos incluso el
particular orden de los libros del *Ars maior* de Donato I, III, II[43].
Julián imita el método escolar directo, catequístico e interactivo
de Pompeyo, sigue mucha de su doctrina, a veces reproducida de
manera literal, e incluso cita su fuente de manera expresa en dos
ocasiones: para introducir de forma literal la explicación de
cómo debe ser una buena definición de cualquier cosa (8, 28-30 =
Gramm. 137, 15-17), y para presentar y defender la clasificación
pompeyana de los pronombres en veintiuna clases atendiendo a
la *qualitas* (54, 46-50 = *Gramm.* 201, 29-202, 1). Puede verse en
los textos que reproduzco a continuación cómo procede Julián
con su fuente, jugando con combinación de literalidad y reelaboración:

---

[43] Sobre Pompeyo y su tradición textual pueden verse los trabajos de Holtz, 'Tradition et diffusion de l'œuvre grammaticale de Pompée', p. 48-83, y 'Prolégomènes à une
édition critique du commentaire de Pompée, grammairien africain', en *The Origins of
European Scholarship. The Cyprus Millennium International Conference* – ed. I. Taifacos,
Stuttgart, 2005, p. 109-119, también la reciente edición de la tercera parte de la obra a
cargo de A. Zago, *Pompeii Commentum in Artis Donati partem tertiam*, Hildesheim,
2017, t. I, p. cxiii-cxlv, y el trabajo de A. Lattocco, 'L'esegesi grammaticale in Pompeo
e in Giuliano vs Donato', *Atene e Roma*, 11 (2017), p. 140-147. El ejemplar utilizado en la
escuela de Toledo estaba probablemente relacionado con la denominada familia γ en los
estudios anteriores. Es significativo que un miembro de esa familia, el códice Paris BnF
Lat. 7530, copiado en Montecassino a finales del siglo VIII, incluye (f. 127r-138v) un
tratado gramatical elaborado con extractos combinados de los manuales de Pompeyo y
de Julián; véase J. Carracedo-Fraga, 'Materiales del *Ars grammatica* de Julián de
Toledo en el códice Paris BnF Lat. 7530', *Athenaeum*, 111 (2023), p. 575-597, y más
adelante p. LXIX-LXXII.

Ivlian., *Gramm.* 193, 22-30	Pomp., *Gramm.* 99, 11-18
Duae uoces sunt: una articulata, altera confusa. Quae est confusa? Quae scribi non potest, ut puta ouium balatus, equi hinnitus, mugitus bouis... Et quae est articulata? Quae articulo scribentis conprehendi potest. Quare articulata dicta? Artus dicuntur membra maiora hominum; articuli uero membra minora hominum, sicut sunt digiti; et quidquid per istos articulos scribentis conprehendi potest ipsa est uox articulata.	Hae duae sunt partes, articulata et confusa. Articulata est uox quae potest scribi... Ideo articulata dicta est, quod potest articulo scribi. Artus enim dicimus membra maiora, articulos minora membra in omni corpore. Nihil breuius digitis. Idcirco articulata uox dicta, quod potest articulis conprehendi... Ideo ergo dicitur uox articulata, quod potest articulis scribi. Confusa illa dicitur uox, quae non potest articulo conprehendi, ut puta mugitus boum, digitorum sonitus.

Otra de las fuentes principales para el conjunto del *Ars grammatica* de Julián fue el tratado conocido como *Explanationes in Donatum* y atribuido a un gramático Sergio en algunos de los manuscritos que lo transmiten. Bajo el mismo título fueron unidos para formar un comentario único a Donato dos comentarios aparentemente de autores distintos, que trabajan respectivamente a finales del siglo V y principios del siglo VI: el primero, más uniforme, comenta el *Ars minor* de Donato y el segundo el *Ars maior*, basándose éste en una amalgama de elementos más heterogénea[44]. Es probable que las *Explanationes*, ya formando un conjunto, llegaran también desde África a Hispania en compilaciones gramaticales junto al comentario de Pompeyo y a las *Artes* del propio Donato. De Hispania las *Explanationes* salieron asociadas al manual de Julián, como lo prueban el códice ya men-

---

[44] Véase P. De Paolis, 'Le *Explanationes in Donatum* (*GL* IV 486-565) e il loro più antico testimone manoscritto', en *Manuscripts and Tradition of Grammatical Texts from Antiquity to the Renaissance* – ed. M. De Nonno – P. De Paolis – L. Holtz, Cassino, 2000, p. 173-221, y 'Le strategie linguistiche e didattiche dei commenti a Donato: osservazioni sulle *Explanationes in Donatum*', en *Latin vulgaire – latin tardif. XI Congreso internacional sobre el latín vulgar y el latín tardío* – ed. A. García Leal – C. E. Prieto Entrialgo, Hildesheim, 2017, p. 672-683. La parte correspondiente al *Ars minor* está editada en *GL*, 4, 486-518, la correspondiente al *Ars maior* en *GL*, 4, 518-565, aunque esta de forma incompleta. La parte relativa a la letra y a la sílaba fue editada por Corazza, [*Maximi Victorini*] *Commentarium*, p. 165-170; la parte sobre los *uitia et uirtutes orationis* hay que leerla en la edición de U. Schindel, *Die lateinischen Figurenlehren des 5. bis 7. Jahrhunderts und Donats Vergilkommentar* (*mit zwei Editionen*), Göttingen, 1975, p. 258-279.

cionado Bern 207 y también los códices Napoli IV.A.34 y Erfurt
CA 2° 10⁴⁵. También en una ocasión cita de forma explícita esta
fuente Julián bajo el nombre de Sergio en el capítulo dedicado a
los tipos de nombres apelativos (449, 59 = *Explan.* 536, 28). El
aprovechamiento de la fuente es similar al que hemos visto para
el caso de Pompeyo: resúmenes más o menos reelaborados de los
contenidos copiados, salpicados por veces de elementos literales.
He aquí un pequeño ejemplo:

Ivlian., *Gramm.* 7, 2-3	*Explan.* 488, 3. 10-12
Nomen quare dictum est? A notamine, eo quod res notas faciat uel quod notitiam cuiuslibet rei nobis insinuet.	Nomen dictum quasi notamen; notas enim rerum tenet... Ergo ideo nomen dixere, quod rem notam faciat, quod unamquamque speciem in notitiam deducat.

También recibe mención expresa en dos ocasiones el gramático Áudax. La primera referencia (8, 37-40 = *Gramm.* 324, 2-4) es
utilizada para introducir una cita literal sobre qué debe entender-
se por una buena definición; esa cita sirve para reforzar la explicación de Pompeyo antes mencionada. En el segundo caso (21,
179) la mención de Áudax es usada como ejemplo de un *perfectus
grammaticus* en el capítulo dedicado al grado comparativo. De
Áudax, el cual suele ser situado trabajando también en el norte
de África a principios del siglo VI, conservamos un breve tratado
titulado, como ya se ha dicho, *De Scauri et Palladii libris excerpta*.
Tal como el nombre que le ha dado la tradición intenta reflejar, se
trata de un manual basado en la obra de maestros anteriores, probablemente del siglo II d. C., en el cual se abarca casi todo el programa de estudios gramaticales con explicaciones breves y claras,
y además mediante el método catequístico de preguntas y
respuestas, que adopta igualmente Julián⁴⁶. El maestro toledano
aprovecha e incorpora, pues, esa fuente a lo largo de todo su
tratado de forma bastante literal, principalmente para muchas de
las definiciones de conceptos gramaticales. También el manual de
Áudax quedó asociado al de Julián en colecciones gramaticales
relacionadas con la Hispania visigótica y juntos los encontramos

---

⁴⁵ Para los códices transmisores de la obra de Julián que voy citando remito al apartado dedicado específicamente a la tradición textual del *Ars grammatica*.

⁴⁶ Una breve presentación de los datos principales sobre el gramático Áudax ofrece
Zetzel, *Critics, Compilers, and Commentators*, p. 283-284.

en el códice Paris BnF Lat. 18520. Veamos un ejemplo del uso de esta fuente:

IVLIAN., *Gramm.* 32, 356-357	AVDAX, *Gramm.* 341, 15-17
Casus quare dicti? A cadendo, eo quod pleraque nomina per ipsos inflexa uarientur et cadant.	Vnde dicti sunt casus? Quod per eos pleraque nomina a prima sui positione inflexa varientur et cadant.

Otras fuentes utilizadas por Julián ya no son de carácter general, como las que acabamos de revisar, sino de carácter más monográfico y sirven para completar apartados específicos del conjunto. Ya hemos comentado en el capítulo anterior que el manual *De metris* de Malio Teodoro, combinado con elementos que se leen en el mencionado tratado gramatical de Áudax, es utilizado como base para la *Conlatio de generibus metrorum* y que una copia bastante literal del *De finalibus syllabis* atribuido a Máximo Victorino va insertada entre los capítulos *De syllaba* y *De pedibus*. Queda dicho también que Julián presta especial atención a lo largo de toda su *Ars grammatica* a cuestiones gramaticales relacionadas con las diferencias y con la etimología. Para ello las fuentes de referencia son las *Differentiae* y, sobre todo, las *Etymologiae* de Isidoro de Sevilla, obras que sin duda Julián conoce de primera mano y que además él menciona expresamente en su tratado (53, 18 ; 475, 17 ; 476, 39). No se puede descartar, no obstante, que algunas similitudes de contenido entre las obras de Isidoro y el *Ars grammatica* de Julián puedan ser debidas a un caudal de enseñanzas común en la escuela visigótica, especialmente en lo que a explicación de *differentiae* se refiere.

A una fuente común nos lleva precisamente la sección dedicada a los *uitia et uirtutes orationis*. El estudio y la edición por Ulrich Schindel[47] de un texto conservado en los folios 1ra-9rb del manuscrito Basel F.III.15d (siglo VIII) con el título *De uitiis* y atribuido a un Isidorus Iunior Spalensis permitió conocer la existencia de un manual monográfico sobre los contenidos correspondientes al libro III del *Ars maior* de Donato, el cual fue utilizado como fuente tanto por Isidoro como por Julián para sus

---

[47] SCHINDEL, *Die lateinischen Figurenlehren*, la edición está en p. 204-241. Nuevos datos añade el mismo estudioso en trabajos posteriores: 'Zur Datierung des Basler Figurentraktats (cod. Lat. F.III.15d)', *Göttinger Forum für Altertumswissenschaft*, 2 (1999), p. 161-178, y '*Pompeius auctus* und die Tradition der christlichen Figurenlehre', *Göttinger Forum für Altertumswissenschaft*, 5 (2002), p. 255-260.

respectivos capítulos sobre el tema. El erudito sevillano aprovecha del modelo solamente algunas definiciones y algunos ejemplos de acuerdo con el estilo compilatorio y abreviado de sus *Etymologiae* (1, 32-37). El maestro toledano, en cambio, reproduce en una gran parte el texto de su fuente, en general de una forma bastante literal, tal como se puede comprobar en el siguiente ejemplo comparativo:

IVLIAN., *Gramm.* 370, 61-64	ISID. IVN., *Vit.* 221, 348-351
Metafora autem aut partis unius est, ut "Fluctuare segetes", "Gemmare uites", quia non potest dicere 'segetare fluctus'; aut antistrofa est, id est reciproca, ut "Remigium alarum"; nam 'alae nauium' et 'alarum remigia' dicuntur.	Metaphora autem aut partis unius est ut "fluctuare segetes", non enim potes dicere "segetare fluctus", aut anastropha id est reciproca ut "remigium alarum", nam et alae navium et alarum remigia dicuntur

Ese manual probablemente había sido elaborado o, al menos, reelaborado en la Hispania visigótica en algún momento del siglo VI y ofrecía justo lo que Julián pretende presentar en su manual: la doctrina de Donato ampliada con explicaciones complementarias y además enriquecida con numerosos nuevos *exempla*, tanto tomados de autores clásicos, especialmente Virgilio, como de la Biblia y de algunos autores cristianos; era por lo tanto ya un fruto del proceso de cristianización de la gramática antigua, al cual también se suma el propio Julián [48].

No se puede negar que el tratado conservado bajo el nombre de Isidorus Iunior es el descendiente más próximo en configuración y contenidos al manual primigenio. Sin embargo, hay elementos que llevan a pensar que el tratado del códice Basel F.III.15d no es una copia directa más o menos fiel del supuesto texto original, sino un texto sometido igualmente a reelaboraciones intencionadas por parte de algún maestro visigótico posterior: presenta muy resumidos los capítulos sobre barbarismo y solecismo, que posiblemente estaban más desarrollados en la

---

[48] Sobre la relación entre el *Ars grammatica* de Julián de Toledo y el tratado atribuido a Isidorus Iunior véase J. CARRACEDO-FRAGA, 'Cristianización del capítulo *de vitiis et virtutibus orationis* en las gramáticas visigóticas', *Revista de Poética Medieval*, 17 (2006), p. 23-47, y CARRACEDO-FRAGA, *El tratado "De uitiis et uirtutibus orationis"*, p. 58-64. Sobre la relación entre el texto de Isidorus Iunior y las *Etymologiae* consúltese U. SCHINDEL, 'Die Quelle von Isidors "rhetorischer" Figurenlehre', *Rheinisches Museum für Philologie*, 137 (1994), p. 374-382, y la reciente edición de O. SPEVAK, *Isidore de Séville. Étymologies, livre I: la grammaire*, Paris, 2020, p. cix-cxiii, 450-451, 459-462.

obra original, a tenor de los resultados similares en Isidoro y Julián; omite el capítulo sobre los metaplasmos, el cual es probable que sí estuviese en el tratado original, si es que los paralelismos entre Isidoro y Julián pueden ser también debidos a esa fuente común; en varios de los capítulos compartidos por los tres autores sobre las figuras o los tropos hay entre Isidoro y Julián coincidencias importantes en explicaciones y ejemplos que no están en la obra de Isidorus Iunior y que debemos entender que pertenecen a esa fuente común; en otros capítulos compartidos, en cambio, el texto de Isidorus Iunior incluye algunas largas explicaciones significativas y algunos ejemplos singulares de las que no hay nada ni en la obra de Isidoro ni, lo que es más llamativo, en la de Julián, que sigue su fuente con bastante exhaustividad. Si además podemos dar algún valor a la cita de la *Satisfactio* de Draconcio (v. 55-60 = 49-54) reproducida en el capítulo sobre los *antitheta* (216, 261-265) de acuerdo con la versión preparada por Eugenio de Toledo, se podría conjeturar que el llamado Isidorus Iunior trabajaba después del año 653 d. C. Todo esto me lleva a considerar en la presente edición el texto de Basilea no como la fuente directa de Julián, sino como una obra paralela[49].

Como decía al principio de este capítulo, resulta difícil poder saber hoy todos los materiales de los que pudo depender Julián de manera directa o indirecta, porque es seguro que no conocemos todo lo que en su momento pudo circular por las escuelas visigóticas. Julián para el nombre, el pronombre y el verbo ofrece detalladas descripciones morfológicas de sus respectivas declinaciones y conjugaciones, para las que pudo servirse de algún manual elemental de los denominados *Regulae*, la mayoría de los cuales no llegaron hasta nuestros días. El capítulo dedicado a los acentos presenta grandes similitudes con el tratado monográfico *De accentibus* falsamente identificado con el que sabemos que compuso Prisciano; he aquí una muestra:

IVLIAN., *Gramm.* 296, 73-76	Ps. PRISC., *Accen.* 15, 3-6
Vt puta si dicam 'interealoci', qui nescit alteram partem dicit ' in-	Si quis dicat 'interealoci', qui nescit alteram partem dicat 'interea'

---

[49] SCHINDEL, 'Zur Datierung des Basler Figurentraktats', acaba postulando la teoría de que el tratado conservado en el códice de Basilea es realmente una copia del tratado original del siglo VI y esa es la teoría que también sigue SPEVAK, *Isidore de Séville. Etymologies, livre I: la grammaire*.

terea', alteram 'loci'; sed qui scit distinguit illud et dicit 'inter-ealoci' unam partem et sub uno accentu.

et alteram 'loci', cum non separatim sed sub uno accentu pronuntiandum est.

No podemos saber con certeza si esas coincidencias son debidas a que un texto es fuente del otro o, tal vez mejor, a que ambos dependen de un manual anterior, fuente común de ambos[50]. Algo similar ocurre en el capítulo dedicado a los pies métricos. Las detalladas etimologías que ofrece Julián para cada uno de los pies comentados coinciden en muchos casos con lo que ofrece Isidoro en sus *Etymologiae* (1, 17), pero coinciden también, y por veces de forma más completa y más literal, con sendos textos que hoy podemos leer en dos manuscritos del siglo IX. El primero de esos textos es un pequeño capítulo titulado *De nominibus pedum* transmitido después del capítulo *De pedibus* del *Ars grammatica* de Sergio en la primera sección del códice de la Biblioteca Apostolica Vaticana Reg. Lat. 1587 (copiado en Fleury en el segundo cuarto del siglo IX), f. 21v-22v. El segundo es el breve capítulo *De pedibus* incluido en el tratado gramatical denominado *Quod* conservado en el códice de Erfurt CA 2° 10 (copiado a principios del siglo IX en algún escritorio próximo a la corte de Carlomagno), f. 58v-59r. Tampoco en este caso podemos saber si las coincidencias se deben a dependencia directa entre esos textos o a uso de una fuente común. El grado de similitud puede comprobarse en el siguiente ejemplo[51]:

Isid., *Etym.* 1, 17, 3

Trocheus uero ab eo dictus est quod celerem conuersionem fa-

Ivlian., *Gramm.* 267, 67-71

Vnde habet ethimologiam? Eo quod de longa in breuem descen-

---

[50] Edita y estudia el texto del pseudo Prisciano C. Giammona, [*Prisciani*] *De accentibus*, Hildesheim, 2012. El editor (p. xxiii-xxxi) concluye que el tratado es un fruto de la escuela visigótica, que utiliza el *Ars grammatica* de Julián como fuente. Sobre las relaciones entre el texto de Julián y el *De accentibus* dentro de la tradición gramatical antigua puede consultarse M. C. Scappaticcio, *Accentus, distinctio, apex. L'accentazione grafica tra Grammatici Latini e papiri virgiliani*, Turnhout, 2012; véanse allí especialmente p. 87-95.

[51] Los contenidos de la primera sección del códice vaticano fueron analizados por L. Munzi, 'Spigolature grammaticali in una silloge scolastica carolingia', *Bolletino dei Classici*, 14 (1993), p. 103-132; el texto que aquí nos interesa está editado en p. 114-115. Sobre la gramática *Quod* escribió G. Barbero, 'Per lo studio delle fonti del *Liber Glossarum*: il ms. Amploniano F 10', *Aevum*, 66 (1993), p. 253-278; véanse allí las referencias concretas al capítulo *De pedibus* de la gramática *Quod* en p. 260.

ciat cantilenae et quasi rota uelociter currat in metris. *Trocos* enim Graece rota dicitur

dat et rotatile carmen efficiat, quod enim Graece 'rota' dicitur. Vnde? Quia uelociter currit, troceus dictus est.

Ps. SERG., *Ped.* 114, 149-151
Trochaeus pes dictus eo quod pes ipse de longa in brevem descendat et rotatile carmen videatur; τροχός enim Graece rota dicitur, ideo pes ipse trochaeus appellatur.

Quod, f. 58v20-21
Troceus dictus eo quod de longa in breuem descendat, rotatile carmen efficiat. Trocos enim Grece rota dicitur.

2.3. *EXEMPLA AVCTORVM*

Las enseñanzas en la escuela del gramático tenían siempre como material de apoyo imprescindible algún texto de autores considerados modelos de lengua correcta y elegante. Esos textos, principalmente de poesía, eran objeto de lectura y comentario pormenorizado en la actividad práctica denominada *enarratio auctorum*, y de esa práctica derivaban los ejemplos que servían para ilustrar las explicaciones de cualquier aspecto gramatical. Así pues, en todo tratado de gramática puesto por escrito aparecen necesariamente en mayor o menor medida esos *exempla*, que cada maestro puede copiar de sus fuentes, pero puede además complementar o renovar con aportaciones propias basadas en los mismos *auctores* tradicionales o en nuevos autores convertidos igualmente en modelos escolares por su calidad lingüística, literaria y de contenido. El *Ars grammatica* de Julián de Toledo es un buen ejemplo de esta última posibilidad. Son muchas y variadas las citas de autores incluidas a lo largo de toda la obra para ejemplificar los contenidos explicados; esta es la distribución general concreta[52]:

---

[52] En las tablas que aquí presento he tenido en cuenta también todas las citas que cada una de las dos redacciones de la obra ofrece de forma específica. No he tomado en consideración, en cambio, las 56 citas que no han podido ser identificadas.

POETAS	537 (78,97%)	CLÁSICOS	415 (61,03%)
		CRISTIANOS	122 (17,94%)
PROSISTAS	22 (3,24%)	CLÁSICOS	12 (1,77%)
		CRISTIANOS	10 (1,47%)
BIBLIA			121 (17,79%)
TOTAL			680 (100%)

Tabla 1: número de citas y porcentajes sobre el total

Queda patente en la tabla anterior que Julián se suma al proceso de cristianización de la enseñanza gramatical consistente en combinar autores clásicos utilizados en la escuela antigua con autores cristianos convertidos en referentes en la nueva escuela medieval cristiana y con la Biblia, considerada el modelo por excelencia de todo saber[53]. A pesar del fuerte peso que necesariamente continúa teniendo la tradición gramatical antigua, la renovación de ejemplos tomados de los nuevos modelos está muy cerca de afectar a la mitad del conjunto (37,20%) con un reparto casi igual entre Biblia y autores cristianos. Queda también claro que en la escuela del gramático los textos poéticos son el objeto prioritario de estudio, como había quedado establecido en la Antigüedad desde el primer momento. Si atendemos a la distribución concreta de autores y obras, este es el resultado:

AFRAN.	1 (0,15%)	LIV.	1 (0,15%)
ALC. AVIT.	1 (0,15%)	LVCAN.	5 (0,74%)
AVG.	1 (0,15%)	LVCIL.	3 (0,44%)
AVSON.	6 (0,88%)	LVCR.	2 (0,29%)
CATVLL.	1 (0,15%)	MART. BRAC.	1 (0,15%)
CIC.	8 (1,18%)	OV.	15 (2,21%)
CORIPP.	6 (0,88%)	PACVV.	2 (0,29%)
CYPR.	1 (0,15%)	PASS. Sebast.	1 (0,15%)
DRAC.	13 (1,91%)	PASS. Vincent.	1 (0,15%)
ENN.	22 (3,24%)	PAVL. NOL.	1 (0,15%)
EPITAPH. Anton.	1 (0,15%)	PERS.	4 (0,59%)
EVGEN. TOL.	19 (2,79%)	PETRON.	2 (0,29%)
HIER.	2 (0,29%)	PHYSIOL.	1 (0,15%)
HOR.	11 (1,62%)	PLAVT.	5 (0,74%)
HYMN.	17 (2,50%)	PRVD.	39 (5,74%)
ISID.	2 (0,29%)	PS. AMBR.	1 (0,15%)
IVV.	5 (0,74%)	PS. CATO	9 (1,32%)

[53] Sobre el proceso de cristianización de la gramática en la escuela visigótica véase J. CARRACEDO-FRAGA, 'La cristianización de la gramática latina en la Hispania visigótica', *Compostellanum*, 45 (2000), p. 389-410, y 'Cristianización del capítulo *de vitiis et virtutibus orationis*'.

QVINT.	1 (0,15%)	TER.	14 (2,06%)
RHET. Her.	1 (0,15%)	TER. MAVR.	10 (1,47%)
RVFIN.	1 (0,15%)	VARRO	1 (0,15%)
SALL.	1 (0,15%)	VARRO AT.	2 (0,29%)
SEDVL.	10 (1,47%)	VEN. FORT.	6 (0,88%)
SEPT. SER.	1 (0,15%)	VERG.	280 (41,18%)
SYMPH.	1 (0,15%)		

Tabla 2: autores y obras citados y porcentajes
sobre el total de citas[54]

Casi todos los autores utilizados en la escuela del gramático en la Antigüedad están representados. Hay todavía un buen número de citas de poetas de época arcaica (6,91% del total), los primeros en entrar en la escuela romana como modelos: Afranio, Lucilio, Pacuvio, Plauto y, sobre todo, Ennio y Terencio. Aparecen todos los grandes poetas clásicos: Catulo, Horacio, Lucrecio, Ovidio, Varrón y Varrón Atacino. Tienen también cabida algunos importantes poetas posclásicos: Juvenal, Lucano, Persio, Petronio, Septimio Sereno y, especialmente, el poeta y gramático Terenciano Mauro. Hay además alguna cita esporádica de obras en prosa leídas preferentemente en la escuela del rétor: la obra historiográfica de Livio, las *Institutiones oratoriae* de Quintiliano, la *Rhetorica ad Herennium*, las *Historiae* de Salustio y, de forma un poco más destacada, algún discurso de Cicerón. Es muy probable que todas esas citas hayan llegado al *Ars grammatica* de Julián como préstamo de la tradición gramatical previa.

Caso singular es evidentemente el de Virgilio. Desde que la obra del poeta de Mantua fue incorporada a la escuela ya en tiempos del propio autor, quedó convertida para siempre en el principal modelo de las enseñanzas del gramático latino. Es seguro que muchos de los ejemplos debidos a Virgilio en los manuales de gramática fueron el resultado de la sucesiva acumulación en el bagaje gramatical heredado, pero es igualmente seguro que en muchas escuelas de la Antigüedad y también de la Edad Media se contaba además con alguna copia de las tres grandes obras de Virgilio y de algún comentario sobre ellas, como el de Donato o el de Servio. Probablemente esa era la situación en la escuela de

---

[54] No incluyo en esta tabla las citas bíblicas ni tampoco las 20 citas conocidas por tradición gramatical, pero cuyos autores concretos desconocemos.

Julián, si es lo que podemos deducir de los siguientes argumentos[55]:

1º) En su *Ars grammatica* hay citas de todos los libros de la
Eneida y de las *Geórgicas* y de siete de las *Bucólicas*.

2º) Bastantes de esas citas (aproximadamente el 30% del total),
pertenecientes a casi todos los libros o poemas utilizados, no aparecen en las fuentes de Julián identificadas.

3º) En muchos casos Julián completa el fragmento de texto
virgiliano ofrecido por sus fuentes reproduciendo el correspondiente verso completo o incluso a veces más de un verso.

Merecen también comentario particular los *Disticha* atribuidos a Catón. Esa colección de hexámetros de carácter proverbial
y moralizante, elaborada probablemente en el siglo III o IV d. C.,
fue rápidamente incorporada a la escuela antigua y tuvo también
gran éxito en las escuelas cristianas medievales. Es casi seguro que
en Toledo en época visigótica había alguna copia de los *Disticha*,
puesto que una rama de transmisión manuscrita de esa obra está
directamente relacionada con la Península y, en particular, con
Toledo. Los *Disticha* fueron incluidos en antologías poéticas de
carácter escolar elaboradas en Toledo en el siglo VII, de las cuales
conservamos como testimonios los célebres códices Madrid BN
10029 (siglo IX; los *Disticha* están en f. 75r-76v) y Paris BnF Lat.
8093 (siglo IX; f. 20r-23r y 85v-94r)[56].

Pero es en la renovación cristianizada de los modelos de lengua
donde Julián juega un papel más destacado, ya que incorpora al
catálogo de *auctores* varios poetas cristianos que estaban disponi-
bles en su biblioteca[57]. El caso más significativo es el de su maestro Eugenio de Toledo. Trece de las composiciones del *Libellus*
del poeta toledano son utilizadas para ejemplificar sobre todo

---

[55] He estudiado el uso de Virgilio en la escuela visigótica en J. CARRACEDO-FRAGA,
'Virgilio en la escuela visigótica', en *Actas IV Congreso Internacional de Latim Medieval
Hispânico* – ed. A. A. Nascimento – P. F. Alberto, Lisboa, 2006, p. 283-292.

[56] Sobre la circulación de los *Disticha* por Hispania véase la edición de M. BOAS –
H. J. BOTSCHUYVER, *Disticha Catonis*, Amsterdam, 1952, p. xlvi-xlix, y también
T. GONZÁLEZ ROLÁN, 'La tradición de los *Dicta Catonis* y el *Ripollensis* 106', *Habis*,
5 (1974), p. 93-106, y J. MESA SANZ, 'Ecdótica y glosa poética: la tradición textual de los
Disticha Catonis a partir del pliego incunable de Martín García (90*DC)', *Criticón*, 141
(2021), p. 37-52.

[57] Desarrollo aquí los datos ya presentados en J. CARRACEDO-FRAGA, 'Poesía y
poetas en la escuela visigótica', en *Poesía Latina medieval (siglos V-XV). Actas del IV
Congreso del Internationales Mittellateinerkomitee* – ed. M. C. Díaz y Díaz – J. M. Díaz
de Bustamante, Firenze, 2005, p. 93-107.

aspectos prosódicos o métricos, pero también algunos otros aspectos gramaticales, como: la apócope (336, 55; verso *praef.* 15), la tmesis (394, 277; v. 70, 1), el género neutro del sustantivo *caelum* (460, 366-367; v. 55, 1), el género masculino del sustantivo *dies* (461, 391-392; v. 37, 1), o especialmente la invención de los diferentes alfabetos, para lo cual es reproducido completo el singular poema 39 (194, 50-55)[58]. Como ya se ha comentado, el propio Eugenio es el responsable, a supuesta petición del rey Chindasvinto, de una versión revisada de la obra del poeta cartaginés Draconcio, porque probablemente a Toledo había llegado algún original de esa obra incompleto y bastante corrupto. Del texto de las *Laudes Dei* preparado por Eugenio derivan las 13 citas utilizadas por Julián, tal como dejan ver claramente las variantes textuales[59]. A algún poeta toledano de la primera mitad del siglo VII debemos también el sorprendente *Epitaphium Antoninae*, cuyo verso 13 aprovecha Julián como un ejemplo muy claro y llamativo de *schesis onomaton*[60].

Coterráneo y casi contemporáneo de Julián es igualmente Isidoro de Sevilla y en su papel de poeta con los *Versus in bibliotheca* merece también la categoría de modelo de lengua para el maestro toledano, aunque solamente sea con una cita del poema 4 para ejemplificar usos del pronombre *ille* (62, 135-138)[61]. Hispano, pero de finales del siglo IV y principios del V, era Aurelio Prudencio, convertido ya en época de Julián en uno de los grandes poetas cristianos en el Occidente latino en general y en parti-

---

[58] Para todo lo relacionado con la obra de Eugenio remito de nuevo a la edición de ALBERTO, *Eugenii Toletani opera omnia*. Eugenio pasa como *auctor* desde la escuela toledana a la escuela carolingia, como bien ha estudiado el propio P. Alberto en varios trabajos; sirvan de referencia: 'Formas de circulación de versos visigóticos', p. 13-24, y 'Poesía visigótica y escuela carolingia', en *Latinidad Medieval Hispánica* – ed. J. F. Mesa Sanz, Firenze, 2017, p. 27-53. Por lo que se refiere al poema 39 y su utilización en textos gramaticales pueden verse los más recientes trabajos de P. F. ALBERTO, 'La scuola in versi: gli inventori degli alfabeti nella poesia della Spagna visigotica', en *Il calamo della memoria V. Riuso di testi e mestiere letterario nella Tarda Antichità* – ed. L. Cristante – T. Mazzoli, Trieste, 2012, p. 267-284, y T. DENECKER, 'Condensing cultural knowledge in 7th-century Spain: The "inventors of letters" in Julian of Toledo's *Ars grammatica*', *Emerita*, 86 (2018), p. 151-162.

[59] Véase ALBERTO, *Eugenii Toletani opera omnia*, p. 280-315.

[60] Véase más arriba la nota 13.

[61] Para los epigramas de Isidoro remito a la edición de J. M. SÁNCHEZ MARTÍN, *Isidorus Hispalensis. Versus* (*CC SL*, 113A), Turnhout, 2000. Téngase en cuenta que la familia *α* de la transmisión textual del *Ars grammatica* presenta íntegros los cuatro primeros versos del poema, lo cual nos da a entender que se dispone, al menos, de una copia completa de ese poema dedicado al ilustre Orígenes de Alejandría.

cular en la Hispania visigótica[62]. De casi todos los títulos de la extensa obra del autor calagurritano encontramos citas en el *Ars grammatica*: del *Cathemerinon*, del *Contra Symmachum*, del *Dittochaeon*, del *Peristephanon*, de la *Psychomachia*, así como de la *Praefatio* y del *Epilogus* al conjunto de su producción. Parece, pues, evidente que en Toledo estaba disponible algún ejemplar con la obra completa o casi completa de Prudencio.

Una muestra significativa de la adaptación de la enseñanza gramatical a las nuevas necesidades cristianas es el aprovechamiento de textos litúrgicos para ejemplificar explicaciones gramaticales. En 17 ocasiones he podido identificar esa situación en el manual de Julián y en la mayoría de los casos se trata de versos de himnos visigóticos compuestos probablemente por algunos de los obispos toledanos del siglo VII, entre ellos el propio Julián: el *Hymnus in annuntiatione beatae Mariae Virginis* (436, 19; v. 1), el *Hymnus in festum sanctorum Cosmae et Damiani* (204, 160-161; v. 14), el *Hymnus in natiuitate sancti Iohannis Baptistae* (436, 22-23; v. 1), otro *Hymnus in natiuitate sancti Iohannis Baptistae* (433, 170; v. 1), el *Hymnus in decollatione sancti Iohannis Baptistae* (65, 171-172; v. 1), otro *Hymnus in festum sancti Iohannis euangelistae* (65, 170-171; v. 1), el *Hymnus de sterilitate pluuiae* (432, 163; v. 1), el *Hymnus in sacratione basilicae* (67, 191; v. 13), el *Hymnus in anniuersario basilicae* (460, 363 y 373; v. 25 y 32), y el *Hymnus in agenda mortuorum* (460, 365; v. 5)[63].

Algunos poetas galos fueron tempranamente conocidos y apreciados en la Hispania visigótica. Tal es el caso de Alcimo Avito, Ausonio, Paulino de Nola, Sedulio y Venancio Fortunato. Avito y Sedulio son también citados en el poema 11 de los *Versus* de Isidoro de Sevilla como lecturas cristianas alternativas a los clásicos paganos antiguos por su brillante facundia. Versos de

[62] Atendiendo principalmente a la circulación de manuscritos con la obra de Prudencio, escribió ya hace tiempo sobre la importancia dada a ese autor en la Hispania visigótica M. C. DÍAZ Y DÍAZ, 'Prudencio en la Hispania visigótica: unas breves notas', en *Corona gratiarum. Miscellanea patristica, historica et liturgica Eligio Dekkers oblata*, vol. 2, Brugge, 1975, p. 61-70. Prudencio está también presentado como eximio poeta en el poema 11 de los mencionados *Versus* de Isidoro.

[63] En la edición de CASTRO SÁNCHEZ, *Hymnodia Hispanica*, corresponden respectivamente a los himnos bajo los números 82A, 104, 133, 137, 138, 139, 187, 189, 204, 209, p. 303, 386, 491, 504, 507, 509, 674, 679, 717, 730. Sobre la actividad hímnica de los escritores visigóticos véase la edición citada, p. 801-858; S. IRANZO ABELLÁN, 'Himnario visigótico-mozárabe', en *La Hispania visigótica y mozárabe*, p. 377-385, y J. CASTRO SÁNCHEZ, *Hymnodia hispánica* (*CCT*, 19), Turnhout, 2014, p. 18-32.

todos ellos fueron incorporados a las ya mencionadas antologías poéticas escolares elaboradas en la Hispania visigótica y hoy conservadas en los ya mencionados códices Madrid BN 10029 (siglo IX) y Paris BnF Lat. 8093 (siglo IX) junto con Leiden Voss. Lat. F. 111 (siglo IX). Los usos de la obra de Alcimo Avito y de Paulino Nolano son poco significativos en el *Ars grammatica* de Julián: sendas citas para ejemplificar respectivamente usos de la conjunción *at* (160, 39; v. 1, 96) y usos del pronombre *hic* (66, 188; v. 10, 52). Los otros tres autores juegan un papel más importante. Del solemne poema épico de Sedulio sobre la historia bíblica denominado *Carmen Paschale* Julián aprovecha, para ilustrar varios fenómenos gramaticales, 6 versos distintos, pertenecientes además a los 5 libros de la obra. Interesante es comprobar que en dos casos (459, 354 y 461, 399-400) el autor toledano parece combinar dos versos del modelo (4, 3 y 5, 5), dando quizá a entender que estamos ante una cita de memoria o ante una práctica creativa escolar. También de Sedulio están reproducidos sendos versos de sus dos grandes *Himnos*. De la variada obra de Ausonio toma Julián 6 versos de seis poemas distintos, todos ellos presentes en la antología visigótica contenida en el referido manuscrito Voss. Lat. F. 111. En las antologías hispanas circuló de forma independiente el singular poema 9, 2 de Venancio Fortunato, la *consolatio* dirigida al rey Chilperico y a su mujer Fredegunda, y a esa composición pertenecen todas las citas incluidas en el *Ars grammatica*[64].

El panegírico *In laudem Iustini* de Coripo llegó pronto a la península ibérica, probablemente de forma directa desde Constantinopla, donde se encontraba trabajando el poeta africano. En Hispania el poema fue integrado también en las antologías escolares y a ellas se debe en gran parte su conservación, ya que el mencionado códice de Azagra Madrid BN 10029 (f. 17v-51r) es hoy en día su principal testimonio[65]. En el *Ars grammatica* de

---

[64] El poema está copiado en los folios 135r-137v del manuscrito Madrid BN 10029 y en los folios 23r-24r del códice Paris BnF Lat. 8093. Véase P. F. ALBERTO, 'Venancio Fortunato en la Hispania visigótica', en *Sub luce florentis calami. Homenaje a Manuel C. Díaz y Díaz* – ed. M. Domínguez – J. J. Moralejo – J. A. Puentes – M. E. Vázquez Buján. Santiago de Compostela, 2002, p. 251-269.

[65] Véase A. RAMÍREZ DE VERGER, 'Sobre la historia del texto del *Panegírico de Justino II* de Coripo (568-882 d. C.)', *Revue d'Histoires des Textes*, 18 (1988), p. 229-232, y F. A. MARCOS MARÍN, 'La recepción de la literatura latina en Hispania y su repercusión en la literatura hispánica', *Stylos*, 25 (2016), p. 147-169.

Julián queda también la evidencia de un uso directo del poema laudatorio del emperador bizantino Justino II.

No está claro si la colección de *Aenigmata* atribuida a un africano Sinfosio (*c.* 400) es fruto de una formación cristiana; en todo caso, fue un texto muy aprovechado en las escuelas cristianas medievales. Julián reproduce dos versos relacionados con esa colección. El primero de ellos está referido al hielo y sirve precisamente para ilustrar el tropo enigma (408, 438). Se trata de un verso que en la Edad Media acabó siendo atribuido también a Sinfosio, pero que en realidad aparece asociado a la definición de ese tropo en la tradición gramatical ya desde Sacerdote (*Gramm.* 462, 19-20). Lo utiliza también el propio Donato (*Mai.* 672, 11) y de ahí lo toma prestado Julián. El segundo hexámetro de Sinfosio se refiere a la víbora y es utilizado en la redacción del *Ars grammatica* que transmite la familia α para explicar la prosodia del pronombre masculino *idem* (80, 371). Esta segunda cita resulta interesante, porque presenta un texto único diferente del mayoritario en la tradición de los *Aenigmata*, pero que coincide con la rama de transmisión de esa obra relacionada con la Hispania visigótica y representada por el códice Aemilian. 39 (siglo X, f. 260r-261r) conservado en la Biblioteca de la Academia de la Historia de Madrid[66]: *uiuo nocendo quidem, sed me manet exitus idem*, es lo que se lee en Julián y en el manuscrito emilianense frente a la versión más común *occidi matrem, sed me manet exitus idem*.

Algunos textos cristianos en prosa tienen asimismo cabida en el *Ars grammatica* de Julián. Son debidos a su fuente sobre los *uitia et uirtutes orationis* los textos del capítulo 3 del *Ad Donatum* de Cipriano de Cartago (346, 58-60) como ejemplo de hipozeuxis, del *De doctrina Christiana* de Agustín (2, 38, 57) como muestra de un largo y obscuro hipérbaton (398, 326-336), y del capítulo 1 del *Physiologus* para la identificación de Cristo con un cachorro de león (410, 457-458). Parecen ser fruto de lecturas propias de Julián las demás citas. La *Vita Pauli* (*cap.* 7) de Jerónimo le ofrece un ejemplo del uso del *aduerbium uocandi 'heus'* (140, 115-116), y el párrafo 13 de la epístola 125 del mismo autor le presta un

---

[66] Puso en escena el testimonio de Madrid M. C. Díaz y Díaz, 'Para la crítica de los *Aenigmata* de Sinfosio'. Sobre la posición de ese manuscrito en la transmisión textual de Sinfosio puede verse también M. Bergamin, *Aenigmata Symposii. La fondazione dell'enigmistica come genere poetico*, Firenze, 2005, p. lxxiv-lxxxix, y T. J. Leary, *Symphosius: The Aenigmata. An Introduction, Text and Commentary*, London – New York, 2014, p. 32-35.

ejemplo de la interjección *papae* (186, 23). Para explicar las variantes de las lenguas griega y latina (200, 112-131) no hay mejor autoridad que las *Etymologiae* (9, 1, 4-7) de Isidoro de Sevilla. En el tratado *Formula uitae honestae* (cap. 4) de Martín de Braga encuentra Julián un buen ejemplo del uso plural del sustantivo *sal* (464, 477). En la traducción latina de la *Historia eclesiástica* de Eusebio preparada por Rufino de Aquileya (4, 14, 16) está utilizado el sustantivo *balneum* como femenino en plural (460, 361-362). También están en la memoria de Julián algunos de los relatos hagiográficos de carácter litúrgico leídos en la Hispania visigoda y transmitidos en la colección conocida como *Pasionario Hispánico*: he podido rastrear un préstamo de la *Passio sancti Vincentii levitae* (cap. 22), que sirve para explicar el adverbio *haud* (164, 73), y otro de la *Passio sancti Sebastiani et comitum* (cap. 84), que es un ejemplo muy ilustrativo del uso simultáneo de los grados comparativo y superlativo del adjetivo (456, 269-270)[67].

Paso inexcusable en el proceso de cristianización de los estudios gramaticales es convertir la Biblia en instrumento principal. Una correcta lectura y una cabal interpretación de las Sagradas Escrituras son el fin último de la escuela cristina, y en esos Textos Sagrados podrá encontrarse la explicación de cualquier saber. Así lo entiende Julián y, por consiguiente, da cabida a lo largo de toda su *Ars grammatica* a la Biblia como una de las *auctoritates* más importante[68]. El amplio y variado uso de los textos bíblicos queda patente en la tabla 1 incluida más arriba y puede apreciarse con más detalle en el siguiente cuadro distributivo:

Gen.	13 (10,74%)	IV Reg.	2 (1,65%)
Ex.	8 (6,61%)	Iob	2 (1,65%)
Leu.	1 (0,83%)	Ps.	25 (20,66%)
Num.	2 (1,65%)	Prou.	2 (1,65%)
Deut.	2 (1,65%)	Sap.	1 (0,83%)
Ios.	1 (0,83%)	Is.	11 (9,09%)
Iud.	4 (3,31%)	Ier.	1 (0,83%)
I Reg.	1 (0,83%)	Ez.	4 (3,31%)
II Reg.	1 (0,83%)	Dan.	1 (0,83%)
III Reg.	2 (1,65%)	Os.	2 (1,65%)

[67] Ambas *Passiones* pueden leerse en la reciente edición de V. YARZA URQUIOLA, *Passionarium Hispanicum saeculi X* (*CC SL*, 171), Turnhout, 2020, p. 583-627 y 641-650. Véase además la presentación de los dos textos en p. 24-26 y 54-57.

[68] He estudiado este aspecto en CARRACEDO-FRAGA, 'La Biblia en el *Ars grammatica* de Julián de Toledo'.

Ion.	3 (2,48%)	II Cor.	1 (0,83%)
Nah.	1 (0,83%)	Gal.	1 (0,83%)
Zach.	1 (0,83%)	Eph.	1 (0,83%)
Matth.	7 (5,79%)	Hebr.	1 (0,83%)
Luc.	4 (3,31%)	I Petr.	1 (0,83%)
Ioh.	8 (6,61%)	II Ioh.	1 (0,83%)
Act.	1 (0,83%)	Apoc.	2 (1,65%)
Rom.	2 (1,65%)		

Tabla 3: libros bíblicos citados y porcentajes sobre el total
de citas de la Biblia

Una gran parte de los libros incluidos en la Biblia ha dejado
huellas en el *Ars grammatica*. Es cierto que muchas de esas citas
bíblicas son heredadas de las fuentes gramaticales ya cristianiza-
das: 50 citas, lo que equivale al 41% del total. Pero es también
evidente que Julián completa el trabajo, añadiendo muchas otras
citas y de algunos libros no presentes en sus fuentes, como: Pro-
verbios, Jeremías, Daniel, Oseas, Jonás, Lucas, Actos de los Após-
toles o la Segunda Carta a los Corintios. El resultado conjunto
coincide con lo habitual en la escuela cristiana y con lo que se
puede encontrar en la obra exegética del propio Julián. Los libros
sapienciales ocupan un lugar preeminente, gracias sobre todo al
abundante uso de los Salmos. Los otros grupos de libros destaca-
dos son el Pentateuco, especialmente el Génesis, los libros profé-
ticos, principalmente Isaías, y por supuesto los Evangelios. En
este último grupo llama la atención la ausencia del Evangelio de
Marcos, el más breve de los sinópticos y muy poco utilizado por
Julián en toda su obra literaria.

El texto bíblico que leemos en el *Ars grammatica* presenta los
rasgos habituales en los autores de la Hispania visigótica en general y en toda la obra de Julián en particular: un texto mixto entre
la traducción *Vulgata* de Jerónimo y variantes de traducciones
anteriores conocidas como *Vetus Latina*[69]. No es necesario decir
que las citas bíblicas que Julián toma prestadas de sus fuentes y
que en última instancia derivan de escritores del norte de África,
como Ticonio, Agustín o Junilo, es casi seguro que reproducen el
texto bíblico presente en la fuente. Pero hay suficientes citas

---

[69] Para una presentación breve de la cuestión véase T. STANCATI, *Julian of Toledo:
Prognosticum futuri saeculi. Foreknowledge of the World to Come*, New York, 2010, p. 235-
236, y PABST, *Das theologische Profil des Julian von Toledo*, p. 50. Compárese también
M. A. ANDRÉS SANZ, 'Isidoro de Sevilla y el texto de la Biblia latina: el estado de la
cuestión', *Aemilianense*, 4 (2016), p. 87-116.

bíblicas debidas al propio Julián que permiten ver cómo es esa versión mixta de la que hablamos, principalmente en el libro de los Salmos. Estos son algunos ejemplos[70]:

I Reg. 20, 37 (168, 120) porro ultra te est sagitta: ecce ibi est sagitta porro ultra te

III Reg. 21, 13 (408, 429) benedixerit Deo et regi: benedixit Deum et regem

Ps. 38, 7 (166, 112) quamquam in imaginem Dei ambulet homo: uerumtamen in imagine pertransit homo

Ps. 77, 45 (384, 196) inmisit in eis muscam caninam: misit in eos coenomyam

Ps. 81, 1 (307, 26) in medio autem discernit: in medio autem deos diiudicat

Ps. 103, 24 (305, 9-10) omnia, Domine, in sapientia fecisti, repleta est terra creatura tua: Domine, omnia in sapientia fecisti, impleta est terra possessione tua

Os. 4, 13 (24, 247-248) subter populum et terebinthum: subtus populum et terebinthum

Matth. 28, 10 (406, 408-409) ite, dicite fratribus meis: ite, nuntiate fratribus meis

Luc. 13, 32 (417, 518) uade, dic uulpi illi: ite et dicite uulpi illi

---

[70] El primer texto corresponde a Julián en coincidencia con versiones de la *Vetus Latina* y el segundo a la *Vulgata*.

3. LA TRADICIÓN TEXTUAL

3.1. Testimonios manuscritos de tradición directa

B Bern, Burgerbibliothek, 123, s. IX^med, Fleury, f. 117r-128v

Este códice está ahora integrado por 128 folios de pergamino de 345 × 215 mm. Del volumen original han desaparecido los 8 folios del primer cuaderno y un número indeterminado de folios en la parte final, después del cuaderno notado con el número XVII[71]. En la escritura del manuscrito colaboraron varios copistas, que trabajaron en el escritorio de la abadía de Fleury a mediados del siglo IX y que trazaron una minúscula carolina pequeña, redonda y cuidada.

Lo que queda del volumen primigenio es uno de los varios testimonios de los intereses gramaticales en la escuela de Fleury en época carolina. En este caso encontramos una combinación del *Ars grammatica* de Julián de Toledo con otros textos gramaticales de carácter insular, alguno quizá de factura local:

1. f. 1r-31v: *Ars grammatica* atribuida a Clemente Escoto; se encuentra mútila en su inicio, debido a la mencionada pérdida del primer cuaderno del volumen.

2. f. 31v-53r: *Ars grammatica* anónima sobre los contenidos correspondientes al *Ars minor* y a los dos primeros libros del *Ars Maior* de Donato.

3. f. 53r: pequeño texto *De uoce*.

4. f. 53r-78v: *Ars grammatica* de Alcuino de York.

5. f. 78v: breve texto con tres ejemplos sobre el uso del adverbio *circumcirca*.

6. f. 78v-117r: *Ars grammatica* anónima conocida como *Ars Bernensis*.

7. f. 117r-128v: *Ars grammatica* de Julián de Toledo. Se conserva solamente la parte inicial, ya que el texto finaliza *ex abrupto* en el capítulo dedicado a las *formae uerborum* (*et in infinito modo*; 97, 183) por la referida pérdida de varios folios

---

[71] Sirven de guarda dos bifolios en pergamino de un códice de principios del siglo VII, los cuales conservan un fragmento de las *Homiliae in Ezechielem* de Gregorio Magno, copiado en letra uncial probablemente en la abadía de Bobbio.

al final del volumen. Desconocemos, por lo tanto, si en origen el tratado de Julián estaba copiado íntegro.

Bibliografía: HAGEN, *Anecdota Helvetica*, p. xxxii-xxxvii; J. TOLKIEHN, *Clementis Ars grammatica*, Leipzig, 1928, p. xii-xv; E. A. LOWE, *Codices Latini Antiquiores*, vol. VII, Oxford, 1956, p. 6 y 54; O. HOMBURGER, *Die illustrierten Handschriften der Burgerbibliothek Bern: die vorkarolingischen und karolingischen Handschriften*, Bern, 1962, p. 61-62; E. A. LOWE, *Codices Latini Antiquiores. Supplement*, Oxford, 1971, p. 58; MAESTRE YENES, *Ars Iuliani Toletani episcopi*, p. lxxiv-lxxv; L. HOLTZ, 'L'*Ars Bernensis*: essai de localisation et de datation', en *Aquitaine and Ireland in the Middle Ages* – ed. J. M. Picard, Dublin, 1995, p. 111-126; B. BISCHOFF, *Katalog der festländischen Handschriften des neunten Jahrhunderts (mit Ausnahme der wisigotischen)*, vol. I, Wiesbaden, 1998, p. 113; A. LATTOCCO, *Iuliani Toletani episcopi Ars grammatica edidit et emendavit*, tesis, Univ. Macerata, 2020, p. 110-112.

E ERFURT, Universitätsbibliothek, CA 2° 10, s. IX^{in}, región de Austrasia, f. 1r-44r, 60v-69v y 121r-122r

Este códice en pergamino cuenta con 136 folios de 292 × 180 mm, que fueron escritos en minúscula carolina clara y cuidada por al menos tres copistas principales. Se aprecia por veces cierta influencia del tipo de escritura irlandesa o anglosajona en los trazos de algunas letras o en algunas abreviaturas. Bischoff creyó ver en este manuscrito un estilo próximo a otros códices salidos del escritorio de la corte de Carlomagno y lo ubica de forma general en la región de Austrasia a principios del siglo IX.

El volumen contiene un variado y singular *corpus* de textos gramaticales de la Tardía Antigüedad y de la alta Edad Media, el cual puede ser una buena muestra de los materiales de gramática utilizados en la escuela palatina o en otras escuelas de su ámbito de influencia:

1. f. 1r-44r, 60v-69v y 121r-122r: *Ars grammatica* de Julián de Toledo. El texto comienza trunco (en 7, 20: *Nomen quid est?*) debido a la pérdida de un folio inicial[72]. La sección

---

[72] Como la obra empieza, pues, *ex abrupto* y sin *titulus*, una mano del siglo XV escribió en el margen superior del f. 1r: *Dydascalicon Seruii de partibus orationis*. Eso quiere decir que la pérdida del folio inicial fue anterior a ese momento.

dedicada a los *uitia et uirtutes orationis* fue copiada separada de las dos primeras secciones de la obra bajo el título *Tractatus de uitiis a diuersis tractatibus collectus* y además se han omitido los capítulos sobre el barbarismo y el solecismo, porque fueron sustituidos por otros capítulos distintos sobre esos dos aspectos, que probablemente forman parte del tratado descrito en el número 3[73]. Tampoco están incluidas la *Conlatio de generibus metrorum* y la segunda sección sobre las *partes orationis*.

2. f. 44r-45r: varios extractos de las *Institutiones* de Casiodoro que llevan por título *Ex libro breuiario Pauli abbatis* y que pretenden ser una breve introducción a la gramática y a las demás artes liberales[74].

3. f. 46r-60v: tratado gramatical sobre casi todos los capítulos propios de las *Artes* de Donato conocido como *Quod*[75].

4. f. 70r-88r: *Regulae grammaticae* atribuidas a Agustín de Hipona.

5. f. 88r-99v: *Ars de nomine et uerbo* de Focas.

6. f. 99v-100v: capítulo *De orthographia* (1, 27, 1-29) de las *Etymologiae* de Isidoro de Sevilla.

7. f. 100v: *Carmen* 42 de Alcuino de York, añadido aquí por una mano distinta, aunque contemporánea, de la responsable del texto que lo rodea.

8. f. 101r-106r: tratado *De orthographia* del mismo Alcuino[76].

9. f. 107r-120v: *Explanationes in artem Donati* atribuidas a Sergio precedidas de un fragmento del comienzo del libro II del

---

[73] Véase J. CARRACEDO-FRAGA, 'Un capítulo sobre *barbarismus* y *soloecismus* en el códice CA 2º 10 de Erfurt', *Euphrosyne*, 41 (2013), p. 245-258. La última parte del texto sobre los *uitia et uirtutes orationis* se encuentra ahora desplazada en los f. 121r-122r debido a una mala ordenación de los cuadernos. Una mano antigua dibujó un signo de llamada después de la última línea del f. 69v y escribió: *istam notam require ante quattuor folia in fine*; el mismo signo de remisión se encuentra efectivamente en el inicio del f. 121r. De la anterior nota se deduce que los folios 125-136 fueron añadidos *a posteriori*.

[74] El f. 45v está en blanco.

[75] Un lector del siglo XIV o XV escribió en el margen superior del f. 46r: *haec ut credo lectio Seruii super Donato licet confusa*.

[76] Una mano moderna confundió el autor y anotó en el margen superior del f. 101r: *Beda de orthographia*. El f. 106 no tiene su mitad inferior y su verso quedó en blanco.

Ars maior de Donato; el conjunto lleva por título *Expositio magistri Seruii de partibus.*

10. f. 122r-124v: extractos varios de los libros I y II de las *Etymologiae* de Isidoro.

11.f. 125r: alfabeto griego con sus equivalencias numéricas bajo el título *Alfabetum Graecum secundum numerum.*

12. f. 125v-136v: glosario griego-latino conocido como *Hermeneumata Amploniana.*

Bibliografía: W. SCHUM, *Beschreibendes Verzeichnis der Amplonianischen Handschriften-Sammlung zu Erfurt*, Berlin, 1887 (reimpr. Hildesheim, 2010), p. 9-11 y 587; MAESTRE YENES, *Ars Iuliani Toletani episcopi*, p. lxxi-lxxiv; C. JEUDY, 'L'*Ars de nomine et uerbo* de Phocas: manuscrits et commentaires médiévaux', *Viator*, 5 (1974), p. 88-89; HOLTZ, *Donat et la tradition de l'enseignement grammatical*, p. 392; BARBERO, 'Per lo studio delle fonti del *Liber Glossarum*', p. 253-255; S. BRUNI, *Alcuino. De orthographia*, Firenze, 1997, p. xxxiii; B. BISCHOFF, *Katalog der festländischen Handschriften*, vol. I, p. 249; DE PAOLIS, 'Le *Explanationes in Donatum* (*GL* IV 486-565)', p. 183; L. MUNZI, 'Testi grammaticali e *renovatio studiorum* carolingia', en *Manuscripts and Tradition of Grammatical Texts from Antiquity to the Renaissance* – ed. M. De Nonno – P. De Paolis – L. Holtz, Cassino, 2000, p. 368-372; Th. BOUILLON, 'Augustinustexte in der Amploniana', en *Die Bibliothek des Amplonius Rating de Berka und ihre verborgenen Schätze* – ed. J. Pilvousek – J. Römelt, Würzburg, 2010, p. 24; L. MARTORELLI, *Ps. Aurelii Augustini Regulae*, Hildesheim, 2011, p. xxxii-xxxiii; CARRACEDO-FRAGA, 'Un capítulo sobre *barbarismus* y *soloecismus*', p. 245-247; CARRACEDO-FRAGA, *El tratado "De uitiis et uirtutibus orationis"*, p. 87-90; LATTOCCO, *Iuliani Toletani episcopi Ars grammatica*, p. 113-116.

F BERN, Burgerbibliothek, 207, s. VIIIex, Fleury, f. 18v-77v y 81v-101r

El códice está compuesto en la actualidad por 197 folios de 295/300 × 170/175 mm de pergamino de gran calidad, pero el volumen original constaba de al menos 264 folios numerados por una mano del siglo XVI en la esquina superior derecha del recto. Los antiguos folios 264 y 257 están ahora intercalados a continuación del folio 1 y recibieron como notación corregida las letras 'A' y 'B' respectivamente[77]. Los folios con los números primitivos 212-235 constituyen ahora el primer sector (f. 1-24) del códice facticio Paris BnF Lat. 7520. En la escritura del manuscrito intervinieron varias manos, las cuales utilizan una minúscula precarolina con características irlandesas habitual en otros manuscritos de Fleury, en cuyo escritorio fue preparado el códice probablemente bajo el mandato del visigodo Teodulfo como obispo de Orléans y abad de Fleury, tal como se deduce de la tabla pascual para los años 779-797 copiada en el f. Bv. El volumen puede ser identificado con el reseñado en la entrada número 25 del catálogo de libros de la abadía francesa elaborado en el siglo XI: *item Donatus minor cum maiore et barbarismo et coniugationibus*[78].

El manuscrito contiene una amplia colección miscelánea de textos gramaticales de la Tardía Antigüedad y de la alta Edad Media, la cual está muy relacionada con la Hispania visigótica y con la corte de Carlomagno, y es también una excelente muestra de los intereses escolares en la abadía de Fleury a finales del siglo VIII:

1. f. 2r-10v: *Ars minor* de Donato; incluye como añadido un capítulo *De impersonalibus verbis* (f. 7r-8r).

2. f. 10v-11v, 13r-17r y 101r-112r: *Ars maior* de Donato; está omitido el capítulo *De uoce*, y faltan el capítulo *De pedibus* y el inicio del capítulo *De tonis* por pérdida de 2 folios.

3. f. 11v-12v: *De finalibus syllabis* atribuido a Máximo Victorino, insertado como complemento a continuación del capítulo *De syllabis* del libro I del *Ars maior*; está incompleto en su parte final, porque le afecta la mencionada pérdida de dos folios.

4. f. 17r-18v: breve tratado elemental anónimo de ejercicios escolares de análisis sobre las diferentes clases de palabras titulado *De partibus orationis in breui collectum*.

5. f. 18v-77v y 81v-101r: *Ars grammatica* de Julián de Toledo; como queda dicho, este es el único testimonio que transmite completo el tratado julianeo, aunque con la segunda

---

[77] A finales del siglo XIX el bibliotecario H. Hagen renumeró todos los folios de forma corrida del 1 al 197. Utilizamos la numeración primitiva.

[78] El catálogo se conserva en el códice Bern 433 y está transcrito en A. VIDIER, *L'historiographie à Saint-Benoît-sur-Loire et les miracles de Saint Benoît*, Paris, 1965, p. 216.

sección dedicada a las *partes orationis* separada del resto de la obra.

6. f. 77v-80v: *Centimeter* de Servio[79].

7. f. 80v-81r: *Carmina* 15 y 25 de Publio Optaciano Porfirio.

8. f. 112r-113r: *De littera*, breve comentario sobre el correspondiente capítulo del *Ars maior* de Donato.

9. f. 113r-123r: *Ars Deziana* sobre las *partes orationis*.

10. f. 123r-127r: extractos sobre el adverbio, el participio, la conjunción, la preposición y la interjección tomados del *Ars minor* de Donato y del *Ars grammatica* de Pedro de Pisa.

11. f. 127r-127v: breve capítulo *De nominibus mobilibus*.

12. f. 127v-129v y 195r-195v: *Declinationes partium orationis*, ejercicios de flexión de las distintas clases de palabras, añadidos por una mano del siglo IX.

13. f. 130r-140r: *Ars grammatica* del gramático conocido como Ásper Minor.

14. f. 140v-148r: *Explanationes de prioribus Donati* atribuidas a Sergio.

15. f. 148r-168r: *Ars grammatica* de Pedro de Pisa.

16. f. 168r-194v: extractos de los libros I, II, III y VI de las *Etymologiae* de Isidoro de Sevilla.

17. f. Ar-Av: capítulo *De loquella digitorum*, fragmento del libro I del *De temporum ratione* de Beda.

18. f. Av-Br: Alfabetos griego, hebreo y góticos.

19. f. Br: *De declinationum agnitione*, fragmento gramatical sobre las declinaciones.

20. f. Bv: repetición de los primeros versos del *Carmen* 25 de Optaciano Porfirio y una tabla pascual para los años 779-797.

---

[79] El texto comienza así: *incipit Martis Eruli grammatici*. Estamos claramente ante una lectura errónea del nombre *Marii Seruii*, que una mano del siglo XIII corrige escribiendo: *Centimetrum Seruii Honorati grammatici*.

En los cuadernos ahora conservados en el códice Paris BnF Lat. 7520 están además los siguientes textos[80]:

21. f. 1r-1v: fragmento de la obra gramatical de Terencio Escauro.

22. f. 1v-9r: *De catholicis* de Probo.

23. f. 9r-22v: *De dialectica* de Alcuino de York.

24. f. 22v-23r: fragmento del libro II de las *Etymologiae* de Isidoro.

25. f. 23r-24v: parte inicial del *De schematibus et tropis* de Beda.

Bibliografía: Homburger, *Die illustrierten Handschriften*, p. 32-39; E. A. Lowe, *Codices Latini Antiquiores*, vol. VII, p. 6 y 54; Maestre Yenes, *Ars Iuliani Toletani episcopi*, p. lxii-lxvi; Munzi, 'Il *De partibus orationis* di Giuliano di Toledo', p. 161-164; Holtz, *Donat et la tradition de l'enseignement grammatical*, p. 361-364; E. Pellegrin, 'La tradition des textes classiques latins à l'abbaye de Fleury-sur-Loire', *Revue d'Histoire des Textes*, 14-15 (1984-1985), p. 157-159; B. Bischoff, *Katalog der festländischen Handschriften*, vol. I, p. 116; P. De Paolis, 'Miscellanee grammaticali altomedievali', en *Grammatica e grammatici latini: teoria ed esegesi* – ed. F. Gasti, Pavia, 2003, p. 33-34 y 51-52; L. Munzi, *Littera legitera: testi grammaticali latini dell'Alto Medioevo*, Napoli, 2007, p. 15-20; Corazza, [*Maximi Victorini*] *Commentarium de ratione metrorum*, p. lxxxix; M. Elice, *Marii Servii Honorati Centimeter*, Hildesheim, 2013, p. clxii-clxiii y ccix-ccx; E. Krotz – M. M. Gorman, *Peter of Pisa. Grammatical Works Attributed to Peter of Pisa*, Hildesheim, 2014, p. xxiv-xxvii; Carracedo-Fraga, *El tratado "De uitiis et uirtutibus orationis"*, p. 81-86; Lattocco, *Iuliani Toletani episcopi Ars grammatica*, p. 116-120; A. Bramanti, *M. Plotii Sacerdotis Artium grammaticarum libri I-II. [Probi] De catholicis*, Hildesheim, 2022, p. ccxxxi-ccxxxvi; F. Mittenhuber, https://www.e-codices.unifr.ch/en/description/bbb/0207/Mittenhuber [última consulta 01/05/2024].

---

[80] El *index contentorum* antiguo incluido en el f. 1v del manuscrito de Berna permite saber que en los folios ahora perdidos del volumen original estaba también, por lo menos, algún texto de Prisciano.

G GOTHA, Forschungsbibliothek, Memb. II 193, s. VIII^ex, ¿Fulda?, 2 f.

Este bifolio en pergamino sirvió en su momento como guarda de otro códice, tal como lo dan a entender las marcas de pliegues que conserva en sus extremos. Los dos folios miden ahora 235 × 215 mm y no presentan numeración de folios ni de páginas; se conserva, sin embargo, en el margen inferior de lo que hoy es el f. 1r el número IIII del cuaderno originario. El recorte de los folios, que afecta a los márgenes superiores y exteriores, ha provocado la pérdida de dos líneas y media de escritura en la parte superior.

El tipo de letra utilizada en la copia es una cuidada minúscula anglosajona de finales del siglo VIII, la cual presenta algunas características similares a las encontradas en algunos manuscritos atribuibles al escritorio de la abadía de Fulda. Quizá ese centro fue también el responsable de la elaboración del códice al que pertenecieron estos dos folios y ese códice pudo ser el registrado en el catálogo del siglo XVI de la biblioteca de la abadía del siguiente modo: *ars grammatica Iuliani episcopi Toletani*[81]. Lo que hoy se conserva del *Ars grammatica* de Julián corresponde a la parte final del capítulo sobre los tropos (desde *ut tris notus abreptas in saxa*; 394, 280) y el comienzo de la *Conlatio de generibus metrorum* (hasta *mensuram quandam praestituat*; 423, 10).

Bibliografía: CHRIST, *Die Bibliothek des Klosters Fulda im 16. Jahrhundert*, p. 118-119, 151-152, 198, 235-236, 265, 304; E. A. LOWE, *Codices Latini Antiquiores*, vol. VIII, Oxford, 1959, p. 53 y 68; MAESTRE YENES, *Ars Iuliani Toletani episcopi*, p. lxvi-lxvii; C. HOPF, *Die abendländischen Handschriften der Forschungs- und Landesbibliothek Gotha. Bestandsverzeichnis. 2: Kleinformatige Pergamenthandschriften. Memb. II*, Gotha, 1997, p. 153-154; CARRACEDO-FRAGA, *El tratado "De uitiis et uirtutibus orationis"*, p. 91-92; LATTOCCO, *Iuliani Toletani episcopi Ars grammatica*, p. 120-121.

L CITTÀ DEL VATICANO, Biblioteca Apostolica Vaticana, Pal. Lat. 1746, s. VIII^ex-IX^in, Lorsch, f. 72r-98v y 126v-152r

Este códice está constituido por 184 folios de pergamino de 295/300 × 220/225 mm. Fue elaborado en el escritorio de la aba-

---

[81] Véase más arriba la nota 6.

día de San Nazario de Lorsch a finales del siglo VIII y principios del siglo IX. Es casi seguro que este códice es ya el volumen registrado bajo el número 394 en el catálogo de libros de esa abadía realizado a mediados del siglo IX y conservado en el códice del Vaticano Pal. Lat. 1877[82]. En la copia del manuscrito intervinieron varias manos en dos momentos distintos: unos pendolistas trabajaron a finales del siglo VIII en los actuales folios 1r-10v y 72r-126, y utilizaron una temprana minúscula carolina típica de los primeros momentos del escritorio de Lorsch; otros copistas se ocuparon de los folios 11r-71r y 126v-184v ya en los años iniciales del siglo IX, y su tipo de escritura es una minúscula carolina menos cuidada y más irregular[83]. En algún momento anterior a la numeración moderna de los folios se colocó fuera de lugar el cuaderno correspondiente a los folios 87-94 (debería ir antes del f. 72), provocando el desorden textual que comento más abajo.

El monasterio de Lorsch fue fundado en el año 764, esto es, pocos años antes de la confección de este códice. Así pues, este volumen es un claro testimonio de los materiales gramaticales que estaban siendo compilados en ese centro para uso escolar y que incluyen textos procedentes de las tres principales líneas de tradición gramatical convergentes en las escuelas carolingias: obras de la tardía Antigüedad, tratados de tradición visigótica y manuales de origen insular[84]:

1. f. 1r-10v: *Ars grammatica breuiata* atribuida a Agustín de Hipona.

2. f. 11r-26v: *Regulae grammaticae* también atribuidas a Agustín.

3. f. 27r-40r: *Expositio Artis Donati* de Paulo Diácono.

4. f. 40v-58v: extractos varios del libro I de las *Etymologiae* de Isidoro de Sevilla.

5. f. 59r-71v: *Ars grammatica* de Dinamio.

---

[82] Véase más arriba la nota 4.

[83] Incluso los folios 11r-26v están escritos por una mano que no parece estar formada en el tipo de escritura practicado en esos momentos en la abadía de Lorsch.

[84] Todos los textos gramaticales incluidos en el volumen aparecen recogidos en un índice escrito en el f. 1r por una mano del siglo XIV: *primo Artes sancti Augustini; Regula Augustini de nomine et aliis partibus orationis; Ars Donati quam Paulus Diaconus exposuit; sancti Ysidori episcopi de grammatica et partibus eius; Dynamius grammaticus ad discipulum suum; Grammatica Iuliani episcopi Toletani; Grammatica et Ars Tatuini; alia Ars siue Grammatica Iuliani Toletani; Ars Asperi de octo partibus oracionis; Ars domini Bonifacii archiepiscopi et martiris.*

6. f. 72r-98v y 126v-152r: *Ars grammatica* de Julián de Toledo sin la segunda sección sobre las *partes orationis*. El texto aparece desordenado por dos razones: en primer lugar, porque un copista que trabaja a finales del siglo VIII copió primero las secciones correspondientes a los contenidos de los libros I y III del *Ars maior* de Donato y a la *Conlatio de generibus metrorum*, y otro copista que escribe a principios del siglo IX añadió más adelante la primera sección correspondiente a las *partes orationis* [85]; en segundo lugar, porque la referida descolocación del cuaderno correspondiente a los folios 87-94 ha provocado la siguiente alteración en el orden textual original del *Ars grammatica*: va primero *ex abrupto* el texto desde ya iniciado el capítulo sobre los pies (*quot syllabas sibi uindicat arsis*; 260, 17-18) hasta el final del capítulo sobre la parábola (*Christus de Herode dixit*: "*uulpi illi*"; 416, 525-526), sigue desde inicio del capítulo sobre la letra hasta el mencionado comienzo del capítulo sobre los pies, y continua ya la parte final sobre los tropos y toda la *Conlatio de generibus metrorum*.

7. f. 99r-126r: *Ars grammatica* de Tatuino.

8. f. 153r-161v: *Ars grammatica* de Ásper Minor.

9. f. 162r-184v: *Ars grammatica* de Bonifacio [86].

Bibliografía: M. DE MARCO, 'Letture grammaticali a Lorsch nel secolo X', *Aevum*, 31 (1957), p. 273-277; M. DE MARCO, *Tatuinus. Ars grammatica* (*CC SL* 133), Turnhout, 1968, p. vi-vii; LOWE, *Codices Latini Antiquiores. Supplement*, p. 31 y 71; MAESTRE YENES, *Ars Iuliani Toletani episcopi*, p. lxviii-lxxi; G. J. GEBAUER – B. LÖFSTEDT, *Bonifatius. Ars grammatica* (*CC SL* 133B), Turnhout, 1980, p. vi; E. PELLEGRIN – J. FOHLEN – C. JEUDY – Y. F. RIOU, *Les manuscrits classiques latins de la Bibliothèque Vaticane*, t. II, 2, Paris, 1982, p. 392-395; B. BISCHOFF, *Die Abtei Lorsch im Spiegel ihrer Handschriften*, Lorsch,

---

[85] Como explicaré con detalle más adelante, en el capítulo dedicado a las relaciones entre los manuscritos, cada uno de los dos amanuenses utiliza para su copia un modelo distinto, perteneciente a cada una de las dos ramas principales de transmisión. De todas formas, el inicio en este manuscrito de la sección correspondiente al libro I del *Ars maior* de Donato con el titulo *Item Iuliani episcopi Toletani de littera* es indicio de que en su modelo o en algún modelo anterior esta parte iba también en segundo lugar.

[86] Añádase que en el f. 26v se incluye un pequeño texto *De sancta cruce* y en el f. 152v un *Hymnus in resurrectione Domini*.

1989, p. 32, 130-131; M. F. Buffa Giolito, *Expositio Artis Donati seu Incipit Ars Donati quam Paulus Diaconus exposuit*, Genova, 1990, p. 16-19; B. Löfstedt, 'Grammatisch-rhetorische Fragmente im *Anonymus ad Cuimnanum*', *Eranos*, 88 (1990), p. 121-124; W. Berschin, *Die Palatina in der Vaticana: eine deutsche Bibliothek in Rom*, Stuttgart, 1992, p. 6, 111, 129-130, 168; Ch. Münch, *Musikzeugnisse der Reichsabtei Lorsch. Eine Untersuchung der Lorscher musikalischen Handschriften in der Bibliotheca Palatina in der Vatikanischen Bibliothek*, Lorsch, 1993, p. 112-114; M. Irvine, *The Making of Textual Culture. "Grammatica" and Literary Theory 350-1100*, Cambridge, 1994, p. 347-349; L. Munzi, 'Dinamio grammatico cristiano', en *Mousa: scritti in onore di Giuseppe Morelli*, Bologna, 1997, p. 395-432; Häse, *Mittelalterliche Bücherverzeichnisse aus Kloster Lorsch*, p. 306; De Paolis, 'Miscellanee grammaticali altomedievali', p. 35-36; Martorelli, *Ps. Aurelii Augustini Regulae*, p. xxxi-xxxii; B. Bischoff, *Katalog der festländischen Handschriften des neunten Jahrhunderts (mit Ausnahme der wisigotischen)*, vol. III, Wiesbaden, 2014, p. 420; Carracedo-Fraga, *El tratado "De uitiis et uirtutibus orationis"*, p. 99-102; A. Lattocco, 'Un errore "meccanico": nota al Pal. Lat. 1746', *Bollettino di Studi Latini*, 49 (2019), p. 678-684; Lattocco, *Iuliani Toletani episcopi Ars grammatica*, p. 123-126; M. Kautz, https://hs-lorsch.bsz-bw.de/cgi-bin/koha/opac-detail.pl?biblionumber = 1343&query_desc = kw%2Cwrdl%3A%201746 [última consulta 15/05/2024]; https://digi.vatlib.it/mss/detail/Pal.lat.1746 [última consulta 15/05/2024].

N Napoli, Biblioteca Nazionale, IV.A.34, s. IX[in], Luxeuil, f. 266v-271r y 272v-273r

Este voluminoso códice en pergamino consta de 289 folios de 301 × 213 mm. Es la suma de dos secciones distintas (f. 1-91 y 92-289 respectivamente), tal como lo demuestra la diferente manera de notar los cuadernos (números romanos en el primer caso y letras latinas mayúsculas en el segundo) o el diferente número de líneas de escritura (41 y 40 respectivamente). De todas formas, ambas secciones fueron preparadas y copiadas en un mismo momento en la abadía de San Pedro de Luxeuil a principios del siglo IX, y probablemente fueron unidas en el mismo volumen desde su origen[87]. Para su copia intervinieron varias manos, que utilizan una pequeña minúscula carolina con claras influencias irlandesas en las formas de algunas letras y en algunas abreviaturas.

El volumen da cabida a otra rica miscelánea de textos gramaticales de variado carácter, que constituyen una completa biblioteca de todos los contenidos de gramática considerados necesarios para la escuela de Luxeuil:

1. f. 1-82v: *Commentum Artis Donati* de Pompeyo, mútilo en su comienzo por la pérdida de los dos folios iniciales del primer cuaderno.

2. f. 82v-91v: *De orthographia* de Beda.

3. f. 92r-104v: *Ars de nomine et uerbo* de Consencio.

4. f. 104v-107r: *Commentarium in Donati Artis maioris primam partem* atribuido al gramático Sergio.

5. f. 107r-109r: un capítulo *De soloecismo*.

6. f. 109r: un breve capítulo *De ultimis syllabis coniunctionis*.

7. f. 109r-111v, 144r-144v, 149v-152v y 165v-167v: *Commentarium de ratione metrorum* puesto bajo el nombre de Máximo Victorino.

8. f. 111v-113v: *De orthographia* de Agroecio, sin el prefacio con la dedicatoria de la obra y sin las últimas 6 entradas.

9. f. 113v-115v: *De orthographia* atribuido a Flavio Cáper.

10. f. 115v-116r: *De uerbis dubiis* también atribuido a Cáper.

11. f. 116r-126v: capítulo *De uerbo* del *Ars grammatica* de Diomedes.

12. f. 126v-137v: *Ars de uerbo* de Eutiques.

13. f. 137v-142r: *Ars grammatica* atribuida a Máximo Victorino.

14. f. 142r-144r: tratado *De metris et de hexametro* asignado a Máximo Victorino.

---

[87] No quedan evidencias de desgaste que den a entender que el f. 92 estuvo en algún momento en posición inicial exterior.

15. f. 144v-145r: breve *Ars grammatica* anónima conocida por su inicio como *Aggresus quidam* y puesta aquí bajo el nombre de Remio Palemón.

16. f. 145r-147v: *Declinationes nominum sunt quinque* y *De pronomine*, dos textos gramaticales que acompañan como suplemento al tratado anterior en toda la tradición manuscrita.

17. f. 147v-149v: extractos del tratado gramatical conocido como *Anonymus ad Cuimnanum*.

18. f. 152v: capítulo *De qualitate verborum* atribuido a Remio Palemón.

19. f. 152v-153r: un fragmento del *De orthographia* de Agroecio.

20. f. 153r-162v: *Ars de nomine et uerbo* de Focas.

21. f. 162v-165v: *Ars grammatica* atribuida a Ásper.

22. f. 168r-187r: *De octo partibus orationis* de Alcuino.

23. f. 187v-205r: *Epistulae* del gramático conocido como Virgilio Marón.

24. f. 205r-217r: *Epitomae* del mismo gramático Virgilio Marón.

25. f. 217v-235v: *Ars grammatica* anónima, que comienza *Quid est uox?*

26. f. 235v-256v: *Ars grammatica* del maestro irlandés Malsacano.

27. f. 256v-266v: *Explanationes in Artem Donati* atribuidas a Sergio.

28. f. 266v-271r y 272v-273r: sección *De uitiis et uirtutibus orationis* del *Ars grammatica* de Julián de Toledo. En los primeros folios van los apartados *De barbarismo*, *De soloecismo*, *De ceteris uitiis* y *De schematibus*. En el segundo grupo de folios, separada por el añadido complementario del texto de Beda, está copiada incompleta la parte *De tropis*, ya que se detiene de forma abrupta casi al final del capítulo dedicado a la catacresis (*non obposuisset*; 372, 75) y a continuación va copiado sin solución de continuidad el texto de Isidoro mencionado en el número 30 [88].

---

[88] El texto de Julián queda incompleto en su estructura sintáctica y el texto de Isidoro comienza también *ex abrupto* en mitad del capítulo *De litteris Latinis*. No podemos saber a quién se debe ese resultado y por qué razón.

29. f. 271r-272v: con el título *Item de schematibus* se incluye esa parte del *De schematibus et tropis* de Beda.

30. f. 273r: segunda parte del capítulo *De litteris Latinis* de las *Etymologiae* de Isidoro.

31. f. 273v: fragmento también dedicado a las letras del *De nuptiis Philologiae et Mercurii* de Marciano Capela (3, 261).

32. f. 273v-288v. *De pedum regulis* de Aldhelmo de Malmesbury, incompleto en su parte final debido a la pérdida de algún folio del último cuaderno[89].

Bibliografía: C. JANNELLI, *Catalogus bibliothecae Latinae veteris et classicae manuscriptae quae in Regio Neapolitano Museo Borbonico adservatur*, Napoli, 1827, p. 25-30; Ch. H. BEESON, 'The Manuscripts of Bede', *Classical Philology*, 42 (1947), p. 73-87; G. FANTELLI, 'False attribuzioni medievali di opere grammaticali a Quinto Remmio Palemone', *Aevum*, 24 (1950), p. 435-437; F. FOSSIER, *La Bibliothèque Farnèse. Étude des manuscrits latins et en langue vernaculaire*, Roma, 1961, p. 401-405; B. LÖFSTEDT, *Der hibernolateinische Grammatiker Malsachanus*, Uppsala, 1965, p. 30-42; C. JEUDY, 'L'*Ars de nomine et uerbo* de Phocas', p. 114-116; Ch. W. JONES, *Beda Venerabilis. De orthographia* (*CC SL* 123A), Turnhout, 1975, p. 4; M. PUGLIARELLO, *Agroecius. Ars de orthographia*, Milano, 1978, p. 17-18; G. POLARA, *Virgilio Marone. Epitomi ed Epistole*, Napoli; 1979, p. xxiv-xxv y xxxv; G. L. BURSILL-HALL, *A Census of Medieval Latin Grammatical Manuscripts*, Stuttgart, 1981, p. 163; B. BISCHOFF – B. LÖFSTEDT, *Anonymus ad Cuimnanum. Expossitio Latinitatis* (*CC SL* 133D), Turnhout, 1992, p. x; DE PAOLIS, 'Miscellanee grammaticali altomedievali', p. 40, 51, 56-57, 65; B. LÖFSTEDT, *Virgilius Maro Grammaticus. Opera omnia*, München – Leipzig, 2003, p. x; B. BISCHOFF, *Katalog der festländischen Handschriften des neunten Jahrhunderts* (*mit Ausnahme der wisigotischen*), vol. II, Wiesbaden, 2004, p. 308; L. MUNZI, *Multiplex Latinitas. Testi grammaticali latini dell'Alto Medioevo*, Napoli, 2004, p. 69-70; D. CORAZZA, [*Maximi Victorini*] *Commentarium de ratione metrorum*, p. xcix-c; J. CARRACEDO-FRAGA, *El tratado "De uitiis et uirtutibus orationis"*, p. 92-96; A. LATTOCCO, 'I "nuovi"

---

[89] El folio 289 conserva solamente la mitad superior y en su lado recto está escrito en letra del siglo X el pequeño *memoriale de libellis fratris Uuigradi*, en el cual se cuenta probablemente este mismo códice bajo la entrada *uolumen diuersorum grammaticorum*.

codici dell'*Ars Iuliani*: per una riedizione del testo iulianeo', *Bolletino di Studi Latini*, 50 (2020), p. 714-716; A. LATTOCCO, *Iuliani Toletani episcopi Ars grammatica*, p. 129-131.

P PARIS, Bibliothèque Nationale de France, Lat. 18520, s. IX$^{2/4}$, región de París, f. 127v-135v

Este códice de pergamino está compuesto actualmente por 135 folios de 248 × 185 mm; se han perdido todos los folios del primer cuaderno y los tres últimos folios del cuaderno final. El actual folio 1 es un fragmento del antiguo folio de guarda, en cuyo verso se conservan algunos restos de un texto litúrgico. Varias manos participaron en la copia del manuscrito en escritura minúscula carolina. Su trabajo puede situarse en el segundo cuarto del siglo IX en algún centro de influencia insular[90] de la región de París o quizás más hacia el Oeste, próximo al monasterio de Saint-Mihiel-sur-Meuse, en la región de Lorena, donde era abad y había escrito poco antes Esmaragdo el primer texto transmitido en el códice.

En el volumen está recogida una antología de textos gramaticales de origen insular, acompañados de algunos textos de fuentes gramaticales anteriores:

1. f. 2r-78v: *Liber in partibus Donati* de Esmaragdo de Saint-Mihiel, mútilo en su parte inicial debido a la mencionada pérdida del primer cuaderno del volumen.

2. f. 79r-94v: *De arte metrica* de Beda.

3. f. 95r-102r: *De schematibus et tropis* de Beda.

4. f. 102r-104r: extractos del capítulo sobre los acentos de la obra *De Scauri et Palladii libris excerpta* de Áudax.

5. f. 104r: *Carmen* 119, *De communibus syllabis*, de Alcuino de York, acompañado de breve comentario.

6. f. 104r-112v: *Institutio de nomine et pronomine et uerbo* de Prisciano.

7. f. 112v: breve texto sobre algunas definiciones gramaticales.

8. f. 113r-127r: *De orthographia* de Beda.

---

[90] Así se deduce de algunos rasgos en la escritura, pero sobre todo del carácter de la colección gramatical incluida en el códice.

9. f. 127v-135v: extractos del *Ars grammatica* de Julián de Toledo correspondientes a los capítulos *De littera, De accentibus, De posituris, De barbarismo, De soloecismo* y *De ceteris uitiis*; en este último capítulo el texto termina *ex abrupto* (*erit: nemo*; 324, 46) debido a la desaparición ya señalada de tres folios al final del volumen[91].

Bibliografía: C. JEUDY, 'L'*Institutio de nomine, pronomine et uerbo* de Priscien', p. 126-127; Ch. W. JONES, *Beda Venerabilis. De orthographia*, p. 4; M. PASSALACQUA, *I Codici di Prisciano*, Roma, 1978, p. 251-252; L. HOLTZ, 'La tradition ancienne du *Liber in partibus Donati* de Smaragde de Saint-Mihiel', *Revue d'Histoire des Textes*, 16 (1986), p. 192-194; B. LÖFSTEDT – L. HOLTZ – A. KIBRE, *Smaragdus. Liber in partibus Donati* (*CC CM* 68), Turnhout, 1986, p. xviii-xix; B. BISCHOFF, *Katalog der festländischen Handschriften*, vol. III, p. 322-323; J. CARRACEDO-FRAGA, *El tratado "De uitiis et uirtutibus orationis"*, p. 97-99; A. LATTOCCO, 'I "nuovi" codici dell'*Ars Iuliani*', p. 716-717; A. LATTOCCO, *Iuliani Toletani episcopi Ars grammatica*, p. 131-132; https://archivesetmanuscrits.bnf.fr/ark:/12148/cc69310q [última consulta 15/05/2024].

R CITTÀ DEL VATICANO, Biblioteca Apostolica Vaticana, Reg. Lat. 1586, s. IX$^{3/4}$, Reims, f. 73r-77r

Este pequeño volumen contiene 87 folios de pergamino de 222 × 180 mm. Fue copiado por varias manos en minúscula carolina en el tercer cuarto del siglo IX en algún centro del noroeste de Francia no muy lejano del monasterio alemán de Prüm, donde compuso pocos años antes (*c.* 850) su *Martyrologium metricum* el monje Wandalberto. Las características de la escritura hacen pensar en la región de Reims como probable lugar de origen. El códice pasó pronto a pertenecer a la abadía de Fleury, pues allí le añadieron los actuales folios 1-2 y 87 y en ellos copiaron en letra minúscula carolina del siglo XI varios textos de interés local rela-

---

[91] Es casi seguro que el capítulo *De ceteris uitiis* estaba completo y es muy probable que en los folios perdidos estuviesen copiados más fragmentos del *Ars grammatica* de Julián.

cionados con los abades Abbón (988-1004) y Gauzlino (1004-1030)[92].

El plan original era recoger una pequeña selección de textos gramaticales, especialmente de métrica, en la cual observamos la triple procedencia habitual en las compilaciones gramaticales carolingias que estamos viendo, tardoantigua, visigótica e insular:

1. f. 3-69v: *Commentum in Donati Artem maiorem* del gramático escoto Murethac.

2. f. 69v-73r: *De metris* de Malio Teodoro, anepigráfico y trunco en su parte inicial.

3. f. 73r-77r: *Conlatio de generibus metrorum* del *Ars grammatica* de Julián de Toledo.

4. f. 77r-77v: *Epistula sancti Hieronymi de nominibus pedum*, pequeño texto sobre los nombres de los diferentes pies puesto bajo el nombre de Jerónimo y basado principalmente en el capítulo *De pedibus* de Sacerdote; se omite la parte final.

5. f. 77v-80v: *Centimeter* de Servio Honorato.

6. f. 80v-86v: *Martyrologium metricum* de Wandalberto de Prüm, al que le faltan los 70 últimos versos; quizás fue incluido este texto poético casi contemporáneo, entre otras razones, como complemento práctico de las enseñanzas teóricas sobre métrica.

Bibliografía: B. BISCHOFF, '*Muridac doctissimus plebis*, ein irischer Grammatiker des IX. Jahrhunderts', *Celtica*, 5 (1960), p. 40-45 (reimpr. en *Mittelalterliche Studien*, Stuttgart, 1967, vol. II, p. 50-55); M. A. H. MAESTRE YENES, *Ars Iuliani Toletani episcopi*, p. lxi; L. HOLTZ, *Murethach (Muridac). In Donati*

---

[92] Estos son los textos: f. 1r: *Epistula ad Gauzlinum Floriacensem abbatem*, mútila por pérdida de un trozo en la parte superior izquierda del folio, y *Epistula encyclica de caede Abbonis Floriacensis abbatis*; f. 1r-1v: *Epistula ad Abbonem Floriacensem* de Oliboldo de Fleury (afecta al texto la mutilación antes mencionada); f. 2r: himno en honor de santa María Magdalena (falta el comienzo de los versos debido a la desaparición de un fragmento del folio; la segunda mitad del f. 2r y todo el f. 2v están en blanco); f. 87r: himno en honor de san Dionisio; f. 87v: 4 versos de un poema o enigma sobre el nombre *Saturnus*. En el f. 1r entre las dos epístolas se lee también una nota con nombres de monjes de Fleury: *domine pater Benedicte tibi codex Hisembertus ephebus Hisembardus quoque parui*.

Artem maiorem (*CC CM* 40), Turnhout, 1977, p. xxxvi-xxxxvii; E. Pellegrin – J. Fohlen – C. Jeudy – Y. F. Riou, *Les manuscrits classiques latins*, t. II, 1, p. 309-311; P. De Paolis, 'Miscellanee grammaticali altomedievali', p. 36; F. Romanini, *Malli Theodori De metris*, p. cxiii-cxiv; M. Elice, *Marii Servii Honorati Centimeter*, p. clx; B. Bischoff, *Katalog der festländischen Handschriften*, vol. III, p. 440; P. F. Alberto, 'L'*Epistula sancti Hieronymi de nominibus pedum* e Isidoro di Siviglia', *Archivum Latinitatis Medii Aevi*, 77 (2019), p. 294-295; A. Lattocco, *Iuliani Toletani episcopi Ars grammatica*, p. 137-138; https://digi.vatlib.it/mss/detail/Reg.lat.1586 [última consulta 15/05/2024].

T Paris, Bibliothèque Nationale de France, Lat. 7540, s. XI, Lyon, f. 49r-52v y 60r-60v

En su origen este códice formaba parte del mismo volumen que el códice también parisino Lat. 2772. Consta ahora de 76 folios de pergamino, que miden 180/185 × 140/145 mm y que constituían la segunda parte del volumen original desde el cuaderno notado con el número XV. Fue copiado por varias manos en minúscula carolina a mediados del siglo IX en Lyon, probablemente en un momento en que en ese centro trabajaban Floro y su discípulo Mannón de Saint-Oyen. Al conjunto primitivo fueron añadidos algunos folios en la primera mitad del siglo XI escritos por una misma mano también en minúscula carolina: un bifolio en el códice Lat. 2772, que son ahora los f. 77-78, y otro bifolio en el códice Lat. 7540, que se corresponde con los actuales f. 49-52. En ambos casos ese mismo copista aprovecha además, para completar sus textos, folios originales que estaban en blanco: el f. 75v y los f. 60r y 60v respectivamente.

El conjunto es una rica compilación de variados textos escolares de gramática acompañados de una selección didáctica de textos poéticos. Estos son los textos ahora presentes en el manuscrito Lat. 7540:

1. f. 1r-4v: *De finalibus* de Servio Honorato.

2. f. 5r-8v: *Carmina* de Eugenio de Toledo.

3. f. 9r: *Nomina monosyllaba omnia*, lista de palabras monosílabas copiada a cuatro columnas.

4. f. 9v-15v, 26r-33r y 61r-68v: *Cunabula grammaticae artis Donati* atribuidos a Beda.

5. f. 15v-24r: *Terminationes nominum.*

6. f. 24v-25v: *Declinationes nominum* extractadas de la *Intitutio de nomine et pronomine et uerbo* de Prisciano.

7. f. 33v-44r: *Coniugationes uerborum.*

8. f. 44r-47r y 53r-58v: *Explanatio uerbi.*

9. f. 47v-48v: fragmento del tratado *De finalibus* atribuido a Máximo Victorino.

10. f. 49r-52v y 60r-v: extractos del *Ars grammatica* de Julián de Toledo correspondientes al capítulo sobre el adverbio; como he explicado más arriba, estos extractos fueron añadidos por una mano del siglo XI en un bifolio insertado al efecto, aunque el copista completa el texto aprovechando las cuatro últimas líneas del f. 60r y todo el f. 60v, que estaban en blanco[93].

11. f. 53r-58v: *De uerbis.*

12. f. 58v-59v: *Carmen* 58 de los poemas atribuidos a Alcuino de York.

13. f. 59v: *Nomina nouem Musarum.*

14. f. 60r: tres pequeños textos: *Diuisiones musicae artis, De Musis uersus* atribuidos a Catón, fragmento sobre las ninfas tomado del *Commentarius in Vergilii Aeneidos libros* de Servio correspondiente al verso 1, 500.

15. f. 69r-74v: *Aenigmata* de Aldhelmo de Malmesbury, incompletos por la pérdida de algún folio.

16. f. 75v-76v: *Orationes*[94].

Bibliografía: Ph. LAUER, *Catalogue Général des Manuscrits Latins de la Bibliothèque Nationale*, t. III, Paris, 1952, p. 68-71; V. LAW, 'A French Metamorphosis of an English Grammatical

---

[93] Teniendo esto en cuenta que el texto de Julián continúa en los espacios en blanco del folio 60, es muy probable que el binión suplementario estuviese inserido originalmente después del cuaderno que termina en el folio 59.

[94] El f. 75r está en blanco, salvo por la presencia de algunas pruebas de pluma. El f. 76 es hoy solamente un pequeño fragmento.

Genre: *declinationes* into *terminationes*', en *France and the British Isles in the Middle Ages and Renaissance. Essays by Members of Girton College, Cambridge, in Memory of Ruth Morgan* – ed. G. Jondorf – D. N. Dumville, Woodbridge, 1991, p. 17-42; A.-M. TURCAN-VERKERK, 'Mannon de Saint-Oyen dans l'histoire de la transmission des textes', *Revue d'Histoire des Textes*, 29 (1999), p. 228-231 y 233-237; L. MUNZI, 'Testi grammaticali', p. 377-378; P. F. ALBERTO, *Eugenii Toletani opera omnia*, p. 66-71; B. BISCHOFF, *Katalog der festländischen Handschriften*, vol. III, p. 128; A. LATTOCCO, 'I "nuovi" codici dell'*Ars Iuliani*', p. 709-711; A. LATTOCCO, *Iuliani Toletani episcopi Ars grammatica*, p. 123; C. PELLETIER, https://archivesetmanuscrits.bnf.fr/ark:/12148/cc1255151 [última consulta 15/05/2024].

V VALENCIENNES, Médiathèque Simone Veil, 393 (376), s. IX$^{1/4}$, región del Loira, f. 152r-155r

Este códice de pequeño tamaño contine 158 folios de pergamino de 211 × 132 mm. Fue copiado en minúscula carolina por varias manos en el primer cuarto del siglo IX en algún centro de la región del río Loira. En algún momento de la primera mitad del siglo XII el manuscrito llegó a la biblioteca de la abadía de Saint-Amand, puesto que figura ya recogido en el catálogo de libros de esa biblioteca realizado entre 1150 y 1159 y conocido como *Index maior*, pero no aparece todavía reseñado en el catálogo de esa misma biblioteca elaborado entre 1123-1136 y denominado *Index minor*[95].

Estamos ante otra miscelánea gramatical fruto de la escuela carolingia, en la cual se da cabida prioritaria a textos de carácter insular y se presta especial atención a tratados sobre métrica:

1. f. 1r-76v: *Excerptiones super Priscianum* de Alcuino de York.

2. f. 77r: *Sententia Hieronymi de utilitate artis grammaticae*.

3. f. 77v-112r y 123r-139v: *Ars grammatica* de Donato Ortígrafo.

4. f. 112r-123r: *De barbarismo* de Clemente Escoto.

---

[95] El *Index minor* se encuentra en el códice Valenciennes 39 (33), f. 2r, y el *Index maior* en el códice Paris BnF Lat. 1850, f. 199v-202v. En la entrada número 97 de este último se lee: *Albini exceptiones super Priscianum maiorem tres*. Transcribe el texto del catálogo mayor L. DELISLE, *Le cabinet des manuscrits de la Bibliothèque Impériale*, t. II, Paris, 1874, p. 448-458; la entrada 97 figura en p. 451.

5. f. 139v-142r: fragmento *De uerbo impersonali* del *Ars grammatica* transmitida también en los códices Nancy 317 (356) y München Clm 6415.

6. f. 142v-151v: *De pedum regulis* de Aldhelmo de Malmesbury[96].

7. f. 152r-155r: *Conlatio de generibus metrorum* del *Ars grammatica* de Julián de Toledo.

8. f. 155r-157v: *Centimeter* de Servio Honorato[97].

Bibliografía: A. MOLINIER, *Catalogue général des manuscrits des bibliothèques publiques de France. Départments*, t. XXV, Paris, 1894, p. 360-361; R. EHWALD, *Aldhelmi Opera* (*MGH, Auctores Antiquissimi*, 15), Berlin, 1919, p. 38-39; B. BISCHOFF, *Die südostdeutschen Schreibschulen und Bibliotheken in der Karolingerzeit*, vol. 2, Wiesbaden, 1980, p. 62; J. CHITTENDEN, *Donatus Ortigraphus. Ars grammatica* (*CC CM* 40D), Turnhout, 1982, p. xxv; L. HOLTZ, *Donat et la tradition de l'enseignement grammatical*, p. 436; L. HOLTZ, 'Priscien dans la pédagogie d'Alcuin', en *Manuscripts and Tradition of Grammatical Texts*, p. 294-297; L. MUNZI, 'Testi grammaticali', p. 379; M. ELICE, *Marii Servii Honorati Centimeter*, p. clix-clx; B. BISCHOFF, *Katalog der festländischen Handschriften*, vol. III, p. 399; P. F. ALBERTO, 'New Evidence for Julian of Toledo's *Ars grammatica*', p. 176-183; L. HOLTZ – A. GRONDEUX, *Alcuini abbatis sancti Martini Turonensis Excerptiones super Priscianum* (*CC CM* 304), Turnhout, 2020, p. xxxi-xxxii; https://ccfr.bnf.fr/portailccfr/ark:/06871/004D30021356 [última consulta 15/05/2024].

Otros manuscritos

Conocemos otros tres manuscritos transmisores del *Ars grammatica* de Julián de Toledo que no han sido utilizados para esta edición por la razón que para cada uno se explica. El caso más evidente es el del manuscrito Chartres, Bibliothèque Publique,

---

[96] En la mitad inferior del f. 151v, que quedaba en blanco, una mano distinta añadió un pequeño texto sobre medidas.

[97] En el f. 158r hay una figura de un santo con hábito sacerdotal, que ocupa gran parte de su superficie; en el extremo superior está copiado el verso 3 del *Cathamerinon* de Prudencio. En el f. 158v, que estaba en blanco, dos manos distintas escribieron repetido el verso: *tu decus omne tuis, o summe et nobilis Odo* (la segunda omite *Odo*); cfr D. SCHALLER – E. KÖNSGEN, *Initia carminum Latinorum saeculo undecimo antiquiorum: bibliographisches Repertorium für die lateinische Dichtung der Antike und des frühen Mittelalters*, Göttingen, 1977-2005, n° 16510.

92 (47), ya que fue destruido en un incendio en el año 1944
durante la Segunda Guerra Mundial. Conocemos bien, sin
embargo, sus características y su contenido gracias a la información que nos han dejado trabajos anteriores al momento de su
desaparición[98]. Se trataba de un códice facticio compuesto por
cuatro sectores y un total de 207 folios de 272 × 212 mm. El
primer sector, que es el que aquí nos interesa, estaba formado por
los 80 primeros folios, había sido escrito en minúscula carolina
en el siglo IX en algún centro del norte de Francia y procedía de
la catedral de Chartres. Ese sector contenía una colección de
textos gramaticales similar a la que conserva nuestro códice
Erfurt CA 2° 10, con el cual estaba probablemente emparentado
de forma directa:

1. f. 1r-30r: *Ars grammatica* de Julián de Toledo, la parte correspondiente a las dos primeras secciones de la obra, es decir,
   la equivalente al *Ars minor* y al libro I del *Ars maior* de Donato; comenzaba acéfala (*Quomodo? Aliquid subiungitur*;
   79, 324), debido a la pérdida de algunos folios.

2. f. 30v-32v: extractos de las *Institutiones* de Casiodoro que lleva-
   ban por título *Ex libro breuiario Pauli abbatis*.

3. f. 32v-49v: *Regulae grammaticae* atribuidas a Agustín de Hipona.

4. f. 49v-61r: *Ars grammatica* denominada *Quod*.

5. f. 61v-73r: *Ars de nomine et verbo* de Focas.

6. f. 73v-80v: *Declinationes nominum*.

El segundo manuscrito es el München, Bayerische Staatsbibliothek, Clm 807, un códice en papel de finales del siglo XV

---

[98] Tal es el caso de: *Catalogue général des manuscrits des bibliothèques publiques de
France. Départements. Tome XI. Chartres*, Paris, 1890, p. 48-49; J. A. CLERVAL, *Les
écoles de Chartres au Moyen-Âge: du Ve au XVIe siècle*, Chartres, 1895, p. 16; Ch. H.
BEESON, *Isidor-Studien*, München, 1913, p. 86; BEESON, 'The *Ars grammatica* of Julian
of Toledo', p. 60; Y. DELAPORTE, *Les manuscrits enluminés de la Bibliothèque de Chartres*, Chartres, 1929, p. 28; R. A. B. MYNORS, *Cassiodori Senatoris Institutiones*, Oxford,
1937, p. xxii; G. LACOMBE – A. BIRKENMAJER – M. DULONG – E. FRANCESCHINI,
Aristoteles Latinus. Pars prior, Roma, 1939, p. 465-466. Noticias más recientes sobre el
códice pueden verse en: MAESTRE YENES, *Ars Iuliani Toletani episcopi*, p. lxxv;
C. JEUDY, 'L'*Ars de nomine et uerbo* de Phocas', p. 87-88; BISCHOFF, *Katalog der festländischen Handschriften*, vol. I, p. 194; MARTORELLI, *Ps. Aurelii Augustini Regulae*,
p. xxxiii-xxxiv.

integrado por 196 folios de aproximadamente 220 × 150 mm. Incluye una amplia colección de extractos de obras de diversa índole, que fue posesión del humanista florentino Pedro Crinito[99]. Varios de esos extractos pertenecen a textos gramaticales y entre ellos están en f. 71r-71v dos pequeños fragmentos sacados del *Ars grammatica* de Julián correspondientes a los inventores de los distintos alfabetos (*genera litterarum – uidemus ultimas*; 194, 44-55) y a las diferentes lenguas latinas (*Latinas autem linguas – soloecismos et barbarismos corrumpens*; 200, 121-202, 131). Estos fragmentos fueron copiados en el año 1491 por Angelo Poliziano *ex antiquissimo codice*, según él mismo afirma (f. 67r), en el cual estaban, además del tratado de Julián[100], el *Centimeter* de Servio, las *Explanationes in Donatum* atribuidas a Sergio, el *De finalibus* también de Servio, el *Ars grammatica* atribuida a Máximo Victorino o el *Ars de nomine et uerbo* de Focas. Puesto que los fragmentos transmitidos son muy breves y no aportan nada relevante para la fijación del texto, no los tengo en cuenta para la presente edición.

El tercer manuscrito en cuestión es el Toledo, Biblioteca de Castilla-La Mancha, Colección Borbón-Lorenzana, ms. 119. Consta de 228 páginas numeradas en papel de 300 × 211 mm. A esas páginas hay que añadir 7 en blanco[101] al principio y otras 7 al final también en blanco utilizadas como guarda, 4 páginas que quedaron en blanco en algunas partes en el interior y que no fueron numeradas, y 4 conjuntos de 4 páginas cada uno también sin numerar, los cuales fueron utilizados para añadir notas relativas a lecturas textuales o a fuentes, que después fueron incluidas en la edición que de seguido menciono. El volumen contiene una copia manuscrita del texto del *Ars grammatica* de Julián transmitido en el ya descrito manuscrito vaticano Pal. Lat. 1746. Esta

---

[99] Datos del manuscrito ofrecen: C. HALM, *Catalogus codicum Latinorum Bibliothecae Regiae Monacensis*, t. I, 1, München, 1892, p. 197; I. MAIER, *Les manuscrits d'Ange Politien*, Genève, 1965, p. 210-214; C. JEUDY, 'L'*Ars de nomine et uerbo* de Phocas', p. 105-107; PASSALACQUA, *I Codici di Prisciano*, p. 384; M. MARCHIARO, *La biblioteca di Pietro Crinito. Manoscritti e libri a stampa della raccolta libraria di un umanista fiorentino*, Porto, 2013, p. 220-227; LATTOCCO, 'I "nuovi" codici dell'*Ars Iuliani*', p. 711-714; LATTOCCO, *Iuliani Toletani episcopi Ars grammatica*, p. 126-129.

[100] El *Ars grammatica* de Julián incluía también la sección dedicada a los metros, según podemos deducir de que Poliziano registra expresamente su *incipit* bajo el título *Conlatio de ratione metrorum*. Ese título presenta la misma variante, *ratione* en lugar de *generibus*, que se lee en el manuscrito Pal. Lat. 1746.

[101] En la sexta de esas páginas se escribió: '*Grammatica* de san Julián arzobispo de Toledo, el original de que se ha sacado esta copia está en la Biblioteca de el Vaticano'.

copia fue realizada en el año 1796 por encargo del jesuita Faustino Arévalo a petición del cardenal Francisco Antonio de Lorenzana, para ser utilizada como base de la edición del texto publicada por el propio Lorenzana en el año 1797[102]. En esa copia el texto de lo que aquí es la primera parte del *Ars grammatica* está bien organizado, sin que se note la alteración producida por la mencionada errónea colocación de un cuaderno en el modelo; lo único extraño es que los capítulos *De tonis* y *De posituris* van después de la *Conlatio de generibus metrorum*. No sabemos, pues, si en el momento de la copia ya se había producido la descolocación del cuaderno y el amanuense la salva o si la extraña ubicación de los dos capítulos indicados se debe a esa descolocación. En la presente edición no tengo en cuenta este *codex descriptus*, sino la edición resultante.

3.2. Testimonios de tradición indirecta

El *Ars grammatica* de Julián de Toledo ha dejado sus huellas en algunos textos producidos poco tiempo después de la creación de aquella, los cuales resultan útiles para el establecimiento del texto del *Ars*. Estos son los que voy a utilizar para la presente edición:

Cass. Tratados transmitidos en el códice Paris, Bibliothèque Nationale de France, Lat. 7530, s. VIII^ex, f. 49v-51v y 127r-138v

El manuscrito Paris BnF Lat. 7530 es otro de los códices de época carolingia que conserva una extraordinaria compilación miscelánea de textos escolares. Con razón fue calificado como una auténtica enciclopedia de las artes liberales, porque sus 300 folios de pergamino de 255 × 183 mm contienen una rica y variada colección de textos de las distintas artes liberales, especialmente de gramática y de retórica. Fue copiado en minúscula beneventana antigua por un único pendolista principal[103] en la

---

[102] Véase más arriba la nota 2 y más abajo la noticia sobre esa edición. Tenemos presentación del manuscrito toledano en F. Esteve Barba, *Catálogo de la colección de manuscritos Borbón-Lorenzana*, Madrid, 1942, p. 97.

[103] Una mano contemporánea escribe algunas líneas en varios folios (136v, 141v, 143r y 143v) y otra mano reescribe ya en el siglo IX el cuaderno XXX (f. 222-227), la cual también interviene en el f. 214. Una bibliografía básica sobre este importante manuscrito es la siguiente: E. A. Lowe, *Codices Latini Antiquiores*, vol. V, Oxford, 1950, p. 14 y 56; L. Holtz, 'Le Parisinus Latinus 7530, synthèse cassinienne des arts libéraux', *Studi Medievali*, 3ª ser. 16 (1975), p. 97-152; Passalacqua, *I codici di Prisciano*, p. 229-232; E. A. Loew – V. Brown, *The Beneventan Script. A History of the South Italian minus-*

abadía de Montecassino en los últimos años del siglo VIII. Dos de los tratados gramaticales allí incluidos (f. 49v-51v y 127r-138v respectivamente) están compuestos mediante la combinación de extractos del *Ars grammatica* de Julián de Toledo con extractos de otros textos gramaticales, algunos de ellos también fuente de Julián.

El primer tratado está dedicado a las *partes orationis* y combina textos del *Ars grammatica* de Tatuino, de las *Explanationes in Donatum* atribuidas a Sergio, de las *Etymologiae* de Isidoro y del *Ars grammatica* de Julián. De esta última están tomadas partes de los capítulos dedicados a los *aduerbia adfirmandi* (f. 51r22-23 = 136, 78-138, 80), a los *aduerbia personalia* (f. 51r23-26 = 138, 106-140, 111), a los *aduerbia respondendi* (f. 51r26-28 = 140, 116-121), a los *aduerbia separandi* (f. 51r28-21 = 140, 122-126) y a los *aduerbia prohibendi* (f. 51r31-33 = 142, 138-142).

El segundo de los tratados es más extenso y completo, aborda también las *partes orationis*, pero atiende además a los contenidos propios del libro I del *Ars maior* Donato[104]. Los principales modelos allí combinados son el *Ars grammatica* de Pompeyo y el *Ars grammatica* de Julián. Esta segunda es aprovechada de forma bastante exhaustiva en los capítulos sobre el adverbio, el participio, la conjunción y la preposición. Esta es la equivalencia detallada:

Cass.	IVLIAN., *Gramm.*
De aduerbio	
129r6-23	132, 2-134, 21
129r23-26	136, 50-54
129r26-28	136, 56-57
129r28-130r2	136, 63-142, 148

cule, 2 vols, Roma, 1980, *passim*; B. M. Tarquini, *I codici grammaticali in scrittura beneventana*, Montecassino, 2002, p. 15-17, 66-76 y 82-86; De Paolis, 'Miscellanee grammaticali altomedievali', p. 40; Romanini, *Malli Theodori De metris*, p. cxxvii-cxxxiii; Elice, *Marii Servii Honorati Centimeter*, p. clxxvii-clxxx; A. Zago, *Pompeii Commentum in Artis Donati partem tertiam*, t. I, p. cxiii-cxv; D. Paniagua, *Polemii Silvii Laterculus*, Roma, 2018, p. 163-164; Lattocco, 'I "nuovi" codici dell'*Ars Iuliani*', p. 717-722; Lattocco, *Iuliani Toletani episcopi Ars grammatica*, p. 133-137; F. Cinato – D. Mercuzot, https://archivesetmanuscrits.bnf.fr/ark:/12148/cc94636q [consulta 15/05/2024].

[104] La pérdida del cuaderno que llevaba el número XVIII ha provocado la desaparición de una gran parte final del capítulo sobre la letra y de otra gran parte del inicio del capítulo sobre los pies. Falta asimismo algo en el final del capítulo sobre los pies y todo el capítulo dedicado a las *positurae*, aunque no podemos saber si esto se debe también a algún accidente material o a decisión del responsable del tratado.

130r2-7	142, 156-144, 159
130r7-16	144, 162-177
130r16-19	146, 189-197
130r19-130v9	146, 205-150, 249

De participio

130v10-36	150, 2-152, 40
130v36-131r5	154, 46-63
131r5-11	156, 82-90

De coniunctione

131r12-131v21	158, 2-162, 66
131v21-29	164, 71-82
131v30-132r18	166, 93-168, 132
132r19-23	168, 136-142
132r23-32	170, 158-167
132r32-132v20	172, 170-174, 203

De praepositione

132v21-34	174, 2-176, 21

En lo que ahora tenemos del *Ars grammatica* de Julián en los tratados de Montecassino se observa la personalidad de algún maestro que selecciona materiales: en su mayoría los reproduce literalmente, en alguna ocasión los reelabora cambiando expresiones o ejemplos, y en todos los casos necesita ensamblarlos en un nuevo resultado. Ese maestro parece trabajar en un contexto cultural visigótico, puesto que en los casos en que interviene más claramente recurre a poetas habituales en la obra de Julián, como Prudencio o el poema 9, 2 de Venancio Fortunato, utiliza variantes bíblicas propias de la liturgia visigótica o menciona ciudades hispanas, como Barcelona. Es evidente que ese maestro trabajó con un ejemplar del *Ars grammatica* en un momento muy cercano en el tiempo al del origen de esa obra y quizás también en un lugar próximo. Creo, por lo tanto, que no podemos considerar los textos del manuscrito de Montecassino como testimonio directo de la obra de Julián, pero sí como un singular e importante testimonio indirecto, que puede ayudar a la fijación del texto en algunos lugares dudosos, como ocurre por ejemplo en el capítulo sobre los *aduerbia separandi* (140, 122-126). Veamos aquí una pequeña muestra comparativa entre los tres textos[105]:

IVLIAN., *Gramm.*	*Cass.* f. 51r	*Cass.* f. 129v
Inter 'eu' et 'heu' est discretio? Est. Quomodo? Si peneultima littera habuerit accentum, erit aduerbium respondentis; si uero in ultima, ut puta si dicam 'eu mihi misero!', erit interiectio lugentis (141, 117-120).	Inter 'heu' et 'heu' quid distat? Quando prima uocalis habet accentus, erit aduerbium respondentis; quando secunda, interiectio dolentis (l. 26-28).	Inter 'eu' et 'eu' quid distat? Quando in prima uocalis haberit [*sic*] accentum, erit aduerbium respondentis; quando in secunda, erit interiectio dolentis (l. 22-24).

Gloss. *Liber glossarum*

La obra conocida como *Liber glossarum* es una voluminosa recopilación alfabética sobre multitud de contenidos de diferentes disciplinas. Sus más de 56.000 entradas constituyen una extraordinaria enciclopedia compilatoria de información sobre los más diversos saberes y también sobre las fuentes donde encontrar esos saberes. Estudios recientes retoman y defienden la hipótesis de que el conjunto, que tuvo una notable difusión en centros carolingios, fue un proyecto desarrollado en el siglo VII en la Hispania visigótica, aprovechando numerosos materiales de los que disponía Isidoro de Sevilla para la preparación de sus *Etymologiae*[106]. Un aspecto al que se concede atención especial en el *Liber glossarum* es a la gramática y sus términos, y en varias de las entradas dedicadas a los nombres de los diferentes *uitia et uirtutes orationis* encontramos un texto coincidente de forma muy literal con los capítulos equivalentes del *Ars grammatica* de Julián, tal como puede comprobarse en el siguiente pequeño ejemplo[107]:

---

[105] He escrito con más detalle sobre este tema en CARRACEDO-FRAGA, 'Materiales del *Ars grammatica* de Julián', p. 575-597.

[106] Es la hipótesis defendida por F. CINATO – A. GRONDEUX, 'Nouvelles hypothèses sur l'origine du *Liber glossarum*', *Archivum Latinitatis Medii Aevi*, 76 (2018), p. 61-100. Bibliografía sobre el *Liber glossarum* puede consultarse en la página web del proyecto dedicado a esa obra: http://liber-glossarum.huma-num.fr [última consulta 15/05/2024].

[107] Para el texto del *Liber glossarum* utilizo la edición del proyecto antes mencionado: A. GRONDEUX – F. CINATO, *Liber Glossarum Digital*, Paris, 2016 (http://liber-glossarum.huma-num.fr [consulta 15/05/2024]).

IVLIAN., *Gramm.* 337, 50-54	*Gloss.* AP 114
Apocope est ablatio de fine dictionis, paragoge contraria, ut 'Acille' pro 'Acilles' et 'pote' pro 'potis est'. Sicut 'dixi' pro 'dixit'; sicut 'lectu' pro 'lecturo'; sicut 'sat' pro 'satis', ut est illud: "Suauibus effingas sat dia poemata metris" (EVGEN. TOL., *Carm.* praef. 15).	Apocope est ablatio de fine distinctionis, paragoge contraria, ut *Achille* pro *Achilles* et *pote* pro *potis est*, sicut *dixi* pro *dixit*, sicut *lectu* pro *lecturo*, sicut *sat* pro *satis*, ut est illud: "suauibus effigas sat dia poemata metris".

Casi todos los capítulos de esa sección del tratado julianeo están en el *Liber glossarum*. Solamente faltan, probablemente por omisión involuntaria, los capítulos dedicados al metaplasmo *metathesis*, a las figuras *homoeoptoton* y *homoeon teleuton*, y a los tropos *anastrophe*, *hysterologia*, *sarcasmos* y *homoeosis*. Tampoco hay nada en el *Liber* equivalente a los capítulos del *Ars* sobre el barbarismo y el solecismo, pero esto quizá se deba a que el compilador contaba con un ejemplar de su modelo en el que no figuraban esos capítulos. Recordemos que en el códice Erfurt CA 2° 10 tampoco están copiados los capítulos de Julián sobre el barbarismo y el solecismo, pero están, en cambio, otros capítulos similares sobre esos dos temas. Contenido coincidente con eses dos capítulos sustitutivos está también incluido en el *Liber* y, como veremos en el apartado dedicado a la relación entre los testimonios transmisores, resulta llamativo que el texto de Julián transmitido en ese manuscrito de Erfurt es el más próximo al texto de los correspondientes capítulos del *Liber glossarum*[108]. La importancia del *Liber* como testimonio indirecto viene dada, pues, por el hecho de que allí se copia el texto de Julián de forma muy fidedigna y de que es también un testimonio temprano.

Cabe la posibilidad de que la obra de Julián y el *Liber glossarum* dependan de materiales previos comunes. De todas formas, sabemos que el maestro toledano nunca procede con sus fuentes copiando todo su texto de forma totalmente literal, sino que gusta de seleccionar, reelaborar, adaptar y completar. Eso nos lleva a suponer que son los responsables del *Liber* los que en algún momento temprano despojan todos los capítulos de la sección sobre los *uitia et uirtutes orationis* del *Ars grammatica* de Julián y los suman a los materiales equivalentes procedentes del ámbito de Isidoro de Sevilla. Es muy probable que esa sección julianea les

---

[108] Véase CARRACEDO-FRAGA, 'Un capítulo sobre *barbarismus* y *soloecismus*'.

llegase en una forma similar a la presente en el mencionado códice Erfurt CA 2º 10, es decir, sin nombre de autor, separada del resto del *Ars grammatica* y con los capítulos originales sobre el barbarismo y el solecismo sustituidos por otros similares. Considero, por lo tanto, el *Liber glossarum* un importante testimonio indirecto y en la presente edición tengo en cuenta muchas de sus variantes textuales singulares, sobre todo, aquellas que son más útiles para la fijación del texto del *Ars*[109].

3.3. RELACIONES ENTRE LOS TESTIMONIOS TRANSMISORES[110]

3.3.1. Familias α β y arquetipo X

Hemos visto más atrás que existen dos líneas principales de transmisión del *Ars grammatica* de Julián, las cuales presentan cambios notables de redacción en varios lugares de la obra debidos a una voluntad consciente de reelaboración. Hay además numerosas variantes textuales separativas debidas muy probablemente a errores de copia involuntarios que apoyan la existencia de esa doble rama inicial en el proceso de difusión. Estas son algunas de esas variantes más significativas:

6, 7 inchoauit a nomine α: 7, 18 a nomine inchoauit β

6, 11 hominem α: 7, 4 hodie β

12, 86 adnumerauit α: 13, 79 dinumerauit β

84, 45 ex se α: 85, 39 esse β

100, 255 luxerit α: 101, 223 luserit β

134, 46 inde facit α: 135, 47 facit inde β

147, 191 te – pru *om.* β (*por salto de igual a igual*)

148, 224 decursum desubtus α: 149, 222 desursum desubito β

---

[109] Analiza el papel del *Ars grammatica* de Julián de Toledo en el *Liber glossarum* C. CONDUCHÉ, 'Présence de Julien de Tolède dans le *Liber glossarum*', *Dossiers d'HEL: Le* Liber glossarum (*s. VII-VIII*): *composition, sources, réception*, 10 (2016), p. 141-157 (https://hal.archives-ouvertes.fr/hal-01420014v2/document [consulta 15/05/2024]).

[110] Un análisis de las relaciones entre los testimonios transmisores puede verse también en las ediciones de MAESTRE YENES, *Ars Iuliani Toletani episcopi*, p. lxxv-cv, y de CARRACEDO-FRAGA, *El tratado "De uitiis et uirtutibus orationis"*, p. 102-124. Evidentemente aquí matizo y, sobre todo, completo datos teniendo en cuenta los nuevos testimonios utilizados.

352, 123 obduratus *α* : 353, 121 obturatus *β*

362, 202 carinis *α* : 363, 196 canis *β*

372, 86 crebrinodosam *α* : 373, 87 crebrinodam *β*

396, 304 adspirate meis *α* : 397, 306 adspirantem eis *β*

408, 432 omni *α* : 409, 432 homini *β*

A la familia *α* pertenecen los manuscritos *F G N V P R T* y la sección copiada por una mano a finales del siglo VIII en el códice *L* (a la que a efectos distintivos vamos a denominar aquí *L₁*), esto es, la parte correspondiente a los contenidos de los libros I y III del *Ars maior* de Donato y a la *Conlatio de generibus metrorum*. También dependen de un modelo de esta familia los tratados conservados en el códice Paris Lat. 7530, que llamamos *Cass*. Son miembros de la familia *β* los manuscritos *B E* y *L* en la sección correspondiente a las *partes orationis* copiada por una mano de principios del siglo IX (utilizaremos aquí para esta parte la sigla *L₂*). Un ejemplar de esta familia fue además utilizado por los compiladores del *Liber glossarum*.

Las dos familias *α* y *β* comparten varias lecturas que podemos interpretar como errores involuntarios en el proceso de copia debidos a omisiones por haplografía o por salto de igual a igual, a confusiones de letras, palabras o abreviaturas, o a transposiciones con resultado inadecuado. Si entendemos que esos errores difícilmente pueden ser atribuidos al autor del *Ars grammatica*, necesariamente tenemos que suponer la existencia de una copia posterior a la mano del autor en la que estaban esos errores y que fue el antecedente común del que derivaron las dos ramas de transmisión de la obra ahora conocidas. Estos son algunos de esos errores más relevantes[III] :

84, 30 non quia *correxi* : numquid *codd.*

120, 526 et ex se accepta *cum Don. correxi* : ex se et accepta *codd.*

164, 72 pro non *correxi* : pronomen *codd.*

176, 28-29 ut felix infelix aut nihil significat *cum Explan. suppleui* : *om. codd.* (*por salto de igual a igual*)

202, 127 Neuius *cum Isid. correxi* : euius (eb- *F*) *codd.*

[III] A los ejemplos de errores que presento en la lista que sigue podemos añadir algunos casos que interpreto como errores de adición debidos a la introducción en el texto de anotaciones marginales. Eso ocurre con dos ejemplos virgilianos incorporados fuera de lugar (378, 129 y 384, 181) y con dos añadidos que parecen glosas explicativas: *nouiter* como explicación de *nuper* (134, 48) e *id est dicta* como aclaración de *facta* (412, 479).

204, 162 ilex *cum Prud. correxi*: lex *codd.*

252, 196 breue *correxi*: longum *codd.*

336, 48 non *suppleui*: *om. codd.* (*por haplografía*)

352, 106-107 astrum astrum ... gauderent *cum Verg. et Isid. Iun. correxi*: antrum antrum ... gaudet et *codd.*

356, 141-143 lucus ... oneris *cum Cic. correxi*: locus ... (h)onoris *codd.*

358, 172 relinqui deuehi *cum Don. correxi*: relinquere uei (uehi *N*) *α*, relinqui reu hei *β*

374, 108 Vergilius *correxi*: uermibus *codd.*

396, 303 di coeptis *cum Ou. correxi*: decepti *α,* deceptis *β*

398, 333 se ueritatem *cum Aug. correxi*: seruitutem *codd.*

3.3.2. Apógrafos γ δ ε

Aunque la mayoría de los testimonios representantes de la familia *α* transmite solamente fragmentos del *Ars grammatica*, creo que con los materiales de los que disponemos podemos intentar descubrir las relaciones entre esos testimonios. Encontramos variantes textuales en los dos tratados del manuscrito Paris Lat. 7530 que coinciden con las lecturas singulares de los manuscritos de la familia *α* que transmiten las mismas partes del texto. Estas son algunas de las más relevantes:

138, 80 etiam quale est quidni *Cass. cum α*: quidni q. e. etiam *β*

140, 111 fuit *Cass. cum α*: fit *β*

144, 159 illa quae conparari possunt *Cass. cum α*: *om. β*

144, 162 conparetur *Cass. cum α*: conparationem recipiat *β*

152, 18-20 quare – uerbi *Cass. cum α*: *om. β*

158, 8 addidero coniunctionem et dixero *Cass. cum α*: dico cum interposita coniunctione *β*

158, 12 quare dicitur *Cass. cum α*: cur dicta *β*

158, 18-19 copulatiuae... disiunctiuae *Cass. cum α*: praepositiuus... subiunctiuus *β*

160, 30 liuore perustus *Cass. cum α*: *om. β*

160, 31-32 da ubi nominatiuo deseruiat *Cass. cum α*: nominatiuo *β*

162, 48 simpliciter *Cass. cum α*: sine diptongon *β*

162, 64-65 Disiunctio poterat dici, non coniunctio. Quomodo? *Cass. cum α*: Disiunctio. Quomodo disiungunt sensum et non locutionem? *β*

164, 80 hispida et lanugine *Cass. cum α*: *om. β*

172, 195-174, 203 Quomodo sunt communes 'et' aut 'igitur'? Quia et praeponuntur et subiunguntur. Da ubi praeponatur: "Et sceptro et solio praebet sibi ira magistro". Da ubi subiungatur: "Accipite et latis uatem reuocate Camoenis"... Da ubi 'igitur' praeponatur: "Igitur quum uenisset Dominus Iesus". Da ubi subiungatur: "Dixit igitur Dominus"; "Hos igitur nobis trina pietate uigentes" *Cass. cum α*: Quomodo? Quia et praeponuntur et subiunguntur. Da ubi praeponantur et subiungantur: "Et locutus est Dominus"; "Ipse dixit et"; "Igitur quum uenisset uir Dei"; item "Dixit igitur Dominus" *β*

Encontramos también, por otra parte, variantes textuales que no coinciden con lo que presentan los testimonios manuscritos de la familia *α* ahora conservados para la sección correspondiente, esto es, los manuscritos *F* y *T*, pero sí coinciden, en cambio, con lo que se lee en los testimonios manuscritos de la rama *β*:

139, 101 minimum *Cass. cum β*: nimium *F T*

147, 208 intus uenio quando *Cass. cum β*: quomodo *F T*

151, 2 participium quid est *Cass. cum β*: q. e. p. *F*

161, 35 parte *Cass. cum β*: paruste *F*

163, 53 cum adspiratione *Cass. cum β*: per adspirationem *F*

A esas lecturas variantes hay que añadir que los manuscritos *F* y *T* presentan una larga omisión que afecta a los capítulos sobre los *aduerbia separandi, iurandi, eligendi* y *congregandi* (140, 122-142, 134), debida probablemente a algún accidente material o a algún salto involuntario. Esa omisión no está en la familia *β*. Debemos interpretar a partir de todos los datos anteriores que el ejemplar utilizado por los responsables de los tratados de Montecassino no era ni *F* ni *T*[112] ni su modelo común antecedente, sino un ejemplar distinto y probablemente muy próximo en el tiempo al subarquetipo *α*.

---

[112] La cronología elimina ya la posibilidad de que *F* o *T* pudiesen ser el modelo en cuestión.

La omisión a la que acabo de referirme es una prueba de que los códices *F* y *T* derivan de un antígrafo común al que es imputable dicha omisión y que llamamos *γ*. Aunque la cantidad de texto que transmite el manuscrito *T* es muy poca, aparece en ese manuscrito alguna variante textual que induce a interpretar que la copia en él contenida no deriva del manuscrito *F*:

136, 66 similia *T cum β*: alia similia *F*

140, 115 heu *T cum β*: eus *F*

140, 119-121 si per – interiectio *T* (*cfr β*): *om. F*

142, 157 quomodo *F*: *om. T cum β*

146, 199 quale quomodo *F*: *om. T cum β*

146, 200 qua nihil est le similiter *F*: *om. T cum β*

146, 201 quomodo *F*: *om. T cum β*

148, 220 uel *T cum β*: et *F*

Los códices *N* y *P* transmiten también una parte fragmentaria del *Ars grammatica*, pero en el texto en el que coinciden los dos presentan algunos errores de copia que son conjuntivos con el manuscrito *F* y que debemos atribuir a un modelo antecedente común de los tres manuscritos, puesto que esos errores no están en el otro representante de la familia *α*, el manuscrito *L₁*[113]:

310, 27-28 detractio – adspirationis *L₁ cum β*: *om. F N P*

311, 39 nutribam *F N P*: nutriram *L₁*

311, 41 et currum pro curru *add. F N P*

312, 52 transmutatis enim litteris dicta sunt *add. F N P*

315, 8 uel *F N P*: aut *L₁*

316, 26 orationis *L₁*: *om. F N P*

317, 56 enim *om. F N P*

319, 97 pro foris *L₁*: *om. F N P*

320, 4 domino *F N P*: dominio *L₁ cum β*

---

[113] Recuérdese que el códice *E*, único representante de la familia *β* para la parte que estamos considerando, no transmite los capítulos sobre el barbarismo y el solecismo. Para no extenderme mucho, cito solamente ejemplos de la parte coincidente entre los tres manuscritos, pero otros varios errores conjuntivos aparecen también entre *F* y *P*, por un lado, y *F* y *N*, por otro, en las partes en las que coinciden solamente dos manuscritos.

320, 10 iurato (iuratio *P*) *F N P*: irato *L₁ cum* β

320, 12 adstant *F N P*: adsto *L₁ cum* β

320, 13 dictis *L₁ cum* β : *om. F N P*

La relación entre *F* y *N* es todavía más estrecha, ya que encontramos errores de copia significativos que asocian a esos dos manuscritos en oposición al manuscrito *P*. Esos errores conjuntivos tenemos que imputarlos a un modelo compartido, al cual llamamos apógrafo ε :

309, 5 integritatis orationem *F N*: orationis integritatem *P cum cett.*

309, 11 consequentes *F N*: inconsequentes *P cum cett.*

310, 17 enim *P cum cett.* : *om. F N*

310, 21 autem *F N*: aut *P cum cett.*

310, 23 communiter *P cum cett.* : commune *F N*

310, 23 item *F N*: id est *P cum cett.*

312, 64-65 sedet – syllaba *P cum cett.* : *om. F N*

313, 80 potest *F N*: oportet *P cum cett.*

315, 23 sed – duabus *om. F N*

316, 28 contineat *F N*: obtineat *P cum cett.*

322, 31 occupabat *F N*: occubat *P cum cett.*

Queda demostrado con las variantes anteriores que *P* no es copia derivada de *F* ni de *N*. Tampoco es copia dependiente de *F* el texto que transmite *N*; así lo ponen en evidencia lecturas separativas como las siguientes:

309, 8 id est *N cum cett.* : eiusdem *F*

309, 11 discrepantes *N cum cett.* : increpantes *F*

314, 98 exilis erit *N cum cett.* : exilierit *F*

315, 9 uerba *N cum cett.* : uerborum *F*

318, 78 sicut *N cum cett.* : si *F*

319, 103 te *N cum cett.* : *om. F*

319, 108 debet *N cum cett.* : debuit *F*

320, 3 sperare *N cum cett.* : renouare *F*

320, 3 tantum *N cum cett.* : *om. F*

326, 54 Pelidae *N cum cett.* : Pleride *F*

Los códices *R* y *V* coinciden en transmitir solamente la *Conlatio de generibus metrorum*, la cual, por otra parte, está conservada exclusivamente en testimonios de la familia *α*. Los dos manuscritos presentan variantes textuales singulares que los asocian al códice *F* frente al códice L_1:

423, 7 referuntur *F R V*: referatur L_1

423, 8 sciat *F R V*: extimet (existimet $L_1{}^2$) L_1

423, 10 quia *F R V*: a qua L_1

424, 5-6 Persius – inuenisset L_1: *om. F R V*

426, 35 uersu *om. F R V*

427, 75 per se *F R V*: pes L_1

427, 76 loco – ponitur *om. F R V*

429, 97 catalexis *F R V*: acatalexis L_1

429, 105 germinat (-na *V*) *F R V*: seminat L_1

429, 106 mihi (amici *V*) tenero *F R V*: tenero mihi L_1

Hay errores de copia conjuntivos compartidos por los manuscritos *F* y *V*, los cuales demuestran que esos dos testimonios derivan de un modelo anterior común:

423, 5 sunt *F V*: si quis *cett.*

424, 8 eorum *F V*: heroum *cett.*

426, 39 ut *cett.* : *om. F V*

427, 55 quintae *F V*: quinque *cett.*

430, 112 prius *F V*: prior *cett.*

432, 157 praecepit tantas *F V*: praecipitat *R*, praecipitans *L*

440, 14 refulsit *F V*: fulsit *cett.*

El texto del manuscrito *V* no parece derivar del texto del códice *F*, porque este último tiene algunos errores de copia singulares que no están en el primero:

423, 5 ipsi *V*: ipsa *L*, ipsae *R*, *om. F*

425, 21 fit *F*: finit *V*, finiat *cett.*

425, 33 numquam *F*: nusquam *V cum cett.*

426, 40 quibus *F*: quibusdam *V cum cett.*

426, 41 cursus *F*: currus *V cum cett.*

426, 47 libe *F*: bibet *V cum cett.*

427, 54-55 quotae speciei est *F*: cuius speciei *V*, quot species ei sunt *L R*

427, 55 quomodo *F*: *om. V cum cett.*

428, 87 dactilus *F*: dactilicus *V cum cett.*

428, 91 quarta *F*: quinta *V cum cett.*

He pretendido demostrar en las líneas anteriores que los manuscritos *F N P R T V* están asociados por errores de copia singulares que debemos atribuir a un antecedente común que llamamos γ. También he querido poner de manifiesto que los testimonios *N V* comparten con *F* variantes textuales significativas que dan a entender que entre el subarquetipo γ y ellos hubo un ejemplar intermediario al que son imputables esas variantes compartidas. Debido a que el códice *V* no coincide con el códice *N* en las partes de texto del *Ars grammatica* que transmiten, es imposible saber si el antígrafo compartido por ambos con el manuscrito *F* fue el mismo o hubo dos antígrafos distintos. En todo caso, para no complicar más de lo necesario las relaciones que estoy intentando demostrar, me permito suponer que el antígrafo ε es el ejemplar modelo compartido por los tres manuscritos. En ese mismo sentido hago derivar directamente del antígrafo γ los códices *P R T*, a pesar de que tampoco coinciden en la parte de texto que transmiten y, por lo tanto, no tenemos datos para saber si entre ellos pudo haber algún otro ejemplar compartido como antecedente intermediario.

El manuscrito *L* es un testimonio singular. Como ya se ha dicho, el texto del *Ars grammatica* de Julián que transmite fue copiado en dos momentos distintos y por manos distintas. A finales del siglo VIII fueron copiadas las partes correspondientes a los libros I y III del *Ars maior* de Donato y a la *Conlatio de generibus metrorum*. Para la transcripción de esas partes fue utilizado un ejemplar modelo perteneciente a la rama α de transmisión, como lo prueba el hecho de que el texto de *L* presenta mayoritariamente las lecturas singulares de la mencionada rama. La sección sobre las *partes orationis* fue copiada unos años después, a principios del siglo IX, pero utilizando como modelo un ejemplar de la familia *β*, como lo demuestra la presencia en esta parte de las lecturas distintivas de esa familia. Eso quiere decir que en el mismo centro estuvieron presentes, no sabemos si de forma simultánea, ejemplares del *Ars grammatica* pertenecientes a las dos líneas principales de transmisión. El ejemplar que tenían los copistas que trabajaron en los últimos años del siglo VIII estaba muy próximo al utilizado para realizar la copia de la que ahora nos queda una pequeña porción en el manuscrito *G*. A esa conclusión nos llevan las variantes textuales singulares compartidas:

394, 287 deberatque *G L* : dederatque *cett.*

394, 294 uidens *G L* : uidetis *cett.*

394, 295 sacrisque *G L* : arisque *cett.*

396, 300 extra *G L* : extrema *cett.*

396, 307 breue *G L* : breuis est *cett.*

396, 309 decidit *cett.* : *om. G L*

416, 522 est ferae (-re *L*) *G L* : estifere *cett.*

416, 522 in ostem *G L* : hostem *cett.*

418, 538 periit *G L* : ruit *cett.*

423, 2 sunt *cett.* : *om. G L*

423, 5 metrorum genera *G L* : genera metrorum *cett.*

423, 8 extimet *G L* : sciat *cett.*

A pesar del escaso texto con el que ahora jugamos, existen algunos errores de copia separativos suficientemente significativos, como para que podamos conjeturar que no existe dependencia directa entre las copias de esos dos códices, sino descendencia de un mismo antígrafo, al cual denominamos *δ*:

394, 282 tris *G cum cett.* : tres *L*

394, 286 bonusque *G* : bonosque *L*

394, 286 honere rata *G* : honerat *L*

394, 287 Crinacrio *G* : Trinacrio *L cum cett.*

394, 293 pecora *G*: pectora *L cum cett.*

394, 294 certa *G cum cett.*: certe *L*

396, 307 breui *G*: braeuae *L*

396, 312 ante *G cum cett.*: antea *L*

416, 525 quum *G cum cett.*: *om. L*

418, 539 modis *G cum cett.*: *om. L*

La no presencia ni en *G* ni, sobre todo, en *L* de todos los errores de copia que hemos estado repasando como atribuibles al antígrafo γ deja claro que el antígrafo δ supone una línea de tradición diferenciada.

3.3.3. Apógrafo ϑ

Entre los testimonios de la familia β podemos reconstruir una relación más estrecha entre los manuscritos *B* y *E* en oposición a *L₂*. Numerosas variantes textuales conjuntivas nos conducen en esa dirección; estas son algunas de ellas[114]:

19, 160 tertia *B E*: tertium *L₂ cum α*

23, 226-227 homines ... arbores *B E*: hominibus ... arboribus *L₂*

33, 340-341 uel – quaerendo *L₂ cum α*: *om.* B E (*por salto de igual a igual*)

35, 352 profertur *B E*: praefertur *L₂ cum α*

35, 354 praepositionem *BE*: praepositio est *L₂ cum α*

37, 383 inter *B E*: in tres *L₂*

51, 7 nomen *B E*: non *L₂ cum α*

55, 41 infinitum *B E*: finitum *L₂ cum α*

59, 87 nominum *B E*: pronominum *L₂ cum α*

65, 180-67, 181 subiunguntur ... quare *B E*: subiungitur ... quia *L₂ cum α*

69, 221 nulli est *B E*: nullae *L₂ cum α*

81, 354 pronominatiua *B E*: pronomina *L₂ cum α*

---

[114] Recordemos que el texto del *Ars grammatica* comienza trunco en el códice *E* por pérdida de un folio (*Nomen quid est?*; 7, 20) y que en el manuscrito *B*, también por desaparición de varios folios, el texto finaliza de forma abrupta en el capítulo dedicado a las *formae uerborum* (*et in infinito modo*; 97, 183).

97, 182 agnosco (-nus- *B*) *B E*: cognosco *L₂ cum α*

En cada uno de esos dos códices *B* y *E* hay suficientes errores particulares de copia que no están en el otro y que indican que no son copia entre sí, sino que derivan de un antígrafo común, al cual llamamos θ[115]:

7, 24 habent *E*: habuit *B cum L₂*

9, 45-48 hoc dixit – angelis et *B cum L₂*: om. *E* (*por salto de igual a igual*)

19, 166 semper … numquam *B cum L₂*: om. *E*

23, 219 quasi *E*: tamquam si *B cum cett.*

31, 294 conpositum nomen *E*: nomen conpositum *B cum cett.*

37, 369 secundum regulam *cum L₂*: om. *E*

45, 480 dicit Donatus *E*: dicit *B cum cett.*

47, 483-492 cum necessitate – fluctibus *E*: et ut faciamus – exeunt *B cum L₂*

49, 522 facis *E*: scis *B cum L₂*

79, 325 mihi *E*: domum *B cum L₂*

El ejemplar del *Ars grammatica* utilizado para incorporar al *Liber glossarum* los capítulos sobre los defectos y adornos en el uso de la lengua pertenecía también a la familia β. En el *Liber* están muchas lecturas singulares compartidas en exclusiva con el manuscrito *E*, el único testimonio de tradición directa de esa familia para los mencionados capítulos de la obra de Julián. Tenemos que suponer, por consiguiente, que esas variantes textuales singulares son propias de la rama de transmisión β; veamos algunas:

321, 10 residens *E Gloss.*: resident *α*

323, 17 ut *E Gloss.*: et *α*

323, 20 in Psalmo *E Gloss.*: Dauid *α*

327, 61 in desertum om. *E Gloss.*

329, 82 agat *E Gloss.*: agit *α*

---

[115] La elaboración del códice *E* fue anterior a la de *B*, por lo cual queda ya descartado que aquel pueda ser copia de este. Me limito, por lo tanto, a justificar con ejemplos la no dependencia de *B* respecto a *E*.

333, 27 inpulsus *E Gloss.*: repulsus α

334, 37-39 item Sedulius – adiciebant α: *om. E Gloss.*

338, 67-70 unde – in ai α: *om. E Gloss.*

340, 89-90 optumus pro optimus α: *om. E Gloss.*

351, 92 Deum *E Gloss.*: Dominum α

353, 118 prius *E Gloss.*: primus α

353, 121 obturatus *E Gloss.*: obduratus α

363, 196 canis *E Gloss.*: carinis α

365, 16 conscendit *E Gloss.*: ascendit α

369, 44 item *E Gloss.*: et in Euangelio α

Ya el momento de elaboración de cada uno de los dos productos descarta la posibilidad de que el manuscrito *E* pueda ser el ejemplar utilizado por los compiladores del *Liber glossarum*, pero hay además pruebas textuales que demuestran tal imposibilidad: el texto contenido en *E* presenta varios errores de copia propios que no están en el *Liber*; estos son algunos de los más significativos:

339, 71-72 item uirgilius tenuia nec lane per caelum uellera ferri *E*: *om. Gloss. cum* α

379, 133 eo quod pallidos *Gloss. cum* α: *om. E* (*por salto de igual a igual*)

385, 197-198 animam ... unam *E*: caninam ... una *Gloss. cum* α

395, 288 horas *E*: heros *Gloss. cum* α

403, 377 terre esse *E*: ter sese *Gloss. cum* α

403, 383 pueris ad *E*: pueri sat *Gloss. cum* α

405, 389-390 qua significantes dicit *E*: quasi gigni cantantes dicunt *Gloss. cum* α

405, 402 exultationem *E*: insultationem *Gloss. cum* α

411, 452-453 aries – Christum *Gloss. cum* α: *om. E* (*por salto de igual a igual*)

El manuscrito *E* presenta la particularidad de que en la parte inicial del texto del *Ars grammatica*, en los capítulos dedicados a las *partes orationis*, una mano un poco posterior a la del copista original fue incluyendo por encima de las líneas de escritura o en los márgenes correcciones textuales a partir de un ejemplar de la familia *α*, lo cual viene a ser un testimonio más de la presencia en el mismo centro de ejemplares de las dos líneas principales de transmisión del tratado de Julián de Toledo. Las correcciones son del tipo de las siguientes:

11, 62 ut sol luna deus *sup. l. E² cum α, om. β*

11, 62 ut homines *sup. l. E² cum α, om. β*

11, 71-72 quomodo ... ipsud nomen *sup. l. E² cum α, om. β*

13, 76 aut quislibet *sup. l. E² cum α*: si qualislibet *β*

13, 76 culpatur a quibusdam *in marg. E² cum α, om. β*

13, 84 reprehenditur a quibusdam *in marg. E² cum α, om. β*

13, 89 est *sup. l. E² cum α, om. β*

31, 291 quot modis *corr. E² cum α*: quomodo *β*

31, 298 da simile *corr. E cum α*: passibile *β*

3.3.4. *Stemma testium*

De acuerdo con lo que hemos tratado de demostrar en las líneas anteriores, las relaciones entre los distintos testimonios que transmiten el *Ars grammatica* de Julián de Toledo de forma directa o indirecta y, por lo tanto, el proceso de tradición textual del tratado pueden ser representados en el siguiente *stemma*:

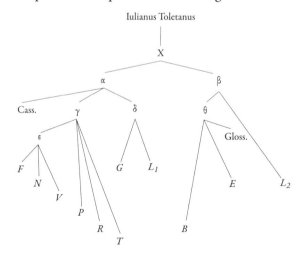

3.3.5. Unas notas sobre la historia del texto

Una vez puesta por escrito en Toledo una versión del *Ars grammatica*, el tratado continuó siendo sometido desde el primer momento a ajustes y reelaboraciones, como es habitual en un manual escolar de carácter abierto y en constante adaptación. Esas intervenciones en el proyecto primigenio provocaron desde un estadio muy temprano la circulación paralela de dos redacciones distintas del tratado. Resulta difícil poder saber hoy si las dos redacciones se elaboraron bajo la supervisión más o menos directa de Julián de Toledo o si una de ellas está más próxima a la versión original. De todas formas, las dos versiones responden a un mismo método creativo tanto en la presentación de los contenidos gramaticales como en el uso de fuentes y de *auctores*, lo cual lleva a pensar en una misma escuela o en escuelas muy próximas, claramente bajo un sistema educativo y un ambiente cultural visigóticos.

Suponemos que el *Ars grammatica* de Julián se convirtió en manual principal en las escuelas de Toledo y que desde allí pudo difundirse a otras escuelas de la Península. No podemos saber, sin embargo, cómo fue realmente ese proceso de difusión, debido a que no conservamos hoy manuscritos de la obra copiados en Hispania ni tampoco tenemos noticias de la presencia del tratado en bibliotecas antiguas de territorio hispano. Lo que parece fuera de duda es que ese proceso de difusión y de conservación se vio pronto dificultado por la invasión árabe de la Península en el año 711 y por la consiguiente desaparición del reino visigodo y muchas de sus estructuras.

Otra vía de información al respecto podrían ser las huellas que el *Ars grammatica* hubiese dejado en obras y autores posteriores, pero también este camino nos puede aportar poco, porque no nos quedan otros manuales de gramática elaborados en la Hispania medieval que pudieran haber utilizado como fuente el tratado de Julián y porque en obras de otro tipo es muy difícil poder rastrear influencias de un tratado gramatical. Suele hablarse de la posibilidad de que en las escuelas mozárabes de Córdoba se utilizase el manual de Julián[116]. Cabe también la posibilidad de que palabras como las de Beato de Liébana († 798), al hacer un excur-

---

[116] Véase P. HERRERA ROLDÁN, *Cultura y lengua latinas entre los mozárabes cordobeses del siglo IX*, Córdoba, 1995, p. 35-41, y F. GONZÁLEZ MUÑOZ, *Latinidad mozárabe. Estudios sobre el latín de Álbaro de Córdoba*, A Coruña, 1996, p. 17-20.

so sobre la metonimia en sus *Comentarios al Apocalipsis*, puedan
ser debidas a una formación basada en el tratado de Julián[117]:

BEAT., *In Apoc.* 1, 4, 55-56 (p. 95, 236-241)	IVLIAN., *Gramm.* 375, 100-108
Dicitur et hic de uasculo, quod continet, per id quod continetur, ut *Calix tuus inebrians quam praeclarum est!* Calix enim neminem inebriat, sed quod in calice continetur. Et *mundus uos odit* pro eos dicit, qui in mundo sunt, et *dies mali sunt*, cum dies mali esse non possint, sed homines sunt mali, qui in diebus sunt.	Item in Euangelio Dominus: "Mundus uos odit", pro his qui in mundo sunt... Item Apostolus: "Quoniam dies mali sunt", pro his qui in diebus mali sunt, quum dies mali esse non possunt. Et Psalmus: "Et calix tuus inebrians", dum non calix inebriet sed quod intra calicem est.

Lo que sí sabemos seguro es que alguna copia del *Ars grammatica* en escritura visigótica abandonó pronto la Península, quizás la invasión árabe contribuyó a ello, y llegó a centros de Europa en los que tenemos constancia de la presencia de personajes visigóticos, como pueden ser Fleury o Lyon. Ya en Europa el tratado gramatical tomó los caminos habituales entre centros carolingios y eso facilitó su presencia en escuelas como las de Fulda, Lorsch, Luxeuil, Reims, la propia corte carolingia o incluso Montecassino. Un aspecto llamativo es que las dos redacciones del *Ars grammatica* circularon en paralelo y copias de las dos coincidieron en los mismos centros: en Fleury fueron copiados los manuscritos *B* y *F*, pertenecientes respectivamente a las ramas *β* y *α*; en Lorsch estuvo disponible un ejemplar de cada redacción para servir de modelo a cada una de las dos secciones del códice *L*; en la escuela de la corte carolingia un ejemplar de la familia *β* sirvió de modelo para el manuscrito *E* y un lector poco posterior al momento de copia anotó en ese códice variantes textuales propias de la familia *α*.

En algunos de esos centros carolingios había estudiosos insulares o de formación insular, como queda probado en el tipo de escritura de algunos de los manuscritos que conservan el tratado de Julián. Es normal, pues, que el manual toledano fuese utiliza-

---

[117] Cito el texto de Beato de Liébana por la edición de R. GRYSON, *Beatus Liebanensis. Tractatus de Apocalipsin*, 2 vols (*CC SL*, 107A-B), Turnhout, 2012, p. 95. Un texto similar al de Julián se lee también en el tratado *De uitiis* atribuido a Isidorus Iunior del que hemos hablado más arriba; cabe igualmente, pues, la posibilidad de que este haya sido la fuente de Beato o algún otro material escolar para nosotros desconocido.

do en las escuelas carolingias y sirviese de fuente a otros productos gramaticales salidos de esas escuelas. Los casos más evidentes son varios tratados gramaticales compuestos en la primera mitad del siglo IX: el *Liber in partibus Donati* de Esmaragdo de Saint-Mihiel, el *Commentum in Donati Artem maiorem* de Murethach, el *Commentum in Donati Artem maiorem* de Sedulio Escoto y el anónimo tratado gramatical conocido como *Ars Laureshamensis*[118].

Está también claro que el *Ars grammatica* de Julián circuló desde el primer momento asociada a otros manuales de gramática utilizados en la escuela visigótica, algunos de los cuales sirvieron también de fuente al propio Julián. El tratado toledano pasó, por lo tanto, a integrarse en compilaciones misceláneas gramaticales al lado de las *Artes* de Donato, de comentarios a la obra de Donato, como los de Pompeyo y de Áudax o las *Explanationes in Donatum*, de tratados sobre métrica, como los de Servio, Máximo Victorino o Malio Teodoro, o de materiales isidorianos, principalmente el libro primero de las *Etymologiae*. El resultado fueron códices con colecciones gramaticales similares a las que se conservan en todos los códices que transmiten la obra de Julián, especialmente el códice Bern 207, cuya primera parte es una antología gramatical de claro origen visigótico[119]. Acompañando a los tratados gramaticales salieron también de las escuelas visigóticas antologías poéticas utilizadas en las explicaciones del gramático, las cuales continuaron sirviendo de modelo para los *exempla* de elaboraciones gramaticales posteriores[120].

---

[118] Véanse las respectivas ediciones: B. Löfstedt – L. Holtz – A. Kibre, *Smaragdus. Liber in partibus Donati* (*CC CM*, 68), Turnhout, 1986; L. Holtz, *Murethach (Muredac). In Donati Artem maiorem* (*CC CM*, 40), Turnhout, 1977; B. Löfstedt, *Sedulius Scottus. In Donati Artem maiorem* (*CC CM*, 40B), Turnhout, 1977; B. Löfstedt, *Ars Laureshamensis* (*Expositio in Donatum maiorem*) (*CC CM*, 40A), Turnhout, 1977. Sobre la relación entre los tres últimos tratados véase L. Holtz, 'Sur trois commentaires irlandais de l'*Art majeur* de Donat au IXᵉ siècle', *Revue d'Histoire des Textes*, 2 (1972), p. 45-72.

[119] Para todo lo relacionado con compilaciones gramaticales de la alta Edad Media remito de nuevo a los trabajos de P. De Paolis, 'Miscellanee grammaticali altomedievali', e 'I codici miscellanei grammaticali altomedievali. Caratteristiche, funzione, destinazione', en *Il codice miscellaneo, tipologie e funzioni* – ed. E. Crisci – O. Pecere, Cassino, 2004, p. 183-212. Sobre el carácter visigótico de la compilación contenida en el manuscrito Bern 207 ya llamó la atención Holtz, *Donat et la tradition de l'enseignement grammatical*, p. 364.

[120] Remito también de nuevo a varios de los trabajos sobre el tema ya mencionados de Alberto, especialmente 'Formas de circulación de versos visigóticos' y 'Poesía visigótica y escuela carolingia'.

Los datos que hoy tenemos nos indican que el *Ars grammatica* de Julián no suscitó mayor interés después de época carolingia, entre otras cosas debido a la competencia de los nuevos manuales salidos de las escuelas carolingias y siempre de los manuales principales de la tardía Antigüedad, entre ellos cada vez más también las *Institutiones grammaticae* de Prisciano. Algunas copias de la obra de Julián quedaron dormidas y preservadas en bibliotecas antiguas, hasta que a finales del siglo XV Angelo Poliziano se encontró en el norte de Italia con una de ellas y de allí copió en el actual manuscrito München Clm 807 unos fragmentos sobre los inventores de los distintos alfabetos y sobre las lenguas latinas, y hasta que a finales del siglo XVIII Francisco Antonio de Lorenzana dio a la imprenta la transcripción de otra de esas copias.

3.3.6. Ediciones precedentes

Lor. F. A. DE LORENZANA, *Sancti Iuliani, episcopi Toletani, Ars grammatica, poetica et rhetorica e membranis antiquis Bibliothecae Vaticano-Palatinae nunc primum in lucem edita. Auctarium voluminis II Patrum Toletanorum. Opera, auctoritate et expensis eminentissimi domini Francisci Cardinalis de Lorenzana archiepiscopi Toletani, Hispaniarum primatis et generalis inquisitoris*, Roma, 1797.

Como ya queda dicho, el arzobispo de Toledo Francisco Antonio de Lorenzana fue el responsable de dar a conocer en época moderna el *Ars grammatica* de Julián de Toledo mediante la *editio princeps* del tratado. Esa edición consistió en la transcripción del texto conservado en el códice Pal. Lat. 1746 a partir de una copia manuscrita encargada al efecto y ahora conservada en el códice 119 Colección Borbón-Lorenzana de la Biblioteca de Castilla-La Mancha de Toledo[121]. El texto latino va acompañado de algunas notas a pie de página (algunas también en los márgenes) sobre variantes textuales, fuentes y algunos personajes mencionados en la obra. El tratado aparece organizado en libros y capítulos de acuerdo con el orden singular que presenta el manuscrito vaticano: el libro primero corresponde a los capítulos *de littera, de syllaba, de finalibus syllabis (de nomine, de pronomine, de uerbo, de aduerbio, de participio, de coniunctione, de praepositione, de interiectione), de pedibus, de barbarismo, de soloecismo, de ceteris uitiis, de metaplasmo, de schematibus, de tropis, collatio*

---

[121] Véase más arriba p. V y la descripción de los dos códices en p. LIII-LVI y LXVIII-LXIX respectivamente.

de ratione metrorum (*de metro iambico, de metro trochaico, de metro anapaestico, de metro choriambico, de metro ionico maiore, de metro ionico minore, de metro antispastico*), *de tonis, de posituris*; el libro segundo contiene los capítulos *de nomine, de pronomine, de uerbo, de aduerbio, de participio, de coniunctione, de praepositione, de interiectione*. Cada libro está también organizado en párrafos numerados sucesivamente dentro de cada uno de los dos libros; esta numeración sirve principalmente para la remisión de las distintas notas.

Como puede verse, la edición de Lorenzana no presenta la alteración en el orden de los capítulos producida actualmente en el manuscrito vaticano por la mala colocación de un cuaderno; desconocemos si eso se debe a corrección del editor o a que en su momento todavía no se había producido la descolocación del cuaderno en cuestión. En cambio, están colocados los capítulos sobre los acentos y la puntuación después de todo el texto correspondiente a la *Conlatio de generibus metrorum*, sin que sea explicada la razón de esa ubicación.

Keil H. KEIL, '*Excerpta ex Iuliani Commentario in Dontaum*', en *Grammatici Latini*, vol. 5, *Artium scriptores minores*, Leipzig, 1868 (reimpr. Cambridge, 2009), p. 313-324.

En su monumental proyecto de edición de todos los textos de gramáticos latinos de la Antigüedad Keil incluyó también algunos extractos del *Ars grammatica* de Julián[122]. Para ello utilizó el texto de la edición de Lorenzana, comparándolo con el texto del manuscrito Bern 123, del cual incluye algunas lecturas variantes. Añade también noticias sobre algunas fuentes. Los fragmentos editados corresponden a partes de los siguientes capítulos:

- De nomine: Quare inchoauit Donatus – et non a littera (7, 13-19); Nomen quid est? – et non alia res (7, 20-9, 50); Da nomen quod qualitatem – ecce quantitas (19, 170-21, 184); Genera quare dicta – pro omni genere dico (25, 235-27, 261).

- De pronomine: Quid est pronomen? – non ostendo (51, 2-53, 18); In quibus qualitatibus – noster et uester (55, 55-63); Quisquis, quis pronomen – Aliquid et cetera (81, 343-353).

---

[122] La no muy positiva valoración del tratado de Julián, por considerarlo una simple compilación de extractos de gramáticos anteriores, llevó a Keil a estimar innecesaria la reproducción de toda la obra en su *corpus* gramatical. Véanse las palabras del editor en la breve introducción a los fragmentos editados, p. 313-316.

- De interiectione: Item interiectioni quot accidunt? – partis istius pertinent (187, 18-189, 27).

- De littera: Partes grammaticae artis quot sunt? – incipit a littera (190, 2-15).

- De finalibus syllabis: Quando nominatiuus singularis – subligar Acci (238, 31-240, 58).

- De pedibus: Pes quid est? – Graece contra dicitur (260, 2-274, 148).

- De barbarismo: Item barbarismus – correpta posteriore pronuntiet (310, 23-312, 56).

- De tropis: Metalemsis est dictio – crebrinodosam arundinem (372, 77-87).

Hag. H. HAGEN, '*De Iuliano Toletano grammatico cum excerptis ex eius opere deperdito ineditis*', en *Grammatici Latini. Supplementum continens Anecdota Helvetica quae ad grammaticam Latinam spectant ex bibliothecis Turicensi, Einsidlensi, Bernensi collecta*, Leipzig, 1870 (reimpr. Cambridge, 2010), p. cciv-ccxxxix.

En su trabajo complementario del proyecto de Keil el erudito suizo Hagen descubrió que en el códice Bern 207 había un texto del *Ars grammatica* de Julián con evidentes variantes textuales respecto del texto publicado por Lorenzana y después reproducido por Keil. Hagen se ocupó de comparar los fragmentos editados por Keil e ir registrando las variantes textuales más relevantes que leía en el manuscrito bernés. Completó además el trabajo de Keil añadiendo la transcripción a partir de ese códice de algunos otros fragmentos que consideraba interesantes para la fijación del texto de Julián en comparación con la edición de Lorenzana.

Pero la principal aportación de Hagen fue que identificó en el códice de Berna el comentario sobre las *partes orationis* correspondientes al libro primero del *Ars maior* de Donato, que él consideró atribuible también a Julián de Toledo y que suponía que el maestro toledano había completado todo el programa gramatical donatiano. Transcribió una buena parte del texto de esa sección acompañado de notas de crítica textual y de identificación de fuentes:

- Partes orationis sunt octo – sex casibus inflectuntur (445, 2-446, 59).

- Nomen unius hominis – suum nomen habet (447, 6-15).

- Praenomen quid est? – gratia ista cognomina (447, 20-26).

- Agnomen quid est? – Arcontius plumator (448, 37-39).

- Quot sun ista agnomina – ut bimus, trimus (448, 40-54).

- Sunt alia homonyma – unde murus expugnatur (451, 108-123).

- Inter quotus et totus – nascetur ab illo (454, 188-196).

- Sepe autem conparatiuus – pulchrior mente (456, 264-270).

- Plerumque superlatiuus – Vincila quam Arcontius (458, 311-322).

- Eunuchus quid intellegitur – sonus suffocatus (459, 336-338).

- Alia sono masculina – sidera duxit (459, 351-354).

- Balneum in singularitate – ad sidera duxit (460, 359-461, 400).

- Quicquid ad mensuram – semper amicam (464, 474-480).

- Item in praepositio – largiuntur a principe (466, 518-524).

- Sicut in primo – hic interrogentur (480, 4-5).

- Inpersonalis legitur – pro modo accipiunt (481, 15-22).

- Sunt etiam neutra – inuitus amabo (483, 98-484, 102).

- Aduerbium de participio – amanter et cetera (495, 97-100).

- Vsque praepositio – ab alto descendi (497, 30-34).

- Vtriusque casus – ut superius diximus (498, 42-45).

- Separatae praepositiones – inaequalia dicuntur (498, 53-499, 84).

- Interiectio est pars – et in interiectionibus (499, 2-500, 14).

Lind. W. M. LINDSAY, *Julian of Toledo "De vitiis et figuris"*, London, 1922.

Cuando estaba trabajando en el estudio y edición de glosarios latinos, especialmente del *Liber glossarum*, el filólogo británico Lindsay publicó una edición crítica de la sección del *Ars grammatica* de Julián correspondiente a los *uitia et uirtutes orationis*. Los manuscritos conocidos y usados por Lindsay fueron nuestros testimonios *E F G L*, y también tuvo en cuenta algunas lecturas del *Liber glossarum*. El texto está organizado en los cinco capítulos correspondientes a cada una de las partes de la sección (*De barbarismo, De metaplasmo, De ceteris uitiis, De schematibus, De tropis*) y en párrafos numerados correlativamente dentro de cada capítulo, al estilo de lo que había hecho Lorenzana o él mismo antes en su edición de las *Etymologiae* de Isidoro de Sevilla[123]; su división en párrafos no coincide con la de Lorenzana. Identificó también la procedencia de muchas de las citas utilizadas como *exempla*, principalmente las bíblicas y las pertenecientes a autores clásicos.

Maes. M. A. H. Maestre Yenes, *Ars Iuliani Toletani episcopi: una gramática latina de la España visigoda*, Toledo, 1973.

   Esta fue la primera edición propiamente crítica del *Ars grammatica* de Julián casi completa; solamente no incluye la sección sobre las *partes ortionis* correspondiente al segundo libro del *Ars maior* de Donato. Maestre conoce y utiliza los códices *E F G L R*. Tiene en cuenta también las ediciones de Lorenzana, Hagen y Lindsay, y alguna vez menciona propuestas de esos editores en el aparato crítico. Aunque no lo dice expresamente, de Lindsay aprovecha además las lecturas pertenecientes al *Liber glossarum*. De Lorenzana conserva la división de la obra en dos partes, correspondientes a lo que aquel denomina libros, aunque evidentemente colocadas ya en orden inverso. Hereda igualmente de Lorenzana la división y la numeración de los distintos capítulos, lo cual provoca algún desajuste, como por ejemplo la no inclusión de un capítulo específico para el *metrum dactylicum*; eso sí, ubica en su sitio correcto los capítulos sobre *accentus* y *positurae*. De Lorenzana y de Lindsay toma la organización en párrafos numerados, aunque su división y su numeración no coinciden con ninguna de las dos propuestas precedentes. El texto latino va acompañado de tres aparatos: el aparato de *exempla*, el aparato de fuentes gramaticales y el aparato crítico propiamente dicho. Es evidente que algunas fuentes y bastantes *exempla* no pudieron ser identificados en su momento. A pesar de algunas carencias, esta

---

[123] W. M. Lindsay, *Isidori Hispalensis episcopi Etymologiarum siue Originum libri XX*, Oxford, 1911.

edición supuso un importante paso para el conocimiento y el estudio del tratado gramatical toledano[124].

Mun.   L. MUNZI, 'Il *De partibus orationis* di Giuliano di Toledo', *Annali dell'Istituto Universitario Orientale di Napoli, Sezione filologico-letteraria*, 2-3 (1980-1981), p. 153-228.

Después de la identificación realizada por Hagen y de que Maestre hubiese dejado fuera de su edición esa parte, Munzi reclamó de nuevo la paternidad de Julián para esta segunda sección sobre las *partes orationis* conservada en el códice Bern 207 y publicó por primera vez una edición completa de toda esa sección. Acompañó el texto latino de un pequeño aparato crítico en el que registra las lecturas erróneas del manuscrito para las que propone corrección, de un aparato dedicado a la procedencia de varios de los *exempla* citados y de un completo aparato sobre fuentes y lugares paralelos gramaticales y también sobre pasajes similares del resto del *Ars grammatica* de Julián. Añadió además algunas interesantes notas filológicas sobre algunos pasajes del texto editado.

Carr.   J. CARRACEDO-FRAGA, *El tratado "De uitiis et uirtutibus orationis" de Julián de Toledo. Estudio, edición y traducción*, Santiago de Compostela, 2015.

En este trabajo ofrezco una edición crítica de la sección del *Ars grammatica* de Julián dedicada a los defectos y los adornos en el uso de la lengua. Para ella utilicé todos los códices conocidos que transmiten esa sección: *E F G L N P*. También tuve en cuenta para la fijación del texto las lecturas del *Liber glossarum* y las ediciones de Lindsay y Maestre Yenes. En la medida de lo posible he procurado ser exhaustivo en la identificación de todas las citas utilizadas como *exempla* y de las fuentes de las que depende Julián, las cuales aparecen recogidas en sendos aparatos junto al aparato crítico. En páginas enfrentadas al texto latino incluyo una traducción al español del original complementada con

---

[124] Pueden verse las reseñas a esta edición: L. HOLTZ, en *Revue des Études Latines*, 52 (1974), p. 75-82; P. CAZIER, en *Latomus. Revue d'Études Latines*, 35 (1976), p. 888-890; L. MUNZI, en *Rivista di Filologia e di Istruzione Classica*, 104 (1976), p. 471-479; G. ORLANDI, en *Studi Medievali*, 20 (1979), p. 679-682.

numerosas notas explicativas sobre diversos aspectos de la obra[125].

Latt.   A. LATTOCCO, *Iuliani Toletani episcopi Ars grammatica edidit et emendavit*, tesis, Univ. Macerata, 2020 (disponible en https://u-pad.unimc.it/handle/11393/263539 [última consulta 15/05/2024]).

Esta tesis de doctorado aborda una propuesta de nueva edición crítica del *Ars grammatica* de Julián. No incluye la segunda sección sobre las *partes orationis* conservada en el manuscrito Bern 207. El autor toma como base la edición de Maestre Yenes y pone a contribución para fijar el texto todos los manuscritos por él conocidos, también utilizados en la presente edición: *B E F G L N P R T* (este último denominado allí *H*). Utiliza además los siguientes códices: el ya mencionado Berlin Diez. B Sant. 66 (*D*), que transmite una versión del *De metris* de Malio Teodoro (p. 231-234) y otro tratado que parece ser una reelaboración del *Centimeter* de Servio (p. 273-276), los cuales presentan algunos elementos coincidentes con la *Conlatio de generibus metrorum* de Julián, pero que no aportan nada relevante para la fijación del texto de Julián; München Clm 807 (*M*), aunque el propio editor reconoce que tampoco aporta nada para el estableciemiento del texto debido a que solamente transmite un pequeño fragmento; Paris Lat. 7530 (*Q*), que yo considero testimonio de transmisión indirecta. Parece no tener conocimiento, en cambio, del manuscrito Valenciennes 393. Manifiesta utilizar también el *Liber glossarum*, el cual aparece erróneamente identificado con el tratado gramatical conocido como *Quod* contenido en los folios 46r-60v del códice Erfurt CA 2° 10. Toma en consideración además las ediciones anteriores de Lorenzana, Keil, Hagen, Lindsay y Carracedo-Fraga. Incluye un aparato para fuentes y paralelos gramaticales y otro para las citas utilizadas como *exempla*.

3.3.7. La presente edición

En la presente edición incluyo lo que considero el *Ars grammatica* completa de Julián de Toledo, distribuida en cinco secciones principales, que numero correlativamente siguiendo el

---

[125] Véanse las reseñas a este trabajo: I. BAISE, en *Revue Bénédictine*, 126 (2016), p. 191; J. C. MARTÍN-IGLESIAS, en *Bulletin of Hispanic Studies*, 93 (2016), p. 567-568; A. FE-RREIRO, en *Speculum*, 92 (2017), p. 227-229; V. VON BÜREN, en *Scriptorium*, 71 (2017), p. 5a 531 P. F. ALDERTO, en *Euphrosyne*, 46 (2018), p. 503-504.

orden con el que aparecen en el único códice que las transmite todas, el manuscrito Bern 207: la primera está dedicada a las *partes orationis* de acuerdo con el *Ars minor* de Donato, la segunda a los elementos menores de la lengua tratados en el libro I del *Ars maior* de Donato (*littera, syllaba, pedes, accentus, positurae*), la tercera a los *uitia et uirtutes orationis* al modo del libro III del *Ars maior*, la cuarta a la *Conlatio de generibus metrorum*, y la quinta de nuevo a las *partes orationis*, pero aquí como comentario al libro II del *Ars maior* donatiano. Como queda explicado, es probablemente el orden original del tratado, buscando una estructura circular en la que las dos secciones dedicadas a las clases de palabras abren y cierran el conjunto. Dentro de cada sección numero también correlativamente los distintos capítulos y subcapítulos de acuerdo con los *tituli* que aparecen en los manuscritos. Prescindo de la numeración de párrafos presente en las ediciones de Lorenzana, Lindsay y Maestre, porque, como queda dicho, es distinta en cada una de esas tres ediciones, y además la considero innecesaria en una edición actual de un texto gramatical.

Teniendo en cuenta que he tratado de demostrar que existen dos redacciones del tratado y que es imposible determinar cuál de las dos es la más próxima a Julián y, por lo tanto, a cuál dar preferencia, ofrezco en paralelo el texto de las dos versiones y resalto con un espaciado de caracteres mayor los pasajes en los que hay diferencias entre las dos redacciones. Téngase en cuenta que, como ya queda explicado, la familia *β* no transmite las siguientes partes del *Ars grammatica*: los capítulos *De barbarismo* (p. 309-314) y *De soloecismo* (p. 315-319), la *Conlatio de generibus metrorum* (p. 423-443) y la segunda sección sobre las *partes orationis* (p. 445-500).

Todos los manuscritos de la obra que hoy conservamos están copiados en un tipo de escritura distinto de la escritura visigótica, pero en todos ellos queda evidente en el uso de algunas abreviaturas y en el trazo de algunas letras que hubo un antecedente en escritura visigótica y que se intentó copiar con la máxima fidelidad ortográfica el modelo. Por esa razón he seguido el criterio de adoptar en el texto editado la ortografía que de forma unitaria o mayoritariamente coincidente aparece en los manuscritos. Eso tiene que ver, por ejemplo, con escribir siempre sin asimilación en algunos prefijos (*adf-*, *ads-*, *adt-*, *inl-*, *inm-*, *inp-* [126], *subp-*, etc.) o con regularizar siempre el diptongo *ae*, aunque en los manuscritos aparezca escrito *ę/e*. Para esto último hay dos excepciones: son muy mayoritarias en los manuscritos las formas de los adverbios *pene* y *sepe* y así son editadas siempre, teniendo en cuenta además que contamos con la confirmación del propio Julián, cuando explica las *figurae aduerbiorum* y menciona expresamente el adverbio *sepe*: *ex integro et corrupto, ut 'sepe': 'se' pronomen est, 'pe' nihil est* (146, 200-201). Del mismo modo, el proceder mayoritario en los manuscritos y la propia explicación de Julián son las razones que me llevan a escribir siempre *quum* para la conjunción y *cum* para la preposición:

> Similiter et quotiens 'u' subsecuta fuerit et praepositio fuerit casus ablatiui, ut puta si dicam "Cum domino montana conscendi", per 'c' erit scribendum, non per 'q'. Quando autem uerbum subsecutum fuerit, ut puta "Quum uenerit Paraclitus", erit aduerbium et tunc per 'q' scribendum est, non per 'c' (213, 236-215, 241).

Por norma general no incluyo en el aparato crítico las variantes gráficas de los manuscritos, para evitar sobrecargar y hacer obscuro en exceso ese aparato. Necesariamente hago excepción a esa norma cuando una variante gráfica puede implicar cambios importantes, como ocurre, por ejemplo, en: *nominauit-nominabit, appellatiuae-appellatiue*. Pero también hago excepción a la norma cuando se trata de nombres propios y de términos gramaticales técnicos, sobre todo los derivados de la lengua griega[127]; en estos casos incluyo en el aparato crítico todas las variantes gráficas presentes en los manuscritos, para que el lector pueda tener información completa sobre las fluctuaciones respecto de la variante mayoritaria adoptada en el texto editado.

En los textos gramaticales como el de Julián de Toledo una dificultad especial para el editor viene dada por los numerosos *exempla* utilizados para ilustrar los contenidos explicados[128]. En

---

[126] Como excepción casi siempre aparecen con asimilación en los manuscritos, y así se editan, el verbo *imperare* y el sustantivo *imperium*.

[127] Sobre el complejo problema de las deturpaciones de la terminología gramatical griega en los manuscritos de textos latinos véase L. Holtz, 'Transcription et déformation de la terminologie grammaticale grecque dans la tradition manuscrite latine', en *Bilinguisme et terminologie grammaticale gréco-latine* – ed. L. Basset – F. Biville – B. Colombat – P. Swiggers – A. Wouters, Louvain – Paris, 2007, p. 37-56.

[128] Reflexiona también sobre esta cuestión Spevak, *Isidore de Séville. Étymologies, livre I: la grammaire*, p. civ-cvii.

bastantes ocasiones las citas de los autores utilizados como modelo presentan diferencias textuales respecto a lo que transmite la tradición directa de esos autores y resulta difícil poder saber si esas variantes ya han llegado así al autor del *Ars grammatica* o se deben a errores de copia en el proceso de transmisión del tratado gramatical. Cuando Julián hereda las citas de sus fuentes gramaticales, desconocemos en qué estado le llegaron los textos de esos *auctores*, entre otras razones, porque todavía no contamos con buenas ediciones críticas de varias de esas fuentes. En el caso de los *auctores* que en Toledo pudieron ser utilizados de forma directa, como sucede con el propio Virgilio o con los autores cristianos incorporados por Julián, tampoco podemos saber con seguridad cómo era la versión textual disponible en las biliotecas toledanas. Ante esa situación el criterio general adoptado es respetar las variantes textuales que de forma unitaria ofrecen los códices del *Ars grammatica*, siempre que el resultado es una lectura que puede ser considerada correcta o aceptable. Solamente propongo corrección, si el resultado que presentan los testimonios transmisores es claramente incorrecto en su gramática, su métrica o incluso su sentido semántico, ya que considero que esos errores son debidos a banales errores de copia ya presentes en el arquetipo de la tradición textual del *Ars grammatica* y no pueden ser atribuibles a un maestro experimentado que trabaja con esos textos y los comenta en su escuela. En el aparato crítico dejo constancia en cada caso de las fuentes y los lugares paralelos que me sirven de apoyo para la enmienda propuesta.

En el capítulo arriba dedicado a tratar sobre las relaciones entre los testimonios transmisores del tratado he jugado con las siglas L_1 y L_2, por razón de claridad y comodidad, para referirme respectivamente a las dos secciones del códice L: la primera copiada por una mano a finales del siglo VIII y la segunda copiada por otra mano de principios del siglo IX. Sin embargo, en la edición del texto voy a utilizar en todos los casos exclusivamente la sigla L, porque considero que ya no es necesario hacer tal distinción, toda vez que las dos secciones transmiten partes del texto claramente diferenciadas, y además así evito sobrecargar el aparato crítico con números en subíndice que pueden acabar provocando algo de confusión.

BIBLIOGRAFÍA

1. Siglas

CC CM	= *Corpus Christianorum. Continuatio Mediaevalis.*
CC SL	= *Corpus Christianorum. Series Latina.*
CCT	= *Corpus Christianorum in Translation.*
CPL	= *Clavis Patrum Latinorum.*
CSEL	= *Corpus Scriptorum Ecclesiasticorum Latinorum.*
FPL	= *Fragmenta Poetarum Latinorum epicorum et lyricorum praeter Ennium et Lucilium* – ed. W. Morel (^{1}1927); ed. C. Büchner (^{2}1982); ed. J. Blänsdorf (^{4}2011).
FPR	= *Fragmenta Poetarum Romanorum* – ed. E. Baehrens (1866).
GL	= *Grammatici Latini* – ed. H. Keil.
MGH	= *Monumenta Germaniae Historica.*
PL	= *Patrologiae Latinae cursus completus.*
SC	= *Sources Chrétiennes.*
ThLL	= *Thesaurus Linguae Latinae.*
TRF	= *Tragicorum Romanorum Fragmenta* – ed. O. Ribbeck (^{2}1871; reimpr. 1972); ed. M. Schauer (2012).

2. Abreviaturas de autores y textos latinos

Alc. Avit., *Carm.* = Alcimvs Ecdicivs Avitvs, *Opera quae supersunt : Poematum libri VI* – ed. R. Peiper (*MGH, Auct. ant.*, 6, 2), Berlin, 1883, p. 201-294.

Ps. Ambr., *Carm. de tern. num.* = Ps. Ambrosivs, *Carmen de ternarii numeri excellentia* = 'Zu den pseudo-ambrosianischen Versen über die Dreizahl', en C. Weyman, *Beiträge zur Geschichte der christlich-lateinischen Poesie*, München, 1926, p. 43-46.

Anth. = *Anthologia Latina sive Poesis Latinae Supplementum* – ed. F. Buecheler, A. Riese, E. Lommatzsch, Leipzig, 1894-1926 (reimpr. 1972-1973).

Antiph. Legion. = *Antiphonarium Legionense. Antifonario visigótico-mozárabe de la Catedral de León* – ed. L. Brou, J. Vives, Barcelona – Madrid, 1959.

Avdax, *Gramm.* = Avdax, *Excerpta de Scauri et Palladii libris* – ed. H. Keil (*GL*, 7), Leipzig, 1880 (reimpr. 1961), p. 320-362 ; 'Victorini fragmentum de soloecismo et barbarismo', en *Consentii Ars de barbarismis et metaplasmis* – ed. M. Niedermann, Neuchâtel, 1973, p. 32-37.

Avg., *C. mend.* = Avgvstinvs Hipponensis, *Contra mendacium* – ed. J. Zycha (*CSEL*, 41), Pragae – Vindobonae – Lipsiae, 1900, p. 469-528.

Avg., *Ciu.* = Avgvstinvs Hipponensis, *De ciuitate Dei* – B. Dombart, A. Kalb (*CC SL*, 47-48), Turnhout, 1955.

Avg., *Cons. euang.* = Avgvstinvs Hipponensis, *De consensu Euangelistarum* – ed. F. Weihrich (*CSEL*, 43), Wien, 1904.

Avg., *Doctr. christ.* = Avgvstinvs Hipponensis, *De doctrina christiana* – ed. J. Martin (*CC SL*, 32), Turnhout, 1962.

Avg., *Enchir.* = Avgvstinvs Hipponensis, *Enchiridion ad Laurentium de fide et spe et caritate* – ed. E. Evans (*CC SL*, 46), Turnhout, 1969, p. 21-114.

Avg., *Epist.* = Avgvstinvs Hipponensis, *Epistulae 1-30; 31-123; 124-184A; 185-270* – ed. A. Goldbacher (*CSEL*, 34, 1-2; 44; 57; 58), Wien, 1895-1923.

Avg., *In euang. Ioh.* = Avgvstinvs Hipponensis, *In Iohannis Euangelium tractatus CXXIV* – ed. R. Willems (*CC SL*, 36), Turnhout, 1954.

Avg., *In Ps.* = Avgvstinvs Hipponensis, *Enarrationes in Psalmos I-L; LI-C; CI-CL* – ed. E. Dekkers, J. Fraipont (*CC SL*, 38-40), Turnhout, 1956 (^{2}1990).

Avg., *Mus.* = Avgvstinvs Hipponensis, *De musica* – ed. M. Jacobsson; introd. M. Jacobsson, L. J. Dorfbauer (*CSEL*, 102), Wien, 2017.

Avg., *Quaest. Hept.* = Avgvstinvs Hipponensis, *Quaestionum in Heptateuchum libri VII* – ed. J. Fraipont, D. De Bruyne (*CC SL*, 33), Turnhout, 1958, p. 1-377.

Avg., *Serm.* = Avgvstinvs Hipponensis, *Sermones* (*PL*, 38-39), Paris, 1865, col. 23-1638.

Avg., *Serm.* 1-50 = Avgvstinvs Hipponensis, *Sermones de uetere testamento, id est sermones I-L secundum ordinem uulgatum insertis etiam nouem sermonibus post Maurinos repertis* – ed. C. Lambot (*CC SL*, 41), Turnhout, 1961 (reimpr. 1997).

AVG., *Serm.* 51-70 = AVGVSTINVS HIPPONENSIS, *Sermones in Matthaeum, id est sermones LI-LXX secundum ordinem uulgatum insertis etiam nouem sermonibus post Maurinos repertis* – ed. P. P. Verbraken, L. De Coninck, B. Coppieters 't Wallant, R. Demeulenaere, recensuit serm. LI F. Dolbeau (*CC SL*, 41Aa), Turnhout, 2008.

AVG., *Serm.* 151-156 = AVGVSTINVS HIPPONENSIS, *Sermones in epistolas apostolicas I, id est sermones CLI-CLVI secundum ordinem vulgatum inserto etiam uno sermone post Maurinos reperto* – ed. G. Partoens (*CC SL*, 41Ba), Turnhout, 2008.

AVG., *Trin.* = AVGVSTINVS HIPPONENSIS, *De Trinitate, Libri I-XII; Libri XIII-XV* – ed. W. J. Mountain, F. Glorie (*CC SL*, 50; 50A), Turnhout, 1968.

AVSON., *Ephem.* = DECIMVS MAGNVS AVSONIVS, *Ephemeris* – ed. R. P. H. Green, Oxford, 1991, p. 6-14.

AVSON., *Epigr.* = DECIMVS MAGNVS AVSONIVS, *Epigrammata* – ed. R. P. H. Green, Oxford, 1991, p. 65-96.

AVSON., *Epist.* = DECIMVS MAGNVS AVSONIVS, *Epistulae* – ed. R. P. H. Green, Oxford, 1991, p. 193-231.

AVSON., *Pasch.* = DECIMVS MAGNVS AVSONIVS, *Versus Paschales* – ed. R. P. H. Green, Oxford, 1991, p. 15-31.

AVSON., *Protr.* = DECIMVS MAGNVS AVSONIVS, *Protrepticus ad nepotem* – ed. R. P. H. Green, Oxford, 1991, p. 21-100.

BEAT., *In Apoc.* = BEATVS LIEBANENSIS, *Tractatus de Apocalipsin* – ed. R. Gryson adiuuante M.-C. de Bièvre (*CC SL*, 107B-107C), Turnhout, 2012.

BEDA, *Metr.* = BEDA VENERABILIS, *De arte metrica* – ed. C. B. Kendall, M. H. King (*CC SL*, 123A), Turnhout, 1975, p. 62-141.

Breu. Mozar. = *Breuiarium ad debite persoluendum diuinum officium secundum regulam beatissimi Isidori archiepiscopi Hispalensis* (*PL*, 86), Paris, 1891, col. 47A-1314B.

Carm. epigr. = *Carmina Latina Epigraphica* – ed. F. Buecheler, E. Lommatzsch, Leipzig, 1895-1926.

CASSIOD., *In Ps.* = CASSIODORVS, *Expositio Psalmorum I-LXX; LXXI-CL* – ed. M. Adriaen (*CC SL*, 97-98), Turnhout, 1958.

CASSIOD., *Inst.* = CASSIODORVS, *Institutiones diuinarum litterarum* – ed. R. A. B. Mynors, Oxford, 1937 (reimpr. 1961).

PS. CATO, *Dist.* = *Disticha Catonis* – ed. M. Boas, H. J. Botschuyver, Amsterdam, 1952.

CHAR., *Gramm.* = CHARISIVS, *Ars grammatica* – ed. K. Barwick, F. Kühner, Leipzig, 1925 (ed. corr. 1964).

CLAVD. DON., *Aen.* = TIBERIVS CLAUDIVS DONATVS, *Interpretationes Vergilianae*, 2 vols – ed. H. Georg, Leipzig, 1905-1906 (reimpr. Stuttgart, 1969).

CLEDON., *Gramm.* = CLEDONIVS, *Ars grammatica* – ed. H. Keil (*GL*, 5), Leipzig, 1868 (reimpr. 1961), p. 9-79.

CONSENT., *Gramm.* = CONSENTIVS, *Ars grammatica* – ed. H. Keil (*GL*, 5), Leipzig, 1868 (reimpr. 1961), p. 338-404; *Consentius' De barbarismis et metaplasmis* – ed. T. Mari, Oxford, 2021.

CORIPP., *Ioh.* = FLAVIVS CRESCONIVS CORIPPVS, *Iohannis seu De bellis Libycis* – ed. J. Diggle, F. R. D. Goodyear, Cambridge, 1970.

CORIPP., *Iust.* = FLAVIVS CRESCONIVS CORIPPVS, *In laudem Iustini* – ed. A. Ramírez de Verger, Sevilla, 1985.

CORNVT., *In Pers.* = *Commentum Cornuti in Persium* – ed. W. V. Clausen, J. E. G. Zetzel, Leipzig, 2004.

CYPR., *Ad Donat.* = CYPRIANVS, *Ad Donatum* – ed. M. Simonetti (*CC SL*, 3A), Turnhout, 1976, p. 1-13.

DIOM., *Gramm.* = DIOMEDES, *Ars grammatica* – ed. H. Keil (*GL*, 1), Leipzig, 1857 (reimpr. 1961), p. 299-529.

DON., *Mai.* = AELIVS DONATVS, *Ars maior* – ed. L. Holtz, Paris, 1981, p. 603-674.

DON., *Min.* = AELIVS DONATVS, *Ars minor* – ed. L. Holtz, Paris, 1981, p. 585-602.

DON., *Ter.* = *Aeli Donati quod fertur Commentum Terentii: accedunt Eugraphi Commentum et Scholia Bembina* – ed. P. Wessner, Leipzig, 1902-1908 (reimpr. Stuttgart, 1962-1963).

DRAC., *Laud. Dei* = BLOSSIVS AEMILIVS DRACONTIVS, *Laudes Dei* – ed. C. Moussy, C. Camus, Paris, 1985-1988.

Epitaph. Antonin. = *Epitaphium Antoninae* – ed. M. C. Díaz y Díaz, Salamanca, 1958, p. 47-48.

EVGEN. TOL., *Carm.* = EVGENIVS TOLETANVS, *Opera omnia: Libellus carminum* – ed. P. F. Alberto (*CC SL*, 114), Turnhout, 2005, p. 199-278.

EVGEN. TOL., *Hex.* = EVGENIVS TOLETANVS, *Opera omnia: Hexameron siue Dracontii librorum recognitio* – ed. P. F. Alberto (*CC SL*, 114), Turnhout, 2005, p. 323-388.

EVGEN. TOL., *Monost.* = EVGENIVS TOLETANVS EPISCOPVS, *Opera omnia: Monosticha recapitulationis septem dierum* – ed. P. F. Alberto (*CC SL*, 114), Turnhout, 2006, p. 389-390.

Fragm. Sang. = *Fragmenta Sangallensia ad res metricas pertinentia* – ed. H. Keil (*GL*, 6), Leipzig, 1874 (reimpr. 1961), p. 639-640.

GREG. ILIB., *In Cant.* = GREGORIVS ILIBERRITANVS, *In Canticum Canticorum libri quinque* – ed. J. Fraipont (*CC SL*, 69), Turnhout, 1967, p. 169-210.

GREG. M., *In Euang.* = GREGORIVS MAGNVS, *Homiliae in Euangelia* – ed. R. Étaix (*CC SL*, 141), Turnhout, 1999.

GREG. M., *Moral.* = GREGORIVS MAGNVS, *Moralia in Iob, Libri I-X; XI-XXII; XXIII-XXXV* – ed. M. Adriaen (*CC SL*, 143-143B), Turnhout, 1979-1985.

HIER., *Epist.* = HIERONYMVS STRIDONENSIS, *Epistulae, 1-70; 71-120; 121-154* – ed. I. Hilberg (*CSEL*, 54; 55; 56, 1), Wien – Leipzig, 1910-1918 (ed. altera supplementis aucta, Wien, 1996).

HIER., *In Ez.* = HIERONYMVS STRIDONENSIS, *Commentariorum in Hiezechielem libri XIV* – ed. F. Glorie (*CC SL*, 75), Turnhout, 1964.

HIER., *In Is.* = HIERONYMVS STRIDONENSIS, *Commentarii in Isaiam prophetam* – ed. M. Adriaen (*CC SL*, 73-73A), Turnhout, 1963, p. 1-799.

HIER., *In Matth.* = HIERONYMVS STRIDONENSIS, *Commentariorum in Euangelium Matthaei libri IV* – ed. D. Hurst, M. Adriaen (*CC SL*, 77), Turnhout, 1969.

HIER., *In Zach.* = HIERONYMVS STRIDONENSIS, *Commentarii in prophetas minores: In Zachariam prophetam* – ed. M. Adriaen (*CC SL*, 76A), Turnhout, 1964, p. 747-900.

HIER., *Vita Pauli* = HIERONYMVS STRIDONENSIS, *Vita sancti Pauli* (*PL*, 23), Paris, 1883, col. 17-30 – ed. E. M. Morales (*SC*, 508), Paris, 2007, p. 144-182.

Hist. Apoll. = *Historia Apollonii regis Tyri* – ed. G. Schmeling, Leipzig, 1988.

Hymn. Hisp. = *Hymnodia Hispanica* – ed. J. Castro Sánchez (*CC SL*, 167), Turnhout, 2011.

Hymn. Martyr. = *Hymnus martyrum*, en *Liber hymnarius*, Sablé-sur-Sarthe, 1983, p. 279-280.

Hymn. Walpole = A. S. WALPOLE, *Early Latin Hymns*, Cambridge, 1922 (reimpr. Hildesheim, 1966).

Incert. uers. = *Incertorum poetarum uersus*, en *FPL*, p. 409-465 Blänsdorf.

ISID., *Carm.* = ISIDORVS HISPALENSIS, *Versus* – ed. J. M. Sánchez Martín (*CC SL*, 113A), Turnhout, 2000.

ISID., *Diff.* I = ISIDORVS HISPALENSIS, *Liber differentiarum I* – ed. C. Codoñer, Paris, 1992.

Isid., *Diff.* II = Isidorvs Hispalensis, *Liber differentiarum II* – ed. M. A. Andrés Sanz (*CC SL*, 111A), Turnhout, 2006.

Isid., *Etym.* = Isidorvs Hispalensis, *Etymologiarum siue originum libri XX* – ed. W. M. Lindsay, 2 vols, Oxford, 1911; ed. Paris, 1981-: l. 1: *Isidore de Séville. Étymologies, livre I: la grammaire* – ed. O. Spevak, Paris, 2020; l. 2 : *Isidore de Séville. Etymologies, book II: rhetoric* – ed. P. K. Marshall, Paris, 1983; l. 3 : *Isidore de Séville. Étymologies, livre III: les mathématiques* – ed. G. Gasparotto, Paris, 2009; l. 5 : *Isidore de Séville. Étymologies, libro V: sobre las leyes – sobre los tiempos* – ed. A. Santos – V. Yarza Urquiola, Paris, 2013; l. 6: *Isidore de Séville. Étymologies, libro VI: de las Sagradas Escrituras* – ed. C. Chaparro Gómez, Paris, 2012; l. 7: *Isidore de Séville. Étymologies, livre VII: Dieu, les anges, les saints* – ed. J.-Y. Guillaumin, Paris, 2012; l. 9 : *Isidore de Séville. Étymologies, livre IX: les langues et les groupes sociaux* – ed. M. Reydellet, Paris, 1984; l. 10 : *Isidore de Séville. Étymologies, libro X: terminos relativos al ser humano* – ed. C. Codoñer, Paris, 2023; l. 11 : *Isidore de Séville. Étymologies, libro XI: l'uomo e i portenti* – ed. F. Gasti, Paris, 2010; l. 12: *Isidore de Séville. Étymologies, livre XII: des animaux* – ed. J. André, Paris, 1986; l. 13: *Isidore de Séville. Étymologies, libro XIII: del mondo e delle sue parti* – ed. G. Gasparotto, Paris, 2004; l. 14: *Isidore de Séville. Étymologies, livre XIV: la terre* – ed. O. Spevak, Paris, 2010; l. 15: *Isidore de Séville. Étymologies, livre XV: constructions et terres* – ed. J.-Y. Guillaumin, Paris, 2016; l. 16: *Isidore de Séville. Étymologies, libro XVI: de las piedras y de los metales* – ed. J. Feáns Landeira, Paris, 2011; l. 17: *Isidore de Séville. Étymologies, livre XVII: de l'agriculture* – ed. J. André, Paris, 1981; l. 18: *Isidore de Séville. Étymologies, libro XVII: de la guerra y los juegos* – ed. J. Cantó Llorca, Paris, 2007; l. 19: *Isidore de Séville. Étymologies, libro XIX: de naves, edificios y vestidos* – ed. R. Pantoja Márquez, Paris, 1995; l. 20: *Isidore de Séville. Étymologies, livre XX: nourriture, boisson, ustensiles* – ed. J.-Y. Guillaumin, Paris, 2010.

Isid., *Expos. in Gen. / in Ex.* = Isidorvs Hispalensis, *Mysticorum expositiones sacramentorum. In Genesin / In Exodum* (*PL*, 83), Paris, 1862, col. 207-424.

Isid., *Fid. cath.* = Isidorvs Hispalensis, *De fide católica* (*PL*, 83), Paris, 1862, col. 449-538.

Isid., *Synon.* = Isidorvs Hispalensis, *Synonyma* – ed. J. Elfassi (*CC SL*, 111B), Turnhout, 2010.

Isid. Ivn., *Vit.* = Isidorvs Ivnior, *De uitiis et uirtutibus orationis* – ed. U. Schindel, Göttingen, 1975, p. 204-241.

Ivlian., *Antik.* = Ivlianvs Toletanvs, *Liber anticimen* – ed. J. C. Martín-Iglesias (*CC SL*, 115B), Turnhout, 2014, p. 28-682.

IVLIAN., *Apol.* = IVLIANVS TOLETANVS, *Apologeticum de tribus capitulis* – ed. J. A. Cabrera Montero, Madrid, 2021.

IVLIAN., *Compr.* = IVLIANVS TOLETANVS, *De comprobatione sextae aetatis* – ed. J. N. Hillgarth (*CC SL*, 115), Turnhout, 1976, p. 143-212.

IVNIL., *Inst.* = IVNILIVS AFRICANVS, *Instituta regularia diuinae legis* (*PL*, 68), Paris, 1866, col. 15-42 ; H. KIHN, *Theodor von Mopsuestia und Junilius Africanus als Exegeten nebst einer kritischen Textausgabe von des letzteren* Instituta regularia diuinae legis, Freiburg im Br. 1880, p. 467-528.

MALL. THEOD., *Gramm.* = MALLIVS THEODORVS, *De metris* – ed. F. Romanini, Hildesheim, 2007.

MART. BRAC., *Form. uit.* = MARTINVS BRACARENSIS, *Formula uitae honestae* – ed. C. W. Barlow, New Haven, 1970, p. 236-250.

Ps. MAX. VICTORIN., *Fin.* = PSEVDO-MAXIMVS VICTORINVS, *De finalibus* – ed. D. Corazza, Hildesheim, 2011, p. 30-64.

Orat. Silense = *Orationale Silense* – ed. Gros i Pujol, M. S, 'L'oracional festiu hispànic de Silos (Londres, Brit. Lib., Add. 30582)', *Miscel·lània Litúrgica Catalana*, 27 (2019), p. 25-158.

Pass. Hisp. s. X = *Passionarium Hispanicum saeculi X* – ed. V. Yarza Urquiola (*CC SL*, 171), Turnhout, 2020.

PAVL. NOL., *Carm.* = PONTIVS MEROPIVS PAVLINVS NOLANVS, *Carmina* – ed. G. de Hartel (*CSEL*, 30), Wien, 1894; editio altera supplementis aucta cur. M. Kamptner, 1999.

Physiol. B = *Physiologus Latinus. Versio B* – ed. F. J. Carmody, Paris, 1939.

POMP., *Gramm.* = POMPEIVS, *Commentum artis Donati* – ed. H. Keil (*GL*, 5), Leipzig, 1868 (reimpr. 1981), p. 95-312; *Pompeii Commentum in Artis Donati partem tertiam* – ed. A. Zago, 2 vols, Hildesheim, 2017; ZAGO, A., 'The (New) Prologue to Pompeius' *Commentum*', *Rationes Rerum*, 14 (2019), p. 141-192.

PRISC., *Gramm.* = PRISCIANVS, *Institutiones grammaticae* – ed. M. Hertz, H. Keil (*GL*, 2-3), Leipzig, 1855-1859 (reimpr. 1961).

Ps. PRISC., *Accen.* = PSEVDO-PRISCIANVS, *De accentibus* – ed. G. Giammona, Hildesheim, 2012.

Ps. PROB., *Cath.* = PSEVDO-PROBVS, *Catholica nominum et uerborum*, en *M. Plotii Sacerdotis Artium grammaticarum libri I-II*. [*Probi*] *De catolicis* – ed. A. Bramanti, Hildesheim, 2022, p. 73-245.

Ps. PROB. *Inst.* = PSEVDO-PROBVS, *Instituta artium* – ed. H. Keil (*GL*, 4), Leipzig, 1864 (reimpr. 1961), p. 47-192.

PRVD., *C. Symm.* = AVRELIVS PRVDENTIVS CLEMENS, *Contra Symmachum libri duo* – ed. M. P. Cunningham (*CC SL*, 126), Turnhout, 1966, p. 182-250.

PRVD., *Cath.* = AVRELIVS PRVDENTIVS CLEMENS, *Liber Cathemerinon* – ed. M. P. Cunningham (*CC SL*, 126), Turnhout, 1966, p. 3-72.

PRVD., *Epil.* = AVRELIVS PRVDENTIVS CLEMENS, *Epilogus operum* – ed. M. P. Cunningham (*CC SL*, 126), Turnhout, 1966, p. 401-402.

PRVD., *Perist.* = AVRELIVS PRVDENTIVS CLEMENS, *Liber Peristefanon* – ed. M. P. Cunningham (*CC SL*, 126), Turnhout, 1966, p. 251-389.

PRVD., *Praef.* = AVRELIVS PRVDENTIVS CLEMENS, *Praefatio operum* – ed. M. P. Cunningham (*CC SL*, 126), Turnhout, 1966, p. 1-2.

PRVD., *Psych.* = AVRELIVS PRVDENTIVS CLEMENS, *Psychomachia* – ed. M. P. Cunningham (*CC SL*, 126), Turnhout, 1966, p. 149-181.

PRVD., *Tit.* = AVRELIVS PRVDENTIVS CLEMENS, *Tituli Historiarum* – ed. M. P. Cunningham (*CC SL*, 126), Turnhout, 1966, p. 390-400.

RVFIN., *Hist.* = RVFINVS AQVILEIENSIS, *Eusebii historia ecclesiastica translata et continuata*, en EVSEBIVS, *Die Kirchengeschichte*, I-V, VI-X. *Die lateinische Übersetzung des Rufinus* / RVFINVS, *Historiae ecclesiasticae*, X-XI – ed. E. Schwartz, Th. Mommsen, Leipzig, 1903-1908.

RVFIN., *Patr.* = RVFINVS AQVILEIENSIS, *De benedictionibus patriarcharum* – ed. M. Simonetti (*CC SL*, 20), Turnhout, 1961, p. 189-228.

Schol. Verg. Bern. Ecl. / *Georg.* = *Scholia Bernensia ad Vergili Bucolica atque Georgica* – ed. H. Hagen, Leipzig, 1867 (reimpr. Hildesheim, 1967); *Scholia Bernensia in Vergilii Bucolica et Georgica*, vol. II, 1 – ed. L. Cadili, D. Daintree, M. Geymonat, Amsterdam, 2003.

SEDVL., *Carm. Pasch.* = SEDVLIVS, *Paschalis Carminis libri V* – ed. J. Huemer (*CSEL*, 10), Wien, 1885 (ed. altera supplementis aucta et curante V. Panagl, 2007), p. 14-146.

SEDVL., *Hymn.* = SEDVLIVS, *Hymni* – ed. J. Huemer (*CSEL*, 10), Wien, 1885 (ed. altera supplementis aucta et curante V. Panagl, 2007), p. 155-168.

SERG., *De orat.* = SERGIVS (Ps. CASSIODORVS), *Commentarium de oratione et de octo partibus orationis Artis secundae Donati* – ed. Ch. Stock, München – Leipzig, 2005.

PS. SERG., *Explan. in Don.* = PSEVDO-SERGIVS, *Explanationes in artem Donati* – ed. H. Keil (*GL*, 4), Leipzig, 1864 (reimpr. 1961), p. 486-565; en *Die lateinischen Figurenlehren des 5. bis 7. Jahrhunderts und Donats Vergilkommentar* – ed. U. Schindel, Göttingen,

1975, p. 258-279; en [*Maximi Victorini*] *commentarium de ratione metrorum, con cinque trattati inediti sulla prosodia delle sillabi finali* – ed. D. Corazza, Hildesheim, 2011, p. 165-170.

Ps. Serg., *Ped.* = Psevdo-Sergivs, *De nominibus pedum*, en L. Munzi, 'Spigolature grammaticali in una silloge scolastica carolingia', *Bolletino dei Classici*, 14 (1993), p. 114-115.

Serv. / Serv. auct., *Aen.* = Servivs / Servivs auctus, *Commentarii in Vergilii Aeneida* – ed. G. Thilo – H. Hagen, 2 vols, Hildesheim, Leipzig, 1881-1884 (reimpr. Hildesheim, 1961); Servivs, *Commentaire sur l'Énéide de Virgile. Livre I* – ed. D. Vallat – M. Béjuis-Vallat, Paris, 2023; Servivs, *Commentaire sur l'Énéide de Virgile. Livre VI* – ed. E. Jeunet-Mancy, Paris, 2012 ; Servivs, *Commentaire sur l'Énéide de Virgile. Livre IV* – ed. J.-Y. Guillaumin, Paris, 2019; Servivs, *Commentaire sur l'Énéide de Virgile. Livre VIII* – ed. G. Ramires, Paris, 2022.

Serv. / Serv. auct., *Ecl.* / *Georg.* = Servivs / Servivs auctus, *Commentarii in Vergilii Eclogas et Georgica* – ed. G. Thilo, Leipzig, 1887 (reimpr. Hildesheim, 1961).

Serv., *Gramm.* = Servivs, *Commentarius in artem Donati* – ed. H. Keil (*GL*, 4), Leipzig, 1864 (reimpr. 1961), p. 405-448.

Symphos., *Aenigm.* = Symphosivs, *Aenigmata* – ed. M. Bergamin, Firenze, 2005.

Ps. Symphos. = *Aenigm.* = Ps. Symphosivs, *Aenigmata* – ed. F. Glorie (*CC SL*, 133A), Turnhout, 1968, p. 722-723.

Ter. Mavr., *Gramm.* = Terentianvs Mavrvs, *De litteris, de syllabis, de metris* – ed. C. Cignolo, Hildesheim, 2022.

Trag. incert. = *Incertorum fragmenta tragica*, en *TRF*, p. 235-274 Ribbeck.

Tycon., *Reg.* = Tyconivs, *Liber regularum* – ed. J.-M. Vercruysse (*SC*, 488), Paris, 2004.

Ven. Fort., *Carm.* = Venantivs Fortvnatvs, *Carmina* – ed. M. Reydellet, Paris, 1994-2004.

3. Bibliografía general

Alberto, P. F., 'Venancio Fortunato en la Hispania visigótica', en *Sub luce florentis calami. Homenaje a Manuel C. Díaz y Díaz* – ed. M. Domínguez – J. J. Moralejo – J. A. Puentes – M. E. Vázquez Buján, Santiago de Compostela, 2002, p. 251-269.

— , *Eugenii Toletani Opera omnia* (*CC SL*, 114), Turnhout, 2005.

—, 'Formas de circulación de versos visigóticos en la escuela carolingia', *Voces*, 21 (2010), p. 13-24.

—, 'La scuola in versi: gli inventori degli alfabeti nella poesia della Spagna visigotica', en *Il calamo della memoria V. Riuso di testi e mestiere letterario nella Tarda Antichità* – ed. L. Cristante – T. Mazzoli, Trieste, 2012, p. 267-284.

—, 'Poésie wisigothique dans l'exemplification du *Liber glossarum*', *Dossiers d'HEL: Le* Liber glossarum (*s. VII-VIII*): *composition, sources, réception*, 10 (2016), p. 159-176 (https://hal.archives-ouvertes.fr/hal-01420099v2/document [consulta 15/05/2024]).

—, 'Poesía visigótica y escuela carolingia', en *Latinidad Medieval Hispánica* – ed. J. F. Mesa Sanz, Firenze, 2017, p. 27-53.

—, 'New Evidence for Julian of Toledo's *Ars grammatica*', *Revue d'Histoire des Textes*, 13 (2018), p. 165-183.

—, 'L'*Epistula sancti Hieronymi de nominibus pedum* e Isidoro di Siviglia', *Archivum Latinitatis Medii Aevi*, 77 (2019), p. 291-333.

ANDRÉS SANZ, M. A., 'Isidoro de Sevilla y el texto de la Biblia latina: el estado de la cuestión', *Aemilianense*, 4 (2016), p. 87-116.

ARÉVALO, F., *Sancti Isidori Hispalensis episcopi Hispaniarum doctoris opera omnia*, vol. II, Roma, 1797 (reimpr. *PL*, 81, Paris, 1850).

BARBERO, G., 'Per lo studio delle fonti del *Liber Glossarum*: il ms. Amploniano F 10', *Aevum*, 66 (1993), p. 253-278.

BECKER, G., *Catalogi bibliothecarum antiqui*, Bonn, 1885 (reimpr. Hildesheim, 1973).

BEESON, Ch. H., *Isidor-Studien*, München, 1913.

—, 'The *Ars grammatica* of Julian of Toledo', en *Miscellanea Francesco Ehrle*, vol. I, Città del Vaticano, 1924, p. 50-70.

—, 'The Manuscripts of Bede', *Classical Philology*, 42 (1947), p. 73-87.

BERGAMIN, M. *Aenigmata Symposii. La fondazione dell'enigmistica come genere poetico*, Firenze, 2005.

BERSCHIN, W., *Die Palatina in der Vaticana : eine deutsche Bibliothek in Rom*, Stuttgart, 1992.

BISCHOFF, B., '*Muridac doctissimus plebis*, ein irischer Grammatiker des IX. Jahrhunderts', *Celtica*, 5 (1960), p. 40-45 (reimpr. en *Mittelalterliche Studien*, Stuttgart, 1967, vol. II, p. 50-55).

—, *Die südostdeutschen Schreibschulen und Bibliotheken in der Karolingerzeit*, 2 vols, Wiesbaden, 1960-1980.

—, *Die Abtei Lorsch im Spiegel ihrer Handschriften*, Lorsch, 1989.

—, *Katalog der festländischen Handschriften des neunten Jahrhunderts (mit Ausnahme der wisigotischen)*, 4 vols, Wiesbaden, 1998-2017.

BISCHOFF, B. – LÖFSTEDT, B., *Anonymus ad Cuimnanum. Expossitio Latinitatis* (*CC SL*, 133D), Turnhout, 1992.

BOAS, M. – BOTSCHUYVER, H. J., *Disticha Catonis,* Amsterdam, 1952.

BOUILLON, Th., 'Augustinustexte in der Amploniana', en *Die Bibliothek des Amplonius Rating de Berka und ihre verborgenen Schätze* – ed. J. Pilvousek – J. Römelt, Würzburg, 2010, p. 21-26.

BRAMANTI, A., *M. Plotii Sacerdotis Artium grammaticarum libri I-II.* [*Probi*] *De catholicis*, Hildesheim, 2022.

BRUNI, S., *Alcuino. De orthographia*, Firenze, 1997.

BUFFA GIOLITO, M. F., *Expositio Artis Donati seu Incipit Ars Donati quam Paulus Diaconus exposuit*, Genova, 1990.

BURSILL-HALL, G. L., *A Census of Medieval Latin Grammatical Manuscripts*, Stuttgart, 1981.

BUSSIÈRES, M. P., *La littérature des questions et réponses dans l'Antiquité profane et chrétienne: de l'enseignement à l'exégèse*, Turnhout, 2013.

CABRERA MONTERO, J. A., *Julián de Toledo. Apologético. Introducción, texto crítico, traducción y notas*, Madrid, 2021.

CARRACEDO-FRAGA, J., 'La cristianización de la gramática latina en la Hispania visigótica', *Compostellanum*, 45 (2000), p. 389-410.

— , 'Poesía y poetas en la escuela visigótica', en *Poesía Latina medieval* (*siglos V-XV*). *Actas del IV Congreso del Internationales Mittellateinerkomitee* – ed. M. C. Díaz y Díaz – J. M. Díaz de Bustamante, Firenze, 2005, p. 93-107.

— , 'Sobre la autoría del tratado gramatical atribuido a Julián de Toledo', *Euphrosyne*, 33 (2005), p. 189-200.

— , 'Virgilio en la escuela visigótica', en *Actas IV Congresso Internacional de Latim Medieval Hispânico* – ed. A. A. Nascimento – P. F. Alberto, Lisboa, 2006, p. 283-292.

— , 'Cristianización del capítulo *de vitiis et virtutibus orationis* en las gramáticas visigóticas', *Revista de Poética Medieval*, 17 (2006), p. 23-47.

— , 'De gramáticas y gramáticos en la Hispania visigótica', en *Wisigothica. After M. C. Díaz y Díaz* – ed. C. Codoñer – P. F. Alberto, Firenze, 2014, p. 67-89.

— , 'Un capítulo sobre *barbarismus* y *soloecismus* en el códice CA 2º 10 de Erfurt', *Euphrosyne*, 41 (2013), p. 245-258.

— , 'La Biblia en el *Ars grammatica* de Julián de Toledo', en *Estudios de filología e historia en honor del profesor Vitalino Valcárcel* – ed. I. Ruiz Arzalluz, Vitoria, 2014, vol. 1, p. 169-182.

—, *El tratado 'De uitiis et uirtutibus orationis' de Julián de Toledo. Estudio, edición y traducción*, Santiago de Compostela, 2015.

—, 'Problemas y soluciones en la edición de un tratado gramatical de testimonio único: el *De partibus orationis* de Julián de Toledo', *Filologia Mediolatina. Studies in Medieval Latin Texts and their Transmission*, 25 (2018), p. 89-96.

—, 'Isidore of Seville as a Grammarian', en *A Companion to Isidore of Seville* – ed. A. Fear – J. Wood, Leiden, 2020, p. 222-244.

—, 'La doble redacción en el *Ars grammatica* de Julián de Toledo', *Emerita*, 89 (2021), p. 127-148.

—, 'Los casos 'séptimo' y 'octavo' en el *Ars grammatica* de Julián de Toledo', en *Nuevos Estudios de Latín Medieval Hispánico* – ed. C. Codoñer – M. A. Andrés Sanz – J. C. Martín-Iglesias – D. Paniagua, Firenze, 2021, p. 181-192.

—, 'Materiales del *Ars grammatica* de Julián de Toledo en el códice Paris BnF Lat. 7530', *Athenaeum*, 111 (2023), p. 575-597.

CASTRO SÁNCHEZ, J., *Hymnodia Hispanica* (*CC SL*, 167), Turnhout, 2011.

—, *Himnodia hispánica* (*CCT*, 19), Turnhout, 2014.

CHITTENDEN, J., *Donatus Ortigraphus. Ars grammatica* (*CC CM*, 40D), Turnhout, 1982.

CHRIST, K., *Die Bibliothek des Klosters Fulda im 16. Jahrhundert. Die Handschriften-Verzeichnisse*, Leipzig, 1933.

CICCOLELLA, F., *Donati Graeci. Learning Greek in the Renaissance*, Leiden, 2008.

CINATO, F. – GRONDEUX, A., 'Nouvelles hypothèses sur l'origine du *Liber glossarum*', *Archivum Latinitatis Medii Aevi*, 76 (2018), p. 61-100.

CLERVAL, J. A., *Les écoles de Chartres au Moyen-Âge: du Ve au XVIe siècle*, Chartres, 1895.

CONDUCHÉ, C., 'Présence de Julien de Tolède dans le *Liber glossarum*', *Dossiers d'HEL: Le* Liber glossarum (*s. VII-VIII*): composition, sources, réception, 10 (2016), p. 141-157 (https://hal.archives-ouvertes.fr/hal-01420014v2/document [consulta 15/05/2024]).

CORAZZA, D., [*Maximi Victorini*] *Commentarium de ratione metrorum, con cinque trattati inediti sulla prosodia delle sillabe finali*, Hildesheim, 2011.

DE MARCO, M., 'Letture grammaticali a Lorsch nel secolo X', *Aevum*, 31 (1957), p. 273-277.

—, *Tatuinus. Ars grammatica* (*CC SL*, 133), Turnhout, 1968.

DE PAOLIS, P., 'Le *Explanationes in Donatum* (*GL* IV 486-565) e il loro più antico testimone manoscritto', en *Manuscripts and Tradition of Grammatical Texts from Antiquity to the Renaissance* – ed. M. De Nonno – P. De Paolis – L. Holtz, Cassino, 2000, p. 173-221.

— , 'Miscellanee grammaticali altomedievali', *Grammatica e grammatici latini: teoria ed esegesi* – ed. F. Gasti, Pavia, 2003, p. 29-74.

— , 'I codici miscellanei grammaticali altomedievali. Caratteristiche, funzione, destinazione', en *Il codice miscellaneo, tipologie e funzioni* – ed. E. Crisci – O. Pecere, Cassino, 2004, p. 183-212.

— , 'Le strategie linguistiche e didattiche dei commenti a Donato: osservazioni sulle *Explanationes in Donatum*', en *Latin vulgaire – latin tardif. XI Congreso internacional sobre el latín vulgar y el latín tardío* – ed. A. García Leal – C. E. Prieto Entrialgo, Hildesheim, 2017, p. 672-683.

DEKKERS, E. – GAAR, A., *Clavis Patrum Latinorum*, Steenbrugis, ³1995.

DELAPORTE, Y., *Les manuscrits enluminés de la Bibliothèque de Chartres*, Chartres, 1929.

DENECKER, T., 'Latin grammar and/in pedagogy. The two *partes grammaticae* according to Julian of Toledo', *Euphrosyne*, 45 (2017), p. 297-304.

— , 'Condensing cultural knowledge in 7th-century Spain: The "inventors of letters" in Julian of Toledo's *Ars grammatica*', *Emerita*, 86 (2018), p. 151-162.

DÍAZ Y DÍAZ, M. C., 'Aspectos literarios del *Epitaphion Antoninae*', en *Anecdota Wisigothica*, Salamanca, 1958, p. 37-48.

— , *Index Scriptorum Latinorum Medii Aevi Hispanorum*, Madrid, 1959.

— , 'Prudencio en la Hispania visigótica: unas breves notas', en *Corona gratiarum. Miscellanea patristica, historica et liturgica Eligio Dekkers oblata*, vol. 2 (*Instrumenta Patristica*, 11), Brugge, 1975, p. 61-70.

— , 'Para la crítica de los *Aenigmata* de Sinfosio', *Helmantica*, 28 (1977), p. 121-136.

EHWALD, R., *Aldhelmi opera* (*MGH. Auctores Antiquissimi*, vol. 15), Berlin, 1919 (reimpr. Stuttgart, 2001).

ELICE, M., *Marii Servii Honorati Centimeter*, Hildesheim, 2013.

ESTEVE BARBA, F., *Catálogo de la colección de manuscritos Borbón-Lorenzana*, Madrid, 1942.

FANTELLI, G., 'False attribuzioni medievali di opere grammaticali a Quinto Remmio Palemone', *Aevum*, 24 (1950), p. 434-441.

FOSSIER, F., *La Bibliothèque Farnèse. Étude des manuscrits latins et en langue vernaculaire*, Roma, 1982.

GARCÍA MORENO, L. A., *Prosopografía del reino visigodo de Toledo*, Salamanca, 1974.

GEBAUER, G. J. – LÖFSTEDT, B., *Bonifatius. Ars grammatica* (*CC SL*, 133B), Turnhout, 1980.

GENEVOIS, A.-M. – GENEST, J. F. – CHALANDON, A., *Bibliothèques de manuscrits médiévaux en France. Relevé des inventaires du VIIIe au XVIIIe siècle*, Paris, 1987.

GIAMMONA, G., [*Prisciani*] *De accentibus*, Hildesheim, 2012.

GIANNINI, S., *Percorsi metalinguistici. Giuliano di Toledo e la teoria della grammatica*, Milano, 1996.

GÓMEZ HEREDIA, A., 'Julián de Toledo, su *Ars grammatica* y la doctrina métrica de su *Conlatio de generibus metrorum*', *Florentia Iliberritana*, 10 (1999), p. 147-161.

GONZÁLEZ MUÑOZ, F., *Latinidad mozárabe. Estudios sobre el latín de Álbaro de Córdoba*, A Coruña, 1996.

GONZÁLEZ ROLÁN, T., 'La tradición de los *Dicta Catonis* y el *Ripollensis* 106', *Habis*, 5 (1974), p. 93-106.

GRONDEUX, A. – CINATO, F., *Liber Glossarum Digital*, Paris, 2016 (http://liber-glossarum.huma-num.fr [consulta 15/05/2024]).

GRYSON, R., *Beatus Liebanensis. Tractatus de Apocalipsin* (*CC SL*, 107A-B), 2 vols, Turnhout, 2012.

HAGEN, H., *Anecdota Helvetica quae ad grammaticam Latinam spectant ex bibliothecis Turicensi, Einsidlensi, Bernensi collecta* (*GL*, 8), Leipzig, 1870 (reimpr. Cambridge, 2010).

HALM, C., *Catalogus codicum Latinorum Bibliothecae Regiae Monacensis*, t. I, 1, München, 1892.

HÄSE, A., *Mittelalterliche Bücherverzeichnisse aus Kloster Lorsch. Einleitung, Edition und Kommentar*, Wiesbaden, 2002.

HERRERA ROLDÁN, P. P., *Cultura y lengua latinas entre los mozárabes cordobeses del siglo IX*, Córdoba, 1995.

HILLGARTH, J. N., *Iulianus Toletanus. Opera I* (*CC SL*, 115), Turnhout, 1976.

HOLTZ, L., 'Tradition et diffusion de l'œuvre grammaticale de Pompée, commentateur de Donat', *Revue de Philologie*, 45 (1971), p. 48-83.

— , 'Sur trois commentaires irlandais de l'*Art majeur* de Donat au IXe siècle', *Revue d'Histoire des Textes*, 2 (1972), p. 45-72.

— , 'Édition et tradition des manuels grammaticaux antiques et médiévaux', *Revue des Études Latines*, 52 (1974), p. 75-82.

— , 'Le Parisinus Latinus 7530, synthèse cassinienne des arts libéraux', *Studi Medievali*, 16 (1975), p. 97-152.

— , *Murethach (Muridac). In Donati Artem maiorem* (*CC CM*, 40), Turnhout, 1977.

— , *Donat et la tradition de l'enseignement grammatical. Étude sur l'Ars Donati et sa diffusion* (*IVe-IXe siècle*) *et édition critique*, Paris, 1981 (reimpr. 2010).

— , 'La tradition ancienne du *Liber in partibus Donati* de Smaragde de Saint-Mihiel', *Revue d'Histoire des Textes*, 16 (1986), p. 171-200.

— , 'L'*Ars Bernensis*: essai de localisation et de datation', en *Aquitaine and Ireland in the Middle Ages* – ed. J. M. Picard, Dublin, 1995, p. 111-126.

— , 'Priscien dans la pédagogie d'Alcuin', en *Manuscripts and Tradition of Grammatical Texts from Antiquity to the Renaissance* – ed. M. De Nonno – P. De Paolis – L. Holtz, Cassino, 2000, p. 289-326.

— , 'Prolégomènes à une édition critique du commentaire de Pompée, grammarien Africain', en *The Origins of European Scholarship. The Cyprus Millennium International Conference* – ed. I. Taifacos, Stuttgart, 2005, p. 109-119.

— , 'Le *De grammatica* des *Étymologies* d'Isidore de Séville: structure générale et traitement des sources', en *Actas del IV Congresso Internacional de Latim Medieval Hispânico* – coord. A. A. Nascimento – P. F. Alberto, Lisboa, 2006, p. 55-68.

— , 'Transcription et déformation de la terminologie grammaticale grecque dans la tradition manuscrite latine', en *Bilinguisme et terminologie grammaticale gréco-latine* – ed. L. Basset – F. Biville – B. Colombat – P. Swiggers – A. Wouters, Louvain – Paris, 2007, p. 37-56.

Holtz, L. – Grondeux, A., *Alcuini abbatis sancti Martini Turonensis Excerptiones super Priscianum* (*CC CM*, 304), Turnhout, 2020.

Homburger, O., *Die illustrierten Handschriften der Burgerbibliothek Bern: die vorkarolingischen und karolingischen Handschriften*, Bern, 1962.

Hopf, C., *Die abendländischen Handschriften der Forschungs- und Landesbibliothek Gotha. Bestandsverzeichnis*, 2: *Kleinformatige Pergamenthandschriften. Memb. II*, Gotha, 1997.

Iranzo Abellán, S., 'Himnario visigótico-mozárabe', en *La Hispania visigótica y mozárabe. Dos épocas en su literatura* – coord. C. Codoñer, Salamanca, 2010, p. 377-385.

Irvine, M., *The Making of Textual Culture. 'Grammatica' and Literary Theory 350-1100*, Cambridge, 1994.

JANNELLI, C., *Catalogus bibliothecae Latinae veteris et classicae manuscriptae quae in Regio Neapolitano Museo Borbonico adservatur*, Napoli, 1827.

JEUDY, C., 'L'*Ars de nomine et uerbo* de Phocas: manuscrits et commentaires médiévaux', *Viator*, 5 (1974), p. 61-156.

JONES, Ch. W., *Beda Venerabilis. De orthographia*, Turnhout, 1975 (*CC SL*, 123A).

KEIL, H., *Grammatici Latini*, 7 vols, Leipzig, 1855-1880 (reimpr. Cambridge, 2009).

KROTZ, E. – GORMAN, M. M., *Peter of Pisa. Grammatical Works Attributed to Peter of Pisa*, Hildesheim, 2014.

LATTOCCO, A., 'L'esegesi grammaticale in Pompeo e in Giuliano vs Donato', *Atene e Roma*, 11 (2017), p. 140-147.

— , 'Un errore 'meccanico': nota al Pal. Lat. 1746', *Bollettino di Studi Latini*, 49 (2019), p. 678-684.

— , 'Dall'*Ars Iuliani* al *De partibus orationis*: considerazioni a margine di un'unità mancata. A proposito del Bernensis 207, ff. 81v-101r', *Atene e Roma*, 14 (2020), p. 332-345.

— , 'I "nuovi" codici dell'*Ars Iuliani*: per una riedizione del testo iulianeo', *Bolletino di Studi Latini*, 50 (2020), p. 705-722.

— , *Iuliani Toletani episcopi Ars grammatica edidit et emendavit*, tesis, Univ. Macerata, 2020.

LAUER, Ph., *Catalogue Général des Manuscrits Latins de la Bibliothèque nationale*, t. III, Paris, 1952.

LAW, V., 'A French Metamorphosis of an English Grammatical Genre: *declinationes* into *terminationes*', en *France and the British Isles in the Middle Ages and Renaissance. Essays by Members of Girton College, Cambridge, in Memory of Ruth Morgan* – ed. G. Jondorf – D. N. Dumville, Woodbridge, 1991, p. 17-42.

LEARY, T. J., *Symphosius: The Aenigmata. An Introduction, Text and Commentary*, London – New York, 2014.

LINDSAY, W. M., *Isidori Hispalensis Episcopi Etymologiarum sive Originum libri XX*, Oxford, 1911 (reimpr. 1962).

— , *Julian of Toledo 'De vitiis et figuris'*, London, 1922.

LOEW, E. A. – BROWN, V., *The Beneventan Script. A History of the South Italian minuscule*, 2 vols, Roma, 1980.

LÖFSTEDT, B., *Der hibernolateinische Grammatiker Malsachanus*, Uppsala, 1965.

— , *Ars Laureshamensis (Expositio in Donatum maiorem)* (*CC CM*, 40A), Turnhout, 1977.

— , *Sedulius Scottus. In Donati Artem maiorem* (*CC CM*, 40B), Turnhout, 1977.

— , 'Grammatisch-rhetorische Fragmente im *Anonymus ad Cuimnanum*', *Eranos*, 88 (1990), p. 121-124.

— , *Virgilius Maro Grammaticus. Opera omnia*, München – Leipzig, 2003.

Löfstedt, B. – Holtz, L. – Kibre, A., *Smaragdus. Liber in partibus Donati* (*CC CM*, 68), Turnhout, 1986.

Lorenzana, F. A. de, *Sanctorum Patrum Toletanorum quotquot extant opera nunc primum simul edita*, 3 vols, Madrid, 1782-1793.

— , *Sancti Iuliani episcopi Toletani Ars grammatica, poetica et rhetorica e membranis antiquis Bibliothecae Vaticano-Palatinae nunc primum in lucem edita*, Roma, 1797.

Lowe, E. A., *Codices Latini Antiquiores*, Oxford, 1950 (vol. V), 1956 (vol. VII), 1959 (vol. VIII), 1971 (*Supplement*).

Maestre Yenes, M. A. H., *Ars Iuliani Toletani episcopi: una gramática latina de la España visigoda*, Toledo, 1973.

Maier, I., *Les manuscrits d'Ange Politien*, Genève, 1965.

Marchiaro, M., *La biblioteca di Pietro Crinito. Manoscritti e libri a stampa della raccolta libraria di un umanista fiorentino*, Porto, 2013.

Marcos Marín, F. A., 'La recepción de la literatura latina en Hispania y su repercusión en la literatura hispánica', *Stylos*, 25 (2016), p. 147-169.

Mari, T., *Consentius' De barbarismis et metaplasmis*, Oxford, 2021.

Martín-Iglesias, J. C., 'Julián de Toledo', en *La Hispania visigótica y mozárabe. Dos épocas en su literatura* – coord. C. Codoñer, Salamanca, 2010, p. 155-172.

— , *Sources latines de l'Espagne tardo-antique et médiévale* (*V^e-XIVe siècles): Répertoire bibliographique*, Paris, 2010.

Martín-Iglesias, J. C. – Elfassi, J., 'Iulianus Toletanus archiepiscopus', en *La trasmissione dei testi latini del Medioevo. Mediaeval Latin Texts and their Transmission* – ed. P. Chiesa – L. Castaldi, Firenze, 2008, p. 373-431.

Martín-Iglesias, J. C. – Yarza Urquiola, V., *Iuliani Toletani episcopi opera. Pars II* (*CC SL*, 115A-B), Turnhout, 2014.

Martorelli, L., *Ps. Aurelii Augustini Regulae*, Hildesheim, 2011.

Mesa Sanz, J., 'Ecdótica y glosa poética: la tradición textual de los *Disticha Catonis* a partir del pliego incunable de Martín García (90*DC)', *Criticón*, 141 (2021), p. 37-52.

MOLINIER, A., *Catalogue général des manuscrits des bibliothèques publiques de France. Départments*, t. XXV, Paris, 1894.

MÜNCH, Ch., *Musikzeugnisse der Reichsabtei Lorsch. Eine Untersuchung der Lorscher musikalischen Handschriften in der Bibliotheca Palatina in der Vatikanischen Bibliothek*, Lorsch, 1993.

MUNZI, L., 'Note testuali all'*Ars grammatica* di Giuliano di Toledo', *Annali dell''Istituto Universitario Orientale di Napoli. Seminario di Studi del Mondo Classico. Sezione filologico-letteraria*, 1 (1979), p. 171-173.

—, 'Cipriano in Giuliano Toletano *Ars grammatica* 197, 52-54 M.Y.', *Rivista di filologia e di istruzioni classica*, 108 (1980), p. 320-321.

—, 'Ancora sul testo dell'*Ars grammatica* di Giuliano di Toledo', *Annali dell'Istituto Universitario Orientale di Napoli. Seminario di Studi del Mondo Classico. Sezione filologico-letteraria*, 2-3 (1980-1981), p. 229-231.

—, 'Il *De partibus orationis* di Giuliano di Toledo', *Annali dell'Istituto Universitario Orientale di Napoli, Seminario di Studi del Mondo Classico, Sezione filologico-letteraria*, 2-3 (1980-1981), p. 153-228.

—, 'Spigolature grammaticali in una silloge scolastica carolingia', *Bolletino dei Classici*, 14 (1993), p. 103-132.

—, 'Dinamio grammatico cristiano', en *Mousa: scritti in onore di Giuseppe Morelli*, Bologna, 1997, p. 395-432.

—, 'Testi grammaticali e *renovatio studiorum* carolingia', en *Manuscripts and Tradition of Grammatical Texts from Antiquity to the Renaissance* – ed. M. De Nonno – P. De Paolis – L. Holtz, Cassino, 2000, p. 351-388.

—, *Multiplex Latinitas. Testi grammaticali latini dell'Alto Medioevo*, Napoli, 2004.

—, *Littera legitera: testi grammaticali latini dell'Alto Medioevo*, Napoli, 2007.

—, *Custos Latini sermonis: testi grammaticali latini dell'Alto Medioevo*, Pisa – Roma, 2011.

MYNORS, R. A. B., *Cassiodori Senatoris Institutiones*, Oxford, 1937 (reimpr. 1961).

NAVARRA, L., 'Intertestualità classica e cristiana in Giuliano di Toledo', *Augustinianum*, 35 (1995), p. 391-396.

NIEDERMANN, M., *Consentii Ars de barbarismis et metaplasmis*, Neuchâtel, 1937.

PABST, S., *Das theologische Profil des Julian von Toledo. Das Leben und Wirken eines westgotischen Bischofs des siebten Jahrhunderts*, Leiden, 2021.

PANIAGUA, D., *Polemii Silvii Laterculus*, Roma, 2018.

PASSALACQUA, M., *I Codici di Prisciano*, Roma, 1978.

— , *Prisciani Caesariensis Opuscula II. Institutio de nomine et pronomine et uerbo; Partitiones duodecim uersuum Aeneidos principalium*, Roma, 1999.

PELLEGRIN, E., 'La tradition des textes classiques latins à l'abbaye de Fleury-sur-Loire', *Revue d'Histoire des Textes*, 14-15 (1984-1985), p. 155-167.

PELLEGRIN, E. – FOHLEN, J. – JEUDY, C. – RIOU, Y. F., *Les manuscrits classiques latins de la Bibliothèque Vaticane*, t. II, 2, Paris, 1982.

POLARA, G., *Virgilio Marone. Epitomi ed Epistole*, Napoli, 1979.

PUGLIARELLO, M., *Agroecius. Ars de orthographia*, Milano, 1978.

RAMÍREZ DE VERGER, A., 'Sobre la historia del texto del *Panegírico de Justino II* de Coripo (568-882 d. C.)', *Revue d'Histoires des Textes*, 18 (1988), p. 229-232.

ROMANINI, F., *Malli Theodori De metris*, Hildesheim, 2007.

SÁNCHEZ MARTÍN, J. M., *Isidorus Hispalensis. Versus* (*CC SL*, 113A), Turnhout, 2000.

SCAPPATICCIO, M. C., *Accentus, distinctio, apex. L'accentazione grafica tra Grammatici Latini e papiri virgiliani*, Turnhout, 2012.

SCHALLER, D. – KÖNSGEN, E., *Initia carminum Latinorum saeculo undecimo antiquiorum: bibliographisches Repertorium für die lateinische Dichtung der Antike und des frühen Mittelalters*, 2 vols, Göttingen, 1977-2005.

SCHINDEL, U., *Die lateinischen Figurenlehren des 5. bis 7. Jahrhunderts und Donats Vergilkommentar* (*mit zwei Editionen*), Göttingen, 1975.

— , 'Die Quelle von Isidors 'rhetorischer' Figurenlehre', *Rheinisches Museum für Philologie*, 137 (1994), p. 374-382.

— , 'Zur Datierung des Basler Figurentraktats (cod. Lat. F.III.15d)', *Göttinger Forum für Altertumswissenschaft*, 2 (1999), p. 161-178.

— , '*Pompeius auctus* und die Tradition der christlichen Figurenlehre', *Göttinger Forum für Altertumswissenschaft*, 5 (2002), p. 255-260.

SCHUM, W., *Beschreibendes Verzeichnis der Amplonianischen Handschriften-Sammlung zu Erfurt*, Berlin, 1887 (reimpr. Hildesheim, 2010).

SPEVAK, O., *Isidore de Séville. Étymologies, livre I: la grammaire*, Paris, 2020.

STANCATI, T., *Julian of Toledo: Prognosticum futuri saeculi. Foreknowledge of the World to Come*, New York, 2010.

STRATI, R., 'Venanzio Fortunato (e altre fonti) nell'*Ars grammatica* di Giuliano di Toledo', *Revista di Filologia e di Istruzione Classica*, 110 (1982), p. 442-445.

— , 'Ancora sulle citazioni di Giuliano di Toledo (*Ars grammatica* e *De partibus orationis*)', *Rivista di Filologia e di Istruzione Classica*, 112 (1984), p. 196-200.

— , 'Presenze virgiliane in Giuliano di Toledo', *Maia*, 38 (1986), p. 41-50.

TARQUINI, B. M., *I codici grammaticali in scrittura beneventana*, Montecassino, 2002.

TOLKIEHN, J., *Clementis Ars grammatica*, Leipzig, 1928.

TURCAN-VERKERK, A.-M., 'Mannon de Saint-Oyen dans l'histoire de la transmission des textes', *Revue d'Histoire des Textes*, 29 (1999), 169-243.

VIDIER, A., *L'historiographie à Saint-Benoît-sur-Loire et les miracles de Saint Benoît*, Paris, 1965.

YARZA URQUIOLA, V., *Passionarium Hispanicum saeculi X* (*CC SL*, 171), Turnhout, 2020.

ZAGO, A., *Pompeii Commentum in Artis Donati partem tertiam*, 2 vols, Hildesheim, 2017.

— , 'The (New) Prologue to Pompeius' *Commentum*', *Rationes Rerum*, 14 (2019), p. 141-192.

ZETZEL, J. E. G., *Critics, Compilers, and Commentators. An Introduction to Roman Philology, 200 BCE-800 CE*, Oxford, 2018.

IVLIANI TOLETANI EPISCOPI

ARS GRAMMATICA

codices manuscripti

classis α

F	BERN, Burgerbibliothek, 207, s. VIII^{ex}, f. 18v-77v, 81v-101r

F   BERN, Burgerbibliothek, 207, s. VIII^ex^, f. 18v-77v, 81v-101r

G   GOTHA, Forschungsbibliothek, Memb. II 193, s. VIII^ex^, f. 1r-2v

L   CITTÀ DEL VATICANO, Biblioteca Apostolica Vaticana, Pal. Lat. 1746, s. VIII^ex^, f. 72r-98v

N   NAPOLI, Biblioteca Nazionale, IV.A.34, s. IX^in^, f. 266v-271r, 272v-273r

P   PARIS, Bibliothèque Nationale de France, Lat. 18520, s. IX^3/4^, f. 127v-135v

R   CITTÀ DEL VATICANO, Biblioteca Apostolica Vaticana, Reg. Lat. 1586, s. IX^3/4^, f. 73r-77r

T   PARIS, Bibliothèque Nationale de France, Lat. 7540, s. X^1/2^, f. 49r-52v, 60r-60v

V   VALENCIENNES, Médiathèque Simone Veil, 393 (376), s. IX^1/3^, f. 152r-155r

classis β

B   BERN, Burgerbibliothek, 123, s. IX^med^, f. 117r-128v

E   ERFURT, Universitätsbibliothek, CA 2° 10, s. IX^in^, f. 1r-44r, 60v-69v, 121r-122r

L   CITTÀ DEL VATICANO, Biblioteca Apostolica Vaticana, Pal. Lat. 1746, s. IX^in^, f. 126v-152r

testimonia

Cass.   Tractatus in codice Cassinensi Paris BnF Lat. 7530, s. VIII^ex^, f. 49v-51v, 127r-138v

Gloss.   *Liber glossarum*

editiones

Carr.   ed. J. CARRACEDO-FRAGA, Santiago de Compostela, 2015

Hag.   ed. H. HAGEN, Leipzig, 1870

Keil   ed. H. KEIL, Leipzig, 1868

Latt.   ed. A. LATTOCCO, Macerata, 2020

Lind.   ed. W. M. LINDSAY, London, 1922

Lor.   ed. F. A. DE LORENZANA, Roma, 1797

Maes.   ed. M. A. H. MAESTRE YENES, Toledo, 1973

Mun.   ed. L. MUNZI, Napoli, 1980-1981

ARS IVLIANI TOLETANI EPISCOPI

I. ⟨DE PARTIBVS ORATIONIS⟩

Don., *Min.*
585, 4-5
PARTES ORATIONIS QVOT SVNT? OCTO. QVAE? NOMEN,
PRONOMEN, VERBVM, ADVERBIVM, PARTICIPIVM, CONIVNC-
TIO, PRAEPOSITIO, INTERIECTIO. Quomodo 'partes oratio-
5 nis'? Partes elocutionis. Quomodo? Oratio dicitur elocutio,
id est oris ratio, quia quicquid loquimur per has octo partes orationis loquimur, aut nomen aut pronomen aut quaelibet de istis
octo partibus. Quare dixit partes orationis, quum nomen una sit
pars tantum? Quia dixit partes orationis, integram locutionem
10 nominauit. Iam si de istis octo partibus unam adsumas, pars
orationis dicitur, non integra oratio; sicut et de homine si abscidas unum membrum, pars hominis dicitur, non integer homo;
sic et cetera.

Trad. text. α   F

I, **4/8** Quomodo – partibus] Ps. SERG., *Explan. in Don.* 487, 23-25 **5/6** Oratio –
ratio] POMP., *Gramm.* 96, 19; cfr ISID., *Etym.* 1, 5, 3

tit., 1 Ars – episcopi] *cum* β (*L*) *scripsi,* incipiunt partes maiores donati *F*
I, 1 De – orationis] *suppleui* **2** Partes] cuius sunt locutionis *sup. l. add. F²*
5 elocutionis] elocutiones *Fa.c.* **7/8** aut¹ – partibus] *in marg. F*

ARS IVLIANI TOLETANI EPISCOPI

I. ⟨DE PARTIBVS ORATIONIS⟩

Don., *Min.*
585, 4-5

PARTES ORATIONIS QVOT SVNT? OCTO. QVAE? NOMEN, PRONOMEN, VERBVM, ADVERBIVM, PARTICIPIVM, CONIVNC-TIO, PRAEPOSITIO, INTERIECTIO. Quomodo 'partes oratio-
5 nis'? Partes locutionis. Oratio dicitur elocutio, id est oris ratio, quia quicquid loquimur per istas octo partes loquimur et omne quod loquimur erit aut nomen aut pronomen aut uerbum uel quaelibet de istis octo partibus. Quare dixit partes orationis, quum nomen una pars sit tantum et non plures?
10 Quia dixit partes orationis, integram locutionem nominauit. Iam si de istis octo partibus adsumas unam, pars orationis dicitur, non integra oratio; sicut et de uno homine si abscidas unum membrum, pars hominis dicitur, non integer homo; sicut et de libro si auferas unum, duos aut tres quaterniones,
15 pars libri dicitur, non integer liber.

Trad. text. β   *B L*

I, 4/8 Quomodo – partibus] Ps. SERG., *Explan. in Don.* 487, 23-25   5 Oratio – ratio] POMP., *Gramm.* 96, 19; cfr ISID., *Etym.* 1, 5, 3

tit., 1 Ars – episcopi] alia grammatica *B²*, dydascalicon seruii de partibus orationis *E²*, *om. B E*
I, 1 De – orationis] *suppleui*   3 pronomen] *om. B*   5 locutionis] locutiones *B*
6 quicquid] quidquid *L*   loquimur²] loquemur *B*   7 loquimur] loquemur *B*   erit] enim *add. B*   10 nominauit] nominabit *B*   11 de] *om. L*   12 homine] ne *B*
abscidas] *cum* α *correxi*, abscides β   13 hominis] ominonis *Bᵃ·ᶜ·*   14 unum duos] unam duas *L*

I.1. ⟨DE NOMINE⟩

Quare inchoauit Donatus a nomine et non a littera, quum alii   = β *l. 13-19*
a littera inchoassent? Sciens Donatus quia et ipsa littera nomen
erat, ideo inchoauit a nomine et non a littera. Quomodo? Putes
si adsumam unum nomen, diuidam illum per syllabas, syllaba
quae remanserit diuidam illam per litteras, ultima littera quae
remanserit diuidi non potest et nomen est; ideo inchoauit a
nomine et non a littera.

    Nomen quare dictum? A notamine, eo quod res notas faciat
uel quod notitiam cuiuslibet rei nobis insinuet. Quomodo? Puta
si uideam hominem incognitum, similiter et siptacum, de
nomine eius non interrogem, uadit se, uenit quis et dicit mihi
'scis hominem illum?'; dico 'ego nescio', quum iam eum
uidissem et cum eo locutus fuissem, sed quia de nomine
eius non interrogaui, ideo nec figura corporis eius adhaesit
animo meo. Vadit et adducit hominem illum et dicit 'ecce
homo de quo loquebamur'; iam quum hoc audio, ex cognitione nominis eius et ipsud nomen et figura corporis eius
adhaeret animo meo. Et ideo dicta sunt nomina quasi notamina,
id est demonstrantia.

Don., *Min.*   NOMEN QVID EST? PARS ORATIONIS CVM CASV ⟨CORPVS
585, 7-8 AVT REM PROPRIE⟩ COMMVNITERVE SIGNIFICANS. Quomodo
'pars orationis cum casu'? Pars locutionis cum casu. Quomodo?
Quamuis defectiuum nomen sit, sine casu esse non potest;
habebit enim aut unum aut duos aut quantoslibet de istis sex
casibus. Quare dixit 'pars orationis cum casu'? Quia puer inde
ambiguitatem habet, eo quod pronomini et participio casus

Trad. text. α *F*

    I.1, 2/3 Quare – inchoassent] POMP., *Gramm.* 96, 10-18   **4/8** Putes – littera] cfr
infra II.1, 19/24   **9/10** Nomen – insinuet] PS. SERG., *Explan. in Don.* 488, 3.10-12; cfr
ISID., *Etym.* 1, 7, 1   **10/20** Quomodo – demonstrantia] cfr PS. SERG., *Explan. in Don.*
488, 3-10   **23/26** Pars – casibus] cfr PS. SERG., *Explan. in Don.* 490, 2-10   **26/
28** Quare – nomini] cfr POMP., *Gramm.* 137, 17-20

    I.1, 1 De nomine] *suppleui*   **21/22** corpus – proprie] *cum Don. suppl. Maes.*

I.i. ⟨DE NOMINE⟩

Nomen quare dictum est? A notamine, eo quod res notas
faciat uel quod notitiam cuiuslibet rei nobis insinuet. Quomodo? Puta si uideam hodie siptacum, de nomine eius non inter-
5 rogo, uadit se siptacus, uenit quis, interrogat me et dicit
'scis siptacum?'; dico 'nescio', quum iam illum uidissem, sed
quia de nomine eius non interrogaui, ideo nec figura corporis
eius animo meo adhaesit. Vadit et adducit siptacum ad me
et dicit mihi 'ecce siptacus de quo locuti fueramus'; dum
10 hoc audio, statim ex cognitione nominis eius et res ipsa et
nomen ipsum adhaeret animo meo. Et ideo dicta sunt nomina
quasi notamina, id est rerum demonstrantia.

Quare inchoauit Donatus a nomine et non a littera, quum alii   = α l.2-8
a littera inchoassent? Sciens Donatus quia et ipsa littera nomen
15 erat, ideo inchoauit a nomine et non a littera. Quomodo? Puta
si adsumas unum nomen, diuido illum per syllabas, ultima
syllaba quae remanserit diuido illam per litteras, littera quae
remanserit diuidi non potest et nomen est; ideo a nomine
inchoauit et non a littera.

DON., *Min.* **NOMEN QVID EST? PARS ORATIONIS CVM CASV ⟨CORPVS**
585, 7-8 **AVT REM PROPRIE COMMVNITERVE SIGNIFICANS⟩.** Quomodo
22 'pars orationis cum casu'? Pars locutionis cum casu. Quomodo?
Quia quamuis defectiuum sit nomen, sine casu esse non
potest; habuit enim aut unum aut duos aut quantoslibet de istis
25 sex casibus. Quare dixit 'pars orationis cum casu'? Quia puer
inde ambiguitatem habet, eo quod pronomini ⟨et⟩ participio

Trad. text. β   *B L   a* 20 Nomen *inc. E*

I.i, 2/3 Nomen – insinuet] Ps. SERG., *Explan. in Don.* 488, 3.10-12; cfr ISID., *Etym.*
1, 7, 1 **3/12** Quomodo – demonstrantia] cfr Ps. SERG., *Explan. in Don.* 488, 3-10 **15/**
19 Puta – littera] cfr infra II.1, 17/21 **22/25** Pars – casibus] cfr Ps. SERG., *Explan. in*
Don. 490, 2-10 **25/27** Quare – nomini] cfr POMP., *Gramm.* 137, 17-20

I.i, 1 De nomine] *suppleui*   **2** notamine] nota nomine *B*   **4** non] *sup. l. L*
5 dicit] dixit *L*   **9** dicit] dixit *L*   **11** ipsum] ipsud *L*   **12** notamina] nominata
(nomina *B²*) *B*   **13** littera] litterae *B*   **13/15** quum – littera] *om. B*   **16** illum] illud *B*
16/17 syllabas – per] *om. L*   **17** diuido] diuidam *L*   **19** a] ad *B*   **20** casu] casui *B*
20/21 corpus – significans] *cum α suppleui*   **22** casu²] casui *B*   **24** habuit] habent *E*
25 puer] per *B*   **26** pronomini] pronomine *B L*   et] *cum α suppleui (cfr infra l. 33)*

accedant sicut et nomini. Dicit Pompeius: "Plane scire debet:
qui aliquam rem definit ita debet definire, ut et ipsam rem expri-
30 mat et a ceteris rebus seiungat". Hic autem 'seiungat' quid
est? Separet, ita ut prius dicat quod commune est et postea
quod proprium. Et Donatus hanc regulam obseruans prius dixit
quod commune est et postea quod proprium. Dum dixit 'cum
casu', communem rem dixit, quia pronomini et participio casus
35 accedunt sicut et nomini; sed ut illam ad proprietatem perduceret, dixit 'corpus aut rem', quod tantundem nomini accedit.

Vnde et Audax: "Definitio quid est? Oratio quae id de quo
quaeritur aperte describit et determinat, ut puta ueluti si quaeras
a me, quid sit homo, respondebo: 'animal rationale mortale risu
40 capax'". Dum dixit 'animal', communem rem dixit, quia omne
quod uiuit et per se super terram mouetur animal dicitur;
nam arbores et cetera inanimalia mouentur, sed non ex se, nisi
a tactu aut cuiuslibet rei inpulsu. Dum dixit 'rationale',
segregauit ab animalibus brutis, et hoc dixit quod commune
45 habet homo cum angelis, quia et angeli ratione capaces sunt
sicut et homo. Dum dixit 'mortale', segregauit ab angelis, et hoc
dixit quod commune habet homo cum animalibus brutis, quia et
animalia bruta moriuntur sicut et homines. Dum dixit 'risu
capax', separauit ab angelis et ab animalibus brutis, et hoc dixit
50 quod tantundem homini accidit, quia solus homo ridet et non
alia res. Et Donatus hanc regulam obseruans prius
dixit quod commune est et postea quod proprium.
Sed dum dixit 'cum casu', ab aliquibus seiunxit et ab aliquibus
non seiunxit. A quibus seiunxit? A uerbo, ab aduerbio, a con-

Trad. text. α   *F*

28/30 Plane – seiungat[1]] Pomp., *Gramm.* 137, 15-17   **30/36** Hic – accedit] cfr
Pomp., *Gramm.* 137, 17-25   **35/36** sed – accedit] cfr Ps. Serg., *Explan. in Don.* 489,
37 - 490, 1   **37/40** Definitio – capax] Avdax, *Gramm.* 324, 2-4   **39/40** animal –
capax] Ps. Serg., *Explan. in Don.* 489, 10-17   **40/51** Dum – res] cfr Ps. Serg.,
Explan. in Don. 489, 25-28; Isid., *Etym.* 2, 25, 2-4   **51/52** Et – proprium] cfr supra
l. 32/33   **53/57** Sed – nomini] cfr Ps. Serg., *Explan. in Don.* 489, 31-36

29 definire] *cum* β *correxi*, difinire *F*   **30** Hic autem] *correxi*, his aut *F*   **35** illam]
cum β *correxi*, illum *F*   **36** tantundem nomini] *cum* β *correxi*, tandem homini *F*
44 segregauit] *cum* β *correxi*, segregabit *F*   **45** ratione] *cum* β *correxi*, rationi *F*
49 separauit] *correxi*, separabit *F*   **54** non seiunxit] *cum* β *correxi*, se non iunxit *F*
seiunxit[2]] se non iunxit *F[2]*

casus accidunt sicut et nomini. Dicit Pompeius: "Plane scire
debet quia qui aliquam rem definit ita debet definire, ut et
ipsam rem exprimat et a ceteris rebus seiungat"; ita ut prius dicat
30 quod commune est et postea quod proprium. Et Donatus hanc
regulam obseruans prius dixit quod commune est et postea quod
proprium. Dum dixit 'cum casu', communem rem dixit, quia
pronomini et participio casus accidunt sicut et nomini; sed ut
illam ad proprietatem perduceret, dixit 'corpus aut rem', quod
35 tantundem nomini accidunt, non aliis partibus.

Vnde et Audax: "Definitio quid est? Oratio quae id de quo
quaeritur aperte describit et determinat, ut puta ueluti si quaeras
a me, quid sit homo, respondebo: 'animal rationale mortale risu
capax'". Dum dixit 'animal', communem rem dixit, quia omne
40 quod uiuit et per se mouetur super terram animal dicitur;
nam arbores et cetera inanimalia mouebuntur, sed non ex se,
nisi a tactu aut inpulsu cuiuslibet rei. Dum dixit 'rationale',
segregauit ab animalibus brutis, et hoc dixit quod commune
habet homo cum angelis, quia angeli ratione capaces sunt sicut et
45 homines. Dum dixit 'mortale', segregauit ab angelis, et hoc
dixit quod commune habet homo cum animalibus brutis, quia
animalia bruta moriuntur sicut et homines. Dum dixit 'risu
capax', segregauit ab angelis et ab animalibus brutis, et hoc
dixit quod tantundem homini accidit, non aliis rebus, quia
50 solus homo ridet et non alia res. Sed dum dixit 'cum casu', ab
aliquibus seiunxit, ab aliquibus non seiunxit. A quibus seiunxit?
A uerbo, aduerbio, coniunctione, praepositione et interiectione.

Trad. text. β   *BEL*

27/29 Plane – seiungat] Pomp., *Gramm.* 137, 15-17   **29/35** ita – partibus] cfr
Pomp., *Gramm.* 137, 17-25   **33/35** sed – partibus] cfr Ps. Serg., *Explan. in Don.* 489,
37 - 490, 1   **36/39** Definitio – capax] Avdax, *Gramm.* 324, 2-4   **38/39** animal –
capax] Ps. Serg., *Explan. in Don.* 489, 10-17   **39/50** Dum – res] cfr Ps. Serg.,
Explan. in Don. 489, 25-28; Isid., *Etym.* 2, 25, 2-4   **50/54** Sed – nomini²] cfr
Ps. Serg., *Explan. in Don.* 489, 31-36

27 accidunt] accidant *B*   **29** exprimat] exprimet *L*   **30** proprium] est *add. L*   **30**/
32 Et – proprium] *in marg. L*   **32** proprium] est *add. L*   communem] commune *B*
33 pronomini] pronomine *B*   **34** aut rem] ut tam *B*   **36** Audax] *om. B*   quo] quod
B   **37** describit – determinat] describi terminat *B*   si quaeras] sequaras *B*
38 rationale] rationabile *L*   risu] rusu (rusus *L²*) *L*   **41** arbores] arbor *B*
mouebuntur] mouentur *B*   **42** a tactu] ad actu *B*   **45/48** hoc – et¹] *om. E*   **47** risu]
risus *L²*   **49** homini] homine *L^{a.c.}*   **50** homo] *sup. l. L*   **51** seiunxit¹] se *praem. L*
seiunxit³] se non iunxit *L*   **52** coniunctione] coniunctio non *B*

55 iunctione, a praepositione et interiectione. A quibus ⟨non⟩ seiunxit? A pronomine et participio, quia pronomini et participio
casus accedunt sicut et nomini.

Quare dixit 'corpus aut rem'? Quia aut corporale erit ipsud
nomen aut incorporale. Quid est corporale? Quod uidetur et
60 tangitur, ut 'homo', 'terra', 'mare'. Quid est incorporale?
Quod nec uidetur nec tangitur, sed tantundem in animo geritur,
ut 'pietas', 'iustitia', 'dignitas'. 'Proprie communiterue significans' quomodo? Quia ipsud nomen quod fuerit aut proprium
erit aut appellatiuum. Quid est proprium? Quod unius est, ut
65 'sol', 'luna', 'Deus'. Quid est appellatiuum? Quod multorum
585, 7-8 app.   est, ut 'homines'. PROPRIE, VT 'ROMA', 'TIBERIS', quomodo?
crit.   Vna est urbs quae Roma uocatur, et unum flumen quod Tiberis uocatur. COMMVNITER, VT 'VRBS', 'FLVMEN', quomodo?
Vnaquaeque ciuitas [quae] urbs dicitur, et omne quod fluit
70 flumen uocatur. Sine quibus rebus nomen constare non potest?
Sine tribus. Quomodo? Quia ipsud nomen quod fuerit aut propriae qualitatis erit aut appellatiuae, aut corporale erit aut incorporale, et casu non caret.

585, 8-9   NOMINI QVOT ACCEDVNT? SEX. QVAE? QVALITAS, CON-
75 PARATIO, GENVS, NVMERVS, FIGVRA, CASVS. Quomodo qualitas? Cuius qualitatis sit ipsud nomen, si proprium, si appellatiuum. Conparatio? Si recipiat conparationem, si non. Genus?
Cuius generis sit, si masculini, si feminini, si neutri. Numerus? Si
singularis, si pluralis. Figura? Si simplex, si conposita. Casus? Si
80 nominatiuus, si genitiuus aut quislibet de istis sex casibus.

Trad. text. α   F

58/62 Quare – dignitas] POMP., *Gramm.* 137, 25-27; PS. SERG., *Explan. in Don.* 490,
10-13   **64** Quid – est²] POMP., *Gramm.* 137, 30; PS. SERG., *Explan. in Don.* 490, 14-15
65/66 Quid – est] POMP., *Gramm.* 137, 30-31; PS. SERG., *Explan. in Don.* 490, 15
66 Proprie – Tiberis] inuenitur in trad. *Artis minoris* (α exc. *A*); cfr DON., *Mai.* 614, 3
68 Communiter – flumen] inuenitur in trad. *Artis minoris* (α exc. *A*); cfr DON., *Mai.*
614, 3

55 non] *cum* β *suppleui*   **56** participio¹] *cum* β *correxi*, participium *F*   **58** corporale]
cum β *correxi*, corporalem *F*   **59** incorporale] *cum* β *correxi*, incorporalem *F*
60 incorporale] *scripsi*, incorporalem *F*   **67** quod] *cum* β *correxi*, quae *F*   **69** quae]
cum β *deleui*   **72** appellatiuae] *cum* β (*E L^{p.c.}*) *correxi*, appellatiue *F*   **73** casu] *cum* β
correxi, casum *F*   **77** recipiat] recipit *F^{a.c.}*   **78** feminini] *cum* β *correxi*, femini *F*
79 singularis] *cum* β *correxi*, singulus *F*   pluralis] *cum* β *correxi*, plures *F*

Et a quibus non seiunxit? A pronomine et participio, quia pronomini et participio casus accidunt sicut et nomini.

55   Quare dixit 'corpus aut rem'? Quia aut corporale erit ipsud
nomen aut incorporale. Quid est corporale? Quod uidetur et
tangitur, ut 'homo', 'terra', 'mare'. Quid est quod 'rem' significat? Quod nec uidetur nec tangitur, sed tantundem in animo
geritur, ut 'pietas', 'iustitia', 'dignitas'. 'Proprie communiterue
60   significans' quomodo? Quia ipsud nomen quod fuerit aut proprium erit aut appellatiuum. Quid est proprium? Quod unius
est. Quid est commune? Quod multorum est. PROPRIE, VT
'ROMA', 'TIBERIS', quomodo? Quia una urbs est quae Roma
dicitur, et unum flumen quod Tiberis dicitur. COMMVNI-
65   TER, VT 'VRBS', 'FLVMEN', quomodo? Quia unaquaeque ciuitas
urbs dicitur, et omne quod fluit flumen dicitur. Sine quibus
rebus nomen constare non potest? Sine tribus. Quomodo? Quia
ipsud nomen quod fuerit aut propriae qualitatis erit aut appellatiuae, aut corporale aut incorporale, et casu non caret.

NOMINI QVOT ACCIDVNT? SEX. QVAE? QVALITAS, CON-
71   PARATIO, GENVS, NVMERVS, FIGVRA, CASVS. Qualitas? Cuius
qualitatis sit, si proprium, si appellatiuum. Conparatio? Si recipiat conparationem, si non recipiat. Genus? Cuius generis sit,
si masculini, si feminini, si neutri. Numerus? Si singularis sit, si
75   pluralis. Figura? Si simplex sit, si conposita. Casus? Si nominati-

Marginal notes (left margin):
585, 7-8 app.
crit.

585, 8-9
71

Trad. text. β   *BEL*

55/59 Quare – dignitas] POMP., *Gramm.* 137, 25-27; PS. SERG., *Explan. in Don.* 490,
10-13   **61/62** Quid – est¹] POMP., *Gramm.* 137, 30; PS. SERG., *Explan. in Don.* 490, 14-
15   **62** Quid – est³] POMP., *Gramm.* 137, 30-31; PS. SERG., *Explan. in Don.* 490, 15   **62/**
63 Proprie – Tiberis] inuenitur in trad. *Artis minoris* (α *exc. A*); cfr DON., *Mai.* 614, 3
64/65 Communiter – flumen] inuenitur in trad. *Artis minoris* (α *exc. A*); cfr DON.,
Mai. 614, 3

55 ipsud] ipsum *B*   **56** Quod] quid *L^{a.c.}*   **57** terra] et *add. B E*   **58** tantundem]
tandem *B^{a.c.}*   **59** Proprie] propriae *B*   **60** ipsud] ipsum *B*   **61** erit aut] *in marg. L*
62 est¹] ut sol luna deus (*cfr* α) *sup. l. add. E²*   est²] *om. L*   est³] ut homines (*cfr* α) *sup.*
l. add. E²   ut] aut *B*   **66** fluit] fluet *B E*   **67** constare] stare *L*   **68** ipsud] ipsum *E^{a.c.}*
appellatiuae] appellatiue *B L^{a.c.}*   **69** aut¹] *om. L*   **70** Nomini] de accidentis nominum
praem. in marg. L²   quot] quod *B E^{a.c.}*   **71** Qualitas] quomodo (*cfr* α) *sup. l. praem. E²*
72 sit] ipsud nomen (*cfr* α) *sup. l. add. E²*   **73** conparationem] ad *praem. B*   sit] *in*
marg. B   **74** Si] *om. B*

Reprehenditur a quibusdam Donatus quare conpara-   = β *l. 84-87*
tionem inter alia accidentia adnumerasset, quum non
sepe accedat nomini. Sciens Donatus quia quandoque accidere debuit nomini, ideo illam adnumerauit inter alia
85 accedentia. Culpatur a quibusdam quare tantundem sex
accedentia adnumerauit Donatus, quum alii plura adnumerassent. Donatus quod suo ingenio inuenire potuit, hoc
adnumerauit. Illud uero quod naturaliter accedit nomini
– non solum nomini sed et omnibus partibus –, superfluum
90 deputauit adnumerare. Quid est ipsud? Littera, syllaba,
pes, accentus. Quomodo? Quia non inuenis partem quae sine
littera, sine pede, sine syllaba aut sine accentu sit.

585, 10   QVALITAS NOMINVM IN QVO EST? BIPERTITA EST. Quomodo 'bipertita est'? Bis partita, in duabus partibus diuisa, in
95 proprium et appellatiuum. Quid est proprium? Quod
unius est, ut 'sol', 'luna', 'Deus'. Quomodo dicis 'so-
lem' propriae qualitatis esse, quum dicat "Soles ire et
redire possunt"? Pro diebus hoc dictum est. Quomodo
dicis 'lunam' propriae qualitatis esse, quum dicat
100 'luna prima', 'secunda', 'tertia'? Feriarum numerus
hic tenetur. 'Deus' quomodo dicis propriae qualitatis
esse, quum dicat "Deus deorum" et cetera? Pro prin-
cipantibus hominibus dictum est. Da appellatiuae: 'uir',
'mulier' uel 'stellae'. Quomodo? Quia multi sunt uiri, mu-
105 lieres uel stellae. Quot qualitates sunt in nomine? Duae.
Quae? Vna quae ad appellationem uel proprietatem pertinet, et

Trad. text. α   F

81/92 Reprehenditur – sit] cfr POMP., *Gramm.* 138, 12 - 139, 22   94 in¹ – diuisa] cfr
CLEDON., *Gramm.* 10, 21   95/96 Quid – est] POMP., *Gramm.* 137, 30

I.1, 97/98 Soles – possunt] CATVLL. 5, 4   102 Deus deorum] Deut. 10, 17

86 adnumerauit] *cum* β (B Eᵖ·ᶜ·) *correxi*, adnumerabit F   plura] *correxi*, plures F
88 adnumerauit] adnumerabit Fᵃ·ᶜ·   92 pede] pedem Fᵃ·ᶜ·

uus, si genitiuus, si qualislibet de istis sex casibus. Quare
tantundem sex accidentias adnumerabat Donatus, quum
alii plures adnumerassent. Donatus quod suo ingenio potuit
inuenire, hoc dinumerauit. Illud uero quod naturaliter acci-
80 dit non solum nomini sed omnibus partibus, superfluum deputauit enumerare. Quid deputauit superfluum adnumerare ? Littera, syllaba, pedes et accentus. Quomodo? Quia non
inuenies partem quae sine littera, syllaba, pede aut accentu
sit. Quare adnumerauit Donatus conparationem inter   = α l. 81-85
85 alias accidentias, quum non sepe accidat nomini? Sciens
Donatus quia quandoque nomini accidere debuit, ideo
adnumerauit eam inter alias accidentias.

585,10   QVALITAS NOMINVM IN QVO EST? BIPERTITA EST. Quomodo 'bipertita'? Bis partita, id est in duabus partibus diuisa, in
90 proprium et appellatiuum. Da propriae qualitatis nomen :
'sol'. Et quia dicit "Soles ire et redire possunt"? Pro diebus
hoc dixit. Da appellatiuae: 'uir', 'mulier' uel 'stellae'. Quomodo? Quia multae sunt stellae, multi uiri et multae mulieres. Et quot qualitates sunt in nomine? Duae. Quae? Vna
95 quae ad appellationem uel proprietatem pertinet, et altera quae
ad animum. Inter illam quae ad appellationem uel proprietatem
pertinet et eam quae ad animum, est aliqua discretio aut non?
Est. Quomodo? Sine illa quae ad appellationem uel proprietatem
pertinet nomen inueniri non potest; sine ea uero quae ad

Trad. text. β   *BEL*

76/87 Quare – accidentias] cfr POMP., *Gramm.* 138, 12 - 139, 22   **89** in¹ – diuisa] cfr
CLEDON., *Gramm.* 10, 21

I.1, 91 Soles – possunt] CATVLL. 5, 4

---

76 genitiuus] gentiuus (genetiuus *L²*) *L*   si qualislibet] aut quislibet (*cfr* α) *corr. E²*
Quare] culpatur a quibusdam (*cfr* α) *praem. E²*   **77** adnumerabat] adnumerauit *B E²*
79 dinumerauit] denumerauit *B*, adnumerauit (*cfr* α) *E²*   **82** Littera] litteras *L*
syllaba] syllabas *L*   pedes] pede *B*   accentus] accentu *B*   **83** inuenies] inueniet *B*
quae] qui *B*   syllaba] sine (*cfr* α) *praem. E²*   pede] sine (*cfr* α) *praem. E²*   accentu] sine
(*cfr* α) *praem. E²*   **84** Quare] Reprehenditur a quibusdam (*cfr* α) *praem. E²*
87 adnumerauit] adnumerabit *Eᵃᶜ·*   inter] *om. B*   alias] *om. B*   **88** Qualitas] de
qualitate *in marg. add. E²*   **89** bipertita] est *add. E²*   Bis partita] bipertita *B*
92 dixit] dicit *L*   uir mulier] *iter. B*   stellae] stella *E*   **93** Quia] qui *Eᵃᶜ·*   **94** quot]
quod *E*   qualitates] qualitate *E Lᵃᶜ·*   nomine] nomen *B*   **95** ad] *om. B*   **96** Inter]
iter *Lᵃᶜ·*   illam] illa *B*   **97** eam] ea *B*   **99** inueniri] inuenire *Eᵃᶜ·*   non] *exp. B²*   **99/**
100 sine – potest] *om. B*

altera quae ad animum. Inter illam quae ad appellationem uel ad
proprietatem pertinet et eam quae ad animum, est aliqua discretio an non? Est. Quomodo? Sine illa quae ad appellationem uel
110 proprietatem pertinet nomen inueniri non potest; sine ea quae
ad animum pertinet nomen inueniri potest. Quomodo? Si
dicam 'Deus', ecce illa qualitas quae ad proprietatem pertinet, sine ea quae ad animum uel ad appellationem. Si dicam
'homo', ecce illa qualitas quae ad appellationem pertinet,
115 sine ea quae ad proprietatem uel ad animum. Si dicam 'sanctus', ecce illa qualitas quae ad animum pertinet, sine
ea quae ad appellationem uel proprietatem. Si dicam
'sanctus Deus', ecce illa qualitas quae ad proprietatem uel
ad animum pertinet, sine ea quae ad appellationem. Si dico
120 'sanctus homo', ecce illa qualitas quae ad animum pertinet,
cum ea quae ad appellationem, sine ea quae ad proprieta-
585, 10-11 tem. Avt enim vnivs nomen est et proprivm dicitvr,
avt mvltorvm et appellativvm. Quod unius est, proprium
dicitur, ut 'Deus'; quod multorum, appellatiuum, ut 'homo',
125 'uir', 'mulier'.

585, 12-13   Conparationis gradvs qvot svnt? Tres. Qvi? Positivvs, vt 'doctvs'; conparativvs, vt 'doctior'; svperlativvs, vt 'doctissimvs'. Quare dicta conparatio? Quasi
existimatio, eo quod conparando unum alteri ex conlatione
130 alterius praeferatur: 'senior iuniori'. Quomodo? Puta
stant mecum tres, uenit quidam et dicit mihi: 'qui sunt
isti?'; dico: 'Careto, Fronto et Seruandus'; dicit

Trad. text. α   F

128/130 Quare – praeferatur] cfr Pomp., *Gramm.* 150, 33-34; Isid., *Etym.* 1, 7, 27

107 animum] anima $F^{a.c.}$ illam] *cum* β (*E L*) *correxi*, illa F   **108** eam] *cum* β (*E L*)
correxi, ea F   **130** iuniori] *corr. Hag.* (*cfr* β), iunior F

100 animum pertinet nomen inueniri potest. Quomodo? Vt puta si dicam 'Vergilius', ecce ostendo illam qualitatem quae ad proprietatem pertinet, sine ea quae ad animum uel ad appellationem pertinet. Si dico 'uir', ecce ostendo illam qualitatem quae ad appellationem pertinet, sine ea quae ad proprie-
105 tatem uel ad animum pertinet. Si dico "Iustus Deus", ostendo illam qualitatem quae ad proprietatem uel ad animum pertinet, sine ea quae ad appellationem pertinet, quia unus est Deus. Si dico 'iustus homo', ostendo illam qualitatem quae ad appellationem uel ad animum pertinet, sine
110 ea quae ad proprietatem pertinet, quia multi sunt homi-
585, 10-11 nes quos Deus iustificat. Quare dicit AVT ENIM VNIVS NOMEN EST ET PROPRIVM DICITVR, AVT MVLTORVM ET APPELLATIVVM? Quod unius est, proprium dicitur, ut 'Deus'; quod multorum, appellatiuum, ut 'dies'.

585, 12-13 CONPARATIONIS GRADVS QVOT SVNT? TRES. QVI?
116 POSITIVVS, VT 'DOCTVS'; CONPARATIVVS, VT 'DOCTIOR'; SVPERLATIVVS, VT 'DOCTISSIMVS'. Quare dicta est conparatio? Quasi existimatio, eo quod ad conparandum unum alteri praeferamus, id est 'seniorem iuniori'. Quomodo? Vt
120 puta si stent tres mecum, et ego quartus, uenit quis et dicit mihi: 'isti quid sciunt?'; dico illi: 'notarii sunt'; dicit mihi: 'quomodo hoc sciunt?'; dico illi: 'docti sunt'. Dum dico 'docti sunt', ostendo illos aequales esse. Dicit mihi tamen: 'quis melius ab istis hoc scit?'; respondeo illi: 'puta
125 doctus est Cato, doctior Vergilius, doctissimus Donatus'. Dum dico 'doctus est Cato', ostendo illum aliquid scire; dum

---

Trad. text. β   *BEL*

117/119 Quare – praeferamus] cfr POMP., *Gramm.* 150, 33-34; ISID., *Etym.* 1, 7, 27

105 Iustus Deus] cfr Is. 45, 21

100 animum] animumum *E* 108 est] *om. B* 111 unius] unus *L*ᵃ·ᶜ· 112 et¹] *om. B*
114 dies] diis *B*, dii *L* 117 doctissimus] secunda pars *in marg. add. L²* 118 ad] *om.*
B L conparandum] conparando *L²* 120 si] *om. B* tres] *om. L* 124 puta] puto *E²*

mihi: 'quid sciunt?'; dico: 'notarii sunt'; 'quomodo hoc
sciunt?'; 'docti sunt'. Dum dico 'docti sunt', ostendo eos
135 aequales esse. Dicit mihi: 'nullus melior ab istis?'; dico:
'doctus est Careto, doctior Fronto et doctissimus Seruandus'. Dum dico 'doctus est', ostendo illum aliquid scire; dum
dico 'doctior', ostendo illum plus scire de docto; dum dico
'doctissimus', ostendo illum plus scire de docto et doctiore.
140 Et quot gradus sunt in conparatione? Tres. Qui? Positiuus, conparatiuus et superlatiuus.

        Tantundem ipsi tres apud ueteres habebantur? Et quartus.
Quomodo dicebatur? Praelatiuus. Quomodo faciebant ipsam
conparationem? Positiuus, ut 'doctus'; conparatiuus, 'tam doc-
145 tus'; praelatiuus, 'doctior'; superlatiuus, 'doctissimus'. Quare hoc
faciebant? Dicentes 'unusquisque quantum dat, tantum debet
emere', ideo similem faciebant conparatiuum positiuo,
nescientes quod illud 'tam' aduerbium est conparantis, quod
habet in se significationem augentis. Quid ibi faciebant?
150 Vitium. Quale uitium? Tautologia. Quid est tautologia? Eiusdem dicti repetitio uitiosa, ut 'egomet ipse', tamquam si dicerent 'ego ego ipse ipse'. Et quomodo dicebant 'tam doctus
et doctior'? Tamquam si dicerent 'doctior doctior'. Et apud nos
quot gradus sunt in conparatione? Tres. Qui? Positiuus,
155 conparatiuus et superlatiuus. Positiuus cur dicitur? Eo
quod primus ponatur in conparatione, ut 'doctus'.
Conparatiuus quare? Eo quod conparatus positiuo
praefertur illi, ut 'doctior'; plus enim nouit 'doctior'
quam 'doctus'. Superlatiuus cur dicitur? Eo quod
160 conparatus positiuo et conparatiuo praeferatur illis,

Trad. text. α   F

————————

   143/145 Quomodoˡ – doctissimus] cfr Pomp., *Gramm.* 151, 20-22; Ps. Serg.,
Explan. in Don. 539, 31-33   **152/153** Et – doctiorᶟ] cfr Pomp., *Gramm.* 152, 6-8   **155/
162** Positiuus – doctior] Isid., *Etym.* 1, 7, 27

   135 esse] factus est *in marg. add.* F²   **142** habebantur] *cum* β (*L*) *correxi*, habebatur
F   **153** dicerent] *cum* β (*E*) *correxi*, diceret F

dico 'doctior Vergilius', ostendo eum plus scire de Catone;
dum dico 'doctissimus Donatus', ostendo eum plus scire a
Vergilio et a Catone. Et quot gradus sunt in conparatione?
130 Tres. Qui? Positiuus, conparatiuus, superlatiuus. Positiuus
plures formas habet: exit in 'us', ut 'doctus'; exit in
'is', ut 'docilis'; exit in 'ens', ut 'prudens'; exit in
'er', ut 'niger'. Conparatiuus duas formas habet: 'ior'
et 'ius', 'doctior' et 'doctius'. Superlatiuus in singulis
135 generibus binas: 'simus' et 'rimus', 'sima' et 'rima',
'simum' et 'rimum'. Qualitas et quantitas quot species habent? Quattuor: ab animo, a corpore, a fortuna, a mensura; ab animo, ut 'prudens'; a corpore, ut
'candidus'; a fortuna, ut 'diues'; a mensura, ut 'lon-
140 gus'.

Tantundem ipsi tres apud ueteres habebantur? Et quartus.
Quomodo dicebatur? Praelatiuus. Quomodo faciebant ipsam
conparationem? Positiuus, ut 'doctus'; conparatiuus, ⟨ut⟩ 'tam
doctus'; praelatiuus, ut 'doctior'; superlatiuus, ut 'doctissimus'.
145 Quare hoc ita faciebant? Dicentes 'unusquisque quantum dat,
tantum debet emere', ideo faciebant conparatiuum similem positiuo, nescientes quod illud 'tam' aduerbium erat conparantis, quod in se habet significationem augentis. Quid ibi
faciebant? Vitium. Quale uitium? Tautologia. Quid est tautolo-
150 gia? Eiusdem dicti repetitio uitiosa, ut 'egomet ipse'. Nam
quod dicebant 'tam doctus et doctior', tamquam si dicerent
'doctior'. Et apud nos quot gradus sunt? Tres tantum: positiuus, conparatiuus, superlatiuus.

Trad. text. β   *B E L*

130/136 Positiuus[2] – rimum] Ps. SERG., *Explan. in Don.* 491, 18-23   **136/**
139 Qualitas – longus] Ps. SERG., *Explan. in Don.* 491, 34 - 492, 2   **142/**
144 Quomodo[1] – doctissimus] cfr POMP., *Gramm.* 151, 20-22; Ps. SERG., *Explan. in*
Don. 539, 31-33   **150/152** Nam – doctior] cfr POMP., *Gramm.* 152, 6-8

127 Catone] catonem *B*   **129** Catone] catonem *B*   **130/139** Positiuus[2] – longus]
om. B   **132** docilis] *cum Explan. correxi*, doctilis (docte- *E*[a.c.]) β   **133** habet] in *add. E*[2]
134 doctior – doctius] *om. L*   **136** rimum] summum *E*[a.c.]   **137** habent] habet *E*
141 habebantur] habebatur *B E*   Et] ut *E*   **143** ut[1]] *suppl. Maes.*   **145** unusquisque]
unusquis *B*   **146** conparatiuum similem] conparatiuo simile *B E*   **148** augentis]
augentes *B*, augentiis *E*[a.c.]   **151** dicerent] diceret *B L*   **152** gradus] grados *L*[a.c.]

ut 'doctissimus'; plus enim nouit 'doctissimus' quam 'doctus' aut 'doctior'. Conparationis gradus quare dicti sunt? Pro eo quod habent ascensus quosdam nominum ad ampliandam significationem; nam pro-
165 prie gradus elocutio est quae alterius conlatione alterum extollit. Aliquando enim crescit conparatiuus cum sensu, ut 'doctus, doctior, doctissimus'; interdum crescit conparatiuus et superlatiuus, ut minuitur, ut 'mendicus, mendicior, mendicissimus'.

170 Quis cui gradui praeponitur? Conparatiuus positiuo, superlatiuus conparatiuo et positiuo. Vnde inchoat crescere conparatio? A conparatiuo gradu. Positiuus qualis est? Perfectus et absolutus. Quomodo? Quia unusquisque in suo artificio 'doctus' dicitur. In uno aut in multis? Et in uno et in multis. Ipse positiuus
175 quot genera facit? Tria, 'doctus, docta, doctum': 'doctus uir', 'docta mulier', 'doctum mancipium'. Conparatiuus quot? Tria, duo in 'or' et tertium in 'us': 'doctior uir', 'doctior mulier', 'doctius mancipium'. Superlatiuus quot? Tria, 'doctissimus, doctissima, doctissimum': 'doctissimus uir', 'doctissima mu-
180 lier', 'doctissimum mancipium'.

585, 13-586, 1 QVAE NOMINA CONPARANTVR? APPELLATIVA DVMTAXAT QVALITATEM AVT QVANTITATEM SIGNIFICANTIA. Semper appellatiua? Semper, sed non tota; nam et ipsa quae conparantur appellatiua sunt. Propria uero nomina sicut
185 pluralitatem non recipiunt, ita nec conparari possunt. Et qualia appellatiua? Illa quae qualitatem animi et quantitatem corporis significant. Tota quae qualitatem animi et quantitatem corporis significant recipiunt conparationem? Non. Et qualia? Illa quae conparari possunt. Da nomen quod qualita-
190 tem significet et conparetur: 'sanctus, sanctior, sanctissimus'. Da quod quantitatem significet et conparetur: 'grandis, grandior, grandissimus'.

Trad. text. α F

162/164 Conparationis – significationem] cfr CLEDON., *Gramm.* 37, 30-31
172 Positiuus – absolutus] DON., *Mai.* 618, 6-7; cfr SERG., *De orat.* 56, 18-19

162 Conparationis] *corr.* Maes., conparationes *F* **171** positiuo] *cum* β *correxi*, praepositiuo *F* **183** appellatiua] *cum* β *correxi*, appellatiue *F*

Quis cui gradui praeponitur? Conparatiuus positiuo, superla-
155 tiuus conparatiuo et positiuo. Vnde inchoat crescere conparatio?
A conparatiuo gradu. Positiuus qualis est? Perfectus et absolutus.
Quomodo? Quia unusquisque in artificio suo 'doctus' dicitur.
In uno artificio aut in plurimis? In plurimis. Ipse positiuus quot genera facit? Tria. Quae? 'Doctus uir', 'docta mulier',
160 'doctum mancipium'. Conparatiuus quot? Duo in 'or' et tertium
in 'us': 'doctior uir', 'doctior mulier', 'doctius mancipium'.
Superlatiuus quot? Tria. Quae? 'Doctissimus, doctissima, doctissimum'.

85, 13-586, 1   QVAE NOMINA CONPARANTVR? APPELLATIVA DVMTAXAT
165 QVALITATEM AVT QVANTITATEM SIGNIFICANTIA. Semper
appellatiua? Semper. Numquam propria? Numquam. Et
qualia appellatiua? Illa quae qualitatem animi et quantitatem
corporis significant. Tota quae qualitatem animi et quantitatem
corporis significant recipiunt conparationem aut non? Non. Et
170 qualia? Nisi illa quae conparari possunt. Da nomen quod qualitatem significet et conparetur: 'sanctus, sanctior, sanctissimus'.
Da quod quantitatem significet et conparetur: 'grandis, grandior,
grandissimus'.

Trad. text. β   *B E L*

156 Positiuus – absolutus] DON., *Mai.* 618, 6-7; cfr SERG., *De orat.* 56, 18-19

154 praeponitur] reponitur *B E*ᵃ·ᶜ· *L*ᵃ·ᶜ·   **155** inchoat] inqhoad *E*ᵃ·ᶜ·   **156** absolutus]
tertia pars *in marg. add. L*²   **159** quot] quod *B*   **160** quot] quod *B*   tertium] tertia
B E   **162** quot] quod *B*   **166** Semper] *om. E*   Numquam²] *om. E*   **167** et] aut *E*
168 significant] significat *B*   **168/169** Tota – significant] *in marg. L*   qualitatem]
qualitem *B*   et] aut *B*   **169** significant] significat *B E*ᵃ·ᶜ·   Non] *om. B*   **170** conparari]
conpari *B L*ᵃ·ᶜ·

Da quod qualitatem et quantitatem significet et non conparetur: 'perfectus'. Quare non conparatur? Ille dicitur 'perfectus'
195 qui nihil indiget perfectionis, dum per se naturaliter
plenus est. Iam si dixero 'perfectior', 'perfectissimus',
accepta conparatione incipit esse non plenum. Qualitatem, ut 'bonus', 'malus'. Qualitas quare dicta? Quia per
eam qualis quisque sit ostenditur, ut 'bonus', 'malus'.
200 Fac inde conparationem: 'bonus, melior, optimus'; 'malus,
peior, pessimus'. Quomodo dicuntur ista nomina? Anomala,
eo quod non ab una syllaba inchoent in conparatione.
Quantitatem, ut 'magnus', 'breuis'. Quantitas unde dicta? A
mensura, quia per eam aliquid magnum uel minus ostenditur, ut
205 'longus', 'breuis'. Fac inde conparationem: 'magnus, maior et
maximus'; 'breuis, breuior et breuissimus'. Quae melior forma
est inter istam quae ab una syllaba inchoat in conparatione, et
istam quae ab una non inchoat? Ista melior fixa et certa
est quae ab una syllaba inchoat in conparatione.

586, 2-3   CONPARATIVVS GRADVS CVI CASVI SERVIT? ABLATIVO
211 SINE PRAEPOSITIONE; DICIMVS ENIM 'DOCTIOR ILLO'. Quomodo? Puta si dicam contra regulam cum praepositione 'doctior
Trasemirus a Petro', ostendo illud quod Trasemirus scit a
Petro didicisse. Iam si dixero secundum regulam sine praepo-
215 sitione 'doctior Petro Trasemirus', ostendo Trasemirum
plus scire de Petro. Ipse conparatiuus gradus quibus casibus seruit? Tribus. Quibus? Sexto, septimo et nominatiuo interposita

---

Trad. text. α   F

193/197 Da – plenum] cfr POMP., *Gramm.* 151, 9-17   **198/199** Qualitas –
ostenditur] ISID., *Etym.* 2, 26, 7   **201/202** Quomodo – conparatione] cfr POMP.,
Gramm. 154, 21-26   **203/205** Quantitas – breuis] ISID., *Etym.* 2, 26, 7   **206/
209** Quae – conparatione] cfr POMP., *Gramm.* 154, 21-26   **216/218** Ipse – quam]
POMP., *Gramm.* 157, 20-22; PS. SERG., *Explan. in Don.* 492, 9-10

196 plenus] *correxi*, plenum *F*   **201** Anomala] *cum* β (*B L*) *scripsi*, anomalia *F*
204 aliquid] aliquod *F*ᵃ·ᶜ·   **207** istam] *correxi*, ista *F*   **208** istam] *correxi*, ista *F*

Da quod qualitatem et quantitatem significet et non conpare-
175 tur: 'perfectus'. Quare non conparetur? Ille dicitur 'perfectus'
qui nihil de suo artificio indiget. Iam si dixero 'perfectior',
mentiui de illo priore, quia adhuc minus habet de
artificio suo. Quomodo significat qualitatem et quantitatem? Vt puta si dicas mihi: 'quid scit Audax?';
180 dico: 'grammaticus est'; dicit mihi: 'quomodo illud
scit?'; dico: 'perfectus est'; ecce qualitas. Item
interrogat me dicens: 'scis tu illum?'; 'scio'; dicit
mihi: 'quam magnus est aetate?'; dico: 'perfectus
homo est'; ecce quantitas. Qualitatem, ut 'bonus', 'malus'.
185 Fac inde conparationem: 'bonus, melior, optimus'. Quomodo
dicuntur ista nomina? Anomala. Quare? Quia ab una syllaba non inchoant in conparatione. Quantitatem, ut 'magnus', 'breuis'. Fac inde conparationem: 'magnus, maior, maximus'; 'breuis, breuior, breuissimus'. Quae melior forma est inter
190 istam quae ab una syllaba inchoat in conparatione, et illam quae
ab una non inchoat? Ista quae ab una inchoat et plus fixa
regula est.

586, 2-3   CONPARATIVVS GRADVS CVI CASVI SERVIT? ABLATIVO
SINE PRAEPOSITIONE; DICIMVS ENIM 'DOCTIOR ILLO'. Quo-
195 modo 'ablatiuo sine praepositione'? Puta si dicam contra
regulam cum praepositione 'doctior Vergilius a Catone',
ostendo ut quod Vergilius scit a Catone hoc didicisset.
Nam si dixero secundum regulam sine praepositione 'doctior
Cato Vergilio', ostendo Catonem plus scire de Vergilio.
200 Ipse conparatiuus gradus quibus casibus deseruit? Tribus. Quibus? Sexto, septimo et nominatiuo interposita 'quam'. Quomo-

Trad. text. β   *BEL*

174/178 Da – suo] cfr POMP., *Gramm.* 151, 9-17   185/187 Quomodo –
conparatione] cfr POMP., *Gramm.* 154, 21-26   189/192 Quae – est] cfr POMP., *Gramm.*
154, 21-26   200/201 Ipse – quam] POMP., *Gramm.* 157, 20-22; PS. SERG., *Explan. in
Don.* 492, 9-10   201/212 Quomodo – mulieribus] cfr PS. SERG., *Explan. in Don.* 492,
10-24

174 conparetur] conparatur *B*   177 mentiui] mentibi *B*, mentitus sum *corr. E²*
179 quid] qui *B*   180 dicit] dicis *corr. E²*   182 interrogat] interrogas *corr. E²*   dicit]
dicis *corr. E²*   184 Qualitatem] quantitatem *Eᵃ·ᶜ·*   186 Anomala] anomola *E*
187 conparatione] conparationem *B E*   188 maior] et *add. B*   190 istam] *correxi*, ista
β   illam] *correxi*, illa β   196 praepositione] perprositione *Eᵃ·ᶜ·*   199 Catonem]
cathone *B*   200 Ipse] inse *B*   Quibus] particulam *add. B*

'quam'. Quando seruit sexto? Quando dixero cum praepositione 'doctior Trasemirus a Petro'. Quando septimo?
220 Quando dixero secundum regulam sine praepositione
'doctior Trasemirus Petro'. Quando nominatiuo
interposita 'quam'? Quando dixero 'doctior Trasemirus quam Petrus'. In suo genere deseruit conparatiuus gradus
ablatiuo casui an et in alieno? Et in suo et in alieno. In singu-
225 laritate an et in pluralitate? Et in singularitate et in
pluralitate. Quomodo? 'Doctior uir uiris', ecce in utraque
parte in suo genere; 'doctior grammaticus oratore',
'uelocior equus canibus', ecce in utraque parte in
alieno genere.

586, 3-4   SVPERLATIVVS CVI? GENITIVO TANTVM PLVRALI; DICI-
231 MVS ENIM 'DOCTISSIMVS POETARVM'. Quomodo? 'Doctissimus uir uirorum', 'doctissima mulier mulierum'. Tantum plurali?
Interdum et singulari quando tale nomen fuerit quod enuntiatione sit singulare et intellectu plurale, ut 'populus', 'contio',
235 'plebs'. 'Populus' quomodo est enuntiatione singulare et
intellectu plurale? Quando dico 'populus', sic sonat tamquam si pro uno dicam, sed non dicitur populus nisi congregata fuerit ⟨multitudo⟩ hominum. In suo genere
deseruit genitiuo plurali aut in alieno? In suo tan-
240 tum; dicimus enim 'doctissimus uir populi', 'doctissima mulier cateruae'. Nam dici non potest 'uelocissimus equus
canum'. Inter 'populum' et 'populum' quid distat? Populus
dicitur congregatio hominum et populus dicitur
arbor. Da exemplum congregati populi: "Hic populus
245 Dominum dura ceruice negauit"; item "Audi, popule
meus!". ⟨Da exemplum arboris⟩: "Populus in siluis, abies

Trad. text. α   F

218/229 Quando¹ – genere] cfr Ps. SERG., *Explan. in Don.* 492, 10-24   232/
234 Tantum – plurale] POMP., *Gramm.* 158, 14-16   233/235 Interdum – plebs]
Ps. SERG., *Explan. in Don.* 492, 29-31   241/242 Nam – canum] POMP., *Gramm.* 158, 2
242/244 Inter – arbor] cfr ISID., *Etym.* I, 27, 29

244/245 Hic – negauit] SEDVL., *Hymn.* I, 73   245/246 Audi – meus] Ps. 49, 7
246/247 Populus – altis] VERG., *Ecl.* 7, 66

221 doctior] *correxi,* dictior *F*   232 mulierum] *cum* β *correxi,* muliere *F*
238 multitudo] *cum* β *suppleui*   246 Da – arboris] *suppl. Hag. (cfr* β)

do? Vt puta si dicam cum praepositione 'doctior Plato ab
Aristotele', est sextus casus; si dico sine praepositione
'doctiore magistro utor', est septimus casus; si dico
205 'doctior Esidorus quam Antonius', tunc deseruit nominatiuo interposita 'quam'. In suo genere deseruit conparatiuus gradus ablatiuo casui tantum aut in alieno? Et in suo et in
alieno. Quomodo? In suo, ut 'doctior uir uiro'; in
alieno, ut 'doctior uir muliere'. In singulari numero
210 deseruit ipse conparatiuus gradus ablatiuo casui aut
in plurali? Et in singulari et in plurali. Quomodo?
'Doctior uir uiris', 'doctior mulier mulieribus'.

586, 3-4   SVPERLATIVVS CVI? GENITIVO TANTVM PLVRALI; DICI-
MVS ENIM 'DOCTISSIMVS POETARVM'. Quomodo? 'Doctissi-
215 mus uir uirorum', 'doctissima mulier mulierum'. Tantum plurali?
Interdum et singulari quando tale nomen fuerit quod singulare
sit et intellectu plurale, ut 'populus', 'contio', 'plebs' et 'caterua'. Et quomodo est 'populus' in enuntiatione singulare?
Quia quando dico 'populus', sic sonat tamquam si pro uno
220 dicam, sed populus non dicitur nisi multitudo hominum
congregata fuerit. Fac ipsam conparationem: 'doctissimus uir populi', 'doctissima mulier cateruae'. Inter 'populum' et
'populum' est aliqua discretio an non? Est, quia et
propter multitudinem hominum 'populum' dicimus
225 et propter arbores similiter. Da auctoritatem ubi
legatur pro hominibus: "Hic populus Dominum dura
ceruice negauit". Da pro arboribus: "Populus in siluis, abies

---

Trad. text. β   *BEL*

215/217 Tantum – plurale] POMP., *Gramm.* 158, 14-16   **216/217** Interdum –
caterua] Ps. SERG., *Explan. in Don.* 492, 29-31   **222/225** Inter – similiter] cfr ISID.,
Etym. I, 27, 29

226/227 Hic – negauit] SEDVL., *Hymn.* I, 73   **227/228** Populus – altis] VERG., *Ecl.*
7, 66

202 praepositione] perprositione *B*   **203** Aristotele] aristotile *E L*   **204** doctiore]
doctior *B E*   **207** aut] a et *B*   in²] *sup. l. L*   **210** aut] *add. et E*   **211** Et – plurali²] *in
marg. E*   **214** poetarum] paetarum *B*   **217** sit] *om. B E*   plurale] plurali *E*   contio]
comptio *B*, comitio *L^{a.c.}*   plebs] plebes *B*, pleps *L*   **218** singulare] singulari *L*
219 tamquam si] quasi *E*   **222** cateruae] caterua *B E L^{a.c.}*   **223** aliqua] aliquid *L*
224 multitudinem] multitudo *B E^{a.c.} L^{a.c.}*   **226** hominibus] homines *B E*
227 arboribus] arbores *B E*   Populus] populis *B*

in montibus altis"; item "Subter populum et terebinthum, quia bona erat umbra eius".

586, 5-8 GENERA NOMINVM QVOT SVNT? QVATTVOR. QVAE? MAS-
250 CVLINVM, VT 'HIC MAGISTER'; FEMININVM, VT 'HAEC MV-
SA'; NEVTRVM, VT 'HOC SCAMNVM'; COMMVNE, VT 'HIC ET
HAEC SACERDOS'. EST PRAETEREA TRIVM GENERVM, QVOD
OMNE DICITVR, VT 'HIC ET HAEC ET HOC FELIX'. EST EPI-
CHENON, VT 'PASSER', 'AQVILA'. Genera quare dicta? A gignen-
255 do, eo quod de masculino et feminino oriantur ista alia genera. Si
genera a gignendo dicta, neutrum et commune, quod nec gignit
nec gignitur, cur dictum est genus? Quantum ad rationem pertinet, illa debentur dici genera quae et gignunt et gignuntur; ista
uero usurpatiue dicta sunt genera, non proprie. Quae? Neu-
260 trum et commune. Quae sunt principalia genera? Masculinum et femininum. Quare dicta principalia? Quia neutrum et
commune de utroque nascuntur.

Tota genera naturalia sunt aut sunt ex arte descendentia. Quae
sunt naturalia? Cuius naturam considerare possumus, ut mas-
265 culus, femina. Quae sunt ex arte descendentia? Cuius naturam considerare non possumus, ut 'petra', 'terra', 'paries'. Et
ubi natura uel ars genus non demonstrauerit, quid
faciendum est? Auctoritas maiorum quaerenda est. Et ubi auctoritas maiorum defuerit, quid faciendum est? Scripsit Varro ad

---

Trad. text. α   F

254 Genera – gignendo] cfr ISID., *Etym.* 1, 7, 28; 9, 4, 4   260/262 Quae –
nascuntur] Ps. SERG., *Explan. in Don.* 493, 10-13   263/268 Tota – est²] cfr Ps. SERG.,
Explan. in Don. 493, 1-10

247/248 Subter – eius] Os. 4, 13

253 epichenon] *scripsi*, epichenonon F   259 usurpatiue] *corr.* Maes., usurpatiuae F

in montibus altis". Ipse superlatiuus in suo genere deseruit genitiuo plurali aut in alieno ? In suo tantum.

586, 5-8   GENERA NOMINVM QVOT SVNT ? QVATTVOR. QVAE ? MAS-
231   CVLINVM, VT 'HIC MAGISTER'; FEMININVM, VT 'HAEC MV-
SA'; NEVTRVM, VT 'HOC SCAMNVM'; COMMVNE, VT 'HIC ET
HAEC SACERDOS'. EST PRAETEREA TRIVM GENERVM, QVOD
OMNE DICITVR, VT 'HIC ET HAEC ET HOC FELIX'. EST EPICE-
235   NON, VT 'PASSER', 'AQVILA'. Genera quare dicta? A gignendo,
eo quod de masculino et feminino oriantur ista alia genera. Si
genera a gignendo dicta, neutrum et commune, quod nec gignit
nec gignitur, cur dictum est genus? Quantum ad rationem pertinet, illa debentur dici genera quae et gignunt et gignuntur; ista
240   uero quae nec gignunt nec gignuntur usurpatiua dicta
sunt genera, non proprie. Quae sunt genera principalia?
Masculinum et femininum. Quare dicta principalia? Quia ex
ipsis oriuntur ista alia genera et ipsa sola sunt. Quare
dicta principalia uel sola genera? Principalia dicta,
245   quia neutrum et commune ex ipsis oriuntur; sola, quia
ipsa tantum gignunt et gignuntur.

Tota genera naturalia sunt aut sunt ex arte descendentia?
Sunt naturalia, sunt et ex arte descendentia. Quae sunt
naturalia? Cuius personam considerare possumus, aut mas-
250   culum aut feminam. Quae sunt ex arte descendentia? Cuius
naturam considerare non possumus, ut est 'petra', 'terra',
'lignum' et cetera. Quid ibidem faciendum est? Auctoritas
maiorum quaerenda est. Et ubi auctoritas maiorum genus tibi

Trad. text. β   *BEL*

---

235 Genera – gignendo] cfr ISID., *Etym.* 1, 7, 28; 9, 4, 4   **241/246** Quae –
gignuntur] Ps. SERG., *Explan. in Don.* 493, 10-13   **247/253** Tota – est] cfr Ps. SERG.,
Explan. in Don. 493, 1-10

230 Genera] de generibus *in marg. add.* L²   **231** femininum] feminini L^{a.c.}
232 neutrum] neutri L^{a.c.}   **233** sacerdos] sacerdus B   **234** Est] et *add.* E
235 gignendo] gignenda B   **236** oriantur] oriuntur L   Si] sic B   **240** nec gignunt]
sup. l. L, *om.* B   nec²] *om.* B   **241** proprie] propria L   **242** femininum] femininu
(feminina L²) L   **243** et ipsa] ipsa et E   **243/245** Quare – sola] *om.* B   **247** sunt²]
et *praem.* BE   descendentia] discendentia BE   **248** Sunt – descendentia] *om.* B
descendentia] discendentia E   **249** masculum] masculium B, maculinum (masculinum
sit L²) L   **250** descendentia] discedentia (discendentia E²) E   **252** Auctoritas]
auctorita L^{a.c.}   **253** maiorum¹] maiorem B^{a.c.}   quaerenda] quaerendu L^{a.c.}

270 Ciceronem: "Potestatis nostrae est illis rebus dare genera quae ex natura genus non habent". Secundum qualitatem locutionis similis quaerenda est oratio et, sicut placitum nobis manet, dicitur unicuique nomen.

Vbi discernuntur ista genera? In articulis. Quomodo?
275 Quando dico 'hic', masculini generis est; quando dico 'haec', feminini; quando dico 'hoc', neutri; quando 'hic et haec', communis; quando dico 'hic et haec et hoc', omnis. Da masculini generis nomen: 'uir'. Masculinum genus cur dictum? Eo quod maius in eo uirtus sit quam in
280 femina. Da feminini: 'mulier'. Femininum unde dictum? A partibus femorum ubi sexus species a uiro distinguitur. Da neutrum: 'caput'. Neutrum quare dictum? Nec hoc nec illud, quia in utroque genere nullam habet certitudinem; nam neutrum genus non
285 animalium sed inanimalium esse potest. Et quare dicit 'hoc pecus' et 'haec pecora'? Non nomen est principale sed uocabulum. Da communis: 'scriba', 'scurra', 'nauta' et reliqua. Quare dictum commune? Eo quod sub duobus articulis in uno nomine duo
290 genera demonstremus, uel quod duobus generibus nomen unum communicet, ut 'hic et haec canis'. Da omnis: 'felix'. Quomodo est omnis generis? Quia dicit 'felix uir', 'felix mulier', 'felix mancipium'. Quare dictum omne genus? Eo quod sub tribus arti-
295 culis in uno nomine tria genera demonstremus, uel quod cunctis generibus seruiat, masculino, feminino et neutro. Da epichenon generis nomen: 'coruus', 'passer'.

Trad. text. α   F

270/271 Potestatis – habent] VARRO, *Ling.* 11, 7   **277/280** Da – femina] ISID., *Etym.* 11, 2, 17   **280/282** Da – distinguitur] ISID., *Etym.* 11, 2, 24   **282/285** Da – potest] PS. SERG., *Explan. in Don.* 493, 12-14   **290/291** quod – canis] ISID., *Etym.* 1, 7, 28   **296/297** quod – neutro] ISID., *Etym.* 1, 7, 29

271 qualitatem] *correxi*, qualitatis F   **275** dico'] *sup. l.* F   **288** scurra] *correxi*, scantia F   **291** communicet] comunicat F^a.c.   **297** epichenon] *scripsi*, epoechenon F

non demonstrauerit, quid ibi faciendum est? Scripsit Varro
255 ad Ciceronem: "Potestatis nostrae est illis rebus dare genera quae
ex natura genus non habent".

Vbi discernis ista genera? In articulis. Quomodo? Quando
dico 'hic', pro masculo dico; quando dico 'haec', pro feminino dico; quando dico 'hoc', pro neutro dico; quando
260 dico 'hic et haec', pro commune dico; quando dico 'hic et
haec et hoc', pro omni genere dico.

Trad. text. β   *B E L*

255/256 Potestatis – habent] Varro, *Ling.* ii, 7

254 ibi] *om. B E*   **257** ista] sta *B*   **258** masculo] masculum *B E^{a.c.} L^{a.c.}*, masculino
L^{p.c.}   feminino] feminam *E*   **261** omni] omne *E L^{a.c.}*   genere] geni *B*, genus *E L^{a.c.}*

Epichenon qualis sermo est? Graecus. Quid sonat in Lati-
300 num? Promiscuum, quod sub una significatione marem ac feminam conprehendat et uisu minime discernatur, uel quia
utrumque sexum sub uno genere enuntiat, ut 'hic [et
haec] piscis'; est enim incerti sexus, quod nec natura
nec oculis discernitur, sed sensus tantum peritia.
305 Quomodo 'sub una significatione'? Sub uno nomine.
Quomodo 'marem ac feminam'? Masculum et feminam. Quomodo 'uisu minime discernitur'? Si uideo
auem uolantem, sexum illius conprehendere non possum, utrum masculus sit an femina. Ista nomina quo-
310 modo declinanda sunt? Sine articulis. Quomodo? ⟨Non⟩
dicam 'hic coruus' et 'haec aquila', nam si dixero 'hic', ostendo
generis esse masculini; si dixero 'haec', significo feminini. Sed sine articulis declina ipsa nomina: 'coruus,
corui, coruo, coruum, corue, coruo', et pluraliter
315 'corui, coruorum, coruis, coruos, corui, coruis'.

586, 9-12 Nvmeri nominvm qvot svnt? Dvo. Qvi? Singvlaris,
vt 'hic magister'; plvralis, vt 'hii magistri'. Quomodo? Quando dico 'hic', singularis numerus est; quando 'hii',
pluralis. Figvrae nominvm qvot svnt? Dvae. Qvae?
320 Simplex et conposita: simplex, vt 'decens', 'potens'.
'Decens', 'potens', quomodo habet simplicem figuram? 'De' quamuis sit praepositio, simplicem figuram illud posuit Donatus; 'cens' nihil est; 'po' nihil est,
'tens' similiter. Conposita, vt 'indecens', 'inpotens'. Quo-
325 modo sunt 'conposita'? 'In' praepositio est, 'decens' nomen est;
'in' praepositio est, 'potens' nomen est.

Trad. text. α F

299/300 Epichenon – Promiscuum] cfr Diom., *Gramm.* 301, 12 300/
301 Promiscuum – discernatur] cfr Ps. Serg., *Explan. in Don.* 494, 1-3 301/
304 quia – peritia] Isid., *Etym.* 1, 7, 29 319/320 Figurae – potens] cfr Don., *Mai.*
624, 1-2

299 Epichenon] *scripsi*, epoechenon F 302 enuntiat] *cum Isid. corr. Maes.*,
renuntiat F 302/303 et haec] *cum Isid. excludendum aest. Maes.* 303 piscis] *corr.*
Maes., pisces F 310 Non] *cum* β *suppleui* 311 dicam] *cum* β *correxi*, dicebo F

Epicenon qualis sermo est? Graecus. Quid sonat in Latinum?
Promiscuum, quod sub una significatione marem et feminam
conprehendat et uisu minime discernatur. Quomodo? Puta si
265 uideam coruum, nescio si masculus sit, si femina.
Epicenon generis nomen quomodo declinandum est,
cum articulis an sine articulis? Sine articulis. Quomodo?
Non dicam 'hic coruus' aut 'haec aquila', nam si dixero 'hic coruus', ostendo illum masculum, dum sexum ipsius uisu
270 minime discernam; si dixero 'haec aquila', ostendo
illam feminam esse, dum sexum eius similiter uisu
non discernam. Nam quum haec mihi dubium ad
declinandum sine articulis, adsumo simile nomen
cuiuslibet generis, et sicut illud cum articulis decli-
275 natur, ita istud sine articulis. Quomodo? Puta 'bonus est coruus', facit 'hic bonus' cum articulo, facit
sine articulo 'coruus', 'huius boni corui' et cetera;
similiter et in plurali numero.

586, 9-12   NVMERI NOMINVM QVOT SVNT? DVO. QVI? SINGVLARIS,
280 VT 'HIC MAGISTER'; PLVRALIS, VT 'HII MAGISTRI'. Quomodo? Quia quando dico 'hic magister', propter unum dico;
quando dico 'hii magistri', pro pluribus. FIGVRAE
NOMINVM QVOT SVNT? DVAE. QVAE? SIMPLEX ET CON-
POSITA: SIMPLEX, VT 'DECENS', 'POTENS'. Quomodo? 'De'
285 praepositio est, sed quia istud 'cens' nihil est, ideo
Donatus simplici figura hoc posuit; 'po' nihil est, 'tens'
similiter, et est simplex figura. CONPOSITA, VT 'INDECENS',
'INPOTENS'. Quomodo 'conposita'? 'In' praepositio est, 'decens'
nomen est; 'in' praepositio est, 'potens' nomen est, et est con-
290 posita figura.

Trad. text. β   *BEL*

262/263 Epicenon – Promiscuum] cfr DIOM., *Gramm.* 301, 12   **263**/
264 Promiscuum – discernatur] cfr PS. SERG., *Explan. in Don.* 494, 1-3   **282**/
284 Figurae – potens] cfr DON., *Mai.* 624, 1-2

262 Epicenon] epycenon *E*   **266** Epicenon] epycenon *E*   **268** aut] ut *B*
269 sexum] sexu *E*   **272** dubium] est *in marg. add. L²*   **275** ita] item *B*   **277** huius]
corr. Lor., huic *B L*, hic *E*   **279** Numeri] de numeris nominum *praem. L²*   quot] quod
B   **280** hic] huic *Bᵃ·ᶜ·*   **281** dico'] *in marg. E*   **282** Figurae] de figuris *praem. L²*
283 quot] quod *B*   **286** simplici] simplice *Bᵃ·ᶜ·*   **287** similiter] simpliciter *B*
indecens] indicens *Lᵃ·ᶜ·*

586, 12-15 QVOT MODIS NOMINA CONPONVNTVR? QVATTVOR: EX
DVOBVS INTEGRIS, VT 'SVBVRBANVS'. Quomodo? 'Sub' praepositio est, 'urbanus' nomen est. Quid intellegitur 'suburbanus'?
330 Qui sub urbe habitat, sicut et urbanus qui infra urbem commanet, sed ex uocabulo, non ex proprietate. Da tale
nomen: 'iustus'; 'ius' nomen est, 'tus' similiter. EX DVOBVS
CORRVPTIS, VT 'MVNICEPS', 'EFFICAX'. Quomodo? Quia 'muni' nihil est, 'ceps' similiter; 'effi' nihil est, 'cax' simili-
335 ter nihil est. Da simile: 'gurdus'; 'gur' nihil est, 'dus' similiter.
EX INTEGRO ET CORRVPTO, VT 'INSVLSVS'. Quomodo? 'In'
praepositio est, 'sulsus' nihil est; si 'salsus' fecisset, nomen
esse poterat. Da tale nomen: 'Romaricus'; 'Roma' nomen est,
'ricus' nihil est. EX CORRVPTO ET INTEGRO, VT 'NVGIGERV-
340 LVS'. Quomodo? 'Nugi' nihil est, 'gerulus' nomen est. Quid est
'nugigerulus'? Nugas portitor. Et quid 'gerulus'? Portitor.
Da tale nomen: 'Gisclamundus'; 'Giscla' nihil est, 'mundus'
nomen est. EX PLVRIBVS, VT 'INEXPVGNABILIS', 'INPERTER-
RITVS'. Quomodo? 'In' praepositio est, 'ex' similiter, 'pugnabi-
345 lis' nomen est. Quare non facis 'pugna' unam partem et 'bilis'
alteram? Si per 'u' fuisset scriptum, poterat fieri; sed quia
per 'b' scribitur, pugnabilis una pars est. 'Inperterritus'
quomodo? 'In' praepositio est, 'per' similiter, 'ter' aduerbium
est, 'ritus' nomen est. Quid intellegitur 'ritus'? Consuetudo. Da

---

Trad. text. α *F*

328/340 Quomodo – est²] cfr PS. SERG., *Explan. in Don.* 494, 36 - 495, 10
349 Quid – Consuetudo] cfr SERV., *Aen.* 9, 350; ISID., *Diff.* I, 122 **349/351** Da –
Gallica] cfr infra III.I, 18

339 nugigerulus] nugi gerolus *F^(a.c.)* **345** unam] *cum* β *correxi*, una *F*

586, 12-15   QVOMODO ISTA NOMINA CONPONVNTVR? QVATTVOR:
EX DVOBVS INTEGRIS, VT 'SVBVRBANVS'. Quomodo est 'ex
duobus integris'? 'Sub' praepositio est, 'urbanus' nomen est;
ex duabus partibus unum nomen conpositum effici-
295   tur. Quid intellegitur 'suburbanus'? Qui suburbane commanet, sicut et urbanus qui infra urbem habitat. Da simile
nomen ex duobus integris: 'iustus'; 'ius' nomen est, 'tus'
nomen est. EX DVOBVS CORRVPTIS, VT 'MVNICEPS', 'EFFI-
CAX'. Quomodo est 'ex duobus corruptis'? Quia nihil est
300   'effi' et 'cax' similiter. Da simile nomen ex duobus corruptis: 'gurdus'; 'gur' nihil est, 'dus' similiter. EX INTEGRO ET
CORRVPTO, VT 'INSVLSVS'. Quomodo est 'ex integro et
corrupto'? 'In' praepositio est, 'sulsus' nihil est; si 'salsus'
dixisset, aliquid esse potuit. Da tale nomen ex integro et
305   corrupto: 'Romaricus'; 'Roma' nomen est, 'ricus' nihil est. Ex
CORRVPTO ET INTEGRO, VT 'NVGIGERVLVS'. Quomodo est
'ex corrupto et integro'? 'Nugi' nihil est, 'gerulus' nomen
est. Quid intellegitur 'nugigerulus'? Nugas portitor. Da tale
nomen ex corrupto et integro: 'Gisclamundus'; 'Giscla'
310   nihil est, 'mundus' nomen est. EX PLVRIBVS, VT 'INEXPVGNABI-
LIS', 'INPERTERRITVS'. Quomodo est 'ex pluribus'? 'In'
praepositio est, 'ex' praepositio est, 'pugnabilis' nomen est.
Quare non facis 'pugna' unam partem et 'bilis' alteram? Si 'bilis'
per 'u' fuisset scriptum, ut faceret 'uilis', 'pugna' esse
315   debuit una pars et 'uilis' altera ex 'pugnauilis'. 'Inperterritus' quomodo? 'In' praepositio est, 'per' praepositio est,
'ter' aduerbium est, 'ritus' nomen est. Quid intellegitur 'ritus'?

Trad. text. β   *BEL*

292/308 Quomodo – est] cfr Ps. SERG., *Explan. in Don.* 494, 36 - 495, 10   **317/
318** Quid – Consuetudo] cfr SERV., *Aen.* 9, 350; ISID., *Diff.* 1, 122

291/293 Quomodo – est²] *in marg.* L   Quomodo] quot modis (*cfr* α) *corr.* E²
conponuntur] conponantur *BL*   **292** duobus] duabus ex duabus *L*   **294** duabus]
duobus *L^{a.c.}*   nomen] *sup. l. et post* conpositum *scr.* E   **296** sicut et] sic *B*
298 duobus] duabus *L²*   **300** et] *om.* B   Da simile] passibile *B E^{a.c.}L*   duobus]
duabus *L²*   **301** nihil] nilhil *L*   **302** est] *om.* B   **304** potuit] potuisset *B*
305 Romaricus] Romarius *B^{a.c.}*   **306/307** Quomodo – gerulus] *om.* B   **308** Nugas]
nuncas (nungarum *L²*) *E L*   portitor] portator *B*   **310** pluribus] conpluribus *E²*
311 inperterritus] inpreterritus *E^{a.c.}*   pluribus] conpluribus *E²*   **313** pugna] pugnam
E L   bilis¹] uilis *B L^{a.c.}*   bilis²] uilis *B L^{a.c.}*   **315** Inperterritus] inpreterritus *B*
317 est²] *om.* L

350 eius exemplum : "Teutonico ritu soliti torquere cateias". Quid
sunt 'cateias'? Hastas lancearum lingua Gallica. Da nomen
ex pluribus partibus : 'Onemundus'; 'o' pronomen
est, 'ne' coniunctio est, 'mundus' nomen est.

586, 16-17   CASVS NOMINVM QVOT SVNT? SEX. QVI? NOMINATIVVS,
355 GENITIVVS, DATIVVS, ACCVSATIVVS, VOCATIVVS ET ABLATI-
VVS. Casus quare dicti? A cadendo, eo quod pleraque nomina
per ipsos inflexa uarientur et cadant. Quomodo 'pleraque'?
Aliquanta. Quomodo 'inflexa'? Quia per istos sex casus inflectuntur omnia genera in declinatione in nomine, prono-
360 mine et participio. Quomodo 'uariantur'? Quia non
per omnes casus in una syllaba exeunt. Quomodo
'cadunt'? De nominatiuo in genitiuo, de genitiuo in datiuo et in
ceteris. En casus a cadendo dicti. Nominatiuus, qui ab alio non
cadit, cur dictus est casus? Eo quod in se faciat nomen stare ac
365 deinde cadat in genitiuo, et sicut in scala si primum gradum non
ascenderis, ad secundum peruenire non poteris, ita et in nomine si nominatiuum non dixeris, ad genitiuum peruenire non
poteris.

Nominatiuus cur dictus est ? A nominando, quia per eum
370 aliquem nominamus, ut 'hic magister'. Genitiuus cur
dictus est ? A genere quaerendo uel cuiuslibet rem significando,

---

Trad. text. α   F

356/357 Casus – cadant] AVDAX, *Gramm.* 341, 15-17; cfr Ps. SERG., *Explan. in Don.*
534, 23; ISID., *Etym.* 1, 7, 31   363/368 Nominatiuus – poteris] cfr AVDAX, *Gramm.* 341,
21 - 342, 3   364/365 Eo – genitiuo] POMP., *Gramm.* 182, 21-23   369/
370 Nominatiuus – magister] Ps. SERG., *Explan. in Don.* 534, 26-27; cfr ISID., *Etym.*
1, 7, 31   370/373 Genitiuus – significamus] Ps. SERG., *Explan. in Don.* 534, 27-28; cfr
ISID., *Etym.* 1, 7, 31

350 Teutonico – cateias] VERG., *Aen.* 7, 741

351 Gallica] *scripsi,* galleca F   358 Quia] quae F^{a.c.}   365 cadat] *cum* β *correxi,*
cadit F

Consuetudo. Vnde et dicit quidam: "Teutonico ritu soliti torquere cateias". Quid sunt 'cateias'? Hastas lancearum. Da
320 aliud nomen quod ex plurimis partibus sit conpositum: 'Esidorus'; 'e' praepositio est, 'si' coniunctio est, 'do' uerbum est, 'rus' nomen est.

586, 16-17   CASVS NOMINVM QVOT SVNT? SEX. QVI? NOMINATIVVS, GENITIVVS, DATIVVS, ACCVSATIVVS, VOCATIVVS ET ABLATI-
325 VVS. Casus quare dicti? A cadendo, eo quod per eos pleraque nomina inflexa uarientur et cadant. Quomodo 'pleraque'? Aliquanta. Quomodo 'inflexa'? Quia per istos sex casus inflectuntur omnia pronomina et participia in declinatione. Quomodo 'cadunt'? De nominatiuo in genitiuo, de genitiuo in
330 datiuo, et sic omnes unus ab alio cadunt. Si casus a cadendo dicti, nominatiuus, qui ab alio non cadit, cur dictus est casus? Nominatiuus ideo dictus est casus, eo quod in se faciat nomina stare ac deinde cadat in genitiuo, et sicut in scala si primum gradum non ascenderis, ad secundum peruenire non
335 potest, ita et in nomine si nominatiuum casum prius non dixeris, ad genitiuum peruenire non potes.

Nominatiuus cur dictus? A nominando, ut puta dicis mihi: 'quis scripsit istum librum?'; respondeo per nominatiuum casum: 'Etherius'. Genitiuus cur dictus? A
340 genere quaerendo uel cuiuslibet rem significando. Quomodo 'a

---

Trad. text. β   *B E L*

318/319 Vnde – lancearum] cfr α   325/326 Casus – cadant] AVDAX, *Gramm.* 341, 15-17; cfr Ps. SERG., *Explan. in Don.* 534, 23; ISID., *Etym.* I, 7, 31   330/336 Si – potes] cfr AVDAX, *Gramm.* 341, 21 - 342, 3   332/333 Nominatiuus – genitiuo] POMP., *Gramm.* 182, 21-23   337 Nominatiuus – nominando] cfr Ps. SERG., *Explan. in Don.* 534, 10; ISID., *Etym.* I, 7, 31   339/340 Genitiuus – significando] cfr Ps. SERG., *Explan. in Don.* 534, 27-28; ISID., *Etym.* I, 7, 31

318/319 Teutonico – cateias¹] VERG., *Aen.* 7, 741

---

318 Teutonico] theutonico *B L²*, theutoniquo *E L*   319 cateias¹] cateius *B Eᵃ·ᶜ·*, catheius *L*   Quid] quod *E*   cateias²] *scripsi*, cateius *B*, catheius (catheias *E²*) *E*, cathaeius *L*   Hastas lancearum] arcas lantearum *L*   323 Casus] de casibus *in marg. praem. L²*   quot] quod *B*   Nominatiuus] nominatius *E*   324 et] *om. L*   326 cadant] cadunt *E*   329 genitiuo¹] genitiuum *E² L²*   de] *sup. l. E*   330 datiuo] datiuum *E² L²*   332 faciat] facit *Bᵃ·ᶜ·*   333 ac] hac *B Eᵃ·ᶜ·*   genitiuo] genitiuum *E²*   335 potest] potes *E²*   nomine] nomini *B²*   339 Etherius] ethericus *B*   340/341 uel – quaerendo] *om. B E*

quia per eum genus cuiusquam notamus uel rem
significamus, ut puta 'huius magistri filius', 'huius
magistri domus'. Datiuus cur dictus? A dando, quia per
375 eum nos dare aliquid cuilibet demonstramus, ut 'huic
magistro do'. Accusatiuus cur dictus? Ab accusando, quia
per eum aliquem accusamus, ut 'accuso hunc magis-
trum'. Vocatiuus cur dictus? A uocando, quia per eum
aliquem uocamus, ut 'o magister'. Ablatiuus cur dic-
380 tus? Ab auferendo, quia per eum nos auferre aliquid
cuique significamus, ut 'auferam a magistro'. Tantundem ipsi sex casus habentur in nomine? Est septimus et
octauus. Quando erit septimus? Quando ablatiuus singularis sine praepositione praefertur, ut puta 'doctiore magistro
385 utor'. Quando octauus? Quando per accusatiuum casum
loquor, ut puta 'ad cellam uado': 'ad' praepositio est, 'cellam'
accusatiuus casus, dempta praepositione, uersum accusatiuum in datiuum, et facis 'cellae uado'.

586, 17-18 PER HOS OMNIVM GENERVM NOMINA, PRONOMINA, PAR-
390 TICIPIA DECLINANTVR HOC MODO. Quomodo? Sicut 'MAGIS-
TER' sic tota genera masculina, sicut 'MVSA' sic tota
genera feminina, sicut 'SCAMNVM' sic tota neutralia, sicut
'SACERDOS' sic tota communia, sicut 'FELIX' et omne
genus. Quare facis: 'ab hoc et ab hac et ab hoc felice uel felici'?
587, 28 Propter genitiuum pluralem. Quomodo? Dicit Donatus: SI 'E'

Trad. text. α F

374/376 Datiuus – do] Ps. SERG., *Explan. in Don.* 534, 28-29; cfr ISID., *Etym.* I, 7, 32
376/377 Accusatiuus – magistrum] Ps. SERG., *Explan. in Don.* 534, 29-30; cfr ISID.,
Etym. I, 7, 32   378/379 Vocatiuus – magister] Ps. SERG., *Explan. in Don.* 534, 30-31;
cfr ISID., *Etym.* I, 7, 32   379/381 Ablatiuus – magistro] Ps. SERG., *Explan. in Don.* 534,
31 - 535, 2; cfr ISID., *Etym.* I, 7, 32   383/385 Quando¹ – utor] cfr POMP., *Gramm.* 171,
21-23   385/388 Quando¹ – uado] cfr POMP., *Gramm.* 183, 32 - 184, 11   390/
394 Sicut – genus] cfr DON., *Min.* 586, 19 - 587, 24

genere quaerendo'? Vt puta si interroget me quis:
'cuius filius est Etherius?'; respondeo illi per genitiuum casum: 'Iohannis'. Quomodo 'uel cuiuslibet
rem significando'? Puta si interroges me: 'cuius
345 equus?'; respondeo tibi per genitiuum casum: 'domni Eruigii regis'. Datiuus cur dictus? A dando: 'cui das?';
'doctori'. Accusatiuus? Ab accusando: 'quem accusas?';
'doctorem'. Vocatiuus? A uocando: 'o doctor'. Ablatiuus?
Ab aliquid auferendo: 'a quo tulisti?'; 'a doctore tuli'.
350 Quot sunt casus in nomine? Sex. Tantundem sex? Est
septimus et octauus. Quomodo? Quando ablatiuus singularis
sine praepositione praefertur, ut puta 'doctore magistro utor',
est septimus casus. Quando per accusatiuum casum loquor,
ut puta 'ad cellam uado', 'ad' praepositio est, 'cellam' accusatiuus
355 casus est, dempta praepositione 'ad', uerso accusatiuo casu
in datiuum, facit 'cellae uado', tunc est octauus casus.

586, 17-18   PER HOS OMNIVM GENERVM NOMINA, PRONOMINA, PAR-
TICIPIA DECLINANTVR HOC MODO. Quomodo per istos sex
casus declinantur omnia genera in nomine, pronomi-
360 ne et participio? Isto modo: sicut 'MAGISTER' sic declinanda sunt tota genera masculina, sicut 'MVSA' ita feminina,
sicut 'SCAMNVM' ita neutralia, sicut 'SACERDOS' ita communia, sicut 'FELIX' sic declinantur tota nomina omnis
generis. Da nomen masculini generis: 'rex'. Da femi-
365 nini: 'regina'. Da neutri: 'mancipium'. Da commu-

Trad. text. β   *BEL*

---

346 Datiuus – dando] cfr Ps. SERG., *Explan. in Don.* 534, 28-29; ISID., *Etym.* 1, 7, 32
347 Accusatiuus – accusando] cfr Ps. SERG., *Explan. in Don.* 534, 29-30; ISID., *Etym.*
1, 7, 32   **348** Vocatiuus – uocando] cfr Ps. SERG., *Explan. in Don.* 534, 30-31; ISID.,
Etym. 1, 7, 32   **348/349** Ablatiuus – auferendo] cfr Ps. SERG., *Explan. in Don.* 534, 31 -
535, 2; ISID., *Etym.* 1, 7, 32   **351/353** Quomodo – casus] cfr POMP., *Gramm.* 171, 21-23
353/356 Quando – casus] cfr POMP., *Gramm.* 183, 32 - 184, 11   **360/364** Isto –
generis¹] cfr DON., *Min.* 586, 19 - 587, 24

342 Etherius] ethericius *B*, etheri (aetheri *L²*) *L*   **348/349** uocando – Ab] *in marg.*
L   o] a *B*   **350** nomine] nomen *B*   **352** praefertur] profertur *B E*   doctore]
doctorem *B^{a.c.}*   utor] utorem *B*   **353** est] *om. L*   accusatiuum] accussatiuo *B E^{a.c.}*
354 praepositio est] praepositionem (praepositio *E²*) *B E*   **355** casu] caso *B, om. L*
356 datiuum] datiuo *B E^{a.c.}*   **357** hos omnium] somnium *B*   **361** feminina] femina
B^{a.c.} E^{a.c.}   **364** masculini] masculinu *B^{a.c.}*

CORREPTVM FVERIT, IN 'VM'; ergo si secundum regulam uo-
luerimus dicere, quia tertiae declinationis nomen est
et ablatiuus singularis 'e' correptum terminatur, 'ab hoc
felice', genitiuum pluralem in 'um' mittimus, 'horum felicum'.
400 Sed quia absurda et inusitata est ista locutio, ex ista necessitate
mutamus ablatiuum singularem de 'e' in 'i': 'ab hoc felice uel
felici', ut faciamus genitiuum pluralem in 'ium', 'horum felicium', datiuum et ablatiuum pluralem in
'bus', 'his et ab his felicibus'.

405   Cur haec facis? Propter euphoniam. Quid est euphonia?
Bene sonans oratio. Quid plus custodiendum est inter euphoniam et analogiam? Plus euphonia propter ornatum locutionis. Analogia quid est? Similitudo uel proportio, quod est
regula praeceptorum, ut est 'bonus' et 'malus'; tantas sylla-
410 bas habet 'bonus' quantas et 'malus', ipse accentus et ipse pes est
in utroque nomine. Quam uim habet analogia? Du-
bia ad ea quae non sunt dubia refert et incerta certis
probat. Et quot modis conparatio analogiae colligitur? Octo. Quae? Qualitate, conparatione, genere,
415 numero, figura, casu, extremitatibus syllabarum et
similitudine temporum. Si quid unum defuerit, non
est analogia, sed anomalia. Anomalia quid dicitur?
Extra regulam, sicut 'lupus' et 'lepus': totum conuenit,
sed casu dissentit, quia in syllaba crescit; facit enim
420 'lupi', 'leporis'.

Trad. text. α   F

405/406 Quid – oratio] cfr Ps. SERG., *Explan. in Don.* 170, 15; ISID., *Etym.* 3, 20, 4
408/409 Analogia – praeceptorum] POMP., *Gramm.* 197, 21-23; ISID., *Etym.* 1, 28, 1
411/420 Quam – leporis] ISID., *Etym.* 1, 28, 1-2   413/417 Et – analogia] cfr POMP.,
Gramm. 197, 24-30   418/420 sicut – leporis] cfr POMP., *Gramm.* 198, 17-20

399 felicum] felicium *F^(a.c.)*   407 analogiam] *cum* β *scripsi*, anologiam *F*
408 Analogia] *cum* β *scripsi*, anologia *F*   411 analogia] *cum* β *scripsi*, anologia *F*

nis : 'nauta'. Da omnis : 'uelox'. Quare facis 'ab hoc et ab
hac et ab hoc felice uel felici' ? Propter genitiuum pluralem. Quo
587, 28 modo? Dicit Donatus: SI 'E' CORREPTVM FVERIT, IN 'VM';
secundum regulam, quia ablatiuus singularis 'e' correptum
370 terminatur, 'ab hoc felice', genitiuum pluralem in 'um' debemus
facere, 'horum felicum'. Sed quia absurda et inusitata est ista
locutio, ex ista necessitate mutamus ablatiuum singularem de 'e'
in 'i': 'ab hoc felice uel felici', ut faciamus genitiuum pluralem in
'ium', 'horum felicium', datiuum et ablatiuum in 'bus', 'his et ab
375 his felicibus'.

Quare hoc facis? Propter euphoniam. Quid est euphonia?
Bene sonans oratio. Quid plus custodiendum est inter euphoniam et analogiam? Euphonia plus propter ornatum locutionis. Analogia quid est? Similitudo uel proportio, sicut 'bonus'
380 et 'malus'; tantas syllabas habet 'bonus' quantas et 'malus', ipse
accentus est iste qui et ille, ipse pes est iste qui et ille.
Nam anomalia est, sicut 'lupus' et 'lepus', quia per casus
in tres syllabis crescit.

Trad. text. β   *B E L*

376/377 Quid – oratio] cfr Ps. SERG., *Explan. in Don.* 170, 15; ISID., *Etym.* 3, 20, 4
377/378 Quid – locutionis] cfr DON., *Mai.* 627, 12-13   379 Analogia – proportio]
POMP., *Gramm.* 197, 21-23; ISID., *Etym.* 1, 28, 1   379/383 sicut – crescit] cfr POMP.,
Gramm. 198, 17-20

368 correptum] correpta *E*   369 secundum regulam] *om. E*   quia] *correxi*, qui β
371 felicum] felicium *E*ᵃ·ᶜ·   372 ex] et *L*   373 felici] felice *L*ᵃ·ᶜ·   375 felicibus] felibus
B   376 euphonia] eufoniam (eufonia *E*²) *E*   377 Bene – oratio] bratio *B*
custodiendum] cusdiendum *L*ᵃ·ᶜ·   euphoniam] euphonam *L*ᵃ·ᶜ·   378 analogiam]
analogium *L*ᵃ·ᶜ·   Euphonia] eufoniam *E*, euphoniam *L*   379 Analogia] anologia *E*,
anelogia *L*ᵃ·ᶜ·   sicut] et *add. L*   380 tantas] tantus *L*ᵃ·ᶜ·   quantas] quantus *E*   et²] *om.*
L   382 est] *exp. E*²   lupus] lepus *E*²   et lepus] *om. B*   lepus] lupus *E*   casus] casibus
*B E*ᵃ·ᶜ· *L*ᵃ·ᶜ·   383 in tres] inter *B E*

587, 25-26 QVAECVMQVE NOMINA ABLATIVO CASV SINGVLARI 'A' VEL 'O' FVERINT TERMINATA, GENITIVVM PLVRALEM IN QVID MITTVNT? IN 'RVM'. DATIVVM ET ABLATIVVM? IN 'IS'. Da nomen ubi ablatiuus singularis 'a' terminetur: 'Musa', 'ab hac Musa'. Genitiuum pluralem in quam syllabam mittis? In 'rum': 'harum Musarum'. Datiuum et ablatiuum? In 'is': 'his et ab his Musis'. Quare fecisti 'harum Musarum', 'his et ab his Musis'? Quia primae declinationis nomen est et ablatiuus singularis 'a' littera terminatur. Venit aliquid contra istam regulam? Venit. Quid? 'Filia': 'ab hac filia', 'harum filiarum', 'his et ab his filiabus'. Quare contra regulam 'filiabus' fecisti? Propter genera discernenda. Si secundum regulam 'filiis' dixerimus, masculos non feminas significare uidebimur. Sed ut sexum discernamus, 'filiabus' facimus, sicut Euangelista dicit "Et uxor illi de filiabus Aaron"; et propheta: "Nomen melius a filiis et filiabus, nomen sempiternum dabo eis".

Da nomen ubi ablatiuus singularis 'o' littera terminetur: 'oculus', 'ab hoc oculo'. Genitiuum pluralem in quid mittis? In 'rum': 'horum oculorum'. Datiuum et ablatiuum pluralem? In 'is': 'his et ab his oculis'. Quare fecisti 'his et ab his oculis', 'horum oculorum'? Quia secundae declinationis nomen est et ablatiuus singularis 'o' littera terminatur. Venit aliquid contra istam regulam? Venit. Quid? 'Domus': 'ab hac

Trad. text. α   F

430/434 Venit – uidebimur] cfr DON., *Mai.* 626, 5-7; POMP., *Gramm.* 189, 2-8
443/445 Venit – domibus] cfr DON., *Mai.* 627, 9-10

435/436 Et – Aaron] Luc. I, 5   436/437 Nomen – eis] Is. 56, 5

424 terminetur] terminatur $F^{a.c.}$ 444 Domus] *cum* β *correxi,* donatus F

587, 25-26 QVAECVMQVE NOMINA ABLATIVO CASV SINGVLARI 'A'
385 VEL 'O' FVERINT TERMINATA, GENITIVVM PLVRALEM IN QVID
MITTVNT? IN 'RVM'. DATIVVM ET ABLATIVVM? IN 'IS'. Da
nomen quod ablatiuus singularis 'a' littera terminatur:
'tabula'. Fac ipsam conparationem: 'ab hac tabula'.
Genitiuum pluralem in quam syllabam mittit? In 'rum': 'ha-
390 rum tabularum'. Datiuum et ablatiuum? In 'is': 'his
et ab his tabulis', quia primae declinationis nomen est et
ablatiuus singularis 'a' littera terminatur. Venit aliquid contra
istam regulam? Venit. Quid? Vt 'harum filiarum', sed 'his et ab
his filiabus'. Quare hoc facis? Propter genera discernenda.
395 Quomodo? Quia ablatiuus singularis 'a' littera terminatur, si secundum regulam datiuum et ablatiuum
plurales in 'is' fecerimus, 'his et ab his filiis', masculos significare uidemur non feminas. Sed propter
genera discernenda facimus 'filiis' uel 'filiabus'; unde
400 et Euangelista: "Et uxor eius de filiabus Aaron".

Da nomen quod ablatiuus 'o' littera terminetur: 'oculus'.
Ablatiuus qua littera terminatur? 'O': 'ab hoc oculo'.
Genitiuum pluralem in quam syllabam mittis? In ⟨'rum':
'horum oculorum'. Datiuum et ablatiuum pluralem? In⟩ 'is': 'his
405 et ab his oculis'. Quare facis 'horum oculorum', 'his et ab
his oculis'? Quia secundae declinationis nomen est et ablatiuus casus singularis 'o' littera terminatur. Venit aliquid contra
istam regulam? Venit. Quid? Vt 'ab hac domo', 'harum domo-

Trad. text. β *BEL*

392/399 Venit – filiabus] cfr Don., *Mai.* 626, 5-7; Pomp., *Gramm.* 189, 2-8   **407/**
418 Venit – domibus] cfr Pomp., *Gramm.* 193, 23-29   **407/409** Venit – domibus] cfr
Don., *Mai.* 627, 9-10

400 Et – Aaron] Luc. 1, 5

385 fuerint] fuerit *L^{a.c.}*   **386** is] his *B L^{a.c.}*   **387** quod] qui (quo *L²*) *L*   ablatiuus
singularis] ablatiuo singulari *L²*   terminatur] tarminantur *B E^{a.c.}*   **389** mittit] mittet *B*
390 is] *om. B*   his] *sup. l. L*   **391** et¹ – est] *iter. et iteratum exp. L*   **392** terminatur]
terminantur *B E^{a.c.}*   aliquid] aliquod *L^{a.c.}*   **393** harum] ab hac *B*   sed] *om. E*   his] *om.*
B E   et] *sup. l. L, om. B*   **394** discernenda] discernendam *B*, discernendum *E^{a.c.}*,
discernendu *L^{a.c.}*   **397** is] his *B L^{a.c.}*   **400** eius] ei *L*   **401** ablatiuus] ablatiuo *L²*
terminetur] terminet *L^{a.c.}*   **402** terminatur] terminetur *L*   **403/404** rum – In] *cum* α
suppleui   **404** is] his *B L^{a.c.}*   **405/406** Quare – secundae] *in marg. L*   **405/**
406 Quare – oculis] *om. B*   **407** casus] *om. L*   **408** istam] stam *B*   Quid] quod
B E^{a.c.}

445 domo', 'harum domorum', 'his et ab his domibus'. Quomodo?
'Domus' quartae declinationis nomen est et, quia secundum
regulam ablatiuus singularis 'u' littera terminatur, 'ab hac
domu', genitiuum pluralem in 'uum' mittimus, 'harum domuum'. Sed quia absurda et inusitata est ista locutio, propter
450 euphoniam usurpauerunt ueteres ablatiuum singularem de 'u' in
'o', 'ab hac domo', ut facimus genitiuum pluralem in 'rum',
'harum domorum', et pro eo quod quartae declinationis nomen
est, facimus datiuum et ablatiuum in 'bus', 'his et ab his domibus'.

587, 26-29   QVAECVMQVE NOMINA ABLATIVO CASV SINGVLARI 'E' VEL
456 'I' VEL 'V' FVERINT TERMINATA, GENITIVVM PLVRALEM IN
QVID MITTVNT? SI 'E' CORREPTVM FVERIT, IN 'VM'; SI PRO-
DVCTVM, IN 'RVM'; SI 'I', IN 'IVM'; SI 'V', IN 'VVM', GEMINATA
'V' LITTERA. Da nomen ubi ablatiuus singularis 'e' correptum
460 terminetur: 'uirtus', 'ab hac uirtute'. Genitiuum pluralem in
quam syllabam mittis? In 'um': 'harum uirtutum'. Datiuum et
ablatiuum in 'bus': 'his et ab his uirtutibus'. Quare fecisti genitiuum pluralem in 'um', 'harum uirtutum', datiuum et
ablatiuum in 'bus', 'his et ab his uirtutibus'? Quia tertiae
465 declinationis nomen est et ablatiuus singularis 'e' correptum
terminatur. Venit aliquid contra istam regulam? Venit. Quid?
'Vas': 'ab hoc uase, horum uasorum, his et ab his uasis'. Quomodo? 'Vas' tertiae declinationis nomen est et, quia secundum
regulam ablatiuus singularis 'e' correptum terminatur, 'ab hoc
470 uase', facimus genitiuum pluralem in 'um', 'horum
uasum'; sed quia in isto casu magis singularitas
quam pluralitas sonat, ex ista necessitate mutamus ablati-

Trad. text. α   F

445/453 Quomodo – domibus] cfr POMP., *Gramm.* 193, 23-29   **459/467** Da –
uasis] cfr DON., *Mai.* 626, 8-11   **467/475** Quomodo – uasis] cfr POMP., *Gramm.* 190,
13-22

448 uum] *cum* β *correxi*, um F   **459** singularis] singulares F^a.c.   **464** bus] *corr.*
Maes., is F

rum', 'his et ab his domibus'. Quomodo? 'Domus' quartae decli-
410 nationis nomen est et secundum regulam ablatiuus singularis 'u'
littera terminari debetur, 'ab hac domu', et genitiuum
pluralem in 'uum' debemus facere, 'harum domuum'. Sed
quia inusitata est ista locutio, propter euphoniam usurpauerunt
ueteres ablatiuum singularem de 'u' in 'o', ut 'ab hac domo', et
415 pro eo quod ablatiuus singularis 'o' littera terminatur, facimus genitiuum pluralem in 'rum', 'harum domorum', et
pro eo quod quartae declinationis est, facimus datiuum et ablatiuum in 'bus', 'his et ab his domibus'.

587, 26-29   QVAECVMQVE NOMINA ABLATIVO CASV SINGVLARI 'E' VEL
420 'I' VEL 'V' FVERINT TERMINATA, GENITIVVM PLVRALEM IN
QVID MITTVNT? SI 'E' CORREPTVM FVERIT, IN 'VM'; SI PRO-
DVCTVM, IN 'RVM'; SI 'I', IN 'IVM'; SI 'V', IN 'VVM', GEMINATA
'V' LITTERA. Da nomen quod ablatiuus singularis 'e' correptum
terminetur: 'uirtus'. Ablatiuus singularis quali littera
425 terminatur? 'E' correptum: 'ab hac uirtute'. Vnde scis
quod correptum sit? Quia tertiae declinationis
nomen est. Genitiuum pluralem in quam syllabam mittis? In
'um': 'harum uirtutum'. Datiuum et ablatiuum in 'bus': 'his et ab
his uirtutibus'. Quare fecisti 'harum uirtutum', 'his et ab his
430 uirtutibus'? Quia tertiae declinationis nomen est et ablatiuus
casus singularis 'e' correptum terminatur. Venit aliquid contra
istam regulam? Venit. Quid? Vt 'ab hoc uase, horum uasorum,
his et ab his uasis'. Quomodo? 'Vas' tertiae declinationis nomen
est, 'uas, uasis', et quia ablatiuus singularis 'e' correptum termi-
435 natur, 'ab hoc uase', genitiuum pluralitatem adtendimus
in genitiuum pluralem; ex ista necessitate mutamus ablati-

Trad. text. β   *BEL*

423/433 Da – uasis] cfr DON., *Mai.* 626, 8-11   **433/439** Quomodo – uasis] cfr
POMP., *Gramm.* 190, 13-22

409 quartae] quare *B*   **412** uum] um *L*   **413** euphoniam] eafoniam (eufoniam *L²*)
L   **419/420** uel i] *sup. l. L*   **421** correptum] correpta *L*   productum] producta *L*
422 si¹ – ium] *om. E, in marg. suppl. E²*   i] *om. B*   **423** correptum] correpto *L²*
424 terminetur] terminet *L^{a.c.}*   quali] qua *L*   **425** correptum] correpto *L²*   ab] et (ut
corr. E²) *praem. B E*   Vnde] hoc *add. E²*   scis] istis *B*   **427** syllabam] *om. B*   **431** e]
ae *L^{a.c.}*   correptum] correpto *L²*   **433** uasis] uasibus *B E L^{a.c.}*   **434** ablatiuus] casus
add. L   correptum] correpto *L²*   **435** genitiuum] genetiuum *B L*   pluralitatem]
pluralem *E²*   adtendimus] ostendimus *B E*   **436** genitiuum] genetiuum *B*, genitiuo *E²*
pluralem] plurali *E²*

uum singularem de 'e' in 'o', 'ab hoc uaso', et facimus genitiuum pluralem in 'rum', 'horum uasorum', datiuum et ablatiuum
475 plurales in 'is', 'his et ab his uasis'.

Da nomen ubi ablatiuus singularis 'e' productum terminetur:
'facies', 'ab hac facie'. Genitiuum pluralem in quam syllabam mittis? In 'rum': 'harum facierum'. Datiuum et ablatiuum plurales
in 'bus': 'his et ab his faciebus'. Quare fecisti genitiuum plura-
480 lem in 'rum', 'harum facierum', datiuum et ablatiuum plurales in 'bus'? Quia quintae declinationis nomen est et ablatiuus
singularis 'e' terminatur productum. Venit aliquid contra istam
regulam? Nihil. Da nomen ubi ablatiuus singularis 'i' littera
terminetur: 'puppis', 'ab hac puppi'. Genitiuum pluralem in
485 quam syllabam mittis? In 'ium': 'harum puppium'. Datiuum et
ablatiuum plurales in 'bus', 'his' et 'ab his puppibus'.
Quare fecisti genitiuum pluralem in 'ium', datiuum
et ablatiuum plurales in 'bus', 'his' et 'ab his puppibus'? Quia tertiae declinationis nomen est et ablatiuus casus
490 singularis 'i' littera terminatur. Venit aliquid contra istam regulam? Nihil.

Don., *Mai.* In quibus regulis genitiuus pluralis in 'ium' syllabam exit? In
627, 1-4 tribus. Quibus? Prima eorvm qvae nominatiuo casv
singvlari 'n' et 's' litteris terminantvr, vt 'mons',
495 'pons', 'frons', uolo genitiuum pluralem in 'ium' facere, 'montium', 'pontium', 'frontium', uolo in 'um', 'montum', 'pontum', 'frontum'; potestatis meae est. Secvnda ⟨eorvm⟩ qvae

---

Trad. text. α   F

476/483 Da – Nihil] cfr Don., *Mai.* 626, 11-13; Pomp., *Gramm.* 190, 22-31   **483/
491** Da – Nihil] cfr Don., *Mai.* 626, 14-18; Pomp., *Gramm.* 191, 3-5   **492/493** In' –
tribus] cfr Don., *Mai.* 626, 19 - 627, 1   **495/497** uolo – est] cfr Pomp., *Gramm.* 192, 6-
11

---

494 terminantur] *cum Don. corr. Lor.*, terminatur *F*   **497** eorum] *cum Don. suppl.
Maes.*

uum singularem de 'e' in 'o', 'ab hoc uaso', ut faciamus genitiuum pluralem in 'rum', 'horum uasorum', datiuum et ablatiuum
in 'his et ab his uasis'.

440   Da nomen quod ablatiuus singularis 'e' productum terminetur: 'facies'. Quali littera terminatur? 'E' productum:
'ab hac facie'. Genitiuum pluralem in quam syllabam mittis? In
'rum': 'harum facierum'. Datiuum et ablatiuum in 'bus': 'his et
ab his faciebus'. Quare facis genitiuum pluralem in 'rum', dati-
445 uum et ablatiuum in 'bus'? Quia quintae declinationis nomen est
et ablatiuus singularis 'e' productum terminatur. Venit
aliquid contra istam regulam? Nihil. Da nomen quod ablatiuus
singularis 'i' littera terminetur: 'restis'. Ablatiuus singularis
qua littera terminatur? 'I': 'ab hac resti'. Genitiuum
450 pluralem in quam syllabam mittis? In 'ium': 'harum restium'.
Datiuum et ablatiuum in 'bus', quia tertiae declinationis nomen
est et ablatiuus singularis 'i' littera terminatur. Venit aliquid contra istam regulam? Nihil.

DON., Mai.   In quibus regulis genitiuus pluralis in 'ium' syllabam exit? In
627, 1-4 tribus. Quibus? PRIMA EORVM QVAE NOMINATIVO CASV
456 SINGVLARI 'N' ET 'S' LITTERIS TERMINANTVR, VT 'MONS'.
Quomodo? Quando nominatiuus casus singularis 'n'
et 's' litteris terminatur, ut 'mons', 'pons', uolo genitiuum pluralem in 'ium' facere, 'montium', 'pontium', 'frontium',

Trad. text. β   *B E L*

440/447 Da – Nihil] cfr DON., *Mai.* 626, 11-13; POMP., *Gramm.* 190, 22-31   447/
453 Da – Nihil] cfr DON., *Mai.* 626, 14-18; POMP., *Gramm.* 191, 3-5   454/455 In¹ –
tribus] cfr DON., *Mai.* 626, 19 - 627, 1

437 genitiuum] *om. B*   438 horum] hororum *L^{a.c.}*   440 productum] producto *L²*
441 Quali] qua *L*   productum] producto *L²*   442 in – mittis] *om. B*   443 harum
facierum] *om. B*   harum] *om. B*   facierum] faciarum *L^{a.c.}, om. B*   443/445 his – bus]
om. B   444 facis] fecisti *B*   rum] harum facierum *add. B*   445 ablatiuum] plurales
add. B   446 ablatiuus] ablatiuum *L*   productum] producto *L²*   447/448 ablatiuus
singularis] ablatiuuo singulari *L²*   448 terminetur] terminatur *L*   restis] pestis *B*
450 ium] um *L*   453 istam] stam *B*   455 Prima eorum] primeorum *E^{a.c.}*
456 singulari] singularis *B L^{a.c.}*   litteris] litteri *B L^{a.c.}*, littera *B²*   terminantur] *cum*
Don. corr. Lor., terminatur β   457 nominatiuus] nominatiuuo *E^{a.c.}*   458 pons] fons
sup. l. add. L²   genitiuum] genetiuo *B*, genitiuo *E^{a.c.}*   459 frontium] fontium *B L*

ABLATIVO CASV SINGVLARI 'E' CORREPTVM FINIVNTVR ET
FEMININA SVNT, VT 'AB HAC CLADE'. Quomodo? Quando
500 ablatiuus singularis 'e' correptum terminatur in feminino
genere, ut 'clades', 'uulpes', 'labes', uolo genitiuum
pluralem in 'ium' facere, 'cladium', 'uulpium', 'labium', uolo
in 'um', 'cladum', 'uulpum', 'labum'; potestatis meae est. TERTIA
⟨EORVM⟩ QVAE ABLATIVO CASV SINGVLARI 'I' LITTERA TER-
505 MINANTVR, VT 'RESTIS', 'puppis'. Quomodo? Quando
ablatiuus singularis 'i' littera erit terminatus, ut 'ab hac resti',
genitiuus pluralis in 'ium' syllabam exit, 'restium', 'puppium'.

  Da nomen ubi ablatiuus singularis 'u' littera terminetur:
510 'cornu', 'ab hoc cornu'. Genitiuum pluralem in quam syllabam
mittis? In 'uum', geminata 'u' littera. Datiuum et ablatiuum plurales in quid? In 'bus', 'his et ab his cornibus', quia quartae
declinationis nomen est et ablatiuus singularis 'u' littera terminatur. Venit aliquid contra istam regulam? Nihil. Quare dicit
627, 16-628, 1 NIHIL OPVS EST RETINERE 'V' LITTERAM ET 'FLVCTVBVS'
516 DICERE, CVM 'ARTVBVS' NECESSITATE DICAMVS? 'Fluctus'
quartae declinationis nomen est, sicut et 'artus'. Vt 'fluctubus'
faciamus, nulla cogimur necessitate. Nam 'artubus'
necessitate dicimus, ne dum datiuus et ablatiuus casus plu-
520 ralis, 'his et ab his artibus', non 'artus', quod quartae
declinationis nomen est, sed 'artes', quod tertiae, dicere uidea-
DON., *Min.* mur. DATIVVM ET ABLATIVVM plurales de his quattuor
587, 29

Trad. text. α   F

509/514 Da – Nihil] cfr DON., *Mai.* 627, 13-16

498 finiuntur] *cum Don. corr.* Lor., finitur F   503 meae] *correxi*, me F
504 eorum] *cum Don. suppleui* terminantur] *cum Don. correxi*, terminatur F

460 uolo in 'um', 'montum', 'pontum', 'frontum'; potestatis meae est.
SECVNDA ⟨EORVM⟩ EST QVAE ABLATIVO CASV SINGVLARI 'E'
CORREPTVM FINIANTVR ET FEMININA SVNT, VT 'AB HAC
CLADE'. Quomodo? Quando nomen tertiae declinationis
fuerit feminini generis et ablatiuus singularis 'e' correptum
465 terminatur, uolo genitiuum pluralem facere in 'ium', ut
'cladium', 'uulpium', 'labium', uolo in 'um' facere, 'cladum',
'uulpum', 'labum'; potestatis meae est. TERTIA ⟨EORVM⟩ EST
QVAE ABLATIVO CASV SINGVLARI 'I' LITTERA TERMINAN-
TVR, VT 'AB HAC PESTI'. Quomodo? Quando ablatiuus
470 casus singularis 'i' littera fuerit terminatus, ut 'ab hac pesti',
genitiuum pluralem in 'ium' syllabam semper mittit.

Da nomen ubi ablatiuus singularis 'u' littera terminetur: 'cornu'. Ablatiuus singularis qua littera terminatur? 'V':
'ab hoc cornu'. Genitiuum pluralem in quam syllabam mittis? In
475 'uum', geminata 'u' littera. Datiuum et ablatiuum? In 'bus': 'his
et ab his cornibus'. Quare facis genitiuum pluralem in
'uum', 'horum cornuum', datiuum et ablatiuum in
'bus', 'his et ab his cornibus'? Quia quartae declinationis
nomen est et ablatiuus singularis 'u' littera terminatur. Venit
27, 16-628, 1 aliquid contra istam regulam? Nihil. Quare dicit NIHIL OPVS
481 EST RETINERE 'V' LITTERAM ET 'FLVCTVBVS' DICERE, CVM
'ARTVBVS' NECESSITATE DICAMVS? 'Fluctus' quartae declina-

Trad. text. β   *B E L*

463/467 Quomodo – est'] cfr POMP., *Gramm.* 192, 6-11   472/480 Da – Nihil] cfr
DON., *Mai.* 627, 13-16   482/489 Fluctus – uideamur] cfr POMP., *Gramm.* 194, 12-20

460 frontum] fontum *L²*   meae est] meest *E*   461 eorum] *cum Don. suppl. Maes.*
462 correptum] *cum α correxi,* correpta β   463 tertiae] tertii *B E*   464 correptum]
correpto *L²*   466 cladium] claudium *B Eᵃ·ᶜ· Lᵃ·ᶜ·*   cladum] claudum *B Eᵃ·ᶜ·*
467 meae] mae *Bᵃ·ᶜ·,* me *E Lᵃ·ᶜ·*   eorum] *cum Don. suppleui*   468 quae] quia *B Eᵃ·ᶜ·*
terminantur] *cum Don. correxi,* terminatur β   470 i] *iter. E*   littera] *om. B E*
472 cornu] cornua *Eᵃ·ᶜ·*   473 qua littera] quali l. *B,* qualitera (qualiter *E²*) *E*
terminatur] terminetur *B E*   V] et (ut *E²*) *E*   477 uum] ium *Lᵃ·ᶜ·*   et] *om. L*
480 dicit] donatus *add. E*   481 litteram] littera *B Lᵃ·ᶜ·*   fluctubus] fluctibus *B Eᵃ·ᶜ· Lᵃ·ᶜ·*
482 artubus] artibus *B Eᵃ·ᶜ· Lᵃ·ᶜ·*

regulis IN QVID MITTIS? IN 'BVS' OMNIA. Quomodo? Quando ablatiuus singularis 'e' correptum, 'e' productum, 'i' uel 'u'
525 fuerit terminatus, datiuus et ablatiuus in 'bus' semper exeunt.
'Fluctus' quartae declinationis nomen est, sicut et 'artus'. Vt
'fluctubus' faciamus, nulla cogimur necessitate. Nam
'artuubus' necessitate dicimus, ne dum datiuus et ablatiuus
casus pluralis, 'his et ab his artibus', non 'artus', quod quartae
530 declinationis nomen est, sed 'artes', quod tertiae, dicere uideamur. DATIVVM ET ABLATIVVM plurales de his quattuor
587, 29 regulis IN QVID MITTIS? IN 'BVS' OMNIA. Quomodo? Quando ablatiuus singularis 'e' correptum, 'e' productum, 'i' uel 'u'
fuerit terminatus, datiuus et ablatiuus in 'bus' semper exeunt.

535   Quot sunt declinationes nominum in genitiuo
casu? Quinque. Prima quae 'ae' litteris terminatur et reliqua.
Et ubi quaeris declinationes nominum? In genitiuo casu
singulari. Quomodo? In nomine ubi genitiuus singularis 'ae'
litteris terminatur, prima est declinatio; ubi 'i', secunda; ubi
540 'is', tertia; ubi 'us' uel 'u', quarta; ubi 'ei', quinta. Da primae
declinationis nomen: 'fabula'. Vnde hoc scis, quia primae declinationis est? Quia genitiuus singularis 'ae' litteris terminatur:
'haec fabula', 'huius fabulae'. Correpta est aut producta? Pro-

Trad. text. α   F

526/530 Fluctus – uideamur] cfr POMP., Gramm. 194, 12-20   527/530 Nam –
uideamur] cfr DON., Mai. 628, 1-2   535/540 Quot – quinta] cfr PS. SERG., Explan. in
Don. 496, 26-30; 540, 17-24

531 Datiuum – plurales] cum Don. et β correxi, datiuus e. ablatiuus pluralis F
543 aut] ut F^a.c.

tionis nomen est, sicut et 'artus', et ut faciamus 'fluctubus',
nulla necessitas hoc dat, sed 'fluctibus' facere debe-
485 mus. Nam 'artubus' necessitate dicimus, ne dum 'artibus'
facimus in datiuum et ablatiuum casus plurales, 'his et
ab his artibus', non 'artus', quod est quartae declinationis
nomen, sed 'artes', quod est tertiae declinationis, dicere
uideamur. DATIVVM ET ABLATIVVM IN QVID MITTIS? IN 'BVS'
587, 29 OMNIA. Quomodo? Quotiens ablatiuus singularis 'e' correp-
491 tum, 'e' productum, 'i' uel 'u' fuerit terminatus, datiuus et ablatiuus plurales in 'bus' semper exeunt.

Declinationes nominum quot sunt? Quinque. Prima
quae 'ae' litteris terminatur et cetera. Vbi requiris declinatio-
495 nes nominum? In genitiuo casu singulari. Quomodo? In nomine
ubi genitiuus casus singularis 'ae' litteris terminetur, ut 'Musa', 'huius Musae', prima est declinatio. Vbi 'i' littera
fuerit terminatus, ut 'huius magistri', secunda est
declinatio. Vbi 'is', ut 'huius corporis', tertia est. Vbi 'us'
500 uel 'u', ut 'huius uisus', 'huius cornu', quarta est. Vbi 'ei',
ut 'huius diei', quinta est declinatio. Da primae declinationis nomen: 'fabula'. Quotae declinationis nomen est?
Primae. Vnde hoc scis? Genitiuus singularis 'ae' litteris terminatur: 'huius fabulae'. Correpta est aut producta? Producta.

Trad. text. β   *BEL*

485/489 Nam – uideamur] cfr Don., *Mai.* 628, 1-2   **493/501** Declinationes –
declinatio] cfr Ps. Serg., *Explan. in Don.* 496, 26-30; 540, 17-24

483 sicut] est *add. E*   artus] arcus *L^{a.c.}*   **483/492** et² – exeunt] cum necessitate
dicamus datiuum et ablatiuum plurales his et ab his artibus (artubus *E²*) ne quis nos
existimet cum dicimus artibus artes significare uelle cum ars tertiae declinationis nomen
est et dicitur in nominatiuo singulari haec ars huius artis artus sicut dicimus quarte
declinationis est nomen et dicitur in nominatiuo singulari hic artus huius artus
quotienscumque ablatiuus singularis e correpta uel producta uel i uel u terminatus fuerit
datiuum et ablatiuum plurales in bus semper mittunt ab hoc patre patribus ab hac specie
speciebus ab hoc fideli fidelibus ab hoc fluctu fluctibus *E*   fluctubus] fluctibus *B L^{a.c.}*
484 necessitas] necessitate *L*   **485** artubus] artibus *B L^{a.c.}*   **486** facimus] faciamus
L^{a.c.}   casus] *om. B*   plurales] pluralis *B*   **489** uideamur] *cum α correxi*, uidemur *B L*
490 Quotiens] quoties *B*   correptum] correptam *B*, correpto *L²*   **491** productum]
producto *L²*   **492** plurales] pluralis *B*   **494** litteris] littera *L*   **496** litteris] littera *L*
497 i] *om. B*   **499** is] his *E^{a.c.}*   **500/501** Vbi – declinatio] *in marg. L*   **501** ut –
diei] *om. L*   **503** Primae] prima *B*   litteris] littera *L*   terminatur] ut *add. et eras. E*

ducta. Primae declinationis nomen quotae formae est? Triptotae.
545 Qui casus sunt similes? Nominatiuus, uocatiuus et ablatiuus
similes sunt et faciunt unam formam; genitiuus et datiuus aliam: 'huius fabulae', 'huic fabulae'; accusatiuus tertiam:
'hanc fabulam'. Haec uero declinatio numquam uariatur.

Da secundae: 'doctus'. Vnde scis quia secundae decli-
550 nationis nomen est? Quia genitiuus singularis 'i' littera
terminatur, ut 'huius docti'. Correpta est an producta? Producta. Secundae declinationis nomen quotae formae est? Variatur.
Da tertiae: 'corpus'. Vnde scis quia tertiae declinationis
est? Quia genitiuus singularis 'is' terminatur: 'huius corporis'.
555 Correpta est aut producta? Correpta. Tertiae declinationis
nomen quotae formae est? Variatur. Da quartae: 'domus',
'genu'. Vnde scis quia quartae declinationis est? Quia
genitiuus singularis 'us' uel 'u' terminatur, ut 'huius domus',
'huius genu'. Correpta est aut producta? Producta. Nomen
560 quartae declinationis quotae formae est? Diptotae. Qui casus
sunt similes? Nominatiuus, accusatiuus et uocatiuus breues
sunt et faciunt unam formam; genitiuus, datiuus et ablatiuus
longi sunt et faciunt alteram. Hic non in exitu syllabarum
quaeris formas, sed in temporibus casuum. Da quintae:
565 'spes'. Vnde scis quia quintae declinationis nomen est? Quia
genitiuus singularis 'ei' litteris terminatur. Correpta est aut pro-

Trad. text. α   F

505 Primae declinationis nomen quotae formae est? Triptotae. Quales casus sunt similes? Nominatiuus, uocatiuus et ablatiuus in
'a' exeunt, ut 'haec fabula, o fabula, ab hac fabula', et
faciunt unam formam. Genitiuus et datiuus exeunt in 'ae', ut
'huius fabulae', ⟨'huic fabulae'⟩, et faciunt aliam for-
510 mam. Accusatiuus uero super se facit tertiam formam :
'hanc fabulam'.

Da secundae declinationis nomen : 'doctus'. Quotae
declinationis nomen est? Secundae. Vnde hoc scis?
Quia genitiuus casus 'i' littera terminatur, 'huius docti'. Correp-
515 ta est aut producta? Producta. Secundae declinationis nomen
quotae formae est? Variatur. Da nomen tertiae declinationis : 'corpus'. Quotae declinationis nomen est? Tertiae.
Quomodo? Quia genitiuus singularis 'is' terminatur: 'huius
corporis'. Correpta est aut producta? Correpta. Vnde hoc
520 scis? Quia tertiae declinationis nomen est. Ablatiuus
singularis qua littera terminatur? 'E' correptum, 'ab
hoc corpore'. Vnde hoc scis? Quia tertiae declinationis nomen est. 'Domus', 'gelu', quotae declinationis
est nomen? Quartae. Vnde hoc scis? Quia genitiuus
525 singularis 'us' et 'u' terminatur, ut 'huius domus', 'huius gelu'.
Correpta est aut producta? Producta. Nomen quartae declinationis quotae formae est? Diptotae: nominatiuus, accusatiuus et
uocatiuus breues sunt et unam formam faciunt; genitiuus,
datiuus et ablatiuus longi sunt et faciunt alteram formam. Hic
530 in exitu syllabarum quaeris formas an in temporibus casuum. Da
quintae declinationis nomen : 'spes'. Vnde hoc scis, quia
quintae declinationis sit nomen? Quia genitiuus singularis 'ei'

Trad. text. β   *BEL*

---

505 quotae] quod e *B*, quota *E² L²*   formae] forma *E L*   est] prima (primae *L*) unde
hoc scis quia genitiuus singularis ae litteris (littera *L*) terminatur (ut *sup. l. add. E²*)
huius fabulae correpta est aut producta producta prime declinationis nomen quote
(quota *E²*) forma (formae *L*) est *iter. E L* (*iteratum eras. L²*)   Triptotae] triptota *E*
508 unam] unum *E*   **509** huic fabulae] *cum α suppleui*   **509/510** et – uero] *om. B*
et] super se facit tertiam formam (*cfr infra*) *praem. E L*   **515** Producta] *om. B*
516 quotae] quota *E²*   formae] forma *E L^{a.c.}*   **518** is] his *B*   **521** qua] quali *B E^{a.c.}*
correptum] correpto *L²*   **522** scis] facis *E*   **525** us] *om. B*   gelu] gelum *B*
527 formae] forma *E*   **528** et] ut *E L^{a.c.}*   **530** temporibus] temperebus *L^{a.c.}*   casuum]
casum *B E^{a.c.} L^{a.c.}*   **531** quintae] quinque *B*

ducta? Producta. Quintae declinationis nomen quotae formae
est? Variatur.

Quot sunt formae nominum? Sex: ALIA sunt MONOP-
TOTA, ALIA DIPTOTA, ALIA TRIPTOTA, ALIA TETRAPTOTA,
ALIA PENTAPTOTA, ALIA HEXAPTOTA. Hexaptota nomina
quare dicta? Eo quod per sex casus uarietates
habeant, ut 'unus', 'solus'. Pentaptota? Quoties quinque uarietates habent et sex casus, ut 'dictus', 'aptus'.
575 Tetraptota? Quoties quattuor uarietates habent, ut
'latus', 'species'. Triptota? Quoties tres uarietates
habent, ut 'templum', 'anima'. Diptota? Quoties duas
uarietates habent, ut 'Iuppiter'. Monoptota? Quoties
uno casu utuntur, ut 'frugi', 'pus', 'uirus', 'nihili', 'ne-
580 quam'.

I.2. DE PRONOMINE

QVID EST PRONOMEN? PARS ORATIONIS, QVAE PRO NOMI-
NE POSITA TANTVNDEM PENE SIGNIFICAT. Quomodo 'pars
orationis'? Pars locutionis. Quomodo 'quae pro nomine posita'?
5 Quae uice nominis posita. Quomodo 'tantundem pene significat'? Quia ipsud significat quod et nomen pene, sed non plene.
Quomodo? Si dicam 'Vergilius scripsit Bucolicam, Vergilius Georgicam, Vergilius Aeneidos', ecce sepe repetita
locutio proprii nominis fastidium generat. Sed ut fastidium
10 auferretur et ornatum locutionis induceretur, ⟨tultum⟩
nomen, positum pronomen, quod pene ipsud significat quod et

Trad. text. α   *F*

571/579 Hexaptota – nequam] ISID., *Etym.* I, 7, 33; cfr POMP., *Gramm.* 171, 34 - 172,
10; 184, 19 - 185, 7

I.2, 5 Quae – posita] ISID., *Etym.* I, 8, 1   **6** Quia – plene] PS. SERG., *Explan. in
Don.* 499, 22-23   **7/13** Si – Aeneidos] POMP., *Gramm.* 199, 23-27; PS. SERG., *Explan.
in Don.* 488, 15-19; 499, 9-15; cfr ISID., *Etym.* I, 8, 1

---

572 uarietates] *correxi*, uarietatis *F*   **573** Pentaptota] *correxi*, pentaptotae *F*
574 uarietates habent] *correxi*, uarietatis habet *F*   **575** habent] *correxi*, habet *F*
576 latus species] *cum Isid. correxi*, templum anima (*cfr infra l. 577*) *F*   **577** habent]
correxi, habet *F*   **578** habent] *correxi*, habet *F*
I.2, 3 posita] sunt *scripta sup. l. add.* F^2 **7** Bucolicam] *scripsi*, bocolicam *F*
10 auferretur] *correxi*, auferret *F*   induceretur] *correxi*, induceret *F*   tultum] *cum* β
suppleui (*cfr infra l. 14*)

litteris terminatur. Correpta est aut producta? Semper producta. Quintae declinationis nomen quotae formae est? Variatur.

Don., *Mai.*
625, 5-6
537
540

Nominum formae quot sunt? Sex; ALIA enim sunt MONOPTOTA, ALIA DIPTOTA, ALIA TRIPTOTA, ALIA TETRAPTOTA, ALIA PENTAPTOTA, ALIA HEXAPTOTA. Da nomen monoptotae formae: 'pus'. Da diptotae: 'fructus', 'cornu'. Da triptotae: 'anima'. Da tetraptotae: 'caput'. Da pentaptotae: 'Donatus'. Da hexaptotae: 'unus', 'solus'.

I.2. DE PRONOMINE

Don., *Min.*
588, 2-3
5
10

QVID EST PRONOMEN? PARS ORATIONIS, QVAE PRO NOMINE POSITA TANTVNDEM PENE SIGNIFICAT PERSONAMQVE INTERDVM RECIPIT. Quomodo 'pars orationis'? Pars locutionis. Quomodo 'quae pro nomine posita'? Quae uice nominis posita. Quomodo 'tantundem pene significans'? Quia ipsud pene significat quod et nomen, sed non plene. Quomodo? Vt puta si dicat mihi quislibet 'quis scripsit Bucolicam?', dico 'Vergilius'; 'Georgicam quis?', 'Vergilius'; 'Aeneidos?', 'Vergilius'. Ecce sepe repetita locutio proprii nominis fastidium generat. Sed ut fastidium auferatur et ornatum locutionis inducatur, tultum nomen, ponimus

Trad. text. β   *BEL*

537/541 Da – solus] cfr POMP., *Gramm.* 171, 34 - 172, 10
I.2, 5/6 Quae – posita] ISID., *Etym.* 1, 8, 1   7/15 Vt – idem] POMP., *Gramm.* 199, 23-27; PS. SERG., *Explan. in Don.* 488, 15-19; 499, 9-15; cfr ISID., *Etym.* 1, 8, 1

533 Correpta] corrupta *B E*   534 formae] forma *E^{a.c.}*   535 formae] formas *B E^{a.c.} L^{a.c.}*   537 pentaptota] sentaptota *B*   539 tetraptotae] tetrastote *B*
I.2, 1 De pronomine] item (tem *L*) pars secunda *praem. B L*   3 significat] significans *L*   personamque] persona que *B*   4 orationis] orationis *B*   5 nomine] nomini *L^{a.c.}*   uice] uicem *L^{a.c.}*   6 Quomodo] quae *L^{a.c.}*   ipsud] ipsum *E²*   7 non] nomen *B E^{a.c.}*   plene] plena *L^{a.c.}*   11 generat] gerat *B^{a.c.} E L^{a.c.}*   12 locutionis] locutioni *L*

nomen, uelut si dicam 'Vergilius scripsit Bucolicam, ipse Georgicam, idem Aeneidos'. Dum dico nomen, et res quae factae sunt et quis fecisset ostendo; tultum uero nomen,
15 positum pronomen, res quae factae sunt ostendo, nam quis fecisset non ostendo. Acsi dicam 'quis scripsit hunc librum?'; dicit mihi quislibet 'ipse'. Dum dicit 'ipse', res quae factae sunt ostendit; nam quis fecit non ostendit, quia nomen eius qui fecit non dixit. PERSO-
20 NAMQVE INTERDVM RECIPIT. Quomodo? Illa pronomina recipiunt personas quae finitae qualitatis sunt, ut 'ego', 'tu', 'ille'. Quomodo? 'Ego': praesens prima persona ostendor; 'tu': ad secundam praesentem personam loquor; 'ille': de tertia praesente persona ad secun-
25 dam dico. Pronomen quare dictum est? Eo quod fungatur officium nominis, quoties tautologia uitanda est.

588, 3-7   PRONOMINI QVOT ACCEDVNT? SEX. QVAE? QVALITAS, GENVS, NVMERVS, FIGVRA, PERSONA, CASVS. Quomodo qualitas? Cuius qualitatis sit ipsud pronomen, si finitae, si infinitae.
30 Genus? Cuius generis sit, si masculini, si feminini, si neutri. Numerus? Si singularis, si pluralis. Figura? Si simplex, si conposita. Persona? Si prima, si secunda, si tertia. Casus? Si nominatiuus, si genitiuus aut quislibet de istis sex casibus. QVALITAS PRONOMINVM IN QVO EST? BIPERTITA EST. Quomodo 'biper-

---

Trad. text. α   F

13/16 Dum – ostendo] cfr POMP., *Gramm.* 200, 1-5; PS. SERG., *Explan. in Don.* 499, 33-35   25/26 Pronomen – nominis] POMP., *Gramm.* 199, 21; PS. SERG., *Explan. in Don.* 499, 17-18

12 Bucolicam] *scripsi*, bocolicam *F*   19 Personamque] *scripsi*, personam quae *F* 20 interdum] sunt aliquando non semper *sup. l. add. F²*   27 quot] ita illi accidunt ut numquam recedant *sup. l. add. F²*

pronomen, quod pene ipsud significat quod et nomen. Vt
puta: 'quis scripsit Bucolicam?', 'Vergilius'; 'Geor-
15 gicam?', 'ipse', 'Aeneidos?', 'idem'. Dum dico nomen, et
res quae factae sunt et quis fecisset ostendo; tultum nomen, positum pronomen, res quae factae sunt ostendo, nam quis eas fecit
non ostendo. Sicut si dicas mihi 'quis scripsit Ethimologiam?', dico 'Esidorus'. Ecce dictum nomen Esido-
20 ri, et res quae factae sunt et quis fecisset ostendo.
Item dicis mihi 'Sinonimam quis?'; dico 'ipse'. Ecce
tultum nomen Esidori, positum pronomen ipse, res
quae factae sunt ostendo, nam quis eas fecisset non
ostendo. Quare dicit 'personamque interdum recipit'?
25 Interdum, id est aliquando recipiunt pronomina personas et aliquotiens non; nam illa pronomina recipiunt
personas tantum quae finitae qualitatis sunt, ut 'ego', 'tu', 'ille'.
Eo quod officium fungatur nominis, quomodo? Puta
si dicam 'quis scripsit librum Quaestionum?'; dum
30 dico 'Quaestionum librum scripsit Augustinus et
Sermonum ipse', pronomen fungitur officium nominis.

588, 3-7   PRONOMINI QVOT ACCIDVNT? SEX. QVAE? QVALITAS,
GENVS, NVMERVS, FIGVRA, PERSONA, CASVS. Quomodo qualitas? Cuius qualitatis sit ipsud pronomen, si finitae, si infinitae.
35 Genus? Si masculini sit generis, si feminini, si neutri, si
communis, si omnis. Numerus? Si singularis sit, si pluralis.
Figura? Si simplex sit, si conposita. Persona? Si prima sit, si
secunda, si tertia. Casus? Si nominatiuus casus sit, si genitiuus,
si quilibet de istis sex casibus. QVALITAS PRONOMINVM IN
40 QVO EST? BIPERTITA EST. Quomodo 'bipertita est'? Bis par-

Trad. text. β   *B E L*

15/16 Dum – ostendo] cfr Ps. SERG., *Explan. in Don.* 499, 33-35   **28** Eo – nominis]
Ps. SERG., *Explan. in Don.* 499, 17-18

13 ipsud] ipsum *E²*   et] est *B*   **14** Bucolicam] bocolicam *B*, bacolicam *E*ᵃ·ᶜ·
Georgicam] georgiam *B E*ᵃ·ᶜ·   **17** ostendo] ostendunt *B*   **18** Sicut] sicuti *B E*
26 aliquotiens] aliquoties *B*   **27** quae] *sup. l. E L, om. B*   qualitatis] qualitate *B*,
qualitati *E*ᵃ·ᶜ·   **28** fungatur] funguntur *B E*   Puta] ut *sup. l. praem. E²*   **29**/
30 Quaestionum – librum] *om. L*   Quaestionum] ipse *add. B E*   **30** Augustinus]
agunus *L*ᵃ·ᶜ·   **32** quot] quod *B*ᵃ·ᶜ· *E*ᵃ·ᶜ· *L*ᵃ·ᶜ·   **34** ipsud] ipsum *E²*   **35** masculini]
masculinum *B*   **36** si omnis] sionis *L*ᵃ·ᶜ·   Si] *om. B*   **39** quilibet] qualibet (quislibet
L²) *L*   casibus] casus *L*   **40** quo] quod *L*ᵃ·ᶜ·   Bis] a *praem. B*   partita] perartita *B*

35 tita'? In duabus partibus: finitum et infinitum. Da finitae
qualitatis pronomina: 'ego', 'tu', 'ille'. Quare dicuntur
finita? Quia cognitionem personarum praesentium
significant uel quia definiunt certam personam, ut
'ego': me enim statim intellegis. QVAE SVNT INFINITA?
40 QVAE NON RECIPIVNT PERSONAS, VT 'QVIS, QVAE, QVOD'.
Quare dicuntur infinita? Quia non sunt eis certae
personae; de absentibus enim dicitur et incertis. In
quibus qualitatibus diuiduntur ista pronomina? A
Donato in duabus: finitam et infinitam. A Probo in
45 quattuor: finitam et infinitam, minus quam finitam
et possessiuam. A Pompeio in uiginti unam: finita tria,
'ego', 'tu', 'ille'; infinita septem, 'quis', 'qualis', 'talis',
'quantus', 'tantus', 'quotus', 'totus'; minus quam
finita sex, 'ipse', 'iste', 'hic', 'is', 'idem', 'sui'; possessi-
50 ua quinque, 'meus', 'tuus', 'suus', 'noster' et 'uester'. Quae
potius tenendae sunt aut illae duae aut illae plures?
⟨Plures⟩, nam qui quattuor adnumerauit multum praetermisit.

Trad. text. α   *F*

36/39 Quare – ego] cfr AVDAX, *Gramm.* 343, 13-14   38/39 uel – intellegis] ISID.,
Etym. 1, 8, 2; cfr Ps. SERG., *Explan. in Don.* 500, 5-6   41/42 Quare – incertis] ISID.,
Etym. 1, 8, 2; cfr AVDAX, *Gramm.* 343, 14-15; Ps. SERG., *Explan. in Don.* 500, 15-16.31
43/44 A – infinitam] POMP., *Gramm.* 200, 11-12   44/46 A – possessiuam] POMP.,
Gramm. 200, 25-27   46/50 A – uester] Ps. SERG., *Explan. in Don.* 501, 16-20; cfr
POMP., *Gramm.* 201, 29 - 202, 1

---

38 significant] *correxi, sine* incognita *F*   39 intellegis] intelligis *F²*   42/52 In –
praetermisit] *cum* β *hic posui, post* a quopiam (*infra l. 393*) *transp. F*   49 idem] *correxi,*
id *F*   52 Plures] *suppleui*

tita, id est in duabus partibus diuisa: finitum et infinitum.
Qvae svnt finita? Qvae recipivnt personas,
'ego', 'tv', 'ille'. Quomodo sunt finitae qualitatis
'ego', 'tu', 'ille'? Quia dum dico 'ego', praesens primam
45 personam ostendo. Quando dico 'tu', ad secundam
praesentem personam dico. Quando dico 'ille', de
tertia praesenti persona ad secundam loquor. Ideo et
finitae qualitatis sunt et personas recipiunt. Qvae
svnt infinita? Qvae non recipivnt personas, vt 'qvis,
50 qvae, qvod'. Quomodo sunt infinitae qualitatis 'quis,
quae, quod'? Vt puta si dicam 'quis fecit hanc
domum?', 'quae causa extitit, ut tale damnum admit-
teret?', ideo quia de incognita re mihi interrogare
uideor, infinitae sunt qualitatis; inde nec personas
55 recipiunt. In quibus qualitatibus diuiduntur pronomina? Donatus definiuit in duas, id est in finitum et
in infinitum. Probus in quattuor: finitum, infinitum,
articulare et possessiuum. Pompeius in uiginti unam, id
est: finita tria, 'ego', 'tu', 'ille'; minus quam finita sex,
60 'ipse', 'iste', 'hic', 'is', 'idem' et 'sui'; infinita septem,
'quis', 'qualis', 'talis', 'quantus', 'tantus', 'quotus' et
'totus'; possessiua quinque, 'meus', 'tuus', 'suus', 'noster' et
'uester'. Quid potius tenendum est: aut illa duo pronomina aut illa multa? ⟨Multa⟩, nam qui quattuor quali-
65 tates pronominis dixit multum praetermisit.

Trad. text. β   *BEL*

44/48 Quia – recipiunt] cfr Pomp., *Gramm.* 202, 18-26   **50/55** Quomodo –
recipiunt] cfr Pomp., *Gramm.* 203, 1-3   **56/57** Donatus – infinitum¹] Pomp., *Gramm.*
200, 11-12   **57/58** Probus – possessiuum] Pomp., *Gramm.* 200, 25-27   **58/
63** Pompeius – uester] Ps. Serg., *Explan. in Don.* 501, 16-20; cfr Pomp., *Gramm.* 201,
29 - 202, 1

41 finitum] infinitum *B E*   **44** ego²] *om. B*   **44/45** primam personam] prima *B*
47 praesenti] praesente *L*   et] *om. L*   **48** qualitatis] qualitates *E*   **49** infinita]
infinitae *E² L²*, finitae *L*   **51** quod] quot *B*   dicam] dicamus *B*   **52** extitit] extetit *L*
53 de – re] deinde incognitam (incognitum *E*) rem *B E^{a.c.} L*   **54** sunt qualitatis]
qualitatis sunt *E*   **56** definiuit] definibit *B E^{a.c.}*   **57** in¹] *sup. l. L*   **58** unam] una *B E*
59 finita¹] finta *L^{a.c.}*   **60** is idem] *correxi*, isdem β   infinita] infinitae *L²*   **61** quotus]
quetus *B*   **62** possessiua] possessiuae *L*   et] *om. L*   **63** tenendum] ponenda *B*   duo]
correxi, dua (*iter. B*) β   **64** Multa] *suppl. Lor.*

588, 8-10   GENERA PRONOMINVM QVOT SVNT? EADEM FERE QVAE
    55   ET NOMINVM: MASCVLINVM, VT 'QVIS'; FEMININVM,
         VT 'QVAE'; NEVTRVM, VT 'QVOD'; COMMVNE, VT
         'QVALIS', 'TALIS'; TRIVM GENERVM, VT 'EGO', 'TV'.
         Quomodo 'eadem fere'? Ipsa pene quae in nomine, sed non
         tota. Quare ? Quia epichenon genus, quod in nomine habetur,
    60   in pronomine non est. Da masculini generis pronomen: 'qui'.
         Da feminini: 'quae'. Istud 'quae' quomodo erit scriben-
         dum? Quando praepositiuum fuerit, ut puta 'quae anima', erit
         pronomen et per diptongon scribendum; quando uero
         subiunctiuum, ut puta "Dixitque Dominus", erit coniunctio
    65   et simpliciter scribendum. Diptongon qualis sermo est?
         Graecus. Quid sonat in Latinum? Congeminatio
         duarum uocalium litterarum. Da neutri: 'quod'. Istud
         'quod' quomodo erit scribendum? Quando neutri generis
         fuerit, ut puta 'quod animal', erit pronomen et per 'd'
    70   scribendum; quando uero ad numerum pertinuerit, ut puta
         'partes orationis quot sunt?', erit aduerbium numeri et per
         't' scribendum. Da communis: 'qualis', 'talis'. Quomodo est
         communis ? Quia sic dicitur pro masculo quomodo et pro
         femina: 'qualis uir', 'qualis mulier', 'talis uir', 'talis mulier'; nam
    75   pro neutro 'quale mancipium', 'tale mancipium'. Da
         omnis: 'ego', 'tu'. Quomodo sunt omnis generis ? Quia
         dicis : 'ego uir', 'ego mulier', 'ego mancipium', 'tu uir', 'tu mu-
         lier', 'tu mancipium'.

Trad. text. α   F

58/60 Quomodo – est] cfr Ps. SERG., *Explan. in Don.* 501, 25-26   **61/65** Istud –
scribendum] cfr ISID., *Etym.* 1, 27, 21; infra 6, 45/49   **65/67** Diptongon – litterarum]
cfr ISID., *Etym.* 1, 16, 2   **67/72** Istud – scribendum] cfr POMP., *Gramm.* 203, 33-35;
ISID., *Etym.* 1, 27, 22   **72/78** Da – mancipium] cfr Ps. SERG., *Explan. in Don.* 501, 27-
28

I.2, 64 Dixitque Dominus] Gen. 4, 6

588, 8   GENERA PRONOMINVM QVOT SVNT? EADEM FERE QVAE
NOMINVM. Quomodo 'eadem fere'? Ipsa pene quae et nominum, sed non plene, quia epicenon genus, quod in nomine
habetur, in pronomine non habetur. Da masculini generis pro-
70   nomen: 'quis'. Da feminini: 'quae'. Quomodo erit istud
'quae' scribendum? Quando praepositiuum fuerit, si dicam
'quae anima', erit pronomen generis feminini et cum diptongon scribendum; quando subiunctiuum fuerit, ut si dicam
"Locutusque est Dominus", erit coniunctio et sine dipton-
75   gon scribendum. Da neutri generis pronomen: 'quod'.
Quomodo erit scribendum? Quando pronomen fuerit generis neutri, ut si dicam 'quod animal est?', istud erit per 'd'
scribendum; quando ad numerum pertinuerit, si dicam 'partes
orationis quot sunt?', erit per 't' scribendum. Da communis: ut
80   'qualis', 'talis'. Quomodo? Quia sic dicitur pro masculo sicut et
pro muliere: 'qualis uir', 'qualis mulier', 'talis uir', 'talis mulier'; inde dicitur commune. Da trium generum: 'ego',
'tu'. Quomodo est trium generum? Sic dicit uir pro se
quomodo mulier, quomodo et mancipium: 'ego uir',
85   'ego mulier', 'ego mancipium', 'tu uir', 'tu mulier', 'tu mancipium'.

---

rad. text. β   *BEL*

67/69 Quomodo – habetur²] cfr Ps. SERG., *Explan. in Don.* 501, 25-26   70/
75 Quomodo – scribendum] cfr ISID., *Etym.* 1, 27, 21; infra 6, 42/46   76/
79 Quomodo – scribendum] cfr POMP., *Gramm.* 203, 33-35; ISID., *Etym.* 1, 27, 22   79/
85 Da – mancipium²] cfr Ps. SERG., *Explan. in Don.* 501, 27-28

I.2, 74 Locutusque – Dominus] Ex. 6, 2

66 quot] quod *B*   quae] et *sup. l. add. E²*   67 Ipsa] *cum* α *correxi*, ipse β   et] *om. L*
nominum²] nomine *B Eᵃ·ᶜ· L*   68 epicenon] epycenon *E*   69 masculini] masculinum
Bᵃ·ᶜ·   71 praepositiuum] praepositum *B*   72 anima] animam *B Lᵃ·ᶜ·*   73 scribendum]
conscribendum *E*   74 diptongon] diptongo *E²*   75 neutri] neutrique *Lᵃ·ᶜ·*
pronomen] nomen *B Eᵃ·ᶜ· Lᵃ·ᶜ·*   76 pronomen] pronomine *B*   79 orationis quot]
orationes quod *B*   communis] communi *L²*   80 masculo] masculinum *B*, masculum
Eᵃ·ᶜ·, masculom *Lᵃ·ᶜ·*   81 muliere] mulierem *B Lᵃ·ᶜ·*   82 commune] communi *L²*
83 Sic] sicut *Lᵃ·ᶜ·*   84 et] *iter. L*

588, 11-17   Nvmeri pronominvm qvot svnt? Dvo. Qvi? Singvla-
80   ris, vt 'hic'; plvralis, vt 'hii'. Quomodo? Quando dico
'hic', singularis numerus est; quando dico 'hii', pluralis. Figvrae pronominvm qvot svnt? Dvae. Qvae? Simplex, vt
'qvis'; conposita, vt 'qvisqvis'. 'Quis' habet simplicem
figuram, quia monosyllabum est; ⟨'quisquis'⟩ conposi-
85   tum, quia ex duobus pronominibus existit conpositum. Personae pronominvm qvot svnt? Tres: prima,
vt 'ego'; secvnda, vt 'tv'; tertia, vt 'ille'. Quomodo?
'Ego': praesens primam personam ostendo; 'tu': secundam; tertiam: 'ille'. Casvs item pronominvm qvot
90   svnt? Sex, qvemadmodvm nominvm, per qvos omnivm
genervm pronomen inflectitvr hoc modo. Quomodo? Sicut nomina declinantur per sex casus, ita pronomina et participia; sicut 'hic', sic tota pronomina
generis masculini; sicut 'haec', sic feminini; sicut
95   'hoc', sic neutri; sicut 'qualis', 'talis', sic communis;
sicut 'ego', 'tu', sic omnis.

'Ego' pronomen est finitae qualitatis, quia praesens
primam personam ostendo; generis omnis, quia dicis
'ego uir', 'ego mulier', 'ego mancipium'; numeri singularis, figu-
100   rae simplicis: 'e' quamuis praepositio sit, simplicem
figuram Donatus illud posuit, 'go' nihil est; personae
primae, casus nominatiui, quod declinabitur sic: 'ego,
mei'. Habet uocatiuum aut non? In singularitate non habet.
Quare? Quia se ipsum solus uocare non potest. Et in pluralitate

---

Trad. text. α   F

97/102 Ego – sic] cfr Ps. Prob., *Inst. gramm.* 131, 29-31   97/100 Ego – simplicis]
cfr Don., *Min.* 588, 18-19   103/105 Habet – illud] cfr Avdax, *Gramm.* 343, 31-32

84 quisquis] *cum* β *suppleui*   90 quemadmodum] *scripsi*, quemadqnodum *F*
98 ostendo] *correxi*, ostendor *F*   99 numeri] *correxi*, numerus *F*

588, 11-17 NVMERI PRONOMINVM QVOT SVNT? DVO. QVI?
SINGVLARIS, VT 'HIC'; PLVRALIS, VT 'HII'. Quando dico 'hic',
singularis est numerus; quando dico 'hii', pluralis. FIGVRAE
90 PRONOMINVM QVOT SVNT? DVAE. QVAE? SIMPLEX, VT
'QVIS'; CONPOSITA, VT 'QVISQVIS'. 'Quis' monosyllabum
est et est simplicis figurae pronomen; 'quisquis' ex duobus pronominibus unum pronomen conpositum efficit et est figurae conpositae. PERSONAE PRONOMINVM
95 QVOT SVNT? TRES. QVAE? PRIMA, VT 'EGO'; SECVNDA, VT
'TV'; TERTIA, VT 'ILLE'. Quomodo? ⟨'Ego'⟩: praesens prima
persona ostendor; 'tu': ad secundam praesentem
loquor; 'ille': de tertia persona dico. CASVS ITEM PRO-
NOMINVM QVOT SVNT? SEX, QVEMADMODVM NOMINVM,
100 PER QVOS OMNIVM GENERVM PRONOMEN INFLECTITVR HOC
MODO. Quia quemadmodum in nomine sunt sex casus,
ita et in pronomine, et omnia genera pronominum
sic declinantur per istos sex casus sicut et nominum.

588, 18-19 'EGO' PRONOMEN FINITVM, GENERIS OMNIS, NV-
105 MERI SINGVLARIS, FIGVRAE SIMPLICIS, PERSONAE
PRIMAE, CASVS NOMINATIVI, QVOD DECLINABITVR
SIC. 'Ego' quae pars orationis est? Pronomen est.
Cuius qualitatis? Finitae. Quare dicitur finitum?
Quia praesens prima persona ostendor. Cuius generis
110 est? Omnis: 'ego uir', 'ego mulier', 'ego mancipium'. Numeri
singularis, figurae simplicis, personae primae, casus nominatiui.
Habet uocatiuum aut non? In singularitate non habet. Quare?
Quia se ipsum homo in singularitate uocari non potest. Et in
pluralitate habet, quia cum aliis se homo uocari potest. Quomo-

Trad. text. β   *BEL*

107/111 Ego – nominatiui] cfr Ps. PROB., *Inst. gramm.* 131, 29-31   108/
109 Cuius – ostendor] cfr supra l. 44/45   112/115 Habet – illud] cfr AVDAX,
Gramm. 343, 31-32

87 pronominum] nominum *B E*ᵃ·ᶜ·   88 hii] hi *E²*   89 hii] hi *E²*
93 pronominibus] prominibus *L*   95 quot] quod *B*   96 Ego] *cum α suppleui*
99 quemadmodum] quemammodum *B*   100 quos] quod *E*ᵃ·ᶜ·   pronomen]
pronominum *B*, pronomina *E²*   inflectitur] inflectuntur *E²*   101 quemadmodum]
quemammodum *B E*ᵃ·ᶜ·   102 pronomine] pronomina *L*ᵃ·ᶜ·   104 pronomen]
pronominum *B*ᵃ·ᶜ·   numeri] numeris *E*ᵃ·ᶜ·   110 ego'] ergo *B*   Numeri] nomen *B*
111 primae] prima *L*ᵃ·ᶜ·   112 non'] – singularitate] *om. B*

105 habet: 'o nos, faciamus hoc aut illud!'. Declina ipsud pronomen
in singularitate : 'ego, mei uel mis mihi, me, a me'. Cur dixisti
'uocatiuum non habet' et sex casus fecisti? Duplicatur genitiuus singularis propter ueterem locutionem, quia
sicut nos facimus 'mei domni', 'mei germani' et reliqua, uete-
110 res faciebant 'mis domni', 'mis germani' et his similia.
Declina in pluralitate : 'nos, nostrum, nobis, nos, o, a nobis'.

'Tu' pronomen est finitae qualitatis, quia ad secundam praesentem personam loquor ; generis omnis, quia dicis 'tu uir',
'tu mulier', 'tu mancipium'; numeri singularis, figurae simplicis,
115 quia monosyllabum est; personae secundae, casus nominatiui, quod declinabitur sic: 'tu, tui uel tis, tibi, te, o, a te'. 'Tis' qui
casus est? Genitiuus duplicatur propter ueterem locutionem,
quia sicut nos facimus 'tui domni', 'tui germani', ueteres
faciebant 'tis domni', 'tis germani'. Declina in pluralita-
120 te : 'uos, uestrum, uobis, uos, o, a uobis'.

'Ille' pronomen est finitae qualitatis, quia de tertia praesente
persona ad secundam dico; generis masculini, quod tria facit
genera: 'ille, illa, illud'; numeri singularis, figurae simplicis: 'il'
nihil est, 'le' similiter; personae tertiae, casus nominatiui et
125 uocatiui, quod declinabitur sic: 'ille, illius, illi, illum, o, ab
illo'. Semper finitae qualitatis est 'ille' an non? Est et minus
quam finitae, quando de cognita et absente persona loquor. Da
eius exemplum : "Ille homo qui dicitur Iesus lutum fecit ex
sputo et liniuit oculos meos". Cognitus quidem erat, sed

Trad. text. α   F

───────────

    107/110 Duplicatur – similia] cfr POMP., *Gramm.* 208, 18-20   112/116 Tu – sic] cfr
Ps. PROB., *Inst. gramm.* 131, 32-34   112/115 Tu – nominatiui] cfr DON., *Min.* 588, 21
116/119 Tis – germani] cfr POMP., *Gramm.* 208, 18-20   121/134 Ille – auena] cfr
POMP., *Gramm.* 202, 22-34   121/125 Ille – sic] cfr Ps. PROB., *Inst. gramm.* 131, 36-37
121/124 Ille – tertiae] cfr DON., *Min.* 589, 1   126/127 Est – loquor] cfr Ps. SERG.,
Explan. in Don. 500, 8-9

    128/129 Ille – meos] Ioh. 9, 6.11

    105 illud] *cum* β *correxi*, illum F   pronomen] *correxi*, nomen F

115 do? 'O nos, faciamus hoc aut illud!'. Declina ipsud pronomen:
'ego, mei uel mis, mihi, me, a me'. Cur dixisti sextum casum
non habere, dummodo sex casus nominasses? Genitiuus singularis duplicatur propter ueterem locutionem,
'mei' uel 'mis', quia sicut nos dicimus 'mei domini, mei
120 patris, mei germani sunt tres isti', ueteres dicebant 'mis
domini', 'mis patris', 'mis mancipii'. Perdeclina in plurali: 'nos, nostrum' et cetera.

'Tu' pronomen est finitae qualitatis, quia ad praesentem personam dico ; generis omnis: 'tu uir', 'tu mulier', 'tu mancipium';
125 ⟨numeri singularis⟩, figurae simplicis, personae secundae, casus
nominatiui et uocatiui, quod declinabitur sic: 'tu, tui uel tis,
tibi, te, o, a te'. 'Tis' qui casus est? Genitiuus. Quomodo?
Quia duplicatur propter ueterem locutionem ipse genitiuus,
'tui' uel 'tis', et sicut nos dicimus 'tui domini', 'tui
130 patris', 'tui germani', ueteres dicebant 'tis domini', 'tis
patris', 'tis germani'. Perdeclina in plurali: 'uos, uestrum'
et cetera.

'Ille' pronomen est finitae qualitatis, quia de tertia praesenti
persona ad secundam dico; generis masculini, feminini et
135 neutri: 'ille, illa, illud'; numeri singularis, figurae simplicis,
personae tertiae, casus nominatiui et uocatiui, quod declinabitur
sic: 'ille, illius' et reliqua. Semper finitae qualitatis est 'ille'? Est
et minus quam finitae. Quomodo? Quando de cognita et
absente persona dico, ut puta "Ille homo qui dicitur Iesus

Trad. text. β   *BEL*

116/121 Cur – mancipii] cfr Pomp., *Gramm.* 208, 18-20   **123/126** Tu – sic] cfr
Don., *Min.* 588, 21; Ps. Prob., *Inst. gramm.* 131, 32-34   **123/124** Tu – dico] cfr supra
l. 45/46   **127/131** Tis – germani] cfr Pomp., *Gramm.* 208, 18-20   **133/146** Ille –
auena] cfr Pomp., *Gramm.* 202, 22-34   **133/137** Ille – sic] cfr Don., *Min.* 589, 1;
Ps. Prob., *Inst. gramm.* 131, 36-37   **133/134** Ille – dico] cfr supra l. 46/47

139/140 Ille – meos] Ioh. 9, 6.11

115 O] *om. B*   pronomen] nomen *BE*   **116** Cur] quare *L*   sextum] sexum *L^{a.c.}*
117 casus] cases *B*   nominasses] nominasset *L*   **119** mei¹] mi *BE^{a.c.}*   **120** tres isti] res
istae *E²*   **123** quia] quam *BEL^{a.c.}*   **125** numeri singularis] *cum α suppleui*   **127** Tis]
om. B   **128** propter] promtus *B*   **129** tui¹] tis *BE*   tis] tibi *B*, tui *E*   tui²] mî *B*, mi
L^{a.c.}   tui³] mî *B*, mi *L^{a.c.}*   **130** tui] mî *B*, mi *L^{a.c.}*   ueteres] ueteris *B*   tis¹] mis *BL^{a.c.}*
tis²] mis *BL^{a.c.}*   **131** tis] mis *BL^{a.c.}*   **133** praesenti] praesentis *L*   **134** et] *om. L*
135 singularis] significat *B*   **138** et¹ – quam] quam minus et *B*

130 quia absens erat, ideo dicitur minus quam finitum. Potest
prima persona istud pronomen de se ipso referre an non?
Potest; si dicam 'ego sum ille qui hesterno ad te ueni'.
Da eius exemplum : "Ille ego, qui quondam gracili
modulabar auena";
135 "Ille Origenes ego, doctor uerissimus olim,
quem primum fidei Graecia clara dedit,
celsus eram meritis et clarus copia fandi,
praeruptus subito lingua nocente rui".

'Ipse' pronomen est minus quam finitae qualitatis, pro eo
140 quod commemorationem facit notae personae; non
possum dicere ipse nisi de eo quem tu nosti aut ego,
aut de eo quem tibi antea commemoraui. Puta si
dicat mihi quislibet 'scis Donumdei?' et post aliquid
adiciat 'ipse legit mecum grammaticam', commemo-
145 rationem facit absentis et notae personae. Da eius
exemplum: * * *. Est etiam minus quam finitum pronomen, quod
commemorationem facit notae personae, hoc est 'ipse'; non possum dicere 'ipse', nisi de eo quem tu scis aut ego, aut de eo quem
tibi ante commemoraui. Potest istud pronomen totis
150 tribus finitis personis aptari? Potest. Da ubi aptetur
primae: "Ego ipse qui loquebar ecce adsum". Da ubi
secundae: "Tu es ipse rex meus et Deus meus, qui
mandas salutem Iacob". Da ubi tertiae: "Ipse ille
mundi princeps homicida cruentus seruulus costis
155 inest, Christe, tuis propriis". Generis masculini, quod
facit tria genera: 'ipse, ipsa, ipsud'; numeri singularis, figurae
simplicis: 'ip' nihil est, 'se' quamuis pronomen sit, Donatus

---

Trad. text. α   F

139/142 Ipse – commemoraui] POMP., *Gramm.* 203, 3-5   Ipse – qualitatis] cfr
DON., *Min.* 589, 5; PS. PROB., *Inst. gramm.* 132, 6   **139/140** minus – personae] ISID.,
Etym. 1, 8, 2; cfr PS. SERG., *Explan. in Don.* 500, 19-20   **155/157** Generis – simplicis]
cfr DON., *Min.* 589, 5; PS. PROB., *Inst. gramm.* 132, 8-9

133/134 Ille – auena] PS. VERG., *Aen.* 1, 1   **135/138** Ille – rui] ISID., *Carm.* 4, 1-4
151 Ego – adsum] Is. 52, 6   **152/153** Tu – Iacob] Ps. 43, 5   **153/155** Ipse – propriis]
Incert.

131 referre] *correxi*, referri *F*   **134** auena] *cum Ps. Verg. et* β *correxi*, cabena *F*
135 Origenes] *scripsi*, origenis *F*   **140** commemorationem] conemorationem *F^{a.c.}*
146 exemplum] *unam lineam sine textu habet F*

140 lutum fecit de sputo et liniuit oculos meos"; propter hoc
quod cognitus erat et iam abierat, inde dicitur minus
quam finitum, id est nec totum finitum nec totum infinitum. Potest prima persona istud pronomen de se ipso referre?
Potest, sicut dicit: "Ille Origenes ego, doctor uerissi-
145 mus olim"; et alibi "Ille ego, qui quondam gracili
modulabar auena".

'Ipse' pronomen est minus quam finitae qualitatis, quia
minus tertiam personam significat. Quomodo significat minus tertiam personam? 'Ego': prima persona
150 ostendor; 'tu': secunda; 'ipse': tertia; sed quia 'tu
ipse' potest ad secundam personam referri, ut puta si
dicam 'tu ipse fecisti', ideo dicitur minus quam finitum. Item quare dicitur minus quam finitum? Eo
quod de cognita et absente persona loquor, ut puta si
155 dicam 'Scis domnum Eruigium? Ipse est princeps
Hispaniae'. Da eius exemplum: ⟨* * *⟩. Est etiam minus quam
finitum pronomen, quod commemorationem facit notae personae, hoc est 'ipse'; non possum dicere 'ipse', nisi de eo quem tu
nosti aut ego, aut de eo quem tibi antea commemoraui. Gene-
160 ris masculini, quod facit tria genera: 'ipse, ipsa, ipsud'; numeri
singularis, figurae simplicis: 'ip' nihil est, 'se' quamuis pronomen
sit, Donatus simplici figura hoc posuit; personae nullae,

Trad. text. β   *B E L*

147 Ipse – qualitatis] cfr Don., *Min.* 589, 5; Ps. Prob., *Inst. gramm.* 132, 6   **156/
159** Est – commemoraui] Pomp., *Gramm.* 203, 3-5   **159/161** Generis – simplicis] cfr
Don., *Min.* 589, 5

144/145 Ille – olim] Isid., *Carm.* 4, 1   **145/146** Ille – auena] Ps. Verg., *Aen.* 1, 1

140 liniuit] linuit *B Eª.ᶜ.*   **141** abierat] habierat *B Eª.ᶜ.*   **142** quam] quia *B*
143 persona] a *add. B*   **144** dicit] *om. E*   Origenes] origines *B*, origenis *L*   **145** ego]
sum *add. L*   gracili] gracilius *B*   **146** modulabar] modolabar *B*, modolatus *L*   auena]
auene (abena *B*) *B Eª.ᶜ.*   **149** prima persona] primam personam *B Eª.ᶜ. L*   **150** secunda]
secundam *L*   tertia] tertiam *L*   **151** puta] pote *E²*   **153** Item – finitum] *om. B*   Eo]
ego *B*   **154** loquor] loquar *B E*   puta] pote *E²*   **154/155** si dicam] *om. B L*
155 domnum] domum *Bª.ᶜ.*   Eruigium] heruigium *E*   princeps] princes *B*
156 Hispaniae] spaniae *B Eª.ᶜ. Lª.ᶜ.*   exemplum] *lac. coni. Maes.*   **158** possum]
possumus *L*   de eo] deo *Lª.ᶜ.*   **161** simplicis] simpliciter *Eª.ᶜ. L*   ip nihil] *scripsi*, em
ahil *B L*, quia ip nihil *sup. ras. E²*   se] te *B Eª.ᶜ. L*

illud simplicem figuram posuit; personae nullae, casus nominatiui et uocatiui, quod declinabitur sic: ipse, ipsius,
160 ipsi, ipsum, o, ab ipso.

'Iste' pronomen est minus quam finitae qualitatis, quia commemorationem facit notae personae in utrosque loquentes. Tota minus quam finita pronomina de absentibus dicitur an non ? Sunt et aliqua quae prae
165 sentem personam ostendant, ut haec duo 'hic' et 'iste', unde soloecismum facit qui de praesente dicit 'ipse mihi fecit dona'. Possunt et absentibus haec duo pronomina coaptari personis an non ? Possunt. Puta si dicat mihi quislibet 'scis Donumdei ; domum
170 tuam funditus euertit', dico 'Iste homo cur meo intendit interitu ? Hic non satiabitur, nisi fuderit meum sanguinem'. Da horum exempla : "Iste qui natus est, redemptio nostra est"; "Iste electus Iohannes" ; "Hic qui aduenit, nemo nouit nomen eius" ; "Hic Iohan
175 nes mire natus". Alia uero minus quam finita pronomina tantum de absentibus dicuntur, ut 'is', 'idem', 'ipse' et 'ille'. Generis masculini, quod facit tria genera : 'iste, ista, istud'; numeri singularis, figurae conpositae: 'is' pronomen est, 'te' similiter; personae nullae, casus nominatiui et uoca
180 tiui, quod declinabitur sic: iste, istius, isti, istum, o, ab isto.

'Hic' pronomen est articularis, praepositiuae uel demonstratiuae qualitatis. Quare dicitur articularis ? Quia per istos articulos demonstramus omnia genera in nomine, pronomine et participio. Articuli unde dicti ? Eo quod nominibus

---

Trad. text. α   F

158/159 casus – declinabitur] cfr Ps. PROB., *Inst. gramm.* 132, 9-10   **161/167** Iste – dona] Ps. SERG., *Explan. in Don.* 500, 19-26   **161/162** Iste – personae] ISID., *Etym.* I, 8, 2   Iste – qualitatis] cfr DON., *Min.* 589, 10; Ps. PROB., *Inst. gramm.* 132, 15-16   **175/177** Alia – ille] Ps. SERG., *Explan. in Don.* 500, 27-28   **177/178** Generis – singularis] cfr DON., *Min.* 589, 10; Ps. PROB., *Inst. gramm.* 132, 16   **179/180** personae – sic] cfr Ps. PROB., *Inst. gramm.* 132, 16-17   **181/182** Hic – qualitatis] cfr DON., *Min.* 589, 15   **184/185** Articuli – orator] ISID., *Etym.* I, 8, 4; cfr POMP., *Gramm.* 211, 7-8

172/173 Iste – est²] *Breu. Mozar.* (col. 143)   **173** Iste – Iohannes] *Hymn. Hisp.* 139, 1 (p. 509)   **173/174** Hic – eius] cfr *Antiph. Legion.* (p. 107 Brou-Vives); *Orat. Silense* (p. 66 Gros i Pujol)   **174/175** Hic – natus] *Hymn. Hisp.* 138, 1 (p. 507)

168 coaptari] *scripsi*, quo abtari F

casus nominatiui et uocatiui, quod declinabitur sic: 'ipse, ipsius'
et reliqua.

165   'Iste' pronomen est minus quam finitae qualitatis, eo quod
de cognita et absente persona dicat. Vt puta si dicat
mihi quis 'scis Catonem?', dico 'scio'; 'ad te dicebat
uenire in crastinum', dico ego 'iste homo quare hic
ueniet?'. Ideo quia de cognita, inde dicitur minus
170   quam finitae qualitatis. Sicut et dicit: "Iste qui natus
est, redemptio nostra est"; et item "Iste homo in profes-
sione sua non est praeuaricatus". Generis masculini,
feminini et neutri: 'iste, ista, istud'; numeri singularis, figurae conpositae: 'is' pronomen est, 'te' similiter; personae nullae,
175   casus nominatiui et uocatiui, quod declinabitur sic: 'iste, istius'
et cetera.

   'Hic' pronomen est articularis, praepositiuae uel demonstratiuae qualitatis. Quare dicitur articulare? Quia per istos articulos
declinamus omnia genera in nomine, pronomine et participio.
180   Quare dicitur praepositiuum? Quia praeponitur et non subiun-

---

Trad. text. β   *BEL*

   165 Iste – qualitatis] cfr DON., *Min.* 589, 10; Ps. PROB., *Inst. gramm.* 132, 15-16   **165/**
166 eo – dicat¹] cfr Ps. SERG., *Explan. in Don.* 500, 19-23   **172/173** Generis –
singularis] cfr DON., *Min.* 589, 10; Ps. PROB., *Inst. gramm.* 132, 16   **175** casus – sic] cfr
Ps. PROB., *Inst. gramm.* 132, 16-17   **177/178** Hic – qualitatis] cfr DON., *Min.* 589, 15

   170/171 Iste – est²] *Breu. Mozar.* (col. 143)   **171/172** Iste – praeuaricatus] *Breu.*
Mozar. (col. 1020)

   166 et absente] *iter. et iteratum exp. B*   **167** dicebat] dicebant *B*   **169** ueniet]
ueniebit *B*, ueniebat *E*   **171** et] *om. L*   **172** est] *om. L*   **174** is] his *B E^{a.c.}*   **175/**
176 quod – cetera] *om. B*   **177** Hic] *om. B*   **179** genera] genere *L^{a.c.}*
180 praeponitur] praeponuntur *B E L^{a.c.}*   subiungitur] subiunguntur *B E*

185 artentur, id est conligentur, dum dicimus 'hic orator'. Quare dicitur praepositiuum? Quia praeponitur et non
subiungitur: 'hic magister' facit, non 'magister hic'. Et quia dicit
"Magister hic uirtutum", necessitate metri dictum est, non
regulariter. Quare dicitur demonstratiuum? Eo quod habeat
190 significationem demonstrantis; aliquem enim praesentem ostendimus, ut 'hic et haec et hoc'. Quando
erunt pronomina demonstratiua? Quando ex ordine recitata
fuerint, ut 'hic, huius, huic, hunc, o, ab hoc'. Quando articuli uel casus? Quando nominibus aut participiis
195 adiunguntur, ut 'hic doctus', 'haec docens'. Generis
masculini, quod facit tria genera: 'hic, haec, hoc'.
Inter 'hic' et 'hic' est aliqua discretio an non? Quando personam significauerit, ut puta "Solus ⟨hic⟩ inflexit sensus", erit pronomen; quando uero locum
200 ostenderit, ut si dicam

"Hic illius arma,
hic currus fuit, hoc regnum dea gentibus esse",

erit aduerbium loci. Numeri singularis, figurae simplicis, quia
monosyllabum est; personae nullae, casus nominatiui, quod
205 declinabitur sic: 'hic, huius, huic, hunc, o, ab hoc'.

'Is' pronomen est subiunctiuae uel relatiuae qualitatis. Quare
dicitur subiunctiuum? Quia subiungitur in locutione. Quomodo? Puta si dicat mihi quislibet 'quis tibi fecit iniuriam?',
subiungo dicens 'is mihi fecit iniuriam'. Iterum si dicas
210 mihi 'quis tibi fecit dona?', dico 'frater meus uoca-
uit me ad domum suam, praeparauit mihi conuiuium,

Trad. text. α   *F*

186/191 Quare – hoc] Isid., *Etym.* 1, 8, 3   191/195 Quando – docens] cfr Don.,
Mai. 631, 11-13; Isid., *Etym.* 1, 8, 4   197/203 Inter – loci] cfr Pomp., *Gramm.* 208, 6-10
203/205 Numeri – sic] cfr Ps. Prob., *Inst. gramm.* 133, 1-3   206 Is – qualitatis] cfr
Don., *Min.* 589, 20   206/209 Quare – iniuriam] cfr Pomp., *Gramm.* 205, 17-24

188 Magister – uirtutum] Pavl. Nol., *Carm.* 10, 52   198/199 Solus – sensus]
Verg., *Aen.* 4, 22   201/202 Hic – esse] Verg., *Aen.* 1, 16-17

198 hic] *cum Verg. et Pomp. suppleui* (*cfr infra II.2, 149*)   211 praeparauit] *scripsi,*
praeparabit *F*

gitur: 'hic magister' facit, non 'magister hic'. Et quare dicit:
"Magister hic uirtutium"? Necessitate hoc posuit, non regulariter. Quare dicitur demonstratiuum? Quia per istos articulos demonstramus omnia genera nominum et
185 participiorum. Quando sunt pronomina, quando
articuli? Quando ex ordine recitantur, 'hic, huius, huic,
hunc, ⟨o⟩, ab hoc', pronomina sunt; quando nomini et
participio iunguntur, articuli sunt. Generis masculini,
feminini et neutri: 'hic, haec, hoc'. Inter 'hic' et 'hic' est
190 discretio? Est. Quomodo? Quando personam significauerit,
ut puta si dicam "Hic homo uerus", erit pronomen; quando locum ostenderit, ut puta si dicam 'hic locorum spatio',
erit aduerbium loci. Numeri singularis, figurae simplicis, quia
monosyllabum est; personae nullae, casus nominatiui et uoca-
195 tiui, quod declinabitur sic:' hic, huius' et cetera.

'Is' pronomen est subiunctiuae uel relatiuae qualitatis, quia
subiungitur in locutione. Quomodo? Vt puta si dicis mihi
'quis tibi fecit iniuriam?', subiungo uerbis tuis et dico 'is'.
Quare dicitur relatiuum? Eo quod ex relatu alterius cognoscam
200 quis cui fecisset iniuriam. Quomodo? Puta si dicam 'uenit

_rad. text. β   *B E L*

185/188 Quando – sunt] cfr Don., *Mai.* 631, 11-13; Isid., *Etym.* 1, 8, 4   **189/**
193 Inter – loci] cfr Pomp., *Gramm.* 208, 6-10   **193/195** Numeri – sic] cfr Ps. Prob.,
Inst. gramm. 133, 1-3   **196** Is – qualitatis] cfr Don., *Min.* 589, 20   **197/**
198 Quomodo – is] cfr Pomp., *Gramm.* 205, 17-24

182 Magister – uirtutium] Pavl. Nol., *Carm.* 10, 52   **191** Hic – uerus] *Hymn. Hisp.*
187, 13 (p. 674)

181 quare] quia *B E*   **182** uirtutium] uitium *L*   **183** articulos] articulus *E*
187 hunc] hanc *B*   o] *cum α suppleui*   ab] ob *E*   pronomina] *cum Don. et α correxi*,
articuli β   **188** articuli] *cum Don. et α correxi*, pronomina β   **189** Inter] item *B*   hic³]
haec *B*   **191** puta] pote *E²*   **192** spatio] paccio *B*, pacti *E*   **193** loci] *om. L*   **195** hic]
om. B   **196** Is] his *B E^{a.c.}*   **197** subiungitur] subiunguntur *L^{a.c.}*   si] *om. B E*   **198** is]
his *B E^{a.c.}*   **199** dicitur] dictum est *L*   relatu] *cum α correxi*, relatiuum (latiuum *B^{a.c.}*,
relatione *E²*) *B E*, relatiuo *L*   **200** Puta] ut *praem. L*

insuper et is mihi fecit dona'. 'Is' quare dicitur relatiuum? Eo quod ex relatu alterius cognoscam quis cui fecisset iniuriam. Puta si dicam 'uenit Donumdei, abstulit rem
meam, insuper et is mihi fecit iniuriam'. Generis masculini,
215 quod facit tria genera: 'is, ea, id'. Istud 'is' quomodo
erit scribendum? Quando nominatiuus singularis subiunctiuae
uel relatiuae qualitatis fuerit, non habebit adspirationem; quando uero datiuus et ablatiuus casus plurales fuerint, ut puta 'his
220 do' et 'ab his tuli', erit articularis praepositiuae uel demonstratiuae qualitatis et cum adspiratione scribendum. Inter
'id' et 'it' est aliqua discretio an non? Est. Quomodo?
Quando neutri generis fuerit, ut puta 'id animal', erit
pronomen et per 'd' scribendum; quando uero per 't' scrip-
225 tum fuerit, ab eo quod facit 'eo, is, it', erit uerbum.
Numeri singularis, figurae simplicis, quia monosyllabum est;
personae nullae, casus nominatiui et uocatiui, quod declinabitur
sic: 'is, eius, ei, eum, o, ab eo'.

'Quis' pronomen est infinitae qualitatis, quia de absente
230 incertaque persona loquor. Quomodo? Puta si dicam
'quis plantauit istum pomerium?'. Numquid si scissem, interrogare debui? Generis masculini, quod facit tria genera:
'quis, quae, quod'; numeri singularis, figurae simplicis, quia monosyllabum est; personae nullae – excepto tria pronomina
235 finita et tota possessiua, cetera non recipiunt perso-

Trad. text. α   F

221/225 Inter – uerbum] cfr Isid., *Etym.* 1, 27, 12   **226/228** Numeri – sic] cfr
Ps. Prob., *Inst. gramm.* 132, 22-24   **229** Quis – qualitatis] cfr Don., *Min.* 589, 24
233/236 numeri – sic] cfr Ps. Prob., *Inst. gramm.* 133, 18-20

212 is] *scripsi*, his *F*

ille ad domum meam, usurpauit omnia quae ibi habui
de iure meo et applicauit dominio suo, insuper et is
fecit mihi iniuriam'. Generis masculini, feminini et neutri : 'is, ea, id'. 'Is' pronomen quomodo scribendum? Quando
205 nominatiuus casus fuerit singularis subiunctiuae uel relatiuae qualitatis, non habebit adspirationem, nisi per 'is' erit
scribendum ; quando datiuus et ablatiuus casus plurales
fuerint, articularis praepositiuae uel demonstratiuae qualitatis
erit cum adspiratione scribendum. Inter 'it' et 'id' est discre-
210 tio? Est. Quomodo? Quando dixero 'id animal', erit pronomen generis neutri et per 'd' scribendum. Numeri singularis,
figurae simplicis, quia monosyllabum est; personae nullae, casus
nominatiui et uocatiui, quod declinabitur sic: 'is, eius, ei, eum' et
cetera.

215   'Quis' pronomen est infinitae qualitatis. Quare dicitur infinitum? Quia de incognita re mihi interrogare uideor, ut
puta 'quis plantauit istud pomerium?'. Numquid si sapuissem, interrogare debui? Et ideo dicitur infinitae qualitatis.
Generis masculini, feminini, neutri : 'quis, quae, quod';
220 numeri singularis, figurae simplicis, quia monosyllabum est;
personae nullae, casus nominatiui et uocatiui, quod declinabitur
sic: 'quis, cuius, cui, quem, o, a quo uel a qui'. Quare fecisti

Trad. text. β *BEL*

209/211 Inter – scribendum] cfr Isid., *Etym.* 1, 27, 12   **211/213** Numeri – sic] cfr
Ps. Prob., *Inst. gramm.* 132, 22-24   **215** Quis – qualitatis] cfr Don., *Min.* 589, 24
218/222 Et – sic] cfr Ps. Prob., *Inst. gramm.* 133, 18-20   **222/227** Quare – qui] cfr
Ps. Serg., *Explan. in Don.* 502, 5-6

201 meam] meum *E*   habui] habuit *B*, bui *L^{a.c.}*   **202** applicauit] applicuit *E*
dominio] domino *B E^{a.c.} L*   is] his *B E^{a.c.}*   **204** is] his *B E^{a.c.}*   id] idus (id is *E²*) *B E*   Is
pronomen] *om. B*   **205** nominatiuus] minatiuus *L^{a.c.}*   **206** habebit] habuit *B E^{a.c.} L*
is] his *B E^{a.c.}*   **207** casus] *om. L*   plurales] pluralis *B*   **208** fuerint] fuerit *L^{a.c.}*
qualitatis] qualitas *B E*   **209/210** erit – pronomen] *in marg. iter. L²*   cum] quam *B*
Inter] iter *L^{a.c.}*   it] id *B E^{a.c.} L*   **211** per] *om. B*   **212** nullae] nullis *B*   **213** is] his *B E^{a.c.}*
215 Quis] his *B*   **216** incognita] incognitam *B L^{a.c.}*, incognitum *E^{a.c.}*   re] rem
B E^{a.c.} L^{a.c.}   **217** puta] pote *E²*   pomerium] pomarius (pomarium *L²*) *L*   Numquid]
nam quid *B^{a.c.}*   **220** figurae] *sup. l. E, om. B*   **221** nullae] nulli (nullius *E²*) est *B E*
casus] *sup. l. E, om. B*   et] *om. L*   **222** sic] *om. L*   cui] *om. B*

nas –, casus nominatiui et uocatiui, quod declinabitur sic: 'quis,
cuius, cui, quem, o, a quo uel a qui'. Quare fecisti 'a quo uel a
qui'? Duplicatur ablatiuus singularis propter ueterem
locutionem, quia sicut nos facimus ablatiuum singularem in
240 'o', 'a quo', ueteres faciebant in 'i', 'a qui'. Declina in pluralitate : 'qui, quorum, quis uel quibus, quos, o, a quis uel a
quibus'. Quare fecisti 'quis uel quibus', 'a quis uel a quibus'? Pro
eo quod nos facimus ablatiuum singularem in 'o', 'a quo', genitiuum pluralem in 'rum', 'quorum', datiuum et ablatiuum plura-
245 les in 'is', 'quis das?' et 'a quis tulisti?'. Da eius exemplum :
"In quis error inest nec spes est certa laborum". Et pro eo quod
ueteres faciebant ablatiuum singularem in 'i', 'a qui', facimus
genitiuum pluralem in 'ium', 'quium', datiuum et ablatiuum
plurales in 'bus', 'quibus das?' et 'a quibus tulisti?'. Ista regula
250 nominatiuum pluralem in quid mittit ? In 'es', 'ques'.
Cur Donatus ueterem locutionem usitatus est ? Vt
absurditas datiui et ablatiui casus, quam in pronuntiatione retinet, demeretur et ornatus locutionis
induceretur, et quia ex prudentibus quidam dicit :
255 "Sic noua tenere debemus, ne uetera praetermittamus"; ideo utramque secutus est regulam propter
euphoniam.

Trad. text. α   F

237/240 Quare – qui] cfr Ps. Serg., *Explan. in Don.* 502, 5-6   **242/250** Quare –
ques] cfr Pomp., *Gramm.* 208, 20-32

246 In – laborum] Ps. Cato, *Dist.* 4, 7, 2   **255** Sic – praetermittamus] Incert.

241 qui] *cum* β *correxi*, quis *F*   **250** pluralem] *correxi*, singularem *F*
252 pronuntiatione] pronuntione *F*ᵃ·ᶜ·

ablatiuum singularem in 'o' et in 'i' : 'a quo uel a qui'?
Propter ueterem locutionem duplicatur ablatiuus sin-
225 gularis, quia sicut nos facimus ablatiuum singularem in 'o', 'a
quo', ueteres non faciebant sic, sed ablatiuum singularem in 'i' mittebant, 'a qui'. Perdeclina ipsud pronomen in plurali : 'qui, quorum, quis uel quibus, quos, o, a quis
uel a quibus'. Quare fecisti 'quis' uel 'quibus', 'a quis' uel 'a
230 quibus'? Pro eo quod nos facimus ablatiuum singularem in 'o', 'a
quo', facimus genitiuum pluralem in 'rum', 'quorum', datiuum
et ablatiuum in 'is', 'quis das?' et 'a quis tulisti?'. Vnde et
dicit : "In quis error inest nec spes est certa laborum". Et pro eo
quod ueteres faciebant ablatiuum in 'i', 'a qui', facimus geniti-
235 uum pluralem in 'ium', 'quium', datiuum et ablatiuum plurales in
'bus', 'quibus', 'quibus das?' et 'a quibus tulisti?'. Et unde col-
ligebant ueteres regulam? A ablatiuo casu singulari.
Quomodo? Quando illis ablatiuus casus singularis 'i'
littera terminabatur, faciebant datiuum et ablatiuum
240 plurales in 'bus', 'quibus das?' et 'a quibus tulisti?'.
Cur Donatus ueterem locutionem usitatus est? Propter absurditatem et usitationem locutionis, quia dicit quis: "Sic noua tenere
debemus, ne uetera praetermittamus". Et Donatus hanc
regulam obseruans, quia secundum quod ablatiuus
245 singularis 'o' littera terminatur, datiuus et ablatiuus
plurales in locutione plus absurditer quam ornate
pronuntiari uidentur, propter euphoniam ueterem
adsecutus est regulam.

Trad. text. β   *B E L*

229/240 Quare – tulisti] cfr POMP., *Gramm.* 208, 20-32

233 In – laborum] Ps. CATO, *Dist.* 4, 7, 2   242/243 Sic – praetermittamus] Incert.

223/225 et – o] *iter. E L, iteratum exp.* E²   **225** singularem] *casum add.* B
229 fecisti] facis *B E*   **230** nos] *om.* L   **232** is] his B   **232/233** et dicit] edicit B
234 ablatiuum] ablatiuo *B E^{a.c.} L*   in] *iter. et iteratum exp.* L   i] hii *B E^{a.c.}*   facimus]
faciamus B   **234/235** genitiuum pluralem] genitiuo (genetiuo E) plurali *B E^{a.c.}*
235 quium] quia um *B E^{a.c.}*   plurales] *om.* L   **236/240** Et – tulisti] *iter.* β, *iteratum
exp.* E²   **237** ueteres] ueteris *in secundo textu* B   A] *in primo textu om.* β   ablatiuo]
datiuo *in secundo textu* β   **238** ablatiuus] *correxi,* datiuus β   casus] *in secundo textu om.*
L   i] *om.* B, *in secundo textu om.* E L   **239** terminabatur] terminabitur *in primo textu*
L^{a.c.}   **240** plurales] pluralis *in primo textu* B, pluralem *in secundo textu* B
241 ueterem locutionem] uetere locutione E²   **242** usitationem] usitatem L   Sic] *om.*
B   **244** obseruans] obseruas L^{a.c.}   **246** locutione] *correxi,* locutionem β   absurditer]
absurditerat L   **247** pronuntiari] pronunciare B   propter] propterea L^{a.c.}

'Meus' pronomen est possessiuae finitae qualitatis, quia praesens prima persona ostendor qui ipsam rem possidere uideor.
590, 3 AD ALIQVID DICTVM? Ad aliquid possidendum. Ex quali parte
261 singulare aut ex quali plurale? In singularitate ex utraque parte,
intrinsecus et extrinsecus, singulare, quia unus est qui possidet et
una res quae possidetur; et in pluralitate intrinsecus singulare et
extrinsecus plurale, quia unus est qui possidet et multae res
265 quae possidentur. Intrinsecus ad quid pertinet? Ad personam
possessoris et animam, et extrinsecus ad res quae
possidentur. Si et quae possidemus nostra sunt, quare
dicuntur extrinsecus? Quia possunt et non cum eo
esse a quo possidentur. Quare persona possessoris
270 intrinsecus? Quia quod in possidente est semper cum
ipso est. Generis masculini, quod facit tria genera:
'meus, mea, meum'; numeri singularis, figurae conpositae:
'me' pronomen est, 'us' nomen est; personae primae, casus
nominatiui et uocatiui, quod declinabitur sic: 'meus, mei, meo,
275 meum, o, a meo'.

'Tuus' possessiuae finitae qualitatis, quia ad praesentem perso-
590, 3 nam ⟨loquor. AD ALIQVID⟩ DICTVM? Ad aliquid possidendum. Ex quali parte singulare aut ex quali parte
plurale? In singularitate ex utraque parte, intrinsecus ⟨et⟩
280 extrinsecus, singulare, quia unus est qui possidet et una res quae

---

Trad. text. α   F

258 Meus – qualitatis] cfr DON., *Min.* 590, 3; PS. PROB., *Inst. gramm.* 136, 21-22
260/265 Ex – possidentur] cfr PS. SERG., *Explan. in Don.* 500, 34-36; 501, 7-12   **260/
261** Ex – parte] cfr DON., *Min.* 590, 3   **265/271** Intrinsecus – est] PS. SERG., *Explan.
in Don.* 501, 1-6   **271/274** Generis – sic] cfr PS. PROB., *Inst. gramm.* 136, 21-22   **278/
282** Ex – possidentur] cfr PS. SERG., *Explan. in Don.* 500, 34-36; 501, 7-12

259 ostendor] *correxi*, ostendo *F*   **277** loquor – aliquid¹] *suppleui* (*cfr supra l. 113 et
l. 260*)   **278** quali parte¹] *correxi*, qualitate *F*   quali parte²] *correxi*, qualitate *F*
279 et] *suppleui*   **280** singulare] *correxi*, singularis *F*

'Meus' pronomen est possessiuae finitae qualitatis. Quare
250 dicitur possessiuum? A possidendo. Finitum? Quia
590, 3 praesens persona ostendor qui rem possidere uideor. AD ALI-
QVID DICTVM? Ad aliquid possidendum. Ex quali parte singulare et quali plurale? In singularitate ex utraque parte singulare,
intrinsecus ⟨et extrinsecus⟩ singulare, quia unus est qui possidet
255 et una res quae possidetur; et in pluralitate ex altera parte
plurale, intrinsecus singulare et extrinsecus plurale, quia unus
est qui possidet et multa res quae possidetur. Intrinsecus ad
quid pertinet? Ad personam possidentis, id est qui possidet. Extrinsecus ad quid? Ad personam possessi, id
260 est qui possidetur. Quod est tibi intrinsecus potest
esse extra te et quod est extrinsecus potest esse
tecum aut infra te? Quod infra me est mecum est
semper, quia extra me esse non potest; quod foris me
est et mecum est et extra me esse potest. Generis
265 masculini, numeri singularis, figurae conpositae: 'me' pronomen
est, 'us' similiter; casus nominatiui et uocatiui, quod declinabitur sic: 'meus, mei, meo, meum' et reliqua.

'Tuus' pronomen est possessiuae finitae qualitatis. Quare
dicitur possessiuum? A possidendo. Quare finitum?
270 Quia ad praesentem personam loquor qui ipsam rem possidere uidetur. In singularitate ex utraque parte singulare,
intrinsecus et extrinsecus singulare, quia unus est qui possidet et

---

rad. text. β   *B E L*

249 Meus – qualitatis] cfr DON., *Min.* 590, 3; PS. PROB., *Inst. gramm.* 136, 21-22
251/257 persona – possidetur] cfr PS. SERG., *Explan. in Don.* 500, 34-36; 501, 7-12
252/253 Ex – singulare] cfr DON., *Min.* 590, 3   257/264 Intrinsecus – potest] cfr
PS. SERG., *Explan. in Don.* 501, 1-6   264/267 Generis – sic] cfr PS. PROB., *Inst.
gramm.* 136, 21-22   271/274 In – possidetur] cfr PS. SERG., *Explan. in Don.* 500, 34-
36; 501, 7-12

249 Meus] tis *B*   possessiuae] possessiuum *E²*, prosessiuae *L*   251 Ad] ab *B E^{a.c.}*
252 Ad] *sup. l. L*   253 et – singulare] *om. B*   254 et extrinsecus] *cum α suppleui*
256 et] *om. B E*   257 qui] quae *L*   multa] multae *E²*   possidetur] possidentur *E²*
258 pertinet] perdinet *L^{a.c.}*   259/260 Extrinsecus – possidetur] *in marg. L*   ad quid]
aliquid *L*   possessi] possessionis *E²*   260 possidetur] possidet *B L*   Quod] quid
E^{a.c.} L^{a.c.}   261 quod] quid *L^{a.c.}*   262 Quod] quid *L^{a.c.}*   264 est¹] esse *L^{a.c.}*   et²] *om. E*
Generis] genus *B*   265 numeri] nomen *B*   267 meus] meas *E^{a.c.}*   268 Tuus] plus *B*
pronomen] nomen *B^{a.c.}*   possessiuae] possiuae *L*   269 possessiuum] possessiuae *L*
271 parte] partis *B*, partes *E^{a.c.}*   singulare] singulari *L*   272 extrinsecus] in *add.*
B E^{a.c.} L   singulare] singulari *B*

possidetur; ⟨et in pluralitate intrinsecus singulare et extrinsecus
plurale, quia unus est qui possidet et multae res quae possiden-
tur⟩. Intrinsecus ad quid pertinet? Ad personam possessoris. Extrinsecus? Ad res quae possidentur. Si ea
285 quae possidemus nostra sunt, quare dicuntur extrinsecus? Quia possunt et non cum eo esse a quo possidentur. Quare persona possessoris intrinsecus? Quia
quod in possidente est semper cum ipso est. Generis
masculini, quod facit tria genera: 'tuus, tua, tuum';
290 numeri singularis, figurae conpositae: 'tu' pronomen est, 'us'
nomen est; personae secundae, casus nominatiui et uocatiui,
quod declinabitur sic: 'tuus, tui, tuo, tuum, o, a tuo'.

'Suus' pronomen est possessiuae finitae qualitatis, quia de
tertia persona quae ipsam rem possidere uidetur ad
590,3 secundam dico. AD ALIQVID DICTVM? Ad aliquid
296 possidendum. Ex quali parte singulare aut quali parte
plurale? In singularitate ex utraque parte, intrinsecus ⟨et
extrinsecus⟩, singulare, quia unus est qui possidet et una res quae
possidetur; et in pluralitate ex altera parte plurale, intrinsecus
300 singulare et extrinsecus plurale, quia unus est qui possidet et multae res quae possidentur. Intrinsecus ad quid pertinet? Ad personam possessoris. Extrinsecus ad
quid? Ad res quae possidentur. Si et quae possidentur nostra sunt quare dicuntur extrinsecus? Quia
305 possunt et non cum eo esse a quo possidentur. Quare
persona possessoris intrinsecus? Quia quod in possidente est semper cum ipso est. Generis masculini, quod
facit tria genera: 'suus, sua, suum'; numeri singularis,
figurae conpositae: 'su' quamuis linguae alienae gentis
310 tamen est aliquid, Graeci pro 'tu' 'su' dicunt, 'us'
nomen est; personae tertiae, casus nominatiui, quod declinabitur
sic: 'suus, sui, suo, suum, o, a suo'.

Trad. text. α   *F*

283/288 Intrinsecus – est²] Ps. SERG., *Explan. in Don.* 501, 1-6   **288/292** Generis –
sic] cfr Ps. PROB., *Inst. gramm.* 136, 27-29   **307/312** Generis – sic] cfr Ps. PROB., *Inst.
gramm.* 136, 35-36

281/282 et¹ – possidentur] *suppleui (cfr supra l. 263/265)*   **296** quali¹] *correxi*, quale
F   **297/298** et extrinsecus] *suppleui*

una res quae possidetur; et in pluralitate ex altera parte plurale, quia unus est qui possidet et multa res quae posside-
275 tur. Intrinsecus pertinet ad personam possidentis, id
est qui possidet, et extrinsecus ad personam possessi,
id est qui possidetur. Generis masculini, feminini, neutri : 'tuus, tua, tuum'; numeri singularis, figurae conpositae: 'tu'
pronomen est, 'us' nomen est, unde et quidam : "Vir erat
280 in terra Vs nomen Iob"; personae secundae, casus nominatiui et uocatiui, quod declinabitur sic: 'tuus, tui, tuo' et cetera.

'Suus' pronomen est possessiuae finitae qualitatis. Possessiuum dictum ad aliquid possidendum. Finitum ? Quia
de praesente re loquor quae possideri uidetur. In
285 singularitate ex utraque parte singulare, intrinsecus et extrinsecus singulare, quia unus est qui possidet ⟨et una res quae possidetur; et in pluralitate ex altera parte plurale, quia unus est qui possidet et⟩ multa res quae possidetur. Intrinsecus pertinet
ad personam possidentis; extrinsecus ad personam
290 possessi. Generis masculini, feminini et neutri, numeri
singularis, figurae conpositae: 'su' pronomen est, quia quod
Latinus dicit 'tu', Graecus dicit 'su', 'us' nomen est;
personae tertiae, casus nominatiui et uocatiui, quod declinabitur sic: 'suus, sui, suo' et cetera.

Trad. text. β   *BEL*

275/277 Intrinsecus – possidetur] Ps. SERG., *Explan. in Don.* 501, 1-3   **277/
281** Generis – sic] cfr Ps. PROB., *Inst. gramm.* 136, 27-29   **290/294** Generis – sic] cfr
Ps. PROB., *Inst. gramm.* 136, 35-36

279/280 Vir – Iob] Iob 1, 1

274 multa] multae *E²*   possidetur] possidentur *E²*   **276** et] *om. L*   **276/
277** extrinsecus – possidetur] *in marg. L*   possessi] possessionis *E²*   **277** possidetur]
rem possidet *B E^{a.c.} L*   **278** tuus – tuum] meus mea mōi *B*, tus mea meum *E^{a.c.}*
numeri] mūm *B*   **279** nomen] pronomen *B*   **280** nomen] pronomen *B*, nomine *L²*
282 Suus] sus *B E^{a.c.}*   possessiuae] possessiuum *E*   **283/284** Quia de] qui ad *B*
284 praesente] praesentem *B E^{a.c.}*   re] rem *B E^{a.c.}, om. L*   quae] quem *E^{a.c.} L*
possideri] possidere *B E^{a.c.} L*   uidetur] uideretur *B E^{a.c.}*   **285/286** extrinsecus sin-
gulare] exintrinsecus singulari *B*   **286/288** et – et] *cum α suppleui (cfr supra l. 273/274)*
288 multa] una *E²*   **289** possidentis] possessi *B E^{a.c.}*   **290** possessi] possessionis *E²*
et] *om. L*   **291** su] tu *B E^{a.c.}*   **294** suus sui] tuus tui *B E^{a.c.} L^{a.c.}*   suo] tuo *L^{a.c.}, om. B E*

'Noster' pronomen est possessiuae finitae qualitatis, quia praesentes personae ostendimur qui ipsam rem possidere uidemur.
590, 16 AD ALIQVID DICTVM? Ad aliquid possidendum. Ex quali
316 parte singulare et ex quali plurale? In singulare ex
altera parte singulare, intrinsecus plurale et extrinsecus
singulare, quia multi sunt qui possident et una res quae possidetur; et in pluralitate ex utraque parte, intrinsecus et
320 extrinsecus, plurale, quia multi sunt qui possident et multae
res quae possidentur. Intrinsecus ad quid pertinet?
Ad personam possessoris. Extrinsecus ad quid? Ad
res quae possidentur. Si ea quae possidemus nostra
sunt, quare dicuntur extrinsecus? Quia possunt et
325 non cum eo esse a quo possidentur. Quare persona
possessoris intrinsecus? Quia quod in possidente est
semper cum ipso est. Generis masculini, quod facit tria
genera: 'noster, nostra, nostrum'; numeri singularis, figurae
conpositae: 'nos' pronomen est, 'ter' aduerbium nume-
330 ri; personae primae, casus nominatiui et uocatiui, quod
declinabitur sic: 'noster, nostri, nostro, nostrum, o, a
nostro'.

'Vester' pronomen est possessiuae finitae qualitatis, quia de
praesentibus personis loquimur qui ipsam rem possi-
590, 16 dere uidentur. AD ALIQVID DICTVM? Ad aliquid possiden-
336 dum. Ex quali parte singulare aut ex quali plurale? In
singularitate ex altera parte singulare, intrinsecus plurale, extrinsecus singulare, quia multi sunt qui possident et una res quae
possidetur; et in pluralitate ex utraque parte, intrinsecus et
340 extrinsecus, plurale, quia multi sunt qui possident et multae res

---

Trad. text. α   *F*

313 Noster – qualitatis] cfr DON., *Min.* 590, 16   **315/321** Ex – possidentur] cfr
PS. SERG., *Explan. in Don.* 500, 35 - 501, 1; 501, 9-13   **315/317** Ex – singulare] cfr DON.,
Min. 590, 16   **321/327** Intrinsecus – est] PS. SERG., *Explan. in Don.* 501, 1-6   **327/
331** Generis – sic] cfr PS. PROB., *Inst. gramm.* 136, 36-38   **336/341** Ex – possidentur]
cfr PS. SERG., *Explan. in Don.* 500, 35 - 501, 1; 501, 9-13

295 'Noster' pronomen est possessiuae finitae qualitatis. Possessiuum? A possidendo. Finitum? Quia praesentes personae
590,16 ostendimur qui rem possidere uidemur. AD ALIQVID DICTVM?
Ad aliquid possidendum. In singularitate ex altera parte
singulare, quia multi sunt qui possident et una res quae posside-
300 tur; et in pluralitate ex utraque parte plurale, intrinsecus ⟨et
extrinsecus⟩ plurale, quia multi sunt qui possident et multa res
quae possidetur. Intrinsecus pertinet ad personam
possidentis; extrinsecus ad personam possessi. Generis
masculini, feminini et neutri: 'noster, nostra, nostrum';
305 numeri singularis, figurae conpositae, casus nominatiui et uocatiui, quod declinabitur sic: 'noster, nostri' et cetera.

'Vester' pronomen est possessiuae finitae qualitatis. Possessiuum dictum a possidendo. Finitum? Quia ad prae-
590,16 sentes personas loquor qui aliquid possident. AD
310 ALIQVID DICTVM? Ad aliquid possidendum. In singularitate ex
altera parte singulare, intrinsecus plurale, extrinsecus singulare,
quia multi sunt qui possident et una res quae possidetur; et in
pluralitate ex utraque parte plurale, intrinsecus et extrinse-

---

Trad. text. β   *B E L*

295 Noster – qualitatis] cfr Don., *Min.* 590, 16   298/302 In – possidetur] cfr
Ps. Serg., *Explan. in Don.* 500, 35 - 501, 1; 501, 9-13   302/303 Intrinsecus – possessi]
Ps. Serg., *Explan. in Don.* 501, 1-3   303/306 Generis – sic] cfr Ps. Prob., *Inst. gramm.*
136, 36-38   310/315 In – possidentur] cfr Ps. Serg., *Explan. in Don.* 500, 35 - 501, 1;
501, 9-13

---

295 possessiuae] possessiuum *E²*   296 praesentes] praesentis *B L*   297 uidemur]
uideremur *Eᵃ.ᶜ.*   298 Ad] *om. L*   ex] et *praem. B*   300/302 et¹ – possidetur] *om. L*
ex utraque] extraque *B*   300/301 et extrinsecus] *cum α suppleui*   301 quia] quae *Eᵃ.ᶜ.*
multa] multae *E²*   302 possidetur] possidentur *E²*   303 possessi] possessionis *E²*
306 quod] quid *L*   307 possessiuae] possessiuum *E²*   308 praesentes] praesentis *L*
309 qui] quia *B*   aliquid] aliquod *E*   310 aliquid²] aliquod *E*   311 singulare¹]
singularis *B*   plurale] pluralis *B*   extrinsecus] et *praem. L*

quae possidentur. Et extrinsecus et intrinsecus, ut supra. Generis masculini, quod facit tria genera: 'uester, uestra, uestrum'; numeri singularis, figurae conpositae ex corrupto et integro: 'ues' nihil est, 'ter' aduerbium est numeri; personae secundae; habet tertiam an non?, habet: 'uester' ad secundam et tertiam personam refertur; casus nominatiui et uocatiui, quod declinabitur sic: 'uester, uestri, uestro, uestrum, o, a uestro'.

591, 3 app. crit.

DA HORVM PRAEPOSITIVA: VT 'QVIS', 'QVANTVS'. Quare dicuntur praepositiua? Quia praeponuntur et non subiunguntur. Quomodo? Ad 'is' praeponitur 'quis', ad 'tantus' 'quantus'. Da SVBIVNCTIVA: VT 'IS', 'TANTVS'. Quare dicuntur subiunctiua? Quia subiunguntur et non praeponuntur: ad 'quis' subiungitur 'is', ad 'quantus' subiungitur 'tantus'. CONPOSITA, VT 'EGOMET': 'ego' pronomen est, 'met' deductiuum est. 'TVTE': 'tu' pronomen est, 'te' similiter. 'SIBIMET': 'sibi' pronomen est, 'met' deductiuum est. 'HICINE', id est 'hic', personam significat, non locum, nam si locum significaret, aduerbium esse debuit, non pronomen. 'ILLICINE', id est 'ille', similiter personam significat. 'ISTICINE', id est 'iste'. Quomodo dicuntur ista pronomina? Deductiua. Quare? Quia a primigeniis deducta atque conposita existunt. Quae sunt primigenia? 'Ego', 'tu', 'ille', 'quis', 'qualis', 'talis', 'quantus', 'tantus', 'quotus', 'totus', 'ipse', 'iste', 'hic', 'is', 'idem', 'sui', 'meus', 'tuus', 'suus', 'noster', 'uester'. Quare dicta primigenia? Quia aliunde non trahunt originem.

Trad. text. α   *F*

341 Et – supra] cfr supra l. 321/327   **342/347** Generis – sic] cfr Ps. PROB., *Inst. gramm.* 137, 4-6   **361/367** Quomodo – originem] ISID., *Etym.* 1, 8, 5; cfr POMP., *Gramm.* 202, 2-3

345 tertiam] *correxi,* tertium *F*   **352** is] *scripsi,* his *F*

cus plurale, quia et multi sunt qui possident et multae res
315 quae possidentur. Intrinsecus pertinet ad personam possidentis et extrinsecus ad personam possessi. Generis
masculini, feminini et neutri: 'uester, uestra, uestrum';
numeri singularis, figurae conpositae: 'ues' nihil est, 'ter' aduerbium est; personae secundae et tertiae, quia 'uester' ad secun-
320 dam et tertiam personam refertur; casus nominatiui et uocatiui,
quod declinabitur sic: 'uester, uestri' et cetera.

, 3 app. crit.　DA HORVM PRAEPOSITIVA: VT 'QVIS', 'QVANTVS'. Quare
dicuntur praepositiua? Quia praeponuntur et non subiunguntur.
Quomodo? Aliquid subiungitur: 'tantus'. Vt puta si
325 dicas mihi 'quis tibi fecit domum?', subiungo et dico
'is'; dicis mihi 'quantus est iste?', respondeo 'tantus'. SVBIVNCTIVA, VT 'IS', 'TANTVS'. Quomodo 'subiunctiua'? Quia subiunguntur et non praeponuntur. Quomodo? Ad
'is' praeponitur 'quis', ad 'tantus' praeponitur 'quan-
591, 3 tus'. DA CONPOSITA. 'EGOMET': 'ego' pronomen est, 'met'
331 deductiuum est, et est conpositae figurae. 'TVTE': 'tu'
pronomen est, 'te' similiter, et est conpositae figurae. 'SIBI-
MET': 'sibi' pronomen est, 'met' nihil est, et est ex corrupto et integro conpositum. 'HICINE': pro 'hic', id est
335 'iste', personam significat, non locum, nam si pro loco dixisset, aduerbium esse debuit, non pronomen. 'ILLICINE': pro
'ille', quod similiter personam significat. 'ISTICINE': pro
'iste'.

Trad. text. β   *B E L*

315/316 Intrinsecus – possessi] Ps. SERG., *Explan. in Don.* 501, 1-3   **316/
321** Generis – sic] cfr Ps. PROB., *Inst. gramm.* 137, 4-6

315 quae] qui *L*   **316** possessi] possessionis *E²*   **317** uester – uestrum] noster
nostra nostrum *B E*ᵃ·ᶜ·   **318** numeri] nutam *B*   ues] nos *B E*ᵃ·ᶜ· *L*   nihil] *cum α correxi*,
pronomen β   **319** uester] noster *B E*ᵃ·ᶜ· *L*   **321** sic] *om. L*   **323** dicuntur] dicitur *L*
324 tantus] tantas *B*   **325** domum] mihi *E*   **326** is] iste *B*   dicis] dic *B*   **327** is] his
E   **329** is] his *B E*   **331** conpositae figurae] *correxi* (*cfr infra*), conposita figura β
Tute] tutae *L*ᵃ·ᶜ·   **332** conpositae] conposititae *B*   **333** corrupto] correpto *L*
334 Hicine] *cum α scripsi*, icine β   **335** loco] locum *B E*ᵃ·ᶜ· *L*   **337** personam] persona
B E

591, 3-4   'IDEM' MASCVLINO GENERE PRODVCTVM. Quomodo?
Quando masculini generis fuerit, ut puta 'idem uir', erit 'i'
370 longum, 'dem' breue, et erit pes trocheus. Da eius exemplum: "Viuo nocendo quidem, sed me manet exitus
idem". 'IDEM' NEVTRO CORREPTVM quomodo? Quando
neutri generis fuerit, ut puta 'idem animal', erit 'i' breue,
'dem' breue, et erit pes pirrichius. Da eius exemplum:
375 "Mortale corpus idem inmortale resurgit". QVISQVIS
cuius figurae est? Conpositae, ex duobus integris
pronominibus. QVISNAM similiter: 'quis' pronomen est,
'nam' coniunctio; ex duabus partibus unum efficitur
pronomen conpositum. Cuius generis est? Apud nos
380 masculini: 'quisnam uir' facis et 'quaenam mulier';
apud ueteres uero communis generis habebatur. Da
eius exemplum: "Quisnam es tu mulier quae me tam inconsueto
nuncupas nomine?". QVISPIAM: eiusdemque figura est
conposita, 'quis' pronomen est, 'piam' nomen est. Cuius gene-
385 ris? Communis. Quomodo? 'Quispiam uir' et 'quispiam mulier' et pro neutro 'quodpiam mancipium'. Quomodo
declinanda sunt ista pronomina conposita? Quando ex duobus nominatiuis conposita fuerint, ambo nominatiui inflectendi sunt, ut 'quisquis, cuiuscuius, cuicui, quemquem, quoquo,
390 a quoquo'. Quando uero ex nominatiuo et quolibet alio casu
conposita fuerint, ille nominatiuus erit tantum inflectendus, ut 'quispiam, cuiuspiam, cuipiam, quempiam, quopiam, a quopiam'.

Trad. text. α   F

386/393 Quomodo – quopiam] cfr Don., *Mai.* 630, 11-13; Pomp., *Gramm.* 207, 16-
26

371/372 Viuo – idem] Symph., *Aenigm.* 15, 2 (p. 14)   **375** Mortale – resurgit]
Incert.; cfr Prvd., *Perist.* 10, 262   **382/383** Quisnam – nomine] Pacvv., *Trag.* 239

369 idem] *iter. et iteratum exp.* F   **381** communis] *correxi,* communi F

591, 3-4   'IDEM' MASCVLINO GENERE PRODVCTVM, NEVTRO COR-
340   REPTVM. Quomodo? Si masculini generis fuerit 'idem', ut
puta 'idem uir', 'i' longum erit et 'dem' breue, et erit pes
troceus. Si neutri generis fuerit, ut puta 'idem animal', et 'i'
breue erit et 'dem', et erit pes pirrichius. 'QVISQVIS': 'quis'
pronomen, 'quis' similiter; ex duobus pronominibus
345   unum est pronomen conpositum. 'QVISNAM': 'quis' pronomen est, 'nam' coniunctio est, et est conpositum pronomen ex duobus integris. Quisnam masculini generis
est aut feminini? Apud ueteres commune genus habebatur.
Da eius exemplum: "Quisnam es tu mulier quae me tam incon-
350   sueto nuncupas nomine?". 'QVISPIAM': 'quis' pronomen est,
'piam' nomen est, et est ex duobus integris unum pronomen conpositum. Cuius generis est? Communis: 'quispiam uir',
'quispiam mulier'. 'ALIQVIS' ET CETERA. Quomodo declinanda sunt ista pronomina? Quod ex duobus nominatiuis
355   conpositum fuerit, ut est 'quisquis', ambo nominatiui
inflectendi erunt. Quomodo? 'Quisquis, cuiuscuius, cuicui,
quemquem, quoquo, a quoquo'. Quando ex nominatiuo et quolibet alio casu constauerit, ille nominatiuus inflectendus
erit et ille alter sic stabit, sicut est: 'quispiam, cuius-
360   piam, cuipiam, quempiam, quopiam, a quopiam'. Cetera talia
pronomina sic declinanda sunt.

Trad. text. β   *BEL*

353/361 Quomodo – sunt] DON., *Mai.* 630, 11-13

349/350 Quisnam – nomine] PACVV., *Trag.* 239

339 Idem] idest *B L*   340 masculini] masculino *L*   341 idem] idest *L*ᵃ·ᶜ·   erit¹] est
L   pes] paes *L*ᵃ·ᶜ·   342 troceus] troicus (trochaicus *L²*) *L*   et] *om. L*   343 pirrichius]
perricius *E*ᵃ·ᶜ·   344/345 quis – pronomen] *om. E*   345 conpositum] conposito *B*
346 pronomen] est *add. B*   347 duobus integris] *correxi*, integro et corrupto β
348 ueteres] ueterem *L*   349 me] *om. L*   inconsueto] inconsuetu *B*   350 Quispiam]
iter. L   est] *om. B*   351 piam – est¹] *cum α correxi*, nam coniunctio est β   est²] *sup. l. E*
unum] num *E*   pronomen] est *add. B*   353 Aliquis] *B E*ᵃ·ᶜ· *L*   Quomodo] quomo *L*
354 pronomina] pronominatiua *B E*   355 nominatiui] nominatiuuo *E*
357 quoquo¹ – quoquo²] *cum α correxi*, a quo a quo β   nominatiuo] nonatiuo *L*ᵃ·ᶜ·
358 constauerit] constaberit *L*   358/359 inflectendus erit] inflentenduerit *L*ᵃ·ᶜ·
359 quispiam] quipiam *L*   360 Cetera] certa *B E*   talia] italia *B*, alia *L*

I.3. DE VERBO

DON., *Min.*
591, 6-7 QVID EST VERBVM? PARS ORATIONIS CVM TEMPORE ET
PERSONA, SINE CASV, AVT AGERE ALIQVID AVT PATI AVT
NEVTRVM SIGNIFICANS. Quomodo 'pars orationis'? Pars locu-
5 tionis. Quomodo 'cum tempore et persona'? Quia uerbo et
tempus accedit et persona. Quare dixi 'cum tempore et
persona', quum participio tempus accedat et pronomini persona? Si tantundem cum tempore dixisset, participium esse debuit
et non uerbum; si cum persona, pronomen esse debuit et non
10 uerbum. Sed, ut istud ab illis segregaret, dixit 'cum tempore et
persona', quia uerbo tempus accidit et persona. Quomodo 'sine
casu'? Verbo casus non accedunt. 'Aut agere quid aut pati
aut neutrum significans' quomodo? Talis est natura
uerbi, ut aut actionem significet aut passionem aut neutrum,
15 quod est nec hoc nec illud. Quomodo significat actionem? Vt
si dicat mihi quis 'quid agis?', dico 'scribo', 'lego';
ecce significo quid ago. Quomodo passionem? Puta si
ab alio epistola mea legatur, ego legor, ego patior; si gesta mea
ab aliis referantur, ego referor, ego patior. Quomodo neu-
20 trum? Quod nec hoc est nec illud, quod nec certam
actionem significet nec passionem. Quomodo? Puta si
dicas mihi 'quid agis?', dico 'scribo', 'sto', 'iaceo', 'sedeo';
dum dico 'scribo', indico quid ago, sed talem actionem significo, ut si acceperit 'r', nihil sit, et si fuerit, Latinum non
25 erit. Nam sunt quaedam semineutralia quae agunt
aliquid et non patiuntur, ut 'nato', 'curro'; sunt et
alia semineutralia quae patiuntur et non agunt, ut
'uapulo', 'sudo', 'ferueo', 'langeo'.

Trad. text. α   *F*

I.3, 6/11 Quare – persona²] cfr POMP., *Gramm.* 212, 10-17; PS. SERG., *Explan. in
Don.* 502, 27-31   **13/19** Talis – patior] cfr PS. SERG., *Explan. in Don.* 503, 6-11   **14/
15** neutrum – illud] cfr supra I, 282/283   **25/28** Nam – langeo] AVDAX, *Gramm.* 346,
17-19

I.3, 4 pars] *in marg. F*   **10** tempore] tempora *F^{a.c.}*   **15/16** Vt si] *correxi, nisi F*

I.3. DE VERBO

)ON., *Min.*
591, 6-7
QVID EST VERBVM? PARS ORATIONIS CVM TEMPORE ET
PERSONA, SINE CASV, AVT AGERE ALIQVID AVT PATI AVT
NEVTRVM SIGNIFICANS. Quomodo 'pars orationis'? Pars locutionis. Quomodo 'cum tempore et persona'? Quia uerbum et
tempus recipit et personas. Quare dicit 'cum tempore et persona', quum participio tempus accidat et pronomini persona? Si
tantundem cum tempore dixisset, participium esse debuit et non
uerbum; si cum persona, pronomen esse debuit et non uerbum.
Sed, ut illam ab istis segregaret, dixit 'cum tempore et persona',
quia uerbo et tempus accidit et persona. Quomodo 'sine casu'?
Quia uerbo casus non accidunt. Quomodo 'aut agere
aliquid aut pati aut neutrum significans'? Talis est
natura uerbi, ut aut actionem significet aut passionem aut neutrum, quod nec hoc est nec illud. Quomodo significat actionem? Quando indico quod ago. Passionem quomodo?
Vt puta si ab altero scriptura mea legitur, ego legor, ego
patior; item si gesta mea ab alio referantur, ego referor et
patior. Neutrum quomodo? Neutrum est quod nec certam
actionem habet nec passionem, ut puta dicis mihi 'quid
agis?', dico 'scribo'; dum dico 'scribo', indico actionem, sed
talem actionem, ut si acceperit 'r' litteram, Latinum non sit.

Trad. text. β   *B E L*

I.3, 6/11 Quare – persona] cfr POMP., *Gramm.* 212, 10-17; PS. SERG., *Explan. in*
Don. 502, 27-31   **13/20** Talis – passionem] cfr PS. SERG., *Explan. in Don.* 503, 6-11

I.3, 1 De uerbo] pars tertia *praem.* B, pars tertia modo incipit *add.* L   **5** persona]
personam *E^{a.c.}*   **6** tempore] tempora B   **7** pronomini] pronomine B   **10** illam]
illum B   tempore] tempora *B^{a.c.}*   persona] persone *B^{a.c.}*   **11** uerbo] uero *E^{a.c.}*
12 uerbo] uerbum B   aut] ã B, *om.* L   **13** aliquid] aquid *E^{a.c.}*   Talis] tali *L^{a.c.}*   **14** ut]
om. E   **16** indico] dico L   **17** puta] pote *E²*   ab] *om.* L   scriptura] scripta B *E^{a.c.}*,
scriptero scripta L   **18/19** item – patior] *om.* L   referantur] *cum* α *correxi*, referatur
B E   **19** certam] certem B   **20** puta] pote *E²*   **22** litteram] littera L

Verbum quare dictum? Eo quod aerem uerberet et aere uerbe-
30 rato ictu linguae sonus exiliet; non quia et omnes partes aerem
non uerberant, sed quia istam plus utimur in locutione, ideo
istud nomen generale sibi adsumpsit [Donatus]. Da ubi plus
utatur in locutione: 'uolo ire ad forum, uidere et salutare amicum meum'; 'uolo' uerbum est, 'ire' similiter, 'ad' praepositio
35 est, 'forum' nomen est, 'uidere' uerbum est, 'et' coniunctio est,
'salutare' uerbum est, 'amicum' nomen est, 'meum' pronomen
est. Ecce quattuor uerba, duo nomina, unum pronomen, una
coniunctio et una praepositio.

591, 7-8   VERBO QVOT ACCEDVNT? SEPTEM. QVAE? QVALITAS,
40 CONIVGATIO, GENVS, NVMERVS, FIGVRA, TEMPVS, PERSONA.
Quomodo qualitas? Cuius qualitatis sit ipsud uerbum, si
indicatiuum, si imperatiuum, si optatiuum, si coniunctiuum, si
infinitum, si inpersonale, si gerundum. Coniugatio? Si prima, si
secunda, si tertia. Genus? Cuius generis sit, si actiuum, quod
45 facit ex se passiuum, si neutrum, si commune, si deponens.
Numerus? Si singularis, si pluralis. Figura? Si simplex, si conposita. Tempus? Cuius temporis sit ipsud uerbum, si praeteriti, si
praesentis, si futuri. Persona? Si prima, si secuda, si tertia.

591, 9   QVALITAS VERBORVM IN QVO EST? IN MODIS ET IN FOR-
50 MIS. Quomodo 'in modis et in formis'? Quia ipsa qualitas
uerborum in modis et in formis est constituta. In modis quomodo? Qui modus sit, si indicatiuus, si imperatiuus aut quislibet de istis septem modis. In formis? Quae forma sit, si
perfecta, si meditatiua, si frequentatiua, si inchoatiua. Et quot
55 sunt modi in uerbo? Septem. Qui? Indicatiuus, imperatiuus,
optatiuus, coniunctiuus, infinitus, inpersonalis et gerundus.
Tantundem ipsi septem modi sunt? Habebatur apud ueteres et

Trad. text. α   F

29/32 Verbum – adsumpsit] POMP., *Gramm.* 212, 6-9   **32/38** Da – praepositio]
POMP., *Gramm.* 97, 6-14; PS. SERG., *Explan. in Don.* 488, 22-32

---

30 ictu] *scripsi*, hictu *F*   exiliet] *cum* β *correxi*, exiliat *F*   non quia] *corr. Lor.*,
numquid *F*   **31** uerberant] *correxi*, uerberantur *F*   **32** Donatus] *exclusi*   **39** quot]
correxi, quod *F*   **43** infinitum] *cum* β *correxi*, infinitus *F*   inpersonale] *cum* β *correxi*,
inpersonalis *F*   gerundum] *cum* β *correxi*, gerundus *F*   **44** actiuum] *cum* β *correxi*,
actiui *F*   **45** commune] *cum* β *correxi*, communi *F*

Verbum quare dictum est? Eo quod aerem uerberet et aere
uerberato ictu linguae sonus exiliet; non quia et omnes partes
25 aerem non uerberant, sed quia ista plus utimur in locutione,
ideo istud sibi nomen generale adsumpsit. Da ubi plus uta-
mur in locutione: 'uolo ire ad forum, uidere et salutare amicum
meum'; 'uolo' uerbum est, 'ire' uerbum est, 'ad' praepositio est,
'forum' nomen est, 'uidere' uerbum est, 'et' coniunctio est, 'salu-
30 tare' uerbum est, 'amicum' nomen est, 'meum' pronomen est.
Ecce quattuor uerba, duo nomina, una coniunctio, una
praepositio et unum pronomen.

591, 7-8 VERBO QVOT ACCIDVNT? SEPTEM. QVAE? QVALITAS,
CONIVGATIO, GENVS, NVMERVS, FIGVRA, TEMPVS, PERSONA.
35 Qualitas quare dicta? Quale sit ipsud uerbum, si indicatiuum, si imperatiuum, si optatiuum, si coniunctiuum, si infinitum, si inpersonale, si gerundum. Coniugatio? Si prima sit, si
secunda, si tertia. Genus? Cuius generis sit, si actiuum, quod
facit ex se passiuum, si neutrum, si deponens, si commune.
40 Numerus? Si singularis sit, si pluralis. Figura? Si simplex sit, si
conposita. Tempus? Cuius temporis sit ipsud uerbum, si praesentis, si praeteriti, si futuri. Persona? Si secunda sit, si
tertia.

591, 9 QVALITAS VERBORVM IN QVO EST? IN MODIS ET IN FOR-
45 MIS. Quomodo 'in modis et in formis'? Quia ipsa qualitas
uerborum in modis et in formis est constituta. In modis? Qui
modus sit, si indicatiuus, si imperatiuus, si qualislibet de
septem modis. In formis? Quae forma sit, si perfecta, si meditatiua, si frequentatiua, si inchoatiua. Et quot sunt modi in uerbo?
50 Septem. Qui? Indicatiuus, imperatiuus, optatiuus, coniunctiuus,

---

Trad. text. β *BEL*

23/26 Verbum – adsumpsit] POMP., *Gramm.* 212, 6-9   **26/32** Da – pronomen]
POMP., *Gramm.* 97, 6-14; PS. SERG., *Explan. in Don.* 488, 22-32

23 dictum] dictus *E^{a.c.}*   Eo] et *B E^{a.c.}*   aere] aerem *B E^{a.c.} L*   **24** uerberato]
uerberatum (-tu *L²*) *L*   ictu] hictu *B L^{a.c.}*   non quia] *corr. Lor.*, numquid β   **25** non]
om. E   uerberant] *correxi*, uerberantur β   ista] istud *L*   locutione] locutionem *B E^{a.c.} L*
26 generale] speciale *sup. l. corr. E²*   **27** locutione] loquutionem (m *exp. E²*) *B E*
33 quot] quod *B E*   **34** coniugatio] coniunctio *E*   **35** Quale] qualis *L^{a.c.}*   ipsud]
ipsum *E²*   **37** inpersonale] inpersonalem *B E^{a.c.}*   **38** secunda] sit *add. L*   sit] *om. L*
39 ex se] *cum* α *correxi*, esse β   **41** ipsud] ipsum *E²*   **42** praeteriti] paeteritis *L^{a.c.}*
46 Qui] quo (quis *L²*) *L*   **47** qualislibet] qualibet *B*   de] die *B*   **49** quot] quod *E*
sunt modi] modis (modi *L²*) sunt *L*

octauus. Quomodo dicebatur? Promissiuus. Quomodo illum
faciebant? Quod nos futurum tempus habemus indicatiuo mo-
60 do, illi hoc non pro tempore modi, sed pro modo accipiebant.
Quare? Dicentes: "Quod actum est aut agitur, unusquisque
indicat; quod ad agendum pertinet, non indicat, sed promittit".
Quid illis e contrario respondendum est? Non inuenies modum qui unum tempus habeat; ideo istud pro tempore modi,
65 non pro modo accipiendum est. Et apud nos quot
modi sunt? Tantundem septem. Qui? Indicatiuus,
imperatiuus, optatiuus, coniunctiuus, infinitus,
inpersonalis et gerundus. Modi unde dicti? Ab eo
quemadmodum sint in suis significationibus et ideo
70 quasi casus uerborum sunt.

Indicatiuus modus cur dicitur? Ab indicando. Quomodo?
Puta si dicas mihi 'quid agis?', dico 'lego', ecce indico quid ago.
Quot tempora habet? Quinque: praesens, praeteritum inperfectum, praeteritum perfectum, praeteritum plusquamperfectum et
75 futurum.

Imperatiuus cur dictus? Ab imperando. Quomodo? 'Lege',
'medita'. Quot tempora habet? Duo: praesens et futurum.
Quot personas recipit? In singularitate in praesenti tempore
duas, secundam et tertiam: 'lege, legat'. Primam quare non
80 recipit? Quia unusquisque se ipsum imperare non
potest in singularitate. Et in pluralitate tres personas
recipit: 'legamus, legite, legant'. Et in futuro tempore quot
personas recipit? Tam in singularitate quam et in pluralitate
duas, secundam et tertiam: 'legito, legat', et pluraliter

Trad. text. α   F

58/65 Promissiuus – est] cfr POMP., *Gramm.* 214, 9-37; PS. SERG., *Explan. in Don.*
503, 29 - 504, 3   **68/69** Modi – significationibus] ISID., *Etym.* 1, 9, 4   **71/**
72 Indicatiuus – ago] AVDAX, *Gramm.* 344, 14-16; cfr POMP., *Gramm.* 214, 6-8;
PS. SERG., *Explan. in Don.* 503, 26-28   **73/75** Quot – futurum] PS. SERG., *Explan. in*
Don. 508, 34-35   **76/77** Imperatiuus – medita] cfr POMP., *Gramm.* 214, 8-9
77 Quot – futurum] PS. SERG., *Explan. in Don.* 508, 35-36

62 ad] *sup. l.* F   **69** quemadmodum] *cum Isid. corr.* Maes., quodadmodum F
75 futurum] quare – finis (*infra l. 611/618*) *huc transp.* F   **82** quot] *correxi,* quod F

infinitus, inpersonalis et gerundus. Tantundem isti septem
modi sunt? Habebatur apud ueteres et octauus. Quomodo dicebatur? Promissiuus. Quomodo illum faciebant? Quod nos
futurum tempus habemus in indicatiuo modo, illi hoc non pro
55 tempore modi, sed pro modo accipiebant, dicentes: "Quod
actum est aut agitur, unusquisque indicat; quod ad agendum
pertinet, non indicat, sed promittit". Et quid illi e contrario
respondendum est? Non inuenies modum qui unum tempus
habeat; ideo istud pro tempore modi accipiendum est, non
60 pro modo.

Indicatiuus cur dictus? Ab indicando. Quomodo? Vt puta si
dicas 'quid agis?', dum dico 'lego', indico quid ago. Quot tempora habet? Quinque. Quae? Praesens, praeteritum inperfectum, praeteritum perfectum, praeteritum plusquamperfectum et
65 futurum.

Imperatiuus modus cur dictus? Ab imperando: 'lege', 'scribe', 'curre'. Quot tempora habet? Duo. Quae? Praesens et
futurum. Quot personas recipit? In singularitate in praesenti
tempore duas, secundam et tertiam: 'lege, legat'. Et in pluralitate
70 tres: 'legamus, legite, legant'. In futuro tempore quot personas
recipit? Tam in singularitate quam in pluralitate duas: in singularitate, ut 'legito, legat'; in pluralitate, ut 'legitote,
legant uel legunto'. Cur in pluralitate duas dixisti perso-

Trad. text. β   *B E L*

53/60 Promissiuus – modo] cfr POMP., *Gramm.* 214, 9-37; PS. SERG., *Explan. in
Don.* 503, 29 - 504, 3   **61/62** Indicatiuus – ago] AVDAX, *Gramm.* 344, 14-16; cfr
POMP., *Gramm.* 214, 6-8; PS. SERG., *Explan. in Don.* 503, 26-28   **62/65** Quot –
futurum] PS. SERG., *Explan. in Don.* 508, 34-35   **66/67** Imperatiuus – curre] cfr
POMP., *Gramm.* 214, 8-9   **67/68** Quot – futurum] PS. SERG., *Explan. in Don.* 508, 35-
36

51 isti] *om. L*   **52** modi] modis *B*   dicebatur] dicebant *L*   **53** illum] illud *L*
54 non] *sup. l. E*   **55** tempore] tempere *L*   **56** unusquisque] unusquisqui *B*   ad] *om.*
B   **57** e] ex *B*, ae *L*   **61** puta] pote *E²*   **62** dicas] dicam *E*   Quot] quod *B E*
67 Quot] quod *B Eᵃ·ᶜ·*   **68** Quot] quod *B E*   singularitate] singularitatem *B E*
69 lege] egem *B*   pluralitate] pluralitatem *B E*   **70** legant] legunt *L*   quot] quod *B E*
71 recipit] recipie *B*   **72** legat] legant *B*   **73** legunto] legitonto *B*, legitunto *E*,
legundo *Lᵃ·ᶜ·*

85 'legitote, legant uel legunto'. Quare dixisti duas et tres
fecisti? Tale est 'legant' quale et 'legunto'; ideo pro una
persona accipiendum est.

Optatiuus cur dictus est? Ab optando, 'utinam legissem!'.
Quot tempora habet? Tria, quia praesens, praeteritum inperfec-
90 tum, praeteritum perfectum, praeteritum plusquamperfectum
et futurum. Quare tria tempora habere dixisti et
quinque enumerasti? Omnia habet sed gemina, non
duplicia sed connexa: praesens et futurum simul
habet, praeteritum et plusquamperfectum simul,
95 inperfectum separatim. In quibus temporibus optat aut in
quibus paenitet? In praesenti, praeterito inperfecto et futuro
optat; in praeterito perfecto et plusquamperfecto paenitet.

Coniunctiuus cur dicitur? Eo quod coniungat sibi uerba
indicatiui modi. Quomodo? 'Quum legam, cur me tu dicis
100 silere?'. Vbi est ipsud uerbum indicatiui modi? 'Dico, dicis'
uerba sunt indicatiui modi, quae inplent locutionem con-
iunctiui. Et quia dicunt aliqui eo quod propterea dicatur
coniunctiuus, quare 'quum' particulam aduerbii coniunctam
habet in capite, si propterea diceretur coniunctiuus, ergo et
105 optatiuus coniunctiuus dici debebatur, quare 'utinam' particulam aduerbii coniunctam habeat. Sed non propterea
dicitur coniunctiuus, nisi pro eo quod coniungat sibi uerbum
indicatiui modi. Quot tempora habet? Quinque. Quae?
Praesens, praeteritum inperfectum, praeteritum per-
110 fectum, praeteritum plusquamperfectum et futurum.
Quid distat inter optatiuum modum et coniunctiuum? Quod optatiuus modus habet praesens ⟨et⟩

Trad. text. α   F

---

88 Optatiuus – legissem] cfr POMP., *Gramm.* 215, 18-19; PS. SERG., *Explan. in Don.*
504, 3-4   **89/95** Quot – separatim] PS. SERG., *Explan. in Don.* 508, 38 - 509, 2   **98/**
108 Coniunctiuus – modi] POMP., *Gramm.* 215, 19-38; cfr PS. SERG., *Explan. in Don.*
504, 4-9   **99/100** Quomodo – silere] AVDAX, *Gramm.* 344, 24-25   **108/110** Quot –
futurum] PS. SERG., *Explan. in Don.* 509, 16-17

85 legunto] *correxi*, legitunto *F*   **86** legunto] *correxi*, legitunto *F*   **95** aut] at *F*ᵃˑᶜˑ
96 praesenti] *cum* β *correxi*, praesens *F*   praeterito inperfecto] *correxi*, praeritum
inperfectum *F*   futuro] *correxi*, futurum *F*   **97** praeterito perfecto] *cum* β *correxi*,
praeteritum perfectum *F*   plusquamperfecto] *cum* β *correxi*, plusquamperfectum *F*
101 locutionem] *scripsi*, loquutionem *F*   **103** particulam] *cum* β *correxi*, particula *F*
112 et] *suppleui*

nas, dum tres adserere uidearis, id est 'legitote,
75 legant uel legunto'? Tale est istud 'legunto' quale et
'legant', et ideo pro una persona accipiendum est.

Optatiuus modus cur dictus est? Ab optando, ut 'utinam
scriberem!'. Quot tempora habet? Tria. Quae? Praesens,
praeteritum inperfectum, praeteritum perfectum et plusquam-
80 perfectum. In quibus temporibus optat aut in quali paenitet? In
praesenti, praeterito inperfecto et futuro optat; in praeterito
perfecto et plusquamperfecto paenitet.

Coniunctiuus modus cur dictus est? Eo quod coniungat
sibi uerba indicatiui modi. Quomodo? Vt puta 'quum legam,
85 cur me tu dicis silere?'. Vbi sunt ipsa uerba indicatiui modi?
'Dico, dicis, dicit' uerba sunt indicatiui modi. Et quia dicitur
eo quod propterea dicatur coniunctiuus, quare 'quum' particulam aduerbii adiunctam habeat in capite, si propterea diceretur coniunctiuus, ergo et optatiuus modus coniunctiuus debe-
90 batur dici, quare 'utinam' particulam aduerbii adiunctam
habeat in capite. Sed non dicitur propterea coniunctiuus,
nisi pro eo quod coniungat sibi uerba indicatiui modi. Quid
habet coniunctiuus modus commune cum optatiuo?
Quod habet optatiuus modus praesens ⟨et⟩ praeteritum
95 inperfectum tempus 'utinam legerem!', hoc habet coniunctiuus
praeteritum inperfectum 'quum legerem'; et quod optatiuus
modus habet praeteritum perfectum et plusquamperfectum

Trad. text. β   *BEL*

77/78 Optatiuus – scriberem] cfr POMP., *Gramm.* 215, 18-19; PS. SERG., *Explan. in Don.* 504, 3-4   **78/79** Quot – plusquamperfectum] PS. SERG., *Explan. in Don.* 508, 38 - 509, 2   **83/92** Coniunctiuus – modi] POMP., *Gramm.* 215, 19-38; cfr PS. SERG., *Explan. in Don.* 504, 4-9   **84/85** Vt – silere] AVDAX, *Gramm.* 344, 24-25

75 legant] legunt *L*   legunto[1]] legitunto *B E*, legundto *L^{a.c.}*   legunto[2]] legitunto *B E*   **78** Quot] quod *B*   **81** praeterito inperfecto] praeteritum imperfectum *B E L^{a.c.}* futuro] *B E L^{a.c.}*   **84** puta] pote *E²*   **85** tu] tum *B, om. E*   silere] silege *L^{a.c.}* **88** adiunctam habeat] adiunctum habet *L*   **89** coniunctiuus[1]] modus *add. L* debebatur] debebat *E*, debetur *L*   **90/91** adiunctam habeat] adiunctum habet *L* **94** Quod] hic discernit quid habeat coniunctibus modus commune cum optatibo *praem. B*   et] *suppleui*

praeteritum inperfectum tempus 'utinam legerem!', hoc habet
coniunctiuus praeteritum inperfectum 'quum legerem'; et quod
115 optatiuus habet praeteritum perfectum et plusquamperfectum
tempus 'utinam legissem!', hoc habet coniunctiuus praeteritum
plusquamperfectum 'quum legissem'; et quod optatiuus habet
futurum 'utinam legam!', hoc habet coniunctiuus praesens
'quum legam'. Quot tempora habet? Quinque. Quae? Praesens,
120 praeteritum inperfectum et cetera.

Infinitus modus cur dictus? Eo quod nec numerum definiat
nec personam. Quid eget iste modus? Personam uerbi.
Quomodo non definit numerum et personam? Quia dicit 'legere', si non adiecero personam uerbi, 'legere uolo, legere uis,
125 legere uult, legere uolumus, legere uultis, legere uolunt', nec
numerum significat nec personam. Sed dum adiecero personam uerbi, 'legere uolo', ostendo primam personam et singularem numerum; dum dico 'legere uolumus' ostendo primas personas et pluralem numerum. Quot tempora habet? Tria. Quae?
130 Praesens, praeteritum et futurum.

Inpersonalis modus cur dictus? Eo quod nec numerum definiat nec personam. Quomodo? Quia dum dico 'legitur', si non
adiecero ibi personam pronominis unam cum praepositione, 'a
me, a te, ab illo', nec numerum definio nec personam, et semi-
135 plenum profero sensum. Item quare dicitur inpersonalis? Eo

---

Trad. text. α   F

121/129 Infinitus – numerum] cfr POMP., *Gramm.* 215, 39 - 216, 9; PS. SERG.,
Explan. in Don. 504, 10-15   131/144 Inpersonalis – uerbi] cfr POMP., *Gramm.* 216, 10 -
217, 26   131/132 Inpersonalis – personam] cfr PS. SERG., *Explan. in Don.* 504, 15-17
135/137 Item – plenum] cfr AVDAX, *Gramm.* 344, 29-32

122 eget] *scripsi*, egit F   126 significat] significant F^{a.c.}

tempus 'utinam legissem!', hoc habet coniunctiuus praeteritum
plusquamperfectum 'quum legissem'; et quod optatiuus modus
100 habet futurum tempus 'utinam legam!', hoc habet coniunctiuus praesens 'quum legam'. Quot tempora habet? Quinque.
Quae? Praesens, praeteritum inperfectum, praeteritum perfectum, praeteritum plusquamperfectum et futurum.

Infinitus modus cur dicitur? Eo quod nec numerum definiat
105 nec personam. Quomodo non definit numerum aut personam?
Quia dicit 'legere', si non adieceris personam uerbi, 'legere
uolo, uis, uult', 'legere uolumus, uultis, uolunt', nec numerum
significat nec personam. Sed dum dico 'legere uolo', ostendo
primam personam et singularem numerum; dum dico 'legere
110 uis', ostendo secundam personam et singularem numerum; dum
dico 'legere uult', ostendo tertiam personam et
numerum singularem; dum dico 'legere uolumus' ostendo
primam personam et pluralem numerum; dum dico 'legere uultis', ostendo secundam personam et pluralem
115 numerum; dum dico 'legere uolunt', ostendo tertiam
personam et pluralem numerum. Quid indiget iste
modus? Personam uerbi. Quot tempora habet? Tria. Quae?
Praesens, praeteritum et futurum.

Inpersonalis modus cur dicitur? Eo quod nec numerum defi-
120 niat nec personam. Quomodo? Quia dicit 'legitur', si non adiecero ibi personam pronominis una cum praepositione, 'a me, a
te, ab illo', nec numerum definio nec personam. Item quare dici-

Trad. text. β   *BEL*

101/103 Quot – futurum] Ps. Serg., *Explan. in Don.* 509, 16-17   104/
117 Infinitus – uerbi] cfr Pomp., *Gramm.* 215, 39 - 216, 9; Ps. Serg., *Explan. in Don.*
504, 10-15   119/131 Inpersonalis – uerbi] cfr Pomp., *Gramm.* 216, 10 - 217, 26   119/
120 Inpersonalis – personam] cfr Ps. Serg., *Explan. in Don.* 504, 15-17   122/
124 Item – plenum] cfr Avdax, *Gramm.* 344, 29-32

101 Quot] quod *B*   102 praeteritum inperfectum] *post* perfectum *transp. B*
praeteritum¹] *om. E*   103 praeteritum] et *add. E*   104 Infinitus] infinitiuus *E*
modus] modis *B*   106 Quia] qui *add. E²*   dicit] didict *B*, dico *L*   adieceris] adiecerit
E²   109 dum] idum *B*   111 uult] uultis *E*   112/113 dum – numerum] *om. B*
117 Personam] persona *E² L*   Quot] quod *B*   119 Eo] et *B*   definiat] definit *E*,
difiniat *L*   120/121 Quomodo – personam] *iter. et iteratum exp. E*   Quia] qui *L*
dicit] qui *praem. E²*   adiecero] adicero (-rit *E²*) *E*   122 definio] definit *E*

quod sine adiectione personae pronominis habeat sensum, sed non plenum. Rursus quare dicitur inpersonalis? Eo quod careat primam et secundam personam, et tertiam per se retineat. Quid eget iste modus? Personam pronominis. Quomo-
140 do? 'Legor' prima persona est, 'legeris' secunda, 'legitur' tertia, caret primam et secundam personam, 'legor et legeris', et tertiam per se retinet, 'legitur'. Ergo ipse est inpersonalis qui et infinitus? Non. Quare? Quia inpersonalis eget personam pronominis et infinitus personam uerbi. Quot tempora habet? Quinque,
145 sicut indicatiuus et coniunctiuus: praesens, praeteritum inperfectum et cetera.

Gerundus modus cur dictus est? A gerendo, id est ab aliquid agendo. Quomodo? 'Legendi tempus est' significat praesentis temporis actionem, 'legendi tempus fuit' praeteriti,
150 'legendi tempus erit' futuri [futurum]. Quot tempora habet? Tria. Quomodo? Praesens, praeteritum et futurum. Quomodo discernuntur ista tempora? Vnumquodque uerbum gerundi modi tria tempora habet. Fac ea: 'legendi tempus est', 'legendi tempus fuit', 'legendi tempus erit', 'legendo facio', 'legen-
155 do feci', 'legendo faciam', 'legendum est', 'legendum fuit', 'legendum erit', 'lectum est', 'lectum fuit', 'lec-
594, 12 tum erit'. Quare dicit GERVNDI VEL PARTICIPIALIA VERBA SVNT HAEC? Corrumpuntur ultimae syllabae et fiunt inde nomina uerbi alia. Quomodo? 'Lectum' facit; demptum
160 'm', uersum 'u' in 'o', additum 'r', facit 'lector uir', 'lectrix mulier', 'lectricia mancipia'. 'LECTVM', 'LECTV' quomodo? Corrumpuntur et cetera. Quomodo ⟨'LEGENDI, LEGENDO, LEGENDVM'⟩? Quia sicut in uerbo in gerundo modo habet tria tempora, 'legendi, legendo, legendum', ita habet in participio
165 datiuum, genitiuum et accusatiuum casus, 'huius legendi, huic legendo et hunc legendum'.

Trad. text. α   *F*

142/144 Ergo – uerbi] cfr Isɪᴅ., *Etym.* ɪ, 9, 5

138 retineat] reteneat *F^{a.c.}*   139 eget] *cum* β *correxi*, egit *F*   140 Legor] *cum* β *correxi*, lego *F*   141 legor] *cum* β *correxi*, lego *F*   143 eget] *cum* β (*E L*) *correxi*, egit *F* 149 actionem] *correxi*, actione *F*   150 erit] *iter. F*   futurum] *exclusi*   154 legendo¹] *corr. Maes.*, legendi *F*   154/155 legendo feci] *corr. Maes.*, legendi faciet *F* 155 legendo] *corr. Maes.*, legendi *F*   162/163 legendi – legendum] *cum Don. suppl.* Maes.

tur inpersonalis? Eo quod sine adiectione personae pronominis habeat sensum, sed non plenum. Rursus quare dicitur inpersona-
125 lis? Eo quod careat primam et secundam personam, et tertiam per se retineat. Quomodo? 'Legor' prima est persona, 'legeris' secunda, 'legitur' tertia, caret primam et secundam, 'legor et lege-ris', et tertiam per se obtinet, 'legitur'. Quid eget iste mo-dus? Personam pronominis. Ergo ipse est inpersonalis qui
130 et infinitus? Non, quia inpersonalis eget personam pronominis et infinitus personam uerbi. Quot tempora habet? Similiter quinque, sicut indicatiuus et coniunctiuus.

Gerundus modus cur dictus? A gerendo, id est ab aliquid agendo. Quomodo? 'Legendi tempus est', 'legendi tempus fuit'
135 praeteriti, 'legendi tempus erit' futuri. Quot tempora habet? Tria. Quae? Praesens, praeteritum et futurum. Quomodo discernuntur ista tempora in gerundo modo? Vnumquodque tempus gerundi modi tria tempora continet. Quomodo? 'Legendi tempus est', 'legendi tempus fuit', 'legendi tempus erit'.
594, 12 Quare dicit 'LECTVM', 'LECTV'? Corrumpuntur ultimae
141 syllabae et fiunt inde nomina uerbi alia. Quomodo corrum-puntur? 'Lectum' facit; demptum 'm', uersum 'u' in 'o', addi-tum 'r', facit 'lector uir', 'lectrix mulier' et 'lectricia mancipia'. Quare dicit GERVNDI VEL PARTICIPIALIA VERBA
145 SVNT HAEC : ⟨'LEGENDI, LEGENDO, LEGENDVM'⟩? Quia sicut in uerbo in gerundo modo habet tria tempora, 'legendi, legendo, legendum', ita habet in participio genitiuum, datiuum et accusatiuum casus, 'huius legendi, huic legendo et hunc legen-dum'.

───────────
Trad. text. β   *B E L*

───────────

129/131 Ergo – uerbi] cfr Isɪᴅ., *Etym.* 1, 9, 5

123 sine] si *L*ᵃ·ᶜ·   adiectione] adiectionem *B L*ᵃ·ᶜ·   **124** Rursus] rursum *L*
125 primam] prima *E²*   et¹] *om. L*   secundam personam] secunda persona *E²*   et¹]
126 retineat] reteneat *B*   **127** primam] prima *E²*   secundam] secunda *E²*   **128** et]
sup. l. L   **129** Personam] persona *E² L*   Ergo] ego *L*ᵃ·ᶜ·   ipse] iste *B*   qui] que *B*
130 eget] egit *B*   personam] persona *E²*   **131** personam] persona *E²*   Quot] quod *B*
133 modus] modos *L*ᵃ·ᶜ·   **135** Quot] quod *B E*ᵃ·ᶜ·   **137** gerundo] gerundi *B E*ᵃ·ᶜ· *L*
modo] *B E*ᵃ·ᶜ· *L*ᵃ·ᶜ·   **138** tempora] tempus *L*ᵃ·ᶜ·   continet] continetur *B E*, contigetur
*L*ᵃ·ᶜ·   **140** lectu] lecti *B*   Corrumpuntur] conrumpitur *B*   **141** fiunt] finiunt *L*ᵃ·ᶜ·
142 facit] fecit *L*ᵃ·ᶜ·   **143** lectricia] lectria *L*ᵃ·ᶜ·   **144** participialia] *cum Don. scripsi,*
participalia *B L*, participia *E*   **145** legendi – legendum] *cum Don. suppl. Maes.*

Quot modi coaequantur in numero temporum? Tres habent quina tempora, tres terna et unus duo. Qui habent quina tempora? Indicatiuus, coniunctiuus et inpersonalis. Qui trina? Optatiuus, infinitus et gerundus. Qui duo? Imperatiuus tantum.
170 Quomodo ponuntur modi in uerbo? Sicut casus in nomine. Quomodo? Quia quemadmodum nomina declinantur per casus, ita et uerba per modos. Modi quare dicti? Ab eo quemadmodum sint in suis significationibus et ideo
175 quasi casus uerborum sunt. Quid sunt modi? Diuersae inclinationes animae uarios eius affectus demonstrantes.

591, 11-13   FORMAE QVAE SVNT? PERFECTA, VT 'LEGO'. Quare dicitur perfecta? Quia plenus est in ea indicantis sensus. Formae quare
180 dictae? Eo quod nos ad unamquamque rem informent. MEDITATIVA, VT 'LECTVRIO'. Quare dicitur meditatiua? Quia meditat in animo quid agere desiderat. Verba enim meditatiuae qualitatis non actum sed agendi apparatum ostendunt, ut 'lecturio', quid aliud nisi legere desidero?
185 Quando dico 'parturio', parere desidero. In quid exit ista forma? In 'rio'. FREQVENTATIVA, VT 'LECTITO'. Quare dicitur frequentatiua? Quia sic sonat, quasi ut aliquid frequenter agat. In sono est frequentatiua an in opere? In sono tantum. Ista forma quotae coniugationis est? Primae. In quid exit? In
190 'tito'. INCHOATIVA, VT 'FERVESCO', 'CALESCO'. Quare dicitur inchoatiua? Quia unde inchoat, inde habet initium. Quid caret in uerbo? Praeteritum tempus. Quomodo? Quia quemadmodum facimus in praeterito perfecto tempore 'legi, legisti, legit', non facimus 'feruescui', 'calescui'. Et in partici-

---

Trad. text. α   F

173/175 Modi – sunt¹] ISID., *Etym.* 1, 9, 4; cfr supra l. 68/70   **175/176** Quid – demonstrantes] cfr PRISC., *Gramm.* 2, 421, 17   **178/179** Quare – sensus] AVDAX, *Gramm.* 345, 2-3   **179/180** Formae – informent] ISID., *Etym.* 1, 9, 3   **181/185** Quare – desidero] cfr Ps. SERG., *Explan. in Don.* 505, 15-18   **184/185** ut – desidero] AVDAX, *Gramm.* 345, 4-5   **185/186** In – rio] cfr Ps. SERG., *Explan. in Don.* 505, 23-24   **186/188** Quare – agat] cfr POMP., *Gramm.* 221, 16; Ps. SERG., *Explan. in Don.* 506, 13   **190/207** Quare – feruescere] cfr POMP., *Gramm.* 219, 18 - 220, 9

169 Indicatiuus] *scripsi*, indicatius *F*   **176** inclinationes] *cum Prisc. corr. Maes.*, inquinationes *F*   demonstrantes] *corr. Maes.*, demonstrantis *F*

150   Quot modi coaequantur in numero temporum? Tres sunt
quina tempora habentes, tres terna et unus duo. Qui habent
quina tempora? Indicatiuus, coniunctiuus et inpersonalis. Qui
terna? Optatiuus, infinitus et gerundus. Qui duo? Imperatiuus
tantum. Qualem ordinem obtinent modi in uerbo? Qua-
155 lem declinationem in nomine. Quomodo? Quia quemadmodum nomina declinantur per casus, ita et uerba per modos.

591, 11-13   FORMAE QVAE SVNT? PERFECTA, VT 'LEGO'. Quare dicitur
perfecta? Quia plenus est in ea indicantis sensus. Formae quare
dictae? Eo quod nos ad unamquamque rem informent. MEDITA-
160 TIVA, VT 'LECTVRIO'. Quare dicitur meditatiua? Quia meditat
in animo quid agere desiderat. Quomodo? Quando dicit
'lecturio', legere desiderat; quando dicit 'parturio',
parere desiderat; quando dicit 'esurio', edere desiderat. In quid exit ista forma? In 'rio'. FREQVENTATIVA, VT 'LEC-
165 TITO'. Quare dicit frequentatiua? Quia sic sonat, quasi ut
aliquid frequenter agat. In sono est frequentatiua an in opere? In
sono tantum. Ista forma quotae coniugationis est? Primae. In
quid exit? In 'tito'. INCHOATIVA, VT 'FERVESCO', 'CALESCO'.
Quare dicitur inchoatiua? Quia unde inchoat, inde habet
170 initium. Quid caret in uerbo? Praeteritum tempus. Quomodo?
Quia non facit 'feruescui', 'calescui'. Et in participio quid caret?

Trad. text. β   *BEL*

157/158 Quare – sensus] AVDAX, *Gramm.* 345, 2-3   **158/159** Formae – informent]
ISID., *Etym.* 1, 9, 3   **160/163** Quare – desiderat¹] cfr PS. SERG., *Explan. in Don.* 505, 15-
18   **161/163** Quomodo – desiderat] AVDAX, *Gramm.* 345, 4-5   **164** In¹ – rio] cfr
PS. SERG., *Explan. in Don.* 505, 23-24   **165/166** Quare – agat] cfr POMP., *Gramm.* 221,
16; PS. SERG., *Explan. in Don.* 506, 13   **169/184** Quare – feruesco] cfr POMP., *Gramm.*
219, 18 - 220, 9

150 Quot modi] quomodo *B*, quodmodo (-modi *E²*) *E*   coaequantur] quo equantur
B, coequuntur *E*   temporum] tempore *B*   **155** quemadmodum] quemammodum *B E*
156 casus] cas *B*   per¹] pro *Eᵃ·ᶜ·*   modos] modus *B*, modo *Eᵃ·ᶜ·*   **158** indicantis]
dicantis *B*   **160** ut – meditatiua] *om. B*   meditat] meditatur *E² L²*   **162** lecturio –
dicit] *om. L*   **162/163** parturio – dicit] *om. E*   **164** exit] exiit *L*   **165** ut] eras. *L²*
166 In¹] ista – uenit (*infra l. 173/175*) *huc transp. L*   **168** quid exit] quo exiit *L*   ut]
aut *B Eᵃ·ᶜ·*   **169** dicitur] dicit *B*   **170** initium] inium *Bᵃ·ᶜ·*   **171** Et] *om. L*

195 pio quid caret? Futurum tempus. Quomodo? Quia sicut facit
'lecturus et legendus', non facit 'feruesciturus', 'calesciturus',
'feruescendus', 'calescendus'. A quali uerbo uenit ista
forma uel a quota coniugatione, uel in quid transit aut in quid
exit? A neutrali uerbo uenit, a secunda coniugatione, inde transit
200 in tertiam correptam et exit in 'esco'. Quomodo? 'Ferueo, ferues,
feruet', neutri generis uerbum est, quia non facit 'ferueo te et
ferueor a te'; et est secunda coniugatio, quia in secunda persona
'e' habet ante nouissimam litteram; inde transit in
tertiam correptam et facit 'feruesco, feruescis, feruescit'. Vnde
205 scis quia transit in tertiam correptam? Quia in imperatiuo modo
in 'e' mutatur, 'feruesce', et in infinito modo antepenultimo
loco habet accentum 'feruescere'.

Quid distat inter modos et formas? Modi et intellectum habent et declinationem, formae intellectum
210 tantum. Nam nescis quid sit declinatio, nisi prius
didiceris quid sit sensus. Natura enim rerum sic for-
mauit actos humanos, ut antequam faciat homo
aliquid, prius meditet et sic inchoet, ⟨et dicitur for-
ma⟩ meditatiua; postquam inchoauerit, perficit, et
215 dicitur forma perfecta, quia ipsa est perfecta forma
qui et indicatiuus modus; postquam fecerit, hoc
ipsud frequentatur, et dicitur frequentatiua forma.

591, 14 CONIVGATIONES VERBORVM QVOT SVNT? TRES. QVAE?
PRIMA 'A', SECVNDA 'E', TERTIA 'I'. Coniugationes quare
220 dictae? Eo quod per eas ad unum sonum multa con-
iungantur; docet enim in quam syllabam exeat futu-

Trad. text. α   F

208/217 Quid – forma] Ps. SERG., *Explan. in Don.* 505, 12-22   210/211 Nam –
sensus] ISID., *Etym.* 1, 9, 3

200 tertiam correptam] *cum* β (*EL*) *correxi*, tertia correpta F   201 uerbum] *cum* β
correxi, uerbo F   204 tertiam correptam] *cum* β (*EL*) *correxi*, tertia correpta F
205 tertiam correptam] *cum* β (*EL*) *correxi*, tertia correpta F   213 et² – forma] *cum*
Explan. suppleui   216 postquam] *corr. Maes.*, post F

Futurum tempus. Quomodo? Quia non facit 'feruesciturus',
'calesciturus'. A quale uerbo uenit ista forma aut a quota
coniugatione, uel in quid transit aut in quid exit? A neutrali
175 uerbo uenit, a secunda coniugatione, inde transit in tertiam
correptam et exit in 'esco'. Quomodo? 'Ferueo, ferues, feruet',
neutri generis uerbum est, quia non facit 'ferueo te et ferueor a
te'; et est secunda coniugatio, quia in secunda persona ante
litteram 'e' habet; inde transit in tertiam correptam et facit
180 'feruesco, feruescis, feruescit'. Vnde scis quia transit in tertiam
correptam? Quia in imperatiuo modo in 'e' mutatur et facit
'feruesce', et inde cognosco quia tertia correpta est et in
infinitiuo modo antepeneultimo loco habet accentum. In
quid exit ista forma? In 'esco': 'feruesco'.

185   Inter modos et formas quid interest? Modi et
declinationes habent et intellectum, formae intellectum
tantum.

CONIVGATIONES VERBORVM QVOT SVNT? TRES. QVAE?
PRIMA 'A', SECVNDA 'E', TERTIA 'I'. PRIMA QVAE EST?
190 QVAE INDICATIVO MODO, TEMPORE PRAESENTI,
NVMERO SINGVLARI, SECVNDA PERSONA, VERBO
ACTIVO ET NEVTRALI 'A' HABET ANTE NOVISSI-

Trad. text. β   *B E L   post* **183** antepeneultimo *des. B*

185/187 Inter – tantum] cfr Ps. SERG., *Explan. in Don.* 505, 12-14

173/175 ista – uenit] *ante* sono (*supra l. 166*) *transp.* L   **174** coniugatione]
coniugatio L   **175/176** tertiam correptam] tercia correpta *F B*   **176** exit] exait *L^{a.c.}*
ferues] feruets *L^{a.c.}*   **177** neutri] neutrum L   facit] *om.* L   ferueo te] ferue ute *B*
179 tertiam] tertia *B L*   correptam] correpta *B*   **180** feruescis] feruescit *L^{a.c.}*   **180/**
181 tertiam correptam] tercia correpta *B*   **181** Quia] da accentu tercie coniugacionis
correpte *praem. B*   in¹] *om. B*   imperatiuo] inparatiuo *L^{a.c.}*   **182** feruesce] feruescere
B E^{a.c.} L   et¹] *om. B E*   cognosco] agnosco (-nus- *B*) *B E*   in] *om. B*   **183** infinitiuo]
infinito *E*   modo] mo *B*   **184** exit] exiit *E*   esco] ut *add. E²*   **186** habent] habet *L^{a.c.}*
189 Prima¹] in *add. E²*   secunda] in *add. E²*   tertia] in *add. E²*

rum tempus. Et ubi requiruntur declinationes? ⟨In⟩
indicatiuo modo, in tempore praesenti, in numero singulari, in
secunda persona, in uerbo actiuo et neutrali ante litteram, passi-
225 uo, communi et deponenti ante syllabam.

   Da primae coniugationis uerbum de actiua declinatione:
'rogo'. Quae pars orationis est? Verbum est. Vnde hoc scis?
Quia tempus recipit et personam. Quotae coniugationis uerbum est? Primae. Vnde hoc scis? Quia in secunda persona, in
230 actiuo uerbo, ante litteram 'a' habet, 'rogas', et in passiuo ante
syllabam 'rogaris'. Futurum tempus in quam syllabam mittis? De
actiua declinatione in 'bo', 'rogabo', et de passiua in 'bor', 'rogabor'. Correpta est aut producta? Producta. Cuius generis
uerbum est? Actiui, quod facit ex se passiuum. Quomodo? 'Ro-
235 go te et rogor a te'. Quot participia ueniunt ab isto uerbo? Quattuor. Quae? Ab actiuo duo, praesens et futurum, ut 'rogans,
rogaturus'; a passiuo duo, praeteritum et futurum, ut 'rogatus et
rogandus'. Qui numerus? Singularis. Quae figura? Simplex.
Quomodo? 'Ro' nihil est, 'go' similiter. Cuius temporis? Prae-
240 sentis. Quota persona? Prima. Quae forma? Perfecta. Quomodo? Quia plenus est in ea indicantis sensus. Quot numerus syllabarum? Duarum. Vbi habet accentum? Penultimo loco. Qualis accentus? Acutus. Quomodo? Quia dicit regula: "Vbi
ambae breues fuerint, acuemus priorem, ut 'bonus', 'malus'".
245 Vnde scis quia ambae breues sunt? Auctoritate et finale. Da
auctoritate: "Quis, rogo, non moritur, mortem gustante

Trad. text. α   F

   222/225 Et – syllabam] AVDAX, *Gramm.* 345, 17-20; cfr Ps. SERG., *Explan. in Don.*
506, 20-23   **227/228** Quae – personam] cfr supra l. 5/6   **228/232** Quotae – rogabor]
cfr DON., *Min.* 591, 15-19   **233/235** Cuius – te²] cfr infra l. 527/529   **235/238** Quot –
rogandus] cfr infra 5, 61/71   **238** Qui – Singularis] cfr infra 593/595   **238/
239** Quae – similiter] cfr infra l. 596/597   **239** Cuius – Praesentis] cfr infra l. 606/611
240 Quota – Prima] cfr infra l. 619/620   **240/241** Quae – sensus] cfr supra l. 178/
179   **243/244** Quia – malus] DON., *Mai.* 609, 16-17; cfr infra II.5, 41/42

   I.3, 246/247 Quis – salute] VEN. FORT., *Carm.* 9, 2, 43

   222 In] *cum* β *suppleui*   **226** uerbum] *cum* β *correxi,* uerborum *F*   **231** syllabam¹]
cum β *correxi,* sillam *F*

MAM LITTERAM, PASSIVO, COMMVNI ET DEPONEN-
TI ANTE NOVISSIMAM SYLLABAM. Et ubi requiris
195 coniugationes uerborum? In indicatiuo modo, in tempore
praesenti, in numero singulari, in secunda persona, in uerbo actiuo et neutrali ante litteram, passiuo, communi et deponenti ante
syllabam.

Da primae coniugationis uerbum: 'rogo'. Quae pars orationis
200 est? Verbum. Vnde hoc scis? Quia et tempus recipit et personam. Quotae coniugationis est? Primae. Vnde hoc scis? Quia in
secunda persona, in actiuo uerbo, ante litteram 'a' habet, 'rogo,
rogas', et in passiuo ante syllabam similiter in secunda persona 'a' habet, 'rogor, rogaris'. Futurum tempus in quam
205 syllabam mittis? De actiua declinatione in 'bo', 'rogabo', et de
passiua in 'bor', 'rogabor'. Correpta est aut producta? Prima et
secunda semper productae. Cuius generis uerbum est?
Actiui, quod facit ex se passiuum. Quomodo? 'Rogo te et rogor a
te'. Quot participia ueniunt ab isto uerbo? Quattuor: ab actiuo
210 duo, praesens et futurum, ut 'rogans et rogaturus', et ⟨a⟩ passiuo
duo, praeteritum et futurum, ut 'rogatus et rogandus'. Qui
numerus est? Singularis. Quae figura? Simplex: 'ro' nihil est,
'go' similiter. Cuius temporis? Praesentis. Quota persona? Prima.
Quae forma? Perfecta. Quomodo? Quia plenus est in ea indican-
215 tis sensus. Quot numerus syllabarum? Duarum. Vbi habet accentum? Peneultimo loco. Qualis accentus est? Acutus. Quomodo? Quia dicit: "Vbi ambae breues fuerint, acuemus priorem, ut
'bonus', 'malus'". Vnde scis quia ambae breues sunt? Auctoritate:

Trad. text. β   E L

195/198 indicatiuo – syllabam] AVDAX, *Gramm.* 345, 17-20; cfr PS. SERG., *Explan.
in Don.* 506, 20-23   **199/200** Quae – personam] cfr supra l. 2/6   **201/206** Quotae –
rogabor] cfr DON., *Min.* 591, 15-19   **207/209** Cuius – te] cfr infra l. 506/514   **209/
211** Quot – rogandus] cfr infra 5, 57/66   **211/212** Qui – Singularis] cfr infra l. 571/
573   **212/213** Quae – similiter] cfr infra l. 581/582   **213** Cuius – Praesentis] cfr infra
l. 586/591   Quota – Prima] cfr infra l. 600/601   **214/215** Quae – sensus] cfr supra
l. 157/158   **215/218** Quot – malus] DON., *Mai.* 609, 16-17; cfr infra II.5, 38/39

197 deponenti] deponendi *L*   **199** uerbum] uerborum *E^{a.c.}*   rogo] omnia sunt ista
actiua *in marg. add. L²*   **202** a] ia *E^{a.c.}*   **208** ex se] exe *E L^{a.c.}*   **209** Quot] quod *E*
participia] participiunt *L^{a.c.}*   **210** rogans] rogas *L^{a.c.}*   a] *cum α suppleui*   **211** rogatus]
rogandus *L^{a.c.}*   **213** temporis] tempus *L^{a.c.}*   **215** Quot] quod *E^{a.c.}*   **216** Qualis] quali
L^{a.c.}   **218** scis] iscis *E*

salute?". Da finalem : dicit Donatus "Quae 'o' terminantur corripiuntur, ut 'audio'". Quot tempora
habet? Duo. Vnde hoc scis? Breuis syllaba unum
250 tempus habet. Quot tempora uindicat sibi arsis et quot thesis?
Arsis unum, thesis unum. Cuius diuisionis est? Aequae.
Quomodo? Quia unum tempus habet arsis et unum
thesis. Qui pes est? Pirrichius. Vnde habet ethimologiam? A
Pirro, filio Achillis, eo quod ad funus patris eodem metro
255 luxerit, siue quia interempto Euripide eodem metro saltauit
armatus, mentis gaudia corporis exultatione confirmans. Inde
ideo et pirrichia inuenta: apud Graecos 'saltatio' dicitur
et pes ipse pirrichius nomen accepit ab actu et cantatione Pirri.
Simplex pes est aut duplex? Simplex. Legitimus aut notus?
260 Notus.

   Da secundae coniugationis de eodem uerbo : 'uideo'. Cuius
qualitatis est? Indicatiuae. Quomodo? Quia indico quid ago.
Quotae coniugationis est? Secundae. Vnde hoc scis? Quia in
secunda persona 'e' habet ante nouissimam litteram, 'uideo,
265 uides', in passiuo, communi et deponenti ante nouissimam
syllabam, ut 'uideor, uideris'. Futurum tempus in quam
syllabam mittis? De actiua declinatione in 'bo', 'uidebo', et de

Trad. text. α   *F*

    247/248 dicit – audio] Ps. Max. Victorin., *Fin.* 52, 7-12; cfr infra II.3, 187/188
248/258 Quot – Pirri] cfr infra II.4, 62/72   **259/260** Simplex[1] – Notus] cfr infra
II.4, 314/319   **261/262** Cuius – ago] cfr supra l. 71/72   **263/268** Quotae – uidebor]
cfr Don., *Min.* 591, 20 - 592, 3

    255 Euripide] Eurypylo *cum Audace legend.*   **257** pirrichia] *cum* β (*L*) *scripsi,*
pirricia *F*   dicitur] hic est *sup. l. add.* F[2]

"Quis, rogo, non moritur, morte gustante salutem?". Quot
220 tempora uindicat sibi arsis et quot thesis? Arsis unum et thesis
unum. Qui pes est? Pirrichius. Vnde habet ethimologiam? Pirrichius dictus est a Pirro, filio Acillis, eo quod ad funus
patris armatus eodem metro luserit, siue quia interempto
Euripide eodem metro saltauit armatus, mentis gaudia corporis
225 exultatione confirmans. Inde et pirrichia inuenta: 'saltatio'
dicitur apud Graecos et pes ipse pirrichius nomen accepit ab
actu et cantatione Pirri. Simplex pes est aut duplex? Simplex.
Legitimus aut notus? Notus.

Da secundae coniugationis uerbum: 'uideo'. Cuius qualitatis
230 est? Indicatiuae, quia indico quid ago. Quotae coniugationis est?
Secundae. Vnde hoc scis? Quia in secunda persona, in indicatiuo modo, in tempore praesenti, in numero singulari
'e' habet ante litteram, 'uideo', in passiuo, communi et deponenti
ante syllabam. Futurum tempus in quam syllabam mittis? De
235 actiua declinatione in 'bo', 'uidebo', et de passiua in 'bor', 'uidebor'. Correpta est aut producta? Prima et secunda semper productae sunt. Cuius generis uerbum est? Actiui, quod facit ex se
passiuum, 'uideo te et uideor a te'. Quot participia ueniunt ab
hoc uerbo? Quattuor: ab actiuo duo, praesens et futurum, ut
240 'uidens et uisurus', et a passiuo duo, praeteritum et futu-

---

Trad. text. β   *E L*

219/227 Quot – Pirri] cfr infra II.4, 48/56   **227/228** Simplex[1] – Notus] cfr infra
II.4, 309/315   **229/230** Cuius – ago] cfr supra l. 61/62   **230/235** Quotae – uidebor]
cfr DON., *Min.* 591, 20-592, 3   **237/238** Cuius – te[2]] cfr infra l. 506/514   **238/241** Quot – uidendus] cfr infra 5, 57/66

I.3, 219 Quis – salutem] VEN. FORT., *Carm.* 9, 2, 43

---

219 Quot] quod *E*   **220** quot] quod *E*   **221** Pirrichius[1]] pyrricius *E*, pyrrichius *L*[2]
ethimologiam] ethimologium *L*[a.c.]   **222** dictus] dictum *L*[a.c.]   est] *om. L*   Pirro] pyrro
L   Acillis] achillis *E*[2] *L*[2]   **224** Euripide] euripidem *L*[a.c.], Eurypylo *cum Audace legend.*
saltauit] saltabit *E*[a.c.]   gaudia] gaudea *L*[a.c.]   **225** Inde] unde *E*[a.c.]   pirrichia] perricia *E*
226 pirrichius] pyrrichius *L*   accepit] accipit *L*[a.c.]   **227** cantatione] cantione *E*
229 coniugationis] congatonis *L*   **230** est[2]] *om. L*   **236** est] *om. L*   productae] *cum*
α *correxi,* productaes *E,* producta *L*   **237** facit] fecit *L*[a.c.]   **238** Quot] quod *E*
239 ab] *iter. L*

passiua in 'bor', 'uidebor'. Correpta est aut producta? Prima et
secunda semper productae sunt. Cuius generis uerbum est? Acti-
270 ui, quod facit ex se passiuum, 'uideo te et uideor a te'. Quot
participia ueniunt ab hoc uerbo? Quattuor. Quae? Ab actiuo
duo, praesens et futurum, ut 'uidens, uisurus'; a passiuo duo, ut
'uisus, uidendus'. Qui numerus est? Singularis. Quae figura?
Conposita: 'uide' uerbum est, 'o' pronomen est et praeposi-
275 tio loquellaris. Cuius temporis? Praesentis. Quota persona?
Prima. Quae forma? Perfecta. Quomodo? Quia plenus est in
ea indicantis sensus.

    Da tertiae correptae coniugationis de eodem uerbo:
'cingo'. Cuius qualitatis est? Indicatiuae. Quomodo? Quia
280 indico quid ago. Quota coniugatio? Tertia. Vnde hoc scis? Quia
in secunda persona ante nouissimam litteram 'i' habet. Correpta est aut producta? Correpta. Quomodo? Quia in imperatiuo modo in 'e' mutatur et in infinito modo antepenultimo

Trad. text. α   *F*

    269/270 Cuius – te²] cfr infra l. 527/529   **270/273** Quot – uidendus] cfr infra
5, 61/71   **273** Qui – Singularis] cfr infra l. 593/595   **273/275** Quae – loquellaris] cfr
infra l. 596/597   **275** Cuius – Praesentis] cfr infra l. 606/611   **275/276** Quota –
Prima] cfr infra l. 619/620   **276/277** Quae – sensus] cfr supra l. 178/179   **279/
280** Cuius – ago] cfr supra l. 71/72   **280/286** Quota – cingar] cfr DON., *Min.* 592, 4-
13

    268 passiua] *cum* β *correxi*, passiuo *F*   **273** uisus] uicus *F*ᵃ·ᶜ·   uidendus] *cum* β
correxi, uicendus *F*

rum, ut 'uisus et uidendus'. Qui numerus est? Singularis. Quae
figura? Conposita: 'uide' uerbum est, 'o' praepositio est.
Cuius temporis? Praesentis. Quota persona? Prima. Quae
forma? Perfecta, quia plenus est in ea indicantis sensus. Quot
245 numerus syllabarum? Trium. Vbi habet accentum?
Antepeneultimo loco. Qualis accentus est? Acutus.
Quomodo? Quia dicit Donatus quia "si peneultima
correpta fuerit, acuemus antepeneultimam". Qui pes
est? Tribracis. Vnde hoc scis? Auctoritate. Da eius
250 exemplum: "Illic sunt oculi, hic ergo nihil uideo".
Quot tempora habet? Tria. Quot uindicat sibi arsis
tempora et quot thesis? Arsis duo et thesis unum.
Cuius diuisionis est? Duplae, quia pars partem duplo
uincit. Simplex pes est aut duplex? Simplex. Legiti-
255 mus aut notus? Semper notus.

Da tertiae declinationis uerbum: 'percutio'. Cuius qualitatis est? Indicatiuae. Quomodo? Quia indico quid ago. Quota
coniugatio? Tertia. Vnde hoc scis? Quia ⟨in⟩ secunda persona
ante litteram 'i' habet. Correpta est aut producta? Correpta.
260 Quomodo? Quia in imperatiuo modo in 'e' mutatur et in infinito modo antepeneultimo loco habet accentum. Futurum
tempus in quam syllabam mittis? De actiua declinatione in 'am'
et de passiua in 'ar': 'percutiam, percuties, percutiet,
'percutiar, percutieris, percutietur'. Cuius generis

---

rad. text. β   *E L*

---

241 Qui – Singularis] cfr infra l. 571/573   **241/242** Quae – est²] cfr infra l. 581/582
243 Cuius – Praesentis] cfr infra l. 586/591   Quota – Prima] cfr infra l. 600/601
243/244 Quae – sensus] cfr supra l. 157/158   **247/248** si – antepeneultimam] DON.,
Mai. 610, 1-2; cfr infra II.5, 40/54   **248/254** Qui – uincit] cfr infra II.4, 83/89   **254/**
255 Simplex¹ – notus²] cfr infra II.4, 309/315   **256/257** Cuius – ago] cfr supra l. 61/62
257/264 Quota – percutietur] cfr DON., *Min.* 592, 4-13   **264/266** Cuius – te] cfr
infra l. 506/514

---

250 Illic – uideo] Incert.

---

242 Conposita] simplex *sup. l. add.* *E²*   **244** Quot] quod *E*
246 Antepeneultimo loco] antepeneultimum locum *L²*   **248** acuemus] acuemis *L^{a.c.}*
antepeneultimam] antepeneultimum *L*   **249** Tribracis] tribrachis *L*   **251** Quot¹]
quod *E*   Quot²] quod *E^{a.c.}*   **252** et¹] eo *L^{a.c.}*   quot] quod *E^{a.c.} L*   **258** in] *cum* α
suppleui   **260** infinito] infinitiuo *L*   **261** antepeneultimo loco] antepeneultimum
locum *L²*   **264** percutietur] *corr. Lor.*, percuti *E*, percutio *L*

loco habet accentum. Futurum tempus in quam syllabam mittis?
285 De actiua declinatione in 'am', 'cingam', de passiua in 'ar',
'cingar'. Cuius generis uerbum est? Actiuum quod facit ex se
passiuum. Quomodo? Quia facit 'cingo te et cingor a
te'. Quot participia ueniunt ab hoc uerbo? Quattuor. Quae?
Ab actiuo duo, praesentis temporis et futuri, ut 'cingens et
290 cincturus'; a passiuo duo, praeteriti temporis et futuri,
ut 'cinctus et cingendus'. Qui numerus? Singularis. Quae
figura? Simplex. Quomodo? 'Cin' nihil est, 'tio' similiter.
Cuius temporis? Praesentis. Quota persona? Prima. Quae
forma? Perfecta. Quomodo? Quia plenus est in ea indicantis
295 sensus.

Da tertiam productam de eodem uerbo: 'uestio'. Quae pars
orationis est? Verbum est. Vnde hoc scis? Quia tempus recipit et
personam. Cuius qualitatis est? Indicatiuae. Quomodo? Quia
indico quid ago. Quotae coniugationis uerbum est? Tertiae.
300 Quomodo? Quia in secunda persona, in singulari numero ante
nouissimam litteram 'i' habet, 'uestio, uestis', et in
passiua ante nouissimam syllabam, 'uestior, uestiris'.
Correpta est aut producta? Producta. Vnde hoc scis? Quia in
imperatiuo modo in ipsa 'i' perseuerat et in infinito modo

Trad. text. α   *F*

286/288 Cuius – te] cfr infra l. 527/529   288/291 Quot – cingendus] cfr infra
l. 5, 61/71   291 Qui – Singularis] cfr infra 593/595   291/292 Quae – similiter] cfr
infra l. 596/597   293 Cuius – Praesentis] cfr infra l. 606/611   Quota – Prima] cfr
infra l. 619/620   293/295 Quae – sensus] cfr supra l. 178/179   296/298 Quae –
personam] cfr supra l. 5/6   298/299 Cuius – ago] cfr supra l. 71/72   299/
308 Quotae – uestibor] cfr DON., *Min.* 592, 4-13

302 passiua] *cum* β (*E*) *correxi*, passiuo *F*

265 uerbum est? Actiuum quod facit ex se passiuum: 'percutio te
et percutior a te'. Quot participia ueniunt ab isto uerbo?
Quattuor: ab actiuo duo, praesentis temporis et futuri, ut 'per-
cutiens et percutiturus', et a passiuo duo, praeteritum et
futurum, ut 'percussus et percutiendus'. Qui numerus
270 est? Singularis. Quae figura? Simplex. Quomodo? 'Percu' nihil
est, 'tio' similiter. Cuius temporis? Praesentis. Quota persona?
Prima. Quae forma? Perfecta, quia plenus est in ea indicantis
sensus. Quot numerus syllabarum est? Tetrasyllaba-
rum est. Vbi habet accentum? Antepeneultimo loco.
275 Qualis accentus est? Acutus. Quomodo? Quia dicit
Donatus quia "si peneultima correpta fuerit, acuemus antepeneultimam". Qui pes est? Peon primus.
Vnde hoc scis? Auctoritate. Da quot tempora habet:
quinque. Quot tempora uindicat sibi arsis et quot
280 thesis? Arsis tria et thesis duo. Cuius diuisionis pes
est? Sescuplae. Quomodo? Quia ab aequo unum
minus habet, a duplo unum super habet. Legitimus
pes est aut notus? Notus.

Da tertiam productam: 'uestio'. Quae pars orationis est? Ver-
285 bum est. Vnde hoc scis? Quia et tempus recipit et personam.
Cuius qualitatis est? Indicatiuae. Quomodo? Quia indico quid
ago. Quotae coniugationis est? Tertiae. Quomodo? Quia in
secunda persona, in singulari numero, in actiua declinatione
'i' habet ante nouissimam litteram, et in passiua ante
290 nouissimam syllabam. Correpta est aut producta? Producta.
Quomodo? Quia in imperatiuo modo in ipsa 'i' perseuerat et

---

rad. text. β   *E L*

266/269 Quot – percutiendus] cfr infra l. 5, 57/66   269/270 Qui – Singularis] cfr
infra l. 571/573   270/271 Quae – similiter] cfr infra l. 581/582   271 Cuius –
Praesentis] cfr infra l. 586/591   271/272 Quota – Prima] cfr infra l. 586/591   272/
273 Quae – sensus] cfr supra l. 157/158   276/277 si – antepeneultimam] DON., *Mai.*
610, 1-2 ; cfr infra II.5, 40/54   277/282 Qui – habet²] cfr infra II.4, 190/199   284/
285 Quae – personam] cfr supra l. 2/6   286/287 Cuius – ago] cfr supra l. 61/62
287/294 Quotae – bor] cfr DON., *Min.* 592, 4-13

265 uerbum est] est uerbum *E*   266 Quot] quod *E^{a.c.}*   267 actiuo] actiua *L*
270 figura] figi *L*   273 Quot] quod *E L^{a.c.}*   274 Antepeneultimo loco]
antepeneultimum locum *L²*   276 quia] *om. L*   correpta] corrupta *L^{a.c.}*
277 antepeneultimam] antepeneultimum *L*   278 quot] quod *E*   279 Quot] quod *E*
quot] quod *E*   284 pars] pras *L*   289 passiua] passiuo *L*

305 penultimo loco habet accentum. Futurum tempus in quam
syllabam mittis? De actiua declinatione uolo in 'am', uolo in 'bo,
'uestiam, uestibo', et de passiua uolo in 'ar', uolo in 'bor, ut
'uestiar, uestibor'. Cuius generis uerbum est? Actiui, quod
facit ex se passiuum. Quomodo? Quia facit 'uestio te' et
310 'uestior a te'. Quot participia ueniunt ab hoc uerbo? Quattuor.
Quae? Ab actiuo duo, praesens et futurum, ut 'uestiens et uestiturus', et a passiuo duo, praeteritum et futurum, ut 'uestitus
et uestiendus'. Qui numerus? Singularis. Quae figura? Conposita. Quomodo? 'Vesti' uerbum est, 'o' pronomen est et prae-
315 positio loquellaris. Cuius temporis? Praesentis. Quota
persona? Prima. Quae forma? Perfecta. Quomodo? Quia
plenus est in ea indicantis sensus.

Da primam coniugationem de neutrali uerbo: 'ambulo'. Quae
pars orationis est? Verbum est. Vnde hoc scis? Quia et tempus
320 recipit et personam. Cuius qualitatis est? Indicatiuae. Quomodo? Quia indico quid ago. Quota coniugatio? Prima. Vnde hoc
scis? Quia in secunda persona ante nouissimam litteram 'a'
habet. Correpta est aut producta? Producta. Futurum tempus in
quam syllabam mittis? In 'bo': 'ambulabo'. Cuius generis
325 uerbum est? Neutri. Quomodo? Quia non facit 'ambulo
te et ambulor a te'. Quot participia ueniunt ab isto uerbo?
Duo. Quae? Praesens et futurum, ut 'ambulans et ambulaturus'. Qui numerus? Singularis. Quae figura? Simplex.
Quomodo? 'Ambu' nihil est, 'lo' similiter. Cuius temporis?
330 Praesentis. Quota persona? Prima. Quae forma? Perfecta. Quomodo? Quia plenus est in ea indicantis sensus.

Da secundam de eodem uerbo: 'iaceo'. Quae pars orationis est? Verbum est. Cuius qualitatis? Indicatiuae. Quomodo?

Trad. text. α   *F*

308/310 Cuius – te] cfr infra l. 527/529   310/313 Quot – uestiendus] cfr infra
5, 61/71   313 Qui – Singularis] cfr infra 593/595   313/315 Quae – loquellaris] cfr
infra l. 596/597   315 Cuius – Praesentis] cfr infra l. 606/611   315/316 Quota –
Prima] cfr infra l. 619/620   316/317 Quae – sensus] cfr supra l. 178/179   318/
331 Da – sensus] cfr supra l. 226/260   332/348 Da – sensus] cfr supra l. 261/277

306 mittis] et *add. F²*

in infinitiuo modo peneultimo loco habet accentum. Futurum tempus in quam syllabam mittis? De actiua declinatione
uolo in 'am', uolo in 'bo, et de passiua uolo in 'ar', uolo in 'bor'.
295 Cuius generis uerbum est? Actiui, quod facit ex se passiuum:
'uestio te' et 'uestior a te'. Quot participia ueniunt ab hoc uerbo?
Quattuor: ab actiuo duo, praesens et futurum, ut 'uestiens et
uestiturus', et a passiuo duo, praeteriti temporis et futuri,
ut 'uestitus et uestiendus'. Qui numerus est? Singularis. Quae
300 figura? Conposita: 'uesti' uerbum est, 'o' pronomen est. Cuius
temporis est? Praesentis. Quota persona? Prima. Quae forma?
Perfecta, quia plenus est indicantis sensus.

Da primam coniugationem de neutrali uerbo: 'ambulo'. Quae
pars orationis est? Verbum est. Vnde hoc scis? Quia et tempus
305 recipit et personam. Cuius qualitatis est? Indicatiuae, quia indico
quid ago. Quota coniugatio est? Prima. Vnde hoc scis? Quia in
secunda persona ante nouissimam litteram 'a' habet. Correpta est
aut producta? Producta. Futurum tempus in quam syllabam mittis? In 'bo'. Cuius generis uerbum est? Neutralis, quia nec
310 ego te possum ambulare nec tu me. Quot participia
ueniunt ab isto uerbo? Duo: praesens et futurum, ut 'ambulans
et ambulaturus'. Qui numerus est? Singularis. Quae figura?
Simplex: 'ambu' nihil est, 'lo' nihil est. Cuius temporis? Praesentis. Quota persona? Prima. Quae forma? Perfecta, quia plenus
315 est in ea indicantis sensus.

Da secundam: 'iaceo'. Quae pars orationis est? Verbum est.
Cuius qualitatis est? Indicatiuae, quia indico quid ago. Quotae

---

tad. text. β   *E L*

295/296 Cuius – te²] cfr infra l. 506/514   296/299 Quot – uestiendus] cfr infra
5, 57/66   299 Qui – Singularis] cfr infra l. 571/573   299/300 Quae – est²] cfr infra
l. 581/582   300/301 Cuius – Praesentis] cfr infra l. 586/591   301 Quota – Prima] cfr
infra l. 586/591   301/302 Quae – sensus] cfr supra l. 157/158   303/315 Da – sensus]
cfr supra l. 199/228   316/331 Da – sensus] cfr supra l. 229/255

292 infinitiuo] infiniti *E*   loco] locu *L^{a.c.}*   296 Quot] quod *E*   299 uestitus]
uestiturus *L*   303 primam] *cum* α *correxi*, prima β   306 coniugatio] coniunctio *E*
308 aut] ut *L*   syllabam] sylla *L*   309 Neutralis] *correxi*, neutrali β   310 Quot] quod
E L^{a.c.}   311 ambulans] abambulans *L*   316 secundam] *cum* α *correxi*, secunda β

Quia indico quid ago. Quota coniugatio? Secunda. Vnde
335 hoc scis? Quia in secunda persona ante nouissimam litteram 'e'
habet. Correpta est aut producta? Prima et secunda semper
productae sunt. Futurum tempus in quam syllabam mittis? In
'bo': 'Iacebo'. Cuius generis uerbum est? Neutri. Quomodo?
Quia non facit 'iaceo te et iaceor a te'. Quot participia ueniunt
340 ab hoc uerbo? Duo. Quae? Praesens et futurum, ut 'iacens et
iaciturus'. Quare 'sediturus' non facis? Quia quamuis duo participia ueniant ab actiuo, praesens et futurum, fingo illud praeteritum tempus passiui et facio 'sessus', demptum 's', additum 'rus',
facit 'sessurus', non 'sediturus'. Qui numerus? Singularis. Quae
345 figura? Conposita. Quomodo? 'Sede' uerbum est, 'o' pronomen
est. Cuius temporis? Praesentis. Quota persona? Primae. Quae
forma? Perfecta. Quomodo? Quia plenus est in ea indicantis
sensus.

Da tertiam correptam de eodem uerbo: 'curro'. Quae
350 pars orationis est? Verbum est. Cuius qualitatis? Indicatiuae.
Quota coniugatio? Tertia. Vnde hoc scis? Quia in secunda persona ante nouissimam litteram 'i' habet. Correpta est aut producta? Correpta. Quomodo? Quia in imperatiuo modo in
'e' mutatur et in infinito modo antepenultimo loco habet
355 accentum. Futurum tempus in quam syllabam mittis? In 'am', ut
'curram'. Cuius generis uerbum est? Neutri. Quomodo? Quia
non facit 'curro te et curror a te'. Quot participia ueniunt ab
hoc uerbo? Duo. Quae? Praesens et futurum, ut 'currens et
cursurus'. Quare 'curriturus' non faciunt? Quia quamuis duo
360 participia ueniant ab hoc uerbo, praesens et futurum, fingo participium praeteriti temporis passiui et facit 'cursus', demptum 's',
additum 'rus', et facit 'cursurus'. Qui numerus? Singularis.
Quae figura? Simplex. Quomodo? 'Cur' nihil est, 'ro' similiter.
Cuius temporis? Praesentis. Quota persona? Prima. Quae
365 forma? Perfecta. Quomodo? Quia plenus est in ea indicantis
sensus.

Trad. text. α *F*

349/366 Da – sensus] cfr supra l. 278/295

coniugationis? Secundae. Vnde hoc scis? Quia in secunda
persona ante nouissimam litteram 'e' habet. Correpta est aut
320 producta? Producta. Futurum tempus in quam syllabam mittis? In 'bo'. Quomodo? 'Iacebo'. Cuius generis uerbum est?
Neutri, quia non facit 'iaceo te et iaceor a te'. Quot participia
ueniunt ab hoc uerbo? Duo: praesens et futurum, ut 'iacens et
iaciturus'. Quare 'sediturus' non facis? Quamuis duo participia
325 ueniunt ab actiuo uerbo, praesens et futurum, fingo illud praeteritum tempus passiui et facio 'sessus', demptum 's', additum
'rus', facit 'sessurus', non 'sediturus'. Qui numerus est? Singularis. Quae figura? Conposita. Quomodo? 'Sede' uerbum est, 'o'
pronomen est. Cuius temporis? Praesentis. Quota persona? Pri-
330 ma. Quae forma? Perfecta, quia plenus est in ea indicantis
sensus.

      Da tertiam correptam: 'curro'. Quae pars orationis est? Ver-
bum est. Vnde hoc scis? Quia et tempus recipit et personam. Cuius qualitatis est? Indicatiuae. Quota coniugatio?
335 Tertia. Vnde hoc scis? Quia in secunda persona ante nouissimam
litteram 'i' correptum habet. Vnde hoc scis? Quia in imperatiuo modo in 'e' mutatur, 'curre', et in infinito modo antepeneultimo loco habet accentum. Futurum tempus in quam
syllabam mittis? In 'am': 'curram'. Cuius generis uerbum est?
340 Neutri, quia non possumus dicere 'curro te et curror a te'.
Quot participia ueniunt ab hoc uerbo? Duo: praesens et futurum, ut 'currens et cursurus'. Quare 'curriturus' non facis? Quia
quamuis duo participia ueniant ab hoc uerbo, praesens et futurum, fingo participium praeteriti temporis passiui et facit 'cur-
345 sus', demptum 's', addito 'rus', facit 'cursurus'. Qui numerus
est? Singularis. Quae figura? Simplex: 'cur' nihil est, 'ro' similiter. Cuius temporis? Praesentis. Quota persona? Prima. Quae
forma? Perfecta, quia plenus est in ea indicantis sensus.

---

rad. text. β   *E L*

332/348 Da – sensus] cfr supra l. 256/283

322 Quot] quod *E*   **326** sessus] sensus *L*   **327** Qui] quia *E L^{a.c.}*   **330** est] *om. L*
indicantis] indicatis *L^{a.c.}*   **332** tertiam correptam] *cum* α *correxi*, tertia correpta β
333 hoc] *om. L*   **334** est] *om. E*   **337** et] *sup. l. L*   **341** Quot] quod *E*   **342** Quare]
quale *L^{a.c.}*   **343** ueniant] ueniunt *L*   **345** demptum] demptu *E*   **348** ea] eo *L^{a.c.}*

Da tertiam productam de eodem uerbo: 'dormio'.
Quae pars orationis est? Verbum est. Cuius qualitatis est? Indicatiuae. Quomodo? Quia indico quid ago. Quota coniuga-
370   tio? Tertia. Vnde hoc scis? Quia in secunda persona 'i' habet
ante nouissimam litteram. Hic ante litteram quaeris aut ante
syllabam? In actiuo et neutrali ante litteram, in passiuo, communi et deponenti ante syllabam. Correpta est
aut producta? Producta. Vnde hoc scis? Quia in imperatiuo mo-
375   do in ipsa 'i' perseuerat et in infinito modo penultimo loco
habet accentum. Futurum tempus in quam syllabam mittis? Volo
in 'am', uolo in 'bo', ut 'dormiam', 'dormibo'. Cuius generis
uerbum est? Neutri. Quomodo? Quia non facit 'dormio
te et dormior a te'. Quot participia ueniunt ab hoc uerbo?
380   Duo. Quae? Praesens et futurum, ut 'dormiens et dormiturus'. Qui numerus? Singularis. Quae figura? Conposita. Quomodo? 'Dormi' uerbum est, 'o' pronomen est. Cuius temporis?
Praesentis. Quota persona? Prima. Quae forma? Perfecta. Quomodo? Quia plenus est in ea indicantis sensus.

385   Da primam coniugationem de eodem uerbo: 'epulor'.
Quae pars orationis est? Verbum est. Cuius qualitatis est? Indicatiuae. Quomodo? Quia indico quid ago. Quota coniugatio?
Prima. Vnde hoc scis? Quia in secunda persona 'a' habet ante
nouissimam syllabam. Correpta est aut producta? Producta.
390   Futurum tempus in quam syllabam mittis? In 'bor', ut 'epulabor'. Cuius generis uerbum est? Deponentis. Quomodo?
Quia non facit 'epulo te et epulor a te'. Quot participia
ueniunt ab hoc uerbo? Tria. Quae? Praesens, praeteritum et
futurum, ut 'epulans, epulatus, epulaturus'. Qui numerus? Singu-
395   laris. Quae figura? Simplex. Quomodo? 'Epu' nihil est, 'lor'
similiter. Cuius temporis? Praesentis. Quota persona? Prima.

Trad. text. α   F

367/384 Da – sensus] cfr supra l. 296/317   385/398 Da – sensus] cfr supra l. 226/
260

Da tertiam productam: 'dormio'. Quae pars orationis est?
350 Verbum est. Vnde hoc scis? Quia et tempus recipit et
personam. Cuius qualitatis est? Indicatiuae, quia indico quid
ago. Quotae coniugationis? Tertiae. Vnde hoc scis? Quia
in secunda persona, in numero singulari 'i' habet ante nouissimam litteram. Hic ante litteram quaeris aut ante syllabam?
355 Ante litteram quaere, 'dormio, dormis'. Correpta est aut
producta? Producta. Vnde hoc scis? Quia in imperatiuo modo in
ipsa 'i' perseuerat et in infinito modo peneultimo loco habet
accentum. Futurum tempus in quam syllabam mittis? Volo in
'am', uolo in 'bo', ut 'dormiam, dormies, dormiet', 'dormibo,
360 dormibis, dormibit'. Cuius generis uerbum est? Neutri, quia
nec ego te possum dormire nec tu me. Quot participia
ueniunt ab isto uerbo? Duo: sicut ab actiuo, praesentis et
futuri, ut 'dormiens et dormiturus'. Qui numerus est? Singularis. Quae figura? Conposita: 'dormi' uerbum est, 'o' pronomen
365 est. Cuius temporis? Praesentis. Quota persona? Prima. Quae
forma? Perfecta, quia plenus est in ea indicantis sensus.

Da primae coniugationis uerbum de deponenti
uerbo: 'epulor'. Quae pars orationis est? Verbum est. Vnde hoc
scis? Quia et tempus recipit et personam. Cuius quali-
370 tatis est? Indicatiuae. Quomodo? Quia indico quid ago. Quotae coniugationis uerbum est? Primae. Vnde hoc scis?
Quia in secunda persona, in numero singulari 'a' habet ante
nouissimam syllabam. Correpta est aut producta? Producta.
Futurum tempus in quam syllabam mittis? In 'bor': 'epulabor'.
375 Cuius generis uerbum est? Deponentis. Quot participia ueniunt
ab hoc uerbo? Tria: praesens, praeteritum et futurum, ut 'epulans, epulatus, epulaturus'. Qui numerus est? Singularis. Quae
figura? Simplex: 'epu' nihil est, 'lor' similiter. Cuius temporis?

Trad. text. β   *E L*

349/366 Da – sensus] cfr supra l. 284/302   **367/380** Da – sensus] cfr supra l. 199/
228

---

349 tertiam productam] *cum* α *correxi*, tertia producta β   est] *om.* L   **350** et'] *om.*
L   **351** quid] qui L   **353** in²] *om.* L   **355** Correpta] correptum L^{a.c.}   **357** infinito]
infinitiuo L   **358** syllabam] syllibam L   **359** am] um E   dormiam] dormio L
361 Quot] quod E, quit L^{a.c.}   **362** Duo] doo L^{a.c.}   **364** figura] figi L   **365** Prima]
tertia *sup. l.* L², *om.* L   **366** est] *om.* L   **368** est'] *om.* E   **370** quid] quod L
374 mittis] *om.* E   epulabor] epulor L   **375** Quot] quod E, quit L^{a.c.}   **376** ut] *om.* L

Quae forma? Perfecta. Quomodo? Quia plenus est in ea indicantis sensus.

Da secundam coniugationem productam de eodem
400 uerbo: 'confiteor'. Quae pars orationis est? Verbum est. Cuius
qualitatis? Indicatiuae. Quota coniugatio? Secunda. Vnde hoc
scis? Quia in secunda persona 'e' habet ante nouissimam
syllabam. Correpta est aut producta? Producta. Futurum tempus in quam syllabam mittis? In 'bor', ut 'confitebor'. Cuius
405 generis uerbum est? Deponentis. Quot participia ueniunt ab hoc
uerbo? Tria. Quae? Praesens, praeteritum et futurum, ut 'confitens, confessus et confessurus'. Qui numerus est? Singularis.
Quae figura? Conposita. Quomodo? 'Confite' uerbum est, 'or'
nomen est. Cuius temporis? Praesentis. Quota persona? Prima.
410 Quae forma? Perfecta. Quomodo? Quia plenus est in ea indicantis sensus.

Da tertiam coniugationem correptam: 'fruor'. Quae pars
orationis est? Verbum est. Cuius qualitatis est? Indicatiuae.
Quota coniugatio? Tertia. Correpta est aut producta? Correpta.
415 Vnde hoc scis? Quia in secunda persona 'e' habet ante nouissimam syllabam. Ergo secunda est et non tertia. Si quomodo in
secunda persona 'e' habet, si in tertia in ipsa 'e' perseuerasset,
secunda esse debuit et non tertia; sed quia in tertia persona in 'i'
mutatur et in secunda persona antepenultimo loco habet
420 accentum, inde scio quia tertia correpta est. Futurum tempus in
quam syllabam mittis? In 'ar', ut 'fruar'. Cuius generis uerbum
est? Deponentis. Quot participia ueniunt ab hoc uerbo? Tria.
Quae? Praesens, praeteritum et futurum, ut 'fruens, fruitus et
fruiturus'. Qui numerus? Singularis. Quae figura? Conposita.
425 Quomodo? Ex corrupto et integro: 'fru' nihil est, 'or' nomen
est. Cuius temporis? Praesentis. Quota persona? Prima. Quae
forma? Perfecta. Quomodo? Quia plenus est in ea indicantis
sensus.

Trad. text. α   F

399/411 Da – sensus] cfr supra l. 261/277   **412/428** Da – sensus] cfr supra l. 278/
295

---

418 i] *cum* β *correxi*, e F

Praesentis. Quota persona? Prima. Quae forma? Perfecta, quia
380 plenus est in ea indicantis sensus.

Da secundam: 'confiteor'. Quae pars orationis est? Verbum
est. Cuius qualitatis est? Indicatiuae. Quota coniugatio? Secunda. Vnde hoc scis? Quia in secunda persona ante nouissimam
syllabam 'e' habet: 'confiteris'. Correpta est aut producta?
385 Producta. Futurum tempus in quam syllabam mittis? In 'bor':
'confitebor'. Cuius generis uerbum est? Deponentis. Quot participia ueniunt ab hoc uerbo? Tria: praesens, praeteritum et futurum, ut 'confitens, confessus et confessurus'. Qui numerus est?
Singularis. Quae figura? Conposita: 'confite' uerbum est, 'or'
390 nomen est. Cuius temporis? Praesentis. Quota persona? Prima.
Quae forma? Perfecta, quia plenus est in ea indicantis sensus.

Da tertiam: 'fruor'. Quae pars orationis est? Verbum est.
Cuius qualitatis? Indicatiuae. Quota coniugatio? Tertia. Correpta est aut producta? Correpta. Vnde hoc scis? Quia in secunda
395 persona 'e' habet ante nouissimam syllabam. Ergo secunda est et
non tertia. Si quomodo in secunda persona 'e' habet, si in tertia
in ipsa 'e' perseuerasset, secunda esse debuit et non tertia; sed
quia in tertia persona in 'i' mutatur et in secunda persona antepeneultimo loco habet accentum, inde scio quia tertia correpta
400 est. Futurum tempus in quam syllabam mittis? In 'ar': 'fruar,
frueris, fruetur'. Cuius generis uerbum est? Deponentis.
Quot participia ueniunt ab hoc uerbo? Tria: praesens, praeteritum et futurum, ut 'fruens, fruitus et fruiturus'. Qui numerus?
Singularis. Quae figura? Conposita ex corrupto et integro: 'fru'
405 nihil est, 'or' nomen est. Cuius temporis? Praesentis. Quota
persona? Prima. Quae forma? Perfecta, quia plenus est in ea
indicantis sensus.

rad. text. β E L

381/391 Da – sensus] cfr supra l. 229/255   392/407 Da – sensus] cfr supra l. 256/
283

380 est] *om. L*   381 secundam] *cum* α *correxi,* secunda β   386 Quot] quod *E*
387 Tria] *om. L*   388 et] *om. L*   389 Conposita] conpsita *L^{a.c.}*   392 tertiam] tertiae
L   396 Si] *eras. L²*   398/399 antepeneultimo loco] antepeneultimum locum *L²*
402 Quot] quod *E*   participia] participio *L^{a.c.}*   403 et¹] *om. L*   404 figura] figī *L*
Conposita] *om. E*   corrupto] correpto *L*

Da tertiam productam de eodem uerbo: 'mentior'. Quae
430 pars orationis est? Verbum est. Cuius qualitatis est? Indicatiuae.
Quota coniugatio? Tertia. Correpta est aut producta? Producta.
Vnde hoc scis? Quia in secunda persona 'i' habet ante nouissimam syllabam et in tertia persona in ipsa perseuerat et in
secunda penultimo loco habet accentum. Futurum tempus in
435 quam syllabam mittis? In 'ar' et in 'bor', ut 'mentiar', 'mentibor'.
Cuius generis uerbum est? Deponentis. Quot participia ueniunt
ab hoc uerbo? Tria. Quae? Praesens, praeteritum et futurum, ut
'mentiens, mentitus et mentiturus'. Qui numerus? Singularis.
Quae figura? Simplex. Quomodo? 'Men' nihil est, 'tior' simili-
440 ter. Cuius temporis? Praesentis. Quota persona? Prima. Quae
forma? Perfecta. Quomodo? Quia plenus est in ea indicantis
sensus.

Da primam coniugationem productam de communi uerbo:
'crucior'. Quae pars orationis est? Verbum est. Cuius qualitatis
445 est? Indicatiuae. Quota coniugatio? Prima. Vnde hoc scis? Quia
in secunda persona 'a' habet ante nouissimam syllabam.
Correpta est aut producta? Producta. Futurum tempus in quam
syllabam mittis? In 'bor'. Cuius generis? Communis. Quomodo? Quia facit 'crucior te et crucior a te'. Quot participia
450 ueniunt ab hoc uerbo? Quattuor. Quae? Praesens,
praeteritum et duo futura, ut 'crucians, cruciatus, cruciaturus,
cruciandus'. Qui numerus? Singularis. Quae figura? Conposita.
Quomodo? 'Cruci' nomen est, 'or' similiter. Cuius temporis?
Praesentis. Quota persona? Prima. Quae forma? Perfecta. Quo-
455 modo? Quia plenus est in ea indicantis sensus.

Trad. text. α   F

429/442 Da – sensus] cfr supra l. 296/317   **443/455** Da – sensus] cfr supra l. 226/
260

Da tertiam productam: 'mentior'. Quae pars orationis est?
Verbum est. Cuius qualitatis? Indicatiuae. Quota coniugatio?
410 Tertia. Correpta est aut producta? Producta. Vnde hoc scis?
Quia in secunda persona 'i' habet ante nouissimam syllabam et in
tertia persona 'i' perseuerat et in secunda persona peneultimo
loco habet accentum; inde scio quia tertia persona producta est. Futurum tempus in quam syllabam mittis? In 'ar' et
415 in 'bor', ut 'mentiar, mentieris, mentietur', 'mentibor, men-
tiberis, mentibitur'. Cuius generis uerbum est? Deponentis.
Quot participia ueniunt ab hoc uerbo? Tria: praesens, praeteritum et futurum, ut 'mentiens, mentitus et mentiturus'. Qui
numerus est? Singularis. Quae figura? Simplex: 'men' nihil est,
420 'tior' similiter. Cuius temporis? Praesentis. Quota persona?
Prima. Quae forma? Perfecta, quia plenus est in ea indicantis
sensus.

Da primam coniugationem de communi uerbo: 'crucior'.
Quae pars orationis est? Verbum est. Vnde hoc scis? Quia
425 tempus recipit et personam. Cuius qualitatis est? Indicatiuae. Quomodo? Quia indico quid ago. Quota coniugatio? Prima. Vnde hoc scis? Quia in secunda persona ante
nouissimam syllabam 'a' habet: 'cruciaris'. Correpta est
aut producta? Producta. Futurum tempus in quam syllabam mit-
430 tis? In 'bor': 'cruciabor, cruciaberis, cruciabitur'. Cuius
generis uerbum est? Communis, quia facit 'crucior te et
crucior a te'. Quot participia ueniunt? Quattuor: praesens, praeteritum et duo futura, ut 'crucians, cruciatus, cruciaturus et
cruciandus'. Qui numerus est? Singularis. Quae figura est?
435 Conposita: 'cruci' nomen est, 'or' nomen est. Cuius temporis
est? Praesentis. Quota persona est? Prima. Quae forma? Perfecta, quia plenus est in ea indicantis sensus.

Trad. text. β   *E L*

408/422 Da – sensus] cfr supra l. 284/302   423/437 Da – sensus] cfr supra l. 199/
228

413 persona] *om. L*   **417** Quot] quod *E*   **418** mentiens] mentias *E*ᵃ·ᶜ·   et
mentiturus] *sup. l. L*   **419** nihil] nihi *L*   **421** in ea] *om. L*   **422** sensus] *om. L*
423 communi] commune *E*, comunae *L*ᵃ·ᶜ·   uerbo] uerbum *E*ᵃ·ᶜ·   **424** est²] *om. L*
hoc] *om. L*   **425** est] *om. E*   **426** quid] quod *E*   **428** Correpta] corrupta *L*ᵃ·ᶜ·
432 Quot] quod *E*   ueniunt] inueniunt *L*, inde ueniunt *L*²   **434** est²] *om. L*
435 Conposita] conposite *E*ᵃ·ᶜ·   **437** quia] qui *L*   est] *om. L*

Da secundam coniugationem productam de eodem
uerbo: 'tueor'. Quae pars orationis est? Verbum est. Cuius qualitatis est? Indicatiuae. Quota coniugatio? Secunda. Vnde hoc
scis? Quia in secunda persona 'e' habet ante nouissimam sylla-
460 bam. Correpta est aut producta? Producta. Futurum tempus in
quam syllabam mittis? In 'bor', ut 'tuebor'. Cuius generis
uerbum est? Communis. Quomodo? Quia facit 'tueor te et
tueor a te'. Quot participia ueniunt ab hoc uerbo? Quattuor,
ut 'tuens, tutus, tuiturus, tuendus'. Qui numerus? Singularis.
465 Quae figura? Conposita. Quomodo? 'Tue' uerbum est, 'or'
nomen est. Cuius temporis? Praesentis. Quota persona? Prima.
Quae forma? Perfecta. Quomodo? Quia plenus est in ea indicantis sensus.

Da tertiam correptam de eodem uerbo: 'amplector'.
470 Quae pars orationis est? Verbum est. Cuius qualitatis est? Indicatiuae. Quota coniugatio? Tertia. Correpta est aut producta? Correpta. Vnde hoc scis? Quia in secunda persona 'e' habet
ante nouissimam syllabam. Ergo secunda est et non tertia. Si
quomodo in secunda persona 'e' habet, si in tertia in ipsa 'e'
475 perseuerasset, secunda esse debuit et non tertia; sed quia in tertia
persona in 'i' mutatur et in secunda persona antepenultimo
loco habet accentum, inde scio quia tertia correpta est. Futurum
tempus in quam syllabam mittis? In 'ar', ut 'amplectar'. Cuius
generis uerbum est? Communis. Quomodo? Quia facit 'am-
480 plector te et amplector a te'. Quot participia ueniunt ab hoc
uerbo? Quattuor. Quae? Praesens, praeteritum et duo futura, ut
'amplectens, amplexus, amplexurus, amplectendus'. Qui numerus? Singularis. Quae figura? Conposita. Quomodo? 'Am'
nihil est, 'plector' uerbum est. Cuius temporis? Praesentis. Quo-
485 ta persona? Prima. Quae forma? Perfecta. Quomodo? Quia
plenus est in ea indicantis sensus.

Trad. text. α   F

456/468 Da – sensus] cfr supra l. 261/277 **469/486** Da – sensus] cfr supra l. 278/
295

Da secundam: 'tueor'. Quae pars orationis est? Verbum est.
Cuius qualitatis? Indicatiuae. Quota coniugatio? Secunda. Vnde
440 hoc scis? Quia in secunda persona 'e' habet ante nouissimam
syllabam. Correpta est aut producta? Producta. Futurum tempus
in quam syllabam mittis? In 'bor', 'tuebor, tueberis, tuebi-
tur'. Cuius generis uerbum est? Communis. Quomodo?
'Tueor te et tueor a te' facit. Quot participia ueniunt ab
445 hoc uerbo? Quattuor, ut 'tuens, tutus, tuiturus et tuendus'. Qui
numerus? Singularis. Quae figura? Conposita: 'tue' uerbum est,
'or' nomen est. Cuius temporis est? Praesentis. Quota persona?
Prima. Quae forma? Perfecta, quia plenus est in ea indicantis
sensus.

450   Da tertiam: 'amplector'. Quae pars orationis est? Verbum est.
Cuius qualitatis est? Indicatiuae. Quota coniugatio? Tertia
correpta. Vnde hoc scis? Quia in secunda persona 'e' habet ante
nouissimam syllabam. Ergo secunda est et non tertia. Si quomodo in secunda persona 'e' habet, si in tertia in ipsa 'e' perseueras-
455 set, secunda esse debuit et non tertia; sed quia in tertia persona
in 'i' mutatur et in secunda persona antepeneultimo loco
habet accentum, inde scio quia tertia correpta est. Futurum tempus in quam syllabam mittis? In 'ar': 'amplectar, amplecteris,
amplectetur'. Cuius generis uerbum est? Communis, quia
460 facit 'amplector te et amplector a te'. Quot participia ueniunt ab
hoc uerbo? Quattuor: praesens, praeteritum et duo futura, ut
'amplectens, amplexus, amplexurus et amplectendus'. Qui
numerus? Singularis. Quae figura? Conposita: 'am' nihil est,
'plector' uerbum est. Cuius temporis? Praesentis. Quota perso-
465 na? Prima. Quae forma? Perfecta, quia plenus est in ea indicantis
sensus.

Trad. text. β   *E L*

438/449 Da – sensus] cfr supra l. 229/255   450/466 Da – sensus] cfr supra l. 256/
283

438 secundam] secunda *E*   tueor] tueorum *L^{a.c.}*   orationis] oratio *L^{a.c.}*   est²] *om. L*
439 Indicatiuae] indicantis (-catiui *E²*) sensus (*exp. E²*) *E*   Secunda] si praem. (*exp. L²*)
L   441 Producta] prota *L^{a.c.}*   444 Quot] quod *E*   ueniunt] inde *add. L²*   445 ut
tuens] utuens *L^{a.c.}*   tutus] tuitus *E²*   447 est²] *om. L*   450 est²] *om. L*   451 est] *om.*
L   452 hoc] *om. L*   459 amplectetur] amplectitur *E^{a.c.} L*   460 Quot] quod *E*
ueniunt] inde *add. L²*   461 et] *sup. l. L*   465 est] *om. L*

Da tertiam productam de eodem uerbo: 'uincior'. Quae
pars orationis est? Verbum est. Cuius qualitatis est? Indicatiuae.
Quotae coniugationis est? Tertiae. Correpta est aut producta?
490 Producta. Quomodo? Quia in secunda persona 'i' habet ante
nouissimam syllabam et in tertia persona in ipsa 'i' perseuerat et
in secunda persona penultimo loco habet accentum. Futurum
tempus in quam syllabam mittis? Volo in 'ar', uolo in 'bor', ut
'uinciar', 'uincibor'. Cuius generis uerbum est? Communis.
495 Quomodo? Quia facit 'uincior te et uincior a te'. Quot participia ueniunt ab hoc uerbo? Quattuor: praesens, praeteritum et
duo futura, ut 'uinciens, uinctus', 'uincturus, uinciendus'. Qui
numerus? Singularis. Quae figura? Conposita. Quomodo?
'Vinci' uerbum est, 'or' nomen est. Cuius temporis? Praesentis.
500 Quota persona? Prima. Quae forma? Perfecta. Quomodo? Quia
plenus est in ea indicantis sensus.

592, 9-13   HAEC AB IMPERATIVO MODO ET INFINITO STATIM
DISCERNI POSSVNT. Quomodo? QVANDO TERTIA CONIV-
GATIO FVTVRVM TEMPVS NON IN 'AM' TANTVM, SED ETIAM
505 IN 'BO' MITTIT. INTERDVM CVM 'I' LITTERAM NON COR-
REPTAM HABVERIT SED PRODVCTAM; NAM
CORREPTA 'I' LITTERA IN 'E' CONVERTITVR; PRODVCTA SI
FVERIT, NON MVTABITVR, VT 'EO, IS, IBO, EAM', 'QVEO, QVIS,
QVIBO, QVEAM'. Quomodo? Quando tertia coniugatio correpta
510 fuerit de actiuo et neutrali uerbo, sicut est 'lego', 'curro', imperatiuo modo in 'e' mutatur, ut puta 'lege', 'curre'. Quando tertia
producta fuerit, in imperatiuo modo in ipsa 'i' perseuerat, ut
puta 'dormi', 'uesti', et in infinito modo penultimo loco habet
accentum, ut 'dormire', 'uestire'. De actiuo et neutrali
515 uerbo futurum tempus in quam syllabam mittis? De prima et

---

Trad. text. α   F

487/501 Da – sensus] cfr supra l. 296/317

494 uinciar] *cum* β *correxi*, uincar F   uincibor] *cum* β (*E*) *correxi*, uincebor F

Da tertiam productam: 'uincior'. Quae pars orationis est? Verbum est. Cuius qualitatis? Indicatiuae. Quotae coniugationis?
Tertiae. Correpta est aut producta? Producta. Quomodo? Quia
470   in secunda persona 'i' habet ante nouissimam syllabam et in
tertia persona in ipsa 'i' perseuerat et in secunda persona in
peneultimo loco habet accentum; inde scio quia tertia
producta est. Futurum tempus in quam syllabam mittis? Volo
in 'ar', uolo in 'bor': 'uinciar, uincieris, uincietur', 'uincibor,
475   uinciberis, uincibitur'. Cuius generis uerbum est? Communis, quia facit 'uincior te et uincior a te'. Quot participia ueniunt
ab hoc uerbo? Quattuor: praesens, praeteritum et duo futura, ut
'uinciens et uinctus', 'uincturus et uinciendus'. Qui numerus
est? Singularis. Quae figura? Conposita: 'uinci' uerbum est, 'or'
480   nomen est. Cuius temporis? Praesentis. Quota persona? Prima.
Quae forma? Perfecta. Quomodo? Quia plenus est in ea indicantis sensus.

592, 9-13   HAEC ET AB IMPERATIVO ET INFINITIVO STATIM
DISCERNI POSSVNT. QVANDO TERTIA CONIVGATIO FVTV-
485   RVM TEMPVS NON IN 'AM' TANTVM, SED IN 'BO' MITTIT.
INTERDVM CVM 'I' LITTERA IN 'E' CONVERTITVR; PRODVCTA
SI FVERIT, NON MVTABITVR, VT 'EO, IS, IBO, EAM', 'QVEO,
QVIS, QVIBO, QVEAM'. Quomodo? Quando tertia coniugatio
correpta fuerit de actiuo et neutrali uerbo, sicut est 'lego', 'curro',
490   in imperatiuo modo in 'e' mutatur, ut puta 'lege', 'curre', et in
infinitiuo modo antepeneultimo loco habebit accen-
tum, ut puta 'legere', 'currere'. Quando tertia producta
fuerit, in imperatiuo modo in ipsa 'i' perseuerat, ut puta si
dicam 'dormi', 'uesti', et in infinitiuo modo peneultimo loco
495   habebit accentum, acsi dicam 'uestire', 'dormire'. De
actiuo et neutrali uerbo futurum tempus in quam syllabam mittis? De prima et secunda coniugatione actiui uerbi in 'bo', de

---

Trad. text. β   *E L*

467/482 Da – sensus] cfr supra l. 284/302

468 est] *om. L*   coniugationis] coniugatio *L*   **474/475** uincibor – uincibitur]
uincebor uinceberis uincebitur *L*   **476** Quot] quod *E*   **477** ab – uerbo] inde *L*
478 uinciendus] uincendus *L*   **483** infinitiuo] infinitī *L*   **484** tertia – futurum]
tertiae coniugationis futuri *L*   **485** in¹] *sup. l. L*   mittit] mittist *L^{a.c.}*   **488** tertia]
tertiam *L^{a.c.}*   **490** curre] corre *L^{a.c.}*   **491** infinitiuo] infinito *L*   **493** fuerit] futurat
(-rit *L²*) *L*   **494** dicam] dicat *L^{a.c.}*   infinitiuo] infinito *L*   **495** habebit] habet *L*

secunda coniugatione in 'bo', de tertia correpta in 'am', de tertia
producta uolo in 'am', uolo in 'bo', potestatis meae est. De
passiuo et deponente uerbo siue commune futurum tempus in
quam syllabam mittis? De prima et secunda coniugatione in
520 'bor', de tertia correpta in 'ar', de tertia producta uolo in 'ar', uolo
in 'bor'. De passiuo, communi et deponenti uerbo ubi discernitur tertia coniugatio correpta uel producta? In secunda et tertia
persona, sicut in ipsis coniugationibus superius dictum est.

592, 14-18   GENERA VERBORVM QVOT SVNT? QVINQVE. QVAE?
525 ACTIVA, PASSIVA, NEVTRA, COMMVNIA, DEPONENTIA. ACTI-
VA QVAE SVNT? QVAE IN 'O' DESINVNT ET EX SE ACCEPTA 'R'
LITTERA FACIVNT PASSIVA, VT 'LEGO, LEGOR'. Quare dicitur
actiuum? Eo quod actionem significet et acceptum 'r' faciat ex
se passiuum. PASSIVA QVAE SVNT? QVAE IN 'R' DESINVNT ET
530 EA DEMPTA REDEVNT IN ACTIVA, VT 'LEGOR, LEGO'. Quare
dicitur passiuum? Eo quod passionem significet et demptum 'r'
redeat in actiuum. Quot participia ueniunt ab hoc uerbo? Quattuor. Quae? Ab actiuo duo, praesens et futurum, ut 'legens,
lecturus'; a passiuo duo, praeteritum et futurum, ut 'lectus,
535 legendus'.

592, 19-21   NEVTRA QVAE SVNT? QVAE IN 'O' DESINVNT ET ACCEPTA
'R' LITTERA LATINA NON SVNT, VT 'STO', 'CVRRO'. Neutrale
uerbum cur dicitur? Eo quod nec certam actionem significet nec
passionem. Quomodo? Puta si dicas mihi, "quid agis?",
540 dico "sto"; ecce indico quid ago, sed talem actionem significo
ut, si acceperit 'r', nihil sit, et si fuerit, Latinum non erit. Quot
participia ueniunt ab hoc uerbo? Duo. Quae? Sicut ab actiuo,
praesens et futurum, ut 'stans, staturus'. SVNT PRAETEREA NEV-

---

Trad. text. α   F

---

523 sicut – est] cfr supra l. 414/421, 431/435, 471/478, 489/494   **527/
529** Quare – passiuum] Ps. SERG., *Explan. in Don.* 507, 21-22; cfr ISID., *Etym.* 1, 9, 7
530/532 Quare – actiuum] Ps. SERG., *Explan. in Don.* 507, 23-24; cfr ISID., *Etym.*
1, 9, 7   **532/535** Quot – legendus] cfr infra 5, 61/81   **537/541** Neutrale – erit] cfr
Ps. SERG., *Explan. in Don.* 507, 5-6; ISID., *Etym.* 1, 9, 7   **541/543** Quot – staturus] cfr
infra 5, 61/81

517 am] *cum* β *correxi*, ar F   bo] *cum* β *correxi*, bor F   **526** et – se] *cum Don. correxi*,
ex se et F   **528** faciat] *cum* β *correxi*, facit F   **537** curro] *cum* β *scripsi*, corro F
541 acceperit] *cum* β *correxi*, acciperit F

tertia correpta in 'am', de tertia producta uolo in 'am', uolo in
'bo'. Et in passiua declinatione, de passiuo, deponenti
500 uerbo siue communi futurum tempus in quam syllabam mittis?
De prima et secunda coniugatione in 'bor', de tertia correpta in
'ar', de tertia producta uolo in 'ar', uolo in 'bor'. De passiuo,
communi et deponenti uerbo ubi discernitur tertia coniugatio
correpta uel producta? In secunda et tertia persona, sicut in ipsis
505 coniugationibus superius dictum est.

592, 14-18   GENERA VERBORVM QVOT SVNT? ACTIVA, PASSIVA, NEV-
TRA, COMMVNIA, DEPONENTIA. ACTIVA QVAE SVNT? QVAE
IN 'O' DESINVNT ET EX SE ACCEPTA 'R' LITTERA FACIVNT
PASSIVA, VT 'LEGO, LEGOR'. Quare dicitur actiuum? Eo quod
510 actionem significet et acceptum 'r' faciat passiuum. PASSIVA
QVAE SVNT? QVAE IN 'R' DESINVNT ET EA DEMPTA REDEVNT
IN ACTIVA, VT 'LEGOR, LEGO'. Quare dicitur passiuum? Eo
quod passionem significet et demptam 'r' redeat in actiuum, ut
'legor, lego'. Quot participia ueniunt ab hoc uerbo? Quat-
515 tuor: ab actiuo duo, praesens et futurum, ut 'legens et lecturus',
et a passiuo duo, praeteritum et futurum, ut 'lectus et legendus'.

592, 19-21   NEVTRA QVAE SVNT? QVAE IN 'O' DESINVNT ET ACCEPTA
'R' LATINA NON SVNT, VT 'STO', 'CVRRO'. Neutrale uerbum cur
dicitur? Eo quod nec certam actionem significet nec passionem.
520 Quomodo? Puta si dicam "sto", indico quid ago, sed talem
actionem significo ut, si acceperit 'r' litteram, nihil sit, et si
fuerit, Latinum [nomen] non erit. Quot participia ueniunt ab
hoc uerbo? Duo: sicut ab actiuo, praesens et futurum, ut 'stans,
staturus'. Quare dicit SVNT PRAETEREA NEVTRA PASSIVA,

---

rad. text. β   *E L*

504/505 In – est] cfr supra l. 393/401, 409/416, 451/459, 468/475   509/
510 Quare – passiuum] Ps. SERG., *Explan. in Don.* 507, 21-22; cfr ISID., *Etym.* 1, 9, 7
512/514 Quare – lego] Ps. SERG., *Explan. in Don.* 507, 23-24; cfr ISID., *Etym.* 1, 9, 7
514/516 Quot – legendus] cfr infra 5, 57/77   518/522 Neutrale – erit] cfr Ps. SERG.,
Explan. in Don. 507, 5-6; ISID., *Etym.* 1, 9, 7   522/524 Quot – staturus] cfr infra 5, 57/
77

499 passiua] passiue *L*   503 discernitur] discernistur *L^{a.c.}*   504 et] *om. L*
508 et – se] *cum Don. correxi,* ex se et β   510 acceptum] accepta *E*   510/513 faciat –
r] *in marg. L*   511 dempta] adempta *L*   513 demptam r] r adempta *L*   514 Quot]
quod *E*   participia] participium *L*   ueniunt] *om. L*   515/516 praesens – duo] *iter.* β
516 a] *om. L*   522 nomen] *cum* α *exclusi*

TRA PASSIVA, VT 'GAVDEO, GAVISVS SVM', 'AVDEO, AVSVS
545 SVM'? 'Gaudeo, gaudes, gaudet' neutri generis uerbum est et
est secundae coniugationis; et ut faciamus in praeterito
perfecto tempore 'gaudiui, gaudisti, gaudiuit', sicut facimus 'legi,
legisti, legit', absurda et inusitata locutio est. Ex ista necessitate
transiuimus in passiua declinatione in praeterito perfecto et
550 plusquamperfecto tempore, et sicut facimus 'lectus sum, es,
est', ⟨significamus 'gauisus sum, es, est'⟩, 'lectus eram, eras, erat',
'gauisus eram, eras, erat'.

592, 21-22   DEPONENTIA QVAE SVNT? QVAE SIMILITER VT PASSIVA IN
'R' DESINVNT ET EA DEMPTA LATINA NON SVNT. Deponens
555 uerbum quare dicitur? Eo quod unam significationem deponat
et aliam per se retineat. Qualem deponit et qualem retinet?
Passionem deponit et actionem retinet et ipsam quam retinet sub
'r' desinit. Item quare dictum deponens uerbum? Eo quod deponat declinationis suae participium futuri temporis. Quomodo?
560 Deponens uerbum in passiua declinatione declinatur et de passiua declinatione participium futuri temporis in 'dus' facit,
'legendus', non in 'rus', 'epulaturus'; istud uerbum deponens
deponit declinationis suae participium futuri temporis et non
facit in 'dus', sed in 'rus', 'epulaturus'. Rursus quare dicitur depo-
565 nens? Eo quod in participio futuri temporis 'r' numquam careat.

Commune uerbum cur dicitur? Eo quod actionem et passionem in se retineat, sed ambae sub 'r' desinant. Quot participia
ueniunt ab hoc uerbo? Quattuor. Quae? Ab actiuo duo, prae-

Trad. text. α   F

545/552 Gaudeo – erat] cfr AVDAX, *Gramm.* 347, 15-21   554/558 Deponens –
desinit] cfr Ps. SERG., *Explan. in Don.* 507, 18-20   558/562 Item – epulaturus] cfr
POMP., *Gramm.* 228, 33-34; ISID., *Etym.* 1, 9, 7   566/567 Commune – desinant] cfr
Ps. SERG., *Explan. in Don.* 507, 7-12; ISID., *Etym.* 1, 9, 7   567/575 Quot – lecturus] cfr
infra 5, 61/81

547 gaudiui] *cum* β *scripsi,* gaudibi *F*   gaudiuit] *scripsi,* gaudibit *F*
551 significamus – est²] *cum* β (L) *suppleui* 560 uerbum] *iter. F*

525 VT 'GAVDEO, GAVISVS SVM', 'AVDEO, AVSVS SVM'? 'Gaudeo,
gaudes, gaudet' neutri generis est uerbum et est secunda
coniugatio; et ut faciamus in praeterito perfecto tempore 'gaudiui, gaudisti, gaudiuit', sicut facimus 'legi, legisti, legit', absurda
et inusitata est ista locutio. Ex ista necessitate transiimus in
530 passiua declinatione in praeterito perfecto tempore, et sicut facimus 'lectus sum, es, est', significamus 'gauisus sum, es, est', 'lectus
eram, eras, erat', 'gauisus eram, eras, erat'.

592, 21-22   DEPONENTIA QVAE SVNT? QVAE SIMILITER VT PASSIVA IN
'R' DESINVNT, SED EA DEMPTA LATINA NON SVNT, VT 'LVC-
535 TOR', 'LOQVOR'. Deponens uerbum quare dicitur? Eo quod
unam significationem deponat et aliam per se retineat. Qualem
deponit et qualem retinet? Passionem deponit et actionem retinet et ipsam quam retinet sub 'r' desinit. Item quare dictum
deponens uerbum? Eo quod deponat declinationis suae partici-
540 pium futuri temporis. Quomodo? Deponens uerbum in passiua
declinatione declinatur et de passiua declinatione participium
futuri temporis in 'dus' facit, 'legendus', non in 'rus'; istud
uerbum deponens deponit declinationis suae participium futuri
temporis et non facit in 'dus', sed in 'rus', 'epulaturus'. Rursus
545 quare dicitur deponens? Eo quod in participio futuri temporis 'r'
numquam careat.

Commune uerbum cur dicitur? Eo quod actionem et passionem in se retineat, et ambae sub 'r' desinant. Quot participia
ueniunt ab hoc uerbo? Quattuor: ab actiuo duo, praesens et
550 futurum, ut 'clamans et clamaturus', et a passiuo duo, praeteri-

---

Trad. text. β   *E L*

525/532 Gaudeo – erat²] cfr AVDAX, *Gramm.* 347, 15-21   **535/538** Deponens –
desinit] cfr Ps. SERG., *Explan. in Don.* 507, 18-20   **538/544** Item – epulaturus] cfr
POMP., *Gramm.* 228, 33-34; ISID., *Etym.* 1, 9, 7   **547/548** Commune – desinant] cfr
Ps. SERG., *Explan. in Don.* 507, 7-12; ISID., *Etym.* 1, 9, 7   **548/556** Quot – lecturus]
cfr infra 5, 57/77

526 gaudes] gaudet *L^{a.c.}* uerbum] est *add.* E   **527** ut] aut *E^{a.c.} L*   **528** gaudiuit]
scripsi, gaudibit (-de- *E^{a.c.}*) β legisti] legis *L*   **529** inusitata] inusitate *L* transiimus]
transimus *E L^{a.c.}*   **531** significamus – est²] *om.* E   **536** aliam] *om.* L per] super *L^{a.c.}*
537 Passionem] passione *L^{a.c.}*   **539** deponat] deponit *L*   **540** futuri temporis]
futurum tempus *L^{a.c.}*   **543** deponit] ponit *L^{a.c.}* declinationis] declinationes *E* suae]
siue *E*   **545** participio] *cum α correxi*, participia β   **546** careat] cereat *L^{a.c.}*
548 desinant] desinit (-nunt *L²*) *L* participia] participiunt *L^{a.c.}*   **549** ab¹] in *E^{a.c.}*

sens et futurum, ut 'clamans et clamaturus'; a passiuo duo, prae-
570 teritum et futurum, ut 'clamatus et clamandus'. Quomodo se
regunt ista participia in temporibus? Participium praesentis temporis actiui regit futurum passiui: 'legens' facit, demptum 's',
additum 'dus', et facit 'legendus'. Participium praeteriti temporis passiui regit futurum actiui: 'lectus' facit, demptum 's',
575 additum 'rus', et facit 'lecturus'. Participium praesentis temporis in quibus syllabis exit? In duabus. Quomodo? In 'ans' et in
'ens', ut 'uigilans' et 'dormiens'. Participium praeteriti temporis in quibus syllabis exit? In tribus. In quibus? In 'tus' et in
'sus' et in 'xus', ut 'amatus', 'uisus' et 'fixus'. Participium
580 futuri temporis in quibus syllabis exit? In 'rus' et in 'dus', ut
'lecturus' et 'legendus'.

Quid distat inter actiuum uerbum et neutrale? Actiuum
uerbum acceptum 'r' facit passiuum, ut 'lego, legor'; neutrale
uerbum si acceperit, uerbum nihil erit, et si fuerit, Latinum non
585 erit. Quid distat inter passiuum uerbum et deponens?
Passiuum uerbum demptum 'r' redit in actiuo, ut
'legor, lego'; a deponenti uerbo si dempseris 'r', nihil
est, et si fuerit, Latinum non est. Quid distat inter commune uerbum et deponens? Deponens uerbum unam significa-
590 tionem deponit et aliam per se retinet, et ipsam quam retinet,
sub 'r' desinet; commune uerbum et actionem et passionem in se
retinet, et ambae sub 'r' desinent.

593, 4-6   NVMERI VERBORVM QVOT SVNT? DVO. QVI? SINGVLARIS,
VT 'LEGO'; PLVRALIS, VT 'LEGIMVS'. Quomodo? Quando dico
595 'lego', singularis numerus est; quando dico 'legimus', pluralis.
FIGVRAE VERBORVM QVOT SVNT? DVAE. QVAE? SIMPLEX,
VT 'LEGO'. Quomodo? 'Le' nihil est, 'go' similiter. CONPOSI-
TA, VT 'NECLEGO'. Quomodo? 'Nec' coniunctio est, 'lego'

Trad. text. α   F

575/581 Participium – legendus] cfr infra 5, 52/60   582/592 Quid – desinent] cfr
PS. SERG., *Explan. in Don.* 507, 3-31

582 inter] *cum* β *correxi*, in F   584 acceperit] *cum* β *scripsi*, acciperit F
585 deponens] *corr.* Maes., commune F   591 desinet] desinit F²   commune] *cum* β
correxi, comunem F   598 neclego] *cum* β (E) *scripsi*, neglego F

tum et futurum, ut 'clamatus et clamandus'. Quomodo se regunt
ista participia in temporibus? Participium praesentis temporis
actiui uerbi reget futurum passiui: 'legens' facit, demptum 's'
adice 'dus', et facit 'legendus'. Et participium praeteriti tempo-
555 ris passiui uerbi reget futurum actiui: 'lectus' facit, demptum
's' adice 'rus', facit 'lecturus'. Participium praesentis temporis in
quibus syllabis exit? In duabus. Quomodo? In 'ans' et in 'ens': in
'ans' ut 'amans', in 'ens' ut 'legens'. Et participium praeteriti temporis in quibus syllabis exit? In tribus, in 'tus' et in 'sus'
560 et in 'xus': in 'tus' et 'lectus', in 'sus' ut 'uisus', in 'xus'
ut 'fixus'. Participium futuri temporis in quibus syllabis exit?
In duabus, in 'rus' et in 'dus': in 'rus' ut 'lecturus', in
'dus' ut 'legendus'.

Quid distat inter actiuum uerbum et neutrale? De actiuo
565 accepta 'r' facit passiuum, ut 'lego, legor'; neutrale uerbum si
acceperit 'r', nihil erit, et si fuerit, Latinum non erit. Quid
distat inter commune uerbum et deponens? Deponens uerbum
unam significationem deponit et aliam per se retinet, et ipsam
quam retinet, sub 'r desinet; commune uerbum et actionem et
570 passionem in se retinet, et ambae sub 'r' desinunt.

593, 4-6   NVMERI VERBORVM QVOT SVNT? DVO. QVI? SINGVLARIS,
VT 'LEGO'; PLVRALIS, VT 'LEGIMVS'. Quomodo? Quando dico
'lego', singularis numerus est; quando dico 'legimus', pluralis.
FIGVRAE VERBORVM QVOT SVNT? DVAE. QVAE? SIMPLEX,
575 VT 'LEGO'; CONPOSITA, VT 'NECLEGO'. Quomodo est
simplex figura 'lego'? 'Le' nihil est, 'go' similiter. Quomodo
conposita 'neclego'? 'Nec' coniunctio est, 'lego' uerbum est,

Trad. text. β   E L

556/563 Participium – legendus] cfr infra 5, 49/56   564/570 Quid – desinunt] cfr
Ps. SERG., Explan. in Don. 507, 3-31

552 praesentis] praesenti $E^{a.c.}$ 553 demptum] demtus L   554 adice] aadice $E^{a.c.}$
557 duabus] duobus L   559 exit] exiit E   et] om. E   560 xus¹] sus $L^{a.c.}$ 569 quam]
quem E   571 Numeri] de numeris uerborum in marg. praem. L^2 573 numerus est]
est numerus E   575 neclego] neglego L   577 neclego] neglego L   Nec] neg L

uerbum est. Quot modis uerba conponuntur? Quattuor. Quae?

Don., *Mai.* Ex DVOBVS INTEGRIS, ut 'discalcio'. Quomodo? 'Dis' prae-
637, 8-9 positio est, 'calcio' uerbum est. Ex DVOBVS CORRVPTIS, ut
602 'pono'. Quomodo? 'Po' nihil est, 'no' similiter. Ex INTEGRO
ET CORRVPTO, ut 'premo'. Quomodo? 'Pre' praepositio est,
'mo' nihil est. Ex CORRVPTO ET INTEGRO, ut 'cedo'. Quomo-
605 do? 'Ce' nihil est, 'do' uerbum est.

Don., *Min.* TEMPORA VERBORVM QVOT SVNT? TRIA. QVAE? PRAE-
593, 7-10 SENS, VT 'LEGO'; PRAETERITVM, VT 'LEGI'; FVTVRVM, VT
'LEGAM'. QVOT SVNT TEMPORA IN DECLINATIONE VER-
BORVM? QVINQVE. QVAE? PRAESENS, PRAETERITVM IN-
610 PERFECTVM, PRAETERITVM PERFECTVM, PRAETERITVM
PLVSQVAMPERFECTVM ET FVTVRVM. Quare dicitur praeteritum inperfectum? Quod inchoatum est et necdum perfectum.
Praeteritum perfectum? Quod inchoatum est et perfectum. Praeteritum plusquamperfectum? Quod inchoatum est et multum
615 tempus est quando perfectum est, et ulteriore quod nec
recordatur tempus quando perfectum est. Futurum? Quod ad
agendum pertinet, sicut dicit: "Regnabit Dominus in
aeternum et ultra", id est "Regni eius non erit finis".

593, 11-13 PERSONAE VERBORVM QVOT SVNT? TRES. QVAE? PRIMA,
620 VT 'LEGO'; SECVNDA, VT 'LEGIS'; TERTIA, VT 'LEGIT'. Quomodo? Prima persona de se dicit 'lego'; ipsa prima ad secun-

---

Trad. text. α *F*

599/605 Quot – est²] cfr AVDAX, *Gramm.* 346, 26-29 **611/617** Quare – pertinet]
cfr AVDAX, *Gramm.* 347, 5-10 **621/622** Prima – legit] cfr Ps. SERG., *Explan. in Don.*
507, 34-36

617/618 Regnabit – ultra] Ex. 15, 18 **618** Regni – finis] Luc. 1, 33

600 discalcio] *scripsi*, disciltio *F* **601** calcio] *scripsi*, cultio *F* **611/618** Quare –
finis] *post* futurum (*supra l. 75*) *transp. F* **616/617** Futurum – pertinet] *hic scr. Maes.*,
post finis (*l. 618*) *transp. F*

et ex duabus partibus fit unum uerbum conpositum
et est conpositae figurae. Quot modis uerba conponuntur?

Don., <i>Mai.</i>
637, 8-9
582

Quattuor. Ex DVOBVS INTEGRIS, ut 'discalcio': 'dis' praepositio
est, 'calcio' uerbum est. Ex DVOBVS CORRVPTIS, ut 'pono': 'po'
nihil est, 'no' similiter. Ex INTEGRO ET CORRVPTO, ut 'premo':
'pre' praepositio est, 'mo' nihil est. Ex CORRVPTO ET INTEGRO,
ut 'cedo': 'ce' nihil est, 'do' uerbum est. Ex duobus integris,

585

ut 'doleo': 'do' uerbum est, 'leo' nomen est.

Don., <i>Min.</i>
593, 7-10

590

TEMPORA VERBORVM QVOT SVNT? TRIA. QVAE? PRAE-
SENS, VT 'LEGO'; PRAETERITVM, VT 'LEGI'; FVTVRVM, VT
'LEGAM'. QVOT SVNT TEMPORA IN DECLINATIONE
VERBORVM? QVINQVE. QVAE? PRAESENS, PRAETERITVM
INPERFECTVM, PRAETERITVM PERFECTVM, PRAETERITVM
PLVSQVAMPERFECTVM ET FVTVRVM. Quare dicitur praeteri-
tum inperfectum? Quod inchoatum est et necdum perfectum.
Praeteritum perfectum? Quod inchoatum est et nuper perfec-
tum est. Praeteritum plusquamperfectum? Quod inchoatum est

595

et nec recordatur tempus quando perfectum fuisset, et
ulteriore nec recordatur tempus quando perfectum esset. Et
futurum? Quod ad futurum sit, sicut dicit: "Dominus
regnabit in aeternum et ultra", id est "Et regni eius non erit
finis".

593, 11-13
601

PERSONAE VERBORVM QVOT SVNT? TRES. QVAE? PRIMA,
VT 'LEGO'; SECVNDA, VT 'LEGIS'; TERTIA, VT 'LEGIT'. Quomodo? Prima persona de se dicit 'lego'; ipsa prima dicit ad

---

Trad. text. β   <i>E L</i>

579/585 Quot – est²] cfr AVDAX, <i>Gramm.</i> 346, 26-29   **591/597** Quare – sit] cfr
AVDAX, <i>Gramm.</i> 347, 5-10   **601/604** Quomodo – legit] cfr Ps. SERG., <i>Explan. in
Don.</i> 507, 34-36

597/598 Dominus – ultra] Ex. 15, 18   **598/599** Et – finis] Luc. 1, 33

578 et] <i>om. E</i>   conpositum] conposita <i>E^{a.c.}</i>   **579** figurae] figī <i>L</i>   conponuntur]
ponuntur <i>L^{a.c.}</i>   **580** duobus] duabus <i>E</i>   discalcio] <i>scripsi,</i> disculcio β   **581** calcio]
scripsi, caltio E, culcio L   **584** est²] om. L   **584/585** Ex – est¹] in marg. E, om. L
587/588 ut¹ – Quot] <i>om. L,</i> praesens praeteritum futurum <i>sup. l. suppl. L²</i>   **589** Quae]
iter. et iteratum exp. L   **592/593** inperfectum – Praeteritum] iter. et iteratum exp. L
necdum] <i>sup. l. L, om. E</i>   **593** inchoatum] eo <i>praem. E²</i>   **596/597** Et – sit] <i>hic scr.</i>
Maes., <i>post</i> finis (<i>l. 599</i>) <i>transp.</i> β   **598** in] regnauit <i>L</i>   aeternum et] <i>sup. l. L, om. E</i>
600 Personae] persona <i>L</i>   **602** de se] adesse (quia de se <i>E²</i>) <i>E</i>   ipsa prima] prima
persona <i>in marg. E</i>   dicit²] <i>om. E</i>   **602/603** ad secundam] a secunda <i>E^{a.c.} L^{a.c.}</i>

dam dicit 'legis'; similiter de persona tertia dicit 'legit'.
PARTICIPIA TRAHVNTVR A VERBO ACTIVO DVO. Quomodo?
Quia ab actiuo uerbo duo participia ueniunt. Quae ? Praesens et
625 futurum: praesens, ut 'legens', futurum, ut 'lecturus'. Actiui
uerbi regulam sequitur neutrale uerbum. Quomodo? Neutrale uerbum in actiua declinatione declinatur. Passiui commune
et deponens. Quomodo? Commune et deponens uerbum in
passiua declinatione declinatur.

630   Inpersonalia uerba quae sunt? Vt 'sedetur', 'curritur'. A quibusdam et declinari uerbum inpersonale potest, ut 'sedeo, sedes,
sedet', 'curro, curris, currit', 'certo, certas, certat'. Quare dicuntur
inpersonalia? Eo quod sine adiectione personae pronominis nec
numerum definit nec personam. Item quare dicitur inpersonale
635 uerbum? Eo quod egeat personam pronominis.
Rursus quare dicitur inpersonale ? Eo quod careat
primam et secundam personam, et tertiam per se
retineat. Et qualia inpersonalia sunt ista? Ex quo personalia
fieri possunt; ab eo quod facit 'sedeo, sedes, sedet', 'curro, curris,
640 currit', 'certo, certas, certat', inde facit 'sedetur', 'curritur', 'certatur'. Est et aliud genus inpersonalis uerbi de quo personale fieri
non potest, ut 'taedet', 'piget', 'pudet', 'libet'. Non facit enim
'taedeo, taedes, taedet'. Quomodo enim 'taedet', 'piget', 'pudet',
'libet'? Talia inpersonalia sunt ex quo personale fieri non
645 potest; quamuis dixerint ueteres 'pigeo', 'taedeo', 'libeo', abusiue hoc dixerunt non proprie.

    Item inpersonalia uerba sunt quae non habent certam perso-
nam, sed adiectis pronominibus ad personam adcommodantur.

Trad. text. α   F

_____

    623/629 Quomodo – declinatur] cfr infra 5, 61/81   632/638 Quare – retineat] cfr
supra l. 131/138   641/646 Est – proprie] cfr Ps. SERG., *Explan. in Don.* 549, 5-9
647/649 Item – illi] cfr supra l. 131/138

    630 sedetur] *cum* β (*L*) *scripsi*, seditur F   631 declinari] *corr. Lor.*, declinare F
632 Quare] cur dicitur inpersonale *in marg. praem.* F²   640 sedetur] *cum* β *scripsi*,
seditur F

secundam 'legis'; similiter de tertia persona ad secundam
dicit 'legit'. PARTICIPIA TRAHVNTVR A VERBO ACTIVO DVO.
605 Quomodo? Quia ab actiuo uerbo duo participia ueniunt, praesens et futurum: praesens, ut 'legens', futurum, ut 'lecturus'.
Actiui uerbi regulam neutrale uerbum sequitur. Quomodo? Neutrale uerbum in actiua declinatione declinatur. Passiui
commune et deponens. Quomodo? Quia commune et depo-
610 nens uerbum in passiua declinatione declinatur.

Item de inpersonalibus uerbis. Inpersonalia uerba quae
sunt? Vt 'sedetur', 'curritur'. A quibusdam et declinari uerbum
inpersonale potest, ut 'sedeo, sedes, sedet', 'curro, curris, currit',
'certo, certas, certat'. Quare dicuntur inpersonalia? Eo quod sine
615 adiectione personae pronominis nec numerum definiant nec
personam. Item quare dicitur inpersonale? Eo quod careat
prima et secunda persona, et tertiam per se retineat.
Rursus quare dicitur inpersonale? Eo quod egeat
persona pronominis. Et qualia inpersonalia sunt ista? Ex quo
620 personalia fieri possunt. Quomodo? Ab eo quod facit 'sedeo,
sedes, sedet', 'curro, curris, currit', 'certo, certas, certat', inde facit
'sedetur', 'curritur', 'certatur'. Est et aliud genus inpersonalis
uerbi ex quo personale fieri non potest, ut 'taedet', 'piget',
'pudet', 'libet'. Non facit 'taedeo, taedes, taedet'. Quomodo enim
625 'taedet', 'piget', 'pudet', 'libet'? Talia inpersonalia sunt ex quo
personalia fieri non possunt; quamuis dixerint ueteres 'pudeo', 'taedeo', 'libeo', abusiue dixerunt non proprie.

Item inpersonalia uerba sunt quae non habent certam personam, sed adiectis pronominibus ad personam adcommodantur.

Trad. text. β   *E L*

605/610 Quomodo – declinatur] cfr infra 5, 57/77   614/617 Quare – retineat] cfr
supra l. 119/126   622/627 Est – proprie] cfr Ps. SERG., *Explan. in Don.* 549, 5-9   628/
630 Item – illi] cfr supra l. 119/126

607 regulam] regula *E L^{a.c.}*   608 Passiui] passiuo *L*   609 commune¹] communi *E*
610 passiua] passiuo *L^{a.c.}*   612 sedetur] sidicitur *E*   A] *om. E*   declinari] *corr. Lor.*,
declinare β   613 sedet] redet *L^{a.c.}*   615 adiectione] abiectione *E^{a.c.}*   617 prima]
primam *E^{a.c.}*   secunda persona] secundam personam *E^{a.c.}*   se] set *L*   619 persona]
personam *E^{a.c.}*   620 fieri] *sup. l. L*   Ab eo] habeo *E*   sedeo] habet *sup. l. add. E²*
622 sedetur] seditur *E^{a.c.} L^{a.c.}*   curritur] curritor *L^{a.c.}*   623 piget] figet *E^{a.c.} L^{a.c.}*
624 pudet] putet *L^{a.c.}*   624/625 Non – libet] *om. L*   625 piget] figet *E^{a.c.}*   626/
627 pudeo – abusiue] *exp. L²*   627 proprie] propriae *E*   629 ad] in *L*
adcommodantur] commotantur (-mut- *L²*) *L*

Dicimus enim 'libet mihi, libet tibi, libet illi'. Quomodo? Dum
650 dico 'libet', nihil significo; sed dum adiecero ibi particulam pronominis, et numerum definio et personam. Quomodo? 'Libet'
inpersonale uerbum est; 'mihi, tibi, sibi' pronomina sunt.
Dum dico 'libet mihi', ostendo primam personam et singularem
numerum. Dum dico 'libet tibi, libet illi', cum pronomine osten-
655 do secundam et tertiam personam. Declinatio inpersonalis uerbi
ex quo personale fieri non potest modo indicatiuo, tempore
praesenti: 'pudet me, te, illum', 'pudet nos, uos, illos'. Quale
inpersonale est istud ex quo personale fieri non potest?
Infinitum numeris et personis. Praesentis temporis 'pudere',
660 praeteriti 'puduisse'. Quomodo? 'Pudere' et 'puduisse' et ista alia
inpersonalia infinita sunt et numero et tempore et persona.
Declinatio inpersonalis uerbi ex quo personale fieri potest modo
indicatiuo, tempore praesenti: 'itur a me, a te, ab illo', 'itur a
nobis, a uobis, ab illis'. Quale inpersonale est istud ex quo perso-
665 nale fieri potest? Ab eo quod facit 'eo, is, it', inde facit inpersonale 'itur a me, a te, ab illo'.

Haec uerba tribus casibus seruiunt. Quibus? Accusatiuo,
datiuo et ablatiuo. Quomodo? Accusatiuo, ut 'pudet me, te,
illum'; ablatiuo, ut 'itur a me, a te, ab illo'; datiuo, ut 'libet mihi,
670 tibi, sibi, illi'. In quibus syllabis exeunt? In tribus. Quomodo?
In 'tur', in 'it', et in 'et'. Ista uerba quae istis casibus seruiunt a se oriuntur aut ab aliis partibus ueniunt? Alia a se
oriuntur, alia ab indicatiuo modo ueniunt. Quae in 'tur' exeunt a
quali parte ueniunt? Ab indicatiuo modo et casui seruiunt ablati-

---

Trad. text. α   *F*

   655/657 Declinatio – illos] cfr Ps. SERG., *Explan. in Don.* 554, 19-21   **662/
664** Declinatio – illis] cfr Ps. SERG., *Explan. in Don.* 554, 33-34   **667/670** Haec –
illi] cfr DON., *Mai.* 638, 9-12   **670/681** In¹ – cetera] cfr DON., *Mai.* 632, 12 - 633, 4;
638, 9-12; POMP., *Gramm.* 217, 1-10; 237, 23-36

   653 singularem] *cum* β *correxi*, singulare *F*   **654** pronomine] *correxi*, pronomina *F*
659 Infinitum] *corr. Maes.*, infinita *F*   **660** praeteriti] *corr. Lor.*, praeterito *F*   **671** et¹]
cum β *correxi*, er *F*

630 Dicimus enim 'libet mihi, libet tibi, libet illi'. Quomodo? Quia
    dum dico 'libet' nihil significo, sed dum adiecero ibidem parti-
    culam pronominis et numerum definio et personam. Quomodo?
    'Libet' inpersonale uerbum est; 'mihi' pronomen datiui
    casus. Et dum dico 'libet mihi', ostendo primam personam et
635 singularem numerum. Dum dico 'libet tibi, libet illi', cum prono-
    mine ostendo et secundam et tertiam personam et pluralem
    numerum. Declinatio inpersonalis uerbi ex quo personale fieri
    non potest modo indicatiuo, tempore praesenti: 'pudet me, te et
    illum', 'pudet nos, uos, illos'. Quale inpersonale est istud ex quo
640 personale fieri non potest? Infinitum numeris et temporibus.
    Praesentis temporis 'pudere', praeteriti 'puduisse'. Quomodo?
    'Pudere' et 'puduisse' et ista alia inpersonalia infinita sunt et
    numero et tempore et persona. Declinatio inpersonalis uerbi ex
    quo personale fieri potest modo indicatiuo, tempore praesenti:
645 'itur a me, a te, ab illo', 'itur a nobis, a uobis, ab illis'. Quale inper-
    sonale est istud ex quo personale fieri potest? Ab eo quod facit
    'eo, is, it', inde fit inpersonale 'itur a me, a te, ab illo'.

    Haec uerba quibus casibus deseruiunt? Tribus. Qui-
    bus? Accusatiuo, datiuo et ablatiuo: accusatiuo, ut 'pudet me, te,
650 illum'; ablatiuo, ut 'itur a me, a te, ab illo'; datiuo, 'libet mihi,
    tibi, illi'. In quibus syllabis exeunt? In tribus. In quibus? In
    'tur', in 'it', et in 'et'. A se oriuntur aut et ab alia parte ueniunt?
    Alia a se oriuntur, alia ab indicatiuo modo ueniunt. Quae in 'tur'
    exeunt a quali parte ueniunt? Ab indicatiuo modo et casui
655 seruiunt ablatiuo, ut 'quaeritur a me, a te, ab illo'. Quae in 'it'
    exeunt a quali parte ueniunt? Similiter ab indicatiuo modo et

---

Tad. text. β   E L

    637/639 Declinatio – illos] cfr Ps. Serg., *Explan. in Don.* 554, 19-21   **643/**
645 Declinatio – illis] cfr Ps. Serg., *Explan. in Don.* 554, 33-34   **648/651** Haec – illi]
cfr Don., *Mai.* 638, 9-12   **651/663** In¹ – cetera] cfr Don., *Mai.* 632, 12 - 633, 4; Don.,
Mai. 638, 9-12; Pomp., *Gramm.* 217, 1-10; Pomp., *Gramm.* 237, 23-36

    635 libet tibi] *iter. et iteratum exp.* E   cum] cuncta L   pronomine] *scripsi*,
pronominae *E*, pronomina *L*   **637** numerum] *om.* L   Declinatio] declanatio L
638 pudet] putet *L*   te] *om.* E   **639** pudet] putet *L*   est] *om.* L   **640** Infinitum]
corr. Maes., infinita β   et] *om.* L   **641** praeteriti] *corr. Lor.*, praeterito β
642 inpersonalia] personalia *L*   **645** Quale] quae *Lᵃ·ᶜ·*   **647** inpersonale] personale *L*
a me] *post* te *transp.* L   **648** deseruiunt] deseruiant *Lᵃ·ᶜ·*   **652** et³] *om.* L
654 ueniunt] ueniueniunt *E*   **654/656** Ab – ueniunt] *om.* L   **655** quaeritur] geritur
E   **656** Similiter] *exp. L²*   et] *sup. l.* L

675 uo, ut 'quaeritur a me, a te, ab illo'. Quae in 'it' exeunt a quali
parte ueniunt? Similiter ab indicatiuo modo ueniunt et casui
seruiunt datiuo, ut 'contingit mihi, tibi, illi'. Quae in 'et' exeunt
a quali parte ueniunt? Alia ab indicatiuo modo ueniunt, alia a se
oriuntur. Quae ueniunt ab indicatiuo modo? 'Misereor', inde
680 facit inpersonale 'miseret me, te, illum'. Quae oriuntur a se? 'Pudet', 'taedet', 'libet' et cetera.

I.4. De adverbio

DON., *Min.*   QVID EST ADVERBIVM? PARS ORATIONIS, QVAE ADIECTA
595, 25-26 VERBO SIGNIFICATIONEM EIVS EXPLANAT ATQVE INPLET.
Quomodo 'pars orationis'? Pars locutionis. Quomodo 'adiecta
5 uerbo'? Quae addita uerbo significationem ipsius uerbi explanat
et inplet. Quomodo? Puta si dicam 'lego', significo quid ago, sed
mediam actionem significo, quia non dixi 'bene', 'male',
'frequenter' aut 'instanter'. Sed dum dico 'lego', addo ibi particulam aduerbii, ut puta si dicam 'lego bene', 'frequenter', signifi-
10 cationem uerbi ipsius explano et inpleo. Potest esse uerbum
sine aduerbio an non? Potest. Quomodo? Si dicit mihi quis
'quid agis', respondeo illi ego 'lego'; ecce uerbum sine aduerbio
praedictum. Et aduerbium sine uerbo potest esse an non?
Non. Quomodo? Puta si dicam 'bene', 'male', 'frequenter' aut
15 'instanter', et non adiecero ibidem particulam uerbi, ut est
'lego', 'iaceo', 'scribo', nihil significo. Quomodo ponitur aduerbium iuxta uerbum? Sicut et accentus iuxta locutionem et sonus
iuxta cantum. Quomodo? Quia sicut locutio sine accentu, cantus
sine sono esse non potest, ita aduerbium sine uerbo sensum

Trad. text. α   F   *a* 1 De aduerbio *inc. T*

I.4, 10/20 Potest – potest] cfr POMP., *Gramm.* 241, 13-14; PS. SERG., *Explan. in
Don.* 509, 21-25   **16/20** Quomodo – potest] cfr infra II.2, 167/168

677 et] *cum* β *correxi,* er F   **680** miseret] *cum* β (*E*) *correxi,* miseretur F
I.4, 3 inplet] adimplet *F²*   **5** Quae] *om. T*   **6** Quomodo] *om. T*   **7** actionem
significo] significationem *T*   **12** aduerbio] aduerbium *T*   **13** an non] *om. F*
14 Quomodo] *om. T*   **15** adiecero] adicero *T*   **18** Quomodo] et *T*   **19** potest]
possunt *T*

casui seruiunt datiuo: ab eo quod facit 'contingo, contingit', inde facit 'contingit mihi, tibi, illi'. Et quae in 'et' exeunt
a quali parte ueniunt? Alia ab indicatiuo modo ueniunt, alia a se
660 oriuntur. Quae ueniunt ab indicatiuo modo? Vt 'misereor': ab
eo quod facit in indicatiuo modo 'misereor', inde facit
in inpersonale 'miseret me, te, illum'. Quae oriuntur a se? 'Pudet', 'taedet', 'libet' et cetera.

I.4. DE ADVERBIO

Don., *Min.*
595, 25-26   QVID EST ADVERBIVM? PARS ORATIONIS, QVAE ADIECTA
VERBO SIGNIFICATIONEM EIVS EXPLANAT ATQVE INPLET.
Quomodo 'pars orationis'? Pars locutionis. Quomodo 'quae
5 adiecta uerbo'? Quae addita uerbo significationem ipsius uerbi
explanat et inplet. Quomodo? Vt puta si dicam 'lego', ecce
dum dico 'lego', significo quid ago, sed mediam actionem
significo, quia non dixi 'bene lego', 'frequenter' aut 'instanter'.
Sed dum dico 'lego', addo ibidem particulam aduerbii, ut puta
10 si dicam 'lego bene', 'lego frequenter', et sic significationem
ipsius uerbi explano et inpleo. Potest esse uerbum sine aduerbio an non? Potest. Quomodo? Si dicit mihi quis 'quid agis',
respondeo 'lego'; ecce uerbum sine aduerbio. Et aduerbium sine
uerbo potest esse? Non. Quomodo? Vt puta si dicam 'bene',
15 'male', 'frequenter', 'instanter', et non adiecero particulam uerbi,
'lego', 'iaceo', 'scribo' aut 'sedeo', nihil significo. Quomodo
ponitur aduerbium iuxta uerbum? Sicut accentus iuxta locutionem et sonus iuxta cantum. Quomodo? Quia sicut locutio sine
accentu et cantus sine sono esse non potest, ita aduerbium sine
20 uerbo sensum inplere non potest. Aduerbium quare dictum? Eo

---

trad. text. β *E L*

I.4, 11/20 Potest – potest] cfr POMP., *Gramm.* 241, 13-14; PS. SERG., *Explan. in Don.* 509, 21-25 20/22 Aduerbium – inpleat] PS. SERG., *Explan. in Don.* 509, 19

658 contingit] contingitur *L* **662** in] *exp. L²* miseret] miseretur *E^{a.c.} L* a] ex *L*
I.4, 1 aduerbio] pars quarta *add. L* **2** Quid est] *post* aduerbium *transp. L*
5 Quae – uerbo²] *om. L* **6** explanat – inplet] *in marg. E* et] atque *E* puta] pote *E²*
6/7 ecce – lego] *in marg. E* **9** particulam] particulum *L^{a.c.}* puta] pote *E²*
11 Potest] *iter. E* **14** puta] pote *E²* **16** aut] *om. E* **18/19** sine accentu] sene
accentum *L^{a.c.}* **19** sono] sonu *L* **20** sensum] sensus *L* quare] quale *L^{a.c.}*

20 inplere non potest. Aduerbium quare dictum? Eo quod cohaereat uerbo et significationem ipsius uerbi explanet et inpleat.

DON., *Mai.*   ADVERBIA tantum A SE NASCVNTVR AVT AB ALIIS PAR-
640, 4-7   TIBVS VENIVNT? Et a se nascuntur et ab aliis partibus
ueniunt. Da quando ab aliis partibus ueniunt: A NOMI-
25 NE APPELLATIVO, VT 'DOCTVS, DOCTE'. Quomodo? 'Doctus'
appellatiuae qualitatis nomen est et ab eo quod datiuus casus 'o'
littera terminatur, 'huic docto', inde facit aduerbium in 'e', 'docte'. A PROPRIO, VT 'TVLLIVS, TVLLIANE'. Quomodo? 'Tullius'
propriae qualitatis nomen est, inde facit aduerbium 'Tulliane'.
30 Quomodo? Puta: si faciat quis talem domum qualem Tullius,
Tulliane fecit. A VOCABVLO, VT 'OSTIVM, OSTIATIM'. Quomodo? Quidquid ad possidendum pertinet, sicut est 'domus',
'uinea', ueteres non dicebant nomen esse sed uocabulum. Inde
dicit a uocabulo 'ostiatim'; et si quislibet faciat domum et mul
35 tos ostios per circuitum aut fenestras, facit inde aduerbium:
'ostiatim fecit', 'fenestratim fecit'. Da aduerbium quod A PRO-
NOMINE ueniat: 'MEATIM', 'TVATIM'. Quomodo? Si facio
ego epistolam, facis tu similem, dico 'meatim fecisti'; si facit
alius similem tui, 'tuatim fecit'. A VERBO, VT 'CVRSIM',
40 'STRICTIM'. Quomodo? Ab eo quod facit 'curro, curris, currit',
'stringo, stringis, stringit', inde facit aduerbium, ut 'cursim',
'strictim'. A NOMINE ET VERBO, VT 'PEDETEMPTIM'. Quomodo? 'Pes' nomen est, 'tempto' uerbum est, inde facit aduerbium
'pedetemptim'. A PARTICIPIO, VT 'INDVLGENS, INDVLGEN-
45 TER'. Quomodo? 'Indulgens' participium est et ab eo quod datiuus casus 'i' littera terminatur, 'huic indulgenti', inde facit
aduerbium 'indulgenter'. Da quod a se oriatur: 'HODIE', 'NV-
PER', ['nouiter']. Quomodo oriuntur a se? Quia ab alia parte
non trahunt originem.

Trad. text. α   *F T*

20/21 Aduerbium – inpleat] Ps. SERG., *Explan. in Don.* 509, 19

21 explanet] explanat $T^{a.c.}$ 24 quando – ueniunt] aduerbium quod ab alia parte
ueniat *T*   25 docte] doctae *T*   26 nomen] *om. T*   datiuus] ablatiuus *T*   27 huic] ab
hoc *T*   aduerbium – e] *om. T*   29 nomen] *sup. l. T*   30 Quomodo] ut *T*   31 fecit]
facit *F*   32 Quidquid] quicquid *F*   35 ostios] hostios *T*   aut] uel *T*   facit inde] inde
facit (facit *exp. T^2*) *T*   36 fecit¹] uel *T*   37 Quomodo] *cum* β *correxi, modo* α
38 ego] *in marg. F, om. T*   39 cursim] cirsim *F*   41 stringis] strigis *T*   47 oriatur]
oriantur *F*   48 nouiter] nabiter *F, ut glossam excludendum putaui*   oriuntur] oriantur *F*

quod cohaereat uerbo et significationem ipsius uerbi explanet et inpleat.

Don., *Mai.* ADVERBIA tantumdem A SE NASCVNTVR AVT VENIVNT
640, 4-7 AB ALIIS PARTIBVS? Et a se nascuntur et ab aliis partibus
25 ueniunt. A quibus? A NOMINE APPELLATIVO, VT 'DOCTVS,
DOCTE'. Quomodo? 'Doctus' appellatiuae qualitatis nomen est
et ab eo quod datiuus casus in nomine 'o' littera terminatur,
'huic docto', inde facit aduerbium in 'e', 'docte'. A PROPRIO, VT
'TVLLIVS, TVLLIANE'. Quomodo? 'Tullius' propriae qualitatis
30 nomen est, inde facit aduerbium 'Tulliane'. Quomodo? Puta: si
faciat quis talem domum qualem Tullius, Tulliane fecit. A VOCA-
BVLO, VT 'OSTIVM, OSTIATIM'. Quomodo? Quidquid ad possidendum pertinet, sicut est 'domus', 'uinea', 'agrum', ueteres
non dicebant nomen illud esse sed uocabulum. Inde dicit a
35 uocabulo 'ostiatim'; et si quislibet faciat domum et multa ostia
per circuitum aut fenestras, facit aduerbium inde: 'ostiatim
facit', 'fenestratim'. Da aduerbium quod A PRONOMINE ueniat:
'MEATIM'. Quomodo? Puta si faciam ego epistolam, facis tu
similem, dico 'meatim fecit'; si faciat alter similem episto-
40 lam tui, 'tuatim fecit'. A VERBO, VT 'CVRSIM', 'STRICTIM'.
Quomodo? Ab eo quod facit 'curro, curris, currit', 'stringo, stringis, stringit', inde facit aduerbium, 'cursim', 'strictim'. Da A
NOMINE ET VERBO, 'PEDETEMPTIM'. Quomodo? 'Pes' nomen
est, 'tempto' uerbum est, inde facit aduerbium 'pedetemptim'.
45 Da A PARTICIPIO, 'INDVLGENS, INDVLGENTER'. Quomodo?
'Indulgens' participium est et ab eo quod datiuus casus 'i' littera
terminatur, 'huic indulgenti', facit inde aduerbium 'indulgenter'. Da quod a se oriatur: 'HODIE', 'NVPER', ['nouiter']. Quomodo oritur a se? Quia ab alia parte non trahit originem.

Trad. text. β   *E L*

21 explanet] explanat *E*, explaneat *L²*   **23** nascuntur] nascantur *L²*   ueniunt] et
add. et exp. E   **24** nascuntur] nascantur *L²*   et] *sup. l. L*   **28** A] *om. E*   **30** Puta]
puto *E²*   **31** Tullius] tullis *L^{a.c.}*   **32** Quomodo] modo *E^{a.c.} L*   **33** pertinet] festinet *E*
agrum] anagrum *E L^{a.c.}*   **34** sed] *sup. l. E², om. L*   **35** multa ostia] multas ostias *E^{a.c.} L*
37 aduerbium] aduerbum *L^{a.c.}*   **38** Puta] puto *E²*   **42** cursim] currit *E^{a.c.}*, id est
breuiter *sup. l. add. E²*   **48** nouiter] nauiter *E^{a.c.}*, *ut glossam excludendum putaui*

Don., *Min.*
595, 26
52

596, 1-2
55

60

ADVERBIO QVOT ACCIDVNT? TRIA. QVAE? SIGNIFICATIO, CONPARATIO, FIGVRA. Quomodo significatio? Cuius significationis sit ipsud aduerbium, si loci, si temporis, si numeri, aut cuiuslibet. Conparatio? Si recipiat conparationem aut si non. Figura? Si simplex, si conposita. SIGNIFICATIO ADVERBIORVM IN QVO EST? QVIA SVNT ADVERBIA AVT LOCI AVT TEMPORIS AVT NVMERI et cetera. Et quot sunt aduerbia? Infinita sunt. Numero quot sunt notata? Viginti quattuor. Quot sunt? Loci, temporis, numeri, negandi, adfirmandi, demonstrandi, optandi, hortandi, ordinis, interrogandi, similitudinis, qualitatis, quantitatis, dubitandi, personalia, uocandi, respondendi, separandi, iurandi, eligendi, congregandi, prohibendi, euentus, conparandi.

596, 6-7

65

70

75

DA ADVERBIVM LOCI: VT 'HIC' VEL 'IBI', 'INTVS' VEL 'FORIS', 'illuc', 'sursum', 'deorsum' et alia similia sunt aduerbia loci. TEMPORIS: VT 'HODIE', 'NVPER'. Quomodo? 'Cras', 'perendie' et alia similia aduerbia sunt temporis. NVMERI: VT 'SEMEL', 'BIS'. Quomodo? Quod ad numerum pertinet: 'semel uenit, bis, ter aut quater'. Inter 'semel' et 'simul' est aliqua discretio? Est. Quomodo? 'Simul' aduerbium est congregantis, ut puta si dicam 'simul eamus ad forum'; 'semel' uero aduerbium numeri est, ut puta si dicam 'semel uenisti in die, bis, ter aut quater'. Inter 'bis' et 'uis' est aliqua discretio? Est. Quomodo? Si per 'b' fuerit scriptum, erit aduerbium numeri; si per 'u' et ad uoluntatem pertinuerit, erit uerbum indicatiui modi, 'uolo, uis, uult'; si autem ad uiolentiam pertinuerit, erit nomen, ut puta si dicam 'uis mihi facta est'. NEGANDI: VT 'NON'. Quomodo? Puta si dicam: 'non feci', 'nequaquam penetraui', 'nequaquam scelus peregi'. ADFIRMANDI: VT 'ETIAM', 'QVID-

---

Trad. text. α   *F T*

58/62 Loci – conparandi] cfr Don., *Min.* 596, 1-5   **68/72** Inter – quater] cfr Isid., *Diff.* 1, 521; infra l. 132/133   **72/76** Inter – est] cfr Isid., *Diff.* 1, 604; infra 6, 101/104

50 Aduerbio] aduerbia *T*^{a.c.}   quot] quod *T*   **52** sit] *om. T*   numeri] nemeri *T*^{a.c.}   **53** aut] *om. F*   **56** quot] quod *T*   Infinita] infinito *T*   **61** eligendi] eligandi *T*   **64/65** sunt – loci] *om. T*   **66** alia] *om. T*   aduerbia – temporis] *om. T*   **69** Quomodo] *om. T*   aduerbium] adueruerbium *F*   **72** aut] et *F*   **73** Quomodo] *om. T*   **76** mihi] *om. T*   **77** Puta] *om. F*   nequaquam²] nequa quod *T*

Don., *Min.*
595, 26
52

596, 1-2
55

60

ADVERBIO QVOT ACCIDVNT? TRIA. QVAE? SIGNIFICATIO, CONPARATIO, FIGVRA. Quomodo significatio? Cuius significationis sit ipsud aduerbium, si loci, si temporis, si numeri, aut cuiuslibet. Conparatio? Si recipiat conparationem, si non. Figura? Quae figura sit, si simplex, si conposita. SIGNIFICATIO ADVERBIORVM IN QVO EST? QVIA SVNT AVT LOCI ADVERBIA AVT TEMPORIS AVT NVMERI et cetera. Et quotquot sunt aduerbia? Infinita sunt. Numero quot sunt notata? Viginti quattuor. Quae sunt? Loci, temporis, numeri, negandi, adfirmandi, demonstrandi, hortandi, optandi, ordinis, interrogandi, similitudinis, qualitatis, quantitatis, dubitandi, personalia, uocandi, respondendi, separandi, iurandi, eligendi, congregandi, prohibendi, euentus et conparandi.

596, 6-7

65

70

75

ADVERBIVM LOCI: 'hic', 'IBI', 'INTVS', 'FORIS', 'sursum', 'deorsum' et alia similia aduerbia sunt loci. DA TEMPORIS: 'HODIE', 'NVPER', 'cras', 'perendie' et similia aduerbia sunt temporis. Da NVMERI: VT 'SEMEL', 'BIS'. Quomodo? Quod ad numerum pertinet: 'semel uenit, bis, ter aut quater'. Inter 'semel' et 'simul' est aliqua discretio? Est. Quomodo? 'Simul' aduerbium congregantis est, ut puta si dicam 'simul eamus ad forum'; 'semel' uero aduerbium est numeri, puta si dicam 'semel uenisti inde'. Inter 'bis' et 'uis' est discretio? Est. Quomodo? Si per 'b' fuerit scriptum, erit aduerbium numeri; si per 'u' et ad uoluntatem pertinuerit, erit uerbum indicatiui modi, ab eo quod facit 'uolo, uis, uult'; si autem ad uiolentiam pertinuerit, erit nomen, ut puta si dicam 'uis mihi facta est'. NEGANDI: VT 'NON'. Quomodo? Si dicam: 'non feci', 'nequaquam penetraui', 'nequaquam scelus peregi'. ADFIRMANDI: VT 'QVIDNI', 'ETIAM'. Quomodo? Quia locutio adfirmantis ita est: 'etiam

trad. text. β *E L*

58/62 Loci – conparandi] cfr DON., *Min.* 596, 1-5   67/71 Inter – inde] cfr ISID., *Diff.* 1, 521; infra l. 131/132 71/75 Inter – est] cfr ISID., *Diff.* 1, 604; infra 6, 98/101

50 quot] quo *L^{a.c.}*   52 ipsud] ipsum *E²*   56 quotquot] quodquod *E^{a.c.}* 57 Numero] numeri *L^{a.c.}* quot] quod *E^{a.c.}* notata] notate *E^{a.c.}* *L* 60 quantitatis] quantatis *L* 61 eligendi] *cum* α *scripsi,* elegendi β 62 euentus] euentu *L* conparandi] conpandi *L^{a.c.}* 63 loci] istic *sup. l. add. E²* 64 et] *om. L* similia] *iter. et iteratum exp. L* 69 puta] pote *E²* 70 puta] pote *E²* 72 uoluntatem] uolutatem *L* 74 uiolentiam] uolentiam *L* 75 puta] pote *E²* 75/76 uis – dicam] *om. L* 77 quidni] id est ne quid aliter *sup. l. add. E²*

N I'. Quomodo? Locutio adfirmantis ita est: 'etiam sic factum
80 est', 'quidni factum est'; tale est 'etiam' quale est 'quidni'.

596, 8-9   DEMONSTRANDI, VT 'EN', 'ECCE'. Quomodo? Quando
aliud aliquid demonstrat quisque, sic dicit: 'en uirum quem
quaerebas', 'ecce hominem quem memorabas'. Tale est 'en' sicut
et 'ecce'. OPTANDI, VT 'VTINAM'. Quomodo? Sic solitum est
85 optari: 'utinam legerem!', 'utinam scriberem!'. HORTANDI, VT
'EIA'. Quomodo? Quia ita hortatur: 'eia, faciamus hoc aut
illud!'. Da eius exemplum:
"'Eia, age, rumpe moras! Varium et mutabile semper
femina'. Sic fatus nocti se inmiscuit atrae".
90 ORDINIS, VT 'DEINDE'. Quomodo? Quod ad ordinem pertinet,
si dicam 'dehinc usque illuc meum est'. INTERROGANDI, VT
'CVR', 'QVARE', 'QVAMOBREM'. Quomodo? Quod ad interrogationem pertinet, ut si dicam: 'cur uenisti?', 'quare tardasti?',
'quamobrem hoc egisti?'. SIMILITVDINIS, VT 'QVASI', 'CEV'.
95 Quomodo? Si uideo quemlibet patris aut fratris mei habere similitudinem, sic dico: 'quasi patrem meum uidissem', 'ceu germanum meum uidissem'. Ipsum intellectum habet 'quasi' quod et
'ceu'. Da eius exemplum: "Ceu carcere clausa ligan-
tur".

596, 9-11   QVALITATIS, VT 'DOCTE', 'PVLCHRE'. Quomodo? Si dicam:
101 'docte egit', 'pulchre fecit', 'rite canit'. QVANTITATIS, VT 'MVL-
TVM', 'PARVM', 'NIMIVM'. Quomodo? Quod ad quantitatem
pertinet; dico: 'multum est', 'parum est', 'nimium est'. DV-
BITANDI, VT 'FORSITAN', 'FORTASSE'. Quomodo? Quod ad
105 dubitationem pertinet; sic dicitur: 'forsitan sic factum est',
'fortasse ita illi accidit'. PERSONALIA, VT 'MECVM', 'TECVM',
'SECVM', 'NOBISCVM', 'VOBISCVM'. Quomodo? Sic dicitur:

Trad. text. α   *F T*

87/89 Da – atrae] cfr Ps. SERG., *Explan. in Don.* 559, 1-4

I.4, 88/89 Eia – atrae] VERG., *Aen.* 4, 569-570   **98** Ceu – ligantur] PRVD., *Cath.*
10, 22

79 sic] si *T*   **80** est³] *sup. l. T*   est⁴] et *T*   **82** quisque] quis *T*   **83** hominem]
homo *T*   **89** nocti se] *cum Verg. corr. Maes.*, noctis α   **91** usque] ad *add. T*   meum
est] *om. T*   meum] nomen *F*   **92** quare] *om. T*   **97** quasi] ceu *T*   **98** ceu] quasi *T*
101 Quantitatis] quantatis *Ta.c.*   **106** ita] *om. T*

sic factum est', 'quidni factum est'; tale est 'quidni' quale
80 est 'etiam'.

596, 8-9   DEMONSTRANDI, VT 'EN', 'ECCE'. Quomodo? Quando
alium cuilibet demonstrat quisque, sic dicit: 'en uirum quem
quaerebas', 'ecce hominem quem memorabas'. Tale est 'en' sicut
et 'ecce'. OPTANDI, VT 'VTINAM'. Quomodo? Sic solitum est
85 optari: 'utinam legerem!', 'utinam scriberem!'. HORTANDI, VT
'EIA'. Quomodo? Quia ita hortatur: 'eia, faciamus hoc aut
illud!'. Da eius exemplum: "Eia, animal, rumpe moras", item
"Varium et mutabile semper
femina";
90 et "Hostis adest, eia!". ORDINIS, VT 'DEINDE'. Quomodo?
Quod ad ordinem pertinet, ut puta si dicam 'dehinc usque illuc
meum est'. INTERROGANDI, VT 'CVR', 'QVARE', 'QVAMOBREM'.
Quomodo? Quod ad interrogationem pertinet, ueluti si dicam:
'cur uenisti?', 'quare tardasti?', 'quamobrem hoc egisti?'. SIMI-
95 LITVDINIS, VT 'QVASI', 'CEV'. Quomodo? Si uideo quemlibet
patris aut fratris mei habere similitudinem, sic dico: 'quasi
patrem meum uidissem', 'ceu germanum meum uidissem'. Ipsum
intellectum habet 'quasi' quod et 'ceu'.

596, 9-11   QVALITATIS, VT 'DOCTE', 'PVLCHRE'. Quomodo? Si dicam:
100 'docte egit', 'pulchre fecit', 'rite canit'. QVANTITATIS, VT 'MVL-
TVM', 'PARVM', 'MINIMVM'. Quomodo? Quod ad quanti-
tatem pertinet: 'multum est', 'parum est', 'minimum est'.
DVBITANDI, VT 'FORSITAN', 'FORTASSE'. Quomodo? Quod ad
dubitationem pertinet: 'forsitan sic factum est' et 'fortasse ita illi
105 accidit'. PERSONALIA, VT 'MECVM', 'TECVM', 'SECVM', 'NOBIS-
CVM', 'VOBISCVM'. Quomodo? Sic dicitur: 'mecum fuit', 'tecum

Trad. text. β *E L*

87/90 Da – eia] cfr Ps. SERG., *Explan. in Don.* 559, 1-4

I.4, 87/89 Eia – femina] VERG., *Aen.* 4, 569-570   **90** Hostis – eia] VERG., *Aen.* 9,
38

86 faciamus] facimus *E*   aut] uel *E*   **87** Eia] *iter. E*   **89** femina] feminina *L*
90 adest] est *L*   ut] aut *E*   Quomodo] *sup. l. E*   **91** dehinc] dehic *E*   illuc] illic *E*
93 Quod] cur *E²*   interrogationem] interrogantionem *L*   **95** Si uideo] siuedeo (-deeo
L²) *L*   **103** Quod] quid *L^{a.c.}*   **104** illi] illic *L*

'mecum fuit', 'tecum stetit', 'secum est'. Quare dicit 'secum est'? Quia qui aliis prode fit, et secum est et cum aliis; qui autem
110 sibi proficit, tantum secum est. Da eius exemplum: "Qui aliis prodesse non potuit saltim secum fuit". Quomodo 'nobiscum', 'uobiscum'? Sic dicit: 'nobiscum est', 'uobiscum est'. VOCANDI, VT 'HEVS'. Quomodo? Sic antea consuetudo uocandi erat, quando unus uocabat alterum: quum clamabat
115 'heus', respondebat 'heu'. Da eius exemplum: "Heus tu, inquit, quanam in parte est hic homo Dei?". RESPONDENDI, VT 'HEV'. Quomodo? Mos erat antea ut si quis ab aliis uocatus fuisset, sic respondebat: 'heu'. Inter 'eu' et 'heu' est discretio aliqua an non? Est. Quomodo? Si per 'h'
120 scriptum fuerit, erit aduerbium; si per diptongon scriptum fuerit, erit interiectio.

596, 12-13 ⟨SEPARANDI, VT 'SEORSVM'. Quomodo? Puta si dicam: 'seorsum segrega illos', 'ab inuicem separa eos'. Inter 'inuicem' et 'ab inuicem' est discretio an non? Est. Quomodo? Quando dico
125 'ab inuicem eamus', est aduerbium separantis; quando dico sine praepositione, est aduerbium congregantis. IVRANDI, VT 'EDEPOL', 'CASTOR', 'HERCLE', 'MEDIVS FIDIVS'. Quomodo? Sic antea iurabant: 'per aedem!', 'per Pollucem!', 'per Castorem!', 'per Herculem!', 'per Medius Fidius!', id est 'per mediam
130 fidem!'. ELIGENDI, VT 'POTIVS', 'IMMO'. Quomodo? Quod ad electionem pertinet: 'potius sic factum est', 'immo sic factum

Trad. text. α   F T

118/121 Inter – interiectio] cfr AVDAX, Gramm. 356, 7-9   129/130 per¹ – fidem] cfr SERV. auct., Aen. 8, 301

110/111 Qui – fuit] Incert.   115/116 Heus – Dei] HIER., Vita Pauli 7 (col. 23) 123 seorsum – illos] cfr Iud. 7, 5   ab – eos] cfr Dan. 13, 51

108 dicit] om. T   109 qui¹] om. T   prode – et¹] prodet T   110 sibi] si T exemplum] exemple Tᵃ·ᶜ·   113 heus] eus F   uocandi] sup. l. T   115 heu] eus F, eu Tᵃ·ᶜ· Heus] eus F   117 heu] eu T   118 heu] eu F Tᵃ·ᶜ·   eu] heu T²
119 heu] eu T   119/121 Si – interiectio] om. F   122/134 Separandi – Quomodo] cum β suppleui

sistit', 'secum est'. Quare dicit 'secum est'? Quia qui aliis prode
fit, et secum est et cum aliis; qui tantum sibi, secum est, non
cum aliis. Da eius exemplum: "Quia qui aliis prodesse non
110 potuit saltim secum fit". Quomodo 'nobiscum', 'uobiscum'? Sic
dicit: 'nobiscum est', 'uobiscum est'. VOCANDI, VT 'HEVS'.
Quomodo? Sic antea consuetudo uocandi erat, quando unus
uocabat alterum, ut diceret 'heus tu'; unde scribitur:
"Heus tu, in quanam parte est hic homo Dei?". RESPONDEN-
115 DI, VT 'HEV'. Quomodo? Sic erat mos ante unum alteri
respondere: dum clamabat 'heus tu', respondebat 'heu'.
Inter 'eu' et 'heu' est discretio? Est. Quomodo? Si peneultima
littera habuerit accentum, erit aduerbium respondentis; si uero in ultima, ut puta si dicam 'eu mihi
120 misero!', erit interiectio lugentis.

596, 12-13   SEPARANDI, VT 'SEORSVM'. Quomodo? Puta si dicam: 'seorsum segrega illos', 'ab inuicem separa eos'. Inter 'inuicem' et 'ab
inuicem' est discretio an non? Est. Quomodo? Quando dico 'ab
inuicem eamus', est aduerbium ⟨separantis; quando dico sine
125 praepositione, est aduerbium⟩ congregantis. IVRANDI, VT 'EDE-
POL', 'CASTOR', 'HERCLE', 'MEDIVS FIDIVS'. Quomodo? Sic
antea iurabant: 'per aedem!', 'per Pollucem!', 'per Castorem!',
'per Herculem!', 'per Medius Fidius!', id est 'per mediam
fidem!'. ELIGENDI, VT 'POTIVS', 'IMMO'. Quomodo? Quod ad
130 electionem pertinet: 'potius sic factum est', 'immo sic factum

---

Trad. text. β   *E L*

117/120 Inter – lugentis] cfr AVDAX, *Gramm.* 356, 7-9   **128/129** per² – fidem] cfr
SERV. auct., *Aen.* 8, 301

109/110 Quia – fit] Incert.   **114** Heus – Dei] HIER., *Vita Pauli* 7 (col. 23)   **119/**
120 eu – misero] cfr PLAVT., *Merc.* 661   **121/122** seorsum² – illos] cfr Iud. 7, 5
122 ab¹ – eos] cfr Dan. 13, 51

107 qui aliis] qualiis *L*ᵃ·ᶜ·   qui] cum *E*   prode] prope *L*ᵃ·ᶜ·   **108** sibi] tibi *L*
109 qui] *om. E*   **110** saltim] saltum *L²*   **111** nobiscum] uobiscum *E*   uobiscum]
nobiscum *E*   heus] eus *E*   **112** uocandi erat] fuit uocandi *L*   **113** heus tu] *correxi (cfr*
infra), eus eu β   scribitur] scribit *E*   **114** Heus] eus *E L*ᵃ·ᶜ·   quanam] quenam *E L*ᵃ·ᶜ·
homo] domo *L²*   **115** heu] eu *E L*ᵃ·ᶜ·   unum] *corr.* Maes., unus β   **116** heus] eus *E L*ᵃ·ᶜ·
heu] eu *E L*ᵃ·ᶜ·   **117** eu] heu *L²*   heu] eu *L*ᵃ·ᶜ·   **118** accentum] accentus *L*ᵃ·ᶜ·   **119** in]
sup. l. L   puta] pote *E²*   eu] heu *E L²*   **121** Puta] puto *E²*   **122** Inter] iter *L*
124 aduerbium] aduerbum *L*ᵃ·ᶜ·   **124/125** separantis – aduerbium] *cum Cass. (f. 51ʳ,*
129ᵛ) suppleui   **125** Iurandi] iurantis *L*   edepol] *cum Don. scripsi,* aedepolle *E,* aedepul
L   **126** hercle] *cum Don. scripsi,* ercule *E,* ercle *L*   medius fidius] mendius fidiuus *L²*
127 iurabant] iurabat *L*ᵃ·ᶜ·   **129** Eligendi] *scripsi,* elegendi β   ad] *sup. l. L*

erit'. CONGREGANDI, VT 'SIMVL', 'VNA'. Quomodo? 'Simul
eamus', una pariter eamus'. Inter 'una' et 'una' est aliqua discretio? Est. Quomodo?⟩ Si nomen subsecutum fuerit, ut puta 'una
135 anima', erit nomen; si aduerbium subsecutum fuerit, ut puta
'una pariter' erit aduerbium congregandi. PROHIBENDI, VT
'NE'. Quomodo? Sic prohibens dicit: 'ne dicas uel facias omne
malum'. Inter 'ne' et 'ne' est aliqua discretio? Est. Quomodo?
Si praepositiuum fuerit, ut puta "Ne dicas amico tuo: 'uade et
140 reuertere'", erit aduerbium prohibentis. Si subiunctiuum, ut
quidam dicit "Putasne bene irasceris super hederam istam?",
erit coniunctio.

596, 13-14   EVENTVS, VT 'FORTE', 'FORTVITV'. Quomodo? Sic solitum
est dicere, quando subito aliquid quis audit: 'forte sic aliquid
145 factum', 'fortuitu aliquid euenit ei', 'extemplo accidit illi'.
CONPARANDI, VT 'MAGIS' VEL 'TAM'. Quomodo? 'Tam',
'magis' et 'maxime', 'minus' et 'minime' tota aduerbia conparantis sunt, quod habent in se ⟨augentis⟩ significationem, ut: 'docte'
positiuus gradus est, 'doctius' conparatiuus, 'doctissime' superla-
150 tiuus. Modo ista aduerbia augentis 'tam', 'magis' et 'maxime',
'minus' et 'minime' non erunt addenda conparatiuo et superlatiuo gradui, sed positiuo tantum; nam conparatiuo et superlatiuo
gradui adici non oportet. Ista aduerbia positiui gradus cui gradui
adiunguntur? Conparatiuo tantum; nam 'maxime' quamuis
155 positiuo iungitur, pro superlatiuo gradu ponitur.

596, 15-17   CONPARATIO ADVERBIORVM IN QVO EST? IN TRIBVS GRA-
DIBVS CONPARATIONIS: POSITIVO, CONPARATIVO ET SVPER-
LATIVO, VT 'DOCTE, DOCTIVS et DOCTISSIME'. Et quae

Trad. text. α   F T

138/142 Inter – coniunctio] cfr Isid., *Diff.* 1, 392; infra 6, 82/88   **146/
149** Quomodo – superlatiuus] cfr Don., *Mai.* 642, 10-14   **150/155** Modo – ponitur]
cfr Don., *Mai.* 618, 13-17

137/138 ne² – malum] cfr Is. 56, 2   **139/140** Ne – reuertere] Prou. 3, 38
141 Putasne – istam] Ion. 4, 9

138 Quomodo] *om. T*   **143** fortuitu] fortuito *T*   Sic solitum] siclitum *T^{i.c.}*
145 extemplo] extimplo *T*   **147** conparantis] conparandis *T^{i.c.}*   **148** augentis] *cum* β
suppleui   **149** gradus est] *om. T*   doctius] doctios *T^{i.c.}*   **151** et¹] *om. T*   addenda]
cum β *correxi*, addemta (-empta *T*) α   **154** adiunguntur] *correxi*, adiungitur α
156 Conparatio] conpartio *T^{i.c.}*   **157** conparationis] quomodo *add. F*   **158** et] *om. T*
Et] *om. T*

erit'. CONGREGANDI, VT 'SIMVL', 'VNA'. Quomodo? 'Simul
eamus', 'una pariter eamus'. Inter 'una' et 'una' est aliqua discretio? Est. Quomodo? Si nomen subsecutum fuerit, ut puta 'una
anima', erit nomen; si aduerbium subsecutum fuerit, ut puta
135 'una pariter eamus' erit aduerbium congregantis. PROHIBEN-
DI, VT 'NE'. Quomodo? Sic prohibens dicis: 'ne dicas uel ne
facias omne malum'. Inter 'ne' et 'ne' est discretio? Est. Quae?
Si praepositiuum fuerit, "Ne dicas amico tuo: 'uade et reuertere'", erit aduerbium prohibentis. Si subiunctiuum fuerit, ut
140 quidam dicit "Putasne bene irasceris super hederam?", erit coniunctio.

596, 13-14   EVENTVS, VT 'FORTE', 'FORTVITV'. Quomodo? Sic solitum
est dicere, quando subito aliquid quis audit: 'forte sic factum
est', 'fortuitu euenit', 'extemplo occidit illi'. CONPARAN-
145 TIS, VT 'MAGIS' VEL 'TAM'. Quomodo? 'Tam', 'magis' et 'maxime', 'minus' et 'minime' tota aduerbia conparantis sunt, quod
habent in se augentis significationem, ut puta: 'docte' positiuus
gradus est, 'doctius' conparatiuus, 'doctissime' superlatiuus. Modo ista augentis aduerbia 'tam', 'magis' et 'maxime', 'minus'
150 et 'minime' non erunt addenda conparatiuo aut superlatiuo
gradui, sed positiuo tantum; nam conparatiuo et superlatiuo
gradui adici non oportet. Ista aduerbia positiui gradus cui gradui
iunguntur? Conparatiuo tantum; nam 'maxime' quamuis
positiuum iungatur, pro superlatiuo gradu ponitur.

596, 15-17   CONPARATIO ADVERBIORVM IN QVO EST? IN TRIBVS GRA-
156 DIBVS CONPARATIONIS: POSITIVO, CONPARATIVO ET SVPER-
LATIVO. DA ADVERBIVM POSITIVI GRADVS: 'DOCTE'.

---

rad. text. β   *E L*

137/140 Inter – coniunctio] cfr ISID., *Diff.* 1, 392; infra 6, 77/81   **145/
148** Quomodo – superlatiuus] cfr DON., *Mai.* 642, 10-14   **148/154** Modo – ponitur]
cfr DON., *Mai.* 618, 13-17

136/137 ne² – malum] cfr Is. 56, 2   **138** Ne – reuertere] Prou. 3, 38   **140** Putasne –
hederam] Ion. 4, 9

131 una] unum *L^{a.c.}*   **132** aliqua] aliquid *L*   **136** ne³] *om. E*   **139** aduerbium] *cum
α correxi*, prouerbium β   **140** hederam] etheram *E*   **144** euenit] enit *L^{a.c.}*   extemplo]
cum α correxi, extempla *E*, exempla *L*   **146** quod] quot *E²*   **147** significationem]
significationes *E²*   puta] pote *E²*   **149** maxime] maxima *L*   **151** gradui] *cum α correxi*,
casui β   sed] et *add. E*   **152** oportet] *cum α correxi*, oportent β   **153** quamuis] quis uis
L

aduerbia conparantur? Illa quae conparari possunt: et
160 quae a se nascuntur et quae ab aliis partibus ueniunt. Tota
recipiunt conparationem an non? Non. Et qualia? Illa quae conparari possunt. Da aduerbium quod a nomine ueniat et conparetur: ut 'sancte, sanctius et sanctissime'. Da quod ab alia parte
ueniat et conparationem non recipiat: 'rite'. Quomodo est
165 aduerbium aut quomodo uenit ab alia parte? 'Ritus' nomen est
et ab eo quod in nomine facit datiuus casus 'huic rito',
inde facit aduerbium 'rite'. Da quod a se oriatur et non conparetur: 'hodie', 'nuper', 'hesterno' et his similia. Da quod a se
oriatur et conparetur: 'sepe, sepius et sepissime'. Gra-
170 dus ipsi semper longi sunt aut semper breues? Interdum longi,
interdum breues. Quomodo? Quando ab alia parte uenerit et ab
una syllaba in conparatione inchoauerit, sicut est 'docte, doctius,
doctissime', positiuus longus erit. Quando ab una syllaba non
inchoauerit, ut 'bonus, melior', tunc erit breuis. Quando a
175 se ortum fuerit, positiuus et conparatiuus semper breues sunt.
Superlatiuus tamen gradus in omnibus aduerbiis quae conparari
possunt semper longus est.

Aduerbia quae in 'e' productum exeunt a quali parte
ueniunt? A nomine. Quomodo? Quando datiuus casus
180 in nomine 'o' littera terminatur, 'huic docto', inde facit aduerbium 'docte'; 'huic sedulo' facit aduerbium 'sedule'. Quae in 'r'
exeunt a quali parte ueniunt? Quod datiuo casu 'i' littera terminatur, 'huic agili', facit aduerbium in 'er', 'agiliter'; 'huic
ueloci' facit aduerbium 'uelociter'. Venit aliquid contra istam

---

Trad. text. α   *F T*

163/164 Da – rite] cfr Ps. Serg., *Explan. in Don.* 560, 5   168/169 Da – sepissime]
cfr Ps. Serg., *Explan. in Don.* 512, 24   169/175 Gradus – sunt] cfr Don., *Mai.* 640,
12-15; Pomp., *Gramm.* 244, 21-36   176/177 Superlatiuus – est] cfr Ps. Serg., *Explan.
in Don.* 512, 21-24; infra II.3, 216/221   178/188 Aduerbia – duriter] cfr Don., *Mai.*
641, 2-7; Pomp., *Gramm.* 246, 4-21

---

160 ab] *om. T*   161 Et] *om. T*   163 ut] *om. T*   sanctius] santius *F*   alia] lia *T*ᵃ·ᶜ·
164/165 est – uenit] uenit haec aduerbium *T*   est] *cum* β *correxi,* haec α
165 aduerbium] aduerbia *F*   168 hesterno] *cum* β *correxi,* externo α   169 conparetur]
non *praem. T*   Gradus] gradi *T*   173 non] *om. T*   174 inchoauerit] erit *T*   melior
tunc] *om. F*   a] ad *T*   179 Quomodo] *om. T*   180 huic] ab *praem. F*   181 huic] huc
*T*ᵃ·ᶜ·   181/182 r exeunt] ereunt *T*   182 datiuo casu] datiuus casus *T*

Da CONPARATIVI: 'DOCTIVS'. Da SVPERLATIVI: 'DOC-
TISSIME'. Et quae aduerbia conparantur? Et quae a se nascuntur
160 et quae ab aliis partibus ueniunt. Tota quae a se nascuntur et
quae ab aliis partibus ueniunt, recipiunt conparationem
an non? Non. Et qualia? Illa tantum quae conparari possunt.
Da aduerbium quod a nomine ueniat et conparationem recipiat: 'sancte, sanctius, sanctissime'. Da quod ab alia parte ueniat
165 et conparationem non recipiat: 'rite'. Quomodo est aduerbium
aut quomodo uenit ab alia parte? 'Ritus' nomen est et ab eo
quod facit in nomine datiuo casu 'huic rito', inde facit
aduerbium 'rite'. Da quod a se oriatur et non conparetur: 'hodie',
'nuper', 'hesternum' et similia. Gradus ipsi semper longi sunt
170 aut semper breues? Interdum longi, interdum breues. Quomodo? Quando aduerbium ab alia parte uenerit et ab una syllaba
in conparatione inchoauerit, sicut est 'docte, doctius, doctissime',
positiuus longus erit. Quando ab una syllaba non inchoauerit,
sicut est 'bene', breuis. Quando a se ortum fuerit, et positiuus
175 et conparatiuus semper breues sunt. Superlatiuus tamen gradus
in omnibus aduerbiis quae conparari [non] possunt semper
longus est.

Da aduerbia quae in 'e' productum exeunt: a quali nomine
ueniunt? Quod datiuo casu 'o' littera terminatur, ut 'huic
180 docto', facit aduerbium 'docte'; 'huic sedulo' facit aduerbium
'sedule'. Quae in 'r' exeunt a quali nomine ueniunt? Quod datiuo casu 'i' littera terminatur, ut 'huic agili', 'agiliter' facit in
aduerbio; 'huic ueloci' facit 'uelociter'. Venit aliquid contra
istam regulam? Venit. Quomodo? 'Durus' appellatiuae qualitatis
185 nomen est et datiuus casus 'o' littera terminatur in nomine, ut

Trad. text. β   *E L*

164/165 Da – rite] cfr Ps. SERG., *Explan. in Don.* 560, 5   **169/175** Gradus – sunt]
cfr DON., *Mai.* 640, 12-15; POMP., *Gramm.* 244, 21-36   **175/177** Superlatiuus – est] cfr
Ps. SERG., *Explan. in Don.* 512, 21-24; infra II.3, 219/220   **178/187** Da – duriter] cfr
DON., *Mai.* 641, 2-7; POMP., *Gramm.* 246, 4-21

160 ueniunt] eueniunt *L*   **160/161** quae² – ueniunt] *in marg. E*   a] *sup. l. E*   **161/**
162 recipiunt – tantum] *in marg. L*   recipiunt] *iter. L*   **164** alia] ali *L^{a.c.}*   **166** uenit]
ueniat *L^{a.c.}*   **169** hesternum] esternum *E L^{a.c.}*   ipsi] ipse *L^{a.c.}, om. E*   **171** aduerbium]
om. L   **173** non] *om. L*   **174** bene] *om. L*   fuerit] ferit *L^{a.c.}*   **176** non] *cum α exclusi*
178 productum] producta *E*   **182** in] *sup. l. L*   **185** ut] *om. E*

185 regulam? Venit. Quomodo? 'Durus' appellatiuae qualitatis nomen est et datiuus casus 'o' littera terminatur, 'huic duro'; aduerbium in 'e' exire debuit, 'dure'; modo uenit contra regulam et non facit 'dure', sed 'duriter'.

596, 19-20 FIGVRAE ADVERBIORVM QVOT SVNT? DVAE. QVAE?
190 SIMPLEX ET CONPOSITA. SIMPLEX, VT 'QVID' VEL 'DOCTE', 'PRVDENTER'. Quomodo? 'Quid' monosyllabum est et est simplex figura. 'Doc' nihil est, 'te' pronomen est, 'pru' nihil est, 'denter' similiter, et est simplex figura. CONPOSITA, VT 'QVIDQVID', 'INDOCTE', 'INPRVDENTER'. Quomodo? 'Quid'
195 aduerbium est et 'quid' similiter. 'In' praepositio est, 'docte' aduerbium est. 'In' praepositio est, 'prudenter' aduerbium est, et est conposita figura. Quot modis aduerbia conponuntur? Quattuor. Quomodo? Ex duobus integris, ut 'nobiscum': 'nobis' pronomen est, 'cum' praepositio est. Ex duobus corruptis, ut 'male':
200 ma' nihil est, 'le' similiter. Ex integro et corrupto, ut 'sepe': 'se' pronomen est, 'pe' nihil est. Ex corrupto et integro, ut 'frequenter': 'frequen' nihil est, 'ter' aduerbium est numeri. Ex pluribus, ut 'oboedienter': 'oboedi' uerbum est, 'en' et 'ter' aduerbium est.

596, 21-597, 3 ADVERBIA LOCALIA VEL IN LOCO SVNT VEL DE LOCO VEL
206 AD LOCVM. Quomodo 'in loco'? Vt 'hic', 'ibi', 'intus', 'foris', 'sursum', 'deorsum' et cetera similia aduerbia sunt loci. Quomodo 'de loco'? Vt 'hinc', 'inde'. Quomodo? 'Hinc uadit', 'inde uenit'. Item 'intus uenio', 'foris uenio'. Quomodo? De intus
210 foris uenio; foris uenio, quando de foris intus uenio. Quomodo 'ad locum'? Vt 'huc', 'illuc'. Quomodo? 'Huc uenit', 'illuc uadit'. Item 'intus eo', 'foris eo'. Quomodo? Intus eo, quando de foris

---

Trad. text. α   *F T*

206/207 Quomodo – loci] cfr supra l. 63/65   209/213 Item – uado²] cfr Ps. SERG., *Explan. in Don.* 510, 20-23

185 Quomodo] quid *T*   189 Quae] *om. T*   190 quid uel] *om. T*   191/193 Quomodo – figura] *om. T*   194 quidquid] *om. T*   196 est¹] *om. T*   198 Quomodo] *om. T*   duobus] dobus *F*   199 male] quale quomodo *add. F*   200 similiter] qua nihil est le similiter *add. F*   sepe] quomodo *add. F*   201 corrupto et] *sup. l. T*   frequenter] quomodo *add. F*   203 oboedienter] quomodo *add. F*   203/204 et – est] aduerbium ter similiter *T*   205 localia] *iter. F*   207 similia – loci] *om. T*   208 Quomodo] *om. T*

'huic sedulo'; aduerbium in 'e' exire debuit, 'sedule'; modo
uenit contra regulam et non facit 'dure', sed 'duriter'.

<table>
</table>

596, 19-20 FIGVRAE ADVERBIORVM QVOT SVNT? DVAE. QVAE?
          SIMPLEX ET CONPOSITA. ⟨SIMPLEX⟩, VT 'QVID' VEL 'DOCTE',
190 'PRVDENTER'. Quomodo? 'Quid' monosyllabum est et est
          simplex figura. 'Doc' nihil est, ⟨'te' pronomen est, 'pru' nihil est,⟩
          'denter' similiter nihil est, et est simplex figura. CONPOSITA,
          VT 'QVIDQVID', 'INDOCTE', 'INPRVDENTER'. Quomodo est
          conposita figura? 'Quid' aduerbium est, 'quid' similiter. 'In'
195 praepositio est, 'docte' aduerbium est. 'In' praepositio est, 'pru-
          denter' aduerbium est, et est conposita figura. Et quot modis
          aduerbia conponuntur? Quattuor. Ex duobus integris, ut 'nobis-
          cum': 'nobis' pronomen est, 'cum' praepositio est. Ex duobus
          corruptis, 'male': ma' nihil est, 'le' similiter. Da ex integro et
200 corrupto, 'sepe': 'se' pronomen est, 'pe' nihil est. Da ex corrupto
          et integro, 'frequenter': 'frequen' nihil est, 'ter' aduerbium est.
          Da ex pluribus, 'oboedienter': 'oboedi' uerbum est, 'en' et 'ter'
          aduerbia sunt.

6, 21-597, 3 ADVERBIA LOCALIA VEL IN LOCO SVNT VEL DE LOCO VEL
205 AD LOCVM. Quomodo 'in loco'? Vt 'hic', 'ibi', 'intus', 'foris', 'sur-
          sum', 'deorsum' et cetera similia loci sunt aduerbia. Quomo-
          do 'de loco'? Vt 'hinc', 'inde'. Quomodo? 'Hinc uadit', 'inde
          uenit'. Item 'intus uenio' et 'foris uenio': intus uenio, quando
          de intus foris uenio; foris uenio, quando de foris intus uenio.
210 Quomodo 'ad locum'? Vt 'huc', 'illuc'. Quomodo? 'Huc uenit',
          'illuc uadit'. Item 'intus eo' et 'foris eo'. Quomodo? Intus eo,

---

trad. text. β   *E L*

205/206 Quomodo – aduerbia] cfr supra l. 63/64   208/212 Item – uado²] cfr
Ps. SERG., *Explan. in Don.* 510, 20-23

186 sedulo] duro *sup. l. E²*   sedule] duro *sup. l. E²*   187 non] *sup. l. E*
189 Simplex²] *cum Don. et α suppleui*   191 te – est³] *cum α suppleui*   193 quidquid]
quicquid *E²*   194 conposita] conpār *L*   Quid] *sup. l. L*   195 est³] *om. L*
196 aduerbium] est *praem. L*   est¹] *om. E*   conposita figura] conpositae figurae *E*
quot] quod *E*   197 ut] *sup. l. E*   198 est²] *om. E*   200 est²] *om. E*   205 hic] huic
Eᵃ·ᶜ·, huc *L*   208 et] *sup. l. L*   209 uenio¹] uado *E*   de²] *om. L*   211 intus] intro *E²*
foris] foras *E*   Intus] intro *E²*

intus uado; foris eo, quando de intus foris uado. SED IN LOCO
ET DE LOCO EANDEM SIGNIFICATIONEM HABENT, VT 'INTVS
215 SVM', 'INTVS EXEO', 'FORIS SVM', 'FORIS VENIO'. NAM AD
LOCVM ALIAM SIGNIFICATIONEM HABENT, VT 'INTVS EO',
'FORIS EO'. Quomodo? Quia quomodo dicimus in loco 'intus
sum', 'foris sum', et de loco 'intus uenio', 'foris uenio', ad locum
non sic dicitur, sed 'intus eo', 'foris eo'. 'DE INTVS' AVTEM ET
220 'DE FORIS' SIC NON DICITVR, QVOMODO 'AD FORAS' VEL 'DE
FORAS'. Quomodo? Non dicendum est cum praepositione 'de
intus uenio', 'de foris uenio', 'ad intus eo', 'ad foras eo', sed sine
praepositione 'intus uenio', 'foris', 'hinc', 'inde', QVAMVIS
LEGERIMVS 'DESVRSVM', 'DESVBITO' ET 'EXINDE' ET 'ABVS-
225 QVE', 'DEHINC'; SED HAEC TAMQVAM VNAM PARTEM ORA-
TIONIS SVB VNO ACCENTV PRONVNTIAMVS. PER LOCVM,
'HAC', 'ILLAC'. Quomodo? Sic dicit quando homo huc, illuc se
exambulat: 'hac, illac ambulat'.

Nomina ciuitatum per qualem casum proferenda sunt? Quan-
230 do primae et tertiae declinationis fuerint, ut puta 'haec Emerita', 'huius Emeritae', '⟨haec⟩ Kartago', 'huius Kartaginis',
per datiuum casum proferenda sunt. Vt puta si interrogauerit
te quis 'ubi es?', respondes per datiuum casum 'Emeritae
sum', 'Kartagini sum'. Quando autem secundae declinationis
235 fuerint, per genitiuum casum proferenda sunt: 'hic Toletus',
'huius Toleti', responderis per genitiuum casum 'Toleti sum'.

DON., *Mai.*
643, 13-15
642, 7-8

Trad. text. α   *F T*   *post* **222** eo² des. *T*

217/219 Quomodo – eo²] cfr POMP., *Gramm.* 248, 7-16   **221/223** Quomodo –
inde] cfr POMP., *Gramm.* 248, 16-19; PS. SERG., *Explan. in Don.* 510, 23-24   **229/**
249 Nomina – pergo] cfr PS. SERG., *Explan. in Don.* 511, 1 - 512, 13

213 uado¹] uadit *F*   foris¹] foras *F*   uado²] uadit *F*   **215** exeo] *cum Don. corr. Maes.*,
eo *F*, uenio *T*   **220** uel] et *F*   **221/222** de – uenio²] foris uenio intus uenio *T*
222 foras] foris *T*   **224** desursum desubito] *cum Don. et* β *correxi*, decursum desubtus
F   **224/225** abusque dehinc] *cum Don. et* β *correxi*, absque hinc *F*   **227** hac] *scripsi*, ac
F   **228** hac] *scripsi*, ac *F*   **231** haec] *cum* β *suppleui*

quando de foris intus uado; foris eo, quando de intus foris uado.
Sᴇᴅ ɪɴ ʟᴏᴄᴏ ᴇᴛ ᴅᴇ ʟᴏᴄᴏ ᴇᴀɴᴅᴇᴍ sɪɢɴɪꜰɪᴄᴀᴛɪᴏɴᴇᴍ
ʜᴀʙᴇɴᴛ, ᴠᴛ 'ɪɴᴛᴠs sᴠᴍ', 'ɪɴᴛᴠs ᴇxᴇᴏ', 'ꜰᴏʀɪs sᴠᴍ', 'ꜰᴏʀɪs
215 ᴠᴇɴɪᴏ'. Nᴀᴍ ᴀᴅ ʟᴏᴄᴠᴍ ᴀʟɪᴀᴍ sɪɢɴɪꜰɪᴄᴀᴛɪᴏɴᴇᴍ ʜᴀʙᴇɴᴛ,
ᴠᴛ 'ɪɴᴛʀᴏ ᴇᴏ', 'ꜰᴏʀᴀs ᴇᴏ'. Quomodo? Quia quomodo dicimus in loco 'intus sum', 'foris sum', et de loco 'intus uenio' et
'foris uenio', ad locum non sic dicitur, sed 'intro eo' et 'foras
eo'. 'Dᴇ ɪɴᴛᴠs' ᴀᴠᴛᴇᴍ ᴇᴛ 'ᴅᴇ ꜰᴏʀɪs' sɪᴄ ɴᴏɴ ᴅɪᴄɪᴛᴠʀ, ϙᴠᴏ-
220 ᴍᴏᴅᴏ 'ᴀᴅ ꜰᴏʀᴀs' ᴠᴇʟ 'ᴅᴇ ꜰᴏʀᴀs'. Quomodo? Non dicendum
est cum praepositione 'de intus uenio', 'de foris uenio', 'ad intus
eo', 'ad foras eo', sed sine praepositione 'intus', 'foris', 'hinc',

ᵭᴏɴ., *Mai.*
643, 13-15 'inde', ϙᴠᴀᴍᴠɪs ʟᴇɢᴇʀɪᴍᴠs 'ᴅᴇsᴠʀsᴠᴍ', 'ᴅᴇsᴠʙɪᴛᴏ' ᴇᴛ 'ᴇx-
ɪɴᴅᴇ' ᴇᴛ 'ᴀʙᴠsϙᴠᴇ' ᴇᴛ 'ᴅᴇʜɪɴᴄ'; sᴇᴅ ʜᴀᴇᴄ ᴛᴀᴍϙᴠᴀᴍ
225 ᴠɴᴀᴍ ᴘᴀʀᴛᴇᴍ ᴏʀᴀᴛɪᴏɴɪs sᴠʙ ᴠɴᴏ ᴀᴄᴄᴇɴᴛᴠ ᴘʀᴏɴᴠɴ-
642, 7-8 ᴛɪᴀʙɪᴍᴠs. Pᴇʀ ʟᴏᴄᴠᴍ, ᴠᴛ 'ʜᴀᴄ', 'ɪʟʟᴀᴄ'. Quomodo? Sic
dicitur quando homo huc atque illuc exambulat: 'hac, illac
ambulat'.

Nomina ciuitatum per qualem casum proferenda sunt? Quan-
230 do primae et tertiae declinationis fuerint, ut puta 'haec Emere-
ta', 'huius Emeretae', 'haec Cartago', 'huius Cartaginis',
per datiuum casum proferenda sunt. Vt puta si interrogatur quis
'ubi es?', respondet per datiuum casum 'Emeretae sum',
'Cartagini sum'. Quando autem secundae declinationis fuerint,
235 per genitiuum casum proferenda sunt. Vt puta 'hic Toletus',
'huius Toleti', respondes per genitiuum casum 'Toleti sum'.
Nomina ciuitatum cum praepositionibus proferenda sunt an

ᴛrad. text. β   *E L*

216/219 Quomodo – eo] cfr Pᴏᴍᴘ., *Gramm.* 248, 7-16   **220/223** Quomodo –
inde] cfr Pᴏᴍᴘ., *Gramm.* 248, 16-19; Ps. Sᴇʀɢ., *Explan. in Don.* 510, 23-24   **229/
251** Nomina – propero] cfr Ps. Sᴇʀɢ., *Explan. in Don.* 511, 1 - 512, 13

212 uado[1]] uadit *E^{a.c.} L*   foris[2]] foras *E*   uado[2]] uadit *E^{a.c.} L*   **214** exeo] *cum Don.
corr. Maes.*, ero (eo *E²*) β   **216** foras] foris *L*   **219** foris] foras *L*   **220** de] in *E²*
221 intus[2]] intro *E²*   **222** foras] foris *L*   **225** pronuntiabimus] pronuntiauimus *E^{a.c.}*
226 hac] ac *L*   **226/228** Quomodo – ambulat] *om. E*   **227** exambulat] exambulam
L   hac] *scripsi*, ac β   **229** qualem] *cum* α *correxi*, quali (quem *E²*) β   casum] casu *E^{a.c.} L*
proferenda] proferende *E^{a.c.} L*   **230** puta] pote *E²*   Emereta] mereta *L*
231 Emeretae] merete *L*   **232** proferenda] proferendae *L*   puta] pote *E²*   **233** es] est
L   respondet] respondit *E^{a.c.}*   sum] sunt *L^{a.c.}*   **234** Quando] quomodo *L*   autem] si
add. L   **235** puta] pote *E²*   **236** respondes] respondit *E^{a.c.}*   Toleti[2]] tolleti *E*
237 an] aut *L*

Nomina ciuitatum cum praepositionibus proferenda sunt an
non? Non quia his praepositio non anteponitur, quae prouinciis,
locis regionibusue adici solet. Quemadmodum nomina ciuita-
240 tum sine praepositionibus proferuntur, prouinciarum atque
Don., *Mai.* locorum quomodo proferenda sunt? Cum praepositionibus, VT
642, 11-12 'DE AFRICA VENIO', 'AD SICILIAM PERGO', 'IN ITALIA SVM',
excepto 'domum consulis eo' et 'rus eo' dicendum est. Quando
ad ciuitatem ambulat quis et interrogatur aliquis 'ubi ambulas?',
245 per qualem casum respondere debet? Per accusatiuum, ut puta
"Toletum pergo", "Caesaragustam ambulo". Et quando de ciuitate ad ciuitatem uenit quis et interrogatur "quo proficisceris?", per
qualem casum respondere debet? Per septimum. Quomodo?
"Toleto proficiscor", "Barcinona pergo".

I.5. DE PARTICIPIO

Don., *Min.*   QVID EST PARTICIPIVM? PARS ORATIONIS PARTEM
597, 5-6 CAPIENS NOMINIS ET PARTEM VERBI. Quomodo 'pars orationis'? Pars locutionis. Quomodo 'partem capiens nominis et
5 partem uerbi'? Quia partem capit a nomine et partem a uerbo.
Quid capit a nomine? GENERA ET CASVS. Quomodo? Quia
quemadmodum nomini accedunt genera et casus, ita et participio. Quid capit a uerbo? TEMPORA ET SIGNIFICATIONES.
Quomodo? Quia quemadmodum uerbo accedunt tempora
10 tria, praesens, praeteritum et futurum, ita et participio; et quomodo uerbo accedunt significationes, ita et genera participio.
Quomodo? Quia ipsud est in uerbo significatio quod genus, et

Trad. text. α   *F*

I.5, 12   Quia – genus] cfr Ps. SERG., *Explan. in Don.* 548, 25-26

239 solet] *corr. Lor.*, solent β   **242** Africa] *cum* β *scripsi*, aurica *F*   **243** rus eo] *cum*
β *correxi*, rursum *F*   dicendum est] *in ras. F*   **247** quo] *cum* β *correxi*, quae *F*

non ? Non quia his praepositio non anteponitur, quae prouinciis,
locis regionibusue adici solet. Quemadmodum nomina ciuita-
240 tum sine praepositionibus proferuntur, prouinciarum, locorum,
uillarum atque domorum quomodo proferenda sunt ? Cum
praepositionibus, VT 'DE AFRICA VENIO', 'AD SICILIAM PER-
642, 11-12 GO', 'IN ITALIA SVM', excepto 'domum consulis eo' et 'rus eo',
nam ad propriam domum cum praepositione dicendum
245 est: 'ad domum meam eo'. Quando ad ciuitatem ambulat
quis et interrogatur 'ubi ambulas ?', per qualem casum respondere
debeo ? Per accusatiuum, ut puta 'Toletum pergo', 'Caesaragustam ambulo'. Et quando de ciuitate ad ciuitatem uenit quis et
interrogatur 'quo proficisceris ?', per qualem casum respondere
250 debeo ? Per septimum. Quomodo ? "Toleto proficiscor", "Barcinona propero".

I.5. DE PARTICIPIO

DON., Min.   PARTICIPIVM QVID EST ? PARS ORATIONIS PARTEM
597, 5-6 CAPIENS NOMINIS ET PARTEM VERBI. Quomodo 'pars orationis' ? Pars locutionis. Quomodo 'partem capiens nominis et
5 partem uerbi' ? Quia partem capit a nomine et partem a uerbo.
Quid capit a nomine ? GENERA ET CASVS. Quomodo ? Quia
quemadmodum nomini accidunt genera et casus, ita et participiis. Genus ? Si masculinum sit, si femininum, si
omnis generis. Casus ? Si nominatiuus, si genitiuus,
10 si qualislibet de istis sex casibus. Quid capit a uerbo ?
TEMPORA ET SIGNIFICATIONES. Quomodo ? Quia quomodo
uerbo accidunt tempora tria, praesens, praeteritum et futurum,
ita et participio; et quomodo uerbo accidunt significationes,

---

Trad. text. β   E L

---

238 Non] *sup. l. E*   his] is L   239 solet] *corr. Lor.*, solent β   242 Africa] africam
E*a.c.*   243 sum] sunt L*a.c.*   et] *sup. l. L*   246 qualem] quem E²   247 puta] pote E²
248 ciuitate] citate L*a.c.*   ciuitatem] uitate L*a.c.*   249 proficisceris] profisceris L*a.c.*
per – casum] *om. E*   250 debeo] debet E   proficiscor] *cum* α *correxi*, proficisco β
    I.5, 1 participio] pars quinta *add. L*   3 capiens] *iter. et iteratum exp. L*   et partem]
partemque L   4/5 et partem] partemque L   5 capit] capiat L   7 nomini] nomina
E*a.c.*, nominibus L   accidunt] accedunt L*a.c.*   8 femininum] feminum L   9 omnis]
omni E*a.c.* L   10 qualislibet] quolibet L   13 ita] inta L   participio] participii E*a.c.* L*a.c.*

ab ipsa significatione uerborum requiruntur genera participiorum. Quomodo? Si ab actiuo uerbo ueniat ipsud participium, si
15 a passiuo, si a neutro, si a deponenti, si a communi. Si AB VTRO-
QVE NVMERVM ET FIGVRAM, quomodo? Quia sicut nomini
et uerbo accedit numerus et figura, ita et participio, si singularis
numerus sit, si pluralis. Quare dicit participium? Quasi
particapium, eo quod PARTEM CAPIENS NOMINIS ET
20 PARTEM VERBI.

597, 7-8   PARTICIPIO QVOT ACCEDVNT? SEX. QVAE? GENERA,
CASVS, TEMPORA, SIGNIFICATIONES, NVMERVS ET FIGVRA.
Quomodo genera? Cuius generis sit ipsud participium, si masculini, si feminini, si omnis. Quomodo casus? Qualis casus sit, si
25 nominatiuus, si genitiuus, si datiuus, si accusatiuus, si
uocatiuus, si ablatiuus. Quomodo tempora? Cuius temporis sit, si praesentis, si praeteriti, si futuri. Quomodo significationes? A quali significatione uerbi ueniat ipsud participium, si
ab actiua, si a passiua, si a neutra, si a deponenti, si a com-
30 muni, si ab utrisque. Quomodo numerus? Si singularis, si
pluralis. Quomodo figura? Si simplex, si conposita.

597, 9-11   GENERA PARTICIPIORVM QVOT SVNT? QVATTVOR. QVAE?
MASCVLINVM, VT 'HIC LECTVS'; FEMININVM, VT 'HAEC LEC-
TA'; NEVTRVM, VT 'HOC LECTVM'; COMMVNE EX TRIBVS
35 GENERIBVS, VT 'HIC ET HAEC ET HOC LEGENS'. Quomodo?
Quando dico 'lectus', participium est generis masculini; quando
dico 'lecta', feminini; quando dico 'lectum', neutri; quando dico
'legens', omnis, quia sic dicit pro uiro sicut et pro muliere
aut mancipio. Quomodo? 'Legens uir', 'legens mulier',
597, 12-14 'legens mancipium'. CASVS PARTICIPIORVM QVOT SVNT? SEX.
41 QVI? Nominatiuus, genitiuus, datiuus, accusatiuus,
uocatiuus, ablatiuus. Quomodo? NOMINATIVVS, VT

Trad. text. α   *F*

18/20 Quare – uerbi] POMP., *Gramm.* 256, 16-17; PS. SERG., *Explan. in Don.* 513, 9-
10; ISID., *Etym.* I, II, I   **35/40** Quomodo – mancipium] cfr POMP., *Gramm.* 258, 13-29

I.5, 15 utroque] *cum Don. et* β *correxi*, utraque *F*

ita et genera participio, quia ipsud est in uerbo significatio quod
15 et genus, et ab ipsa significatione uerborum requiruntur genera
participiorum. Quomodo? Si ab actiuo uerbo ueniat ipsud participium, si a passiuo, si a neutro, si a deponenti, si a communi.
Quare dicit AB VTROQVE NVMERVM ET FIGVRAM? Quia
sicut et nomini et uerbo accidit numerus et figura, ita et parti-
20 cipio, id est si simplex figura sit, si conposita, si singularis numerus sit, si pluralis.

597, 7-8   PARTICIPIO QVOT ACCIDVNT? SEX. QVAE? GENERA,
CASVS, TEMPORA, SIGNIFICATIONES, NVMERVS, FIGVRA.
Quomodo genera? Cuius generis sit ipsud participium, si mascu-
25 lini, si feminini, si omnis. Casus? Qualis casus sit, si nominatiuus, si genitiuus, si cuiuslibet. Tempora? Cuius temporis sit, si
praesentis, si praeteriti, si futuri. Significationes? A quali significatione uerbi ueniat ipsud participium, si ab actiua, si a passiua, si
a qualibet. Numerus? Si singularis sit, si pluralis. Figura? Si
30 simplex sit, si conposita.

597, 9-11   GENERA PARTICIPIORVM QVOT SVNT? QVATTVOR. QVAE?
MASCVLINVM, VT 'HIC LECTVS'; FEMININVM, VT 'HAEC LEC-
TA'; NEVTRVM, VT 'HOC LECTVM'; COMMVNE EX TRIBVS
GENERIBVS, VT 'HIC ET HAEC ET HOC LEGENS'. Quomodo?
35 Quando dico 'lectus', participium est generis masculini; quando
dico 'lecta', feminini; quando dico 'lectum', neutri; quando
'legens', generis omnis. Quomodo omnis? Quia sic dicitur
propter uirum, sic propter mulierem, sic propter
mancipium: 'legens uir', 'legens mulier', 'legens mancipium'.
597, 12-14   CASVS PARTICIPIORVM QVOT SVNT? SEX: NOMINATIVVS, VT
41   'HIC LEGENS'; GENITIVVS, VT 'HVIVS LEGENTIS'; DATIVVS,

---

rad. text. β   *E L*

I.5, 14/15 quia – genus] cfr Ps. SERG., *Explan. in Don.* 548, 25-26   **34/
39** Quomodo – mancipium²] cfr POMP., *Gramm.* 258, 13-29

14 ipsud] ipsum *E²*   **16** ipsud] ipsum *E²*   **19** et¹] *om. L*   **24** ipsud] ipsum *E²*
26 temporis] temris *L^{a.c.}*   **28** ipsud] ipsum *E²*   **29** qualibet] liqualibet *L*   Si¹] *sup. l.*
L²   **34** hic] *sup. l. iter. L²*   **35** dico] *sup. l. E*   **39** legens¹ – mancipium²] *om. L*
40 ut] *om. L*   **41** ut] *om. L*   datiuus] datiuum *E^{a.c.}*, datiuo *L*

'HIC LEGENS'; GENITIVVS, 'HVIVS LEGENTIS'; DATIVVS, 'HVIC
LEGENTI'; ACCVSATIVVS, 'HVNC LEGENTEM'; VOCATIVVS, 'O
45 LEGENS'; ABLATIVVS, 'AB HOC LEGENTE'.

597, 15-16 TEMPORA PARTICIPIORVM QVOT SVNT? TRIA. QVAE?
Praesens, praeteritum et futurum. Quomodo? PRAE-
SENS, VT 'LEGENS'; PRAETERITVM, VT 'LECTVS'; FVTVRVM,
'LEGENDVS'. Quomodo? Si praesentis temporis sit partici-
50 pium, si praeteriti, si futuri. Participia praesentis temporis in
quibus syllabis exeunt? In duabus. In quibus? In 'ans' et in 'ens'.
Quomodo? Vt 'uigilans' et 'dormiens'. Praesentis temporis
participium cuius generis est? Semper omnis. Quomodo? Quia
sic dicitur pro uiro sicut et pro muliere, sicut pro manci-
55 pio. Quomodo? 'Legens uir', 'legens mulier', 'legens mancipium'. Participia praeteriti temporis in quibus syllabis exeunt? In
tribus. In quibus? In 'tus' et in 'sus' et in 'xus'. Quomodo? Vt
'amatus', 'uisus' et 'fixus'. Futuri temporis participia in quibus
syllabis exeunt? In duabus. In quibus? In 'rus' et in 'dus'.
60 Quomodo? Vt 'uisurus' et 'uidendus'.

597, 17-598, 4 SIGNIFICATIONES PARTICIPIORVM QVOT SVNT? AB ACTI-
VO VERBO DVO PARTICIPIA VENIVNT: PRAESENS ET FVTV-
RVM. Quomodo? VT 'LEGENS ET LECTVRVS'. A PASSIVO
QVOT? DVO: PRAETERITVM ET FVTVRVM. Quomodo? VT
65 'LECTVS, LEGENDVS'. A NEVTRO QVOT? DVO SICVT AB
ACTIVO: PRAESENS ET FVTVRVM. Quomodo? VT 'STANS,
STATVRVS'. A DEPONENTI QVOT? TRIA: PRAESENS, PRAETE-
RITVM ET FVTVRVM. Quomodo? VT 'LOQVENS, LOCVTVS,
LOCVTVRVS'. A COMMVNI QVOT? QVATTVOR: PRAESENS,

Trad. text. α   *F*

50/51 Participia – ens] AVDAX, *Gramm.* 348, 4-5; cfr PS. SERG., *Explan. in Don.* 513,
22-23   **56/57** Participia – xus] AVDAX, *Gramm.* 348, 7-8   **58/59** Futuri – dus]
AVDAX, *Gramm.* 348, 6-7; cfr PS. SERG., *Explan. in Don.* 513, 24-25   **61/
71** Significationes – criminandus] cfr DON., *Mai.* 644, 13 - 645, 3

VT 'HVIC LEGENTI'; ACCVSATIVVS, VT 'HVNC LEGENTEM';
VOCATIVVS, 'O LEGENS'; ABLATIVVS, 'AB HOC LEGENTE'.

597, 15-16

TEMPORA PARTICIPIORVM QVOT SVNT? TRIA. QVAE?
PRAESENS, VT 'LEGENS'; PRAETERITVM, VT 'LECTVS'; FVTV-
RVM, VT 'LECTVRVS'. Quomodo? Si praesentis temporis sit
ipsud participium, si praeteriti, si futuri. Et participia praesentis
temporis in quibus syllabis exeunt? In duabus. In quibus? In 'ans'
et in 'ens', ut 'amans' et 'emens'. Praesentis temporis participium cuius generis est? Semper omnis. Quomodo? Quia sic
dicitur pro uiro sicut et propter mulierem uel propter
mancipium : 'legens uir', 'legens mulier', 'legens mancipium'.
Participia praeteriti temporis in quibus syllabis exeunt? In tribus.
In quibus? In 'tus', 'sus' et 'xus' : ut 'amatus', 'uisus' et 'fixus'.
Futuri temporis participia in quibus syllabis exeunt? In duabus,
id est in 'rus' et in 'dus', ut 'uisurus' et 'uidendus'.

45
50
55

7, 17-598, 4

SIGNIFICATIONES PARTICIPIORVM QVOT SVNT? AB
ACTIVO VERBO DVO PARTICIPIA VENIVNT: PRAESENS ET FV-
TVRVM, VT 'LEGENS, LECTVRVS'. A PASSIVO DVO: PRAETE-
RITVM ET FVTVRVM, VT 'LECTVS, LEGENDVS'. A NEVTRO
DVO SICVT ET AB ACTIVO: PRAESENS ET FVTVRVM, VT
'STANS, STATVRVS'. A DEPONENTI TRIA: PRAESENS, PRAETE-
RITVM ET FVTVRVM, VT 'LOQVENS, LOCVTVS, LOCVTVRVS'.
A COMMVNI QVATTVOR: PRAESENS, PRAETERITVM ET DVO
FVTVRA, VT 'CRIMINANS, CRIMINATVS, CRIMINATVRVS, CRI-
MINANDVS'. Quomodo se regunt in temporibus ista parti-

60
65

---

rad. text. β   *E L*

47/49 Et – ens] AVDAX, *Gramm.* 348, 4-5; cfr Ps. SERG., *Explan. in Don.* 513, 22-23
53/54 Participia – xus] AVDAX, *Gramm.* 348, 7-8   **55/56** Futuri – dus] AVDAX,
Gramm. 348, 6-7; cfr Ps. SERG., *Explan. in Don.* 513, 24-25   **57/65** Significationes –
criminandus] cfr DON., *Mai.* 644, 13 - 645, 3   **66/77** Quomodo – declinatione]
Ps. SERG., *Explan. in Don.* 513, 27-34

42 ut huic] *om. L*   accusatiuus] accusatiuum $E^{a.c.}$ ut hunc] *om. L*   **43** ablatiuus]
om. L   legente] legenti L, uel legenti *in marg. add.* E^2 **46** ut] *om. L*   **47** ipsud]
ipsum E^2 **48** temporis] temporibus $E^{a.c.}$ **49** ut – emens] *om. E*   **51** uiro] uisum
$E^{a.c.}$, uirum L   propter¹] pro L   **53** Participia] participum $E^{a.c.}$ L   **54** In quibus] *om.*
E   sus] in *sup. l. praem.* E^2 **55** participia] participum $E^{a.c.}$ L   **57** participiorum]
aduerbiorum L   **61** et¹] *om. L*   **62** A] ad $L^{a.c.}$

70 PRAETERITVM ET DVO FVTVRA. Quomodo? VT 'CRIMI-
NANS, CRIMINATVS, CRIMINATVRVS, CRIMINANDVS'.
Quomodo se regunt ista participia? In temporibus.
Quomodo? Participium praesentis temporis actiui reget futurum passiui. Quomodo? Praesentis temporis participium de acti-
75 ua declinatione 'legens' facit; demptum 's', remanet 'legen';
addita syllaba 'dus', facit 'legendus', quod est futuri temporis
de passiua declinatione. Praeteriti temporis participium de passiua declinatione reget futurum de actiua. Quomodo? 'Lectus'
facit participium praeteriti temporis de passiua declinatione;
80 demptum 's', additum 'rus', facit 'lecturus', quod est participium futuri temporis de actiua declinatione.

598, 5-8   NVMERI PARTICIPIORVM QVOT SVNT? DVO. QVI? SIN-
GVLARIS, VT 'HIC LEGENS'; PLVRALIS, VT 'HII LEGENTES'.
Quomodo? Quando dico 'hic legens', numerus est singula-
85 ris; quando dico 'hii legentes', numerus est pluralis. FIGV-
RAE PARTICIPIORVM QVOT SVNT? DVAE. QVAE? SIMPLEX,
VT 'LEGENS'; CONPOSITA, VT 'NECLEGENS'. Quomodo? 'Le'
nihil est; 'gens' quamuis nomen sit, simplicem figuram illud
conposuit Donatus. 'Nec' coniunctio est, 'legens' partici-
90 pium est; haec est conposita figura. Quot modis participia
conponuntur? Quattuor. Quomodo? Ex duobus integris, ut
'abscultans'. Quomodo? 'Abs' praepositio est, 'cultans' participium est. Ex duobus corruptis, ut 'efficiens'. Quomodo? 'Effi'
nihil est, 'ciens' similiter. Ex integro et corrupto, ut 'domans'.
95 Quomodo? 'Do' uerbum est, 'mans' nihil. Ex pluribus, ut
'abdictus'. Quomodo? 'Ab' praepositio est, 'dic' uerbum est,
'tus' nomen est.

Trad. text. α   F

72/81 Quomodo – declinatione] PS. SERG., *Explan. in Don.* 513, 27-34   **90/**
91 Quot – Quattuor] cfr DON., *Mai.* 645, 12

---

74 de] *cum* β *correxi*, dixit *F*   **87** neclegens] *cum* β (*E*) *scripsi*, neglegens *F*
88 illud] *cum Cass.* (*f. 131ʳ*) *correxi*, illum *F*   **89** Donatus] *cum Cass.* (*f. 131ʳ*) *correxi* (*cfr*
β), illum *F*

cipia? Participium praesentis temporis actiui reget futurum
passiui. Quomodo? Praesentis temporis participium de actiua
declinatione 'legens' facit; dempta inde ultima littera, id
70 est 's', remanet 'legen'; adice unam syllabam 'dus', facit
'legendus', quod est futuri temporis participium de passiua
declinatione. Et praeteriti temporis participium de passiua declinatione reget futurum de actiua. Quomodo? 'Lectus' facit participium praeteriti temporis de passiua declinatione; dempta
75 inde ultima littera 's', remanet 'lectu'; adice syllabam
'rus', et facit 'lecturus', quod est participium futuri temporis de
actiua declinatione.

598, 5-8   Nvmeri participiorvm qvot svnt? Dvo. Qvi? Sin-
        gvlaris, vt 'hic legens'; plvralis, vt 'hii legentes'.
80 Quomodo? Quando dico 'hic legens', singularem; quando
dico 'hii legentes', pluralem ostendo numerum. Figvrae
participiorvm qvot svnt? Dvae. Qvae? Simplex, vt
'legens'; conposita, vt 'neclegens'. Quomodo? 'Le' nihil
est, 'gens' similiter; quamuis nomen sit, Donatus tamen sim-
85 plici figura hoc posuit et est simplex figura. 'Nec' coniunctio est,
'legens' participium est, et est conposita figura. Quot modis
participia conponuntur? Quattuor. Quomodo? Ex duobus integris, ut 'abscultans': 'abs' praepositio ablatiui casus est, 'cultans' participium est. Ex duobus corruptis, ut 'efficiens': 'effi'
90 nihil est, 'ciens' similiter. Ex integro et corrupto, ut 'domans':
'do' uerbum est, 'mans' nihil. Ex corrupto et integro, ut
'laedens': 'lae' nihil est, 'dens' nomen est. Ex pluribus,
ut 'abdictus': 'ab' praepositio est, 'dic' uerbum est, 'tus' nomen
est.

---

rad. text. β *E L*

86/87 Quot – Quattuor] cfr Don., *Mai.* 645, 12

70 s] *sup. l.* E, *om.* L   unam syllabam] una syllaba *E*ᵃ·ᶜ L   71 quod] quid L
72 praeteriti temporis] praeteritumporis (-temp- *L²*) L   74 praeteriti temporis]
praeteritemporis L   75 adice] adicies L   syllabam] syllaba *E*ᵃ·ᶜ L   77 declinatione]
declinatio *L*ᵃ·ᶜ   80 Quando] quan L   81 Figurae] figura L   83 neclegens] neglegens
L   84 similiter] *om.* L   86 conposita] conpositi *L²*   87 conponuntur] ponuntur
*E*ᵃ·ᶜ   89 effi] effici *E*ᵃ·ᶜ   91 integro] corrupto (non *sup. l. praem. E²*) E   93 ut] *om.* L

598, 9-11   DA DECLINATIONEM PARTICIPII. 'Videns' PARTICIPIVM
VENIENS A VERBO ACTIVO, GENERIS OMNIS, quia sic
100 dicit: 'uidens uir', 'uidens mulier', 'uidens mancipium'; NVMERI
SINGVLARIS, FIGVRAE SIMPLICIS, significationis actiuae,
quod facit ex se passiuum; TEMPORIS PRAESENTIS, CASVS NO-
MINATIVI, QVOD DECLINABITVR SIC: 'HIC ET HAEC ⟨ET
HOC⟩ uidens'. Sic et tota participia declinanda sunt.

I.6. DE CONIVNCTIONE

DON., *Min.*   QVID EST CONIVNCTIO? PARS ORATIONIS ADNECTENS
599, 13-14 ORDINANSQVE SENTENTIAM. Quomodo 'pars orationis'? Pars
locutionis. Quomodo 'adnectens ordinansque sententiam'?
5 Quia coniungit et ordinat sententiam. Quomodo? Puta si dicam
'ego, tu eamus ad forum', modo nec coniuncta est sententia
nec ornata. Quare? Quia non habet coniunctionem ibi interpositam. Sed dum addidero coniunctionem et dixero 'ego
et tu eamus ad forum', et coniungit et ordinat locutionem. Con-
10 iunctio quare dicta? Eo quod coniungat et ornet locutionem.
Item quare dicta est coniunctio? Eo quod clausulas male cohaerentes coniunctione ornemus. Rursus quare dicitur coniunctio? Eo quod distincta coniungat et eis ornatum locutionis
inferat. CONIVNCTIONI QVOT ACCEDVNT? TRIA. QVAE?
15 POTESTAS, FIGVRA, ORDO. Quomodo potestas? Cuius potestatis sit, si copulatiuae, si disiunctiuae, si expletiuae, si causalis, si
rationalis. Quomodo figura? Cuius figurae sit, si simplicis, si conpositae. Quomodo ordo? Cuius ordinis sit, si praepositiuus, si
subiunctiuus.

Trad. text. α   *F*

I.6, 5/9 Quia – locutionem] PS. SERG., *Explan. in Don.* 489, 5-8; cfr POMP.,
Gramm. 97, 29-31; PS. SERG., *Explan. in Don.* 515, 36-39   **8/9** ego – forum] cfr ISID.,
Etym. I, 12, 2   **9/10** Coniunctio – locutionem] cfr PS. SERG., *Explan. in Don.* 515, 36

103/104   et hoc] *cum Don. suppl. Maes.*
I.6, 18 praepositiuus] *cum* β *correxi,* copulatiuae *F*   **19** subiunctiuus] *cum* β *correxi,*
disiunctiuae *F*

598, 9-11   DA DECLINATIONEM PARTICIPII. 'Videns' PARTICIPIVM
96   EST, GENERIS OMNIS, quia sic dicitur: 'uidens uir', 'uidens
mulier', 'uidens mancipium'; NVMERI SINGVLARIS, FIGVRA
SIMPLEX, significationis actiuae, quod facit ex se passiuum;
TEMPORIS PRAESENTIS, CASVS NOMINATIVVS, ACCVSA-
100   TIVVS ET VOCATIVVS, QVOD DECLINABITVR ⟨SIC: 'HIC ET
HAEC ET HOC uidens'⟩. Sic et declinantur tota participia.

I.6. DE CONIVNCTIONE

DON., *Min.*   QVID EST CONIVNCTIO? PARS ORATIONIS ADNECTENS
599, 13-14   ORDINANSQVE SENTENTIAM. Quomodo 'pars orationis'? Pars
locutionis. Quomodo 'adnectens ordinansque sententiam'?
5   Quia coniungit et ordinat sententiam. Quomodo? Puta si dicam
'ego, tu eamus ad forum', nec iuncta est modo sententia nec
ornata, quia non habet coniunctionem interpositam. Sed dum
dico cum interposita coniunctione 'ego et tu eamus ad
forum', et coniungit et ornat locutionem. Coniunctio quare
10   dicta? Eo quod coniungat et ornet sensum et locutionem. Item
quare dicta est coniunctio? Eo quod clausulas male cohaerentes
coniunctione ornemus. Rursus cur dicta coniunctio? Eo quod
disiuncta coniungat et eis ornatum locutionis inferat.
CONIVNCTIONI QVOT ACCIDVNT? TRIA. QVAE? POTES-
15   TAS, FIGVRA, ORDO. Quomodo potestas? Cuius potestatis sit, si
copulatiuae, si disiunctiuae, si expletiuae, si causalis, si rationalis.
Quomodo figura? Cuius figurae sit, si simplicis, si conpositae.
Quomodo ordo? Cuius ordinis sit, si praepositiuus, si subiunctiuus.

Trad. text. β   *E L*

I.6, 5/9 Quia – locutionem] Ps. SERG., *Explan. in Don.* 489, 5-8; cfr POMP.,
Gramm. 97, 29-31; Ps. SERG., *Explan. in Don.* 515, 36-39   **8/9** ego – forum] cfr ISID.,
Etym. I, 12, 2   **9/10** Coniunctio – locutionem] cfr Ps. SERG., *Explan. in Don.* 515, 36

96 uidens uir] *om. E*   **97** figura] figī *L*   **98** quod] quot *E*   **100/101** sic – uidens]
cum α *suppleui*
I.6, 1 coniunctione] pars sexta *add. L*   **3** ordinansque] ordinasque *L*ᵃ·ᶜ   **5** Puta]
puto *E*²   **6** sententia] sententiam *E*ᵃ·ᶜ   **7** ornata] ordinata *E*   **10** dicta] dicto *L*
12 coniunctione] coniuncti ne *E*   **14** Tria] *sup. l. E*   **15** potestatis] potatis *L*ᵃ·ᶜ
16 copulatiuae] copilatiue *L*ᵃ·ᶜ   expletiuae] expleti *L*ᵃ·ᶜ   **17** figurae sit] figura hesit (sit
*L*²) *L*

599, 15-17   Potestas conivnctionvm qvot species habet?
21   Qvinqve. Qvas? Copvlativas, disivnctivas, expletivas, cavsales et rationales. Da copvlativas: 'et',
'qve', ⟨'at'⟩, 'atqve', 'ac', 'ast'. Quot sunt? Sex. Ex his quae
sunt simplices et quae conpositae? ⟨Conposita⟩ una, quae est
25   'atque'. Quomodo? 'At' coniunctio est, 'que' similiter, quod est
conpositae. Reliquae quinque simplices. Quare dicuntur
copulatiuae? Eo quod copulent sensum et [non] locutionem.
Quomodo? Puta si dicam 'ego et tu eamus ad forum'. 'Que'
quomodo? Vt puta si dicam "Dixitque Dominus". 'At' quo-
30   modo? Sicut est: "At si de plebe quisquam liuore perustus". 'At' coniunctio quibus casibus seruit? Omnibus. Da
ubi nominatiuo deseruiat: "At regina graui iamdudum saucia
cura". Da genitiuo: "At furi Cacii mens effera". Da ubi datiuo:
"'At tibi pro scelere', clamat". Da ubi accusatiuo: "At me tum
35   saeuus circumstetit horror". Da uocatiuo: "At tu dictis, Albane,
maneres!". Da ablatiuo:
"At parte ex alia, qua saxa latentia late
intulerat torrens";
item "At parte ex alia fingit quam conditor unus". 'Atque' quo-
40   modo? "Atque ut pro me orare iubeas indesinenter postu-
lo". 'Ac' quomodo? "Ac de re tacitus angit et corde requirit".

Trad. text. α   F

23/25 Quot – atque] Avdax, Gramm. 349, 13-15   26/28 Quare – forum] cfr
Pomp., Gramm. 265, 20-22; Ps. Serg., Explan. in Don. 516, 7-8   29/38 At – torrens]
Avdax, Gramm. 351, 16-23

I.6, 29 Dixitque Dominus] Gen. 4, 6; app. crit. Gen. 1, 6   30 At – perustus]
Evgen. Tol., Hex. praef., 13   32/33 At – cura] Verg., Aen. 4, 1   33 At – effera]
Verg., Aen. 8, 205   34 At¹ – clamat] Verg., Aen. 2, 535   34/35 At² – horror] Verg.,
Aen. 2, 559   35/36 At – maneres] Verg., Aen. 8, 643   37/38 At – torrens] Verg.,
Aen. 10, 362-363   39 At – unus] Alc. Avit., Carm. 1, 96   40 Atque – postulo]
Incert.   41 Ac² – requirit] Drac., Laud. Dei 1, 357; Evgen. Tol., Hex. 1, 241

23 at] cum β suppleui   24 Conposita] suppl. Lor. (cfr Cass., f. 131ʳ)   27 non] cum β
exclusi   30 At] cum β (E) correxi, ad F   32 At] cum β correxi, ad F   33 Cacii] cum β
scripsi, catii F   35 saeuus – horror] cum β et Cass. (f. 131ʳ) correxi, seuos orcum stetit
error F   saeuus] cum β correxi, seuos F   Albane] cum β et Cass. (f. 131ʳ) correxi, salua ne
F   37 At parte] cum β et Cass. (f. 131ʳ) correxi, ad paruste F   alia qua] cum β et Cass. (f.
131ʳ) correxi, alis aqua F   38 intulerat] cum β scripsi, intolerat F   39 At parte] cum β
correxi, ad paruste F   41 requirit] requiret Fᵃ·ᶜ·

599, 15-17   POTESTAS CONIVNCTIONVM QVOT SPECIES HABET?
21 QVINQVE. QVAS? COPVLATIVAS, DISIVNCTIVAS, EXPLETI-
VAS, CAVSALES ET RATIONALES. DA COPVLATIVAS: 'ET',
'QVE', 'AT', 'ATQVE', 'AC', 'AST'. Quot sunt? Sex. Ex his quae
sunt simplices et quae conpositae? ⟨Conposita⟩ una, quae est
25 'atque'. Quomodo? 'At' coniunctio est, 'que' similiter. Et
reliquae quinque simplices. Quare dicuntur copulatiuae? Eo
quod copulent sensum et locutionem. 'Et' coniunctio quomodo copulat sensum et locutionem? Puta si dicam 'ego
et tu'. 'Que' quomodo? "Dixitque Dominus". 'At' quomodo?
30 "At si de plebe quisquam". 'At' coniunctio quibus casibus deseruit? Omnibus: nominatiuo: "At regina graui iamdudum saucia
cura"; genitiuo: "At furi Cacii mens effera"; datiuo: "'At tibi pro
scelere', clamat"; accusatiuo: "At me tum saeuus circumstetit
horror"; uocatiuo: "At tu dictis, Albane, maneres!"; ablatiuo:
35 "At parte ex alia, qua saxa latentia late
intulerat torrens";
item "At parte ex alia fingit quam conditor unus". 'Atque' quomodo? "Atque ut pro me orare iubeas". 'Ac' quomodo? "Ac de

---

rad. text. β   *E L*

23/25 Quot – atque] AVDAX, *Gramm.* 349, 13-15   **26/29** Quare – tu] cfr POMP.,
Gramm. 265, 20-22; PS. SERG., *Explan. in Don.* 516, 7-8   **29/36** At – torrens] AVDAX,
Gramm. 351, 16-23

I.6, 29 Dixitque Dominus] Gen. 4, 6   **30** At¹ – quisquam] EVGEN. TOL., *Hex.*
praef., 13   **31/32** At – cura] VERG., *Aen.* 4, 1   **32** At¹ – effera] VERG., *Aen.* 8, 205   **32/
33** At² – clamat] VERG., *Aen.* 2, 535   **33/34** At – horror] VERG., *Aen.* 2, 559   **34** At –
maneres] VERG., *Aen.* 8, 643   **35/36** At – torrens] VERG., *Aen.* 10, 362-363   **37** At –
unus] ALC. AVIT., *Carm.* 1, 96   **38** Atque – iubeas] Incert.   **38/39** Ac² – requirit]
DRAC., *Laud. Dei* 1, 357; EVGEN. TOL., *Hex.* 1, 241

---

21 Copulatiuas] poculatiuas *L*   **23** atque] adique *E^{a.c.}*   Quot] quod *L*   his] is *E*
24 conpositae] conposita *L*   Conposita] *suppl. Lor. (cfr Cass., f. 131ʳ)*   **25** atque]
adique *E^{a.c.}*   At] ad *E^{a.c.} L*   Et] *om. E*   **27** quod] quot *E^{a.c.}*   **28** Puta] puto *E²*
29 et] *sup. l. L*   Dixitque Dominus] dixit quoque deus *L*   At] ad *L*   **30** At¹] ad *L*
At²] ad *L^{a.c.}*   casibus] *iter. L*   **31** At] ad *E^{a.c.},* a *L^{a.c.}*   **32** At¹] ad *E^{a.c.},* a *L^{a.c.}*   At²] ad
E^{a.c.} L^{a.c.}   **33** At] ad *E^{a.c.} L^{a.c.}*   **34** At] ad *L^{a.c.}*   **35** At] ad *E^{a.c.} L^{a.c.}*   **37** At] ad *E^{a.c.} L*
Atque] adque *E^{a.c.} L^{a.c.}*   **38** Atque] adque *E^{a.c.}*

'Ast' quomodo? "Ast hominem non terra parit, non pontus ab undis".

Quae sunt ex his communes cum aliis partibus? 'Et' semper
45 coniunctio est. 'Quae' est pronomen et est coniunctio: quando praepositum fuerit, ut puta 'quae anima', erit pronomen et per diptongon scribendum; quando subiunctiuum fuerit, ut puta "Dixitque Dominus", erit coniunctio et simpliciter scribendum. 'At' est coniunctio, est et praepositio: quando per 'd'
50 fuerit scribendum, ut puta 'ad uillam uadit', erit praepositio; si per 't' fuerit scribendum, ut puta "At ille respondit", erit coniunctio. ⟨'Atque' semper coniunctio est⟩. 'Ac' est coniunctio, est ⟨et pronomen⟩. Quomodo? Si praepositiuum fuerit, ut puta si dicam "Ac si aperte diceretur", erit coniunctio et sine adspira-
55 tione scribendum; quando subiunctiuum fuerit praepositioni, ut puta si dicam 'in hac causa ille iudex fuit', erit pronomen et per adspirationem scribendum. 'Ast' semper coniunctio est.

599, 17-18   DA DISIVNCTIVAS: 'AVT', 'VE', 'VEL', 'NE', 'NEC', 'NEQVE'. Quot sunt? Sex. Quot simplices et quot conpositae? Quinque
60 simplices et una conposita, 'neque'. Quomodo? 'Ne' coniunctio est, 'que' similiter. Quare dicuntur disiunctiuae? Eo quod disiungant sensum et non locutionem. Et quomodo sensum disiungunt, si locutionem ita disiunxissent, poterit dici coniunctio an non? Non. Et quomodo? Disiunctio poterat dici, non con-
65 iunctio. Quomodo? Puta si dicam 'ego aut tu faciamus hoc aut illud', unum ex duobus aliquid agere ostendit. Quomodo? Est coniunctio, est aduerbium. Quot sunt? Sex. Quot simpli-

---

Trad. text. α   F

44/48 Quae – scribendum] cfr supra 2, 61/65   **49/51** At – coniunctio] cfr POMP., *Gramm.* 268, 35-37; ISID., *Etym.* I, 27, 1   **59/60** Quot¹ – neque] AVDAX, *Gramm.* 349, 15-17   **61/67** Quare – aduerbium] cfr POMP., *Gramm.* 265, 30-35; PS. SERG., *Explan. in Don.* 516, 9-13   **67/70** Quot¹ – conposita] cfr supra l. 59/61

42/43 Ast¹ – undis] DRAC., *Laud. Dei* I, 333; EVGEN. TOL., *Hex.* I, 217   **48** Dixitque Dominus] Gen. 4, 6   **51** At – respondit] Gen. 22, 7   **54** Ac – diceretur] cfr GREG. M., *Moral.* I, 6 (p. 28, 29)

51 respondit – coniunctio] *cum* β *et Cass.* (*f. 131ᵛ*) *correxi*, pronomeo *F*   **52** Atque – est¹] *cum* β *et Cass.* (*f. 131ᵛ*) *suppleui*   **53** et pronomen] *cum* β *et Cass.* (*f. 131ᵛ*) *suppleui*
60 Ne] *cum* β *correxi* (*cfr infra l. 69*), nec *F*   **61** disiunctiuae] *cum* β *correxi*, disiunctiuas *F*   **63** disiunxissent] *cum* β *correxi*, disiunxisset *F*   dici] disci *Fᵃ·ᶜ·*
64 dici] disci *Fᵃ·ᶜ·*

re tacitus angit et corde requirit". 'Ast' quomodo? "Ast homi-
40 nem non terra parit, non pontus ab undis".

Quae sunt ex his communes cum aliis partibus? 'Et' semper
coniunctio est. 'Quae' est pronomen, est et coniunctio: quando
praepositiuum fuerit, ut puta 'quae anima', erit pronomen et
cum diptongon scribendum; si subiunctiuum fuerit, ut puta
45 "Dixitque Dominus", erit coniunctio et sine diptongon scribendum. 'At' est coniunctio, est et praepositio: quando per 'd'
fuerit scriptum, ut puta 'ad uillam uadit', erit praepositio; si
per 't' fuerit scriptum, ut puta "At ille respondit", erit coniunctio. 'Atque' semper coniunctio est. 'Ac' est coniunctio, est et pro-
50 nomen: quando praepositiuum fuerit, si dicam "Ac si aperte
diceretur", erit coniunctio et sine adspiratione adscribendum;
quando subiunctiuum fuerit praepositioni, si dicam 'in hac causa
ille iudex fuit', erit pronomen et cum adspiratione scribendum. 'Ast' semper coniunctio est.

599, 17-18   DA DISIVNCTIVAS: 'AVT', 'VE', 'VEL', 'NE', 'NEC', 'NEQVE'.
56 Quot sunt? Sex. Quot sunt simplices et quot conpositae? Quinque simplices et una conposita, id est 'neque'. Quomodo? 'Ne'
coniunctio est et 'que' similiter. Quare dicuntur disiunctiuae?
Eo quod disiungant sensum, non locutionem. Et quomodo
60 sensum disiungunt, si locutionem ita disiunxissent, poterat dici
coniunctio? Non. Quomodo? Disiunctio. Quomodo disiungunt sensum et non locutionem? Puta si dicam 'ego aut tu
faciamus hoc aut illud', unum ex duobus aliquid debere ostendit.
dit. Quot sunt? Sex. Quot simplices et quot conpositae? Quin-
65 que simplices et una conposita, id est 'neque': 'ne' coniunctio

Trad. text. β *E L*

42/45 Quae – scribendum] cfr supra 2, 70/75 **46/48** At – coniunctio] cfr POMP.,
Gramm. 268, 35-37; ISID., *Etym.* 1, 27, 1 **56/57** Quot¹ – neque] AVDAX, *Gramm.* 349,
15-17 **58/63** Quare – ostendit] cfr POMP., *Gramm.* 265, 30-35; PS. SERG., *Explan. in
Don.* 516, 9-13 **64/66** Quot¹ – conposita] cfr supra l. 56/58

39/40 Ast² – undis] DRAC., *Laud. Dei* 1, 333; EVGEN. TOL., *Hex.* 1, 217
45 Dixitque Dominus] Gen. 4, 6 **48** At – respondit] Gen. 22, 7 **50/51** Ac –
diceretur] cfr GREG. M., *Moral.* 1, 6 (p. 28, 29)

39 requirit] quirit *L* **40** ab] sub *L* **41** communes] communis *L* **42** coniunctio
est] coniunctionē *L*ᵃ·ᶜ· **44** puta] pote *E²* **46** At] ad *L* d] do *L*ᵃ·ᶜ· **56** sunt²] *om. L*
conpositae] conposita *L* **59** disiungant] disiungat *E* **60** disiungunt] disiingunt *L*ᵃ·ᶜ·
62 non] *sup. l. E* **63** ex] e *sup. l. L* **65** simplices] simpleces *L*ᵃ·ᶜ· et – est] quae *E*

ces et quot conpositae? Quinque simplices et una conposita,
'neque': 'ne' coniunctio est, 'que' similiter; ex duabus coniunc-
70 tionibus una efficitur conposita.

   Quae sunt communes ex his cum aliis partibus? 'Aut' est coniunctio, 'aut' est aduerbium: quando pro 'non' fuerit positum,
ut puta "Coruus haud procul residens", id est non longe, erit
aduerbium negandi et cum adspiratione scribendum; quando
75 dixero 'aut ego aut tu', erit coniunctio disiunctiuae potestatis et
sine adspiratione scribendum. 'Ve' est coniunctio, [est praeposi-
tio], est et interiectio. Quomodo? Quando fuerit praepositiuum et cum commotione animi fuerit dictum, ut puta "Ve
mihi, mater mea!", erit interiectio dolentis; quando subiuncti-
80 uum, ut puta "Setisue tectus hispida et lanugine", erit coniunctio. 'Vel' semper coniunctio est. Quomodo? 'Si tu non
uadis illuc, uel ego uadam'. 'Ne' semper coniunctio est
an non? Interdum coniunctio, interdum aduerbium est. Quomodo? Quando praepositiuum fuerit, ut puta 'ne facias omne
85 malum', erit aduerbium prohibentis; quando subiunctiuum
fuerit, ut puta "Tantane uos tenuit generis fiducia uestri?", et
iterum "⟨Putas⟩ne bene irasceris super hederam
istam?", erit coniunctio. 'Nec' et 'neque' semper coniunctiones
sunt? Semper. Quomodo? Quia disiunctiuae sunt et
90 quid de duobus unum agatur ostendunt. Quomodo

Trad. text. α   F

71/76 Aut – scribendum] cfr Isid., *Etym.* 1, 27, 2   76/80 Ve – coniunctio]
Avdax, *Gramm.* 350, 26-28; cfr Isid., *Diff.* 1, 593   82/88 Ne – coniunctio] cfr supra
4, 138/142

73 Coruus – residens] *Pass. Vincent. Leuitae* 22 (*Pass. Hisp. s. X*, p. 648)   78/
79 Ve – mea] Ier. 15, 10   80 Setisue – lanugine] Prvd., *Cath.* 7, 63   84/85 ne –
malum] cfr Is. 56, 2   86 Tantane – uestri] Verg., *Aen.* 1, 132   87/88 Putasne – istam]
Ion. 4, 9

71 communes] *cum* β *et Cass.* (*f. 131ᵛ*) *correxi, omnes* F   72 pro non] *correxi,*
pronomen F   73 haud] *scripsi,* haut F   76 est praepositio] *cum Cass.* (*f. 131ᵛ*) *exclusi*
87 Putas] *suppl. Maes.*   90 ostendunt] *correxi,* ostendit F

est, 'que' similiter; ex duabus coniunctionibus una efficitur conposita.

    Quae sunt communes ex his cum aliis partibus? 'Aut' est con-
iunctio, est et aduerbium: quando pro 'non' fuerit positum, ut
70 puta "Coruus haud procul residens", id est non longe, erit aduerbium negandi et cum adspiratione adscribendum; quando
dixero 'aut ego aut tu', erit coniunctio disiunctiuae potestatis et
sine adspiratione scribendum. 'Ve' est coniunctio, est et interiectio: quando fuerit praepositiuum et cum commotione animi
75 dictum, ut puta "Ve mihi, mater mea!", erit interiectio dolentis;
quando fuerit subiunctiuum, ut puta "Setisue tectus". 'Vel' semper coniunctio est. 'Ne' interdum coniunctio est, interdum
aduerbium: quando praepositiuum fuerit, ut puta 'ne facias omne malum', erit aduerbium prohibentis; quando subiunctiuum
80 fuerit, ut puta "Tantane uos tenuit generis fiducia uestri?", erit
coniunctio. 'Nec' et 'neque' semper coniunctiones sunt. Quare
dicuntur disiunctiuae? Quia unum e duobus aliquid
agere debere ostendunt. 'Aut' quomodo? 'Aut ego
aut tu eamus ad forum'. 'Ve' quomodo? "Setisue tec-
85 tus hispida et lanugine". 'Vel' quomodo? 'Tu si non
uadis illuc, uel ego uadam'. 'Ne' quomodo? "Putasne
bene irasceris super hederam?". 'Nec' quomodo? 'Si

Trad. text. β *EL*

68/73 Aut – scribendum] cfr Isid., *Etym.* 1, 27, 2   **73/76** Ve – tectus] Avdax,
Gramm. 350, 26-28; cfr Isid., *Diff.* 1, 593 **77/81** Ne – coniunctio] cfr supra 4, 137/141

    70 Coruus – residens] *Pass. Vincent. Leuitae* 22 (*Pass. Hisp. s. X*, p. 648)   **75** Ve –
mea] Ier. 15, 10 **76** Setisue tectus] Prvd., *Cath.* 7, 63 **78/79** ne – malum] cfr Is.
56, 2 **80** Tantane – uestri] Verg., *Aen.* 1, 132 **84/85** Setisue – lanugine] Prvd.,
Cath. 7, 63 **86/87** Putasne – hederam] Ion. 4, 9

    68 communes] communis *L^{a.c.}*   his] is *E^{a.c.}*   **69** et] *om. L*   pro non] *correxi*,
pronomen β   positum] *cum α correxi*, positiuum β   **70** puta] pote *E²*   haud] aut
(haut *L²*) *E^{a.c.} L*   erit] erat *E^{a.c.}*   **73** est¹] et *praem. E²*   et] *del. E²*   interiectio]
praepositio *E^{a.c.} L*   **74** cum] *om. L*   **75** puta] pote *E²*   Ve] uae *L²*   **76** puta] pote *E²*
tectus] *cum α correxi* (*cfr infra l. 84*), tectatis *E*, tectis *L*   **78** puta] pote *E²*   **80** puta]
pote *E²*   tenuit] teneat *L*   uestri] uestris *E²*, *ausim L*   **82** dicuntur] *om. L*
83 debere] *om. L*   **84/85** Setisue – quomodo] *in marg. L*   Setisue] setis *E^{a.c.}* tectus]
tectis *E*   **85** hispida] spida (spina *E²*) *E* si] *sup. l. L*   **86** Putasne] puta ne *L*

'nec'? 'Si tu non uis, nec ego faciam quicquam'. 'Neque' quomodo? 'Neque istud fecit neque illud'.

599, 18-19   DA EXPLETIVAS: 'QVIDEM', 'EQVIDEM', 'SALTIM', 'VIDELI
CET', 'QVAMQVAM', 'QVAMVIS', 'QVOQVE', 'AVTEM', 'PORRO',
95 'TAMEN'. Quot sunt? Decem. Quot sunt simplices et quot conpositae? Sex sunt conpositae et quattuor simplices. Da conpositas: 'quidem', 'equidem', 'uidelicet', 'quamquam', 'quamuis',
'quoque'. Quomodo? 'Qui' pronomen est, 'dem' uerbum est. 'E'
praepositio est, 'quidem' coniunctio. 'Vide' uerbum est persona
100 le, 'licet' inpersonale. 'Quam' pronomen est, 'quam' similiter.
Item 'quam' pronomen est, 'uis' et uerbum est et nomen. Quomodo? Quando ad uoluntatem pertinuerit, ab eo quod facit
'uolo', 'uis', 'uult', erit uerbum; quando ad uiolentiam pertinuerit, ut puta 'uis mihi facta est', erit nomen. 'Quo' pronomen
105 est, 'que' et pronomen et coniunctio. Quot sunt simplices?
Quattuor. Quae? 'Saltim', 'autem', 'porro', 'tamen'. Quomodo?
Quia conposite ex duabus partibus non sunt.

Quae sunt ex his communes cum aliis partibus? Tres. Quae?
'Quamquam', 'quoque', 'porro'. Quomodo? 'Quamquam', quan
110 do nomen subsecutum fuerit, ut puta si dicas 'quamquam mulierem accusas', erit pronomen; quando pro 'quamuis' positum
fuerit, ut puta "Quamquam in imaginem Dei ambulet homo",
erit coniunctio. 'Quoque', quando nomen subsecutum fuerit, ut

---

Trad. text. α   F

95/98 Quot¹ – quoque] AVDAX, *Gramm.* 349, 17-20   **101/104** uis – nomen] cfr
supra 4, 72/76   **105** que – coniunctio] cfr supra l. 45   **105/106** Quot – tamen]
AVDAX, *Gramm.* 349, 17-20   **109/113** Quamquam¹ – coniunctio] AVDAX, *Gramm.*
351, 4-7   **113/118** Quoque – coniunctio] cfr AVDAX, *Gramm.* 350, 28 - 351, 1

112 Quamquam – homo] Ps. 38, 7

99 praepositio] *cum* β *et Cass. (f. 131ᵛ) correxi*, praepositiuum F

tu non uis, nec ego faciam quicquam'. 'Neque' quomodo? 'Neque istud feci neque illud'.

599, 18-19   DA EXPLETIVAS: 'QVIDEM', 'EQVIDEM', 'SALTIM', 'VIDELI-
91 CET', 'QVAMQVAM', 'QVAMVIS', 'QVOQVE', 'AVTEM', 'PORRO',
'TAMEN'. Quot sunt? Decem. Ex his quot sunt simplices, quot
et conpositae? Sex sunt conpositae et quattuor simplices. Da
conpositas: 'quidem', 'equidem', 'uidelicet', 'quamquam', 'quam-
95 uis', 'quoque'. Quomodo? 'Qui' pronomen est, 'dem' uerbum
est. 'E' praepositio est, 'quidem' coniunctio. 'Vide' uerbum est
personale, 'licet' inpersonale. 'Quam' pronomen est et 'quam'
similiter. 'Quam' pronomen est, 'uis' et uerbum est et nomen:
quando ad uoluntatem pertinuerit, ab eo quod facit 'uolo', 'uis',
100 'uult', est uerbum; quando ad uiolentiam, ut puta 'uis mihi facta
est', erit nomen. 'Quo' pronomen est, 'que' et pronomen et coniunctio, ut supra iam dictum est. Et sunt omnes figurae
conpositae. Et simplices quot sunt? Quattuor. Quae?
'Saltim', 'autem', 'porro', 'tamen'. Quomodo? Quia conposite ex
105 duabus partibus non sunt.

    Quae sunt ex his communes cum aliis partibus? Tres: 'quam-
quam', 'quoque', 'porro'. Quomodo? 'Quamquam', quando
nomen subsecutum fuerit, si dicas 'quamquam mulierem accusas', erit pronomen; quando pro 'quamuis' positum fuerit, ut
110 puta "Quamquam in imaginem Dei ambulet homo", erit coniunctio. 'Quoque', quando nomen subsecutum fuerit, ut puta 'a

---

rad. text. β   *E L*

    92/95 Quot – quoque] AVDAX, *Gramm.* 349, 17-20   **98/101** uis – nomen] cfr
supra 4, 71/75   **101/102** que – est] cfr supra l. 42   **103/104** Et – tamen] AVDAX,
Gramm. 349, 17-20   **107/110** Quamquam – coniunctio] AVDAX, *Gramm.* 351, 4-7
111/114 Quoque – coniunctio] cfr AVDAX, *Gramm.* 350, 28 - 351, 1

    110 Quamquam – homo] Ps. 38, 7

    88 non uis] nouis $L^{a.c.}$ **90** equidem] etquidem $E^{a.c.}$ **91** porro] proro $L^{a.c.}$
92 Quot] quod E **93** conpositae¹] positae L **94** equidem] etquidem $E^{a.c.}$
96 est¹] *om.* L est³] *post* personale *transp.* E **97** personale] personali $L^{a.c.}$
100 puta] pote E^2 **101** Quo] quod $E^{a.c.}$ est²] *om.* L et pronomen] et pronomen et
pro (*omnia exp. et* similiter *sup. l. corr.* E^2) E et¹] *om.* L coniunctio] est *add. et exp.* E
102 iam] *post* est *transp.* L omnes] et *add. et exp.* E **103** quot] quod E **104** porro]
proro $L^{a.c.}$ **106** his] is $E^{a.c.}$ communes] communis L **108** subsecutum]
subiunctium L **109** positum] *cum* α *correxi*, positiuum β **110** puta] pote E^2
Quamquam] quamuis L imaginem] imagine L ambulet] ambulat L **111** puta]
pote E^2

puta 'a quoque uiro tulisti', erit pronomen; quando uerbum
115 imperatiui modi subsecutum fuerit, ut puta "Tu quoque
fac simile, sic ars deluditur arte", erit aduerbium; ut si dicam
'quoque hoc caput', erit coniunctio. 'Porro' et nomen est et
aduerbium est et coniunctio. Quomodo? Quando pro 'olus'
dixero, erit nomen. Quando pro 'longe' fuerit positum, ut puta
120 "Porro ultra te est sagitta", erit aduerbium loci. Quando pro
'autem' aut 'tamen' positum fuerit, ut puta "Porro tu animam
tuam liberasti", hoc est 'tu autem, tu tamen animam tuam liberasti', erit coniunctio. Et istae septem semper coniunctiones sunt.

599, 19 DA CAVSALES: 'SI', 'ETSI', 'ETIAM', 'ETIAMSI' et cetera. Quot
125 sunt? Triginta et tres. Quot simplices et quot conpositae? Quindecim simplices et decem et octo conpositae. Quae sunt ex his
communes cum aliis partibus? Tres. Quae? 'Quando', 'ne' et
'quamobrem'. Quomodo? Puta si dicam 'quando uenisti', erit
aduerbium temporis. 'Ne' est coniunctio, est et aduerbium, ut
130 supra dictum est. 'Quamobrem' est coniunctio, est et aduerbium.
Quando est aduerbium? Vt puta si dicam 'quamobrem tale
nefas gessisti?', est aduerbium interrogantis. Istae aliae semper
coniunctiones sunt. Quomodo simplices? Quia monosyllabum
est. 'Etsi': 'et' coniunctio est, 'si' similiter, ⟨et est conposita.
135 'Etiam': 'e' praepositio est, 'tiam' nihil est. 'Etiamsi': 'etiam' coniunctio est et 'si' similiter⟩. 'Acsi': 'ac' coniunctio est, 'si' similiter.
'Siquidem': 'si' coniunctio est, 'quidem' similiter. 'Quando':

Trad. text. α   F

117/123 Porro – coniunctio] cfr AVDAX, *Gramm.* 351, 1-2   124/126 Quot –
conpositae] AVDAX, *Gramm.* 349, 21 - 350, 1   128/129 Puta – temporis] cfr AVDAX,
Gramm. 351, 2   129/130 Ne – est¹] cfr supra l. 82/88   130/131 Quamobrem –
aduerbium] cfr supra 4, 92/94

115/116 Tu – arte] Ps. CATO, *Dist.* 1, 26, 2   120 Porro – sagitta] I Reg. 20, 37   121/
122 Porro – liberasti] Ez. 33, 9   122 tu¹ – liberasti²] cfr Ez. 3, 19

114 uiro] *cum Cass.* (*f. 132ʳ*) *correxi*, muliere F   116 aduerbium] *correxi*, uerbum F
125 Triginta – tres] *cum* β (*E*) *scripsi*, XXXIII F   126 decem] *cum* β *scripsi*, decim F
134/136 et² – similiter¹] *cum* β *suppleui*

quoque uiro tulisti', erit pronomen; quando uerbum, ut puta
"Tu quoque fac simile", ⟨erit aduerbium; ut si dicam 'quoque
hoc caput'⟩, erit coniunctio. 'Porro' est nomen et aduerbium
115 est et coniunctio: quando pro 'olus' dixero, erit nomen. Quando
pro 'longe' fuerit positum, ut puta "Porro ultra te est sagitta", erit
aduerbium loci. Quando pro 'autem' aut 'tamen' positum fuerit,
ut puta "Porro tu animam tuam liberasti", hoc est 'tu autem, tu
tamen animam tuam liberasti', erit coniunctio. Et istae septem
120 semper coniunctiones sunt.

599, 19   DA CAVSALES: 'SI', 'ETSI', 'ETIAM', 'ETIAMSI' et cetera. Quot
sunt? Triginta et tres. Quot simplices et quot conpositae? Quindecim simplices et decem et octo conpositae. Quae sunt ex his
communes cum aliis partibus? Tres. Quae? 'Quando', 'ne' et
125 'quamobrem'. Et quomodo? Puta si dicam 'quando uenisti', erit
aduerbium temporis. 'Ne' est coniunctio, est et aduerbium, ut
supra dictum est. 'Quamobrem' est coniunctio, est et aduerbium
interrogantis: ut puta si dicam 'quamobrem tale nefas
gessisti?', erit aduerbium interrogantis. Istae aliae semper con-
130 iunctiones sunt. Quomodo simplices? 'Si' simplex est, quia
monosyllabum est. 'Etsi': 'et' coniunctio est, 'si' similiter, et est
conposita. 'Etiam': 'e' praepositio est, 'tiam' nihil est. 'Etiamsi':
'etiam' coniunctio est et 'si' similiter. 'Acsi': 'ac' coniunctio est,
'si' similiter. 'Tametsi': 'tam' aduerbium est, 'et' con-

---

rad. text. β   *E L*

114/119 Porro – coniunctio] cfr AVDAX, *Gramm.* 351, 1-2   121/123 Quot –
conpositae] AVDAX, *Gramm.* 349, 21 - 350, 1   125/126 Puta – temporis] cfr AVDAX,
Gramm. 351, 2   126/127 Ne – est¹] cfr supra l. 77/81   127/128 Quamobrem –
interrogantis] cfr supra 4, 92/94

113 Tu – simile] PS. CATO, *Dist.* 1, 26, 2   116 Porro – sagitta] I Reg. 20, 37
118 Porro – liberasti] Ez. 33, 9   118/119 tu² – liberasti] cfr Ez. 3, 19

112 uiro] muliere *Eᵃ·ᶜ· L*   erit pronomen] *iter. et iteratum exp. E*   puta] pote *E²*
113 simile] *cum α correxi, disimules* (simul *E²*) *E, similiter sup. ras. L*   113/114 erit –
caput] *cum α suppleui*   115 et – nomen] *om. L*   116 positum] positiuum *E*   puta]
pote *E²*   117 loci] loco *Lᵃ·ᶜ·*   118 puta] pote *E²*   118/119 hoc – liberasti] *in marg. E*
119 istae] isti *L*   120 coniunctiones sunt] sunt coniunctiones *L*   121 Quot] quod *E*
122 Triginta – tres] XXX tres *L*   Quot] quod *E*   quot] quod *E*   123 his] is *Eᵃ·ᶜ·*
124 communes] communis *L*   125 quamobrem] quamabrem *Lᵃ·ᶜ·*   Puta] puto *E²*
127 et] *sup. l. L*   128 puta] pote *E²*   129 Istae] iste *E*   130 Si] *sup. l. E*   132 tiam]
etiam *L*   133 si] *sup. l. L*   ac] a *E*

'quan' nihil est, 'do' uerbum est. 'Quandoquidem': 'quando' coniunctio est, 'quidem' similiter. 'Quin' simplex. 'Quinetiam':
140 'quin' coniunctio est, 'etiam' similiter. Quibus partibus seruit? Duabus. 'Quatenus': 'qua' pronomen est, 'tenus' praepositio. 'Sin' simplex est. 'Seu': 'se' pronomen est, 'u' interiectio.
'Siue': 'si' coniunctio est, 'ue' similiter. 'Neue': 'ne' coniunctio
est, 'ue' est coniunctio et est interiectio, ut supra dic
145 tum est. 'Nam' simplex est. 'Namque': 'nam' coniunctio est,
'que' similiter. 'Ni' simplex est. 'Nisi': 'ni' coniunctio est, 'si' similiter. 'Nisisi': 'nisi' coniunctio est, 'si' similiter. 'Enim':
quamuis 'e' praepositio sit, simplex figura est, 'nim' nihil est. 'Etenim': 'et' coniunctio est, 'enim' similiter. 'Ne', 'sed': 'ne' sim
150 plex est, 'sed' similiter. 'Interea': 'in' praepositio est, 'tere'
uerbum est, 'a' praepositio est. 'Quamobrem': 'quam' pronomen
est, 'ob' praepositio est, 'rem' nomen est. 'Praesertim': 'prae'
praepositio est, 'sertim' nihil est. 'Item' simplex est. 'Itemque':
'item' coniunctio est, 'que' similiter. 'Ceterum' simplex est.
155 'Alioquin': 'alio' nomen est, 'quin' coniunctio est. 'Praeterea':
'praeter' praepositio est, 'ea' pronomen est. Quare dicuntur causales? Eo quod in causis assidue utantur.

600, 1   DA RATIONALES: 'ITA', 'ITAQVE', 'ENIM', 'ETENIM' et cetera. Quot sunt? Decem et septem. Quot simplices et quot conpo
160 sitae? Nouem simplices et octo conpositae. Quare dicuntur
rationales? Eo quod in rationibus utantur. Et ubi causa est,
potest esse ratio an non? Omni modo esse potest. Quomodo? Quia causae ueniunt ad rationem. Et ubi ratio est,
causa esse potest? Non. Quare? Quia causa uenit ad
165 rationem, nam dum causa oritur, adhuc ratio non occurrit;
quum autem ratio uenit, causa interesse [non] potest. Quare?
Quia causae ratio succedit. Inter causales et rationales est aliqua
discretio an non? Est. Quid? Sicut superius diximus, ubi cau-

---

Trad. text. α   F

144/145 ue – est¹] cfr supra l. 76/81   **159/160** Quot¹ – conpositae] AVDAX,
Gramm. 350, 2-8   **161/167** Et – succedit] cfr Ps. SERG., *Explan. in Don.* 516, 29-32

162 esse¹] *sup. l. F*   **166** non] *cum* β *et Cass.* (*f. 132ʳ*) *exclusi*

135 iunctio est, 'si' coniunctio. 'Siquidem': 'si' coniunctio,
'quidem' coniunctio est. 'Quando': 'quan' nihil est, 'do'
uerbum est. 'Quandoquidem': 'quando' coniunctio est, 'quidem'
similiter. Et sunt conpositae figurae omnes. 'Quin' simplex est. 'Quinetiam': 'quin' coniunctio est, 'etiam' similiter.
140 'Quatenus': 'qua' pronomen est, 'tenus' praepositio est. 'Sin'
simplex. 'Seu': 'se' pronomen est, 'u' interiectio est. 'Siue': 'si'
coniunctio est, 'ue' coniunctio. 'Neue': 'ne' coniunctio est et
'ue' similiter. 'Nam' simplex est. 'Namque': 'nam' coniunctio
est et 'que' similiter. 'Ni' simplex est. 'Nisi': 'ni' coniunctio est et
145 'si' similiter. 'Nisisi': 'nisi' et 'si' coniunctiones sunt.
'Enim': quamuis 'e' praepositio sit, simplex figura est, 'nim' nihil
est. 'Etenim': 'et' coniunctio est, 'enim' similiter. 'Ne' simplex.
'Sed' similiter. 'Interea': 'in' praepositio est, 'tere' uerbum est, 'a'
praepositio est. 'Quamobrem': 'quam' pronomen est, 'ob' prae-
150 positio est, 'rem' nomen est. 'Praesertim': 'prae' praepositio est,
'sertim' nihil est. 'Item' simplex figura est. 'Itemque': 'item' coniunctio est et 'que' similiter. 'Ceterum' simplex. 'Alioquin': 'alio'
nomen est, 'quin' coniunctio. 'Praeterea': 'praeter' praepositio
est, 'ea' pronomen est. Quare dicuntur causales? Eo quod in cau-
155 sis utantur.

600,1 DA RATIONALES: 'ITA', 'ITAQVE', 'ENIM', 'ETENIM', 'IGI-
TVR', 'SCILICET', 'VIDELICET', 'IDCIRCO', 'PROP-
TEREA'. Quot sunt? Decem et septem. Ex his quot sunt
simplices et quot conpositae? Nouem simplices et octo conposi-
160 tae. Quare dicuntur rationales? Eo quod in rationibus utantur.
Vbi causa est, potest esse ratio? Potest. Quomodo? Quia de
causa uenit ad rationem. Et ubi est ratio, potest esse causa? Non. Quomodo? Quia dum causa oritur, adhuc ratio
inter non est; dum autem ratio uenit, causa interesse

Trad. text. β   *E L*

158/159 Quot – conpositae²] AVDAX, *Gramm.* 350, 2-8   **161/165** Vbi – succedit]
cfr Ps. SERG., *Explan. in Don.* 516, 29-32

135 est si] *sup. l. E*   si coniunctio¹] *om. L*   **139** quin] qui *L^{a.c.}*   etiam] *sup. l. L*
140 est²] *om. L*   Sin] *cum α correxi, si β*   **141** si] *sup. l. L*   **144** est²] *om. E*   **145/**
146 sunt enim] enim sunt *E*   **146** quamuis] quam pronomen est uis uerbum enim *in*
marg. add. E²   sit] est et est *sup. ras. E²*   est] eras. *E²*   **146/147** nim – est¹] *sup. l. E,*
om. L   **148** in] inter *E^{a.c.}*   **150** Praesertim] presentim *L^{a.c.}*   **154** ea] a *L*   est²] *om. E*
158 quot] quod *E*   **160** Quare] quale *L^{a.c.}*   **162** rationem] orationem *E^{a.c.}*
163 causa] *sup. l. L*   **164** causa] quae *praem. L*

sa est, ratio esse potest; ubi ratio est, causa esse non potest. Da
170 eius exemplum. Inter causales et rationales multum interest.
Primum scire debemus aliud esse causam, aliud rationem. Quomodo? Causa est quae nos cogit ad aliquid faciendum; ratio
quam utimur in faciendo. Quomodo? Vt puta si dicam 'occido
hominem et tollo eius hereditatem', causa est. Ratio est qua
175 quisque utitur in faciendo, ut puta si dicam: 'Quomodo
eum occidere debeam? Veneno an ferro? Per mediam noctem, per diem? Quo in loco?'. Quoties ergo de causa loqueris,
causali utere; quum de ratione, rationali utere. 'Si illum occido,
et tollo eius hereditatem'; hic iam in loco causa tantum
180 esse praedicitur; ratio autem est qua quis utitur in
faciendo. 'Si' causalis est; bene dixisti. 'Sed debeo ueneno occidere, debeo clam, ergo latebo'; quoniam 'ergo' coniunctio rationalis est, bene dixisti.

600, 3-6   CONIVNCTIONVM FIGVRAE QVOT SVNT? DVAE.
185 QVAE? SIMPLEX, VT 'NAM'; CONPOSITA, VT 'NAMQVE'. ORDO
CONIVNCTIONVM IN QVO EST? QVIA AVT PRAEPOSITIVAE
SVNT CONIVNCTIONES, VT 'AC', 'AST'. Quomodo? Quia semper praeponuntur et non subiunguntur. Da ubi praeponuntur:
"Ac de re tacitus et corde requiret"; item "Ast hominem non
190 terra parit, non pontus ab undis". AVT SVBIVNCTIVAE, VT
'QVE', 'AVTEM'. Quomodo? Quia semper subiunguntur. Da ubi
subiunguntur: "O terque quaterque beati"; da ubi
'autem': "Ipse autem consul sacro diademate fulgens"; item "Dixitque Dominus"; "Dixit autem Dominus".
195 AVT COMMVNES, VT 'ET', 'IGITVR'. Quomodo sunt commu-

Trad. text. α   *F*

170/177 Inter – loco] Ps. SERG., *Explan. in Don.* 516, 20-25; cfr POMP., *Gramm.* 267,
12-35   **177/183** Quoties – dixisti] Ps. SERG., *Explan. in Don.* 516, 25-29   **187/**
188 Quomodo – subiunguntur]   cfr Ps. SERG.,   *Explan.   in   Don.*   516,   35-36
191 Quomodo – subiunguntur] cfr Ps. SERG., *Explan. in Don.* 516, 36   **195/**
196 Quomodo – subiunguntur] cfr Ps. SERG., *Explan. in Don.* 516, 36-37

189 Ac – requiret] DRAC., *Laud. Dei* 1, 357; EVGEN. TOL., *Hex.* 1, 241   **189/**
190 Ast – undis] DRAC., *Laud. Dei* 1, 333; EVGEN. TOL., *Hex.* 1, 217   **192** O – beati]
VERG., *Aen.* 1, 94; ALC. AVIT., *Carm.* 5, 547   **193** Ipse – fulgens] CORIPP., *Iust.* 4, 243
194 Dixitque Dominus] Gen. 4, 6   Dixit – Dominus²] Gen. 12, 1

193 consul] *cum Coripp. et Cass.* (*f. 132ʳ*) *correxi*, cum sui *F*   diademate] *cum Coripp.*
et Cass. (*f. 132ʳ*) *correxi*, diamate *F*

165 potest, quia causae ratio succedit. Inter causales et rationales est
aliquid inter an non? Est. Quid est? Sicut superius dixi, ubi
causa est, ratio esse potest; ubi ratio est, causa esse non potest. Da
eius exemplum. Inter causales et rationales multum interest.
Primum scire debemus aliud esse causam, aliud rationem: causa
170 est quae nos cogit ad aliquid faciendum; ratio qua utimur in
faciendo. Vt puta si dicam 'occido hominem et tollo eius hereditatem', causa est. Ratio est qua quis utitur in faciendo: 'Quomodo eum occidere debeamus? Veneno, ferro? Per me noctu,
per diem? Quo in loco?'. Quotiens ergo de causa loqueris, cau-
175 sali utere; quum de ratione, rationali utere. 'Si illum occidam,
tollam eius hereditatem'; 'si' causalis est, bene dixisti. 'Sed
debeo ueneno occidere, debeo clam, ergo latebo'; quoniam 'ergo'
coniunctio rationalis est, bene dixisti.

600, 3-6   FIGVRAE CONIVNCTIONVM QVOT SVNT? DVAE.
180   QVAE? SIMPLEX, VT 'NAM'; CONPOSITA, VT 'NAMQVE': 'nam'
coniunctio est et 'que' similiter, et est figura conposita. ORDO CONIVNCTIONVM IN QVO EST? QVIA AVT PRAE-
POSITIVAE SVNT CONIVNCTIONES, VT 'AC', 'AST'. Quomodo?
Quia semper praeponuntur et non subiunguntur. Da ubi praepo-
185   nuntur: "Ac de re tacitus angit et corde requirit"; "Ast hominem non terra parit, non pontus ab undis". AVT SVBIVNCTIVAE,
VT 'QVE', 'AVTEM'. Quomodo? Quia semper subiunguntur. Da
ubi subiungantur: "Dixitque Dominus"; "Dixit autem Domi-

---

rad. text. β   *E L*

168/174 Inter – loco] Ps. SERG., *Explan. in Don.* 516, 20-25; cfr POMP., *Gramm.* 267,
12-35   **174/178** Quotiens – dixisti] Ps. SERG., *Explan. in Don.* 516, 25-29   **183/
184** Quomodo – subiunguntur] cfr Ps. SERG., *Explan. in Don.* 516, 35-36
187 Quomodo – subiunguntur] cfr Ps. SERG., *Explan. in Don.* 516, 36

185 Ac – requirit] DRAC., *Laud. Dei* 1, 357; EVGEN. TOL., *Hex.* 1, 241   **185/
186** Ast – undis] DRAC., *Laud. Dei* 1, 333; EVGEN. TOL., *Hex.* 1, 217   **188** Dixitque
Dominus] Gen. 4, 6   Dixit – Dominus²] Gen. 12, 1

166 est] *om. L*   **169** Primum] primus *L*   **170** ad] *om. L*   **171** faciendo]
faciendum *Eᵃ·ᶜ· L*   puta] pote *E²*   hereditatem] heraditatem *L*   **172** qua] quia *E Lᵃ·ᶜ·*
174 Quo] *sup. l. L*   ergo] ego *Eᵃ·ᶜ· Lᵃ·ᶜ·*   **175** utere²] uetere *Lᵃ·ᶜ·*   **176** tollam] tollo *E*
hereditatem] tedietatem (eredit- *E²*) *E*   **179** Figurae] figura *L*   **180** ut nam] unam
Lᵃ·ᶜ·   **181** que] quae *Eᵃ·ᶜ·*   **183** coniunctiones] sunt *iter. et eras. L*   ast] asta *Lᵃ·ᶜ·*
184 praeponuntur²] et non subiunguntur *in marg. add. E²*   **187** que] quae *Eᵃ·ᶜ·*

nes 'et' aut 'igitur'? Quia et praeponuntur et subiunguntur.
Da ubi praeponantur: "Et sceptro et solio praebet sibi
iura magistro". Da ubi subiungantur: "Accipite et
Latiis uatem reuocate Camenis". "⟨Et⟩ locutus est Domi-
200 nus"; item "Ipse dixit et facta sunt". Da ubi 'igitur' praeponatur: "Igitur quum uenisset Dominus". Da ubi
subiungatur: "Dixit igitur Dominus"; "Hos igitur nobis
trina pietate uigentes".

I.7. De praepositione

Don., *Min.*
600, 8-9

QVID EST PRAEPOSITIO? PARS ORATIONIS, QVAE PRAEPO-
SITA ALIIS PARTIBVS ORATIONIS SIGNIFICATIONEM EARVM
AVT CONPLET AVT MVTAT AVT MINVIT. Quomodo 'pars
5 orationis'? Pars locutionis. Quomodo 'praeposita aliis partibus
orationis'? Quia aliis praeponitur et sibi ipsi. Da ubi nomini
praeponatur: 'inualidus'. Quomodo? 'In' praepositio
est, 'ualidus' nomen est. Da ubi pronomini: 'per me'.
Quomodo? 'Per' praepositio est, 'me' pronomen est.
10 Vel subicitur, ut 'mecum', 'tecum', 'secum'. Quomodo? Quantum ad rationem pertinet praepositio prae-
poni debetur, non subici. Vt faciamus 'cum me', 'cum
te', 'cum se', absurda est locutio; ex ista necessitate
subicitur ut propter euphoniam et facit 'mecum',
15 'tecum', 'secum'. Da ubi uerbum praecedat: 'perfero'. Quomodo? 'Per' praepositio est, 'fero' uerbum est. Da ubi aduerbium: 'expresse'. Quomodo? 'Ex' praepositio est, 'presse'
aduerbium est. Da ubi participium: 'praecedens'. Quo-

Trad. text. α   F

I.7, 6/10 Da – secum] cfr Don., *Mai.* 648, 6-7   11/15 Quantum – secum] cfr
Ps. Serg., *Explan. in Don.* 517, 3-6   15 Da – perfero] cfr Don., *Mai.* 648, 7   16/
17 Da – expresse] cfr Don., *Mai.* 648, 8   18 Da – praecedens] cfr Don., *Mai.* 648, 8

197/198 Et – magistro] Avson., *Protr.* 87   198/199 Accipite – Camenis] Avson.,
Epist. 21, 74   199/200 Et – Ipse] Verg., *Aen.* 1, 132   Et – Dominus] Ex. 6, 29
200 Ipse – sunt] Ps. 32, 9   201 Igitur – Dominus] cfr IV Reg. 17, 28   202 Dixit –
Dominus] cfr II Reg. 17, 1   202/203 Hos – uigentes] Avson., *Pasch.* 29

i198 iura] *cum Auson. correxi*, ira *F*   199 Latiis] *cum Auson. correxi*, latis *F*   Et] *cum*
β *suppleui*

nus". AVT COMMVNES, VT 'ET', 'IGITVR'. Quomodo? Quia et
190 praeponuntur et subiunguntur. Da ubi praeponantur et
subiungantur : "Et locutus est Dominus"; "Ipse dixit et"; "Igitur quum uenisset uir Dei"; item "Dixit igitur Dominus".

I.7. DE PRAEPOSITIONE

Don., *Min.*
600, 8-9 QVID EST PRAEPOSITIO? PARS ORATIONIS, QVAE PRAEPOSI-
TA ALIIS PARTIBVS ORATIONIS SIGNIFICATIONEM EARVM
AVT CONPLET AVT MVTAT AVT MINVIT. Quomodo 'pars
5 orationis'? Pars locutionis. Quomodo 'quae praeposita aliis
partibus orationis'? Quia omnibus praeponitur et sibi ipsi.
Praeponitur nomini, ut 'infelix', 'indecens': 'in'
praepositio est, 'felix' nomen est. Da ubi pronomini
praeponatur : 'absque me', 'a te'. Da ubi uerbum praece-
10 dat: 'perfero': 'per' praepositio est, 'fero' uerbum est. Aduerbio
quomodo praeponitur? 'Expresse': 'ex' praepositio est, 'presse' aduerbium. Sibi ipsi praeponitur, ut 'circumcirca'.
Quomodo? Circa se demonstrans aliquid dicit. Significationem earum quomodo conplet? Vt 'clarus', 'praeclarus':
15 'clarus' dicitur cuius claritas patescit, 'praeclarus'
cuius claritas multum patescit. Quomodo mutat? Vt

Trad. text. β   *E L*

189/190 Quomodo – subiunguntur] cfr Ps. SERG., *Explan. in Don.* 516, 36-37
I.7, 7/9 Praeponitur – te] cfr DON., *Mai.* 648, 6   **9/10** Da – perfero] cfr DON.,
Mai. 648, 7   **10/11** Aduerbio – Expresse] cfr DON., *Mai.* 648, 8   **12** Sibi –
circumcirca] cfr DON., *Mai.* 648, 9   **13/14** Significationem – praeclarus] Ps. SERG.,
Explan. in Don. 517, 8; cfr POMP., *Gramm.* 271, 21-23

191 Et – Dominus] Ex. 6, 29   Ipse – et] Ps. 32, 9   **191/192** Igitur – Dei] cfr IV Reg.
17, 28   **192** Dixit – Dominus] cfr II Reg. 17, 1

189 communes] communis *L*ᵃ·ᶜ·   **190** praeponuntur] proponuntur *L*
praeponantur] *cum* α *correxi*, praeponuntur *E*, proponantur *L*   **191** est] *om. L*
I.7, 2 praeposita] praeponitur *L*   **3** orationis] orationibus *L*ᵃ·ᶜ·   **4** conplet]
conpleat *L*ᵃ·ᶜ·   **5** Pars] par *L*ᵃ·ᶜ·   **6** ipsi] ipsa *L*   **7** nomini] *sup. l. E*   **9** a] *exp. E*²
12 aduerbium] aduerbum *L*ᵃ·ᶜ·   Sibi] siue *E*ᵃ·ᶜ·   ipsi] ipse *L*ᵃ·ᶜ·

modo? 'Prae' praepositio est, 'cedens' participium
20 est. Sic et aliarum praecedentium partium haec ratio
nominatim quaeritur. 'Significationem earum aut conplet', ut 'clarus', 'praeclarus'. Quomodo? Quia 'clarus' a
claritate dictus, 'praeclarus' ualde clarus. Quomodo
'mutat uel minuit'? Vt 'felix', 'infelix'. Quomodo? Quia
25 'felix' a felicitate dicitur, 'infelix' cui felicitas nullo
modo accedit. Minuit autem, ut 'dolus', 'subdolus'. Quomodo? 'Dolus' dicitur a dolendo, 'subdolus' minor
quam dolus. Quomodo in contrarium uertit? ⟨Vt 'felix',
'infelix'. Aut nihil significat⟩, ut 'natat', 'innatat'. Quomodo?
30 Tale est 'natat' quale et 'innatat'. Da eius exemplum :
          "Innatat alnus
missa Pado".
Quomodo? Quia abscisa alnus, quod est arboris genus,
per flumen ipsud, quod dicitur Pado, ducebatur inri-
35 guo.

600, 9-18 PRAEPOSITIONI QVOT ACCIDVNT? VNVM. QVID? CASVS
TANTVM. QVOT CASVS? DVO. QVI? ACCVSATIVVS ET ABLA-
TIVVS. Quot praepositiones sunt casus accusatiui? Triginta
[quinque]. Quae? 'AD', 'APVD' et cetera. Accusatiui casus prae-
40 positiones cui casui seruiunt? Accusatiuo tantum. In singulari
numero aut in plurali? Et in singulari et in plurali. DICIMVS
ENIM 'AD PATREM' et 'ad patres', 'APVD VILLAM' et 'apud uillas'.

21/22 Significationem – praeclarus] Ps. SERG., Explan. in Don. 517, 8; cfr POMP.,
Gramm. 271, 21-23   26 Minuit – subdolus] Ps. SERG., Explan. in Don. 517, 8-9; cfr
POMP., Gramm. 271, 23-24   26/29 Quomodo – infelix] Ps. SERG., Explan. in Don.
517, 9; cfr POMP., Gramm. 271, 24-26   29/32 Aut – Pado] Ps. SERG., Explan. in Don.
517, 9-10; cfr POMP., Gramm. 271, 26-28   38 Quot – Triginta] AVDAX, Gramm. 352, 5;
cfr POMP., Gramm. 280, 13   41/49 Dicimus – arbitros] cfr AVDAX, Gramm. 352, 5-11

I.7, 31/32 Innatat – Pado] VERG., Georg. 2, 451-452

I.7, 28/29 Vt – significat] cum Explan. suppleui   39 quinque] cum β exclusi

'felix', 'infelix': 'felix' dictus a felicitate, non quod
nomine ipso nuncupetur, sed merito animi accidit;
'infelix' autem dicitur quod ex miseria animi corpo-
20 risque uenit. Quomodo minuit? Vt 'dolus', 'subdolus':
'dolus' dicitur res quae accidi potest aut ex inuidia
aut ex quolibet actu; 'subdolus', quod minus significat a dolore cordis intrinsecus, id est quod causae
ortus teneri diu non conpedit. Aut in contrarium uertit,
25 ⟨ut 'felix', 'infelix'. Aut nihil significat⟩, ut 'natat', 'innatat'. Quomodo? Tale est 'natat' sicut et 'innatat'; unde et dicit quis:
        Innatat alnus
missa Pado".
Quomodo? Alnus genus est arboris, Pado flumen est;
30 abscisa alnus per flumen ipsud ducebatur.

600, 9-18   PRAEPOSITIONI QVOT ACCIDVNT? VNVM. QVID? CASVS
TANTVM. QVOT CASVS? DVO. QVI? ACCVSATIVVS ET ABLA-
TIVVS. Quot praepositiones sunt casus accusatiui? Triginta.
Quae? 'AD', 'APVD', 'ANTE', 'ADVERSVM', 'CIS', 'CITRA',
35 'CIRCVM', 'CIRCA', 'CONTRA', 'ERGA', 'EXTRA', 'IN-
TER', 'INTRA', 'INFRA', 'IVXTA', 'OB', 'PONE', 'PER',
'PROPE', 'PROPTER', 'SECVNDVM', 'POST', 'TRANS',
'VLTRA', 'PRAETER', 'SVPRA', 'CIRCITER', 'VSQVE',
'SECVS', 'PENES'. Accusatiui casus praepositiones cui casui
40 deseruiunt? Accusatiuo tantum. In singulari numero aut et in

rad. text. β *E L*

---

17 felix² – felicitate] Ps. SERG., *Explan. in Don.* 490, 32 **20** Quomodo – subdolus]
Ps. SERG., *Explan. in Don.* 517, 8-9; cfr POMP., *Gramm.* 271, 23-24 **24/25** Aut –
infelix] Ps. SERG., *Explan. in Don.* 517, 9-10; cfr POMP., *Gramm.* 271, 24-26
33 Quot – Triginta] AVDAX, *Gramm.* 352, 5; cfr POMP., *Gramm.* 280, 13

I.7, **27/28** Innatat – Pado] VERG., *Georg.* 2, 451-452

18 accidit] accedit *L*ᵃ·ᶜ· **19** infelix] felix *L*ᵃ·ᶜ· **21** accidi] accidit *L*ᵃ·ᶜ· aut ex] audex
*E*ᵃ·ᶜ· **22** aut ex] audex *E*ᵃ·ᶜ· quolibet] quodlibet *E*ᵃ·ᶜ· **23** dolore] dolere *L*
24 conpedit] conpetit *L*ᵃ·ᶜ· in contrarium] intrarium *L*ᵃ·ᶜ· **25** ut¹ – significat] *cum*
Explan. suppleui **26** Tale] tele *L*ᵃ·ᶜ· **29** Pado] podo *L*ᵃ·ᶜ· **30** flumen ipsud] *cum* α
correxi, flumine ipso β **31** quot] quod *E*ᵃ·ᶜ· *L* Casus] casum *E*ᵃ·ᶜ·, casu *L*ᵃ·ᶜ· **32** Quot]
quod *E L*ᵃ·ᶜ· **33** Quot] quod *E* **34** Ad apud] adpud *L* **36** iuxta] iusta *E* **40** et]
om. L

Nam sicut nomina declinantur in singulari et in plurali numero, ita et alia subsequentia, excepto 'CIS
45 RENVM', 'INTRA MOENIA', 'SECVNDVM FORES' et
'VSQVE OCEANVM', quod singularitatem recipiunt
minime; nam super scriptam geminationem recipiunt tota. 'Vsque Oceanum' pluralitatem non habet. 'Secus
me' et 'SECVS VOS', 'penes arbitrum' et 'PENES ARBITROS'. 'Ar-
50 biter' quid intellegitur? Iudex. QVAE AB HIS IN LOCO
ESSE SIGNIFICANT? VT 'APVD'. QVAE AD LOCVM? VT 'AD'.
QVOMODO? DICIMVS ENIM 'APVD AMICVM SVM', 'AD AMI-
CVM VADO'. NAM NEQVE 'APVD AMICVM VADO' RECTE
DICITVR, NEQVE 'AD AMICVM SVM'.

601, 1-2   DA PRAEPOSITIONES CASVS ABLATIVI: 'A', 'AB', 'ABS',
56 'CVM', 'CORAM', 'CLAM', 'DE' et reliqua. Quomodo? Nam

Trad. text. α   *F*

49/50 Arbiter – Iudex] cfr ISID., *Diff.* I, 33   **50/54** Quae – sum] cfr DON., *Mai.*
649, 12-14

plurali? Et in singulari et in plurali. DICIMVS ENIM 'AD
PATREM' et 'ad patres', 'APVD VILLAM' et 'apud uillas', 'ante
aedem' et 'ANTE AEDES', 'aduersum inimicum' et
'ADVERSVM INIMICOS', 'CIS RENA' (pluralitatem
45 tantum habet), 'CITRA FORVM' et 'citra fora', 'circum uicinum' et 'CIRCVM VICINOS', 'CIRCA TEM-
PLVM' et 'circa templa', 'CONTRA HOSTEM' et
'contra hostes', 'erga propinquum' et 'ERGA PRO-
PINQVOS', 'extra terminum' et 'EXTRA TERMINOS',
50 'inter nauem' et 'INTER NAVES', 'INTRA MOENIA'
(tantum pluralitatem habet), 'INFRA TECTVM' et 'infra tecta', 'IVXTA MACELLVM' et 'iuxta macella', 'OB
AVGVRIVM' et 'ob auguria', 'PONE TRIBVNAL' et 'pone tribunalia', ⟨'PER PARIETEM' et 'per parietes'⟩,
55 'PROPE FENESTRAM' et 'prope fenestras', 'PROPTER
VXOREM' et 'propter uxores', 'SECVNDVM FORES'
(non habet singularitatem), 'POST TERGVM' et 'post
terga', 'TRANS RIPAM' et 'trans ripas', 'ultra finem'
et 'VLTRA FINES', 'PRAETER OFFICIVM' et 'praeter
60 officia', 'SVPRA CAELVM' et 'supra caelos', 'circiter
annum' et 'CIRCITER ANNOS', 'VSQVE OCEANVM' (et
pluralitatem non habet), 'secus me' et 'SECVS VOS', 'penes arbitrum' et 'PENES ARBITROS'. QVAE AB HIS IN LOCO ESSE SIGNI-
FICANT? VT 'APVD'. QVAE AD LOCVM? VT 'AD'. DICIMVS
65 ENIM 'APVD AMICVM SVM', 'AD AMICVM VADO'. NAM NEQVE
'APVD AMICVM VADO' RECTE DICITVR, NEQVE 'AD AMICVM
SVM'.

601, 1-5   DA PRAEPOSITIONES CASVS ABLATIVI: 'A', 'AB', 'ABS',
'CVM', 'CORAM', 'CLAM', 'DE', ⟨'E'⟩, 'EX', 'PRO', 'PRAE',

---

rad. text. β   *E L*

41/63 Dicimus – arbitros] cfr AVDAX, *Gramm.* 352, 5-11   **63/67** Quae – sum] cfr
DON., *Mai.* 649, 12-14

41 plurali¹] pluralis *L^{a.c.}*   **42** patres] patrem *L^{a.c.}*   **43** aduersum] auersum *L*
inimicum] inicum *L^{a.c.}*   **44** aduersum] aduersos (-sus *L²*) *L*   cis] a *praem. E^{a.c.} L*, in
ista parte *sup. l. add. E²*   Rena] renum *E²*   pluralitatem] singularitatem *E²*   **45** fora]
foram *E^{a.c.} L*   **49** terminos] termina *E^{a.c.} L*   **50** naues] naue *L*   **52** iuxta¹] iusta *E^{a.c.}*
iuxta²] iusta *E^{a.c.}*   **53** pone¹] iuxta *sup. l. add. E²*   **54** per¹ – parietes] *cum Don. suppl.*
Maes.   **55** prope¹] pro *E^{a.c.}*   prope²] pro *E^{a.c.}*   **57** post tergum] *correxi*, postergum β
57/58 post terga] *correxi*, posterga β   **59** praeter¹] propter *L*   praeter²] propter *L*
61 et²] *om. E*   **69** coram] conam *L^{a.c.}*   e] *cum Don. suppl. Maes.*

sicut superius sunt praeterita nominata, ita et istius
sunt casus tota prorsus nomina declinanda. Pro eo
quod dixisti 'PVBE TENVS', euitatus est absurdam
60 locutionem, secutus est autem euphoniam. Non uenit
aliquid contra istam regulam? Venit. Quomodo? Quia 'tenus'
ablatiui casus praepositio est et, quantum ad rationem pertinet, ablatiui casus praepositio ablatiuo casui necesse est deseruire; sed inuenitur contra regulam ubi
65 casui genitiuo plurali deseruit, nam hoc in usum uersum, sic 'pube tenus' dicitur. Quid intellegitur 'pube
tenus'? Puer tener. Da ubi genitiuo casui plurali
deseruiat: "Crurum tenus a mento palearia pendunt". 'Tenus'
hic cur est positum? Pro 'usque': a mento usque ad crura palea-
70 ria pendunt.

Trad. text. α   F

67/70 Da – pendunt] cfr DON., *Mai.* 651, 9; AVDAX, *Gramm.* 354, 15-17

59 Pube tenus] VERG., *Aen.* 3, 427   **68** Crurum – pendunt] VERG., *Georg.* 3, 53

63 ablatiuo] *cum* β *correxi*, ablatiui F   **65** casui] *correxi*, casu F   genitiuo] *correxi*
(*cfr infra V.7, 37/38*), accusatiuo F   **67** genitiuo] *correxi* (*cfr infra V.7, 37/38*), accusatiuo
F   **69** palearia] palearea F^(a.c.)

70 'PALAM', 'SINE', 'ABSQVE', 'TENVS'. Quot sunt?
Quindecim. Ablatiui casus praepositiones cui casui
deseruiunt? Ablatiuo tantum, tam in singulari nume-
ro quam in plurali. QVOMODO? DICIMVS ENIM 'A
DOMO' et 'a domibus', 'AB HOMINE' et 'ab homini-
75 bus', 'ABS QVOLIBET' et 'abs quibuslibet', 'CVM
EXERCITV' et 'cum exercitibus', 'coram teste' et 'CO-
RAM TESTIBVS', 'clam custode' et 'CLAM CVSTODI-
BVS', 'DE FORO' et 'de foris', 'E IVRE' et '⟨e⟩ iuribus',
'EX PRAEFECTVRA' et 'ex praefecturis', 'pro cliente'
80 et 'PRO CLIENTIBVS', 'PRAE TIMORE' et 'prae timo-
ribus', 'palam omne' et 'PALAM OMNIBVS', 'SINE
LABORE' et 'sine laboribus', 'ABSQVE INIVRIA' et
'absque iniuriis', 'TENVS PVBE', QVOD NOS DICIMVS
'PVBE TENVS'. Quare? Propter absurditatem uitan-
85 dam euphoniam sequimur, quod est bene sonans oratio. Non uenit aliquid contra istam regulam? Venit. Quid?
'Tenus' ablatiui casus praepositio ablatiuo casui deseruire
tantum debet, sed inuenimus ubi contra regulam et genitiuo casui plurali deseruiat. Da eius exemplum:
90 "Crurum tenus a mento palearia pendunt". 'Tenus' hic quare
positum est? Pro 'usque', id est a mento usque ad crura palearia
pendunt. 'Palearia' dicitur quod bubus in gutture pendunt, quod alii uuam, alii uualum dicunt.

rad. text. β   E L

70/71 Quot – Quindecim] AVDAX, *Gramm.* 352, 11; cfr POMP., *Gramm.* 280, 13-14
73/84 Quomodo – tenus] cfr AVDAX, *Gramm.* 352, 12-13   **88/89** sed – deseruiat] cfr
DON., *Mai.* 651, 9; AVDAX, *Gramm.* 354, 15-17   **92/93** Palearia – dicunt] cfr SERV.,
Georg. 3, 53; ISID., *Etym.* 12, 1, 30

84 pube tenus] VERG., *Aen.* 3, 427   **90** Crurum – pendunt] VERG., *Georg.* 3, 53

71 Ablatiui] ablatiuus *L*   casui] casu *E^{a.c.}*   **72** tantum tam] tantum (tam *L²*) *L*
singulari] singularitate *L*   **73** enim] *om. L*   **75** abs¹] ab *L^{a.c.}*   et] *om. E*   abs²] ex
E^{a.c.} L^{a.c.}   **76** coram²] oram *L^{a.c.}*   **78/79** e¹ – praefecturis] *om. L*   e²] *suppl.* Maes.
82 laboribus] loboribus *L*   **83** iniuriis] iniurius *L*   tenus] usque *sup. l. add. E²*   pube]
pupe *L^{a.c.}*   dicimus] scimus *E*   **84** pube] *sup. l. L*   **85** sequimur] sequitur *L*
88 genitiuo] *correxi (cfr α)*, accusatiuo β   **91** crura] cruram *L*   palearia] paleari *L*
92 bubus] quibus *E^{a.c.} L*   gutture] gutturae *E*, guttuae *L^{a.c.}*   pendunt¹] pedunt *L^{a.c.}*
93 quod] quid *L*   uuam] uua *L*   alii²] *om. L*   uualum] *an* uuulam *legend.?*

601,6   DA VTRIVSQVE CASVS PRAEPOSITIONES: 'IN', 'SVB',
'SVPER', 'SVBTER'. Quare dicuntur utriusque casus? Quia et
accusatiuo casui seruiunt et ablatiuo. Quando seruiunt accusatiuo casui? Quando motum significant. Quando ablatiuo?
75 Quando situm. Motus quid intellegitur? Corporis mo-
601,9-16 bilitas. Et situs quid? Statio uel sedulitas. 'IN' ACCVSA-
TIVI CASVS: "ITVR IN ANTIQVAM SILVAM". Quid hic significat? Motum; sic enim dicitur: 'in antiquam siluam
ambulabam'. 'IN' ABLATIVI CASVS: '"STANS CELSA IN PVP-
80 PI", 'quotidie sedebam ego'. Da eius exemplum: "Stilio manibus nititur et moratur in aedibus regis". 'SVB'
ACCVSATIVI CASVS:
        "POSTESQVE SVB IPSOS
NITVNTVR GRADIBVS".
85 Quomodo? Quia sub ipsos postes gradibus ambula-
bant. Quid hic significat? Motum. 'SVB' ABLATIVI
CASVS: "ARMA SVB ADVERSA POSVIT RADIANTIA QVERCV".
Quomodo? Quia sub aduersa quercu radiantia posuit arma.
Quid hic significat? Situm. 'SVPER' QVAM VIM HABET?
90 VBI LOCVM SIGNIFICAT, MAGIS ACCVSATIVO CASVI SERVIT
QVAM ABLATIVO, ut puta "Super montem excelsum ascende
tu!": 'montem' accusatiuus casus est, 'excelsum' similiter.
VBI MENTIONEM ALICVIVS FACIMVS, ABLATIVO TANTVM,
VT "MVLTA SVPER PRIAMO ROGITANS, SVPER HECTORE
95 MVLTA", HOC EST DE PRIAMO. Quomodo? Vbi de praeterito
tempore aliqua est mentio, ut puta si dicam 'super Priamo
aliquando multa cogitaui, multa de eo tractaui'. 'IN'
QVAM VIM HABET? ETIAM TVNC ACCVSATIVO CASVI SER-
VIT, QVVM SIGNIFICAT CONTRA, VT 'IN ADVLTERVM', 'IN

Trad. text. α   F

72/75 Quare – situm] cfr DON., *Min.* 601, 6-8; DON., *Mai.* 650, 4-10

77 Itur – siluam] VERG., *Aen.* 6, 179   79 Stans – puppi] VERG., *Aen.* 3, 527   80/
81 Stilio – regis] Prou. 30, 28   83/84 Postesque – gradibus] VERG., *Aen.* 2, 442-443
87 Arma – quercu] VERG., *Aen.* 8, 616   91/92 Super – tu] Is. 40, 9   94/95 Multa –
multa] VERG., *Aen.* 1, 750

74 casui] *cum* β *correxi,* significat F   76 sedulitas] *utrum* sedilitas *an* sedile
scribend.?   80/81 Da – regis] *huc transposui, post* motum (*infra l. 86*) *scr.* F   94/
95 super¹ – multa] *cum Verg. et Don. correxi,* super hec roren uita F

601, 6   DA VTRIVSQVE CASVS PRAEPOSITIONES: 'IN', 'SVB',
95   'SVPER', 'SVBTER'. Quare dicuntur utriusque casus? Quia et
accusatiuo casui deseruiunt et ablatiuo. Quando seruiunt accusatiuo casui? Quando motum significant. Quando ablatiuo?
Quando situm. Quid est motus? Mobilitas corporis, id
est deambulatio. Quid est situs? Sedulitas uel statio.
601, 9-16   'IN' ACCVSATIVI CASVS: "ITVR IN ANTIQVAM SILVAM". 'Itur',
101   id est ambulat. 'IN' ABLATIVI CASVS: "STANS CELSA IN
PVPPI", 'habitans in montana'. Hic stationem significat, quod et situs est. 'SVB' ACCVSATIVI CASVS:
"POSTESQVE SVB IPSOS
105   NITVNTVR GRADIBVS",
id est sub ipsos postes ambulant. 'SVB' ABLATIVI CASVS:
"ARMA SVB ADVERSA POSVIT RADIANTIA QVERCV". Quomodo? Sub aduersa quercu radiantia posuit arma. 'SVPER' QVAM
VIM HABET? VBI LOCVM SIGNIFICAT, MAGIS ACCVSATIVO
110   SERVIT QVAM ABLATIVO. Quomodo? Vt puta "Super montem excelsum ascende tu!": 'montem' accusatiuus casus est et
locum significat. VBI MENTIONEM ALICVIVS FACIMVS,
ABLATIVVS CASVS TANTVM, VT "MVLTA SVPER PRIAMO
ROGITANS", HOC EST, DE PRIAMO. Quomodo? Vbi de praeteri-
115   to aliqua est mentio, ut puta si dicam 'super Priamo rogitans,
multa rogitans feci', hoc est de Priamo multa peregi.
'IN' QVAM VIM HABET? ETIAM TVNC ACCVSATIVO SERVIT,
QVVM SIGNIFICAT CONTRA, id est longe, VT 'IN ADVLTE-
RVM', 'IN DESERTOREM'. Quomodo? 'Aliquando in unum
120   adulterum multa peracta sunt', 'in desertorem multa percurre-
runt flagitia'. 'SVBTER' QVAM VIM HABET? EANDEM QVAM
SVPERIORES AD LOCVM ET IN LOCO SIGNIFICANTES. Quomo-

Trad. text. β   *E L*

95/98 Quare – situm] cfr DON., *Min.* 601, 6-8; DON., *Mai.* 650, 4-10

100 Itur¹ – siluam] VERG., *Aen.* 6, 179   **101/102** Stans – puppi] VERG., *Aen.* 3, 527
104/105 Postesque – gradibus] VERG., *Aen.* 2, 442-443   **107** Arma – quercu] VERG.,
Aen. 8, 616   **110/111** Super – tu] Is. 40, 9   **113/114** Multa – rogitans] VERG., *Aen.* 1,
750

95 super subter] superbusubter *L*ᵃ·ᶜ·   **99** Sedulitas] *utrum* sedilitas *an* sedile
scribend.?   **101** ambulat] ambulabat *E*   ablatiui casus] ablatiuo casu *L*   celsa] cela *L*ᵃ·ᶜ·
102 puppi] pubi *L*ᵃ·ᶜ·   **103** situs] situ *L*ᵃ·ᶜ·   **104** Postesque] potestque *E*
105 nituntur] mittuntur *L*ᵃ·ᶜ·   **106** Sub] *cum* α *correxi*, abs *L*, *om.* *E*   **107** posuit] *om.*
E   **117** uim] uia *L*ᵃ·ᶜ·   **120** peracta] *iter.* *L*   **122** locum et] locet *E*ᵃ·ᶜ· *L*

100 DESERTOREM'. Quomodo? 'Aliquando in adulterum multa peracta sunt', 'in desertorem uero multa peregerunt flagitia'. 'SVBTER' QVAM VIM HABET? EANDEM QVAM SVPERIORES AD LOCVM ET IN LOCO SIGNIFICANTES. Quomodo? Quando dixero 'subter unum montem ambulabat', tunc motum signi-
105 ficat et accusatiuo casui deseruit. Quando dixero 'subter una arbore quiescebam', tunc situm significat et ablatiuo casui seruit.

601, 17-20   QVAE PRAEPOSITIONES SVNT QVAE A DICTIONIBVS SEPA-RARI NON POSSVNT? 'DI', 'DIS', 'RE', 'SE', 'AM', 'CON', 'O'.
110 QVOMODO? DICIMVS ENIM, 'DIDVCO', 'DISTRAHO', 'RECI-PIO', 'SECVBO', 'AMPLECTOR', 'CONGREDIOR', 'OMITTO'. Quales sunt istae praepositiones? Loquellares. Quare dicuntur loquellares? Eo quod a loquellis minime separentur. Quomo-do? Puta si dicam 'dimitto', sub uno accentu 'dimitto'. QVAE
115 SVNT QVAE IVNGI NON POSSVNT? VT 'APVD', 'PENES'. Quo-modo? Quia sicut facimus 'dimitto' sub uno accentu, non facimus 'penestraho', sed facimus 'penes' unam par-tem et 'traho' alteram. QVAE ET CONIVNGVNTVR ET SEPARANTVR? RELIQVAE OMNES. Quomodo? Quia 'antece-
120 do', 'circumdo' et reliquae cum ceteris partibus et con-iunguntur et separantur.

Trad. text. α   *F*

111/113 Quales – separentur] cfr POMP., *Gramm.* 271, 38 - 272, 1; PS. SERG., *Explan. in Don.* 518, 21-23; ISID., *Etym.* 1, 13, 1

100 adulterum] adterum *F*[a.c.]   **101** peregerunt] *correxi*, pergerunt *F*   **102** Subter] *cum* β *correxi*, super *F*   **105/106** una arbore] *cum* β *correxi*, unam arborem *F*   **113** a] *sup. l. F*

do? Quando dixero 'subter unum montem a m b u l a t', tunc motum significare h a b e t et accusatiuo casui deseruit. Quando
125 a u t e m dixero 'subter una arbore sedet', tunc situm s i g n i f i c a b i t
et ablatiuo casui deseruit.

601, 17-20   QVAE PRAEPOSITIONES SVNT QVAE A DICTIONIBVS SEPA-
RARI NON POSSVNT? 'Di', 'DIS', 'RE', 'SE', 'AM', 'CON', 'O'.
QVOMODO? DICIMVS ENIM, 'DIDVCO', 'DISTRAHO', 'RECI-
130 PIO', 'SECVBO', 'AMPLECTOR', 'CONGREDIOR', 'OMITTO'. Quales sunt istae praepositiones? Loquellares. Quare dicuntur
loquellares? Eo quod a loquellis n u m q u a m separentur. Quomodo? Vt puta si dicam 'dimitto', sub uno accentu p r o f e r r i
debetur, nam in locutione n o n debemus d i c e r e 'di'
135 unam partem et 'mitto' alteram, sed sub uno accentu
proferri debetur. Sic et 'disrumpo', 'reparo', 'secedo',
'ambulo', 'confero' siue 'odio'. QVAE SVNT QVAE IVNGI
NON POSSVNT? VT 'APVD', 'PENES'. Quomodo? Quia q u o m o-
do facimus 'diuello', 'distraho', n o n possumus facere
140 'penestraho', 'apudcedo'. QVAE ET CONIVNGVNTVR ET
SEPARANTVR? RELIQVAE OMNES. Quomodo? 'Antecedo',
'circumdo', 'c i r c a u i' et cetera.

---

rad. text. β   *E L*

130/132   Quales – separentur] cfr POMP., *Gramm.* 271, 38 - 272, 1; PS. SERG., *Explan.
in Don.* 518, 21-23; ISID., *Etym.* I, 13, 1

124 deseruit] *cum* α *correxi*, deseruiebit (-uibit *E²*) *E L²*, deseruiebat *L*   **125** sedet]
sedit *L*   significabit] significauit *Eᵃ·ᶜ L*   **126** deseruit] *correxi*, deseruiebit (-uibit *E²*)
E L², deseruiebat *L*   **127** praepositiones sunt] praepositionesunt *Lᵃ·ᶜ*   **129** enim] *om.*
L   **131** istae] *cum* α *scripsi*, iste β   **131/132** Quare – loquellares] *in marg.* E
137 sunt – iungi] siniungi *Lᵃ·ᶜ*   iungi] iniungi *Eᵃ·ᶜ*   **139** possumus] possimus *L*
facere] *om. L*   **142** circaui] circabi *E*

I.8. DE INTERIECTIONE

DON., *Min.*   QVID EST INTERIECTIO? PARS ORATIONIS SIGNIFI-
602, 2 CANS MENTIS AFFECTVM VOCE INCOGNITA. Quomodo 'pars
orationis'? Pars locutionis. Quomodo 'significans mentis affec-
5 tum uoce incognita'? Quia ipse affectus mentis ex uoce incognita significatur, ut puta si dicam cuilibet 'interii', ille cum quo
affectu respondeat, utrum gaudendo aut lugendo, nescio; sed
dum ex ore eius uox prodierit, statim et mentis affectus ostenditur, ut puta si dicam 'heu mortuus est ille!', ecce uox incognita
10 mentis ostendit affectus. Nam antequam responderet, et uox
et mentis affectus incognitus erat. Item si dicam 'euax mortuus est ille', ecce uox prodiit exultantis et mentis ostenditur
affectus. Nam sine uoce minime ostenditur affectus. Interiectio quare dicta? Eo quod omnibus partibus interiaceat et sine
15 eis proferri non possit. Item quare dicta interiectio? Eo quod de
interiore significet cum quo affectu mentis homo loquatur,
utrum gaudendo an lugendo uel inridendo aut quolibet modo.

602, 3-5   INTERIECTIONI QVID ACCIDIT? TANTVM SIGNIFICA-
TIO. SIGNIFICATIO INTERIECTIONIS IN QVO EST? QVIA AVT
20 LAETITIAM SIGNIFICAMVS, VT 'EVAX', quod est interiectio
exultantis; AVT DOLOREM, VT 'HEV', quod est interiectio lugentis; AVT ADMIRATIONEM, VT 'PAPAE', sicut quidam dicit:
"Papae! Viuere non licet et fornicari libet?"; AVT METVM, VT
'ATTAT', quomodo sic solitum est infantum nutrices

Trad. text. α   F

I.8, 4/13 Quomodo – affectus²] Ps. SERG., *Explan. in Don.* 489, 10-17   **22/
23** sicut – libet] cfr ISID., *Etym.* 2, 21, 24

I.8, 23 Papae – libet] HIER., *Epist.* 125, 13 (p. 132, 11)

I.8, 8 prodierit] *cum* β *correxi* (*cfr infra l. 12*), prodierit *F*   **10** ostendit] *correxi*,
ostenditur *F*   **13** affectus¹] *cum* β *correxi* (*cfr supra l. 8*), effectus *F*   affectus²] *cum* β
correxi, effectus *F*

I.8. DE INTERIECTIONE

Don., *Min.*
602, 2

INTERIECTIO QVID EST? PARS ORATIONIS SIGNIFI-
CANS MENTIS AFFECTVM VOCE INCOGNITA. Quomodo 'pars
orationis'? Pars locutionis. Quomodo 'significans mentis affec-
5 tum uoce incognita'? Quia ipse affectus mentis ex uoce incognita significatur, ut puta si cuilibet dicam 'interii', ille cum quo
affectu respondeat, utrum gaudendo an lugendo, ignoro; sed
dum ex ore eius uox prodierit, statim et mentis affectus ostenditur, ut puta si dicam 'heu mortuus est ille!', ecce ex uoce in-
10 cognita mentis ostenditur affectus. Nam antequam responderet, et uox et mentis affectus incognitus erat. 'Euax mortuus
est', ecce uox prodiit et mentis ostenditur affectus. Nam sine
uoce affectus mentis minime ostenditur. Interiectio quare
dicta? Eo quod omnibus partibus interiaceat et sine ipsis proffer-
15 ri non possit. Item quare dicta interiectio? Eo quod de interiore
parte significet cum quo affectu loquatur, utrum gaudendo,
lugendo, inridendo aut quolibet modo.

602, 3-5

Item INTERIECTIONI QVOT ACCIDVNT? TANTVM
SIGNIFICATIO. SIGNIFICATIO INTERIECTIONIS IN QVO EST?
20 QVIA AVT LAETITIAM SIGNIFICAMVS, VT 'EVAX', quod est
interiectio gaudentis; AVT DOLOREM, VT 'HEV', id est interiectio lugentis; AVT ADMIRATIONEM, VT 'PAPAE', sicut quidam
scribit: "Papae! Viuere non licet et fornicari libet?"; AVT ME-
TVM, VT 'ATTAT', sicut solitum est paruulo dici 'totto',
25 quando prohibetur comedere terram. ET SI QVA SVNT

---

rad. text. β *E L*

I.8, 4/13 Quomodo – ostenditur] Ps. SERG., *Explan. in Don.* 489, 10-17

I.8, 23 Papae – libet] HIER., *Epist.* 125, 13 (p. 132, 11)

I.8, 1 interiectione] pars octaua *add. L*   **3** incognita] incondita *corr. et* inpolita incomposita *sup. l. add. E²*   **5** incognita¹] incondita *E²*   Quia – incognita²] *sup. l. L*   affectus] effectus *L*   incognita²] incondita *E² L*   **6** puta] pote *L²*   **7** an] *sup. l. E*   **9** puta] pote *E²*   heu] eu *Lᵃ·ᶜ·*   incognita] incondita *E²*   **11** erat] est *L*   **13** Interiectio] interrogatio *Lᵃ·ᶜ·*   **14** proferri] proueeri *Eᵃ·ᶜ·*   **15** possit] possunt *L*   interiore] interiori *E*   **18** Item] *om. E*   quot] quod *Eᵃ·ᶜ·*   **19** interiectionis] interiectionum *E*   **20** Quia aut] quiaut *Eᵃ·ᶜ·*   euax] aut *add. et eras. L*   **21** heu] eu *E*   interiectio²] interiectionem *Eᵃ·ᶜ·*   **22** papae] pape *L*   **23** Papae] *scripsi,* pape *β*   **25** prohibetur] proibitur (-be- *E²*) *E*   comedere] comedi *E*

25 minare 'totto'. ET SI QVA SVNT SIMILIA: multa, quae ad significationes partis istius pertinent, discernenda sunt ita.

Trad. text. α *F*

26 pertinent] *cum* β *correxi*, pertinet *F*   ita] explicit de octo partibus orationis *add. F*

SIMILIA. Et quae sunt similia ? Multa, quae ad significationes partis istius pertinent.

---

27 partis] ipsius *add. et eras. L*

II

II.1. DE LITTERA

Quot sunt partes artis grammaticae? Duae. Quae? Prima est quae scribitur per metaphoram et antiphoram, id est per interrogationem et responsionem. Quae data est paruulis et infantulis tantum, ut possint scire quemadmodum sit ars, ut plerumque infantes memoriam sequantur, non tantum responsionem, quoniam infantes debent scire non solum intellegere sed etiam respondere secundum intellectum, eo quod nihil habeat difficultatis. Quae definitur ab octo partibus orationis, id est a nomine, a pronomine, a uerbo, ab aduerbio, a participio, a coniunctione, a praepositione et ab interiectione. Secunda est pars et ipsa uberior modicum habens difficultatis quomodo interrogare et respondere possint, quae data est maioribus et minoribus. Est enim utilis atque robusta et incipit a littera. Quae et uberior est, nam illa pars prior nihil habet difficultatis. Ista uero de litteris, de syllabis et de accentibus habet modicam difficultatem. Reliqua plana sunt, id est sine difficultate.

Trad. text. α   F   *a* **1** De littera *inc. L P*

II.1, 2/18 Quot – difficultate] cfr Pomp., *Gramm.* 157, 2-12   **11/18** Secunda – difficultate] Pomp., *Gramm.* 98, 6-8

II.1, 1 De littera] incipit *add. F*, item iuliani episcopi toletani *add. L*, expositum *add. P*   **2** Quot – grammaticae] partes grammaticae artis quot sunt *L*   artis] *om. F*   Duae Quae] *om. L*   Prima] pars *add. L*   **3** metaphoram] *scr. Lor.*, moforam *F P*, metaforam *L P²*   antiphoram] *scr. Lor.*, anteforam *F P*, antiforam *L, an* antiphonam *legend.?*   **4/ 11** et² – interiectione] quomodo debeant intellegere et respondere nihil habens difficultatis *L*   **5** quemadmodum] quemammodum *P*   **6** plerumque] plurumque *P*   **7** quoniam – debent] quomodo infantes debent *sup. l. add. F²*   intellegere] intelligere *P*   **9** definitur] *cum* β *scripsi*, difinitur *F P*   **10** ab] *om. P*   a³] *om. P*   a⁴] *om. P*   **11** a] *om. P*   et] *om. F*   ab] *om. P*   est] *om. P*   **12** pars – uberior] uberior et utilis *L*   **12/ 13** modicum – possint] *post* minoribus *transp. L*   **14** Est – robusta] *om. L*   utilis] inutilis *P*   **14/17** robusta – plana] *om. L*   **15/16** est – difficultatis] *om. F*   **17** plana] *cum* β *correxi*, plena *F P*

II

II.1. DE LITTERA

Quot sunt partes artis grammaticae? Duae. Quae? Prima pars
est quae scribitur per metaphoram et antiphoram, id est per
interrogationem et responsionem. Et posita est et infantulis
5 tantum, ut possint infantuli scire quemadmodum esset ars, ut
plerumque infantes memoriam sequantur, ⟨non⟩ tantum responsionem, quoniam infantes debent scire non solum intellegere sed
etiam respondere secundum intellectum, eo quod nihil habeat
difficultatis. Quae definitur ab octo partibus orationis, id est a
10 nomine, pronomine, uerbo, aduerbio, participio, coniunctione,
praepositione et interiectione. Secunda uero est pars quae scribitur omnibus, id est [a] maioribus et minoribus. Est enim utilis
atque robusta et inchoata a litteris. Quae et uberior est, nam
illa pars prior nihil habet difficultatis. Ista uero de litteris, de
15 syllabis et de accentibus habet modicam difficultatem. Reliqua
plana sunt, id est sine difficultate.

Trad. text. β   *E*

II.1, 2/16 Quot – difficultate] cfr POMP., *Gramm.* 157, 2-12   **11/16** Secunda –
difficultate] POMP., *Gramm.* 98, 6-8

II.1, 3 metaphoram] *cum* α (*L*) *correxi,* moforam *E*   antiphoram] *cum* α (*L*) *correxi,*
anteforam *E, an* antiphonam *legend.?*   **6** memoriam] *cum* α *correxi,* memoria *E*   non]
cum α *suppleui*   **12** a] *cum* α *seclusi*   **16** plana] plena *E*ᵃ·ᶜ·

Don., *Mai.*
603, 6

Littera quid est? PARS MINIMA VOCIS ARTICVLATAE.
Quomodo 'pars minima'? Quia omnium partium minima
est. Quomodo? Si adsumas unum nomen, diuidas illud per
syllabas, ultima syllaba quae remanserit diuidas illam per litteras, littera quae remanserit diuidi non potest, ideo dicitur pars
minima. Quomodo 'uocis articulatae'? Duae sunt uoces: una
articulata et altera confusa. Quae est articulata? Quae articulo scribentis conprehendi potest. Quare dicta articulata?
Artus dicuntur membra maiora hominum et articuli membra
minora, ut sunt digiti; et quidquid per istos articulos scribentis
conprehendi potest ipsa dicitur uox articulata. Quae est confusa? Quae scribi non potest, ut puta ouium balatus, equi hinnitus,
mugitus bouis et cetera. Item quare dicta confusa? Quia
ex aere uerberato, nullo modo sono exiliente, uis sermonis exprimitur. Item quare dicta littera? Quasi legitera. Quomodo? Eo
quod legentibus iter praebeat uel in legendo iteretur.

Latinas quis adinuenit litteras? Nicostrata, Euandri mater, in
Italia, non quia ipsa eas inuenisset, sed quia de Graeco in Latinum illas transtulisset. Quo nomine post adinuentionem litte-

---

Trad. text. α   *FLP*

20/24 Quomodo – minima] cfr POMP., *Gramm.* 99, 21-25   24/26 Quomodo –
potest] AVDAX, *Gramm.* 323, 5-8   24/31 Duae – cetera] POMP., *Gramm.* 99, 11-18; cfr
Ps. SERG., *Explan. in Don.* 519, 14-18   27/28 Artus – digiti] ISID., *Etym.* 11, 1, 84   29/
31 Quae – cetera] AVDAX, *Gramm.* 323, 8-9   31/34 Item – iteretur] POMP., *Gramm.*
98, 19-20; cfr Ps. SERG., *Explan. in Don.* 518, 31 - 519, 1; ISID., *Etym.* 1, 3, 3   35/
43 Latinas – Pallanteum] Ps. SERG., *Explan. in Don.* 519, 2-11; cfr POMP., *Gramm.* 98,
10-12; ISID., *Etym.* 1, 4, 1

20/21 omnium – est] minor est omnibus partibus *L*   21 Si] puta *praem. L*
adsumas] adsumam *L*   diuidas illud] diuidam illum *L*   22 ultima] *om. L*   syllaba]
syllabam *L*   diuidas] diuidam *L*   illam] *om. L*   23 littera] litteram *P*   remanserit]
rema *L^{a.c.}*   ideo dicitur] et est *L*   24 Quomodo] *post* articulatae *transp. L*   uocis]
uoces *F*   uoces] quomodo *add. F*   25/29 Quae¹ – articulata] *post* exprimitur (*infra
l. 32*) *transp. L* (*cfr* β)   articulo] articulos *F*, per articulos *P*   26 potest] possit *L*
Quare – articulata] *om. L*   27 maiora] maiorum *L*   et] *om. L*   articuli] articula *L*
membra²] *om. F P*   28 quidquid] quicquid *P*   scribentis] scribendi *F*, scribendo *L*
29 conprehendi] *om. F*   dicitur] est *L* (*cfr* β)   uox] uocis *F*   30 puta – balatus] *om. L*
31 mugitus bouis] *om. L*   31/32 Item – exprimitur] *om. L*   32 nullo] nullu *P*   uis
sermonis] uix sermone *P*   33 Item] *om. L*   littera] *ante* quare *transp. L*   legitera] legi
itera *F L*   Quomodo] *om. L*   34 quod] *om. F L*   35 Latinas – litteras] litteras quis
prior inuenit *L*   36 ipsa eas] eas ipsa *L*   37 illas transtulisset] illas tulit in latino *L*

DON., Mai. Quid est littera? PARS MINIMA VOCIS ARTICVLATAE.
603, 6 Quomodo 'pars minima'? Si adsumas hodie quodlibet
nomen, ut puta 'Honorius', diuidas illud per syllabas, ultima
20 syllaba quae remanserit diuidas eam per litteras, littera quae
remanserit diuidi non potest, ideo dicitur pars minima. Quare
dicitur 'uocis articulatae'? Duae uoces sunt: una articulata,
altera confusa. Quae est confusa? Quae scribi non potest, ut puta
ouium balatus, equi hinnitus, mugitus bouis. Quare confusa
25 est? Quia ex aere uerberato, nullo modo sono exiliente, uis
sermonis exprimitur. Et quae est articulata? Quae articulo scribentis conprehendi potest. Quare articulata dicta? Artus
dicuntur membra maiora hominum; articuli uero membra
minora hominum, sicut sunt digiti; et quidquid per istos arti-
30 culos scribentis conprehendi potest ipsa est uox articulata. Item
quare dicta est littera? Quasi legitera, eo quod legentibus iter
praebeat uel quod in legendo iteretur.

  Latinas quis adinuenit litteras? Nicostrata, Euandri mater, in
Italia, non quia ipsa eas ⟨inuenisset, sed quia de Graeco in Lati-
35 num illas⟩ transtulisset. Quomodo post adinuentionem littera-

---

Trad. text. β   E

22/30 Duae – articulata] POMP., *Gramm.* 99, 11-18; cfr PS. SERG., *Explan. in Don.*
519, 14-18   23/24 Quae[1] – bouis] AVDAX, *Gramm.* 323, 8-9   26/27 Et – potest]
AVDAX, *Gramm.* 323, 7-8   27/29 Artus – digiti] ISID., *Etym.* 11, 1, 84   30/32 Item –
iteretur] POMP., *Gramm.* 98, 19-20; cfr PS. SERG., *Explan. in Don.* 518, 31 - 519, 1; ISID.,
Etym. 1, 3, 3   33/41 Latinas – Pallanteum] PS. SERG., *Explan. in Don.* 519, 2-11; cfr
POMP., *Gramm.* 98, 10-12; ISID., *Etym.* 1, 4, 1

  19 puta] pote *E²*   ultima] altima *E^{a.c.}*   22 uocis articulatae] *cum* α *correxi,* uoci
articulate *E,* uox articulata *E²*   23 puta] pote *E²*   27 Artus] *cum* α *correxi,* arctus *E*
29 digiti] digita *E^{a.c.}*   quidquid] quicquid *E²*   34/35 inuenisset – illas] *cum* α *suppleui*

rarum postea uocata est? Carmentis nimpha. Quomodo? Eo
quod carminibus suis futura caneret. Da eius exemplum:
40 "Et Carmentalem Romano nomine portam
quam memorant, nimphae priscum Carmentis honorem,
uatis fatidicae, cecinit quae prima futuros
Aeneades magnos et nomine Pallanteum".

Quot sunt genera litterarum? Septem. Quae? He-
45 braeae, Atticae, Latinae, Syrae, Chaldaicae, Aegyp-
tiae et Geticae. Quis quales adinuenit? Moyses Hebraeas,
Fenices Atticas, Nicostrata Latinas, Abraham Syras
et Chaldaicas, Ysis Aegyptias, Gulfila Geticas. Da
eius exemplum:
50 "Moyses primus Hebraeas exarauit litteras,
mente Fenices sagaci condiderunt Atticas,
quas Latini scriptitamus edidit Nicostrata,
Abraham Syras et idem repperit Chaldaicas,
Ysis arte non minori protulit Aegyptias,
55 Gulfila prompsit Getarum quas uidemus ultimas".

Quot sunt Latinae litterae? Viginti et tres. In quibus partibus
diuiduntur? In duabus: in uocalibus et in consonantibus. Et
ipsae consonantes in quibus partibus diuiduntur? In duabus: in

---

Trad. text. α   *F L P*

   44/48 Quot – Geticas] cfr Isid., *Etym.* 1, 3, 5-6   **56** Quot – tres] Pomp., *Gramm.*
98, 18; cfr Ps. Serg., *Explan. in Don.* 519, 11-12   **56/57** In – consonantibus] Pomp.,
Gramm. 99, 9; cfr Ps. Serg., *Explan. in Don.* 519, 26-27   **57/59** Et – mutis] Pomp.,
Gramm. 99, 1-2; cfr Ps. Serg., *Explan. in Don.* 519, 27-28

   II.1, 40/43 Et – Pallanteum] Verg., *Aen.* 8, 338-341   **50/55** Moyses – ultimas]
Evgen. Tol., *Carm.* 39, 1-6

   38 postea] *post* est *transp. L*   Carmentis] carmentes *F Pa.c.*   nimpha] nimfa *P*
Quomodo] *om. P*   **40** Carmentalem] carmentale *F P*   portam] portum *L*   **41** quam]
que *F*   nimphae priscum] enim febris cum *P*   nimphae] uergilius *add. L*   Carmentis]
carmentes *P*   **42** uatis] uates *Fa.c.*   fatidicae] *cum Verg. scripsi*, fatidice *F P*, uatidice *L*
cecinit] cinit *L*   **43** Pallanteum] pellenteum *F*   **45** Atticae] grecae *F*   **46** adinuenit]
inuenit *L*   Moyses Hebraeas] ebraeas moyses *L*   **48** Ysis] yses *L*, isis *P*   **49** eius
exemplum] earum exempla *L*   **50** Moyses primus] *om. P*   Hebraeas] as *P*   exarauit]
exarabit *F*   **51** Fenices] feniceus *P*   condiderunt] condidit *P*   **52** Latini] latinis *L*
53 idem] item *L*   **56** Quot – tres] latinas litteras (-nae -rae *L²*) *L*   et] *om. P*   **57/**
58 in¹ – duabus] *om. F*   in²] *om. P*   **58** ipsae] ipse *P*   duabus] quomodo *add. F*

rum uocata est? Carmentis nimpha, eo quod carminibus suis
futura caneret. Da eius exemplum:
"Et Carmentalem Romano nomine portam
quam memorant, nimphae priscum Carmentis honorem,
40 uatis fatidicae, cecinit quae prima futuros
Aeneades magnos et nomine Pallanteum".

  Quis quales adinuenit litteras?:
"Moyses primus Hebraeas exarauit litteras,
mente Fenices sagaci condiderunt Atticas,
45 quas Latini scriptitamus edidit Nicostrata,
Abraham Syras et idem repperit Chaldaicas,
Ysis arte non minori protulit Aegyptias,
Gulfila prompsit Getarum quas uidemus ultimas".

  Quot sunt Latinae litterae? Viginti tres. In quibus partibus
50 diuiduntur? In duabus: in uocalibus et consonantibus. Et ipsae
consonantes in quibus partibus diuiduntur? In duabus. In quibus? In semiuocalibus et in mutis. Quot sunt litterae uocales?
Quinque. Quae? 'A, e, i, o, u'. Semper uocales sunt? 'A, e' et 'o'
semper uocales sunt; 'i' et 'u' uarias habent conexiones. Quomo-

---

rad. text. β   E

---

49 Quot – tres] POMP., *Gramm.* 98, 18; cfr PS. SERG., *Explan. in Don.* 519, 11-12
49/50 In – consonantibus] POMP., *Gramm.* 99, 9; cfr PS. SERG., *Explan. in Don.* 519,
26-27   **50/52** Et – mutis] POMP., *Gramm.* 99, 1-2; cfr PS. SERG., *Explan. in Don.* 519,
27-28   **52/53** Quot – u] cfr POMP., *Gramm.* 99, 31 - 100, 1; PS. SERG., *Explan. in Don.*
520, 3-4   **53/54** A² – conexiones] POMP., *Gramm.* 102, 19-20   **54/60** Quomodo –
accipitur] cfr POMP., *Gramm.* 102, 20-26

  II.1, 38/41 Et – Pallanteum] VERG., *Aen.* 8, 338-341   **43/48** Moyses – ultimas]
EVGEN. TOL., *Carm.* 39, 1-6

  36 Carmentis] carmentes *E^{d.c.}*   **38** Carmentalem – nomine] *cum Verg. et α correxi*,
carmentale roma non homine portum *E*   **40** fatidicae] *cum Verg. scripsi*, fatidice *E*
41 magnos et] *cum Verg. et α correxi*, magno sed *E*   **43** primus] *cum Eugen. Tol. et α*
correxi, prius *E*   **45** scriptitamus] *cum Eugen. Tol. et α correxi*, iscriptamus (iscriptita-
E²) *E*   **48** prompsit Getarum] *cum Eugen. Tol. et α correxi*, promisit gecarum *E*
49 Quot] *cum α correxi*, quod *E*   **50/51** Et – consonantes] *iter. E*   ipsae] *cum α*
scripsi, ipse *E*

semiuocalibus et in mutis. Quot sunt litterae uocales? Quinque.
60 Quae? 'A, e, i, o, u'. Semper uocales sunt? 'A, e' et 'o' semper
uocales sunt; 'i' et 'u' uarias habent conexiones. Quomodo? Modo uocales sunt, modo transeunt in consonantium potestatem,
modo mediae sunt, modo 'u' inter 'q' et aliquam uocalem posita
nec uocalis nec consonans habetur, modo 'u' per digam-
65 mon adscribitur quando sibi ipsa praeponitur, modo 'i' inter
duas uocales posita in unam partem orationis pro duabus consonantibus accipitur. Quare dicuntur uocales? Eo quod sine
alicuius litterae adminiculo sonum plenum habeant. Quomo-
603, 8 do? Quia PER SE PROFERVNTVR ET PER SE SYLLABAM FACI-
70 VNT. Consonantes quare dicuntur? Eo quod consonent cum
uocalibus et non sonent et sine adminiculo uocalis litterae syllabam non faciunt.

604, 1-3   HARVM DVAE, 'I' ET 'V', TRANSEVNT IN CONSONANTIVM
POTESTATEM. Quomodo? Quia et pro 'i' ponitur 'g' et
75 pro 'g' ponitur 'i', et pro 'u' ponitur 'b' et pro 'b'
ponitur 'u', QVVM AVT IPSAE INTER SE GEMINANTVR AVT
CVM ALIIS VOCALIBVS IVNGVNTVR, VT 'IVNO', 'VATES'. Quo-

Trad. text. α   *F L P*

59/60 Quot – u] cfr POMP., *Gramm.* 99, 31 - 100, 1; PS. SERG., *Explan. in Don.*
520, 3-4   **60/61** A² – conexiones] POMP., *Gramm.* 102, 19-20   **61/67** Quomodo –
accipitur] cfr POMP., *Gramm.* 102, 20-26   **67/68** Quare – habeant] cfr POMP.,
Gramm. 100, 5; PS. SERG., *Explan. in Don.* 519, 29-31   **67/69** **app. crit.** sine –faciunt]
ISID., *Etym.* 1, 4, 3

59 semiuocalibus] semisuocalibus *L*   **60** Quae] *om. L*   i] y *L^{a.c.}*   **60/61** semper –
sunt] *om. P*   **61** i] y *L^{a.c.}*   Quomodo] quia *add. L*   **62** transeunt] *post* consonantium
transp. L   potestatem] potestate *P*   **63** modo¹] modo inter se geminantur modo cum
aliis uocalibus iunguntur *praem. L* (*cfr infra l. 78/79*)   aliquam] aliam *P*   **64**/
65 modo – adscribitur] *post* accipitur *transp. L*   u per] *om. L*   digammon] digamon *P*
65 quando – praeponitur] *om. L*   **65/66** inter – posita] *post* orationis *transp. L*
67 Quare – uocales] uocales quare dictae *L*   **67/69** sine – faciunt] per se sonent et
per se syllabam faciant uocales sunt quae directo hiatu faucium sine ulla conlisione
uariae emittuntur et dictae uocales quod per se uocem impleant et per se syllabam
faciunt adherente consonante consonantes sunt quae diuerso motu linguae uel
inpraessione labrorum efficiuntur et uocatae consonantes quia per se non sonant sed
iunctae uocalibus consonant *L*   **68** adminiculo] adminiculum *P*   **70** dicuntur] dictae
F P   quod] quot *P*   **71** et¹ – sonent] *om. F*   et¹] *om. L*   non sonent] *iter. et exp.*
iteratum P   adminiculo] amminiculo *L*, adminiculum *P*   **72** non] *sup. l. P*   **74**/
75 et¹ – i] *post* ponitur u *transp. L*   i ... g] g ... i *L*   **75** g ... i] i ... g *L*   ponitur¹] *om. P*
et¹] *om. F*   **75/76** ponitur² – u] et b ponitur *F*   **76** quum – geminantur] *om. F P*
77/79 Quomodo – potestatem] *om. L*   **77/79** Quomodo – iunguntur] *iter. P*

55 do? Modo uocales sunt, modo transeunt in consonantium potestatem, modo mediae sunt, modo 'u' inter 'q' et aliquam uocalem
posita nec consonans est nec uocalis, modo 'u' per digammon adscribitur quando sibi ipsi praeponitur, modo 'i' inter
duas uocales posita in unam partem orationis pro duabus conso-
60 nantibus accipitur. Quare dicuntur uocales? Eo quod sine
alicuius litterae adminiculo sonum habeant plenum. Quomo-
603, 8 do? Quia PER SE PROFERVNTVR ET PER SE SYLLABAM FACI-
VNT. Consonantes quare dicuntur? Eo quod cum uocalibus
consonent. Quomodo? Quia sine adminiculo litterae
65 uocalis nullum sonum habent.

604, 1-3 HARVM DVAE, 'I' ET 'V', TRANSEVNT IN CONSONANTIVM
POTESTATEM, QVVM AVT INTER SE GEMINANTVR AVT CVM
ALIIS VOCALIBVS IVNGVNTVR, VT 'IVNO', 'VATES'. Quomodo?
'I' et 'u' quum inter se geminantur aut cum aliis uocalibus iun-
70 guntur, in consonantium transeunt potestatem. Da ubi inter se
geminentur: 'seruus', 'uulgus', 'uultus', 'uulnus'. Quomodo
geminantur? Quia sibi ipsis praeponuntur. Hic exemplum
certum posuit, quia sibi ipsi praeponitur; rem certam non posuit,
quia si demas priorem litteram 'u', nihil remanet, id est
75 'ulnus'. Da ubi cum aliis uocalibus iungantur: 'Ianus', 'uanus'.
Hic exemplum certum posuit aut rem certam? Rem certam
posuit, quia si demas priorem litteram 'u', remanet 'anus', id est
mulier uetula; exemplum certum non posuit, quia sibi ipsi non
praeponitur. HAE ETIAM MEDIAE DICVNTVR. Quomodo?
80 QVIA IN QVIBVSDAM DICTIONIBVS EXPRESSVM SONVM NON
HABENT. Quare? 'Vir' facit, 'i' subsequens plus sonat quam
prior 'u', quae in consonantis transit potestatem. Modo media

---

trad. text. β   *E*

60/65 Quare – habent] cfr POMP., *Gramm.* 100, 5; PS. SERG., *Explan. in Don.* 519,
29-31   72/75 Hic – ulnus] cfr POMP., *Gramm.* 105, 26-29   75 Da – uanus] cfr ISID.,
Etym. I, 4, 6

57 digammon] *cum* α *scripsi*, digamos *E*   59 duabus] *cum* α *correxi*, duas *E*
63 cum uocalibus] sine uocalibus *sup. l. add.* E²   66 consonantium] consonans E^{a.c.}
72 ipsis] *correxi*, ipsi *E*   73 non] en *add. et exp.* E   74 est] nisi *sup. l. corr.* E²
79 Hae] *scripsi*, heae *E*   mediae] *cum* α *correxi*, mediaedie *E*

modo? 'I' et 'u' quum inter se geminantur aut cum aliis uocalibus
iunguntur, in consonantium transeunt potestatem. Da ubi inter
80 se geminentur: 'seruus', 'uulgus', 'uulnus'. Quomodo geminantur? Quia sibi ipsis praeponuntur. Hic exemplum certum posuit
aut rem certam? Exemplum certum posuit, quia sibi ipsi
praeponitur; rem certam non posuit, quia si demas priorem litteram 'u', remanet 'ulnus', quod nihil est. Da ubi cum aliis
85 uocalibus iungantur: 'Ianus', 'uanus'. Hic exemplum certum
posuit aut rem certam? Rem certam posuit, quia si demas priorem litteram 'u', remanet 'anus', id est mulier uetula; exemplum
certum non posuit, quia sibi ipsi non praeponitur. Hae etiam
mediae dicvntvr. Quare dicuntur mediae? Qvia in
90 qvibvsdam dictionibvs expressvm sonvm non habent
'i', vt 'vir', 'v', vt 'optvmvs'. Quomodo? Si dicam
'uir', 'i' subsequens plus sonat quam prior 'u', quae in consonantis transit potestatem. Modo mediae sunt, quia sonum primae
litterae uocalis non exprimit, nisi consonantis, ut 'Iustus': 'u'
95 plus sonat, 'i' modo medium est.

604, 4-6   Extra qvam formam 'v' littera interdvm nec vocalis nec consonans habetvr, qvvm inter 'q' litteram
consonantem et aliqvam vocalem constitvitvr, vt
'qvoniam', 'qvidem'. Quomodo? 'V' littera quando inter 'q' et
100 aliam uocalem posita fuerit, nec uocalis nec consonans

Trad. text. α   F L P

81/84 Hic – est] cfr Pomp., Gramm. 105, 26-29   84/85 Da – uanus] cfr Isid.,
Etym. 1, 4, 6

80/81 app. crit. seruus – praeponuntur] Drac., Laud. Dei 1, 722 ; Evgen. Tol.,
Hex. 1, 603

78 I] u F P   79 iunguntur] ut iuno uates add. P   transeunt potestatem] potestatem
transeunt F   79/80 inter – geminentur] u geminetur L   80/81 seruus –
praeponuntur] nouerit (nou. exp. L²) ut uultur (uul. exp. L²) nouerit ut uultur qua sit
regione cadaber (-uer L²) L   81 ipsis] correxi, ipsi F P   82/83 Exemplum –
praeponitur] post remanet transp. L   ipsi] ipsa F, om. P   84 u] om. F L   remanet –
est] nulla pars remanet L   quod] quot P   84/88 Da – praeponitur] om. L
85 iungantur] iunguntur F   Ianus] ut praem. F   87 u] om. F   88 ipsi] ipsa F P   Hae]
heae F P   89 Quare – mediae²] om. F P   91 optumus] scripsi, optimus F, obtumus
L P   Quomodo] om. L   92 i] post sonat transp. F   subsequens] om. L   92/
94 quam – Iustus] om. L   94 ut] om. P   95 modo] autem L, om. F   est] perspicitur
L   96 interdum] om. F   99 quidem] quituitur L   99/100 Quomodo – fuerit]
om. L

est, quia sonum primae litterae uocalis non exprimit, nisi consonantis: 'iustus', 'u' plus sonat, 'i' modo media est.

604, 4-6   EXTRA QVAM FORMAM 'V' LITTERA INTERDVM NEC VOCA-
86   LIS NEC CONSONANS HABETVR, QVVM INTER 'Q' LITTERAM
CONSONANTEM ET ALIQVAM VOCALEM CONSTITVITVR, VT
'QVONIAM', 'QVIDEM'. Quomodo? 'V' littera quando inter 'q'
littera et aliquam uocalem posita fuerit, nec uocalis nec
90 consonans habetur. Quomodo? Consonans non est, quia consonantem super se habet; uocalis, quia uocalem sub se habet 'u'.
HVIC AVTEM DIGAMMON ADSCRIBITVR, QVVM SIBI IPSI
PRAEPONITVR, VT 'SERVVS', 'VVLGVS'. Quomodo? Est apud
Eolicos littera, quae per duo gamma scribitur; gamma enim
95 littera apud Graecos est ita Γ, sed apud Eolenses per duo
gamma scribatur, fit ita F, quae apud Latinos est V. Et ubicumque apud eos digammon littera scribitur, pinguem sonum

Trad. text. β   E

90/91 Consonans – u] POMP., *Gramm.* 104, 19-23   93/99 Est – efficit] cfr POMP.,
Gramm. 105, 3-19

91 sub] *cum* α (*FP*) *correxi*, super *E*   92 Huic] hic *E*^a.c.   94 Eolicos] euliquos *E*^a.c.
95 Γ] *sup. l. E*   Eolenses] *corr. Maes.*, eosdem si *E*   96 V] *corr. Maes.*, F *E*
97 digammon] *scripsi*, digammos *E*

habetur. Quomodo? Consonans non est, quia consonantem super se habet; uocalis non est, quia uocalem sub se habet. Hvic autem digammon adscribitvr, qvvm sibi ipsa praeponitvr, vt 'servvs', 'vvlgvs'. Quomodo? Est littera
105 apud Eolicos, quae per duo gamma scribitur; gamma enim littera apud Graecos ita Γ et apud Eolenses scribitur, fit ita F, quae apud Latinos est ita V. Et ubicumque apud eos digammon littera scribitur, pinguem sonum efficit; ita et apud nos ubicumque 'u' littera geminatur, ut puta 'uultus', 'uulnus', 'Vulcanus',
110 pinguem sonum efficit.

Quot linguae sunt Eolicorum et quot Latinae? Quinque Eolicae et quattuor Latinae. Da eorum exemplum: "Graeca lingua inter ceteras gentium clarior habetur; est enim et latior nimis et omnibus linguis sonantior, cuius uarietas in quinque partibus
115 discernitur. Quarum prima dicitur Cenet, id est mixta siue communis, quam omnes utuntur. Secunda Attica, uidelicet Atheniensis, quam usi sunt omnes Graeci auctores. Tertia Dorica, quam habent Aegyptii et Syri. Quarta Ionica, quinta Eolica, quas Eolistes locutos dixerunt. Et sunt in obseruatione Graecae
120 linguae eiusmodi certa discrimina; sermo enim eorum ita est dispertitus. Latinas autem linguas quattuor esse quidam dixe-

---

Trad. text. α   *F L P*

101/102 Consonans – habet²] Pomp., *Gramm.* 104, 19-23   **104/110** Est – efficit] cfr Pomp., *Gramm.* 105, 3-19

112/131 Graeca – corrumpens] Isid., *Etym.* 9, 1, 4-7

101 Quomodo] *om. L*   **101/102** Consonans – habet¹] *post* habet *transp. F P* **102** habet¹] *non praem. P*   sub] super *L*   **103** digammon] digamon *F P*   adscribitur] adscribi solet *L*   ipsa] ipsi *L*   **105** gamma¹] gama *F P*   **105/106** gamma² – F] *om. L* gamma²] gama *F P*   **106** Γ] *om. F*   Eolenses] *corr. Maes.*, eosdem *F*, eos (eolos *P²*) *P* F] *om. F*   **107** quae] quod *L*   Latinos] nos *L*, latino *P*   ita] *om. L*   V] *corr. Maes.*, F P, *om. F*   eos] illos *L*   **107/108** digammon littera] *om. L*   digammon] *scripsi*, digamon *F P*   **108** scribitur] ponitur *L*   pinguem] crassum *L*   **109** ut – Vulcanus] *om. L*   uulnus] uulmus *P, om. F*   **110** pinguem] crassum *L*   **111** linguae] litterae *L* Eolicorum] eoliquorum *P*   quot] quod *L^{a.c.}*   **111/112** Quinque – Latinae] quattuor latinae et quinque eolicae *L*   **112** eorum] eius *L*   **113** ceteras] cetera *P*   latior nimis] latinis *L*, l. ymnis *P*   **114** sonantior] prestantior *F P*   **115** Cenet] κοινή *legend.* communis] communes *L*   **116** quam] qua *F P*   **117** quam] qua *F*   **118** Syri] psirii *P* quas] quase *L*, quam *P²*   **119** Eolistes] *scripsi*, eoliste *F P*, eolistos *L*   locutos] esse *add.* *L*   **119/120** Graecae linguae] grega (greca *L²*) lingua *L*   **120** eiusmodi] cuiusmodi *F*, huiusmodi *L*   enim] autem *L*   **121** dispertitus] dispartitus *L*   esse quidam] quidem esse *L*

efficit; ita et apud nos ubicumque 'u' littera geminatur, ut puta 'uultur', 'uulnus', 'Vulcanus', pinguem semper sonum efficit.

100   Et quot linguae sunt Eolicorum et quot Latinae? Quinque Eolicae et quattuor Latinae. Da earum exemplar: "Graeca lingua inter ceteras gentium clarior habetur; est enim et latior et omnibus linguis sonantior, cuius uarietas in quinque partibus discernitur. Quarum prima dicitur Cened, id est mixta siue
105 communis, quam omnes utuntur. Secunda Attica, uidelicet Atheniensis, quam usi sunt omnes Graeci auctores. Tertia Dorica, quam habent Aegyptii et Syri. Quarta Ionica, quinta Eolica, quas Eolistes locutos dixerunt. Et sunt in obseruatione Graecae linguae eiusmodi certa discrimina; sermo enim eorum ita est
110 dispertitus. Latinas autem linguas quattuor esse quidam dixerunt, id est Priscam, Latinam, Romanam et Mixtam. Prisca est quam uetustissimi Italiae sub Iano et Saturno sunt usi, incondita, ut se habent carmina Saliorum. Latina quam sub Latino et regibus Tusciae ceteri in Latio sunt locuti, ex qua fuerunt duode-
115 cim tabulae scriptae. Romana quae post reges exactos a populo Romano gesta est, quam Neuius, Plautus, Ennius, Vergilius, poetae, et ex oratoribus, Graccus et Cato et Cicero uel ceteri effuderunt. Mixta quae post imperium latius promotum simul cum

---

rad. text. β   *E*

101/120 Graeca – corrumpens] Isid., *Etym.* 9, 1, 4-7

98 puta] pote *E²*   **100** quot¹] *cum* α *correxi*, quod *E*   linguae] linquae *E^{a.c.}*
Eolicorum] eoliquorum *E^{a.c.}*   quot²] *cum* α *correxi*, quod *E*   **102** et¹] *cum* α *correxi*, sed
E   **103** sonantior] sonantur *E^{a.c.}*   **104** Cened] κοινή *legend.*   mixta] mista *E^{a.c.}*
107 Syri] *scripsi*, psiri *E*   **108** Eolistes] *scripsi*, eoliste *E*   locutos] loquutus *E^{a.c.}*
110 quidam] quidem *E^{a.c.}*   **112** uetustissimi] *cum* α *correxi*, uetustissima *E*
113 Saliorum] aliorum *E^{a.c.}*   **114** Latio] *cum* α (*L*) *correxi*, latino *E*   **116** Neuius] *cum
Isid. corr. Maes.*, euius *E*   Plautus] *cum* α *correxi*, plutus *E*   **118** promotum] *cum Isid.
corr. Lor.*, primatum *E*

runt, id est Priscam, Latinam, Romanam et Mixtam. Prisca est
quam uetustissimi Itali sub Iano et Saturno sunt usi, incondita,
ut se habent carmina Saliorum. Latina quam sub Latino et regi-
125 bus Tusciae ceteri in Latio sunt locuti, ex qua fuerunt duodecim
tabulae scriptae. Romana quae post reges exactos a populo
Romano gesta est, quam Neuius, Plautus, Ennius, Vergilius, poetae, et ex oratoribus, Graccus, Cato et Cicero uel ceteri effuderunt. Mixta quae post imperium latius promotum simul cum
130 moribus et hominibus in Romanam ciuitatem inrupit, integritatem uerbi per soloecismos et barbarismos corrumpens".

604, 6-8   NAM 'I' LITTERAM GEMINARI IN VNAM SYLLABAM POSSE
PLVRIMI NEGANT. Quomodo? Multi dicunt quod 'i' littera in
unam partem orationis inter duas uocales posita non
135 geminetur, id est pro duabus consonantibus non
accipiatur, sed mentiuntur, quia ubicumque inter duas uocales
posita fuerit, ut puta 'Froia', 'Troia', 'Maia', pro duabus
consonantibus accipitur. Da eius exemplum: "Arma uirum
tabulaeque et Troia gaza per undas"; "Troianas ut opes
140 et lamentabile regnum". LATINAE VOCALES OMNES ET PRODV-
CI ET CORRIPI POSSVNT. Quomodo? Apud Graecos septem
sunt litterae uocales, unde et Terentianus: "Nulla uox humana
constat absque septem litteris". Et super se habent longas,

Trad. text. α   *F L P*

133/139 Multi – undas] cfr POMP., *Gramm.* 105, 30 - 106, 3   141/143 Apud –
litteris] PS. SERG., *Explan. in Don.* 520, 4-6   143/151 Et – breues] POMP., *Gramm.*
106, 6-10

138/139 Arma – undas] VERG., *Aen.* 1, 119   139/140 Troianas – regnum] VERG.,
Aen. 2, 4   142/143 Nulla – litteris] TER. MAVR., *Gramm.* 1300

123 quam] quem *F P*   123/124 Saturno – et] *om. F*   124 se habent] seruent *L*
Saliorum] *cum Isid. et* β *correxi*, aliorum *L P*   Latina] latinam *P*   125 Latio] latino *F P*
126 scriptae] conscribte *P*   exactos] exacto *L^{a.c.}*   a] *om. L*   127 est] *sup. l. L*   Neuius]
cum Isid. corr. Maes., ebius *F*, euius *L P*   Plautus] plaudus *L*   128 oratoribus] oratobus
L   et²] *om. F P*   uel – effuderunt] effuderunt uel alii ceteri *L*   129 latius] latinus *L*
promotum] *cum Isid. corr. Lor.*, primatum *F P*, promatum *L*   130 hominibus] omnibus
F P   inrupit] inrumpit *L*   131 et – corrumpens] corrumpens et barbarismos *L*
133 Quomodo] *om. L*   135/136 id – accipiatur] *om. L*   136 mentiuntur –
ubicumque] ubicumque in unam partem orationis *L*   137 ut – Maia] *post* geminetur
(l. 135) transp. L   puta] *om. F P*   Froia] froila *P*   Troia] *om. L*   Maia] *om. F P*   138/
139 Arma – undas] *om. L*   139 undas] undis *P*   Troianas – opes] troia nascito pes *P*
141 septem] enim *add. F*   142 Terentianus] terrentianus *P*   143 Et] nam *praem. L*
longas] et *add. F*

moribus et hominibus in Romanam ciuitatem inrupit, integrita-
120 tem uerbi per soloecismos et barbarismos corrumpens".

604, 6-8   NAM 'I' LITTERAM GEMINARI IN VNAM SYLLABAM POSSE
PLVRIMI NEGANT. Quomodo? Multi dicunt quod 'i' littera
posita inter duas uocales, ut puta 'Froia', 'Troia',
'Maia', non posse geminari, id est pro duabus conso-
125 nantibus poni non posse, sed mentiuntur, quia ubicumque
inter duas uocales posita fuerit, pro duabus consonantibus accipienda est. Da eius exemplum:
"Eia eia age ! Varium et mutabile semper
femina",
130 et "Hostis adest, eia !", "Troianas ut opes et lamentabile
regnum". LATINAE VOCALES OMNES ET PRODVCI ET CORRIPI
POSSVNT. Quomodo? Apud Graecos septem sunt litterae uocales, unde scribit quidam : "Nulla uox humana constat absque
septem litteris". Ex quibus duas habent ubique longas,
135 duas breues et tres quae dicronae uocantur, id est communes. Quae sunt longae? Eta et 'ω' longae sunt; 'ε' et 'o' breues
sunt; alpha, iota et 'υ' dicronae uocantur, id est communes : aliquando sunt breues, aliquando longae. Et apud nos
quinque sunt uocales et, ubi necesse est, accipimus

---

rad. text. β   E

122/127 Multi – est] cfr POMP., *Gramm.* 105, 30-37   **127/130** Da – eia] cfr supra
I.4, 87/90   **132/134** Apud – litteris] PS. SERG., *Explan. in Don.* 520, 4-6   **134/**
143 Ex – breues] POMP., *Gramm.* 106, 6-10   **137/138** dicronae – longae] cfr
PS. SERG., *Explan. in Don.* 522, 2-5

128/129 Eia – femina] VERG., *Aen.* 4, 569-570 **130** Hostis – eia] VERG., *Aen.* 9, 38
130/131 Troianas – regnum] VERG., *Aen.* 2, 4   **133/134** Nulla – litteris] TER. MAVR.,
Gramm. 1300

130 Troianas ut] *cum Verg. et* α *correxi*, troianasunt *E*   **136** Eta] *super l. add.* H *E²*
ω] o *E^{a.c.}* ε] et k *E^{a.c.}* o] u *E^{a.c.}* **137** alpha] *sup. l add.* A *E²* iota] *sup. l. add.* ι *E²*

super se breues, super se quae dicronae dicuntur, id est
145 communes. Quae sunt longae? Eta et 'ω' longae sunt; 'ε' et 'ο'
breues sunt; alpha, iota, 'υ' communes sunt, quae dicronae
dicuntur. Quomodo? Aliquando sunt breues, aliquando longae. Et quia nos illis in numero litterarum uocalium
non coaequamur, uelut in temporibus coaequemur, ipsas quin-
150 que quas habemus, ubi necesse est, sunt longae, et ubi necesse
est, sunt breues.

   Da 'a' longum: "Nulla tuos unquam cantus imitabitur ales".
Da 'a' breue: "Si Deus est animus, nobis ut carmina dicunt". Da
'e' longum: "Eua columba fuit tunc candida, nigra deinde". Da
155 'e' breue: "Ipse, ubi tempus erit, omnes in fonte lauabo". Da 'i'
longum: "Ibo et Calcidico quae sunt mihi condita uersu". Da 'i'
breue: "Tutus agit uir iustus iter uel per mare magnum". Da 'o'
longum: "Ore columba refert ramum uiridantis oliuae". Da 'o'
breue: "O mortalis homo, mortis reminiscere casus!". Da 'u' lon-
160 gum: "Vna ex Adam est mors, Christi et una salus"; "Vna uirtus format ipsa quaequae sunt uitalia". Da 'u' breue:
"Hospitium hoc Domini est, ilex ubi frondea Mambre"; "Cla-
604, 8-9 rus ubique Deus numquam mutabilis auctor". ATQVE
HIS SOLIS ADSPIRARI QVIDAM EXISTIMANT. Quomodo?

Trad. text. α   *F L P*

   152 Nulla – ales] EVGEN. TOL., *Carm.* 33, 13   **153** Si – dicunt] PS. CATO, *Dist.* 1, 1, 1
154 Eua – deinde] PRVD., *Tit.* 1 (p. 390)   **155** Ipse – lauabo] VERG., *Ecl.* 3, 97
156 Ibo – uersu] VERG., *Ecl.* 10, 50   **157** Tutus – magnum] PRVD., *Tit.* 33 (p. 392)
158 Ore – oliuae] PRVD., *Tit.* 10 (p. 390)   **159** O – casus] EVGEN. TOL., *Carm.* 2, 1
160 Vna¹ – salus] VEN. FORT., *Carm.* 9, 2, 50   **160/161** Vna² – uitalia] *Hymn. Hisp.*
104, 14 (p. 386)   **162** Hospitium – Mambre] PRVD., *Tit.* 13 (p. 391)   **162/**
163 Clarus – auctor] DRAC., *Laud. Dei* 1, 130; EVGEN. TOL., *Hex.* 1, 13

   144 breues] quomodo *add. F*   **145** Quae – longae¹] *om. L*   Eta] *cum* β *scripsi*, e et a
α   ω] *cum* β *correxi*, o α   sunt²] quae sunt breues *add. F*   ε] *cum* β *correxi*, ι α   o] *cum* β
correxi, u α   **146** alpha] et *add. F*   υ] *cum* β *correxi*, e P, *om. F L*   communes – quae]
om. L   **147** Quomodo – longae] *om. L*   Quomodo] *om. P*   **148** Et quia] unde quia
et L   **149** uelut] uel F, saltim ut L   **150** quas] quos P   et] *om. F*   **152** longum] longa
L^{a.c.}   ales] abes (aues L²) L   **153** a] *om. L*   **154** longum] logum L   fuit] fui it P
155 e] *om. L*   breue] breuem F P   **156** Calcidico quae] caldico q. L, calcidi quoque P
condita] cognita L   uersu] uersus F P   i] *om. L*   **157** breue] breuem F P   per mare]
permanere P   **158** refert] refret P   o] *om. L*   **159** breue] breuem F P   **160/**
161 Vna² – uitalia] *om. L*   **161** quaequae] quaeque P   u] *om. L*   breue] *correxi*,
breuem α   **162** Hospitium] optimum F P   ilex] *cum Prud. corr. Lor.*, lex F P, *om. L*
Mambre] mambree L   **162/163** Clarus – auctor] *om. L*

140 eas et longas et breues. Et quia in numero litterarum
uocalium illis non coaequamur, uelut in temporibus coaequemur, ipsas quinque uocales quas habemus, ubi necesse est,
habemus illas longas, et ubi necesse est, habemus eas breues.

145   Da ubi sit 'a' longa: "Nulla tuos unquam cantus imitabitur
ales". Da 'a' breuem: "Si Deus est animus, nobis ut carmina
dicunt". Da 'e' longum: "Eua columba fuit tunc candida, nigra
deinde". Da 'e' breuem: "Ipse, ubi tempus erit, omnes in fonte
lauabo". Da 'i' longum: "Ibo et Calcidico quae sunt mihi condita
150 uersu". Da 'i' breuem: "Tutus agit uir iustus iter uel per mare
magnum". Da 'o' longum: "Ore columba refert ramum uiridantis oliuae". Da 'o' breuem: "O mortalis homo, mortis reminiscere casus!". Da 'u' longum: "Vna ex Adam est mors, Christi et
una salus". Da 'u' breuem: "Hospitium hoc Domini est, ilex ubi
604, 8-9 frondea Mambre". ATQVE HIS SOLIS ADSPIRARI QVIDAM
156 EXISTIMANT. Quomodo? Dicunt aliqui 'ubicumque uocalis est,
et adspiratio esse debet'; sed non est ita: nisi ubi necesse est,

---

rad. text. β   *E*

156/159 Dicunt – debet] cfr POMP., *Gramm.* 107, 26-35

145/146 Nulla – ales] EVGEN. TOL., *Carm.* 33, 13   **146/147** Si – dicunt] Ps. CATO,
Dist. 1, 1, 1   **147/148** Eua – deinde] PRVD., *Tit.* 1 (p. 390)   **148/149** Ipse – lauabo]
VERG., *Ecl.* 3, 97   **149/150** Ibo – uersu] VERG., *Ecl.* 10, 50   **150/151** Tutus –
magnum] PRVD., *Tit.* 33 (p. 392)   **151/152** Ore – oliuae] PRVD., *Tit.* 10 (p. 390)   **152/**
153 O – casus] EVGEN. TOL., *Carm.* 2, 1   **153/154** Vna – salus] VEN. FORT., *Carm.*
9, 2, 50   **154/155** Hospitium – Mambre] PRVD., *Tit.* 13 (p. 391)

145 cantus] cunctus *E*^{a.c.}   **150** Tutus] *cum* α *correxi*, tustus (ustus *E*²) *E*   per mare]
permanere *E*^{a.c.}   **152** o] *sup. l. E*   O] *sup. l. E*   **154** u] *sup. l. E*   ilex] *cum Prud. corr.*
Lor., lex *E*

165 Dicunt aliqui quia ubicumque uocalis est, et adspiratio esse debet, sed mentiuntur, nisi ubi necesse est.

604, 10 SEMIVOCALES SVNT QVAE PER SE QVIDEM PROFERVNTVR, SED PER SE SYLLABAM NON FACIVNT. Quare dicuntur semiuocales? Eo quod semis habeant de uocali sono et semis de naturali, 170 et demptum sonum uocalium uel sibilus remanet. A quali sono inchoant semiuocales litterae aut in quali desinunt? A uocali sono inchoant et in naturali desinunt. Quare dicit 'per se proferuntur'? Quia a uocali sono inchoant et in naturali desinunt, et si demas sonum uocalem, uel sibilus remanet. 175 Cur dicitur 'per se syllabam non faciunt'? Quia sine adminiculo uocalis litterae syllabam effici non possunt. Quot sunt? Septem. Quae? 'F, l, m, n, r, s, x'.

604, 11 EX HIS VNA DVPLEX EST 'x'. Quomodo? Quia pro duabus consonantibus accipitur. Da ubi sit pro simplice: "Et 180 prostrauit litora Xantus". Da ubi pro duplice: "Adnexique globum zipheri freta cana secabant". Pro quibus? Pro 'c' et 's', pro 'g' et 's'. Quomodo pro 'g' et 's',

---

Trad. text. α *F L P*

165/166 Dicunt – est] cfr POMP., *Gramm.* 107, 26-35   **167/176** Semiuocales – possunt] cfr POMP., *Gramm.* 101, 1-12; PS. SERG., *Explan. in Don.* 520, 8-16   **176/177** Quot – x] cfr DON., *Mai.* 604, 11; POMP., *Gramm.* 100, 3   **178/179** Quia – accipitur] POMP., *Gramm.* 108, 5-6   **182/186** Pro – regs] cfr POMP., *Gramm.* 108, 14-19

179/180 Et – Xantus] cfr TER. MAVR., *Gramm.* 1161   **180/181** Adnexique – secabant] Incert.; cfr Cod. Sang. 178, p. 412

165 ubicumque] ubi *L*   et] *om. L*   **166** debet] potest *L*   necesse] ratio *L*   est] Δ (*om. P*) consonantes quare dicuntur M (*om. P*) eo quod cum uocalibus consonent (non sonent *add. P*) Δ (*om. P*) quomodo M (*om. P*) quia sine adminiculo (aminiculo *P*) uocalis litterae (-re *P*) nullum sonum efficiunt *add. F P* (*cfr supra l. 70/72*)   **167** Semiuocales sunt] quot sunt semiuocales septem *L* (*cfr infra l. 177*)   quidem] *om. F P*   **168** sed] et *P*   faciunt] id est f l m n r s x *add. L*   **168/172** Quare – dicit] semiuocales quare dictae eo quod demptum sonum uocalem semis de ipso sono remaneat quomodo quae per se proferuntur et per se syllabam non faciunt *L*   **172** naturali] natura *P*   **172/173** Quare – desinunt] *om. F*   **172/173** per – proferuntur] *iter. P*   **173** a] *om. L*   sono] sonu *L*   naturali] naturalem *L²*   **175** Cur dicitur] *om. L*   **176** uocalis] uocales *L*   possunt] potest *F P*   **176/177** Quot – x] *om. L*   **178** x] *sup. l. F*   **178/179** Quomodo – accipitur] quare dicitur duplex quia et pro simplice accipitur et pro duplice *L*   **180** prostrauit] prostrabit *P*   Xantus] xantis *F*, saxis *P*   Da] sed apud grecos non apud nos *praem. L*   Adnexique] adnixitque *F P*   **181** zipheri] zipperi *F*, zyppheri *P*   **181/188** freta – Xantus] *om. L*   **181/182** cana – quibus] *om. P*   **182** c] g *F*   pro¹ – s²] *om. F*

ibi esse debet adspiratio, nam ubi necesse non est,
adspiratio esse non debet.

604, 10   SEMIVOCALES SVNT QVAE PER SE QVIDEM PROFERVNTVR,
   161   SED PER SE SYLLABAM NON FACIVNT. Quare dicuntur semiuocales? Eo quod semis habeant de uocali sono et semis de naturali,
et si demas uocalem sonum, uel sibilus remanet. Et quali
sono inchoant semiuocales litterae et in quali desinunt? A uocali
sono inchoant et in naturali desinunt. Quare dicit 'per se profe-
   165   runtur'? Quia a uocali sono inchoant et in naturali desinunt.
Cur dicit 'per se syllabam non faciunt'? Quia sine adminiculo
uocalis litterae, quamuis a uocali sono inchoent, syllabam
effici non ualent. Quot sunt? Septem. Quae? 'F, l, m, n, r, s, x'.

604, 11   EX HIS VNA DVPLEX EST 'x'. Quomodo? Quia pro duabus
   171   consonantibus ponitur. Pro quibus? Pro 'c' et 's'. Quomodo?
Sicut nos scribimus 'rex' per 'x', ueteres per 'c' et 's' scribebant, interdum et per 'g' et 's'. Quare non accipitur pro sim-

---

Trad. text. β   *E*

160/169 Semiuocales – ualent] cfr POMP., *Gramm.* 101, 1-12; PS. SERG., *Explan. in
Don.* 520, 8-16   **169** Quot – x] cfr DON., *Mai.* 604, 11; POMP., *Gramm.* 100, 3   **170/
171** Quia – ponitur] POMP., *Gramm.* 108, 5-6   **171/173** Pro¹ – s] cfr POMP., *Gramm.*
108, 14-19

162 sono] sonum *E*²   **166** Quia a] quia *E*ᵃ·ᶜ·   **170** his] *cum* α *correxi,* is *E*
173 non] *cum* α *correxi,* regnum *E*

pro 'c' et 's'? 'Rex', 'regis', 'crux', 'crucis'. Quomodo?
Quia sicut nos scribimus 'rex' et 'crux' per 'x', ueteres non
185 scribebant sic, sed per 'c' et 's', et interdum per 'g' et
's', 'crucs' et 'regs'. Quare non accipitur pro simplice?
Aliquando apud Graecos accipitur. Da eius exemplum: "Prostrauit litora Xantus".

604, 11-12 ET LIQVIDAE QVATTVOR, 'L, M, N, R'. Quare dicun-
190 tur liquidae? Quia ubi necesse est, liquescunt in metro, et ubi necesse est, stant pro consonantibus. Da
ubi 'l' liquescat: "In fontem refluo Iordanis gurgite
fertur". Da ubi pro consonante accipiatur: "Coruus
enim ingluuie per foeda cadauera captus". Da ubi 'm'
195 liquescat: "Litora, multum ille et terris iactatus et alto". Da
ubi non liquescat: "Quum suadens coluber proiecit
ab ore uenenum". Da ubi 'n' liquescat: "Piscosamque Gnidon grauidamque Amatunta metallo". Sed apud Graecos
haec liquescit, non apud nos. Da ubi non liquescat:
200 "Haec monstra incertis mutent sibi tempora fatis".
Da ubi 'r' liquescat: "Christus erat panis, Christus petra,
Christus in undis". Da ubi non liquescat: "Roscida pur-
pureos Aurora ostenderat ortus". EX QVIBVS 'L' ET 'R'

Trad. text. α   *F L P*

187/188 Prostrauit – Xantus] cfr TER. MAVR., *Gramm.* 1161   192/193 In – fertur]
PRVD., *Tit.* 57 (p. 393)   193/194 Coruus – captus] PRVD., *Tit.* 11 (p. 390)
195 Litora – alto] VERG., *Aen.* 1, 3   196/197 Quum – uenenum] VEN. FORT., *Carm.*
9, 2, 3   197/198 Piscosamque – metallo] Ov., *Met.* 10, 531   200 Haec – fatis] *Anth.*
390, 31 Rie.   201/202 Christus¹ – undis] SEDVL., *Carm. Pasch.* 1, 159 (p. 27)   202/
203 Roscida – ortus] CORIPP., *Iust.* 2, 1

185 per¹] pro *P*   186 crucs] *correxi,* crugs *F P*   187 Prostrauit] prostrabit *P*
188 Xantus] *scripsi,* xantis *F P*   189/190 Quare – liquidae] quomodo *F P*   190 ubi]
sup. l. L   190/191 in – consonantibus] *om. L*   191 consonantibus] consonantes *P*
192 l] *om. L*   liquescat] liquescant *F*ᵃ·ᶜ· *L²*   fontem] fonte *F P*   193 accipiatur]
accipitur *F*   194 ingluuie] *cum Prud. scripsi,* ingluuiae α   per – captus] *om. P*   captus]
captur *L*   m] lm *P*   195 liquescat] liquescas *L*ᵃ·ᶜ·   195/196 Litora – liquescat] *om. L*
197 ab ore] arbore *L*   Piscosamque Gnidon] pisco sanqueni dona *P*   Gnidon] nigdon
L   198 Amatunta] amatunto *F P*   198/199 Sed – liquescit] et apud quos liquescit
apud grecos *L*   199 liquescat] liquescit *F*   201 r] *om. L*   202 Roscida] ruscida *F*
purpureos] purpureus *L*ᵃ·ᶜ·   203 ortus] portus *P*   203/205 Ex – obtinent] *om. L*

plice? Aliquando apud Graecos accipitur. Da eius exemplum:
175 "Prostrauit litora Xantus". Prima syllaba 'x' terminatur.

Liquidae litterae quot sunt? Quattuor. Quae? 'L,
m, n, r'. Da ubi liquescat 'l': "In fontem refluo Iordanis gurgite fertur". Vbi liquescit? 'Tem reflu'. Quare liquescit?
Propter necessitatem uersus, nam si non liquefactus
180 fuerit, antibaccus pes erit, qui in metro dactilico non
recipitur, et erit fractus uersus iste. Da ubi liquescat
'r': "Christus erat panis, Christus petra, Christus in undis". Vbi
liquescit? 'Tus petra'; hic liquescit, nam si non
liquefieret, antibaccus pes est et fracturam habere
185 debuit uersus iste. Da ubi 'm' liquescat? "Multum ille et
terris iactatus et alto". 'M' littera ubicumque inter duas
uocales in metrica ratione fuerit, per moetacismum
subtrahitur. Da ubi 'n' liquescat: "Piscosamque Gnidon grauidamque Amatunta metallo". Sed haec apud Graecos liques-
604,12 cit. EX QVIBVS 'L' ET 'R' FACIVNT COMMVNEM SYLLABAM.
191 Quomodo? Quia ubi necesse est ut liquescant, liquescunt;
ubi necesse est, uim consonantis obtinent. Da ubi liquescat
'l': "In fontem refluo Iordanis gurgite fertur". Da
ubi non liquescat: "Coruus enim ingluuie per foeda
195 cadauera captus". Da ubi 'r' liquescat: "Abraham
mercatus agrum cui conderet ossa". Da ubi non

---

rad. text. β   E

175 Prostrauit – Xantus] cfr TER. MAVR., *Gramm.* 1161   **177/178** In – fertur]
PRVD., *Tit.* 57 (p. 393)   **182** Christus¹ – undis] SEDVL., *Carm. Pasch.* 1, 159 (p. 27)
185/186 Multum – alto] VERG., *Aen.* 1, 3   **188/189** Piscosamque – metallo] Ov., *Met.*
10, 531   **193** In – fertur] PRVD., *Tit.* 57 (p. 393)   **194/195** Coruus – captus] PRVD.,
Tit. 11 (p. 390)   **195/196** Abraham – ossa] PRVD., *Tit.* 17 (p. 391)

175 Xantus] *scripsi*, xanctus E   **180** dactilico] *scripsi*, doctilico E   **185** et] e E²
188 Piscosamque] *cum* α *scripsi*, piscosanque E   **189** Amatunta] *cum* α (L) *scripsi*,
amatanta E   **191** liquescunt] liquesunt E*a.c.*   **193** fertur] *cum Prud. et* α *correxi*,
refertur E   **194** ingluuie] *cum Prud. correxi*, inglubia E   **194/195** foeda cadauera]
cum Prud. et α *correxi*, edera E   **196** conderet] nonderet E*a.c.*

FACIVNT COMMVNEM SYLLABAM. Quomodo? Quia ubi neces-
205 se est, liquescunt, et ubi necesse est, uim consonantis obtinent.

604, 12-14   'S' LITTERA SVAE CVIVSDAM POTESTATIS EST, QVAE IN
METRO PLERVMQVE VIM CONSONANTIS AMITTIT. Quomo-
do? Ideo est suae potestatis, quia et superposita liquescit et subposita. Da ubi superposita liquescat: "Omnibus sufficiunt sacrati
210 commoda fisci". Da ubi subposita: "Quae potero tangam; tu
mihi leges tene". Liquidae litterae ubi necesse fuerit in metrica
ratione ut liquescant, expresse radendae sunt aut tantum in locutione? Tantum in locutione. ITEM EX ILLIS 'F' LITTERA
SVPERPONITVR LIQVIDIS 'L' VEL 'R', QVEMADMODVM MVTA
215 QVAELIBET, ET COMMVNEM SYLLABAM FACIVNT.
Quomodo? Ad liquidas 'l' uel 'r' de semiuocalibus alia non
superponitur nisi sola 'f, ut puta si dicam: 'Afrila', 'afluens'. De
mutis omnes illis superponuntur. Quomodo faciunt communem
syllabam? Quia ubi necesse est, liquescunt, et ubi necesse est,
220 uim suam obtinent.

604, 15-16   MVTAE SVNT QVAE NEC PER SE PROFERVNTVR NEC PER SE
SYLLABAM FACIVNT. Quot sunt? Nouem. Quae? 'B, c,
d, g, h, k, p, q, t'. Quare dicuntur mutae? Quia demptum
sonum uocalem nec sibilus remanet. Quomodo 'nec per se
225 proferuntur nec per se syllabam faciunt'? Per se non proferun-

---

Trad. text. α *F L P*

216/217 Quomodo – afluens] cfr POMP., *Gramm.* 109, 32-34   222/228 Quot –
efficiunt] cfr PS. SERG., *Explan. in Don.* 520, 16-18   222/223 Quot – q] cfr DON., *Mai.*
604, 15-16; POMP., *Gramm.* 100, 4

209/210 Omnibus – fisci] CORIPP., *Iust.* 2, 254   210/211 Quae – tene] TER.
MAVR., *Gramm.* 1720

206 suae] se *L*, sua *P*   208 Ideo – potestatis] *om. L*   superposita – subposita]
subposita liquebit et superposita *P*   liquescit – subposita] et subposita uocali liquescit
L   209 superposita] semper posita *P*   210 fisci] ficii *L*   ubi] *om. L*   tangam]
pangam *L*   210/211 tu mihi] tumici *L*   211/213 Liquidae – locutione] *om. L*   fuerit]
cum β *correxi,* fuerint *F P*   212 expresse] expressae *F*   214 quemadmodum]
queammodum *F P*   216 Ad] *om. L*   liquidas] liquidis *L P*   semiuocalibus]
semisuocalibus *L*   216/217 alia – f] sola f superponitur *L*   217 ut – afluens] *om. L*
218 omnes – superponuntur] qualislibet *L*   218/220 Quomodo – obtinent] *om. L*
222 Quot – Quae] sunt autem numero nouem *L*   223 Quia] eo quod *L*
224 remanet] de ipso sono remaneat *L*   225 proferuntur¹] quia *add. L*

liquescat: "Eua columba fuit tunc candida, nigra
deinde".

604, 12-14 'S' LITTERA SVAE CVIVSDAM POTESTATIS EST, QVIA IN
200 METRO PLERVMQVE VIM CONSONANTIS AMITTIT. Quomo-
do? Ideo est suae potestatis, quia et superposita liquescit et subposita. Da ubi superposita liquescat: "Omnibus sufficiunt sacrati
commoda fisci". Da ubi subposita liquescat: "Quae potero
tangam; tu mihi leges tene". Liquidae litterae ubi necesse fuerit
205 in metrica ratione ut liquescant, expresse radendae sunt aut
tantum sensu locutione? Tantum sensum et locutionem.
ITEM EX ILLIS 'F' LITTERA SVPERPONITVR LIQVIDIS 'L' VEL
'R', QVEMADMODVM MVTA QVAELIBET, ET COMMVNEM SYL-
LABAM FACIVNT. Ad liquidas 'l' et 'r' de semiuocalibus alia non
210 superponitur nisi sola 'f', ut puta si dicam: 'Afrila', 'affluens'.
De mutis omnes illis superponuntur. Quomodo faciunt communem syllabam? Quia ubi necesse est, liquescunt, et ubi necesse
est, uim suam obtinent.

604, 15-16 MVTAE SVNT QVAE NEC PER SE PROFERVNTVR NEC PER SE
215 SYLLABAM FACIVNT. Quare dicuntur mutae? Quia subtrac-
tum eis uocalem sonum nec sibilus remanet. Quomodo
'non per se proferuntur aut per se syllabam non faciunt'? Per
se non proferuntur, quia a naturali sono inchoant; per se syllabam non faciunt, quia sine adminiculo uocalis litterae nec
220 sonum habet nec syllabam efficit. Quot sunt? Nouem.
Quae? 'B, c, d, g, h, k, p, q, t'. EX HIS SVPERVACVAE
QVIBVSDAM VIDENTVR INPERITIS 'K' ET 'Q'. Quare dicuntur
superuacuae? Eo quod in calumniam ueniant. Quomodo?
Quia nec ab 'e' littera uocali inchoantur, sicut semiuocales,

rad. text. β   E

209/210 liquidas – affluens] cfr POMP., *Gramm.* 109, 32-34   215/221 Quare – t]
cfr PS. SERG., *Explan. in Don.* 520, 16-18   218 quia – inchoant] POMP., *Gramm.* 101,
12-13   220/221 Quot – t] cfr DON., *Mai.* 604, 15-16; POMP., *Gramm.* 100, 4   223/
226 Eo – q²] POMP., *Gramm.* 101, 18-22

197/198 Eua – deinde] PRVD., *Tit.* 1 (p. 390)   202/203 Omnibus – fisci] CORIPP.,
Iust. 2, 254   203/204 Quae – tene] TER. MAVR., *Gramm.* 1720

199 quia] quate *E^{a.c.}*   201 superposita] subposita *E^{a.c.}*   202 Da ubi] dabis *E^{a.c.}*
210 puta] pote *E²*   Afrila] africa *E²*   211 omnes] omnibus *E²*   superponuntur] *cum α
correxi,* supponuntur *E*   217 non¹] *sup. l. E*

tur, quia a naturali sono inchoant et in uocali sono desinunt; per se syllabam non faciunt, quia sine adminiculo uocalis
litterae nec sonum habent nec syllabam efficiunt. EX HIS
SVPERVACVAE QVIBVSDAM VIDENTVR INPERITIS 'K' ET 'Q'.
230 Quare dicuntur superuacuae? Eo quod nec ab 'e'
uocali inchoant, sicut semiuocales, nec in 'e' uocali
desinunt, sicut mutae, et quia in calumniam ueniunt.
Quomodo ueniunt in calumniam? Quia et pro 'k'
ponitur 'c' et pro 'c' ponitur 'k', similiter et pro 'q'
235 ponitur 'c' et pro 'c' ponitur 'q'.

604,16-605,2   QVI NESCIVNT, QVOTIENS 'A' SEQVITVR, 'K' LITTERAM
PRAEPONENDAM ESSE, QVOTIENS 'V', PER 'Q' NON PER 'C'
SCRIBENDVM. QVOMODO? Multi inperiti dicebant ut, quotienscumque 'a' subsecuta fuisset, ut puta 'caput', 'castus', 'cami-
240 nus', non per 'c' scriberetur, sed per 'k'. Vnde et qui capitali
plectebantur sententia in ipso professionis aut iudicii indicu-
lo 'k' litteram maiori manu scribebant, ut qui hoc uidisset ipsud
haberet indicium, quod capitali plexus fuisset sententia. Sed
mentiuntur, quia solummodo 'Kalendae' et 'Karthago' erit per 'k'
245 scribendum, cetera uero per 'c'. Similiter et quotiens 'u' subsecuta fuerit et praepositio fuerit casus ablatiui, ut puta si dicam
'cum domino meo', 'cum patre meo', "Cum domino meo

Trad. text. α   *F L P*

---

226 quia – desinunt] POMP., *Gramm.* 101, 12-13   **230/235** Eo – q] POMP., *Gramm.*
101, 18-22   **238/245** Multi – c] cfr POMP., *Gramm.* 110, 6-16   **245/250** Similiter –
est] cfr ISID., *Etym.* 1, 27, 4

247/248 Cum – conscenderit] Incert.; cfr SEDVL., *Carm. Pasch.* 2, 187 (p. 56)

---

226 a] *sup. l. suppl. L²*   sono²] *om. L*   desinunt] et demptum sonum uocalem nec
sibilus remanet *add. L*   **228** efficiunt] faciunt *P*   **230** Eo quod] quia *L*
231 inchoant] inchoent *F*, inquoent *P*   **232** calumniam] calumnia *P*   **232/**
233 ueniunt – calumniam] *om. L*   **233** calumniam] *correxi,* calumnia *F P*   **234** c¹]
om. F   c² – k] *om. F*   similiter] *om. L*   **235** c¹] *om. F*   c² – q] *om. F*   **237** q] *om. F*   c]
om. F   **238** Multi] *om. L*   ut] *om. F P*   quotienscumque] quoties (-tiens *L²*) *L*
239 a] *om. F*   **239/240** ut – k] per k debetur scribi ut cartago caminus *L*   **240** c] *om.*
F   k] *om. F*   qui] tunc *add. L*   **241** plectebantur] flectebatur *F P*, plentebantur *L^{a.c.}*
241/243 in – sententia] *om. L*   **243** indicium] iudicium *P*   quod] quot *P*   plexus]
flexus *F*   **244/250** mentiuntur – scribendum] kalendae et kartago tantum debetur per
k scribere ceterum per c quotiens u per q non per c scribendum quomodo dicunt aliqui
quotiens u fuerit subsecuta per q scribere debetur ut quum uenero sed quando uerbum
subsequtum (-secut- *L²*) fuerit per q erit scriptum quando nomen ablatiui per c *L*   k]
om. F   **245** c] *om. F*   et] *om. P*   u] *om. F*   **246** fuerit¹] fuisset *F*

225 nec in uocali desinunt, sicut mutae, et pro 'k' multi ponunt 'c'
et pro 'c' ponunt 'k', similiter et pro 'q' 'c' et pro 'c' 'q'.

4, 16-605, 2   QVI NESCIVNT, QVOTIENS 'A' SEQVITVR, 'K' LITTERAM
PRAEPONENDAM ESSE, QVOTIENS 'V', PER 'Q' NON PER 'C'
SCRIBENDVM. Multi inperiti dicebant ut, quotienscumque 'a'
230 subsecuta fuisset, ut puta 'caput', 'castus', 'captus', non per 'c'
SCRIBI DEBETVR, sed per 'k'. Vnde et qui capitali plectebatur
sententia in ipso professionis aut iudicii ⟨indiculo⟩ 'k' litteram
maiori manu scribebant, ut qui hoc uidisset ipsud haberet indicium, quod capitali plexus fuisset sententia. Sed mentiuntur,
235 quia nisi solummodo 'Kalendae' et 'Kartago' erit per 'k' scribendum, aliud per 'c', non per 'k' debetur scribi. Similiter et
quotiens 'u' subsecuta fuerit et praepositio fuerit casus ablatiui,
ut puta si dicam "Cum domino montana conscendi", per 'c'
erit scribendum, non per 'q'. Quando autem uerbum subsecu-

---

rad. text. β   E

229/231 Multi – k] cfr POMP., *Gramm.* 110, 6-16   **236/241** Similiter – c] cfr ISID.,
Etym. 1, 27, 4

238 Cum – conscendi] Incert.; cfr SEDVL., *Carm. Pasch.* 2, 187 (p. 56)

225 mutae] mutatae $E^{a.c.}$ **231** scribi debetur] scribet $E^{a.c.}$ plectebatur] flectebatur
$E^{a.c.}$ **232** aut] *exp.* E^2 indiculo] *cum* α *suppleui*   **233** ipsud] ipsum E^2 indicium]
cum α *correxi,* iudicium E   **234** plexus] flexus $E^{a.c.}$ sententia] sententiam $E^{a.c.}$
235 Kartago] *scripsi,* cartago E

montana conscenderit", per 'c' scribendum, non per 'q'.
Quando autem uerbum subsecutum fuerit, ut puta "Quum uene-
250 rit Paraclitus", erit aduerbium et per 'q' scribendum est.

605, 2-5   'H' INTERDVM CONSONANS INTERDVM ADSPIRATIONIS
CREDITVR NOTA. Quomodo? Vbi necesse est, habetur pro
adspiratione, et ubi necesse est, habetur pro consonante.
Da ubi sit adspiratio: "O mortalis homo, mortis reminiscere
255 casus!". Da ubi transeat in consonantis potestatem: "Corpus hoc
nitidum quod nunc unguenta remulcent". 'Y' ET 'Z' REMANENT,
QVAS LITTERAS PROPTER GRAECA NOMINA ADMISIMVS.
Quomodo? Propter 'hymnus' et 'Zefirus'. Quid est 'hymnus'?
Laus Dei. 'Zefirus'? Ventus Eurus. Quae si adsumptae non
260 fuissent, 'Dsefirus' debuit facere. Quarum 'y' inter
uocales habemus, 'z' uero inter consonantes et est
duplex, ut 'Mezentius', quia si 'z' non fuisset, per 'd'
et 's' scribi deberetur. ALTERA NAMQVE VOCALIS EST
GRAECA 'Y', ALTERA CONSONANS DVPLEX 'Z'. Quomodo est
265 Graecum 'y'? Quia per duos apices scribitur, nostrum
'i' per unum. Inter 'amisimus' et 'admisimus' quid
est? 'Amisimus' caruimus, 'admisimus' adplicauimus.

Trad. text. α   *F L P*

258/263 Quomodo – deberetur] AVDAX, *Gramm.* 327, 1-7   258/259 Quid – Dei]
cfr ISID., *Etym.* 6, 19, 17   259 Zefirus – Eurus] cfr SERV. auct., *Georg.* 4, 298   260/
262 Quarum – duplex] cfr POMP., *Gramm.* III, 1-4

249/250 Quum – Paraclitus] Ioh. 15, 26   254/255 O – casus] EVGEN. TOL., *Carm.*
2, 1   255/256 Corpus – remulcent] Incert.

248 c] *om. F*   q] *om. F*   250 Paraclitus] paracletus *F*   q] *om. F*   252/253 Vbi –
consonante] quia et pro consonante accipitur et (in *corr. L²*) metro et pro aspiratione *L*
252/253 Vbi – adspiratione] *post* consonante *transp. F*   253 et] *om. F*   254/
255 Da – casus] *post* remulcent *transp. L*   adspiratio] pro aspiratione *L*
255 transeat – potestatem] sit pro consonante *L*   consonantis] consonantium *F*
256 quod] quae *L*, quot *P*   remulcent] remulcet *F P*   257 admisimus] amisimus *L^{a.c.}*
258 Quomodo] pro qualia nomina *L*   258/259 Quid – Eurus] *post* deberetur (*infra*
l. 263) *transp. L*   Quid – hymnus²] hymnus quid est *L*   259 Dei] *om. L*   Zefirus] quid
est *praem. F*   260 Dsefirus] *scripsi*, diefirus *F P*, yeferus et dieferus *L*   y] i *L^{a.c.}*
261 uero] *om. F P*   262 Mezentius] mesentius *L^{a.c.}*   d] *cum Pomp. corr. Lor.*, c *L, om.*
F P   263 et] *sup. l. L, om. F P*   scribi] scriberet *P*   deberetur] debebatur *L*, debetur *P*
264 Graeca y] y greca *P, om. F*   z] *om. F*   264/266 est – unum] nostrum y (i *L²*) per
unum aspicem (apic- *L²*) scribitur grecum per duos *L*   265 y] *om. F*   Quia] *om. P*
duos] duas *P*   266 i] *om. P*   267 Amisimus caruimus] amisi imus *F*   adplicauimus]
adplicamus *F^{a.c.}*

240 tum fuerit, ut puta "Quum uenerit Paraclitus", erit aduerbium et
    tunc per 'q' scribendum est, non per 'c'.

605, 2-5 'H' INTERDVM CONSONANS INTERDVM ADSPIRATIONIS
    CREDITVR NOTA. Quomodo? Vbi necesse est ubi sit, adspi-
    ratio est, et ubi necesse est ut transeat in consonantis
245 potestatem, transit. Da ubi sit adspiratio: "O mortalis
    homo, mortis reminiscere casus!". Vbi uides quod adspira-
    tio sit? Iste uersus habet in capite spondium 'o mor',
    deinde sequitur 'talis ho'; hic si consonans fuisset,
    'ta' longum est, quia accentum erigitur, 'lis' longum
250 est, quia positionem habet, 'o' breue est, ecce anti-
    baccum pedem, et est uersus fractus, quia istud me-
    trum pedem hunc non recipit; sed dum efficitur nota
    adspirationis, sit dactilus pes et est stabilis uersus.
    Da ubi transeat in consonantis potestatem: "Corpus hoc niti-
255 dum quod nunc unguenta remulcent". 'Y' ET 'Z' REMANENT,
    QVAS LITTERAS PROPTER GRAECA NOMINA ADMISIMVS.
    Quomodo 'y' et 'z' propter Graeca nomina admittun-
    tur? Propter 'hymnus' et 'Zefirus'. Quid est 'hymnus'? Laus Dei.
    Et 'Zefirus'? Ventus Eurus. ALTERA NAMQVE VOCALIS EST
260 GRAECA 'Y', ALTERA CONSONANS DVPLEX 'Z'. Quomodo
    GRAECA 'Y'? Ita scribitur 'y' non simpliciter sicut

Trad. text. β   *E*

240 Quum – Paraclitus] Ioh. 15, 26   245/246 mortalis – casus] EVGEN. TOL.,
Carm. 2, 1   254/255 Corpus – remulcent] Incert.

247 capite] *scripsi*, caput (capute *E²*) *E*   258 Zefirus] *scripsi* (*cfr infra*), zefiros *E*
hymnus¹] ymnos *E^{a.c.}*   261 y¹] *scripsi*, i *E*

'I' uero sic habetur apud Graecos sicut et apud nos. 'Altera consonans duplex z' quomodo? Quia et pro
270 consonante habetur et pro duplice. Da ubi pro consonante accipiatur: "Et nemorosa Zacinthus". Da ubi pro duplice: "Mezenti ducis exuuias caesosque sodales".

605, 5-6   VNDE FIT VT QVIDAM PVTENT LATINAS LITTERAS NON
275 PLVS ESSE QVAM DECEM ET SEPTEM. Quomodo? Tollentes exinde unam adspirationis notam 'h', unam duplicem 'x', duas superuacuas 'k' et 'q', duas Graecas 'y' et 'z', dicentes Latinos non eas habere. Sed mentiuntur, quia uiginti et tres sunt litterae Latinae, quia istae sex cum decem et septem ceteris Latinis
605, 8-9 sunt, et sunt uiginti et tres. Quid ACCIDVNT VNICVIQVE LITTE-
281 RAE? TRIA. Quae? NOMEN, FIGVRA, POTESTAS. Quomodo nomen? Quo nomine uocetur, si 'a', si 'b', si 'c' aut qualislibet. Quomodo figura? Qua figura notetur, si longa, si rotunda, si quadra. Quomodo potestas? Quam potestatem obti-
285 neat, si uocalis sit, si consonans, si longa, si breuis. QVAE-RITVR ENIM QVID VOCETVR LITTERA, QVAE FIGVRA SIT, QVID POSSIT. Quomodo? Quod superius diximus: quo nomine uocetur, si 'a', si 'b', si 'c'; quali figura notetur, si longa,

---

Trad. text. α   *F L P*

269/272 Altera – sodales] POMP., *Gramm.* III, 4-5   **275/280** Quomodo – tres] POMP., *Gramm.* III, 5-8   **283/284** Quomodo – quadra] cfr Ps. PRISC., *Accen.* 7, 9-10 **288/289** quali – quadra] cfr Ps. PRISC., *Accen.* 7, 9-10

271 Et – Zacinthus] VERG., *Aen.* 3, 270   **272** Mezenti – sodales] *Anth.* 654, 46 Rie.

268 I] z *P*   **269/272** Altera – sodales] *om. L*   z] *om. F*   **271** Zacinthus] iacintus *F* **272** ducis] duces *P*   exuuias] *corr. Maes.,* excubias *F P*   caesosque] *cum Verg. scripsi,* cesosque *F P*   **274** quidam] quid *L^{a.c.}*   putent] putant *L*   **275/276** Tollentes – h] dicebant aliqui latinas litteras non plus esse quam decem et septem substracta una aspirationis nota una *L*   **276** unam²] una *L*   **277/278** dicentes – habere] *om. L* **277/278** non eas] *iter. et iteratum exp. F*   **278** quia – tres] *om. L*   **279** istae] iste *P* ceteris] ceteras *F*   Latinis] *cum* β *correxi,* latinas α   **280** Quid] *om. L*   accidunt] accedunt *L²*   **281** Quae] *om. L*   Nomen] *om. L*   **282** a] *om. F*   b] *om. F*   c] *om. F* aut qualislibet] *om. F P*   **286** quid] quod *F*   **287** superius] super *P*   **287/290** quo – consonans] *om. F*   **288** quali] qua *L*

nos. 'Z' uero apud nos duplex est, apud Graecos simplex.

'VNDE FIT VT QVIDAM PVTENT LATINAS LITTERAS NON
PLVS ESSE QVAM DECEM ET SEPTEM, SIQVIDEM EX VIGIN-
TI ET TRIBVS VNA ADSPIRATIONIS NOTA EST 'H',
VNA DVPLEX 'X', DVAE SVPERVACVAE 'K' ET 'Q',
DVAE GRAECAE 'Y' ET 'Z'. Quomodo? Aliqui putant
inperiti non plus litteras Latinas esse nisi decem et
septem, de uiginti tres auferentes sex, unam adspirationis notam 'h', unam duplicem 'x', duas superuacuas 'k' et 'q', duas
Graecas 'y' et 'z', dicentes Latinos non eas habere. Sed mentiuntur, quia istae sex cum decem et septem ceteris Latinis sunt, et
sunt uiginti tres. ACCIDVNT VNICVIQVE LITTERAE TRIA:
NOMEN, FIGVRA, POTESTAS. Quomodo nomen? Quo nomine
uocetur, si 'a', si 'b', si 'c' aut quomodolibet. Figura? Qua figura notetur, si in rotundo, si in longo. Potestas? Qualem
potestatem habeat, si uocalis sit, si consonans. QVAERITVR
ENIM QVID VOCETVR LITTERA, QVAE FIGVRA SIT, QVID POS-
SIT. Quomodo? Quaeritur quo nomine uocetur, si 'a', si 'b', si

605, 5-7
265

270

605, 8-9
275

280

268/274 Quomodo – tres] POMP., *Gramm.* III, 6-8   **275/278** Quomodo –
consonans] cfr POMP., *Gramm.* III, 9-17   **276/277** Figura – longo] cfr Ps. PRISC.,
Accen. 7, 9-10

273 Latinis] latinas *E^{a.c.}*   **279** quid¹] *cum Don. et α correxi*, quod *E*   quid²] *cum
Don. et α correxi*, quod *E*

si rotunda, si quadra; quam uim obtineat, si uocalis sit, si
290 consonans.

II.2. DE SYLLABA

Don., *Mai.*   Quid est syllaba? CONPREHENSIO LITTERARVM. Quomo-
605, 11 do? Quia ex duabus uel tribus litteris efficitur syllaba. VEL VNIVS
VOCALIS ENVNTIATIO. Quomodo? Quia et una uocalis super se
5 syllabam efficit. Quantum ad rationem pertinet, illa debetur dici
syllaba quae ex pluribus litteris constat; nam ab una abusiue dicitur, non proprie. TEMPORVM CAPAX. Quomodo? Quia tanta
tempora habet illa uocalis quae super se syllabam efficit, si
naturaliter longa fuerit, quanta et illa quae positione est
10 longa; tanta tempora habet ⟨illa uocalis quae naturaliter breuis
est⟩, quanta et illa quae positione longa non est. Syllaba qualis
sermo est? Graecus. Quid sonat in Latino? Conceptio litterarum. Vnde uocata est syllaba? De Graeco: in Graeco appellata
'apo tu syllambanin ta grammata', hoc est a conceptione littera-
15 rum syllaba nuncupata.

605, 12-14 SYLLABARVM   ALIAE   SVNT   BREVES,   ALIAE
LONGAE, ALIAE COMMVNES. Syllabae in quibus partibus
diuiduntur? In tribus. In quibus? In longis, breuibus et communibus. Quae sunt breues? QVAE ET CORREPTAM
20 VOCALEM HABENT. Quomodo? Quando uocalis super se
syllabam efficit et naturaliter breuis est, sicut 'animus'. ET NON

Trad. text. α   *F L P   post* **290** consonans *des. P*

II.2, **11/15** Syllaba – nuncupata] ISID., *Etym.* 1, 16, 1; cfr SERV., *Gramm.* 423, 11-12;
AVDAX, *Gramm.* 327, 15-18

289 si quadra] *om. P*   uim obtineat] potestatem habeat *L*   **290** consonans] et
cetera *add. L*
II.2, **1** De syllaba] incipit *praem. L*   **3** syllaba] *om. F*   **5** efficit] facit *F*   **5/**
7 Quantum – proprie] *om. L*   **6** abusiue] *cum* β *scripsi,* abusiuae *F*   **7** proprie] *cum* β
scripsi, propriae *F*   **7/8** Temporum – efficit] *in marg. L*   Quia] *om. F*   **7/8** tanta –
habet] *om. L*   **8** illa] ipsa *L*   quae] qui *L*   **9/10** quanta – longa] *om. L*   **10/**
11 tanta – est²] *om. F*   **10/11** illa – est¹] *cum* β *suppleui*   **12** Latino] latinum *F*
13 est] *om. L*   **14** apo – grammata] ἀπὸ τοῦ συλλαμβάνειν τὰ γράμματα *legend.*
syllambanin ta] syllabaninte *F*   **16/17** breues ... longae] longae ... breues *F*   **17/**
18 Syllabae – communibus] *om. L*   **20** habent] et non desinunt in duas consonantes
aut in unam duplicem aut in aliquid quod sit pro duabus consonantibus id est *z add. F*
(*cfr infra*) uocalis] correpta *praem. L*   se] *om. L*   **21** sicut animus] *om. L*

'c' aut quomodolibet; quali figura notetur, si in rotundo,
si in longo; qualem uim obtineat, si uocalis sit, si consonans.

II.2. DE SYLLABA

Quid est syllaba? CONPREHENSIO LITTERARVM. Quomo-
do? Quia ex duabus uel tribus litteris efficitur syllaba. VEL VNIVS
VOCALIS ENVNTIATIO. Quomodo? Quia et ipsa una uocalis
super se syllabam efficit. Nam quantum ad rationem pertinet,
illa debetur dici syllaba quae ex pluribus litteris constat; nam ab
una abusiue dicitur, non proprie. TEMPORVM CAPAX. Quomodo? Quia tanta tempora habebit illa uocalis quae super se syllabam efficit, si longa fuerit naturaliter, quanta et illa quae
positione efficitur longa; tanta tempora habet illa uocalis quae
naturaliter breuis est, quanta et illa quae positione non efficitur longa. Syllaba qualis sermo est? Graecus. Quid sonat in
Latino? Conceptio litterarum. Vnde uocata syllaba? De Graeco:
in Graeco 'apo tu syllambanin ta grammata', hoc est a conceptione litterarum syllaba nuncupata.

Syllabae in quibus partibus diuiduntur? In tribus. In quibus?
In breuibus, longis et communibus. Quomodo? Quando
CORREPTAM VOCALEM HABENT, quando uocalis super se syllabam efficit et naturaliter breuis est, sicut 'animus'. ET NON DE-
SINVNT IN DVAS CONSONANTES. Quomodo? Quando
correpta uocalis in duas consonantes non desinuerit, ut
'ast', et tunc breuis est. AVT IN VNAM DVPLICEM 'X'. Quomodo? Quando ipsam correptam nec 'x' subsecuta
fuerit, ut puta 'axis', et tunc breuis est. AVT IN ALIQVID
QVOD SIT PRO DVABVS CONSONANTIBVS, ID EST 'Z'. Quomodo? Nec tunc erit longa, quando 'z' duplex correptam uocalem non subsecuta fuerit. Quot modis

DON., *Mai.*
605, 11

5

10

15

605, 13-14

20

25

---

rad. text. β   *E*

281/282 quali – longo] cfr Ps. PRISC., *Accen.* 7, 9-10
II.2, 12/15 Syllaba – nuncupata] ISID., *Etym.* 1, 16, 1; cfr SERV., *Gramm.* 423, 11-12;
AVDAX, *Gramm.* 327, 15-18

II.2, 1 De syllaba] item *praem.* E   4 una uocalis] unabalis *E^{a.c.}*   5 super] per *E²*
se] *sup. l.* E   8 Quia] *sup. l.* E   super] per *E²*   14 apo – grammata] ἀπὸ τοῦ
συλλαμβάνειν τὰ γράμματα *legend.*   18 super] per *E²*   19 animus] aunimus *E^{a.c.}*
27 Quot] *cum a correxi*, quod *E*

DESINIT IN DVAS CONSONANTES. Quomodo? Quando
correpta uocalis in duas non desinuerit consonantes, ut
'ast'. AVT IN VNAM DVPLICEM 'X', ut 'axis'. AVT IN ALIQVID
25 QVOD SIT PRO DVABVS CONSONANTIBVS, ID EST 'Z'. Tunc
breuis est. Quot modis breues syllabae efficiuntur? Quattuor.
Quomodo? Quando CORREPTAM VOCALEM HABENT ET NON
DESINVNT IN DVAS CONSONANTES AVT IN VNAM DVPLICEM
'X' AVT IN VNAM QVAE PRO DVABVS CONSONANTIBVS acci-
30 pitur, tunc breuis est.

605, 15-606, 1   Longae syllabae quot modis constant? Duobus. Quibus? AVT
NATVRA AVT POSITIONE. Quomodo 'natura'? Quando uocalis
super se syllabam efficit et naturaliter longa est. Quomodo
'positione'? Quando uocalis in duas desinit consonan-
35 tes, et positione longa est. NATVRA QVVM AVT VO-
CALIS PRODVCITVR, VT 'A' VEL 'O'. Quomodo? Vt
puta si dicam 'ales' ueluti est illud: "Nulla tuos umquam cantus imitabitur ales". Da 'o' longum: "Ore
columba refert ramum uiridantis oliuae". Quot modis
40 fiunt naturaliter longae syllabae? Duobus. Quibus? Quum ipsa
uocalis super se syllabam efficit aut naturaliter, ut 'ales',
AVT QVVM DVAE VOCALES IVNGVNTVR ET DIPTONGON FACI-
VNT, VT 'AE, OE, AV, EV, EI'. Da ubi 'ae' faciat diptongon:
"Haec tibi, rex summe, iussu conpulsus erili". Vt puta:
45 'anima haec', 'huius animae'. Da ubi 'oe': "Diuidimus
muros et moenia pandimus urbis". Vt puta: 'haec
poena'. Da eius exemplum: "Poena mori crudelis erat, sed

Trad. text. α   F L

II.2, 37/38 Nulla – ales] EVGEN. TOL., *Carm.* 33, 13   **38/39** Ore – oliuae] PRVD.,
Tit. 10 (p. 390)   **44** Haec – erili] EVGEN. TOL., *Monost.* 34   **45/46** Diuidimus –
urbis] VERG., *Aen.* 2, 234   **47/48** Poena – peius] DRAC., *Laud. Dei* 1, 548; EVGEN.
TOL., *Hex.* 1, 430

22 desinit] denit $L^{a.c.}$ **22/23** Quomodo – consonantes] *om.* F   **23/24** ut ast] *om.*
L   **24** x] *om.* F   ut axis] *om.* L   **24/25** aliquid – sit] I quae F   **25** id – Tunc]
accipitur semper F   **26/30** Quot – est] *om.* L   **31** syllabae] *om.* L   constant] fiunt L
Quibus] *om.* L   **32** natura¹] naturaliter F   natura²] naturaliter F   **34** desinit]
consinuerit L   **35** est] et *sup. l. add.* L²   **36** ut] aut L   **37** dicam] dicat L   ales] abes
(aues L²) L   **38** ales] *om.* L   o] *om.* F   **39/41** Quot – ales] *om.* L   **42** aut] ut F
quum] *om.* L   **44** summe] umme L   erili] eribi L   **44/45** Vt – animae] *om.* L
46 urbis] orbem L   **46/48** Vt – peius] *om.* L

breues syllabae efficiuntur? Quattuor. Quomodo? BREVES
SVNT QVAE ET CORREPTAM VOCALEM HABENT ET NON
30 DESINVNT IN DVAS CONSONANTES AVT IN VNAM DVPLICEM
'X' AVT IN ALIQVID QVOD SIT PRO DVABVS CONSONANTI-
BVS, ID EST 'Z'.

5, 15-606, 1   Longae syllabae quot modis constant? Duobus. Quibus? AVT
NATVRA AVT POSITIONE. Quomodo 'natura'? Quando uocalis
35 syllabam efficit, natura longa est. Quot modis fiunt naturaliter
longae syllabae? Duobus. Quibus? Quum ipsa uocalis sola efficit syllabam, naturaliter longa est, sicut 'ales'; AVT
QVANDO DVAE VOCALES IVNGVNTVR ET DIPTONGON FACI-
VNT, VT 'AE, OE, AV, EV, EI', ut puta 'haec aqua', 'huius
40 animae': genitiuus casus 'ae' terminatur, per diptongon scribitur, longa est ultima syllaba. 'Oe', sicut "Poena mori crudelis erat, sed uiuere peius": 'poena' per 'p', 'o'
et 'e' scribitur, inde longum est. 'Au': "Aurora iam spargit polum". 'Eu', sicut est: "Eugeni miselle, plora! Languor

---

rad. text. β   E

II.2, 41/42 Poena – peius] DRAC., *Laud. Dei* 1, 548; EVGEN. TOL., *Hex.* 1, 430
43/44 Aurora – polum] *Hymn. Walpole* 72, 1   44/45 Eugeni – inprobus] EVGEN.
TOL., *Carm.* 5, 7

28 breues] *cum* α *correxi*, breuae *E*   33 quot] *cum* α *correxi*, quod *E*   constant]
constat *E*^{a.c.}   35 Quot] *correxi*, quod *E*   40 animae] aquae *in marg. add.* *E*²   43 Au]
gu *E*^{a.c.}   44 Languor] *cum* α (*F*) *scripsi*, langor *E*

uiuere peius". Da ubi 'au': "Aurora iam quarta dies praemi-
serat undis". Da ubi 'eu': "Eugeni miselle, plora! Languor
50 instat inprobus". Da ubi 'ei': "Ei mihi misero, qui semper fessus
anhelo!".

Positione quot modis fiunt longae syllabae? Quinque.
Quomodo? Quando correptam uocalem duae consonantes
606, 1-6 secuntur, ut 'ast', aut QVVM CORREPTA VOCALIS IN
55 DVAS DESINIT CONSONANTES, VT 'AST'. Quomodo?
'A' sequitur 's' et 't' et fit positione longa. AVT QVVM DESINIT
IN CONSONANTEM ET EXCIPITVR AB ALIA CONSONANTI, VT
'ARMA'. Quomodo? Quando prima syllaba in consonanti desinuerit et secunda consonanti excepta fue-
60 rit, prima syllaba positione longa est. AVT IN VNAM
DVPLICEM 'X', VT 'AXIS'. Quomodo? Quando correpta
uocalis in 'x' desinuerit, prima syllaba positione longa est. AVT IN ALTERAM CONSONANTEM ET ALTERAM
VOCALEM LOCO CONSONANTIS POSITAM, VT "AT IVNO" ET
65 "AT VENVS". Quomodo? Quando correpta uocalis in
unam desinuerit consonantem et statim fuerit subsecuta uocalis 'i' aut 'u', quae transeunt in consonantium
potestatem, et fit positione longa. AVT IN 'I' LITTERAM SOLAM
LOCO CONSONANTIS POSITAM, QVAM NONNVLLI GEMINANT,
70 VT "AIO TE, AEACIDA, ROMANOS VINCERE POSSE". Quomodo? Dicunt aliqui eo quod 'i' littera in unam partem orationis inter duas uocales posita non geminetur, id est
pro duabus consonantibus non accipiatur, sed mentiuntur, quia

---

Trad. text. α   *F L*

73/76 quia – Froia] cfr Ps. SERG., *Explan. in Don.* 521, 34 - 522, 1

48/49 Aurora – undis] DRAC., *Laud. Dei* 1, 206; EVGEN. TOL., *Hex.* 1, 89   **49/**
50 Eugeni – inprobus] EVGEN. TOL., *Carm.* 5, 7   **50/51** Ei – anhelo] EVGEN. TOL.,
Carm. 13, 1   **64** At Iuno] VERG., *Aen.* 12, 134   **65** At Venus] VERG., *Aen.* 1, 411
70 Aio – posse] ENN., *Ann.* 167

49 Languor] langor *L*   **50** Ei] eu *L*   mihi] mici *L^{a.c.}*   **51** anhelo] anelo *F L^{a.c.}*
52 Positione] positioni *F*   quot] quod *L^{a.c.}*   **52/54** longae – aut] *om. L*   **52/**
53 longae – Quomodo]   **54** uocalis] aut *add. L*   **57** consonantem] consonante *F*
consonanti] consonante *F*   **61** x] *om. L*   **62** in x] *om. F*   **63** Aut] ut *F*   **64** At] ad
F L^{a.c.}   **65** At] ad *F L^{a.c.}*   **66** desinuerit] desinit *F*   **68** et – longa] longa est syllaba *L*
69 loco – positam] *post* geminant *transp. L*   **70** Aeacida] eacidae *F*   **71** eo quod]
quia *L*   i] *om. F*   littera] *om. L*   orationis] orationes *L^{a.c.}*   **72/73** id – accipiatur] *om.*
L   **73** mentiuntur quia] *om. L*

45 instat inprobus". 'Ei': "Ei mihi misero, qui semper fessus anhelo!".

Quot modis positione fiunt longae syllabae? Quinque.
Quomodo? Quando correptam uocalem duae consonantes sequuntur, ut 'ars': 'a' sequuntur 'r' et 's' et fit
606, 2-6 positione longa. AVT QVVM DESINIT IN CONSONANTEM,
51 EXCIPITVR AB ALIA CONSONANTE, VT 'amnes': 'a' sequitur 'm', excipitur iterum ab 'n' consonante. AVT quum
desinit IN VNAM DVPLICEM 'x', VT 'nix': 'i' sequitur 'x',
quae ponitur pro duabus consonantibus, et fit posi-
55 tione longa. AVT IN ALTERAM CONSONANTEM ET ALTE-
RAM VOCALEM LOCO CONSONANTIS POSITAM, VT "AT IVNO"
ET "AT VENVS": 'a' sequitur 't' et uocalis 'i', quae transit
in consonantis potestatem, et fit positione longa. AVT IN 'I'
LITTERAM SOLAM LOCO CONSONANTIS POSITAM, QVAM
60 NONNVLLI GEMINANT, VT "AIO TE, AEACIDA, ROMANOS
VINCERE POSSE". Quomodo? Dicunt aliqui eo quod 'i' uocalis
inter duas uocales posita in unam partem orationis
non geminetur nec pro duabus consonantibus accipiatur, sed
mentiuntur, quia ubicumque inter duas uocales posita fue-

rad. text. β   *E*

64/66 quia – est] cfr Ps. SERG., *Explan. in Don.* 521, 34 - 522, 1

45 Ei² – anhelo] EVGEN. TOL., *Carm.* 13, 1   56/57 At – a] ISID., *Carm.* 4, 1   At
Iuno] VERG., *Aen.* 12, 134   57 At Venus] VERG., *Aen.* 1, 411   60/61 Aio – posse]
ENN., *Ann.* 167

45 anhelo] *cum* α (*L*) *scripsi*, anelo *E*   47 Quot – positione] quomodo dispositione
*E*ᵃ·ᶜ·   57 At] *cum Don. correxi*, ad *E*

ubicumque in unam partem orationis inter duas uocales
75 posita fuerit, pro duabus consonantibus accipitur, ut
puta 'Troia', 'Froia'.

606, 7-9   SVNT ETIAM SYLLABAE QVAE COMMVNES DI-
CVNTVR, QVVM AVT CORREPTAM VOCALEM DVAE
CONSONANTES SEQVVNTVR, QVARVM PRIOR AVT
80 MVTA QVAEPIAM EST AVT 'F' SEMIVOCALIS ET SE-
QVENS LIQVIDA. Communes syllabae cur dicuntur?
Quia ubi necesse est, sunt longae, et ubi necesse est,
sunt breues. Quot sunt ipsae syllabae communes?
Octo. Quae? QVVM AVT CORREPTAM VOCALEM DVAE
85 CONSONANTES SEQVVNTVR et cetera, quia communes
syllabae octo modis fiunt: de mutis autem aut 'l' uel
'r' omnes superponuntur uel qualislibet; de semiuocalibus autem sola 'f', nam pro consonante ponitur,
sicut est 'Afrila'. Quomodo? Si necesse est ut sit breuis,
90 dico 'liquida est'. Da ubi liquescat: "In fontem refluo
Iordanis gurgite fertur"; "Christus erat panis, Christus
petra, Christus in undis". Da ubi non liquescat: "Coruus enim
ingluuie per foeda cadauera captus"; item "Eua columba fuit tunc candida, nigra deinde".

606, 9-11   AVT QVVM CORREPTA VOCALIS IN VNAM DESINIT CONSO-
96 NANTEM SEQVENTE 'H', QVAE A PLERISQVE ADSPIRATIONIS
CREDITVR NOTA. Quomodo? Quando correpta uocalis in
unam desinuerit consonantem et statim 'h' subsecuta fuerit,

Trad. text. α   F L

83/84 Quot – Octo] POMP., *Gramm.* 116, 3-4   97/105 Quomodo – casus] cfr
supra 1, 251/256

90/91 In – fertur] PRVD., *Tit.* 57 (p. 393)   91/92 Christus¹ – undis] SEDVL., *Carm.*
Pasch. 1, 159 (p. 27)   92/93 Coruus – captus] PRVD., *Tit.* 11 (p. 390)   93/94 Eua –
deinde] PRVD., *Tit.* 1 (p. 390)

75/76 ut – Froia] *om.* L   80 quaepiam] *cum Don. scripsi,* quempiam F, quaepia L
f] *om.* F   81/84 Communes – Octo] *om.* L   84/88 Quae – ponitur] quomodo
quando correpta uocalis in duas desinuerit consonantes ita ut de ipsis consonantibus
prior f littera sit de semiuocalibus aut de mutis qualibet et subsecutae fuerit (-rint L²)
liquidae l uel r communis est syllaba L   aut] *cum Don. et* β *correxi, et* F   86 octo]
scripsi, coto F   89/94 sicut – deinde] *om.* L   93 ingluuie] *cum Prud. scripsi,* ingluuiae
F   columba] *iter. et iteratum exp.* F   97 creditur] reditur Lᵃ·ᶜ·   98 desinuerit
consonantem] consonantem desinuerit F   h] *post* fuerit *transp.* F

65 rit et in consonantis transierit potestatem, ut puta 'Froia', 'Troia', pro duabus consonantibus accipienda est.

Communes syllabae cur dicuntur? Quia ubi necesse
est, habentur pro longis, et ubi necesse est, habentur pro
606, 7-9 breuibus. Quot modis fiunt? Octo. Quomodo? QVVM
70 AVT CORREPTAM VOCALEM DVAE CONSONANTES SEQVVN-
TVR, QVARVM PRIOR AVT MVTA QVAEPIAM EST AVT
'F' SEMIVOCALIS ET SEQVENS LIQVIDA, sicut est
'Afrila': 'a' sequitur 'f' et liquida 'r'; si necesse est ut
longa sit, dico positione longa est; si necesse est ut
75 breuis sit, liquescit 'r' et efficitur breuis. Da ubi liquescat: "Christus erat panis, Christus petra, Christus in undis". Da
ubi non liquescat: "Eua columba fuit tunc candida, nigra deinde".

606, 9-11 AVT QVVM CORREPTA VOCALIS IN VNAM DESINIT CONSO-
80 NANTEM SEQVENTE 'H', QVAE A PLERISQVE ADSPIRATIONIS
CREDITVR NOTA. Quomodo? Quando uocalis in unam
desinuerit consonantem et statim 'h' subsecuta fuerit, sicut
est "O mortalis homo!", si necesse fuerit ut longa sit,
dicit 'sequitur 's' et 'h' et fit positione longa'; nam si
85 est ut breuis sit, dicit adspirationem esse 'h', et efficitur breuis. Da ubi recipiatur pro consonante: "Corpus
hoc nitidum quod nunc unguenta remulcent". Da ubi sit
adspiratio: "O mortalis homo, mortis reminiscere casus!".

Trad. text. β   E
_____

69 Quot – Octo] POMP., *Gramm.* 116, 3-4   **81/88** Quomodo – casus] cfr supra
I, 242/246

76 Christus¹ – undis] SEDVL., *Carm. Pasch.* I, 159 (p. 27)   **77** Eua – deinde] PRVD.,
Tit. I (p. 390)   **83** O – homo] EVGEN. TOL., *Carm.* 2, I   **86/87** Corpus – remulcent]
Incert.   **88** O – casus] EVGEN. TOL., *Carm.* 2, I

69 Quot] *correxi,* quod *E*   **82** statim] istatim *E^{a.c.}*

communis est syllaba. Quomodo? Si necesse est ut
100 sit longa, dico 'pro consonante ponitur', positione
longa est; si necesse est ut sit breuis, dico 'pro adspiratione ponitur'. Da ubi pro consonante accipiatur 'h':
"Corpus hoc nitidum quod nunc unguenta remulcent". Da ubi
pro adspiratione: "O mortalis homo, mortis reminiscere
105 casus!". AVT QVVM CORREPTAM VOCALEM DVAE CONSONAN-
TES SEQVVNTVR, QVARVM PRIOR 'S' LITTERA EST, sicut
'ast'. Quomodo? Quando correpta uocalis in duas desinuerit consonantes, ita ut prior de semiuocalibus 's'
littera sit, communis est syllaba. Quomodo? Si necesse
110 est ut sit longa, dico 'positione longa est'; si necesse est ut sit
604, 12-13 breuis, dico 'S' LITTERA SVAE CVIVSDAM POTESTATIS EST,
QVAE IN METRO PLERVMQVE VIM CONSONANTIS AMITTIT et
est breuis. Quomodo? Quia et superposita liquescit et
subposita. Da ubi superposita liquescat: "Omnibus
115 sufficiunt sacrati commoda fisci". Da ubi subposita
liquescat: "Quae potero tangam; tu mihi leges tene". Da ubi
sit pro consonante: "Ast hominem non terra parit, non pontus
ab undis".

606, 11-607, 1   AVT QVVM PARTEM ORATIONIS TERMINAT BREVIS SYLLA-
120 BA QVAE IN VNAM DESINIT CONSONANTEM. Quomodo?
Quando breuis syllaba partem terminat orationis, sicut est
"Nam tibi, Timbre, caput", communis est syllaba. Quomo-

Trad. text. α   *F L*

111/118 s – undis] cfr supra 1, 206/211   **121/122** Quando – syllaba] cfr POMP.,
Gramm. 118, 20-22

---

103 Corpus – remulcent] Incert.   **104/105** O – casus] EVGEN. TOL., *Carm.* 2, 1
114/115 Omnibus – fisci] CORIPP., *Iust.* 2, 254   **116** Quae – tene] TER. MAVR.,
Gramm. 1720   **117/118** Ast – undis] DRAC., *Laud. Dei* 1, 333; EVGEN. TOL., *Hex.* 1, 217
122 Nam – caput] VERG., *Aen.* 10, 394

---

99 Quomodo – ut] *in marg. L*   **100/102** sit – ponitur] breuis sit dicit quia pro
aspiratione ponitur et est breuis syllaba *in marg. L*   **102/105** Da – casus] *om. L*
103 remulcent] *cum Eugen. Tol. et* β *correxi*, remulcet *F*   **106/107** sicut ast] *om. L*
107 duas] duabus *F*   **108** consonantes] consonantibus *F*   **109** Quomodo] *om. F*
110 sit longa] longa sit *L*   dico] dicit quia *L*   **110/111** sit breuis] breuis sit *L*
111 dico] dicit quia *L*   **112/118** quae – undis] *om. L*   **116** liquescat] liquescit *F²*
119 terminat] terminet *F*   **121** terminat] terminauerit *F²*   **121/122** sicut – caput] et
in unam desinuerit *L*   **122** syllaba] *om. F*

AVT QVVM CORREPTAM VOCALEM DVAE CONSONANTES
90 SEQVVNTVR, QVARVM PRIOR 's' LITTERA EST. Quomodo?
Quando correptam uocalem 's' liquida subsecuta fuerit et statim quaelibet alia, si necesse est ut longa sit,
604, 12-13 dicit 'positione longa est'; si necesse est ut breuis sit, dicit 's'
LITTERA SVAE CVIVSDAM POTESTATIS EST, QVAE IN METRO
95 PLERVMQVE VIM CONSONANTIS AMITTIT et efficitur breuis.
Da ubi stet pro consonante : "Ast hominem non terra parit,
non pontus ab undis". Da ubi liquescat : "Quae potero tangam;
tu mihi leges tene".

6, 11-607, 1 AVT QVVM PARTEM ORATIONIS TERMINAT BREVIS SYLLA-
100 BA QVAE IN VNAM DESINIT CONSONANTEM. Quomodo?
Quando breuis syllaba partem terminauerit orationis, sicut
est: "Nam tibi, Timbre, caput". Si necesse est ut breuis sit,
dicit 'finalium ratione breuis est', ut 'caput'; si necesse est ut
longa sit, dicit 'partem terminat orationis et accipitur
105 longa'. Da ubi recipiatur pro longa: "Nam tibi, Timbre,
caput Euandrius abstulit ensis". Da ubi sit breuis: "Quem partus
alui uirginalis protulit". AVT QVVM PARS ORATIONIS DESINIT
IN LONGAM QVAE DIPTONGON APPELLATVR, SEQVENTE STA-

---

rad. text. β   *E*

93/98 s – tene] cfr supra 1, 199/204   **101/102** Quando – caput] cfr POMP.,
Gramm. 118, 20-22

96/97 Ast – undis] DRAC., *Laud. Dei* 1, 333; EVGEN. TOL., *Hex.* 1, 217   **97/**
98 Quae – tene] TER. MAVR., *Gramm.* 1720   **102** Nam – caput] VERG., *Aen.* 10, 394
105/106 Nam – ensis] VERG., *Aen.* 10, 394   **106/107** Quem – protulit] PRVD., *Cath.*
7, 2

92 statim] istatim *E*ᵃ·ᶜ·   quaelibet alia] *correxi*, quislibet alie *E*   **108** statim]
istatim *E*ᵃ·ᶜ·

do ? Si necesse est ut sit breuis, dico 'finalium ratione breuis
est'; si necesse est ut sit longa, dico 'partem terminat oratio-
125 nis'. Da ubi sit pro longa: "Nam tibi, Timbre, caput Euandrius
abstulit ensis". Da ubi sit breuis: "Quem partus alui uirginalis
protulit". AVT QVVM PARS ORATIONIS DESINIT IN LONGAM
QVAE DIPTONGON APPELLATVR, SEQVENTE STATIM VOCALI.
Quomodo? Quando pars orationis in longam desinuerit
130 quae per diptongon scribitur, sicut est "INSVLAE IONIO",
si necesse est ut sit longa, dico quia per diptongon scribitur; si necesse est ut breuis sit, dico quia uocalis
statim subsequitur, breuis est syllaba. AVT QVVM PRO-
DVCTA VOCALIS EST VOCALI ALTERA CONSEQVENTE. Quo-
135 modo? Quando uocalis naturaliter producta fuerit et
partem terminauerit orationis et statim uocalis subsecuta fuerit,
communis est syllaba. Quomodo? Si necesse est ut sit
longa, dico quia finalium ratione longa est; si necesse est
ut breuis sit, dico quia uocalis statim subsequitur, breuis est
140 syllaba. Da eius exemplum: "Et longum: 'formose, uale, uale',
inquit, 'Iolla'"; item "Eua columba fuit tunc candida,
nigra deinde".

607, 1-2   AVT QVVM PRONOMEN 'C' LITTERA TERMINATVR ET
VOCALIS STATIM SVBSEQVITVR. Quomodo? Quando prono-
145 men 'c' littera terminatur et uocalis statim subsecuta fuerit,

---

Trad. text. α   *F L*

140/141 Da – Iolla] cfr POMP., *Gramm.* 119, 6-8   144/149 Quomodo – sensus] cfr
POMP., *Gramm.* 119, 13-18

125/126 Nam – ensis] VERG., *Aen.* 10, 394   126/127 Quem – protulit] PRVD.,
Cath. 7, 2   130 Insulae Ionio] VERG., *Aen.* 3, 211   140/141 Et – Iolla] VERG., *Ecl.* 3,
79   141/142 Eua – deinde] PRVD., *Tit.* 1 (p. 390)

123/124 Si – orationis] si necesse est ut longa sit dico quia partem terminat orationis
longa est si necesse est ut breuis sit dico quia uocalis subsequitur et est breuis *L*
125 ubi – longa] eius exemplum *L*   126/127 Da – protulit] *om. L*   129 longam]
longa *L*   130 quae] *om. L*   sicut – Ionio] et statim uocalis subsecuta fuerit communis
est syllaba quomodo quia *L*   131 ut – longa] *om. L*   quia] *om. F*   scribitur] longa est
add. L   132 quia] *om. F*   133 syllaba] da eius exemplum insolae iunio (insulae ionio
L²) *L*   134 est] *sup. l. L*   135/136 uocalis – fuerit] producta uocalis in uocalem
desinuerit *L*   137/138 sit longa] longa sit *L*   138 quia] *om. F*   139 breuis sit] sit
breuis *F*   quia] *om. F*   uocalis statim] statim uocalis *F*   140 syllaba] *om. L*
141 Iolla] ioila *F*   141/142 item – deinde] *om. L*   143 et] *om. F*   144/
145 Quomodo – fuerit] *om. F*

TIM VOCALI. Quomodo? Quando pars orationis desinuerit in
110 longam quae diptongon appellatur, sicut est "INSVLAE
IONIO", si necesse est ut breuis sit, dicit 'statim uocalis
subsequitur', inde breuis est; nam si necesse fuerit
ut longa sit, dicit quia per diptongon adscribitur et
accipitur pro longa. AVT QVVM PRODVCTA VOCALIS EST
115 VOCALI ALTERA CONSEQVENTE. Quomodo? Quando naturaliter producta uocalis partem terminauerit orationis et
statim altera uocalis subsecuta fuerit, si necesse fuerit ut sit
longa, dicit natura longam illam esse; si necesse est
ut breuis sit, dicit 'uocalis statim subsequitur et
120 accipitur propter breuem'. Da eius exemplum: "Et longum:
'formose, uale, uale', inquit, 'Iolla'".

607, 1-2   AVT QVVM PRONOMEN 'C' LITTERA TERMINATVR, VOCA-
LIS STATIM SVBSEQVITVR. Quomodo? Quando pronomen 'c'
littera terminatur et uocalis statim subsequitur, adiaforos est, id
125 est communis, quia ubi necesse est ut breuis sit, accipitur
propter breuem; ubi necesse est ut longa sit, accipitur
pro longa. Da ubi accipiatur pro longa: "HOC ERAT, ALMA
PARENS". Da ubi sit breuis: "Solus hic inflexit sensus". AVT
QVVM CORREPTAM VOCALEM SVSCIPIT 'Z' GRAECA CONSO-
130 NANS ATQVE DVPLEX. Quomodo? Quando correptam uocalem
subsecuta fuerit 'z', si necesse fuerit ut sit breuis syllaba, accipitur pro una consonante, et si necesse fue-

---

rad. text. β   E

120/121 Da – Iolla] cfr POMP., *Gramm.* 119, 6-8   123/128 Quomodo – sensus] cfr
POMP., *Gramm.* 119, 13-18   124/127 adiaforos – longa²] cfr AVDAX, *Gramm.* 336, 17
130/135 Quomodo – Zacinthus] cfr supra I, 260/263

110/111 Insulae Ionio] VERG., *Aen.* 3, 211   120/121 Et – Iolla] VERG., *Ecl.* 3, 79
127/128 Hoc – parens] VERG., *Aen.* 2, 664   128 Solus – sensus] VERG., *Aen.* 4, 22

113 longa] *correxi*, longo *E*   117 statim] istatim *E*ᵃ·ᶜ·   128 inflexit sensus] *cum Verg.
et α correxi*, infelix sensum *E*

adiaforos est, id est communis, quia ubi necesse est, habetur pro breue, et ubi necesse est, habetur pro longa. Da ubi accipitur pro longa: "Hoc ERAT, ALMA PARENS". Da ubi sit breuis: "Solus hic inflexit sensus". AVT QVVM CORREPTAM
150 VOCALEM SVSCIPIT 'Z' GRAECA CONSONANS ATQVE DVPLEX. Quomodo? Quando correptam uocalem 'z' subsecuta fuerit communis est syllaba. Quomodo? Si necesse est ut sit longa, dico quia pro duabus consonantibus accipitur; si necesse est ut sit breuis, dico quia pro una
155 consonante accipitur. Da ubi sit pro duplice: "MEZENTI DVCIS EXVVIAS caesosque sodales". Da ubi sit pro simplice: "Et NEMOROSA ZACINTHVS".

607, 3-4   LONGA SYLLABA DVO TEMPORA HABET, BREVIS VNVM. Quomodo? Syllaba, si natura aut positione fuerit longa,
160 duo tempora habet; nam si natura aut positione breuis fuerit, unum tempus habet. SYLLABA APVD METRICOS quomodo uocatur? SEMIPES. Quid est semipes? Medius pes. Quid accidit unicuique syllabae? Tenor, spiritus, tempus et numerus litterarum. Quid est tenor? Accentus. Quomodo? Dicas
165 'tenor', 'tonus', 'accentus', ipsud est totum: si acutus

Trad. text. α   *F L*

146/147 adiaforos – longa] cfr AVDAX, *Gramm.* 336, 17   147/149 Da – sensus] cfr Ps. SERG., *Explan. in Don.* 167, 15-16   152/157 Quomodo – Zacinthus] cfr supra 1, 269/273   162 Quid¹ – pes] cfr ISID., *Etym.* 1, 16, 3   162/164 Quid² – litterarum] cfr PRISC., *Gramm.* 2, 51, 21   164/165 Quid – totum] cfr infra 5, 2/4   165/168 si – potest] cfr PRISC., *Gramm.* 2, 51, 22-23

148 Hoc – parens] VERG., *Aen.* 2, 664   149 Solus – sensus] VERG., *Aen.* 4, 22
app. crit. Aut] PRVD., *Tit.* 89 (p. 394)   155/156 Mezenti – sodales] *Anth.* 654, 46 Rie.
157 Et – Zacinthus] VERG., *Aen.* 3, 270

146/147 adiaforos – longa] communis est syllaba quia et pro longa accipitur et pro breue *L*   id est] *iter. et iteratum exp. F*   147/148 accipitur pro] sit *L*   148 alma] alumna *F*   ubi sit] *om. L*   149 breuis] breue *L*   hic] *om. F*   sensus] sensum *L*   Aut] brauionis (*intellege* babylonis) ad amnes *praem. F*   150 suscipit] suscepit *L*
151 Quomodo] *om. L*   uocalem] *iter. F*   z] *om. F*   152 Quomodo] *om. L*
153 consonantibus accipitur] accipitur consonantibus *L*   154 quia] *om. F*
155 consonante] *om. L*   sit – duplice] pro duplice accipitur *L*   Mezenti] menzenti *L^{a.c.}*
156 exuuias] *cum* β *scripsi*, excubias α   caesosque] *scripsi*, cesosque *F L*², zesosque *L* sit] accipiatur *L*   simplice] una *F*   157 Zacinthus] *scripsi* (*cfr supra 1, 271*), zacinctus α
158 duo] dua *L^{a.c.}*   159 natura – positione] naturaliter *L*   fuerit longa] longa fuerit *L*
160/161 natura – fuerit] breuis fuerit aut positionem non habuerit *F*   162 uocatur] nuncupatur *L*   163 accidit] *cum* β *correxi*, accedunt α   164 Dicas] dicis *F*
165 tonus] tonos *L*   ipsud] ipsum *L*   totum] totut *F*   165/166 si – accentus] *om. L*

rit ut longa sit, accipitur pro duabus consonantibus.
Da ubi accipiatur pro duplici : "MEZENTI DVCIS EXV-
135 VIAS". Da ubi sit simplex : "Et NEMOROSA ZACINTHVS".

607, 3-4 LONGA SYLLABA DVO TEMPORA HABET, BREVIS VNVM.
Quomodo? Syllaba, aut natura sit longa aut positione,
duo tempora habet; nam si breuis fuerit aut natura aut positione, tantundem unum tempus habet. SYLLABA APVD
140 METRICOS quomodo uocatur? SEMIPES. Quid est semipes? Medius pes. Quid accidit unicuique syllabae? Tenor, spiritus, tempus et numerus litterarum. Quid est tenor? Accentus. Quomodo? Si acutus sit, si grauis, si circumflexus. Accentus ipse in
dictione certus: in ipsa locutione certus est, quia sine
145 accentu locutio esse non potest. Quomodo absque ea incertus?

Trad. text. β *E*

140/141 Quid – pes] cfr IsID., *Etym.* 1, 16, 3 **141/142** Quid – litterarum] cfr
PRISC., *Gramm.* 2, 51, 21 **142/145** Quomodo – potest] cfr PRISC., *Gramm.* 2, 51, 22-23

134 Mezenti – exuuias] *Anth.* 654, 46 Rie. **135** Et – Zacinthus] VERG., *Aen.* 3, 270

134 exuuias] *cum Don. scripsi,* exubias *E* **135** Zacinthus] *scripsi (cfr* α), zacinctus *E*
145 ea] *cum* α *correxi,* eo *E*

sit, si grauis, si circumflexus. Ipse accentus in dictione certus.
Quomodo? In communi locutione certus. Quomodo?
Quia sine accentu locutio esse non potest. Quomodo absque ea
incertus? In cantilena uel in sono aquarum incerti sunt
170 accentus.

Quomodo spiritus? Si asper sit, si lenis. Quomodo asper uel
lenis? Dicebant antea ueteres quod tunc esset asper spiritus, quando unum semis aut duo semis aut tria tempora
habuissent; quando uero unum aut duo tempora habuissent,
175 tunc esset lenis spiritus. Quomodo? Vt puta si dicam 'et', in
hoc sermone dicebant ueteres illam uocalem unum
tempus habere, illam consonantem uero medium, et
tunc dicebant esse asperum spiritum. Quomodo dicitur spiritus esse lenis? Vt puta si dicam 'ars', dicebant
180 illam uocalem unum tempus habere et illas duas consonantes unum, et tunc dicebant esse lenem spiritum.
Sed non est ita, nisi longa syllaba duo tempora habet, breuis
unum. Quomodo tempus? Quot tempora habeat ipsa syllaba.
Quomodo? Si longa fuerit duo, si breuis unum. Quo-
185 modo numerus litterarum? Ex quibus litteris constet ipsa syllaba,
si ex duabus, si ex tribus aut quattuor.

Quomodo tenor? Acutus uel grauis uel circumflexus. Quomodo? Qualis accentus sit, si acutus, si grauis, si circumflexus.
Quomodo? Si longa syllaba fuerit, circumflexum accentum
190 habet; si breuis, acutum. In dictione certus, absque ea incertus. Quomodo? Quia in communi locutione accentus

---

Trad. text. α   *F L*

---

171 Quomodo[1] – lenis] cfr PRISC., *Gramm.* 2, 51, 24   183/184 Quomodo – unum]
cfr PRISC., *Gramm.* 2, 51, 25   184/186 Quomodo[2] – quattuor] cfr PRISC., *Gramm.* 2,
53, 4-6

166 in dictione] indicatione *L*   167 Quomodo[2]] *om. L*   168 Quia – potest] *post*
incertus *transp. L*   Quomodo] *om. L*   169 incertus] absque ea *add. L*   aquarum] *om.*
L   170 accentus] *ante* incerti *transp. L*   171/172 asper[2] – lenis] *om. L*   172 antea]
om. L   174 habuissent[2]] habet *L*   175 esset] est *L*   Vt] *om. F*   in] *om. F*   177 illam
consonantem] consonante *L*   178 dicebant – spiritum] asperum spiritum esse
dicebant *L*   Quomodo] quando *L*   179 Vt] *om. F*   180 unum tempus] *post* habere
transp. L   181 dicebant – spiritum] est lenis spiritus *L*   183/184 tempus –
Quomodo[2]] *om. L*   185 litterarum] syllabarum *L*   ipsa] *om. L*   186 si[2]] *om. L*   aut
quattuor] *om. L*   187 Quomodo[1]] *om. L*   uel[1]] *om. F*   uel[2]] si *L*   189/190 Si –
acutum] *om. L*   191 Quomodo] *om. L*   communi] commune *L*

In cantilena incertus est, ut difficile certo loco ponatur
accentus.

Quid est spiritus? Si asper sit, si lenis. Quomodo asper aut
lenis? Dicunt aliqui eo quod tunc sit asper spiritus, quando
150 unum semis aut duo semis tempora habuerit uel tria; quando
uero unum aut duo tempora habuerit, tunc sit lenis spiritus.
Quomodo? Vt puta si dicam 'et': dicebant quod uocalis 'e'
unum tempus haberet, consonans uero 't' medium
tempus, et est asper spiritus. Quando lenis? Quando
155 unum tempus habuerit aut duo. Quomodo? Vt puta si
dicam 'ars': 'a' habet unum tempus, 'r' habet medium
tempus, 's' habet medium tempus, et sunt, dicebant,
duo tempora et est lenis spiritus. Sed non est ita, nisi longa syllaba habet duo tempora, breuis unum. Quomodo tem-
160 pus? Quot tempora habeat ipsa syllaba: si breuis fuerit,
unum tempus; si longa, duo. Quomodo numerus litterarum? Ex quibus litteris constet ipsa syllaba, si ex duabus, tribus
aut quattuor.

Tenor acutus uel grauis uel circumflexus. Quomodo? Qualis
165 sit ipse accentus, si acutus, si grauis, si circumflexus. Si longa
syllaba fuerit, circumflexum accentum habet; si breuis, acutum.
In dictione certus. Quomodo? Quia in ipsa locutione certo loco ponitur accentus. Quomodo absque ea incertus?
Absque locutione certa incertus est semper accentus. Non
170 potest tamen sine eo esse. Quomodo? Aut certa sit locutio aut
incerta, sine accentu tamen esse non potest. Spiritus asper uel
lenis. Quomodo? Sicut superius dixi, si asper spiritus sit, si
lenis. Tempus unum uel duo. Quomodo? Quanta tempora

---

rad. text. β   *E*

---

148 Quid – lenis] cfr Prisc., *Gramm.* 2, 51, 24   **159/161** Quomodo – duo] cfr
Prisc., *Gramm.* 2, 51, 25   **161/163** Quomodo – quattuor] cfr Prisc., *Gramm.* 2,
53, 4-6   **172/173** Sicut – lenis] cfr supra l. 148   **173/186** Quomodo – duo] cfr Pomp.,
Gramm. 112, 20-33   **173/176** Quomodo – tria] cfr Prisc., *Gramm.* 2, 51, 25-28

---

148 est] *sup. l. E*   **150** duo] duos *Eᵃ·ᶜ·*   habuerit] habuerint *E²*   **157** dicebant] *exp.*
E²   **160** si] *sup. l. E*   **166** habet] habebit *E²*

certo loco ponitur. Quomodo absque ea incertus? Sicut
superius dixi, absque communi locutione incertus est.
Non potest tamen sine eo esse. Quomodo? Quia aut certa sit
195 locutio aut incerta, sine accentu esse non potest. Quomodo
spiritus asper uel lenis? Sicut superius dixi, si sit asper spiritus, si sit lenis. Quomodo tempus unum uel duo? Quot
tempora habeat: si longa fuerit syllaba, duo; si breuis,
unum. Vel etiam quibusdam placet unum semis et duo semis et
200 tria. Quomodo? Aliqui dicunt eo quod syllaba quae ex uocali et
consonanti constat unum semis tempus habet; sicut superius dixi, illam uocalem dicebant unum tempus habere et illam consonantem medium, dicebant asperum
spiritum. Et ubi uocalem duae consonantes fuissent
205 secutae, sicut 'ars', ut supra dictum est, lenem spiritum illum dicebant. Sed mentiuntur, quia longa syllaba
duo tempora habet, breuis unum.

Vsque ad quot numerum litterarum peruenit syllaba? Vsque
ad sex. Quomodo? 'A', 'ab', 'ars', 'Mars', 'stans', 'stirps'. Quid
210 habet unaquaeque syllaba? Altitudinem, latitudinem et longitudinem. Altitudinem in quid? In tenore, id est in accentu. Crassitudinem uel latitudinem? In spiritu. Quomodo? Si crassus
spiritus sit, si lenis, sicut superius diximus. Longitudinem? In tempore. Quomodo? Si longa syllaba fuerit, duo
215 tempora habet; si breuis, unum. Si dicam 'uulnus', secundum quod sonus est, crassus est spiritus; si dicam 'biga', in hoc
quod exilis sonat, lenis est. Longitudinem in quid? In tempore.

Trad. text. α *F L*

192/193 Sicut – est] cfr supra l. 168/170   196/197 Sicut – lenis] cfr supra l. 171
197/207 Quomodo – unum] cfr Pomp., *Gramm.* 112, 20-33   197/200 Quomodo –
tria] cfr Prisc., *Gramm.* 2, 51, 25-28   201/204 sicut – spiritum] cfr supra l. 175/178
205/206 ut – dicebant] cfr supra l. 179/181   208/209 Vsque' – stirps] cfr Prisc.,
Gramm. 2, 44, 5-7; 2, 53, 4-6; Pomp., *Gramm.* 121, 15-17; Isid., *Etym.* 1, 17, 28   209/
214 Quid – tempore] cfr Prisc., *Gramm.* 2, 6, 17-22; Ps. Serg., *Explan. in Don.* 525,
24 - 526, 3; Ps. Prisc., *Accen.* 5, 9-13   213 sicut – diximus] cfr supra l. 171

192 certo loco] loco certo *L*   192/193 Quomodo – est] *om. L*   194/195 certa –
incerta] incerta locutio sit aut certa *L*   195/207 Quomodo – unum] *om. L*
208 quot numerum] quod numero *L*   209 Quomodo] ut *L*   210 latitudinem ...
longitudinem] longitudinem ... latitudinem *L*   211 in quid] *om. L*   212 spiritu]
spiritus *L^{a.c.}*   Quomodo] id est *L*   213/217 sicut – est] *om. L*   217 in¹ – in²] *om. F*

habeat ipsa syllaba : si breuis fuerit, unum ; si longa,
175 duo tempora habebit. Vel etiam aut quibusdam placet
unum semis et duo semis et tria. Quomodo? Aliqui dicunt eo
quod syllaba quae ex uocali et consonanti fuerit unum semis
tempus in ea sit ita, ut uocalis habeat unum tempus et
consonans medium, et habeat unum semis tempus et
180 sit in ea asper spiritus ; si autem ex uocali fuerit et
duabus consonantibus, uocalis habeat unum tempus
et duae consonantes unum et sit in ea lenis spiritus.
Ita dum crescebat apud illos numerus litterarum,
crescebant et tempora in unum semis et tria. Sed men-
185 tiuntur, nam in metro unaquaeque syllaba si breuis
fuerit, unum tempus habet ; si longa, duo.

Vsque ad quod numerum litterarum peruenit syllaba? Vsque
ad sex. Quomodo? 'A', 'ab', 'ars', 'Mars', 'stans', 'stirps'. Quid
habet unaquaeque syllaba? Altitudinem, latitudinem et longitu-
190 dinem. Altitudinem in quid? In tenore, in accentu.
Crassitudinem uel latitudinem? In spiritu. Quomodo? Qualis
sit spiritus : si lenis, sicut superius dixi, si crassus.
Quomodo? Si breuis syllaba fuerit, unum tempus
habet ; si longa, duo. Si dicam 'uulnus', secundum quod et
195 sonus est, crassus est spiritus ; si dicam 'uita', in hoc quod exi-

---

rad. text. β   *E*

187/188 Vsque¹ – stirps] cfr PRISC., *Gramm.* 2, 44, 5-7; 2, 53, 4-6; POMP., *Gramm.*
121, 15-17; ISID., *Etym.* 1, 17, 28   188/197 Quid – duo] cfr PRISC., *Gramm.* 2, 6, 17-22;
PS. SERG., *Explan. in Don.* 525, 24 - 526, 3; PS. PRISC., *Accen.* 5, 9-13   192 sicut – dixi]
cfr supra l. 148

190 tenore] tenorem *E^{a.c.}*   191 Crassitudinem] *cum* α *scripsi*, grassitudinem *E*
192 crassus] grassus *E^{a.c.}*   194 habet] habebit *E²*   195 crassus] grassus *E^{a.c.}*

Quomodo? Quanta tempora habet ipsa syllaba, si unum, si duo.

II.3. De finalibvs syllabis

II.3.1. De nomine

'A' terminatus nominatiuus singularis breuis est, ut 'Musa'. Quomodo? Quando nominatiuus singularis 'a' in fine termina-
5 tur, breuis est, ut 'anima'. Quando nominatiuus singularis 'e' terminatur, breuis est aut longus? In Latinis breuis est, in Grae- cis producitur, ut 'Euterpe'. Quum 'i' terminatur? Longus est, ut 'frugi'. 'O' terminatus qualis est? In Latinis breuis est, ut 'Cato'; licet auctoritas uariet, in Graecis longus est, ut 'Dido'. Quo-
10 modo uariatur auctoritas? Quia inuenitur longus, inuenitur et breuis, sed apud Graecos. Quando 'u' terminatur, qualis est? Semper breuis est, ut 'specu'.

'Al' terminatus nominatiuus singularis longus est aut breuis? In his nominibus quae in genitiuo 'a' corripiuntur indubitanter
15 breuis est, ut 'Annibal'. Quomodo corripiuntur? 'Annibal' nominatiuus casus est, 'Annibalis' genitiuus. In isto genitiuo casu, si penultimo loco, qui est ultimus in nominatiuo, habuis- set accentum, inde nominatiuus longus esse debuit; sed quia genitiuus antepenultimo loco habet accentum, inde nominati-
20 uus singularis breuis est. In his quae producuntur naturaliter

---

Trad. text. α   F L

II.3, 3   A – Musa] Ps. Max. Victorin., *Fin.* 36, 2-3   5/7 Quando – Euterpe] Ps. Max. Victorin., *Fin.* 36, 4-5   7/8 Quum – frugi] Ps. Max. Victorin., *Fin.* 36, 6   8/9 O – Dido] Ps. Max. Victorin., *Fin.* 36, 7-8   11/12 Quando – specu] Ps. Max. Victorin., *Fin.* 36, 9   13/15 Al – Annibal'] Ps. Max. Victorin., *Fin.* 36, 10-11   20/21 In – ceruical] Ps. Max. Victorin., *Fin.* 36, 11-13

218/219 Quomodo – duo] quasi longa syllaba fuerit duo tempora habet si breuis unum *L*
II.3, 2   De nomine] incipit *F*   4 Quando] *om. L*   a – terminatur] si a fuerit terminatus *L*   5 anima] musa *L*   6 terminatur] fuerit terminatus *L*   Graecis] grece *L^{a.c.}*   7 producitur] longus *L*   ut Euterpe] *om. L*   8 qualis] longus *L*   9 in – longus] in breuis grecis (breuis in grecis *L²*) *L*   10 Quia] *om. F*   10/11 breuis ... longus] longa ... breuis *F*   11 sed – Graecos] *om. L*   13 nominatiuus] *om. F*   14 nominibus] omnibus *L*   corripiuntur] corripitur *F*   17 qui] quae *L*   18 esse debuit] esset *F* quia] cuius *L*

lius sonat, lenis est. Longitudinem in quid? In tempore. Quomodo? Quanta tempora habeat ipsa syllaba, si unum aut duo.

II.3. DE FINALIBVS SYLLABIS

II.3.1. ⟨De nomine⟩

'A' terminatus nominatiuus singularis breuis est, ut 'Musa'.
Quomodo? Quando nominatiuus singularis 'a' in fine termina-
5 tur, breuis est, ut 'anima'. Quando nominatiuus singularis 'e'
finitur, breuis est aut longus? In Latinis breuis, in Graecis producitur, ut 'Euterpe'. Quum 'i' terminatur, qualis est? Longus
est, ut 'frugi'. 'O' terminatus qualis est? In Latinis breuis est, ut
'Cato'; licet auctoritas uariet, in Graecis producitur, ut 'Dido'.
10 Quomodo uariatur auctoritas? Quia inuenitur breuis, inuenitur
et longus, sed apud Graecos. Quando 'u' terminatur, qualis est?
Semper breuis est, ut 'specu'.

'Al' terminatus nominatiuus singularis longus est aut breuis?
In his nominibus quae in genitiuo 'a' corripiuntur indubitanter
15 breuis est, ut 'Annibal'. Quomodo corripiuntur? 'Annibal'
nominatiuus casus est, 'Annibalis' genitiuus. In isto genitiuo
casu, si peneultimo loco, qui est ultimus locus in nominatiuo,
habuisset accentum, nominatiuus longus esse debuit; sed quia
genitiuus antepeneultimo loco habet accentum, ut est
20 'Annibalis', inde nominatiuus singularis breuis est. In his quae
producuntur naturaliter equidem longus est, ut 'ceruical'. Quomodo? In genitiuo in peneultimo loco, quia ultimus in
nominatiuo est, habet accentum, inde nominatiuus longus est,

Trad. text. β   E

II.3, 3 A – Musa] Ps. MAX. VICTORIN., *Fin.* 36, 2-3   **5/7** Quando – Euterpe]
Ps. MAX. VICTORIN., *Fin.* 36, 4-5   **7/8** Quum – frugi] Ps. MAX. VICTORIN., *Fin.*
36, 6   **8/9** O – Dido] Ps. MAX. VICTORIN., *Fin.* 36, 7-8   **11/12** Quando – specu]
Ps. MAX. VICTORIN., *Fin.* 36, 9   **13/15** Al – Annibal¹] Ps. MAX. VICTORIN., *Fin.* 36,
10-11   **20/21** In – ceruical] Ps. MAX. VICTORIN., *Fin.* 36, 11-13

II.3, 2 De nomine] *cum* α *suppleui*   **4** terminatur] terminantur *E*ᵃ·ᶜ·   **5** e] *sup. l. E*
6 longus] longas *E*ᵃ·ᶜ·   **9** Cato licet] *cum* α *correxi*, catholice *E*   **10** breuis] breues *E*ᵃ·ᶜ·
11 longus] longum *E*ᵃ·ᶜ·   **12** specu] *cum* α *scripsi*, ispecu *E*   **13** nominatiuus] *cum* α (*L*)
correxi, nominatis *E*   **14** nominibus] *cum* α (*F*) *correxi*, nominatibus *E*   **18** longus]
cum α *correxi*, locus *E*

equidem longus est, ut 'ceruical'. Quomodo? In genitiuo penultimo loco, qui est ultimus in nominatiuo, habet accentum,
inde nominatiuus longus est, sed auctoritate corripitur. Quomodo? Iuuenalis hoc breue posuit. Da eius exemplum: "Condu
25 cit comites, sellam, ceruical, amicas". 'El' terminatus qualis est?
Semper breuis est, ut 'mel', 'fel'. 'Il' terminatus qualis est? Semper breuis est, ut 'uigil', excepto uno 'Tonaquil', quod longum
est. Quare dicitur 'Tonaquil'? Vxor prisca Tarquini fuit. 'Ol' terminatus longus est aut breuis? Producitur, ut 'sol'. 'Vl' termina
30 tus qualis est? Semper corripitur, ut 'consul'.

Quando nominatiuus singularis 'm' terminatur, longus est aut
breuis? Breuis est, ut 'templum'. Dicit tamen Donatus: "Arduum est huius rei exempla reperire, eo quod haec littera sepe
inter uocales posita deficit". Quomodo? Quia difficile erit, dicit,
35 ut exemplum certum inueniatur, utrum longus sit nominatiuus
an breuis. Quare? 'M' inter uocales posita sepe deficit.

'An' finitus nominatiuus singularis qualis est? Longus est, ut
'Titan'. Qualis sermo est 'Titan'? Graecus. Quid sonat in Latino? Sol est apud Latinos. Dicit Donatus: "Latinum uero
40 nomen inueniri non potest in hac syllaba". Quando 'en'
terminatur, longus est aut breuis? In neutris generibus breuis
est, ut 'carmen'. In aliis autem generibus apud Latinos longus est

---

Trad. text. α   *F L*

23/25 sed – amicas] Ps. Max. Victorin., *Fin.* 36, 12-14   **25/26** El – fel]
Ps. Max. Victorin., *Fin.* 36, 14   **26/28** Il – est] Ps. Max. Victorin., *Fin.* 38, 1-2
28 Quare – fuit] cfr Ps. Prob., *Cath.* 95, 11   **28/30** Ol – consul] Ps. Max.
Victorin., *Fin.* 38, 3-4   **31/34** Quando – deficit] Ps. Max. Victorin., *Fin.* 38, 5-7
37/40 An – syllaba] Ps. Max. Victorin., *Fin.* 38, 8   **38/39** Qualis – Latinos] cfr
Serv., *Aen.* 10, 216; Isid., *Etym.* 8, 11, 53   **40/44** Quando – pollen] Ps. Max.
Victorin., *Fin.* 38, 9-11

II.3, 24/25 Conducit – amicas] Ivv. 6, 353

22 qui] quae *L*   **23** inde – est] *om. F*   Quomodo] quia *L*   **25** sellam] sellamque *F*
amicas] amicus *F*   **26** Semper¹] *om. F*   Semper²] *om. F*   **27/28** excepto – fuit] *om. L*
Tonaquil] tanaquil *legend.*   **28** Tonaquil] tanaquil *legend.*   **29** longus – breuis] qualis
est *L*   **30** Semper] *om. F*   consul] consol *L^{a.c.}*   **31/32** Quando – breuis] um
terminatus qualis est *F*   **32** ut templum] *om. L*   **34** erit] est *L*   dicit] *om. L*
35 certum] *om. F*   utrum] exinde *praem. L*   nominatiuus] *om. F*   **36** Quare – deficit]
om. F   **37** An] incertum est *praem. L*   Longus est] *om. L*   **38** Latino] latinum *F*
40 nomen – syllaba] in hac syllabam non potest nomen inueniri *L*   Quando] *om. F*
41 terminatur] terminatus *F*

sed auctoritate corripitur. Quomodo? Iuuenalis breue hoc
25 posuit. Da eius exemplum: "Conducet comites, sellam, ceruical, amicas". El' terminatus nominatiuus singularis qualis
est? Semper breuis est, ut 'mel', 'fel'. 'Il' terminatus qualis est?
Breuis est, ut 'uigil'. Quando 'ol' terminatur, longus est aut
breuis? Producitur, ut 'sol'. 'Vl' terminatus qualis est? Corripitur,
30 ut 'consul'.

Quando nominatiuus singularis 'm' terminatur, longus est aut
breuis? Breuis est. Dicit tamen Donatus: "Arduum est huius rei
exemplar reperire, eo quod haec littera sepius inter uocales
posita deficit". Quomodo? Difficile erit, dicit, ut exemplum
35 inueniatur, utrum longus sit nominatiuus singularis an breuis.
Quare? 'M' inter duas uocales posita sepe liquescat.

'An' finitus nominatiuus singularis qualis est? Longus est, ut
'Titan'. ⟨Qualis sermo est 'Titan'?⟩ Graecus. Quid sonat in Latino? Sol est apud Latinos. "Nomen quod 'an' syllaba ter-
40 minatur numquam", dicit Donatus, "inueniri potest".
Quando 'en' terminatur, longus est aut breuis? In neutris nominibus breuis est, ut 'carmen'. In aliis autem generibus apud
Latinos longus est (apud Graecos autem semper longus est), ut

rad. text. β   *E*

24/26 sed – amicas] Ps. MAX. VICTORIN., *Fin.* 36, 12-14   26/27 El – fel]
Ps. MAX. VICTORIN., *Fin.* 36, 14   27/28 Il – uigil] Ps. MAX. VICTORIN., *Fin.* 38, 1-2
28/30 Quando – consul] Ps. MAX. VICTORIN., *Fin.* 38, 3-4   31/34 Quando –
deficit] Ps. MAX. VICTORIN., *Fin.* 38, 5-7   37/40 An – potest] Ps. MAX. VICTORIN.,
Fin. 38, 8   38/39 Qualis – Latinos] cfr SERV., *Aen.* 10, 216; ISID., *Etym.* 8, 11, 53   41/
44 Quando – pollen] Ps. MAX. VICTORIN., *Fin.* 38, 9-11

II.3, 25/26 Conducet – amicas] IVV. 6, 353

24 breue] *cum* α *correxi*, breuem *E*   35 longus] longum *E*^a.c.   38 Qualis – Titan²]
cum α *suppleui*   39 Nomen] *scripsi*, nomin *E*   an] *correxi*, aut *E*

(apud Graecos autem semper longus est), ut 'pecten', 'flamen', 'lien', ⟨'splen'⟩, 'pollen'. Quomodo? Quia 'pecten' 'pectine'
45 dicitur, 'flamen' 'flamine', 'lien' ⟨'liene', 'splen'⟩ 'splene', 'pollen' 'polline'. Quando 'on' terminatus fuerit, longus est aut breuis? Semper longus est, ut 'Memnon'.

Quando nominatiuus singularis 'ar' terminatur, longus est aut breuis? In monosyllabis longus est, ut 'nar', 'far'. Quid est 'nar'?
50 Naris. 'Far'? Farina. Vt est polisyllabum, id est plurimis syllabis: in polisyllabis qualis est? Dicit Donatus: "Licet in his longus sit quae 'a' in genitiuo ante ultimam syllabam producuntur, ut 'coclear', 'sublegar', tamen auctoritate corripitur". Quomodo? Quamuis dicas in genitiuo casu, penultimo
55 loco habet accentum, qui est ultimus in nominatiuo, ut sit ipse nominatiuus longus, tamen Iuuenalis hoc auctoritate breue posuit. Da eius exemplum Iuuenalis: "Tyrsumque tenens et sublegar Acci". 'Er' finitus qualis est? In Latinis breuis est, ut 'puer', excepto uno monosyllabo 'uer', quod longum est.
60 Apud Graecos tamen semper longus est, ut 'aer'. Quando 'ir' terminatur, qualis est? Breuis est, ut 'uir'. 'Or' finitus qualis est? Breuis est, ut 'doctor', 'auctor'. Quando 'ur' terminatur, breuis est aut longus? Breuis est, ut 'murmur', excepto uno monosyllabo 'fur', quod longum est.

Trad. text. α   *F L*

46/47 Quando – Memnon] Ps. Max. Victorin., *Fin.* 38, 12   48/49 Quando – far] Ps. Max. Victorin., *Fin.* 38, 13-14   51/53 in¹ – corripitur] Ps. Max. Victorin., *Fin.* 38, 14-15   57/58 Da – Acci] Ps. Max. Victorin., *Fin.* 38, 16 app. crit.   58/64 Er – est] Ps. Max. Victorin., *Fin.* 40, 1-6

57/58 Tyrsumque – Acci] Ivv. 6, 70

43 autem semper] *om. L*   longus] breuis *L*   44 splen] *suppl. Maes.*   Quomodo] *om. L*   44/46 Quia – pollen] *in marg. L*   pectine] *scripsi,* pectene α   45 flamine] *scripsi,* flumina *F,* flamina *L*   liene splen] *suppl. Maes.*   46 polline] pro *praem. L*   terminatus fuerit] terminatur *L*   47 Semper] *om. F*   Memnon] mennon *F*   49 est²] *om. L*   50 Naris] id est *praem. L*   Farina] pro *praem. L*   Vt – syllabis] *om. L*   est¹] *correxi,* ex *F*   51 polisyllabis] pobsyllabis *L*   Dicit Donatus] donatus dicit *L*   Licet] ut *L*   52 syllabam] *om. L*   producuntur] producunt *L*   53 ut – sublegar] *om. L*   sublegar] subligar *legend.*   56 auctoritate] *om. L*   58 sublegar] subligar *legend.*   Acci] accusatiui *F*   59 uno] *om. F*   61 qualis est¹] longus est aut breuis *F*   Or] quando *praem. L*   finitus] est *add. L*   62 Breuis est] *om. L*   62/63 breuis – longus] qualis est *L*   63 uno] *om. F*

'pecten', 'flamen', 'lien', ⟨'splen'⟩, 'pollen'. Quando 'on' termina-
45 tus fuerit? Semper longus est, ut 'Memnon'.

Quando nominatiuus singularis 'ar' terminatur, longus est aut
breuis? In monosyllabis longus est, ut 'nar', 'far'. Quid est 'nar' et
'far'? Nar naris, far farina. Vt est polisyllabum, plurisylla-
bum: in polisyllabis qualis est? Dicit Donatus: "Licet in his
50 longus sit quae 'a' in genitiuum ante ultimam syllabam producuntur, tamen auctoritate corripitur". Quomodo? Quamuis
dicit in genitiuo casu, peneultimo loco habet accentum, qui
est ultimus in nominatiuo, ut inde sit ipse nominatiuus longus
[est], tamen Iuuenalis auctoritate breue hoc posuit. Da eius
55 exemplum: "Conducet comites, sellam, ceruical, amicas". 'Er' finitus longus est aut breuis? In Latinis breuis est,
ut 'puer'; tantundem unum nomen monosyllabum 'uer',
quod longum est. Apud Graecos tamen semper longus est, ut
'aer'. Quando 'ir' terminatur, qualis est? Breuis est, ut 'uir'. 'Or'
60 finitus qualis est? Breuis est, ut 'doctor', 'auctor'. Quando 'ur'
terminatur, longus est aut breuis? Breuis est, ut 'murmur',
excepto uno monosyllabo 'fur', quod longum est.

rad. text. β   E

44/45 Quando – Memnon] Ps. MAX. VICTORIN., Fin. 38, 12   46/47 Quando –
far] Ps. MAX. VICTORIN., Fin. 38, 13-14   49/51 in¹ – corripitur] Ps. MAX.
VICTORIN., Fin. 38, 14-15   54/55 Da – amicas] Ps. MAX. VICTORIN., Fin. 38, 16 app.
crit. 56/62 Er – est] Ps. MAX. VICTORIN., Fin. 40, 1-6

55 Conducet – amicas] IVV. 6, 353

44 splen] suppl. Maes. (cfr α)   on] cum α correxi, en E   45 Memnon] cum α (L)
scripsi, mennon E   48 Vt est] correxi (cfr α), aut aure E   54 est] cum α exclusi
55 sellam] cum Iuu. correxi (cfr supra l. 25), cellam E   57 monosyllabum] correxi, non
sillabam E   58 longum] cum α correxi, breue E   longus est] iter. E   59 Breuis] cum α
correxi, longus E   60 est¹] cum α correxi, et E   61 aut] ut E^{a.c.}   62 monosyllabo] cum
α correxi, modo sillabo E

65 Quando nominatiuus singularis 'as' finitur, longus est aut
breuis? In Latinis producitur, ut 'facultas'. In Graecis breuis
tunc est, quum genitiuus 'dos' fuerit terminatus, ut 'Arcas,
Arcados'. 'Es' terminatus qualis est? In Graecis longus est, ut
'Ancises'. In Latinis si quintae fuerit declinationis, producitur, ut
70 'facies'; nam si tertiae, corripitur, excepto tunc longus est, quando genitiuus non crescit, ut 'clades, cladis'. Quomodo?
Quando tantas syllabas habuerit genitiuus quantas et nominatiuus, tunc nominatiuus singularis longus est. Et quando genitiuus singularis in syllabis creuerit, nominatiuus qualis erit? Si
75 in genitiuo casu penultimo loco habuerit accentum, qui est
ultimus in nominatiuo, ut est 'quies, quietis', ipse
nominatiuus longus erit; nam si nominatiuus 'es' fuerit terminatus, ut 'miles', et genitiuus penultimo loco 'i' habuerit, non
'e', ille nominatiuus breuis est. Quomodo? Quia non facit
80 'miletis', sed 'militis'. Et quando genitiuus penultimo loco 'e'
'habuerit', ut 'seges, segetis', et accentum ibi non retinuerit, et
tunc breuis erit, excepto 'Ceres', 'pes', quod longum est, et quae
ab ipsis figurantur, ut 'bipes', 'tripes', et quae ex polisyllabis
constant, ut 'aries', 'paries', 'abies', quia in genitiuo casu in ipsa
85 syllaba habent accentum quae in nominatiuo ultima est, inde
ipse nominatiuus longus est.

'Is' finitus nominatiuus singularis longus est aut breuis? Breuis
est, ut 'agilis', exceptis monosyllabis tribus 'glis', 'uis', 'lis',
quae longa sunt. 'Glis' quid est? Glires. Da eius

Trad. text. α *F L*

65/71 Quando – cladis] Ps. Max. Victorin., *Fin.* 40, 7-13   **73/86** Et – est]
Ps. Max. Victorin., *Fin.* 40, 13-17   **87/89** Is – sunt] Ps. Max. Victorin., *Fin.*
42, 1-2

---

65 nominatiuus] nomen *L^{a.c.}*   **67** tunc] *om. L*   **67/68** quum – Arcados] *om. L*
69 quintae ... declinationis] quinta ... declinatio *L*   **70** facies] dies *L*   **71** ut – cladis]
om. L Quomodo] id est *L*   **72** genitiuus ... nominatiuus] nominatiuus ... genitiuus *L*
73 tunc] *om. L* singularis] *om. L*   **74** singularis] *om. L* syllabis] syllaba *F*
nominatiuus] ille *praem. F* Si] *sup. l. L*   **76** ut – quietis] *om. L*   **77** es] les *L*   **79** e]
om. L Quomodo] *om. L*   **80** miletis] milens *L* militis] milites *F* e] i *L*
81 segetis] segens *L* retinuerit] habuerit *L* et²] *om. F*   **82** erit] est *F* Ceres] cres *L*
et] eo *L* quae] quod *L*   **83** ab] de *L* tripes] stripes *L* quae] *om. F*   **84** quia] si *L*
85 habent] habuerit *L* ultima est] ultimae sunt *L*   **87** nominatiuus singularis] *om. L*
longus ... breuis] breuis ... longus *L*   **88** monosyllabis tribus] tribus monosyllabis *L*
89 quae] qui *L* longa] *correxi*, longae *F*, longi *L*

Quando nominatiuus singularis 'as' finitus, longus est aut
breuis? In Latinis productus est, ut 'facultas'. In Graecis
65 breuis est, quando genitiuus 'dos' fuerit terminatus, ut 'Arcas,
Arcados'. 'Es' terminatus qualis est? In Graecis longus est, ut
'Ancises'. In Latinis nominibus si quintae fuerit declinationis,
producitur, ut 'facies', 'species'; nam si tertiae fuerit, corripitur, excepto tunc longus est, quando genitiuus non crescit. Quan-
70 do tantas syllabas habuerit genitiuus quantas et nominatiuus,
inde nominatiuus singularis longus est. Et quando genitiuus in
syllabis creuerit, nominatiuus qualis erit? Si genitiuo casu
peneultimo loco 'e' habuerit, quam nominatiuus ultimo
loco habet, et accentum ibi retinuerit ipse genitiuus,
75 nominatiuus productus erit; nam si nominatiuus ⟨'es'⟩ fuerit
terminatus, ut 'miles', et genitiuus penultimo loco 'i' habuerit,
non 'e', ille nominatiuus breuis est, quia non facit 'miletis', sed
'militis'. Et quando genitiuus peneultimo loco 'e' 'habuerit',
non 'i' habuerit, ut 'seges, segetis', sed accentum ibi non
80 retinuerit, et tunc breuis erit, excepto 'Ceres', 'pes', quod longum
est, et quae ex ipsis fiunt, ut 'bipes', 'tripes', et quae ex polisyllabis constant, ut 'aries', 'paries', 'abies', quia in genitiuo casu in
ipsis syllabis retinent accentum quae in nominatiuo ultimae sunt, inde ipse nominatiuus longus est.

85 'Is' finitus nominatiuus singularis longus est aut breuis? Breuis
est, ut 'agilis', exceptis 'uis', 'glis' et 'lis', quod longum est.
'Os' terminatus qualis est? In Graecis tunc breuis, quando genitiuus diptongon terminatur, ut 'Delos, Deloi'. In Latinis uero tunc
breuis est, quando genitiuus ante ultimam syllabam 'o' non
90 habuerit naturaliter longum, ut 'os ossis' pro 'ossibus', quod
breue est; nam si pro 'ore' dixerit 'os oris', longum erit, exemp-
to 'bos', 'compos' et 'impos', quod breue est; nam 'flos', 'mos'

---

rad. text. β   E

63/69 Quando – crescit] Ps. Max. Victorin., *Fin.* 40, 7-13   **78/84** Et – est]
Ps. Max. Victorin., *Fin.* 40, 13-17   **85/86** Is – est²] Ps. Max. Victorin., *Fin.*
42, 1-2   **87/95** Os – breuia] Ps. Max. Victorin., *Fin.* 42, 3-7   **92/95** est – breuia]
cfr supra 2, 124/127

63 as] *cum* α *correxi,* ar *E*   **67** fuerit] *cum* α *correxi,* fierit *E*   **75** es] *cum* α *suppleui*
78 e] *cum* α (*F*) *correxi,* i *E*   **79** i] *correxi,* e *E*   segetis] *cum* α *correxi,* setis *E*
81 quae¹] *cum* α (*F*) *correxi,* quod *E*   ex¹] *correxi,* ei *E*   **82** paries] paris *E^{a.c.}*   **86** glis]
cum α *scripsi,* clis *E*   **88** Delos] *iter. E*   **91** oris] *cum* α *scripsi,* horis *E*

90 exemplum: "Dormiunt glires hiemem perennem".
'Vis' quid est? Virtus. 'Lis' quid est? Litis. 'Os' terminatus qualis est? In Graecis tunc breuis est, quando genitiuus
diptongon terminatur, ut 'Delos, Deloi'. In Latinis uero tunc
breuis est, quando genitiuus ante ultimam syllabam 'o' non
95 habuerit naturaliter longam, ut 'os', unde fit 'ossis' pro 'ossibus', quod breue est; nam si pro 'ore' dixerit, id est 'os oris', longum est, exceptis 'bos', 'compos' et 'impos', quod breue est;
nam 'flos', 'mos' producuntur, nam monosyllaba nomina 'os'
terminata adiaforos sunt, id est communia, quae auctoritate lon-
100 ga inueniuntur et breuia. 'Vs' finitus qualis est? Breuis est, ut
'doctus', absque his nominibus quae in genitiuo crescentia 'u'
productum habuerint ante nouissimam syllabam, ut 'uirtus,
uirtutis'. Quomodo? Quia genitiuus singularis in ipsa syllaba
habet accentum quae ultima est in nominatiuo; inde ipse nomi-
105 natiuus longus est. Et unum indeclinabile 'pus', quod semper
longum est.

Nominatiuus singularis 't' littera terminatus qualis est?
Breuis est, ut 'caput'. 'C' finitus nominatiuus singularis
qualis est? Longus est, ut 'allec' et 'lac', de cuius declinatione
110 dubitatur. Quomodo? 'Allec' facit nominatiuus casus singularis, genitiuus 'allecis'. Et 'lac' similiter nominatiuus casus est et
utrum faciat genitiuum 'lacis' pro 'laco' an 'lactis' dubium est;
sed quando uult facere quis 'lacis' pro 'laco', 'lac' debet facere;

Trad. text. α   *FL*

91 Vis – Virtus] cfr Isid., *Etym.* 11, 2, 17   91/100 Os – breuia] Ps. Max.
Victorin., *Fin.* 42, 3-7   99/100 adiaforos – breuia] cfr supra 2, 146/147   100/
103 Vs – uirtutis] Ps. Max. Victorin., *Fin.* 42, 8-10   105/106 Et – est] Ps. Max.
Victorin., *Fin.* 42, 10   107/110 Nominatiuus – dubitatur] Ps. Max. Victorin.,
Fin. 42, 11-13   110/115 Quomodo – lactis] cfr Pomp., *Gramm.* 199, 10-17

90 Dormiunt – perennem] Avson., *Ephem.* 1, 5

90 hiemem perennem] hieme perenni *F*   92 tunc – est²] post Deloi transp. *L*
93 Deloi] delui *L*   95 ut] om. *L*   unde fit] et sup. l. *L*   96 id est] om. *F*   98 nam²]
om. *L*   monosyllaba] *correxi*, monosyllabum *L*, om. *F*   99 sunt] est *L*
100 inueniuntur] inueniantur *L^{a.c.}*   101 his] om. *F*   102 productum] productam *L²*
habuerint] habuerit *L*   103 Quia] om. *F*   104 habet] retinet *L*   ultima est] est ultima
L   105 unum indeclinabile] una indeclinabili *F*   semper] om. *L*   106 longum] longa
F   est] ante longum transp. *L*   107 Nominatiuus] quando praem. *L*   littera] om. *L*
terminatus] terminatur *L*   110/111 facit – genitiuus] nominatiuum casum facit et
genetiuum *L*   casus] om. *F*   111 Et] om. *F*   et] om. *F*   112 lactis] laccis *L*   113 facere
quis] quis facere *F*   laco] lacu *L*

producuntur monosyllaba, nam nomina 'os' terminata adiaforos sunt, id est communia, quae auctoritate longa inueniuntur
95 et breuia. 'Vs' finitus qualis est? Breuis est, ut 'doctus', absque his
nominibus quae in genitiuo crescentia 'u' productum habuerint
ante nouissimam syllabam, ut 'uirtus, uirtutis'. Quomodo? Genitiuus singularis in ipsa syllaba habet accentum quae ultima est in
nominatiuo; inde ipse nominatiuus longus est. Et unum indecli-
100 nabile nomen 'pus', quod semper longum est.

'T' nominatiuus singularis terminatus qualis est? Breuis est,
ut 'caput'. 'C' terminatus singularis nominatiuus longus
est aut breuis? Longus est, ut 'allec' et 'lac', de cuius declinatione dubitatur. Quomodo? 'Allec' facit nominatiuus casus,
105 genitiuus 'allecis'. 'Lac' similiter nominatiuus casus est; utrum
faciat genitiuum 'lacis' pro 'laco' an 'lactis' dubium est; sed quando uult facere quis 'lacis' pro 'laco', 'lac' debet facere; quando

---

trad. text. β   *E*

95/97 Vs – uirtutis] Ps. Max. Victorin., *Fin.* 42, 8-10   99/100 Et – est]
Ps. Max. Victorin., *Fin.* 42, 10   101/104 T – dubitatur] Ps. Max. Victorin., *Fin.*
42, 11-13   104/109 Quomodo – lactis] cfr Pomp., *Gramm.* 199, 10-17

93 monosyllaba] *correxi*, monosillabam *E*   94 longa] *scripsi*, clonga *E*   101 T]
suppl. E²   104 facit] *cum* α *correxi*, facitur *E*   106 laco] *cum* α (*F*) *correxi*, lacu *E*

quando autem pro 'lacte', 'lacte' debet facere nominatiuum
115 casum, ut faciat genitiuum 'huius lactis'.

   Genitiuus singularis longus est aut breuis? Longus est, nisi
tunc corripitur, quum 'is' fuerit terminatus, ut 'patris'. Datiuus
singularis qualis est? In Latinis nominibus semper longus est, ut
'Pompeio'; in Graecis uero tunc corripitur, quum 'i' littera ter-
120 minatur, ut 'Palladi'. Accusatiuus singularis longus est aut
breuis? In Latinis breuis est, ut 'doctum'; in Graecis tunc corripitur, quando 'a' uel 'on' fuerit terminatus, ut 'Tesea', 'Delon'.
Vocatiuus singularis longus est aut breuis? In Latinis nominibus
breuis est semper, excepto tunc est longus, quando 'i' fue-
125 rit terminatus, ut 'Mercuri'. In Graecis autem et longus
inuenitur et breuis: quando 'a' et 'i' fuerit terminatus, breuis
est; quando 'e' et 'o' fuerit terminatus, longus est. Nam in consonantibus desinens nominatiui sequitur regulam. Quomodo
sequitur regulam nominatiui? Si in quacumque consonante
130 uocatiuus casus desinuerit, ut 'puer, o puer', quaerendum
nominatiuo casui, si longus sit, si breuis, et dum inueneris
finalium ratione qualis sit nominatiuus casus, ipsam rationem
quaere in uocatiuo, exceptis Graecis nominibus, quae sepe
mutantur uarietate linguarum, ut 'Diomedes'. Ablatiuus
135 singularis qualis est? Semper longus est, excepto tunc breuis
est, quando tertiae declinationis fuerit, ut 'a pariete', et in 'e'
desinuerit.

   Nominatiuus et uocatiuus plurales in Latinis nominibus longi
sunt aut breues? Quando generis fuerint masculini aut feminini,
140 producuntur, ut 'fontes', 'fluctus', 'clades'; nam quando neutri

---

Trad. text. α   *F L*

   116/137 Genitiuus – desinuerit] Ps. Max. Victorin., *Fin.* 42, 15 - 46, 7   **138/
155** Nominatiuus – Musas] Ps. Max. Victorin., *Fin.* 46, 9 - 48, 8

   114 lacte²] lax *F*   **116** Longus] longun *L^{a.c.}*   est²] *om. L*   **118** singularis – est']
longus est aut breuis *F*   semper] *om. L*   **119** uero tunc] *om. L*   quum – terminatur]
om. L   **120/121** singularis – breuis'] qualis est singularis *L*   **121** doctum] doctorum *F*
tunc] *om. L*   **122** quando – Delon] *om. L*   Tesea] *cum* β *scripsi,* texea *F*   **124** tunc –
longus] *om. F*   **124/125** fuerit terminatus] terminatur littera *L*   **125** autem] *om. L*
126 inuenitur] *post* breuis *transp. L*   **126/134** quando – Diomedes] *om. L*   **127** e]
cum Ps. Max. Victorin. correxi, i *F*   **135/136** breuis est] est breuis *L*   **136/137** et –
desinuerit] *om. L*   **138** plurales] *om. L*   in – nominibus] *om. F*   **139** Quando] cum *F*
fuerint] fuerit *L*   aut²] et *L*   **140** nam quando] cum uero *F*

autem pro 'lacte' dicit, 'lacte' debet facere nominatiuum casum, ut faciat genitiuum 'huius lactis'.

110 Genitiuus singularis longus est aut breuis? Longus est; tunc tantum corripitur, quum ⟨'is'⟩ fuerit terminatus, ut 'patris'. Datiuus singularis qualis est? In Latinis nominibus semper longus est, ut 'Pompeio'; in Graecis tunc corripitur, quando 'i' littera fuerit terminatus, ut 'Palladi'. Accusatiuus singularis

115 longus est aut breuis? In Latinis breuis est, ut 'doctum'; in Graecis tunc tantum corripitur, quando 'a' uel 'on' fuerit terminatus, ut 'Tesea', 'Delon'. Vocatiuus singularis longus est aut breuis? In Latinis nominibus breuis est semper, excepto quando 'i' fuerit terminatus, tunc longus erit. In Graecis autem quando

120 'a' et 'i' fuerit terminatus, breuis est; quando uero 'e' et 'o' fuerit terminatus, longus erit. Nam et in consonantibus desinens nominatiui regulam sequitur. Quomodo regulam sequitur nominatiui? Si in quacumque consonante uocatiuus casus desinuerit, ut puta 'puer, o puer', quaerit de nominatiuo

125 casu, si longus sit, si breuis, et dum inuenerit in finalium ratione qualis sit nominatiuus casus, ipsam regulam tenebit in casu uocatiuo, excepto Graecis nominibus, quae sepe mutantur uarietate linguarum. Ablatiuus singularis qualis est? Semper productus, excepto tunc breuis erit, quando tertiae declinatio-

130 nis fuerit et ⟨'e'⟩ ipse ablatiuus terminatus fuerit.

Nominatiuus et uocatiuus plurales in Latinis nominibus longi sunt aut breues? Quando generis fuerint masculini uel feminini, producuntur, ut 'fontes', 'fluctus', 'clades'; nam quando neutri generis fuerint, breues sunt, ut 'moenia'. In Graecis autem

135 quando 'es' uel 'a' terminati fuerint, corripiuntur, ut 'hii rheto-

---

rad. text. β   E

110/130 Genitiuus – fuerit²] Ps. Max. Victorin., *Fin.* 42, 15 - 46, 7   131/
148 Nominatiuus – Musas] Ps. Max. Victorin., *Fin.* 46, 9 - 48, 8

108 lacte²] *cum* α (*L*) *correxi*, lact *E*   110 Genitiuus] *cum* α *correxi*, genitiuum *E*
111 is] *cum* α *suppleui*   113 i] *cum* α *correxi*, o *sup. l.* E²*, om.* E   114 Palladi] *cum* α
correxi, pallidio *E*   116 terminatus] terminatis *E*ᵃ·ᶜ·   120 breuis] *cum* α *correxi*, longus
E   e] *cum Ps. Max. Victorin. correxi*, t *E*   122 nominatiui] nominatiuus *E*ᵃ·ᶜ·
126 qualis sit] *iter. E*   129 breuis] *scripsi*, brebis *E*   130 e] *cum* α *suppleui*
132 fuerint] *cum* α (*F*) *correxi*, fuerit *E*   134 fuerint] *cum* α (*F*) *correxi*, fuerit *E*
moenia] *cum* α *correxi*, nemia *E*

generis fuerint, breues sunt, ut 'moenia'. In Graecis uero quando
's' uel 'a' terminati fuerint, corripiuntur, ut 'hii rectores, o rectores', 'haec poemata, o poemata'; ceterum semper longi sunt.
Genitiuus pluralis qualis est? Breuis est, ut 'doctorum'. In Grae-
145 cis longus est, si tamen Graece fuerit declinatum, ut 'File-
non'. Datiuus et ablatiuus plurales longi sunt aut breues?
Quando 'is' terminati, longi sunt, ut 'his doctis'; quando 'bus',
breues sunt, ut 'his et ab his agilibus'. In Graecis corripiuntur? 'In' terminati, etiam si Graeca sit declinatio, corripiuntur,
150 ut 'Arcasin'. Accusatiuus pluralis longus est aut breuis? Quum
generis fuerit masculini et feminini, producitur, ut 'doctos', 'Musas'; quando neutri generis fuerit, breuis est, ut 'templa'. In
Graecis et producitur et corripitur: si 'as' fuerit terminatus et a genitiuo singulari uenerit 'os' finito, corripitur, ut 'Arca-
155 dos, Arcadas'; ceterum productus laetatur, ut 'Musas'.

II.3.2. De pronomine

Nominatiuus singularis in pronomine longus est aut breuis?
In omnibus pronominibus corripitur, exceptis duobus monosyllabis 'tu' et 'qui', quod longum est. Genitiuus singularis qualis
160 est? 'I' uel 'ae' terminatus longus est, ut 'mei, meae'; de cetero
breuis est, ut 'illius'. Datiuus singularis longus est aut breuis?
Semper productus est, ut 'nostro', exceptis 'mihi', 'tibi', 'sibi',
quod breue est. Et quando pronomen 'c' littera terminatur et

Trad. text. α   *FL*

157/163 Nominatiuus – est] Ps. Max. Victorin., *Fin.* 48, 10-17   **163/168** Et –
sunt] Ps. Max. Victorin., *Fin.* 48, 17 app. crit.   **163/164** Et – syllaba] cfr supra
2, 143/147

141 fuerint] fuerit *L*   **141/142** uero – fuerint] *om. L*   **142/143** ut – sunt] *om. L*
145 si – declinatum] *om. L*   Filenon] filemon *L*   **146/147** plurales – terminati] *om.*
L   **147** longi] longe *L*   **149/150** In – Arcasin] *om. L*   **151** fuerit] fuerint *et post*
femenini *transp. F*   producitur] producuntur *F*   doctos] doctus *L^{a.c.}*   **152/153** In
Graecis] *post* terminatus *transp.* α, *sed cum* Ps. Max. Victorin. *corr.* Maes.
153 terminatus] nominatibus *add. F*   **154/155** et – Musas] *om. L*   finito] *cum* Ps.
Max. Victorin. *corr.* Maes., finitus α   **158** In – corripitur] semper breuis *L*
159 quod – est] *om. L*   **159/160** qualis est] *om. F*   **160** I] e *L*   ae] *cum* β *scripsi*, e *F*,
i *L*   terminatus] longus est aut breuis *add. F*   meae] *sup. l. F*   **161** illius] ullius *L*
162 productus] longus *L*   **163** quod] qui *L²*   breue est] breues sunt *L*   Et] *om. L*
quando] uero *add. L*   pronomen] pronomine *L^{a.c.}*   littera terminatur] terminatur
littera *L*

res, ⟨o⟩ rhetores', 'haec poemata, o poemata'; ceterum semper
longi sunt. Genitiuus pluralis ⟨qualis⟩ est? Breuis est, ut 'doctorum'. In Graecis longus est, si tamen Graece fuerint declina-
ta. Datiuus et ablatiuus plurales breues sunt aut longi? Quan-
140 do 'is' terminantur, longi sunt, ut 'his doctis'; quando 'bus'
uero, breues sunt, ut 'his et ab his agilibus'. 'In' tamen terminati, etiam si Graeca sit declinatio, corripiuntur, ut 'Arcasin'. Accusatiuus pluralis longus est aut breuis? Quum generis fuerit
masculini et feminini, producitur, ut 'doctos', 'Musas'; quando
145 neutri generis fuerit, breuis est, ut 'templa'. In Graecis nominibus si 'as' fuerit terminatus et a genitiuo singulari uenerit 'os'
finito, corripitur, ut 'Arcados, Arcadas'; ceterum productione
laetantur, ut 'Musas'.

II.3.2. De pronomine

150   Nominatiuus singularis in pronomine longus est aut breuis?
In omnibus pronominibus corripitur, exceptis duobus monosyllabis 'tu' et 'qui', quod longum est. Genitiuus singularis qualis
est? 'I' uel 'ae' terminatus longus est, ut 'mei, meae'; de cetero
breuis est, ut 'illius'. Datiuus singularis longus est aut breuis?
155 Semper productus est, ut 'nostro', exceptis 'mihi', 'tibi' et 'sibi',
quod breue est. Et quando pronomen 'c' littera terminatur, uocalis statim subsequitur, tunc communis est syllaba. Quomodo?
Quia quomodo necesse habuerit, sic ponit qui uult
illud in metro. Nam 'hoc', 'hunc' alia ratio est. Quo-
160 modo? Incertum nobis est. Quando pronomen 'o' finitur,
longum est aut breue? Adiaforos est, hoc est communis,
absque datiuo et ablatiuo casu. Datiuus et ablatiuus semper longi

---

rad. text. β *E*

150/156 Nominatiuus – est] Ps. Max. Victorin., *Fin.* 48, 10-17   156/164 Et –
sunt] Ps. Max. Victorin., *Fin.* 48, 17 app. crit.   156/157 Et – syllaba] cfr supra
2, 122/127

136 o¹] *cum* α *suppleui*   137 qualis] *cum* α *suppleui*   138 longus] *cum* α *correxi,*
longum *E*   140 is] *cum* α *correxi,* s *E*   longi] *cum* α (*F*) *correxi,* longe *E*   142 Arcasin]
cum α *correxi,* arsinca *E*   144 doctos] *cum* α *correxi,* docitus *E*   147 finito] *cum* Ps.
Max. Victorin. corr. Maes., finitus *E*   Arcados] *cum* α *correxi,* arca duos *E*   151 duobus]
cum α *correxi,* duabus *E*   158 Quia] *correxi,* qua *E*

uocalis statim subsequitur, tunc communis est syllaba. Quando
165 pronomen 'o' finitur, qualis est syllaba? Adiaforos est, hoc est
communis, absque datiuo et ablatiuo casu. Quomodo? Quia
datiuus et ablatiuus casus semper longi sunt; nam ceteri casus,
quando 'o' terminati fuerint, communes habendi sunt.

Accusatiuus singularis qualis est? Breuis est, ut 'illum, illam',
170 exceptis 'me', 'te', 'se', quod longum est. Vocatiuus singularis
qualis est? Breuis est, sicut et nominatiuus. Ablatiuus singularis
qualis est? Semper producitur, ut 'ab illo'. Nominatiuus, accusatiuus et uocatiuus plurales longi sunt aut breues? Semper longi
sunt. Tunc tantum corripiuntur, quum 'a' fuerint terminati, ut
175 'nostra'. Genitiuus pluralis qualis est? Semper breuis est, ut 'illorum', 'ipsorum'. Datiuus et ablatiuus plurales quales sunt? Si
'bus' fuerint terminati, breues sunt, ut 'quibus et a quibus'; si 'is',
producuntur, ut 'illis et ab illis'.

II.3.3. De uerbo

180 Verbum quod 'a' terminatur longum est aut breue? In omnibus modis, numeris, personis, temporibus, coniugationibus si 'a' fuerit terminatum, longum est, ut 'ama'. 'E'
quod finitur quale est? Breue est, ut 'curre', 'lege', absque
imperatiuo modo secundae coniugationis, quod naturaliter lon-
185 gum est, ut 'doce', 'mone', quia secunda coniugatio naturaliter
longa est. 'I' terminata persona qualis est? Semper producitur, ut
'nutri'. Quae 'o' terminatur qualis est? Corripitur, ut
'audio', sed auctoritas uariatur, quia et longum inuenitur

Trad. text. α   *F L*

169/172 Accusatiuus – illo] Ps. Max. Victorin., *Fin.* 50, 1-7   **172/
178** Nominatiuus – illis²] Ps. Max. Victorin., *Fin.* 50, 9-16   **180/185** Verbum –
mone] Ps. Max. Victorin., *Fin.* 52, 2-6   **186/192** I – legebam] Ps. Max.
Victorin., *Fin.* 52, 7-12

164 uocalis statim] statim uocalis *F*   tunc] *om. L*   **165** finitur] finiuntur *L*
qualis – syllaba] tunc qualis esse dinoscitur *L*   est²] *om. L*   hoc] id *L*   **166** casu] casui
L   **167** casus¹] *om. L*   nam] et *L*   **168** o] *om. F*   terminati fuerint] ternantur
(terminantur *L²*) *L*   habendi sunt] habentur *L*   **170** est] esse uidetur *L*   **171** et] *om.
F*   **174** corripiuntur] *sup. l. L*   **175** est¹] *om. L*   **179** De uerbo] incipit *add. L*
182 terminatum longum] *correxi*, terminatus longus α   **183** quod] *correxi*, quae α
finitur] finiuntur *F L^{a.c.}*   quale est] quales sunt *F*   Breue est] breues sunt *F*
184 longum] longa *L^{a.c.}*   **185** ut] aut *L*   **186** est²] quale *L*

sunt; nam ceteri casus, quando 'o' terminati fuerint, communes
habendi sunt.

165   Accusatiuus singularis qualis est? Breuis est, 'illum, illam',
exceptis tribus syllabis longis 'me', 'te' et 'se'. Vocatiuus
singularis qualis est? ⟨Breuis est, sicut et nominatiuus. Ablatiuus
singularis qualis?⟩ Semper producitur, ut 'ab illo'. Nominatiuus,
accusatiuus et uocatiuus plurales longi sunt aut breues? Semper
170 longi sunt. Tunc tantum corripiuntur, quum 'a' fuerint terminati,
ut 'nostra'. Genitiuus pluralis qualis est? Semper breuis est, ut
'illorum', 'ipsorum'. Datiuus et ablatiuus plurales longi sunt
aut breues? Si 'bus' fuerint terminati, breues sunt, ut 'quibus et
a quibus'; si 'is', producuntur, ut 'illis et ab illis'.

175   II.3.3. De uerbo

Verbum quod 'a' terminatur longum est aut breue? In omnibus modis, in omnibus temporibus, coniugationibus et
numeris si 'a' fuerit terminata quaecumque persona,
longa est, ut 'ama'. 'E' quae finiuntur longa sunt aut bre-
180 uia? Breuia sunt, ut 'curre', 'lege', absque imperatiuo modo
secundae coniugationis, quod naturaliter longum est, ut 'doce',
'mone', quia secunda coniugatio naturaliter longa est. 'I' terminata persona qualis est? Semper producitur, ut 'nutri'. 'O' quae
terminantur longa sunt aut breuia? Corripiuntur, ut
185 'audio', sed auctoritas uariatur, quia et longa inueniuntur
aliquando, exceptis monosyllabis tribus, 'do', 'sto', 'flo', quod
longa sunt, et his similibus. 'V' quae terminantur qualia

---

rad. text. β   *E*

165/168 Accusatiuus – illo] Ps. Max. Victorin., *Fin.* 50, 1-7   168/
174 Nominatiuus – illis²] Ps. Max. Victorin., *Fin.* 50, 9-16   176/182 Verbum –
mone] Ps. Max. Victorin., *Fin.* 52, 2-6   182/189 I – legebam] Ps. Max.
Victorin., *Fin.* 52, 7-12   186/187 exceptis – sunt] cfr Don., *Mai.* 636, 8-9

163 o] *sup. l. suppl. E²*   167/168 Breuis – qualis] *cum α suppleui*   168 ut] aut *Eᵃ·ᶜ·*
178 quaecumque] *correxi,* quacumque *E*   179 longa¹] *cum Ps. Max. Victorin. et α*
correxi, breuis *E*   182 terminata] *correxi,* termina *E*   183 nutri] neutri *Eᵃ·ᶜ·*
184 terminantur] *correxi,* terminatur *E*   186 sto] *cum α scripsi,* isto *E*

aliquando et breue, exceptis tribus monosyllabis, 'do',
190 'sto', 'flo', quod longa sunt. 'V' terminata qualis est? Longa
est, ut 'auditu'. 'Am' quae terminatur qualis est? Corripitur, ut 'legebam'.

'Or' quae terminantur breuia sunt aut longa? Breuia sunt, ut
'legor', 'audior'. 'S' quae finiuntur qualia sunt? Si ante eam 'a' uel
195 'e' habuerint, producuntur, ut 'amas', 'doces', excepto uno monosyllabo 'es' et quae ex eo figurantur, ut 'ades', quod breue est. Si
uero 'i' ante eam habuerit, corripitur, ut 'legis', excepta
secunda persona indicatiui modi temporis praesentis numeri
singularis a tertia coniugatione producta, ut 'nutris', quod lon-
200 gum est. Quomodo? 'Nutrio' tertia coniugatio est producta, quia
in imperatiuo modo in ipsa 'i' perseuerat et in infinito modo
penultimo loco habet accentum. Et 'uolo', 'uis', quod ab ipso
indicatiuo modo, longum est. Nam si 'u' ante 's' habuerit, breue
est, ut 'nutrimus'. Quae 't' terminantur qualia sunt? Breuia
205 sunt, ut 'currit', 'legit'. Quae 'c' finiuntur qualia sunt? Productum est, ut 'duc'.

II.3.4. De aduerbio

Aduerbia monosyllaba longa sunt aut breuia? Longa sunt, ut
'hic' uel quae ex ipsis fiunt, ut 'illic'. ⟨'S' et⟩ 'r' quae terminantur
210 qualia sunt? Exceptis 'bis' et 'ter', quod breuia sunt, cetera
omnia producuntur. Quae 'a' finiuntur qualia sunt? Longa

Trad. text. α   *F L*

189/190 exceptis – sunt] cfr Don., *Mai.* 636, 8-9   **193/200** Or – est¹] Ps. Max.
Victorin., *Fin.* 52, 13 - 54, 3   **200/202** Quomodo – accentum] cfr supra I.3, 303/305
202/206 Et – duc] Ps. Max. Victorin., *Fin.* 54, 4-7   **208/216** Aduerbia – inpune]
Ps. Max. Victorin., *Fin.* 54, 9-15

189 aliquando – breue] *om. L*   **190** quod] quid *L²*   terminata] *correxi*, terminatus
α   **190/191** Longa est] corripitur *F*   **191/192** Am – legebam] *om. L*   terminatur]
correxi, terminantur *F*   qualis] *correxi*, quale *F*   **193** terminantur] terminatur *L^{a.c.}*
breuia – longa] qualia sunt *L*   sunt²] *om. L*   **194** audior] auditor *L*   **195** habuerint]
habuerit *L*   uno] *om. F*   **196** breue] *cum Ps. Max. Victorin. corr. Lor.*, longum α   **196/
200** Si – est¹] *om. F*   **200** coniugatio est] coniugatione *L*   quia] quod *praem. L*
201 in¹] *om. L*   in³] *sup. l. L*   **202** penultimo] peneultimo *L*   quod] quando *F*
203 indicatiuo] imperatiuo *L*   breue] breuis *F*   **204** terminantur] terminatur *L*
qualia sunt] *om. L*   **204/205** Breuia sunt] breue est *sup. l. L*   **205** legit] *om. L*
qualia sunt] *om. L*   **205/206** Productum est] breues sunt *F*   **207** De aduerbio]
incipit *praem. L*   **209** quae¹] *sup. l. L*   S et] *suppleui*   **210** breuia] *corr. Lor.*, breues α

sunt? Longae sunt, ut 'auditu'. 'Am' quae terminantur qualia sunt? Corripiuntur, ut 'legebam'.

190 'Or' quae terminantur breuia sunt aut longa? Breuia sunt, ut 'legor', 'audior'. 'S' quae finiuntur qualia sunt? Si ante eam 'a' uel 'e' habuerint, producuntur, ut 'amas', 'doces', excepto uno mono-syllabo 'es' et quae ex eo figurantur, ut 'ades', et hoc breue est. Si uero 'i' ante eam habuerint, corripiuntur, ut 'legis', excep-
195 ta secunda persona indicatiui modi temporis praesentis numeri singularis a tertia coniugatione producta, ut 'nutris', quod lon-gum est. Quomodo? 'Nutrio' tertia coniugatio est producta, quia in imperatiuo modo in ipsa 'i' perseuerat et in infinito modo peneultimo loco habet accentum. Et 'uolo', 'uis', quod ab ipso
200 indicatiuo modo uenit, longum est. Nam si 'u' ante 's' habuerit, breue est, ut 'nutrimus'. Quae 't' terminantur longa sunt aut breuia? Breuia sunt, ut 'currit', 'legit'. Quae 'c' finiuntur qualia sunt? Producta sunt, ut 'duc'.

II.3.4. De aduerbio

205 Aduerbia monosyllaba longa sunt aut breuia? Longa sunt, ut 'hic', et quae ex ipsis fiunt, ut 'illic', producta sunt. ⟨'S' et⟩ 'r' quae terminantur qualia sunt? Exceptis 'bis' et 'ter', cetera omnia producuntur. Quae 'a' finiuntur breuia sunt aut longa? Lon-ga sunt, ut 'una'. Quae in 'e' desinunt qualia sunt? Omnia produ-
210 cuntur, ut 'docte', exceptis his quae aut non conparantur, ut 'rite', quae a se oriuntur aut conparationis regulam non seruant, quae a se oriuntur ⟨aut⟩ in conparatione ab una sylla-

rad. text. β   E

190/197 Or – est¹] Ps. Max. Victorin., *Fin.* 52, 13 - 54, 3   197/199 Quomodo – accentum] cfr supra I.3, 290/292   199/203 Et – duc] Ps. Max. Victorin., *Fin.* 54, 4-7   205/214 Aduerbia – inpune] Ps. Max. Victorin., *Fin.* 54, 9-15

188 Longae sunt] *cum Ps. Max. Victorin. et α correxi*, corripiuntur E
193 figurantur] *cum α correxi*, figuratur E   hoc] *correxi*, hos E   breue] *cum Ps. Max. Victorin. corr. Lor.*, longum E   195 numeri] *cum α correxi*, numeris E   196 nutris] neutris E^{a.c.}   205 Aduerbia] *cum α correxi*, aduerbio E   206 fiunt] *cum α correxi*, finiunt E   S et] *suppleui*   210 exceptis] *cum α correxi*, ex E   211 seruant] *cum α correxi*, seruantur E   212 aut] *suppleui*

sunt, ut 'una'. Quae in 'e' desinunt qualia sunt? Omnia producuntur, ut 'docte', exceptis his quae aut non conparantur, ut 'rite',
aut conparationis regulam non seruant, ut 'bene', 'male', aut ea
215 quae a se originem ducunt et conparationem recipiunt, ut
'sepe', 'inpune'. Superlatiui gradus aduerbia quum 'e' finiuntur,
etiamsi a positiuo breui descendant, omnimodo producuntur,
ut 'optime' siue 'doctissime'. Quomodo? Aut a se nascantur
aduerbia aut ab alia parte ueniant aut in conparatione ab una
220 syllaba non inchoent, superlatiuum gradum semper longum
habebunt, ut 'optime' siue 'doctissime'.

    Quae 'i' finiuntur qualia sunt? Longa sunt, ut 'heri', absque
'ibi' et 'ubi' et quae figurantur ex ipsis, ut 'sicubi', 'alicubi'. Quae
'o' terminantur qualia sunt? Quando a se oriuntur, breuia
225 sunt, ut 'modo'; quando ab aliis partibus ueniunt, producuntur,
ut 'falso', 'magno'. Auctoritate tamen et ea quae ab aliis partibus
ueniunt et longa et breuia inueniuntur. Quae 'u' finiuntur qualia
sunt? Longa sunt, ut 'noctu'. Quae 'l' terminantur qualia sunt?
Correpta habentur, ut 'semel'. Quae 'm', 'n', 'r' finiuntur qualia
230 sunt? Breuia sunt, ut 'cursim', 'paulatim', 'forsan', 'breuiter',
'quater'. Quae 's' terminantur qualia sunt? Tunc tantum producta sunt, quum ante eam 'a' habuerint, ut 'alias'. Quae 'c'
finiuntur qualia sunt? Producta sunt, ut 'hac', 'illac'.

II.3.5. De participio

235 Nominatiuus singularis in participio longus est aut breuis?
Breuis est in numero singulari, ut 'lectus', 'lecturus'. Genitiuus,

---

Trad. text. α   *F L*

216/221 Superlatiui – doctissime] cfr Ps. SERG., *Explan. in Don.* 512, 21-24; supra
I.4, 176/177   **222/233** Quae – illac] Ps. MAX. VICTORIN., *Fin.* 54, 16 - 56, 9   **235/
246** Nominatiuus – est] Ps. MAX. VICTORIN., *Fin.* 56, 11 - 58, 6

214/215 ea quae] *om. L*   **215** originem ducunt] oriuntur *L*   et – recipiunt] *om. L*
216 sepe] inmune *add. L*   inpune] tota ista breuia sunt *add. L*   **217** descendant]
descendunt *L*   omnimodo] qualia sunt omnia *F*   **218** Aut] quod *F*   nascantur]
nascuntur *L*   **220** non] *om. F*   **221** habebunt] habent *L*   siue] seu *F*   **222** Longa
sunt] *om. L*   ut heri] uteri *L^{a.c.}*   **223** et¹] *sup. l. L*   sicubi] sicibi *L^{a.c.}*   **224** Quando –
oriuntur] *om. F*   **225** quando] quia *F*   **227/228** Quae – noctu] *om. L*   **228** l] littera
add. L   **229** habentur] *om. L*   finiuntur] finita sunt *L*   **230** forsan] forsitan *L*
232 habuerint] habuerit *F*   **233** qualia sunt] *om. L*   Producta] productae *F*   **234** De
participio] incipit *praem. L*

ba non inchoant, ut 'bene', 'male', et ea quae a se oriuntur et
conparationem recipiunt, breuia sunt, ut 'sepe', 'inpune'.
215 Superlatiui gradus aduerbia quum 'e' finiuntur, etiamsi a positiuo
gradu ⟨breui⟩ descendant, omnia modo producuntur, ut
'optime' siue 'doctissime'. Quomodo? Aut a se nascantur aduerbia aut ab alia parte ueniant aut in conparatione ab una syllaba
non inchoent, superlatiuum gradum semper longum habebunt,
220 ut 'optime' siue 'doctissime'.

   Quae 'i' finiuntur qualia sunt? Longa sunt, ut 'heri', absque
'ibi' et 'ubi' et quae figurantur ex ipsis, ut 'sicubi', 'alicubi'. Quae
'o' terminantur breuia sunt aut longa? Quando a se oriuntur, breuia sunt, ut 'modo'; quae ab aliis partibus ueniunt, pro-
225 ducuntur, ut 'falso', 'magno'. Auctoritate tamen et ea quae ab
aliis partibus ueniunt et longa et breuia inueniuntur. Quae 'l'
terminantur qualia sunt? Corripiuntur, ut 'semel'. Quae 'm',
'n', 'r' finiuntur breuia sunt aut longa? Breuia sunt, ut 'cursim',
'paulatim', 'forsan', 'breuiter'. Quae 's' terminantur qualia sunt?
230 Tantum tunc producta sunt, quum ante eam 'a' habuerint, ut
'alias'. Quae 'c' finiuntur longa sunt aut breuia? Producta
sunt, ut 'hac', 'illac'.

II.3.5. De participio

   Nominatiuus singularis in participio longus est aut breuis?
235 Breuis est in numero singulari, ut 'lectus', 'lecturus'. Genitiuus et
datiuus ⟨et ablatiuus⟩ singulares breuibus terminant syllabis
⟨aut⟩ longis? Semper producuntur, ut 'huius lecturi', 'huic
lecturo', 'ab hoc lecturo', excepto participio praesentis temporis,

Trad. text. β   E

215/220 Superlatiui – doctissime] cfr Ps. Serg., *Explan. in Don.* 512, 21-24; supra
I.4, 175/177   221/232 Quae – illac] Ps. Max. Victorin., *Fin.* 54, 16 - 56, 9   234/
246 Nominatiuus – est] Ps. Max. Victorin., *Fin.* 56, 11 - 58, 6

213/214 et conparationem] *correxi*, in conparatione E   215 positiuo] *cum α correxi*,
appositiuo E   216 breui] *cum α suppleui*   217 aduerbia] *scripsi*, autuerbia E
219 inchoent] inchoant E^(a.c.)   221 ut heri] *cum α scripsi*, huteri E   230 habuerint]
cum α (L) correxi, habuerit E   233 De participio] *in marg. suppl.* E²
234 Nominatiuus] *cum α correxi*, nominatiua E   236 et ablatiuus] *cum α suppleui*
terminant] *scripsi*, terminanti E   237 aut] *suppleui*

datiuus et ablatiuus singulares quales sunt? Semper producuntur, ut 'huius lecturi', 'huic lecturo' et 'ab hoc lecturo', excepto
participio praesentis temporis, quod in genitiuo corripitur, sicut
240 nomen quod est tertiae declinationis, quia 'is' terminatur, ut 'hic
et haec et hoc amans, huius amantis'. Accusatiuus et uocatiuus
singulares quibus syllabis terminantur? Breuibus, ut 'lectum', 'lecturum', 'lecte', 'lecture'. Ablatiuus singularis breuis est
aut longus? Tunc tantum corripitur, quando genitiuus 'is'
245 terminatur et ablatiuus 'e finitur, sicut nomen tertiae declinationis, ut 'ab hoc amante' uel 'legente'; de cetero semper longus est.

Nominatiuus, accusatiuus et uocatiuus plurales quibus syllabis terminantur? In masculinis et femininis generibus
producti sunt, ut 'lecturi, lecturos, lecturi', 'lecturae, lecturas,
250 lecturae'; in neutris uero corripiuntur, ut 'haec lecta et o lecta'.
Genitiuus pluralis qualis est? Omnium generum semper breuis
est, ut 'lecturorum, lecturarum, lecturorum'. Datiuus et ablatiuus
plurales quales sunt? Quum 'is' terminantur, longi sunt, ⟨ut
'lecturis'⟩; quum 'bus', breues sunt, ut 'amantibus'.

255   II.3.6. De coniunctione

Coniunctiones copulatiuae, ut 'et', 'que', disiunctiuae,
ut 'ue', 'uel', 'ne', expletiuae, ut 'quidem', 'uidelicet', 'quamuis',
breues sunt omnes. De causalibus et rationalibus quae 'a' terminantur quales sunt? Exceptis 'ita' et 'quia', longae sunt, ut 'prop-
260 terea', 'interea'. Quae 'i' finiuntur quales sunt? Excepto 'nisi',

Trad. text. α   *F L*

247/254 Nominatiuus – amantibus] Ps. Max. Victorin., *Fin.* 58, 8-16   256/
264 Coniunctiones – constat] Ps. Max. Victorin., *Fin.* 60, 2-11

237 singulares] *om. L*   239 quod – corripitur] *om. F*   240 quia] quod *F*
terminatur] terminantur *F*   241 amans] et *add. L*   242 singulares] singularis *L*
quibus – terminantur] quales sunt *F*   Breuibus] breues sunt *F*   244 quando] cum *F*
246 uel] *om. L*   247 plurales] pluralis *L*   247/248 quibus – terminantur] longi
sunt aut breues *L*   249 lecturae] lecture *F*   250 lecturae] *scripsi,* lecture *F, om. L*   et]
om. F   251/252 breuis est] breues sunt *L*   253/254 ut lecturis] *cum Ps. Max. Victorin.*
suppleui   256 copulatiuae] quot sunt Δ tres M quae *add. F*   disiunctiuae] quot M
quattuor Δ quae *add. F*   257 expletiuae] quot *add. F*   quamuis] quamlibet *uel*
quamquam *fort. legend.*   259 quales] qualia *L*   260 quales] qualia *L*

quod in genitiuo corripitur, sicut et nomen quod est tertiae
240 declinationis, quia 'is' terminatur, ut 'hic et ⟨haec et⟩ hoc amans,
huius amantis'. Accusatiuus et uocatiuus singulares quibus terminantur syllabis? Breuibus, ut 'lectum', 'lecturum', 'lecte',
'lecture'. Ablatiuus singularis breuis est an longus? Tantum
tunc corripitur, quando genitiuus 'is' terminatur ⟨et ablatiuus⟩ 'e
245 finitur, sicut nomen tertiae declinationis, ut 'ab hoc amante',
'legente'; de cetero semper longus est.

Nominatiuus, accusatiuus et uocatiuus plurales breuibus
terminantur syllabis uel longis? In masculinis et femininis
generibus producti sunt, ut 'lecturi, lecturos, lecturi', 'lecturae,
250 lecturas, lecturae'; in neutris uero corripiuntur, ut 'haec lecta et o
lecta'. Genitiuus pluralis qualis est? Omnium generum semper
breuis est, ut 'lecturorum, lecturarum, lecturorum'. Datiuus et
ablatiuus plurales longi sunt aut breues? Quum 'is' terminantur, longi sunt, ⟨ut 'lecturis'⟩; quum 'bus', breues sunt, ut
255 'amantibus'.

II.3.6. De coniunctione

Copulatiuae coniunctiones, 'et', 'que', disiunctiuae, 'ue', 'uel',
'ne', expletiuae, 'quidem', 'uidelicet', 'quamuis', longae sunt
aut breues? Breues sunt omnes. De causalibus et rationalibus
260 quae 'a' terminantur quales sunt? Exceptis 'ita' et 'quia', ⟨quae⟩
sunt breues, ceterae longae sunt, ut 'propterea', 'interea'.
Quae 'i' finiuntur quales sunt? Excepto 'nisi', quod breue est,
ceterae producuntur, ut 'si'. Quae in 'n' desinunt longae sunt aut

ˈrad. text. β   *E*

247/255 Nominatiuus – amantibus] Ps. Max. Victorin., *Fin.* 58, 8-16   **257/**
266 Copulatiuae – breues] Ps. Max. Victorin., *Fin.* 60, 2-11

240 haec et] *cum* α *suppleui*   **241** singulares] *cum* α *correxi,* singularis *E*
243 lecture] *scripsi,* lecturae *E*   **244** terminatur] *cum* α *correxi,* terminantur *E*   et
ablatiuus] *cum* α *suppleui*   **247** breuibus] *correxi,* uerbibus *E*   **249** lecturi¹] *cum* α
correxi, lecturae *E*   lecturae] *scripsi,* lecture *E*   **250** lecturae] *scripsi,* lecture *E*
252 lecturorum lecturarum] *cum* α *correxi,* lectura horum *E*   **254** ut lecturis] *cum* Ps.
Max. Victorin. suppleui   **257** que] quae *E*ᵃ·ᶜ·   **258** quamuis] quamlibet *uel* quamquam
fort. legend.   **260** quae¹] *suppl. Maes.*   **263** n] *sup. l. E*

quod breue est, ceterae producuntur, ut 'si'. Quae in 'n' desinue-
rint longae sunt aut breues? Si ante eam 'i' habuerint,
producuntur, ut 'quin', 'sin'; aliter breues sunt. Ceteras uero
omnes naturaliter correptas esse constat.

265   II.3.7. De praepositione

Accusatiuae praepositiones breues sunt aut longae? Solae
quae in 'a' exeunt producuntur, ut 'contra', et una monosyllaba, 'cis', quae longa est; ceterae omnes breues sunt. Ablatiuae
praepositiones quales sunt? Tantum illae sunt longae quae ex
270 uocalibus constant, ut 'e', aut uocalibus terminantur, ut
'de', 'prae'; nam in consonantibus desinentes breues sunt. Vtriusque casus praepositiones quales sunt? Breues sunt, ut 'in',
'sub', 'super', 'subter'. Quales sunt loquellares praepositiones?
Vtrum longae sunt an breues, nihil inde definitum est. Quare?
275 Quia nec solae ponuntur nec coniunctae loquellis accipere
incipiunt finem.

                       II.3.8. De interiectione

Interiectiones longae sunt aut breues? Omnes longae sunt, si
monosyllabae fuerint, ut 'ua', 'uae', aut dissyllabae, ut 'papae',
280 'eu'. Si uero plurimarum syllabarum fuerint, quoniam iam
speciem retinent partium orationis, ad exemplum earum sunt
iudicandae quibus illae similes fuerint, quales habeantur,

Trad. text. α   *F L*

266/276 Accusatiuae – finem] Ps. MAX. VICTORIN., *Fin.* 60, 13 - 62, 5   **278/**
286 Interiectiones – patent] Ps. MAX. VICTORIN., *Fin.* 62, 7-14

261 breue est] est breue *L*   desinuerint] desinunt *L*   **262** longae] *sup. l. L*   sunt]
om. L   habuerint] habuerit *F*   **263** Ceteras] cetera *F*   **265** De praepositione] incipit
praem. L, om. F   **266** breues ... longae] longae ... breues *L*   **267** ut contra] *om. L*
una] *cum* β *correxi*, uno α   monosyllaba] monosyllabo *F*   **268** quae longa] qui longus
F   ceterae] ceterum *F*   **269** Tantum] quantum *F*   quae] quia *L*   **270** constant]
constat *L*   **271** prae] *om. L*   **273** praepositiones] *om. L*   **274** sunt] *om. L*   inde
definitum] indefinitum *L*   Quare] *om. L*   **275** loquellis] a *praem. L*   **277** De
interiectione] incipit *praem. L*   **278** aut] an *L*   **279** aut] si *add. L*   **280** eu] *om. F*
quoniam] *om. F*   **281** earum] *iter. et iteratum exp. F*   sunt] *om. L*   **282** iudicandae]
indicande *L*   illae] *cum* β *scripsi*, ille α   fuerint] fuerunt *L*   quales] quomodo *praem. F*

breues? Si ante eam 'i' habuerint, producuntur, ut 'quin', 'sin';
265 aliae breues sunt. Ceteras uero omnes naturaliter correptas esse
constat, hoc est breues.

II.3.7. De praepositione

Accusatiuae praepositiones longae sunt aut breues? Solae
quae in 'a' exeunt producuntur et una monosyllaba, 'cis', quae
270 longa est; ceterae omnes breues sunt. Ablatiuae praepositiones
quales sunt? Tantundem illae sunt longae quae ex uocalibus
constant, ut 'e', 'a', et quae in uocalibus finiuntur, ut
'pro', 'prae'; nam in consonantibus desinentes breues sunt.
Vtriusque casus praepositiones longis aut breuibus termi-
275 nantur syllabis? Breuiantur, ut 'in', 'sub', 'super', 'subter'.
Quales sunt loquellares praepositiones? Vtrum longae sunt an
breues, nihil inde definit. Quare? Quia nec solae ponuntur, sed
coniunctae loquellis a capite incipiunt et finem non retinent.

280 ## II.3.8. De interiectione

Interiectiones longae sunt aut breues? Omnes longae sunt, si
monosyllabae fuerint, ut 'uae', aut dissyllabae, ut 'papae', 'eu'. Si
uero plurimarum syllabarum fuerint, cum iam speciem retinent
partium orationum, ad exemplum earum erunt quibus illae
285 similes fuerint, quales habeantur, utrum longae an breues. In
quibus syllabis obseruantur? In ultimis omnes, utrum longis

---

rad. text. β *E*

268/278 Accusatiuae – retinent] Ps. Max. Victorin., *Fin.* 60, 13 - 62, 5   281/
288 Interiectiones – sunt] Ps. Max. Victorin., *Fin.* 62, 7-14

265 sunt] sint *E*ᵃ·ᶜ· correptas] *correxi*, correptes *E*   269 una] unam *E*ᵃ·ᶜ·   272 quae
in] quia *E*ᵃ·ᶜ·   273 in] *sup. l. E*   274 breuibus] breuus *E*ᵃ·ᶜ·   277 inde definit]
indefinit *E*ᵃ·ᶜ· Quia] *sup. l. E* sed] nec *E*ᵃ·ᶜ·   278 et] *sup. l. E*   282 fuerint] fuerit *E*ᵃ·ᶜ·
283 speciem] ispeciem *E*ᵃ·ᶜ·

utrum longae an breues. In quibus syllabis obseruantur? In ultimis omnes, utrum longis syllabis terminentur an breuibus, s e d
285 non omnes, excepto positione longis uel diptongis, quae o m n i-
bus patent.

II.4. DE PEDIBVS

DON., *Mai.*
607, 6   Pes quid est? SYLLABARVM ET TEMPORVM CERTA DINV-
MERATIO. Quomodo? Quia unusquisque pes et certas syllabas habet et certa tempora. Quomodo? Puta si dicam
5 'spondeus', et certas syllabas habet duas longas et
certa tempora quattuor; si dicam 'pirrichius', et certas syllabas habet duas et certa tempora duo; sic
unusquisque pes. Quare dicuntur pedes? Quia quemadmodum nos pedibus gradimur iter, ita et metra per pedes
10 conponere uidentur; ideo pes ipse dictus, eo quod ipsis
nitamur et ipsis incedamus per metra.

607, 6-7   Quid accidit VNICVIQVE PEDI? ARSIS ET THESIS, NVMERVS
SYLLABARVM, TEMPVS, RESOLVTIO, FIGVRA, METRVM. Quid
est arsis? Eleuatio, id est inchoatio partis. Quid est thesis?
15 Positio, id est finis partis. Quomodo? Puta si dicam
'prudens': illud 'pru' eleuatio est, illud 'dens' positio. In trisyllabis et tetrasyllabis pedibus quot syllabas sibi uindicat arsis et quot thesis? In trisyllabis, si in prima syllaba h a b u e-
r i t accentum, ut puta 'dominus', duas syllabas uindicat arsis et
20 unam thesis; nam si in p e n u l t i m o l o c o habuerit accentum, ut

---

Trad. text. α   *F L*

II.4, 8/11 Quare – metra] POMP., *Gramm.* 120, 23-26; cfr ISID., *Etym.* I, 17, 1   **13**/
22 Quid – uindicabunt] cfr POMP., *Gramm.* 120, 29 - 121, 14   **13/14** Quid – Eleuatio]
ISID., *Etym.* I, 17, 21   **14/15** Quid – Positio] ISID., *Etym.* I, 17, 21

283 an] aut *F*
II.4, 3/4 et – tempora] certum numero (-rum *L²*) sillabarum et temporum habet *L*
5 spondeus] spondius *L*   certas syllabas] certa sillabis *L^{a.c.}*   longas] *om. F*   **6** tempora
quattuor] quattuor tempora *L*   **6/7** si – duo] *om. L*   **8** Quare – pedes] pes quare
dictus *L*   **9** iter] *ante* pedibus *transp. L*   pedes] dpedes *L^{a.c.}*   **10** conponere] gradere
L   **11** incedamus] incendamus *L^{a.c.}*   metra] *non leg. F*   **12** accidit] *cum* β *correxi,*
accidunt α   numerus] numero *L^{a.c.}*   **16** illud¹] *om. F*   illud²] *om. F*   **17** sibi uindicat]
euindicat *F*   **18** quot] quo *L^{a.c.}*   syllaba] *om. L*   **20** unam thesis] thesis unam *F*   **20**/
21 nam – duas] *om. F*

syllabis terminentur an breuibus, et non omnes, excepto positione longis uel diptongis, quae naturaliter longae sunt.

II.4. DE PEDIBVS

Don., Mai.   Quid est pes? SYLLABARVM ET TEMPORVM CERTA
607, 6   DINVMERATIO. Quomodo? Vnusquisque pes quibus syllabis
constat, si duabus tribus uel quattuor, aut quibus
5   temporibus constat, certum et fixum habet numerum.
Quare dictus est pes? Eo quod quemadmodum nos pedibus
gradimur, sic uersus per pedes conputetur. Quare? Ipsi
pedibus incedant et per sedes ambulent. Ideo tamen
pes dictus est, eo quod ipsis nitamur et ipsis incedamus per
10   metra.

607, 6-7   Quid accidit VNICVIQVE PEDI? ARSIS ET THESIS, NVMERVS
SYLLABARVM, TEMPVS, RESOLVTIO, FIGVRA, METRVM. Quid
est arsis? Eleuatio. Quid thesis? Positio. In trisyllabis et tetrasyllabis pedibus quot syllabas sibi uindicat arsis et quot thesis? In
15   trisyllabis, si in prima syllaba accentum habuerit, ut puta
'dominus', duas syllabas uindicat arsis et unam thesis; nam si in
medio habuerit accentum, ut puta 'beatus', arsis uindicauit

trad. text. β   *E*

II.4, 7/10 Quare – metra] POMP., *Gramm.* 120, 23-26; cfr ISID., *Etym.* I, 17, 1   **11/
19** Quid – uindicabunt] cfr POMP., *Gramm.* 120, 29 - 121, 14   **12/13** Quid – Positio]
ISID., *Etym.* I, 17, 21

II.4, 4 constat] *correxi (cfr infra)*, constet *E*   **6** pedibus] *cum* α *correxi*, pedes *E*
8 incedant] *scripsi*, incendant *E*, incedunt *E²*   **11** et thesis] eccesis *E^{a.c.}*   **14** quot¹]
cum α *correxi*, quod *E*   quot²] *cum* α *correxi*, quod *E*

puta 'beatus', arsis uindicat unam syllabam et thesis duas. Sic et tempora secundum quantitatem syllabarum sibi uindicabunt.

Quomodo numerus syllabarum? Si ex duabus, tribus aut quat-tuor syllabis constet ipse pes. Quomodo tempus? Quot tempora
25 habeat unusquisque pes. Vt puta si pirrichius fuerit, duo tem-pora habebit; si spondeus, quattuor. Sic et unusquisque pes secundum qualitatem et quantitatem syllabarum tempora habebit. Quomodo resolutio? Si accidat unicuique pedi resolutio an non. Quomodo? Puta si dicam "Saulus Pau-
30 lus", trocheus pes est; si resoluo priorem syllabam, fit inde anti-baccus. Da eius exemplum: "Saulus Paulus Christi quum facta negaret". Nam et hic de solido fit scissio et fit antibaccus pes. Sicut solida scinduntur, scissa solidari possunt an non? Dicit Terentianus: "Solida scindi possunt, scissa solidari non possunt";
35 sed inuenimus ubi et scissa solidentur. Da eius exemplum: "Te-nuia nec lanae per caelum uellera ferri". Nam in isto uersu et scis-sa solidantur syllabae et solida scinduntur. Quomodo? 'Tenuia' et scinditur et solidatur. Quomodo? Quia 'te' una syllaba est, 'nu' altera, 'i' tertia, 'a' quarta;
40 'nu' secunda syllaba scinditur et 'n' littera cum 't' et 'e', priore syllaba, solidatur; 'u' quae remanet cum 'i', quae tertia est in scissione syllaba, solidatur et per scansionem in metro secunda efficitur; et facit 'ten-

---

Trad. text. α *F L*

23/24 Quomodo – pes] cfr POMP., *Gramm.* 121, 15-17; ISID., *Etym.* 1, 17, 28 **24/**
28 Quomodo – habebit] cfr POMP., *Gramm.* 121, 18-23; ISID., *Etym.* 1, 17, 28 **28/**
34 Quomodo – possunt²] cfr POMP., *Gramm.* 121, 24 - 122, 14 **34** Solida – possunt²]
cfr TER. MAVR., *Gramm.* 2226-2227; ISID., *Etym.* 1, 17, 29

II.4, 29 Saulus Paulus] Incert. **31/32** Saulus – negaret] Incert. **35/36** Tenuia –
ferri] VERG., *Georg.* 1, 397

25 pes] *sup. l. L* Vt puta] *om. L* **26** habebit] habet *L* spondeus] spondius *L*
27/28 secundum – habebit] *om. L* **28** Si accidat] sic accedit *L* **29** an] si *L*
Paulus] Christi cum facta negaret in his sermonibus *add. L* **30** antibaccus] antibaccius
L² **31** Da eius] huius *L* **32** Nam] iam *L* et¹] *om. L* solido] solida *L* fit¹] *post*
scissio *transp. L* scissio] excisio *F* et²] – pes] *om. L* **33** scinduntur] scinditur *Lᵃ·ᶜ·*
scissa ... possunt¹] possunt ... scissa *L* **34** Terentianus] terrentianus *F* **36** nec lanae]
negiane *Lᵃ·ᶜ·* uersu] uerso *Lᵃ·ᶜ·* et] *om. F* scissa] scissae *F* **37** syllabae] *om. L*
38 Quomodo] *om. L* **39** altera] alia *F* **40/43** n – efficitur] ipsius syllabae prima
littera n priori syllabae solidatur secunda uero littera u solidatur tertiae syllabae et
quarta syllaba scinditur de loci sui ordine et solidatur alterius parti *L* **43** scansionem]
correxi, scansione *F*

unam syllabam et thesis duas. Sic et tempora secundum quantitatem syllabarum sibi uindicabunt.

20   Quomodo numerus syllabarum? Si ex duabus, tribus aut quattuor syllabis constet ipse pes. Quomodo tempus? Quot tempora
habeat. Vt puta si pirrichius fuerit, duo tempora habebit; si
spondius, quattuor. Vnusquisque pes secundum quantitatem
et qualitatem syllabarum tempora habebit. Quomodo resolu-
25 tio? Vt puto si dicam "Saulus Paulus", troceus pes est; si resolu-
uo priorem syllabam, fit inde antibaccus. Huius exemplum:
"Saulus Paulus Christi quum facta negaret". Et hic de solido fit
scissio et fit antibaccus pes. Sicut solida scinduntur, scissa solidari
possunt an non? Dicit Terentianus: "Solida scindi possunt, scissa
30 solidari non possunt"; sed inuenimus ubi et scissa solidentur. Da
eius exemplum: "Tenuia nec lanae per caelum uellera ferri". In
isto uersu et scissum solidatur syllabae. Secunda uero

---

rad. text. β   *E*

     20/21 Quomodo – pes] cfr Pomp., *Gramm.* 121, 15-17; Isid., *Etym.* 1, 17, 28   **21/**
24 Quomodo – habebit] cfr Pomp., *Gramm.* 121, 18-23; Isid., *Etym.* 1, 17, 28   **24/**
30 Quomodo – possunt] cfr Pomp., *Gramm.* 121, 24 - 122, 14   **29/30** Solida –
possunt] cfr Ter. Mavr., *Gramm.* 2226-2227; Isid., *Etym.* 1, 17, 29

     II.4, 25 Saulus Paulus] Incert.   **27** Saulus – negaret] Incert.   **31** Tenuia – ferri]
Verg., *Georg.* 1, 397

     21 Quot] *cum* α *correxi, quod E*   **23** spondius] spondeus *E²*   **25** resoluo] *cum* α
correxi, resolutio E   **26** antibaccus] antibaccius *E²*   exemplum] *cum* α *correxi, exemplo*
E   **27** Paulus] *cum* α *scripsi, papaulus E*   **28** scissio] *cum* α *scripsi, iscissio* (disc- *E²*) *E*
scinduntur] *cum* α *scripsi, iscinduntur E*   scissa] *cum* α *scripsi, iscissa E*   **29** scissa] *cum*
α *scripsi, iscissa E*   **30** scissa] *cum* α *scripsi, iscissa E*   **31** Tenuia] teribia *Eª·ᶜ*   nec lanae]
cum α *scripsi, neclane* (-lun- *E²*) *E*

uia', ut pes dactilus in capite uersus occurrat ; et ecce scis-
45 sio et solidatio.

Quomodo figura? Qua figura unusquisque pes notetur. Si
pirrichius pes fuerit, ex duabus breuibus constat, per duo ˇ
notandus est ita ˇ ˇ. Si spondeus per duo I iacentes ita ‾ ‾. Et
sic per unumquemque pedem in breuibus et longis syllabis ista
50 figuratio est. Metrum quomodo? Quale metrum
efficiat unusquisque pes : si dactilus, dactilicum ; si
iambus, iambicum ; si trocheus, trochaicum ; sic et
ceteri.

Pedes disyllabi quot sunt ? Quattuor. Qui sunt ? Pirrichius,
55 spondeus, iambus et trocheus. Trisyllabi pedes quot sunt?
Octo. Qui sunt ? Tribrachis, molossus, anapestus, dactilus, amfibrachis, amfimacrus, baccius et antibaccius. Tetrasyllabi quot
sunt? Sedecim. Qui sunt ? Proceleumaticus, dispondius, diiambus, ditrocheus, antispastus, coriambus, ionicus maior, ionicus
60 minor, quattuor peones et quattuor epitriti. Qui sunt pedes simplices? Disyllabi et trisyllabi. Qui sunt duplices? Tetrasyllabi.

Pirrichius pes ex quibus syllabis constat? Ex duabus breuibus ˇ ˇ, ut 'pater'. Quot tempora habet? Duo. Quot tempora
uindicat sibi arsis et quot thesis ? Arsis unum, thesis

Trad. text. α   *F L*

46/50 Quomodo – est] cfr Pomp., *Gramm.* 122, 15-17   **46/48** Si – ita²] cfr Isid.,
Etym. 1, 17, 29   **50/53** Metrum – ceteri] cfr Pomp., *Gramm.* 122, 18-19; Isid., *Etym.* 1,
17, 30   **54/61** Pedes – Tetrasyllabi] cfr Don., *Mai.* 607, 9 - 608, 20   **54/60** Pedes –
epitriti] Pomp., *Gramm.* 122, 34 - 123, 3   Pedes – Quattuor] Avdax, *Gramm.* 334, 2
55/56 Trisyllabi – Octo] Avdax, *Gramm.* 334, 17   **57/60** Tetrasyllabi – epitriti]
Avdax, *Gramm.* 335, 15-18   **60/61** Qui – trisyllabi] Avdax, *Gramm.* 334, 1
61 Qui – Tetrasyllabi] Avdax, *Gramm.* 335, 5   **62/72** Pirrichius – Pirri] cfr supra
I.3, 248/258   **62/63** Pirrichius – Duo] cfr Don., *Mai.* 607, 9   Pirrichius – breuibus]
Avdax, *Gramm.* 334, 7-8

44 pes – occurrat] sit pedes dactilus *L*   et] *om. F*   **48** ita¹] *om. L*   **48/50** Si – est]
et scis similiter *L*   **51** efficiat] facit *F*   **52** si – trochaicum] *om. L*   si] *sup. l. L*
53 ceteri] toti *F*   **55** spondeus] spondius *L*   et] *om. F*   pedes] *om. L*   **56** Qui sunt]
id est *L*   molossus] molosus *F L^{a.c.}*   amfibrachis] amfibracis *L^{a.c.}*   **57** baccius] bacchius
L²   antibaccius] antibaccus *L^{a.c.}*   **58** sunt²] *om. L*   **59** antispastus] antipastus *F*
coriambus] coriambicus *L*   **59/60** ionicus¹ – minor] ionicum a maiore et ionicum ad
(a *L²*) minore *L*   **60** Qui] quod (quot *L²*) *L*   **61** Qui] quid *L*   **62** Pirrichius]
pirricius *L^{a.c.}*   **63** ˇ ˇ] *om. L*   **64** uindicat sibi] habet *F*

littera solidatur tertiae syllabae 'i' et facit 'tenuia', ut sit pes dactilus; ecce scissio et solidatio.

35   Quomodo figura? Qua figura unusquisque pes notetur. Si pirrichius fuerit, ex duabus breuibus constat, per duo u notandus est ita ⟨˘ ˘⟩. Si spondius per duo I iacentes ita ⟨- -⟩, quia ex duabus longis constat. Et per unumquemque pedem in breuibus et longis syllabis istae figurae notandae sunt.

40   Pedes disyllabi quot sunt? Quattuor. Qui? Pirrichius, spondius, iambus et troceus. Trisyllabi pedes quot sunt? Octo. Qui? Tribracis, molossus, anapestus, dactilus, amphibracis, amphimacrus, baccius et antibaccus. Tetrasyllabi quot sunt? Sedecim. Qui? Proceleumaticus, dispondius, diiambus, ditroceus, antis-
45 pastus, coriambus, ionicus maior, ionicus minor, quattuor peones et quattuor epitriti. Qui sunt pedes simplices? Disyllabi et trisyllabi. Qui sunt duplices? Tetrasyllabi.

Pirricius pes ex quibus syllabis constat? Ex duabus breuibus, ut 'pater'. Quot tempora habet? Duo: arsis habet unum
50 tempus et thesis unum. Quia unum tempus habet arsis et

:ad. text. β   E

35/39 Quomodo – sunt] cfr Pomp., *Gramm.* 122, 15-17   **37/38** Si – constat] cfr Isid., *Etym.* I, 17, 29   **40/47** Pedes – Tetrasyllabi] cfr Don., *Mai.* 607, 9 - 608, 20   **40/46** Pedes – epitriti] Pomp., *Gramm.* 122, 34 - 123, 3   Pedes – Quattuor] Avdax, *Gramm.* 334, 2   **41** Trisyllabi – Octo] Avdax, *Gramm.* 334, 1   **43/46** Tetrasyllabi – epitriti] Avdax, *Gramm.* 335, 15-18   **46/47** Qui – trisyllabi] Avdax, *Gramm.* 334, 1   **47** Qui – Tetrasyllabi] Avdax, *Gramm.* 335, 5   **48/56** Pirricius – Pirri] cfr supra I.3, 219/227   **48/49** Pirricius – Duo] cfr Don., *Mai.* 607, 9   Pirricius – breuibus] Avdax, *Gramm.* 334, 7-8

33 tertiae] tertia $E^{a.c.}$ tenuia] teribia $E^{a.c.}$ **34** scissio] *cum* α *scripsi*, iscissio E **35** Quomodo] *iter.* E   **37** ˘ ˘] *cum* α *suppleui*   spondius] *scripsi*, ispondius E iacentes] *cum* α *correxi*, reiacente E - -] *cum* α *suppleui*   **38** unumquemque pedem] *cum* α *correxi*, unoquaeque pede (unumquaeque pedem E^2) E **40** disyllabi] *cum* α *scripsi*, desillabi E spondius] *scripsi*, ispondius E, spondeus E^2 **41** Trisyllabi] *cum* α *scripsi*, trisyllau (-llabi E^2) E **42** Tribracis] tribrachis E^2 amphibracis] amphibrachis E^2 amphimacrus] amphimachrus E^2 **43** baccius] bacchius E^2 antibaccus] antibacchus E^2 **44** dispondius] dispondeus E^2 **45** coriambus] choriambus E^2 peones] peneones $E^{a.c.}$ **49** Quot] *cum* α *scripsi*, quod E unum] et *add. et exp.* E

65 unum. Cuius diuisionis est? Aequae. Quomodo?
Quia unum tempus habet arsis et unum thesis. Vnde
habet ethimologiam? A Pirro, filio Achillis. Quomodo? Eo
quod ad funus patris armatus eodem metro luserit siue quia
interempto Euripide eodem metro saltauit armatus, mentis
70 gaudia corporis exultatione confirmans. Vnde et pirrichia
inuenta? 'Saltatio' dicitur apud Graecos et pes ipse pirrichius
nomen accepit ab actu et cantione Pirri. Quis est illi contrarius? Spondeus. Quomodo est illi contrarius? Quia sicut ille
ex duabus breuibus constat, ita iste ex duabus longis ‑ ‑. Quot
75 tempora habet? Quattuor. Cuius diuisionis est?
Aequae. Quomodo? Quia tanta tempora habet arsis
quanta et thesis. Spondeus unde dictus? 'Apo tu spondiazin', id est 'a tractu', quod pes ipse tractim sonet; 'spondin' enim
Graece 'tractus' uocatur, unde et hii, qui tibias canunt in sacris,
80 spondiales dicuntur.

Qui pes sequitur? Iambus. Ex quibus syllabis constat? Ex
breui et longa ᵛ ‑, ut 'parens'. Quot tempora habet sibi? Tria.
Quot tempora uindicat sibi arsis et quot thesis? Arsis unum,
thesis duo. Cuius diuisionis est? Duplae. Quomodo? Quia pars
85 partem duplo uincit. Vnde habet ethimologiam? 'Apo tu iambiazin', id est 'a maledicto', non quod hoc carmen sit maledictum,

---

Trad. text. α   *F L*

66/72 Vnde – Pirri] cfr Avdax, *Gramm.* 334, 8-11; Ps. Serg., *Ped.* 114, 136-140
72/75 Quis – Quattuor] cfr Don., *Mai.* 607, 10   72/74 Quis – longis] Avdax,
Gramm. 334, 2-3   77/80 Spondeus – dicuntur] cfr Ps. Serg., *Ped.* 114, 140-142
Spondeus – spondiazin] cfr Avdax, *Gramm.* 334, 3-6   78/80 id – dicuntur] Isid.,
Etym. I, 17, 2; cfr Pomp., *Gramm.* 122, 22-26   81/82 Iambus – Tria] cfr Don., *Mai.*
607, 10-11   81/82 Ex¹ – longa] Avdax, *Gramm.* 334, 13-14   85/87 Vnde – conposita]
cfr Isid., *Etym.* I, 17, 4; Ps. Serg., *Ped.* 114, 142-144

66 Quia] *om. F*   67 Achillis] acillis *L*ᵃ·ᶜ·   Quomodo] *om. L*   69 Euripide]
eurupide *L*, Eurypylo *cum Audace legend.*   armatus] *om. F*   70 pirrichia] pirricia *L*ᵃ·ᶜ·
71 Saltatio] saluatio *L*   pirrichius] pirricius *L*ᵃ·ᶜ·   72 cantione] correptione *F*   Quis]
quid *L*   illi] illis *L*   73 Spondeus] spondius *L*   est – contrarius] *om. L*   sicut]
quomodo *L*   74 ita] *om. L*   iste] isti *F*   ‑ ‑] *om. L*   75 diuisionis] diuitionis *L*ᵃ·ᶜ·
76 Quia] *om. F*   77 quanta] quomodo *L*   Spondeus] spondius *L*   Apo –
spondiazin] *scripsi*, apotospondiazin *F*, apotuspondiazin *L*, ἀπὸ τοῦ σπονδειάζειν *legend.*
78 a] *om. L*   80 dicuntur] uocantur *L*   81 Qui – sequitur] *om. L*   82 ᵛ ‑ ut parens]
om. L   Quot] quo *L*ᵃ·ᶜ·   83 uindicat sibi] habet *F*   84 Quia] *om. F*   85 Apo –
iambiazin] *scripsi*, apotu iambiazin α, ἀπὸ τοῦ ἰαμβίζειν *legend.*   86 sit] *sup. l. L*

unum thesis. Vnde habet ethimologiam? A Pirro, filio Acillis,
eo quod ad funus patris armatus eodem metro luserit siue quia
interempto Euripede eodem metro saltauit, mentis gaudia
corporis exultatione confirmans. Vnde et pirricia inuenta? 'Sal-
55 tatio' dicitur apud Graecos et pes ipse pirricius nomen accepit
ab actu et cantatione Pirri. Quis est illi contrarius? Spondius.
Quomodo contrarius? Quia quomodo ille ex duabus breuibus
constat, ita iste e contrario constat ex duabus longis. Spondius unde dictus? 'Apo tu spondiazin', id est 'a tractu', quod pes
60 ipse tractim sonet; 'spondin' enim Graece 'tractus' uocatur, unde
et hii, qui tibias canunt in sacris, spondiales dicuntur. Ex quibus syllabis constat? Ex duabus longis, ut 'fallax'.
Quot tempora habet? Quattuor: arsis habet duo
tempora et thesis duo.

65   Ex quibus syllabis constat troceus pes? Ex longa et
breui, ut 'pulcher'. Quot tempora habet? Tria: arsis
habet duo tempora et thesis unum. Vnde habet ethimologiam? Eo quod de longa in breuem descendat et
rotatile carmen efficiat, quod enim Graece 'rota' dici-
70 tur. Vnde? Quia uelociter currit, troceus dictus est.
Quot tempora habet? Tria: arsis habet duo tempora
et thesis unum. Huic quis est contrarius? Iambus:
quomodo troceus constat ex longa et breue, e contrario iambus constat ex breui et longa, ut 'recens'.

---

rad. text. β   E

51/56 Vnde – Pirri] cfr Avdax, *Gramm.* 334, 8-11; Ps. Serg., *Ped.* 114, 136-140   **56/
58** Quis – longis] Avdax, *Gramm.* 334, 2-3; cfr Don., *Mai.* 607, 10   **58/
61** Spondius – dicuntur] cfr Ps. Serg., *Ped.* 114, 140-142   **58/59** Spondius –
spondiazin] cfr Avdax, *Gramm.* 334, 3-6   **59/61** id – dicuntur] Isid., *Etym.* 1, 17, 2;
cfr Pomp., *Gramm.* 122, 22-26   **65/66** Ex^1 – Tria] cfr Don., *Mai.* 607, 11-12   **65/
66** Ex^1 – breui] Avdax, *Gramm.* 334, 11-12   **67/70** Vnde – est] cfr Avdax, *Gramm.*
334, 12-13; Ps. Serg., *Ped.* 114, 149-151   **72/75** Huic – Tria] cfr Don., *Mai.* 607, 10-11
72/74 Huic – longa] Avdax, *Gramm.* 334, 13-14

51 ethimologiam] *cum* α *scripsi*, ethimologia *E*   **53** Euripede] Eurypylo *cum Audace
legend.*   **54** pirricia] pirrichia *E²*   **56** Spondius] *scripsi*, ispondius *E^{a.c.}*, spondeus *E²*
58 Spondius] spondeus *E²*   **59** Apo – spondiazin] *scripsi*, apostuspondia zyn *E*, ἀπὸ
τοῦ σπονδειάζειν *legend.*   **60** spondin] *cum* α *scripsi*, ispondin *E*   **61** spondiales] *cum* α
scripsi, pondiales *E*   **69** rotatile] *cum* α *correxi*, a rocile *E*   **74** recens] trucens *E²*

sed quod maledica carmina eodem sint metro conposita. Nonnulli ferunt a Iamba, Tarasse muliere, quam dicunt in maledicto
exercitatam, isto pede usam; unde et iocos maledicos apud Graecos iambos uocant. Qui pes est isti contrarius? Trocheus. Ex
quibus syllabis constat? Ex duabus, id est longa et breui - ⏑, ut
'pulcher'. Quot tempora habet? Tria. Quot tempora habet arsis
et quot thesis? Arsis uindicat duo, thesis unum. Vnde habet ethimologiam? Eo quod de longa in breuem descendens rotatile
carmen efficiat; 'trochos' enim Graece 'rota' dicitur. Vnde? Quia
uelociter currit, trocheus dictus est.

Qui pes sequitur? Tribrachis. Ex quibus syllabis constat? Ex tribus breuibus ⏑ ⏑ ⏑, ut 'dominus'. Quot tempora
habet? Tria. Quot tempora habet arsis et quot thesis?
Arsis uindicat duo, thesis unum. Cuius diuisionis est?
Duplae. Quomodo? Quia pars partem duplo uincit. Vnde
habet ethimologiam tribrachis, qui et corios appellatur? Tribrachis, quia sit ex tribus breuibus; 'brachin' enim Graece 'breue' dicitur. Qui pes est isti contrarius? Molossus. Ex quibus
syllabis constat? Ex tribus longis - - -, ut 'Aeneas'. Quot
tempora habet? Sex. Cuius diuisionis est? Duplae. Quomodo?

(line numbers: 90, 95, 100, 105)

Trad. text. α   *F L*

87/89 Nonnulli – usam] Avdax, *Gramm.* 334, 15-16; Ps. Serg., *Ped.* 114, 144-149
90/92 Qui – Tria] cfr Don., *Mai.* 607, 11-12   **90/91** Qui – breui] Avdax, *Gramm.*
334, 11-12   **93/96** Vnde – est] cfr Avdax, *Gramm.* 334, 12-13; Ps. Serg., *Ped.* 114, 149-
151   **95/96** trochos – est] Isid., *Etym.* 1, 17, 3   **97/99** Tribrachis – Tria] cfr Don.,
Mai. 607, 13   **97/98** Tribrachis – breuibus] Avdax, *Gramm.* 335, 4   **101/103** Vnde –
breuibus] Avdax, *Gramm.* 335, 4-5; Ps. Serg., *Ped.* 115, 172-173   **103/104** brachin –
dicitur] Isid., *Etym.* 1, 17, 9   **104/106** Qui – Sex] cfr Don., *Mai.* 607, 14   **104/**
105 Molossus – longis] Avdax, *Gramm.* 334, 23 - 335, 1

87 carmina] *om. L*   **88** sint] sunt *L*   **88** a Iamba] adiamba *L*   Tarasse] tarsa *F*, Thressa
cum Audace legend.   **89** exercitatam] exercitata *L*   usam] *correxi*, usa α   iocos] iocus
F$^{a.c.}$ *L*$^{a.c.}$ maledicos] maledicus *F*$^{a.c.}$ **91** duabus – est] *om. F*   **91/92** - ⏑ ut pulcher]
om. L   **92** Quot¹] quod *L*$^{a.c.}$ **92/93** Quot² – thesis¹] *om. L*   **93** uindicat] habet *F*
94 descendens] *cum* β *scripsi*, decedens *F*, discendens *L*   **95** trochos] trocos *L*
Graece] graecae *F*   **95/96** Vnde – est] *om. L*   **97** Qui] quales pedes trisillabi *praem.*
L   pes sequitur] ppesequitur *L*$^{a.c.}$ Tribrachis] tribracis *L*$^{a.c.}$ Ex] *om. F*   **98** Ex] *om. F*
⏑ ⏑ ⏑] *om. L*   Quot] quo *L*$^{a.c.}$ **99** Quot – thesis] *om. L*   **100** uindicat] uendicat *L*
101 Quia] *om. F*   **102** tribrachis] tribracis *L*$^{a.c.}$ corios] quorios *L*   Tribrachis]
tribracis *L*$^{a.c.}$ **103** quia sit] quasi *L*   brachin] *scripsi*, brachis *F*, brazim *L*
104 contrarius] contrarios *L*$^{a.c.}$ Molossus] molosus *F*   Ex] *sup. l. L*   **105** - - -] *om.*
L   Quot] quod *L*$^{a.c.}$ **106** Quomodo] quia *L*

75 Quot tempora habet? Tria: arsis habet unum tempus
et thesis duo. Vnde habet ethimologiam? 'Apo tu
iambiazin', id est 'a maledicto', non quod hoc carmen sit maledictum, sed quod maledica carmina
eodem sint metro conposita. Nonnulli ferunt iam-
80 bum a Iamba, Tarassa muliere, dictum, in maledicto
exercitatam, isto pede usam; unde et iocos maledicos
apud Graecos iambos uocant.

Tribracis pes ex quibus syllabis constat? Ex tribus breuibus,
ut 'dominus'. Quot tempora habet? Tria. Quomodo? Quia
85 ex tribus breuibus constat. Cuius diuisionis est? Duplae.
Quomodo? Arsis habet duo tempora et thesis unum.
Vnde habet ethimologiam tribracis, qui et corios appellatur?
Tribracis, quia sit ex tribus breuibus; 'bracin' enim Graece
'breue' dicitur. Quis est isti contrarius? Molossus; quomodo
90 tribracis ex tribus breuibus constat, iste contrario ex
tribus longis, ut 'Aeneas'. Quot tempora habet? Sex. Cuius diuisionis pes est? Duplae. Quomodo? Arsis habet duo tempora et
thesis quattuor. Vnde habet ethimologiam? Molossus dictus est a

---

rad. text. β   *E*

76/79 Vnde – conposita] cfr Isid., *Etym.* 1, 17, 4; Ps. Serg., *Ped.* 114, 142-144   **79/
81** Nonnulli – usam] Avdax, *Gramm.* 334, 15-16; Ps. Serg., *Ped.* 114, 144-149   **83/
84** Tribracis – Tria] cfr Don., *Mai.* 607, 13   Tribracis – breuibus] Avdax, *Gramm.*
335, 4   **87/88** Vnde – breuibus] Avdax, *Gramm.* 335, 4-5; Ps. Serg., *Ped.* 115, 172-173
88/89 bracin – dicitur] Isid., *Etym.* 1, 17, 9   **89/91** Quis – Sex] cfr Don., *Mai.* 607,
14   **89/91** Molossus – longis] Avdax, *Gramm.* 334, 23 - 335, 1   **93/94** Vnde –
armati] Isid., *Etym.* 1, 17, 6; Ps. Serg., *Ped.* 115, 174-175

76/77 Apo – iambiazin] *scripsi,* apotuiambia zyn *E,* ἀπὸ τοῦ ἰαμβίζειν *legend.*
78 maledica carmina] *cum α correxi,* maledicatur mina *E*   **80** Tarassa] Thressa *cum
Audace legend.*   **83** Tribracis] tribrachis *E²*   **87** tribracis] tribrachis *E²*   **88** Tribracis]
tribrachis *E²*   quia sit] *cum α (F) scripsi,* quia si *E,* quasi *E²*   bracin] brachin *E²*
89 Molossus] molosus *E²*   **90** tribracis] tribrachis *E²*   **93** Molossus] molosus *E²*

Quia arsis habet duo tempora et thesis quattuor. Vnde habet ethimologiam? Molossus dictus a Molossorum saltatione, quam exercuerunt armati; ipsi uero dicti Molossi a Molosso, filio
110 Neoptolomei et Andromacis.

Qui pes sequitur? Anapestus. Ex quibus syllabis constat? Ex duabus breuibus et longa ˇ ˇ -, ut 'bonitas'. Quot tempora habet? Quattuor. Cuius diuisionis est? Aequae. Quomodo? Quia arsis habet duo tempora et thesis duo. Vnde habet ethimo-
115 logiam? Anapestus dictus, quia ludis et remissionibus pes ipse dicatus est. Qui pes est isti contrarius? Dactilus. Ex quibus syllabis constat? Ex longa et duabus breuibus - ˇ ˇ, ut 'candida'. Quot tempora habet? Quattuor. Cuius diuisionis est? Aequae. Quomodo? Tanta tempora habet arsis quanta et the-
120 sis. Vnde habet ethimologiam? Dactilus dictus est 'apo ton idion dactilon', eo quod uagitum Iouis huius cantu mater eius Saturno patri celauerit et omnis musica propriis digitis percussa fuisset; ideo pes ipse dactilus dicitur, quia Graeci digitum 'dactilum' uocant. Hic etiam herous appellatur, eo quod eo plerum-
125 que pede heroum res et facta narrentur.

Trad. text. α   *F L*

107/109 Vnde – armati] Isid., *Etym.* 1, 17, 6; Ps. Serg., *Ped.* 115, 174-175   109/
110 ipsi – Andromacis] Avdax, *Gramm.* 335, 1-2; cfr Serv., *Aen.* 2, 263; Isid., *Etym.*
14, 4, 9; Ps. Serg., *Ped.* 115, 175-176   111/113 Anapestus – Quattuor] cfr Don., *Mai.*
607, 14-15   111/112 Anapestus – longa] Avdax, *Gramm.* 334, 21-22   114/116 Vnde –
est¹] Isid., *Etym.* 1, 17, 7; cfr Ps. Serg., *Ped.* 114, 162-163   116/118 Qui – Quattuor] cfr
Don., *Mai.* 607, 15-16   116/117 Dactilus – breuibus] Avdax, *Gramm.* 334, 17-18
120/125 Vnde – narrentur] Ps. Serg., *Ped.* 114, 152-162   120/123 Vnde – fuisset] cfr
Avdax, *Gramm.* 334, 18-21   123/124 ideo – uocant] cfr Isid., *Etym.* 1, 17, 8
124 app. crit. uocant] Isid., *Etym.* 1, 17, 8   124/125 Hic – narrentur] cfr Avdax,
Gramm. 337, 11-15

107 Quia] *om. F*   et] *om. F*   108 Molossus dictus] *om. L*   Molossus] molosus *F*ᵃ·ᶜ·
Molossorum] molosorum *F*   109 Molossi] molosi *F*   110 Neoptolomei] neptolomei
L   Andromacis] andromatis *L*   112 ˇ ˇ -] *om. L*   113 Quomodo] quia *L*   114 Quia]
om. F   habet¹] *post* tempora *transp. L*   et] *om. F*   115/120 Anapestus – est] *om. L*
remissionibus] *cum Isid. corr. Maes.*, remissoribus *F*   120/121 apo – dactilon] *scripsi*,
apotu dion dactilon *F*, a potu nignidion dactilon *L*, ἀπὸ τῶν ἰδαίων δακτύλων *legend.*
121 cantu] *cum Audace correxi*, cantum α   122 Saturno] turno *F*   celauerit] *cum
Audace correxi*, celebrauerit *F*, celabrit (celebrarit *in marg. L²*) *L*   124 uocant]
appellant *L*, dactilus a digito dictus quod a longiori nodo inquoans in duos desinet
breues sic et ipse pes iuncturam unam habet longam et duas breues unde et manus
opponans a palma dicitur et pendentes digiti dactili *add. L*   Hic] hinc *L*   124/
125 eo² – pede] *om. L*   125 et] *om. F*   facta] isto metro *add. L*   narrentur] narretur *F*

Molossorum saltatione, quam exercuerunt armati; ipsi uero dicti
95 Molossi a Molosso, filio Neobtolomi et Andromacis.

Anapestus pes ex quibus syllabis constat? Tribus : ex duabus breuibus et una longa, ut 'bonitas'. Quot tempora habet?
Quattuor. Cuius diuisionis est? Aequae: arsis habet duo tempora
et thesis duo. Vnde habet ethimologiam? Anapestus dictus est,
100 quia ludis et remissionibus pes ipse dicatus est. Quis est ei contrarius? Dactilus. Ex quibus syllabis constat? Ex longa et duabus
breuibus, ut 'candida'. Quot tempora habet? Quattuor. Cuius
diuisionis est pes? Aequae: arsis habet duo tempora et thesis
duo. Vnde habet ethimologiam? Dactilus dictus est 'apo ton
105 idion dactilon', eo quod uagitum Iouis huius cantu ⟨mater eius⟩
Saturno patri celauerit et omnis musica propriis digitis percussa
fuisset; ideo pes ipse dactilus dicitur, quia Graece digitum 'dactilum' appellant. Hic etiam herous appellatur, quod eo plerumque pede heroum res et facta narrentur.

Trad. text. β   *E*

94/95 ipsi – Andromacis] Avdax, *Gramm.* 335, 1-2; cfr Serv., *Aen.* 2, 263; Isid.,
Etym. 14, 4, 9; Ps. Serg., *Ped.* 115, 175-176   **96/98** Anapestus – Quattuor] cfr Don.,
Mai. 607, 14-15   **96/97** Anapestus – longa] Avdax, *Gramm.* 334, 21-22   **99/**
100 Vnde – est¹] Isid., *Etym.* 1, 17, 7; cfr Ps. Serg., *Ped.* 114, 162-163   **100/102** Quis –
Quattuor] cfr Don., *Mai.* 607, 15-16   **101/102** Dactilus – breuibus] Avdax, *Gramm.*
334, 17-18   **104/109** Vnde – narrentur] Ps. Serg., *Ped.* 114, 152-162   **104/107** Vnde –
fuisset] cfr Avdax, *Gramm.* 334, 18-21   **107/108** ideo – appellant] cfr Isid., *Etym.* 1,
17, 8   **108/109** Hic – narrentur] cfr Avdax, *Gramm.* 337, 11-15

95 Molossi] *cum* α *scripsi*, mabossi *E*   Andromacis] *cum* α *correxi*, andromaci *E*
100 remissionibus] *cum Isid. corr. Maes.*, remissioribus *E*   Quis] quicquis *E*^{a.c.}
103 thesis] tesis *E*^{a.c.}   **104/105** apo – dactilon] *scripsi*, apotugridion dactilon *E*, ἀπὸ
τῶν ἰδαίων δακτύλων *legend.*   **105** cantu] *cum Audace correxi*, cantum *E*   mater eius]
cum Audace et α *suppleui*   **106** celauerit] *cum Audace scripsi*, celaberit *E*   musica] *sup. l.*
E   **108** Hic] *cum* α (*F*) *correxi*, hinc *E*

Qui pes sequitur? Amfibrachis. Ex quibus syllabis constat? Ex tribus, breui, longa et breui ˘ ‒ ˘, ut 'bonellus'. Quot
tempora habet? Quattuor. Cuius diuisionis est? Nullius. Quomodo? A Donato informis et inconditus iudicatur. Vnde habet
130 ethimologiam? Eo quod ex utraque parte breuem habeat syllabam, una longa in medio consistente. Quis est isti contrarius?
Amphimacrus. Ex quibus syllabis constat? Ex longa, breui
et longa ‒ ˘ ‒, ut 'optimae'. Quot tempora habet? Quinque.
Cuius diuisionis est? Sescuplae. Quomodo? Quia arsis habet
135 tria tempora, thesis duo. 'Sescuplae' qualis sermo est? Graecus.
Quid sonat in Latinum? 'Dimidium'. Quomodo? Quia a duplo
unum super habet, ab aequo unum minus habet. Vnde habet
ethimologiam? Eo quod hinc et inde longam habeat syllabam,
una breui in medio interiacente.

140 Baccius pes ex quibus syllabis constat? Ex breui et duabus longis ˘ ‒ ‒, ut 'beati'. Quot tempora habet? Quinque. Cuius diuisionis est? Sescuplae. Vnde habet ethimologiam baccius, qui et
palimbaccius baccius dictus est? Eo quod Baccicis maxime conueniat cantibus. Quis est isti contrarius? Antibaccius. Ex

---

Trad. text. α   *F L*

126/128 Amfibrachis – Quattuor] cfr Don., *Mai.* 607, 16-17   **126/**
127 Amfibrachis – breui²] Avdax, *Gramm.* 335, 8   **129/131** Vnde – consistente] Isid.,
Etym. 1, 17, 9; cfr Avdax, *Gramm.* 335, 9; Ps. Serg., *Ped.* 115, 171-172   **131/133** Quis –
Quinque] cfr Don., *Mai.* 607, 17 - 608, 1   **135/137** Sescuplae – habet²] cfr infra l. 307/
309   **137/139** Vnde – interiacente] Isid., *Etym.* 1, 17, 10; Ps. Serg., *Ped.* 115, 169-170
140/141 Baccius – Quinque] cfr Don., *Mai.* 608, 1-2   Baccius – longis] Avdax,
Gramm. 335, 10   **142/144** Vnde – cantibus] Avdax, *Gramm.* 335, 11; cfr Ps. Serg.,
Ped. 114, 164-165   **144 app. crit.** cantibus] Isid., *Etym.* 1, 17, 11   **144/146** Quis –
Quinque] cfr Don., *Mai.* 608, 2-3   **144/145** Antibaccius – breui] Avdax, *Gramm.*
335, 12

---

126 Qui – sequitur] *om. L*   Amfibrachis] anfibracis (-chis *L²*) *L*   Ex] pes *praem. L*
127 tribus] *om. F*   breui¹] id est ex *praem. L*   ˘ ‒ ˘] *om. L*   **128** Quomodo] quia *L*
129 A] *om. L*   inconditus] incognitus *F*   **131** consistente] consistenti *F*   Quis –
contrarius] *om. L*   **132** Amphimacrus] anfimarus (-crus *L²*) *L*   **133** ‒ ˘ ‒] *om. L*
Quot] quod *L^a.c.*   **134** Quia] *om. F*   **135** tria] duo *F*   **136** Latinum] latino *L*   a] *om.*
L   **138** et] *om. L*   **139** breui] breue *L*   interiacente] interiacenti *F*   **140** Baccius]
bacchius *L²*   **141** ˘ ‒ ‒] *om. L*   Quot] quod *L^a.c.*   diuisionis] diuisiones *L^a.c.*
142 Sescuplae] arsis habet duo tempora et thesis tria *add. L*   baccius] bacchius *L²*
143 palimbaccius] palimbacius *F*, palimbacchius *L²*   baccius] bacchius *L²*, *om. F*   est]
om. L   Baccicis] *scripsi*, bacchis *F*, bacissim *L*   conueniat] conueniant *L*
144 cantibus] uel quia ipso pede baccia (-cchi- *L²*) id est liberis sacra celebrantur *L*
Quis] quid *L^a.c.*   Antibaccius] antibaccus *L^a.c.*

110   Amphibracis pes ex quibus syllabis constat? Ex tribus:
breui, longa et breui, ut 'bonellus'. Quot tempora habet? Quattuor. Cuius diuisionis est? Nullius. Quomodo? A Donato informis et inconditus iudicatur. Vnde habet ethimologiam? Eo quod
ex utraque parte breuem habeat syllabam, una longa in medio
115 consistente. Quis est isti contrarius? Amphimacrus. Quomodo
ille consistit ex breui, longa et breui, et iste ex longa,
breui et longa, ut 'optime'. Quot tempora habet? Quinque.
Cuius diuisionis est? Sescuplae. Quomodo? Arsis habet tria tempora et thesis duo. 'Sescuplae' qualis sermo est? Graecus. Quid
120 sonat in Latinum? 'Dimidium'. Quomodo? Quia a duplo unum
super habet, ab aequo unum minus habet. Vnde habet ethimologiam? Eo quod hinc, inde longam habeat syllabam, una breui in
medio interiacente.

Baccius pes ex quibus syllabis constat? Tribus: ex breui et
125 duabus longis, ut 'beati'. Quot tempora habet? Quinque. Cuius
diuisionis est? Sescuplae. Vnde habet ethimologiam baccius, qui
et palimbaccius baccius dictus est? Eo quod Baccicis maxime
conueniat cantibus. Quis contrarius est? Antibaccus. Ex
quibus syllabis constat? Ex duabus longis et breui, ut 'barbatus'.
130 Quot tempora habet? Quinque. Cuius diuisionis est? Sescuplae.

rad. text. β   E

110/111 Amphibracis – Quattuor] cfr Don., *Mai.* 607, 16-17   110/
111 Amphibracis – breui²] Avdax, *Gramm.* 335, 8   113/115 Vnde – consistente] Isid.,
Etym. I, 17, 9; cfr Avdax, *Gramm.* 335, 9; Ps. Serg., *Ped.* 115, 171-172   115/117 Quis –
Quinque] cfr Don., *Mai.* 607, 17 - 608, 1   119/121 Sescuplae – habet²] cfr infra l. 298/
300   121/123 Vnde – interiacente] Isid., *Etym.* I, 17, 10; Ps. Serg., *Ped.* 115, 169-170
124/125 Baccius – Quinque] cfr Don., *Mai.* 608, 1-2   124/125 Baccius – longis]
Avdax, *Gramm.* 335, 10   126/128 Vnde – cantibus] Avdax, *Gramm.* 335, 11; cfr
Ps. Serg., *Ped.* 114, 164-165   128/130 Quis – Quinque] cfr Don., *Mai.* 608, 2-3

110 Amphibracis] amphibrachis E^2 113 inconditus] *cum* α (*L*) *correxi*, inconditis *E*
114 utraque] *cum* α *correxi*, utroque *E*   habeat] *cum* α *correxi*, habeta (habet E^2) *E*
115 isti] iste $E^{a.c.}$ 119 Sescuplae] *cum* α *correxi*, sesquu *E*   Quid] quit $E^{a.c.}$
120 Latinum] latino $E^{a.c.}$ 121 aequo] *cum* α *scripsi*, equo *E*   124 Baccius] bacchius
E^2 126 baccius] bacchius E^2 127 palimbaccius baccius] palimbacchius bacchius E^2
Baccicis] *scripsi*, bacciscis (-cchis- E^2) *E*   128 Quis] *cum* α *correxi*, quicquis *E*

145 quibus syllabis constat? Ex duabus longis et breui ‾ ‾ ˇ, ut 'barbatus'. Quot tempora habet? Quinque. Cuius diuisionis est?
Sescuplae. Vnde habet ethimologiam? Antibaccius dictus, eo
quod contrarius sit baccio; 'anti' enim Graece 'contra' dicitur.

Quales pedes sequuntur? Quadrisyllabi. Qui pes
150 sequitur? Proceleumaticus. Ex quibus syllabis constat? Ex
quattuor breuibus ˇ ˇ ˇ ˇ, ut 'bononius'. Quot tempora habet?
Quattuor. Cuius diuisionis est? Aequae. Quomodo? Arsis
habet duo tempora, thesis duo. Simplex pes est aut duplex?
Duplex. Quomodo? Quia ex duobus pirrichiis constat.
155 Legitimus aut notus? Vbique notus. Vnde habet ethimologiam? Proceleumaticus dictus est, eo quod ad celeuma canentium sit aptus. Qui pes est isti contrarius? Dispondius. Ex
quibus syllabis constat? Ex quattuor longis ‾ ‾ ‾ ‾, ut 'conditores'. Quot tempora habet? Octo. Cuius diuisionis est?
160 Aequae. Quomodo? Arsis habet quattuor tempora et thesis
quattuor. Simplex pes est aut duplex? Duplex. Quomodo?
Quia ex duobus spondiis constat. Legitimus aut notus?
Vbique notus.

Diiambus ex quibus syllabis constat? Ex duobus iambis,
165 ex breui et longa et breui et longa ˇ ‾ ˇ ‾, ut 'propinquitas'.
Quibus temporibus constat? Senis. Cuius diuisionis est?
Aequae. Quomodo? Tanta tempora habet arsis quanta
et thesis. Simplices pedes sunt aut duplices? Dupli-

Trad. text. α   *F L*

150/152 Proceleumaticus – Quattuor] cfr DON., *Mai.* 608, 4-5   150/
151 Proceleumaticus – breuibus] AVDAX, *Gramm.* 335, 27   155/157 Vnde – aptus]
ISID., *Etym.* 1, 17, 13   157/159 Qui – Octo] cfr DON., *Mai.* 608, 5-6   157/
158 Dispondius – longis] AVDAX, *Gramm.* 335, 26   162 Quia – constat] ISID., *Etym.*
1, 17, 14   164/166 Diiambus – Senis] cfr DON., *Mai.* 608, 6   164/165 Diiambus –
longa²] AVDAX, *Gramm.* 335, 25

145 ‾ ‾ ˇ] *om. L*   146 Quot] quod *L^{a.c.}*   diuisionis] diuisiones *L^{a.c.}*
147 Sescuplae] sexcuplae *L*   Antibaccius dictus] *om. L*   148 baccio] bacchio *L²*
dicitur] dicetur *L*   151 ˇ ˇ ˇ ˇ] *om. L*   152 Quomodo] *om. L*   154 Quomodo] *om.
L*   pirrichiis] pirrichius *F*   155 notus¹] notos *L*   notus²] notos *L*   156 est] *om. L*
157 sit] *om. L*   est] *om. L*   158 ‾ ‾ ‾ ‾ ut conditores] *om. L*   159 Quot] quod *L^c*
160 Quomodo] *om. L*   et] *om. F*   161 pes est] *om. L*   Duplex] *sup. l. L*   Quomodo]
om. L   162 duobus] duabus *L^{a.c.}*   spondiis] spondius (-deis *L²*) *L*   163 Vbique] *om.
F*   164 Diiambus] diiambos *L*   165/170 ex – noti²] *om. L*   168 et thesis] *scripsi,*
ethesis *F*

Vnde habet ethimologiam? Antibaccus dictus est, eo quod
contrarius sit baccio; 'anti' enim Graece 'contra' dicitur.

Proceleumaticus ex quibus syllabis constat? Ex quattuor
breuibus, ut 'bononius'. Quot tempora habet? Quattuor. Cuius
135 diuisionis est? Aequae: arsis habet duo tempora et thesis duo.
Simplex est aut duplex? Duplex: ex duobus pirriciis constat.
Vnde habet ethimologiam? Proceleumaticus dictus est, eo quod
sit ad celeuma canentium aptus. Quis est huic contrarius?
Dispondius. Ex quibus syllabis constat? Ex quattuor longis.
140 Quot tempora habet? Octo. Cuius diuisionis est? Aequae: arsis
habet quattuor tempora et thesis quattuor. Simplex pes est aut
duplex? Duplex, quia ex duobus spondiis constat. Vnde habet
ethimologiam? Dispondius, diiambus, ditroceus dicti sunt, eo quod binis spondiis, iambis uel troceis
145 constant.

Diiambus ex quibus syllabis constat? Quattuor : ex breui,
longa et breui et longa, ut 'benignitas'. Quot tempora
habet? Sex : arsis habet tria tempora et thesis tria.
Cuius diuisionis est? Aequae. Simplex pes est aut duplex?
150 Duplex: ex duobus constat iambis. Ditroceus ex quibus
syllabis constat? Quattuor : ex longa et breui, longa et breui, ut
'domnicanus'. Quot tempora habet? Sex : arsis habet

ad. text. β   E

131/132 Antibaccus – dicitur] Avdax, *Gramm.* 335, 12   133/134 Proceleumaticus –
Quattuor] cfr Don., *Mai.* 608, 4-5   133/134 Proceleumaticus – breuibus] Avdax,
Gramm. 335, 27   137/138 Vnde – aptus] Isid., *Etym.* 1, 17, 13   138/140 Quis – Octo]
cfr Don., *Mai.* 608, 5-6   139 Dispondius – longis] Avdax, *Gramm.* 335, 26   142/
145 Vnde – constant] Isid., *Etym.* 1, 17, 14   146/148 Diiambus – Sex] cfr Don., *Mai.*
608, 6   146/147 Diiambus – benignitas] Avdax, *Gramm.* 335, 25-26   150 Duplex –
iambis] Isid., *Etym.* 1, 17, 14   150/152 Ditroceus – Sex] cfr Don., *Mai.* 608, 6-7
150/151 Ditroceus – breui²] Avdax, *Gramm.* 335, 24

131 Antibaccus] antibaccius *E²*   132 baccio] bacchio *E²*   134 breuibus] *cum α
correxi*, breuiis *E*   bononius] *cum α scripsi*, bonanius *E*   138 ad] *cum Isid. et α correxi*, a
E   142 duobus] *cum α correxi*, duabus *E*   spondiis] *cum α correxi*, pondiis *E*
144 spondiis] *scripsi*, ispondiis *E*   145 constant] *correxi*, constat *E*   150 duobus] *cum
α correxi*, duabus *E*

ces. Quomodo? Quia ex duobus iambis constat. Legiti-
170 mi aut noti? Vbique noti. Ditrocheus ex quibus syllabis
constat? Ex duobus trocheis, ex longa et breui et longa et
breui - ˘ - ˘, ut 'cantilena'. Quibus temporibus constat? Senis. Cuius diuisionis pedes sunt? Aequae.
Quomodo? Tanta tempora habet arsis quanta et the-
175 sis. Simplices pedes sunt aut duplices? Duplices.
Legitimi aut noti? Vbique noti. Vnde habent ethimologiam? Dispondius, diiambus, ditrocheus dicti
sunt, eo quod binis spondiis, iambis uel trocheis
constent.

180   Antispastus ex quibus syllabis constat? Ex breui et duabus
longis et breui ˘ - - ˘, ut 'Catullinus'. Quot tempora
habet? Sex. Cuius diuisionis est? Aequae. Quomodo?
Arsis habet tria tempora et thesis tria. Vnde habet ethimologiam? Antispastus dictus est, eo quod sit ex contrariis syllabis,
185 ex breui et longa, longa et breui. Simplex pes est aut duplex? Duplex: constat ex iambo et trocheo. Qui pes est isti contrarius? Choriambus. Ex quibus syllabis constat? Ex longa et duabus breuibus et longa - ˘ ˘ -, ut 'omnipotens'. Quot tempora habet? Sex. Cuius diuisionis est? Aequae. Quomodo? Arsis
190 habet tria tempora et thesis tria. Simplex est aut duplex? Duplex.
Legitimus aut notus? In suo metro legitimus. Ex quibus pedibus

---

Trad. text. α *FL*

    169 Quia – constat] Isɪᴅ., *Etym.* ɪ, 17, 14   **170/173** Ditrocheus – Senis] cfr Dᴏɴ.,
Mai. 608, 6-7   **170/172** Ditrocheus – breui] Aᴠᴅᴀx, *Gramm.* 335, 24   **176/**
179 Vnde – constent] Isɪᴅ., *Etym.* ɪ, 17, 14   **180/182** Antispastus – Sex] cfr Dᴏɴ.,
Mai. 608, 7-8   **180/181** Antispastus – breui] Aᴠᴅᴀx, *Gramm.* 336, 8-9   **183/**
185 Vnde – breui²] Isɪᴅ., *Etym.* ɪ, 17, 15   **186/189** Qui – Sex] cfr Dᴏɴ., *Mai.* 608, 8-9
187/188 Choriambus – longa] Aᴠᴅᴀx, *Gramm.* 336, 7-8

    170 Ditrocheus] ditroceus *L^{a.c.}*   syllabis] *om. L*   **171** trocheis] troceis *L^{a.c.}*   **171/**
172 ex – cantilena] *om. L*   **173** diuisionis] diuisiones *F*   pedes] *om. F*
174 Quomodo] quia *L*   **177/178** Dispondius – sunt] *om. L*   **178** spondiis] spondius
(-deis *L²*) *L*   iambis ... trocheis] trocheis ... iambis *L*   **179** constent] constet *L^{a.c.}*
180 et] *om. L*   **181** ˘ - - ˘] *om. L*   Catullinus] catulinus *L*   Quot] quod *L^{a.c.}*
182 Quomodo] quia *L*   **183** et] *om. F*   **184** Antispastus – est] *om. L*   syllabis] id est
add. L   **185** et¹] *om. L*   **186** constat] *post* trocheo *transp. L*   ex] *om. L*   trocheo]
troceo *L^{a.c.}*   Qui – contrarius] *om. L*   **187** Ex¹ – constat] *om. L*   et] *om. L*
188 - ˘ ˘ -] *om. L*   Quot] quod *L^{a.c.}*   **189** Quomodo] quia *L*   **190** et] *om. F*
Duplex] constat ex trocheo et iambo *add. F* (*cfr infra l. 192*)   **191/192** Ex – iambo]
om. F

tria tempora et thesis tria. Simplex pes est aut
duplex? Duplex: ex duobus constat troceis.

155 Antispastus ex quibus syllabis constat? Quattuor: ex breui,
duabus longis et breui, ut 'Celestinus'. Quot tempora
habet? Sex: arsis habet tria tempora et thesis tria. Cuius
diuisionis est? Aequae. Vnde habet ethimologiam? Antispastus dictus, quod sit ex contrariis syllabis, ex breui et longa, ex
160 longa et breui. Simplex pes est aut duplex? Duplex: constat ex
iambo et troceo, ut 'Celestinus'. Huic quis est contrarius? Coriambus. Ex quibus syllabis constat? Quattuor: ex
longa et breui, breui et longa, ut 'omnipotens'. Quot tempora
habet? Sex. Cuius diuisionis est? Aequae: arsis habet tria tempo-
165 ra et thesis tria. Simplex pes est aut duplex? Duplex. Legitimus
aut notus? In suo metro legitimus. Ex quibus pedibus constat?
Ex troceo et iambo, ut 'omnipotens': 'omni' troceus
est, 'potens' iambus. Vnde habet ethimologiam? Eo quod sit

rad. text. β   E

154 Duplex – troceis] Isid., *Etym.* 1, 17, 14   155/157 Antispastus – Sex] cfr Don.,
Mai. 608, 7-8   155/156 Antispastus – breui] Avdax, *Gramm.* 336, 8-9   158/
160 Vnde – breui] Isid., *Etym.* 1, 17, 15   161/164 Huic – Sex] cfr Don., *Mai.* 608, 8-9
162/163 Coriambus – longa²] Avdax, *Gramm.* 336, 7-8   168/170 Vnde – longa] cfr
supra l. 158/160

154 duobus] *cum* α *correxi,* duabus *E*   156 Celestinus] quot tempora habet sex arsis
habet tria tempora et thesis tria simplex pes est aut duplex duplex ex duabus constat
troceis antispastus ex quibus syllabis constat quattuor ex breui duabus longis et breui ut
caelestinus *iter. E*   166 notus] *iter. E*

constat? Ex trocheo et iambo. Vnde habet ethimologiam?
Choriambus dictus est, eo quod sit choris aptissimus.

Ionicus minor ex quibus syllabis constat? Ex duabus breuibus
195 et duabus longis ⏑ ⏑ – –, ut 'Diomedes'. Quot tempora
habet? Sex. Quomodo? Arsis habet duo tempora, thesis
quattuor. Simplex pes est aut duplex? Duplex. Legitimus aut
notus? In suo metro legitimus. Ex quibus pedibus constat? Ex
pirrichio et spondio. Cuius diuisionis est? Duplae. Quomo-
200 do? Quia pars partem duplo uincit. Qui pes est isti contrarius?
Ionicus maior. Ex quibus syllabis constat? Ex duabus longis et duabus breuibus – – ⏑ ⏑, ut 'Orsentius'. Quot tempora
habet? Sex. Quomodo? Arsis habet quattuor tempora et thesis
duo. Cuius diuisionis est? Duplae. Quomodo? Quia pars
205 partem duplo uincit. Simplex pes est aut duplex? Duplex: ex spondio et pirrichio. Legitimus aut notus? In suo
metro legitimus. Vnde habet ethimologiam? Ionici
propter numerorum inaequalem sonum: binas
habent syllabas longas binasque correptas.

DON., *Mai.*   Quales pedes sequuntur? Peones. Peon primus ex
608, 11-15 quibus syllabis constat? Ex prima longa et tribus
212 brevibvs – ⏑ ⏑ ⏑, vt 'legitimvs'. Secvndvs? Ex se-

Trad. text. α   *F L*

192/193 Vnde – aptissimus] Isid., *Etym.* 1, 17, 16   194/196 Ionicus – Sex] cfr
Don., *Mai.* 608, 9-10   194/195 Ionicus – Diomedes] Avdax, *Gramm.* 336, 2-3
200/203 Qui – Sex] cfr Don., *Mai.* 608, 10-11   201/202 Ionicus – breuibus]
Avdax, *Gramm.* 336, 1   207/209 Vnde – correptas] Isid., *Etym.* 1, 17, 17   210/
216 Peon – celeritas] cfr Avdax, *Gramm.* 336, 9-12

192 trocheo] troceo *L^{a.c.}*   et] uel *L*   Vnde – ethimologiam] *om. L*
193 Choriambus – aptissimus] coriambus uero quia ex hoc pede conpositum carmen
choris aptissimum sit *post* omnipotens (*supra l. 188*) *transp. L*   194/199 Ionicus –
spondio] *om. L*   minor] *cum Audace et α correxi*, maior *F*   199 Quomodo] *om. L*
200 est – contrarius] sequitur *L*   201 maior] minor *F*   202 – – ⏑ ⏑] *om. L*
Orsentius] Hortensius *coni. Lor. fort. recte*   Quot] quod *L^{a.c.}*   203 Quomodo] et *L*
et] *om. L*   thesis] uero *add. L*   204 Quomodo] *om. L*   206 pirrichio] pirritio *L^{a.c.}*
207 Ionici] *om. L*   208/209 binas habent] habet binas enim *L*   209 correptas] sic
ionicus minor per ipsum requirendum est ordinem sicut et maior *add. L*
210 Quales – Peones] *om. L*   211 prima] primo *L^{a.c.}*   212 – ⏑ ⏑ ⏑ ut legitimus]
om. L

ex contrariis syllabis, id est ex longa et breui, breui
170 et longa.

Ionicus minor ex quibus syllabis constat? Quattuor: ex duabus breuibus et duabus longis. Quot tempora habet? Sex: arsis
duo habet tempora et thesis quattuor. Simplex pes est aut
duplex? Duplex. Legitimus aut notus? In suo metro legitimus.
175 Ex quibus pedibus constat? Ex pirricio et spondio. Cuius diuisionis est? Duplae, quia arsis habet duo tempora et thesis
quattuor: pars partem duplo uincit. Vnde habet ethimologiam? Ionici dicti propter numerorum inaequalem
sonum, eo quod binas habeant syllabas longas binas-
180 que correptas. Qui pes est huic contrarius? Ionicus maior.
Quomodo? Quia quomodo ionicus minor constat ex
duabus breuibus et duabus longis, et contrarius ionicus maior ex duabus longis et duabus breuibus constat, ut
'Orsentius'. Quot tempora habet? Sex: arsis habet quattuor tem-
185 pora et thesis duo. Ex quibus pedibus constat? Ex spondio et pirricio: 'Orsen' spondius est, 'tius' pirricius.
Cuius diuisionis est? Duplae: pars partem duplo uincit. Legitimus pes est aut notus? In suo metro legitimus. Vnde habet
ethimologiam iam superius dixi.

Don., Mai.
608, 11-15 Peones ex quibus syllabis constant? Ex quattuor.
Quomodo? Primvs ex prima longa, ex tribvs brevi-
192 bvs; secvndvs ex secvnda longa, ex tribvs brevibvs;
tertivs ex tertia longa, ex tribvs brevibvs; qvartvs
ex qvarta longa et tribvs brevibvs. Quibus temporibus
195 constant? Quinis. Cuius diuisionis sunt? Sescuplae. Ex quibus
pedibus constant? Primus ex troceo et pirricio, secundus ex

Trad. text. β   E

171/172 Ionicus – Sex] cfr Don., *Mai.* 608, 9-10   **171/172** Ionicus – longis]
Avdax, *Gramm.* 336, 2-3   **177/180** Vnde – correptas] Isid., *Etym.* 1, 17, 17   **180/**
184 Qui – Sex] cfr Don., *Mai.* 608, 10-11   **180/183** Ionicus – constat] Avdax,
Gramm. 336, 6   **188/189** Vnde – dixi] cfr supra l. 177/180   **190/194** Peones –
breuibus] cfr Avdax, *Gramm.* 336, 9-12

---

174 notus] *iter.* E   **175** spondio] *cum* α (*F*) *scripsi*, expondio E   **179** habeant]
correxi, habeat E   **182** longis] longius $E^{a.c.}$ **184** Orsentius] Hortensius *coni. Lor. fort.*
recte   **185** spondio] *cum* α *scripsi*, ispondio E   **186** spondius] *cum* α *scripsi*, ispondius
E   tius] *scripsi*, cius E   **188** notus] *iter.* E   **191** breuibus] uerbibus $E^{a.c.}$ **194** et
tribus] etribus $E^{a.c.}$ **195** Sescuplae] *cum* α *scripsi*, secuple E   **196** constant] *cum* α (*F*)
scripsi, constat E

CVNDA LONGA ET TRIBVS BREVIBVS ˘ ‒ ˘ ˘, VT 'COLO-
NIA'. TERTIVS? EX TERTIA LONGA ET TRIBVS BREVIBVS, VT
215 'MENEDEMVS', ˘ ˘ ‒ ˘. QVARTVS? EX QVARTA LONGA ET
TRIBVS BREVIBVS ˘ ˘ ˘ ‒, VT 'CELERITAS'. Quibus temporibus constant? Quinis. Cuius diuisionis sunt? Sescuplae. Ex
quibus pedibus constant? Primus ex trocheo et pirrichio,
secundus ex iambo et pirrichio, tertius ex pirrichio et tro-
220 cheo, quartus ex pirrichio et iambo. Legitimi pedes sunt aut
noti? Semper noti. Vnde habent ethimologiam peones? Ab
inuentore. Qui pedes sunt istis contrarii? Epitriti. Quomodo?
Quia sicut peones constant ex una longa et tribus breuibus, ita
isti e contrario ex una breui et tribus longis. Quot tempora
225 habent? Septena. Cuius diuisionis sunt? Nullius. Ex quibus
pedibus constant? Epitritus primus ex iambo et spondio
˘ ‒ ‒ ‒, ut 'sacerdotes'; epitritus secundus ex trocheo et
spondio ‒ ˘ ‒ ‒, ut 'conditores'; epitritus tertius ex spondio
et iambo ‒ ‒ ˘ ‒, ut 'Demostenes'; epitritus quartus ex
230 spondio et trocheo ‒ ‒ ‒ ˘, ⟨ut⟩ 'Fescenninus'. Legitimi
sunt aut noti? Semper noti.

608, 21-23   EX HIS DEINCEPS ALII PEDES ZINZVGIEVE NASCVNTVR.
Quomodo? Iam si super quattuor syllabas habuerit, non pes,

Trad. text. α   FL

221/222 Vnde – inuentore] ISID., *Etym.* I, 17, 18   222/230 Qui – Fescenninus] cfr
DON., *Mai.* 608, 15-20   225/230 Ex – trocheo] cfr AVDAX, *Gramm.* 336, 3-7   233/
234 Quomodo – dicitur] cfr POMP., *Gramm.* 123, 3-4

213 ˘ ‒ ‒ ˘ ut colonia] *om. L*   colonia] *cum Don. corr. Maes.*, contumeli (-lia *F²*)
F   214/215 ut Menedemus ˘ ˘ ‒ ˘] *om. L*   216 ˘ ˘ ˘ ‒ ut celeritas] *om. L*
217 constant] constat *L*   Sescuplae] sexcuplae *L*   Ex] *sup. l. L*   218 pedibus] *om. L*
constant] constat *L*   trocheo] troceo *L^{a.c.}*   pirrichio] pirricio *L^{a.c.}*   219 pirrichio¹]
pirritio *L^{a.c.}*   pirrichio²] pirritio *L^{a.c.}*   trocheo] troceo *L^{a.c.}*   220 pirrichio] pirritio *L^{a.c.}*
221 peones] *om. L*   222 pedes] *om. L*   istis] isti *F*   contrarii] contrariis *L*
223 Quia] *om. F*   constant] constat *L^{a.c.}*   una longa] unam longam *L*   224 breui]
breue *L*   Quot] quod *L^{a.c.}*   226 constant] constat *L*   227 ˘ ‒ ‒ ‒ ut sacerdotes]
om. L   epitritus] *om. L*   trocheo] troceo *L^{a.c.}*   228 spondio¹] tertius ex spondio
secundus ex troceo et spondio *add. et exp. L*   ‒ ˘ ‒ ‒ ut conditores] *om. L*
epitritus] *om. L*   229 ‒ ‒ ˘ ‒ ut Demostenes] *om. L*   ut Demostenes] *sup. l. F*
Demostenes] *scripsi*, demostenis *F*   epitritus] *om. L*   230 trocheo] troceo *L^{a.c.}*
‒ ‒ ‒ ˘ ut Fescenninus] *om. L*   ut] *suppleui*   Fescenninus] *cum Don. corr. Maes.*,
fiscennius *sup. l. F*   232 zinzugieue] zinzieue *L*   nascuntur] nascantur *F^{a.c.}*

iambo et pirricio, tertius ex pirricio et troceo, quartus ex
pirricio et iambo. Legitimi pedes sunt aut noti? Semper noti.
Vnde habent ethimologiam peones? Ab inuentore. Qui sunt istis
200 contrarii? Epitriti. Quomodo? Sicut peones constant ex una longa et tribus breuibus, isti e contrario ex una breui et tribus longis
constant. Quot tempora habent? Septem. Cuius diuisionis
sunt? Nullius. Ex quibus pedibus constant? Primus ex iambo et
spondio; secundus ex troceo et spondio; tertius ex spondio et
205 iambo; quartus ex spondio et troceo. Legitimi sunt aut noti?
Semper noti.

608, 21-23   EX HIS DEINCEPS ALII PEDES ZYNZYGIEVE NASCVNTVR.
Quomodo? Pedes omnes duabus, ternis uel quattuor
syllabis constant. Iam si super quattuor syllabas habuerint,
210 non pedes, sed zynzygia dicendi sunt. NAM QVEMAD-
MODVM PEDES QVATTVOR GEMINATI SEDECIM DVPLICES
FIVNT, ITA IDEM CVM TRISYLLABIS IVNCTI TRIGINTA ET
DVOS DE SE REDDVNT. Quomodo? Disyllabi cum disyllabis
geminati sedecim fiunt. Quomodo? Geminantur pirricius et
215 pirricius, pirricius et spondius, pirricius et iambus,
pirricius et troceus; spondius et spondius uel pirricius, et

:ad. text. β   *E*

---

199 Vnde – inuentore] ISID., *Etym.* I, 17, 18   **199/205** Qui – troceo] cfr DON., *Mai.*
608, 15-20   **203/205** Ex – troceo] cfr AVDAX, *Gramm.* 336, 3-7   **208/**
210 Quomodo – sunt] cfr POMP., *Gramm.* 123, 3-4

---

199 habent] *cum* α *correxi*, habet *E*   istis] *cum* α *correxi*, isti *E*   **201** longis] longe
*E*ᵃ·ᶜ·   **204** spondio¹] *cum* α *scripsi*, ispondio *E*   ex¹] *cum* α *correxi*, et *E*   spondio²] *cum*
α *scripsi*, ispondio *E*   spondio³] *cum* α *scripsi*, ispondio *E*   **205** spondio] *cum* α *scripsi*,
ispondio *E*   **207** nascuntur] *cum* α *correxi*, nascantur *E*   **209** constant] *correxi*,
constat *E*   **213** Disyllabi] *cum* α *correxi*, disillacum *E*   **214** pirricius] *scripsi*, piricius *E*
215 pirricius²] *scripsi*, pisricius *E*   spondius] *scripsi*, ispondius *E*   **216** spondius²] *cum*
α *scripsi*, ispondius *E*

sed zinzugia dicitur. Et ipsa zinzugia usque ad quot
235 numerum syllabarum peruenit? Vsque ad octo. Quomodo? Vt 'Metropolitanorum', 'Constantinopolita-
nas'. Ex quibus pedibus constat zinzugia? Ex ionico
maiore et ex quarto peone. NAM QVEMADMODVM PEDES
QVATTVOR GEMINATI SEDECIM DVPLICES FIVNT, ITA IDEM
240 CVM TRISYLLABIS IVNCTI TRIGINTA ET DVOS DE SE
REDDVNT. Quomodo? Quia disyllabi cum disyllabis geminati
sedecim duplices fiunt. Quomodo? Ita: pirrichius et pirrichius ‿ ‿ ‿ ‿, ‿ ‿ ‒ ‒, ‿ ‿ ‒ ‿, ‿ ‿ ‒ ‿; spondius et
spondius ‒ ‒ ‒ ‒, ‒ ‒ ‿ ‿, ‒ ‒ ‿ ‒, ‒ ‒ ‿ ‿; ‿ ‒ ‿ ‒, ‿ ‒
245 ‿ ‿, ‿ ‒ ‒ ‒, ‿ ‒ ‒ ‿; trocheus et trocheus ‒ ‿ ‒ ‿, ‒ ‿
‿ ‿, ‒ ‿ ‒ ‒, ‒ ‿ ‿ ‒.

608, 22-23 ITA IDEM CVM TRISYLLABIS IVNCTI TRIGINTA ET DVOS DE
SE REDDVNT. Quomodo? Disyllabi cum trisyllabis iuncti
triginta et duo efficiuntur. Geminabuntur ita: pirri-
250 chius et tribracis ‿ ‿ ‿ ‿ ‿, ‿ ‿ ‒ ‒ ‿, ‿ ‿ ‿ ‿ ‒,
‒ ‿ ‿, ‿ ‿ ‿ ‿ ‿, ‿ ‿ ‿ ‿ ‒, ‿ ‿ ‿ ‿ ‒, ‿ ‿ ‒ ‒ ‿; spondius et tribracis ‒ ‒ ‿ ‿ ‿, ‒ ‒ ‒ ‒, ‒ ‒ ‿ ‿ ‒, ‒ ‒
‒ ‿ ‿, ‒ ‒ ‿ ‿ ‒, ‒ ‒ ‿ ‿ ‒, ‒ ‒ ‒ ‒, ‒ ‒ ‒ ‒ ‿; iambus
et tribracis ‿ ‒ ‿ ‿ ‿, ‿ ‒ ‒ ‒, ‿ ‒ ‿ ‿ ‒, ‿ ‒ ‒ ‿ ‿, ‿ ‒
255 ‿ ‒ ‿, ‿ ‒ ‒ ‿ ‒, ‿ ‒ ‿ ‿ ‒, ‿ ‒ ‒ ‒ ‿; trocheus et tribracis

---

Trad. text. α *F L*

234/236 Et – Constantinopolitanas] cfr ISID., *Etym.* 1, 17, 20

234 zinzugia¹] *scripsi,* zinzugie *F,* zinzia *L*   zinzugia²] *scripsi,* zinzingia *F,* zinzia *L*
usque] *sup. l. F*   quot] quod *L*   **235** Quomodo] *om. L*   **236** Metropolitanorum] *om.*
L   Constantinopolitanas] constantinopolitanorum *F*   **237** pedibus] syllabis *F*
zinzugia *scripsi,* zinziugia *F,* zinzigia *L*   **238** ex] *om. L*   **240** triginta – duos] XXXII *L*
duos] duo *F*   **241** Quia] *om. F*   **242** sedecim] XV *L*   duplices] *om. L*   pirrichius¹ –
pirrichius²] *om. L*   **243/244** spondius – spondius] *om. L*   **245** trocheus¹ – trocheus²]
om. L   **246** ‒ ‿ ‿] *om. L*   **247** triginta – duos] XXXII *L*   duos] duo *F*
249 efficiuntur] efficiunt *L*   Geminabuntur ita] *om. L*   **249/250** pirrichius –
tribracis] *om. L*   **250** ‿ ‿ ‿] tribracis *sup. l. add. L²* ‒ ‒ ‿] molossus *add. L²* ‿ ‿ ‒]
anapestus *add. L²*   **251** ‿ ‿ ‒] tribracis *sup. l. add. L²* ‿ ‿ ‒] amfibracis *add. L²*
‒ ‿ ‒] amfimacrus *add. L²* ‿ ‿ ‒] tribracis *sup. l. add. L²* ‿ ‿ ‒] antibaccus *add. L²*
251/252 spondius – tribracis] *om. L*   **253/254** iambus – tribracis] *om. L*
255 trocheus – tribracis] *om. L*

spondius et iambus, spondius et troceus; iambus et
iambus, iambus et pirricius, iambus et spondius, iambus et troceus; troceus et troceus, et troceus et pirricius,
220 et troceus et spondius, troceus et iambus.

608, 22-23   ITA IDEM CVM TRISYLLABIS IVNCTI TRIGINTA ET DVOS DE
SE REDDVNT. Quomodo? Geminantur disyllabi cum
trisyllabis: pirricius et tribracis, pirricius et molossus,
pirricius et anapestus, pirricius et dactilus, pirricius
225 et amphibracis, pirricius et amfimacrus, pirricius et
baccius, pirricius et antibaccus; spondius et molossus, spondius et tribracis, spondius et anapestus,
spondius et dactilus, spondius et amphibracis, spondius et amfimacrus, spondius et baccius, spondius et
230 antibaccus; iambus et tribracis, iambus et molossus, iam-
bus et anapestus, iambus et dactilus, iambus et amfibracis, iambus et amfimacrus, iambus et baccius, iam-
bus et antibaccus; troceus et tribracis, troceus et molossus, troceus et anapestus, troceus et dactilus, troceus

rad. text. β   *E*

217 spondius¹] *scripsi*, ispondius *E*   iambus²] *scripsi*, ambus *E*   218 spondius]
scripsi, ispondius *E*   220 spondius] *scripsi*, ispondius *E*   223 et²] *correxi*, e *E*
226 spondius] *scripsi*, ispondius *E*   227 spondius¹] *scripsi*, ispondius *E*
228 spondius³] *scripsi*, ispondius *E*   232 amfimacrus] *scripsi*, amfimarcus *E*

‒ ⏑ ⏑ ⏑ ⏑, ‒ ⏑ ‒ ‒ , ‒ ⏑ ⏑ ⏑ ‒, ‒ ⏑ ‒ ⏑ ⏑, ‒ ⏑ ⏑ ‒ ⏑,
‒ ⏑ ‒ ⏑ ⏑, ‒ ⏑ ⏑ ‒ ‒, ‒ ⏑ ‒ ‒ ⏑.

608, 23-24   TRISYLLABI VERO CVM TRISYLLABIS GEMINATI LXIIII
COLLIGVNTVR. Geminabuntur ita: tribracis et tribracis
260 ⏑ ⏑ ⏑ ⏑ ⏑ ⏑, ⏑ ⏑ ⏑ ‒ ‒ ‒, ⏑ ⏑ ⏑ ⏑ ⏑ ‒, ⏑ ⏑ ⏑ ‒ ⏑ ⏑, ⏑ ⏑ ⏑
⏑ ‒ ⏑, ⏑ ⏑ ⏑ ‒ ⏑ ‒, ⏑ ⏑ ⏑ ⏑ ‒ ‒, ⏑ ⏑ ⏑ ‒ ‒ ⏑; molossus et
molossus ‒ ‒ ‒ ‒ ‒ ‒, ‒ ‒ ‒ ⏑ ⏑ ⏑, ‒ ‒ ‒ ⏑ ⏑ ‒, ‒ ‒ ‒
‒ ⏑ ⏑, ‒ ‒ ‒ ⏑ ‒ ⏑, ‒ ‒ ‒ ‒ ⏑ ⏑, ‒ ‒ ‒ ⏑ ‒ ‒, ‒ ‒ ‒
‒ ‒ ⏑; anapestus et anapestus ⏑ ⏑ ‒ ⏑ ⏑ ‒, ⏑ ⏑ ‒ ⏑ ⏑ ⏑, ⏑ ⏑ ‒
265 ‒ ‒ ‒, ⏑ ⏑ ‒ ‒ ⏑ ⏑, ⏑ ⏑ ‒ ⏑ ⏑ ‒, ⏑ ⏑ ‒ ‒ ⏑ ‒, ⏑ ⏑ ‒ ‒ ‒ ‒,
⏑ ⏑ ‒ ‒ ‒ ⏑; dactilus et dactilus ‒ ⏑ ⏑ ‒ ⏑ ⏑, ‒ ⏑ ⏑ ⏑ ⏑ ‒,
‒ ⏑ ⏑ ‒ ‒ ‒, ‒ ⏑ ⏑ ‒ ⏑ ‒, ‒ ⏑ ⏑ ‒ ‒ ⏑, ‒ ⏑ ⏑ ⏑ ‒ ⏑
⏑ ‒ ‒, ‒ ⏑ ⏑ ‒ ‒ ⏑; amfibracis et amfibracis ⏑ ‒ ⏑ ⏑ ‒ ⏑,
⏑ ‒ ⏑ ⏑ ⏑ ⏑, ⏑ ‒ ⏑ ‒ ‒ ‒, ⏑ ‒ ⏑ ⏑ ⏑ ‒, ⏑ ‒ ⏑ ‒ ⏑ ‒, ⏑ ‒ ⏑
270 ‒ ⏑ ⏑, ⏑ ‒ ⏑ ⏑ ‒ ‒, ⏑ ‒ ⏑ ‒ ‒ ⏑; amfimacrus et amfimacrus
‒ ⏑ ‒ ⏑ ⏑ ‒, ‒ ⏑ ‒ ⏑ ⏑ ⏑, ‒ ⏑ ‒ ‒ ‒ ‒, ‒ ⏑ ‒ ⏑ ‒ ‒, ‒ ⏑ ‒
‒ ⏑ ⏑, ‒ ⏑ ‒ ⏑ ‒ ⏑, ‒ ⏑ ‒ ⏑ ⏑ ‒, ‒ ⏑ ‒ ‒ ‒ ⏑; baccius et
baccius ⏑ ‒ ‒ ⏑ ‒ ‒, ⏑ ‒ ‒ ⏑ ⏑ ⏑, ⏑ ‒ ‒ ‒ ‒ ⏑, ⏑ ‒ ‒
⏑ ⏑ ‒, ⏑ ‒ ‒ ‒ ⏑ ‒, ⏑ ‒ ‒ ⏑ ⏑ ‒, ⏑ ‒ ‒ ‒ ⏑ ⏑, ⏑ ‒ ‒
275 ‒ ‒ ⏑; antibaccus et antibaccus ‒ ‒ ⏑ ‒ ‒ ⏑, ‒ ‒ ⏑ ⏑ ⏑ ⏑, ‒ ‒ ⏑
‒ ‒ ‒, ‒ ‒ ⏑ ⏑ ⏑ ‒, ‒ ‒ ⏑ ‒ ⏑ ⏑, ‒ ‒ ⏑ ⏑ ⏑ ‒, ‒ ‒ ⏑ ‒ ‒ ⏑.

Trad. text. α   *F L*

258 geminati] iuncti *L*   **259** Geminabuntur] geminantur autem *L*   tribracis[1] –
tribracis[2]] *om. L*   **267** ‒ ⏑ ‒] ⏑ ‒ ‒ *L*   **268** ⏑ ‒ ‒] ‒ ⏑ ‒ *L*   ‒ ⏑ ⏑ ⏑ ‒ ‒] *om. L*
269 ‒ ‒ ‒] ⏑ ‒ ‒ *L*   ⏑ ‒ ‒] ‒ ⏑ ‒ *L*   ⏑ ‒ ⏑] ‒ ‒ ‒ *L*

235 et amfimacrus, troceus et amfibracis, troceus et ⟨baccius, troceus et⟩ antibaccus.

608, 23-24   TRISYLLABI VERO CVM TRISYLLABIS GEMINATI SEXAGINTA ET QVATTVOR COLLIGVNTVR. Quomodo ? Geminantur trisyllabi cum trisyllabis : tribracis et tribracis, tribracis
240 et molossus, tribracis et anapestus, tribracis et dactilus, tribracis et amfibracis, tribracis et amfimacrus, tribracis et baccius, tribracis et antibaccus ; molossus et molossus, molossus et tribracis, molossus et anapestus, molossus et dactilus, molossus et amfibracis, molos-
245 sus et amfimacrus, molossus et baccius, molossus et antibaccus ; anapestus et anapestus, anapestus et tribracis, anapestus et molossus, anapestus et dactilus, anapestus et amfibracis, anapestus et amfimacrus, anapestus et baccius, anapestus et antibaccus ; dactilus
250 et dactilus, dactilus et tribracis, dactilus et molossus, dactilus et anapestus, dactilus et amfibracis, dactilus et amfimacrus, dactilus et baccius, dactilus et antibaccus ; amfibracis et amfibracis, amfibracis et tribracis, amfibracis et molossus, amfibracis et anapestus, amfi-
255 bracis et dactilus, amfibracis et amfimacrus, amfibracis et baccius, amfibracis et antibaccus ; amfimacrus et amfimacrus, amfimacrus et tribracis, amfimacrus et molossus, amfimacrus et anapestus, amfimacrus et dactilus, amfimacrus et amfibracis, amfimacrus et baccius,
260 amfimacrus et antibaccus ; baccius et baccius, baccius et tribracis, baccius et molossus, baccius et anapestus, baccius et dactilus, baccius et amfibracis, baccius et amfimacrus, baccius et antibaccus ; antibaccus et antibaccus, antibaccus et tribracis, antibaccus et molossus,
265 antibaccus et anapestus, antibaccus et dactilus, antibaccus et ⟨amfibracis, antibaccus et⟩ amfimacrus, antibaccus et baccius.

---

rad. text. β   *E*

235 amfimacrus] *scripsi*, amfimacus *E*   235/236 baccius – et] *suppleui*
237 geminati] *cum* α (*F*) *correxi*, geminatis *E*   240 molossus] *scripsi*, molosus *E*
247 molossus] *scripsi*, molosus *E*   253 amfibracis²] *scripsi*, ambracis *E*   254 molossus]
scripsi, molossis *E*   261 molossus] *scripsi*, molossis *E*   263 et antibaccus²] *iter.* E
264 molossus] *scripsi*, molossis *E*   266 amfibracis – et²] *suppleui*

608, 24-26   ATQVE EXCEPTO AMFIBRACI, QVEM METRICI INFORMEM
ET INCONDITVM IVDICANT, ET EPITRITO, QVORVM ALTERVM
TRIPLA, ALTERVM EPITRITA DIVISIONE PARTIMVS. Quomo-
280   do? Quia amfibracis et epitriti nullius diuisionis sunt
pedes. VNIVERSORVM PEDVM TRINA CONDICIO REPERITVR;
IN ALIIS ENIM AEQVA DIVISIO EST, IN ALIIS DVPLA, IN ALIIS
SESCVPLA. Quomodo? Quia sunt pedes aequae diuisionis, sunt
duplae, sunt sescuplae. Et prima dactilica, quae est aequa,
285   quare dicitur dactilica? Quia dactilus pes ibi adnumeratur. Secunda iambica, quae est dupla, quare dicitur
iambica? Quia iambus pes ibi adnumeratur. Tertia peonica, quae est sescupla, quare dicitur peonica? Quia peones ibi adnumerantur.

290   Quot sunt pedes aequae diuisionis? Decem. Qui? Pirrichius, spondius, anapestus, dactilus, proceleumaticus, dispondius, diiambus, ditrocheus, antispastus et coriambus. Quare
dicti aequae diuisionis? Quia per unumquemque pedem
tanta habet tempora arsis quanta et thesis; ut puta: pirrichius
295   ex duabus breuibus constat syllabis, duo tempora habet,
unum sibi uindicat arsis et unum thesis, aequa diuisio est; spondius ex duabus longis constat, quattuor tempora habet, duo
uindicat sibi arsis et duo thesis. Quot pedes sunt duplae diuisionis? Sex. Qui? Iambus, trocheus, tribrachis, molossus et duo
300   ionici. Quare dicti duplae diuisionis? Eo quod altera pars alteram partem duplo uincat. Quomodo? Ex breui syllaba et longa

---

Trad. text. α   *F L*

280/281 Quia – pedes] cfr POMP., *Gramm.* 125, 3-4   **284/289** Et – adnumerantur]
cfr DON., *Mai.* 608, 26 - 609, 1   **290/292** Quot – coriambum] cfr POMP., *Gramm.*
124, 9-13; ISID., *Etym.* 1, 17, 23   **292/294** Quare – thesis] cfr POMP., *Gramm.* 123, 33 -
124, 6; ISID., *Etym.* 1, 17, 21   **298/300** Quot – ionici] cfr POMP., *Gramm.* 124, 26-27;
ISID., *Etym.* 1, 17, 24   **300/305** Quare – ceteri] cfr POMP., *Gramm.* 124, 13-19   **300/**
301 Quare – uincat] cfr ISID., *Etym.* 1, 17, 22

277 excepto] *om.* F   amfibraci] amphibrachi *L²*   **278** epitrito] *cum Don. et* β
correxi, epitriti α   **279** tripla] epitrita *F*   epitrita] dupla *F*   partimus] partimur *L*
280 amfibracis] anfibrachis *L*   **280/281** sunt pedes] pedes sunt *L*   **281** pedum]
fedum *E*   condicio] conditio *F*   **283** sescupla] sexcupla *L*   pedes] et *add. L*   sunt²] et
L   **284** sunt] et *L*   dactilica] secunda iambica tertia peonica *add. L*   quae – aequa]
om. L   **285** dicitur] dicta *L*   pes ibi] ibi pes *L*   adnumeratur] anneratur *L*
288 quae – sescupla] *om. L*   **292** ditrocheus] ditroceus *F*   antispastus] *scripsi,*
antispastus α   **292/298** Quare – thesis] *om. L*   **299** molossus] *cum* β *correxi,*
molosus α   **300/305** Quare – ceteri] *om. L*

608, 24-26   Atqve excepto amfibraci, qvem metrici informem
et inconditvm ivdicant, et epitrito, qvorvm altervm
270   tripla,   altervm   epitrita   divisione   partimvs.
Quomodo? Amfibracis pes nullius diuisionis est. Aliqui epitritos tripla diuisione dicunt partire ; aliqui :
epitritus et ipse nullius diuisionis est pes. Vniversorvm pedvm trina condicio reperitvr; in aliis enim
275   aeqva divisio est, in aliis dvpla, in aliis sescvpla.
Quomodo? Sunt pedes aequae diuisionis, sunt duplae, sunt et
sescuplae. Et prima diuisio, quae aequa est, ipsa est dactilica. Secunda, quae dupla est, ipsa est iambica. Peonica,
quae est sescupla.

280   Quot pedes sunt aequae diuisionis? Decem. Qui? Pirricius, spondius, anapestus, dactilus, proceleumaticus, dispondius,
diiambus, ditroceus, antispastus et coriambus. Quare dicti
aequae diuisionis? Quia pro unoquoque pede tanta habet
tempora arsis quanta et thesis; ut puta : pirricius ex duabus syl-
285   labis breuibus constat, duo habet tempora, unum tempus sibi uindicat arsis et unum thesis, aequa diuisio est; spondius ex duabus longis constat, quattuor habet tempora, duo
tempora uindicat arsis et duo thesis, et est aequa diuisio.
Quot pedes sunt duplae diuisionis? Sex. Qui? Iambus, troceus,
290   tribracis, molossus et duo ionici. Quare dicti duplae diuisionis?
Eo quod altera pars alteram partem duplo uincat. Quomodo?
Iambus ex breui syllaba et longa constat, breuis habet unum
tempus, longa duo habet tempora, arsis habet unum tempus

Trad. text. β   *E*

271/273 Amfibracis – pes] cfr Pomp., *Gramm.* 125, 3-4   **277/279** Et – sescupla] cfr
Don., *Mai.* 608, 26 - 609, 1   **280/282** Quot – coriambus] cfr Pomp., *Gramm.* 124, 9-
13; Isid., *Etym.* 1, 17, 23   **282/284** Quare – thesis] cfr Pomp., *Gramm.* 123, 33 - 124, 6;
Isid., *Etym.* 1, 17, 21   **289/290** Quot – ionici] cfr Pomp., *Gramm.* 124, 26-27; Isid.,
Etym. 1, 17, 24   **290/296** Quare – diuisionis] cfr Pomp., *Gramm.* 124, 13-19   **290/
291** Quare – uincat] cfr Isid., *Etym.* 1, 17, 22

272 epitritos] *correxi*, epitritas *E*   **273** epitritus] *correxi*, epitritas *E*   et] *iter. et
iteratum eras. E*   pes] est *iter. E*   **274** condicio] *cum* α (*L*) *scripsi*, conditio *E*
280 Quot] *cum* α *correxi*, quod *E*   **281** spondius] *cum* α *scripsi*, ispondius (-deus *E²*) *E*
282 antispastus] *scripsi*, antispastus *E*   **286** aequa] *cum* α *scripsi*, etqua *E*   spondius]
cum α *scripsi*, ispondius (-deus *E²*) *E*   **289** Quot] *cum* α *correxi*, quod *E*

constat iambus, breuis habet unum tempus, longa duo, arsis
habet unum tempus et thesis duo, pars partem duplo uincit.
Quare? Longa syllaba habet duo tempora, breuis
305 unum. Ita et ceteri. Quot sunt pedes sescuplae diuisionis? Septem. Qui? Amfimacrus, baccius, antibaccus et quattuor peones.
Quare dicta sescupla diuisio? Eo quod ab aequo unum plus habet
et a duplo unum minus ('sescum' enim apud Graecos 'dimidium'
dicitur), ut puta 'deducens', ecce baccius pes quinque habet tem-
310 pora, arsis modo habebit tria tempora, thesis duo. Quomodo? 'Dedu' tria habet tempora, 'cens' duo, id est sescupla
diuisio, quae ab aequo unum plus habet, a duplo
unum minus.

609, 1-3 SVNT IN VNOQVOQVE METRO PEDES LEGITIMI, SVNT
315 NOTI. Quomodo sunt legitimi? Quia suum metrum efficiunt,
ut puta: dactilus pes dactilicum metrum efficit, iambus iambicum; sic et ceteri pedes sua metra efficiunt. Qui sunt noti? Qui
metrum numquam efficiunt, nisi tantum intromittuntur in
metris, ut puta: pirrichius, tribracis et ceteri. SIMPLICES
320 PEDES NON AMPLIVS QVAM TERNAS SYLLABAS HABENT,
DVPLICES NON AMPLIVS QVAM SENAS HABENT. Quomodo?
Qui duabus uel tribus syllabis constant, simplices pedes sunt,
quia soluti sunt; iam si quattuor syllabarum fuerint, duplices
erunt. Quomodo? Quia unus pes duos pedes in se retinet:
325 sicut proceleumaticus duos in se pirrichios habet, ita et ceteri
tetrasyllabi. Quot sunt genera metrorum principalia? Octo.

Trad. text. α *F L*

305/306 Quot – peones] cfr POMP., *Gramm.* 125, 1-2; ISID., *Etym.* 1, 17, 26   307/
309 Quare – dicitur] cfr POMP., *Gramm.* 124, 28 - 125, 1; ISID., *Etym.* 1, 17, 22; supra
l. 135/137   321/326 Quomodo – tetrasyllabi] cfr POMP., *Gramm.* 124, 21-33   326/
329 Quot – minore] MALL. THEOD., *Gramm.* 17, 2-4; cfr infra IV, 2/4

306 Amfimacrus] amfibracis *F*   307/313 Quare – minus] *om. L*   314 Sunt] *post*
metro *transp. L*   315 metrum efficiunt] efficiunt metrum *L*   316 ut] *om. L*   metrum
efficit] efficit metrum *L*   iambus iambicum] *om. L*   317 pedes – efficiunt] *om. L*
318 numquam] non *L*   nisi] sed *L*   319 metris] metro *L*   puta] *om. L*   tribracis –
ceteri] *om. L*   321 duplices – habent] *om. F*   322 Qui] quia *F*   uel] aut *L*   sunt] *om.*
F   323 fuerint] fuerit *L*   324 erunt] sunt *L*   Quomodo] *om. L*   in – retinet] efficit
L   325/329 sicut – minore] *om. L*

et thesis duo, pars partem duplo uincit. Quare? Longa duplo
295 uincit, quia breuis unum habeat tempus, longa duo.
Ita et ceteri pedes duplae diuisionis. Quot sunt pedes sescuplae diuisionis? Septem. Qui? Amfimacrus, baccius, antibaccus
et quattuor peones. Quare dicta est sescupla diuisio? Eo quod
ab aequo unum plus habet, a duplo unum minus habet ('ses-
300 cum' enim apud Graecos 'dimidium' dicitur), ut puta 'deducens',
ecce baccius pes quinque habet tempora, arsis modo habet tria
tempora et thesis duo: 'dedu' tria habet tempora, 'cens' duo. Si
illae duae syllabae longae fuissent, arsis quattuor
habere debuit tempora et illa una duo, et dupla esse
305 debuit diuisio; sed quia arsis habet tria tempora et
thesis duo, a duplo unum super habet, ab aequo
unum minus habet et est sescuplae diuisionis, id est
media.

609, 1-3   SVNT IN VNOQVOQVE METRO PEDES LEGITIMI, SVNT
310 NOTI. Quomodo sunt legitimi? Qui suum metrum efficiunt, ut
puta: dactilus pes dactilicum metrum efficit, iambus iambicum,
anapestus anapesticum; sic et ceteri pedes sua metra
efficiunt. Qui sunt noti? Qui metra numquam efficiunt, nisi
tantum intromittuntur in metris, ut puta: pirricius, tribracis,
315 molossus et ceteri. SIMPLICES PEDES NON AMPLIVS QVAM
TERNAS SYLLABAS HABENT, DVPLICES NON AMPLIVS QVAM
SENAS HABENT. Quomodo? Qui duabus uel tribus syllabis constant, simplices sunt pedes, quia soluti sunt; iam si quattuor
syllabarum fuerint, duplices erunt, quia unus pes duos pedes in se
320 retinet: sicut proceleumaticus duos in se pirricios habet, ita et
ceteri et tetrasyllabi. Quot sunt genera metrorum? Octo. Quae?

---

rad. text. β   E

296/298 Quot – peones] cfr POMP., *Gramm.* 125, 1-2; ISID., *Etym.* 1, 17, 26   **298/**
300 Quare – dicitur] cfr POMP., *Gramm.* 124, 28 - 125, 1; ISID., *Etym.* 1, 17, 22; supra
l. 119/121   **317/321** Quomodo – tetrasyllabi] cfr POMP., *Gramm.* 124, 21-33   **321/**
323 Quot – minore] MALL. THEOD., *Gramm.* 17, 2-4

294 Quare] *cum* α (*F*) *correxi, quia* (*exp. E²*) *E*   **298** est sescupla] estcupla *E^{a.c.}*
303 duae] diuer *E^{a.c.}*   **315** molossus] *correxi,* molossos *E*   **318** soluti] *cum* α *correxi,*
soli *E*   **320** pirricios] pirricius *E^{a.c.}*

Quae? Dactilicum, iambicum, trochaicum, anapesticum, coriambicum, antispasticum, ionicum ⟨a⟩ maiore et ionicum ⟨a⟩ minore.

II.5. DE ACCENTIBVS

DON., Mai.
609, 5

TONOS ALII ACCENTVS, ALII TENORES NOMINANT. Quomodo? Alii dicunt tonos, alii accentus, alii tenores, sed ipsud est accentus quod et tonus et tenores. Quid est accentus? Certa lex
5 ad eleuandam et deprimendam syllabam in uniuscuiusque particulae locutione. Quot sunt toni? Tres. Qui? Acutus, grauis et circumflexus. Accentus unde dicti? Accentus, quos Graeci 'prosodias' dicunt, ex Graeco nomen acceperunt, nam Graece 'pros' Latine 'ad', 'ode' enim Graece Latine 'cantus' dicitur. Et sicut
10 sonus iuxta cantum et sicut aduerbium iuxta uerbum, ita et accentus iuxta locutionem. Acutus accentus cur dicitur? Eo quod acuat et alleuet syllabam. Grauis accentus cur dictus est? Eo quod deprimat et deponat syllabam, qui contrarius est acuto. Quomodo? Quia quomodo ille acuit, iste deprimit.
15 Circumflexus cur dictus est? Eo quod acuat et deprimat syllabam.

Trad. text. α F L *a* 1 De accentibus *denuo inc.* P

II.5, 2/4 Quomodo – tenores] ISID., *Etym.* 1, 18, 1; cfr POMP., *Gramm.* 126, 2-4 4/
6 Quid – locutione] AVDAX, *Gramm.* 357, 14-15; cfr Ps. PRISC., *Accen.* 7, 15 - 9, 1 6/
7 Quot – circumflexus] cfr DON., *Mai.* 609, 5-6 7/9 Accentus¹ – dicitur] ISID.,
Etym. 1, 18, 1; cfr POMP., *Gramm.* 125, 35 - 126, 2 7/8 Accentus² – dicunt] cfr
Ps. SERG., *Explan. in Don.* 524, 19 9/11 Et – locutionem] ISID., *Etym.* 1, 18, 2; cfr
AVDAX, *Gramm.* 357, 15-16 11/15 Acutus – syllabam] AVDAX, *Gramm.* 357, 24 -
358, 2; cfr Ps. PRISC., *Accen.* 9, 4-6; ISID., *Etym.* 1, 18, 2

328 antispasticum] *cum* β *scripsi,* antipasticum F a¹] *cum Mall. Theod. suppleui*
maiore] *cum* β *correxi,* maiorem F a²] *cum Mall. Theod. suppleui* **329** minore] *cum* β
correxi, minorem F
II.5, 1 De accentibus] de tonis L **3** ipsud] ipsum L² **4** quod] quo P et¹] *om.*
F P tonus] *cum* β *correxi,* tonos α tenores] tenor F P lex] et regula *add.* L
5 eleuandam] leuandam F **6** locutione] locutionem L P Quot] quod L^{a.c.}
7 Accentus²] *cum* β *correxi,* accenti L, *om.* F P **8** acceperunt] acciperunt F **9** ad –
Latine²] *om.* P dicitur] dicuntur F P **10/11** sicut – locutionem] accentus iuxta
locutionem ita aduerbium iuxta uerbo L sicut] *om.* P uerbum] uerbo P et²] *om.* P
11 dicitur] dictus est P **12** acuat] acuit F^{a.c.} alleuet] allebet F L^{a.c.} **12/13** dictus est]
dicitur F **13/14** est acuto] acutos P **14** acuto] grauis *add.* F quomodo] *om.* L
15 acuat ... deprimat] deprimat ... acuat L

Dactilicum, iambicum, trocaicum, anapesticum, coriambicum, antispasticum, ionicum ⟨a⟩ maiore et ionicum ⟨a⟩ minore.

II.5. DE ACCENTIBVS

DON., *Mai.* TONOS ALII ACCENTVS, ALII TENORES NOMINANT. Quo-
609, 5 modo? Alii dicunt tonos, alii accentus, alii tenores, sed ipsud est
accentus quod tonus uel tenores. Quid est accentus? Certa lex
5 ad eleuandam et deprimendam syllabam in uniuscuiusque particulae locutione. Quot sunt toni? Tres. Qui? Acutus, grauis et
circumflexus. Accentus unde dicti? Accentus, quos Graeci 'prosodias' dicunt, ex Graeco nomen acceperunt, nam Graece 'pros'
Latine 'ad', 'ode' enim Graece Latine 'cantus' dicitur. Et sicut
10 sonus iuxta cantum, ita et accentus iuxta locutionem; et
sicut iuxta uerbum aduerbium, ita et iuxta locutionem
accentus. Acutus accentus cur dictus est? Quod acuat et
erigat syllabam. Grauis accentus cur dictus est? Quod deprimat
et deponat syllabam, qui contrarius est acuto. Quomodo? Ille
15 acuit, iste deprimit. Circumflexus cur dictus est? Eo quod ex
acuto et graui factus uterque uelando syllabam
duplex constet accentus.

---

rad. text. β   *E*

II.5, 2/4 Quomodo – tenores] IsID., *Etym.* 1, 18, 1; cfr POMP., *Gramm.* 126, 2-4   **4/**
6 Quid – locutione] AVDAX, *Gramm.* 357, 14-15; cfr Ps. PRISC., *Accen.* 7, 15 - 9, 1   **6/**
7 Quot – circumflexus] cfr DON., *Mai.* 609, 5-6   **7/9** Accentus¹ – dicitur] IsID.,
Etym. 1, 18, 1; cfr POMP., *Gramm.* 125, 35 - 126, 2   **7/8** Accentus² – dicunt] cfr
Ps. SERG., *Explan. in Don.* 524, 19   **9/12** Et – accentus¹] IsID., *Etym.* 1, 18, 2; cfr
AVDAX, *Gramm.* 357, 15-16   **12/17** Acutus – accentus] AVDAX, *Gramm.* 357, 24 -
358, 2; cfr Ps. PRISC., *Accen.* 9, 4-6; IsID., *Etym.* 1, 18, 2

322 Dactilicum] dactilum *E*^{a.c.}   trocaicum] trochaicum *E*²   **323** a¹] *cum Mall.*
Theod. suppleui   a²] *cum Mall. Theod. suppleui*
II.5, 1 De accentibus] incipit *praem. E*   **13** erigat] erigad *E*^{a.c.}   **14** qui] *cum* α
correxi, cui E

609, 6-10   Acutus accentus quot loca obtinet? TRIA IN GRAECIS DIC-
TIONIBVS: VLTIMVM, PENVLTIMVM ET ANTEPENVLTI-
MVM. APVD LATINOS quot loca obtinet? PENVLTIMVM
20 ET ANTEPENVLTIMVM TENET, VLTIMVM NVMQVAM. CIR-
CVMFLEXVS qualia loca obtinet? PENVLTIMVM tantum.
GRAVIS PONI IN EADEM DICTIONE VEL CVM ACVTO
VEL CVM CIRCVMFLEXO POTEST. Quomodo? Vbi
circumflexus est, et acutus et grauis per accentum
25 ponitur. ET HOC ILLI NON EST COMMVNE CVM
CETERIS. Quomodo? Quia non ipsa loca retinet grauis quam acutus aut circumflexus. Grauis accentus qualia
loca obtinet? Quae nec ab acuto nec a circumflexo tenentur;
iste constat in primis et in ultimis syllabis, ubi nec acuuntur
30 nec circumflectentur.

609, 11-17   Quae sunt breues syllabae? Quae naturaliter breuem habent
uocalem. MONOSYLLABAE QVAE VOCALEM CORREPTAM
HABENT qualem accentum habent? Acutum, VT 'FAX', 'PIX',
'NVX'. Quae naturaliter productae sunt qualem accentum
35 habent? Circumflexum, VT 'RES', 'DOS', 'SPES'. IN DISSYL-
LABIS QVAE PRIOREM PRODVCTAM HABVERINT ET POSTE-
RIOREM CORREPTAM prior syllaba qualem accentum habet?
Circumflexum, VT 'META', 'CRETA', 'ROMA'. Vbi ultima
longa fuerit, penultima qualem habebit accentum? Acutum,
40 SIVE ILLA CORREPTA FVERIT SIVE PRODVCTA, VT

Trad. text. α   *F L P*

    17/26 Tria – ceteris] cfr PS. PRISC., *Accen.* 11, 12 - 13, 5   **26/30** Quomodo –
circumflectentur] cfr POMP., *Gramm.* 127, 11-15   **32/35** Monosyllabae – spes] cfr
PS. PRISC., *Accen.* 17, 1-6   **32/33** quae – Acutum] PS. SERG., *Explan. in Don.* 524, 21-
22   **34/35** Quae – Circumflexum] PS. SERG., *Explan. in Don.* 524, 23-24   **35/42** In –
malus] cfr PS. SERG., *Explan. in Don.* 524, 25 - 525, 2; PS. PRISC., *Accen.* 17, 7-12

    17 Acutus accentus] accentus acutus *L*   quot] quod *L^{a.c.} P*   Tria] quomodo *add. F*
18 et] *om. L*   **19** quot] quod *L^{a.c.} P*   **20** tenet] *om. L*   **21** qualia] qua *F P*
Penultimum] penultimo (-ma *L²*) *L*   **22** dictione] dictioni *L^{a.c.}*   **22/25** uel – ponitur]
quomodo quia grauis acentus cum acuto et cum circumflexo ponitur *in marg. L*
24 per accentum] pro accentus *P*   **26/27** grauis – circumflexus] *om. F P*   **27/**
30 Grauis – circumflectentur] *om. L*   **28** obtinet] retinet *F*   **29** iste] sed *F*   **31/**
32 Quae¹ – uocalem¹] *om. L*   **32** uocalem¹] quae sunt *add. F*   uocalem correptam]
correptam uocalem *L*   **33** qualem – habent²] quali accentu pronuntiantur *L*   Acutum]
acuto *L²*   fax] pax *L*   **35** Circumflexum] circumflexo *L*   spes] pes *L*   **37** habet]
habeat *P^{a.c.}*   **38** ultima] multama *L^{a.c.}*   **39** fuerit] fuerint *L*   habebit] habet *L*
40 illa] *om. L*   correpta ... producta] producta ... correpta *L*

609, 6-9   Acutus accentus quot loca obtinet? TRIA IN GRAECIS
            DICTIONIBVS: VLTIMVM, PENEVLTIMVM ET ANTE-
    20   PENEVLTIMVM. APVD LATINOS PENEVLTIMVM ET
            ANTEPENEVLTIMVM TENET, VLTIMVM NVMQVAM. CIR-
            CVMFLEXVS quali loco tenetur? PENEVLTIMO tantum.
            Grauis accentus qualia obtinet loca? Quae nec ab acuto nec a
            circumflexo tenentur; ex his constat in primis et ultimis syllabis
    25   ubi nec acuuntur nec circumflectentur, sed grauem, id est
            obscurum habent sonum.

609, 11-17 Quae sunt breues syllabae? Quae naturaliter breuem habent
            uocalem. MONOSYLLABAE QVAE naturaliter breuem
            HABENT, id est quae naturaliter breues sunt, qualem
    30   accentum habent? Acutum, ut 'ab', 'ad'. Quae naturaliter pro-
            ductae sunt qualem accentum habent? Circumflexum, ut 'me',
            'te', 'se'. IN DISSYLLABIS QVAE PRIOREM naturaliter PRO-
            DVCTAM HABVERINT ET POSTERIOREM CORREPTAM prior
            syllaba qualem accentum habebit? Circumflexum, ut 'Eua',
    35   'Adam'. Vbi ultima syllaba naturaliter longa fuerit, peneulti-
            ma qualem habebit accentum? Siue longa sit naturaliter
            siue breuis acutum accentum habebit, ut 'bene', 'ma-

---

Trad. text. β   *E*

18/22 Tria – tantum] cfr Ps. PRISC., *Accen.* 11, 12 - 13, 5   **23/26** Grauis – sonum]
cfr POMP., *Gramm.* 127, 11-15   **28/32** Monosyllabae – se] cfr Ps. PRISC., *Accen.* 17, 1-6
29/30 quae – Acutum] Ps. SERG., *Explan. in Don.* 524, 21-22   **30/31** Quae –
Circumflexum] Ps. SERG., *Explan. in Don.* 524, 23-24   **32/39** In – malum] cfr
Ps. SERG., *Explan. in Don.* 524, 25 - 525, 2; Ps. PRISC., *Accen.* 17, 7-12

18 quot] *cum* α *correxi, quia E*   **20** Latinos] *cum* α *correxi,* latinis *E*
24 circumflexo] *cum* α *correxi,* circumflexa *E*

'NEPOS', 'LEGES'. VBI autem AMBAE BREVES FVERINT, qualem accentum habebunt? Acutum, VT 'BONVS', 'MALVS'.

610, 1-7 IN TRISYLLABIS ET TETRASYLLABIS ET DEINCEPS, SI PE-
NVLTIMA CORREPTA FVERIT, antepenultima qualem
45 accentum habebit? Acutum, VT 'TVLLIVS', 'HOSTILIVS'.
SI PENVLTIMA POSITIONE LONGA FVERIT, quali accentu
pronuntiabitur? Acuto, ut 'Nouember', 'December'. ANTE-
PENVLTIMA quali ACCENTV PRONVNTIABITVR? GRAVI. Si
penultima positione longa ex muta et liquida fuerit, ipsa
50 penultima accentum tenere debet an non? Dicit Donatus: SI EX MVTA ET LIQVIDA FVERIT, MVTABIT ACCENTVM,
VT 'LATEBRAE', 'TENEBRAE'. SI VLTIMA SYLLABA BREVIS FVE-
RIT ET PENVLTIMA NATVRALITER LONGA, ipsa penultima
qualem accentum habebit? Circumflexum, VT 'CETHEGVS',
55 'PEROSVS'. SI VLTIMA naturaliter LONGA FVERIT, PE-
NVLTIMA qualem accentum habebit? Acutum, VT 'ATHE-
NAE', 'MICENAE'.

610, 8-10 IN CONPOSITIS DICTIONIBVS quot sunt accentus? VNVS,
sicut et IN VNAM PARTEM ORATIONIS, VT 'MALESANVS',
60 'INTEREALOCI'. Quomodo? Non separanda est pars in duobus accentibus, ut puta 'male' unum accentum et 'sanus' alterum, sed sub uno accentu proferendae sunt, ut 'malesanus'. ACCENTVS IN quibus DICTIONIBVS OBSERVANTVR? IN
INTEGRIS. Quomodo? Puta si dicam 'Sabastianus', tolle 'anus',
65 remanet 'Sabasti', quod nihil est; et ideo IN INTEGRIS DICTIO-
NIBVS OBSERVANTVR, ne dictio obscurum habeat intellectum.

Trad. text. α *F L P*

43/52 In – tenebrae] cfr Ps. PRISC., *Accen.* 19, 4-10 52/57 Si – Micenae] cfr
Ps. PRISC., *Accen.* 17, 10-13 63/68 Accentus – nominibus] cfr Ps. PRISC., *Accen.*
13, 6-8

---

41 autem] *om. F P* 42 habebunt] habent *L* 45 Hostilius] ostilius *L*
46 accentu] accentum *F P^{a.c.}* 47/48 Acuto – pronuntiabitur] *om. L* Acuto]
acutum *P^{a.c.}* 49 longa] non *add. L* 50 tenere] teneri *L* 51 mutabit] mutauit *L P*
53 et] aut *L, om. F* naturaliter] natura *F P* 54 Cethegus] *cum Don. scripsi*, ceteius
F P, chetecus *L* 55 penultima] *om. F* 56 habebit] possidebit *L* Athenae] atthenae
F 57 Micenae] michenae *F*, michene *P* 58 quot] quod *L^{a.c.}* 59 et] *post* unam
transp. L unam] una *L* partem] parte *L²* 60 separanda] conseparanda *P* duobus]
duabus *P* 61 accentibus] consonantibus *praem. et exp. P* et] ut *L^{a.c.}, om. F* 62 sed]
quia *L* accentu] accentum *P* 64 Puta] puto *P* 65 nihil est] est nihil *P* et] *om. L*
66 obseruantur] obseruatur *F*

le', 'docte'. Vbi naturaliter AMBAE BREVES FVERINT, qualem accentum habebunt? Acutum, vt 'bonvm', 'malvm'.

610, 1-7   In trisyllabis et tetrasyllabis et deinceps, si
41   penevltima naturaliter brevis fverit, antepeneul-
tima qualem accentum habebit? Acutum, ut 'Abentius', 'Ar-
temius'. Si penevltima positione longa fverit, quali
accentu pronuntiabitur? ⟨Acuto, ut 'Nouember', 'December'.
45   Antepenevltima quali accentv pronvntiabitvr?⟩
Gravi. Si peneultima positione longa ex muta et liquida
fuerit, peneultimum locum accentus obtinere debet aut
non? Sicut Donatus: si ex mvta et liqvida fverit, mvtabit accentvm, vt 'latebrae', 'tenebrae'. Si vltima syl-
50   laba brevis fverit, penevltima vero natvraliter
longa fverit, ipsa peneultima qualem accentum habebit?
Circumflexum, ut 'barbatus', 'magnatus'. Si vltima natura longa fverit, penevltima qualem accentum habebit?
Acutum, ut 'oliuae', 'conuiuae'.

610, 8-10   In conpositis dictionibvs quot sunt accentus? Vnvs,
56   sicut et in vnam partem orationis, vt 'Deodatus', 'cap-
tatus'. Quomodo? Non separanda est pars in duobus accentibus, ut puta 'Deo' unum accentum et 'datus' alium, sed sub
uno accentu proferenda est. Quomodo? 'Deodatus',
60   'malesanus', 'interealoci'. Accentvs in quibus dictionibvs observantvr? In integris. Quomodo? Vt puta si
dicam 'Sabastianus', si tollo 'anus', remanet 'Sabasti', quod
nihil significat; et ideo ⟨in⟩ integris dictionibvs observantvr, ⟨ne⟩ dictio aut obscurum aut nullum habeat intel-
65   lectum. In interiectionibvs et peregrinis verbis et in
barbaris nominibvs certi sunt accentus? Non. Quid ibi

Trad. text. β   E

    40/49 In – tenebrae] cfr Ps. Prisc., *Accen.* 19, 4-10   **49/54** Si – conuiuae] cfr
Ps. Prisc., *Accen.* 17, 10-13   **60/66** Accentus – nominibus] cfr Ps. Prisc., *Accen.*
13, 6-8 **65/68** In – ratione] cfr Ps. Prisc., *Accen.* 13, 8-11

    38 ambae breues] *cum* α *correxi*, ambreues *E*   **40** et²] ut *E^{a.c.}*   **41** breuis] breues
E^{a.c.} **44/45** Acuto – pronuntiabitur] *cum* α *suppleui* **48** muta] meta *E^{a.c.}* mutabit]
mutauit *E^{a.c.}* **50** naturaliter] naturali *E^{a.c.}* **57** duobus] *cum* α *correxi*, duabus *E*
63 in] *cum Don. et* α *suppleui* integris] *cum Don et* α *correxi*, integrus *E* **64** ne] *cum*
α *suppleui*

In interiectionibvs et peregrinis verbis et in barbaris nominibvs certi sunt accentus an non? Non. Quid ibi
faciendum est? In potestate uniuscuiusque consistit ut, quomo-
70 do necessaria fuerint, ita in metrica ponantur ratione.

610,11   Accentvvm legem quot res disturbant? Tres.
Quae? Distingvendi, pronvntiandi et discernendi.
Quomodo 'distinguendi'? Vt puta si dicam 'interealoci', qui
nescit alteram partem dicit 'interea', alteram 'loci'; sed qui
75 scit distinguit illud et dicit 'interealoci' unam partem
et sub uno accentu. Quomodo discretio corrumpit regulam
accentuum? Puta si dicam 'pone' et 'ergo'. Inter 'pone' et
'pone' quid distat? Si dixero 'pone' et penultimo loco
habuerit accentum, erit uerbum imperatiui modi. Da eius
80 exemplum: "Pone supercilium, si te cognoscis amicum". Nam si ultimo loco habuerit accentum et subsecutum
fuerit nomen accusatiui casus, erit praepositio. Da
eius exemplum: "Pone faces caudis circumligat, in
sata mittit". Si uerbum subsecutum fuerit et in ipsa
85 ultima syllaba habuerit accentum, erit aduerbium
loci, quod significat retro, 'pone'. Da eius exemplum: "Pone subit coniux; ferimur per opaca locorum". Inter
'ergo' et 'ergo' quid distat? Si ultima syllaba habuerit accentum, erit aduerbium prohibentis. Da eius

Trad. text. α   *F L P*

67/70 In – ratione] cfr Ps. Prisc., *Accen.* 13, 8-11   71/72 Accentuum –
discernendi] cfr Ps. Prisc., *Accen.* 13, 12-14   73/76 Quomodo – accentu] cfr
Ps. Prisc., *Accen.* 15, 2-6   77/93 Inter – potestas] cfr Pomp., *Gramm.* 131, 1-15;
Ps. Prisc., *Accen.* 13, 14 - 15, 2

II.5, 80 Pone – amicum] Sedvl., *Carm. Pasch.* 1, 3 (p. 14)   83/84 Pone – mittit]
Prvd., *Tit.* 70 (p. 393)   86/87 Pone – locorum] Verg., *Aen.* 2, 725

67 peregrinis] in *praem.* F   69 consistit] quomodo *add.* F   quomodo] cum F,
quando P   70 ponantur ratione] ratione ponantur L   71 Accentuum] accentum P
quot] quod (quantas P²) P   disturbant] disturbat F   72 Quae] qui L   discernendi]
discernendae ambiguitatis necessitas L   73 Vt] *om.* FP   74 interea] et *add.* L
alteram¹] unam P   75 distinguit – et] illud distinguere L   76/77 corrumpit –
accentuum] *om.* L   76/77 regulam accentuum] regula accentum P, quomodo *add.* F
77 Puta – dicam] sicut L   78 pone¹] ergo L P   79 erit] erat L^{a.c.}   80 cognoscis]
agnoscis P   81 habuerit – et] *om.* L   83 faces] facis P   84 uerbum] aduerbium F^{a.c.} P
84/85 et – accentum] *om.* L   86 loci] locis L   pone] *om.* L   Pone] ponem L^{a.c.}
87 locorum] locarum L^{a.c.}   88 ergo¹] ego P^{a.c.}   ultima] in *praem.* L

faciendum est? In potestate uniuscuiusque consistit ut, quomodo necessaria fuerint, ita in metrica ponantur ratione.

610, 11   ACCENTVVM LEX quibus modis corrumpitur? Tri-
70   bus. Quibus? DISTINGVENDI, PRONVNTIANDI et DISCER-
NENDI. Quomodo DISTINGVENDI? Vt puta si dicam 'interealoci', qui nescit aliam partem dicit 'interea', aliam 'loci'; sed qui
scit discernit illud et sub uno accentu pronuntiando
unam esse particulam illud ostendit. Sicut est et
75   illud: "In litore conspicitur sus"; nescientes dicunt
'in litore conspicit ursus'. Numquid ursus aliquem
intellectum habet discernendi, ut in litore aliquid
conspiciat? Sed qui intellegit discernit illud et facit
'in litore conspicitur sus'. Quomodo discretio corrumpit
80   regulam accentuum? Vt puta si dicam 'pone' et 'ergo'. Si dixero
'pone', ut peneultimo loco habeat accentum, erit uerbum
imperatiui modi. Nam si ultimo loco habuerit accentum,
ut puta si dicam 'pone', erit praepositio accusatiui
casus, quod significat retro, 'pone'. Si dixero 'ergo' ita, ut
85   peneultimo loco habeat accentum, erit coniunctio.
Nam si ultimo loco habuerit accentum, ut puta si
dicam 'ergo', erit aduerbium prohibentis, quia pro
'ne' ponitur, ut est illud "Ergo iudicium nihil est nisi
publica merces". Naturaliter habet ultima syllaba hic
90   accentum aut non? Non naturaliter, sed propter
discretionem, ut discernat in accentu qualis sit pars
orationis; nam nulla pars orationis est quae ultimo

---

trad. text. β   *E*

69/70 Accentuum – discernendi] cfr Ps. PRISC., *Accen.* 13, 12-14   **71/**
79 Quomodo – sus] cfr POMP., *Gramm.* 130, 31-35   **71/74** Quomodo – ostendit] cfr
Ps. PRISC., *Accen.* 15, 2-6   **80/94** Si – accentus] cfr POMP., *Gramm.* 131, 1-15;
Ps. PRISC., *Accen.* 13, 14 - 15, 2

II.5, 75 In – sus] VERG., *Aen.* 8, 83   **88/89** Ergo – merces] PETRON., *Satyr.* 14, 5

67 uniuscuiusque] *cum* α *correxi*, unicuiusque *E*   **69** Accentuum] *cum Don et* α
correxi, accentum *E*   **72** loci sed] *cum* α *correxi*, locis et *E*   **75** litore] ligore *E*ᵃ·ᶜ·
76 ursus¹] sus *E*ᵃ·ᶜ·   **79** corrumpit] *cum* α *correxi*, corrupit *E*   **80** accentuum] *cum* α
correxi, accentum *E*   puta] *cum* α *correxi*, puto *E*   **89** publica] *cum* α *correxi*, pullica *E*
90 Non] *sup. l. E*

90 exemplum : "Ergo iudicium nihil est nisi publica
    merces". Si uero penultimo loco habuerit accentum,
    erit coniunctio. Da eius exemplum : "Ergo quid hinc
    agimus nunc te rogo, celsa potestas".

        Pronuntiatio quomodo corrumpit regulam ? Vt puta
95 si dicam 'doctus' in primis, adde coniunctionem et facis
    'doctusque', 'itaque', 'dixitque', ecce pronuntiatio mutat
    accentum et non in prima syllaba sed in secunda habebit
    accentum. Quot sunt syllabae in quibus accentus corrumpun-
    tur? Tres: 'ue', 'que' et 'ne'. Nam aliqui dicunt 'itáque' pro
100 'ítaque', quum non in secunda sed in prima syllaba retinet
610, 12-15 accentum. GRAECA VERBA quibus accentibus melius pro-
    feruntur ? Graecis. Quomodo? Graeca locutio GRAECIS
    ACCENTIBVS MELIVS efficitur quam Latinis. IN LATI-
    NIS locutionibus ponitur in ultimis syllabis accentus an non?
105 Non, NISI DISCRETIONIS CAVSA, VT IN ADVERBIO 'PONE',
    IDEO NE VERBVM PVTETVR IMPERATIVI MODI,
    NEQVE CIRCVMFLEXVS, NISI IN EA PARTICVLA QVAE
    EST 'ERGO'.

611, 4-6   Quot sunt accentus? Decem. Qui sunt ? 'Oxia', qui est acu-
110 tus; 'baria', qui est grauis; 'pereospomene', circumflexus; 'ma-

---

Trad. text. α   F L P

94/99 Pronuntiatio – ne] cfr POMP., *Gramm.* 131, 16-24; PS. PRISC., *Accen.* 15, 6-14
109/111 Quot – breue] cfr PS. PRISC., *Accen.* 9, 7 - 11, 12; ISID., *Etym.* 1, 19, 1-10

90/91 Ergo – merces] PETRON., *Satyr.* 14, 5   92/93 Ergo – potestas] VEN. FORT.,
Carm. 9, 2, 53

94 Pronuntiatio] pronuntiatione *F P*   Vt] *om. F P*   95 facis] facit *L*   96 dixitque]
om. L   96/97 pronuntiatio – accentum] in pronuntiatione mutatur accentus *L*   97/
98 habebit accentum] retinet eum *L*   98 Quot] quod *L*^{a.c.}   corrumpuntur]
corrumpitur *L*   99 aliqui] alii *F P*   100 retinet] habeat *L*   101 melius] *om. L*
proferuntur] referuntur *F P*   103 quam Latinis] *om. L*   103/104 Latinis
locutionibus] latina locutione *L*   104 ultimis syllabis] ultima sillaba *L*   105 aduerbio]
aduerbium *F P*   106 ideo] et *F P*   uerbum putetur] uerbo putit (-tet *L*²) *L*
107 neque] *om. F P*   circumflexus] *post* ergo *transp. P, om. F*   109 Qui] quae *E*
Oxia] ὀξεῖα *legend.*   qui est] quae *F*   est] *om. F*   110 baria] uaria *P*, βαρεῖα *legend.*
qui] que *P*   est] et *L*   pereospomene] pereospomone *L*, pro eos pomene *P*,
περισπωμένη *legend.*   macron] macron unum *F*, macro unum *P*, μακρὸν *legend.*

loco habeat accentum, nisi ipsi propter discretionem
corrumpitur regula accentus.

95   Quomodo corrumpit pronuntiatio accentuum
regulam? Vt puta si dicam 'doctus', 'ita', in primis syllabis
est accentus ; adde coniunctionem et facis 'doctusque', ecce
pronuntiatio corrumpit accentum et non in prima syllaba sed
in secunda mutatur accentus. Quot sunt syllabae in quibus
100 regulae accentuum corrumpuntur? Tres. Quae ? 'Ve', 'que'
et 'ne', quod est aduerbium. Ceterae accentuum regulas
non corrumpunt. Nam aliqui dicunt 'itaque' pro 'itaque',
quum non in secunda sed in prima syllaba retineat accentum.
610, 12-15 SANE GRAECA VERBA GRAECIS ACCENTIBVS MELIVS
105 EFFERIMVS. Quomodo? Graeca locutio melius Graecis
accentibus quam Latinis proferuntur. IN LATINIS locu-
tionibus ponitur in ultimis syllabis accentus aut non? Non, NISI
DISCRETIONIS CAVSA, VT IN ADVERBIO ACVTVS ACCEN-
TVS quod est 'PONE', et IN EA PARTICVLA CIRCVM-
110 FLEXVS QVAE EST 'ERGO'.

ɔ, 16-611, 6   Quot sunt accentus? Decem. Qui? 'Oxia', qui et acutus;
'baria', qui et grauis; 'perispomene', qui et circumflexus;
'macron', longus ; 'bracia', breuis ; 'ifen', 'diastole',
'apostrofos' ', 'dapsia' ⊦ et 'psile' ⊣. Quibus notan-
115 tur figuris? ACVTVS ACCENTVS EST NOTA PER OB-
LIQVVM deorsum adsursum ascendens IN DEXTERAM
PARTEM ITA : /. GRAVIS NOTA A SVMMO, id est asur-
sum IN DEXTERAM PARTEM DESCENDENS ITA : \.

ad. text. β   E

95/101 Quomodo – aduerbium] cfr POMP., *Gramm.* 131, 16-24; PS. PRISC., *Accen.*
15, 6-14   111/114 Quot – psile] cfr Ps. PRISC., *Accen.* 9, 7 - 11, 12; ISID., *Etym.* 1, 19, 1-10

93 ipsi] *iter. E*   94 regula] *correxi,* regule *E*   97 adde] autde *E^{a.c.}*
100 corrumpuntur] *cum* α *correxi,* corrumpitur *E*   103 accentum] *cum* α *correxi,*
accentuum *E*   107 Non] *sup. l. E*   111 Oxia] *cum* α *correxi,* oxpia *E,* ὀξεῖα *legend.*
112 baria] βαρεῖα *legend.*   perispomene] *scripsi,* aperispomene *E,* περισπωμένη *legend.*
113 macron] *cum* α *correxi,* macronui *E,* μακρὸν *legend.*   bracia] *scripsi,* bratia *E,* βραχεῖα
legend.   ifen] ὑφήν *legend.*   diastole] *cum* α *correxi,* diastolea *E,* διαστολή *legend.*
114 apostrofos] ἀπόστροφος *legend.*   dapsia] δασεῖα *legend.*   psile] ψιλή *legend.*
115 Acutus] *iter. E*   118 ita] itaque *E^{a.c.}*

cron', longum ; 'bracin', breue. 'Oxia' qualem accentum
significat ? Acutum ; fit ita : /. 'Baria' ? Grauis ; nota
fit ita : \. 'Pereospomene' ? Circumflexus ; fit ita : ^.
'Bracin' ? Breuis ; fit ita : U. 'Macron' ? Longus ; fit
115 ita : —. 'Yfen' quam uim obtinet ? Duo uerba copulat, VT "Ante͜ tvlit gressvm" et "Tvrnvs vt ante͜
volans tardvm praecesserat agmen"; fit ita : ͜ .Quis
est isti contrarius ? Diastole. Quam uim obtinet ? Male
cohaerentia discernit, vt est "Ereptae virginis
120 ira" et "Viridiqve in litore conspicitvr svs". Quomodo est contraria yfen ? Quia quemadmodum illa male separata
iungendo ornat, ita ista male iuncta separando, id est discernendo decorat. Quomodo ? Quia qui hoc non scit distinguere dicit : 'Viridique in litore conspicit ursus' ; sed
125 qui hoc bene scit distinguere dicit : 'Ab hominibus
in litore conspicitur sus', id est porcus. Inperiti dicebant 'In litore conspicit ursus'. Fit ita :,.

Trad. text. α   *F L P*

111/120 Oxia – sus] cfr Don., *Mai.* 610, 16 - 611, 6   **111/115** Oxia – ita] cfr
Ps. Prisc., *Accen.* 9, 7 - 11, 1; Isid., *Etym.* 1, 19, 1-5 **115/117** Yfen – ita] cfr Ps. Prisc.,
Accen. 11, 1-3; Isid., *Etym.* 1, 19, 6   **117/127** Quis – ita] cfr Ps. Prisc., *Accen.* 11, 4-5;
Isid., *Etym.* 1, 19, 7

116 Antetulit gressum] Verg., *Aen.* 6, 677 **116/117** Turnus – agmen] Verg., *Aen.*
9, 47 **119/120** Ereptae – ira] Verg., *Aen.* 2, 413 **120** Viridique – sus] Verg., *Aen.* 8,
83

111 bracin] βραχύ *legend.* breue] est *add.* L qualem] quale L **112** fit] *om.* L P
ita] *om.* P /] *sup. l.* L, *om.* P Baria] uaria P **113** fit¹] est L, *om.* P \] *om.* P
Pereospomene] per eos pomone L fit²] *om.* L P ^] *iter. et iteratum exp.* L, *om.* P
114 Breuis fit] *om.* L P U] *in marg.* P Longus fit] *om.* L P **115** Yfen] ὑφήν *legend.*
116 Turnus ut] turnes et *L^{a.c.}* **117** praecesserat] praesserat P fit ita] *om.* L P Quis]
quae L **118** est] *om.* P contrarius] contraria L Diastole] διαστολή *legend.*
120 Viridique] uiridi quae F, uirique *L^{a.c.}* **121** illa] illam *P^{a.c.}* male] mala L separata]
superata P **122** discernendo] descernendo *L^{a.c.}* **123** decorat] decorant L Quia] *om.*
L **124** Viridique] uiridi quae F, uirique *L^{a.c.}* **125** hominibus] omnibus F P
126 conspicitur] conspicit *L^{a.c.}* **126/127** Inperiti – ursus] *om.* L **127** Fit ita ,] *om.*
L P

CIRCVMFLEXVS NOTA DE ACVTO ET GRAVI FACTA
120 ITA ^. LONGVS LINEA A SINISTRA IN DEXTERAM
PARTEM AEQVALITER DVCTA —. ⟨BREVIS VIRGVLA
SIMILITER IACENS, SED PANDA ATQVE CONTRAC-
TIOR U⟩. 'IFEN' VIRGVLA SVBIECTA VERSVI; HAC
NOTA SVBTER POSITA DVO VERBA, QVVM ITA RES
125 EXIGIT, COPVLAMVS, VT "ANTE TVLIT GRESSVM" ET
"TVRNVS VT ANTE VOLANS TARDVM PRAECESSERAT
AGMEN". Quomodo? Quum fuerit pars futurae conpositae, ut puta si dicam 'bene natus', proferendum est;
figura subter 'e' uocali usque in uocalem ubi accen-
130 tum habet posita erit, sicut est super notata. Quae est
isti CONTRARIA? DIASTOLE. Quid est diastole? DEX-
TERA PARS QVAEDAM CIRCVLI AD IMAM LITTERAM
APPOSITA. Qualem uim habet? MALE COHAERENTIA
discernit. Quomodo? Vt puta si dicam "IN LITORE
135 CONSPICITVR SVS". Aliqui ignorantes dicunt 'In
litore conspicit ursus', ut nullum habeant discernendi intellectum; scientes autem discernunt illud et
faciunt 'In litore conspicitur sus'. Quomodo est contraria ifen? Quia quemadmodum illa male separata iungendo ornat,
140 ita ⟨ista⟩ male iuncta separando, id est discernendo decorat.

trad. text. β   *E*

130/140   Quae – decorat] cfr Ps. PRISC., *Accen.* 11, 4-5; ISID., *Etym.* 1, 19, 7

125   Antetulit gressum] VERG., *Aen.* 6, 677   126/127   Turnus – agmen] VERG., *Aen.*
9, 47   134/135   In – sus] VERG., *Aen.* 8, 83

121   aequaliter ducta] *cum Don. correxi*, qualiter dicta *E*   121/123   Breuis – U] *cum
Don. suppl. Maes.*   123   uirgula subiecta] *cum Don. correxi*, uirgulas abiecta *E*   hac]
cum Don. correxi, haec *E*   124   quum] quam *E*ᵃᶜ   129   e] *correxi*, a *E*   131   diastole]
scripsi, diastolea *E*   136   habeant] *correxi*, habeat *E*   138   faciunt] *scripsi*, fauciunt *E*
139   illa ... separata] *cum* α *correxi*, illam ... separatam *E*   140   ista] *cum* α *suppleui*

611, 6-9   APOSTROFOS quid est? CIRCVLI PARS DEXTERA AD SVM-
            MAM LITTERAM ADPOSITA. Fit ita : '. Haec nota qualem uim
130   obtinet? DEESSE ostendit PARTI ORATIONIS VLTIMAM
            VOCALEM, CVIVS CONSONANS REMANET, VT EST
                  "TANTON ME CRIMINE DIGNVM
            DVXISTI?";
            hic uocalem ultimam minus habet. Et ubi uocalis minus fuerit,
135   ut puta "Tantan uos tenuit generis fiducia uestri?". Nam et
            ubicumque uocalis minus fuerit, ista nota apostrofos ponitur.
            CETERVM DAPSIAN ⊢ ET PSILEN ⊣ APVD LATINOS H LIT-
            TERA VOCALI ADDITA VEL DETRACTA SIGNIFICATVR. Dap-
            sian quam uim obtinet? Hispidum uel asperum, unde
140   et adspiratio. Psilen? Detractum. Quomodo? Quia ubi
            debetur adspiratio esse et non est, facit dapsian ⊢, et ubi est
            et non esse debet, facit psilen ⊣. Ambae inter se coniunc-
            tae faciunt litteram H. Dapsian   ⊢ interpretatur
            adspiratio, id est ubi H littera poni debet tali figura
145   notatur. Psilen ⊣ interpretatur siccitas siue purum,
            id est ubi littera H esse non debet tali nota ostendi-
            tur.

Trad. text. α   *F L P*

128/133 Apostrofos – duxisti] cfr Ps. PRISC., *Accen.* ii, 6-9   **128/131** Apostrofos –
uocalem] cfr ISID., *Etym.* 1, 19, 8   **138/146** Dapsian – ostenditur] cfr Ps. PRISC., *Accen.*
ii, 9-12; ISID., *Etym.* 1, 19, 9-11   **142/143** Ambae – H] cfr POMP., *Gramm.* 132, 30-31

132/133 Tanton – duxisti] VERG., *Aen.* 10, 668-669   **135** Tantan – uestri] VERG.,
Aen. 1, 132

---

128 Apostrofos] apostrofus *F*, ἀπόστροφος *legend.*   quid est] quidem *F P*   dextera]
dextra *F*, dextram *L*   **129** Fit ita '] *om. L P*   qualem] quam *F P*   **130** obtinet] habet *L*
ostendit] ostenditur *L*   **131** consonans] sonans *L^{a.c.}*   **132** Tanton] tanto *F*, toniton *P*
135 Tantan] tantane *F P*   **136** ista] ea *F P*   apostrofos] apostrofus *F*   **137** dapsian]
dasian *F*, dapsiam *P*, δασεῖα *legend.*   ⊢] *om. P*   psilen] sileam *P*, ψιλή *legend.*   ⊣] *om.*
P   **138** Dapsian] dapsia *F P*   **139** quam – obtinet] quid est *L*   Hispidum] *scripsi,*
spidus *F P*, spidum *L*   asperum] *correxi*, aspidus *F P*, adspidum *L*   **140** et] *om. F*
141 adspiratio esse] esse aspiratio *L*   facit] facitur *F P*   dapsian] dapsia *L*, daptio *P*
⊢] *om. P*   et²] *om. L*   **142** facit] facitur *F P*   psilen] psile *P*   ⊣] *om. P*   **143** H] *ante*
faciunt *transp. L, om. P*   **143/145** Dapsian – notatur] deesse ostendit aspirationem
notam (natam *P*) ubi esse debet et non est notabitur ita ⊢ (*om. P*) *F P*   **141** ⊢] *sup. l. L*
144 debet] debant *L^{a.c.}*   **145/146** 142 ⊣ – ostenditur] quam (quia *P*) uim obtinet
purum uel lenem deesse ostendit aspirationem notam ubi esse non debet et est
notabitur ita ⊣ *F P*   **146** H] *sup. l. L*

611, 6-9   APOSTROFOS quid est? CIRCVLI PARS DEXTERA AD SVM-
           MAM LITTERAM ADPOSITA: '. Haec nota qualem uim habet?
           DEESSE ostendit PARTI ORATIONIS VLTIMAM VOCALEM, CVI-
           VS CONSONANS REMANET. Quomodo ? VT EST

145   "TANTON' ME CRIMINE DIGNVM
           DIXISTI?";
           hic uocalem ultimam minus habet. Et ubi uocalis sic minus
           fuerit, ut puta "Tantan' uos generis tenuit fiducia uestri?".
           Vbicumque uocalis minus fuerit, ista nota apostrofos ponitur.

150   CETERVM DAPSIA ET PSILE APVD LATINOS H LITTERA
           VOCALI ADDITA VEL DETRACTA SIGNIFICATVR. Quomodo ?
           Dapsia significat additum H, psile detractum. Quomodo?
           Vbi debet adspiratio esse et minus est, facit dapsia; ubi est et
           non esse debet, facit psile. Qua figura notantur ? Dapsia

155   notatur ita ⊢ et ponitur ubi adspiratio minus est ;
           psile notatur ita ⊣ et ponitur ubi non debet esse
           adspiratio et est. Dapsia tamen et psile iunctae H
           litteram efficiunt ita : H.

Trad. text. β   E

151/158 Quomodo – H] cfr Ps. PRISC., *Accen.* 11, 9-12; ISID., *Etym.* 1, 19, 10-11   **157/
158** Dapsia – H] cfr POMP., *Gramm.* 132, 30-31

145/146 Tanton – dixisti] VERG., *Aen.* 10, 668-669   **148** Tantan – uestri] VERG.,
Aen. 1, 132

143 Deesse] *cum Don. et α correxi*, dese *E*   **145** me crimine] *scripsi*, m&rimine *E*
148 Tantan] *cum α correxi*, tantum *E*   **152** psile] *scripsi*, sile *E*   **154** psile] *scripsi*, sile
E   Dapsia] *correxi*, apsia *E*   **156** psile] *scripsi*, sile *E*   **158** H] *iter. E*

II.6. DE POSITVRIS

DON., *Mai.*   TRES SVNT POSITVRAE VEL DISTINCTIONES, QVAS
612, 2-7   'THESIS' GRAECI VOCANT: DISTINCTIO, SVBDISTINCTIO,
MEDIA DISTINCTIO. Quomodo? Si dicas aut positurae aut
5 distinctiones aut thesis, unam rem significant. Quomodo? Quia ipsud positura quod distinctio uel thesis. DISTINCTIO, SVBDISTINCTIO, MEDIA DISTINC-
TIO quomodo? DISTINCTIO EST VBI FINITVR PLENA
SENTENTIA; HVIVS PVNCTVM AD SVMMAM LITTE-
10 RAM PONIMVS. Quomodo? Puta si dicam
"Si Deus est animus, nobis ut carmina dicunt,
hic tibi praecipue sit pura mente colendus";
hic plena sententia est. SVBDISTINCTIO quid EST?
VBI NON MVLTVM SVPEREST DE SENTENTIA, QVOD TAMEN
15 NECESSARIO SEPARATVM MOX INFERENDVM SIT;
HVIVS PVNCTVM AD IMAM LITTERAM PONIMVS. Quomodo? Puta si dicam
"Si Deus est animus, nobis ut carmina dicunt,
hic tibi praecipue [sit pura mente colendus"];
20 MEDIA DISTINCTIO quid EST? VBI TANTVM DE SEN-
TENTIA REMANET QVANTVM IAM DIXIMVS. HVIVS
PVNCTVM AD MEDIAM LITTERAM PONIMVS, ut puta
si dicam "Si Deus est animus, nobis ut carmina
dicunt".

Trad. text. α   *F L P*

II.6, 4/6 Quomodo – thesis] cfr ISID., *Etym.* I, 20, 1

II.6, 11/12 Si – colendus] Ps. CATO, *Dist.* I, I, 1-2   18/19 Si – colendus] Ps. CATO,
Dist. I, I, 1-2   23/24 Si – dicunt] Ps. CATO, *Dist.* I, I, 1

II.6, 3 thesis] thessis *P*, θέσις *legend.*   uocant] quae *add. F*   4/5 Si – significant]
dicas distinctiones dicas positurae dicas thesis unum est totud (totum *L²*) *L*
5 distinctiones] significationes *F*, significationis *P*   Quomodo] *om. L P*   6/8 Quia –
quomodo] *om. L*   positura] positure *P*   8 Distinctio] ubi *add. L*   10 si dicam] *om. L*
12 sit] sic *L^{a.c.}*   13 plena – est'] plenus est sententia *L*   14 sententia] sentia *L*   14/
15 quod – sit] *om. L*   15 inferendum] biferendum *P*   sit] est *F*   16 ponimus] *iter. L*
Quomodo] *om. L*   17 si dicam] *om. L*   19 sit – colendus] *excludendum putaui* sit]
sic *L*   colendus] plus uigila semper *add. L*   20 quid] *om. L*   21 quantum] quam *P*
iam] *om. L*   23 si dicam] *om. L*   est] *om. P*

II.6. DE POSITVRIS

ᴅᴏɴ., *Mai.*
612, 2-7

QUOT SVNT POSITVRAE VEL DISTINCTIONES, QVAS
'ᴛʜᴇsɪs' Gʀᴀᴇᴄɪ ᴠᴏᴄᴀɴᴛ? Tres : ᴅɪsᴛɪɴᴄᴛɪᴏ, sᴠʙᴅɪsᴛɪɴᴄᴛɪᴏ, ᴍᴇᴅɪᴀ ᴅɪsᴛɪɴᴄᴛɪᴏ. Quomodo ᴘᴏsɪᴛᴠʀᴀᴇ ᴠᴇʟ
5 ᴅɪsᴛɪɴᴄᴛɪᴏɴᴇs? Ipsud est positura quod distinctio
apud nos, quod apud Graecos thesis dicitur. Quid
ᴇsᴛ ᴅɪsᴛɪɴᴄᴛɪᴏ? Vʙɪ ꜰɪɴɪᴛᴠʀ ᴘʟᴇɴᴀ sᴇɴᴛᴇɴᴛɪᴀ; ʜᴠɪᴠs
ᴘᴠɴᴄᴛᴠᴍ ᴀᴅ sᴠᴍᴍᴀᴍ ʟɪᴛᴛᴇʀᴀᴍ ᴘᴏɴɪᴍᴠs. Quomodo? Vt
puta si dicam "Omnia, Domine, in sapientia fecisti,
10 repleta est terra creatura tua". Huius punctum ad
sumam litteram, id est supra ponimus. Quid ᴇsᴛ
sᴠʙᴅɪsᴛɪɴᴄᴛɪᴏ? Vʙɪ ɴᴏɴ ᴍᴠʟᴛᴠᴍ sᴠᴘᴇʀᴇsᴛ ᴅᴇ sᴇɴᴛᴇɴᴛɪᴀ, ǫᴠᴠᴍ ᴛᴀᴍᴇɴ ʀᴇsᴘɪʀᴀɴᴅᴠᴍ. Ita respiran-
dum dicitur, ubi suspensa fuerit locutio, ubi paruum
15 remanet de sententia, ut puta "Omnia, Domine, in
sapientia fecisti, repleta est terra". Hᴠɪᴠs ᴘᴠɴᴄᴛᴠᴍ
ᴀᴅ ɪᴍᴀᴍ ʟɪᴛᴛᴇʀᴀᴍ, id est deorsum ᴘᴏɴɪᴍᴠs. Quid
ᴇsᴛ ᴍᴇᴅɪᴀ ᴅɪsᴛɪɴᴄᴛɪᴏ? Vʙɪ ᴛᴀɴᴛᴠᴍ ᴅᴇ sᴇɴᴛᴇɴᴛɪᴀ
sᴠᴘᴇʀᴇsᴛ ǫᴠᴀɴᴛᴠᴍ ɪᴀᴍ ᴅɪxɪᴍᴠs. Vt puta si dicam "Om-
20 nia, Domine, in sapientia fecisti"; tantum minus
habet quantum diximus, media sententia est. Pᴠɴᴄ-
ᴛᴠᴍ ᴇɪᴠs ᴀᴅ ᴍᴇᴅɪᴀᴍ ʟɪᴛᴛᴇʀᴀᴍ ᴘᴏɴɪᴍᴠs.

ᴛrad. text. β   *E*

II.6, 4/6 Quomodo – dicitur] cfr Isɪᴅ., *Etym.* 1, 20, 1

II.6, 9/10 Omnia – tua] Ps. 103, 24   **15/16** Omnia – terra] Ps. 103, 24   **19/**
20 Omnia – fecisti] Ps. 103, 24

II.6, 1 De] *cum* α *correxi,* item *E*   **2** Quot] *cum* α *correxi, quod E*   **3** thesis] *scripsi,*
tesis *E,* θέσις *legend.*   **5** positura] praepositura *E^{a.c.}*   **6** Quid] quod *E^{a.c.}*   **10** Huius]
scripsi, hius *E*

612, 7-8   IN LECTIONE TOTA SENTENTIA quomodo dicitur?
26   PERIODVS. Quid est periodus? Plenus sensus. Periodi PAR-
TES quot sunt? Duae. Quae? COLA ET COMMA, ID EST
MEMBRA ET CAESA. Quomodo? Puta si dicam
"Aspera condicio et sors inreuocabilis horae
30   quam generi humano tristis origo dedit";
ecce unus periodus, duo cola et multae caesae, nam
cola dicitur membrum. Ipsius uersus et comma, id est
caesa, quibus pedibus caeditur? Multis; nam et quod
dicimus 'Commicum Librum', non debemus dicere 'Commi-
35   cum' sed 'Commatum', quia de multis libris abscisae sententiae
ibi sunt positae.

Trad. text. α   *F L P*

29/30 Aspera – dedit] VEN. FORT., *Carm.* 9, 2, 1-2

25/26 quomodo – periodus] periodos dicitur id est *L*   **27** quot] quattuor *L*
Duae] *sup. l. L*   **29** inreuocabilis] inreuocaulis *L^{a.c.}*   horae] ore *F P*   **31** periodus]
periodos *L*   et] *om. L*   multae caesae] *correxi,* multas cesas α   **32** comma] commo *L^{a.c.}*
33 pedibus] propedibus *P*   caeditur] ceditur *F L*   **34** dicere] dici *P*   Commicum²]
sup. l. L   **35** Commatum] commitum *L^{a.c.}*   **36** positae] explicit tractatus primus *add.*
L, explicit tractatus *iter. L²*

612, 7-8   IN LECTIONE INTEGRA SENTENTIA quomodo uocatur?
PERIODVS. Quid est periodus? Integra lectionis sententia.
25 Quomodo? Si dicam "Deus stetit in sinagoga deorum; in medio autem discernit". Quales sunt PARTES
eius? COLA ET COMMA, ID EST MEMBRA ET CAESA. Quid
est cola? Membrum. Quomodo? Vt puta si dicam
"Deus stetit", ecce membrum. Quid est comma? Inci-
30 sio. Quomodo? Vt puta si dicam "Deus", haec est
incisio. In metrica ratione sic est aut non? Ita est.
Quomodo? Integer uersus in metrica ratione periodus dicitur. Vt puta "Si Deus est animus, nobis ut
carmina dicunt"; ecce integer periodus. Si particula-
35 tim diuidatur uersus, ut puta si dicam "Si Deus est
animus", ecce membrum. Si pars iterum incidatur, ut
syllaba una aut duae partem terminent orationis, ut
puta "Eua columba fuit", tunc quia particulatim partes absciduntur, comma est, id est caesa. Nam et quod
40 dicimus 'Commicum Librum', non debemus dicere 'Commicum' sed 'Commatum', quia de multis libris absciduntur
sententiae.

---

rad. text. β   *E*

---

24 Quid – sententia] cfr ISID., *Etym.* 1, 20, 5   **27/28** Quid – Membrum]
Ps. SERG., *Explan. in Don.* 534, 10   **29** Quid – Incisio] Ps. SERG., *Explan. in Don.* 534,
10

25/26 Deus – discernit] Ps. 81, 1   **29** Deus stetit] Ps. 81, 1   **33/34** Si – dicunt]
Ps. CATO, *Dist.* 1, 1, 1   **35/36** Si – animus] Ps. CATO, *Dist.* 1, 1, 1   **38** Eua – fuit]
PRVD., *Tit.* 1 (p. 390)

---

24 Periodus] *scripsi* (*cfr infra l. 32 et 34*), periodos *E*   periodus] *scripsi*, periodos *E*
32 ratione] ratio *E^{a.c.}*   **36** membrum] *correxi*, membra *E*

III

III.1. De barbarismo

Barbarismvs est vna pars orationis vitiosa in commvni sermone, id est in soluta oratione; in poemate autem uel in carmine metaplasmvs uocatur. Barbarismus dictus quasi a barbaris gentibus, dum Latinae orationis integritatem nescirent. Inter barbarismum et soloecismum hoc interest quod barbarismus in una tantum parte orationis fit, quando uitiosa in communi sermone, id est in prosa enuntiatur; nam si in poemate uel in carmine fuerit, metaplasmus erit. Soloecismvs autem non potest inueniri in unam partem orationis, sed discrepantes avt inconseqventes in se dictiones habet. Inter barbarismum et barbarolexis hoc interest, quod barbarismus in nostra lingua fit, quando una pars orationis in communi sermone uitiose enuntiatur; barbarolexis autem dicitur, quando peregrina et barbara uerba Latinis eloquiis inseruntur, vt si qvis dicat 'mastrvga', 'cateia', 'magalia'.

---

rad. text. α   F L P   *a* 1 De barbarismo *inc.* N

rad. text. β   *non praebet*

III.1, 3 in¹ – oratione] Char., *Gramm.* 350, 1; Avdax, *Gramm.* 361, 18; Pomp., *Gramm.* 283, 34; cfr infra 2, 109/110   **4** uel – carmine] Ps. Serg., *Explan. in Don.* 263, 107   **4/6** Barbarismus – nescirent] Isid., *Etym.* 1, 32, 1   **6/8** Inter – enuntiatur] cfr Don., *Mai.* 655, 6-8; Char., *Gramm.* 351, 8-9; Isid., *Etym.* 1, 32, 1; Isid. Ivn., *Vit.* 204, 5-6; uid. infra 2, 6/9   **8/9** nam – erit] cfr infra 4, 12/14   **12/15** Inter – inseruntur] cfr Don., *Mai.* 653, 3; Isid., *Etym.* 1, 32, 2; Isid. Ivn., *Vit.* 204, 6-7

III.1, 1 De barbarismo] incipit *add.* N   **2** Barbarismus] barbarismum F   uitiosa] *om.* F P   **3** communi] commune L   soluta] solita P   poemate] poema F, poemata Fᵃ·ᶜ· P, poenatae N   **4** carmine] carmina P   **5** dictus] est *add.* P   barbaris] barbarismum Lᵃ·ᶜ·   orationis integritatem] integritatis orationem F N   orationis] *in marg.* L   **7** quod] *sup. l.* L   tantum] *om.* N   **8** uitiosa] uitiose P   communi] commune L   id – prosa] *om.* N   id est] eiusdem F   **9** poemate] poemata L P   in²] *om.* N   Soloecismus] solicismum L   **10** unam partem] una parte L²   **11** discrepantes] increpantes F   inconsequentes] consequentes F N   **13** lingua] loquella L   **14** enuntiatur] nuntiatur P   **16** mastruga] mastruca L

'Mastruga' enim barbarum nomen est Latinis eloquiis insertum; 'cateiae' hastae dicuntur lingua Gallica; 'magalia' uero lingua Punica casae pastorales dicuntur.

653, 5-6   Item omnis BARBARISMVS DVOBVS MODIS FIT tantum, id est
21   aut PRONVNTIATIONE aut SCRIPTO, quia aut in scriptis hoc uitium inuenitur aut in pronuntiatione nostra profertur, quum non scriptis, sed communiter loquimur. Item barbarismus, qui bipertito modo fit, id est scripto aut pronuntiatione, QVATTVOR
25   SPECIES habet per quas barbarismus efficitur, id est adiectionem, detractionem, inmutationem et transmutationem: adiectio litterae, syllabae, temporis, toni, adspirationis; detractio litterae, syllabae, temporis, toni, adspirationis. Adiectio litterae fit autem scripto uel pronuntiatione ⟨et cetera⟩.

653, 8-12   Barbarismus PER ADIECTIONEM LITTERAE, SICVT "RELLI-
31   QVIAS DANAVM", QVVM 'RELIQVIAS' PER VNVM 'L' DICERE DEBEAMVS, et 'audiueram' pro 'audieram', et 'legites' pro 'legite', uel 'prernicies' aut 'prater', 'fratrer', quum 'pernicies', 'pater' et 'frater' dicere debeamus. Per adiectionem SYLLABAE, VT "NOS

Trad. text. α   *FLNP*

Trad. text. β   *non praebet*

17/19 Mastruga – dicuntur] Ps. SERG., *Explan. in Don.* 258, 9-10.14-15; cfr POMP., *Gramm.* 284, 21-22; SERV. auct., *Aen.* 7, 741; 1, 421; ISID., *Etym.* 15, 12, 4; 18, 7, 7   **20/ 21** barbarismus – scripto] cfr ISID., *Etym.* 1, 32, 3   **24/29** quattuor – cetera] cfr DON., *Mai.* 653, 6-7; ISID., *Etym.* 1, 32, 3; ISID. IVN., *Vit.* 204, 7-9   **32** audiueram – legite] AVDAX, *Gramm.* 361, 24-25   **34/35** Per – abisse] cfr SERV., *Aen.* 2, 25

III.1, 30/31 Relliquias Danaum] VERG., *Aen.* 1, 30   **34/35** Nos – rati] VERG., *Aen.* 2, 25

17 enim] *om. FN*   **18** cateiae] *correxi*, cateias *FLP*, cataia *N*   hastae] hastas *L*   dicuntur] *om. L*   Gallica] galleca *FL^{a.c.}*   uero] *om. L*   **19** dicuntur] *om. L*   **20** omnis] omnes *N*   id est] item *FN*   **21** aut¹] autem *FN*, *om. L*   pronuntiatione] pronuntione *P*   aut²] et *L*, ut *N*   aut³] *om. FP*   in] *om. FLP*   **22** nostra] *om. L*   **23** communiter] commune *FN*   Item] id est *FN*   qui] quia *FN*   **24** aut] *om. L*   **25** quas] quos *N*   id est] item *F*   **26** detractionem] detractationem *L*   inmutationem] inmutatione *F*   et] *non leg. P, om. N*   transmutationem] transmutatione *L*   **27/28** detractio – adspirationis] *om. FNP*   **28/29** fit – pronuntiatione] *om. L*   fit autem] *non leg. P*   **29** et cetera] *suppl. Lind.*   **30** Barbarismus] quattuor modis id est *add. P*   Relliquias] reliquias *L^{a.c.}*   **31** l] i *N^{a.c.}*, *sup. l. F*   **33/34** uel – debeamus] *om. L*   prernicies] *scripsi*, premicies *F*, permities *N*, perniciuec *P*   prater] pater *F*, patre *N*   fratrer] frater *F*, fratret *P*   pernicies] pernices *N*   **33/34** pater ... frater] frater ... pater *N*   **34** Nos] non *F*

35 ABIISSE RATI" PRO 'ABISSE'. Per adiectionem TEMPORIS, VT "ITALIAM FATO PROFVGVS Lauiniaque", QVVM 'ITALIAM' COR-REPTA PRIMA LITTERA DICERE DEBEAMVS. Item PER DETRACTIONEM LITTERAE, SICVT 'INFATIBVS' PRO 'INFANTI-BVS' et 'nutriram' pro 'nutrieram'. Per detractionem SYLLABAE, 40 VT 'SALMENTVM' PRO 'SALSAMENTVM' uel 'paumentum' pro 'pauimentum'. Per detractionem TEMPORIS, VT "VNIVS OB NOXAM" PRO 'VNIVS'; 'ni' enim syllaba naturaliter longa est et loco breuis est posita.

654, 1-6 Item PER INMVTATIONEM LITTERAE, SICVT 'OLLI' PRO 45 'ILLI', 'i' littera in 'o' mutata. Per inmutationem SYLLABAE, VT 'PERMICIES' PRO 'PERNICIES'. Per inmutationem TEMPORIS, VT "FERVERE LEVCATEN", QVVM 'FERVERE', SI SECVNDAE CONIVGATIONIS EST, PRODVCTE DICI DEBEAT; 'ue' enim syllaba longa est et loco breuis est posita. 'Leucaten' uero mon-50 tem dicit Apuliae, ubi gessit bellum Augustus cum Antonio et Cleopatra. Item PER TRANSMVTATIONEM LITTERAE, SICVT

---

rad. text. α *FLNP*

rad. text. β *non praebet*

39 nutriram – nutrieram] cfr AVDAX, *Gramm.* 362, 1   **40/41** paumentum – pauimentum] Ps. SERG., *Explan. in Don.* 259, 29   **42/43** ni – posita] Ps. SERG., *Explan. in Don.* 259, 30   **49/51** Leucaten – Cleopatra] Ps. SERG., *Explan. in Don.* 260, 37-38; cfr SERV., *Aen.* 3, 274; ISID., *Etym.* 15, 1, 61

36 Italiam¹ – Lauiniaque] VERG., *Aen.* 1, 2   **41/42** Vnius – noxam] VERG., *Aen.* 1, 41   **44** olli] cfr ENN., *Ann.* 31   **46** permicies] cfr LVCIL., *Sat. fragm.* 865   **47** Feruere Leucaten] VERG., *Aen.* 8, 677

35 abiisse rati] abhiiserat *F*, abiisserat *P*   abisse] abiisse *P*   temporis] syllabae *L*   **36** profugus] profogus *L^{a.c.}*   Lauiniaque] *cum Verg. scripsi*, lobinia *F*, lauinaque *N*, lauinia *P*, *om. L*   Italiam²] italia *L*   correpta] correptam *FN*   **37** prima littera] primam litteram *N*   dicere] didicere *P*   **38** infatibus] ifantibus *N*, fatibus *P*   **39** nutriram] nutribam *FNP*   nutrieram] nutriueram *FP*   Per detractionem] *om. L*   **40** salsamentum] salsamento *L*   paumentum] paumentu *L*, pauimentum *N*   **41** pauimentum] pauimento *FLP*   Per] et currum pro curru (curro *P*) *praem. FNP*   Vnius] unus *N^{a.c.}*   **42** noxam] noxiam *F*   pro] *iter. N*   unius] unius ni longa est *in marg. add. N²*   **43** breuis] breui *P*   **44** per inmutationem] inmutatione *L*   **45** illi] ille *N^{a.c.}*   i – inmutationem] *om. L*   i] o *N*   o] u *N*   syllabae] *om. N*   **46** permicies] permities *N*, pernices *P*   pernicies] nicie *F*, pernitiae *N*   inmutationem] inmutatione *L*   **47** si] sit *N, non leg. P*   **48** est] et *N*   ue] *non leg. P*   **49** et] hoc *N*   breuis] breui *P*   **50** ubi] *non leg. P*   gessit bellum] bellum gessit *L*   Augustus] agustus *LP*   **51** Cleopatra] cleupatra *FP*

'Euandre' pro 'Euander' uel 'intrepella' pro 'interpella'. Per transmutationem SYLLABAE, VT 'DISPLICINA' PRO 'DISCIPLI-NA'. Per transmutationem TEMPORIS, VT SI QVIS 'DEOS'
55 PRODVCTA PRIORE SYLLABA ET CORREPTA POSTERIORE PRONVNTIET.

Item adiectio, detractio, inmutatio, transmutatio hoc inter se differunt, quod adiectio dicitur, quando integra parte orationis permanente una syllaba aut littera eidem parti adicitur, sicut
60 'relliquias' uel 'abiisset'. Detractio uero fit, quando de integritate partis orationis littera aut syllaba Latini sermonis detrahitur, quum de sermone quem proferre debemus aut litteram aut sylla-bam detrahimus, sicut 'infatibus' uel 'salmentum'. Inmutatio fit, quando in ipso loco ubi recta littera uel syllaba sedet, ibi altera
65 littera uel syllaba per inmutationem adponitur, sicut 'olli' pro 'illi', uel 'permicies' pro 'pernicies'. Iam uero transmutatio fit, quando in sermone quolibet littera uel syllaba de loco suo in loco alterius transmutatur, sicut 'Euandre' uel 'displicinae'.

654, 7-10   TONI QVOQVE, id est accentus, SIMILITER PER HAS QVAT-
70 TVOR SPECIES COMMVTANTVR, id est per adiectionem, detractionem, inmutationem et transmutationem; NAM ET IPSI ADICIVNTVR, DETRAHVNTVR, INMVTANTVR et TRANSMV-TANTVR. Per accentum enim fit barbarismus, quum aut acutus pro graui aut grauis pro acuto uel alius pro quolibet ponitur, ut si

---

Trad. text. α   *FLNP*

Trad. text. β   *non praebet*

73/76 Per – grauis] AVDAX, *Gramm.* 362, 15-17

52 Euandre] VERG., *Aen.* II, 55

52 Euandre] uandre *N*   uel] *om. N*   intrepella] interpella *F*, interpela *P*   interpella] transmutatis enim litteris dicta (dicte *N*) sunt *add. FNP*   **53** ut] sicut *L*   displicina] disciplina *F*a.c. *L*a.c. *N*   **54** Per transmutationem] *om. L*   ut] *om. FNP*   deos] deorum *P*   **55** posteriore] posteriora *N*   **57/68** Item – displicinae] *om. L*   se] *om. NP*   **58** differunt] ferunt *N*   **59** eidem – adicitur] *coni. Lind.*, que idem participia dicitur *F*, cuilibet participia dicitur *N*, quae idem partia dicitur *P*   **60** relliquias] *scripsi*, reliquias *FNP*   uel] *om. FN*   abiisset] habiiset *F*, abisse *N*   quando] *correxi*, quae *FNP*   **61** partis] parti *F*, *non leg. P*   aut] ut *N*   **63** infatibus] infantibus *N*a.c.   Inmutatio] inmutationis *P*   **64/65** sedet – syllaba] *om. FN*   **66** permicies] pernicies *P*   pernicies] *scripsi*, pernicie *FP*, pernitiae *N*   Iam] item *N*   **68** transmutatur] transmutetur *P*   displicinae] disciplinae *FN*   **71** et'] *om. N*   **73** fit] *non leg. P*   aut] *om. L*   **74** pro²] per *P*   quolibet] qualibet *P*   ponitur] *om. L*

75 dicam 'Metellus': acutus accentus ⟨in⟩ prima, quum in secunda
sit acutus accentus, in prima grauis. Item PER ADSPIRATIONEM
fit barbarismus, quando 'h' littera aut adicitur ubi non oportet,
sicut est 'ocius', 'oculus', 'orbis', aut detrahitur ubi non oportet,
sicut est 'homo', 'honor', 'honestus', quae sine adspiratione scribi
80 non oportet. Haec enim adspiratio sicut in capite uerborum aut
ubi esse debet detrahitur, aut ubi esse non debet adponitur, sic
etiam et in mediis uerbis fit, ut si quis dicat 'nihilum' per 'c' litteram, non per 'h' hoc scribens uel alia similia.

654, 13   Item PER HIATVM fit barbarismus, quotiens in pronuntiatione
85 scinditur uersus antequam conpleatur, siue quotiens uocalis
uocalem sequitur, ut "Musae Aonides". Hiatus enim scissio quaedam dicitur; quodsi non conpleat quis dictionis ordinem, sed
subdistinguendo inordinate pronuntiet, uerbi causa, si uolens
quis dicere 'Hierosolimitanus', dicat 'Hierosolimita' et taceat
90 subdistinguendo et postea dicat 'tanus', hiatum facit. Et in
reliquis sermonibus similiter hoc uitium inuenitur. Ad hoc enim
uitium pertinent, si prosa enuntientur, nomina illa quae antiqua

---

ῑad. text. α   *FLNP*

ῑad. text. β   *non praebet*

76/80 Item – oportet] AVDAX, *Gramm.* 362, 12-13; PS. SERG., *Explan. in Don.* 260,
44-46; cfr ISID., *Etym.* 1, 32, 4; ISID. IVN., *Vit.* 204, 11-12   **84/85** Item – conpleatur]
cfr ISID., *Etym.* 1, 32, 5; ISID. IVN., *Vit.* 204, 13   **85/86** siue – Aonides] cfr ISID., *Etym.*
1, 32, 5   **91/95** Ad – facta] cfr infra 4, 66/71

86 Musae Aonides] *Incert. uers.* 70 (*FPL* – Bläns., p. 442)

75 Metellus] metallus *F*   in prima] *correxi*, primi α, primae *edd.*   **75/76** in² – sit]
inde sit secundi *L*   **76** acutus] *om. P*   prima] ima *F L N*   adspirationem] adspiratione
N   **77** h] *om. P*   adicitur] dicitur *P*   **78/79** ocius – est] *om. L*   ocius – orbis] hocius
hocellus hoculos horbis *N*   detrahitur] detrahimus *N*   **79** adspiratione]
adspirationem *N*   **80** oportet] potest *FN*   **82** uerbis] uerbi *P*   nihilum] nicilum *L²*
c] *om. P*   litteram] *om. FN*   **83** h] *om. P*   **84** quotiens] quoties *F*   **85** conpleatur]
conpleantur *Lᵃ·ᶜ· Pᵃ·ᶜ·*   quotiens] quoties *FN*   **86** ut] *sup. l. L*   scissio quaedam]
quaedam sciscio *L*   **87** conpleat] conpleuit *P*   dictionis] distinctionis *P*
89 Hierosolimitanus] gerosolimitanus *Lᵃ·ᶜ·*, hyerusolimiitanus *N*, *male leg. P*   dicat] et
praem. FN   Hierosolimita] gerosolimita *Lᵃ·ᶜ·*, hyerusolimita *N*, ierosolimi *P*
90 subdistinguendo – dicat] e. s. d. p. *L*   subdistinguendo] ad subdistinguendum *P*
dicat] dicit *N*   hiatum] *non leg. P*   Et] uel etiam *N*, *om. FP*   in] *om. FLP*
91 reliquis] reliqui *F*   similiter] *om. FN*   enim] *om. L*   **92** pertinent] pertinet *FNP*
prosa] pro se *LN*   enuntientur] *scripsi*, enuntietur *F*, nuntientur *L*, nuntietur *N*,
adnuntietur *P*   **92/93** quae – declinantur] antiquae declinationis *L*

declinatione declinantur, "Albai Longai" datiuum casum habentia, quae in metaplasmis nominantur dieresis, id est discessio
95 syllabae unius in duas facta.

Item per iotacismum fit barbarismus, quotiens in iota littera
duplicatur sonus, ut 'Troia', 'Maia', ubi earum litterarum intan-
tum exilis erit pronuntiatio, ut unum iota, non duo sonare
uideantur. Item per labdacismum fit barbarismus, si pro uno 'l'
100 duo pronuntientur, ut Afri faciunt dicentes 'colloquium' pro
'conloquium', uel quotiens unum 'l' exilius, duo largius profera-
mus; quod contra est, nam unum 'l' largius debemus proferre,
duo autem exilius pronuntiare. Fit per moetacismum barbarismus, quotiens 'm' litteram uocalis sequitur, ut 'bonum aurum',
105 'iustum amicum'. Per conlisiones fit barbarismus, quotiens nouis-
simae syllabae finis in alterius principio est, ut "Mater terra".

Trad. text. α *F L N P*

Trad. text. β *non praebet*

96/106 Item – terra] cfr Don., *Mai.* 654, 13 - 655, 2   **96/99** Item – uideantur] cfr
Isid., *Etym.* 1, 32, 7; Isid. Ivn., *Vit.* 204, 15-17   **99/103** Item – pronuntiare] cfr Pomp.,
Gramm. 286, 34-35; 287, 4; Isid., *Etym.* 1, 32, 8   **103/105** Fit – amicum] cfr Pomp.,
Gramm. 287, 7-8; Isid., *Etym.* 1, 32, 6   **105/106** Per – terra] cfr Pomp., *Gramm.* 287,
26-28; 288, 16; Isid., *Etym.* 1, 32, 9

---

93 Albai Longai] Enn., *Ann.* 31   **106** Mater terra] Pacvv., *Trag.* 92

---

93 Albai] abai *F*, ablai *L*, alba *P*   Longai] longa *P*   **94** dieresis] diuersis *F P*
discessio] discissio *N*   **95** facta] factas *L*   **96** Item] ita *N*   per iotacismum] pro
iatacismum *P*   quotiens] quoties *F N P^{a.c.}*   **97** earum] orarum *P*   intantum]
intumtum *P*   **98** exilis erit] exilierit *F*, exiliserit *P*   duo sonare] duos *L*   **99** l] *om.*
L P   **100** pronuntientur] nuntientur *L*, pronuntiantur *N*   ut] *non leg. P*   dicentes]
om. L   **101** conloquium] conloquio *F L P*   quotiens] quoties *F N*   l] *om. P*
proferamus] proferrimus *L*   **102** est] es (his *L²*) *L*   l] *om. P*   **103** per] *om. L*
moetacismum] *scripsi*, metacismum *F N*, motacismum *L P*   **104** quotiens] quoties *F N*
m] *om. P*   litteram] littera *L*   aurum] maurum *N*   **105** quotiens] quoties *F N*
106 alterius] alterios *L^{a.c.}*   Mater terra] matertera *N*, mateterra *P*

III.2. De soloecismo

Don., *Mai.*
655, 6   Soloecismus est plurimorum uerborum inter se inconueniens conpositio, sicut barbarismus est unius uerbi corruptio. Verba enim non recta lege coniuncta soloecismus est, ut si quis dicat
5   'inter nobis' pro 'inter nos' aut 'date ueniam sceleratorum' pro 'sceleratis'. INTER SOLOECISMVM autem ET BARBARISMVM HOC INTEREST, QVOD SOLOECISMVS numquam in uno fit uerbo sed in coniunctis duobus aut tribus uel plurimis; barbarismus autem singula uerba corrumpit. Item soloecismus dictus est
10   a Cilicibus qui ex urbe Solo, quae nunc Pompeiopolis appellatur, profecti, quum apud alios commorantes et suam et illorum linguam uitiose inconsequenterque confunderent, soloecismo nomen dederunt. Vnde et similiter loquentes soloecismos facere dicuntur.

655, 8-12
16   Item QVI errantes PVTANT IN VNA PARTE ORATIONIS FIERI SOLOECISMVM, SI AVT DEMONSTRANTES VIRVM 'HANC' DICAMVS, AVT FEMINAM 'HVNC', in hoc intellegant quia non est una pars ubi soloecismus uidetur esse, sed duae, quia, si praecedentes demonstrationes tollantur, id est 'hanc' et 'hunc', et
20   remaneant quae sequuntur, id est 'uirum' et 'feminam', nullus soloecismus esse sine his demonstrationibus apparebit. Et ideo quando dicimus 'hanc uirum' et 'hunc feminam', iam non in una parte orationis, sed in duabus soloecismum facimus. Similiter

---

rad. text. α   *FLNP*

rad. text. β   *non praebet*

III.2, 2/6 Soloecismus – sceleratis] cfr Isid., *Etym.* 1, 33, 1; supra 1, 6/9   **2/3** Soloecismus – conpositio] cfr Qvint., *Inst.* 1, 5, 51   **3/4** Verba – est] cfr Isid. Ivn., *Vit.* 204, 3-4   **7/9** numquam – corrumpit] Avdax, *Gramm.* 35, 18-22   **9/14** Item – dicuntur] cfr Isid., *Etym.* 1, 33, 2   **9/13** Item – dederunt] Avdax, *Gramm.* 33, 1-4

III.2, 1 De soloecismo] incipit *praem.* L   **2** inconueniens] conueniens *P*
3 conpositio] positio *L*   unius] uni uis *P*   **4** recta] recte *L^{a.c.}*   est] haec *add. P*
5 aut] et *L*   **6** autem] *om. L*   **7** soloecismus] soloecismum *L*   numquam] *om. N*
in] *om. F*   **8** coniunctis duobus] coniunctibus duarum (duabus *L²*) *L*   aut] uel *FNP*
plurimis] partibus *add. L*   **9** uerba] uerborum *F*   Item] est *N*   **10** a Cilicibus] *om. N*
Cilicibus] cilibus *L^{a.c.}*   Pompeiopolis] *scr. Hag.*, pompeiopelis *F*, pompoiopolis *F*,
pompelopelis *N*, pompelopolis *P*   **12** confunderent] confuderent *P*   **12/**
13 soloecismo nomen] solecismum *L*   **13** soloecismos] soloecismus (-lec- *L*) *L N*
17 aut] *sup. l. F*   intellegant] intelligant *P*   **20** remaneant] *male leg. P*   et] *om. FNP*
22 quando] quod *N*   hanc] hunc *L*   hunc] hanc *L*   **23** orationis] *om. L*   sed –
duabus] *om. FN*   soloecismum] soloecismus (-lec- *L*) *L N*   facimus] facitur *L*

INTERROGATI QVO PERGAMVS, RESPONDEAMVS 'ROMAE',
25 VEL VNVM SALVTANTES 'SALVETE!' uel 'gaudete!' DICAMVS,
non in una parte orationis, sed in duabus soloecismum facimus,
QVVM INTERROGATIO ipsa VEL SALVTATIO VIM CONTEXTAE
ORATIONIS OBTINEAT. Item 'SCALA', 'QVADRIGA', 'SCOPA' uel
similia, quae secundum Donatum semper pluralia sunt, barba-
30 rismi sunt, non soloecismi; nam quando singulariter enuntiatur
'scala', quum pluraliter oporteat dici 'scalae', quia in una parte
orationis hoc uitium inuenitur, id est ut quod pluraliter dici
debet, singulariter dicatur, barbarismus est, quia sine adiectione
alterius partis est. Similis ratio et pro huiusmodi nominibus
35 reddenda est.

655, 15-656, 3   Item SOLOECISMVS FIT DVOBVS MODIS: AVT PER PARTES
ORATIONIS AVT PER ACCIDENTIA PARTIBVS ORATIONIS. PER
PARTES ORATIONIS FIVNT SOLOECISMI, QVVM ALIA PARS
PRO ALIA PONITVR, VT
40   "TORVVMQVE REPENTE
CLAMAT"
PRO 'TORVE'. NOMEN PRO ADVERBIO POSITVM EST; debuit
enim dicere 'torue clamat'. Item per partes orationis fit
soloecismus, ut "O uir quo noua mi facies" pro 'mihi'; aduer-
45 bium blandientis posuit ubi pronomen esse debuit. Et QVVM
PRAEPOSITIO NON IN LOCO NEQVE VT CONVENIT PONITVR,
VT "CVI TANTVM DE TE LICVIT?" PRO 'IN TE' ET 'APVD AMI-

Trad. text. α   *FLNP*

Trad. text. β   *non praebet*

    29/34 quae – est] cfr DON., *Mai.* 655, 12-14   **43/45** per – debuit] AVDAX, *Gramm.*
34, 10-11; cfr SERV., *Aen.* 6, 104

    III.2, 40/41 Toruumque – clamat] VERG., *Aen.* 7, 399-400   **44** o – facies] VERG.,
Aen. 6, 104   **47** Cui – licuit] VERG., *Aen.* 6, 502

    25 dicamus] *non leg. P*   **26/27** non – interrogatio] *sup. l. L*   orationis] *om. FNP*
soloecismum] solecismus *L*   facimus] facitur *L, non leg. P*   **28** orationis] orationes *L^{a.c.}*
obtineat] contineat *FN*   **29** semper] *om. L*   **30** enuntiatur] eunntiatur *L^{a.c.}*   **31** dici]
dicere *L*   quia] qui *L^{a.c.}*   in] ad *L^{a.c.}, om. N*   **32** uitium inuenitur] inuenitur uitium *N*
ut] in *N*, et *P*   **36** duobus] duabus *L*   **37** accidentia] accedentia *N*   orationis²] *om. N*
38 orationis] orationes *L^{a.c.} N*   **38/39** pars – alia] *iter. N*   pars] *om. L*
40 Toruumque] torumque *P*   **42** pro torue] propteriae *N*   aduerbio] aduerbium *N*
43 per] *om. L*   orationis] orationes *N*   **44** ut o] *non leg. P*   **44/45** mihi –
blandientis] *in marg. iter. L²*   mihi] mici *P*   **45** blandientis] blandientes *N*   esse]
ponere *L*   **46** in] *om. FN*   **47** de – licuit] decelicuit *L*

CVM EO' PRO 'AD AMICVM'.

656, 5-11 PER ACCIDENTIA PARTIBVS ORATIONIS TOT MODIS FIVNT
50 SOLOECISMI, QVOT SVNT ACCIDENTIA PARTIBVS ORATIONIS.
Nomini accidit qualitas et FIVNT PER QVALITATES NOMINVM
SOLOECISMI, ut si nomen proprium pro appellatiuo ponatur,
SICVT
"HAVRIAT HVNC OCVLIS IGNEM CRVDELIS AB ALTO
55 DARDANVS";
⟨'Dardanus'⟩ enim PRO 'DARDANIVS', PROPRIVM PRO APPEL-
LATIVO POSVIT. 'Dardanus' enim proprium nomen est; 'Dardanius' autem appellatiuum est deductum a Dardano. Non enim
solus erat Dardanius Aeneas sed et socii eius; posuit ergo pro-
60 prium pro appellatiuo et fecit soloecismum in quarto libro Vergi-
lius.

656, 13-15 PER CONPARATIONES, SICVT "RESPONDIT IVNO SATVR-
NIA, SANCTA DEARVM" PRO 'SANCTISSIMA'; positiuum
gradum pro superlatiuo posuit et dixit 'sancta dearum' pro 'sanc-
65 tissima'; etenim superlatiuus gradus genitiuo casui plurali deseruit. Sic enim dicimus 'doctissimus poetarum': 'doctissimus' enim
superlatiuus gradus est; 'poetarum' autem casus est genitiuus
pluralis. Ergo secundum istum ordinem non debuit ille dicere
'respondit Iuno, sancta dearum', sed 'respondit Iuno, sanctissima

---

rad. text. α *F L N P*

rad. text. β *non praebet*

57/60 Dardanus – Vergilius] cfr Ps. SERG., *Explan. in Don.* 261, 67-69 **63/**
65 positiuum – deseruit] Ps. SERG., *Explan. in Don.* 262, 74-76

54/55 Hauriat – Dardanus] VERG., *Aen.* 4, 661-662 **62/63** Respondit – dearum]
ENN., *Ann.* 53

49/50 partibus – accidentia] *om. N* **50** quot] quod *L* **51** Nomini] quod *add. N*
accidit] accedunt *F*, accedit *L²*, accidunt *N P* per] pro *P* qualitates] qualitatis *F*
52 ut] *om. F N P* appellatiuo] appellatiua *N*, appollatiuo *P* **54** hunc oculis] non
cocubis *N* hunc] nunc *F P* **56** Dardanus] *suppl. Lind.* enim] *om. F N P* **57** enim]
om. N **58** autem] *om. L* appellatiuum] nomen *add. N* est – Dardano] *om. L* a]
non leg. P **59** Dardanius] *scripsi,* dardanus α et] *om. L* **59/60** posuit – Vergilius]
om. L **60** appellatiuo] appellatino *P* **62** Saturnia] saturniam *N* **63** sancta] est
praem. et exp. L positiuum] positium *L^{a.c.}* **64/68** dixit – pluralis] genetiuus casus
pluralis superlatiuo hic deseruire debuit gradui *L* dixit] dicit *N* **65** casui] *om. F N*
66 enim¹] *om. N* **68** Ergo] si *add. F N P* ille] illi *F* **69** respondit Iuno¹] *om. L*
dearum] deorum *N, om. L*

70 dearum'; nam 'sancta' positiuus gradus est, ubi 'sanctissima' dicere debuit et ponere superlatiuum gradum, ut diceret 'sanctissima
dearum', sicut 'doctissima poetarum'. Nam et si quis dicat 'magis
doctior', quum per se 'doctior' dici debeat, soloecismum facit.

656, 11-12   PER GENERA, SICVT "VALIDI SILICES" ET "AMARAE COR-
75 TICES" ET "COLLVS COLLARI CARET", quum 'cortex' ⟨masculi-
ni⟩ et 'silex' generis sit feminini, licet et 'cortex' incerti generis
inueniatur; et 'collus', quum dicere debeamus 'hoc collum' et
'haec colla'. PER NVMEROS, SICVT "PARS IN FRVSTA SECANT"
PRO 'SECAT'. Non enim 'secant' pluraliter, sed 'secat' singulariter
656, 15 dici debuit, quia pars numeri singularis est. PER CASVS, VT "VR-
81 BEM QVAM STATVO VESTRA EST" PRO 'VRBS QVAM STATVO';
'urbem' dicendo accusatiuum pro nominatiuo posuit.

656, 16-657, 8   PER MODOS VERBORVM, SICVT "ITIS, PARATIS ARMA
QVAM PRIMVM, VIRI!" PRO 'ITE, PARATE', quum recta sit locu-
85 tio, ut dicatur 'ite, parate arma'. INDICATIVVM MODVM PRO
IMPERATIVO POSVIT. PER SIGNIFICATIONES, VT "SPOLIAN-
TVR EOS ET CORPORA NVDA RELINQVVNT", quum non debuit
dicere 'spoliantur', sed 'SPOLIANT'; aut si dicas 'balneum lauatur'
pro 'lauat'. PER TEMPORA, SICVT

Trad. text. α   *FLNP*

Trad. text. β   *non praebet*

72/73 Nam – facit] CHAR., *Gramm.* 351, 19; AVDAX, *Gramm.* 35, 13   **87/
88** quum – spoliant] cfr PS. SERG., *Explan. in Don.* 262, 83   **88/89** aut – lauat]
CHAR., *Gramm.* 351, 19

---

74 Validi silices] LVCR., *Nat. rer.* 1, 571   Amarae cortices] VERG., *Ecl.* 6, 62-63
75 Collus – caret] PLAVT., *Capt.* 357   **78** Pars – secant] VERG., *Aen.* 1, 212   **80/
81** Vrbem – est] VERG., *Aen.* 1, 573   **83/84** Itis – uiri] *Trag. incert.* 34 Rib. (p. 239)
86/87 Spoliantur – relinquunt] ENN., *Ann.* 618

70/72 nam – poetarum] *om. L*   **70/71** dicere debuit] debuit dicere *P*
72 doctissima] doctissimus *N*   et] *sup. l. L*   **73** quum] quam *FN*   **74** Amarae]
amari *N*   cortices] *cum Verg. et Don. correxi (cfr infra V.1, 382)*, corticis α   **75** Collus]
colles *N*ᵃ·ᶜ   collari caret] colla rigaret *L*   masculini] *suppl. Lind.*   **76** sit] sint *FNP*
et¹] *om. L*   **77** et¹] *non leg. P*   **78** colla – numeros] *male leg. P*   numeros] numero
*F L*ᵃ·ᶜ *N*   sicut] si *F*   in frusta] *non leg. P*   frusta] *cum Verg. et Don. correxi (cfr infra
6, 147)*, frustra α   **79** singulariter] *non leg. P*   **80** Per – ut] *om. P*   **81** urbs] urbis *N*
82 nominatiuo] nominatiuum *N*   **83** modos] modus *N*   Itis] stis *F*   arma] *om. L*
84 pro] *om. P*   **85** Indicatiuum modum] indicatiuo modo *N*   **86** imperatiuo]
imperatiuum *L*   **87** quum] hoc *L*   **88** spoliantur] *om. L*   spoliant] et spoliatur *P*
dicas] quis dicat *L*   balneum] balneus *F*   lauatur] labatur *L, om. P*   **89** lauat] labat *L*

90 "CECIDITQVE SVPERBVM
ILIVM ET OMNIS HVMO FVMAT NEPTVNIA TROIA"
PRO 'CECIDIT' ET 'FVMAVIT'. PER PERSONAS, SICVT "DANAI,
QVI PARENT ATRIDIS, QVAM PRIMVM ARMA SVMITE!" PRO
'QVI PARETIS, SVMITE'. Dicere enim debuit uerbi causa: 'o uos
95 Danai, qui paretis Atridis, arma quam primum sumite!'.

657, 9-16 PER ADVERBIA, SICVT 'INTVS EO' PRO 'INTRO' ET 'FORAS
STO' PRO 'FORIS', quum oporteat dici 'intro eo' et 'foris sto'.
Necnon ET illud, 'ITALIA VENIO', 'AD ROMAM PERGO', QVVM
PRAEPOSITIO NOMINI SEPARATIM ADDENDA SIT, NON
100 ADVERBIO. PER PRAEPOSITIONES, QVVM ALIA PRO ALIA
PONITVR, VT "SVB LVCEM" PRO 'ANTE LVCEM'. Recta enim
locutio est, si dicas 'ante lucem ad te fui', non 'sub lucem'. Et
quum dicit "SILVIS TE, TYRRENE, FERAS AGITARE PVTASTI?",
ut si diceret 'IN SILVIS'; 'in' enim praepositio sublata est. PER
105 CONIVNCTIONES, SICVT "SVBIECTISQVE VRERE FLAMMIS"
PRO 'VE'; dicere enim debuit 'subiectisue'. ET 'AVTEM FIERI
NON DEBET', QVVM DICENDVM SIT 'FIERI AVTEM NON
DEBET'.

658, 3 IN PROSA enim, id est in ORATIONE soluta, uitium factum
110 soloecismum dicimus; IN POEMATE autem SCEMA appellatur.

Trad. text. α *FLNP*

Trad. text. β *non praebet*

---

104 ut – est] cfr Ps. SERG., *Explan. in Don.* 263, 104-105   **110** in – appellatur] cfr
Ps. SERG., *Explan. in Don.* 263, 105-107; cfr ISID., *Etym.* 1, 33, 3

90/91 Ceciditque – Troia] VERG., *Aen.* 3, 2-3   **92/93** Danai – sumite] *Trag. incert.*
35 Rib. (p. 239)   **101** Sub lucem] VERG., *Georg.* 1, 445   **103** Siluis – putasti] VERG.,
Aen. 11, 686   **105** Subiectisque – flammis] VERG., *Aen.* 2, 37

---

90 superbum] superum *N*   **91** Ilium] illum *F*   et] *non leg. P*   humo] rumo *F P*,
homo *L*   **92** cecidit] cedit *L*   fumauit] fumabit *F P*   **93** Atridis] adridis *F P*, atrides
N   primum] primam *N*   **94** Dicere enim] enim dicere *N*   enim] *sup. l. P*
95 Atridis] atrides *N^{a.c.}*   arma] armam *F N^{a.c.} P*   **96** aduerbia] aduerbium *F*, aduerbiu
N   sicut] aut *L*   intus] intro *L*   intro] eo intus *L*   **97** pro foris] *om. F N P*   dici]
dicere *N*   foris²] foras *P*   **99** nomini separatim] separatim nominibus *N*
100 aduerbio] aduerbium *N*   **101** enim] *non leg. P*   **103** dicit] *corr. Lind.*, dicis α   te]
om. F   Tyrrene] *scripsi*, terrene *F P*, tirrine *L*, tyranne *N*   feras] fera *L*   agitare putasti]
sagitta reputasti *L N*   **104** si] *om. F N P*   praepositio] est *add. F*   sublata] *non leg. P*
106 ue] *om. F*   dicere enim] *scripsi*, enim dicere α   dicere] *non leg. P*   Et] *non leg. P*
107 non¹] *om. N*   debet] debuit *F P*   **108** debet] debuit *F*   **110** poemate] *scripsi*,
poema *F*, poemata *L N P*   scema] scemata *L*

III.3. DE CETERIS VITIIS

Don., *Mai.*
658, 8-10

ACIROLOGIA EST INPROPRIA DICTIO, VT "HVNC EGO SI POTVI TANTVM SPERARE DOLOREM"; 'SPERARE' DIXIT PRO 'TIMERE', (acirologia ⟨ab⟩ 'aciro', id est 'sine dominio'), ut dum 5 speramus bona, timeamus aduersa. Et "Gramineo in campo" pro 'graminoso' et "Nemorum silua frondea" pro 'frondosa'.

658, 11-12

KAKENFATON EST OBSCENA ENVNTIATIO VEL IN CONPOSITA DICTIONE VEL IN VNO VERBO, VT "NVMERVM CVM NAVIBVS AEQVAT" ET "ARRIGE AVRES, PAMPHILE!". Et illud: 10 "Tumida ex irato corde r e s i d e n t"; uerte illud pronuntiatione et facis 'tu mi da' pro 'tumida'. Item Vergilius: "Arrectis auribus adsto". Item "Arrexere animos" et "Dorica castra". Item "His animum arrecti dictis et fortis Acates". Sed et si aliquo quolibet modo inconposita dictio proferatur, kakenfaton est.

Trad. text. α   *F L N P*

III.3, 2/4 Acirologia – timere] cfr ISID., *Etym.* 1, 34, 4; ISID. IVN., *Vit.* 204, 18-20   **4** acirologia – dominio] PS. SERG., *Explan. in Don.* 264, 110   **4/5** dum – aduersa] PS. SERG., *Explan. in Don.* 264, 111-112; cfr SERV., *Aen.* 4, 419; POMP., *Gramm.* 293, 10; ISID. IVN., *Vit.* 204, 20   **5/6** Gramineo – graminoso] SERV. auct., *Aen.* 8, 176; cfr ISID., *Etym.* 1, 34, 4; ISID. IVN., *Vit.* 205, 24   **6** Nemorum – frondosa] SERV., *Aen.* 1, 191; cfr ISID. IVN., *Vit.* 205, 25   **7/9** Kakenfaton – Pamphile] cfr ISID., *Etym.* 1, 34, 5; ISID. IVN., *Vit.* 205, 26   **10/11** Tumida – tumida] PS. SERG., *Explan. in Don.* 264, 115-116   **11/12** Vergilius – animos] PS. SERG., *Explan. in Don.* 264, 118-119   **12/14** Dorica – est] cfr SERV., *Aen.* 2, 27; ISID., *Etym.* 1, 34, 5; ISID. IVN., *Vit.* 205, 28-30

III.3, 2/3 Hunc – dolorem] VERG., *Aen.* 4, 419   **5** Gramineo – campo] PRVD., *Psych.* 40; cfr VERG., *Aen.* 5, 287   **6** Nemorum – frondea] cfr VERG., *Aen.* 1, 191   **8/9** Numerum – aequat] VERG., *Aen.* 1, 193   **9** Arrige – Pamphile] TER., *Andr.* 933   **10** Tumida – resident] VERG., *Aen.* 6, 407   **11/12** Arrectis – adsto] VERG., *Aen.* 2, 303   **12** Arrexere animos] VERG., *Aen.* 12, 251   Dorica castra] VERG., *Aen.* 2, 27   **12/13** His – Acates] VERG., *Aen.* 1, 579

III.3, 1 De ceteris] incipit *add.* L   **2** Acirologia] achyrologia N   Hunc] nunc P   **3** tantum] *om.* F   sperare¹] renouare F   dixit] dicit L   **4** ab] *suppl. Lor.*   aciro] agiro L   dominio] domino F N P   **5** timeamus] speramus L   **6** silua] sillaba P^{a.c.}   frondosa] fundosa L   **7** Kakenfaton] kacenphaton N, cacenfaton P²   **10** Tumida] tumide L^{a.c.}   irato corde] iurato corde F N, iuratio corde P   resident] sident L   **11** tu – da] *scripsi*, tumida F L P, umida N   **12** adsto] adstant F N P   animos] adimus (ani- L²) L   et] *non leg.* P   **12/13** Item² – Sed] *om.* L   **13** dictis] *om.* F N P   fortis] fortes N   Acates] aciates N, acatos P   aliquo] alico F N   **14** kakenfaton] kachenfaton F, kacenfaton N

III.3. DE VITIIS

Don., *Mai.*
658, 8-10

ACIROLOGIA EST INPROPRIA DICTIO, VT "HVNC EGO SI POTVI TANTVM SPERARE DOLOREM"; 'SPERARE' DIXIT PRO 'TIMERE', (acirologia ⟨ab⟩ 'aciro', id est 'sine dominio'), ut dum
5 speramus bona, timeamus aduersa. Et "Gramineo in campo" pro 'graminoso' et "Nemorum silua frondea" pro 'frondosa'.

658, 11-12

KAKENFATON EST OBSCENA ENVNTIATIO VEL IN CONPOSITA DICTIONE VEL IN VNO VERBO, VT "NVMERVM CVM NAVIBVS AEQVAT" ET "ARRIGE AVRES, PAMPHILE!". Et illud:
10 "Tumida ex irato corde residens"; uerte illud pronuntiatione et facis 'tu mi da' pro 'tumida'. Item Vergilius: "Arrectis auribus adsto". Item "Arrexere animos" et "Dorica castra". Item "His animum arrecti dictis et fortis Acates". Sed et si aliquo quolibet modo inconposita dictio proferatur, kakenfaton est.

---

trad. text. β   *E*   *a* 2 Acirologia *inc. Gloss.*

III.3, 2/4 Acirologia – timere] cfr Isid., *Etym.* 1, 34, 4; Isid. Ivn., *Vit.* 204, 18-20   **4** acirologia – dominio] Ps. Serg., *Explan. in Don.* 264, 110   **4/5** dum – aduersa] Ps. Serg., *Explan. in Don.* 264, 111-112; cfr Serv., *Aen.* 4, 419; Pomp., *Gramm.* 293, 10; Isid. Ivn., *Vit.* 204, 20   **5/6** Gramineo – graminoso] Serv. auct., *Aen.* 8, 176; cfr Isid., *Etym.* 1, 34, 4; Isid. Ivn., *Vit.* 205, 24   **6** Nemorum – frondosa] Serv., *Aen.* 1, 191; cfr Isid. Ivn., *Vit.* 205, 25   **7/9** Kakenfaton – Pamphile] cfr Isid., *Etym.* 1, 34, 5; Isid. Ivn., *Vit.* 205, 26   **10/11** Tumida – tumida] Ps. Serg., *Explan. in Don.* 264, 115-116   **11/12** Vergilius – animos] Ps. Serg., *Explan. in Don.* 264, 118-119   **12/14** Dorica – est] cfr Serv., *Aen.* 2, 27; Isid., *Etym.* 1, 34, 5; Isid. Ivn., *Vit.* 205, 28-30

III.3, 2/3 Hunc – dolorem] Verg., *Aen.* 4, 419   **5** Gramineo – campo] Prvd., *Psych.* 40; cfr Verg., *Aen.* 5, 287   **6** Nemorum – frondea] cfr Verg., *Aen.* 1, 191   **8/9** Numerum – aequat] Verg., *Aen.* 1, 193   **9** Arrige – Pamphile] Ter., *Andr.* 933   **10** Tumida – residens] Verg., *Aen.* 6, 407   **11/12** Arrectis – adsto] Verg., *Aen.* 2, 303   **12** Arrexere animos] Verg., *Aen.* 12, 251   Dorica castra] Verg., *Aen.* 2, 27   **12/13** His – Acates] Verg., *Aen.* 1, 579

III.3, 1 De uitiis] *scripsi,* incipit tractatus de uitiis a diuersis tractatibus collectus *E*   **4** ab] *suppl. Lor.*   aciro] *cum* α *scripsi,* agiro *E Gloss.*   dominio] domino *Gloss.*   **11** tu – da] *scripsi,* tumida *E*   **13** Acates] *cum* α *scripsi,* acutes (achates *E²*) *E*

658, 13-14   PLEONASMOS EST ADIECTIO VERBI SVPERVACVI AD PLE-
16   NAM SIGNIFICATIONEM, VT "SIC ORE LOCVTA EST" PRO 'SIC
LOCVTA EST'. Et "Hactenus aruorum cultus et sidera caeli",
dum non alibi nisi in caelo sint sidera. Et in Esaia: "Aure audie-
tis"; dum non possumus nisi aure audire. Et apud Iohannem:
20   "Quem uidimus oculis nostris". Et Dauid: "Locutus sum in
lingua mea".

659, 1-2   PERISSOLOGIA EST SVPERVACVA VERBORVM ADIECTIO
SINE VLLA VI RERVM, VT "IBANT QVA POTERANT, QVA NON
POTERANT NON IBANT". Item "Viuat Ruben et non moriatur!".

659, 3-4   MACROLOGIA EST LONGA SENTENTIA RES NON NECESSA-
26   RIAS CONPREHENDENS, VT "LEGATI NON INPETRATA PACE
RETRO, VNDE VENERANT, DOMVM REVERSI SVNT".

659, 5   TAVTOLOGIA EST EIVSDEM DICTI REPETITIO VITIOSA, VT
'EGOMET IPSE'. Item Vergilius, ut
30   "Si fata uirum seruant, si uescitur aura
etheria neque adhuc crudelibus occubat umbris",

Trad. text. α   *FLNP*

15/17 Pleonasmos – est] cfr Isid., *Etym.* 1, 34, 6; Isid. Ivn., *Vit.* 205, 31   **17/**
18 Hactenus – sidera] Serv., *Georg.* 2, 1; cfr Isid., *Etym.* 1, 34, 6; Isid. Ivn., *Vit.* 205, 31
18/21 Et – mea] cfr Isid. Ivn., *Vit.* 205, 34-36   **22/24** Perissologia – ibant] cfr Isid.,
Etym. 1, 34, 7; Isid. Ivn., *Vit.* 205, 37   **24** Item – moriatur] cfr Isid., *Etym.* 1, 34, 7;
Isid. Ivn., *Vit.* 205, 38   **25/27** Macrologia – sunt] cfr Isid., *Etym.* 1, 34, 8; Isid. Ivn.,
Vit. 205, 40-42   **28/29** Tautologia – ipse] cfr Isid. Ivn., *Vit.* 206, 43   **29/**
32 Vergilius – locutio] cfr Serv. auct., *Aen.* 1, 546; Isid., *Etym.* 1, 34, 9; Isid. Ivn., *Vit.*
205, 44-45

16 Sic – est] Verg., *Aen.* 1, 614   **17** Hactenus – caeli] Verg., *Georg.* 2, 1   **18** Aure
audietis] Act. 28, 26; cfr Is. 6, 9; 30, 21   **20** Quem – nostris] I Ioh. 1, 1   **20/**
21 Locutus – mea] Ps. 38, 5   **23/24** Ibant – ibant] *Incert. uers.* 27 (*FPL* – Bläns.,
p. 420)   **24** Viuat – moriatur] Deut. 33, 6   **26/27** Legati – sunt] Liv., *Fragm.* 75
30/31 Si – umbris] Verg., *Aen.* 1, 546-547

15 Pleonasmos] pleonasmus *N*, pleonosmos *P*   **16** significationem] aedificationem
L^(a.c.)   locuta] loquutus (-ta *N*²) *N*   **17** est] *non leg. P*   Et] *non leg. P, om. FN*
aruorum] arborum *FLP*   **18** non] *om. L*   Aure] aurem *L*, audire *P*^(a.c.)   **19** possumus]
post aure *transp. L*   nisi aure] *om. N*   audire] *om. LN*   **20** Quem] quam *N*   **20/**
21 Et – mea] *om. L*   **23** qua¹] qui *FP*, quia *N*   qua²] qui *FP*   **26** Legati] ligati *L*^(a.c.),
legatio *P*   **27** uenerant] uenerunt *N*   **28** Tautologia] teutologia *P*   est] *sup. l. P*
eiusdem] eius *F*^(a.c.)   **29** egomet] ego et *L*   **30** fata] facta *FP*   uirum] uir *L, iter. N*
aura] auro *L*^(a.c.)   **31** etheria neque] ethenane qui *F*, etheneane qui *P*   occubat]
occupabat *FN*, occupat *L*

658, 13-14 PLEONASMOS EST ADIECTIO VERBI SVPERVACVI AD PLE-
       16 NAM SIGNIFICATIONEM, VT "SIC ORE LOCVTA EST" PRO 'SIC
           LOCVTA EST'. Vt "Hactenus aruorum cultus et sidera caeli",
           dum non alibi nisi in caelo sint sidera. Et in Esaia: "Aure audie-
           tis"; dum non possumus nisi aure audire. Et apud Iohannem:
       20 "Quem uidimus oculis nostris". Et in Psalmo: "Locutus sum in
           lingua mea".

659, 1-2   PERISSOLOGIA EST SVPERVACVA VERBORVM ADIECTIO
           SINE VLLA VI RERVM, VT "IBANT QVA POTERANT, QVA NON
           POTERANT NON IBANT". Item "Viuat Ruben et non moriatur!".

659, 3-4   MACROLOGIA EST LONGA SENTENTIA RES NON NECESSA-
       26 RIAS CONPREHENDENS, VT "LEGATI NON INPETRATA PACE
           RETRO, VNDE VENERANT, DOMVM REVERSI SVNT".

659, 5   TAVTOLOGIA EST EIVSDEM DICTI REPETITIO VITIOSA, VT
           'EGOMET IPSE'. Item Vergilius, ut
       30   "Si fata uirum seruant, si uescitur aura
           etheria neque adhuc crudelibus occubat umbris",

---

rad. text. β   *E Gloss.*

15/17 Pleonasmos – est] cfr ISID., *Etym.* 1, 34, 6; ISID. IVN., *Vit.* 205, 31   **17/**
18 Hactenus – sidera] SERV., *Georg.* 2, 1; cfr ISID., *Etym.* 1, 34, 6; ISID. IVN., *Vit.* 205, 31
18/21 Et – mea] cfr ISID. IVN., *Vit.* 205, 34-36   **22/24** Perissologia – ibant] cfr ISID.,
Etym. 1, 34, 7; ISID. IVN., *Vit.* 205, 37   **24** Item – moriatur] cfr ISID., *Etym.* 1, 34, 7;
ISID. IVN., *Vit.* 205, 38   **25/27** Macrologia – sunt] cfr ISID., *Etym.* 1, 34, 8; ISID. IVN.,
Vit. 205, 40-42   **28/29** Tautologia – ipse] cfr ISID. IVN., *Vit.* 206, 43   **29/**
32 Vergilius – locutio] cfr SERV. auct., *Aen.* 1, 546; ISID., *Etym.* 1, 34, 9; ISID. IVN., *Vit.*
205, 44-45

16 Sic – est] VERG., *Aen.* 1, 614   **17** Hactenus – caeli] VERG., *Georg.* 2, 1   **18** Aure
audietis] Act. 28, 26; cfr Is. 6, 9; 30, 21   **20** Quem – nostris] I Ioh. 1, 1   **20/**
21 Locutus – mea] Ps. 38, 5   **23/24** Ibant – ibant] *Incert. uers.* 27 (*FPL* – Bläns.,
p. 420)   **24** Viuat – moriatur] Deut. 33, 6   **26/27** Legati – sunt] LIV., *Fragm.* 75
30/31 Si – umbris] VERG., *Aen.* 1, 546-547

17 aruorum] arborum *E*^*a.c.*   **23** qua¹] quia *E*^*a.c.* *Gloss.*   **25** Macrologia] magrologia
E^*a.c.*   **30** fata] *cum Verg. et* α (*L N*) *correxi*, facta β   **31** adhuc] ad hunc *E*^*a.c.*   occubat]
occumbat *E*^*a.c.*, occupat *Gloss.*

crebro repetita locutio. Et in ⟨secundo⟩ Georgicorum:
"Hic plantas tenero abscidens de corpore matrum
deposuit sulcis; hic stirpes obruit aruo,
35 quadrifidasque sudes et acuto robore uallos",
una res crebro adnuntiata. Hoc uitium diuersis modis fit.

659, 6-7   ECLIPSIS EST DEFECTVS QVIDAM NECESSARIAE DICTIO-
NIS, QVAM DESIDERAT PRAECISA SENTENTIA, VT "HAEC SE-
CVM"; DEEST ENIM 'LOQVEBATVR'. Item Lucanus: "Bella per
40 Emathios plus quam ciuilia campos"; deest 'gesta'. Item "Cui
faretra ex auro"; deest 'erat'. Item "Tunc pater Aeneas iamdudum"; deest 'erumpere nubem'. Item "Est locus, Hesperiam Grai
cognomine dicunt"; deest enim 'quam'. Item "Vrbs antiqua fuit,
Tyrii tenuere coloni"; deest enim 'quam'. Item in Psalmo: "In
45 libro tuo omnes scribentur; dies formabuntur, et nemo in eis";
deest enim 'erit': 'nemo in eis erit praeter diem, sed ueritatis luce
inluminabuntur'. Item "Quia neque ab Oriente neque ab Occi-

Trad. text. α   *F L N P*   *post* **46** nemo *des. P*

32/35 Et – uallos] cfr ISID. IVN., *Vit.* 206, 45-47   **36** una – adnuntiata] cfr ISID.,
Etym. 1, 34, 9; ISID. IVN., *Vit.* 205, 88   Hoc – fit] PS. SERG., *Explan. in Don.* 264, 128-
129   **37/39** Eclipsis – loquebatur] cfr ISID., *Etym.* 1, 34, 10; ISID. IVN., *Vit.* 206, 49
39/40 Lucanus – gesta] PS. SERG., *Explan. in Don.* 265, 130-131   **40/41** Cui – erat]
SERV. auct., *Aen.* 4, 138; cfr ISID., *Etym.* 1, 34, 10; ISID. IVN., *Vit.* 206, 50   **41/**
42 Tunc – nubem] cfr ISID. IVN., *Vit.* 206, 51   **42/43** Est – quam] SERV., *Aen.* 3, 162;
cfr ISID. IVN., *Vit.* 206, 55   **43/44** Vrbs – quam] SERV., *Aen.* 1, 12; cfr ISID. IVN., *Vit.*
206, 56   **44/47** in – inluminabuntur] cfr ISID. IVN., *Vit.* 206, 57-59   **47/49** quia –
est] cfr GREG. M., *Moral.* 33, 11 (p. 1691, 34-35); ISID. IVN., *Vit.* 206, 59-61

33/35 Hic – uallos] VERG., *Georg.* 2, 23-25   **38** Haec secum] VERG., *Aen.* 1, 37   **39/**
40 Bella – campos] LVCAN., *Ciu.* 1, 1   **40/41** Cui – auro] VERG., *Aen.* 4, 138
41 Tunc – iamdudum] VERG., *Aen.* 1, 580; cfr CORIPP., *Ioh.* 1, 203   **42/43** Est –
dicunt] VERG., *Aen.* 1, 530   **43/44** Vrbs – coloni] VERG., *Aen.* 1, 12   **44/45** In – eis]
Ps. 138, 16   **47/49** quia – est] Ps. 74, 7-8

32 crebro] crebra *F*, crebre *N*, *non leg. P*   secundo] *cum Isid. Iun. suppleui* (*cfr infra*
6, 285)   **33** tenero] *cum Verg. et* β *correxi*, tenebras *F*, tenebro *L*, teneras *N P*   corpore]
corrore *P*   matrum] matum *L*   **34/35** deposuit – uallos] *om. L*   aruo] arbo *F P*
35 robore] roboare *P*   **37** Eclipsis] eglibsis *F*, eglipsis *L*, etclypsis *N*   quidam] quidem
N   necessariae] necessarie *F P*   dictionis] dictiones *L*, *non leg. P*   **38** quam] quem
F L, *non leg. P*   praecisa] recisa *F P*   **39** deest enim] *non leg. P*   **39/40** per – plus]
prematios *F*, premunt ciues et *N*   **40** campos] compos *N*   Item] *om. L*   **41** auro]
austa *L*   deest] est *P*   **42** erumpere] eorum prae *N*, *om. L*   Grai] greci *P²*   **43** quam]
quem *N*   **43/44** Item – quam] *om. P*   Vrbs] urbis *L*   **44** Tyrii] tirii *F*, tirri *L*   enim]
om. F N   **45** scribentur] scribantur *N*   dies] dii *F L N^{a.c.}*, die *P*   **46** deest – erit]
deerit *N*   erit¹] *om. F L P*   **47** inluminabuntur] inluminantur *L*   Item quia] iam *N*

crebro repetita locutio. Et in ⟨secundo⟩ Georgicorum:
"Hic plantas tenero abscidens de corpore matrum
deposuit sulcis; hic stirpes obruit aruo,
35 quadrifidasque sudes et acuto robore uallos",
una res crebro adnuntiata. Hoc uitium diuersis modis fit.

659, 6-7 ECLIPSIS EST DEFECTVS QVIDAM NECESSARIAE DICTIO-
NIS, QVAM DESIDERAT PRAECISA SENTENTIA, VT "HAEC SE-
CVM"; DEEST ENIM 'LOQVEBATVR'. Item Lucanus: "Bella per
40 Emathios plus quam ciuilia campos"; deest 'gesta'. "Cui faretra
ex auro"; deest 'erat'. Item "Tunc pater Aeneas iamdudum";
deest 'erumpere nubem'. Item "Est locus, Hesperiam Grai cognomine dicunt"; deest enim 'quam'. Item "Vrbs antiqua fuit, Tirii
tenuere coloni"; deest enim 'quam'. Item in Psalmo: "In libro
45 tuo omnes scribentur; dies formabuntur, et nemo in eis"; deest
enim 'erit': 'nemo in eis erit praeter diem, sed ueritatis luce inluminabuntur'. Item "Quia neque ab Oriente neque ab Occidente

---

rad. text. β   E Gloss.

32/35 Et – uallos] cfr ISID. IVN., *Vit.* 206, 45-47   **36** una – adnuntiata] cfr ISID.,
Etym. 1, 34, 9; ISID. IVN., *Vit.* 205, 88   Hoc – fit] PS. SERG., *Explan. in Don.* 264, 128-
129   **37/39** Eclipsis – loquebatur] cfr ISID., *Etym.* 1, 34, 10; ISID. IVN., *Vit.* 206, 49
39/40 Lucanus – gesta] PS. SERG., *Explan. in Don.* 265, 130-131   **40/41** Cui – erat]
SERV. auct., *Aen.* 4, 138; cfr ISID., *Etym.* 1, 34, 10; ISID. IVN., *Vit.* 206, 50   **41/
42** Tunc – nubem] cfr ISID. IVN., *Vit.* 206, 51   **42/43** Est – quam] SERV., *Aen.* 3, 162;
cfr ISID. IVN., *Vit.* 206, 55   **43/44** Vrbs – quam] SERV., *Aen.* 1, 12; cfr ISID. IVN., *Vit.*
206, 56   **44/46** in – inluminabuntur] cfr ISID. IVN., *Vit.* 206, 57-59   **47/49** Quia –
est] cfr GREG. M., *Moral.* 33, 11 (p. 1691, 34-35); ISID. IVN., *Vit.* 206, 59-61

33/35 Hic – uallos] VERG., *Georg.* 2, 23-25   **38** Haec secum] VERG., *Aen.* 1, 37   **39/
40** Bella – campos] LVCAN., *Ciu.* 1, 1   **40/41** Cui – auro] VERG., *Aen.* 4, 138
41 Tunc – iamdudum] VERG., *Aen.* 1, 580; cfr CORIPP., *Ioh.* 1, 203   **42/43** Est –
dicunt] VERG., *Aen.* 1, 530   **43/44** Vrbs – coloni] VERG., *Aen.* 1, 12   **44/45** In – eis]
Ps. 138, 16   **47/49** Quia – est] Ps. 74, 7-8

---

32 secundo] *cum Isid. Iun. suppleui (cfr infra 6, 285)*   **34** aruo] arbo E*a.c.*
37 Eclipsis] eglipsis E*a.c.*   **44** quam] *sup. l.* E   **45** dies] *cum* α (N) *correxi*, die E *Gloss.*
formabuntur] firmabuntur E*a.c.*   **46** luce] *iter.* E

dente neque a desertis montibus (deest enim 'patet uia fugiendi'), quoniam Deus iudex est".

659, 8-12 TAPINOSIS EST HVMILITAS REI MAGNAE NON ID AGENTE
51 SENTENTIA, VT
"PENITVSQVE CAVERNAS
INGENTES"
ET "VLICIAS VEXASSE RATES" ET "PELIDAE STOMACHVM
55 CEDERE NESCII". Si cauernas, quomodo ingentes? Item Vergilius: "Apparent rari nantes in gurgite uasto"; 'gurgite' posuit pro 'mare'. Item Lucanus: "Oceanumque uocans incerti stagna profundi". Est autem tapinosis miseria, quae statum rei magnae dictis infirmat, ut est in Psalmo: "Ego autem sum uermis et non
60 homo"; et "Ego sum pastor bonus"; quibus uerbis uilibus inmensitas diuina ostenditur. Et "Quid existis in desertum uidere? Arundinem uento agitatam?".

659, 13-14 KAKOSINTETON EST VITIOSA CONPOSITIO DICTIONVM,
VT
65   "VERSAQVE IVVENCVM
TERGA FATIGAMVS HASTA",
quum uersa hasta cuspide boues stimulamus, ut exarent terram.

Trad. text. α   *F L N*

---

50 Tapinosis – magnae] cfr ISID., *Etym.* 1, 34, 11; ISID. IVN., *Vit.* 206, 62   55 Si – ingentes] Ps. SERG., *Explan. in Don.* 265, 134   55/57 Vergilius – mare] cfr SERV., *Aen.* 1, 118; ISID., *Etym.* 1, 34, 11; ISID. IVN., *Vit.* 206, 62-63   57/58 Lucanus – profundi] cfr ISID. IVN., *Vit.* 207, 64   58/59 Est – infirmat] cfr ISID., *Etym.* 1, 34, 11; ISID. IVN., *Vit.* 207, 65-66   59/61 ut – ostenditur] cfr CASSIOD., *In Ps.* 21, 7 (p. 193, 167-174); ISID. IVN., *Vit.* 207, 67-70   63/66 Kakosinteton – hasta] cfr ISID., *Etym.* 1, 34, 12; ISID. IVN., *Vit.* 207, 72-73   67/68 quum – terram] Ps. SERG., *Explan. in Don.* 265, 143-144

52/53 Penitusque – ingentes] VERG., *Aen.* 2, 19-20   54 Vlicias – rates] VERG., *Ecl.* 6, 76   54/55 Pelidae – nescii] HOR., *Carm.* 1, 6, 6   56 Apparent – uasto] VERG., *Aen.* 1, 118   57/58 Oceanumque – profundi] LVCAN., *Ciu.* 2, 571   59/60 Ego – homo] Ps. 21, 7   60 Ego – bonus] Ioh. 10, 11   61/62 Quid – agitatam] Matth. 11, 7   65/66 Versaque – hasta] VERG., *Aen.* 9, 609-610

48 fugiendi] fugientibus *L*   50 magnae] magne *F*   54 Vlicias] alitias *N*   Pelidae] pleride *F*   55 nescii] nescit *F N*   Item] *om. L*   56 gurgite²] gurgitem *L N*   58 magnae] magne *F N*   59 infirmat] infirma *N*   60 et – bonus] *om. L*   uerbis] uersis *L^{a.c.}*, ueribis *N^{a.c.}*   61/62 Et – agitatam] *om. L*   63 Kakosinteton] kakositheton *F*, katenphaton *N*   65 iuuencum] iuuenum *L*   67 uersa] uersam *L*   boues] bouis *N*

neque a desertis montibus (deest enim 'patet uia fugiendi'), quoniam Deus iudex est".

659, 8-12   TAPINOSIS EST HVMILITAS REI MAGNAE NON ID AGENTE
51   SENTENTIA, VT
              "PENITVSQVE CAVERNAS
INGENTES"
ET "VLICIAS VEXASSE RATES" ET "PELIDAE STOMACHVM
55   CEDERE NESCIT". Si cauernas, quomodo ingentes? Item Vergilius: "Apparent rari nantes in gurgite uasto"; 'gurgitem' posuit
pro 'mari'. Item Lucanus: "Oceanumque uocans incerti stagna
profundi". Est autem tapinosis miseria, quae statum rei magnae
dictis infirmat, ut est in Psalmo: "Ego autem sum uermis et non
60   homo"; et "Ego sum pastor bonus"; quibus uerbis uilibus inmensitas diuina ostenditur. Et "Quid existis uidere? Arundinem uento agitatam?".

659, 13-14   KAKOSINTETON EST VITIOSA CONPOSITIO DICTIONVM,
VT
65   "VERSAQVE IVVENCVM
TERGA FATIGAMVS HASTA";
cuspide boues stimulamus, ut exarent terram.

---

rad. text. β   *E Gloss.*

50 Tapinosis – magnae] cfr ISID., *Etym.* 1, 34, 11; ISID. IVN., *Vit.* 206, 62   **55** Si –
ingentes] PS. SERG., *Explan. in Don.* 265, 134   **55/57** Vergilius – mari] cfr SERV., *Aen.*
1, 118; ISID., *Etym.* 1, 34, 11; ISID. IVN., *Vit.* 206, 62-63   **57/58** Lucanus – profundi] cfr
ISID. IVN., *Vit.* 207, 64   **58/59** Est – infirmat] cfr ISID., *Etym.* 1, 34, 11; ISID. IVN., *Vit.*
207, 65-66   **59/61** ut – ostenditur] cfr CASSIOD., *In Ps.* 21, 7 (p. 193, 167-174); ISID.
IVN., *Vit.* 207, 67-70   **63/66** Kakosinteton – hasta] cfr ISID., *Etym.* 1, 34, 12; ISID.
IVN., *Vit.* 207, 72-73   **67** cuspide – terram] PS. SERG., *Explan. in Don.* 265, 143-144

52/53 Penitusque – ingentes] VERG., *Aen.* 2, 19-20   **54** Vlicias – rates] VERG., *Ecl.*
6, 76   **54/55** Pelidae – nescit] HOR., *Carm.* 1, 6, 6   **56** Apparent – uasto] VERG.,
Aen. 1, 118   **57/58** Oceanumque – profundi] LVCAN., *Ciu.* 2, 571   **59/60** Ego –
homo] Ps. 21, 7   **60** Ego – bonus] Ioh. 10, 11   **61/62** Quid – agitatam] Matth. 11, 7
65/66 Versaque – hasta] VERG., *Aen.* 9, 609-610

48 fugiendi] fugienti *E*[a.c.] *Gloss.*   **51** sententia] sententiam *E*[a.c.]   **54** Vlicias]
dulicias *cum Verg. E*[2], uilitias *Gloss.*   **58** rei] *om. E*   **59** infirmat] informat *E*
63 Kakosinteton] *cum* α *scripsi*, kakonsinteton *E*, kacosinteticon *Gloss.*   **66** fatigamus]
fagitatus *E*[a.c.]   **67** stimulamus] stimulamulus *E*[a.c.]

660, 1-3 AMFIBOLIA EST AMBIGVITAS DICTIONIS, QVAE FIT AVT
    70 PER CASVM ACCVSATIVVM, VT SI QVIS DICAT 'AVDIO SECV-
        TOREM RETIARIVM SVPERASSE'; 'secutorem' dixit et non
        ostendit personam tacendo nomen. Sicut Apollo ad Pirrum:
        "Aio te, Aeacida, Romanos uincere posse"; ubi non ostendit
        quem monstraret esse uictorem. Fit et per incertam distinctio-
    75 nem, ut "Bellum ingens geret Italia populosque feroces"; incerta
        significatio, utrum bellum ingens an ingens Italia. FIT ET PER
        COMMVNE VERBVM, VT SI QVIS DICAT 'CRIMINATVR CATO',
        'VADATVR TVLLIVS', NEC ADDAT 'QVEM' VEL 'A QVO'; nec
        ostenditur utrum ipsi alios an alii ipsos calumniati sint. Cato
    80 itaque philosophus aliorum crimina reprehendebat. Cicero uero,
        qui et Tullius, defensor causarum erat; uades enim dicuntur qui
        legaliter causas agunt. Sed in hac ambiguitate non ostendit quem
        criminatur Cato uel pro quo agat Cicero. 'Vadatur' enim, id est
        'causam agit'.

660, 3-6 FIT ET PER DISTINCTIONEM, VT 'VIDI STATVAM AVREAM
    86 HASTAM TENENTEM'. Sicut quidam in testamento heredem
        suum statuit, ut ab eo sibi poneret 'statuam auream hastam
        tenentem'; ubi fit ambiguitas, an auream statuam ponere heres

---

Trad. text. α *F L N*

69/71 Amfibolia – superasse] cfr ISID., *Etym.* 1, 34, 13; ISID. IVN., *Vit.* 207, 74-75
71/72 secutorem – nomen] Ps. SERG., *Explan. in Don.* 265, 146-147 **72/74** Apollo –
uictorem] cfr CHAR., *Gramm.* 357, 27; ISID., *Etym.* 1, 34, 13; ISID. IVN., *Vit.* 207, 75-79
74/76 Fit – Italia] cfr ISID., *Etym.* 1, 34, 14; ISID. IVN., *Vit.* 208, 91-92 **76/78** Fit –
quo] cfr ISID., *Etym.* 1, 34, 15; ISID. IVN., *Vit.* 207, 80-82 **78/79** nec² – sint] cfr ISID.,
Etym. 1, 34, 15 **79/84** Cato – agit] Ps. SERG., *Explan. in Don.* 265, 148 - 266, 152; cfr
ISID. IVN., *Vit.* 207, 82 - 208, 86 **86/90** quidam – tenentem] QVINT., *Inst.* 7, 9, 8; cfr
ISID. IVN., *Vit.* 208, 87-91

---

73 Aio – posse] ENN., *Ann.* 167 **75** Bellum – feroces] VERG., *Aen.* 1, 263

---

69 Amfibolia] amfibolius *L^{a.c.}*, amphibolia *P* **70** quis] quid *N* **71** retiarium] *cum
Don. scripsi*, retiarum (-ci- *N*) α superasse] occidisse *N* **71/72** et – ostendit] *om.
L* et] ut *N* **73** Aeacida] eacide *F*, acide *N* **74** distinctionem] *cum* β *correxi*, dictionem
F N, distinationem *L* **75** populosque] populusque *N* **77** commune] communem *L*
criminatur] criminator *F^{a.c.} N* **79** ostenditur] ostendit *F N* ipsi] ipse *N* alii] per
add. L ipsos] ipso *N* sint] sunt *L N* **80** uero] *om. L* **81** dicuntur] *om. L*
82 agunt] habent *N* ambiguitate] non oro te *add. L* **82/83** quem – Cato] *om. L*
83 criminatur] criminitur *N* **83/84** Vadatur – agit] *in marg. iter. N²* est] *om. L*
86 quidam] quidem *L* **87** statuit] *om. F N* ut] *om. L N* **87/88** ab – tenentem] *in
marg. L* poneret] ponet *F*, ponat *N* **88** an] *om. L* auream statuam] statuam auream
L ponere heres] heres ponere *F N*

660, 1-3 AMFIBOLIA EST AMBIGVITAS DICTIONIS, QVAE FIT AVT
PER CASVM ACCVSATIVVM, VT SI QVIS DICAT 'AVDIO SECV-
70 TOREM RETIARIVM SVPERASSE'; 'secutorem' dixit et non
ostendit personam tacendo nomen. Sicut Apollo ad Pirrum:
"Aio te, Aeacida, Romanos uincere posse"; ubi non ostendit
quem monstraret esse uictorem. Fit et per incertam distinctionem, ut "Bellum ingens geret Italia populosque feroces"; incerta
75 significatio, utrum bellum ingens an ingens Italia. FIT ET PER
COMMVNE VERBVM, VT SI QVIS DICAT 'CRIMINATVR CATO',
'VADATVR TVLLIVS', NEC ADDAT 'QVEM' VEL 'A QVO'; nec
ostenditur utrum ipsi alios an alii ipsos calumniati sunt. Cato
itaque philosophus aliorum crimina reprehendebat. Cicero uero,
80 qui et Tullius, defensor causarum erat; uades enim dicuntur qui
legaliter causas agunt. Sed in hac ambiguitate non ostendit quem
criminatur Cato uel pro quo agat Cicero. 'Vadatur' enim, id est
'causam agat'.

660, 3-6 FIT ET PER DISTINCTIONEM, VT 'VIDI STATVAM AVREAM
85 HASTAM TENENTEM'. Sicut quidam in testamento heredem
suum statuit, ut ab eo sibi poneret 'statuam auream hastam
tenentem'; ubi fit ambiguitas, an auream statuam ponere heres
debeat aliquam hastam tenentem an statuam cuiuslibet materiae
hastam solum auream tenentem. Et illud: "Nec latuere doli
90 fratrem Iunonis et irae"; utrum 'fratrem Iunonis' an 'doli Iuno-

---

ad. text. β   E Gloss.

68/70 Amfibolia – superasse] cfr ISID., *Etym.* 1, 34, 13; ISID. IVN., *Vit.* 207, 74-75
70/71 secutorem – nomen] PS. SERG., *Explan. in Don.* 265, 146-147   71/73 Apollo –
uictorem] cfr CHAR., *Gramm.* 357, 27; ISID., *Etym.* 1, 34, 13; ISID. IVN., *Vit.* 207, 75-79
73/75 Fit – Italia] cfr ISID., *Etym.* 1, 34, 14; ISID. IVN., *Vit.* 208, 91-92   75/77 Fit –
quo] cfr ISID., *Etym.* 1, 34, 15; ISID. IVN., *Vit.* 207, 80-82   77/78 nec² – sunt] cfr ISID.,
Etym. 1, 34, 15   78/83 Cato – agat] PS. SERG., *Explan. in Don.* 265, 148 - 266, 152; cfr
ISID. IVN., *Vit.* 207, 82 - 208, 86   85/89 quidam – tenentem] QVINT., *Inst.* 7, 9, 8; cfr
ISID. IVN., *Vit.* 208, 87-91   89/91 Et – est] SERV., *Aen.* 1, 130; cfr ISID. IVN., *Vit.* 208,
92-94

72 Aio – posse] ENN., *Ann.* 167   74 Bellum – feroces] VERG., *Aen.* 1, 263   89/
90 Nec – irae] VERG., *Aen.* 1, 130

68 Amfibolia] anfibolia E   aut] ut E^{a.c.}   70 retiarium – secutorem] *om.* E
retiarium] *cum Don. scripsi*, reciariam *Gloss.*   75 per] *om.* E   77 nec addat] necadat
E^{a.c.}   82 criminatur] crimatur E^{a.c.}   quo] *sup. l.* E   84 per] pro E^{a.c.}   85 heredem]
heredum E^{a.c.}   88 statuam] istatua (stat- E²) E   89 auream] haream E^{a.c.}   Nec]
haec E

90 debeat aliquam hastam tenentem an statuam cuiuslibet materiae hastam solum auream tenentem. Et illud: "Nec latuere doli fratrem Iunonis et irae"; utrum 'fratrem Iunonis' an 'doli Iunonis' incertum est. FIT ET PER HOMONIMIAM, VT SI QVIS 'ACIEM' DICAT ET NON ADDAT 'OCVLORVM' AVT 'EXERCITVS' AVT 'FERRI'. Oculorum acies est, ut "Huc geminas nunc flecte 95 acies, hanc aspice gentem". Exercitus acies est, ut "Hinc acies atque hinc acies adstare Latinas". Ferri acies est, ut "Stat ferri acies mucrone corusco". FIT PRAETEREA PLVRIBVS MODIS, QVOS RECENSERE OMNES, NE NIMIS LONGVM SIT, NON OPORTET.

III.4. DE METAPLASMO

DON., *Mai.* METAPLASMVS EST TRANSFORMATIO QVAEDAM RECTI
660, 8-11 SOLVTIQVE SERMONIS IN ALTERAM SPECIEM METRI ORNATVSVE CAVSA. HVIVS SPECIES SVNT QVATTVORDECIM:
5 PROTHESIS, EPENTHESIS, PARAGOGE, AFERESIS, SINCOPE, APOCOPE, ECTASIS, SISTOLE, DIERESIS, EPISINALIFE, SINALIFE, ELLIPSIS, ANTITHESIS, METATHESIS. 'Metaplasmus'

Trad. text. α   *F L N*

90/92 Et – est] SERV., *Aen.* 1, 130; cfr ISID. IVN., *Vit.* 208, 92-94   **92/94** Fit – ferri] cfr ISID., *Etym.* 1, 34, 16; ISID. IVN., *Vit.* 208, 96-97   **94/95** Oculorum – gentem] PS. SERG., *Explan. in Don.* 266, 157-158; cfr SERV., *Aen.* 6, 788   **95/96** Exercitus – Latinas] PS. SERG., *Explan. in Don.* 266, 158-159   **96/97** Ferri – corusco] PS. SERG., *Explan. in Don.* 266, 159; cfr SERV., *Aen.* 2, 333

III.4, 7/9 Metaplasmus – poetarum] cfr ISID., *Etym.* 1, 35, 1

90/91 Nec – irae] VERG., *Aen.* 1, 130   **94/95** Huc – gentem] VERG., *Aen.* 6, 788
95/96 Hinc – Latinas] VERG., *Aen.* 9, 550   **96/97** stat – corusco] VERG., *Aen.* 2, 333

---

89 an statuam] *om. L*   cuiuslibet materiae] cuius manus *L*   **90** solum] solam *F N* auream] *ante* solum *transp. N*   latuere] lataere *L^{a.c.}*   **91** Iunonis et] iuno misit *L*
92 homonimiam] *cum Don. scripsi*, omonimam α   **93** exercitus] exercitu *N*   **94** ut] et *L*   Huc] hic *F N*   flecte] flete *F*, flectes *L*   **95** acies'] aues *F*   acies est] *om. L*
96 adstare] istare *L*   ut stat] istat *L*   **97** mucrone] murone *L^{a.c.}*   pluribus] plurimis *L*
98 ne nimis] neminis *N*   sit] ut *add. L*

III.4, 1 De metaplasmo] incipit *add. L*   **2/3** recti solutique] rectique *L*
3 solutique] solitique *F*   alteram] alterum *F*   ornatusue] ornatus necessitatisue (-tis suae *N^2*) *F N*   **4** causa] causam *L*, causae *N*   **5** prothesis] prothes *L^{a.c.}*   epenthesis] ephentesis *L*, epentesis *N^{a.c.}*   aferesis] aphesis (-resis *L^2*) *L*   **6** ectasis] *scripsi (cfr infra l. 59)*, hectasis *F*, ecthasis *L*, ethasis *N*   sistole] sisthole *L^2*   dieresis] diheresis *L*
episinalife] episinalipe *N*   sinalife] sinalipae *N*   **7** ellipsis] etlipsis *N*   metathesis] metatesis *L^{a.c.}*

nis' incertum est. FIT ET PER HOMONIMIAM, VT SI QVIS 'ACIEM' DICAT ET NON ADDAT 'OCVLORVM' AVT 'EXERCITVS' AVT 'FERRI'. Oculorum acies est, ut "Huc geminas nunc flecte acies, hanc aspice gentem". Exercitus acies est, ut "Hinc acies atque hinc acies adstare Latinas". Ferri acies est, ut "Stat ferri acies mucrone corusco". FIT PRAETEREA PLVRIBVS MODIS, QVOS RECENSERE OMNES, NE NIMIS LONGVM SIT, NON OPOR-TET.

95 (margin line, at "atque hinc")

III.4. DE METAPLASMIS

ᴅᴏɴ., *Mai.*
660, 8-11
METAPLASMVS EST TRANSFORMATIO QVAEDAM RECTI SOLVTIQVE SERMONIS IN ALTERAM SPECIEM METRI ORNATVSVE CAVSA. HVIVS SPECIES SVNT QVATTVORDECIM: 5 PROTESIS, EPENTESIS, PARAGOGE, AFERESIS, SINCOPE, APOCOPE, HECTASIS, SISTOLE, DIERESIS, EPISINALIFE, SINALIFE, ELLIPSIS, ANTITESIS, METATESIS. 'Metaplasmus' est Graeca lingua; Latine 'transformatio' dicitur. Qui fit in uno uerbo propter metri necessitatem et licentiam poetarum. Fit 10 'metaplasmus' per conpositionem partium diuersarum: 'meta' enim Graece 'per' dicitur; 'plasmare' 'fingere', quod est 'conpo-nere' uel 'transformare'. Et fit hoc decorandi metri ratio. Barba-

rad. text. β   *E Gloss.*

91/93 Fit – ferri] cfr Isɪᴅ., *Etym.* 1, 34, 16; Isɪᴅ. Iᴠɴ., *Vit.* 208, 96-97   **93/94** Oculorum – gentem] Ps. Sᴇʀɢ., *Explan. in Don.* 266, 157-158; cfr Sᴇʀᴠ., *Aen.* 6, 788   **94/95** Exercitus – Latinas] Ps. Sᴇʀɢ., *Explan. in Don.* 266, 158-159   **95/96** Ferri – corusco] Ps. Sᴇʀɢ., *Explan. in Don.* 266, 159; cfr Sᴇʀᴠ., *Aen.* 2, 333   **III.4, 7/9** Metaplasmus – poetarum] cfr Isɪᴅ., *Etym.* 1, 35, 1   **9/12** Fit – ratio] Ps. Sᴇʀɢ., *Explan. in Don.* 266, 161-163

93/94 Huc – gentem] Vᴇʀɢ., *Aen.* 6, 788   **94/95** Hinc – Latinas] Vᴇʀɢ., *Aen.* 9, 550   **95/96** Stat – corusco] Vᴇʀɢ., *Aen.* 2, 333

91 per] pro $E^{a.c.}$ homonimiam] *cum Don. scripsi,* homonimam *E,* omonimiam *Gloss.*   **94** aspice] aspige $E^{a.c.}$ Hinc] hic *E*   **95** hinc] hic *E*   adstare] stare *E*   acies est] aciest *E*   **III.4, 3** solutique] solitique $E^{a.c.}$ sermonis] sermo $E^{a.c.}$ **5** paragoge] pagoge $E^{a.c.}$ aferesis] afaresis *E*   **6** hectasis] haectasis *E*   **7** ellipsis] elipsis *E*   **8** Latine] latinae $E^{a.c.}$ **11** Graece] grege *E*

Graeca lingua; Latine 'transformatio' dicitur. Qui fit in uno
uerbo propter metri necessitatem et licentiam poetarum. Fit 'me-
10 taplasmus' per conpositionem partium diuersarum: 'meta' enim
Graece 'per' dicitur; 'plasmare' 'fingere', quod est 'conponere' uel
'transformare'. Et fit hoc decorandi metri ratio. Barbarismus in
prosa uitium, in carmine metaplasmus est, quia sic in una parte
orationis fit metaplasmus, sicut barbarismus. Sicut et soloecismus
15 in poemate 'scema' nominatur. Vnde et dictio quae 'transformatione' conponitur Graece 'metamorfoseos' dicitur, sicut Ouidius
scripsit libros quindecim uel Apulius. Sed metaplasmus in una
parte orationis fit, metamorfoseos uero in omni serie librorum.
Omnes metaplasmi, quemadmodum pedes sepe de capite, sepe
20 de medio, sepe de fine sibi contrarii sunt, sic et metaplasmorum
species sibi contrariae sunt.

660, 12-13   PROTHESIS EST ADPOSITIO QVAEDAM AD PRINCIPIVM
DICTIONIS LITTERAE AVT SYLLABAE, VT 'GNATO' PRO 'NATO'
ET 'TETVLIT' PRO 'TVLIT'. Adicitur 'g', ut ostenderet 'gene-
25 rato', id est 'gnato filio': "Gnate, meae uires, mea magna potentia
solus!". Terentius: "Numquam huc tetulissem pedem" pro 'tulis-
sem'. Sicut 'Gneus' pro 'Neus'; sicut 'repulsus' pro 'pulsus'.

Trad. text. α   *F L N*

9/12 Fit – ratio] Ps. SERG., *Explan. in Don.* 266, 161-163   **12/15** Barbarismus –
nominatur] cfr supra 1, 6/9; 2, 109/110   **15/18** dictio – librorum] Ps. SERG., *Explan.
in Don.* 266, 163-166   **19/21** Omnes – sunt] Ps. SERG., *Explan. in Don.* 267, 181-183
22/24 Prothesis – tulit] cfr ISID., *Etym.* 1, 35, 2   **24/26** Adicitur – tulissem]
Ps. SERG., *Explan. in Don.* 267, 168-170

III.4, 23 gnato] VERG., *Aen.* 3, 12; cfr PLAVT., *Asin.* 66   **24** tetulit] cfr *Trag. incert.*
70 Rib. (p. 244)   **25/26** Gnate – solus] VERG., *Aen.* 1, 664   **26** Numquam – pedem]
TER., *Andr.* 808

8 Latine] latina *sup. l. suppl.* L^2 dicitur] diceretur *N*   Qui] quae *F N*   **9** licentiam]
licencia *N*   **10** conpositionem] conpositione *F*   partium] *om. N*   **11** per] pro *L*
quod] id *N*   **14** et] *om. L N*   **15** poemate] poemata *L*   et] *om. F N*   quae] per *add. L*
transformatione] transformationem *L N*   **16** metamorfoseos] morfoseos *N*
17 scripsit] in *add. F N*   libros] libro *N*   Apulius] apuleus *N*   **18** metamorfoseos]
metaformoseos *L*   uero] dicitur *praem. N*   **19** Omnes] omnis $N^{a.c.}$ metaplasmi]
metaplasmus *L*   **20/21** sic – sunt] *in marg. N*   et metaplasmorum] etaplasmorum *N*
21 contrariae] contrarii *N*   **22** ad] a *N*   **24** et tetulit] ecce tulit *L*   Adicitur] addidit
F N   ostenderet] ostendit *L*   generato] generate *L*, generatio *N*   **25** gnato] *cum* β
scripsi, nato *F N*, generato *L*   meae] et *add. N*   **26** huc] hic *F N*, *sup. l. L*   tetulissem]
tetulisse *F N*   tulissem] tulisse *F N*   **27** Gneus] gneos *N*   Neus] *correxi*, neo α   sicut]
item *F N*   pulsus] polso (pul- L^2) *L*

rismus in prosa uitium, in carmine metaplasmus est, quia sic in
una parte orationis fit metaplasmus, sicut barbarismus. Sicut et
15 soloecismus in poemate 'scema' nominatur. Vnde et dictio quae
'transformatione' conponitur Graece 'metamorfoseos' dicitur,
sicut Ouidius scripsit libros quindecim uel Apulius. Sed metaplasmus in una parte orationis fit, metamorfoseos uero in omni
serie librorum. Omnes metaplasmi, quemadmodum pedes sepe
20 de capite, sepe de medio, sepe de fine sibi contrarii sunt, sic et
metaplasmorum species sibi contrariae sunt.

660, 12-13   PROTESIS EST ADPOSITIO QVAEDAM AD PRINCIPIVM DIC-
TIONIS LITTERAE AVT SYLLABAE, VT 'GNATO' PRO 'NATO' ET
'TETVLIT' PRO 'TVLIT'. Additur 'g', ut ostendat 'generato',
25 id est 'gnato filio': "Gnate, meae uires, mea magna potentia
solus!". Terentius: "Numquam huc tetulissem pedem" pro 'tulis-
sem'. Sicut 'Gneus' pro 'Neus'; sicut 'inpulsus' pro 'pulsus'.

---

rad. text. β   *E Gloss.*

15/19 dictio – librorum] Ps. SERG., *Explan. in Don.* 266, 163-166   **19/21** Omnes –
sunt] Ps. SERG., *Explan. in Don.* 267, 181-183   **22/24** Protesis – tulit] cfr ISID., *Etym.*
I, 35, 2   **24/26** Additur – tulissem] Ps. SERG., *Explan. in Don.* 267, 168-170

III.4, 23 gnato] VERG., *Aen.* 3, 12; cfr PLAVT., *Asin.* 66   **24** tetulit] cfr *Trag. incert.*
70 Rib. (p. 244)   **25/26** Gnate – solus] VERG., *Aen.* 1, 664   **26** Numquam – pedem]
TER., *Andr.* 808

17 quindecim] *cum* α *correxi,* quinde *E,* quindeo *Gloss.*   **18** orationis] orationi *E*ᵃ·ᶜ·
19 quemadmodum] quemammodum *E*   **20** sibi] siue *E*ᵃ·ᶜ·   **21** sibi] siue *E*ᵃ·ᶜ·
24 generato] *cum* α (*F*) *scripsi,* generate *E,* generare *Gloss.*   **25** Gnate meae] gnatemet
E   **27** Neus] *correxi,* neo β

661, 1-2   EPENTHESIS EST ADPOSITIO AD MEDIAM DICTIONEM
          LITTERAE AVT SYLLABAE, VT 'RELLIQVIAS' PRO 'RELIQVIAS',
    30   'INDVPERATOR' PRO 'IMPERATOR'. HANC ALII EPENTHE-
          SIN, ALII PARENTHESIN nomine VOCANT. Sicut 'relligio' pro
          'religio'; sicut 'dedidit' pro 'dedit'.

661, 3-4   PARAGOGE EST ADPOSITIO AD FINEM DICTIONIS LITTE-
          RAE AVT SYLLABAE, VT 'MAGIS' PRO 'MAGE' ET 'POTESTVR'
    35   PRO 'POTEST'. HANC ALII PROSPARALEMSIN APPELLANT.
          Sicut et Vergilius: "Bellantur pictis Amazones armis" pro 'bel-
          lant'; sicut 'estur' pro 'est'. Item Sedulius : "Annuat ipse
          prior, sicut benedicier idem"; nam antiqui modo
          infinito passiui generis 'er' syllabam adiciebant.

661, 5-6   AFERESIS EST ABLATIO DE PRINCIPIO DICTIONIS, CON-
    41   TRARIA PROTHESI, VT 'MITTE ME' PRO 'OMITTE' ET 'TEM-
          NO' PRO 'CONTEMNO'. Sicut 'uge' pro 'euge'; sicut 'soluit' pro
          'dissoluit'. Vergilius: "Discite iustitiam moniti et ⟨non⟩ temnere
          diuos" pro 'contemnere'.

661, 7-8   SINCOPE EST ABLATIO DE MEDIA DICTIONE, CONTRARIA
    46   EPENTHESI, VT 'AVDACTER' PRO 'AVDACITER' ET 'COMMO-

Trad. text. α   *F L N*

28/31 Epenthesis – uocant] cfr Isid., *Etym.* 1, 35, 2   33/35 Paragoge – appellant]
cfr Isid., *Etym.* 1, 35, 3   36 Vergilius – bellant] Ps. Serg., *Explan. in Don.* 267, 176-177
40/42 Aferesis – contemno] cfr Isid., *Etym.* 1, 35, 3   41/42 mitte – contemno] cfr
Serv., *Aen.* 1, 203   43/44 Vergilius – contemnere] Ps. Serg., *Explan. in Don.* 267,
179-181   45/47 Sincope – commouerat] cfr Isid., *Etym.* 1, 35, 3

---

29 reliquias] Verg., *Aen.* 1, 30   30 induperator] Enn., *Ann.* 78   31 relligio]
Verg., *Aen.* 2, 151   34 potestur] Enn., *Ann.* 613   36 Bellantur – armis] Verg., *Aen.*
11, 660   37/38 Annuat – idem] Sedvl., *Carm. Pasch.* 2, 247 (p. 60)   41 mitte me]
Ter., *Ad.* 780   43/44 Discite – diuos] Verg., *Aen.* 6, 620   46 audacter] Enn., *Ann.*
273   commorat] Ter., *Phorm.* 101

---

30 epenthesin] ephentesin *L*, epitithesim *N*   31 parenthesin] parentensin *L*,
parathesim *N*   nomine uocant] dicunt *F N*   relligio] relegio *L*   32 dedidit] dedit *F L*
dedit] cedit *L*   34 mage] magis (-gi *L²*) *L*   35 Hanc] haec *L*   prosparalemsin]
prosparalesin *F*, prosparalysina *N*   36 et] *om. L*   Amazones] amozones *N*   37 est] es
L   Item] *om. L*   38 prior] prius *L*   sicut] *om. N*   39 passiui generis] passibo (-uo
*L*ᵃ·ᶜ·) generi *L*   40 Aferesis] eferesis *N*   ablatio] ablato *L*   contraria] contrarea *L*ᵃ·ᶜ·
41 prothesi] protesi *L*, prosthesi *N*   ut] et *F*   omitte] mitte *L*ᵃ·ᶜ·, me *add. F*   42 uge –
sicut] *om. L*   uge] euge *N*   euge] uge *N*   soluit] solui *L*   43 Discite] discidit *L*
iustitiam] iniustitiam *L*   moniti et] muniet *L*   non] *cum Verg. suppl. Lind.*
45 Sincope] sincopae *L*, sincophe *N*   46 epenthesi] ephentesi *L*, epenthesin *N*
audaciter] audaciciter *L*ᵃ·ᶜ·   46/47 et – commouerat] *om. F N*

661, 1-2   EPENTESIS EST ADPOSITIO AD MEDIAM DICTIONEM LIT-
TERAE AVT SYLLABAE, VT 'RELLIQVIAS' PRO 'RELIQVIAS',
30   'INDVPERATOR' PRO 'IMPERATOR'. HANC ALII EPENTESIN,
ALII PARENTESIN nomine VOCANT. Sicut 'relligio' pro 'religio'; sicut 'dedidit' pro 'dedit'.

661, 3-4   PARAGOGE EST ADPOSITIO AD FINEM DICTIONIS LITTE-
RAE AVT SYLLABAE, VT 'MAGIS' PRO 'MAGE' ET 'POTESTVR'
35   PRO 'POTEST'. HANC ALII PROSPARALEMSIN APPELLANT.
Sicut et Vergilius: "Bellantur pictis Amazones armis" pro 'bel-
lant'; sicut 'estur' pro 'est'.

661, 5-6   AFERESIS EST ABLATIO DE PRINCIPIO DICTIONIS, CON-
TRARIA PROTESI, VT 'MITTE ME' PRO 'OMITTE' ET 'TEMNO'
40   PRO 'CONTEMNO'. Sicut 'uge' pro 'euge'; sicut 'soluit' pro 'dis-
soluit'. Vergilius: "Discite iustitiam moniti et ⟨non⟩ temnere
diuos" pro 'contemnere'.

661, 7-8   SINCOPE EST ABLATIO DE MEDIA DICTIONE, CONTRARIA
EPENTESI, VT 'AVDACTER' PRO 'AVDACITER' ET 'COMMO-
45   RAT' PRO 'COMMOVERAT'. Sicut 'audirat' pro 'audierat'
et 'norat' pro 'nouerat'. Sedulius: "Quem norat ⟨non⟩ esse Dei,
passimque cateruas". 'Forsan' pro 'forsitan'. "Terno mense suis

---

Trad. text. β   *E Gloss.*

28/31 Epentesis – uocant] cfr ISID., *Etym.* 1, 35, 2   **33/35** Paragoge – appellant] cfr
ISID., *Etym.* 1, 35, 3   **36** Vergilius – bellant] PS. SERG., *Explan. in Don.* 267, 176-177
38/40 Aferesis – contemno] cfr ISID., *Etym.* 1, 35, 3   **39/40** mitte – contemno] cfr
SERV., *Aen.* 1, 203   **41/42** Vergilius – contemnere] PS. SERG., *Explan. in Don.* 267,
179-181   **43/45** Sincope – commouerat] cfr ISID., *Etym.* 1, 35, 3   **47** Forsan –
forsitan] cfr SERV., *Aen.* 1, 203; ISID., *Etym.* 1, 35, 3

29 relliquias] VERG., *Aen.* 1, 30   **30** induperator] ENN., *Ann.* 78   **31** relligio]
VERG., *Aen.* 2, 151   **34** potestur] ENN., *Ann.* 613   **36** Bellantur – armis] VERG., *Aen.*
11, 660   **39** mitte me] TER., *Ad.* 780   **41/42** Discite – diuos] VERG., *Aen.* 6, 620
44 audacter] ENN., *Ann.* 273   commorat] TER., *Phorm.* 101   **46** norat¹] TER., *Phorm.*
362   **46/47** Quem – cateruas] SEDVL., *Carm. Pasch.* 3, 43 (p. 67)   **47** Forsan] VERG.,
Aen. 1, 203   **47/48** Terno – metis] PS. AMBR., *Carm. de tern. num.* 11

31 alii] ali *E^{a.c.}*   relligio] religio *E^{a.c.}*   **32** dedidit] dedit *E^{a.c.}*   **35** alii] ali *E*
prosparalemsin] prosparalemsim *Gloss.*   **38** Aferesis] afresis *E^{a.c.}*   **41** iustitiam] iustitia
E   non] *cum Verg. suppl. Lind.*   **44** epentesi] epeptesi *E^{a.c.}*   **46** non] *cum Sedul.*
suppl. Hag.   **47** passimque] passim quae *E*

RAT' PRO 'COMMOVERAT' et 'norat' pro 'nouerat'. Sedulius:
"Quem norat ⟨non⟩ esse Dei, passimque cateruas". 'Forsan' pro
'forsitan'. "Terno mense suis redeunt stata tempora metis" pro
50 'statuta'. "Troia; nunc placida conpostus pace quiescit" pro 'conpositus'.

661, 9-10   APOCOPE EST ABLATIO DE FINE DICTIONIS, PARAGOGE
CONTRARIA, VT 'ACILLE' PRO 'ACILLES' ET 'POTE' PRO 'PO-
TIS EST'. Sicut 'dixi' pro 'dixit'; sicut 'lectu' pro 'lecturo'; sicut
55 'sat' pro 'satis', ut est illud: "Suauibus effingas sat dia poemata
metris".

Isti sex metaplasmi, qui supersunt, sibi inuicem contrarii sunt,
sicut et sequentes similiter.

661, 11-12   ECTASIS EST EXTENSIO SYLLABAE CONTRA NATVRAM
60 VERBI, VT "ITALIAM FATO PROFVGVS", QVVM 'ITALIA' COR-
REPTA PRIMA LITTERA DICERE DEBEAMVS. Item correptum:
"Sylla forum statuit Cornelius; hoc Itali urbem".

662, 1-2   SISTOLE EST CORREPTIO, CONTRARIA ECTASI, VT
"AQVOSVS ORION", QVVM ORION PRODVCTE DICI DEBEAT.
65 Vergilius: "Quum subito adsurgens fluctu nimbosus Orion".

Trad. text. α   *F L N*

48/49 Forsan – forsitan] cfr SERV., *Aen.* 1, 203; ISID., *Etym.* 1, 35, 3   52/
54 Apocope – est] cfr ISID., *Etym.* 1, 35, 3   54/55 sicut² – satis] cfr ISID., *Etym.* 1, 35, 3
59/61 Ectasis – debeamus] cfr ISID., *Etym.* 1, 35, 4   63/64 Sistole – debeat] cfr ISID.,
Etym. 1, 35, 4

47 norat] TER., *Phorm.* 362   48 Quem – cateruas] SEDVL., *Carm. Pasch.* 3, 43
(p. 67)   Forsan] VERG., *Aen.* 1, 203   49 Terno – metis] Ps. AMBR., *Carm. de tern.*
num. 11   50 Troia – quiescit] VERG., *Aen.* 1, 249   53 Acille] cfr Ov., *Met.* 12, 191
pote] ENN., *Ann.* 393   55/56 Suauibus – metris] EVGEN. TOL., *Carm.* praef., 15
60 Italiam – profugus] VERG., *Aen.* 1, 2   62 Sylla – urbem] PRVD., *Perist.* 9, 1
64 Aquosus Orion] VERG., *Aen.* 4, 52   65 Quum – Orion] VERG., *Aen.* 1, 535

47 norat] nouerat *L^{a.c.}*   nouerat] noueuerat *L^{c.}*   Sedulius] ut *praem.* N   48 norat]
nouerat N   non] *cum Sedul. suppl. Hag.*   Dei] deum *L*   48/50 Forsan – conpositus]
et cetera *L*   50 placida] placita *F N*   quiescit] *om.* N   53 ut] aut *L*   Acille] achille *N*
Acilles] acillis *L*, achilles *N*   et] ut *F*   53/54 potis est] potes *N*   54 dixi – sicut¹] *om.*
L   pro¹] prae *N*   lectu] luctu *N*   lecturo] lucturo *N*   55 illud] *om. L*   effingas]
effingar *N*   57 metaplasmi] metraplasmi *L^{a.c.}*   58 sequentes] sequens *F*   similiter]
om. N   59 naturam] natura *F*   60 quum] *iter. et iteratum exp. L*   Italia] italiam *L*
61 Item correptum] correpta est ut est *L*   62 forum statuit] fostatuit *L^{a.c.}*   urbem] da
longa italiam fato profugas labinaque uenit *add. L*   64 Aquosus] aquosos *L^{a.c.}*
producte] productae *L*   65 fluctu] fluctum *L*

redeunt stata tempora metis" pro 'statuta'. "Troia; nunc placida conpostus pace quiescit" pro 'conpositus'.

661, 9-10   APOCOPE EST ABLATIO DE FINE DICTIONIS, PARAGOGE
51   CONTRARIA, VT 'ACILLE' PRO 'ACILLES' ET 'POTE' PRO 'PO-
TIS EST'. Sicut 'dixi' pro 'dixit'; sicut 'lectu' pro 'lecturo'; sicut 'sat' pro 'satis', ut est illud: "Suauibus effingas sat dia poemata metris".

55   Isti sex metaplasmi, qui supersunt, sibi inuicem contrarii sunt, sicut et sequentes similiter.

661, 11-12   ECTASIS EST EXTENSIO SYLLABAE CONTRA NATVRAM
VERBI, VT "ITALIAM FATO PROFVGVS", QVVM 'ITALIA' COR-
REPTA PRIMA LITTERA DICERE DEBEAMVS. Item correptum:
60   "Sylla forum statuit Cornelius; hoc Itali urbem".

662, 1-2   SISTOLE EST CORREPTIO, CONTRARIA HECTASI, VT
"AQVOSVS ORION", QVVM ORION PRODVCTE DICI DEBEAT.
Vergilius: "Quum subito adsurgens fluctu nimbosus Orion".

---

rad. text. β   E Gloss.

50/52 Apocope – est] cfr ISID., Etym. 1, 35, 3   52/53 sicut² – satis] cfr ISID., Etym. 1, 35, 3   57/59 Ectasis – debeamus] cfr ISID., Etym. 1, 35, 4   61/62 Sistole – debeat] cfr ISID., Etym. 1, 35, 4

48/49 Troia – quiescit] VERG., Aen. 1, 249   51 Acille] cfr Ov., Met. 12, 191   pote] ENN., Ann. 393   53/54 Suauibus – metris] EVGEN. TOL., Carm. praef., 15   58 Italiam – profugus] VERG., Aen. 1, 2   60 Sylla – urbem] PRVD., Perist. 9, 1   62 Aquosus Orion] VERG., Aen. 4, 52   63 Quum – Orion] VERG., Aen. 1, 535

48 stata] statatem E^{a.c.}   49 quiescit] quiescet E   51 Acille] cille E   53 poemata] poemoemata E   57 Ectasis] haectasis E   61 hectasi] haectasi E   62 Aquosus] acosus E^{a.c.}   producte] productae E^{a.c.}

662, 3-4   Dieresis est discissio syllabae vnivs in dvas facta, sicvt "Olli respondit rex Albai Longai". Vnde antiqui 'Albam' et 'Longam', quae sunt nomina primae declinationis, genitiuum singularem in 'as' mitte-
70   bant, datiuum singularem in 'ai'. "Saulus Paulus, Christi quum facta negaret". "Lux datur ante polum, lux clari causa diei".

662, 5-6   Episinalife est conglvtinatio dvarvm syllabarvm in vnam facta, contraria dieresi, vt 'Pheton' pro 'Phaeton', 'Neri' pro 'Nerei', 'Eripedem' pro 'Evripe-
75   dem', 'cors' pro 'cohors'.

662, 7-10   Sinalife est per interceptionem concvrrentivm vocalivm lvbrica qvaedam lenisqve conlisio, vt "Atqve ea diversa penitvs dvm parte gervntvr" pro 'atque ea'. Haec a qvibvsdam sincrisis nominatvr. Vergi-
80   lius: "Multa quoque et bello passus, dum conderet urbem"; "Cara mihi ante alias; neque enim nouus iste Dianae".

662, 11-13   Ellipsis est superiori contraria: consonantivm cvm vocalibvs aspere concvrrentivm qvaedam difficilis ac dvra conlisio, vt "Mvltvm ille et terris iactatvs

---

Trad. text. α   *F L N*

66/67 Dieresis – Longai] cfr Isid., *Etym.* 1, 35, 4   **67/70** Vnde – ai] cfr supra l. 1, 91/95   **72/74** Episinalife – Euripedem] cfr Isid., *Etym.* 1, 35, 5   **76/79** Sinalife – nominatur] cfr Isid., *Etym.* 1, 35, 5   **82/85** Ellipsis – alto] cfr Isid., *Etym.* 1, 35, 6

67 Olli – Longai] Enn., *Ann.* 31   **70/71** Saulus – negaret] Incert.   **71** Lux – diei] Drac., *Laud. Dei* 1, 119; Evgen. Tol., *Hex.* 1, 2   **73** Pheton] Varro At., *Carm.* 10   **74** Neri] Verg., *Aen.* 8, 383   Eripedem] cfr Verg., *Aen.* 6, 802   **78** Atque – geruntur] Verg., *Aen.* 9, 1   **80** Multa – urbem] Verg., *Aen.* 1, 5   **80/81** Cara – Dianae] Verg., *Aen.* 11, 537   **84/85** Multum – alto] Verg., *Aen.* 1, 3

66 Dieresis] dyeresis *N*   **67** Albai Longai] albay longay *L*   **68** quae] qui *L* nomina] nominae *L*   **69** mittebant] faciebant *L*   **70** ai] ay *L*   **71** Lux – diei] *om. L* **72** Episinalife] epissinalipe *N*   **73** unam] unum *L*   dieresi] diieresi *L*, dieres *N* **74** Phaeton] faceton *N*   Eripedem] euridem *L*   Euripedem] eurupidem *L* **75** cohors] corsors (cors *L²*) *L*   **76** Sinalife] synalife *N*   interceptionem] interceptione *L*   **78** parte] pate *F*   geruntur] gerentur *L*   **78/79** pro – ea] *om. L* **79** sincrisis] sincrissis *L*, sincrissi *N*   **80/81** Cara – Dianae] *om. L*   **81** alias] *cum Verg. et* β *correxi*, aliquis *F N*   **82** Ellipsis] ethlipsis *N*   superiori] *om. L* consonantium] connantium *N*   **84** ac] hac *L*, ad *N*

662, 3-4   DIERESIS EST DISCISSIO SYLLABAE VNIVS IN DVAS FACTA,
    65   SICVT "OLLI RESPONDIT REX ALBAI LONGAI". "Saulus Paulus,
         Christi quum facta negaret". "Lux datur ante polum, lux clari
         causa diei".

662, 5-6   EPISINALIFE EST CONGLVTINATIO DVARVM SYLLABARVM
         IN VNAM FACTA, CONTRARIA DIERESI, VT 'PHETON' PRO
    70   'PHAETON', 'NERI' PRO 'NEREI', 'ERIPEDEM' PRO 'EVRIPE-
         DEM', 'cors' pro 'cohors'. [Item Vergilius: "Tenuia nec
         lanae per caelum uellera ferri"].

662, 7-10   SINALIFE EST PER INTERCEPTIONEM CONCVRRENTIVM
         VOCALIVM LVBRICA QVAEDAM LENISQVE CONLISIO, VT
    75   "ATQVE EA DIVERSA PENITVS DVM PARTE GERVNTVR" pro
         'atque ea'. HAEC A QVIBVSDAM SINCRISIS NOMINATVR. Vergi-
         lius: "Multa quoque et bello passus, dum conderet urbem"; "Ca-
         ra mihi ante alias; neque enim nouus iste Dianae".

662, 11-13   ELLIPSIS EST superiori contraria: CONSONANTIVM CVM
    80   VOCALIBVS ASPERE CONCVRRENTIVM QVAEDAM DIFFICILIS
         AC DVRA CONLISIO, VT "MVLTVM ILLE ET TERRIS IACTATVS

---

rad. text. β   *E Gloss.*

64/65 Dieresis – Longai] cfr ISID., *Etym.* 1, 35, 4   **68/70** Episinalife – Euripedem]
cfr ISID., *Etym.* 1, 35, 5   **73/76** Sinalife – nominatur] cfr ISID., *Etym.* 1, 35, 5   **79/
82** Ellipsis – alto] cfr ISID., *Etym.* 1, 35, 6

65 Olli – Longai] ENN., *Ann.* 31   **65/66** Saulus – negaret] Incert.   **66/67** Lux –
diei] DRAC., *Laud. Dei* I, 119; EVGEN. TOL., *Hex.* I, 2   **69** Pheton] VARRO AT., *Carm.*
10   **70** Neri] VERG., *Aen.* 8, 383   Eripedem] cfr VERG., *Aen.* 6, 802   **71/72** Tenuia –
ferri] VERG., *Georg.* 1, 397   **75** Atque – geruntur] VERG., *Aen.* 9, 1   **77** Multa –
urbem] VERG., *Aen.* 1, 5   **77/78** Cara – Dianae] VERG., *Aen.* 11, 537   **81/
82** Multum – alto] VERG., *Aen.* 1, 3

64 Dieresis] diresis *E^{a.c.}*   **71/72** Item – ferri] *excludendum putaui (cfr supra II.4, 31)*
75 ea] a *E*   **77** bello passus] uello pasus *E*   **78** iste] ste *E*

85 ET ALTO". Item "Stat domus et ingentem scopuli traxere ruinam". Item "O multum ante alias infelix littera theta!".

663, 1   ANTITHESIS EST LITTERAE PRO LITTERA POSITIO, VT 'OLLI' PRO 'ILLI'. Vergilius: "Olli subridens hominum sator atque deorum". Sicut 'uonus' pro 'bonus', 'optumus' pro 'op-
90 timus'.

663, 2-3   METATHESIS EST TRANSLATIO LITTERARVM IN ALIE-NVM LOCVM, NVLLA TAMEN EX DICTIONE SVBLATA, VT 'EVANDRE' PRO 'EVANDER' ET 'TIMBRE' PRO 'TIMBER'.

III.5. DE SCEMATIBVS

Scemata quibus eloquiis proferuntur, Latinis aut Graecis? Plurimi multa dixerunt, sed nullus uocabula eorum efferre potuit Latino sermone; sed his nunc appellationibus pro-
5 feruntur quibus ea magistra Graecia nuncupauit. Scemata ex Graeco in Latinum eloquium 'figurae' interpretantur. Quae fiunt in uerbis uel sententiis per uarias dictionum formas. Quae dum uariatim ponuntur, et fastidium auferunt et eloquium ornant. Quantum sibi uindicent laudis, ipsa rerum natura demonstrat.

Trad. text. α   *F L N*

87/88 Antithesis – illi] cfr ISID., *Etym.* 1, 35, 6   91/93 Metathesis – Timber] cfr ISID., *Etym.* 1, 35, 6
III.5, 3/5 Plurimi – nuncupauit] Ps. SERG., *Explan. in Don.* 268, 189-191   5/7 Scemata – formas] cfr ISID., *Etym.* 1, 36, 1; ISID. IVN., *Vit.* 208, 99-100   9 Quantum – demonstrat] Ps. SERG., *Explan. in Don.* 268, 194-195

85/86 Stat – ruinam] VERG., *Aen.* 8, 192   86 O – theta] ENN., *Ann. spur.* 9 88 olli] cfr ENN., *Ann.* 31   88/89 Olli – deorum] VERG., *Aen.* 1, 254   93 Euandre] VERG., *Aen.* 11, 55   Timbre] VERG., *Aen.* 10, 394

85/86 Item – theta] *om. L*   scopuli] *cum Verg. scripsi (cfr β)*, scopoli α   86 ruinam] uinam *N*   theta] tetha *N*   87 Antithesis] anthithesis *F*^a.c., antitesis *L*^a.c.   litterae] littera *N*, *om. L*   littera] littere *L*   88 illi] ille *L*^a.c.   Olli] sol *L*^a.c.   89 deorum] deorsum *L*^a.c.   Sicut – bonus] *om. L*   optumus] obtumus *L*, optimus *N*   optimus] scripsi, obtimus α   91 Metathesis] metalemsis *F N*   93 Timbre] tybre *N*
III.5, 1 De scematibus] incipit *praem. L*   2 Scemata] scemate *L*   aut] ut *L* 3 multa] *iter. L*   uocabula eorum] eorum uocabula *F N*   4/5 Latino – quibus] *in marg. L*   Latino] in *praem. L*   nunc] tunc *F N*   6 figurae] figura *N*   fiunt] fit *L* 7 sententiis] sententias *F*^a.c.   formas] *om. L*   8 auferunt] auferuntur *L* 9 Quantum – demonstrat] *om. L*   laudis] laudes *N*

ET ALTO". Item "Stat domus et ingentem scopuli traxere ruinam". Item "O multum ante alias infelix littera theta!".

663,1

85 ANTITESIS EST LITTERAE PRO LITTERA POSITIO, VT 'OLLI' PRO 'ILLI'. Vergilius: "Olli subridens hominum sator atque deorum". Sicut 'uonus' pro 'bonus'; sicut 'uiuere' pro 'bibere'.

663, 2-3

90 METATESIS EST TRANSLATIO LITTERARVM IN ALIENVM LOCVM, NVLLA TAMEN EX DICTIONE SVBLATA, VT 'EVANDRE' PRO 'EVANDER' ET 'TIMBRE' PRO 'TIMBER'.

III.5. DE SCEMATIBVS

De scematibus plurimi multa dixerunt, sed nullus uocabula eorum efferre potuit Latino sermone; sed his nunc appellationibus proferuntur quibus ea magistra Graecia nuncupauit. Scemata
5 ex Graeco in Latinum eloquium 'figurae' interpretantur. Quae fiunt in uerbis uel sententiis per uarias dictionum formas. Quae dum uariatim ponuntur, et fastidium auferunt et eloquium ornant. Quantum tamen sibi uindicent laudis, ipsa rerum natura demonstrat. Huius orationis generale nomen 'practicon' Grae-

)ON., *Mai.* ci uocauerunt, speciale uocabulum narrationis. SCEMATA
663, 5-9 LEXEOS ET DIANOEAS, ⟨ID EST FIGVRAE VERBORVM ET SEN-
12 SVVM; SED SCEMATA DIANOEAS⟩ AD ORATORES PERTINENT, id est ad philosophos; AD GRAMMATICOS LEXEOS. QVAE

---

rad. text. β   *E Gloss.*

84/85 Antitesis – illi] cfr ISID., *Etym.* I, 35, 6   **88/90** Metatesis – Timber] cfr ISID., *Etym.* I, 35, 6

III.5, 2/4 De – nuncupauit] Ps. SERG., *Explan. in Don.* 268, 189-191   **4/6** Scemata – formas] cfr ISID., *Etym.* I, 36, 1; ISID. IVN., *Vit.* 208, 99-100   **8/9** Quantum – demonstrat] Ps. SERG., *Explan. in Don.* 268, 194-195   **9/10** Huius – narrationis] Ps. SERG., *Explan. in Don.* 268, 210-211

82/83 Stat – ruinam] VERG., *Aen.* 8, 192   **83** O – theta] ENN., *Ann. spur.* 9   **85** olli] cfr ENN., *Ann.* 31   **85/86** Olli – deorum] VERG., *Aen.* 1, 254   **89** Euandre] VERG., *Aen.* 11, 55   **90** Timbre] VERG., *Aen.* 10, 394

82 et'] ex *E*   scopuli] *scripsi,* iscopuli *E,* scopoli *Gloss.*   **83** theta] theca *E*   **85** illi] olli *E*   **86** uonus] *cum* α *scripsi,* bonus β   uiuere] bibere *Gloss.*   **87** bibere] uiuere *E*
III.5, 3 efferre] effere *E*   **4** nuncupauit] nuncupabit *E*   **8** natura] naturam *E*ᵃ·ᶜ·
9 practicon] pratticon *E,* plasticon *coni. Lind.*   **11/12** id – dianoeas] *cum* Don. *et* α suppleui

10 Huius orationis generale nomen 'practicon' Graeci uocauerunt,
DON., *Mai.* speciale uocabulum narrationis. SCEMATA LEXEOS ET DIANOE-
663, 5-9 AS, ID EST FIGVRAE VERBORVM ET SENSVVM; SED SCEMATA
DIANOEAS AD ORATORES PERTINENT, id est ad philosophos;
AD GRAMMATICOS LEXEOS. QVAE QVVM MVLTA SINT, EX OM-
15 NIBVS NECESSARIA FERE SVNT DECEM ET OCTO, QVORVM
HAEC SVNT NOMINA: PROLEMSIS, ZEVMA, YPOZEVSIS,
SILLEMSIS, ITEM SILLEMSIS, ANADIPLOSIS, ANAFORA, EPANA-
LEMSIS, EPIZEVSIS, PARONOMASIA, SCESIS ONOMATON,
PAROMOEON, HOMOEOPTOTON, HOMOEON TELEVTON,
20 POLIPTOTON, YRMOS, POLISINDETON, DIALITON.

663, 10-12 PROLEMSIS EST PRAESVMPTIO RERVM ORDINEM SECV-
TVRARVM ANTECEDENS, VT "CONTINVO REGES INGENTI
MOLE, LATINVS" ET CETERA. Debuit enim dicere "Interea reges
ingenti mole procedunt castris", et statim dicere "Latinus" et
25 cetera. Sed facta est pro ornamento praesumptio rei et, qui sequi
debuerunt, reges interpositi sunt in septem uersibus et postea
additum est "procedunt castris". Inde et praesumptio, quia ante-
posita sunt quae sequi debuerunt. Vergilius: "Quis genus Aenea-

---

Trad. text. α *F L N*

10/11 Huius – narrationis] PS. SERG., *Explan. in Don.* 268, 210-211   16/
20 prolemsis – dialiton] cfr ISID. IVN., *Vit.* 208, 101-104   21/23 Prolemsis – cetera]
cfr ISID., *Etym.* 1, 36, 2; ISID. IVN., *Vit.* 209, 106-107   23/28 Debuit – debuerunt] cfr
ISID., *Etym.* 1, 36, 2; ISID. IVN., *Vit.* 209, 107-112   28/30 Vergilius – Poeni] cfr ISID.
IVN., *Vit.* 209, 116-118

III.5, 22/23 Continuo – Latinus] VERG., *Aen.* 12, 161   23/24 Interea – castris]
VERG., *Aen.* 12, 161.169   28/29 Quis – urbem] VERG., *Aen.* 1, 565

10 orationis] ornationis *F*   generale] generarale *L^{a.c.}*   practicon] parte (parti *L²*)
con *L*, plasticon *coni. Lind.*   11 Scemata lexeos] scematae lexeo sunt *L*   et] et dia
praem. N   12 figurae] figura *FN*   sensuum] sensus *FN*   13 id – philosophos] *om.*
FN   14 quum] dum *FN*   17 sillemsis¹] sylempsis *N*   item sillemsis] *om. N*
epanalemsis] epanalempsis *N*   18 paronomasia] poronomasia *L^{a.c.}*, paranomasia *N^{a.c.}*
scesis onomaton] scesinomaton *N*   19 paromoeon] paromeon *N*   homoeoptoton]
homoeproteton *L^{a.c.}*, homoeoptaton *N*   homoeon] homoeo *N*   20 poliptoton]
poliphthoton *N*   yrmos] yrimos *L*   polisindeton] polipsindeton *F*, polisinteton *L*
dialiton] dialitum *sup. l. suppl. L²*, dealython *N*   21 Prolemsis] prolempsis *N*
praesumptio] prosumptio *L*   secuturarum] secuturare *L^{a.c.}*   22 antecedens] *om. L*
reges] regis *N*   23 Latinus] latinis *N^{a.c.}*   enim] sic *add. L*   24 procedunt – statim] et
statim adicere quod sequitur procedunt castris deinde *L* (*cfr Isid.*)   Latinus] latios
(-tinos *L²*) *L*   24/25 et cetera] et¹] *om. N*   25 cetera] ceteri *F*, *om. N*
26 uersibus] uerbibus *L^{a.c.}*   27 anteposita] antepositi *N^{a.c.}*   28 quae] qui *L*

QVVM MVLTA SINT, EX OMNIBVS NECESSARIA FERE SVNT
15 DECEM ⟨ET OCTO⟩, QVORVM HAEC SVNT NOMINA:
PROLEMSIS, ZEVMA, YPOZEVXIS, SILLEMSIS, ITEM SILLEM-
SIS, ANADIPLOSIS, ANAFORA, EPANALEMSIS, EPIZEVXIS,
PARONOMASIA, SCESIS ONOMATON, PAROMOEON, HOMOE-
OPTOTON, HOMOEON TELEVTON, POLIPTOTON, YRMOS,
20 POLISINDETON, DIALITON.

663, 10-12   PROLEMSIS EST PRAESVMPTIO RERVM ORDINEM SECV-
TVRARVM ANTECEDENS, VT "CONTINVO REGES INGENTI
MOLE, LATINVS" ET CETERA. Debuit enim dicere "Interea reges
ingenti mole procedunt castris", et statim dicere "Latinus" et
25 cetera. Sed facta est pro ornamento praesumptio rei et, qui sequi
debuerunt, reges interpositi sunt in septem uersibus et postea
additum est "procedunt castris". Inde et praesumptio, quia ante-
posita sunt quae sequi debuerunt. Vergilius: "Quis genus Aenea-

---

Ťrad. text. β   *E Gloss.*

16/20 prolemsis – dialiton] cfr IsɪD. Ivɴ., *Vit.* 208, 101-104   **21/23** Prolemsis –
cetera] cfr IsɪD., *Etym.* I, 36, 2; IsɪD. Ivɴ., *Vit.* 209, 106-107   **23/28** Debuit –
debuerunt] cfr IsɪD., *Etym.* I, 36, 2; IsɪD. Ivɴ., *Vit.* 209, 107-112   **28/30** Vergilius –
Poeni] cfr IsɪD. Ivɴ., *Vit.* 209, 116-118

III.5, 22/23 Continuo – Latinus] VERG., *Aen.* 12, 161   **23/24** Interea – castris]
VERG., *Aen.* 12, 161.169   **28/29** Quis – urbem] VERG., *Aen.* 1, 565

14/15 ex – octo] aput gramaticos iste inueniuntur *Gloss.*   **15** et octo] *cum Don. et α*
suppleui   quorum – nomina] *om. E*   **16** item sillemsis] *exp. E², om. Gloss.*   item]
correxi, tem *E*   **18** homoeoptoton] omoeoptoton *E*   **19** homoeon teleuton] omoeon
teleoton *E*   **21** secuturarum] *cum α scripsi,* sequunturarum *E*   **23** cetera] *cum Don. et*
α *correxi,* ceteri *E*   **25** cetera] *cum α (L) correxi,* ceteri *E,* ceteris *Gloss.*   et qui] equi *E*
27 quia] qui *E^{a.c.}*

dum, quis Troiae nesciat urbem?", dum anteponere debuit "non
30 obtusa adeo gestamus pectora Poeni". Item
"Vt faciem mutatus et ora Cupido
         ..., donisque furentem
incendat reginam atque ossibus inplicet ignem";
prius dixit "ut faciem mutatus et ora Cupido" et postea subiunxit
35 "incendat reginam", quum prius ipsud dicere debuit "incendat
reginam atque ossibus inplicet ignem" et sic subiungere "ut
faciem mutatus et ora Cupido".

663, 13-664, 3   ZEVMA EST VNIVS VERBI CONCLVSIO DIVERSIS CLAVSVLIS
APTE CONIVNCTA, VT
40   "TROIVGENA, INTERPRES DIVVM, QVI NVMINA PHOEBI,
QVI TRIPODAS, CLARI LAVROS, QVI SIDERA SENTIS" ET CETE-
RA.
In isto uerbo 'sentis' totas sentientias conclusit. Hoc scema fit
tribus modis; nam aut in primo aut in medio aut in postremo id
45 uerbum ponitur quod sentientias iungit. In primo, ut "Vertitur
enoforis fundus, sentientia nobis". In medio: "Graecia Sulpicio
sorti data, Gallia Cottae". In postremo:

Trad. text. α   *F L N*

30/33 Item – ignem] cfr IsID. IVN., *Vit.* 209, 118-120   38/41 Zeuma – cetera] cfr
IsID., *Etym.* 1, 36, 3   43/49 Hoc – parit] cfr IsID., *Etym.* 1, 36, 3; IsID. IVN., *Vit.* 210,
132-137

29/30 non – Poeni] VERG., *Aen.* 1, 567   31/33 Vt – ignem] VERG., *Aen.* 1, 658-660
40/41 Troiugena – sentis] VERG., *Aen.* 3, 359-360   45/46 Vertitur – nobis] LVCIL.,
Sat. fragm. 139   46/47 Graecia – Cottae] ENN., *Ann.* 324

29 Troiae] troianae (-ne *N*) *F N*   dum] cum *F N*   30 adeo] ado *L^{a.c.}, post* gestamus
transp. F N   Item] *om. L*   31 faciem] facie *L N*   32/34 donisque – Cupido] *om. F N*
34 faciem] *cum Verg. et Isid. Iun. correxi,* facie α   Cupido] *scripsi,* cupida *L*
35 incendat reginam¹] *in marg. L*   incendat¹] incendit *N*   35/36 quum – reginam]
om. L   incendat²] incendit *N*   36 atque – subiungere] *in marg. L*   37 faciem] *cum
Verg. correxi,* facie α   Cupido] donisque furentem *add. F N*   38 conclusio] conlisio *F*
diuersis clausulis] *post* coniuncta *transp. F N*   39 apte] abste (abte *L²*) *L*
40 Troiugena] troia gena *F*   interpres diuum] interpraesidium *N*   qui] quae *F N*
numina] numia *L^{a.c.}*   41 Clari] clare *N*   cetera] cetara *L^{a.c.}*   43 In isto] insto *N*
totas sentientias] tota sentientia *L*   Hoc] *correxi,* haec α   scema] scemata *L*   44 tribus
modis] modis tribus *L*   aut¹] ut *F*   primo] primi *L*   postremo] tremo (extre- *L²*) *L*
45 sentientias] sentias *L^{a.c.}*   ut] aut *L^{a.c.}*   46 enoforis] *cum Gloss. scripsi,* enforis α
fundus] fundas *F N,* funditur *L^{a.c.}*   sentientia] sentientias *L^{a.c.}*   47 sorti data] *cum Enn.
et β scripsi,* sortita de *F N,* sordidata *L*   Gallia] galliae *F N*   Cottae] *cum Enn. et β
scripsi,* coctae *F N,* gotte *L*

dum, quis Troiae nesciat urbem?", dum anteponere debuit "non
30   obtusa adeo gestamus pectora Poeni". Item
"Vt faciem mutatus et ora Cupido
                ..., donisque furentem
incendat reginam atque ossibus inplicet ignem";
prius dixit "ut faciem mutatus et ora Cupido" et postea subiunxit
35   "incendat reginam", quum prius ipsud dicere debuit "incendat
reginam atque ossibus inplicet ignem" et sic subiungere "ut
faciem mutatus et ora Cupido".

3, 13-664, 3   ZEVMA EST VNIVS VERBI CONCLVSIO DIVERSIS CLAVSVLIS
APTE CONIVNCTA, VT
40   "TROIVGENA, INTERPRES DIVVM, QVI NVMINA PHOEBI,
QVI TRIPODAS, CLARI LAVROS, QVI SIDERA SENTIS" ET CETE-
RA.
In isto uerbo 'sentis' totas sententias conclusit. Hoc scema fit
tribus modis; nam aut in primo aut in medio aut in postremo id
45   uerbum ponitur quod sententias iungit. In primo, ut "Vertitur
enoforis fundus, sententia nobis". In medio: "Graecia Sulpicio
sorti data, Gallia Cottae". In postremo:

---

rad. text. β   *E Gloss.*

30/33 Item – ignem] cfr Isid. Ivn., *Vit.* 209, 118-120   **38/41** Zeuma – cetera] cfr
Isid., *Etym.* 1, 36, 3   **43/49** Hoc – parit] cfr Isid., *Etym.* 1, 36, 3; Isid. Ivn., *Vit.* 210,
132-137

29/30 non – Poeni] Verg., *Aen.* 1, 567   **31/33** Vt – ignem] Verg., *Aen.* 1, 658-660
40/41 Troiugena – sentis] Verg., *Aen.* 3, 359-360   **45/46** Vertitur – nobis] Lvcil.,
Sat. fragm. 139   **46/47** Graecia – Cottae] Enn., *Ann.* 324

31 faciem] *cum* α (*F*) *correxi*, facie *E*   et] *cum Verg. et* α *correxi*, est *E*   **34** faciem]
cum Verg. et Isid. Iun. correxi, facie *E*   Cupido] *scripsi*, cubido *E*   **37** faciem] *cum Verg.
correxi*, facie *E*   **40** Troiugena] troie gena *E*   **41** Clari] clauri *E*ᵃ·ᶜ·   **43** In – uerbo]
insto uerba *E*   Hoc] haec *correxi*, haec β   **46** enoforis] enforis *E*   Sulpicio] sulpio *E*

"Namque hoc tempore
obsequium amicos, ueritas odium parit".

50 Item Cicero in Catilinam: "Quae nota domesticae turpitudinis,
quod priuatarum rerum dedecus, quae libido ab oculis, quod
facinus a manibus, quod flagitium a tuo corpore afuit?". Item
"Anguis pressa perit, fera telo uirque ueneno". Item "Anguis,
aper, iuuenis pereunt ui, pondere, morsu".

664, 4-7   YPOZEVSIS EST FIGVRA SVPERIORI CONTRARIA, VBI
56 DIVERSA VERBA SINGVLIS QVIBVSQVE CLAVSVLIS PROPRIE
SVBIVNGVNTVR, VT "REGEM ADIT ET REGI MEMORAT
NOMENQVE GENVSQVE" ET CETERA. Et illud: "Vinolentia inui-
tat, inflat superbia, iracundia inflammat, rapacitas inquietat,
60 crudelitas stimulat, ambitio delectat, libido praecipitat".

664, 8-10   SILLEMSIS EST DISSIMILIVM CLAVSVLARVM PER VNVM
VERBVM CONGLVTINATA CONCEPTIO, VT
"HIC ILLIVS ARMA,
HIC CVRRVS FVIT".

65 HOC SCEMA LATE PATET ET FIERI SOLET NON SOLVM PER
PARTES ORATIONIS SED ET PER ACCIDENTIA PARTIBVS ORA-

Trad. text. α   *F L N*

50/52 Cicero – afuit] cfr ISID. IVN., *Vit.* 210, 130-132   **55/58** Ypozeusis – cetera] cfr
ISID., *Etym.* 1, 36, 4; ISID. IVN., *Vit.* 210, 138-139   **58/60** illud – praecipitat] cfr ISID.
IVN., *Vit.* 210, 139-140   **61/70** Sillemsis – lactis] cfr ISID., *Etym.* 1, 36, 5-6; ISID. IVN.,
Vit. 210, 142-145

48/49 Namque – parit] TER., *Andr.* 67-68   **50/52** Quae – afuit] CIC., *Catil.* 1, 13
53 Anguis[1] – ueneno] *Anth.* 160, app. crit. Rie.   **53/54** Anguis[2] – morsu] *Anth.* 160, 3
Rie.   **57/58** Regem – genusque] VERG., *Aen.* 10, 149   **58/60** Vinolentia –
praecipitat] CYPR., *Ad Donat.* 3 (p. 4, 52-54)   **63/64** Hic – fuit] VERG., *Aen.* 1, 16-17

49 amicos] amicus *L N*   **50** Catilinam] *cum* β *scripsi*, catilenam (cant- *F*[a.c.]) *F N*,
cantilinam *L*   domesticae] domestice *L N*   **51** dedecus] dedecas *F N*, decus *L*[a.c.]
libido] liuodo (-ui- *L*[2]) *L*   **52** facinus] facimus *L*   tuo] *om. N*   afuit] afluit *F N*
Item] *om. L*   **53** uirque] uisque *N*   Item] *om. L*   **54** aper] apro *L*   ui] tui *L*   morsu]
morsa *N*   **55** Ypozeusis] ypoceosis (-ceu- *L*[2]) *L*   superiori contraria] *om. N*
56 proprie] propriae *N*   **57** adit] adiit *F L*   regi] rege *L*   memorat] nemorat *F*
58 genusque] nusque *L*[a.c.]   Vinolentia] uiolentia *L*[a.c.]   **60** ambitio] ambiguatas (-gui-
L[2]) *L*   libido] leuido (li- *L*[2]) *L*   praecipitat] praecipitatur *F*, percipiat *N*[a.c.]
61 Sillemsis] silemsis *F*, silempsis *N*   clausularum] clausuraram *L*[a.c.]   **62** conglutinata]
conglutina *L*   ut] et *N*   **63** illius] illis *L*[a.c.]   **65** Hoc] haec *F*   **66** et] *om. N*
accidentia] acscientia *L*[a.c.], accendentia *N*   orationis[2]] orationibus *N*

       Namque hoc tempore
obsequium amicos, ueritas odium parit".

50 Item Cicero in Catilinam: "Quae nota domesticae turpitudinis,
quod priuatarum rerum dedecus, quae libido ab oculis, quod
facinus a manibus, quod flagitium a tuo corpore afuit?". Item
"Anguis pressa perit, fera telo uirque ueneno". Item "Anguis,
aper, iuuenis pereunt ui, pondere, morsu".

664, 4-7   Ypozevxis est figvra svperiori contraria, vbi
56 diversa verba singvlis qvibvsqve clavsvlis proprie
svbivngvntvr, vt "Regem adit et regi memorat
nomenqve genvsqve" et cetera. Et illud: "Vinolentia inui-
tat, inflat superbia, iracundia inflammat, rapacitas inquietat,
60 crudelitas stimulat, ambitio delectat, libido praecipitat".

664, 8-10   Sillemsis est dissimilivm clavsvlarvm per vnvm
verbvm conglvtinata conceptio, vt
        "Hic illivs arma,
hic cvrrvs fvit".

65 Hoc scema late patet et fieri solet non solvm per
partes orationis sed et per accidentia partibvs ora-

---

rad. text. β   *E Gloss.*

50/52 Cicero – afuit] cfr Isid. Ivn., *Vit.* 210, 130-132   **55/58** Ypozeuxis – cetera]
cfr Isid., *Etym.* 1, 36, 4; Isid. Ivn., *Vit.* 210, 138-139   **58/60** illud – praecipitat] cfr
Isid. Ivn., *Vit.* 210, 139-140   **61/70** Sillemsis – lactis] cfr Isid., *Etym.* 1, 36, 5-6; Isid.
Ivn., *Vit.* 210, 142-145

48/49 Namque – parit] Ter., *Andr.* 67-68   **50/52** Quae – afuit] Cic., *Catil.* 1, 13
53 Anguis[1] – ueneno] *Anth.* 160, app. crit. Rie.   **53/54** Anguis[2] – morsu] *Anth.* 160, 3
Rie.   **57/58** Regem – genusque] Verg., *Aen.* 10, 149   **58/60** Vinolentia –
praecipitat] Cypr., *Ad Donat.* 3 (p. 4, 52-54)   **63/64** Hic – fuit] Verg., *Aen.* 1, 16-17

52 tuo] duo *E*   afuit] *cum* α *(L) correxi,* afluit β   **53** Anguis[1]] anuuis *E*
55 superiori] superiorae *E*[a.c.]   **56** singulis] sintgulis *E*[a.c.]   proprie] propriae *E*
57 adit] *cum Verg. et* α *(N) correxi,* adiit β   **65** scema late] scelate *E*[a.c.]

TIONIS. Sicut et aliter fit, QVVM SINGVLARIS DICTIO PLVRALI VERBO ADLIGATVR, VT

"SVNT NOBIS MITIA POMA,

70 CASTANEAE MOLLES ET PRESSI COPIA LACTIS".

Item ut "Sociis et rege recepto"; nam ubi et pro multis unus et pro uno multi ponuntur, sillemsis est. Pro multis unus est, ut "Vterumque armato milite conplent", quum non pro uno, sed pro multis militibus diceretur. Item pro uno multi, ut in Euange-

75 lio: "Latrones qui cum eo crucifixi erant inproperabant ei", quum non ambo sed unus blasphemauerit Iesum.

Fit autem sillemsis per genera multipliciter, ut "Cimotoe simul et Triton adnixus acuto"; feminino enim et masculino generi occurrit 'adnixus'. Fit et per numeros, ut "Italiam sociis et

80 rege recepto"; singulari numero pluralem conclusit. Fit et per genus et numeros, ut "Classem sociosque receptos". Fit et per casus, ut

"Tunc pater Aeneas procedere longius iras
et saeuire animis";

Trad. text. α   *F L N*

71/72 Sociis – est'] cfr infra l. 79/80   71/74 nam – diceretur] cfr AVG., *Enchir.* 13, 44 (p. 73, 39-45); ISID., *Etym.* 1, 36, 6; ISID. IVN., *Vit.* 211, 157-160   74/76 pro² – Iesum] cfr HIER., *In Matth.* 4, 27, 44 (p. 272-273, 1737-1745); AVG., *Cons. euang.* 3, 16, 53 (p. 340, 8-9); ISID., *Etym.* 1, 36, 6; ISID. IVN., *Vit.* 212, 168-171   77/79 Fit – adnixus] cfr ISID. IVN., *Vit.* 210, 146 - 211, 147   79/80 Fit – conclusit] cfr SERV., *Aen.* 1, 553; ISID., *Etym.* 1, 36, 5; ISID. IVN., *Vit.* 211, 148-150; supra l. 71/72   80/81 Fit – receptos] cfr SERV. auct., *Aen.* 1, 583; ISID. IVN., *Vit.* 211, 150-151   81/85 Fit – animo] cfr ISID. IVN., *Vit.* 211, 151-153

69/70 Sunt – lactis] VERG., *Ecl.* 1, 80-81   71 Sociis – recepto] VERG., *Aen.* 1, 553   73 Vterumque – conplent] VERG., *Aen.* 2, 20   75 Latrones – ei] Matth. 27, 44   77/78 Cimotoe – acuto] VERG., *Aen.* 1, 144   79/80 Italiam – recepto] VERG., *Aen.* 1, 553   81 Classem – receptos] VERG., *Aen.* 1, 583   83/84 Tunc – animis] VERG., *Aen.* 5, 461-462

67 et – fit] item sillemsis est *L*   71 recepto] praeceptos *L*   nam ubi] naybi *N*   ubi] *om. L*   72 sillemsis] silemsis *N*   est'] et *add. L*   ut] *om. L*   73 Vterumque] utrumque *F L^{a.c.} N*   milite] *om. N*   74 diceretur] lodiceretur *F^{a.c.}*   Item] *om. L*   in Euangelio] euangelius dicit *L*   75 crucifixi erant] fixierant *N*   76 blasphemauerit Iesum] plasmauerit iesu *L*   77 per genera] *om. F N*   Cimotoe] *scripsi,* cilmotoe (-te *N*) *F N,* cimon (chi- *L²*) *L*   78 adnixus] adnixius *L,* etnixus *N*   feminino] femineo *F N*   79 adnixus] adnixius *N²*   80 numero] numerum *L*   81 numeros] inumeros *L,* numerus *N*   83 Tunc] nunc *L*   84 saeuire] seruire *N*

TIONIS. Sicut et aliter fit, QVVM SINGVLARIS DICTIO PLVRALI VERBO ADLIGATVR, VT
"SVNT NOBIS MITIA POMA,
70 CASTANEAE MOLLES ET PRESSI COPIA LACTIS".
Item ut "Sociis et rege recepto"; nam ubi et pro multis unus et pro uno multi ponuntur, sillemsis est. Pro multis unus est, ut "Vterumque armato milite conplent", quum non pro uno, sed pro multis militibus diceretur. Item pro uno multi, ut in Euange-
75 lio: "Latrones qui cum eo crucifixi erant inproperabant ei", quum non ambo sed unus blasphemauerit Iesum.

Fit autem sillemsis multipliciter per genera, ut "Cimotoe simul et Triton adnixus acuto"; feminino enim et masculino generi occurrit 'adnixus'. Fit et per numeros, ut "Italiam sociis et
80 rege recepto"; singulari numero pluralem conclusit. Fit et per genus et numeros, ut "Classem sociosque receptos". Fit et per casus, ut
"Tunc pater Aeneas procedere longius iras
et saeuire animis";

---

rad. text. β   *E Gloss.*

71/72 Sociis – est¹] cfr infra l. 79/80   **71/74** nam – diceretur] cfr AVG., *Enchir.* 13, 44 (p. 73, 39-45); ISID., *Etym.* 1, 36, 6; ISID. IVN., *Vit.* 211, 157-160   **74/76** pro² – Iesum] cfr HIER., *In Matth.* 4, 27, 44 (p. 272-273, 1737-1745); AVG., *Cons. euang.* 3, 16, 53 (p. 340, 8-9); ISID., *Etym.* 1, 36, 6; ISID. IVN., *Vit.* 212, 168-171   **77/79** Fit – adnixus] cfr ISID. IVN., *Vit.* 210, 146 - 211, 147   **79/80** Fit – conclusit] cfr SERV., *Aen.* 1, 553; ISID., *Etym.* 1, 36, 5; ISID. IVN., *Vit.* 211, 148-150 ; supra l. 71/72   **80/81** Fit – receptos] cfr SERV. auct., *Aen.* 1, 583; ISID. IVN., *Vit.* 211, 150-151   **81/85** Fit – animo] cfr ISID. IVN., *Vit.* 211, 151-153

69/70 Sunt – lactis] VERG., *Ecl.* 1, 80-81   **71** Sociis – recepto] VERG., *Aen.* 1, 553   **73** Vterumque – conplent] VERG., *Aen.* 2, 20   **75** Latrones – ei] Matth. 27, 44   **77/78** Cimotoe – acuto] VERG., *Aen.* 1, 144   **79/80** Italiam – recepto] VERG., *Aen.* 1, 553   **81** Classem – receptos] VERG., *Aen.* 1, 583   **83/84** Tunc – animis] VERG., *Aen.* 5, 461-462

67 quum] ut *E*   **68** adligatur] adliquatur *E*   **71** Sociis] socius *E*ᵃ·ᶜ·   **75** crucifixi erant] crucifixerant *E*ᵃ·ᶜ·   **77** Cimotoe] *scripsi*, chimotoe *E*, cimoto *Gloss.*   **79** per numeros] pro numerus *E*ᵃ·ᶜ·   **80** recepto] recepat *E*ᵃ·ᶜ·   et] *om. E*   **81** numeros] numerus (-rum *E*²) *E*

85 'iras' pro 'iram' posuit, 'animis' pro 'animo'. Fit et per tempora,
ut
"Hactenus arborum cultus et sidera caeli;
nunc te, Bacce, canam";
praeterito et praesenti tempore subiunxit 'canam'. Fit et per
90 personas, ut "Hunc socii morem sacrorum, hunc ipse teneto";
tertiae enim et secundae personae occurrit 'teneto'. In Exodo pro
multis unus: "Ora ad Dominum, ut auferat a nobis serpentem!" pro 'serpentibus' quas patiebatur populus. Et pro uno multi, ut in Euangelio defuncto Herode dictum est: "Mortui sunt
95 qui quaerebant animam pueri". Et Paulus apostolus in epistola ad
Hebraeos, quum Sanctorum passiones scriberet, dixit "Lapidati
sunt, temptati sunt, secti sunt, in occisione gladii mortui sunt",
quum unum tantummodo Esaiam prophetam sectum Iudaei
autument.

664, 11-14   ANADIPLOSIS EST CONGEMINATIO DICTIONIS QVAE EX
101   VLTIMO LOCO PRAECEDENTIS VERSVS ET PRINCIPIO SE-
QVENTIS ITERATVR, VT
            "EQVITVM PVLCHERRIMVS ASTVR,
ASTVR EQVO FIDENS".
105   Item

Trad. text. α   *F L N*

85/91 Fit – teneto] cfr Isid. Ivn., *Vit.* 211, 153-157   **91/93** In – populus] cfr Avg.,
Enchir. 13, 44 (p. 73, 45-47); Isid. Ivn., *Vit.* 211, 160-162; Ivlian., *Apol.* 2, 4 (p. 180, 12-
15)   **93/95** pro² – pueri] cfr Avg., *In Ps.* 108, 22 (p. 1597, 7-9); Avg., *Enchir.* 13, 44
(p. 74, 52-54); Isid. Ivn., *Vit.* 211, 162-164   **95/99** Paulus – autument] Hier., *In
Matth.* 4, 26, 8 (p. 247, 1025-1030); cfr Avg., *Cons. euang.* 3, 16, 53 (p. 340, 11-12); Isid.
Ivn., *Vit.* 211, 164 - 212, 168   **100/104** Anadiplosis – fidens] cfr Isid., *Etym.* 1, 36, 7;
Isid. Ivn., *Vit.* 212, 172

87/88 Hactenus – canam] Verg., *Georg.* 2, 1-2   **90** Hunc – teneto] Verg., *Aen.* 3,
408   **92** Ora – serpentem] Num. 21, 7   **94/95** Mortui – pueri] Matth. 2, 20   **96/
97** Lapidati – sunt⁴] Hebr. 11, 37   **103/104** Equitum – fidens] Verg., *Aen.* 10, 180-181

85 iram] *correxi*, ira α   animis] animus *L*   tempora] tempo *L^{a.c.}*   **87** arborum]
uerborum *N*   **88** Bacce] bace *F N*   **89** praeterito] igitur *add. L*   tempore] temporis
N   subiunxit] subiuxit *L^{a.c.}*, ubiunxit *N*   per] *om. N*   **90** ipse] ipsi *N*   **91** tertiae –
teneto] *om. F N*   **91/93** In – populus] *om. L*   **93** Et] item *N*   **94** in] *sup. l. L*
Euangelio] euangelium *L²*   Mortui] defuncti *F N*   sunt] enim *add. F N*   **95** Paulus]
paulos *L^{a.c.}*   **96** dixit] ait *F N*   **97** temptati ... secti] secti ... temptati *L*   **98** unum]
om. L   **100** Anadiplosis] anadiplosisunt *L^{a.c.}*   **101** praecedentis] praecedentes *N*   se-
quentis] sequentes *N*   **104** Astur] astor *N*   **105** Item] *om. L*

85 'iras' pro 'iram' posuit, 'animis' pro 'animo'. Fit et per tempora,
ut
"Hactenus arborum cultus et sidera caeli;
nunc te, Bacce, canam";
praeterito et praesenti tempore subiunxit 'canam'. Fit et per
90 personas, ut "Hunc socii morem sacrorum, hunc ipse teneto";
tertiae enim et secundae personae occurrit 'teneto'. In Exodo pro
multis unus: "Ora ad Deum, ut auferat a nobis serpentem!" pro
'serpentibus' quas patiebatur populus. Et pro uno multi, ut in
Euangelio defuncto Herode dictum est: "Mortui sunt qui quae-
95 rebant animam pueri". Et Paulus apostolus in epistola ad Hebraeos, quum Sanctorum passiones scriberet, dixit "Lapidati sunt,
temptati sunt, secti sunt, in occisione gladii mortui sunt", quum
unum tantummodo Esaiam prophetam sectum Iudaei autument.

664, 11-14 ANADIPLOSIS EST CONGEMINATIO DICTIONIS QVAE EX
100 VLTIMO LOCO PRAECEDENTIS VERSVS ET PRINCIPIO SE-
QVENTIS ITERATVR, VT
"EQVITVM PVLCHERRIMVS ASTVR,
ASTVR EQVO FIDENS".
Item

Trad. text. β   *E Gloss.*

85/91 Fit – teneto] cfr IsɪD. IVN., *Vit.* 211, 153-157   **91/93** In – populus] cfr AVG.,
Enchir. 13, 44 (p. 73, 45-47); IsɪD. IVN., *Vit.* 211, 160-162; IVLIAN., *Apol.* 2, 4 (p. 180, 12-
15)   **93/95** pro – pueri] cfr AVG., *In Ps.* 108, 22 (p. 1597, 7-9); AVG., *Enchir.* 13, 44
(p. 74, 52-54); IsɪD. IVN., *Vit.* 211, 162-164   **95/98** Paulus – autument] HɪER., *In
Matth.* 4, 26, 8 (p. 247, 1025-1030); cfr AVG., *Cons. euang.* 3, 16, 53 (p. 340, 11-12); IsɪD.
IVN., *Vit.* 211, 164 - 212, 168   **99/103** Anadiplosis – fidens] cfr IsɪD., *Etym.* 1, 36, 7;
IsɪD. IVN., *Vit.* 212, 172

87/88 Hactenus – canam] VERG., *Georg.* 2, 1-2   **90** Hunc – teneto] VERG., *Aen.* 3,
408   **92** Ora – serpentem] Num. 21, 7   **94/95** Mortui – pueri] Matth. 2, 20   **96/**
97 Lapidati – sunt³] Hebr. 11, 37   **102/103** Equitum – fidens] VERG., *Aen.* 10, 180-181

85 iram] *correxi*, ira β   **87** Hactenus] actanus *E*   cultus] est *add. E*   **88** canam]
canaam *E*   **89** tempore] temporae *Eᵃ·ᶜ·*   per] *om. E*   **90** socii] sociu *E*
94 defuncto] defuncti *Eᵃ·ᶜ·*

"Ecce Dionaei processit Caesaris astrum,
astrum quo segetes gauderent frugibus".
Item
"Certent et cignis ululae, sit Titirus Orfeus,
110 Orfeus in siluis, inter delfinas Arion".
Item in Iudicum : "Venerunt reges et pugnauerunt ;
pugnauerunt reges Chanaan in Thanac".

664, 15-665, 2   ANAFORA EST RELATIO EIVSDEM VERBI PER PRINCIPIA
VERSVVM PLVRIMORVM, VT
115 "NATE, MEAE VIRES, MEA MAGNA POTENTIA, SOLVS,
NATE, PATRIS SVMMI QVI TELA TIFOEA TEMNIS!";
"Nos te Dardania incensa tuaque arma secuti,
nos tumidum sub te permensi classibus aequor".
Item
120 "Italiam primus conclamat Acates,
Italiam laeto socii clamore salutant"
Et in Numeris: "Dixit Balaam filius Beor; dixit homo cuius
obduratus est oculus; dixit auditor sermonum Dei". Item in
Euangelio, ubi beatitudines singulae in capite per

Trad. text. α   *F L N*

106/107 Ecce – frugibus] cfr *Schol. Verg. Bern. Ecl.* 9, 47-48; ISID. IVN., *Vit.* 212, 175-176   **109/110** Certent – Arion] cfr *Schol. Verg. Bern. Ecl.* 8, 55-56; ISID., *Etym.* 1, 36, 7; ISID. IVN., *Vit.* 212, 173-175   **113/116** Anafora – temnis] cfr ISID., *Etym.* 1, 36, 8; ISID. IVN., *Vit.* 212, 177-178   **117/118** Nos – aequor] cfr ISID., *Etym.* 1, 36, 8; ISID. IVN., *Vit.* 212, 178-179   **120/121** Italiam – salutant] cfr ISID. IVN., *Vit.* 212, 180-181

106/107 Ecce – frugibus] VERG., *Ecl.* 9, 47-48   **109/110** Certent – Arion] VERG., *Ecl.* 8, 55-56   **111/112** Venerunt – Thanac] Iud. 5, 19   **115/116** Nate – temnis] VERG., *Aen.* 1, 664-665   **117/118** Nos – aequor] VERG., *Aen.* 3, 156-157   **120/121** Italiam – salutant] VERG., *Aen.* 3, 523-524   **122/123** Dixit – Dei] Num. 24, 3-4

---

106 astrum] *cum Verg. et Isid. Iun. correxi,* antrum α   **107** astrum] *cum Verg. et Isid. Iun. correxi,* antrum *L, om. F N*   segetes] segitis *N*   gauderent] *cum Verg. et Isid. Iun. correxi,* gaudet et α   **108** Item] *om. L*   **109** Certent] cernent *F,* cernerent *N*   cignis] *cum Verg. et Isid. Iun. correxi,* cigni (gigni *L*) α   sit] fit *N*   Titirus] tyrus *F N*   **110** Orfeus] *om. F N*   delfinas] delfinias *L*   Arion] orion *L*   **111** Item] *om. L*   Iudicum] iudicium *L*   reges] gentes *N*   **112** Chanaan] canaan *F L*   Thanac] *cum Iud. scripsi,* tamnai *F,* tanai *L,* thamna *N*   **113** relatio] reuelatio *L N*   **116** patris] patres *L*   Tifoea] tiphoea *N*   **117** arma] armas *N*   **118** permensi] permanens si *F,* permensis *L^a.c.,* permanens sic *N*   classibus] alas sibus *F*   aequor] egor *L*   **119** Item] *om. L*   **120** Italiam] italia *L*   Acates] achates *N*   **121** Italiam] item aliam *F N*   laeto] leto *F L*   clamore] clamores *N*   **122** in] *om. N*   Numeris] *correxi,* numeri *F N,* numero *L*   Balaam] balam *N*   **123** oculus] oculos *N*   Dei] domini *F*   **124** per] *om. F N*

105 "Ecce Dionaei processit Caesaris astrum,
astrum quo segetes gauderent frugibus".
Item
"Certent et cignis ululae, sit Titirus Orfeus,
Orfeus in siluis, inter delfinas Arion".

4, 15-665, 2   ANAFORA EST RELATIO EIVSDEM VERBI PER PRINCIPIA
111 VERSVVM PLVRIMORVM, VT
"NATE, MEAE VIRES, MEA MAGNA POTENTIA, SOLVS,
NATE, PATRIS SVMMI QVI TELA TIFOEA TEMNIS!";
Item
115 "Nos te Dardania incensa tuaque arma secuti,
nos tumidum sub te permensi classibus aequor".
Item
"Italiam prius conclamat Acates,
Italiam laeto socii clamore salutant"
120 Et in Numeris: "Dixit Balaam filius Beor; dixit homo cuius
obturatus est oculus; dixit auditor sermonum Dei".

rad. text. β   *E Gloss.*

105/106 Ecce – frugibus] cfr *Schol. Verg. Bern. Ecl.* 9, 47-48; ISID. IVN., *Vit.* 212, 175-176   108/109 Certent – Arion] cfr *Schol. Verg. Bern. Ecl.* 8, 55-56; ISID., *Etym.* 1, 36, 7; ISID. IVN., *Vit.* 212, 173-175   110/113 Anafora – temnis] cfr ISID., *Etym.* 1, 36, 8; ISID. IVN., *Vit.* 212, 177-178   115/116 Nos – aequor] cfr ISID., *Etym.* 1, 36, 8; ISID. IVN., *Vit.* 212, 178-179   118/119 Italiam – salutant] cfr ISID. IVN., *Vit.* 212, 180-181

105/106 Ecce – frugibus] VERG., *Ecl.* 9, 47-48   108/109 Certent – Arion] VERG., *Ecl.* 8, 55-56   112/113 Nate – temnis] VERG., *Aen.* 1, 664-665   115/116 Nos – aequor] VERG., *Aen.* 3, 156-157   118/119 Italiam – salutant] VERG., *Aen.* 3, 523-524   120/121 Dixit – Dei] Num. 24, 3-4

105/106 astrum astrum] *cum Verg. et Isid. Iun. correxi*, antrum β   106 gauderent] *cum Verg. et Isid. Iun. correxi*, gaudet et *E*, gaudet *Gloss.*   108 cignis] *cum Verg. et Isid. Iun. correxi*, cigni *E*   110 relatio] repetitio *Gloss.*   116 permensi] inmensi *Gloss.*   118 Italiam] italia *E*   Acates] cates *E*   119 laeto] leto *E*   120 Numeris] *correxi*, numeri β   Beor] behor *E²*

125 singulas clausulas memorantur: "Beati mundo corde", "beati mites", "beati pacifici" et cetera.

665, 3-4 EPANALEMSIS EST VERBI IN PRINCIPIO VERSVS POSITI IN EIVSDEM FINE REPETITIO, VT "ANTE ETIAM SCEPTRVM DICTAEI REGIS ET ANTE". Item "Crescit amor nummi quantum ipsa 130 pecunia crescit". Item "Illic caeruleos, hic piscem fluminis, illic".

665, 5-6 EPIZEVSIS EST EIVSDEM VERBI IN EODEM VERSV SINE ALIQVA DILATIONE CONGEMINATIO, VT "ME, ME, ADSVM QVI FECI; IN ME CONVERTITE FERRVM". Item "Sic, sic iuuat ire per umbras". Item "Viuit, uiuit, immo etiam in senatum uenit". 135 Item "Tua, tua contra te dimicant arma". Item "O Iuuenis, iuuenis, si nescis fingere uersus!". Et in Esaia: "Cecidit, cecidit Babylon".

665, 7-8 PARONOMASIA EST VELVTI QVAEDAM DENOMINATIO, similis in significatione diuersa dictio, VT "NAM INCEPTIO EST 140 AMENTIVM, HAVT AMANTIVM". Item Cicero: "Abire an obire

---

Trad. text. α   *F L N*

127/129 Epanalemsis – ante] cfr IsID., *Etym.* 1, 36, 11; IsID. IVN., *Vit.* 213, 187-188   **129/130** Crescit – crescit] cfr IsID., *Etym.* 1, 36, 11; IsID. IVN., *Vit.* 213, 188-189   **130** Illic – illic] cfr IsID. IVN., *Vit.* 213, 189   **131/133** Epizeusis – ferrum] cfr IsID., *Etym.* 1, 36, 10; IsID. IVN., *Vit.* 213, 190   **133/134** Sic – umbras] cfr IsID., *Etym.* 1, 36, 10; IsID. IVN., *Vit.* 213, 191-192   **134** Viuit – uenit] cfr IsID., *Etym.* 2, 21, 3; IsID. IVN., *Vit.* 213, 190-191   **135** Tua – arma] cfr IsID., *Synon.* 1, 33 (p. 28, 309); IsID. IVN., *Vit.* 213, 192   **138/139** similis – dictio] cfr DIOM., *Gramm.* 446, 16-17; IsID., *Etym.* 1, 36, 12; IsID. IVN., *Vit.* 213, 193-194   **140/141** Abire – mori] cfr IsID., *Etym.* 1, 36, 12

125/126 Beati – pacifici] Matth. 5, 4.8.9   **128/129** Ante – ante] VERG., *Georg.* 2, 536   **129/130** Crescit – crescit] IVV. 14, 139   **130** Illic – illic] IVV. 15, 7   **132/133** Me – ferrum] VERG., *Aen.* 9, 427   **133/134** Sic – umbras] VERG., *Aen.* 4, 660   **134** Viuit – uenit] CIC., *Catil.* 1, 2   **135** Tua – arma] Incert.; cfr IsID., *Synon.* 1, 33 (p. 28, 309)   **135/136** O – uersus] Incert.   **136/137** Cecidit – Babylon] Is. 21, 9   **139/140** Nam – amantium] TER., *Andr.* 218   **140/141** Abire – conuenit] CIC., *Incert.*

125 Beati – corde] *om.* L   **127** Epanalemsis] etpanalemsis L, epanalepsis N   **128** fine repetitio] finem reperititio L   sceptrum] screptrum L*a.c.*   Dictaei] dicit ei F, dicte L   **129** Item] ite L   **130** Illic] illuc N   caeruleos] ceruleus F N   hic] hoc N   **131** Epizeusis] ypozeusis N   **133** Sic] si N   **134** uiuit] *in marg. suppl. F², om.* N   immo] *om.* F N   senatum] *cum Cic. et Isid. Iun. correxi,* senatu α   **135** arma] orma N O] *om.* F N   **136** uersus] reuersus L   **138** Paronomasia] paranomasia L denominatio] denomenatio L*a.c.*   **138/139** similis in] *cum Isid. Iun. correxi,* sub una α   **140** amentium] amantium L   haut *cum Don. scripsi,* aut F L, ut N   amantium] amentium L   **140/141** an – te] anobisete N

665, 3-4 EPANALEMSIS EST VERBI IN PRINCIPIO VERSVS POSITI IN
EIVSDEM FINE REPETITIO, VT "ANTE ETIAM SCEPTRVM DIC-
TAEI REGIS ET ANTE". Item "Crescit amor nummi quantum ipsa
125 pecunia crescit". Item "Illic caeruleos, hic piscem fluminis, illic".

665, 5-6 EPIZEVXIS EST EIVSDEM VERBI IN EODEM VERSV SINE
ALIQVA DILATIONE CONGEMINATIO, VT "ME, ME, ADSVM
QVI FECI; IN ME CONVERTITE FERRVM". Item "Sic, sic iuuat ire
per umbras". Item "Viuit, uiuit, immo etiam in senatum uenit".
130 Item "Tua, tua contra te dimicant arma". Item "O Iuuenis, iuuenis, si nescis fingere uersus!".

665, 7-8 PARONOMASIA EST VELVTI QVAEDAM DENOMINATIO, similis in significatione diuersa dictio, VT "NAM INCEPTIO EST
AMENTIVM, HAVT AMANTIVM". Item Cicero: "Abire an obire
135 te conuenit?", id est 'exulem fieri an mori'. Item ipse: "Qui lucus
religiosissimus, hic erit locus desertissimus". Item et "Custodia

---

Trad. text. β   *E Gloss.*

122/124 Epanalemsis – ante] cfr ISID., *Etym.* 1, 36, 11; ISID. IVN., *Vit.* 213, 187-188
124/125 Crescit – crescit] cfr ISID., *Etym.* 1, 36, 11; ISID. IVN., *Vit.* 213, 188-189
125 Illic – illic] cfr ISID. IVN., *Vit.* 213, 189   126/128 Epizeuxis – ferrum] cfr ISID.,
Etym. 1, 36, 10; ISID. IVN., *Vit.* 213, 190   128/129 Sic – umbras] cfr ISID., *Etym.* 1, 36,
10; ISID. IVN., *Vit.* 213, 191-192   129 Viuit – uenit] cfr ISID., *Etym.* 2, 21, 3; ISID. IVN.,
Vit. 213, 190-191   130 Tua – arma] cfr ISID., *Synon.* 1, 33 (p. 28, 309); ISID. IVN., *Vit.* 213,
192   132/133 similis – dictio] cfr DIOM., *Gramm.* 446, 16-17; ISID., *Etym.* 1, 36, 12;
ISID. IVN., *Vit.* 213, 193-194   134/135 Abire – mori] cfr ISID., *Etym.* 1, 36, 12   135/
137 Qui – existimabitur] CHAR., *Gramm.* 370, 16-17; DIOM., *Gramm.* 446, 16-19; cfr
ISID. IVN., *Vit.* 213, 195-197

123/124 Ante – ante] VERG., *Georg.* 2, 536   124/125 Crescit – crescit] IVV. 14, 139
125 Illic – illic] IVV. 15, 7   127/128 Me – ferrum] VERG., *Aen.* 9, 427   128/129 Sic –
umbras] VERG., *Aen.* 4, 660   129 Viuit – uenit] CIC., *Catil.* 1, 2   130 Tua – arma]
Incert.; cfr ISID., *Synon.* 1, 33 (p. 28, 309)   130/131 O – uersus] Incert.   133/
134 Nam – amantium] TER., *Andr.* 218   134/135 Abire – conuenit] CIC., *Incert.*
135/136 Qui – desertissimus] CIC., *Or. fragm.* B1   136/137 Custodia – existimabitur]
CIC., *Or. fragm.* B1

125 hic] hio *E*   129 senatum] *cum Cic. et Isid. Iun. correxi,* senatu β   130 O] *om. E*
132 Paronomasia] paranomasia *E*   denominatio] deminatio *E*   similis] *cum Isid. Iun.*
correxi, sub una β   134 amentium] tamentium *E^{a.c.}*   haut] *cum Don. scripsi,* aut β
135 lucus] *cum Cic. correxi,* locus β   136 religiosissimus] religionis *E*   136/
137 Custodia sacrorum] custodiam sacrarum *E*

te conuenit?", id est 'exulem fieri an mori'. Item ipse: "Qui lucus
religiosissimus, hic erit locus desertissimus". Item et "Custodia
sacrorum non honorum, sed oneris causa existimabitur". Fit
autem paronomasia et per litteram demptam, ut est illud: "Non
145 nomen habet iste sed omen". Aut per litteram commutatam, ut
"Sapientis mensa conuiuium, stulti conuicium est".

665, 9-11   SCESIS ONOMATON EST MVLTITVDO NOMINVM CONIVNC-
TORVM QVODAM AMBITV COPVLANDI, VT "MAGNA MANVS,
PAELIGNA COHORS, FESTINA VIRVM VIS". Item "Nubila, nix,
150 grando, procellae, fulmina, uenti". Item "Imber, aestus, nix, prui-
na, silua et aura, nox, dies". Item "Prouidula, larga, sollers, facun-
da, decora". Item "Ius, aqua, mel, uinum, panis, piper, herba,
oleum, sal".

665, 12-13   PAROMOEON EST, QVVM AB IISDEM LITTERIS DIVERSA
155 VERBA SVMVNTVR, VT "O TITE, TVTE, TATI, TIBI TANTA,
TYRANNE, TVLISTI!". Sed bene hoc temperat Vergilius, dum
non toto uersu utitur hac figura, ut Ennius, sed nunc in principio

---

Trad. text. α   *F L N*

141/143 Qui – existimabitur] CHAR., *Gramm.* 370, 16-17; DIOM., *Gramm.* 446, 16-
19; cfr ISID. IVN., *Vit.* 213, 195-197   **143/146** Fit – est] cfr ISID. IVN., *Vit.* 213, 197-200
147/149 Scesis – uis] cfr ISID., *Etym.* 1, 36, 13; ISID. IVN., *Vit.* 214, 201-203   **149/**
150 Nubila – uenti] cfr ISID., *Etym.* 1, 36, 13; ISID. IVN., *Vit.* 215, 238-239   **154/**
156 Paromoeon – tulisti] cfr ISID., *Etym.* 1, 36, 14; ISID. IVN., *Vit.* 214, 205-206   **156/**
160 Sed – canebat] cfr ISID., *Etym.* 1, 36, 14; ISID. IVN., *Vit.* 214, 206-210

141/142 Qui – desertissimus] CIC., *Or. fragm.* B1   **142/143** Custodia –
existimabitur] CIC., *Or. fragm.* B1   **144/145** Non – omen] Incert.   **146** Sapientis –
est] Incert.   **148/149** Magna – uis] ENN., *Ann.* 229   **149/150** Nubila – uenti] *Incert.*
uers. 92 (*FPL* – Bläns., p. 454); cfr LVCR., *Nat. rer.* 5, 675; 5, 1192   **150/151** Imber –
dies] PRVD., *Cath.* 9, 113   **151/152** Prouidula – decora] *Epitaph. Antonin.* 13   **152/**
153 Ius – sal] AVSON., *Epigr.* 97, 2   **155/156** O – tulisti] ENN., *Ann.* 104

141/143 Item – existimabitur] *om. L*   lucus] *cum Cic. correxi*, locus α   **142** hic –
locus] *iter. N*   **143** sed] a *add. F*, ac *add. N*   oneris] *cum Cic. corr. Hag.*, honoris α
144 autem] *om. L*   paronomasia] paranomasia *L N*ᵃ·ᶜ·   et] *om. L*   ut] et *L*   est] *om. L*
145 nomen] nostrum *N*   habet] *post* omen *transp. L*   iste] ista *F N*   omen] nomen *N*
Aut] et *L*   **146** Sapientis] sapiens *L*, sapientes *N*   stuli – est] *om. L*   stulti] saluti *F*
147 Scesis] scesi *N*   onomaton] ono mathon *L*, nomaton *N*   coniunctorum]
coniunctorumque *L*   **148** ambitu] habitu *L*   **149** cohors] cors *F*   uis] bis *F*   **149/**
151 Nubila – Item] *om. L*   **150** procellae] procella *F N*   fulmina] flumina *F N*
aestus] extus *F*   pruina] proina *N*   **151/152** Prouidula – Item] *om. L*   Prouidula]
prouida (-bi- *N*) *F N*   **154** Paromoeon] paronomeon *N*   iisdem] *cum E scripsi*,
hisidem *F*, hisdem *L*, isdem *N*   **155** uerba] *iter. L*   sumuntur] iunguntur *F N*   Tati]
cum Don. et Gloss. scripsi, tate *F N*, ta *L*   **157** hac] ac *N*

sacrorum non honorum, sed oneris causa existimabitur". Fit
autem paronomasia et per litteram demptam, ut illud: "Non
nomen habet iste sed omen". Aut per litteram commutatam, ut
140 "Sapientis mensa conuiuium, stulti conuicium est".

665, 9-11   SCESIS ONOMATON EST MVLTITVDO NOMINVM CONIVNC-
TORVM QVODAM AMBITV COPVLANDI: "MAGNA MANVS,
PAELIGNA COHORS, FESTINA VIRVM VIS". Item "Nubila, nix,
grando, procellae, fulmina, uenti". Item "Imber, aestus, nix, prui-
145 na, silua et aura, nox, dies". Item "Prouidula, larga, sollers, facun-
da, decora". Item "Ius, aqua, mel, uinum, panis, piper, herba,
oleum, sal".

665, 12-13   PAROMOEON EST, QVVM AB IISDEM LITTERIS DIVERSA
VERBA SVMVNTVR, VT "O TITE, TVTE, TATI, TIBI TANTA,
150 TYRANNE, TVLISTI!". Sed bene hoc temperat Vergilius, dum
non toto uersu utitur hac figura, ut Ennius, sed nunc in principio
uersus, nunc in fine, ut sunt hii: "Saeua sedens super arma et cen-

---

trad. text. β   *E Gloss.*

137/140 Fit – est] cfr ISID. IVN., *Vit.* 213, 197-200   **141/143** Scesis – uis] cfr ISID.,
Etym. 1, 36, 13; ISID. IVN., *Vit.* 214, 201-203   **143/144** Nubila – uenti] cfr ISID., *Etym.*
1, 36, 13; ISID. IVN., *Vit.* 215, 238-239   **148/150** Paromoeon – tulisti] cfr ISID., *Etym.* 1,
36, 14; ISID. IVN., *Vit.* 214, 205-206   **150/154** Sed – canebat] cfr ISID., *Etym.* 1, 36, 14;
ISID. IVN., *Vit.* 214, 206-210

138/139 Non – omen] Incert.   **140** Sapientis – est] Incert.   **142/143** Magna –
uis] ENN., *Ann.* 229   **143/144** Nubila – uenti] *Incert. uers.* 92 (*FPL* – Bläns., p. 454);
cfr LVCR., *Nat. rer.* 5, 675; 5, 1192   **144/145** Imber – dies] PRVD., *Cath.* 9, 113   **145/
146** Prouidula – decora] *Epitaph. Antonin.* 13   **146/147** Ius – sal] AVSON., *Epigr.*
97, 2   **149/150** O – tulisti] ENN., *Ann.* 104   **152/153** Saeua – aenis] VERG., *Aen.* 1,
295

137 oneris] *cum Cic. corr. Hag.*, honoris *E*, onoris *Gloss.*   **139** ut] et *E*   **140** stulti]
cum α *correxi*, saluti β   **142** quodam] quod *E*^{a.c.}   copulandi] copolata id *Gloss.*
143 Paeligna] *cum* α *correxi*, perligna *E*, per lingua *Gloss.*   cohors] *cum* α *scripsi*, cors
(coors *E*²) β   Nubila nix] ubilanix *E*^{a.c.}   **146** mel] muel (uel *E*²) *E*   **148** Paromoeon]
paromoeon *E*   iisdem] hisdem *Gloss.*   **149** Tati] tate *E*

uersus, nunc in fine, ut sunt hii: "Saeua sedens super arma et cen-
tum uinctus aenis"; item in fine: "Sola mihi tales casus Cassan-
160 dra canebat".

665, 14-15   HOMOEOPTOTON EST, QVVM IN SIMILES CASVS EXEVNT
VERBA DIVERSA, VT "MAERENTES, FLENTES, LACRIMANTES,
CONMISERANTES". Item
"Sed neque currentem se nec cognoscit euntem,
165 tollentemque manus saxumque inmane mouentem".
Item Cicero: "Tandem, tandem aliquando, Quirites, Lucium
Catilinam furentem audacia, scelus anhelantem, pestem patriae
nefarie molientem, uobis atque huic urbi ferro flammaque mini-
tantem".

666, 1-3   HOMOEON TELEVTON EST, QVVM SIMILI MODO DICTIO-
171 NES PLVRIMAE FINIVNTVR, VT
"EOS REDVCI QVAM RELINQVI, DEVEHI QVAM DESERI
MALVI".

Trad. text. α   *F L N*

161/163 Homoeoptoton – conmiserantes] cfr Isid., *Etym.* 1, 36, 15; Isid. Ivn., *Vit.* 214, 214   **164/165** Sed – mouentem] cfr Isid., *Etym.* 1, 36, 15; Isid. Ivn., *Vit.* 214, 215-216   **166/168** Cicero – minitantem] cfr Isid. Ivn., *Vit.* 214, 216-219   **170/173** Homoeon – malui] cfr Isid., *Etym.* 1, 36, 16

158/159 Saeua – aenis] Verg., *Aen.* 1, 295   **159/160** mihi – canebat] Verg., *Aen.* 3, 183   **162/163** Maerentes – conmiserantes] Enn., *Ann.* 498   **164/165** Sed – mouentem] Verg., *Aen.* 12, 903-904   **166/168** Tandem – minitantem] Cic., *Catil.* 2, 1   **172/173** Eos – malui] Enn., *Trag.* 358-359

---

158 fine] finem *F N*   ut sunt] sicut *N*   sedens] dens *N*   centum] centus *L^{a.c.}* **159** uinctus] *cum Verg. et* β *scripsi*, uintus *F N*, uictus *L*   item] tem *F*   fine] finem *F N* tales] talies *F*   **160** canebat] canebebat *F^{a.c.}*, cenabat *L^{a.c.}*   **161/170** in – quum] *om. N* **163** Item] *om. L*   **164** se] sed *add. L*   **165** inmane] imane *F*   **166** Cicero] uergilius *L*   Quirites] quiritis *L^{a.c.}*   **166/168** Lucium – minitantem] *om. L*   **167** Catilinam] *cum Cic. scripsi (cfr supra l. 50)*, catelinam α   **168** nefarie] *cum Cic. scripsi*, nefariae α flammaque] famemque *F*   minitantem] *cum Cic. correxi*, minantem *F*   **170** teleuton] *cum Don. scripsi*, teleoton *F*, eleuton *L*   simili modo] similitudo *F N*   dictiones] dictionis *L N* **171** plurimae] *cum Don. et* β *scripsi*, plurime α   **172** relinqui deuehi] *cum Don. corr. Hag.*, relinquere (-quae- *N*) uehi (uei *F*) α   **172/173** deseri malui] deserere malum *N*

tum uinctus aenis"; item in fine: "Sola mihi tales casus Cassan-
dra canebat".

665, 14-15   HOMOEOPTOTON EST, QVVM IN SIMILES CASVS EXEVNT
156   VERBA DIVERSA, VT "MAERENTES, FLENTES, LACRIMANTES,
CONMISERANTES". Item
"Sed neque currentem se nec cognoscit euntem,
tollentemque manus saxumque inmane mouentem".
160   Item Cicero: "Tandem, tandem aliquando, Quirites, Lucium
Catilinam furentem audacia, scelus anhelantem, pestem patriae
nefarie molientem, uobis atque huic urbi ferro flammaque mini-
tantem".

666, 1-3   HOMOEON TELEVTON EST, QVVM SIMILI MODO DICTIO-
165   NES PLVRIMAE FINIVNTVR, VT
"EOS REDVCI QVAM RELINQVI, DEVEHI QVAM DESERI
MALVI".

---

ad. text. β   *E Gloss.*

155/157 Homoeoptoton – conmiserantes] cfr Isid., *Etym.* 1, 36, 15; Isid. Ivn., *Vit.*
214, 214   **158/159** Sed – mouentem] cfr Isid., *Etym.* 1, 36, 15; Isid. Ivn., *Vit.* 214, 215-
216   **160/162** Cicero – minitantem] cfr Isid. Ivn., *Vit.* 214, 216-219   **164/**
167 Homoeon – malui] cfr Isid., *Etym.* 1, 36, 16

153/154 Sola – canebat] Verg., *Aen.* 3, 183   **156/157** Maerentes – conmiserantes]
Enn., *Ann.* 498   **158/159** Sed – mouentem] Verg., *Aen.* 12, 903-904   **160/**
162 Tandem – minitantem] Cic., *Catil.* 2, 1   **166/167** Eos – malui] Enn., *Trag.* 358-
359

153 fine] finem *E*   **158** se nec] *cum Verg. et* α *correxi, sine E*   **159** manus] *cum Verg.*
et α *correxi,* manu *E*   **160** Quirites] *cum Cic. et* α *correxi,* quiritis *E*   **161** Catilinam]
cum Cic. scripsi (cfr supra l. 50), catelinam *E*   **162** nefarie] *cum Cic. scripsi,* nefariae β
huic] *cum Cic. et* α *correxi,* hic *E*   minitantem] *cum Cic. correxi,* minitatem *E*
164 teleuton] *cum Don. scripsi,* teleoton *E*   **165** finiuntur] *cum* α *correxi,* fiuntur *E*
166 relinqui deuehi] *cum Don. corr. Hag.,* relinqui reu hei *E*

Item "Abiit, abscessit, euasit, erupit". Item quotiens medii et
175 postremi uersus consonantia est, ut est illud "Plaudit et adpositas spargit in ore rosas".

666, 4-6 POLIPTOTON EST MVLTITVDO CASVVM VARIETATE
DISTINCTA, VT
"LITORA LITORIBVS CONTRARIA, FLVCTIBVS VNDAS,
180 INPRECOR, ARMA ARMIS, PVGNENT IPSIQVE NEPOTESQVE".
Item "Ex nihilo nihilum, ad nihilum nil posse reuerti". Item
Persius:
"Marci Dama, papae! Marco spondente recusas...?
Marcus dixit: "ita est". Adsigna, Marce, tabellas".
185 Item "Hic tuus pater? Patrem hunc appellas? Nunc tibi patris
nomen uenit in mentem?".

666, 7-10 YRMOS EST SERIES ORATIONIS TENOREM SVVM VSQVE AD
VLTIMVM SERVANS, VT
"PRINCIPIO CAELVM AC TERRAS CAMPOSQVE LIQVENTES
190 LVCENTEMQVE GLOBVM LVNAE TITANIAQVE ASTRA
SPIRITVS INTVS ALIT" ET CETERA.

Trad. text. α   *F L N*

174 Abiit – erupit] cfr QVINT., *Inst.* 9, 3, 77; SERV., *Aen.* 2, 128; ISID., *Etym.* 1, 36, 16;
ISID. IVN., *Vit.* 215, 241-242   174/176 quotiens – rosas] cfr ISID. IVN., *Vit.* 214, 220-
221   177/180 Poliptoton – nepotesque] cfr ISID., *Etym.* 1, 36, 17; ISID. IVN., *Vit.* 215,
222-223   181 Ex – reuerti] cfr SERV., *Georg.* 2, 49; ISID., *Etym.* 1, 36, 17   182/
184 Persius – tabellas] cfr ISID., *Etym.* 1, 36, 17; ISID. IVN., *Vit.* 215, 224-226   185/
186 Hic – mentem] cfr ISID. IVN., *Vit.* 215, 223-224   187/191 Yrmos – cetera] cfr
ISID., *Etym.* 1, 36, 18; ISID. IVN., *Vit.* 215, 227-229

174 Abiit – erupit] CIC., *Catil.* 2, 1   175/176 Plaudit – rosas] OV., *Am.* 1, 2, 40
179/180 Litora – nepotesque] VERG., *Aen.* 4, 628-629   181 Ex – reuerti] PERS., *Sat.*
3, 84   183/184 Marci – tabellas] PERS., *Sat.* 5, 79.81   185/186 Hic – mentem] cfr
QVINT., *Inst.* 9, 3, 36   189/191 Principio – alit] VERG., *Aen.* 6, 724-726

174 erupit] erumpit *N*   175 est²] *om. L*   Plaudit] plaudet *L*   177 Poliptoton]
polibtoton *F*, polyptoton *N*   uarietate] uarietatem *F*   180 ipsique] ipsisque *L*ᵃ·ᶜ·
181 Ex – Item²] *om. L*   183 papae] pape *N*   recusas] recasas *F*, recasus *N*   184 ita] ta
N   Adsigna] ut signa *F N*   185 Nunc] hoc *F N*   187 series] sereis *N*   188 ultimum]
ultimam *N*   189 Principio] principium *N*   190 Titaniaque] *cum Verg. et Don. scripsi,*
titanieque *F*, titiniaque *L*, titaniaeque *N*

Item "Abiit, abscessit, euasit, eripuit". Item quotiens medii et
postremi uersus consonantia est, ut illud "Plaudit et adpositas
170 spargit in ore rosas".

666, 4-6   POLIPTOTON EST MVLTITVDO CASVVM VARIETATE
DISTINCTA, VT
"LITORA LITORIBVS CONTRARIA, FLVCTIBVS VNDAS,
INPRECOR, ARMA ARMIS, PVGNENT IPSIQVE NEPOTESQVE".
175 Item "Ex nihilo nihilum, ad nihilum nil posse reuerti". Item
Persius:
"Marci Dama, papae! Marco spondente recusas...?
Marcus dixit: "ita est". Adsigna, Marce, tabellas".
Item "Hic tuus pater? Patrem hunc appellas? Nunc tibi patris
180 nomen uenit in mentem?".

666, 7-10   YRMOS EST SERIES ORATIONIS TENOREM SVVM VSQVE AD
VLTIMVM SERVANS, VT
"PRINCIPIO CAELVM AC TERRAS CAMPOSQVE LIQVENTES
LVCENTEMQVE GLOBVM LVNAE TITANIAQVE ASTRA
185 SPIRITVS INTVS ALIT" ET CETERA.

---

rad. text. β   *E Gloss.*

168 Abiit – eripuit] cfr QVINT., *Inst.* 9, 3, 77; SERV., *Aen.* 2, 128; ISID., *Etym.* 1, 36,
16; ISID. IVN., *Vit.* 215, 241-242   168/170 quotiens – rosas] cfr ISID. IVN., *Vit.* 214,
220-221   171/174 Poliptoton – nepotesque] cfr ISID., *Etym.* 1, 36, 17; ISID. IVN., *Vit.*
215, 222-223   175 Ex – reuerti] cfr SERV., *Georg.* 2, 49; ISID., *Etym.* 1, 36, 17   176/
178 Persius – tabellas] cfr ISID., *Etym.* 1, 36, 17; ISID. IVN., *Vit.* 215, 224-226   179/
180 Hic – mentem] cfr ISID. IVN., *Vit.* 215, 223-224   181/185 Yrmos – cetera] cfr
ISID., *Etym.* 1, 36, 18; ISID. IVN., *Vit.* 215, 227-229

168 Abiit – eripuit] CIC., *Catil.* 2, 1   169/170 Plaudit – rosas] Ov., *Am.* 1, 2, 40
173/174 Litora – nepotesque] VERG., *Aen.* 4, 628-629   175 Ex – reuerti] PERS., *Sat.*
3, 84   177/178 Marci – tabellas] PERS., *Sat.* 5, 79.81   179/180 Hic – mentem] cfr
QVINT., *Inst.* 9, 3, 36   183/185 Principio – alit] VERG., *Aen.* 6, 724-726

169 est ut] *cum* α *correxi*, ut est *E*   Plaudit] *cum* α *correxi*, plaudet *E*   175 nil] nihil
E   177 papae] *cum Pers. et* α *scripsi*, pape β   179 tuus] tus *E*   Nunc] *cum Isid. Iun. et*
α (*L*) *correxi*, hoc β   181 Yrmos] ysmos *Gloss.*   184 Titaniaque] titaniae
quae (que *E²*) *E*

Item Vergilius: "Est in secessu longo locus: insula portum" et reliqua; hic enim in longum uadit sensus usque ad illum uersum: "Horrentique atrum nemus inminet umbra".

666, 11-14   POLISINDETON EST MVLTIS NEXA CONIVNCTIONIBVS DIC-
196   TIO, VT
"ACAMASQVE TOASQVE
PELIDESQVE NEOPTOLEMVS" ET CETERA.
Item
200   "Tectumque laremque
armaque Amicleumque canem".
Item "Speculaque clipeique ereptaque rostra carinis". Et Lucanus:
"Viuant Galataeque Syrique,
205   Cappadoces Gallique extremique orbis Iberi".

666, 15-17   DIALITON VEL ASINDETON EST FIGVRA SVPERIORI CON-
TRARIA, CARENS CONIVNCTIONIBVS, VT
"ITE,
FERTE CITI FLAMMAS, DATE TELA, INPELLITE REMOS!".
210   Item "Venimus, uidimus, placuit".

Trad. text. α   *F L N*

192/194 Vergilius – umbra] cfr ISID., *Etym.* 1, 36, 18   **195/198** Polisindeton – cetera] cfr ISID., *Etym.* 1, 36, 19; ISID. IVN., *Vit.* 215, 231   **200/201** Tectumque – canem] cfr QVINT., *Inst.* 9, 3, 51; ISID., *Etym.* 1, 36, 19; ISID. IVN., *Vit.* 215, 232-233   **202/205** Speculaque – Iberi] cfr ISID. IVN., *Vit.* 215, 234-236   **206/209** Dialiton – remos] cfr ISID., *Etym.* 1, 36, 20; ISID. IVN., *Vit.* 215, 237   **210** Venimus – placuit] DIOM., *Gramm.* 448, 10; cfr ISID., *Etym.* 1, 36, 20

192 Est – portum] VERG., *Aen.* 1, 159   **194** Horrentique – umbra] VERG., *Aen.* 1, 165   **197/198** Acamasque – Neoptolemus] VERG., *Aen.* 2, 262-263   **200/201** Tectumque – canem] VERG., *Georg.* 3, 344-345   **202** Speculaque – carinis] VERG., *Aen.* 7, 186   **204/205** Viuant – Iberi] LVCAN., *Ciu.* 7, 540-541   **208/209** Ite – remos] VERG., *Aen.* 4, 593-594   **210** Venimus – placuit] Incert.

192 secessu longo] secessum longum *F N*   portum] portu *L*, portus *N*   **195** Polisindeton] polysindeton *N*   **197** Acamasque] hanc amasque *F*, achamesque *N*   Toasque] troasque (tho- *L²*) *L*   **198** Pelidesque] pelidasque *F*a.c.   Neoptolemus] *cum Verg. et* β *scripsi*, neoptolomeus *F*, neobtolemus *L*, neoptelemus *N*   **201** Amicleumque] amioleumque *L*, micleumque *N*   canem] camem *N*   **202** clipeique] clipeisque *F N*   rostra] nostra *F N*   **205** Cappadoces] cappadocens *L*a.c.   orbis] *om. F N*   **206** Dialiton] dialyton *N*   uel asindeton] *om. F N*   **209** citi] cito *L*a.c.   **210** Item – placuit] *om. L*   uidimus] uiuimus *F N*

Item Vergilius: "Est in secessu longo locus: insula portum" et reliqua; hic enim in longum uadit sensus usque ad illum uersum: "Horrentique atrum nemus inminet umbra".

666, 11-14   POLISINDETON EST MVLTIS NEXA CONIVNCTIONIBVS DIC-
190   TIO, VT
"ACAMASQVE TOASQVE
PELIDESQVE NEOPTOLEMVS" ET CETERA.
Item
"Tectumque laremque
195   armaque Amicleumque canem".
Item "Speculaque clipeique ereptaque rostra carinis". Et Luca-
nus:
"Viuant Galataeque Syrique,
Cappadoces Gallique extremique Iberi".

666, 15-17   DIALITON VEL ASINDETON EST FIGVRA SVPERIORI CON-
201   TRARIA, CARENS CONIVNCTIONIBVS, VT
"ITE,
FERTE CITI FLAMMAS, DATE TELA, INPELLITE REMOS!".
Item "Venimus, uidimus, placuit".

---

rad. text. β   *E Gloss.*

186/188 Vergilius – umbra] cfr ISID., *Etym.* 1, 36, 18   **189/192** Polisindeton – cetera] cfr ISID., *Etym.* 1, 36, 19; ISID. IVN., *Vit.* 215, 231   **194/195** Tectumque – canem] cfr QVINT., *Inst.* 9, 3, 51; ISID., *Etym.* 1, 36, 19; ISID. IVN., *Vit.* 215, 232-233   **196/199** Speculaque – Iberi] cfr ISID. IVN., *Vit.* 215, 234-236   **200/203** Dialiton – remos] cfr ISID., *Etym.* 1, 36, 20; ISID. IVN., *Vit.* 215, 237   **204** Venimus – placuit] DIOM., *Gramm.* 448, 10; cfr ISID., *Etym.* 1, 36, 20

186 Est – portum] VERG., *Aen.* 1, 159   **188** Horrentique – umbra] VERG., *Aen.* 1, 165   **191/192** Acamasque – Neoptolemus] VERG., *Aen.* 2, 262-263   **194/195** Tectumque – canem] VERG., *Georg.* 3, 344-345   **196** Speculaque – carinis] VERG., *Aen.* 7, 186   **198/199** Viuant – Iberi] LVCAN., *Ciu.* 7, 540-541   **202/203** Ite – remos] VERG., *Aen.* 4, 593-594   **204** Venimus – placuit] Incert.

191 Acamasque] acamas quae *E^{a.c.}*, hacamusque *Gloss.*   Toasque] dasque *E*   **192** Pelidesque] *cum Verg. et α scripsi*, pellidesque β   **196** rostra] rotra *E*   carinis] *cum Verg. et α correxi*, canis β   **198** Galataeque] *cum Lucan. et α correxi*, lataeque (-te- *E*) β   **200** Dialiton] dealiton *E*   superiori] *cum Don. et α correxi*, superiora *E*, polisindeton *Gloss.*

III.6. DE TROPIS

DON., *Mai.*   TROPVS EST DICTIO TRANSLATA A PROPRIA SIGNIFICA-
667, 2-5   TIONE AD NON PROPRIAM SIMILITVDINEM ORNATVS NECES-
SITATISVE CAVSA. Quos alii ex Graeco in Latinum uocant
5 'locutionum modos'. Quorum omnium nomina difficillimum est
adnotare, sed ex omnibus tredecim Donatus usui tradenda conscripsit. Quorum haec sunt nomina: METAFORA, CATACRISIS,
METALEMSIS, METONOMIA, ANTONOMASIA, EPITHETON,
SINECDOKE, ONOMATOPEIA, PERIFRASIS, YPERBATON, YPER-
10 BOLE, ALLEGORIA, HOMOEOSIS.

667, 6-12   METAFORA EST RERVM VERBORVMQVE TRANSLATIO.
HAEC FIT MODIS QVATTVOR: AB ANIMALI AD ANIMALE, AB
INANIMALI AD INANIMALE, AB ANIMALI AD INANIMALE, AB
INANIMALI AD ANIMALE. AB ANIMALI AD ANIMALE, VT "TI-
15 FIN AVRIGAM CELERES FECERE CARINAE"; NAM ET AVRIGA
ET GVBERNATOR ANIMAM HABENT. Item "Aligeros ascendit
equos"; ecce hic miscuit quadrupedi alas auis, quia et quadrupes
et uolatile animam habent. Item et "Quo cursu deserta petiue-

---

Trad. text. α   *F L N*

III.6, 2/4   Tropus – causa] cfr ISID., *Etym.* 1, 37, 1; ISID. IVN., *Vit.* 220, 331-332   **4/**
5 Quos – modos] cfr AVG., *Trin.* 15, 9 (p. 481, 4-7); ISID., *Etym.* 1, 37, 1   **5/**
6 Quorum – conscripsit] cfr ISID., *Etym.* 1, 37, 1   **11/14** Metafora – animale¹] cfr
ISID., *Etym.* 1, 37, 2-3   **16/18** Aligeros – habent] cfr ISID., *Etym.* 1, 37, 3   **18/19** Quo –
cursum] cfr *Schol. Verg. Bern. Ecl.* 6, 80; ISID., *Etym.* 1, 37, 3; ISID. IVN., *Vit.* 221, 362-364

III.6, 14/15 Tifin – carinae] VARRO AT., *Carm.* 2   **16/17** Aligeros – equos] *Incert.*
uers. 68 (*FPL* – Bläns., p. 442)   **18** Quo – petiuerit] VERG., *Ecl.* 6, 80

III.6, 2 dictio] lata *add. F*   significatione] significationem *N*   **3** ad – propriam]
non ad propria *N*   **4** ex – Latinum] in latino ex graeco *L*   ex] in *F N*   **5** locutionum]
locutinis (-tionis *L²*) *L*   modos] modus *N*   **6** usui] uit *Lᵃ·ᶜ·*   **7** metafora] metaphora
F   catacrisis] catacrissis *L*, catacresis *N*   **8** metalemsis] metallemsis *N*   epitheton]
ephitheton *L*, epython *N*   **9** sinecdoke] sinecdoche *F*, synedoce *N*   **10** allegoria]
alligoria *N*   homoeosis] omoeosis *F N*   **11** Metafora] metaphora *F*   **12** animali]
animalia *Lᵃ·ᶜ·*   animale] amalem *L*   **13** inanimale¹] inanimalem *L*   **13/14** abⁱ –
animale²] *om. N*   inanimale¹] inanimalem *L*   **14** animale¹] inanimalem (animalem *L²*)
L   animale²] animalem *L*   Tifin] tybin *N*   **15** fecere] facere *F L*   carinae] cannam *N*
auriga] aurigam *F*   **17** quadrupedi] quadrupedia *Lᵃ·ᶜ·*, quadrupi *N*   auis] *scripsi*, sabis
F N, abis *L*   quadrupes] quadrups *F N*, quadups *Lᵃ·ᶜ·*   **18** et¹] *exp. L²*   habent] habeat
Fᵃ·ᶜ·   Item] iter *Lᵃ·ᶜ·*   petiuerit] pertinuerit *L*

III.6. DE TROPIS

<table>
<tr><td>Don., Mai.
667, 2-5</td><td>TROPVS EST DICTIO TRANSLATA A PROPRIA SIGNIFICA-
TIONE AD NON PROPRIAM SIMILITVDINEM ORNATVS
NECESSITATISVE CAVSA. Quos alii ex Graeco in Latinum</td></tr>
</table>

TROPVS EST DICTIO TRANSLATA A PROPRIA SIGNIFICA-
TIONE AD NON PROPRIAM SIMILITVDINEM ORNATVS
NECESSITATISVE CAVSA. Quos alii ex Graeco in Latinum
⁵ uocant 'locutionum modos'. Quorum omnium nomina difficillimum est adnotare, sed ex omnibus tredecim Donatus usui
tradenda conscripsit. Quorum haec sunt nomina: METAFORA,
CATACRISIS, METALEMSIS, METONOMIA, ANTONOMASIA,
EPITETON, SINECDOKE, ONOMATOPEIA, PERIFRASIS, YPER-
¹⁰ BATON, YPERBOLE, ALLEGORIA, HOMOEOSIS.

667, 6-12   METAFORA EST RERVM VERBORVMQVE TRANSLATIO.
HAEC FIT MODIS QVATTVOR: AB ANIMALI AD ANIMALE, AB
INANIMALI AD INANIMALE, AB ANIMALI AD INANIMALE, AB
INANIMALI AD ANIMALE. AB ANIMALI AD ANIMALE, VT "TI-
¹⁵ FIN AVRIGAM CELERES FECERE CARINAE"; NAM ET AVRIGA
ET GVBERNATOR ANIMAM HABET. Item "Aligeros conscendit equos"; ecce hic miscuit quadrupedi alas auis, quia et quadrupes et uolatile animam habent. Item et "Quo cursu deserta
petiuerit?"; miscuit uolatili cursum. Item in Apocalypsin: "Leo
²⁰ Christus"; item "Leo Diabolus". Et in Exodo: "Iratus est Dominus" et "descendit" et similia quae ex humanis motibus transferuntur ad Deum. Item in Euangelio: "Pater meus agricola est".

---

rad. text. β   E Gloss.

III.6, 2/4 Tropus – causa] cfr ISID., Etym. 1, 37, 1; ISID. IVN., Vit. 220, 331-332   **4/
5** Quos – modos] cfr AVG., Trin. 15, 9 (p. 481, 4-7); ISID., Etym. 1, 37, 1   **5/
7** Quorum – conscripsit] cfr ISID., Etym. 1, 37, 1   **11/14** Metafora – animale¹] cfr
ISID., Etym. 1, 37, 2-3   **16/18** Aligeros – habent] cfr ISID., Etym. 1, 37, 3   **18/19** Quo –
cursum] cfr Schol. Verg. Bern. Ecl. 6, 80; ISID., Etym. 1, 37, 3; ISID. IVN., Vit. 221, 362-364
19/20 Leo – Diabolus] AVG., C. mend. 10, 24 (p. 500, 1); cfr ISID. IVN., Vit. 221, 344
20/22 Iratus – Deum] IVNIL., Inst. 1, 5 (p. 164, 34-41); cfr AVG., Enchir. 10, 33 (p. 68,
18-21)

III.6, 14/15 Tifin – carinae] VARRO AT., Carm. 2   **16/17** Aligeros – equos] Incert.
uers. 68 (FPL – Bläns., p. 442)   **18/19** Quo – petiuerit] VERG., Ecl. 6, 80   **19/
20** Leo Christus] Apoc. 5, 5   **20** Leo Diabolus] I Petr. 5, 8   Iratus – Dominus] Ex. 4,
14   **21** descendit] Ex. 19, 20   **22** Pater – est] Ioh. 15, 1

III.6, 4 alii] cum α correxi, abi E   **8** metonomia] cum α scripsi, metanomia E
9 epiteton] scripsi, aepiteton E   onomatopeia] cum α scripsi, onomatopia E
10 homoeosis] cum α scripsi, omeosis E   **13** ab animali] om. E   **14** animali] animale
E^{a.c.}   **15** celeres] celeres cum Don. corr. E²   fecere] facere E^{a.c.}   auriga] aurigam E
17 auis] abis E   quadrupes] quadrups E   **21** descendit] descendet E   et²] est E

rit?"; miscuit uolatili cursum. Item in Apocalypsin: "Leo Chris-
20 tus"; item "Leo Diabolus". Et in Exodo: "Iratus est Dominus" et
"descendit" et similia quae ex humanis motibus transferuntur ad
Deum. Item in Euangelio: "Pater meus agricola est". AB INANI-
MALI AD INANIMALE, VT "PELAGVS TENVERE RATES"; NAM
ET RATES ET PELAGVS ANIMAM NON HABENT. Item ut "Pon-
25 tum pinus arat"; nam et pinus et pontus animam non habent.
Item "Sulcum premit alta carina"; miscuit usum terrae aquis,
dum 'arare' et 'sulcum premere' ad terram pertineat, non ad
mare.

667, 13-668, 4   AB ANIMALI AD INANIMALE, VT
30 "ATLANTEM CINCTVM ADSIDVE CVI NVBIBVS ATRIS
PINNIFERVM CAPVT" ET CETERA;
NAM VT HAEC ANIMALIS SVNT, ITA MONS ANIMAM NON
HABET, CVI MEMBRA HOMINIS ADSCRIBVNTVR. Item "Plaudent manu omnia ligna siluae". Item "Exultatione colles accin-
35 gentur". Item "Vlula, abies, quia cecidit quercus Basan!". Item
Sedulius: "Christus erat panis, Christus petra, Christus in
undis". Item ut

Trad. text. α   *F L N*

19/20 Leo – Diabolus] Avg., *C. mend.* 10, 24 (p. 500, 1); cfr Isid. Ivn., *Vit.* 221, 344
20/22 Iratus – Deum] Ivnil., *Inst.* 1, 5 (p. 164, 34-41); cfr Avg., *Enchir.* 10, 33 (p. 68,
18-21)   **24/25** Pontum – habent] cfr Isid., *Etym.* 1, 37, 3; Isid. Ivn., *Vit.* 221, 347-348
26/28 Sulcum – mare] cfr Isid., *Etym.* 1, 37, 3; Isid. Ivn., *Vit.* 221, 353-355   **33/
34** Plaudent – accingentur] cfr Isid. Ivn., *Vit.* 221, 345-347   **35** Vlula – Basan] cfr
Hier., *In Zach.* 3, 11, 1-2 (p. 848, 1-4); Isid. Ivn., *Vit.* 221, 346-347

---

19 Leo Christus] Apoc. 5, 5   **20** Leo Diabolus] I Petr. 5, 8   Iratus – Dominus] Ex.
4, 14   **21** descendit] Ex. 19, 20   **22** Pater – est] Ioh. 15, 1   **23** Pelagus – rates] Verg.,
Aen. 5, 8   **24/25** Pontum – arat] *Incert. uers.* 63 (*FPL* – Bläns., p. 441)   **26** Sulcum –
carina] *Incert. uers.* 63 (*FPL* – Bläns., p. 441) ; cfr Verg., *Aen.* 10, 197   **30/
31** Atlantem – caput] Verg., *Aen.* 4, 248-249   **33/34** Plaudent – siluae] Is. 55, 12
34 Exultatione – accingentur] Ps. 64, 13   **app. crit.** accingentur] Ps. 113, 4   **35** Vlula –
Basan] Zach. 11, 2   **36/37** Christus¹ – undis] Sedvl., *Carm. Pasch.* 1, 159 (p. 27)

---

19 cursum] cursu *F N*   Item] quadrupedis *add. L*   Apocalypsin] apocalipsin *F L*
20 item] *om. N*   **21** descendit] discendit *L*   **22** Deum] dominum *F*   Item] *om. F N*
Pater meus] *om. F N*   **23** inanimale] inanimalem *L*   **24** habent] habet *F*   **25** arat]
erat *N*   pinus² – pontus] pontus ... pinus *L N*   **26** premit alta] praemittit altera *N*
27 pertineat] pertinet *F N*   **29** Ab] ad *L^{a.c.}*   inanimale] inanimalem *L*
30 Atlantem] athlantem *F*, utblantem *N*   adsidue] assiduae *F*   **31** pinniferum]
pleniferum *L^{a.c.}*   **32** animalis] animali *L*, animales *N*   **33** habet] habent *L^{a.c.}*
hominis] animis *N*   **34** accingentur] montes exultauerunt ut arietes et colles uelut agni
ouium *add. L*   **35** abies] ab eis *N*

AB INANIMALI AD INANIMALE, VT "PELAGVS TENVERE
RATES"; NAM ET RATES ET PELAGVS ANIMAM NON HABENT.
25 Item ut "Pontum pinus arat"; nam et pinus et pontus animam
non habent. Item "Sulcum premit alta carina"; miscuit usum
terrae aquis, dum 'arare' et 'sulcum premere' ad terram pertineat,
non ad mare.

7, 13-668, 4   AB ANIMALI AD INANIMALE, VT
30 "ATLANTEM CINCTVM ADSIDVE CVI NVBIBVS ATRIS
PINNIFERVM CAPVT" ET CETERA;
NAM VT HAEC ANIMALIS SVNT, ITA MONS ANIMAM NON
HABET, CVI MEMBRA HOMINIS ADSCRIBVNTVR. Item "Plaudent manu omnia ligna siluae". Item "Exultatione colles accin-
35 gentur". Item "Vlula, abies, quia cecidit quercus Basan!". Item
Sedulius: "Christus erat panis, Christus petra, Christus in
undis". Vt

Trad. text. β   *E Gloss.*

25/26 Pontum – habent] cfr Isɪᴅ., *Etym.* 1, 37, 3; Isɪᴅ. Iᴠɴ., *Vit.* 221, 347-348   26/
28 Sulcum – mare] cfr Isɪᴅ., *Etym.* 1, 37, 3; Isɪᴅ. Iᴠɴ., *Vit.* 221, 353-355   33/
34 Plaudent – accingentur] cfr Isɪᴅ. Iᴠɴ., *Vit.* 221, 345-347   35 Vlula – Basan] cfr
Hɪᴇʀ., *In Zach.* 3, 11, 1-2 (p. 848, 1-4); Isɪᴅ. Iᴠɴ., *Vit.* 221, 346-347

23/24 Pelagus – rates'] Vᴇʀɢ., *Aen.* 5, 8   25 Pontum – arat] *Incert. uers.* 63 (*FPL* –
Bläns., p. 441)   26 Sulcum – carina] *Incert. uers.* 63 (*FPL* – Bläns., p. 441) ; cfr Vᴇʀɢ.,
Aen. 10, 197   30/31 Atlantem – caput] Vᴇʀɢ., *Aen.* 4, 248-249   33/34 Plaudent –
siluae] Is. 55, 12   34 Exultatione – accingentur] Ps. 64, 13   35 Vlula – Basan] Zach.
11, 2   36/37 Christus' – undis] Sᴇᴅᴠʟ., *Carm. Pasch.* 1, 159 (p. 27)

23 inanimali] animali *E^{a.c.}*   Pelagus tenuere] pelegus tene *E*   24 pelagus] plagus
E^{a.c.}   25 Pontum] potum *E*   arat] erat *E*   nam] am *E*   26 habent] habet *E*
28 non] nod *E*   30 Atlantem] *cum* α (*L*) *scripsi*, alhantem *E*, adlantem *Gloss.*
adsidue] adsiduae *E*   34 manu] manum *E*

"Tu, Neptune pater, cui tempora cana crepanti
cincta salo resonant, magnus cui perpeti mento
40 profuit Oceanus et flumina crinibus errant";
'mentum' enim, 'tempora' et 'crines' non ad Oceanum pertinent,
sed ad homines. Sic et alia rerum nomina de alio genere in aliud
genus decentissime decoris gratia transferuntur, ut locutio perornetur. Et in Euangelio: "Ego sum uitis uera".

668, 5-6   AB INANIMALI AD ANIMALE, VT
46   "SI TANTVM PECTORE ROBVR
CONCIPIS";
NAM VT ROBVR ANIMAM NON HABET, ITA TVRNVS, CVI
HAEC DICITVR, ANIMAM HABET. Item "Florida iuuentus";
50 miscuit flores inanimales iuuentuti animali. Item "Lactea cani-
ties"; quum 'canities' in homine sit, adiunxit inanimale 'lactea'.
Item "Lapideum cor", Iudaeorum.

668, 7   SCIRE AVTEM DEBEMVS ESSE METAFORAS ALIAS RECIPRO-
CAS, ALIAS PARTIS VNIVS. Partis unius est, sicut quum fit trans-
55 lata locutio, ut est hoc "Fluctuare segetes", "Gemmare uites",

---

Trad. text. α   *F L N*

38/42 Tu – homines] cfr Isɪᴅ., *Etym.* 1, 37, 4   **42/43** Sic – perornetur] cfr Isɪᴅ.,
Etym. 1, 37, 5; Isɪᴅ. Ivɴ., *Vit.* 221, 373-374   **49/50** Florida – animali] cfr Avɢ.,
C. mend. 10, 24 (p. 499, 18); Isɪᴅ., *Etym.* 1, 37, 4; Isɪᴅ. Ivɴ., *Vit.* 220, 336   **50/
51** Lactea – lactea] Avɢ., *C. mend.* 10, 24 (p. 499, 18); cfr Isɪᴅ., *Etym.* 11, 2, 29; Isɪᴅ.
Ivɴ., *Vit.* 220, 336   **52** Lapideum – Iudaeorum] Avɢ., *C. mend.* 10, 24 (p. 499, 21 -
500, 1); cfr Isɪᴅ. Ivɴ., *Vit.* 220, 343   **55/56** Fluctuare – inuenimus] Avɢ., *C. mend.* 10,
24 (p. 499, 17-18); cfr Isɪᴅ., *Etym.* 1, 37, 2; Isɪᴅ. Ivɴ., *Vit.* 220, 334-337

38/40 Tu – errant] cfr *Incert. uers.* 64, 1-3 (*FPL* – Bläns., p. 441); Avɢ., *Doctr. christ.*
3, 7, 11 (p. 84, 7-10)   **44** Ego – uera] Ioh. 15, 1   **46/47** Si – concipis] Vᴇʀɢ., *Aen.* 11,
368-369   **49** Florida iuuentus] cfr *Carm. epigr.* 1504, 2 Buech.-Lom.   **50** Lactea
canities] cfr Vᴇɴ. Fᴏʀᴛ., *Carm.* 5, 5, 37; Isɪᴅ., *Etym.* 11, 2, 29   **52** Lapideum cor] Ez. 11,
19   **55** Fluctuare segetes] cfr Pʀᴠᴅ., *C. Symm.* 2, 935 (p. 244)   Gemmare uites] cfr
Dʀᴀᴄ., *Laud. Dei* 1, 575; Eᴠɢᴇɴ. Tᴏʟ., *Hex.* 1, 457

---

38 Neptune] neptuneptune *N*   **39** cincta] cinta *L*   salo] sala *F N*   **40** Oceanus]
ozianus *N*   et flumina] ut lumina *L*   crinibus] criminibus *L^{a.c.}*   errant] erant *L N*
42 alio] alia *L*   **43** transferuntur] transferantur *N*   **43/44** perornetur – uera] *om. L*
44 Et – Euangelio] *om. N*   **45** inanimali] animali *N*   **46** robur] robor *N*
47 concipis] conspicis *F*   **48** robur] robor *N*   ita] item *N*   **50** inanimales]
inanimalis *L*   iuuentuti] iuuentute *N*   **51** quum canities] *om. N*   in] de *F N*
53 metaforas] metaphoras *F*   **54** partis] partes *L*   Partis] partes *L N*   quum] *om. N*
55 est] *om. L*   segetes] segites *N*   Gemmare] germinare *N*

"Tu, Neptune pater, cui tempora cana crepanti
cincta salo resonant, magnus cui perpeti mento
40 profuit Oceanus et flumina crinibus errant";
'mentum' enim, 'tempora' et 'crines' non ad Oceanum pertinent,
sed ad homines. Sic et alia rerum nomina de alio genere in aliud
genus decentissime decoris gratia transferuntur, ut locutio perornetur. Item : "Ego sum uitis uera".

668, 5-6 Ab inanimali ad animale, vt
46   "Si tantvm pectore robor
concipis";
nam vt robor animam non habet, ita Tvrnvs, cvi
haec dicvntvr, animam habet. Item "Florida iuuentus";
50 miscuit flores inanimales iuuentuti animali. Item "Lactea canities"; quum 'canities' in homine sit, adiunxit inanimale 'lactea'.
Item "Lapideum cor", Iudaeorum.

668, 7 Scire avtem debemvs esse metaforas alias recipro-
cas, alias partis vnivs. Partis unius est, sicut quum fit trans-
55 lata locutio, ut est hoc "Fluctuare segetes", "Gemmare uites",
dum in his rebus fluctus et gemmas non inuenimus. Sed eae
atque aliae tropicae locutiones ad ea, quae intellegenda sunt,
propterea figuratis amictibus obteguntur, ut sensum legentis

Trad. text. β *E Gloss.*

38/42 Tu – homines] cfr Isid., *Etym.* 1, 37, 4 **42/43** Sic – perornetur] cfr Isid.,
Etym. 1, 37, 5; Isid. Ivn., *Vit.* 221, 373-374 **49/50** Florida – animali] cfr Avg.,
C. mend. 10, 24 (p. 499, 18); Isid., *Etym.* 1, 37, 4; Isid. Ivn., *Vit.* 220, 336 **50/
51** Lactea – lactea] Avg., *C. mend.* 10, 24 (p. 499, 18); cfr Isid., *Etym.* 11, 2, 29; Isid.
Ivn., *Vit.* 220, 336 **52** Lapideum – Iudaeorum] Avg., *C. mend.* 10, 24 (p. 499, 21 -
500, 1); cfr Isid. Ivn., *Vit.* 220, 343 **55/56** Fluctuare – inuenimus] Avg., *C. mend.* 10,
24 (p. 499, 17-18); cfr Isid., *Etym.* 1, 37, 2; Isid. Ivn., *Vit.* 220, 334-337 **56/59** Sed –
uilescant] Avg., *C. mend.* 10, 24 (p. 500, 18 - 501, 1); cfr Isid., *Etym.* 1, 37, 2; Isid. Ivn.,
Vit. 220, 337-340

38/40 Tu – errant] cfr *Incert. uers.* 64, 1-3 (*FPL* – Bläns., p. 441) ; Avg., *Doctr.
christ.* 3, 7, 11 (p. 84, 7-10) **44** Ego – uera] Ioh. 15, 1 **46/47** Si – concipis] Verg.,
Aen. 11, 368-369 **49** Florida iuuentus] cfr *Carm. epigr.* 1504, 2 Buech.-Lom.
50 Lactea canities] cfr Ven. Fort., *Carm.* 5, 5, 37; Isid., *Etym.* 11, 2, 29 **52** Lapideum
cor] Ez. 11, 19 **55** Fluctuare segetes] cfr Prvd., *C. Symm.* 2, 935 (p. 244) Gemmare
uites] cfr Drac., *Laud. Dei* 1, 575; Evgen. Tol., *Hex.* 1, 457

38 cana] kanna *E* **39** perpeti] propeti *E* **42** aliud] alium *E* **45** inanimali] *cum
α correxi*, animali β **46** robor] rubor *Gloss.* **50** miscuit] micuit *E* iuuentuti]
iubenti *E* **53** reciprocas] recep caus *E* **56** eae] *scripsi*, heae *E*, aeae *Gloss.*
57 tropicae] *cum* α (*F*) *scripsi*, tropice β

dum in his rebus fluctus et gemmas non inuenimus. Sed eae et aliae tropicae locutiones ad ea, quae intellegenda sunt, propterea figuratis amictibus obteguntur, ut sensum legentis exerceant et ne nuda atque in promptu uilescant. Eae tropicae dictiones
60 propter decorem eloquii uel intellegentiam sensus aliud ex alio significantia referuntur. Metafora autem aut partis unius est, ut "Fluctuare segetes", "Gemmare uites", quia non potest dicere 'segetare fluctus'; aut antistrofa est, id est reciproca, ut "Remigium alarum"; nam 'alae nauium' et 'alarum remigia' dicuntur.

668, 8-10   CATACRISIS EST VSVRPATIO NOMINIS ALIENI, VT 'PARRA-
66 CIDAM' DICIMVS QVI OCCIDERIT FRATREM ET 'PISCINAM' QVAE PISCES NON HABET. HAEC ENIM NISI EXTRINSECVS SVMERENTVR, SVVM VOCABVLVM NON HABERENT. Catacrisis est alienae rei nomen adpositum. Haec a metafora differt, quod
70 illa uocabulum habenti largitur, haec, quia non habet proprium, alieno utitur. Item
"Nunc una ambae iunctaeque feruntur

Trad. text. α   *F L N*

56/59 Sed – uilescant] AVG., *C. mend.* 10, 24 (p. 500, 18 - 501, 1); cfr ISID., *Etym.* 1, 37, 2; ISID. IVN., *Vit.* 220, 337-340   **59/61** Eae – referuntur] AVG., *C. mend.* 10, 24 (p. 500, 13-14); cfr ISID. IVN., *Vit.* 220, 340-342   **61/64** Metafora – dicuntur] cfr ISID., *Etym.* 1, 37, 5; ISID. IVN., *Vit.* 221, 348-351   **63/64** Remigium – dicuntur] cfr SERV., *Aen.* 6, 14   **65/68** Catacrisis – haberent] cfr ISID. IVN., *Vit.* 222, 378-381   **68/71** Catacrisis – utitur] CHAR., *Gramm.* 359, 14-16; cfr ISID., *Etym.* 1, 37, 6; ISID. IVN., *Vit.* 222, 376-378   **72/76** Nunc – cetera] cfr ISID., *Etym.* 1, 37, 6; ISID. IVN., *Vit.* 222, 382-385

62 Fluctuare segetes] cfr PRVD., *C. Symm.* 2, 935 (p. 244)   Gemmare uites] cfr DRAC., *Laud. Dei* 1, 575; EVGEN. TOL., *Hex.* 1, 457   **63/64** Remigium alarum] VERG., *Aen.* 6, 19   **72/73** Nunc – carina] VERG., *Aen.* 5, 157-158

56 eae] *scripsi,* hee *L,* om. *F N*   et¹] om. *L*   **57** tropicae] tropice *L N*   locutiones] loquutiones *L*   intellegenda] intelligende *L*   **58** ne] om. *L*   **59** promptu] promptum *F,* prumpta *N*   uilescant] uiliscant *L,* uilescunt *N*   Eae] *scripsi,* hee *F L,* haec *N* tropicae] *scripsi,* tropice α   dictiones] dictionis *F L*   **60** aliud] *cum Aug. et Isid. Iun. correxi,* alio α   **61** Metafora] metaphora *F*   **62** segetes] segites *L N²*   Gemmare] germinare *N*   potest] potes *N*   **63** segetare] segaetare *L,* sagitare *N*   antistrofa] antristrofa *L,* antistropa *N*   **64** alae] alie *N^{a.c.}*   nauium] auium *L²*   **65** Catacrisis] catacresis *N*   **66** occiderit] occidit *L*   **68** sumerentur] sumpserint *N*   haberent] habebunt *N*   Catacrisis] catecresis *F,* catacresis *N*   **69** nomen] in *praem. et exp. L* adpositum] om. *N*   differt] *cum* β *correxi,* differtur α   **70** illa] illi *L*   **72** Nunc] om. *N* una ambae] ambe una *N*   iunctaeque] *cum* β *correxi,* hinctque *F N,* coniuncteque *L*

exerceant et ne nuda atque in promptu uilescant. Eae tropicae
60 locutiones propter decorem eloquii uel intellegentiam sensus
aliud ex alio significantia referuntur. Metafora autem aut partis
unius est, ut "Fluctuare segetes", "Gemmare uites", quia non
potest dicere 'segetare fluctus'; aut antistrofa est, id est reciproca,
ut "Remigium alarum"; nam 'alae nauium' et 'alarum remigia'
65 dicuntur.

668, 8-10   CATACRISIS EST VSVRPATIO NOMINIS ALIENI, VT 'PARRI-
CIDAM' DICIMVS QVI OCCIDERIT FRATREM ET 'PISCINAM'
QVAE PISCES NON HABET. HAEC ENIM NISI EXTRINSECVS
SVMERENTVR, SVVM VOCABVLVM NON HABERENT. Catacrisis
70 est alienae rei nomen adpositum. Haec a metafora differt, quod
illa uocabulum habenti largitur, haec, quia non habet proprium,
alieno utitur. Item
"Nunc una ambae iunctaeque feruntur

Trad. text. β   *E Gloss.*

59/61 Eae – referuntur] Avg., *C. mend.* 10, 24 (p. 500, 13-14); cfr Isid. Ivn., *Vit.*
220, 340-342   **61/65** Metafora – dicuntur] cfr Isid., *Etym.* 1, 37, 5; Isid. Ivn., *Vit.* 221,
348-351   **64/65** Remigium – dicuntur] cfr Serv., *Aen.* 6, 14   **66/69** Catacrisis –
haberent] cfr Isid. Ivn., *Vit.* 222, 378-381   **69/72** Catacrisis – utitur] Char., *Gramm.*
359, 14-16; cfr Isid., *Etym.* 1, 37, 6; Isid. Ivn., *Vit.* 222, 376-378   **73/77** Nunc – cetera]
cfr Isid., *Etym.* 1, 37, 6; Isid. Ivn., *Vit.* 222, 382-385

62 Fluctuare segetes] cfr Prvd., *C. Symm.* 2, 935 (p. 244)   Gemmare uites] cfr
Drac., *Laud. Dei* 1, 575; Evgen. Tol., *Hex.* 1, 457   **64** Remigium alarum] Verg.,
Aen. 6, 19   **73/74** Nunc – carina] Verg., *Aen.* 5, 157-158

59 Eae] aeae *Gloss.*   tropicae] tropice *E*   **61** aliud] *cum Aug. et Isid. Iun. correxi,*
alio β   aut] ut *E*   **63** antistrofa] anti trofa *E*   reciproca] greci proca *E^{a.c.}*
69 Catacrisis] catecrisis *E*

frontibus et longa sulcant uada salsa carina";
frons quippe tantundem animalium et hominum est; quod
75 nomen si poeta naui non obposuisset, quid proprium eidem
parti diceret, non haberet. Sicut et cetera.

668, 11-13   METALEMSIS EST DICTIO GRADATIM PERGENS AD ID
QVOD OSTENDIT, VT "SPELVNCIS ABDIDIT ATRIS" ET "POST
ALIQVOT MEA REGNA VIDENS MIRABOR ARISTAS?". Per
80 'aristas' annos ex fructibus conputat; nam per 'aristas' grani,
per 'granos' anni significati sunt pro eo quod per singulos annos
sata colliguntur. Dicta autem metalemsis ab eo quod praecedit id
quod sequitur, ut "Scelus expendisse merentem"; 'scelus' enim
posuit pro 'poenam'. Item Persius: "Inque manus chartae nodo-
85 saque uenit arundo"; nam per 'manum' uerba, per 'arundinem'
litterae significatae sunt. Item Varro: "Ponam bisulcam et crebrinodosam arundinem".

668, 14-669, 2   METONOMIA EST QVAEDAM VELVTI TRANSNOMINATIO.
HVIVS MVLTAE SVNT SPECIES: AVT ENIM PER ID QVOD CON-
90 TINET ID QVOD CONTINETVR OSTENDIT, VT "NVNC PATE-
RAS LIBATE IOVI"; AVT CONTRA, VT "VINA CORONANT"; AVT
PER INVENTOREM ID QVOD INVENTVM EST, VT "SINE CERE-
RE ET LIBERO FRIGET VENVS"; AVT CONTRA, VT "VINVM
PRECAMVR, NAM HIC DEVS PRAESENS ADEST". HAEC EXEM-

Trad. text. α   *F L N*   *post* **75** obposuisset *des. N*

78/82 Post – colliguntur] cfr SERV., *Ecl.* 1, 69; AVG., *Quaest. Hept.* 1, 95 (p. 36, 1218-
1220); ISID. IVN., *Vit.* 223, 388-390   **82/83** Dicta – sequitur] SERV., *Aen.* 2, 229; cfr
ISID., *Etym.* 1, 37, 7; ISID. IVN., *Vit.* 222, 386   **83/84** Scelus – poenam] SERV., *Aen.* 2,
229; 7, 307; cfr ISID. IVN., *Vit.* 222, 387 - 223, 388   **84/85** Persius – arundo] cfr ISID.,
Etym. 1, 37, 7; ISID. IVN., *Vit.* 223, 391   **85/86** nam – sunt] cfr ISID., *Etym.* 1, 37, 7
86/87 Varro – arundinem] cfr ISID. IVN., *Vit.* 223, 392-393

78 Speluncis – atris] VERG., *Aen.* 1, 60   **78/79** Post – aristas] VERG., *Ecl.* 1, 69
83 Scelus – merentem] VERG., *Aen.* 2, 229   **84/85** Inque – arundo] PERS., *Sat.* 3, 11
86/87 Ponam – arundinem] VARRO, *Men.* 578   **90/91** Nunc – Ioui] VERG., *Aen.* 7,
133   **91** Vina coronant] VERG., *Aen.* 1, 724   **92/93** Sine – Venus] TER., *Eun.* 732
93/94 Vinum – adest] PLAVT., *Fragm.* 159

73 sulcant] subcana *N*   salsa] *cum Verg. corr. Lind.* (*cfr Isid. Iun.*), saxa *F L, om. N*
carina] carine *L*   **78** abdidit] addidit *F*   **79** aliquot] *cum Verg. corr. Lind.* (*cfr Isid.
Iun.*), aliquid (-quod *F²*) α   aristas] aristans *L^{a.c.}*   **82** sata] *cum* β *correxi*, ista *F*, ata *L*
84 poenam] *cum* β *correxi*, pena α   Persius] prosius *L*   Inque] *cum Pers. et Isid. Iun.*
correxi, quae α   manus] anus *L^{a.c.}*   **88** Metonomia] metonomasia *F*   **92** ut] et *L*
94 adest] est *F*

frontibus et longa sulcant uada salsa carina";
75 frons quippe tantundem animalium et hominum est; quod
nomen si poeta naui non adposuisset, quid proprium eidem
parti diceret, non haberet. Sicut et cetera.

668, 11-13   METALEMSIS EST DICTIO GRADATIM PERGENS AD ID
QVOD OSTENDIT, VT "SPELVNCIS ABDIDIT ATRIS" ET "POST
80 ALIQVOT MEA REGNA VIDENS MIRABOR ARISTAS?". Per
'aristas' annos ex frugibus conputat; nam per 'aristas' grani, per
'granos' anni significati sunt pro eo quod per singulos annos sata
colliguntur. Dicta autem metalemsis ab eo quod praecedit id
quod sequitur, ut "Scelus expendisse merentem"; 'scelus' enim
85 posuit pro 'poenam'. Item Persius: "Inque manus chartae nodo-
saque uenit arundo"; nam per 'manum' uerba, per 'arundinem'
litterae significatae sunt. Item Varro: "Ponam bisulcam et crebrinodam arundinem".

ϡ, 14-669, 2   METONOMIA EST QVAEDAM VELVTI TRANSNOMINATIO.
90 HVIVS MVLTAE SVNT SPECIES: AVT ENIM PER ID QVOD CON-
TINET ID QVOD CONTINETVR OSTENDIT, VT "NVNC PATE-
RAS LIBATE IOVI"; AVT CONTRA, VT "VINA CORONANT"; AVT
PER INVENTOREM ID QVOD INVENTVM EST, VT "SINE CERE-
RE ET LIBERO FRIGET VENVS"; AVT CONTRA, VT "VINVM
95 PRECAMVR, NAM HIC DEVS PRAESENS ADEST". HAEC EXEM-
PLI CAVSA DILIGENTIBVS POSITA ETIAM RELIQVA DEMONS-

---

rad. text. β   *E Gloss.*

79/83 Post – colliguntur] cfr SERV., *Ecl.* 1, 69; AVG., *Quaest. Hept.* 1, 95 (p. 36, 1218-
1220); ISID. IVN., *Vit.* 223, 388-390   **83/84** Dicta – sequitur] SERV., *Aen.* 2, 229; cfr
ISID., *Etym.* 1, 37, 7; ISID. IVN., *Vit.* 222, 386   **84/85** Scelus – poenam] SERV., *Aen.* 2,
229; 7, 307; cfr ISID. IVN., *Vit.* 222, 387 - 223, 388   **85/86** Persius – arundo] cfr ISID.,
Etym. 1, 37, 7; ISID. IVN., *Vit.* 223, 391   **86/87** nam – sunt] cfr ISID., *Etym.* 1, 37, 7
87/88 Varro – arundinem] cfr ISID. IVN., *Vit.* 223, 392-393

79 Speluncis – atris] VERG., *Aen.* 1, 60   **79/80** Post – aristas] VERG., *Ecl.* 1, 69
84 Scelus – merentem] VERG., *Aen.* 2, 229   **85/86** Inque – arundo] PERS., *Sat.* 3, 11
87/88 Ponam – arundinem] VARRO, *Men.* 578   **91/92** Nunc – Ioui] VERG., *Aen.* 7,
133   **92** Vina coronant] VERG., *Aen.* 1, 724   **93/94** Sine – Venus] TER., *Eun.* 732
94/95 Vinum – adest] PLAVT., *Fragm.* 159

74 salsa] *cum Verg. corr. Lind.* (*cfr Isid. Iun.*), saxa *E*   **79** abdidit] abdit *E*
80 aliquot] *cum Verg. corr. Lind.* (*cfr Isid. Iun.*), aliquod β   **83** id] it *E*   **84** Scelus]
excelus *E*   **85** Persius] *cum* α (*F*) *correxi*, prosius β   Inque] *cum Pers. et Isid. Iun.*
correxi, quae β   **90** multae] multaes *E*   per] pro *E*

95 PLI CAVSA DILIGENTIBVS POSITA ETIAM RELIQVA DEMONS-
TRABVNTVR. Metonomia est dictio ab alia significatione ad
aliam proximitatem translata, ueluti transmutatio. Fit autem
multis modis. Per continentem id quod continetur significat, ut
"Nunc pateras libate Ioui"; aut contra, ut "Vina coronant". Item
100 in Euangelio Dominus: "Mundus uos odit", pro his qui in mundo sunt. Item in Euangelio: "Qui non nouerat peccatum, pro
nobis peccatum fecit", id est 'hostia' pro 'peccato'. Item "Peccata
populi mei comedent", id est 'oblationes' quae pro peccatis offeruntur. Item Apostolus: "Quoniam dies mali sunt", pro his qui in
105 diebus mali sunt, quia dies mali esse non possunt. Et Psalmus:
"Et calix tuus inebrians"; nondum calix inebriat, sed hoc
quod intra calicem est. Sicut et de domo ⟨'laeta' dicitur⟩ propter
laetitiam eorum qui in domo sunt. Et Vergilius: "Europae atque
Asiae fatis concurreret orbis"; non quod orbis, sed qui in orbe.
110 Item "Inuadunt urbem somno uinoque sepultam"; 'urbem' pro

---

Trad. text. α   *FL*

96/97 Metonomia – translata] CHAR., *Gramm.* 359, 27; cfr ISID., *Etym.* 1, 37, 8;
ISID. IVN., *Vit.* 224, 407-408   **97** ueluti transmutatio] cfr ISID. IVN., *Vit.* 224, 408
97/98 Fit – modis] cfr ISID., *Etym.* 1, 37, 8; ISID. IVN., *Vit.* 224, 408   **98/99** Per –
coronant] cfr ISID., *Etym.* 1, 37, 8; ISID. IVN., *Vit.* 224, 419   **100/101** Mundus – sunt]
cfr ISID. IVN., *Vit.* 224, 420   **101/102** Qui – peccato] cfr AVG., *Enchir.* 13, 41 (p. 73,
14-18); AVG., *Quaest. Hept.* 4, 12 (p. 239, 222 - 240, 225); CASSIOD., *In Ps.* 21, 2 (p. 191,
92-97); IVLIAN., *Antik.* 42 (p. 154, 9-13)   **102/103** Peccata – offeruntur] cfr GREG. M.,
In Euang. 1, 17, 8 (p. 122, 144-158); IVLIAN., *Antik.* 42 (p. 154, 14-15)   **104/
105** Apostolus – possunt] cfr AVG., *Epist.* 199, 29 (p. 270, 3-5); AVG., *Serm.* 297, 6 (*PL*,
38, col. 1363); ISID. IVN., *Vit.* 225, 421-422   **105/107** Psalmus – est] cfr ISID. IVN., *Vit.*
225, 422-424   **107/108** Sicut – sunt] cfr AVG., *Ciu.* 11, 8 (p. 328, 5-11); ISID. IVN., *Vit.*
225, 424-425   **108/109** Vergilius – orbe] cfr ISID. IVN., *Vit.* 225, 425-426   **110/
111** Inuadunt – dixit] SERV., *Aen.* 2, 265; cfr ISID. IVN., *Vit.* 225, 427-428

99 Nunc – Ioui] VERG., *Aen.* 7, 133   Vina coronant] VERG., *Aen.* 1, 724
100 Mundus – odit] Ioh. 15, 18   **101/102** Qui – fecit] II Cor. 5, 21   **102** hostia –
peccato] cfr Leu. 14, 13   **102/103** Peccata – comedent] Os. 4, 8   **104** Quoniam –
sunt] Eph. 5, 16   **106** Et – inebrians] Ps. 22, 5   **107** domo laeta] cfr Ov., *Fast.* 4, 543
108/109 Europae – orbis¹] VERG., *Aen.* 7, 224   **110** Inuadunt – sepultam] VERG., *Aen.*
2, 265

97 ueluti] uelut *L*   **99** ut] id *L*   **100** Dominus] *om. F*   **104** his] hiis *L*
107 laeta dicitur] *suppleui* (*cfr infra l. 130*)   **108** Vergilius] *corr.* Lind., *uermibus* α
109 fatis] *cum* Verg. *corr.* Lind. (*cfr* β), *factis* α   concurreret] *cum* β *correxi*, concurret
F L², concurrit *L*   **110** sepultam] supultam *L*

TRABVNTVR. Metonomia est dictio ab alia significatione ad aliam proximitatem translata, ueluti transmutatio. Fit autem multis modis. Per continentem id quod continetur significat, ut
100 "Nunc pateras libate Ioui"; aut contra, ut "Vina coronant". Item in Euangelio Dominus: "Mundus uos odit", pro his qui in mundo sunt. Item Euangelium: "Qui non nouerat peccatum, pro nobis peccatum fecit", id est 'hostia' pro 'peccato'. Item "Peccata populi mei comedent", id est 'oblationes' quae pro peccatis offe-
105 runtur. Item Apostolus: "Quoniam dies mali sunt", pro his qui in diebus mali sunt, quum dies mali esse non possunt. Et Psalmus: "Et calix tuus inebrians", dum non calix inebriet, sed quod intra calicem est. Sicut et de domo ⟨'laeta' dicitur⟩ propter laetitiam eorum qui in domo sunt. Et Vergilius: "Europae atque
110 Asiae fatis concurreret orbis"; non quod orbis, sed qui in orbe. Item "Inuadunt urbem somno uinoque sepultam"; 'urbem' pro

---

Trad. text. β   *E Gloss.*

97/98 Metonomia – translata] CHAR., *Gramm.* 359, 27; cfr ISID., *Etym.* 1, 37, 8; ISID. IVN., *Vit.* 224, 407-408   **98** ueluti transmutatio] cfr ISID. IVN., *Vit.* 224, 408   **98/99** Fit – modis] cfr ISID., *Etym.* 1, 37, 8; ISID. IVN., *Vit.* 224, 408   **99/100** Per – coronant] cfr ISID., *Etym.* 1, 37, 8; ISID. IVN., *Vit.* 224, 419   **101/102** Mundus – sunt] cfr ISID. IVN., *Vit.* 224, 420   **102/103** Qui – peccato] cfr AVG., *Enchir.* 13, 41 (p. 73, 14-18); AVG., *Quaest. Hept.* 4, 12 (p. 239, 222 - 240, 225); CASSIOD., *In Ps.* 21, 2 (p. 191, 92-97); IVLIAN., *Antik.* 42 (p. 154, 9-13)   **103/104** Peccata – offeruntur] cfr GREG. M., *In Euang.* 1, 17, 8 (p. 122, 144-158); IVLIAN., *Antik.* 42 (p. 154, 14-15)   **105/106** Apostolus – possunt] cfr AVG., *Epist.* 199, 29 (p. 270, 3-5); AVG., *Serm.* 297, 6 (*PL*, 38, col. 1363); ISID. IVN., *Vit.* 225, 421-422   **106/108** Psalmus – est] cfr ISID. IVN., *Vit.* 225, 422-424   **108/109** Sicut – sunt] cfr AVG., *Ciu.* 11, 8 (p. 328, 5-11); ISID. IVN., *Vit.* 225, 424-425   **109/110** Vergilius – orbe] cfr ISID. IVN., *Vit.* 225, 425-426   **111/112** Inuadunt – dixit] SERV., *Aen.* 2, 265; cfr ISID. IVN., *Vit.* 225, 427-428

100 Nunc – Ioui] VERG., *Aen.* 7, 133   Vina coronant] VERG., *Aen.* 1, 724   **101** Mundus – odit] Ioh. 15, 18   **102/103** Qui – fecit] II Cor. 5, 21   **103** hostia – peccato] cfr Leu. 14, 13   **103/104** Peccata – comedent] Os. 4, 8   **105** Quoniam – sunt] Eph. 5, 16   **107** Et – inebrians] Ps. 22, 5   **108** domo laeta] cfr Ov., *Fast.* 4, 543   **109/110** Europae – orbis'] VERG., *Aen.* 7, 224   **111** Inuadunt – sepultam] VERG., *Aen.* 2, 265

99 multis] *iter. et iteratum exp.* E   **102** Euangelium] *correxi,* eum β   nouerat] oberant E   **108** laeta dicitur] *suppleui (cfr infra l. 131)*   **109** qui] *om.* E   Vergilius] *corr.* Lind., uermibus β   **110** fatis] *cum Verg. corr.* Lind., uatis β   concurreret] concorruet E² qui] quod E

'hominibus' significans dixit. Item "Teatra plaudunt", "Prata mugiunt", quum illic homines plaudunt, hic boues mugiunt.

Item contra per id quod continetur id quod continet, ut
                    "Iam proximus ardet
115 Ocalegon",
dum non ille sed domus eius arderet. Item
"Iungit equos auri Genitor spumantiaque addit
frena feris";
'spumantia frena' dixit, quum non ipsa spument, sed ab eo qui ea
120 continet spumis conspargantur infusis. Aut per inuentorem id quod inuentum est, ut "Sine Cerere et Libero friget Venus"; nam interdum per inuentorem inuentum significat, ut est hoc quod superius dictum est: "Sine Cerere et Libero friget Venus"; et "Commixtam Vulcanus mittit ad astra fauillam". Vult enim per
125 Cererem, panis inuentricem, intellegere panem, per Liberum, inuentorem uitis, uinum, per Venerem concubitum, per Vulcanum ignem. Item ut "Vinum precamur, nam hic deus praesens adest"; per inuentum inuentorem dixit, ut "Vinum precamur".

Trad. text. α   *F L*

111/112 Teatra – mugiunt²] AvG., *Ciu.* 11, 8 (p. 328, 11-13); cfr Isid., *Etym.* 1, 37, 8; Isid. Ivn., *Vit.* 225, 428-429   **113/116** contra – arderet] cfr Serv., *Aen.* 2, 311; Isid., *Etym.* 1, 37, 8; Isid. Ivn., *Vit.* 225, 429-431   **117/120** Iungit – infusis] cfr Serv., *Aen.* 5, 817; Isid., *Etym.* 1, 37, 10; Isid. Ivn., *Vit.* 225, 432-434   **120/121** Aut – Venus] cfr Isid., *Etym.* 1, 37, 9; Isid. Ivn., *Vit.* 224, 408-409; supra l. 91/93   **121/123** nam – Venus] cfr Isid. Ivn., *Vit.* 224, 409-410   **124** Commixtam – fauillam] cfr Isid., *Etym.* 1, 37, 9; Isid. Ivn., *Vit.* 224, 410-411   **124/127** Vult – ignem] Char., *Gramm.* 360, 10-18; cfr Isid., *Etym.* 1, 37, 9; Isid. Ivn., *Vit.* 224, 411-413   **127/128** Vinum – precamur] cfr Isid., *Etym.* 1, 37, 9; Isid. Ivn., *Vit.* 224, 413-415; supra l. 93/94

111 Teatra plaudunt] Incert.; cfr Mart. 5, 10, 9   **111/112** Prata mugiunt] Incert.   **114/115** Iam – Ocalegon] Verg., *Aen.* 2, 311-312   **117/118** Iungit – feris] Verg., *Aen.* 5, 817-818   **121** Sine – Venus] Ter., *Eun.* 732   **123** Sine – Venus] Ter., *Eun.* 732   **124** Commixtam – fauillam] Verg., *Aen.* 9, 76   **127/128** Vinum – adest] Plavt., *Fragm.* 159   **128** Vinum precamur] Plavt., *Fragm.* 159

112 homines] hominis *L*   plaudunt] plaudent *L*   **114** proximus] *cum Verg. corr. Lind. (cfr Isid. et Isid. Iun.)*, primus α   **117** addit] *cum* β *scripsi*, adit *F*, adio *L*   **119** eo] equo *L*   **120** conspargantur] *cum* β *correxi*, consparguntur α   **121** friget] frigit *L²* Venus] uenis *L^{a.c.}*   **122** inuentorem] inuentorum *L*   **123** Venus] uenos *L*   **124** Vult] *cum* β *correxi, ut* α   **125** Cererem] cerere *L*   intellegere] intellegeret *F*   Liberum] librum *L*   **126** concubitum] concupitum *L*

'ciuibus' significans dixit. Item "Teatra plaudunt", "Prata mugiunt", quum illic homines plaudunt, hic boues mugiunt.

Item contra per id quod continetur id quod continet, ut
115   "Iam proximus ardet
Ocalegon",
dum non ille sed domus eius arderet. Item
"Iungit equos auri Genitor spumantiaque addit
frena feris";
120 'spumantia frena' dixit, quum non ipsa spument, sed ab eo qui ea
continet spumis conspargantur infusis. Aut per inuentorem id
quod inuentum est, ut "Sine Cerere et Libero friget Venus"; nam
interdum per inuentorem inuentum significat, ut est hoc quod
superius dictum est: "Sine Cerere et Libero friget Venus"; et
125 "Commixtam Vulcanus mittit ad astra fauillam". Vult enim per
Cererem, panis inuentricem, intellegere panem, per Liberum,
inuentorem uitis, uinum, per Venerem concubitum, per Vulcanum ignem. Item ut "Vinum precamur, nam hic deus praesens
adest"; per inuentum inuentorem dixit, ut "Vinum precamur".
130 ["Adsit laetitiae Baccus dator et bona Iuno"]. Item per efficien-
tem id quod efficitur, sicut 'laeta epistola' dicitur significans

---

rad. text. β   *E Gloss.*

112/113 Teatra – mugiunt] AVG., *Ciu.* 11, 8 (p. 328, 11-13); cfr ISID., *Etym.* 1, 37, 8;
ISID. IVN., *Vit.* 225, 428-429   114/117 contra – arderet] cfr SERV., *Aen.* 2, 311; ISID.,
Etym. 1, 37, 8; ISID. IVN., *Vit.* 225, 429-431   118/121 Iungit – infusis] cfr SERV., *Aen.* 5,
817; ISID., *Etym.* 1, 37, 10; ISID. IVN., *Vit.* 225, 432-434   121/122 Aut – Venus] cfr ISID.,
Etym. 1, 37, 9 ; ISID. IVN., *Vit.* 224, 408-409 ; supra l. 92/94   122/124 nam – Venus]
cfr ISID. IVN., *Vit.* 224, 409-410   125 Commixtam – fauillam] cfr ISID., *Etym.* 1, 37, 9;
ISID. IVN., *Vit.* 224, 410-411   125/128 Vult – ignem] CHAR., *Gramm.* 360, 10-18; cfr
ISID., *Etym.* 1, 37, 9; ISID. IVN., *Vit.* 224, 411-413   128/129 Vinum – precamur] cfr
ISID., *Etym.* 1, 37, 9; ISID. IVN., *Vit.* 224, 413-415; supra l. 94/95   130/132 per – laetos]
cfr AVG., *Ciu.* 11, 8 (p. 328, 14-15); ISID., *Etym.* 1, 37, 10; ISID. IVN., *Vit.* 224, 415-416

---

112 Teatra plaudunt] Incert.; cfr MART. 5, 10, 9   Prata mugiunt] Incert.   115/
116 Iam – Ocalegon] VERG., *Aen.* 2, 311-312   118/119 Iungit – feris] VERG., *Aen.* 5,
817-818   122 Sine – Venus] TER., *Eun.* 732   124 Sine – Venus] TER., *Eun.* 732
125 Commixtam – fauillam] VERG., *Aen.* 9, 76   128/129 Vinum – adest] PLAVT.,
Fragm. 159   129 Vinum precamur] PLAVT., *Fragm.* 159   130 Adsit – Iuno] VERG.,
Aen. 1, 734

---

112 Teatra] tretra (tetra *E²*) *E*   113 plaudunt] *cum* α (*F*) *correxi*, plaudent *E*,
plaudant *Gloss.* hic] sic *E*   115 proximus] *cum Verg. corr. Lind.* (*cfr Isid. et Isid. Iun.*),
primus β   120 spumantia] spantia *E^{a.c.}*   dixit] addixit *E*   ab eo] habeo *E*   121 per]
pro *E*   123 per] pro *E*   129 adest] *cum* α *correxi* (*cfr supra l. 95*), est β   130 Adsit –
Iuno] *excludendum existimaui*

["Adsit laetitiae Baccus dator et bona Iuno"]. Item per efficien-
130 tem id quod efficitur, sicut 'laeta epistola' dicitur significans
eorum laetitiam quos lecta efficit laetos. Item sicut 'pigrum
frigus', eo quod pigros faciat; et 'timor pallidus', eo quod pallidos homines faciat; sicut et 'pallida mors' et 'tristia bella'. Item
per subiectum dominantem significans, ut
135   "Inutile ferrum
cingitur";
non quod inutile ferrum esset, sed quia ipse inutilis erat qui gerebat.

669, 3-6   ANTONOMASIA EST SIGNIFICATIO VICE NOMINIS POSITA;
140 QVAE FIT MODIS TRIBVS: AB ANIMO, A CORPORE ET EXTRIN-
SECVS. Fit uice nominis, ut "Haec ait et Maia genitum dimittit
ab alto"; 'genitum' dixit pro 'Mercurio filio'. Item "Punica regna
uides, Tyrios et Agenoris urbem"; 'urbem' dixit pro 'Cartagine'.
Hic tropus fit modis tribus: AB ANIMO, VT "MAGNANIMVSQVE
145 ANCISIADES"; A CORPORE, VT "IPSE ARDVVS"; EXTRINSE-

Trad. text. α   *F L*

129/131 per – laetos] cfr AVG., *Ciu.* II, 8 (p. 328, 14-15); ISID., *Etym.* I, 37, 10; ISID.
IVN., *Vit.* 224, 415-416   **131/132** pigrum – faciat] CHAR., *Gramm.* 360, 19-20; AVG.,
Trin. 3, 10 (p. 155, 127-129); cfr ISID., *Etym.* I, 37, 10; ISID. IVN., *Vit.* 224, 417   **132/
133** timor – bella] cfr QVINT., *Inst.* 8, 6, 27; SERV., *Aen.* I, 202; ISID., *Etym.* I, 37, 10;
ISID. IVN., *Vit.* 224, 417-419   **134/137** per – gerebat] cfr SERV., *Aen.* 2, 510; ISID. IVN.,
Vit. 225, 434-436   **139/140** Antonomasia – extrinsecus] cfr ISID., *Etym.* I, 37, 11; ISID.
IVN., *Vit.* 226, 440   **141/142** Haec – filio] cfr SERV., *Aen.* I, 297; ISID., *Etym.* I, 37, 11;
ISID. IVN., *Vit.* 226, 441   **142/143** Punica – Cartagine] cfr SERV., *Aen.* I, 338
144 Hic – tribus] cfr ISID., *Etym.* I, 37, 11; ISID. IVN., *Vit.* 226, 442   **144/146** ab –
Achilli] cfr ISID., *Etym.* I, 37, 11; ISID. IVN., *Vit.* 226, 442-446

---

129 Adsit – Iuno] VERG., *Aen.* I, 734   **131/132** pigrum frigus] cfr *Rhet. Her.* 4, 43;
TIB., *Eleg.* I, 2, 29   **132** timor pallidus] cfr CORIPP., *Ioh.* praef., 20   **133** pallida mors]
cfr VERG., *Aen.* 4, 644; HOR., *Carm.* I, 4, 13   tristia bella] cfr VERG., *Aen.* 7, 325   **135/
136** Inutile – cingitur] VERG., *Aen.* 2, 510-511   **141/142** Haec – alto] VERG., *Aen.* I,
297   **142/143** Punica – urbem¹] VERG., *Aen.* I, 338   **144/145** Magnanimusque
Ancisiades] VERG., *Aen.* 5, 407   **145** Ipse arduus] VERG., *Aen.* 3, 619

---

129 Adsit – Iuno] *excludendum existimaui*   Baccus] *cum Verg. et* β *correxi*, uultus α
131 quos] quo *F*   lecta] *cum* β *correxi*, leta *F*, legentes *L*   efficit] efficitur *F*   laetos] leto
F   sicut] *om. F*   **132** et – pallidus] *om. F*   **132/133** eo² – faciat] *post* bella *transp. F*
133 homines] hominis *L*   tristia] tristitia *L^{a.c.}*   **134** ut] et *L*   **135** ferrum] feruum *L^{a.c.}*
137 inutilis] inhumilis *L^{a.c.}*   **140** et] *om. F*   **141** ait – Maia] alta mala *F*   dimittit]
demit *F*   **142** Mercurio] mercuri *L^{a.c.}*   **143** Tyrios] tirio (-rios *L²*) *L*   et] sed *L^{a.c.}*
Agenoris] ageneris *F L^{a.c.}*   **144** tropus] topus *L^{a.c.}*   fit] *sup. l. L*   Magnanimusque]
magna animusque *L^{a.c.}*   **145** arduus] arduis *L^{a.c.}*

eorum laetitiam quos lecta efficit laetos. Item sicut 'pigrum frigus', eo quod pigros faciat; et 'timor pallidus', eo quod pallidos homines faciat; sicut et 'pallida mors' et 'tristia bella'. Item

135 per subiectum dominantem significans, ut
> "Inutile ferrum

cingitur";
non quod inutile ferrum esset, sed quia ipse inutilis erat qui gerebat.

669, 3-6 ANTONOMASIA EST SIGNIFICATIO VICE NOMINIS POSITA;
141 QVAE FIT MODIS TRIBVS: AB ANIMO, A CORPORE ET EXTRINSECVS. Quid uice nominis? Vt "Haec ait et Maia genitum dimittit ab alto"; 'genitum' dixit pro 'Mercurio filio'. Item "Punica regna uides, Tyrios et Agenoris urbem"; 'urbem' dixit pro

145 'Cartagine'. Hic tropus fit modis tribus: AB ANIMO, VT "MAGNANIMVSQVE ANCISIADES"; A CORPORE, VT "IPSE ARDVVS";

---

rad. text. β *E Gloss.*

132/133 pigrum – faciat] CHAR., *Gramm.* 360, 19-20; AVG., *Trin.* 3, 10 (p. 155, 127-129); cfr ISID., *Etym.* 1, 37, 10; ISID. IVN., *Vit.* 224, 417 **133/134** timor – bella] cfr QVINT., *Inst.* 8, 6, 27; SERV., *Aen.* 1, 202; ISID., *Etym.* 1, 37, 10; ISID. IVN., *Vit.* 224, 417-419 **135/138** per – gerebat] cfr SERV., *Aen.* 2, 510; ISID. IVN., *Vit.* 225, 434-436 **140/141** Antonomasia – extrinsecus] cfr ISID., *Etym.* 1, 37, 11; ISID. IVN., *Vit.* 226, 440 **142/143** Haec – filio] cfr SERV., *Aen.* 1, 297; ISID., *Etym.* 1, 37, 11; ISID. IVN., *Vit.* 226, 441 **143/145** Punica – Cartagine] cfr SERV., *Aen.* 1, 338 **145** Hic – tribus] cfr ISID., *Etym.* 1, 37, 11; ISID. IVN., *Vit.* 226, 442 **145/148** animo – Achilli] cfr ISID., *Etym.* 1, 37, 11; ISID. IVN., *Vit.* 226, 442-446

132/133 pigrum frigus] cfr *Rhet. Her.* 4, 43; TIB., *Eleg.* 1, 2, 29 **133** timor pallidus] cfr CORIPP., *Ioh.* praef., 20 **134** pallida mors] cfr VERG., *Aen.* 4, 644; HOR., *Carm.* 1, 4, 13 tristia bella] cfr VERG., *Aen.* 7, 325 **136/137** Inutile – cingitur] VERG., *Aen.* 2, 510-511 **142/143** Haec – alto] VERG., *Aen.* 1, 297 **143/144** Punica – urbem¹] VERG., *Aen.* 1, 338 **145/146** Magnanimusque Ancisiades] VERG., *Aen.* 5, 407 **146** Ipse arduus] VERG., *Aen.* 3, 619

133 eo² – pallidos] *om. E* **135** per] pro E^{a.c.} subiectum] subiectam *E* **138** quia] qui *E* **142** Vt] et *E* **145** Magnanimusque] magna animusque *E*

CVS, VT "INFELIX PVER ATQVE INPAR CONGRESSVS ACHIL-
LI"; "Pars in frusta secant ueribusque trementia figunt".

669, 7-10   EPITHETON EST PRAEPOSITA DICTIO PROPRII NOMI-
NIS; NAM ANTONOMASIA VICEM NOMINIS SVSTINET ET
150   EPITHETON NVMQVAM EST SINE NOMINE, VT "DIRA CE-
LAENO" ET "DIVA CAMILLA". FIT ETIAM EPITHETON MO-
DIS TRIBVS: AB ANIMO, A CORPORE ET EXTRINSECVS. HIS
DVOBVS TROPIS VEL VITVPERAMVS ALIQVEM VEL OSTEN-
DIMVS VEL ORNAMVS, ut "Alma Ceres", "Iniusta nouerca",
155   "Obscenique canes inportunaeque uolucres". Sed antonomasia
in uice nominis ponitur; epitheton autem numquam est sine
nomine, ut "Audax Gratinus", "Iracundum Ippolidos",
"Grandis Arisfanis".

669, 11-14   SINECDOKE EST SIGNIFICATIO PLENI INTELLECTVS
160   CAPAX, QVVM PLVS MINVSVE PRONVNTIET. AVT ENIM A PAR-
TE TOTVM OSTENDIT, VT "PVPPESQVE TVAE PVBESQVE
TVORVM"; AVT CONTRA, VT

Trad. text. α   *F L*

---

147 Pars – figunt] cfr CLAVD. DON., *Aen.* 1, 212; SERV., *Aen.* 1, 212
148 Epitheton – nominis] cfr ISID., *Etym.* 1, 37, 12; ISID. IVN., *Vit.* 226, 447   **151/
152** Fit – extrinsecus] cfr ISID. IVN., *Vit.* 226, 451-452   **152/154** His – ornamus] cfr
ISID., *Etym.* 1, 37, 12; ISID. IVN., *Vit.* 226, 452-453   **154** Alma Ceres] cfr ISID., *Etym.* 1,
37, 12   Iniusta nouerca] cfr SERV., *Ecl.* 3, 33   **155** Obscenique – uolucres] cfr ISID.,
Etym. 1, 37, 11; ISID. IVN., *Vit.* 226, 447-448   **155/157** Sed – nomine] cfr ISID., *Etym.* 1,
37, 12; ISID. IVN., *Vit.* 226, 448-450; supra l. 149/150   **157/158** Audax – Arisfanis] cfr
CORNVT., *In Pers.* 1, 123; ISID. IVN., *Vit.* 226, 450-451

---

146 Infelix – Achilli] VERG., *Aen.* 1, 475   **147** Pars – figunt] VERG., *Aen.* 1, 212
150 Dira Celaeno] VERG., *Aen.* 3, 211   **151** Diua Camilla] VERG., *Aen.* 11, 657
154 Alma Ceres] VERG., *Georg.* 1, 7   Iniusta nouerca] VERG., *Ecl.* 3, 33
155 Obscenique – uolucres] VERG., *Georg.* 1, 470   **157/158** Audax – Arisfanis] cfr
PERS., *Sat.* 1, 123-124   **161/162** Puppesque – tuorum] VERG., *Aen.* 1, 399

---

146 inpar congressus] ingressus *L*^{a.c.}   Achilli] acilli *L*^{a.c.}   **147** frusta] frustra *F L*^{a.c.}
ueribusque] uberibus *F*   trementia figunt] *om. F*   **148** Epitheton] ephiteton *L*
149 uicem] uice *F*   et] *om. L*   **150** epitheton] ephiteton *L*   est] *sup. l. L*   **151** et] ut
L   Diua Camilla] diuicailla *L*^{a.c.}   epitheton] ephiteton *L*   **152** et] *om. F*   **154** Ceres]
cum Verg. et β *correxi*, cres α   Iniusta] iniusa *L*   **155** inportunaeque] *cum Verg. scripsi*,
inportuneque α   **156** epitheton] ephiteton *L*   **157** Audax] *cum Pers. et Gloss. correxi*,
audactum *F*, audatum *L*   Gratinus] Cratinus *cum Pers. legend.*   Ippolidos] yppolidos
L, Eupolidem *cum Pers. legend.*   **158** Arisfanis] abisfanis *L*, Aristophanes *cum Pers.
legend.*   **159** Sinecdoke] sinecdoce *F*   intellectus] *cum* β *correxi*, intellectu α   **162** ut]
aut *L*^{a.c.}

EXTRINSECVS, VT "INFELIX PVER ATQVE INPAR CONGRESSVS ACHILLI"; "Pars in frusta secant ueribusque trementia figunt".

669, 7-10 EPITETON EST PRAEPOSITA DICTIO PROPRIO NOMI-
150 NI; NAM ANTONOMASIA VICEM NOMINIS SVSTINET, EPITE-
TON NVMQVAM EST SINE NOMINE, VT "DIRA CELAENO" ET
"DIVA CAMILLA". FIT ETIAM EPITETON MODIS TRIBVS: AB
ANIMO, A CORPORE ET EXTRINSECVS sicut antonomasia.
HIS DVOBVS TROPIS VEL VITVPERAMVS ALIQVEM VEL
155 OSTENDIMVS VEL ORNAMVS, item ut "Alma Ceres", "Iniusta
nouerca", "Obscenique canes inportunaeque uolucres". Sed
antonomasia in uice nominis ponitur; epiteton autem numquam est sine nomine, ut "Audax Gratinus", "Iracundus Ippo-
lides", "Grandis Arisfanes".

669, 11-14 SINECDOKE EST SIGNIFICATIO PLENI INTELLECTVS
161 CAPAX, QVVM PLVS MINVSVE PRONVNTIET. AVT ENIM A PAR-
TE TOTVM OSTENDIT, VT "PVPPESQVE TVAE PVBESQVE
TVORVM"; AVT CONTRA, VT

---

trad. text. β   *E Gloss.*

148 Pars – figunt] cfr CLAVD. DON., *Aen.* 1, 212; SERV., *Aen.* 1, 212   **149** Epiteton – nomini] cfr ISID., *Etym.* 1, 37, 12; ISID. IVN., *Vit.* 226, 447   **152/153** Fit – extrinsecus] cfr ISID. IVN., *Vit.* 226, 451-452   **154/155** His – ornamus] cfr ISID., *Etym.* 1, 37, 12; ISID. IVN., *Vit.* 226, 452-453   **155** Alma Ceres] cfr ISID., *Etym.* 1, 37, 12   **155/156** Iniusta nouerca] cfr SERV., *Ecl.* 3, 33   **156** Obscenique – uolucres] cfr ISID., *Etym.* 1, 37, 11; ISID. IVN., *Vit.* 226, 447-448   **156/158** Sed – nomine] cfr ISID., *Etym.* 1, 37, 12; ISID. IVN., *Vit.* 226, 448-450; supra l. 150/151   **158/159** Audax – Arisfanes] cfr CORNVT., *In Pers.* 1, 123; ISID. IVN., *Vit.* 226, 450-451

147/148 Infelix – Achilli] VERG., *Aen.* 1, 475   **148** Pars – figunt] VERG., *Aen.* 1, 212   **151** Dira Celaeno] VERG., *Aen.* 3, 211   **152** Diua Camilla] VERG., *Aen.* 11, 657   **155** Alma Ceres] VERG., *Georg.* 1, 7   **155/156** Iniusta nouerca] VERG., *Ecl.* 3, 33   **156** Obscenique – uolucres] VERG., *Georg.* 1, 470   **158/159** Audax – Arisfanes] cfr PERS., *Sat.* 1, 123-124   **162/163** Puppesque – tuorum] VERG., *Aen.* 1, 399

148 Achilli] accilli *E*   frusta] frustra *E^{a.c.}*   figunt] *cum Verg. et* α *correxi*, fingunt β   **149** Epiteton] epyteton *Gloss.*   **150** nam] *om. E*   epiteton] epyteton *Gloss.*   **152** epiteton] epyteton *Gloss.*   **156** inportunaeque] *cum Verg. scripsi*, inportuneque *E*   **158** Audax] audat *E*   Gratinus] gratianus *Gloss.*, Cratinus *cum Pers. legend.*   Ippolides] yppolites *Gloss.*, Eupolis *cum Pers. legend.*   **159** Arisfanes] Aristophanes *cum Pers. legend.*   **160** Sinecdoke] *scripsi*, sinedokhe *E*, sinecdoche *Gloss.*

"INGENS A VERTICE PONTVS
IN PVPPIM FERIT"

165 ET "FONTEMQVE IGNEMQVE FEREBANT". MEMINISSE
AVTEM DEBEMVS, QVVM FIT A PARTE TOTVM, AB INSIGNI
PARTE FACIENDVM. Dictum autem sinecdoke, quum a parte
totum; plus minusue significat quam pronuntiat. Modo enim
toto pars intellegitur, modo parte nominata totum accipitur. Eo
170 enim et per speciem genus et per genus species demonstratur; sed
species pars est, genus autem totum. A toto enim pars intellegitur, ut
"Quam multae glomerantur aues, ubi frigidus annus
pontum fugat";
175 non enim totus annus frigidus est, sed pars anni, id est hiems.

A parte totum, ut "Puppesque tuae pubesque tuorum"; a puppibus enim totam nauem significat, a pube totos homines. Aut
contra significat, ut
"Ingens a uertice pontus
180 in puppim ferit"

Trad. text. α   *F L*

167/169 Dictum – intellegitur] cfr AVG., *Doctr. christ.* 3, 35, 50 (p. 110, 5-6); ISID., *Etym.* I, 37, 13; ISID. IVN., *Vit.* 226, 454-455   **168/169** plus – accipitur] CHAR., *Gramm.* 361, 16-17; DIOM., *Gramm.* 459, 22-23   **171/175** A – hiems] cfr ISID., *Etym.* I, 37, 13; ISID. IVN., *Vit.* 226, 456 - 227, 459   **176/177** A – homines] CHAR., *Gramm.* 361, 26-27; DIOM., *Gramm.* 459, 31-32; cfr SERV., *Aen.* I, 399; ISID. IVN., *Vit.* 227, 461-463   A – tuorum] cfr supra l. 160/162   **177/181** Aut – ferebant] cfr supra l. 162/165   **179/182** Ingens – fluctum] CHAR., *Gramm.* 361, 19-21; DIOM., *Gramm.* 459, 26-27; cfr SERV., *Aen.* I, 114; ISID. IVN., *Vit.* 227, 459-461

163/164 Ingens – ferit] VERG., *Aen.* I, 114-115   **165** Fontemque – ferebant] VERG., *Aen.* 12, 119   **173/174** Quam – fugat] VERG., *Aen.* 6, 311-312   **176** Puppesque – tuorum] VERG., *Aen.* I, 399   **179/180** Ingens – ferit] VERG., *Aen.* I, 114-115

165 Fontemque] pontemque *F*   **167** sinecdoke] sinecdoce *F*   **168** plus minusue] *cum* β *correxi*, plurimumue α   quam] *cum* β *correxi*, cum *F*, quum *L*   enim] *om. L*   **169** toto pars] *correxi* (*cfr infra l. 171*), tot partes *F*, toht (toth *L²*) partes *L*   totum] toth *L*   **171** intellegitur] intelligitur *F*   **173** multae] male *F*   **175** est¹] *om. L*   hiems] hiemps *F*, gems *L^{a.c.}*   **176** A parte] aperte *L*   ut] est *L*   a puppibus] *iter. L*

"Ingens a vertice pontvs
165 in pvppim ferit"
et "Fontemqve ignemqve ferebat". Meminisse avtem
debemvs, qvvm fit a parte totvm, ab insigni parte
faciendvm. Dictum autem sinecdoke, quum a parte totum;
plus minusue significat quam pronuntiat. Modo enim toto pars
170 intellegitur, modo parte nominata totum accipitur. Eo enim et
per speciem genus et per genus species demonstratur; sed species
pars est, genus autem totum. A toto enim pars intellegitur, ut
"Quam multae glomerantur aues, ubi frigidus annus
pontum fugat";
175 non enim totus annus frigidus est, sed pars anni, id est hiems.

A parte totum, ut "Puppesque tuae pubesque tuorum"; a puppibus enim totam nauem significat, a pube totos homines. Aut
contra significat, ut
          "Ingens a uertice pontus
180 in puppim ferit"

Trad. text. β   *E Gloss.*

168/170 Dictum – intellegitur] cfr Avg., *Doctr. christ.* 3, 35, 50 (p. 110, 5-6); Isid., *Etym.* 1, 37, 13; Isid. Ivn., *Vit.* 226, 454-455   **169/170** plus – accipitur] Char., *Gramm.* 361, 16-17; Diom., *Gramm.* 459, 22-23   **172/175** A – hiems] cfr Isid., *Etym.* 1, 37, 13; Isid. Ivn., *Vit.* 226, 456 - 227, 459   **176/177** A – homines] Char., *Gramm.* 361, 26-27; Diom., *Gramm.* 459, 31-32; cfr Serv., *Aen.* 1, 399; Isid. Ivn., *Vit.* 227, 461-463 A – tuorum] cfr supra l. 161/163   **177/181** Aut – ferebat] cfr supra l. 163/166   **179/182** Ingens – fluctum] Char., *Gramm.* 361, 19-21: Diom., *Gramm.* 459, 26-27; cfr Serv., *Aen.* 1, 114; Isid. Ivn., *Vit.* 227, 459-461

164/165 Ingens – ferit] Verg., *Aen.* 1, 114-115   **166** Fontemque – ferebat] Verg., *Aen.* 12, 119   **173/174** Quam – fugat] Verg., *Aen.* 6, 311-312   **176** Puppesque – tuorum] Verg., *Aen.* 1, 399   **179/180** Ingens – ferit] Verg., *Aen.* 1, 114-115

165 puppim] puppin *E*   **168** sinecdoke] sinecdoche *Gloss.*   **169** toto] *correxi* (*cfr infra l. 172*), tota β   **171** speciem] ispeciem *E*   per²] pro *E*   **174** fugat] fucat *E*   **175** hiems] iems *E*   **177** totam] ut *add. E*   totos] *cum* α *correxi*, totus *E*, toto *Gloss.*

[et "Fontemque ignemque ferebant"]; non enim totum pelagum fuisse dixit, sed partem pelagi, id est fluctum. Et "Fontemque ignemque ferebant". Vt:
>   "Flammas quum regia puppis

185 extulerat",
ubi non solum puppis sed et nauis, et non nauis sed qui in ea, et
non omnes sed unus flammas extulit. Sic et illud pars pro toto
accipitur dicente eodem propheta:
"Quum domus Assarici Phitiam clarasque Micenas

190 seruitio premit ac uictis dominabitur Argis";
per unam ciuitatem, Micenas, totam Graeciam seruiendam
Romanis significauit.

Est et in Scripturis Sanctis hic tropus a parte totum, id est ab
specie ad genus, sicut illud in Esaia: "In die illo erit altare Domi-

195 ni in medio terrae Aegypti", dum non solum in Aegypto sed in
toto mundo. Item in Psalmo: "Inmisit in eis muscam caninam",
quum non una sed diuersae muscae totam repleuerint Aegyptum. Item e contra a genere ad speciem, sicut de Niniue legitur:
"Non erit, inquit, finis gentibus illis", quum esset unius gentis

---

Trad. text. α   *F L*

184/187 Flammas – extulit] cfr SERV., *Aen.* 2, 256; ISID., *Etym.* 1, 37, 13; ISID. IVN.,
Vit. 227, 464-466   **187/192** Sic – significauit] cfr SERV., *Aen.* 1, 284; SERV. auct., *Aen.*
2, 25; ISID. IVN., *Vit.* 227, 467-470   **193/196** Est – mundo] cfr HIER., *In Is.* 7, 19, 19
(p. 813, 20-21); TYCON., *Reg.* 4, 14, 1-2 (p. 246, 334 - 248, 335); ISID. IVN., *Vit.* 227, 470-
473   **196/197** in¹ – Aegyptum] cfr IVLIAN., *Apol.* 2, 4 (p. 180, 1-12)   **198/200** Item –
ciuitas] TYCON., *Reg.* 4, 13, 1 (p. 244, 304); cfr ISID. IVN., *Vit.* 227, 473-475

181 Fontemque – ferebant] VERG., *Aen.* 12, 119   **182/183** Fontemque – ferebant]
VERG., *Aen.* 12, 119   **184/185** Flammas – extulerat] VERG., *Aen.* 2, 256-257   **189/
190** Quum – Argis] VERG., *Aen.* 1, 284-285   **194/195** In – Aegypti] Is. 19, 19
196 Inmisit – caninam] Ps. 77, 45   **199** Non – illis] Nah. 3, 3

181 et – ferebant] *excludendum existimaui* (*cfr supra l. 165 et infra l. 182/183*)
182 fluctum] fluctuum *L*   **183** ignemque] ignem *L*   ferebant] *cum Verg. correxi* (*cfr
supra l. 165 et 181*), ferebat α   **184** regia puppis] *om. L*   **185** extulerat] extollerat (-tull-
L²) *L*   **186** et¹] *om. L*   non² – sed²] *om. F*   **187** unus] unas *F*   **189** Assarici] assuriu
F, Assaraci *cum Verg. legend.*   Phitiam] *cum* β (*E*) *scripsi*, phiti ait *F*, priciam *L*
clarasque] clarusque *F*   **190** seruitio] *cum Verg. correxi*, seruitii *L*, *om. F*   premit]
scripsi, praemit *L*, *om. F*   uictis] uitis *L*   Argis] agris *L*   **191** Micenas] michenas *F*
192 significauit] significabit *L*   **193** a] *om. F*   ab] ad (a *L²*) *L*   **194** illo] illa *F*
195 Aegypti] *om. L*   **196** in²] *sup. l. L*   **197** repleuerint] repleuerunt *L*   **198** e] a *L^{a.c.}*
Niniue] *cum* β *scripsi*, neniue *F*, ninniue *L*

[et "Fontemque ignemque ferebat"]; non enim totum pelagum fuisse dixit, sed partem pelagi, id est fluctum. Et "Fontemque ignemque ferebat". Vt:

"Flammas quum regia puppis

185 extulerat",

ubi non solum puppis sed nauis, et non nauis sed qui in ea, et non omnes sed unus flammas extulit. Sic et illud pars pro toto accipitur dicente eodem poeta:

"Quum domus Assarici Phitiam clarasque Micenas

190 seruitio premit ac uictis dominabitur Argis";

per unam ciuitatem, Micenas, totam Graeciam seruiendam Romanis significauit.

Est et in Scripturis Sanctis hic tropus a parte totum, id est ab specie ad genus, sicut illud in Esaia: "In die illo erit altare Domi-

195 ni in medio terrae Aegypti", dum non solum in Aegypto sed in toto mundo. Item in Psalmo: "Inmisit in eis muscam caninam", quum non una sed diuersae muscae totam repleuerint Aegyptum. Item e contra a genere ad speciem, sicut de Niniue legitur: "Non erit, inquit, finis gentibus illis", quum esset unius gentis

200 ciuitas. Fit et in quantitate temporis a parte totum, sicut in

---

Trad. text. β   *E Gloss.*

184/187 Flammas – extulit] cfr Serv., *Aen.* 2, 256; Isid., *Etym.* 1, 37, 13; Isid. Ivn., *Vit.* 227, 464-466   **187/192** Sic – significauit] cfr Serv., *Aen.* 1, 284; Serv. auct., *Aen.* 2, 25; Isid. Ivn., *Vit.* 227, 467-470   **193/196** Est – mundo] cfr Hier., *In Is.* 7, 19, 19 (p. 813, 20-21); Tycon., *Reg.* 4, 14, 1-2 (p. 246, 334 - 248, 335); Isid. Ivn., *Vit.* 227, 470-473   **196/197** in¹ – Aegyptum] cfr Ivlian., *Apol.* 2, 4 (p. 180, 1-12)   **198/200** Item – ciuitas] Tycon., *Reg.* 4, 13, 1 (p. 244, 304); cfr Isid. Ivn., *Vit.* 227, 473-475   **200/202** et – accipitur] Tycon., *Reg.* 5, 3, 1 (p. 278, 39-42); cfr Isid. Ivn., *Vit.* 227, 475 - 228, 477

181 Fontemque – ferebat] Verg., *Aen.* 12, 119   **182/183** Fontemque – ferebat] Verg., *Aen.* 12, 119   **184/185** Flammas – extulerat] Verg., *Aen.* 2, 256-257   **189/190** Quum – Argis] Verg., *Aen.* 1, 284-285   **194/195** In – Aegypti] Is. 19, 19   **196** Inmisit – caninam] Ps. 77, 45   **199** Non – illis] Nah. 3, 3   **200/201** in² – feriae] cfr Matth. 27, 45

181 et – ferebat] *excludendum existimaui* (*cfr supra l. 166 et infra l. 182/183*)   **182** sed partem] sequearte *E*   fluctum] fluctuum *E*   **185** extulerat] extulerunt *Gloss.*   **188** dicente] dicentem *E*   **189** Assarici] assirici *E*, Assaraci *cum Verg. legend.*   Phitiam] picium *Gloss.*   Micenas] michenas *Gloss.*   **190** seruitio] *cum Verg. correxi*, seruitii β   premit] praemit *E*   ac] *cum* α *scripsi*, hac β   uictis] uictus *E*   **191** per] pro *E*   Micenas] cenas *E*   **194** ad] uo *E*   **196** caninam] animam *E*   **197** una] unam *E*   **199** gentis] gentibus *E*

200 ciuitas. Fit et in quantitate temporis a parte totum, sicut in passione Domini reliquiae sextae feriae, id est illae tres horae, totus dies accipitur. Et illud quod Apostolus dicit mansisse apud Petrum "Diebus quindecim", dum ibi et noctes intellegantur. Et in Genesi: "Factum est uespere et mane, dies unus", dum per
205 mane et uesperum totum diem ostendat et totam noctem. Et in Apocalypsin: "Habebitis, inquit, pressuram diebus decem", quum in his omne tempus significet. Item a toto partem, sicut de quadringentis annis quibus in Aegypto moratus est populus Dei, abstractis exinde octoginta annis regni Ioseph ueniunt reliqui
210 seruitutis Israel trecenti uiginti anni, quos Deus quadringentos praedixerat. Et in Salomone: "In utero matris figuratus sum caro decem mensuum" pro nouem. Et in Vergilio: "Mille trahit uarios auerso sole colores" pro quattuor coloribus.

670, 1   Onomatopeia est nomen de sono factvm, vt 'tinni-
215 tvs' aeris, 'clangor' tvbarvm. Dicta autem onomatopeia ad imitandum sonum uocis confusae, ut 'stridor' beluarum, 'hinnitus' equorum, 'mugitus' boum, 'balatus' ouium.

Trad. text. α   *F L*

     200/202 et – accipitur] Tycon., *Reg.* 5, 3, 1 (p. 278, 39-42); cfr Isid. Ivn., *Vit.* 227, 475 - 228, 477   202/203 Apostolus – intellegantur] Tycon., *Reg.* 5, 3, 2 (p. 280, 45-48); cfr Isid. Ivn., *Vit.* 228, 477-479   205/207 in – significet] Tycon., *Reg.* 5, 4, 3 (p. 290, 146-147); cfr Isid. Ivn., *Vit.* 228, 480-482   207/211 a – praedixerat] Tycon., *Reg.* 5, 2, 1 (p. 276, 18-21); cfr Isid. Ivn., *Vit.* 228, 482-485   211/212 in – nouem] Tycon., *Reg.* 5, 2, 2 (p. 278, 28-32); cfr Isid. Ivn., *Vit.* 228, 485-486   212/213 in – coloribus] cfr Isid. Ivn., *Vit.* 228, 487-488   215/217 Dicta – ouium] Char., *Gramm.* 361, 28 - 362, 1; Diom., *Gramm.* 460, 3-6; cfr Isid., *Etym.* 1, 37, 14; Isid. Ivn., *Vit.* 229, 489-491

     200/201 in² – feriae] cfr Matth. 27, 45   203 Diebus quindecim] Gal. 1, 18   204 Factum – unus] Gen. 1, 5   206 Habebitis – decem] Apoc. 2, 10   207/211 sicut – praedixerat] cfr Gen. 15, 13-16; 41, 46; 50, 25   211/212 In – mensuum] Sap. 7, 1-2   212/213 Mille – colores] Verg., *Aen.* 4, 701   214/215 tinnitus aeris] cfr Ov., *Met.* 6, 589   215 clangor tubarum] cfr Verg., *Aen.* 2, 313   217 mugitus boum] cfr Verg., *Georg.* 2, 470

     200 Fit] erit *L*   201 Domini] om. *L*   reliquiae] *cum Tycon. et Isid. Iun. correxi*, reliquae α   id est] dies *L*   203 intellegantur] quod *add. et exp. L*   204 in] *sup. l. L*   Genesi] genesis *L*   205 uesperum] uespere *F*   206 decem] decim *L*   207 a] *sup. l. L*   208 quadringentis] quadrigentis *F*   209 exinde] inde *L*   octoginta] octoginti *F*ᵃ·ᶜ·, octuginta *L*   211 Salomone] salamone *L*ᵃ·ᶜ·   212 trahit] traia *F*   214 Onomatopeia] onomatopoeia *L*   216 imitandum] imitando *L*   217 hinnitus] hinnites *L*ᵃ·ᶜ·   boum] bouum *L*

passione Domini reliquiae sextae feriae, id est illae tres horae,
totus dies accipitur. Et illud quod Apostolus dicit mansisse apud
Petrum "Dies quindecim", dum ibi et noctes intellegantur. Et in
Genesi: "Factum est uespere et mane, dies unus", dum per mane
205 et uesperum totum diem ostendat et totam noctem. Et in Apocalypsin: "Habebitis, inquit, pressuram diebus decem", quum in
his omne tempus significet. Item a toto partem, sicut de quadringentis annis quibus in Aegypto moratus est populus Dei, abstractis exinde octoginta annis regni Ioseph ueniunt reliqui seruitutis
210 Israel trecenti uiginti anni, quos Deus quadringentos praedixerat.
Item in Salomone: "In utero matris figuratus sum caro decem
mensuum" pro nouem. Et in Vergilio: "Mille trahit uarios auerso
sole colores" pro quattuor coloribus.

670, 1   ONOMATOPEIA EST NOMEN DE SONO FACTVM, VT
215 'TINNITVS' AERIS, 'CLANGOR' TVBARVM. Dicta autem onomatopeia ad imitandum sonum uocis confusae, ut 'stridor' ualua-
rum, 'hinnitus' equorum, 'mugitus' boum, 'balatus' ouium.

Trad. text. β   *E Gloss.*

202/203 Apostolus – intellegantur] TYCON., *Reg.* 5, 3, 2 (p. 280, 45-48); cfr ISID.
IVN., *Vit.* 228, 477-479   203/207 in – significet] TYCON., *Reg.* 5, 4, 3 (p. 290, 146-
147); cfr ISID. IVN., *Vit.* 228, 480-482   207/210 a – praedixerat] TYCON., *Reg.* 5, 2, 1
(p. 276, 18-21); cfr ISID. IVN., *Vit.* 228, 482-485   211/212 in – nouem] TYCON., *Reg.*
5, 2, 2 (p. 278, 28-32); cfr ISID. IVN., *Vit.* 228, 485-486   212/213 in – coloribus] cfr ISID.
IVN., *Vit.* 228, 487-488   215/217 Dicta – ouium] CHAR., *Gramm.* 361, 28 - 362, 1;
DIOM., *Gramm.* 460, 3-6; cfr ISID., *Etym.* 1, 37, 14; ISID. IVN., *Vit.* 229, 489-491

203 Dies quindecim] Gal. 1, 18   204 Factum – unus] Gen. 1, 5   206 Habebitis –
decem] Apoc. 2, 10   207/210 sicut – praedixerat] cfr Gen. 15, 13-16; 41, 46; 50, 25
211/212 In – mensuum] Sap. 7, 1-2   212/213 Mille – colores] VERG., *Aen.* 4, 701
215 tinnitus aeris] cfr Ov., *Met.* 6, 589   clangor tubarum] cfr VERG., *Aen.* 2, 313
217 mugitus boum] cfr VERG., *Georg.* 2, 470

201 reliquiae] *cum Tycon. et Isid. Iun. correxi*, reliquae (-que *Gloss.*) β
203 intellegantur] intelleguntur *E*   211 Salomone] salamone *E*   212 uarios] *cum
Verg. et α correxi*, uaurios β   213 sole] le *E*   214 Onomatopeia] *cum α (F) scripsi*,
onomatopia β   217 boum] bouum *E*

670, 2-5   PERIFRASIS EST CIRCVMLOCVTIO, QVAE FIT AVT ORNAN-
DAE REI CAVSA QVAE PVLCHRA EST AVT VITANDAE QVAE
220   TVRPIS EST, VT "ET IAM PRIMA NOVO SPARGEBAT LVMINE
TERRAS" ET CETERA, ET
"NIMIO NE LVXV OBTVNSIOR VSVS
SIT GENITALI ARVO" ET CETERA.

Hic tropus geminus est; nam aut ueritatem splendide producit
225   aut foeditatem circuitu euitat. Veritatem splendide producit,
sicut
"Et iam prima nouo spargebat lumine terras
Titoni croceum linquens Aurora cubile",
id est 'iam lucescebat' aut 'dies ortus erat'. Et in Bucolicis:
230   "Ouium teneros depellere fetus", hoc est 'agnos'. Item foeditatem
circuitu euitat, ut
"Placidumque petiuit
coniugis infusus gremio";
hoc enim circuitu euitat foeditatem et decenter ostendit concu-
235   bitum. Et Apostolus: "Mutauerunt naturalem usum in eum
usum qui est contra naturam" et cetera.

670, 6-9   YPERBATON EST TRANSCENSIO QVAEDAM VERBORVM
ORDINEM TVRBANS, CVIVS SPECIES SVNT QVINQVE: STERO-

Trad. text. α   *F L*

224/225 Hic – euitat] CHAR., *Gramm.* 362, 4-5; DIOM., *Gramm.* 460, 9-10; cfr
ISID., *Etym.* 1, 37, 15; ISID. IVN., *Vit.* 229, 492-493   **225/229** Veritatem – erat] CHAR.,
Gramm. 362, 5-9; DIOM., *Gramm.* 460, 11-15; cfr ISID., *Etym.* 1, 37, 15; ISID. IVN., *Vit.*
229, 493-497   **229/230** in – agnos] cfr SERV., *Ecl.* 1, 21; ISID. IVN., *Vit.* 229, 497-498
230/234 foeditatem – concubitum] CHAR., *Gramm.* 362, 10-13; DIOM., *Gramm.* 460,
15-18; cfr ISID., *Etym.* 1, 37, 15; ISID. IVN., *Vit.* 229, 498-500   **235/236** Apostolus –
cetera] cfr AVG., *Ciu.* 14, 23 (p. 446, 71-78); ISID. IVN., *Vit.* 229, 500-502   **237/**
242 Yperbaton – saxo] cfr ISID., *Etym.* 1, 37, 16-17; ISID. IVN., *Vit.* 230, 503-505

220/221 Et – terras] VERG., *Aen.* 4, 584   **222/223** Nimio – aruo] VERG., *Georg.* 3,
135-136   **227/228** Et – cubile] VERG., *Aen.* 4, 584-585   **230** Ouium – fetus] VERG.,
Ecl. 1, 21   **232/233** Placidumque – gremio] VERG., *Aen.* 8, 405-406   **235/**
236 Mutauerunt – naturam] Rom. 1, 26

219 causa] *om.* F   **220** nouo] nouos *L^{a.c.}*   **222** usus] usu *L^{a.c.}*   **223** aruo] arbo F,
aro *L^{a.c.}*   **225** circuitu] circuit et L   **227** prima] primo F   **228** Titoni] tinone (titone
L²) L   linquens] liquens L   cubile] cubicule L   **229** lucescebat] luciscebat F   ortus]
hortus F   Bucolicis] bocolicis F   **230** Ouium] et *praem.* L   depellere] depellire *L^{a.c.}*
231 circuitu] circuit et L   **234** euitat] euenerat F   et] *om.* F   **237** transcensio]
transcessio L   **238** species] specie *L^{a.c.}*   sterologia] sterelogia *L^{a.c.}*

670, 2-5   PERIFRASIS EST CIRCVMLOCVTIO, QVAE FIT AVT ORNAN-
           DAE REI CAVSA QVAE PVLCHRA EST AVT VITANDAE QVAE
220   TVRPIS EST, VT "ET IAM PRIMA NOVO SPARGEBAT LVMINE
           TERRAS" ET CETERA, ET
                    "NIMIO NE LVXV OBTVNSIOR VSVS
           SIT GENITALI ARVO" ET CETERA.
           Hic tropus geminus est; nam aut ueritatem splendide producit
225   aut foeditatem circuitu euitat. Veritatem splendide producit,
           sicut
           "Et iam prima nouo spargebat lumine terras
           Titoni croceum linquens Aurora cubile",
           id est 'iam lucescebat' aut 'dies ortus erat'. Et in Bucolicis:
230   "Ouium teneros depellere fetus", hoc est 'agnos'. Item foeditatem
           circuitu euitat, sicut
                    "Placidumque petiuit
           coniugis infusus gremio";
           hoc enim circuitu euitat foeditatem et decenter ostendit concu-
235   bitum. Item Apostolus: "Mutauerunt naturalem usum in eum
           usum qui est contra naturam" et cetera.

670, 6-9   YPERBATON EST TRANSCENSIO QVAEDAM VERBORVM
           ORDINEM TVRBANS, CVIVS SPECIES SVNT QVINQVE: STERO-
           LOGIA, ANASTROPHE, PARENTESIS, TIMESIS, SINTESIS.
240   Primus yperbaton STEROLOGIA VEL ISTEROPROTERON EST:
           SENTENTIA CVM VERBIS ORDO MVTATVR, VT "TORRERE

Trad. text. β   *E Gloss.*

224/225 Hic – euitat] CHAR., *Gramm.* 362, 4-5; DIOM., *Gramm.* 460, 9-10; cfr
ISID., *Etym.* 1, 37, 15; ISID. IVN., *Vit.* 229, 492-493   **225/229** Veritatem – erat] CHAR.,
Gramm. 362, 5-9; DIOM., *Gramm.* 460, 11-15; cfr ISID., *Etym.* 1, 37, 15; ISID. IVN., *Vit.*
229, 493-497   **229/230** in – agnos] cfr SERV., *Ecl.* 1, 21; ISID. IVN., *Vit.* 229, 497-498
230/234 foeditatem – concubitum] CHAR., *Gramm.* 362, 10-13; DIOM., *Gramm.* 460,
15-18; cfr ISID., *Etym.* 1, 37, 15; ISID. IVN., *Vit.* 229, 498-500   **235/236** Apostolus –
cetera] cfr AVG., *Ciu.* 14, 23 (p. 446, 71-78); ISID. IVN., *Vit.* 229, 500-502   **237/**
242 Yperbaton – saxo] cfr ISID., *Etym.* 1, 37, 16-17; ISID. IVN., *Vit.* 230, 503-505

220/221 Et – terras] VERG., *Aen.* 4, 584   **222/223** Nimio – aruo] VERG., *Georg.* 3,
135-136   **227/228** Et – cubile] VERG., *Aen.* 4, 584-585   **230** Ouium – fetus] VERG.,
Ecl. 1, 21   **232/233** Placidumque – gremio] VERG., *Aen.* 8, 405-406   **235/**
236 Mutauerunt – naturam] Rom. 1, 26   **241/242** Torrere – saxo] VERG., *Aen.* 1, 179

218 Perifrasis] periferasis *E*   **238** sterologia] sterelogia *E*   **239** parentesis] parentes
E   **240** yperbaton] *scripsi*, yperuaton *E*   sterologia] *scripsi (cfr supra)*, sterelogia *E*
isteroproteron] *scripsi*, istero proteron *E*

LOGIA, ANASTROFE, PARENTESIS, TIMESIS, SINTESIS. Primus
240 yperbaton STEROLOGIA VEL ISTEROPROTERON EST: SENTEN-
TIA CVM VERBIS ORDO MVTATVR, VT "TORRERE PARANT
FLAMMIS ET FRANGERE SAXO", quum dicere debuit 'torrere
flammis' post 'frangere saxo'. Item "Postquam altos tetigit fluctus
et ad aequora uenit", quum ante 'ad aequora uenit' et sic 'tetigit
245 fluctus'. Item in ⟨primo⟩ Georgicorum: "Nunc torrete igni
fruges, nunc frangite saxo"; dum antea granum frangatur et
postea igne torreatur. Item in ⟨primo⟩ Aeneidos: "Moresque uiris
et moenia ponit"; 'mores' quippe 'leges' dixit; prius enim moenia quam leges damus. Et in secundo: "Moriamur et in media
250 arma ruamus"; dum antea quisque possit ruere et postea mori. Et
in tertio: "Ancisen facio certum remque in ordine pando"; dum
antea pandit et postea certum facit. Item ibi:
"Postera Foebea lustrabat lampade terras
humentemque Aurora polo dimouerat umbram";
255 prius enim umbram Aurora remouet et postea Foebi lampas
refulget. Item in Georgicis: "Desinit ante decem, post quattuor
incipit annos"; dum antea sint quattuor et postea decem.

Trad. text. α   *F L*

242/243 quum – saxo] cfr CLAVD. DON., *Aen.* 1, 179; SERV., *Aen.* 1, 179; POMP.,
Gramm. 309, 9-11   243/245 Postquam – fluctus] cfr CLAVD. DON., *Aen.* 3, 662; SERV.,
Aen. 3, 662; ISID., *Etym.* 1, 37, 17; ISID. IVN., *Vit.* 230, 511-512   245/247 in – torreatur]
cfr SERV. auct., *Georg.* 1, 267; ISID. IVN., *Vit.* 230, 505-506   247/249 in – damus] cfr
SERV., *Aen.* 1, 264; ISID. IVN., *Vit.* 230, 506-508   249/250 in¹ – mori] cfr SERV. auct.,
Aen. 2, 353; ISID. IVN., *Vit.* 230, 508-510   251/252 in¹ – facit] cfr ISID. IVN., *Vit.* 230,
510-511   252/256 ibi – refulget] cfr SERV., *Aen.* 4, 7; ISID. IVN., *Vit.* 230, 512-515   256/
257 in – decem] cfr SERV., *Georg.* 3, 60; ISID. IVN., *Vit.* 230, 517-518

241/242 Torrere – saxo] VERG., *Aen.* 1, 179   243/244 Postquam – uenit¹] VERG.,
Aen. 3, 662   245/246 Nunc – saxo] VERG., *Georg.* 1, 267   247/248 Moresque –
ponit] VERG., *Aen.* 1, 264   249/250 Moriamur – ruamus] VERG., *Aen.* 2, 353
251 Ancisen – pando] VERG., *Aen.* 3, 179   253/254 Postera – umbram] VERG., *Aen.*
4, 6-7   256/257 Desinit – annos] VERG., *Georg.* 3, 61

239 parentesis] parenthesis *F*   240 yperbaton] iperbaton *L*   isteroproteron] *cum* β
(E) *scripsi*, stere proteron *F*, steronem proteron *L*   sententia] sentia *L^{a.c.}*   241 ut] et
sup. l. add. L²   242 frangere] flangere *L^{a.c.}*   243 post] *corr. Lind.,* et α (*cfr infra l. 245/
247*)   244 aequora uenit¹] aequor habent *L*   quum – aequora²] quem antea decora *L*
245 primo] *suppleui* (*cfr infra l. 285*)   246 fruges] eruges *F*   247 igne] igni *L*
primo] *cum Isid. Iun. suppleui* (*cfr infra l. 285*)   248 mores] moris *L*   251 tertio] terti
L^{a.c.}   pando] dando *L*   253 Postera Foebea] postea phoebea *F*   254 humentemque]
humentem *F*   256 decem] decim *L*   257 antea] ante *L^{a.c.}*

PARANT FLAMMIS ET FRANGERE SAXO", ⟨quum dicere debuit
'torrere flammis' post 'frangere saxo'⟩. Item "Postquam altos tetigit fluctus et ad aequora uenit", quum ante 'ad aequora uenit' et
245 sic 'tetigit fluctus'. Item in ⟨primo⟩ Georgicon: "Nunc torrete
igni fruges, nunc frangite saxo"; dum antea granum frangatur et
postea igne torreatur. Item in ⟨primo⟩ Aeneidos: "Moresque uiris
et moenia ponit"; 'mores' quippe 'leges' dixit; prius enim moenia quam leges damus. Et in secundo: "Moriamur et in media
250 arma ruamus"; dum antea possit quisque ruere et postea mori.
Et in tertio: "Ancisen facio certum remque ordine pando"; dum
antea pandit et postea certum facit. Item ibi:
"Postera Foebea lustrabat lampade terras
humentemque Aurora polo dimouerat umbram";
255 prius enim umbram Aurora remouet et postea Foebi lampas
refulget. Item in Georgicis: "Desinit ante decem, post quattuor
incipit annos"; dum ante sint quattuor et postea decem.

Trad. text. β   *E Gloss.*

242/243 quum – saxo] cfr CLAVD. DON., *Aen.* 1, 179; SERV., *Aen.* 1, 179; POMP.,
Gramm. 309, 9-11   243/245 Postquam – fluctus] cfr CLAVD. DON., *Aen.* 3, 662; SERV.,
Aen. 3, 662; ISID., *Etym.* 1, 37, 17; ISID. IVN., *Vit.* 230, 511-512   245/247 in – torreatur]
cfr SERV. auct., *Georg.* 1, 267; ISID. IVN., *Vit.* 230, 505-506   247/249 in – damus] cfr
SERV., *Aen.* 1, 264; ISID. IVN., *Vit.* 230, 506-508   249/250 secundo – mori] cfr SERV.
auct., *Aen.* 2, 353; ISID. IVN., *Vit.* 230, 508-510   251/252 tertio – facit] cfr ISID. IVN.,
Vit. 230, 510-511   252/256 ibi – refulget] cfr SERV., *Aen.* 4, 7; ISID. IVN., *Vit.* 230, 512-
515   256/257 in – decem] cfr SERV., *Georg.* 3, 60; ISID. IVN., *Vit.* 230, 517-518

243/244 Postquam – uenit¹] VERG., *Aen.* 3, 662   245/246 Nunc – saxo] VERG.,
Georg. 1, 267   247/248 Moresque – ponit] VERG., *Aen.* 1, 264   249/
250 Moriamur – ruamus] VERG., *Aen.* 2, 353   251 Ancisen – pando] VERG., *Aen.* 3,
179   253/254 Postera – umbram] VERG., *Aen.* 4, 6-7   256/257 Desinit – annos]
VERG., *Georg.* 3, 61

242/243 quum – saxo] *cum* α *suppleui*   244 fluctus] *cum* α *correxi,* fluctos *E*
245 fluctus] *cum* α *correxi,* fluctos *E*   primo] *suppleui* (*cfr infra l. 285*)   247 primo]
cum Isid. Iun. suppleui (*cfr infra l. 285*)   253 Postera] *cum* α (*L*) *correxi,* postea *E*
254 umbram] *cum* α *correxi,* umbra *E*   256 Desinit] *cum* α *correxi,* uenit *E*

670, 10-11   Secundus ANASTROFE EST: VERBORVM TANTVM ORDO PRAEPOSTERVS, VT "ITALIAM CONTRA" PRO 'CONTRA ITA-

260 LIAM'. Item ut "Litora circum" pro 'circum litora'.

670, 12-671, 2   PARENTESIS EST INTERPOSITA RATIOCINATIO DIVISAE SENTENTIAE, VT

"AENEAS (NEQVE ENIM PATRIVS CONSISTERE MENTEM PASSVS AMOR) RAPIDVM AD NAVES PRAEMITTIT ACATEN";

265 debuit enim dicere: 'Aeneas rapidum praemittit Acaten'. Item in sexto libro de Bruto: "Infelix!, (utcumque ferent ea facta minores)..."; est enim ordo: 'infelix!, uicit amor patriae'. Item in Psalmo: "Clamauerunt (nec erat qui saluos faceret) ad Dominum nec exaudiuit eos".

671, 3-6   TIMESIS EST VNIVS CONPOSITI AVT SIMPLICIS VERBI SEC-

271 TIO, VNA DICTIONE VEL PLVRIBVS INTERIECTIS, VT "SEPTEM SVBIECTA TRIONI" PRO 'SEPTEMTRIONI' ET "SAXO CERE COMMINVIT BRVM" ET "MASSALI PORTABANT IVVENES AD LITORA TANAS", HOC EST 'SEPTEMTRIONI', 'CEREBRVM' ET

275 'MASSALITANAS'. Item ut "Multum nebulae circum dea fudit amictum" pro 'circumfudit'. Item "Hiero quem genuit solimis

---

Trad. text. α   *F L*

258/259 anastrofe – Italiam²] cfr ISID., *Etym.* 1, 37, 16; ISID. IVN., *Vit.* 230, 519 **260** Litora – litora] cfr ISID., *Etym.* 1, 37, 16 **261/264** Parentesis – Acaten] cfr ISID., *Etym.* 1, 37, 18; ISID. IVN., *Vit.* 231, 524-525 **265** debuit – Acaten] cfr SERV., *Aen.* 1, 643; POMP., *Gramm.* 309, 23-24; ISID., *Etym.* 1, 37, 18 **265/267** in – patriae] cfr ISID. IVN., *Vit.* 231, 525-527 **270/271** Timesis – interiectis] cfr ISID., *Etym.* 1, 37, 19; ISID. IVN., *Vit.* 232, 566 **275/276** Multum – circumfudit] cfr SERV., *Aen.* 1, 412; ISID., *Etym.* 1, 37, 19; ISID. IVN., *Vit.* 232, 569-570 **276/277** Hiero – Hierosolimis] cfr ISID. IVN., *Vit.* 232, 568-569

259 Italiam contra] VERG., *Aen.* 1, 13 **260** Litora circum] VERG., *Aen.* 3, 75 **263/264** Aeneas – Acaten] VERG., *Aen.* 1, 643-644 **266** Infelix – minores] VERG., *Aen.* 6, 822 **268/269** Clamauerunt – eos] Ps. 17, 42 **271/272** Septem – trioni] VERG., *Georg.* 3, 381 **272/273** Saxo – brum] ENN., *Ann. spur.* 5 **273/274** Massali – tanas] ENN., *Ann. spur.* 6 **275/276** Multum – amictum] VERG., *Aen.* 1, 412 **276/277** Hiero – proles] Incert.

258 est] *sup. l. L* **259** praeposterus] praeposteros *L*ᵃ·ᶜ· **260** Item] *om. F* **261** Parentesis] parenthesis *F* **264** Acaten] achaten *L²* **265** debuit – Acaten] *om. F* **267** ordo] talis *add. L* uicit] ficit *L*ᵃ·ᶜ· **269** nec] erat *add. L* **273** iuuenes] iuuenis *L* **274** litora] littore *L* **275** ut] et *sup. l. add. L²* Multum] multae (multo *L²*) *L* **276** amictum] amictu *L* pro circumfudit] *om. F* Hiero] iero *F L*ᵃ·ᶜ· quem] que *L*

670, 10-11 Secundus ANASTROPHE EST: VERBORVM TANTVM ORDO
PRAEPOSTERVS, VT "ITALIAM CONTRA" PRO 'CONTRA ITA-
260   LIAM'. Item ut "Litora circum incipit umbra".

◦0, 12-671, 2 PARENTESIS EST INTERPOSITA RATIOCINATIO DIVISAE
SENTENTIAE, VT
"AENEAS (NEQVE ENIM PATRIVS CONSISTERE MENTEM
PASSVS AMOR) RAPIDVM AD NAVES PRAEMITTIT ACATEN";
265   debuit enim dicere: 'Aeneas rapidum praemittit Acaten'. Item in
sexto libro de Bruto: "Infelix!, (utcumque ferent ea facta minores)..."; est enim ordo: 'infelix!, uicit amor patriae'. Item in Psalmo: "Clamauerunt (nec erat qui saluos faceret) ad Dominum
nec exaudiuit eos".

671, 3-6   TIMESIS EST VNIVS CONPOSITI AVT SIMPLICIS VERBI SEC-
271   TIO, VNA DICTIONE VEL PLVRIBVS INTERIECTIS, VT "SEPTEM
SVBIECTA TRIONI" PRO 'SEPTEMTRIONI' ET "SAXO CERE
COMMINVIT BRVM" ET "MASSALI PORTABANT IVVENES AD
LITORA TANAS", HOC EST 'SEPTEMTRIONI', 'CEREBRVM' ET
275   'MASSALITANAS'. Item ut "Multum nebulae circum dea fudit
amictum" pro 'circumfudit'. Item ut "Hiero quem genuit soli-

---

trad. text. β   *E Gloss.*

258/259 anastrophe – Italiam²] cfr ISID., *Etym.* 1, 37, 16; ISID. IVN., *Vit.* 230, 519
260 Litora – umbra] cfr ISID., *Etym.* 1, 37, 16   **261/264** Parentesis – Acaten] cfr ISID.,
Etym. 1, 37, 18; ISID. IVN., *Vit.* 231, 524-525   **265** debuit – Acaten] cfr SERV., *Aen.* 1,
643; POMP., *Gramm.* 309, 23-24; ISID., *Etym.* 1, 37, 18   **265/267** in – patriae] cfr ISID.
IVN., *Vit.* 231, 525-527   **270/271** Timesis – interiectis] cfr ISID., *Etym.* 1, 37, 19; ISID.
IVN., *Vit.* 232, 566   **275/276** Multum – circumfudit] cfr SERV., *Aen.* 1, 412; ISID.,
Etym. 1, 37, 19; ISID. IVN., *Vit.* 232, 569-570   **276/277** Hiero – Hierosolimis] cfr ISID.
IVN., *Vit.* 232, 568-569

259 Italiam contra] VERG., *Aen.* 1, 13   **260** Litora – umbra] cfr VERG., *Aen.* 3, 75
263/264 Aeneas – Acaten] VERG., *Aen.* 1, 643-644   **266** Infelix – minores] VERG.,
Aen. 6, 822   **268/269** Clamauerunt – eos] Ps. 17, 42   **271/272** Septem – trioni]
VERG., *Georg.* 3, 381   **272/273** Saxo – brum] ENN., *Ann. spur.* 5   **273/274** Massali –
tanas] ENN., *Ann. spur.* 6   **275/276** Multum – amictum] VERG., *Aen.* 1, 412   **276/
277** Hiero – proles] Incert.

266 minores] *cum* α *correxi*, minoras β   **268** Clamauerunt] lamauerunt *E*
272 subiecta] subiectum *E*   **276** Hiero] gero *E*

Dauitica proles" pro 'Hierosolimis'. Item "O Io, uersiculos nexos quia despicis, annes!" pro 'Ioannes'.

671, 7-11   SINTESIS YPERBATON EST EX OMNI PARTE CONFVSVM, VT
280   "TRIS NOTVS ABREPTAS IN SAXA LATENTIA TORQVET;
SAXA VOCANT ITALI, MEDIIS QVAE IN FLVCTIBVS, ARAS";
ETENIM ORDO TALIS EST: 'TRIS ABREPTAS NOTVS IN SAXA
TORQVET, QVAE SAXA IN MEDIIS FLVCTIBVS LATENTIA ITALI
ARAS VOCANT'. Sintesis, ubi ex omni parte confusa sunt uerba,
285   ut in primo Aeneidos:
"Vina bonus quae deinde cadis onerarat Acestes
litore Trinacrio dederatque abeuntibus heros
diuidit";
nam debuit dicere: 'Vina heros diuidit quae bonus Acestes Trina-
290   crio litore cadis onerarat et abeuntibus dederat'; ista heros diuidit, id est Aeneas. In secundo item
"Incipio super his: 'iuuenes, fortissima frustra
pectora, si uobis audendi extrema cupido
certa sequi, quae sit rebus fortuna uidetis:
295   excessere omnes aditis arisque relictis
dii quibus imperium hoc steterat; succurritis urbi
incensae; moriamur et in media arma ruamus'".

Trad. text. α   *F L*   *a* **280** Tris *inc.* G

284 Sintesis – uerba] cfr ISID., *Etym.* 1, 37, 20; ISID. IVN., *Vit.* 233, 571   **285**/
291 in – Aeneas] cfr DIOM., *Gramm.* 461, 7-11; ISID. IVN., *Vit.* 233, 571-576   **291**/
301 In – ruamus] SERV., *Aen.* 2, 348; cfr ISID., *Etym.* 1, 37, 20; ISID. IVN., *Vit.* 233, 577-
584

277/278 O – annes] EVGEN. TOL., *Carm.* 70, 1   **280/281** Tris – Aras] VERG., *Aen.*
1, 108-109   **286/288** Vina – diuidit] VERG., *Aen.* 1, 195-197   **292/297** Incipio –
ruamus] VERG., *Aen.* 2, 348-353

277 Dauitica] dauidica *F*   Hierosolimis] hierusolimis *F^{a.c.}*, hierusolymis *L*
278 despicis] dispicis *F*   **279** Sintesis] synchysis *cum Don. legend.*   yperbaton est] est
yperbaton *L*   **280** Tris] tres *L²*   Notus] notis *praem. F*   **282** etenim] est enim *F*   est]
om. F   Tris] tres *L*   **284** Sintesis] sintesin *F*   **286** bonus quae] *cum Verg. et Gloss.*
scripsi, bonisque *F*, bonusque *G*, bonosque *L*   onerarat] honere rata (honera rata *G²*) *G*,
honerat (-rarat *L²*) *L*   Acestes] acates *F*   **287** Trinacrio] crinacrio *F G*   dederatque]
deberatque *G L^{a.c.}*   **289/290** Vina – litore] *def. G*   Vina heros] uineros *L^{a.c.}*   Acestes]
acates *F*   Trinacrio] trinacio *F*, trinaco *L^{a.c.}*   **290** onerarat] *cum Verg. corr. Lind. (cfr*
supra l. 286), onerat *F L²*, honerat *G L*   **292** Incipio] in principio *F*   his] is *F*
293 pectora] pecora *G*   uobis] uobi *F*, uouis *G*   **294** certa] certe *L*   uidetis] uidens
G L   **295** aditis] abitis *F*, aditi *G L²*   arisque] sacrisque *G L*   **297** incensae] incensa
L^{a.c.}   **297/299** moriamur – incensae] *om. F*   moriamur] moramur *G L^{a.c.}*

mis Dauitica proles" pro 'Hierosolimis'. Item "O Io, uersiculos
nexos quia despicis, annes!" pro 'Ioannes'.

671, 7-11   SINTESIS YPERBATON EST EX OMNI PARTE CONFVSVM, VT
280   "TRIS NOTVS ABREPTAS IN SAXA LATENTIA TORQVET;
SAXA VOCANT ITALI, MEDIIS QVAE IN FLVCTIBVS, ARAS";
ETENIM ORDO TALIS EST: 'TRIS ABREPTAS NOTVS IN SAXA
TORQVET, QVAE SAXA IN MEDIIS FLVCTIBVS LATENTIA ITALI
ARAS VOCANT'. Sintesis, ubi ex omni parte confusa sunt uerba,
285   ut in primo Aeneidos:
"Vina bonus quae deinde cadis onerarat Acestes
litore Trinacrio dederatque abeuntibus heros
diuidit";
nam debuit dicere: 'Vina heros diuidit quae bonus Acestes Trina-
290   crio litore cadis onerarat et abeuntibus dederat'; ista heros diuidit, id est Aeneas. Item in secundo
"Incipio super his: 'iuuenes, fortissima frustra
pectora, si uobis audendi extrema cupido
certa sequi, quae sit rebus fortuna uidetis:
295   excessere omnes aditis arisque relictis
dii quibus imperium hoc steterat; succurritis urbi
incensae; moriamur et in media arma ruamus'".

---

rad. text. β   *E Gloss.*

284 Sintesis – uerba] cfr ISID., *Etym.* 1, 37, 20; ISID. IVN., *Vit.* 233, 571   **285/
291** in – Aeneas] cfr DIOM., *Gramm.* 461, 7-11; ISID. IVN., *Vit.* 233, 571-576   **291/
301** in – ruamus] SERV., *Aen.* 2, 348; cfr ISID., *Etym.* 1, 37, 20; ISID. IVN., *Vit.* 233, 577-
584

277/278 O – annes] EVGEN. TOL., *Carm.* 70, 1   **280/281** Tris – Aras] VERG., *Aen.*
1, 108-109   **286/288** Vina – diuidit] VERG., *Aen.* 1, 195-197   **292/297** Incipio –
ruamus] VERG., *Aen.* 2, 348-353

277 Hierosolimis] hierusolimis *E*   **279** Sintesis] synchysis *cum Don. legend.*
yperbaton] iperuaton *E*   **280** Tris] ris *E*   abreptas] areptas *E*   **284** Sintesis] *cum* α
scripsi (*cfr supra l. 279*), sintesin β   **286** bonus quae] uonosque *E*   onerarat] honerarat
Gloss.   **287** heros] horas *E*   **289** bonus] bonos *E*   Trinacrio] trianacrio *E*
290 onerarat] *cum Verg. corr. Lind.* (*cfr supra l. 286*), honerat β   **292** his] is *E*
293 uobis] bouis *Gloss.*   audendi] *cum* α *correxi* (*cfr infra l. 300*), audiendi β
295 aditis] adistis *Gloss.*   **297** ruamus] *cum* α *correxi* (*cfr infra l. 301*), ruamur *E,*
pectora *Gloss.*

Ordo talis est: 'iuuenes, fortissima pectora, frustra succurritis urbi incensae, quia excesserunt dii; unde, si uobis cupido certa
300 est me sequi audentem extrema, moriamur et in media arma ruamus'. Item Ouidius:
"In noua fert animus mutatas dicere formas
corpora; di, coeptis (nam uos mutatis et illas)
adspirate meis".
305 Est enim ordo talis: 'fert animus in noua corpora mutatas dicere formas; di, coeptis adspirate meis, nam et uos mutatis illas'.

    Yperbaton autem aut breuis est aut longus aut obscurus. Breuis, ubi paruae sententiae uel sermonis interpositio orationem decidit, ut supra dictum. Longus, ubi multa interponuntur, ut est
310 Pauli apostoli in principio ad Romanos: "Paulus, seruus Iesu Christi, uocatus apostolus, segregatus in Euangelio Dei, quod ante promiserat per prophetas suos in Scripturis Sanctis de Filio suo, qui factus est ex semine Dauid secundum carnem, qui praedestinatus est Filius Dei in uirtute secundum Spiritum sanc-
315 tificationis ex resurrectione Iesu Christi, Domini nostri, per quem accepimus gratiam et apostolatum ad oboediendum fidei in omnibus gentibus pro nomine eius, in quibus estis et uos uocati Iesu Christi, omnibus qui sunt Romae in caritate Dei uocatis sanctis, gratia uobis et pax a Deo, Patre nostro, et Domino Iesu
320 Christo". Ecce longum yperbaton, in quo remoues de medio omnia et inter se prima et postrema ita c o n i u n g e s: 'Paulus, seruus Iesu Christi, omnibus qui sunt Romae in caritate Dei uocatis

---

Trad. text. α   *F G L*   *post* **315** resurrectione *des. G*

301/306 Ouidius – illas] cfr Isid. Ivn., *Vit.* 233, 584-587   **307/324** Yperbaton – Christo] cfr Isid. Ivn., *Vit.* 231, 535 - 232, 551

302/304 In – meis] Ov., *Met.* 1, 1-3   **310/320** Paulus – Christo] Rom. 1, 1-7

298 pectora] peccatora *L^{a.c.}*   **298/299** succurritis – dii] *def. G*   succurritis] succurriti *L^{a.c.}*   **299** excesserunt] excesserant *L*   si uobis] sibis *L^{a.c.}*   **300** extrema] extra *G L*   moriamur] muriamur *G*, moremaur *L^{a.c.}*   **302** animus] anims (-mos *L²*) *L*   **303** corpora] *cum Ou. corr. Lind.* (*cfr infra l. 305*), corpore α   di coeptis] *cum Ou. corr. Lind.*, decepti α   **304** adspirate] aspiratae (-te *L²*) *L*   **305** animus] anims (-mos *L²*) *L*   **306** di coeptis] *cum Ou. corr. Lind.*, decepti α   **307** breuis] breue *G L^{a.c.}*   est] *om. G L*   Breuis] breui *G*, braeuae (-uis *L²*) *L*   **308** ubi – sermonis] *def. G*   **309** decidit] *om. G L*   **312** ante] antea *L*   suos] suas *L^{a.c.}*   **313** est] ei *add. sup. l. L²*   **316** quem] et *add. F*   fidei] fide *L^{a.c.}*   **317** nomine] nomini *F*   uos uocati] uoscati *L^{a.c.}*   **319** Patre] patri *F*   Domino] *om. F*

Ordo talis est [id est]: 'iuuenes, fortissima pectora, frustra succurritis urbi incensae, quia excesserunt dii; unde, si uobis cupido certa est me sequi audentem extrema, moriamur et in media arma ruamus'. Item Ouidius:
"In noua fert animus mutatas dicere formas corpora; di, coeptis (nam uos mutatis et illas) adspirate meis".
Est enim ordo talis: 'fert animus in noua corpora mutatas dicere formas; di, coeptis adspirate meis, nam et uos mutatis illas'.

Yperbaton autem aut breuis est aut longus aut obscurus. Breuis, ubi paruae sententiae uel sermonis interpositio orationem decidit, ut supra dictum est. Longus, ubi multa interponuntur, ut est Pauli apostoli in principio ad Romanos: "Paulus, seruus Iesu Christi, uocatus apostolus, segregatus in Euangelio Dei, quod ante promiserat per prophetas suos in Scripturis Sanctis de Filio suo, qui factus est ex semine Dauid secundum carnem, qui praedestinatus est Filius Dei in uirtute secundum Spiritum sanctificationis ex resurrectione mortuorum Iesu Christi, Domini nostri, per quem accepimus gratiam et apostolatum ad oboediendum fidei in omnibus gentibus pro nomine eius, in quibus estis et uos uocati Iesu Christi, omnibus qui sunt Romae in caritate Dei uocatis sanctis, gratia uobis et pax a Deo, Patre nostro, et Domino Iesu Christo". Ecce longum yperbaton, in quo remoues de medio omnia et inter se prima et postrema ita coniungis: 'Paulus, seruus Iesu Christi, omnibus qui sunt Romae in caritate

---

rad. text. β   *E Gloss.*

301/306 Ouidius – illas] cfr Isid. Ivn., *Vit.* 233, 584-587   **307/324** Yperbaton – Christo] cfr Isid. Ivn., *Vit.* 231, 535 - 232, 551

302/304 In – meis] Ov., *Met.* 1, 1-3   **310/320** Paulus – Christo] Rom. 1, 1-7

298/299 Ordo – succurritis] *om. Gloss.*   id est] *cum* α *excludendum putaui* iuuenes] *cum* α *correxi* (*cfr supra l. 292*), iuuene *E*   **299** uobis] bouis *Gloss.* **301** ruamus] ruamur *Gloss.*   **302** mutatas] mutatus *E*   **303** corpora] *cum Ou. corr. Lind.* (*cfr infra l. 305*), corpore β   di coeptis] *cum Ou. corr. Lind.*, deceptis β   illas] illa *E*   **306** di coeptis] *cum Ou. corr. Lind.*, decepti β   adspirate meis] *cum* α *correxi* (*cfr supra l. 304*), adspirantem eis β   **307** Yperbaton] de tripertito *praem. E*   aut²] *om. E* **309** est] *om. Gloss.*   **317** fidei] fide *E*^a.c.   **320** yperbaton] iperuaton *E*

sanctis, gratia uobis et pax a Deo, Patre nostro, et Domino Iesu Christo'.

325   Item longus et obscurus yperbaton, ut est a sancto Agustino in libris De doctrina Christiana ubi dicit: "Quae tamen omnia quisquis ita dilexerit et iactare se inter peritos uelit et non potius, unde sint uera, ⟨cognoscere⟩, quae tantummodo uera esse persenserit, et unde quaedam non solum uera sed etiam incom-
330 mutabilia esse conprehenderit, et sic ab ipsa specie corporum usque ad humanam mentem perueniens, quum et ipsam mutabi- lem inuenerit, quod nunc docta, nunc indocta sit, constituta tamen inter incommutabilem supra se ueritatem et mutabilia infra se cetera, ad unius Dei laudem atque dilectionem cuncta
335 conuertere, a quo cuncta esse cognoscit, doctus uideri potest, esse autem sapiens nullo modo". Longum yperbaton et obscurum, quod hoc ordine uerborum patescit: hic remoues de medio om- nia et inter se prima et postrema ita iungis: 'Quae omnia quisquis ita dilexerit et iactare se inter peritos uelit et non potius
340 cognoscere, unde sint uera, et ad unius Dei laudem atque dilec- tionem cuncta conuertere, a quo cuncta esse cognoscit, doctus uideri potest, esse autem sapiens nullo modo'.

671, 12-13   Yperbole est dictio fidem excedens avgendi minv- endive cavsa: avgendi, vt 'nive candidior'; minvendi,
345 vt 'tardior testvdine'. Yperbole dictum excelsitas fidem excedens ultra quam credendum est, ut "Sidera uerberat unda" et

---

Trad. text. α   *F L*

325/342 longus – modo] cfr Isid. Ivn., *Vit.* 232, 551-566   343/345 Yperbole – testudine] cfr Isid. Ivn., *Vit.* 233, 588-590   345/346 Yperbole – excedens] cfr Isid., *Etym.* 1, 37, 21 346/350 ultra – appareat] Avg., *In euang. Ioh.* 124, 8 (p. 688, 10-19); cfr Isid., *Etym.* 1, 37, 21; Isid. Ivn., *Vit.* 233, 590 - 234, 594

326/336 Quae – modo] Avg., *Doctr. christ.* 2, 38, 57 (p. 71-72, 14-24)   344 niue candidior] cfr Ov., *Met.* 8, 373; Mart. 4, 42, 5 346 Sidera – unda] Verg., *Aen.* 3, 423

323/324 et¹ – Christo] *in marg.* L   Patre] patri *F*   325 longus] est *add. F*
327 dilexerit] intellexerit L^2 328 cognoscere] *cum* β *suppleui (cfr infra l. 340)*
329 persenserit] perpenserit $L^{a.c.}$ unde] usde $L^{a.c.}$ 331 perueniens] peruenies $L^{a.c.}$
333 inter] intra *L*   se ueritatem] *cum Aug. correxi (cfr Isid. Iun.),* seruitutem α
334 infra] in *L*   335 conuertere] conuerteret *F*   336 autem] *sup. l.* L   337 quod] *correxi,* quae *F,* que *L* hic] *cum* β *(Gloss.) correxi, in* α   338 et²] *om. F* 340 cognos- cere] cognosceret *F* sint] sunt *L*   342 autem] *om. F* 346 uerberat] uerberant *F,* uerat $L^{a.c.}$ unda] unde $L^{a.c.}$

Dei uocatis sanctis, gratia uobis et pax a Deo, Patre nostro, et
Domino Iesu Christo'.

325   Item longus et obscurus yperbaton, ut est a sancto Agustino in
libris De doctrina Christiana ubi dicit: "Quae tamen omnia
quisquis ita dilexerit, ut iactare se inter inperitos uelit et non
potius, unde sint uera, cognoscere, quae tantummodo uera esse
persenserit, et unde quaedam non solum uera sed etiam incom-
330 mutabilia esse conprehenderit, et sic ab ipsa specie corporum
usque ad humanam mentem peruentens, quum et ipsam mutabi-
lem inuenerit, quod nunc docta, nunc indocta sit, constituta
tamen inter incommutabilem supra se ueritatem et mutabilia
infra se cetera, ad unius Dei laudem atque dilectionem cuncta
335 conuertere, a quo cuncta esse cognoscit, doctus uideri potest, esse
autem sapiens nullo modo". Longus yperbaton et obscurus,
qui hoc ordine uerborum patescit: hic remoues de medio omnia
et inter se prima et postrema ita iungis: 'Quae omnia quisquis ita
dilexerit, ut iactare se inter inperitos uelit et non potius
340 cognoscere, unde sunt uera, et ad unius Dei laudem atque dilectionem cuncta conuertere, a quo cuncta esse cognoscit, doctus
uideri potest, esse autem sapiens nullo modo'.

671, 12-13   YPERBOLE EST DICTIO FIDEM EXCEDENS AVGENDI MINV-
ENDIVE CAVSA: AVGENDI, VT 'NIVE CANDIDIOR'; MINVENDI,
345 VT 'TARDIOR TESTVDINE'. Yperbole dictum excelsitas fidem
excedens ultra quam credendum est, ut "Sidera uerberat unda" et
"Terram inter fluctus aperit; furit aestus arenis". Hoc enim modo ultra fidem aliquid augetur, nec tamen a tramite significandae

---

Trad. text. β   *E Gloss.*

325/342 longus – modo] cfr Isɪᴅ. Iᴠɴ., *Vit.* 232, 551-566   **343/345** Yperbole –
testudine] cfr Isɪᴅ. Iᴠɴ., *Vit.* 233, 588-590   **345/346** Yperbole – excedens] cfr Isɪᴅ.,
Etym. 1, 37, 21   **346/350** ultra – appareat] Aᴠɢ., *In euang. Ioh.* 124, 8 (p. 688, 19-22);
cfr Isɪᴅ., *Etym.* 1, 37, 21; Isɪᴅ. Iᴠɴ., *Vit.* 233, 590 - 234, 594

326/336 Quae – modo] Aᴠɢ., *Doctr. christ.* 2, 38, 57 (p. 71-72, 14-24)   **344** niue
candidior] cfr Oᴠ., *Met.* 8, 373; Mᴀʀᴛ. 4, 42, 5   **346** Sidera – unda] Vᴇʀɢ., *Aen.* 3, 423
347 Terram – arenis] Vᴇʀɢ., *Aen.* 1, 107

325 yperbaton] inperuaton *E*   **329** persenserit] praesenserint *E*   **331** ipsam] ipsa *E*
332 docta] dota *E*^(a.c.)   **333** se ueritatem] *cum Aug. correxi (cfr Isid. Iun.)*, seruitutem β
337 qui] *correxi*, quae β   hic] hinc *E*   **340** sunt] *om. Gloss.*   **341** a] *om. Gloss.*
343 Yperbole] yperuolen *Gloss.*   minuendiue] minuendi *E*   **345** Yperbole]
yperuole *E*

"Terram inter fluctus aperit; furit aestus arenis". Hoc enim modo ultra fidem aliquid augetur, nec tamen a tramite significandae
ueritatis erratur, quamuis uerba quae indicantur excedant, ut
350 uoluntas loquentis non fallentis appareat. Vt est hoc augendi, ut
'uelocior aura'; item 'durior saxo'; item "⟨It⟩ clamor caelo". Item
in Psalmo: "Posuerunt in caelo os suum". Item et "Vertice capilli perambulantium in delictis suis", id est in summitate capilli
perambulare. Item in Euangelio: "Sunt et alia multa quae fecit
355 Iesus; quae si scriberentur per singula, nec ipsum arbitror mundum capere eos qui scribendi sunt libros". Item in Genesi: "Faciam semen tuum sicut harena maris". Quis enim non uideat
quod sit inconparabiliter amplius arenae numerus quam esse
hominum omnium ab ipso Adam usque ad terminum saeculi?
360 Quanto magis solum semen Abrahae! Quod ea locutione dictum
est quae uocatur yperbole, quae utique tropica est, non propria.
Item minuendi, ut 'mollior pluma', 'frigidior niue'.

Trad. text. α *F L*

---

351 uelocior aura] cfr CHAR., *Gramm.* 363, 10; DIOM., *Gramm.* 461, 22; ISID., *Etym.*
I, 37, 21; ISID. IVN., *Vit.* 233, 589   durior saxo] cfr HIER., *Epist.* 22, 12 (p. 159, 7); ISID.,
Etym. I, 37, 21   It – caelo] cfr ISID. IVN., *Vit.* 234, 595   **352/353** in¹ – suis] AVG., *In
euang. Ioh.* 124, 8 (p. 688, 19-22)   **353/354** id – perambulare] cfr AVG., *Epist.* 149, 10
(p. 357, 10-17); CASSIOD., *In Ps.* 67, 22 (p. 595, 430 - 596, 439)   **354/356** in – libros]
AVG., *In euang. Ioh.* 124, 8 (p. 688, 3-10); cfr ISID. IVN., *Vit.* 234, 599-602   **356/
361** in – propria] AVG., *Ciu.* 16, 21 (p. 523, 13-22); cfr ISID. IVN., *Vit.* 234, 607-611
362 mollior pluma] cfr ISID., *Etym.* I, 37, 21; ISID. IVN., *Vit.* 233, 590

347 Terram – arenis] VERG., *Aen.* I, 107   **351** uelocior aura] cfr Ov., *Met.* 3, 209
durior saxo] cfr Ov., *Met.* 14, 712-713; SEN., *Herc. O.* 1272   It – caelo] VERG., *Aen.* 5, 451
352 Posuerunt – suum] Ps. 72, 9   **352/353** Vertice – suis] Ps. 67, 22   **354/356** Sunt –
libros] Ioh. 21, 25   **356/357** Faciam – maris] Gen. 13, 16; 22, 17   **362** mollior pluma]
cfr Ov., *Met.* 13, 796   frigidior niue] cfr Ov., *Pont.* 3, 4, 33; PETRON., *Fragm.* 60, 3

347 inter] ea *sup. l. add. L²*   fluctus] electus *Lᵃ·ᶜ·*   furit aestus] furi testus *F*
348 aliquid] aliquod *L*   augetur] agetur *Lᵃ·ᶜ·*   tramite] tramitate *L*   **349** ueritatis]
ueritates *Lᵃ·ᶜ·*   erratur] non *praem. L*   indicantur] indicatur *F*   ut] aut *L*   **351** saxo]
saxa *F Lᵃ·ᶜ·*   It] *cum Verg. et* β *suppleui*   **353** id est] item *F*   capilli] *om. L*   **355** si] sis
Lᵃ·ᶜ·   **355/356** mundum capere] capere mundum *F*   **356** Genesi] *cum Gloss. correxi,*
genesis α   **357** harena] arene *Lᵃ·ᶜ·*   **359** hominum omnium] omnium hominum *F*
360 ea locutione] ad loquutionem *F*   **361** yperbole] yparbole *L*   utique] utrumque *F*
tropica] tropice *L*

ueritatis erratur, quamuis uerba quae indicantur excedant, ut
350 uoluntas loquentis non fallentis appareat. Vt est hoc augendi, ut
'uelocior aura'; item 'durior saxo'; item "It clamor caelo". Item in
Psalmo: "Posuerunt in caelo os suum". Item et "Verticem capilli perambulantium in delictis suis", id est in summitate capilli
perambulare. Item in Euangelio: "Sunt et alia multa quae fecit
355 Iesus; quae si scriberentur per singula, nec ipsum arbitror mundum capere eos qui scribendi sunt libros". Item in Genesi: "Faciam semen tuum sicut arenam maris". Quis enim non uideat
quod sit inconparabiliter amplius arenae numerus quam esse
hominum omnium ab ipso Adam usque ad terminum saeculi?
360 Quanto magis solum semen Abrahae! Quod ea locutione dictum
est quae uocatur yperbole, quae utique tropica est, non propria.
Item minuendi, ut 'mollior pluma', 'frigidior niue'.

---

rad. text. β   *E Gloss.*

351 uelocior aura] cfr CHAR., *Gramm.* 363, 10; DIOM., *Gramm.* 461, 22; ISID., *Etym.*
1, 37, 21; ISID. IVN., *Vit.* 233, 589   durior saxo] cfr HIER., *Epist.* 22, 12 (p. 159, 7); ISID.,
Etym. 1, 37, 21   It – caelo] cfr ISID. IVN., *Vit.* 234, 595   **351/353** in – suis] AVG., *In*
euang. Ioh. 124, 8 (p. 688, 10-19)   **353/354** id – perambulare] cfr AVG., *Epist.* 149, 10
(p. 357, 10-17); CASSIOD., *In Ps.* 67, 22 (p. 595, 430 - 596, 439)   **354/356** in – libros]
AVG., *In euang. Ioh.* 124, 8 (p. 688, 3-10); cfr ISID. IVN., *Vit.* 234, 599-602   **356/**
361 in – propria] AVG., *Ciu.* 16, 21 (p. 523, 13-22); cfr ISID. IVN., *Vit.* 234, 607-611
362 mollior pluma] cfr ISID., *Etym.* 1, 37, 21; ISID. IVN., *Vit.* 233, 590

351 uelocior aura] cfr Ov., *Met.* 3, 209   durior saxo] cfr Ov., *Met.* 14, 712-713; SEN.,
Herc. O. 1272   It – caelo] VERG., *Aen.* 5, 451   **352** Posuerunt – suum] Ps. 72, 9   **352/**
353 Verticem – suis] Ps. 67, 22   **354/356** Sunt – libros] Ioh. 21, 25   **356/357** Faciam –
maris] Gen. 13, 16; 22, 17   **362** mollior pluma] cfr Ov., *Met.* 13, 796   frigidior niue] cfr
Ov., *Pont.* 3, 4, 33; PETRON., *Fragm.* 60, 3

351 It] *cum Verg. correxi,* id β   **353** delictis] dilectis *E*   **355** si] sed *E*   **356** Genesi]
genesis *E*   **357** uideat] uiderat *E*   **362** frigidior] frigior *E*

671, 14-672, 2   ALLEGORIA EST TROPVS QVO ALIVD SIGNIFICATVR QVAM
DICITVR, VT EST: "ET IAM TEMPVS EQVVM FVMANTIA SOL-
365 VERE COLLA", HOC EST 'CARMEN FINIRE'. HVIVS SPECIES
MVLTAE SVNT, EX QVIBVS EMINENT SEPTEM, id est YRONIA,
ANTIFRASIS, ENIGMA, CARIENTISMOS, PAROEMIA, SARCAS-
MOS, ASTISMOS. Allegoria dicta, id est alieniloquium; aliud
enim sonat, aliud intellegitur, ut
370 "Tres litore ceruos
conspicit errantes",
id est ubi tres duces belli Punici significantur, id est Amilcarem,
Astrubalem, Annibalem, uel tria bella Punica. Item in Bucolicis:
"Aurea mala decem misi", id est ad Augustum decem eclogas
375 pastorum. Item Vergilius sub persona morientis Didonis ita
expressit dicens: "Ter sese adtollens cubitoque adnixa leuabit",
ubi ter Cartago rebellauit et uicta est.

Item
"Ad trepidam et coeptis inmanibus effera Dido
380 sanguineam uoluens faciem";
per Didonem enim ostendit furentem Cartaginem. Item "Claudite iam riuos, pueri, sat prata biberunt"; allegorice hoc dicit, id

---

Trad. text. α   *F L*

363/368 Allegoria – astismos] cfr Isɪᴅ., *Etym.* 1, 37, 22; Isɪᴅ. Iᴠɴ., *Vit.* 236, 635-636
368 Allegoria – alieniloquium] cfr Isɪᴅ., *Etym.* 1, 37, 22   368/369 aliud – intellegitur]
cfr Avɢ., *Trin.* 15, 9 (p. 481, 19-20); Isɪᴅ., *Etym.* 1, 37, 22; Isɪᴅ. Iᴠɴ., *Vit.* 235, 613   370/
373 Tres – Punica] cfr Isɪᴅ., *Etym.* 1, 37, 22; Isɪᴅ. Iᴠɴ., *Vit.* 235, 613-616   373/375 in –
pastorum] cfr Sᴇʀᴠ., *Ecl.* 3, 71; Isɪᴅ., *Etym.* 1, 37, 22; Isɪᴅ. Iᴠɴ., *Vit.* 235, 622-623   375/
377 Vergilius – est] cfr Sᴇʀᴠ., *Aen.* 4, 691; Isɪᴅ. Iᴠɴ., *Vit.* 235, 616-618   379/381 Ad –
Cartaginem] cfr Isɪᴅ. Iᴠɴ., *Vit.* 235, 619-621   381/383 Claudite – sumus] Sᴇʀᴠ., *Ecl.* 3,
111; cfr Isɪᴅ. Iᴠɴ., *Vit.* 235, 623-625

364/365 Et – colla] Vᴇʀɢ., *Georg.* 2, 542   370/371 Tres – errantes] Vᴇʀɢ., *Aen.* 1,
184-185   374 Aurea – misi] Vᴇʀɢ., *Ecl.* 3, 71   376 Ter – leuabit] Vᴇʀɢ., *Aen.* 4, 690
379/380 Ad – faciem] Vᴇʀɢ., *Aen.* 4, 642-643   381/382 Claudite – biberunt] Vᴇʀɢ.,
Ecl. 3, 111

363 quo] quod *F*, qua *L^{a.c.}*   365 finire] finere *L^{a.c.}*   368 astismos] *cum* β *scripsi,*
antismos *L,* om. *F*   369 intellegitur] intelleguntur *F^{a.c.}*   372 duces] ducent *L^{a.c.}*
Punici] puniti *L^{a.c.}*   373 Astrubalem] atsdruualem *F,* astruualem *L^{a.c.}*   Annibalem]
anniualem *L^{a.c.}*   uel] et *F*   374 mala] male *L^{a.c.}*   decem²] decim *L*   375 Didonis]
didinis *L^{a.c.}*   376 Ter sese] terae se *L*   leuabit] leuauit *L*   377 Cartago] Kartago *F*
rebellauit] rebellabit *F*   379 effera] efferat *F*   380 uoluens] uolens *L*   faciem] faciunt
F, facilem *L^{a.c.}*   381 Cartaginem] Kartaginem *F*   382 pueri sat] pueris ad *L^{a.c.}*
biberunt] uiuerunt *F*   id] hoc *F*

ᵣI, 14-672, 2   ALLEGORIA EST TROPVS QVO ALIVD SIGNIFICATVR QVAM
DICITVR, VT EST: "ET IAM TEMPVS EQVVM FVMANTIA SOL-
365   VERE COLLA", HOC EST 'CARMEN FINIRE'. HVIVS SPECIES
MVLTAE SVNT, EX QVIBVS EMINENT SEPTEM, id est YRONIA,
ANTIFRASIS, ENIGMA, CARIENTISMOS, PAROEMIA, SARCAS-
MOS, ASTISMOS. Allegoria dicta, id est alieniloquium; aliud
enim sonat et aliud intellegitur, ut

370   "Tres litore ceruos
conspicit errantes",
id est ubi tres duces belli Punici significantur, id est Amilcarem,
Astrubalem, Annibalem, uel tria bella Punica. Item in Bucolicis:
"Aurea mala decem misi", id est ad Augustum decem eclogas
375   pastorum. Item Vergilius sub persona morientis Didonis ita
expressit dicens: "Ter sese adtollens cubitoque adnixa leuabit",
ubi ter Cartago rebellauit et uicta est.

Item
"Ad trepidam et coeptis inmanibus effera Dido
380   sanguineam uoluens faciem";
per Didonem enim ostendit furentem Cartaginem. Item "Claudite iam riuos, pueri, sat prata biberunt"; allegorice hoc dicit, id
est 'iam cantare desinite; satiati enim audiendo sumus'. Item
"Inter uictrices hederam tibi serpere lauros", id est 'carmen

---

◀Trad. text. β   *E Gloss.*

363/368 Allegoria – astismos] cfr ISID., *Etym.* 1, 37, 22; ISID. IVN., *Vit.* 236, 635-636
368 Allegoria – alieniloquium] cfr ISID., *Etym.* 1, 37, 22   **368/369** aliud – intellegitur]
cfr AVG., *Trin.* 15, 9 (p. 481, 19-20); ISID., *Etym.* 1, 37, 22; ISID. IVN., *Vit.* 235, 613   **370/
373** Tres – Punica] cfr ISID., *Etym.* 1, 37, 22; ISID. IVN., *Vit.* 235, 613-616   **373/
375** Bucolicis – pastorum] cfr SERV., *Ecl.* 3, 71; ISID., *Etym.* 1, 37, 22; ISID. IVN., *Vit.* 235,
622-623   **375/377** Vergilius – est] cfr SERV., *Aen.* 4, 691; ISID. IVN., *Vit.* 235, 616-618
379/381 Ad – Cartaginem] cfr ISID. IVN., *Vit.* 235, 619-621   **381/383** Claudite –
sumus] SERV., *Ecl.* 3, 111; cfr ISID. IVN., *Vit.* 235, 623-625   **384/386** Inter – poetae]
SERV., *Ecl.* 8, 12; cfr ISID. IVN., *Vit.* 235, 625-627

364/365 Et – colla] VERG., *Georg.* 2, 542   **370/371** Tres – errantes] VERG., *Aen.* 1,
184-185   **374** Aurea – misi] VERG., *Ecl.* 3, 71   **376** Ter – leuabit] VERG., *Aen.* 4, 690
379/380 Ad – faciem] VERG., *Aen.* 4, 642-643   **381/382** Claudite – biberunt] VERG.,
Ecl. 3, 111   **384** Inter – lauros] VERG., *Ecl.* 8, 13

---

363 quo] *cum Don. et* α *(L) correxi, quod* β   **365** finire] finere *E*ᵃ·ᶜ·   **372** belli] uelli
E   **373** Astrubalem] *scripsi,* astruualem *E*   Annibalem] *scripsi,* anniualem *E*
374 Augustum] agustum *E*   **376** Ter sese] terre esse *E*   **377** rebellauit] rebellabit *E*
379 effera] effara *E*   **380** sanguineam] sanuuineam *E*   **381** Didonem] idonem *E*
382 pueri sat] pueris ad *E*   biberunt] uiuerunt *Gloss.*

est 'iam cantare desinite; satiati enim audiendo sumus'. Item
"Inter uictrices hederas tibi serpere lauros", id est 'carmen
385 meum florere inter tuos triumphos'. Nam antea uictores lauro,
hedera coronabantur poetae. Item
"Mantua ue miserae nimium uicina Cremonae!,
cantantes sublime ferent ad sidera cigni";
cignos hic allegorice Mantuanos poetas dicit, qui, quasi cigni
390 cantantes, dicunt: "Mantua ue miserae...!". Qui abacti sunt de
paludibus, id est de agris suis, quando Cremonenses contra
Augustum Antoni copias susceperunt et agros eorum diuidi
iussit Caesar; Mantuani quoque perpessi sunt.

672, 3-7   YRONIA EST TROPVS PER CONTRARIA QVOD CONATVR
395 OSTENDENS, VT
"EGREGIAM VERO LAVDEM ET SPOLIA AMPLA REFERTIS
TVQVE PVERQVE TVVS!" ET CETERA.
HANC ENIM NISI GRAVITAS PRONVNTIATIONIS ADIVVERIT,
CONFITERI VIDEBITVR QVOD NEGARE CONTENDIT. Yronia
400 dicitur per pronuntiationem contrarium habens intellectum.
Hoc enim tropo callide aut per accusationem aut per insultatio-
nem aliquid dicitur, ut est illud apud Vergilium:
"Vestras, Eure, domos; illa se iactet in aula
Eolus et clauso uentorum carcere regnet!".
405 Et quomodo 'aula', si carcer est? Soluitur enim pronuntiatione;
nam 'iactet' et 'aula' yronia est, 'carcer' uero pronuntiatio est.

Trad. text. α   *FL*

384/386 Inter – poetae] SERV., *Ecl.* 8, 12; cfr ISID. IVN., *Vit.* 235, 625-627   387/
393 Mantua – sunt] cfr SERV., *Ecl.* 9, 28; *Schol. Verg. Bern. Ecl.* 9, 30; ISID. IVN., *Vit.* 235,
628 - 236, 633   399/406 Yronia – est²] cfr ISID., *Etym.* 1, 37, 23; ISID. IVN., *Vit.* 236,
637-643   405/406 quomodo – est²] cfr SERV., *Aen.* 1, 140

384 Inter – lauros] VERG., *Ecl.* 8, 13   387/388 Mantua – cigni] VERG., *Ecl.* 9, 28-29
396/397 Egregiam – tuus] VERG., *Aen.* 4, 93-94   403/404 Vestras – regnet] VERG.,
Aen. 1, 140-141

383 desinite] desinete *F^{a.c.}*   audiendo] audiendi *L*   385 florere] *sup. l. L*
triumphos] triphos *F*   386 coronabantur] coronabant *L*   387 Mantua] mantur *L^{a.c.}*
miserae] misere *F*   uicina] uicine *F*, uicere *L^{a.c.}*   Cremonae] *cum Verg. scripsi*,
cremone α   389 poetas] poeta *F L^{a.c.}*   qui] quia *F*   390 miserae] misere *F*
392 eorum] *om. L*   diuidi] diuisit (-si *L²*) *L*   393 perpessi] *corr. Maes.*, persi *F*, prosi
L, proscripti *coni. Lor.*, dispersi *coni. Lind.*   403 Eure] seure *F*, eura *L^{a.c.}*   domos]
domus *F*   404 regnet] regnent *F*   405 aula si] clasa *L^{a.c.}*   carcer est] carcere *L*
pronuntiatione] pronuntiationem *F*   406 et] haec *L*   pronuntiatio] pronuntio *L*

385 meum florere inter tuos triumphos'. Nam antea uictores lauro,
hedera coronabantur poetae. Item
"Mantua ue miserae nimium uicina Cremonae!,
cantantes sublime ferent ad sidera cigni";
cignos hic allegorice Mantuanos poetas dicit, qui, quasi cigni
390 cantantes, dicunt: "Mantua ue miserae...!". Qui abacti sunt de
paludibus, id est de agris suis, quando Cremonenses contra
Augustum Antoni copias susceperunt et agros eorum diuidi
iussit Caesar; Mantuani quoque perpessi sunt.

672, 3-7   YRONIA EST TROPVS PER CONTRARIA QVOD CONATVR
395 OSTENDENS, VT
"EGREGIAM VERO LAVDEM ET SPOLIA AMPLA REFERTIS
TVQVE PVERQVE TVVS!" ET CETERA.
HANC ENIM NISI GRAVITAS PRONVNTIATIONIS ADIVVERIT,
CONFITERI VIDEBITVR QVOD NEGARE CONTENDIT. Yronia
400 dicitur per pronuntiationem contrarium habens intellectum.
Hoc enim tropo callide aut per accusationem aut per insultatio-
nem aliquid dicitur, ut est illud apud Vergilium:
"Vestras, Eure, domos; illa se iactet in aula
Eolus et clauso uentorum carcere regnet!".
405 Et quomodo 'aula', si carcer est? Soluitur enim pronuntiatione;
nam 'iactet' et 'aula' yronia est, 'carcer' uero pronuntiatio est.

Trad. text. β   *E Gloss.*

387/393 Mantua – sunt] cfr SERV., *Ecl.* 9, 28; *Schol. Verg. Bern. Ecl.* 9, 30; ISID. IVN.,
Vit. 235, 628 - 236, 633   **399/406** Yronia – est²] cfr ISID., *Etym.* 1, 37, 23; ISID. IVN., *Vit.*
236, 637-643   **405/406** quomodo – est²] cfr SERV., *Aen.* 1, 140

387/388 Mantua – cigni] VERG., *Ecl.* 9, 28-29   **395/397** ostendens – tuus] VERG.,
Aen. 4, 93-94   **403/404** Vestras – regnet] VERG., *Aen.* 1, 140-141

386 coronabantur] conabantur *E*   **387** miserae] *cum Verg. scripsi,* misere β
Cremonae] *cum Verg. scripsi,* tremon *E,* chremone *Gloss.*   **388** cantantes] cantante *E*
cigni] *cum* α *scripsi,* gigni β   **389** cignos] gignos *E*   Mantuanos] *cum* α *scripsi,*
namtuanos *E,* mantuanus *Gloss.*   **389/390** quasi – cantantes] qua significantes *E*
cigni] *scripsi,* gigni *Gloss.*   **390** dicunt] dicit *E*   miserae] *scripsi,* miserere *E,* misere
Gloss.   **391** de] *om. E*   **392** Augustum] agustum *E*   copias] capia *E*   **393** perpessi]
corr. Maes., persi β   **394** Yronia] ytonia *E*   **396** refertis] reuertis *E*
401 insultationem] exultationem *E*   **404** carcere] *om. E*   **405** carcer] carcere *E*
pronuntiatione] pronuntiationem *E*

Item in Psalmis per accusationem: "Frater non redimet, redimet homo"; sed frater noster Christus est, qui dixit: "Ite, dicite fratribus meis". Et dicis per contrariam pronuntiationem: 'si Christus
410 nos non redimet, aliquis homo redempturus est?'. Item in Psalmis per insultationem laus, ubi dicit: "Euge, euge!". Et in Euangelio: "Prophetiza nobis, Christe!". Quae tota per contrariam pronuntiationem adnuntiantur, quando laudando deridet. Et in Regum, quum Zezabel ad Achab in exprobratione locuta est:
415 "Grandis auctoritatis es et bene regis regnum Israel!"; quod utique non laudando sed exprobrando locuta est. Item in Euangelio secundum Iohannem a Iudaeis illi caeco nato maledicentis uoto dicitur: "Tu discipulus illius sis!"; cui e contrario benedicebant.

672, 8-9   ANTIFRASIS EST VNIVS VERBI YRONIA, VT 'BELLVM', 'LV-
421 CVS' ET 'PARCAE': 'BELLVM', HOC EST MINIME BELLVM, ET 'LVCVS' EO QVOD NON LVCEAT, ET 'PARCAE' EO QVOD NVLLI PARCANT. Item ⟨'Manes'⟩ mites et modesti, quum sint terribiles et inmanes; ⟨et 'Parcas'⟩ et 'Eumenidas', eo quod nulli parcant
425 uel bene faciant; et 'mundus', eo quod sit inmundus. Hoc tropo et nanos 'Athlantes' uocamus et caecos 'uidentes' et Aethiopes

---

Trad. text. α   *F L*

407/410 in – est] cfr AVG., *In Ps.* 48, 1, 8 (p. 557, 19-21); ISID. IVN., *Vit.* 236, 643-647
410/412 in – Christe] cfr AVG., *In Ps.* 34, 2, 11 (p. 319, 19-20); ISID. IVN., *Vit.* 236, 647 - 237, 649   412/413 Quae – deridet] cfr ISID., *Etym.* 1, 37, 23; ISID. IVN., *Vit.* 237, 649- 650   422 lucus – luceat] cfr ISID., *Etym.* 1, 37, 24; ISID. IVN., *Vit.* 237, 652; 238, 665
423/424 Manes – inmanes] cfr SERV., *Aen.* 1, 139; ISID., *Etym.* 1, 37, 24; ISID. IVN., *Vit.* 237, 652-653   424/425 Parcas – faciant] cfr SERV., *Aen.* 1, 22; SERV., *Georg.* 1, 278; HIER., *Epist.* 40, 2, 3 (p. 310, 21-22); ISID., *Etym.* 1, 37, 24; ISID. IVN., *Vit.* 237, 653-654
425 mundus – inmundus] cfr AVG., *Serm.* 105, 6 (*PL*, 38, col. 622); ISID. IVN., *Vit.* 237, 655   425/427 Hoc – margaritas] cfr HIER., *Epist.* 40, 2, 3 (p. 310, 22); ISID., *Etym.* 1, 37, 24; ISID. IVN., *Vit.* 237, 655-656

407/408 Frater – homo] Ps. 48, 8   408/409 Ite – meis] Matth. 28, 10   411 Euge euge] Ps. 39, 16   412 Prophetiza – Christe] Matth. 26, 68   415 Grandis – Israel] III Reg. 21, 7   418 Tu – sis] Ioh. 9, 28   425/427 Hoc – margaritas] cfr Ivv. 8, 32-33

407 redimet¹] redimit *L²*   409 contrariam] contrarium *L*   410 non] *om. L*
412 tota] totam *L*   413 adnuntiantur] pronuntiatur *L*   414 Achab] acab *L*
417 maledicentis] maledicentes *F^{a.c.} L^{a.c.}*   418 dicitur] *cum* β *correxi*, dicit α   420 lucus] locus *F^{a.c.} L^{a.c.}*   423 parcant] parcat *F*   Manes] *cum Isid. et Isid. Iun. suppleui*   sint] sit *L^{a.c.}*   424 inmanes] inmunes *F*   et Parcas] *cum Isid. et Isid. Iun. suppleui*   Eumenidas] euenidas *L^{a.c.}*   426 nanos] nanus *L^{a.c.}*   Athlantes] adlantas (-tes *L²*) *L*   Aethiopes] aeziopos (aethiopos *L²*) *L*

Item in Psalmis per accusationem: "Frater non redimet, redimet homo"; sed frater noster Christus est, qui dixit: "Ite, dicite fratribus meis". Et dicis per contrariam pronuntiationem: 'si Christus nos non redimet, aliquis homo redempturus est?'. Item in Psalmis per insultationem laus, ubi dicit: "Euge, euge!". Et in Euangelio: "Prophetiza nobis, Christe!". Quae tota per contrariam pronuntiationem adnuntiantur, quando laudando deridet. Et in Regum, quum Zezabel ad Acab in exprobratione locuta est: "Grandis auctoritatis es et bene regis regnum Israel!"; quod utique non laudando sed exprobrando locuta est. Item in Euangelio secundum Iohannem a Iudaeis illi caeco nato maledicentis uoto dicitur: "Tu discipulus illius sis!"; cui e contrario benedicebant.

672, 8-9 ANTIFRASIS EST VNIVS VERBI YRONIA, VT 'BELLVM', 'LV-
421 CVS' ET 'PARCAE': 'BELLVM', HOC EST MINIME BELLVM, ET 'LVCVS' EO QVOD NON LVCEAT, ET 'PARCAE' EO QVOD NVLLI PARCANT. Item ⟨'Manes'⟩ mites et modesti, quum sint terribiles et inmanes; ⟨et 'Parcas'⟩ et 'Eumenidas', quod nulli parcant uel
425 bene faciant; et 'mundus', eo quod sit inmundus. Hoc tropo et nanos 'Athlantes' uocamus et caecos 'uidentes' et Aethiopes 'margaritas'. Item in Iob: "Si non in faciem benedixerit tibi", id

---

rad. text. β   *E Gloss.*

407/410 in – est] cfr Avg., *In Ps.* 48, 1, 8 (p. 557, 19-21); Isid. Ivn., *Vit.* 236, 643-647
410/412 in – Christe] cfr Avg., *In Ps.* 34, 2, 11 (p. 319, 19-20); Isid. Ivn., *Vit.* 236, 647 -
237, 649   412/413 Quae – deridet] cfr Isid., *Etym.* 1, 37, 23; Isid. Ivn., *Vit.* 237, 649-
650   422 lucus – luceat] cfr Isid., *Etym.* 1, 37, 24; Isid. Ivn., *Vit.* 237, 652; 238, 665
423/424 Manes – inmanes] cfr Serv., *Aen.* 1, 139; Isid., *Etym.* 1, 37, 24; Isid. Ivn., *Vit.*
237, 652-653   424/425 Parcas – faciant] cfr Serv., *Aen.* 1, 22; Serv., *Georg.* 1, 278;
Hier., *Epist.* 40, 2, 3 (p. 310, 21-22); Isid., *Etym.* 1, 37, 24; Isid. Ivn., *Vit.* 237, 653-654
425 mundus – inmundus] cfr Avg., *Serm.* 105, 6 (*PL*, 38, col. 622); Isid. Ivn., *Vit.* 237,
655   425/427 Hoc – margaritas] cfr Hier., *Epist.* 40, 2, 3 (p. 310, 22); Isid., *Etym.* 1,
37, 24; Isid. Ivn., *Vit.* 237, 655-656   427/428 in^1 – maledixerit] Avg., *C. mend.* 10, 24
(p. 500, 6-8); cfr Isid. Ivn., *Vit.* 237, 657-660

407/408 Frater – homo] Ps. 48, 8   408/409 Ite – meis] Matth. 28, 10   411 Euge
euge] Ps. 39, 16   412 Prophetiza – Christe] Matth. 26, 68   415 Grandis – Israel]
III Reg. 21, 7   418 Tu – sis] Ioh. 9, 28   425/427 Hoc – margaritas] cfr Ivv. 8, 32-33
427 Si – tibi] Iob 2, 5

---

407 per] pro *E*   409 pronuntiationem] pronuntionem *E*   414 Acab] aab *Gloss.*
418 cui] qui *E*   420 lucus] locus *E$^{a.c.}$*   422 lucus] locus *E$^{a.c.}$*   423 parcant] parcent
E   Manes] *cum Isid. et Isid. Iun. suppleui*   424 et Parcas] *cum Isid. et Isid. Iun.*
suppleui   426 Athlantes] aclantas *E*   Aethiopes] ethiopos *E*   427 in^1] *om. E*

'margaritas'. Item in Iob: "Si non in faciem benedixerit tibi", id
est 'maledixerit'. Et in Regum, ubi in Naboth fictum crimen a
calumniantibus nominatum est, quod "Benedixerit Deo et regi",
430 id est 'maledixerit'. Inter yroniam autem et antifrasis hoc distat,
quod yronia pronuntiatione sola indicat quod intellegi uult, ut
puta, quum dicimus omni agenti male: "bonum est quod
facis!". Antifrasis uero non uoce pronuntiantis significat contrarium, sed suis tantummodo uerbis contrario dicitur, ueluti
435 dum quaerimus accipere quod ibi non est et respondetur nobis
"abundat"; item "caue illum, quia bonus est homo" pro 'malo'.

672, 10-12   ENIGMA EST OBSCVRA SENTENTIA PER OCCVLTAM SIMI-
LITVDINEM RERVM, VT "MATER ME GENVIT; EADEM MOX
GIGNITVR EX ME", QVVM SIGNIFICET AQVAM IN GLACIEM
440 CONCRESCERE ET EX EADEM RVRSVS EFFLVERE. Enigma est
obscura parabola siue obumbratus sensus, qui difficile intellegitur nisi aperiatur, ut est illud Esaiae prophetae: "Antequam
parturiret, peperit, et antequam ueniret partus eius, peperit
masculum". Quod sic intellegitur: 'antequam Christum Virgo
445 parturiret in carne, genuit eum Pater in diuinitate, et antequam
tempus Virginis parturiendi ueniret, genuit eum sine tempore
Pater'. Item "De comedente exiuit cibus et de forte egressa est
dulcedo", significans ex ore leonis fauum abstractum. Inter

Trad. text. α   *F L*

427/428 in[1] – maledixerit] Avg., *C. mend.* 10, 24 (p. 500, 6-8); cfr Isid. Ivn., *Vit.*
237, 657-660   **430/434** Inter – dicitur] Avg., *Doctr. christ.* 3, 29, 41 (p. 101-102, 26-30);
cfr Isid., *Etym.* 1, 37, 25; Isid. Ivn., *Vit.* 237, 660 - 238, 664   **434/436** ueluti – malo]
Avg., *Doctr. christ.* 3, 29, 41 (p. 102, 33-35); cfr Isid. Ivn., *Vit.* 238, 666-668   **440/**
442 Enigma – aperiatur] Avg., *In Ps.* 48, 1, 5 (p. 554, 26-29); cfr Isid., *Etym.* 1, 37, 26;
Isid. Ivn., *Vit.* 238, 669-670   **442/447** illud – Pater] cfr Isid., *Fid. cath.* 1, 1, 7-8
(col. 452); Isid. Ivn., *Vit.* 238, 670-674   **447/448** De – abstractum] cfr Isid., *Etym.* 1,
37, 26; Isid. Ivn., *Vit.* 238, 674-676   **448/450** Inter – indicat] cfr Isid., *Etym.* 1, 37, 26;
Isid. Ivn., *Vit.* 238, 676-677

427 Si – tibi] Iob 2, 5   **429** Benedixerit – regi] III Reg. 21, 13   **438/439** Mater –
me] *Incert. uers.* 59 (*FPL* – Bläns., p. 440); cfr Ps. Symph. 5, 1 (p. 723)   **442/**
444 Antequam – masculum] Is. 66, 7   **447/448** De – dulcedo] Iud. 14, 14

427 faciem] facie *L*   **428** fictum] *cum* β *correxi*, factum *F*, infictum *L*
431 pronuntiatione] pronuntione *L*   intellegi] intelligi *F²*, elegi *Lᵃ·ᶜ·*   **433** uoce] *cum*
β *correxi*, uocem α   **435** et] ut *F*   **436** homo] *om. F*   **437** sententia] intellegentia *L*
439 significet] significat *L*   **440** concrescere] conuertere *L*   **443** eius] *om. L*
445 genuit] peperit *F*   diuinitate] dinitate *L*   **446** Virginis] *om. L*   **447** Pater] *ante*
sine transp. L

est 'maledixerit'. Et in Regum, ubi in Naboth fictum crimen a calumniantibus nominatum est, quod "Benedixerit Deo et regi",
430 id est 'maledixerit'. Inter yroniam autem et antifrasis hoc distat, quod yronia pronuntiatione sola indicat quod intellegi uult, ut puta, quum dicimus homini agenti male: "quod facis bonum est !". Antifrasis uero non uoce pronuntiantis significat contrarium et suis tantummodo uerbis contrario dicitur, ueluti
435 dum quaerimus accipere quod ibi non est et respondetur nobis "abundat"; item "caue illum, quia bonus homo est" pro 'malo'.

672, 10-12 ENIGMA EST OBSCVRA SENTENTIA PER OCCVLTAM SIMI-LITVDINEM RERVM, VT "MATER ME GENVIT; EADEM MOX GIGNITVR EX ME", QVVM SIGNIFICET AQVAM IN GLACIEM
440 CONCRESCERE ET EX EADEM RVRSVS EFFLVERE. Enigma est obscura parabola siue obumbratus sensus, qui difficile intellegi-tur nisi aperiatur, ut est illud Esaiae prophetae: "Antequam parturiret, peperit, et antequam ueniret partus eius, peperit masculum". Quod sic intellegitur: 'antequam Christum Virgo
445 parturiret in carne, genuit eum Pater in diuinitate, et antequam tempus Virginis parturiendi ueniret, genuit eum sine tempore Pater'. Item "De comedente exiuit cibus et de forte egressa est dulcedo", significans ex ore leonis fauum extractum. Inter alle-goriam autem et enigma hoc interest, quod allegoriae uis gemi-
450 na est et sub res alias aliud figuraliter indicat. Sicut Isaac ad sacri-

---

rad. text. β *E Gloss.*

430/434 Inter – dicitur] AVG., *Doctr. christ.* 3, 29, 41 (p. 101-102, 26-30); cfr ISID., *Etym.* 1, 37, 25; ISID. IVN., *Vit.* 237, 660 - 238, 664 **434/436** ueluti – malo] AVG., *Doctr. christ.* 3, 29, 41 (p. 102, 33-35); cfr ISID. IVN., *Vit.* 238, 666-668 **440/442** Enigma – aperiatur] AVG., *In Ps.* 48, 1, 5 (p. 554, 26-29); cfr ISID., *Etym.* 1, 37, 26; ISID. IVN., *Vit.* 238, 669-670 **442/447** illud – Pater] cfr ISID., *Fid. cath.* 1, 1, 7-8 (col. 452); ISID. IVN., *Vit.* 238, 670-674 **447/448** De – extractum] cfr ISID., *Etym.* 1, 37, 26; ISID. IVN., *Vit.* 238, 674-676 **448/450** Inter – indicat] cfr ISID., *Etym.* 1, 37, 26; ISID. IVN., *Vit.* 238, 676-677 **450/452** Sicut – passum] cfr AVG., *Serm.* 19, 3 (p. 253, 62-64); ISID. IVN., *Vit.* 238, 677 - 239, 679

---

429 Benedixerit – regi] III Reg. 21, 13 **438/439** Mater – me] *Incert. uers.* 59 (*FPL* – Bläns., p. 440) ; cfr Ps. SYMPH. 5, 1 (p. 723) **442/444** Antequam – masculum] Is. 66, 7 **447/448** De – dulcedo] Iud. 14, 14 **450/451** Isaac – Christum] Gen. 22, 2-3

---

428 Regum] in naboth si non *add. E* **430** distat] dictat *E* **444** Christum] *om. E* **447** comedente] comedentem *E* **448** Inter] item *E* **449** enigma] enigmam *E* **450** alias] arias *E*

allegoriam autem et enigma hoc interest, quod allegoria uis
450 gemina est et sub res alias aliud figuraliter indicat. Sicut Isaac ad
sacrificium ductus significabat humilem Christum; aries pro eo
inmolatus Christum passum. Item in Exodo uirga in serpentem,
Christum in mortem; serpens in uirgam, Christum post mortem
reuersurum ad pristinam Regni potestatem et cetera. Enigma
455 uero est sensus obscurus et per quasdam imagines adumbratus,
habens aut in sententia obscurum intellectum aut per similitudines alium sensum. Sicut puta: "Fertur leonis catulus dormiens
patris fremitu suscitari"; quod refertur ad resurrectionem Christi
post somnum mortis resuscitati potentia Patris; et cetera similia
460 ad mores hominum pertinentia.

672, 13-673, 2   CARIENTISMOS EST TROPVS QVO DVRA DICTV GRATIVS
PROFERVNTVR, VT QVVM INTERROGANTIBVS NOBIS,
NVMQVID NOS QVAESIERIT ALIQVIS, RESPONDETVR "BONA
FORTVNA", VNDE INTELLEGITVR NEMINEM NOS QVAESISSE.

673, 3-4   PAROEMIA EST ADCOMMODATVM REBVS TEMPORIBVSQVE
466   PROVERBIVM, VT "ADVERSVM STIMVLVM CALCES" ET "LVPVS

Trad. text. α   *F L*

450/452 Sicut – passum] cfr Avg., *Serm.* 19, 3 (p. 253, 62-64); Isid. Ivn., *Vit.* 238,
677 - 239, 679   452/454 in¹ – cetera] Avg., *Trin.* 3, 9 (p. 148, 61-67); cfr Isid., *Expos.
in Ex.* 8, 3 (col. 290); Isid. Ivn., *Vit.* 239, 679-681   454/455 Enigma – adumbratus]
cfr Isid., *Etym.* 1, 37, 26; Isid. Ivn., *Vit.* 239, 682-683   456/460 habens – pertinentia]
cfr Rvfin., *Patr.* 1, 6 (p. 193, 1 - 194, 53); Isid., *Expos. in Gen.* 31, 18 (col. 279); Isid. Ivn.,
Vit. 239, 683-685.688-691; Ivlian., *Compr.* 1, 18 (p. 164, 34-41); Ivlian., *Antik.* 86
(p. 274, 66-68)   461/464 Carientismos – quaesisse] cfr Isid., *Etym.* 1, 37, 27; Isid.
Ivn., *Vit.* 239, 692-695   465/467 Paroemia – fabula] cfr Isid., *Etym.* 1, 37, 28; Isid.
Ivn., *Vit.* 239, 696

450/451 Isaac – Christum] Gen. 22, 2-3   451/452 aries – passum] Gen. 22, 13
452 uirga – serpentem] Ex. 4, 3   453 serpens – uirgam] Ex. 4, 4   457/458 Fertur –
suscitari] cfr *Physiol.* B 1 (p. 11)   463/464 Bona Fortuna] Afran., *Com.* 428
466 Aduersum – calces] Ter., *Phorm.* 78   466/467 Lupus – fabula] Ter., *Ad.* 537

449 enigma] enigmam *F*   uis] bis *L*   450 ad] a *L^{a.c.}*   455 uero] *sup. l. L*
imagines] imaginis *L^{a.c.}*   456 sententia] sententiam *L*   456/457 similitudines alium]
similitudinem aliquem *L*   457 Fertur] *om. L*   458 fremitu] fremitus *L*
461 Carientismos] carientismus *F*   est tropus] tropus est *L*   dictu] dicta *L^{a.c.}, in marg.
F*   gratius] grauius *L*   462 ut] uti *L*   463 numquid] utrum *F*   quaesierit aliquis]
aliquis quesierit *F*   466 Aduersum] aduersus *F*   et] ut *L^{a.c.}*

ficium ductus significabat humilem Christum; aries pro eo
inmolatus Christum passum. Item in Exodo uirga in serpentem,
Christum in mortem; serpens in uirgam, Christum post mortem
reuersurum ad pristinam Regni potestatem et cetera. Enigma
455 uero est sensus obscurus et per quasdam imagines adumbratus,
habens aut in sententia obscurum intellectum aut per similitudines alium sensum. Sicut puta: "Fertur leonis catulus dormiens
patris fremitu suscitari"; quod refertur ad resurrectionem Christi
post somnum mortis resuscitati potentia Patris; et cetera similia
460 ad mores hominum pertinentia.

'2, 13-673, 2   CARIENTISMOS EST TROPVS QVO DVRA DICTV GRATIVS
REFERVNTVR, VT QVVM INTERROGANTIBVS NOBIS, NVM-
QVID NOS QVAESIERIT ALIQVIS, RESPONDETVR "BONA FOR-
TVNA", VNDE INTELLEGITVR NEMINEM QVAESISSE.

673, 3-4   PAROEMIA EST ADCOMMODATVM REBVS TEMPORIBVSQVE
466   PROVERBIVM, VT "ADVERSVM STIMVLVM CALCES" ET "LVPVS
IN FABVLA". Rebus, ut "Contra stimulum calces", dum significatur aduersis resistendum. Temporibus, ut "Lupus in fabula";

'rad. text. β   *E Gloss.*

452/454 in¹ – cetera] AVG., *Trin.* 3, 9 (p. 148, 61-67); cfr ISID., *Expos. in Ex.* 8, 3
(col. 290); ISID. IVN., *Vit.* 239, 679-681   **454/455** Enigma – adumbratus] cfr ISID.,
Etym. 1, 37, 26; ISID. IVN., *Vit.* 239, 682-683   **456/460** habens – pertinentia] cfr
RVFIN., *Patr.* 1, 6 (p. 193, 1 - 194, 53); ISID., *Expos. in Gen.* 31, 18 (col. 279); ISID. IVN.,
Vit. 239, 683-685.688-691; IVLIAN., *Compr.* 1, 18 (p. 164, 34-41); IVLIAN., *Antik.* 86
(p. 274, 66-68)   **461/464** Carientismos – quaesisse] cfr ISID., *Etym.* 1, 37, 27; ISID.
IVN., *Vit.* 239, 692-695   **465/467** Paroemia – fabula] cfr ISID., *Etym.* 1, 37, 28; ISID.
IVN., *Vit.* 239, 696   **467/468** Rebus – resistendum] cfr CHAR., *Gramm.* 364, 19-20;
ISID., *Etym.* 1, 37, 28; ISID. IVN., *Vit.* 239, 696 - 240, 696-698   **468/471** Temporibus –
fabula] cfr DON., *Ter. Ad.* 537; SERV., *Ecl.* 9, 54; ISID., *Etym.* 1, 37, 28; ISID. IVN., *Vit.*
240, 698-700

451/452 aries – passum] Gen. 22, 13   **452** uirga – serpentem] Ex. 4, 3
453 serpens – uirgam] Ex. 4, 4   **457/458** Fertur – suscitari] cfr *Physiol. B* 1 (p. 11)
463 Bona Fortuna] AFRAN., *Com.* 428   **466** Aduersum – calces] TER., *Phorm.* 78
466/467 Lupus – fabula] TER., *Ad.* 537   **467** Contra – calces] cfr TER., *Phorm.* 78
468 Lupus – fabula] TER., *Ad.* 537

451/452 aries – Christum] *om. E*   **455** per] *pro E*   **458** fremitu] fremitum *E*
suscitari] si extari *Gloss.*   **460** ad mores] *iter. E*   **463** quaesierit] *cum* α *correxi,*
quesieris *E*   **465** est] etemia *add. E*   **467** Contra] *cum* α (*L*) *correxi* (*cfr Isid. et Isid.*
Iun.), inter β

IN FABVLA". Rebus, ut "Contra stimulum calces", dum significatur aduersis resistendum. Temporibus, ut "Lupus in fabula";
aiunt enim rustici uocem hominem perdere, si eum lupus prior
470 uiderit, unde et quum subito tacenti dicitur istud prouerbium:
'et lupus in fabula'. Item in Propheta prouerbium: "Sicut mater,
et filia".

673, 5-7   SARCASMOS EST PLENA ODIO ATQVE HOSTILIS INRISIO,
VT
475   "EN AGROS ET, QVAM BELLO, TROIANE, PETISTI,
HESPERIAM METIRE IACENS!".
Sarcasmos dicta hostilis inrisio cum amaritudine, ut
          "Referes ergo haec et nuntius ibis
Pelidae genitori; illi mea tristia facta [id est dicta]
480 degeneremque Neobtolomum narrare memento".

673, 8-11   ASTISMOS EST TROPVS MVLTIPLEX NVMEROSAEQVE VIR-
TVTIS. NAMQVE ASTIMOS PVTATVR DICTVM OMNE QVOD
SIMPLICITATE RVSTICA CARET ET FACETA SATIS VRBANITA-
TE EST EXPOLITVM, VT EST ILLVD:
485   "QVI BAVIVM NON ODIT, AMET TVA CARMINA, MOEVI,
ATQVE IDEM IVNGAT VVLPES ET MVLGEAT HIRCOS!".

Trad. text. α   F L

467/468 Rebus – resistendum] cfr CHAR., *Gramm.* 364, 19-20; ISID., *Etym.* 1, 37,
28; ISID. IVN., *Vit.* 239, 696 - 240, 698   468/471 Temporibus – fabula] cfr DON., *Ter.*
Ad. 537; SERV., *Ecl.* 9, 54; ISID., *Etym.* 1, 37, 28; ISID. IVN., *Vit.* 240, 698-700   471/
472 in² – filia] cfr HIER., *In Ez.* 5, 16, 44-45 (p. 201, 533-535); ISID. IVN., *Vit.* 240, 701-
702   477/480 Sarcasmos – memento] cfr SERV., *Aen.* 2, 547; ISID., *Etym.* 1, 37, 29;
ISID. IVN., *Vit.* 240, 703-705

467 Contra – calces] cfr TER., *Phorm.* 78   468 Lupus – fabula] TER., *Ad.* 537
471/472 Sicut – filia] Ez. 16, 44   475/476 En – iacens] VERG., *Aen.* 12, 359-360
478/480 Referes – memento] VERG., *Aen.* 2, 547-549   485/486 Qui – hircos]
VERG., *Ecl.* 3, 90-91

467 Contra] inter *F*   dum] cum *F*   469 hominem] homini *L^{a.c.}*   lupus] pro *add.*
et exp. L   470 et] *om. L*   dicitur] *om. L*   471 et – fabula] *om. L*   473 Sarcasmos]
sarcasmus *F*   hostilis inrisio] hortilis inarisio *L^{a.c.}*   475 petisti] petistis *L*
476 metire] metiri *L*   477 Sarcasmos] arcasmos *L*   inrisio] inrision *L^{a.c.}*
479 genitori] genitor *F*   illi] ille *L^{a.c.}*   facta] fata *F*   id – dicta] *ut glossam*
excludendum putaui   481 Astismos] antismos *F L²*   482 astimos] antismos *F*
485 Bauium] *cum Verg. et* β *scripsi*, uauium α   486 mulgeat] iurgeat *L^{a.c.}*

aiunt enim rustici uocem hominem perdere, si eum lupus prior
470 uiderit, unde ei subito tacenti dicitur istud prouerbium: 'et
lupus in fabula'. Item in Propheta prouerbium: "Sicut mater, et
filia".

673, 5-7 SARCASMOS EST PLENA ODIO ATQVE HOSTILIS INRISIO,
VT
475 "EN AGROS ET, QVAM BELLO, TROIANE, PETISTI,
HESPERIAM METIRE IACENS!".
Sarcasmos dicta hostilis inrisio cum amaritudine, ut
"Referes ergo haec et nuntius ibis
Pelidae genitori; illi mea tristia facta [id est dicta]
480 degeneremque Neobtolemum narrare memento".

673, 8-11 ASTISMOS EST TROPVS MVLTIPLEX NVMEROSAEQVE VIR-
TVTIS. NAMQVE ASTIMOS PVTATVR DICTVM OMNE QVOD
SIMPLICITATE RVSTICA CARET ET FACETA SATIS VRBANITA-
TE EST EXPOLITVM, VT EST ILLVD:
485 "QVI BAVIVM NON ODIT, AMET TVA CARMINA, MOEVI,
ATQVE IDEM IVNGAT VVLPES ET MVLGEAT HIRCOS!".

---

rad. text. β   *E Gloss.*

471/472 in² – filia] cfr HIER., *In Ez.* 5, 16, 44-45 (p. 201, 533-535); ISID. IVN., *Vit.*
240, 701-702   **477/480** Sarcasmos – memento] cfr SERV., *Aen.* 2, 547; ISID., *Etym.* I,
37, 29; ISID. IVN., *Vit.* 240, 703-705

471/472 Sicut – filia] Ez. 16, 44   **475/476** En – iacens] VERG., *Aen.* 12, 359-360
478/480 Referes – memento] VERG., *Aen.* 2, 547-549   **485/486** Qui – hircos]
VERG., *Ecl.* 3, 90-91

470 tacenti] tacendi *Gloss.*   **473** Sarcasmos] *cum* α *scripsi,* sarcusmos *E*
475 Troiane] *cum Verg. et* α *correxi,* troiano *E*   **476** Hesperiam] *cum* α *scripsi,*
experiam *E*   **478** et] *cum Verg. et* α *correxi,* e *E*   **479** genitori] *cum Verg. et* α (*L*)
correxi, genitor *E*   tristia facta] *cum Verg. et* α *correxi,* tristitia fata *E*   id – dicta] *ut*
glossam excludendum putaui   **481** Astismos] antismos *Gloss.*   **482** astimos] antismos
Gloss.   **485** Moeui] moebi *E*

Astismos c o n t r a r i a e s t sarcasmos, eo quod astismos urbanitas
est sine iracundia, ut illud:
"Qui Bauium non odit, amet tua carmina, Moeui,
490 atque idem iungat uulpes et mulgeat hircos!",
id est 'qui Bauium non odit, pro poena ei contingat, ut diligat
Moeuium'. Fuerunt enim Moeuius et Bauius poetae pessimi et
inimici Vergilii; qui hos ergo diligit, faciat quae contra naturam
sunt: 'iungat uulpes et mulgeat hircos'.

673, 12-13   HOMOEOSIS EST MINVS NOTAE REI PER SIMILITVDINEM
496 EIVS QVAE MAGIS NOTA EST DEMONSTRATIO, CVIVS SPECIES
SVNT TRES: ycon, PARABOLE, PARADIGMA. Homoeosis Graece
Latine 'similitudo' dicitur; sed tres species: ycon 'imago', parabole 'conparatio', paradigma 'exemplum' s i g n i f i c a t.

673, 14-15   YCON EST PERSONARVM INTER SE VEL EORVM QVAE PER-
501 SONIS ACCIDVNT CONPARATIO, VT "OS HVMEROSQVE DEO
SIMILIS". Ycon similitudo conparatiua ex simili rerum genere ad
simile genus. Cuius figuram Vergilius exsequitur, ita ut
"Non aliter quam si inmissis ruat hostibus omnis
505 Cartago".

Trad. text. α   *F L*

487/494 Astismos – hircos] SERV., *Aen.* 2, 547; SERV., *Ecl.* 3, 90; cfr ISID., *Etym.* 1,
37, 30; ISID. IVN., *Vit.* 240, 706-711   **495/497** Homoeosis – paradigma] cfr ISID.,
Etym. 1, 37, 31; ISID. IVN., *Vit.* 240, 712-713   **497/499** Homoeosis – significat] cfr
ISID., *Etym.* 1, 37, 31   **502/503** Ycon – genus] cfr ISID., *Etym.* 1, 37, 32; ISID. IVN., *Vit.*
240, 714   **504/507** Non – exemplo] cfr ISID. IVN., *Vit.* 241, 715-718

489/490 Qui – hircos] VERG., *Ecl.* 3, 90-91   **501/502** Os – similis] VERG., *Aen.* 1,
589   **504/505** Non – Cartago] VERG., *Aen.* 4, 669-670

487 Astismos] antismos F   astismos] antismos F   **489** Bauium] *cum Verg. et* β
scripsi, uauium F, uabium L   **491** Bauium] *cum Verg. et* β *scripsi*, uauium F, uabium L
poena] penae (-na *L²*) L   **492** Moeuium] meuium *Lᵃ·ᶜ·*   Moeuius] mebius (moeb- *L²*)
L   Bauius] *cum Verg. et* β *scripsi*, uauius F, labius L   **493** quae] quod F
495 Homoeosis] *scripsi*, omoeosis α   **496** demonstratio] demonstranti F
497 parabole] parabulae F   Homoeosis] *scripsi*, omoeosis F, omoesis L
498 parabole] *cum* β *scripsi*, parabulae F, parabola L   **501** accidunt] *cum* β *scripsi*,
accidit F, accedunt L   Os] *cum Verg. et Gloss. scripsi*, hos α   **502** similis] similes F
503 simile] simili F   Cuius] huius F   figuram] *cum* β *correxi*, figura α   **505** Cartago]
kartago F

Astismos est contraria sarcasmos, eo quod astismos urbanitas
est sine iracundia, ut illud:
"Qui Bauium non odit, amet tua carmina, Moeui,
490 atque idem iungat uulpes et mulgeat hircos!",
id est 'qui Bauium non odit, pro poena ei contingat, ut diligat
Moeuium'. Fuerunt enim Moeuius et Bauius poetae pessimi et
inimici Vergilii; qui hos ergo diligit, faciat quae contra naturam
sunt, id est 'iungat uulpes et mulgeat hircos'.

673, 12-13   HOMOEOSIS EST MINVS NOTAE REI PER SIMILITVDINEM
496   EIVS QVAE MAGIS NOTA EST DEMONSTRATIO, CVIVS SPECIES
SVNT TRES: ycon, PARABOLE, PARADIGMA. Homoeosis Graece
Latine 'similitudo' dicitur; sed tres species: ycon 'imago', parabole 'conparatio', paradigma 'exemplum' significant.

673, 14-15   YCON EST PERSONARVM INTER SE VEL EORVM QVAE PER-
501   SONIS ACCIDVNT CONPARATIO, VT "OS HVMEROSQVE DEO
SIMILIS". Ycon similitudo conparatiua ex simili rerum genere ad
simile genus. Cuius figuram Vergilius exsequitur, ita ut
"Non aliter quam si inmissis ruat hostibus omnis
505 Cartago".

Trad. text. β   *E Gloss.*

487/494 Astismos – hircos] SERV., *Aen.* 2, 547; SERV., *Ecl.* 3, 90; cfr ISID., *Etym.* 1,
37, 30; ISID. IVN., *Vit.* 240, 706-711   **495/497** Homoeosis – paradigma] cfr ISID.,
Etym. 1, 37, 31; ISID. IVN., *Vit.* 240, 712-713   **497/499** Homoeosis – significant] cfr
ISID., *Etym.* 1, 37, 31   **502/503** Ycon – genus] cfr ISID., *Etym.* 1, 37, 32; ISID. IVN., *Vit.*
240, 714   **504/507** Non – exemplum] cfr ISID. IVN., *Vit.* 241, 715-718

489/490 Qui – hircos] VERG., *Ecl.* 3, 90-91   **501/502** Os – similis] VERG., *Aen.* 1,
589   **504/505** Non – Cartago] VERG., *Aen.* 4, 669-670

487 contraria] contrarius *Gloss.*   **489** Moeui] meui *E*   **492** Moeuium] meuium *E*
Moeuius] *scripsi*, meuius *E*, maeuius *Gloss.*   **493** inimici] in i mihi *E*
495 Homoeosis] *scripsi*, homoeusis *E*   **496** quae magis] *cum* α *scripsi*, quem agis *E*
497 ycon] *cum* α *scripsi (cfr infra l. 500)*, icon *E*   **498** Latine] *cum* α *scripsi*, latinae *E*
sed tres] *cum* α *correxi*, seteatres *E*   ycon] *cum* α *scripsi (cfr infra l. 500)*, icon *E*
501 Os] hos *E*   **502** Ycon] icon *E*   ex simili] eximili *E*   **503** ut] et *E*   **504** omnis]
cum Verg. et α *correxi*, omnibus β

Haec propria conparatio de re cuius causa inducitur; inde et conparationem dedit, ubi res agebatur, ex proprio fecit exemplo. Vt
"Omnia Mercurio similis uocemque coloremque
510 et crines flauos et membra decora".
Congrua enim est similitudo de specie cuius persona inducitur.

674, 1-4   PARABOLE EST RERVM CONGRVA DISSIMILIVM CONPARATIO, VT
"QVALIS MVGITVS, FVGIT QVVM SAVCIVS ARAM
515 TAVRVS" ET CETERA.
Inter ycon et parabole hoc distat, quod in ycon personarum inter se uel eorum quae personis accidunt conparatio, in parabole uero rerum dissimilium congrua conparatio est. Parabole conparatio ex dissimilibus
520 rebus, ut
                    "Qualis in armis
aestiferae Libiae uisus leo comminus hostem
consedit";
ubi leonem Caesarem conparauit, non ex suo sed ex alio genere similitudinem faciens. Item in Euangelio, quum Christus de
525 Herode dixit: "Vulpi illi".

Trad. text. α   F L   a **518** dissimilium *denuo inc.* G

509/511 Omnia – inducitur] cfr ISID., *Etym.* 1, 37, 32; ISID. IVN., *Vit.* 241, 718-719 **519/525** Parabole – faciens] cfr ISID., *Etym.* 1, 37, 33; ISID. IVN., *Vit.* 241, 719-722 **525/526** in – illi] cfr GREG. ILIB., *In Cant.* 4, 24 (p. 205, 179); AVG., *Serm.* 375 (*PL*, 39, col. 1668); IVLIAN., *Antik.* 86 (p. 274, 61-65)

509/510 Omnia – decora] VERG., *Aen.* 4, 558-559   **514/515** Qualis – taurus] VERG., *Aen.* 2, 223-224   **521/523** Qualis – consedit] LVCAN., *Ciu.* 1, 205-207 **526** Vulpi illi] Luc. 13, 32

506 propria] *om.* F   causa] *om.* L   **507** conparationem] conpraarationem L[a.c.]   ex] et L   **508** Vt] *om.* F   **509** Mercurio] *cum Verg. et Gloss. correxi*, mercuria α   **510** flauos] *cum Verg. et* β *correxi*, fauore F, fabos L   **511** specie] speciae F   **512** Parabole] parabule F   congrua dissimilium] contra similium (disim- F[2]) F   **514** mugitus] mugites L[a.c.]   **516** et] *sup. l.* L   parabole] parabulae F   hoc] hos L[a.c.]   **517** quae] qui L   personis] personas L   accidunt] *cum* β *correxi*, accidit α   **518** parabole] parabulae F   **519** Parabole] parabulae F, parabolae G   ex] et F   **522** aestiferae] *cum Lucan. scripsi*, estifere F, est ferae G, est fere L   hostem] in ostem (host- L[2]) G L   **525** quum] *om.* L

Ecce propria conparatio de re cuius causa dicitur; inde et con-
parationem dedit, ubi res agebatur, ex proprio fecit exemplum.
Item ut
"Omnia Mercurio similis uocemque coloremque
510 et crines flauos et membra decora".
Congrua enim est similitudo de specie cuius persona inducitur.

Parabole conparatio ex dissimilibus rebus, ut
"Qualis in armis
aestiferae Libiae uisus leo comminus hostem
515 consedit";
ubi leoni Caesarem conparauit, non ex suo sed ex alieno genere similitudinem faciens. Item in Euangelio, quum Christus de
Herode dixit: "Vade, dic uulpi illi". Inter ycon autem et
parabole hoc distat, quod in ycon personarum inter
520 se uel eorum quae personis accidunt conparatio fit,
in parabole uero rerum dissimilium congrua conparatio est.

---

rad. text. β   *E Gloss.*

509/511 Omnia – inducitur] cfr IsID., *Etym.* 1, 37, 32; IsID. IVN., *Vit.* 241, 718-719
512/517 Parabole – faciens] cfr IsID., *Etym.* 1, 37, 33; IsID. IVN., *Vit.* 241, 719-722 **517/**
518 in – illi] cfr GREG. ILIB., *In Cant.* 4, 24 (p. 205, 179); AVG., *Serm.* 375 (*PL*, 39,
col. 1668); IVLIAN., *Antik.* 86 (p. 274, 61-65)

509/510 Omnia – decora] VERG., *Aen.* 4, 558-559   **513/515** Qualis – consedit]
LVCAN., *Ciu.* 1, 205-207   **518** Vade – illi] Luc. 13, 32

508 Item] ita *Gloss.*   **509** Mercurio] mercuria *E*   **510** flauos] flabos *E*   **511** est] et
E   **512** Parabole] *cum* α *scripsi*, parabolae *E*, parabola *Gloss.*   **514** aestiferae] *cum*
Lucan. scripsi, estifere β   **518** ycon] *cum* α *scripsi* (*cfr supra l. 500*), icon β   **519** ycon]
cum α *scripsi*, icon β

674, 5-10   PARADIGMA EST PRAEPOSITIO EXEMPLI HORTANTIS
AVT DETERRENTIS. HORTANTIS, VT
"ANTENOR POTVIT MEDIIS ELAPSVS ACHIVIS
530   ILLIRICOS PENETRARE SINVS" ET CETERA.
DETERRENTIS, VT
"AT NON SIC FRIGIVS PENETRAT LACEDAEMONA
PASTOR
LEDAEAMQVE HELENAM TROIANAS VEXIT AD VR-
535   BES ?".
Paradigma dicta exemplum dicti uel facti alicuius aut ex simili
aut ex dissimili genere conueniens eius quam proponimus rei, ut
est: "Tam fortiter ruit apud Ypponem Scipio quam Vticae Cato".
Similitudo autem tribus modis fit: a pari, a maiore, a minore. A
540   pari ad parem, ut
"Ac ueluti magno in populo quum sepe coorta est
seditio".
A maiore ad minus: "Qualiter expressum uentis per nubila
fulmen". A minore ad maius:
545   "Potuit Manes arcessere coniugis Orfeus
Treicia fretus cithara fidibusque canoris";

Trad. text. α   *F G L*

536/538 Paradigma – Cato] cfr Isid., *Etym.* 1, 37, 34; Isid. Ivn., *Vit.* 241, 722-726
539 Similitudo – minore] cfr Cassiod., *Inst.* 2, 3, 15 (p. 125, 16-18); Isid., *Etym.* 1, 37,
35; Isid. Ivn., *Vit.* 241, 726   539/542 A – seditio] cfr Serv., *Aen.* 1, 148; Isid., *Etym.* 1,
37, 35; Isid. Ivn., *Vit.* 241, 726-728   543/544 A – fulmen] cfr Isid., *Etym.* 1, 37, 35;
Isid. Ivn., *Vit.* 241, 729-730   544/548 A – pietate] cfr Serv., *Aen.* 6, 119; Isid., *Etym.*
1, 37, 35; Isid. Ivn., *Vit.* 241, 729-732

529/530 Antenor – sinus] Verg., *Aen.* 1, 242-243   532/534 At – urbes] Verg.,
Aen. 7, 363-364   538 Tam – Cato] Incert.   541/542 Ac – seditio] Verg., *Aen.* 1, 148-
149   543/544 Qualiter – fulmen] Lvcan., *Ciu.* 1, 151   545/546 Potuit – canoris]
Verg., *Aen.* 6, 119-120

527 praepositio] enarratio *cum Don. sup. ras. scr. G²*   529 Achiuis] acibis *F*, aciuis
L^{a.c.}   530/531 Illiricos – Deterrentis] *def. G*   Illiricos] illiricus *F*   532 At] hac *F*   sic]
si *F L^{a.c.}*   536 simili] similium *F*   537 dissimili] dissimile *G L*   quam proponimus]
conponimus (cump- *F²*) *F*   538 ruit] periit *G L*   apud] *sup. l. L*   Ypponem] ipponem
F, yponem *L*   Vticae] utique *F*   539 modis] *om. L*   pari] pare *F*   maiore] maiori *F*
540 parem] pare *F G*   541 Ac] hac *G L*   magno] magna *G L*   coorta] *cum Verg. scr.
Lind.*, cohorta α   est] *om. F*   542 seditio] seicio *L^{a.c.}*   543 A – Qualiter] *def. G*
maiore] *om. F*   expressum] adpressum *F*   per] pro *F*   544 minore] maiori *F*
545 arcessere] *cum Verg. et Gloss. edidi*, arcescere α   546 fretus] fetus *F L^{a.c.}*

674, 5-10   PARADIGMA EST EXEMPLI PRAEPOSITIO HORTANTIS
AVT DETERRENTIS et uocatur paradigma exemplum dicti
525 uel facti alicuius aut ex simili aut ex dissimili genere conueniens
eius quam proponimus rei, ut est: "Tam fortiter ruit apud Ypponem Scipio quam Vticae Cato". Similitudo autem tribus modis
fit: a pari, a maiore et a minore. A pari ad parem, ut
"Ac ueluti magno in populo quum sepe coorta est
530 seditio".
A maiore ad minus: "Qualiter expressum uentis per nubila
fulmen". A minore ad maius:
"Potuit Manes arcessere coniugis Orfeus
Treicia fretus cithara fidibusque canoris";

Trad. text. β   *E Gloss.*

524/527 uocatur – Cato] cfr Isid., *Etym.* 1, 37, 34; Isid. Ivn., *Vit.* 241, 722-726
527/528 Similitudo – minore] cfr Cassiod., *Inst.* 2, 3, 15 (p. 125, 16-18); Isid., *Etym.* 1,
37, 35; Isid. Ivn., *Vit.* 241, 726   **528/530** A – seditio] cfr Serv., *Aen.* 1, 148; Isid.,
Etym. 1, 37, 35; Isid. Ivn., *Vit.* 241, 726-728   **531/532** A – fulmen] cfr Isid., *Etym.* 1,
37, 35; Isid. Ivn., *Vit.* 241, 729-730   **532/536** A – pietate] cfr Serv., *Aen.* 6, 119; Isid.,
Etym. 1, 37, 35; Isid. Ivn., *Vit.* 241, 729-732

526/527 Tam – Cato] Incert.   **529/530** Ac – seditio] Verg., *Aen.* 1, 148-149   **531/**
532 Qualiter – fulmen] Lvcan., *Ciu.* 1, 151   **533/534** Potuit – canoris] Verg., *Aen.* 6,
119-120

525 aut² – dissimili] *iter. E*   **526** Ypponem] hyponem *E*   **529** Ac] *cum Verg. et* α
(*F*) *scripsi*, hac β   coorta] *cum Verg. scr. Lind.*, cohorta β   **531** A maiore] ad minori *E*
A] om. *E*   **533** arcessere] arcere *E*   **534** fretus] fertus *E*   cithara] cittha *E*

quasi dicat de re parua et breui, cithara et fidibus; et est figura: si ille cithara fretus, ego pietate.

Trad. text. α   *F G L*

547 breui] plii *L^{a.c.}*   cithara] cithari *F*   **548** fretus] fetus *F*

535 quasi dicat re parua et breui, cithara et fidibus; et est figura: si ille
cithara fretus, ego pietate.

Trad. text. β   *E Gloss.*

535 si ille] iille *E*

IV. CONLATIO DE GENERIBVS METRORVM

Quot sunt genera metrorum principalia? Octo. Quae sunt?
Dactilicum, iambicum, trochaicum, anapesticum, coriambicum,
antispasticum, ionicum a maiore et ionicum a minore. Tantundem ipsa sunt octo principalia genera metrorum? Si quid praeter
haec, quod non ad certam pedum legem, sed ad temporum rationem modumque referatur, uel scribit quispiam uel ab alio scriptum legerit, id non metrum, sed rithmon esse sciat. Quid est
metrum? Rei cuiusque mensura. Metrum unde dictum? Quod
ueluti mensuram quandam praestituat, a qua si quid plus
minusue est, uersus minime constabit. Metro quid uidetur esse
consimile? Rithmus. Quid est rithmus? Verborum modulata
conpositio, non metrica ratione, sed numero ad iudicium aurium
examinata, ut puta ueluti sunt cantica uulgarium poetarum. Da
eius exemplum: "Lupus dum ambularet uiam, incontrauit
asinum". Potest esse metrum sine rithmo aut rithmus sine metro?
Metrum sine rithmo esse non potest; rithmus sine metro esse

Trad. text. α   *FGL*   *a* **1** Conlatio *inc. R V*   *post* **10** praestituat *des. G*

IV, 2/8 Quot – sciat] MALL. THEOD., *Gramm.* 17, 2-7   **8/14** Quid – poetarum]
AVDAX, *Gramm.* 331, 13-19   **16/19** Potest – ratione] AVDAX, *Gramm.* 331, 20 - 332, 2

IV, 15/16 Lupus – asinum] Incert.

IV, 1 Conlatio – metrorum] *om. R*   Conlatio] incipit *praem.* α   de – metrorum]
non leg. G generibus] ratione *L*   **2** Quot] quod *G R* sunt²] *om. G L*   **3** trochaicum]
non leg. G, om. R   **3/4** anapesticum – antispasticum] *non leg. G*   **4** ionicum¹]
ionaticum *V* a¹] *om. V* et] *om. F R* a²] *om. V*   **5** ipsa] ipsae *R*, ipsi *V, om. F* sunt]
iter. F principalia] plincipalia *R^{a.c.}* genera metrorum] metrorum genera *G L* Si quid]
cum Mall. Theod. corr. Maes., sunt *F V*, siquis *G L R* praeter] prae *R^{a.c.}*   **6** quod] quae
R ad certam] *cum Mall. Theod. corr. Maes.*, acceptat *F V*, accepta *G L*, acceptant *R*
legem] lege *G L* sed] non *add. et eras. L* temporum] temtemporum *R* rationem]
ratione *G L*   **7** referatur] refertur *F*, referuntur *F² R V* scriptum] scripturum *L^{a.c.}*
8 rithmon] rithminon *V* esse] *om. F R V* sciat] extimet (exist- *L²*) *G L* est] *om. V*
9 dictum] est *add. V*   **10** quandam] quadam *G L* praestituat] prostituat *R* a qua]
quia *F R V* quid] *om. R*   **11** minime] est *add. et eras. R* constabit] constauit *L*
quid] quod *F L V*   **12** modulata] modolata *L*   **13** ratione] rationi *R^{a.c.}* ad] a *L^{a.c.}*
14 ut puta] *sup. l. L* ueluti] uelut *L V* sunt] *om. F R V* uulgarium] uulgalium *F L V*
15 ambularet] ambulabat *R* incontrauit] obuiauit *R*   **17** Metrum – metro] *om. L*

potest. Quare? Quia metrum est ratio cum modulatione, rithmus modulatio sine ratione.

IV.1. De metro dactilico

Metrum dactilicum hexametrum a quo inuentum est prius? Ab Orfeo Critias adserit. Quomodo? Dicit Critias quia Orfeus hoc inuenisset. Democritus a Museo. Quomodo? Dicit Democritus quia Museus illud inuenisset. Persius a Lino. Quomodo? Dicit Persius quia Linus hoc inuenisset. Permulti ab Homero. Quomodo? Multi dicunt quia Homerus illud inuenisset. Quare? Eo quod heroum facta carmine suo explicare uellet, metri huius, quod ceteris omnibus longe pulchrius celsiusque est, aut repertor aut certe adprobator fuit. Quis? Homerus.

Quot caesurae accidunt uersui dactilico hexametro heroico? Quattuor. Quae sunt? Pentemimeres, eptemimeres, tritos trocheus et tetarte bucolicon. Quae ex his quo loco ponantur edicito. Pentemimeres caesura fit, quotiens post duos pedes sylla-ba remanens partem terminat orationis, ut est hic uersus: "Pan-ditur interea domus omnipotentis Olympi". Eptemimeres quid

Trad. text. α   *F L R V*

IV.1, 2/10 Metrum – Homerus] Mall. Theod., *Gramm.* 19, 12-18   **14**/ **28** Pentemimeres – parabant] Avdax, *Gramm.* 333, 3-16

IV.1, **15**/**16** Panditur – Olympi] Verg., *Aen.* 10, 1

18 ratio] ratione $L^{a.c.}$ cum modulatione] *in marg. L*   **19** modulatio] mudulatio *R* ratione] rationem *R*

IV.1, **1** De – dactilico] *om. L R*   **2** prius] *ante* inuentum *transp. L*   **3** Ab Orfeo] allorfeo *R*   Orfeo] orphe *V*   Critias¹] crias $L^{a.c.}$, cricias *R V*   Orfeus] orpheus *R V* **4** hoc] eum *V*   Museo] musse *L*   **5** Museus] musei *R*   **5**/**6** Persius – inuenisset] *om. F R V*   Persius] Persinus *cum Mall. Theod. legend.*   **7** Homerus] *scripsi,* hoc meros (hom- L^2) *L*   **8** quod] deorum uel *add. R*   heroum] eorum *F V*   **9** ceteris omnibus] *om. F R V*   **9**/**10** celsiusque – Homerus] *male leg. L*   **11**/**12** Quot – sunt] *male leg. L* caesurae] censurae $F^{a.c.}$ **12** Quae sunt] *om. L R*   Pentemimeres] pentimimeres L^2, pentimimeris *R*, pentemineres $V^{a.c.}$ eptemimeres] eptimimeres $L^2 V$, eptimimeris *R* tritos] *cum Audace corr. Maes.,* titos α   **13** trocheus] troceus *F*, trocheos *L R*   tetarte] tetarche *R*   bucolicon] bucolon $R^{a.c.}$ his] hiis *L*   quo] quae *V*   ponantur] ponuntur *F,* pununtur *L*   **14** edicito] edicico *V*   Pentemimeres] pentimimeres L^2, pentimimeris *R*, pentememeres *V*   caesura] censura $F^{a.c.}$ quotiens] quoties *F,* cociens *R* **15** remanens] remaneas $L^{a.c.}$, remanet *V*   terminat] terminet *F*   est – uersus] in hoc uersus (-su L^2) est *L*   est] *om. R*   **16** Olympi] *scripsi,* olimpi *F L,* olymphi *R V* Eptemimeres] eptimemeris *R,* eptimimeres *V*   **16**/**17** quid est] quidum *R*

est? Si post tertium pedem similiter fiat. Da eius exemplum:
"Inde toro pater Aeneas sic orsus ab alto". Tritos trocheus quid
est? Quotiens in tertia regione talis dactilus ponitur, cui si
20 ultimam syllabam dempseris, trocheus, qui ex duabus reliquis
constat, orationis particulam finiat ita: "Mors ecce non tardat et
omni adlabitur hora". Quomodo? In tertia regione in isto uersu
talis dactilus ponitur, ut tulta nouissima syllaba et pars et pes
trocheus simul finiantur. Tetarte bucolicon quid est? Quum in
25 quarto dactilo similiter accidit, id est in ipso quarto dactilo
dempta nouissima syllaba et pars et pes trocheus simul finiantur.
Da eius exemplum: "Quae pax longa remiserat, arma nouare
parabant".

   Quot sunt species in caesura hexametri uersus? Quattuor.
30 Quae sunt? Coniunctus, districtus, mixtus et diuisus. Coniunctus quis est? Qui in scandendo ita concatenatus sibi est, ut
nusquam finito sensu diuisa inter se uerba ponantur. Quomodo?
Vt nusquam pes cum parte finiatur. Da eius exemplum: "Infandum, regina, iubes renouare dolorem". Districtus quis est? Qui

---

Trad. text. α   *F L R V*

29/32 Quot – ponantur] Avdax, *Gramm.* 340, 6-9   **33/35** Infandum – habet]
Avdax, *Gramm.* 340, 11-13

---

18 Inde – alto] Verg., *Aen.* 2, 2   **21/22** Mors – hora] *Incert. uers.* 62 (*FPL* – Bläns.,
p. 441)   **27/28** Quae – parabant] Ter. Mavr., *Gramm.* 1701   **33/34** Infandum –
dolorem] Verg., *Aen.* 2, 3

---

17 tertium] teruum *R*   **18** toro] teóro *F V*, thoro *L²*   Tritos] *cum Audace corr.*
Maes., titos *F R V*, titros *L*   trocheus] troceus *F Lᵃ·ᶜ·*, trocheos *R*   **18/19** quid est]
quidem *R*   **19** Quotiens] quoties *F V*, cotiens *R*   **20** ultimam] ultimas *Lᵃ·ᶜ·*,
multimam *R*   trocheus] troceus *F Lᵃ·ᶜ·*   duabus] duobus *F R V*   reliquis] sequis *R*
21 finiat] fit *F*, finit *V*   Mors] mor *R*   **22** omni] oma *Lᵃ·ᶜ·*   adlabitur] alabitur *R*
hora] ora *Lᵃ·ᶜ· R*   in isto] into *Rᵃ·ᶜ·*   **23** tulta] dempta *R V*   **24** trocheus] troceus *F Lᵃ·ᶜ·*
finiantur] finiatur *F R V*   Tetarte bucolicon] tetarche bullicon *R*   Quum] com *R*
25 in] ut *L*   **26** finiantur] finiatur *F V*, finatur *R*   **27** Da] *om. L*   eius] huius *L*, *om.*
V   **28** parabant] pearabant *R*   **29** Quot] quod *Lᵃ·ᶜ·*   sunt species] species sunt *V*
caesura] cessura *L*   **30** Quae] *sup. l. R*   Coniunctus¹ – mixtus] congunta distrinta
mixta *R*   diuisus] diuisa *R*   Coniunctus²] coniunta *R*   **31** quis] quid *L V*, que *R*
Qui] quae *R*   scandendo] scandedo *Lᵃ·ᶜ·*   concatenatus] concatenata *R*   **31/32** ut –
Quomodo] *iter. F*   ut] et *L*, u *R*   **32** sensu] *cum Audace corr. Maes.* (*cfr infra l. 35*),
uersu *F L R*, uerso *V*   diuisa] diuiso *R*   uerba] uersa *L*   **33** nusquam] numquam *F*
pes] pars *Vᵃ·ᶜ·*   cum] quam parte *praem. et exp. L*   Da] *om. L*   eius] huius *L*
34 iubes] iubet *Lᵃ·ᶜ·*, iubeas *R*   dolorem] dolore *L*   Districtus] districta *R*   quis] quid
(qui *L²*) *L*, que *R*   est] *om. V*   Qui] que *R*

35 in scandendo uersu sensum seu partes orationis diuisas habet.
Quomodo? Ibi omnes pedes cum partibus finiuntur. Da eius
exemplum. "Dic mihi, Clio, quisnam primus fingere uersus".
Mixtus quis est? Qui utrumque in se habet, ut in quibusdam
coniunctus, in quibusdam uero separatus sit. Quomodo? Vt in
40 quibusdam pedes cum partibus non finiantur, in quibusdam
partes cum pedibus finiantur. Da eius exemplum: "Hic currus
fuit; hoc regnum dea gentibus esse". Qui diuisus? Qui in pria-
peio deprehenditur metro. Quale est metrum priapeium? Quum
hexametri uersus primi tres pedes ⟨concatenati⟩ inter se a reliquis
45 tribus diuisi separatique sunt. Quomodo? Vbi tres pedes primi
ita concatenati sunt, ut nusquam pes cum parte, nisi post tertium
pedem finiatur. Da eius exemplum: "Aut Ararim Partus bibet aut
Germania Tigrim".

Versus hexameter dactilicus heroicus per quas species uaria-
50 tur? Per triginta et duas. Versus duodecim syllabarum quot
species habet? Vnam, quia omnes in se spondios habet. Da eius
exemplum: "Introducuntur legati Minturnenses". Istud metrum

Trad. text. α   *FLRV*

37/39 Dic – sit] AVDAX, *Gramm.* 340, 14-16   **41/45** Hic – sunt] AVDAX, *Gramm.*
340, 17-20   **47/48** Aut – Tigrim] AVDAX, *Gramm.* 340, 21   **49/53** Versus –
spondiazon] AVDAX, *Gramm.* 338, 25-29

37 Dic – uersus] Incert.   **41/42** Hic – esse] VERG., *Aen.* 1, 17   **47/48** Aut –
Tigrim] VERG., *Ecl.* 1, 62   **52** Introducuntur – Minturnenses] ENN., *Ann. dub.* 7

35 uersu] *om. FRV*   sensum] sensus *V, om. L*   orationis] orationes *L*
36 Quomodo] quomo *L*   Ibi] ut *praem. R*   cum] *om. L*   finiuntur] finiantur *R*
37 primus] prius *V*   **38** Mixtus] mixta *R*   quis] qui *L*, quae *R*   est] *om. V*   Qui] que
R   ut] ud *R*   **39** Vt] *om. FV*   **40** finiantur] finiuntur *F*, fiantur *R*   quibusdam¹]
quibus *F*   **41** partes] pedes *V*   pedibus] partibus *V*   finiantur] finiuntur *FV*   currus]
cursus *F*   **42** dea gentibus] deantibus *R*   Qui¹ – Qui²] quae diuisa quae *R*
43 Quum] quando *V*   **44** hexametri] exametron *L*, exametrum *R*   uersus] uersu *L*
concatenati] *cum Audace suppl.* Maes. (*cfr infra l. 46*)   **45** diuisi] *om. L*   separatique]
seperatique *L*   Vbi] ut *R*   **45/46** primi ita] primita *R^a.c.*   **46** ita] ite *L^a.c.*
concatenati] concatenatae *L^a.c.*   sunt] sint *R*   nusquam] numquam *R*   pes] pars *L*
parte] pede *L*   **47** Da] dic *R*   eius] ex *R^a.c.*   Ararim] arari *F*, arim *L^a.c. R*   Partus]
partes (parthus *L²*) *L*   bibet] libe *F*   **48** Germania] gremania *R*   Tigrim] timbri
(tigrin *L²*) *FL*   **49** Versus – uariatur] *om. L*   hexameter] exametre *R*   dactilicus]
dactilus *V*   quas] quot *V*   uariatur] uariantur *R*   **50** Per] *om. FR*   triginta – duas]
XXXII *RV*   triginta] trienda (triginda *L²*) *L*   duas] duo *FL*   syllabarum] *om. L*
quot] quod *L^a.c. R*   **51** species] espetiaes *R*   in se] *sup. l. L, post* spondeos *transp. V*
spondios] spondio *F^a.c.*, spondius *L²a.c.*, spondeos *RV*   Da] dic *R*   **52** Minturnenses]
minturnensis *R*

quomodo uocatur? Dactilicum, sed uersus spondiazon. Versus
tredecim syllabarum quot dactilos habet? Vnum. Quot species ei
55 sunt? Quinque, quia aut primo aut secundo aut tertio aut quarto
aut quinto loco dactilus ponitur. Versus duos dactilos habens
quot syllabarum est? Quattuordecim. Quot species habet?
Decem. Quomodo quaerendae sunt? Duo nominandi sunt et
unus ponendus. Quomodo? Aut primo et secundo loco dactilus
60 ponitur, aut primo et tertio, aut primo et quarto, aut primo et
quinto, aut secundo et tertio, aut secundo et quarto, aut secundo
et quinto, aut tertio et quarto, aut tertio et quinto, aut quarto et
quinto. Versus quindecim syllabarum quot dactilos habet? Tres.
Quot species eius constant? Decem, sicut et quattuordecim sylla-
65 barum. Quomodo quaerendae sunt? Tres nominandi sunt et
unus ponendus est. Quomodo? Aut primo, secundo et tertio
loco dactilus ponitur; aut primo, secundo et quarto; aut primo,
secundo et quinto; aut primo, tertio et quarto; aut primo, tertio
et quinto; aut primo, quarto et quinto; aut secundo, tertio et
70 quarto; aut secundo, tertio et quinto; aut secundo, quarto et
quinto; aut tertio, quarto et quinto. Versus quattuor habens dactilos quot syllabarum est? Sedecim. Quot species habet? Quinque, sicut ille tredecim syllabarum. Quomodo quaerendae sunt?
Quattuor sunt nominandi et unus ponendus, et a regione quinta
75 usque in capite uersus et unus pes relinquendus est. Quomodo?
Aut primo, secundo, tertio et quarto loco dactilus ponitur; aut

---

ῑad. text. α *FLRV*

53/56 Versus – ponitur] cfr AVDAX, *Gramm.* 339, 3-5 **56/63** Versus – quinto]
AVDAX, *Gramm.* 339, 5-10 **63/71** Versus – quinto²] cfr AVDAX, *Gramm.* 339, 10-13
71/79 Versus – quinto] cfr AVDAX, *Gramm.* 339, 13-15

53/54 Dactilicum – tredecim] *male leg.* L Dactilicum] dactilum L **54** quot]
quod L^{a.c.} **54/55** Vnum – aut¹] *male leg.* L **54/55** Quot – sunt] quotae speciei est F,
cuius speciei V Quot] quod R **55** sunt] aut secundo et IIII aut II et V aut III *add.* R
Quinque] quintae FV quia] quomodo *praem.* F **55/56** aut³ – dactilus] *male leg.* L
57 quot] quod L Quot] quod L, quid R species habet] sunt speties R
58 nominandi] nominati L^{a.c.}, nominande R^{a.c.} **59/60** et – primo¹] *om.* R **60** et²]
aut L^{a.c.} R et³] aut L^{a.c.} **61** quinto] quito R aut¹] et secundo *praem. et exp.* L et¹]
sup. l. L **61/62** aut² – tertio¹] *om.* R et²] aut V^{a.c.} **63** quot] quod L^{a.c.} dactilos]
dactilus F **64** Quot] quod L^{a.c.} R species eius] speciebus V constant] constat
F L^{a.c.} R V **65** nominandi] nominande R **66** est] *om.* F R V **70** aut¹] et L^{a.c.} et¹]
aut L^{a.c.} aut²] et L^{a.c.} **71** Versus] qui *add.* L habens] habet L **72** quot] quod L R
Sedecim] sedeum R Quot] quod L^{a.c.} R **74** ponendus] quaerendus L **75** uersus]
unus *add.* L pes] per se F R V, spes L^{a.c.} relinquendus] aut sillaba relinquenda L est]
om. V **76** loco – ponitur] *om.* F R V

primo, secundo, tertio et quinto; aut primo, secundo, quarto et
quinto; aut primo, tertio, quarto et quinto; aut secundo, tertio,
quarto et quinto. Versus syllabarum decem et septem quot dacti-
80 los habet? Quinque. Quot sunt in eo species? Vna, sicut in uersu
duodecim syllabarum.

    Versus dactilicus hexameter heroicus quales pedes recipit?
Dactilum locis omnibus excepto in fine: aut trocheum aut spondium habet; et spondium locis omnibus excepto in quinta regio-
85 ne dactilum habeat propter lenitatem uersus; trocheum tantum
in fine. Da eius exemplum: "Arma uirumque cano, Troiae qui
primus ab oris". Versus hexameter dactilicus heroicus quot pedibus caeditur? Sex: dactilo et spondio circum se positis aut alterna interpositione uariatis. Quomodo inter se positis? Circa se
90 positis. Si toti dactili sint excepto in fine: aut trocheum aut spondium habeat; si toti spondii sint, excepto in quinta regione dactilum habeat propter lenitatem uersus, trocheum tantum in fine.
Quomodo alterna interpositione uariatis? Si uariatim ponantur
spondius et dactilus, dactilus et spondius.

Trad. text. α   *F L R V*

79/81 Versus – syllabarum] cfr Avdax, *Gramm.* 339, 15-18   **82/87** Versus – oris]
Mall. Theod., *Gramm.* 19, 18-21, 2   **87/89** Versus – uariatis] Avdax, *Gramm.*
337, 3-5

86/87 Arma – oris] Verg., *Aen.* I, 1

79 decem] decim *L*   quot] quod *L^{a.c.} R*   **80** Quot – species] *om. L*   Quot] quod
R   eo] eos *R*   Vna] unam *L*   sicut] et *add. R*   **82** dactilicus] dactilus *L V*   hexameter
heroicus] exametere roicus *L^{a.c.}*   **83** Dactilum] dactilicum *L^{a.c.} R*   in fine] *iter. R*   aut^1]
om. L   trocheum] troceum *F L^{a.c.}*   spondium] spondeum *F R V*   **84** habet] ut habeat
L   et spondium] spondius *L*   **85** dactilum] ut *sup. l. add. L^2*   habeat] habet *V*
trocheum] troceum *F L^{a.c.}*   **87** dactilicus] dactilus *F*   quot] quod *L^{a.c.} R*   pedibus]
pedidibus *R^{a.c.}*   **88** caeditur] *cum Audace scripsi*, ceditur α   Sex] quomodo *add. F*   et]
aut *L*   spondio] spondeo *F R V*   circum] circa *R^{a.c.}*   positis] potes *R*   alterna] in
praem. L   **89** interpositione] positione *V*   Quomodo – positis] *om. R*   **90** Si toti]
scitoti *R*   sint] sit *R*   aut^1 – aut^2] *om. L*   trocheum] troceum *F*, dactilum *R*
spondium] spondeum *R V*   **91** habeat] habet *R*, aut ut *praem. L*   si toti] scite *R*
spondii] spondei *R V*   excepto] ut *add. L*   quinta] quarta *F*   dactilum] dactilium *L*
92 habeat] habetur *R*   trocheum] troceum *F L^{a.c.}*   **93** interpositione]
interseposcitione *R*, intersepositione *V*   uariatim] uariati *R*   **94** spondius^1] spondeus
R V   spondius^2] spondeus *R V*

95   Quot sunt depositiones uersus dactilici hexametri heroici?
Quattuor. Quae sunt? Catalexis, acatalexis, brachicatalexis et
hypercatalexis. Quid est acatalexis? Quum uersus legitimo fine,
id est pleno temporum numero terminatur. Quomodo? Quando
totas decem et septem syllabas habet et tota uiginti quattuor
100   tempora. Da eius exemplum: "Nam diuturna quies uitiis alimen-
ta ministrat". Quid est catalexis? Quum una syllaba uni cuique
metro deesse uidetur. Da eius exemplum: "Saulus Paulus Christi
quum facta negaret". Quid est brachicatalexis? Quum pedem
minus habet. Da eius exemplum: "Fronde uirere noua, quod
105   seminat arbor". Quid est hypercatalexis? Vbi aut pedem aut
syllabam super habet. Da eius exemplum: "Interea tenero mihi
bucula pascere gramine".

        Quid sequitur? Metrum dactilicum pentametrum elegiacum.
Quare dicitur elegiacum? Eo quod modulatio eiusdem carminis
110   conueniat miseris. A quo hoc metrum prius inuentum est? Vix
omnino constat a quo sit inuentum, nisi quia apud nos Ennius

Trad. text. α   *F L R V*

96/98 Quae – terminatur] Avdax, *Gramm.* 333, 17-21   **101/102** Quid – uidetur]
Avdax, *Gramm.* 333, 21-22   **103/104** Quid – habet] Avdax, *Gramm.* 333, 22   **104/**
105 Da – arbor] Mall. Theod., *Gramm.* 25, 10   **105/106** Quid – habet] Avdax,
Gramm. 333, 22-23   **106/107** Da – gramine] Avdax, *Gramm.* 340, 3   **109/**
112 Quare – est] Isid., *Etym.* 1, 39, 14-15

100/101 Nam – ministrat] Ps. Cato, *Dist.* 1, 2, 2; **app. crit.** Ps. Cato, *Dist.* 1, 1, 1;
Sedvl., *Carm. Pasch.* 1, 163 (p. 28)   **102/103** Saulus – negaret] Incert.   **104/**
105 Fronde – arbor] cfr Verg., *Aen.* 6, 206   **106/107** Interea – gramine] Incert.

95 Quot] quod $L^{a.c.} R$ depositiones] deposcitiones R dactilici hexametri]
hexametri dactili (dactilici L^2) L **96** brachicatalexis] bracicatalexis $F L^{a.c.} V$
97 hypercatalexis] ypercatalexis F, ipercatalexis $L R$ acatalexis] catalexis $F R V$
legitimo] legitima L, legitime R **98** id – pleno] *om. F R V*   **99** totas] tantas R
decem – septem] xvii V **100** tempora] temporum R **100/101** Nam – ministrat] si
deus est animus nobis ut carmina dicunt $F R$, sol stetit ad gabaon mediique cacumine
caeli V **101** catalexis] acatalexis $F R V$ una syllaba] *post* metro *transp. V*   **103** facta]
fate L Quid] quis L, qui R brachicatalexis] bracicatalexis $F L^{a.c.}$ **104** Fronde]
frondea R **105** seminat] germinat $F R$, germina V Quid] quis L Vbi] cum L
pedem] pes R **106** syllabam] syllaba R super habet] superat R tenero mihi] mihi
(amici V) tenero (*iter. F V*) $F R V$ **107** bucula] *om. F R V*   pascere] pascaerae R
gramine] gramen $F V$, gramini R **108** pentametrum] *cum Mall. Theod. correxi (cfr*
infra l. 128/129), hexametrum α   elegiacum] de elegiaco metro *add. V*   **109** Quare –
elegiacum] *in marg. L*   modulatio] modolatio F, mudulatio $L^{a.c.}$ **110** miseris]
misereris R est] *om. V*   **111** quo – inuentum] quos itenuentum $L^{a.c.}$

eum prior usus est. Quales pedes recipit? In capite aut duos dactilos aut duos spondios aut spondium et dactilum aut dactilum et
spondium uariatim, et inde catalecton, post duos dactilos cum
115 catalecton in fine. Da eius exemplum: "Ingentes actus carmina
nostra canunt". Per quas species uariatur istud metrum? Per
quattuor. Prima species quae est? Quum praecesserint duo dactili, spondius, et subsecuti fuerint duo anapesti. Da eius exemplum: "Scribite uersiculos, scribite uersiculos". Secunda species
120 quae est? Quum praecesserint spondius, dactilus, spondius, et
subsecuti fuerint duo anapesti. Da eius exemplum: "Vrbs antiqua
fuit, quam tenuere Friges". Tertia species quae est? Quum praecesserint tres spondii et subsecuti fuerint duo anapesti. Da eius
exemplum: "Aut inlaudatos nescit adire focos". Quarta species
125 quae est? Quum praecesserint dactilus, duo spondii, et subsecuti
fuerint duo anapesti. Da eius exemplum: "Barbara sacratos nolit
adire focos".

Quale metrum sequitur? Aliud dactilicum elegiacum pentametrum. Quales pedes recipit? Lege superiori conprehenditur,
130 tantum catalecton in fine non habet. Da eius exemplum: "Et
nihil est quod amem Flaminia minus".

Trad. text. α   *F L R V*

112/116 Quales – canunt] MALL. THEOD., *Gramm.* 21, 4-7   **116/127** Per[1] – focos]
cfr Fragm. Sang. 639, 22 - 640, 3   **128/131** Quale – minus] MALL. THEOD., *Gramm.*
21, 8-12

115/116 Ingentes – canunt] Incert.   **119** Scribite – uersiculos[2]] Incert.; cfr HOR.,
Epod. 11, 2; TER. MAVR., *Gramm.* 2970.2972   **121/122** Vrbs – Friges] Incert.; cfr
VERG., *Aen.* 1, 12   **124** Aut – focos] Incert.; cfr VERG., *Georg.* 3, 5   **126/127** Barbara –
focos] Incert.   **130/131** Et – minus] SEPT. SER., *Carm.* 18, 1

---

112 eum] ea *R*   prior] prius *F V*   capite] caput *R*[a.c.]   **113** duos] duo *L*[a.c.]   spondios]
spondeos (-deus *R*[a.c.]) *R V*   spondium] spondeo *R*, spondeum *V*   dactilum[1]] dactilo *R*
dactilum[2]] dactilo *R*   **114** spondium] spondeo *R*, spondeum *V*   uariatim] uariatur *F R*,
om. V   et] *om. L*   catalecton] actalecton *L*   post] pos *R*   **115** catalecton] calecto *R*
in fine] *om. L*   **116** quas] quod (quot *L*[2]) *L*   istud] idtut *R*   **118** spondius] spondeus
R V   **119** scribite uersiculos] *in marg. L*   **120** spondius[1]] spondeus *R V*   spondius[2]]
spondeus *R V*   **121** subsecuti fuerint] praecesserint *F R*   **123** tres] duo *L*   spondii]
spondei *R V*   duo] *om. L*   **124** Aut] huc *add. et exp. V*, *om. L*   inlaudatos] *cum Fragm.*
Sang. correxi, inlatos α   nescit adire] nessit ad irae *R*   Quarta species] quarte spetiaes *R*
125 dactilus] dactilos *F*   spondii] spondei *R V*   **126** sacratos] sacratis *F R V*
127 adire] ardere *R*   **128** Quale] de dactilico elegiaco pentametro *praem. V*
dactilicum] dactilum *F*   **129** recipit] recepit *L*[a.c.]   superiori] superi *L*   **130** tantum]
tanta *R*   eius] *iter. R*   **131** amem] ament *F V*, hamat *R*   Flaminia] flamina *F*, flumina
R V   minus] munus *F R V*

Quale metrum sequitur? Dactilicum asclepiadeum minore.
Quales pedes recipit? Spondium, dactilum, catalecton et post
duos dactilos. Ergo ipsud est asclepiadeum minore quod et
135 elegiacum pentametrum? Non, quia illud in capite aut spondium
et dactilum aut dactilum et spondium aut duos dactilos aut duos
spondios recipit, post catalecton et duos dactilos in fine. Istud
autem fixam regulam habet, ut semper primo loco spondium
recipiat, inde dactilum cum catalecton, post duos dactilos. Da
140 eius exemplum: "Laudamus uario musica carmine". Scanditur
alio modo? Scanditur. Quomodo? Per spondium et duos
coriambos, ita ut pirrichium habeat in fine. Da eius exemplum:
"Sanctorum meritis inclita gaudia". Isti metro qualia metra deseruiunt? Gliconium et feregratium. Feregratium ex quibus pedibus
145 constat? Ex spondio et dactilo, ita ut in fine trocheum aut spondium habeat. Da eius exemplum: "Grato, Pirra, sub antro?".
Gliconium quales pedes recipit? Spondium et duos dactilos. Da
eius exemplum: "Victorum genus optimum".

Trad. text. α   *F L R V*

132/140 Quale – carmine] MALL. THEOD., *Gramm.* 21, 13-23, 5   **144/**
147 Feregratium – dactilos] MALL. THEOD., *Gramm.* 27, 8-13

140 Laudamus – carmine] Incert.;   cfr   *Hymn. Hisp.*   118, 5   (p. 437)
143 Sanctorum – gaudia] *Hymn. martyr.* 1 (p. 279); cfr EVGEN. TOL., *Carm.* 97, 1
146 Grato – antro] HOR., *Carm.* 1, 5, 3   **148** Victorum – optimum] *Hymn. martyr.* 4
(p. 279)

132 Quale] de metro dactilico asclepiadeo minore *praem. V*   metrum] adhuc *add. R*
Dactilicum] dactilum *V*   asclepiadeum] asclepeadeum (-clip- *F²*) *F*, asclepiadium *L*
minore] minorae *L^a.c.*, minus *R*   **133** Spondium] spondeum *V*   et] *om. L*   **134** ipsud]
ipsum *L R V*   est] *om. L*   asclepiadeum] asclepideum *L*, asclepiadum *V*   minore]
minus *R*   et] *om. F R V*   **135** Non] nam *R*, quare *add. F*   quia] que *R*   illud] ille *F V*,
illa *L*   spondium] spondeum *R V*   **136** spondium] spondeum *R V*   aut² – dactilos]
post spondios *transp. L*   **137** spondios] spondeos *R V*   et] cum *F L V*   Istud] iste
F L V   **138** autem] aut *R*   ut – loco] *iter. V*   ut] et *F^a.c.*, aut *L*   primo] pro *praem. F*
spondium] spondeum *R V*   **139** catalecton] catalecto *R*   **140** Laudamus] laudemus *V*
uario] uarios *F V*   carmine] carmina *L*, carminae *R*   **141** Scanditur] *om. F R V*
Quomodo] *om. R V*   **141/142** Per – exemplum] *om. L*   spondium] spondeum *R V*
142 coriambos] corambos *R*   pirrichium] pirricium *F*, pyrrigium *R*   fine] finem *R*
144 Gliconium ... feregratium] feregratium ... colonium *L*, feregracium ... glicomium *V*
145 Ex spondio] expondeo *R*   spondio] spondeo *V*   et] *sup. l. L, om. F R*   ita ut] et *V*
trocheum] troceum *F L^a.c.*   spondium] spondeum *R V*   **146** habeat] habet *V*   Pirra]
pirro *L*   **147** Gliconium] cliconium *R*   Spondium] spondeum *R V*

Quale metrum sequitur? Aliud dactilicum asclepiadeum
150 maiore. Quales pedes recipit? Spondium, tres coriambos, ita ut
pirrichium habeat in fine. Da eius exemplum: "Annum cardo
rotat, dum fruimur sole uolubili". Asclepiadeum metrum quis
inuenit? Asclepius quidam asclepiadea scripsit.

Quale metrum sequitur? Eolicum. Quales pedes recipit? De
155 disyllabis excepto pirrichio (non recipit) in capite ceteros recipit,
post duos dactilos, in fine spondium aut trocheum. Da eius
exemplum: "Ampla condere moenia coepit". Item "Ignes praecipitans rutilantes".

Quid sequitur? Dactilicum faleucium endecasyllabum. Quales
160 pedes recipit? Spondium, dactilum et tres trocheos. Da eius
exemplum: "Fulgens diuitiis et ore clarus". Fit alio modo? Fit
per spondium, dactilum catalecton et dactilum, ita ut in fine
trocheum aut spondium habeat. Da eius exemplum: "Squalent

Trad. text. α   *F L R V*

152/153 Asclepiadeum – scripsit] cfr DIOM., *Gramm.* 501, 25-27; AVG., *Mus.* 2
(p. 106, 23-28); ISID., *Etym.* 1, 39, 8   154/157 Quale – coepit] MALL. THEOD., *Gramm.*
23, 6-9   159/161 Quid – clarus] MALL. THEOD., *Gramm.* 23, 10-13   161/164 Fit[1] –
multo] cfr BEDA, *Metr.* 19 (p. 134, 1-6)

151/152 Annum – uolubili] PRVD., *Praef.* 3   157 Ampla – coepit] Incert.   157/
158 Ignes – rutilantes] Incert.   161 Fulgens – clarus] Incert.   163/164 Squalent –
multo] *Hymn. Hisp.* 204, 1 (p. 717)

149 Quale] de dactilo asclepiadeo maiore *praem. V*   asclepiadeum] asclepiadium *L*
150 maiore] maius *R*   Spondium] spondeum *R V*   tres] et *praem. R*   coriambos]
coriambicos *L*, coribos *R*   ut] in *add. et exp. L*   151 pirrichium] pirricium *F*, pirritium
L^{a.c.}   Annum] anim *F*, annom *R*, animum *V*   152 rotat] rodat *F V*   Asclepiadeum
metrum] asclepiadia metra *L*   153 Asclepius] asclepiadius *L^{a.c.}*   quidam] quide *F R V*
154 Quale] de metro eolico *praem. V*   Eolicum] aliut dactilicum elaicum acatalectum
R   154/155 De disyllabis] desillabis *L^{a.c.}*   155 excepto] excepta pro *R*   pirrichio]
pirricium *F L^{a.c.}*, pirrichium *L^{p.c.} R*   capite] caput *F L*   156 dactilos] dactilus *R*
spondium] spondeum *F^{a.c.} R V*   trocheum] troceum *F L^{a.c.}*   156/157 Da – exemplum]
sup. l. V   157 exemplum] explum *R*   coepit] cepit *F, in marg. L*   Item] inter *V*   Ignes]
ignis *F R V*   praecipitans] precepit (praec- *V*) tantas *F V*, praecipitat *R*   159 Quid]
quod *R*, de metro dactilico falleucio *praem. V*   sequitur] adhuc *add. R*   faleucium]
faleum *L*, falleutium (-ci- *V*) *R V*   endecasyllabum] endecasillabarum (-syll- *V*) *F V*,
endecassyllabam *R*   160 Spondium] spondeum *R V*   trocheos] troceus *F*, troceos *L*
161 Fulgens] fungens *R*   clarus] claros *V*   Fit[2]] *om. F R V*   162 spondium] spondeum
R V   dactilum[1]] et *add. V*   163 trocheum ... spondeum] spondium ... trocheum *L*
trocheum] troceum *F L^{a.c.}*   spondium] spondeum *R V*

arua soli puluere multo". Faleucia metra quis inuenit? Faleucius
165 quidam ea scripsit.

Quale metrum sequitur? Dactilicum alcaicum endecasyllabum. Quales pedes recipit? In capite aut iambum aut spondium,
inde baccium, post duos dactilos. Da eius exemplum: "Vides ut
alta stet niue candidus"; "Odi profanum uulgus et arceo". Item
170 "Almi prophetae, progenies pia".

Quale metrum sequitur? Dactilicum safficum. A quo inuentum est hoc metrum? A Saffa muliere. Quales pedes recipit?
Trocheum, spondium, dactilum, post duos trocheos. Da eius
exemplum: "Bis nouem noster populus sub uno". Isti metro qua-
175 lia metra deseruiunt? Adonium, quod dicitur cimis heroicus.
Quales pedes recipit? Dactilum, in fine trocheum aut spondium.
Da eius exemplum: "Terruit urbem". Item "Res cui tanta est".

Quale metrum sequitur? Dactilicum pentametrum heroicum.
Quales pedes recipit? Superiores excepto dactilo, quem ille in

---

Trad. text. α   *F L R V*

164/165 Faleucia – scripsit] cfr DIOM., *Gramm.* 501, 25-27   **166/169** Quale –
arceo] MALL. THEOD., *Gramm.* 23, 14-20   **171/172** A – muliere] cfr ISID., *Etym.* 1,
39, 7   **172/173** Quales – trocheos] MALL. THEOD., *Gramm.* 25, 1-3   **174/177** Isti –
urbem] MALL. THEOD., *Gramm.* 25, 5-7   **178/181** Quale – arbor] MALL. THEOD.,
Gramm. 25, 8-10

168/169 Vides – candidus] HOR., *Carm.* 1, 9, 1   **169** Odi – arceo] HOR., *Carm.*
3, 1, 1   **170** Almi – pia] *Hymn. Hisp.* 137, 1 (p. 504)   **174** Bis – uno] PRVD., *Perist.* 4, 1
177 Terruit urbem] HOR., *Carm.* 1, 2, 4   Res – est] PRVD., *Perist.* 4, 4

164 multo] multe *L^{a.c.}*   Faleucia] faleutia *L*, falleucia *R V*   Faleucius] faleutius *L*,
falleucius *R V*   **165** quidam] quidem *F R*   ea] enea *R*   **166** Quale] de metro dactilico
alchaico *praem. V*   sequitur – alcaicum] dactilum sequitur alchaicum *V*   **167** aut] aui
R   spondium] spondeum *R V*   **168** baccium] bachium *R V*   post] pos *R*   Vides] uide
V   **169** alta] alto *F R V*   stet] adstet *F V*, asttat *R*   uulgus] uulnus *F R V*   arceo] altio
R   Item] quem *V*, aliud *add. L*   **171** Quale] de metro dactilico saffico quid *V*
safficum] saphicum *V*   **172** Saffa] sapha *L*, saffo *R*   muliere] mulierae *R*
173 Trocheum] troceum *F L*   spondium] spondeum *R V*   trocheos] troceos *F L*
174 populus] pupulus *R^{a.c.}*   **174/175** qualia – deseruiunt] quale metrum deseruit *L*
175 cimis] cymis *V*, semis *L²* (*cfr codd. Mall. Theod.*)   heroicus] eroicis (eroucis *F²*) *F V*,
eroicus *L^{a.c.}*, haeroicis *R*   **176** trocheum] troceum *F L*   spondium] spondeum *R V*
177 Item – est] *om. L*   **178** Quale] de metro dactilico pentametro heroico *praem. V*
Dactilicum] dactilum *R*   **179** Superiores] superios *R^{a.c.}*   dactilo] *correxi,* dactilum α

180 quinta regione habet, iste in quarta. Da eius exemplum: "Fronde
uirere noua, quod seminat arbor".

Quale metrum sequitur? Dactilicum tetrametrum. Quales
pedes recipit? Lege superiori conprehenditur; dactilum uero
quem ille in quarta regione habet, iste in tertia. Da eius exem-
185 plum: "Aut Efesum bimarisue Corinti". Fit alio modo? Fit per
duos dactilos et duos trocheos. Da eius exemplum: "Omnia caeli-
tus ampla sumes".

Quod sequitur metrum? Dactilicum trimetrum. Quales pedes
recipit? Duos dactilos, ita ut in fine spondium aut trocheum
190 habeat. Da eius exemplum: "Quod sua seminat arbor". Fit alio
modo? Fit per dactilum et duos trocheos. Da eius exemplum:
"Tu genus hoc memento".

Quod sequitur metrum? Dactilicum eptametrum, quod
dicitur arcilocium itifallicum. Ex quibus pedibus constat? Ex
195 tetrapodia dactilica et tribus trocheis. Et ipsa tetrapodia dactilica
quales pedes recipit? Quattuor dactilos et unum spondium. Ipse
spondius quo loco ponitur? Aut secundo aut tertio. Da ubi

Trad. text. α   *F L R V*

182/187 Quale – sumes] MALL. THEOD., *Gramm.* 25, 11-18   188/192 Quod –
memento] MALL. THEOD., *Gramm.* 27, 1-7   193/195 Quod – trocheis] MALL.
THEOD., *Gramm.* 29, 1-2   193/197 quod – tertio] cfr AVDAX, *Gramm.* 332, 18-22

180/181 Fronde – arbor] cfr VERG., *Aen.* 6, 206   185 Aut – Corinti] HOR., *Carm.*
1, 7, 2   186/187 Omnia – sumes] Incert.   190 Quod – arbor] cfr VERG., *Aen.* 6, 206
192 Tu – memento] TER. MAVR., *Gramm.* 2537

180 Fronde] frondea *R*   181 seminat] germinat *F R V*   arbor] terre *R*   182 Quale]
de metro dactilico tetrametro *praem.* *V*   Dactilicum] dactilum *R*
183 conprehenditur] deprehenditur *V*   dactilum] excepto quod *praem.* *V*   uero] *om.*
V   184 in¹ – regione] *post* habet *transp.* *V*   iste] habet *add.* *V*   185 Efesum] euesum
*L*ᵃ·ᶜ·, effesum *R V*   bimarisue] *cum* Hor. corr. Lor., uismariue *F R*, uismarisue *L*, uis
mariae *V*   Corinti] corinthi *R V*   Fit²] cum *F R V*   186 et] post *F R V*   trocheos]
troceus *F*, troceos *L*   Da – exemplum] ut *V*, *om.* *F R*   188 Quod] quid *F V*
trimetrum] tetrametrum *F R V*   189 spondium] spondeum *R V*   trocheum] troceum
F L   190/191 Quod – exemplum] *om.* *F R V*   arbor] abor *L*ᵃ·ᶜ·   191 trocheos] *scripsi,*
troceos *L*   192 Tu genus] eugenus *F R*, eugenius *V*   memento] memonto *R*ᵃ·ᶜ·
193 Quod] quid *F L V*   eptametrum] epymetrum *V*   194 arcilocium] alcaicum *F*,
elcaicum *R*, alchaicum *V*   itifallicum] itifallicium *L*, autfalliscum *R*, itifalicum *V*
195 tetrapodia¹] tretapodia *L*ᵃ·ᶜ·   tribus trocheis] *correxi,* tres trocheos (-ceos *F L*) α
196 spondium] spondeum *R V*   197 spondius] spondeus *R V*   loco] *om.* *F R V*

secundo loco ponatur: "Iulius, Vrbanus, Apodemius, inde Primi-
tiuus". Da ubi tertio loco ponatur: "Soluitur acris hiems grata
200 uice ueris et Fauoni".

Quid sequitur? Dactilicum tetrametrum colofon. Quales
pedes recipit? Aut tres dactilos aut duos spondios, ita ut in tertio
loco dactilum habeat et pro quarto pede unam tantum syllabam.
Da eius exemplum: "O Crucifer bone, lucisator!".

IV.2. DE METRO IAMBICO

Metrum iambicum senarium quales pedes recipit? Iambum
locis omnibus, tribracin similiter, in fine pirrichium, spondium,
dactilum et anapestum locis inparibus, id est primo, tertio et
5 quinto. Da eius exemplum: "Ibis Liburnis inter alta nauium"; "O
Nazarene, Lux Bethlem, Verbum Patris!".

Quid sequitur? Metrum iambicum senarium colofon. Quales
pedes recipit? Superiores; tantum pro sexto pede colofon ponitur. Da eius exemplum: "Trahuntque siccas machinae carinas".

Trad. text. α   *FLRV*

199/200 Da – Fauoni] MALL. THEOD., *Gramm.* 29, 4
IV.2, 2/5 Metrum – nauium] MALL. THEOD., *Gramm.* 31, 3-7   **7/9** Quid –
carinas] MALL. THEOD., *Gramm.* 31, 8-11

198 Iulius – Primitiuus] EVGEN. TOL., *Carm.* 9, 17   **199/200** Soluitur – Fauoni]
HOR., *Carm.* 1, 4, 1   **204** O – lucisator] PRVD., *Cath.* 3, 1
IV.2, 5 Ibis – nauium] HOR., *Epod.* 1, 1   **5/6** O – Patris] PRVD., *Cath.* 7, 1
9 Trahuntque – carinas] HOR., *Carm.* 1, 4, 2

198 ponatur] ponitur *R*   Primitiuus] primitibus *L R*   **199** tertio] in *praem. L*
acris] *om. V*   **200** uice] uicae *R*   ueris] aeris *F R V*   **201** Quid] quod *R*   colofon]
colophon *R*   **201/202** Quales – recipit] *om. F R*   **202** spondios] spondeos *R V*
203 habeat] habet *L$^{a.c.}$*   tantum] tantam *R*   **204** Crucifer] crufer *L$^{a.c.}$*, lucifer *R*
bone] boni *F*, bonae *R*   lucisator] *cum Prud. scr. Lor.*, lucis auctor *F*, licisator (lucissator
L²) *L*, lutisator *R*, lucisactor *V*
IV.2, 1 De metro] incipit *praem. L*   **2** senarium] *om. F R V*   **3** tribracin] tribracim
F, tribrachin *R*, tribrachum *V*   pirrichium] pirricium *F L*, pyrrichium *V*   spondium]
spondeum *R V*   **4** et¹] *om. F R V*   primo] *om. L*   **5** quinto] quarto *R*   inter alta]
internalta *R*   **6** Nazarene – Patris] *om. F R V*   **7** Quid] quod *R*   **8** ponitur] ponatur
L   **9/11** Trahuntque – exemplum] *om. F R V*   carinas] *cum Hor. corr. Lor.*, carinis *L*

10   Quid sequitur? Iambicum pentametrum. Quales pedes recipit? Superiores. Da eius exemplum: "Virtute recta uita degitur".
Item "Pius, fidelis, innocens, pudicus".

Quid sequitur? Metrum iambicum pentametrum colofon.
Quales pedes recipit? Superiores omnes, et pro quinto pede una
15   tantum syllaba. Da eius exemplum: "Merulae quod os sonat
uetustae".

Quid sequitur? Metrum iambicum tetrametrum. Quales
pedes recipit? Superiores omnes. Da eius exemplum: "Merulae
quod os uetustius". Item "A solis ortus cardine".

20   Quid sequitur? Iambicum tetrametrum colofon. Quales pedes
recipit? Superiores omnes, et pro quarto pede una tantum syllaba. Da eius exemplum: "Triuiae rotetur ignis". Item "Puer hic
sonat Iohannes". Item "Cultor Dei, memento!".

Quid sequitur? Metrum iambicum trimetrum. Quales pedes
25   recipit? Superiores. Da eius exemplum: "Quod os uetustius".
Item "Blandus sopor uicissim".

Trad. text. α   *F L R V*

10/11 Quid – degitur] MALL. THEOD., *Gramm.* 31, 12-14   13/16 Quid – uetustae]
MALL. THEOD., *Gramm.* 31, 15-18   17/19 Quid – uetustius] MALL. THEOD., *Gramm.*
31, 19-21   20/22 Quid – ignis] MALL. THEOD., *Gramm.* 33, 1-6   24/25 Quid –
uetustius] MALL. THEOD., *Gramm.* 33, 9-11

11 Virtute – degitur] Incert.   12 Pius – pudicus] PRVD., *Epil.* 2   15/16 Merulae –
uetustae] Incert.   18/19 Merulae – uetustius] Incert.   19 A – cardine] *Hymn. Hisp.*
82A, 1 (p. 303); cfr SEDVL., *Hymn.* 2, 1   22 Triuiae – ignis] PETRON., *Fragm.* 20, 1; cfr
TER. MAVR., *Gramm.* 2863   22/23 Puer – Iohannes] *Hymn. Hisp.* 133, 1 (p. 491)
23 Cultor – memento] PRVD., *Cath.* 6, 125   25 Quod – uetustius] Incert.
26 Blandus – uicissim] PRVD., *Cath.* 6, 11

11/15 Virtute – exemplum] *om. R*   uita degitur] ut adducitur *V*   degitur] ducitur *F*
12 Item – pudicus] *om. L*   15 Merulae] *cum Mall. Theod. scripsi,* merule α   quod] que
V   sonat] sonant *R*   16 uetustae] metuste *L,* uetuste *L² R V*   17 Quid] quod *R*
Metrum] *om. F R V*   18 Merulae] *cum Mall. Theod. scripsi,* merule α   19 quod] que *V*
os] sonat *add. F V,* sonant *add. R*   uetustius] uetustios *L^{a.c.}*   Item] ita *L*   ortus] hortu
F, ortu *R*   20 Quid] quod *R*   colofon] colophon *R*   22 Triuiae] *cum Ter. Maur.
scripsi,* tridie *F R V,* triuie *L*   Item] *om. L*   23 Iohannes] ionannes *L^{a.c.}*   Item] *om. L*
Cultor] coltor *R^{a.c.}*   24 Quid] quod *R*   25 os] *om. L*   26 uicissim] *sup. l. L*

Quale metrum sequitur? Iambicum saturnium tetrametrum colofon cum tribus trocheis. Da eius exemplum: "Merulae quod os uetustae mane dulce cantat".

30   Quale metrum sequitur? Iambicum ipponacteum. Quales pedes recipit? Superiores et in fine baccium. Da eius exemplum: "Ibis Liburnis inter alta nauium recurrens".

IV.3. DE METRO TROCHAICO

Metro iambico quale metrum contrarium est? Trochaicum. Quare? Quia quod iambicum inparibus recipit locis, trochaicum paribus, id est secundo, quarto et sexto. Hoc metrum quales
5 pedes recipit? Trocheum locis omnibus, tribracin similiter, spondium, dactilum et anapestum locis tantum paribus. Da eius exemplum: "Pastor ille sepe mane dulce carmen insonat". Item "Psallat altitudo caeli, psallite omnes angeli!". Item Terentianus, ubi inpari loco trocheum posuit pro accommodatione rerum
10 explicandarum. Da eius exemplum: "Nulla uox humana constat absque septem litteris".

Trad. text. α   *F L R V*

27/29 Quale – cantat] MALL. THEOD., *Gramm.* 33, 12-14   **30/32** Quale – recurrens] MALL. THEOD., *Gramm.* 33, 15-18
IV.3, 2/7 Metro – insonat] MALL. THEOD., *Gramm.* 37, 1-13   **8/11** Item – litteris] MALL. THEOD., *Gramm.* 37, 14-18

28/29 Merulae – cantat] Incert.   **32** Ibis – recurrens] cfr HOR., *Epod.* 1, 1
IV.3, 7 Pastor – insonat] *Incert. uers.* 108 (*FPL* – Bläns., p. 457)   **8** Psallat – angeli] PRVD., *Cath.* 9, 22   **10/11** Nulla – litteris] TER. MAVR., *Gramm.* 1300

---

27 Quale] *iter. R*   saturnium] saturnum *R*   **28** colofon] colophon *R*   cum] *om. F R V*   trocheis] troceis *F L*   Merulae] *cum Mall. Theod. scripsi*, merule α   **29** os] hos *R*   uetustae] *cum Mall. Theod. scripsi*, uetuste α   dulce] dulcae *R*   cantat] cantant *R*
30 ipponacteum] *scripsi*, ipponatteum *F*, yponacteum *L*, ybonactium (ypon- *R²*) *R*, hypporatheum *V*   **31** baccium] uacciua *L*, bachium *R V*   **32** recurrens] recurrent *F R V*
IV.3, 1 De – trochaico] *om. R*   De metro] incipit *praem. L*   trochaico] trocaico *F*
2 Metro] etri *R*   iambico] iambo *V*   Trochaicum] trocaicum *F*   **3** recipit] recipitur *V*   trochaicum] trocaicum *F L*, trochaicus *V*   **4** est] sunt *V*   et] *om. F*   **5** pedes] *in marg. F*   Trocheum] troceum *F L*   locis] *om. L*   tribracin] tribracim *F*, tribacnin *R*, tribrachim *V*   spondium] spondeum *R V*   **6** anapestum] anepestum *L*   **7** dulce] dulcae *R*   **8** Psallat] psallet *R*   psallite] psallant *F V*, psallent *R*   Item] *om. F R V*   Terentianus] terrentianus *R*   **9** ubi] ut *pream. L*   inpari] inparibus *R*   trocheum] troceum *F L*   **10** Da] *om. L*   eius] huius *L*   humana] numana *L^{a.c.}*

Quid sequitur? Metrum trochaicum, ubi tribracis adsidue ponitur. Da eius exemplum: "Qualis aquila cita celeribus auida pinnis transuolat".

15   Quid sequitur? Metrum trochaicum trimetrum. Quales pedes recipit? Duos trocheos et in fine tribracin. Da eius exemplum: "Dona conscientiae"; "Iste sanus aeger est".

Quid sequitur? Metrum trochaicum tetrametrum. Quales pedes recipit? Superiores. Da eius exemplum: "Qui canem cauda 20 retentat".

IV.4. De metro anapestico

Quale metrum sequitur? Anapesticum. Quales pedes recipit? Suos omnes ea ratione, ut pro consona modulatione spondius in initio uersus ponatur et in fine colofon. Da eius exemplum: "Alte 5 superemicat Aethna poloque propinquat".

Quid sequitur? Anapesticum pentametrum colofon, ubi pro quinto pede una tantum syllaba ponitur. Da eius exemplum: "Superemicat Aethna poloque propinquat". Tetrametrum colo-

---

Trad. text. α   *F L R V*

12/14 Quid – transuolat] MALL. THEOD., *Gramm.* 37, 19-21
IV.4, 2/5 Quale – propinquat] MALL. THEOD., *Gramm.* 41, 2-8

13/14 Qualis – transuolat] Incert.   **17** Dona conscientiae] PRVD., *Epil.* 3   Iste – est] EVGEN. TOL., *Carm.* 86, 2   **19/20** Qui – retentat] EVGEN. TOL., *Carm.* 88, 2
IV.4, 4/5 Alte – propinquat] Incert.   **8** Superemicat – propinquat] Incert.

12 trochaicum] trocaicum *F L*   tribracis] tribrachis *R*, tribrachus *V*   **13** auida] aduida *R*   **14** pinnis] pennis *F R*   **15** trochaicum] trocaicum *F L*   trimetrum] metrum *L^{a.c.}*   **16** trocheos] troceos *F L*   tribracin] tribrachin *R*, tribrachum *V*   **17** conscientiae] consscie *R*   est] *om. V*   **18** trochaicum] trocaicum *F L*   **19** canem] cana *L^{a.c.}*   cauda] caude *R*
IV.4, 1 De – anapestico] *om. R*   De metro] incipit *praem.* L   **2** Quale] qualem *R*   **3** Suos] suas *R*   omnes] sed *add. V*   modulatione] modolatione *F L*   spondius] ypondium *L*, spondeus *R V*   in] *om. F*   **4** colofon] colophon *R*   Da] quales pedes recipit superiores da eius exemplum qui canem caude retentat quale metrum sequitur anapesticum quales pedes recipit suos omnes ea ratione ut pro consona modulatione spondeus initio uersus ponatur et in fine colophon *praem. R*   Alte] alta *V*   **5** propinquat] proquinquat *R*   **6** colofon] colophon *R*   **6/8** ubi – colofon] *in marg.* L   **8** propinquat] propinquinquat *R*   **8/9** Tetrametrum – propinquat] *om.* L   Tetrametrum] petrametrum *F^{a.c.}*, tetrametram *R^{a.c.}*   colofon] colophon *R*

fon: "Micat Aethna poloque propinquat". Item tetrametrum
10 colofon: "Viuum simul ac moribundum". Item trimetrum colofon: "Simul ac moribundum". Item dimetrum colofon: "Crucis
almae". Item "Fero signum". Item "Fuge daemon".

Quid sequitur? Metrum anapesticum ubi omnes suos pedes
habet. Da eius exemplum: "Nubibus superemicat Aethna polo-
15 que propinquat". Iste uersus uenit ad diminutionem sicut ille qui
in principio uersus spondium habet an non? Non.

Quid sequitur? Metrum anapesticum colofon, ubi dactilus in
principio positus dactilicum efficit metrum et dempta syllaba
priore fit metrum anapesticum. Da eius exemplum: "At tuba
20 terribilem sonitum procul aere canoro". Item anapesticum hexametrum colofon: "Tuba terribilem sonitum procul aere canoro".
Item pentametrum colofon: "Tuba terribilis procul aere canoro".
Item tetrametrum colofon: "Sonuit procul aere canoro". Item
trimetrum colofon: "Procul aere canoro".

Trad. text. α   *F L R V*

13/24 Quid – canoro] MALL. THEOD., *Gramm.* 41, 9-43, 6

9 Micat – propinquat] Incert.   **10** Viuum – moribundum] PRVD., *Cath.* 10, 3
11 Simul – moribundum] PRVD., *Cath.* 10, 3   **11/12** Crucis – daemon] EVGEN. TOL.,
Carm. 79, 1   **14/15** Nubibus – propinquat] Incert.   **19/20** At – canoro] VERG., *Aen.*
9, 503   **21** Tuba – canoro] VERG., *Aen.* 9, 503   **22** Tuba – canoro] cfr VERG., *Aen.* 9,
503   **23** Sonuit – canoro] cfr VERG., *Aen.* 9, 503   **24** Procul – canoro] VERG., *Aen.* 9,
503

9/10 Micat – colofon] *om. V*   Item] *om. F R*   tetrametrum] petrametrum *F^{a.c.}*
10 colofon¹] colophon *R*   Viuum] uibum *L*   **10/11** Item – moribundum] *om. L*
colofon²] colophon *R*   **11** Item] *om. F R V*   colofon] colophon *R*   Crucis] trucis *L^{a.c.}*
12 almae] *scripsi*, alme α   Item¹] *om. L*   Fero] fere *V*   Item²] *om. L*   Fuge] fulge *R*
13 pedes] *om. R*   **14** habet] habent *L^{a.c.}*   Nubibus] nuuibus *L*, niuibus *corr. Lor.*, *sed
cfr codd. Mall. Theod.*   **15** propinquat] proquinquat *R*   ad diminutionem] a
diminutione *V*   **16** spondium] spondeum *R V*   **17** colofon] colophon *R*   **18** positus]
poscitus *R*, *om. L*   dactilicum] dactilum *R*   **19** At] ut *F R V*   **20** sonitum] sonum
F R V², sonuit *V*   aere] aene *R*   canoro] canora *V*   **21** colofon] colophon *R*   Tuba]
om. F R V   **21/22** terribilem – colofon] *om. V*   sonitum] sonum *F R*   canoro] canore
L^{a.c.}   **22** colofon] colophon *R*   terribilis] terlibilis *R*   aere] aerae *R*   **23** colofon]
colophon *R*   Sonuit] sonum *V*   **23/24** Item² – canoro] *om. F R V*   **24** canoro]
canore *L^{a.c.}*

IV.5. De metro coriambico

Quale metrum sequitur? Coriambicum. Ex quibus pedibus constat? Ex tribus coriambis, dactilo, ita ut in fine trocheum aut spondium habeat. Da eius exemplum: "Celsus equo Fenicea
5 ueste nitens ibat Arion".

Quid sequitur? Quod constat ex duobus coriambis, dactilo, superiori fine concluso. Da eius exemplum: "Fenicea ueste nitens ibat Arion".

Quid sequitur? Quod constat ex uno coriambo et dactilo ⟨et
10 spondio⟩ uel trocheo. Da eius exemplum: "Veste nitens ibat Arion".

Quid sequitur? Metrum coriambicum quod non dactilico fine, sed iambico colofon finitur. Da eius exemplum: "Celsus equo Fenicea ueste nitens repente fulsit". Item "Fenicea ueste
15 nitens repente fulsit". Item "Veste nitens repente fulsit".

Trad. text. α   *F L R V*

IV.5, 2/15 Quale – fulsit²] Mall. Theod., *Gramm.* 43, 18-45, 13

IV.5, 4/5 Celsus – Arion] *Incert. uers.* 147 Baeh. (*FPR*, p. 400)   **7/8** Fenicea – Arion] *Incert. uers.* 147 Baeh. (*FPR*, p. 400)   **10/11** Veste – Arion] *Incert. uers.* 147 Baeh. (*FPR*, p. 400)   **13/14** Celsus – fulsit] cfr *Incert. uers.* 147 Baeh. (*FPR*, p. 400) **14/15** Fenicea² – fulsit¹] cfr *Incert. uers.* 147 Baeh. (*FPR*, p. 400)   **15** Veste – fulsit²] cfr *Incert. uers.* 147 Baeh. (*FPR*, p. 400)

IV.5, 1 De – coriambico] *om. R*   De metro] *incipit praem. L*   **3** dactilo] dactilico *R* **3/4** trocheum ... spondeum] spondium ... troceum *L*   trocheum] troceum *F L* **4** spondium] spondeum *R V*   habeat] abet *R*   Fenicea] fenicaea *R*   **6/12** Quod – sequitur] *om. V*   **7** superiori] superior *L*   concluso] conclusio *R*   Fenicea] fenicaea *R* **9** Quod] qua *R*   coriambo] coriam *R*   et¹] *om. F R*   **9/10** et spondio] *cum Mall. Theod. suppl. Maes.*   **10** trocheo] troceo *F L*   **12** coriambicum] coriambum *R* dactilico] dactilo *R*   **13** fine] *iter. L*   iambico] duplice *add. L*   colofon] colophon *R* finitur] finiuntur *R*   eius] *om. R*   **14** ueste nitens¹] festens *L^{a.c.}*   fulsit] refulsit *F V* **14/15** Item – fulsit¹] item – refulsit *iter. F*   **14/15** Fenicea² – Item] *om. V*   Fenicea²] feniceam *L*, fenicaea *R*   **15** nitens¹] anitens *L*   fulsit¹] refulsit *F*   Item – fulsit²] *om. R* Item] da eius exemplum *L*   fulsit²] refulsit *F V*

IV.6. De metro antispastico

Quale metrum sequitur? Antispasticum. Quales pedes recipit? Tres suos antispastos, ita ut dactilico fine claudatur sicut et coriambicus. Da eius exemplum: "Rapit tela uolans ecce gerens
5 arma Troius heros".

Quid sequitur? Quod constat ex duobus antispastis dactilico fine conclusum. Da eius exemplum: "Rapit tela uolans ecce Troius heros".

Quid sequitur? Quod constat ex uno antispasto fine dactilico.
10 Da eius exemplum: "Volans ecce Troius heros".

Quid sequitur? Metrum antispasticum quod constat ex tribus antispastis cum fine iambico duplice colofon. Da eius exemplum: "Rapit tela uolans ecce gerens arma ruitque laetus".

Quid sequitur? Quod constat ex duobus antispastis iambico
15 fine. Da eius exemplum: "Volans ecce gerens arma ruitque laetus". Item "[Ecce] gerens arma ruitque laetus".

---

trad. text. α   *FLRV*

IV.6, 2/16   Quale – laetus²] MALL. THEOD., *Gramm.* 45, 14-47, 12

IV.6, 4/5   Rapit – heros] Incert.   **7/8** Rapit – heros] Incert.   **10** Volans – heros] Incert.   **13** Rapit – laetus] Incert.   **15/16** Volans – laetus¹] Incert.   **16** Ecce – laetus²] Incert.

IV.6, 1/16   De – laetus²] *post* adfert *(8, 7) in folii calce scr.* L   De – antispastico] *om.* R   antispastico] antipastico F, antispastaco L*a.c.*   **2** Antispasticum] antipasticum F pedes] *sup. l. suppl.* R²   **3** antispastos] antipastos F, antispasticos L   dactilico] dactilo L*a.c.* R   claudatur – et] concludantur ut L   **4** coriambicus] coriambos R   **4/ 7** Rapit – exemplum] *om.* FRV   ecce] troius eros *add. et exp.* L   **7** Rapit tela] rapitela R   Troius] troios F*a.c.*   **9** antispasto] *cum Mall. Theod. scr. Maes.*, antipasto F, antispastico L, antsipasti R, anapesto V   **11** antispasticum] antipasticum F   **12** antispastis] antipastis F, antispasticis L   duplice] duplici L, duplicae R   colofon] colophon R   **13** Rapit tela] rapitela R   arma ruitque] armauitque FRV   laetus] uetus FV, fletus R   **14/16** Quid – laetus²] *om.* R   antispastis] antipastis F   **15** arma ruitque] armauitque FV   **16** laetus¹] uetus V   Item – laetus²] *om.* L   Ecce] *cum Mall. Theod. secl. Maes.*   arma ruitque] *cum Mall. Theod. corr. Maes.*, armauitque FV

IV.7. DE METRO IONICO A MAIORE

Quale metrum sequitur? Ionicum a maiore. Ex quibus pedibus constat? Ex tribus ionicis maioribus et dactilo, ita ut spondium aut trocheum habeat in fine. Da eius exemplum: "Tunc
5 insolita sic puer aethra ruit aequor in altum". Item duobus ionicis maioribus cum dactilo fine concluso: "Tunc insolita sic puer aequor in altum". Item ex uno ionico maiore cum fine dactilico: "Aethra ruit aequor in altum".

Quid sequitur? Metrum ionicum a maiore. Quales pedes reci-
10 pit? Tres maiores ionicos, in fine habens trocheos duos. Da eius exemplum: "Summum bonum magis fruar, altum ferar, ut modeste". Item "Magis fruar, altum ferar, ut modeste". Item "Altum ferar, ut modeste".

IV.8. DE METRO IONICO A MINORE

Metrum ionicum a minore quales pedes recipit? Suos tantum quattuor. Da eius exemplum: "Vocat omnes, bona iustis sua semper Deus adfert". Excluditur alicuius metri alterius fine an non?
5 Non ⟨recipit⟩ nisi suos tantum. Venit ad diminutionem? Venit.

Trad. text. α   *F L R V*

IV.7, 2/13 Quale – modeste] MALL. THEOD., *Gramm.* 49, 2-21
IV.8, 2/7 Metrum – adfert²] MALL. THEOD., *Gramm.* 51, 7-21

IV.7, 4/5 Tunc – altum] Incert.   **6/7** Tunc – altum] Incert.   **8** Aethra – altum] Incert.   **11** Summum – modeste] Incert.   **12** Magis – modeste] Incert.   **12/13** Altum – modeste] Incert.
IV.8, 3/4 Vocat – adfert] Incert.

IV.7, 1 De – maiore] *om. R*   metro] *om. V*   a] *om. L*   **2** a] *om. F L*   **3** constat] *om. L*   maioribus] maribus *L^{a.c.}*   spondium] spondeum *F L*   **4** trocheum] troceum *F L*   **5** aethra ruit] errauit *F V*, errauerit *R*   Item] *om. F R V*   **6** cum] *om. F R V*   dactilo] *om. V*   fine] ifine *V*   insolita] insola *R*   sic] *om. F R V*   **7** altum] alto *F R V*   ionico] ionici *L^{a.c.} R*   cum fine] confine *R*   dactilico] dactilo *R V*   **8** Aethra ruit] errauit *F R V*   altum] alto *F R V*   **9** Quid] quit *R*   Metrum] *om. L*   a] *om. F L*   **10** trocheos] troceos *F L*   duos] *om. V*   **11** modeste] moue este (moueste *F²*) *F*, moleste *R*, mo beste eius *V*   **12** Magis – Item²] *om. R*   ferar] ferat *V*   modeste] moueste *F*, mobeste *V*   Altum] alte *R*   **13** modeste] moueste *F*, moleste *R*, mobeste *V*
IV.8, 1 De – minore] *om. R*   metro] *om. V*   a] *om. L*   **2** Metrum] etrum *R, om. V*   a] *om. F L R*   **4** alicuius] aliquis *F^{a.c.} R*   fine] *om. R*   **5** recipit] *suppl. Lor.*   suos] uos *R, post* tantum *transp. V*

Quomodo? Ex tribus et duobus ionicis. Da eius exemplum: "Bo-na iustis sua semper Deus adfert". Item "Bona iustis Deus adfert".

rad. text. α   *F L R V*   *post* 7 adfert² *des. L R V*

6/7 Bona – adfert¹] Incert.   7 Bona – adfert²] Incert.

6 et] ex *V*   ionicis] *om. V*   7 adfert²] explicit *add. L*

V. DE PARTIBVS ORATIONIS

Don., *Mai.*
613, 3-5 PARTES ORATIONIS SVNT OCTO: NOMEN, PRONOMEN, VERBVM, ADVERBIVM, PARTICIPIVM, CONIVNCTIO, PRAEPO-SITIO, INTERIECTIO. Octo sunt partes orationis sine quibus
5 locutio esse non potest. EX HIS DVAE SVNT PRINCIPALES PAR-TES ORATIONIS: NOMEN ET VERBVM. Quomodo? Quia a nomine et uerbo omne quod loquitur adinpletur. LATINI ARTICVLVM NON ADNVMERANT, GRAECI INTERIECTIONEM. Quomodo? Graeci in numero partium nobis coaequantur et in
10 uocabulo discrepant. Quomodo? Sic habent octo partes quomo-do et nos, sed in uocabulo discrepant. Graeci segregant articu-lum a pronomine et habent illum super se partem et iungunt interiectionem aduerbio et habent illam unam partem. Latini iungunt articulum pronomini et habent illam unam partem;
15 segregant interiectionem ab aduerbio et habent octo partes sicut et Graeci. Quare illam segregant ab aduerbio? Eo quod non sem-per sequatur uerbum.

613, 5-6 MVLTI PLVRES, MVLTI PAVCIORES PARTES ORATIONIS PVTANT. Quomodo? Alii habent duas, alii quinque, alii octo, alii
20 nouem, alii decem, alii undecim. Qui habent duas? Aristotelis duas tradidit partes: nomen et uerbum. Istae aliae quomodo habebantur? Pronomen iungebant nomini, eo quod fungatur officium nominis. Aduerbium iungebant uerbo, eo quod cohae-reat uerbo et significationem ipsius uerbi et explanet et adinpleat.
25 Participium iungebant nomini et uerbo, eo quod partem capiat a nomine et partem a uerbo. Coniunctionem iungebant nomini et uerbo, eo quod clausulas male cohaerentes coniunctione orne-mus. Praepositionem iungebant nomini et uerbo, eo quod omni-bus partibus praeponatur et sibi ipsi. Interiectionem iungebant

---

rad. text. α *F*

V., **4/5** Octo – potest] cfr supra I, 6/7   **9/17** Quomodo – uerbum] cfr POMP., *Gramm.* 135, 3-24   **19/31** Quomodo – possit] cfr POMP., *Gramm.* 134, 1-16

V., **9** coaequantur] *corr. Mun.*, coaequant *F* (*cfr infra l. 43*)   **16** illam] *corr. Hag.*, illas *F*   **23** cohaereat] *corr. Hag.*, cohaerat *F*   **24** adinpleat] *corr. Hag.*, inplet (adinplet *F²*) *F*   **27** coniunctione] *corr. Hag.*, coniunctionem *F*

30 nomini et uerbo, eo quod omnibus partibus interiaceat et sine
ipsis proferri non possit.

Qui habent quinque? Stoici. Stoici unde dicti? Ab stoa porticu, nam 'stoa' Graece, Latine 'porticus' dicitur. Mos erat apud
philosophos ut in una porticu congregarentur et ibi disputarent,
35 et inde ab stoa porticu Stoici dicti. Quae sunt istae quinque?
Nomen, uerbum, coniunctio, praepositio et interiectio. Istae
aliae quomodo habebantur? Pronomen iungebant nomini, eo
quod fungatur officium nominis. Aduerbium iungebant uerbo,
eo quod cohaereat uerbo ⟨et significationem ipsius uerbi et expla-
40 net et adinpleat. Participium iungebant nomini et uerbo, eo
quod partem capiat a nomine et partem a uerbo⟩.

Qui habent octo? Graeci et Latini. Sed Graeci in numero
partium nobis coaequantur et in uocabulo discrepant. Quomodo? Quia Graeci segregant articulum a pronomine et habent
45 illam unam partem super se; iungunt interiectionem aduerbio et
habent octo partes sicut et nos. Latini iungunt articulum pronomini et segregant interiectionem ab aduerbio et habemus octo
partes sicut et Graeci. Puta si dicas Graece 'hic', quae pars orationis est? Dico 'articulus est'. Si Latine dicas, 'pronomen est'. Si
50 dicas Graece 'eu', quae pars orationis est? Dicis 'aduerbium est'.
Si Latine dicas, quae pars orationis est? Dicis 'interiectio est'.

Qui habent nouem? Graeci, qui habent octo ueluti nos et
segregant articulum a pronomine. Qui habent decem? Aristotelici decem categorias adnumerauerunt: octo quae ad oratores
55 pertinent et duas quae ad philosophos. Quae sunt ipsae duae?
Energiam et ypostasin, id est quod facit uel quod in substantia
est. Qui habent undecim? Aristotelici, qui decem, iterum segre-
613, 6-7 gant articulum a pronomine. VERVM EX OMNIBVS TRES SVNT
QVAE SEX CASIBVS INFLECTVNTVR. Quomodo? Quemadmo-
60 dum nomina declinantur per casus, ita pronomina et participia.

Trad. text. α F

42/48 Qui – Graeci] cfr supra l. 9/17   **53/57** Qui – est] Ps. SERG., *Explan. in
Don.* 487, 25-27

32 porticu] *corr. Hag.*, portico F (cfr *infra l. 34 et 35*)   **39/41** et¹ – uerbo] *suppleui*
(*cfr supra l. 24/26*)   **49** articulus] *corr. Hag.*, articulum F   **56** ypostasin] *cum Explan.
scripsi*, ypotasin F   facit] *cum Explan. corr. Mun.*, fit F

V.1. DE NOMINE

Don., *Mai.*
614, 2-5 NOMEN EST PARS ORATIONIS CVM CASV CORPVS AVT REM PROPRIE COMMVNITERVE SIGNIFICANS: PROPRIE, VT 'RO-MA', 'TIBERIS'; COMMVNITER, VT 'VRBS', 'FLVMEN'. NOMINI
5 ACCEDVNT SEX: QVALITAS, CONPARATIO, GENVS, NVMERVS, FIGVRA, CASVS. NOMEN VNIVS HOMINIS, APPELLATIO MVL-TORVM, VOCABVLVM RERVM EST. ⟨'Nomen unius hominis'⟩ quomodo? Veteres ipsud dicebant nomen quod unusquisque proprium habet, sicut 'Etherius', 'Fabullinus'. 'Appellatio multo-
10 rum' quomodo? Puta si dicebant 'homo', 'uir', 'mulier', non dicebant hoc nomen, sed appellationem. 'Vocabulum rerum' quomodo? Quicquid ad possidendum pertinet, puta 'uineam', 'agrum', 'domum', non dicebant illud nomen, sed uocabulum. SED MODO NOMINA GENERALITER DICIMVS. Quomodo? Vna-
15 quaeque res secundum genus suum nomen habet.

V.1.1. De qualitate

614, 6-9 QVALITAS NOMINVM BIPERTITA EST. AVT ENIM PROPRIA SVNT NOMINA AVT APPELLATIVA. PROPRIORVM SECVNDVM LATINOS quot SVNT SPECIES? QVATTVOR. Quae sunt? PRAE-
20 NOMEN, NOMEN, COGNOMEN, AGNOMEN. Praenomen quid est? Vt puta 'Flauius dominus', 'Egica rex', 'uir inlustris Trase-mundus'. Quibus personis accedunt ista praenomina? Ingenuis tantum, non seruis, et si uolo dicere seruo meo 'Lucius Sallus-tius', cognomen illi erit. Non ista praenomina uocantur, quia
25 proprium est quod cognomen dicitur, ut puta si dicam 'Trasmi-rus cognomine Lucius', quod in baptismi gratia ista cognomina. Quibus LITTERIS NOTANTVR ista PRAENOMINA? Singulis,

---

Trad. text. α   F

V.1, 10/11 Puta – appellationem] cfr supra I.1, 124/125   **12/13** Quicquid – uocabulum] cfr supra I.4, 32/33   **22/23** Quibus – seruis] cfr POMP., *Gramm.* 141, 13; Ps. SERG., *Explan. in Don.* 536, 6-7   **27/29** litteris – Ser] cfr Ps. SERG., *Explan. in Don.* 536, 8-9

V.1, 7 rerum] *cum Don. huc transp. Mun.*, ante nomen (*l. 6*) *scr.* F (*cfr infra l. 11*) Nomen – hominis] *suppl. Mun.*   **12** uineam] *corr. Mun.*, uinea F   **21** dominus] *corr. Mun.*, domus F   **25** cognomen] *corr. Mun.*, nomen F (*cfr infra l. 33*)   **27/29** Quibus – Ser] *cum Don. huc transp. Mun., post* minoribus (*l. 36*) *scr.* F   praenomina] *cum Don. corr. Mun.*, nomina F

binis et ternis: SINGVLIS, VT 'P.', 'G.'; BINIS, VT 'GN.', 'SP.';
TERNIS, VT 'SEX.', 'SER.'.

30 Nomen quid est? Quod commune habet homo cum famulis.
Quomodo? Puta si dicam ex fiscalia familia et ecclesiastica familia. Quibus personis accidunt ista nomina? Seruis tantum.
Cognomen quid est? Quod proprium habet homo. Quomodo?
Puta si dicam 'infantulus', 'infans' dicitur qui nondum fari
35 potest, quod unusquisque proprium nomen habet. Quibus
personis accidit? Et ingenuis et seruis, et maioribus et minoribus.

Agnomen quid est? Quod ex multis accidentiis accidit, ut
puta 'Ausonius Cocus', 'Vincila Lentiarius', 'Arcontius Plumator'. Quibus personis accidunt ista agnomina? Et ingenuis et
40 seruis maioribus, numquam minoribus. Quot sunt ista agnomina? Multa sunt. Quot sunt notata? Decem. Quae? Ex laude, ut
'Metellus Creticus', qui Cretam subegit; quia pugnando sibi
subiecit Cretam, inde uocatus est ita. Ex meritis, ut 'Mallius Torquatus', qui quondam Gallum occidit cuius torquem suo collo
45 conectit; Mallius enim habuit nomen, pugnauit contra Gallum,
occidit illum et, quia mos erat Gallis ⟨ut⟩ in suis collis aureas
torques conecterent, tulit Gallo Mallius torquem et collo suo
conectit. Ex fortuna, ut 'Crassus ⟨Diues⟩', 'Silla Felix', quia mos
illis erat in diliciis uiuere, ipsud fortunae quod est consuetudo.
50 Ex augurio, ut 'Coruinus' ab augurio corui; quia corui solitus
erat obseruare augurium, inde ita uocatus est. Ex natura, ut 'Cu-
rius Dentatus', qui cum dentibus natus est. Ex moribus, ut 'Tar-
quinius Superbus'; quia superbia utebatur, ideo uocatus est ita.
[Ex aetate, ut 'Bimus', 'Trimus']. A qualitate, ut 'Sapiens', 'Insi-

---

Trad. text. α F

30/31 Nomen – familia²] cfr POMP., *Gramm.* 140, 24-31   **33** Cognomen – homo]
cfr POMP., *Gramm.* 141, 2-4   **41/56** Ex – Spanus] PS. SERG., *Explan. in Don.* 536, 10-21

28 P G] publius gaius *sup. l. add.* F²   Gn Sp] gignius spurius *sup. l. add.* F²   **29** Sex
Ser] sextus sergius *sup. l. et* aut quaternis ut simp. simpronius *in marg. add.* F²
30 quid] *corr. Mun.*, quod F   **38** Lentiarius] lancearius *corr. Hag. Mun.*   **42** Metellus]
corr. Hag., metallus F   **43** Mallius Torquatus] *corr. Mun.*, torquatus mallius F
44 Gallum] gallus F^{a.c.}   **45** Mallius] tallius F^{a.c.}   **46** ut] *suppl. Hag.*   **48** ut] *huc
transposui, post* Crassus *scr.* F (*cfr Explan.*)   Crassus] *corr. Hag.*, grassus F   Diues] *suppl.*
Hag. (*cfr Explan.*)   **50** corui¹] *corr. Hag.*, coruus F   **51** Curius] *corr. Hag.*, curus F
52 Tarquinius] *corr. Hag.*, tarquinus F   **54** Ex – Trimus] *cum Explan. excl. Mun.* (*cfr
infra l. 59*)

55 piens'. Ab ordine, ut 'Primus', 'Secundus'. A quantitate, ut 'Par-
uus', 'Magnus'. A gente, ut 'Graecus', 'Spanus'.

615, 1   APPELLATIVORVM NOMINVM SPECIES MVLTAE SVNT. Quot
sunt notatae? Viginti septem. Tantum ipsae uiginti septem?
Addidit Sergius et octauam ex aetate, ut 'bimus', 'trimus'. Quae
60 sunt? Corporalia, incorporalia, primae positionis, diriuatiua,
diminutiua, sono diminutiua intellectu principalia, tota Graeca,
tota Latina, nota, homonima, sinonima, patronomica, thetica id
est possessiua, epitheta id est adiectiua, qualitatis, quantitatis,
gentis, patriae, numeri, ordinis, ad aliquid dicta, ad aliquid quali-
65 ter se habentia, generalia, specialia, uerbialia, participiis similia,
uerbis similia.

615, 1-4   ALIA SVNT CORPORALIA, VT 'HOMO', 'TERRA', 'MARE'.
Quomodo? Quicquid uidetur et tangitur corporale est. ALIA
INCORPORALIA, VT 'PIETAS', 'DIGNITAS', 'IVSTITIA'. Quomo-
70 do? Quia nec uidetur nec tangitur, sed tantundem in animo geri-
tur. ALIA PRIMAE POSITIONIS, VT 'MONS', 'FONS', 'SCOLA'.
Quomodo? Ipsud habet principalitatem. ALIA DIRIVATIVA, VT
'MONTANVS', 'SCOLASTICVS'. Quomodo? A monte montanus,
ab scola scolasticus.

615, 4-6   ALIA DIMINVTIVA, VT 'MONTICVLVS', 'SCOLASTICVLVS'.
76 Quomodo? A monte monticulus, ab scola scolasticulus. Inter
diriuationem et diminutionem est aliqua discretio an non? Est.
Quomodo? Diminutio ad primam positionem pertinet; deriua-
tio alium sensum facit. Quomodo? Aliud 'mons' dicas, aliud
80 'monticulus', unam rem significans. Iam si dixeris 'montanus',
alium sensum facis; aut lupus aut ceruus erit. DIMINVTIVORVM
quot SVNT GRADVS? TRES, QVORVM FORMA QVO MAGIS

Trad. text. α   F

57/58 Quot – septem[1]] POMP., Gramm. 143, 10-11   59 Addidit – trimus]
PS. SERG., Explan. in Don. 536, 28   61 sono – principalia] POMP., Gramm. 145, 9-10
68 Quicquid – est] POMP., Gramm. 143, 13; PS. SERG., Explan. in Don. 490, 12; cfr
supra I.1, 59/60   70 Quia – geritur] POMP., Gramm. 143, 13-14; PS. SERG., Explan. in
Don. 490, 12-13; cfr supra I.1, 61/62   72 Quomodo – principalitatem] cfr POMP.,
Gramm. 143, 17   78/79 Quomodo – facit] cfr POMP., Gramm. 143, 21-24

---

58 ipsae] corr. Hag., ipse F   62 nota] tota F[a.c.]   thetica] ctetica cum Don. legendum
71 Alia] aliae F[a.c.]   72 Ipsud] scripsi, ipsut F   principalitatem] correxi, principalitate F
81 erit] erat F[a.c.]

DIMINVITVR, CRESCIT SEPE NVMERVS SYLLABARVM. Quomodo? Quantum in sensum minuit, tantum in syllabis crescit: puta
85 si dicam 'agnus, agnellus, agniculus'. SVNT ETIAM QVASI DIMI-
NVTIVA QVORVM ORIGO NON CERNITVR, VT 'FABVLA', 'TABV-
LA', 'MACVLA'. Quomodo? Sic sonant, quasi diminutiua sint,
sed ipsa habent principalitatem. Quomodo? Quia quemadmodum facimus 'a monte monticellus', non facimus 'fabum', ut
90 faciamus 'fabula', non facimus 'macum', ut faciamus 'macula'.

615, 7-9   SVNT NOMINA TOTA GRAECAE DECLINATIONIS, VT 'TE-
MISTO', 'CALIPSO', 'PAN'. Quomodo? Non ueniunt ad Latinam
formam. SVNT TOTA CONVERSA IN LATINAM REGVLAM, VT
'POLIDEVCES, POLLVX', 'ODISEVS, OLIXES'. Quomodo?
95 'Polideuces' facit nominatiuum Graecus, ut faciat genitiuum
'Polideucis'; nos facimus 'Pollux', ut faciamus genitiuum 'huius
Pollucis'. 'Odiseus' facit Graecus nominatiuum casum, ut faciat
genitiuum 'Odisei'; nos facimus nominatiuum 'Olixes', ut faciamus genitiuum 'huius Olixis'. SVNT INTER GRAECAM LATI-
100 NAMQVE FORMAM QVAE NOTA APPELLANTVR, VT
'ACHILLES', 'AGAMENNON'. Quare dicitur nota? Vbi corrumpuntur ultimae syllabae et ueniunt ad latinitatem. Quomodo?
'Achilleus' facit Graecus nominatiuum, ⟨ut faciat⟩ genitiuum 'huius Achillei'; nos facimus nominatiuum 'Achilles', ut faciamus
105 genitiuum 'huius Achillis'. 'Agamennon' facit Graecus nominatiuum, ut faciat genitiuum 'Agamennonos'; nos facimus nominatiuum 'Agamenno', ut faciamus genitiuum 'huius Agamennonis'.

Trad. text. α   F

83/85 Quomodo – agniculus] POMP., *Gramm.* 143, 28-32   87/90 Quomodo –
macula] cfr Ps. SERG., *Explan. in Don.* 537, 1-2   101/107 Quare – Agamennonis] cfr
POMP., *Gramm.* 145, 22-32   101/102 Quare – latinitatem] cfr Ps. SERG., *Explan. in
Don.* 538, 6-8

87 sonant] sonanant *F*ᵃ.ᶜ.   diminutiua sint] *correxi*, diminutiuus sit *F*   88 ipsa]
correxi, ipsut *F*   91 tota] *cum Don. corr. Mun.*, toto *F*   92 Pan] *cum Don. corr. Mun.*,
panisco *F*   94 Pollux] *scripsi*, pollus *F*   95 nominatiuum] *correxi*, nominibus *F* (*cfr
infra l. 97*)   96 nos] *correxi*, non *F* (*cfr infra l. 98*)   97 faciat] *correxi*, facia *F*
100 nota] *cum Don. corr. Mun.*, notam *F*   101 Achilles] *scripsi*, acillis *F* (*cfr infra
l. 104*)   Agamennon] *scripsi*, agamenon *F* (*cfr infra l. 105*)   103 ut faciat] *suppl. Mun.*
(*cfr supra l. 95*)   106 Agamennonos] *scripsi*, agamenonos *F*   107 Agamenno] *scripsi*,
agamenono *F*   Agamennonis] *scripsi*, agamenonis *F*

615, 10   Svnt alia homonima, qvae vna appellatione plvra
significant, vt 'nepos', 'acies', 'aries'. Quare dicuntur
110 homonima? Eo quod in uno nomine plurem habeant significationem. 'Nepos' quomodo est homonimum? 'Nepos' dicitur
filius filii et 'nepos' dicitur prodigus uel luxuriosus, qui male
uiuendo suam substantiam defraudat. Da eius exemplum. Dicitur et 'consumptor nepos' qui auorum et parentium deuorat
115 terram in more scorpii, qui deuorat terram; scorpii enim uxor
'nepa' dicta est. A quo nepotes terram deuorantes Cicero in Catilinam: "Quis ganeo aut quis nepos?". 'Acies' quomodo est
homonimum? 'Acies' dicitur exercitus, 'acies' oculorum, 'acies'
ferri. Da exemplum exercitus: "Hinc acies atque hinc acies adsta-
120 re Latinas". Da ferri: "Stat ferri acies mucrone corusco". Da oculorum: "Huc geminas nunc flecte acies, hanc aspice gentem".
'Aries' quomodo est homonimum? 'Aries' dicitur ueruix et 'aries'
dicitur quod genus est machinamenti, unde murus expugnatur.

615, 11-616, 1   Alia sinonima vel polionima, vt 'terra', 'hvmvs',
125 'tellvs' et cetera. Quare dicitur sinonimum? Eo quod in pluribus nominibus unam habeant significationem: 'terra', 'humus',
'tellus', totum terra est; 'ensis', 'mvcro', 'gladivm', totum
gladium est. Alia patronomica, vt 'Atrides', 'Pelides'.
Quare dicuntur patronomica? Quia a patribus trahunt originem.
130 Quomodo? Atreus habuit nomen, inposuit filio suo nomen
'Atrides'; item Peleus habuit nomen, inposuit filio suo nomen

---

Trad. text. α   *F*

109/110 Quare – significationem] Pomp., *Gramm.* 146, 12-14; cfr Isid., *Etym.* 1, 7, 15
111/117 Nepos¹ – nepos] Ps. Serg., *Explan. in Don.* 538, 10-14   **117/121** Acies –
gentem] Ps. Serg., *Explan. in Don.* 538, 14-18; cfr supra III.3, 94/97   **122/123** Aries¹ –
expugnatur] cfr Serv., *Gramm.* 429, 37-38; Isid., *Etym.* 12, 1, 10-11   **125/127** Quare –
est] Pomp., *Gramm.* 146, 10-11; cfr Isid., *Etym.* 1, 7, 14   **129** Quare – originem] Pomp.,
Gramm. 146, 19-20; cfr Isid., *Etym.* 1, 7, 20

V.1, 117 Quis – nepos] Cic., *Catil.* 2, 7   **119/120** Hinc – Latinas] Verg., *Aen.* 9,
550   **120** Stat – corusco] Verg., *Aen.* 2, 333   **121** Huc – gentem] Verg., *Aen.* 6, 788

110 plurem] *corr. Hag.*, pluram *F*   **113** suam] *iter. F*   **114** deuorat] *corr. Hag.*,
deuorant *F*   **115** deuorat] *correxi*, deuorant *F*   **116** Catilinam] *corr. Hag.*, cantilena *F*
117 ganeo] *cum Cic. corr. Hag.*, ganea *F*   **121** Huc] *cum Verg. corr. Hag.*, hunc *F*
aspice] *cum Verg. corr. Hag.*, aspicite *F* (*cfr supra III.1, 14*)   **123** machinamenti] *corr.
Hag.*, macenamenti *F*   **130** Atreus] *scripsi*, atrehus *F*   **131** Peleus] *scripsi*, peleius *F* (*cfr
infra l. 136*)

'Pelides'. Haec et ab avis et a matribvs sepe fivnt. Quomodo? Quantum ad rationem pertinet, illa debentur dici patronomica quae a patribus trahunt originem; sed sic in usum
135 uersum est, ut ab auis et a maioribus et a matribus sepe fiant. Da
ab auis: Eacus habuit nomen, habuit filium Peleum, Peleus ex
amore patris sui inposuit nomen filio suo 'Eacides'. Da a maioribus, ut 'Dardanides Aeneas'. Quomodo? Dardanus habuit
nomen, habuit discipulum Aeneam, Aeneas ex amore magistri
140 sui et ⟨inposuit⟩ nomen filio suo 'Dardanides'. Da a matribus, ut
"Filirides Chiron".

616, 1-6   In his avtem qvae Graeca svnt, ⟨Graecam⟩ magis
          servabimvs regvlam. Quomodo? Graeca nomina, sive mas-
          cvlina sint sive feminina, ad Graecam formam melius
145 declinantur. Horvm mascvlina Graeca nomina in quibus
syllabis exeunt? In tribus. In quibus? In 'des', in 'ius' et in 'on'. In
'des', ⟨vt⟩ 'Atrides' ab Atreo; in 'ivs', vt 'Peleivs' a
Peleo; in 'on', vt 'Nereon' a Nereo. Ex his quae ueniunt ad
latinitatem? Quae in 'des' aut in 'ius' exeunt; quae in 'on', apud
150 Graecos remanent. Feminina Graeca nomina in quibus syllabis
exeunt? In tribus. In quibus? In 'is', in 'as', in 'ne'. In 'is', vt
'Atreis'; in 'as', vt 'Peleias'; in 'ne', vt 'Nerine'. Ex his
quae ueniunt ad Latinam formam? Tota tria. Ex his sola fiunt
thetica, id est possessiva, ⟨qvae in 'ivs' exevnt⟩. Quare
155 dicitur thetica? Quasi possessiua, ut "Evandrivs ensis". Quomodo? Euander habuit nomen, habebat filium, habebat et
gladium, sic uocabat filium sicut et gladium. Quando dicebat

Trad. text. α F

132/135 Quomodo – fiant] Pomp., *Gramm.* 146, 19-21   135/137 Da – Eacides] cfr
Ps. Serg., *Explan. in Don.* 537, 8-9   137/138 Da – Aeneas] Pomp., *Gramm.* 146, 23-24
140/141 Da – Chiron] Pomp., *Gramm.* 146, 22-23   142/150 In – remanent] cfr
Pomp., *Gramm.* 146, 26-34   150/153 Feminina – tria] cfr Pomp., *Gramm.* 146, 34 -
147, 3   153/159 Ex – possessiuum] cfr Pomp., *Gramm.* 147, 3-11   154/155 Quare –
ensis] Isid., *Etym.* 1, 7, 21

141 Filirides Chiron] Verg., *Georg.* 3, 550   155 Euandrius ensis] Verg., *Aen.* 10,
394

134 sic] *sup. l.* F   136 auis] *corr. Mun.*, auibus F   Peleum] *correxi*, peleam F
140 inposuit] *suppl. Mun. (cfr supra l. 137)*   142 Graecam] *cum Don. suppl. Mun.*
143 seruabimus] *cum Don. corr. Mun.*, seruauimus F   145 masculina] *cum Don. corr.
Mun.*, saecula F   147 ut¹] *cum Don. suppl. Mun.*   150 remanent] *corr. Mun.*, remansit
F   154 thetica] ctetica *cum Don. legendum*   quae – exeunt] *cum Don. suppl. Mun.*

'Euandrius filius', erat patronomicum; quando dicebat 'Euandrius gladius', erat possessiuum.

616, 7-8   SVNT ALIA MEDIAE SIGNIFICATIONIS ET ADIECTA NOMI-
161   NIBVS, VT 'MAGNVS', 'FORTIS'. Quare dicuntur mediae significationis? Eo quod sine adiectione nominis habeant sensum, sed
non plenum. Item quare dicitur mediae significationis? Eo quod
in medio stans huc atque illuc flectatur. Quomodo? 'Magnum
165   bonum' et 'magnum malum'. In principio ponendae sunt istae
significationes an in fine? In principio semper; DICIMVS ENIM
'MAGNVS VIR', 'FORTIS EXERCITVS'. HAEC ENIM EPITHETA
DICVNTVR. Quomodo? Quae Graeci 'epitheta', nos 'adiectiua'
dicimus uel 'superposita', eo quod ad inplendam sui significatio-
170   nem nominibus adiciantur, ut 'magnus', 'doctus'; adicis ea personis, ut 'magnus philosophus', 'doctus homo', et plenus est sensus.

616, 9-10   SVNT ITEM ALIA QVALITATIS, VT 'BONVS', 'MALVS'. Quomodo? Qualis sit, si bonus, si malus. ALIA QVANTITATIS, VT
'QVANTVS', 'TANTVS'. Quomodo? Quantus sit, si grandis, si
175   minor. ALIA GENTIS, VT 'GRAECVS', 'HISPANVS'. Quomodo?
A Graecia Graecus, ab Hispania Hispanus. ALIA PATRIAE, VT
'THEBANVS', 'ROMANVS'. Quomodo? A Thebe Thebeus et a
Roma Romanus. Nomen hominis a nomine patriae debet trahi
originem aut nomen patriae a nomine hominis? Quantum ad
180   rationem pertinet, nomen patriae a nomine hominis, non ⟨no-
men⟩ hominis a nomine patriae, sicut Roma a Romulo, sicut
Constantinopolis a Constantino. Sed in usum uersum est ut et
nomen hominis a nomine patriae et nomen patriae a nomine
hominis trahant originem.

16, 10-617, 1   ALIA NVMERI, VT 'VNVS', 'DVO'. Quomodo? Quod ad
186   numerum pertinet: 'unus', 'duo', 'tres'. ALIA ORDINIS, VT

Trad. text. α   F

161/163 Quare – plenum] cfr POMP., *Gramm.* 147, 12-20   **163/164** Item –
flectatur] cfr PS. SERG., *Explan. in Don.* 539, 6-7   **168/171** Quae – sensus] ISID., *Etym.*
1, 7, 22   **175/176** Quomodo – Hispanus] POMP., *Gramm.* 147, 33   **178/184** Nomen –
originem] cfr POMP., *Gramm.* 148, 4-9

---

160 alia] *corr. Mun.*, aliae *F*   adiecta] *cum Don. corr. Mun.*, abiecta *F*
162 adiectione] *corr. Mun.*, abiectione *F*   habeant] *corr. Mun.*, habeat *F*   **164** huc]
corr. Mun., hinc *F*   **166** fine] *corr. Mun.*, finem *F*   **168** Quae] *corr. Mun.*, quod *F*
176 Graecia] *corr. Mun.*, greco *F*   Hispania] *corr. Mun.*, spano *F*   **177** Thebe] *corr.
Mun.*, thebea *F*   **180** nomen²] *suppl. Mun.*

'PRIMVS', 'SECVNDVS'. Quomodo? Quotus sit in ordine suo. Inter 'quotus' et 'totus' est aliqua discretio an non? Est. Quomodo? 'Totus' et ad ordinem pertinet et ad numerum, 'quotus' ad
190 ordinem tantum. Quomodo? Puta si dicat aliquis 'quintus est Vincila in ordine suo', dico ego consensu animi mei 'totus', id est 'sic est'. 'Quot' naturaliter breue est; 'quotus', quod inde descendit, originem seruat suae principalitatis. 'Tot' breue est; 'totus', quod inde descendit, mutat originem suae principalitatis, quia
195 longum est. Da eius exemplum: "Totus et ille dies et qui nascetur ab illo". SED 'PRIMVS' DE MVLTIS, DE DVOBVS 'PRIOR' DICITVR. Quomodo? De multis 'primus' et 'alius' dicitur, de duobus 'prior' et 'alter'.

617, 3-5   SVNT ALIA AD ALIQVID DICTA, VT 'PATER', 'FRATER'. Quare
200 dicuntur 'ad aliquid dicta'? Ad aliquid proxima se habentia. Quomodo? Non dicitur 'pater', si filium non habuerit, nec 'frater', si germanum non habuerit. ALIA AD ALIQVID QVALITER SE HABENTIA, VT 'DEXTER', 'SINISTER'. Quare dicitur 'ad aliquid qualiter se habentia'? Aliquid contrarium se habentia:
205 'dexter' sinistrum habet contrarium, et 'sinister' dextrum. HAEC CONPARATIVVM GRADVM ADMITTVNT, id est applicant, VT 'DEXTERIOR', 'SINISTERIOR'. SVNT ALIA GENERALIA, VT 'CORPVS', 'ANIMAL'. Quomodo? Omne quod uidetur et tangitur corporale est, et omne quod uidetur et per se super terram
210 mouetur animal dicitur. ALIA SPECIALIA, VT 'LAPIS', 'HOMO', 'LIGNVM'. Quomodo? Si ex generale unum nomen adsumas, speciale est.

Trad. text. α   F

    187/196 Quotus – illo] cfr infra 2, 54/64   **188/192** Inter – est¹] cfr POMP., *Gramm.* 204, 9-23   **192/196** Quot – illo] POMP., *Gramm.* 204, 1-9   **197/198** De – alter] cfr DON., *Mai.* 617, 1-2   **200/202** Ad – habuerit] cfr POMP., *Gramm.* 148, 12-14   **204/205** Aliquid – dextrum] cfr ISID., *Etym.* 1, 7, 17   **208/209** Omne – est] cfr supra l. 68 **209/210** omne – dicitur] cfr supra I.1, 40/41   **211/212** Si – est] PS. SERG., *Explan. in Don.* 536, 30-31

    195/196 Totus – illo] VERG., *Georg.* 1, 434

    192 Quot] *corr. Hag.*, quod *F*   **204** contrarium] *correxi*, contraria *F* **206** admittunt] *cum Don. corr. Mun.*, amittunt *F*   **209** corporale] *correxi*, generale *F* (*cfr supra l. 68 et I.1, 59/60*)   per] *correxi*, super *F* (*cfr supra I.1, 41*)   terram] *corr. Mun.*, terrra *F* (*cfr supra I.1, 41*)   **211** ex] *cum Explan. correxi*, est ut *F*

617, 5-6   ALIA FACTA DE VERBO, VT 'DOCTOR', 'LECTOR'. Quomodo? Quod a uerbo gerundo modo ueniunt: 'docendi, docendo,
215   docendum, doctum, doctu'. Corrumpuntur ultimae syllabae:
demptum 'm', uersum 'u' in 'o', additum 'r', fiunt inde nomina
uerbialia, 'doctor uir', 'doctrix mulier', 'doctricia mancipia'.
ALIA PARTICIPIIS SIMILIA, VT 'DEMENS', 'SAPIENS', 'POTENS'.
Quomodo? Sic sonant ut participia sint, sed sunt et nomina.
220   Quando erunt participia aut quando nomina? Quando accusatiuus casus subsecutus fuerit, ⟨puta 'amans illum hoc fecit' erunt
participia; quando nominatiuus casus subsecutus fuerit⟩, puta
'demens ille hoc fecit', hoc est 'stultus', et conparationem recepe-
rit, 'demens, dementior et dementissimus', erunt nomina.

617, 6-8   ALIA VERBIS SIMILIA, VT 'COMEDO', 'PALPO'. Quomodo?
226   Sic sonant quasi uerba sint, sed sunt et nomina. Quando erunt
nomina aut quando uerba? Quando tres personas fecerint, ut
'comedo, comedis, comedit', erunt uerba; quando per casus
inflexa fuerint, ut puta 'hic comedo, huius comedonis', erunt
230   nomina. 'CONTEMPLATOR', 'SPECVLATOR', quomodo? Quando dixero imperando 'contemplator, homo!', 'speculator,
homo!', id est 'custodi!', erunt uerba; quando autem dixero 'contemplator, ibi sta!', id est 'homo', et per casus inflexa fuerint, 'hic
contemplator, huius contemplatoris', erunt nomina. SED ILLA
235   CONPARATIONE DISCERNVNTVR, HAEC CASIBVS. Quomodo?
Illa quae participiis sunt similia, conparatione discernuntur; ista
quae uerbis, casibus.

V.1.2. De conparatione

617, 9-618, 4   CONPARATIONIS GRADVS SVNT TRES. Qui? POSITIVVS,
240   CONPARATIVVS ET SVPERLATIVVS: POSITIVVS, VT 'FORTIS';

Trad. text. α   F

213/217 Quomodo – mancipia] cfr POMP., *Gramm.* 149, 2-5; supra I.3, 158/161
219/224 Quomodo – nomina] cfr POMP., *Gramm.* 149, 19 - 150, 12; PS. SERG., *Explan.
in Don.* 514, 38 - 515, 7   **230/234** Quando – nomina] cfr POMP., *Gramm.* 150, 13-21

214 gerundo] *correxi*, generando F   ueniunt] *corr.* Mun., uenit F   **217** uerbialia]
scripsi, uerbiaalia F   doctricia] *corr.* Mun., doctriua F   **221/222** puta – fuerit] *cum
Pomp. suppleui*   **223** ille] *corr.* Mun., illius F   receperit] *corr.* Mun., reciperit F
225 uerbis] *cum Don. corr.* Mun., uerbi F   **227** fecerint] *corr.* Mun., fecerit F
228 comedis comedit] *corr.* Mun., comedes comedet F   **229** fuerint] *corr.* Mun., fuerit
F   comedonis] *corr.* Mun., comedi (comidi F²) F

CONPARATIVVS, VT 'FORTIOR'; SVPERLATIVVS, VT 'FORTIS-
SIMVS'. SED CONPARATIVVS GRADVS GENERIS EST SEMPER
COMMVNIS. Quomodo? Quia in masculino et feminino genere
in una syllaba exit: 'doctior uir', 'doctior mulier'. CONPARAN-
245 TVR AVTEM NOMINA QVAE AVT QVALITATEM SIGNIFICANT
AVT QVANTITATEM, SED NON OMNIA PER OMNES GRADVS
EXEVNT in conparatione. Da ubi TANTVM POSITIVVS GRADVS
sit: 'MEDIOCRIS'. Da ubi POSITIVVS ET CONPARATIVVS:
'SENEX, SENIOR'. Da ubi POSITIVVS ET SVPERLATIVVS: 'PIVS,
250 PIISSIMVS'. 'Pior' cur non facis? Alium sensum facit; ad piare
pertinet. ALIQVANDO CONPARATIVVS ET SVPERLATIVVS:
'VLTERIOR, VLTIMVS'. 'Vltus' positiuum gradum cur non facis?
Quia nullum sensum habet. Da ubi SVPERLATIVVS TANTVM:
'NOVISSIMVS'. 'Nouus, nouior' cur non facis? Alium sensum
255 facit, ad nouitatem pertinet, quia 'nouissimus' ad ordinem
tantum pertinet. EXTRA QVAM FORMAM SVNT 'BONVS' ET
'MALVS'. Quomodo 'extra istam formam'? Quia ab una syllaba
non inchoant in conparatione. Quomodo dicuntur ista nomina?
Anomala. Quomodo? Eo quod in conparatione non ab una
260 syllaba inchoent.

618, 6-12   CONPARATIO NOMINVM in quibus gradibus EST CONSTITV-
TA? In duobus. In quibus? IN CONPARATIVO ET SVPERLATIVO.
POSITIVVS qualis est? PERFECTVS ET ABSOLVTVS. Quomodo?
Quia unusquisque in suo artificio doctus dicitur. SEPE AVTEM
265 CONPARATIVVS GRADVS PRAEPONITVR SVPERLATIVO, VT
'STVLTIOR, STVLTISSIMO' ET 'MAIOR, MAXIMO'. Quomodo?
Quantum ad rationem pertinet, iunior seniori praeferri non
debet, sed inueni contra regulam ubi conparatiuus superlatiuo
praeponatur. Da eius exemplum: "Tiburtius uir pulcherrimus
270 corpore, sed pulchrior mente". SEPE IDEM PRO POSITIVO
POSITVS MINVS SIGNIFICAT ET NVLLI CONPARATVR, QVAM-

Trad. text. α   F

257/260 Quomodo – inchoent] cfr supra I.1, 201/202   **263/264** Quomodo –
dicitur] cfr supra I.1, 173   **267/268** Quantum – debet] cfr supra I.1, 128/130

269/270 Tiburtius – mente] *Pass. Sebast.* 84 (*Pass. Hisp. s. X*, p. 619)

246 sed] *cum Don. corr. Mun.*, si *F*   **252** ultimus] *cum Don. corr. Mun.*, ultissimus *F*
257 istam formam] *corr. Mun.*, ista forma *F*   Quia] *corr. Mun.*, quae *F*   **267** praeferri]
corr. Hag., praeferre *F*

VIS RECIPIAT CONPARATIONEM, VT "MARE PONTICVM DVL-
CIVS QVAM CETERA". Quomodo? 'Dulce', si segreges a 'mare',
recipit conparationem: 'dulce, dulcius, dulcissimum'. Si iungat
275 illi 'amaro', quare dictum est? Eo quod amaras habeat aquas et
non inuenias mare quod dulces habeat aquas, iste nec pro positiuo accipiendus. SEPE IDEM PRO POSITIVO POSITVS MINVS
SIGNIFICAT ET NVLLI CONPARATVR, VT "IAM SENIOR, SED
CRVDA DEO VIRIDISQVE SENECTVS". Quomodo? 'Caron' dice-
280 batur, senex erat et in regione ubi erat sic uocabatur, 'Caron
senior'; sed quia illi inibi similis non erat qui illi praeferretur aut
cui ille praeferretur, iste uel pro positiuo accipiendus est.

18, 13-619, 1   SVNT NOMINA A SIGNIFICATIONE DIMINVTIVA, INTEL-
LECTV CONPARATIVA, VT 'GRANDIVSCVLVS', 'MAIVSCVLVS',
285 'MINVSCVLVS'. Quomodo? Sic sonant quasi diminutiua sint, sed
ipsum habent conparatiuum gradum. Quomodo? 'Grandis,
grandiusculus', 'maior, maiusculus'. 'Tam', 'magis' et 'maxime',
conparantis aduerbia, cui casui seruiunt? Nominatiuo tantum:
DICIMVS ENIM 'TAM BONVS', 'TAM MALVS', 'MAGIS BONVS',
290 'MAGIS MALVS'. Conparatiuus gradus cui casui seruit? ABLATI-
VO tantum VTRIVSQVE NVMERI, SED TVNC HOC VTIMVR,
QVVM ALIQVEM VEL ALIENO VEL SVO GENERI CONPARAMVS,
VT 'HECTOR FORTIOR ⟨DIOMEDE⟩'. In singulari aut et in
plurali? Et in singulari et in plurali. Quomodo? 'Doctior uir
295 uiro' et 'doctior uir uiris'. In suo genere tantum aut et in alieno?
Et in suo et in alieno. Quomodo? 'Doctior uir uiro' et 'doctior
uir muliere'. Quibus casibus deseruit ipse conparatiuus gradus?
Tribus: sexto, septimo et nominatiuo interposita 'quam'. Quando sexto? Quando cum praepositione pronuntiatus fuerit, ut
300 puta 'doctior ille ab illo'. Quando septimo? Quando sine praepo-

---

Trad. text. α   F

275/277 Eo – accipiendus] cfr POMP., Gramm. 155, 28-34   279/282 Quomodo –
est] cfr POMP., Gramm. 155, 10-26   293/302 Diomede – ille²] cfr supra I.1, 224/229

272/273 Mare – cetera] SALL., Hist. fragm. 3, 65   278/279 Iam – senectus] VERG.,
Aen. 6, 304

275 illi] illut F^{a.c.}   habeat] corr. Mun., habeant F   276 pro] correxi, prae F
279 deo] cum Verg. et Don. corr. Mun., de eo F   280 senex] scripsi, senes F
285 sonant] corr. Mun., sonat F   diminutiua sint] correxi, diminutiuum sit F
286 ipsum] scripsi, ipsut F   293 Diomede] cum Don. suppl. Mun.

sitione profertur, ut 'doctior ille illo'. Quando nominatiuo interposita 'quam'? Quando dico 'doctior ille quam ille'.

619, 2-5   SVPERLATIVVS AVTEM GENITIVO TANTVM PLVRALI AD-
             IVNGITVR, SED TVNC HOC VTIMVR, QVVM ALIQVEM SVO
305   GENERI CONPARAMVS, VT 'HECTOR FORTISSIMVS TROIA-
       NORVM FVIT'. Dicimus enim 'doctissimus uir uirorum', 'doctis-
       sima mulier mulierum'. Tantum in plurali numero deseruit geni-
       tiuo casui? Interdum et singulari, quando tale nomen fuerit
       quod enuntiatione sit singulare et intellectu plurale, ut 'populus',
310   'contio', 'plebs'. Quomodo? 'Hic populus et hii populi', 'hic
       magister et hii magistri'. PLERVMQVE SVPERLATIVVS PRO POSI-
       TIVO POSITVS MINVS SIGNIFICAT ET NVLLI CONPARATVR,
       VT 'IVPPITER OPTIMVS MAXIMVS'. Quomodo? Iouis dicebatur
       qui imperauit omnibus. Mos erat antiquis ut, dum mortuus fuis-
315   set eorum princeps, ad similitudinem eius erigerent statuam, et
       adorabant eam ueluti uiuentem hominem. Post discessum Iouis
       facta est idola similis illius, sic eam uocabant 'Iuppiter optimus
       maximus'. Sed quia non erat ibi similis, qui illi praeferretur aut
       cui ille praeferretur, iste superlatiuus uel pro positiuo accipiendus
320   est. Quomodo illud declinabant? 'Hic Iuppiter, huius Iouis'.
       Item conparatiuus nominatiuo iungitur, ut 'doctior hic quam ille
       est'. Quomodo? Puta si dicam 'doctior Vincila quam Arcontius'.

V.1.3. De genere

619, 13-16   GENERA NOMINVM SVNT QVATTVOR. Quae? MASCVLI-
325   NVM, VT 'HIC MAGISTER'; FEMININVM, VT 'HAEC MVSA';
       NEVTRVM, VT 'HOC SCAMNVM'; COMMVNE, VT 'HIC ET HAEC
       SACERDOS'. EST PRAETEREA TRIVM GENERVM, QVOD OMNE
       DICITVR, VT 'HIC ET HAEC ET HOC FELIX'. EST EPICHENON,
       VT 'PASSER', 'AQVILA'. 'Epichenon' qualis sermo est? Graecus.
330   Quid sonat in Latinum? 'PROMISCVVM', QVOD SVB VNA

Trad. text. α   F

306/310 Dicimus – plebs] cfr supra I.1, 231/235   318/320 Sed – est] cfr POMP.,
Gramm. 158, 27-34   329/332 Epichenon – conprehenditur] cfr supra I.1, 299/301

307 genitiuo] *corr. Mun.*, nominatibo F   309 enuntiatione] *corr. Mun.*,
denuntiatione F (*cfr supra I.1, 233*)   311 pro] *cum Don. corr. Hag.*, prae F   319 pro]
corr. Hag., prae F   accipiendus] *corr. Mun.*, accipiendum F   326 neutrum] nec hoc nec
illud *sup. l. add.* F²

SIGNIFICATIONE, hoc est sub uno nomine, MASCVLINVM ET FEMININVM CONPREHENDITVR.

620, 1-5   SVNT PRAETEREA ALIA SONO MASCVLINA, INTELLECTV FEMININA, VT 'EVNVCVS COMOEDIA', 'ORESTIS TRAGOEDIA',
335   'CENTAVRVS NAVIS'. Quomodo? Sono sunt masculina, sed intellectu feminina. 'Eunucus' quid intellegitur? Vir effeminatus. 'Comoediae' quid? Mulieres meretrices. 'Tragoedia' quid? Carmen luctuosum uel strangulatio gutturis uel sonus suffocatus. 'Centaurus' quid? Bestia fuit. 'Naues' quid? Quae pelago
340   currunt. ALIA SONO FEMININA, INTELLECTV MASCVLINA, VT 'FENESTELLA SCRIPTOR', 'AQVILA ORATOR'. Quomodo? Sono sunt feminina, intellectu masculina. Fenestella uir fuit; scriptor uir dicitur et scriptrix mulier. Aquila uir fuit; orator uir, oratrix mulier. ALIA SONO NEVTRA, INTELLECTV FEMININA, VT
345   'FRONESIVM MVLIER' VEL 'GLICERIVM'. Quomodo? Sono neutra sunt, sed intellectu feminina. Fronesium mulier in sexu suo discernitur; Glicerium 'dulce' dicitur. ALIA SONO FEMINI-NA, INTELLECTV NEVTRA, VT 'POEMA', 'SCEMA'. Quomodo? Sono feminina sunt, sed intellectu neutra: 'hoc poema et haec
350   poemata', 'hoc scema et haec scemata'. 'Poema' quid? Vnius libri opus. Et 'scema'? Figura. ALIA SONO MASCVLINA, INTELLECTV NEVTRA, VT 'PELAGVS', 'VVLGVS'. Quare? Sono masculina sunt, sed intellectu neutra. Da eius exemplum: "Altum pelagus ferit"; "Vulgus et innumerum releuans ad sidera duxit".

620, 6-7   SVNT PRAETEREA NOMINA IN SINGVLARI NVMERO
356   ALTERIVS GENERIS ET ALTERIVS IN PLVRALI, VT 'BALNEVM',

Trad. text. α   F

---

336 Eunucus – effeminatus] cfr Isid., *Etym.* 10, 93   **337** Comoediae – meretrices] cfr Isid., *Etym.* 18, 46, 1   **337/338** Tragoedia – suffocatus] cfr Isid., *Etym.* 18, 45, 1   **339** Centaurus – fuit] cfr Isid., *Etym.* 11, 3, 37   **339/340** Naues – currunt] cfr Isid., *Etym.* 19, 1, 8   **347** Glicerium – dicitur] cfr Serv., *Ecl.* prooem.   **350/351** Poema – opus] Isid., *Etym.* 1, 39, 21   **351** Et – Figura] Isid., *Etym.* 1, 36, 1; cfr supra III.5, 5/6

353/354 Altum – ferit] Incert.; cfr *Hist. Apoll.* rec. A 39   **354** Vulgus – duxit] Sedvl., *Carm. Pasch.* 4, 3 (p. 91); 5, 5 (p. 114)

334 tragoedia] *scripsi*, traguedia *F*   **337** Tragoedia] *scripsi*, traguedia *F*   **338** strangulatio] *corr. Hag.*, stranguilio *F*   uel² – suffocatus] *corr. Mun.*, uox sonum offucatum *F*   **340** Alia] *cum Don. corr. Mun.*, ab uno *F*   **354** innumerum releuans] *cum Sedul. corr. Hag.*, innumero se libans *F* (*cfr infra l. 400*)

'Tartarvs', 'caelvm', 'porrvm', 'cepe', 'locvs', 'forvm'.
Quomodo? Alterius generis sunt in singularitate, alterius in
pluralitate. 'Balneum' in singularitate cuius generis est? Neutri.
360 Da eius exemplum: "Si balneum, ubi calefactio?". Et in pluralitate cuius? Feminini. Da eius exemplum: "Ne ipsae balneae
corruant, ubi Chirintus lauat ueritatis inimicus". 'Tartarus' cuius
generis est? In singularitate masculini. Da eius exemplum: "Tartarus horrens". Et in pluralitate cuius? Neutri. Da eius exem-
365 plum: "Tartara saeua petisti dura claustra diruens". 'Caelum' in
singularitate cuius generis est? Neutri. Da eius exemplum: "Caelum mane rubens futuros nuntiat imbres". Et in pluralitate
cuius? Masculini. Da eius exemplum: "Caeli caelorum et aquae
quae super caelos sunt laudent nomen Domini". 'Porrum' in
370 singularitate cuius generis est? Neutri. Da eius exemplum: "Cepe, alium, porrum, eruca, †fulfica†, blitus". Et in pluralitate
cuius? Masculini: 'hi porri'. 'Locus' cuius generis est in singularitate? Masculini. Da eius exemplum: "Hic locus nempe uocitatur
aula". Et in pluralitate cuius? Neutri. Da eius exemplum: "Sunt
375 loca, sunt fora, sunt quos tuearis, amice".

620, 7-9   Svnt item nomina incerti generis inter mascvli-
num et femininum, vt 'cortex', 'silex', 'radix', 'finis',
'stirps', 'pinvs', 'pampinvs', 'dies'. Quare dicitur incerti
generis? Quantum in singularitate, quantum in pluralitate et
380 masculini et feminini generis inuenitur. 'Cortex' quomodo?
'⟨Hic⟩ cortex' facit in singularitate, '⟨hae⟩ cortices' in pluralitate.

Trad. text. α   F

378/382 Quare – cortices] cfr supra III.2, 74/77

360 Si – calefactio] Incert.   361/362 Ne – inimicus] Rvfin., Hist. 4, 14, 6
(p. 335, 3-4)   363/364 Tartarus horrens] Hymn. Hisp. 189, 32 (p. 679)   365 Tartara –
diruens] Hymn. Hisp. 209, 5 (p. 730)   366/367 Caelum – imbres] Evgen. Tol.,
Carm. 55, 1   368/369 Caeli – Domini] Ps. 148, 4   370/371 Cepe – blitus] Incert.; cfr
Isid., Etym. 17, 10   373/374 Hic – aula] Hymn. Hisp. 189, 25 (p. 679)   374/
375 Sunt – amice] cfr Ov., Rem. 151

357 Tartarus] cum Don. corr. Mun., tartarum F (cfr infra l. 362)   cepe] cum Don. corr.
Mun., cepa F (cfr infra l. 370)   362 Chirintus] Cerinthus cum Rufin. legendum
371 eruca] correxi, iruca F   378 stirps] cum Don. scr. Hag., stirpis F (cfr infra l. 388)
381 Hic] suppl. Mun.   hae] suppl. Mun.

Quomodo? "Validi silices" et "Amarae cortices". 'Silex' quomodo? "Stat acuta silex". 'Radix' in singularitate cuius generis est?
Feminini ⟨et masculini⟩. Da eius exemplum: "Radix Iesse, qui
385 stat in signum populorum, ipsum gentes deprecabuntur". 'Finis'
quomodo? Omnia nomina inanimalia Romana simplicia 'nis'
syllaba terminata masculini generis sunt, ut puta 'panis', 'crinis',
'amnis'. 'Stirps' quomodo? "Stirpis adoptiuae meliore propage
colendus". 'Pinus' quomodo? "Fraxinus in siluis, pulcherrima
390 pinus in hortis". 'Pampinus' quomodo? "Pampinus uuifera uitis
sarmenta reuestit". 'Dies' quomodo? "Primus in orbe dies lucis
primordia sumpsit". Item "Prima dies lux est terris, mors una
tenebris".

20, 9-621, 2   SVNT INCERTI GENERIS INTER MASCVLINVM ET NEV-
395 TRVM, VT 'FRENVM', 'CLIPEVS', 'VVLGVS', 'SPECVS'. Quomodo? Quia et masculini generis inuenitur et neutri. 'Frenum'
quomodo? "Nec non et stabulis frenos audire sonantes". Et in
pluralitate: "Frena regendorum retines firmissima regum". 'Clipeus' quomodo? "Clipeus et hasta si apparuerit". Item "Vulgus
400 et innumerum releuans ad sidera duxit". SVNT INCERTI GENE-
RIS INTER FEMININVM ET NEVTRVM, VT 'BVXVS', 'PIRVS',
'PRVNVS', 'MALVS'. Quomodo? Arbores dum ordine suo stant,
generis sunt feminini; dum abscissae fuerint, neutri, ut 'pomum'
est neutrum: 'hoc pomum et haec poma'.

Trad. text. α   F

382/383 Silex – silex] cfr POMP., *Gramm.* 160, 18-20   **386/388** Omnia – amnis]
Ps. SERG., *Explan. in Don.* 538, 34 - 539, 1   **402/404** Quomodo – poma] cfr POMP.,
Gramm. 163, 29-31

382 Validi silices] LVCR., *Nat. rer.* 1, 571   Amarae cortices] VERG., *Ecl.* 6, 62-63
383 Stat – silex] VERG., *Aen.* 8, 233   **384/385** Radix – deprecabuntur] Is. 11, 10   **388/
389** Stirpis – colendus] AVSON., *Ephem.* 3, 19   **389/390** Fraxinus – hortis] VERG., *Ecl.*
7, 65   **390/391** Pampinus² – reuestit] DRAC., *Laud. Dei* 1, 629; EVGEN. TOL., *Hex.* 1,
511   **391/392** Primus – sumpsit] EVGEN. TOL., *Carm.* 37, 1   **392/393** Prima –
tenebris] DRAC., *Laud. Dei* 1, 118; EVGEN. TOL., *Hex.* 1, 1   **397** Nec – sonantes] cfr
VERG., *Georg.* 3, 184   **398** Frena – regum] CORIPP., *Iust.* praef., 25   **399** Clipeus –
apparuerit] Iud. 5, 8   **399/400** Vulgus – duxit] SEDVL., *Carm. Pasch.* 4, 3 (p. 91); 5, 5
(p. 114); cfr supra l. 354

382 Validi silices] *cum Verg. corr. Hag.*, ualisidilices F   **384** et masculini] *suppleui*
386 nis] nisi F^{a.c.}   **388** adoptiuae] *cum Auson. correxi*, etoptine F   **391** reuestit] *cum
Eugen. Tol. corr. Hag.*, reuesti F   **398** retines – regum] *cum Coripp. correxi*, retinet
firmissimum regnum F   **404** est] *correxi*, eius F   poma] *corr. Mun.*, pomam F

621, 3-7 **SVNT ETIAM GENERA NOMINVM FIXA, SVNT ET MOBILIA.**
406 Quae sunt fixa? QVAE ALTERIVS GENERIS FLECTI NON POS-
SVNT, VT 'MATER', 'SOROR'. Quomodo? Facimus 'bonus, bona',
non facimus 'mater, matra'. MOBILIA AVTEM AVT PROPRIA
SVNT ET DVO GENERA FACIVNT, VT 'GAIVS, GAIA'. Quomo-
410 do? 'Gaius' proprium nomen illi est et facit inde 'Gaia'. ALIA
APPELLATIVA SVNT ET TRIA GENERA FACIVNT, VT 'BONVS,
BONA, BONVM'. Quomodo? 'Bonus' appellatiuum nomen est et
tria genera facit. SVNT ITEM ALIA NEC IN TOTVM FIXA NEC IN
TOTVM MOBILIA, VT 'DRACO, DRACAENA', 'LEO, LEAENA'.
415 Quomodo? Nec in totum fixa nec in totum mobilia. In totum
fixa non sunt, quia mouentur; in totum mobilia non sunt, quia
secundum genus suum non mouentur. Sicut facimus 'bonus,
bona', non facimus 'draca': 'draco, dracaena', 'leo, leaena'. Da
eius exemplum: "Squamosus draco et fulua ceruice leaena".

621, 7-9 **SVNT ALIA DIMINVTIVA QVAE NON SERVANT GENERA,**
421 QVAE EX NOMINIBVS PRIMAE POSITIONIS ACCEPERVNT, VT
'SCVTVM, SCVTVLA, SCVTELLA', 'PISTRINVM, PISTRILLA', 'CA-
NIS, CANICVLA'. Quomodo? Alterius generis sunt in principalitate et alterius in diminutione. 'Scutum' cuius generis est? In
425 principalitate neutri, in diminutione feminini. Sic et illa quaeris;
sic 'canicula', 'rana', epichenon generis sunt.

In quibus generibus nominatiuus singularis 'a' littera terminatur? In quattuor. Quomodo? Tria Latina et unum Graecum.
621, 10-622, 9 AVT MASCVLINVM EST, VT 'AGRIPPA'; AVT FEMININVM, VT
430 'MARCIA'; AVT COMMVNE, VT 'ADVENA'; AVT NEVTRVM, VT
'TOREVMA', SED TAMEN GRAECVM. In quibus generibus nominatiuus 'e' littera terminatur? ⟨In⟩ duobus: AVT FEMININVM
GRAECVM EST, VT 'EVTERPE', AVT NEVTRVM ET LATINVM,

Trad. text. α   F

405/413 Sunt – facit] cfr POMP., *Gramm.* 163, 34 - 164, 4   **415/419** Quomodo –
leaena] cfr POMP., *Gramm.* 164, 4-12   **423/426** Quomodo – sunt] cfr POMP., *Gramm.*
164, 19-27

419 Squamosus – leaena] VERG., *Georg.* 4, 408

413 in¹] *sup. l.* F   **417** mouentur] *corr. Mun.*, mobuntur F   **418** draca] *corr. Mun.*,
dratica F   **419** fulua] *cum Verg. corr. Mun.*, furua F   **421** acceperunt] *scripsi*,
acciperunt F   **422** scutum] *corr. Mun.*, scutu F   **423** principalitate] *cum Pomp. corr.
Mun.*, singularitate F (*cfr infra. l. 425*)   **425** quaeris] *correxi*, quae sebis F   **428** Tria
Latina] *correxi*, tres latinos F   **432** In] *suppl. Mun.*   duobus] *correxi*, duabus F

VT 'SEDILE'. In quibus generibus nominatiuus 'i' littera termina-
435 tur? In duobus: AVT NEVTRVM GRAECVM EST, VT 'GVMMI',
'SINAPI', AVT TRIVM EST, VT 'FRVGI', 'NIHILI'. In quibus gene-
ribus nominatiuus 'o' littera terminatur? In tribus: AVT MASCV-
LINVM EST, VT 'SCIPIO', AVT FEMININVM, VT 'IVNO', AVT
COMMVNE AVT EPICHENON, VT 'POMILIO', 'PAPILIO, papilio-
440 nis'. Quid est 'pomilio'? Pusillus statu. In quibus generibus
nominatiuus 'u' littera terminatur? In uno tantum. In quo? NEV-
TRVM, VT 'CORNV', 'GENV', 'GELV'. SED HAEC OMNIA ET QVAE
IN CONSONANTES DESINVNT ET DIVERSAS REGVLAS ET
MVLTIPLICES HABENT. Et quae in uocalibus et quae in conso-
445 nantibus desinunt diuersas regulas habent quomodo? Quia inue-
niuntur longae, inueniuntur et breues.

V.1.4. De numero

22, 10-623, 1 NVMERI SVNT DVO. Qui? SINGVLARIS ET PLVRALIS: SIN-
GVLARIS, VT 'HIC SAPIENS'; PLVRALIS VT, 'HII SAPIENTES'.
450 Quomodo? Quando dico 'hic', singularis numerus est; quando
dico 'hii', pluralis. SVNT ETIAM NOMINA NVMERO COMMVNIA,
VT 'RES', 'NVBES', 'DIES', 'DOS', 'SPES'. Quomodo? Quia in ipsa
syllaba exit nominatiuus singularis in qua et pluralis: 'haec res' et
'hae res'.

623, 1-2 SVNT SEMPER SINGVLARIA GENERIS MASCVLINI, VT 'PVL-
456 VIS', 'SANGVIS'. Quomodo pluralitatem non recipiunt? Et quia
dicit "Viri sanguinum et dolosi non dimidiabunt dies suos", abusiue dictum est, non proprie. SVNT SEMPER PLVRALIA EIVSDEM
GENERIS, VT 'MANES', 'QVIRITES', 'CANCELLI'. Quomodo?
460 Haec singularitatem non recipiunt. 'Manes' quid intellegitur?
Dei inferorum. 'Quirites' quid? Populi Romani. 'Cancelli' quid?
Quod et multis lignis constat.

Trad. text. α *F*

440 Quid – statu] cfr POMP., *Gramm.* 165, 11   **460/461** Manes – inferorum] cfr
SERV. auct., *Aen.* 3, 63; ISID., *Etym.* 8, 11, 100   **461** Quirites – Romani] cfr SERV., *Aen.*
2, 7; ISID., *Etym.* 5, 9, 1   **461/462** Cancelli – constat] cfr POMP., *Gramm.* 176, 24-27

457 Viri – suos] Ps. 54, 24

439 aut] *cum Don. correxi*, ab *F*   papilio papilionis] *cum Don. correxi*, panpirio
papinione *F*   **441** uno] *corr. Mun.*, unum *F*   **460** Haec] *correxi*, hic *F*
singularitatem] *corr. Mun.*, singularitate *F*   recipiunt] *corr. Mun.*, recipit *F*

623, 2-4   SEMPER SINGVLARIA GENERIS FEMININI, VT 'PAX', 'LVX'.
Quomodo pluralitatem non recipiunt? Quia una est pax et una
465 luna, una uita et una mors. SEMPER PLVRALIA EIVSDEM GENE-
RIS, VT 'KALENDAE', 'NVNDINAE', 'FERIAE', 'QVADRIGAE',
'NVPTIAE'. Quomodo? Quae singularitatem non recipiunt. 'Kalendae' a colendo dictae; 'nundinae' a nonis; 'feriae', si prima
feria, si secunda feria; 'quadrigae', quod ex multis equis fit; 'nup-
470 tiae' ex multis hominibus constat.

623, 4-7   SEMPER SINGVLARIA GENERIS NEVTRI, VT 'PVS', 'VIRVS',
'AVRVM', 'ARGENTVM', 'OLEVM', 'FERRVM', 'TRITICVM' ET
FERE CETERA QVAE AD MENSVRAM PONDVSVE REFERVNTVR.
Quomodo? Quicquid ad mensuram uel ad pondus pertinet
475 generis sunt neutri et semper singularitatem habent et non plura-
litatem, excepto 'sal', quod est generis masculini et pluralitatem
recipit. Da eius exemplum: "Sales tui sine dente sint". Et 'faba',
quod est generis feminini. Da eius exemplum:
"Disce libens ⟨iuuenis⟩ pallentem sumere fabam
480 nutricem uocis monachorum semper amicam".
SVNT SEMPER PLVRALIA EIVSDEM GENERIS, VT 'ARMA', 'MOE-
NIA', 'FLORALIA', 'SATVRNALIA'. Quomodo? Singularitatem
non recipiunt. Quid est 'Floralia'? Agri ⟨festa⟩ optima. 'Moenia'?
Murorum aedificia † in minori †. 'Arma'? Quod in bello utimur.

623, 7-9   SVNT QVAEDAM POSITIONE SINGVLARIA, INTELLECTV
486 PLVRALIA, VT 'POPVLVS', 'CONTIO', 'PLEBS'. Quomodo?
'Populus' sic sonat tamquam si pro uno homine dicat, sed non fit
populus, nisi multitudo hominum fuerit. SVNT QVAEDAM POSI-
TIONE PLVRALIA, INTELLECTV SINGVLARIA, VT 'ATHENAE',

Trad. text. α   F

467/468 Kalendae – dictae] ISID., *Etym.* 4, 6, 41   **468** nundinae – nonis] ISID.,
Etym. 4, 6, 42   **469** quadrigae – fit] cfr ISID., *Etym.* 18, 36, 1   **474/475** Quicquid –
pluralitatem] cfr POMP., *Gramm.* 177, 29-30   **476/477** excepto – recipit] cfr
PS. SERG., *Explan. in Don.* 542, 12-18   **483/484** Moenia –] cfr SERV., *Aen.* 11, 567;
ISID., *Etym.* 15, 2, 18   **484** Arma – utimur] cfr SERV., *Aen.* 1, 1   **486/**
488 Quomodo – fuerit] cfr supra I.1, 236/238

477 Sales – sint] MART. BRAC., *Form. uit.* 4 (p. 243, 32)   **479/480** Disce –
amicam] Incert.

479 iuuenis] *suppl. Mun.*   pallentem] *corr. Hag.*, pallantem F   **483** recipiunt] *corr.*
Mun., recipit F   festa] *dub. suppleui*   **484** minori] *munitione fort. corrigendum* (*cfr*
Seru.)   **486** contio] *cum Don. corr. Mun.*, continuo F

490 'COMAE', 'THEBAE'. Quomodo? Quia sic sonant, quasi plurale
sit. Sed quamuis ⟨'comae'⟩ ex multis capillis constet, pluralitatem
non recipit.

V.1.5. De figura

624, 1-2   FIGVRAE NOMINIBVS ACCIDVNT DVAE. Quae? SIMPLEX ET
495 CONPOSITA. SIMPLEX, VT 'DOCTVS', 'PRVDENS'. Quomodo est
simplex figura? 'Doc' nihil est, 'tus' nomen est; 'pru' nihil est,
'dens' nomen est. CONPOSITA, VT 'INDOCTVS', 'INPRVDENS'.
Quomodo est conposita? 'In' praepositio est, 'doctus' nomen est;
'in' praepositio est, 'prudens' nomen est.

624, 2-4   Quomodo CONPONVNTVR NOMINA? QVATTVOR MODIS.
501 EX DVOBVS INTEGRIS, VT 'SVBVRBANVS'. Quomodo EX DVO-
BVS INTEGRIS? 'Sub' praepositio est, 'urbanus' nomen est. EX
DVOBVS CORRVPTIS, VT 'MVNICEPS', 'EFFICAX'. Quomodo EX
DVOBVS CORRVPTIS? 'Effi "nihil est, 'cax" similiter; 'mu' nihil
505 est, 'niceps' similiter. 'Municeps' dictus est ab eo quod munera
capiat et reddat, id est tributa, unde et municipia dicta. EX INTE-
GRO ET CORRVPTO, VT 'INEPTVS', 'INSVLSVS'. Quomodo? 'In'
praepositio est, 'eptus' nihil est; 'in' praepositio est, 'sulsus' nihil
est, quia 'salsus' debuit dicere. EX CORRVPTO ET INTEGRO, VT
510 'PINNIPOTENS', 'NVGIGERVLVS'. Quomodo? 'Pinni' nihil est,
'potens' nomen est; 'nugi' nihil est, 'gerulus' nomen est. Quid est
'nugigerulus'? ⟨Nugas portitor. Et quid 'gerulus'?⟩ Portitor.

624, 5   EX PLVRIBVS, VT 'INEXPVGNABILIS', 'INPERTERRITVS'.
Quomodo est ex pluribus 'inperterritus'? 'In' praepositio est,
515 'per' praepositio est, 'ter' aduerbium est, 'ritus' nomen est. Quid
est 'ritus'? Consuetudo. Da eius auctoritatem: "Teutonico ritu

---

Trad. text. α   F

---

491 comae – constet] cfr SERV., *Aen.* 5, 556; ISID., *Etym.* 11, 1, 30   **500**/
512 Quomodo – Portitor] cfr supra I.1, 327/343   **505/506** Municeps – dicta] cfr
ISID., *Etym.* 15, 2, 10   **513/523** Ex – sunt] cfr supra I.1, 343/351

516/517 Teutonico – cateias'] VERG., *Aen.* 7, 741

490 Thebae] *scripsi,* tebe F (*cfr supra l. 177*)   **491** comae] *suppl. Mun.*
506 municipia] *corr. Mun.,* munipia F   **511** nugi] *scripsi,* nug F   **512** Nugas – gerulus]
suppleui (*cfr supra I.1, 341*)   **516** Teutonico ritu] *cum Verg. corr. Mun.,* tautonico ritus F
(*cfr supra I.1, 350*)

soliti torquere cateias". Quid est 'cateias'? Hastas lancearum.
Quali lingua? Gallica. Item 'in' praepositio est, 'ex' praepositio
est, 'pugnabilis' nomen est. Quare 'pugna' una pars non est et
520 'bilis' alia? Si per 'u' fuisset scriptum, illud 'pugna' debuerat una
pars esse et illud 'uilis' alia; sed quia per 'b' scribitur, nihil est.
Ista nomina, uelut in primo tractatu adnotata sunt, ita et hic
quaerenda sunt; sed longum est scribere, quia rare nobis perga-
mena largiuntur a principe.

525   V.1.6. De conexis nominibus

624, 5-8   IN DECLINATIONE CONPOSITORVM NOMINVM ANIMAD-
VERTI DEBEMVS EA QVAE EX DVOBVS NOMINATIVIS CONPO-
SITA FVERINT PER OMNES CASVS DECLINARI. Quomodo?
Quando nominatiuus in duobus nominatiuis exierit, per omnes
530 casus sic declinatur, ut est illud 'EQVES ROMANVS' Quomodo?
Illud 'eques' nominatiuus casus est, 'Romanus' similiter nominatiuus casus est. Quomodo erit declinandum? 'Hic eques Romanus, huius equitis Romani, huic equiti Romano, hunc equitem
Romanum, o eques Romane, ab hoc equite Romano'. Similiter
535 declinatur et 'PRAETOR VRBANVS': 'hic praetor urbanus, huius
praetoris urbani, huic praetori urbano, hunc praetorem urba-
num, o praetor urbane, ab hoc praetore urbano'.

624, 8-9   QVAE EX NOMINATIVO ET QVOLIBET ALIO CASV COMPOSI-
TA FVERINT, EA PARTE DECLINARI TANTVM QVA FVERINT
540 NOMINATIVI CASVS, VT 'PRAEFECTVS EQVITVM', 'SENATVS
CONSVLTVM'. Quomodo? 'Praefectus' nominatiuus casus est,
'equitum' autem genitiuus pluralis, et declinandum est ita: 'hic
praefectus equitum, huius praefecti equitum, huic praefecto
equitum, hunc praefectum equitum, o praefecte equitum, ab hoc
545 praefecto equitum'; et pluraliter 'hii praefecti equitum, horum

---

Trad. text. α   F

528/530 Quomodo – declinatur] cfr POMP., *Gramm.* 169, 28-31

518 Gallica] *scripsi*, galleca *F*   521 uilis] *scripsi*, bilis *F*   523 pergamena] *corr. Hag.*,
purgamena *F*   533 equitis] *corr. Mun.*, equester *F*   534 eques Romane] *corr. Mun.*,
equis romani *F*   537 praetor] *corr. Mun.*, praeter *F*   539 qua] *cum Don. corr. Mun.*,
quo *F*   543 equitum²] *corr. Mun.*, equito *F*   545 equitum¹] *corr. Mun.*, equito *F*
equitum²] *corr. Mun.*, equiti *F*

praefectorum equitum, his praefectis equitum, hos praefectos equitum, o praefecti equitum, ab his praefectis equitum'.

624, 10-11 PROVIDENDVM EST AVTEM NE EA NOMINA CONPONAMVS QVAE AVT CONPOSITA SVNT AVT CONPONI OMNINO NON
550 POSSVNT. Nos iterum conponere non possumus. Vt si dicam 'felix', est simplex figura; si dixero 'infelix', ecce conposita figura. Quomodo? 'In' praepositio est, 'felix' nomen est; nam si dixero 'infelix', ad primam positionem pertinet, quia tale est 'felix' quale et 'infelix'.

555   V.1.7. De casibus

624, 12-13 CASVS SVNT SEX. Qui? NOMINATIVVS, GENITIVVS, DATI-VVS, ACCVSATIVVS, VOCATIVVS ET ABLATIVVS. EX HIS DVO RECTI APPELLANTVR, NOMINATIVVS ET VOCATIVVS, RELIQVI OBLIQVI. Quomodo? Quia nominatiuus et uocatiuus interdum
560 similes sunt; reliqui obliqui, id est dissimiles.

624, 13-14 ABLATIVVM GRAECI NON HABENT; HVNC QVIDAM 'LA-TINVM', NONNVLLI 'SEXTVM' APPELLANT. Quomodo? Apud Latinos sex sunt casus; apud Graecos uero tantum quinque, quia ablatiuum non habent. Tantundem ipsi sex casus sunt? Habent
565 septimum et octauum. Quomodo? Quando ablatiuus sine prae-
625, 4 positione dicitur, ut puta 'ORATORE MAGISTRO VTOR', est SEP-TIMVS CASVS. Quando octauus? Quando accusatiuus dempta praepositione uertitur in datiuo et sine praepositione profertur; ut puta si dicam 'cellae uado', est octauus casus. Quomodo? Puta
570 si dicam 'ad cellam': dempta praepositione uersus accusatiuus in datiuo, ut puta si dicam 'cellae uado', est octauus casus.

                              V.1.8. De formis casuum

625, 5-10 SVNT AVTEM FORMAE CASVALES SEX, EX QVIBVS NOMINA ALIA MONOPTOTA, ALIA DIPTOTA, ALIA TRIPTOTA, ALIA

Trad. text. α   F

550/554 Nos – infelix] cfr POMP., *Gramm.* 170, 3-5   **562/564** Quomodo – habent] cfr SERV., *Gramm.* 433, 15-16   **564/571** Tantundem – casus] cfr supra I.1, 381/388

547 praefecti] *corr. Mun.*, praefecte *F*   **548** Prouidendum] *corr. Mun.*, prouidendeim *F*   **564** ipsi] *corr. Mun.*, ipsis *F*   Habent] *correxi*, habentur *F*

575 TETRAPTOTA, ALIA PENTAPTOTA, ALIA HEXAPTOTA. Quomodo? Graece 'monos', Latine 'unus' dicitur; 'dipton', 'duo'; 'trip-
ton', 'tres'; 'tetrapton', 'quattuor'; 'pentapton', 'quinque';
'hexapton', 'sex'; ['epte', 'septem']. ET SVNT APTOTA, id est
unius formae nomina, QVAE NEQVE PER CASVS NEQVE PER
580 NVMEROS DECLINANTVR aut singularis aut pluralis, VT 'FRVGI',
'NIHILI', 'NEQVAM', 'FAS', 'NEFAS', 'NVGAS'. Quomodo? Per
omnes casus nullam uarietatem habent, sed in unam syllabam
exeunt, ut 'haec frugi, huius frugi, huic frugi, hanc frugi, o frugi,
ab hac frugi', 'hoc pus, huius pus, huic pus, hoc pus, o pus, ab hoc
585 pus'. Ita et cetera monoptota nomina declinantur. Numeri A
QVATTVOR VSQVE AD CENTVM sic unius formae nomina sunt.
Nam 'unus' in singularitate per omnes casus declinatur; 'duo',
'tres' similiter in pluralitate. Similiter A DVCENTIS ET DEIN-
CEPS, ⟨PRAETER⟩ TANTVNDEM MILLE, quod in singularitate
590 unius formae nomen est.

    Da diptotae formae nomen: 'manus'. Quomodo? Tres casus
sunt longi et tres breues. Qui? Nominatiuus, accusatiuus et uocatiuus breues sunt et unam formam faciunt; genitiuus, datiuus et
ablatiuus longi sunt et alteram formam faciunt. Hoc in tempori-
595 bus casuum an in exitu syllabarum? In temporibus casuum. Da
triptotae formae nomen: 'regula'. Quomodo est triptotae formae
nomen? Nominatiuus, uocatiuus et ablatiuus faciunt unam
formam; genitiuus et datiuus aliam; accusatiuus tertiam. Da
tetraptotae formae nomen: 'corpus', 'caput'. Quomodo? Tres
600 faciunt unam formam et tres singulas. Da pentaptotae formae
nomen: 'serenus'. Quomodo? Datiuus et ablatiuus unam
formam faciunt, quia in una syllaba exeunt; illi alii dissimiles,
quia in una syllaba non exeunt, sed dissimiles sunt. Da hexapto-

---

Trad. text. α   F

    578/579 id – nomina] cfr infra l. 735   **584/585** hoc¹ – pus] cfr CHAR., *Gramm.* 40,
11 **591/605** Da – faciunt] cfr POMP., *Gramm.* 171, 34 - 172, 10; 184, 12 - 185, 4; supra
I.1, 569/580

    578 epte septem] *excl. Mun.*   aptota] *cum Don. corr. Mun.*, octo *F*   **581** nihili] *cum
Don. scr. Mun.*, nihil *F* (*cfr infra l. 607*)   **584** hac] *corr. Mun.*, hoc *F*   hoc²] *correxi*,
hunc *F*   **585** Numeri] *corr. Mun.*, nam *F*   **586** formae nomina] *corr. Mun.*, forma
nominae *F*   **589** praeter] *cum Don. suppl. Mun.*   **594** Hoc] *corr. Mun.*, hic *F*
597 uocatiuus] *corr. Mun.*, accusatibus *F*

tae formae nomen: 'unus', 'ullus'; toti casus in ultimis syllabis
605 dissimiles sunt et singulas formas faciunt.

625, 6-10   Svnt praeterea aptota, qvae neqve per casvs neqve
per nvmeros declinantvr, vt 'frvgi', 'nihili', 'fas', 'nefas', 'nvgas'. Quomodo? Quia omnia ista in uno casu stant et
non uariantur per formas, sed tantundem unam formam habent,
610 quia per totos casus in unam syllabam exeunt. Nomina nvme-
rorvm a qvattvor vsqve ad centvm in uno casu declinantur; nam ab vno vsqve ad tres per omnes casvs nvmeri
declinantvr. Quomodo? Sicut 'unus' per totos casus in
singularitate, ita et 'duo' uel 'tres' in pluralitate. Item a dvcen-
615 tis et deinceps in plvralitate praeter mille. Quomodo? Quia sicut 'ducenti' declinantur per totos sex casus, ita et
omnia usque ad mille, quod non inflectitur per casus, sed 'milia'.

625, 10-11   Svnt nomina qvorvm nominativvs in vsv non est,
vt si qvis dicat 'hvnc laterem', 'ab hac dicione'. Quo-
620 modo? Aliqui dicunt quia 'later' non sit nominatiuus casus nec
recipiat casum nominatiuum, sed mentiuntur. Quomodo? Quia
'later' facit nominatiuum casum, genitiuum 'lateris'. Sic et 'dicio,
dicionis', excepto quia in usu non habentur. Et declinet 'later,
lateris'. Item per ceteros casvs nomina mvlta defici-
625 vnt. Quomodo? Quia sicut nomina quae per omnes casus non
declinantur.

625, 12-15   Svnt praeterea nomina, qvorvm alia genitivvm
casvm trahvnt, vt 'ignarvs belli', 'secvrvs armorvm',
quia bella nesciunt. Quomodo? Puta si dicam 'securus est iste
630 amorum', id est 'nescit amare'. Alia dativvm, vt 'inimicvs
malis', 'congrvvs partibvs'. Quomodo? Puta si dicam
'inimicus est iste malis', id est 'aduersarius'; 'congruus est partibus', id est 'socius'. Alia accvsativvm, sed figvrae conpo-

---

Trad. text. α   F

608/610 Quomodo – exeunt] cfr Pomp., *Gramm.* 183, 4-7   619/624 Quomodo –
lateris] cfr Pomp., *Gramm.* 172, 30-34   629/630 Quomodo – amare] cfr Ps. Serg.,
Explan. in Don. 556, 12-13   631/632 Puta – aduersarius] cfr Isid., *Etym.* 10, 133

628 ignarus belli] cfr Hor., *Carm.* 2, 1, 34   securus armorum] cfr Verg., *Aen.* 1, 350

610 totos] *corr. Mun.*, totus F   615 praeter] *cum Don. corr. Mun.*, per F
617 inflectitur] *corr. Mun.*, inflectuntur F   619 hac] *corr. Mun.*, hoc F   622 Sic]
correxi, sed F   628 armorum] amorum F²

SITAE, VT 'EXOSVS BELLA', 'PRAESCIVS FVTVRA'. Quomodo?
635 'Exosus est iste bella'. Quomodo 'figurae conpositae'? 'Ex' praepositio est, 'osus' nomen est; 'exosus' dicitur 'ualde odiosus'.
'Praescius futura' quomodo? Praeuidens est iste futura. ALIA
ABLATIVVM, VT 'SECVNDVS A ROMVLO', 'ALTER A SYLLA'.
ALIA SEPTIMVM CASVM, VT 'DIGNVS MVNERE', 'AVCTVS
640 VIRTVTE'. Quomodo? Quando sine praepositione profertur, ut
si ⟨dicam⟩ 'dignus est iste munere', 'auctus est uirtute'. Si cum
praepositione proferatur, sextus casus est; sine praepositione,
septimus est.

V.1.9. De regulis ablatiui casus singularis

645   Ablatiuus singularis quot litteris terminatur? Quinque uocales, excepto aptotae formae nomine, ubi non colligitur in geniti-
626, 3-4 uo casu singulari regula quae facit syllabas. QVAECVMQVE
NOMINA ABLATIVO CASV SINGVLARI 'A' LITTERA TERMINA-
TA FVERINT, GENITIVVM PLVRALEM in quid MITTVNT? IN
650 'RVM'. DATIVVM ET ABLATIVVM? IN 'IS'. Quomodo? Puta si
dicam 'tabula': ablatiuus casus est 'ab hac tabula', genitiuum
pluralem facit in 'rum', 'harum tabularum', datiuum et ablatiuum in 'is', 'his et ab his tabulis'. Venit aliquid contra istam regulam? Venit, ut 'ab hac dea, harum dearum, his et ab his deabus'.
655 Quare hoc facit? Propter genera discernenda et ut datiuus et
ablatiuus in 'bus' exeant: 'his et ab his deabus'. Et 'ab hac filia,
harum filiarum, his et ab his filiabus' quomodo? Secundum regulam, quia primae declinationis nomen est, ablatiuus singularis 'a'
littera terminatur, genitiuum pluralem in 'rum' debemus facere,
660 datiuum et ablatiuum in 'is'; sed propter genera discernenda mu-

---

Trad. text. α   *F*

641/643 Si – est] cfr supra l. 298/301   645/647 Ablatiuus – syllabas] cfr DON.,
Mai. 626, 1-2   650/662 Quomodo – Aaron] cfr supra I.1, 423/437   653/661 Venit –
filiabus] cfr DON., *Mai.* 626, 5-7

634 exosus bella] cfr VERG., *Aen.* 12, 517   639 dignus munere] cfr Ov., *Met.* 15, 122

635 bella] *correxi*, bello (belli *F²*) *F*   637 iste futura] *corr. Mun.*, ista figura *F*
638 a²] *cum Don. corr. Mun.*, est *F*   641 dicam] *suppl. Mun.*   646 aptotae] *corr.
Mun.*, diptotae *F*   nomine] *correxi*, nomen *F*   colligitur] *correxi*, colligit *F*   647 quae]
correxi, quot *F*   653 aliquid] *corr. Mun.*, aliquis *F*   660 is] *corr. Mun.*, bus *F*

tamus datiuum et ablatiuum in 'bus': 'his et ab his filiabus'. Da
eius exemplum: "Et uxor illi de filiabus Aaron".

626, 8-10   QVAECVMQVE NOMINA ABLATIVO CASV SINGVLARI 'E'
      LITTERA CORREPTA FVERINT TERMINATA, GENITIVVM
665 PLVRALEM IN 'VM' SYLLABAM MITTVNT, DATIVVM ET ABLA-
      TIVVM IN 'BVS', VT 'AB HOC PARIETE, HORVM PARIETVM, HIS
      ET AB HIS PARIETIBVS'. Venit aliquid contra istam regulam?
      Venit, ut 'ab hoc uase, horum uasorum, his et ab his uasis'. Quo-
      modo? 'Vas' tertiae declinationis nomen est; ut ablatiuus singu-
670 laris 'e' correptum terminatur, si secundum regulam fecerimus
      genitiuum pluralem in 'um', 'horum uasum', singularitatem
      magis quam pluralitatem ostendimus. Ex ista necessitate mutaue-
      runt ueteres ablatiuum singularem de 'e' in 'o', 'ab hoc uaso', ut
      faciamus genitiuum pluralem in 'rum', 'horum uasorum', dati-
675 uum et ablatiuum in 'is', 'his et ab his uasis'.

26, 14-627, 6   QVAECVMQVE NOMINA ABLATIVO CASV SINGVLARI 'I' LIT-
      TERA FVERINT TERMINATA GENITIVVM PLVRALEM in quid
      MITTVNT? 'In ium'. DATIVVM ET ABLATIVVM? IN 'BVS', VT
      'AB HAC PVPPI, HARVM PVPPIVM, HIS ET AB HIS PVPPIBVS'. In
680 quibus regulis genitiuus pluralis in 'ium' syllabam exire debet? In
      tribus. PRIMA EORVM QVAE NOMINATIVO CASV SINGVLARI
      'N' ET 'S' LITTERIS TERMINANTVR, VT 'MONS', 'PONS',
      'FRONS', 'FONS'. Quomodo? Quia quando nominatiuus singula-
      ris 'n' et 's' litteris terminatur, ut 'mons', genitiuum pluralem
685 uolo in 'um' facere, 'montum', 'pontum', 'frontum', 'fontum',
      uolo in 'ium' facere, 'pontium', 'frontium', 'montium', 'fontium',
      potestatis meae est. ALTERA EORVM QVAE ABLATIVO CASV
      SINGVLARI 'E' CORREPTA FINIVNTVR ET FEMININA SVNT, VT
      'AB HAC CLADE, HARVM CLADIVM'. Quomodo? Quando abla-
690 tiuus casus 'e' correptum finitur et feminini generis fuerit, geniti-
      uum pluralem uoles in 'um' facere, 'cladum', potestatis tuae est.

Trad. text. α   F

667/675 Venit – uasis] cfr DON., *Mai.* 626, 10-11; cfr supra I.1, 466/475   679/
681 In – tribus] cfr supra I.1, 492/493   683/687 Quomodo – est] cfr supra I.1, 493/
497   689/691 Quomodo – est] cfr supra I.1, 499/503

662 Et – Aaron] Luc. 1, 5

664 fuerint] *corr. Mun.*, fuerit *F*   670 terminatur] *correxi*, terminetur *F*
677 fuerint] *corr. Mun.*, fuerit *F*   690 finitur] *corr. Mun.*, finiuntur *F*

TERTIAQVE EORVM QVAE ABLATIVO CASV SINGVLARI 'I' LIT-
TERA FVERINT TERMINATA ET FEMININA SVNT, VT 'AB HAC
RESTI, HARVM RESTIVM'. Quomodo? Quando ablatiuus casus
695 singularis 'i "littera fuerit terminatus, fixa regula est et genitiuus
pluralis in 'ium" syllabam mitti debetur. SED HAEC REGVLA
ETIAM ACCVSATIVVM SINGVLAREM INTERDVM PER 'I' ET 'M'
LITTERIS PROFERT, VT 'HANC RESTIM', 'HANC PVPPIM',
'HANC TVRRIM'. Quomodo? Propter euphoniam facit ita, sicut
700 et accusatiuus pluralis melius in 'is' quam in 'es' debemus mitti.
HORVM MVLTA CERNIMVS CONSVETVDINE COMMVTATA.
Quomodo? Hoc non regulariter commutatur, sed consuetudine
tantum.

627, 7-9   QVAECVMQVE NOMINA ABLATIVO CASV SINGVLARI 'O'
705 LITTERA FVERINT TERMINATA, GENITIVVM PLVRALEM in
quid MITTVNT? IN 'RVM' SYLLABAM. DATIVVM ET ABLATI-
VVM? IN 'IS', VT 'AB HOC DOCTO, HORVM DOCTORVM, HIS ET
AB HIS DOCTIS'. Quomodo? Quando ablatiuus singularis 'o'
littera terminatur, genitiuum pluralem in 'rum' mittimus,
710 'horum doctorum', datiuum et ablatiuum pluralem in 'is', ⟨'his⟩
et ab his doctis'. Quid uenit contra istam regulam? Vt 'ab hac
domo, harum domorum, his et ab his domibus'. Quomodo?
'Domus' quartae declinationis nomen est et ablatiuus singularis
'u' littera debet terminari, 'ab hac domu', et genitiuum pluralem
715 in 'uum' debemus facere, 'harum domuum'; sed quia ueteres mutauerunt ablatiuum singularem de 'u' in 'o', 'ab hac domo', facimus genitiuum pluralem in 'rum', 'harum domorum', et pro eo
quod quartae declinationis nomen est, facimus datiuum et ablatiuum in 'bus', 'his et ab his domibus'.

627, 14-628, 2   QVAECVMQVE NOMINA ABLATIVO CASV SINGVLARI 'V'
721 LITTERA FVERINT TERMINATA, GENITIVVM PLVRALEM in
quid MITTVNT? IN 'VVM' facimus, GEMINATA 'V' LITTERA. DA-

Trad. text. α   F

694/696 Quomodo – debetur] cfr supra I.1, 505/508   699/700 Quomodo –
mitti] cfr POMP., Gramm. 191, 3-6   708/719 Quomodo – domibus] cfr supra I.1, 438/
454   711/719 Quid – domibus] cfr DON., Mai. 627, 9-10; POMP., Gramm. 193, 24-36

693 fuerint] correxi, fuerit F   699 facit] correxi, facitur F   705 fuerint] corr. Mun.,
fuerit F   710 his] suppl. Mun.   714 debet] corr. Mun., debetur F   721 fuerint] corr.
Mun., fuerit F

TIVVM ET ABLATIVVM PLVRALES? IN 'BVS', VT 'AB HOC
FLVCTV, HORVM FLVCTVVM, HIS ET AB HIS FLVCTIBVS'. Quo-
725 modo? Quando ablatiuus singularis 'u' littera fuerit terminatus,
genitiuum pluralem in 'uum' mittimus geminatum 'u 'littera,
datiuum et ablatiuum plurales in 'bus', 'his et ab ⟨his⟩ fluctibus'.
NAM NIHIL OPVS EST RETINERE 'V' LITTERAM ET 'FLVCTV-
BVS' DICERE, QVVM 'ARTVBVS' NECESSITATE DICAMVS, NE
730 QVIS NOS 'ARTES', NON 'ARTVS' SIGNIFICARE VELLE EXISTI-
MET. Quomodo? Sicut 'artubus' necessitate dicimus, ut discernamus inter 'artus' et 'artes', 'fluctubus' non est necessitas dicere,
sed 'fluctibus'; nam de 'arte', 'artibus' facit, de 'artu', 'artubus'.

628, 3-5   IN HANC REGVLAM NON VENIVNT APTOTA NOMINA, VT
735 'FAS', 'NEFAS', 'NVGAS'. 'Aptotum' quid est? Vnius formae
nomen. NON VENIVNT TANTVM PLVRALIA, VT 'SATVRNALIA',
'VVLCANALIA', 'COMPITALIA'. NON VENIVNT QVAE A GRAE-
CIS SVMPSIMVS, VT 'EMBLEMA', 'EPIGRAMMA', 'STEGMA',
'POEMA', 'SCEMA'. Quomodo? Ad superiorem regulam nomina
740 quae sunt aptota uel quae tantum pluralitatem habent atque a
Graecis sumuntur non ueniunt. Quare? Quia nec genitiuum
casum habent, ubi declinatio ipsorum nominum requiratur, nec
ablatiuum singularem habent, ubi quaeratur quomodo genitiuus
pluralis exeat aut datiuus et ablatiuus pluralis quibus syllabis
745 terminentur.

628, 6-9   IN HIS AVTEM REGVLIS ANALOGIA VEL EX CONLATIONE
POSITIVORVM NOMINVM VEL EX DIMINVTIONE COGNOSCI-
TVR. Quid est 'analogia'? Similitudo uel proportio, ut 'bonus' et
'malus', quia tantas syllabas habet 'bonus' quantas et 'malus': per
750 totos casus ipse pes est iste, qui et ille. Quomodo? Ad ista
nomina aptota aut quae tantum pluralitatem habent uel quae a
Graecis sumpsimus similia nomina quaerenda sunt quae singula-

---

rad. text. α   F

724/727 Quomodo – fluctibus] cfr supra I.1, 509/514   731/733 Quomodo –
artubus] cfr supra I.1, 516/522   735/736 Aptotum – nomen] cfr supra l. 578   739/
745 Quomodo – terminentur] POMP., *Gramm.* 196, 31 - 197, 9   748/750 Quid – ille]
cfr supra I.1, 408/411   750/762 Quomodo – Saturnalibus] cfr POMP., *Gramm.* 197,
19 - 198, 31

---

723 plurales] *scripsi*, pluralis F   727 his²] *suppl. Mun.*   728 fluctubus] fluctibus
F^{a.c.}   731 ut] *corr. Mun.*, et F   736 nomen] *corr. Mun.*, nominis F   737 Vulcanalia]
scripsi, uulganalia F   750 iste] *corr. Mun.*, ille F

ritatem habent, unde colligantur regulae in ablatiuo singulari in
quibus exeat genitiuus singularis uel datiuus et ablatiuus pluralis.
755 Quomodo? Puta si dicam 'Saturnalia' et 'animalia': 'Saturnalia'
tantum pluralitatem habent, 'animalia' uero et pluralitatem et
singularitatem; genitiuo casu singulari quaeris quotae declinationis sit, ut puta 'huius animalis', tertiae declinationis est et
ablatiuus singularis 'e' correptum terminatur, 'ab hoc animale',
760 genitiuum pluralem in 'ium' syllabam mittis, 'horum animalium',
datiuum et ablatiuum in 'bus', 'his et ab his animalibus'; ita
'horum Saturnalium, his et ab his Saturnalibus'. MEMINERIMVS
AVTEM GRAECA NOMINA AD GRAECAM FORMAM MELIVS
DECLINARI. Quomodo? Graeca nomina melius ad Graecam
765 formam quam ad Latinam declinantur, QVAMLIBET MVLTI ET
AD LATINOS CASVS CONANTVR INFLECTERE.

Quot litteris terminatur nominatiuus singularis in Latinis
628, 10-13 nominibus? DVODECIM: VOCALIBVS QVINQVE 'A, E, I, O, V';
SEMIVOCALIBVS SEX 'L, M, N, R, S, X'; MVTA VNA 'T'. 'A' VT
770 'TABVLA', 'E' VT 'SEDILE', 'I' VT 'FRVGI', 'O' VT 'RATIO', 'V' VT
'GENV', 'L' VT 'MEL', 'M' VT 'SCAMNVM', 'N' VT 'FLVMEN', 'R'
VT 'ARBOR', 'S' VT 'FLOS', 'X' VT 'NOX', 'T' VT 'CAPVT'. ADICI-
VNT QVIDAM 'C', VT 'ALLEC' ET 'LAC'. Quomodo? 'Allec' facit
'allecis'; nam 'lac' utrum faciat 'lac, lacis' ⟨an⟩ 'lacte, lactis'
775 dubium est.

V.2. DE PRONOMINE

DON., *Mai.* PRONOMEN EST PARS ORATIONIS, QVAE PRO NOMINE
629, 2-3 POSITA TANTVNDEM PENE SIGNIFICAT PERSONAMQVE
INTERDVM RECIPIT. Quomodo 'pars orationis'? Pars locutionis.
5 Quomodo 'quae pro nomine posita'? Quae uice nominis posita

Trad. text. α   F

773/775 Quomodo – est] cfr supra II.3, 110/115
V.2, 4/21 Quomodo – est] cfr supra I.2, 3/26   **5/6** Quae – plene] cfr Ps. SERG.,
Explan. in Don. 545, 21-22

   753 regulae] *corr. Mun.*, regulam F   **762** Saturnalium] *corr. Mun.*, saturnalia F
766 conantur] *cum Don. corr. Mun.*, conatur F   **767** terminatur] *corr. Mun.*,
terminetur F   **771** flumen] *cum Don. corr. Mun.*, pulmen F   **774** allecis] *corr. Mun.*,
adleci F   an] *suppleui*   lacte] *corr. Mun.*, lacti F

ipsud pene significat quod et nomen, sed non plene. Quomodo?
Puta si dicam 'Vergilius scripsit Bucolicam, Vergilius scripsit
Georgicam, Vergilius scripsit Aeneidos', ecce sepe repetita locutio proprii nominis fastidium generat. Sed ut fastidium auferre-
10 tur et ornatum locutionis induceretur, tultum nomen, positum
pronomen, quod pene ipsud significat quod et nomen, sed non
plene. Quomodo? Puta si dicam 'Vergilius scripsit Bucolicam,
ipse scripsit Georgicam, idem scripsit Aeneidos', dum dicitur
nomen, et res quae factae sunt et qui fecisset ostendo; tultum
15 uero nomen, positum pronomen, res quae factae sunt ostendo,
nam qui fecisset non ostendo. Quomodo? Puta si dicam 'quis
scripsit ⟨librum⟩ Ethimologiarum?', numquid, si sapuissem,
interrogare debui? 'Personamque interdum recipit' quomodo?
Illa pronomina recipiunt personas quae finitae qualitatis sunt, ut
20 'ego', 'tu', 'ille'. Pronomen quare dictum est? Eo quod fungatur
officium nominis, quoties tautologia uitanda est.

629, 3-4   PRONOMINI ACCEDVNT SEX. Quae? QVALITAS, GENVS,
NVMERVS, FIGVRA, PERSONA, CASVS. Quomodo qualitas?
Cuius qualitatis sit ipsud pronomen, si finitum, si infinitum.
25 Quomodo genus? Cuius generis sit, si masculini, si feminini, si
neutri. Quomodo numerus? Si singularis, si pluralis. Quomodo
figura? Si simplex, si conposita. Quomodo persona? Si prima, si
secunda, si tertia. Quomodo casus? Si nominatiuus, si genitiuus
aut quislibet de istis sex casibus.

629, 5-7   QVALITAS PRONOMINVM DVPLEX EST: AVT ENIM FINITA
31 SVNT PRONOMINA AVT INFINITA. FINITA SVNT QVAE RECIPI-
VNT PERSONAS, VT 'EGO', 'TV', 'ILLE'. Quare dicuntur finita?
De cognitis personis cognita ista pronomina habentur. Quomodo? 'Ego': praesens primam personam ostendo; 'tu': ad secun-
35 dam praesentem personam loquor; 'ille': de tertia praesente
persona ad secundam dico. INFINITA SVNT QVAE NON RECIPI-

Trad. text. α   F

23/29 Quomodo – casibus] cfr supra I.2, 28/33   32/36 Quare – dico] cfr supra
I.2, 36/39

V.2, 6 et] corr. Mun., ex F   9 auferretur] corr. Mun., auferret F   10 induceretur]
corr. Mun., induceret F   13 dicitur] corr. Mun., dicit F   16 quis] corr. Mun., qui F
17 librum] suppl. Mun. (cfr infra l. 39)   19 recipiunt] corr. Mun., recipit F   25 Cuius]
corr. Mun., cui F   34 ostendo] ostendor F²   secundam] secrandam (consecrandam
F²) F

VNT PERSONAS, VT 'QVIS, QVAE, QVOD'. Quare dicuntur infinita? Quia de incognita persona sepe pronuntiatur. Quomodo?
Puta si dicam 'quis scripsit librum Differentiarum', numquid, si
40 scissem, interrogare debui? Istud 'quae' quomodo erit scribendum? Quando praepositiuum fuerit, ut puta 'quae domus', 'quae
anima', 'quae ecclesia', erit pronomen feminini generis et erit per
diptongon scribendum; quando subiunctiuum fuerit, ut puta si
dicam "Dixitque Dominus", "Locutusque est Dominus", erit
45 coniunctio et erit simpliciter scribendum.

629, 8-10   SVNT ETIAM PRONOMINA MINVS QVAM FINITA, VT 'IPSE',
'ISTE'. Quomodo? 'Iste' et 'ipse' semper minus quam finitae qualitatis sunt pronomina. SVNT PRAEPOSITIVA, VT 'QVIS', 'HIC'.
Quomodo? Quia praeponuntur et non subiunguntur. SVNT
50 SVBIVNCTIVA, VT 'IS', 'IDEM'. Quomodo? Quia subiunguntur
et non praeponuntur. SVNT ALIA GENTIS, VT 'CVIAS', 'NOS-
TRAS', 'CVIATES', 'NOSTRATES'. Quomodo? 'Cuias, ⟨id est
cuius⟩ gentis homo est?' 'Nostras'. 'Cuiates?' 'Nostrates'. ALIA
ORDINIS, VT 'QVOTVS', 'TOTVS'. Quomodo? Puta si dicam
55 'quotus est ille in ordine suo?': 'tertius', 'quartus', 'quintus'. Iam
si interrogando dixero 'quintus est ille in ordine suo?': si sic est,
'totus est', id est 'ita est'. Sed 'quotus' tantundem ad ordinem
pertinet, 'totus' et ad ordinem et ⟨ad⟩ aliquam rem semel gestam;
puta si dicam 'fera deuorauit hominem, caput, brachia, pectus,
60 pedes; totus comestus est homo'. 'Quot' breue est; 'quotus',
quod inde descendit, seruat originem suae principalitatis, quia
breue est. 'Tot' breue est; 'totus', quod exinde descendit, mutat
originem suae principalitatis, quia longum est. Da eius exemplum: "Totus et ille dies et qui nascetur ab illo".

Trad. text. α   F

37/40 Quare – debui] cfr supra I.2, 41/42   40/45 Istud – scribendum] cfr supra
I.2, 61/65   52/53 Quomodo – Nostrates] cfr POMP., *Gramm.* 204, 36 - 205, 6   54/
64 Quomodo – illo] cfr supra 1, 187/196   54/60 Quomodo – homo] cfr POMP.,
Gramm. 204, 9-23   60/64 Quot – illo] POMP., *Gramm.* 204, 1-9

V.2, 44 Dixitque Dominus] Gen. 4, 6   Locutusque – Dominus²] Ex. 6, 2
64 Totus – illo] VERG., *Georg.* 1, 434

40 Istud] *corr. Mun.*, ista F (*cfr supra I.2, 61*)   50 is idem] *cum Don. corr. Mun.*, quis
his F   52/53 id – cuius] *cum Pomp. suppleui*   56 quintus] *corr. Mun.*, quotus F
(*cfr supra 1, 190*)   58 ad²] *suppl. Mun.*   61 suae] *sup. l.* F   62 breue¹] *corr. Mun.*,
longum F

29, 10-630, 2   ALIA NVMERI, VT 'QVOT', 'TOT'. Quomodo? 'Quot milia
66   sunt?': 'tot milia sunt'. ALIA AD ALIQVID INFINITA, VT 'CVIVS,
CVIA, CVIVM'. Quomodo infinitae qualitatis sunt ista pronomina? 'Cuius uir est', 'cuia mulier', 'cuium mancipium'. ALIA AD
ALIQVID FINITA, VT 'MEVS', 'TVVS', 'SVVS'; HAEC ETIAM POS-
70   SESSIVA DICVNTVR. Quomodo? Ista pronomina possessiuae
finitae qualitatis sunt. SVNT ITEM ALIA QVALITATIS, VT 'QVA-
LIS', 'TALIS'. Quomodo? 'Qualis est iste homo?': 'tantus est',
'bonus est', 'pius est', 'talis est'. SVNT ALIA QVANTITATIS, VT
'QVANTVS', 'TANTVS'. Quomodo? 'Quantus est iste homo?':
75   'tantus est'. SVNT ALIA DEMONSTRATIVA, QVAE REM PRAE-
SENTEM NOTANT, VT 'HIC ET HAEC ET HOC'. Quomodo? De
praesentibus personis ista pronomina proferuntur. ALIA RELATI-
VA PRONOMINA, QVAE REM ABSENTEM SIGNIFICANT, ⟨VT⟩ 'IS,
EA, ID'. Quomodo ista pronomina subiunctiuae uel relatiuae
80   qualitatis sunt? Quae ex relatu alterius de rebus incognitis agnos-
cuntur. SVNT ALIA MAGIS DEMONSTRATIVA, VT 'ECCVM,
ECCAM', 'ELLVM, ELLAM'. Haec et de praesentibus et de absentibus personis proferri possunt, ut 'eccum [eccam], ellum [ellam]
hominem'; si de praesentibus semper, ut 'ecce illum', 'ecce illam'.

630, 3-5   GENERA PRONOMINVM EADEM FERE SVNT QVAE ET
86   NOMINVM: MASCVLINVM, VT 'QVIS'; FEMININVM, VT 'QVAE';
NEVTRVM, VT 'QVOD'; COMMVNE, VT 'QVALIS', 'TALIS'; TRI-
VM GENERVM, VT 'EGO', 'TV'. Quomodo 'eadem fere'? Ipsa
pene quae in nominibus sunt, sed non tota. Quomodo? Epiche-
90   non genus, quod in nomine habetur, in pronomine non est.

630, 6-9   NVMERVS PRONOMINIBVS ACCIDIT VTERQVE: SINGVLA-
RIS, VT 'ISTE'; PLVRALIS, VT 'ISTI'. Quomodo? Quando dico
'iste', singularis numerus est; quando dico 'isti', pluralis. SVNT
ETIAM PRONOMINA NVMERO COMMVNIA, VT 'QVI', 'QVAE';

Trad. text. α   F

72/73 Quomodo – est³] POMP., *Gramm.* 203, 31-32   **82/84** Haec – illam] cfr
POMP., *Gramm.* 205, 31 - 206, 15   **88/90** Quomodo – est] cfr supra I.2, 58/60   **92/
93** Quomodo – pluralis] cfr supra I.1, 317/319

---

67 cuium] *corr. Mun.*, cuiam *F*   **70** dicuntur] *corr. Mun.*, dicitur *F*   pronomina]
corr. Mun., pronomine *F*   **71** item] *corr. Mun.*, idem *F*   **76** ut hic] *sup. ras. F*   **78** ut]
suppl. Mun.   **80** relatu] *correxi*, relatiua *F* (*cfr supra I.2, 213*)   **82** Haec] *correxi*, hic *F*
83 eccam] *excl. Mun.*   ellam] *excl. Mun.*   **84** hominem] *corr. Mun.*, nomini *F*
89 nominibus] *corr. Mun.*, nomina *F*   Epichenon] *scripsi*, epikenon *F*

95 DICIMVS ENIM 'QVI VIR' ET 'QVI VIRI', 'QVAE MVLIER' ET
'QVAE MVLIERES'. 'Qui' pronomen est nominatiuus singularis;
sic exit sicut et pluralis. SVNT PRONOMINA TOTA SINGVLARIA,
VT 'MEVS', 'TVVS'. Quomodo? Quia intrinsecus et extrinsecus
singulare est. TOTA PLVRALIA, VT 'NOSTRI', 'VESTRI'. Quomo-
100 do? Quia intrinsecus et extrinsecus plurale est: et multi sunt qui
possident et multae res quae possidentur. EX [utraque] PARTE
SINGVLARIA, VT 'MEI', 'TVI'. Quomodo? Intrinsecus singulare
et extrinsecus plurale est, quia unus est qui possidet et multae res
quae possidentur. EX PARTE PLVRALIA, VT 'NOSTER', 'VESTER'.
105 Quomodo? Quia intrinsecus ⟨plurale⟩ et extrinsecus singulare
est, quia multi sunt qui possident et una res quae possidetur.

630, 10-631, 2 FIGVRA ETIAM IN PRONOMINIBVS DVPLEX EST: AVT SIM-
PLICIA SVNT PRONOMINA, VT 'QVIS', AVT CONPOSITA, ⟨VT⟩
'QVISNAM'. 'Quis' monosyllabum est; item 'quis' pronomen est,
110 'nam' coniunctio est, et est conposita figura. CONPOSITA PRO-
NOMINA SECVNDVM FORMAM NOMINVM EX EA PARTE
DECLINAMVS QVA PRONOMEN FVERIT NOMINATIVI CASVS.
CVIVS REI EXEMPLA SVNT? 'QVISQVIS': sicut nomen, si ex
duobus nominatiuis conpositum fuerit, ut 'quisquis', ambo
115 nominatiui inflectendi sunt. NAM 'IDEM', QVOD CONSTAT EX
DVOBVS CORRVPTIS, QVVM PRODVCITVR MASCVLINVM PRO-
NOMEN EST; QVVM CORRIPITVR, NEVTRVM. Quomodo? Vt
puta si dicam 'idem uir': illud 'i' longum est, 'dem' breue, et est
trocheus pes; si dicam 'idem animal': illud 'i' breue erit et 'dem'
120 breue, et erit pirrichius pes. NAM 'HIC' CORREPTVM PRONO-
MEN EST, PRODVCTVM ADVERBIVM LOCI. Quomodo? Quando

Trad. text. α F

96/97 Qui – pluralis] cfr POMP., *Gramm.* 207, 1-4   **98/99** Quomodo – est] cfr
supra I.2, 261/263   **99/101** Quomodo – possidentur] cfr supra I.2, 317/321   **102/**
104 Quomodo – possidentur] cfr supra I.2, 263/265   **105/106** Quomodo –
possidetur] cfr supra I.2, 316/319   **109** Quis – est¹] cfr supra I.2, 83/84   **109/**
110 quis – figura] cfr supra I.2, 377/379   **113/115** sicut – sunt] cfr supra I.2, 387/389
117/120 Quomodo – pes] cfr supra I.2, 368/374

101 utraque] *cum Don. excl. Mun.*   **102** singularia] *corr. Mun.*, singulare *F*
104 noster uester] *cum Don. correxi*, nostri uestri (*cfr supra l. 99/101*) *F*   **105** plurale]
suppleui singulare] *correxi*, plurale *F*   **106** una] *correxi*, multae *F* possidetur] *correxi*,
possidentur *F*   **108** ut²] *suppl. Mun.*   **110** pronomina] *corr. Mun.*, pronomine *F*
111 formam] *corr. Mun.*, forma *F*   **112** qua] *cum Don. corr. Mun.*, quia *F*

pronomen est, breue esse significatur; quando aduerbium fuerit, longum est: longum est, quia monosyllabum est.

631, 3-5

PERSONAE FINITIS PRONOMINIBVS ACCIDVNT TRES: PRI-
125 MA, VT 'EGO'; SECVNDA, VT 'TV'; TERTIA, VT 'ILLE'. SED HIC
PERSONA PRIMA ET SECVNDA GENERIS SVNT OMNIS, ut 'ego
uir', 'ego mulier', 'ego mancipium', 'tu uir', 'tu mulier', 'tu mancipium'. Tertia autem persona masculini, feminini et neutri, 'ille,
illa, illud'. ET PERSONA PRIMA IN HOC PRONOMINE, QVVM
130 EST NVMERI SINGVLARIS, NON HABET VOCATIVVM CASVM;
PLVRALIS HABET. Quomodo? Quia se ipsum in singularitate
homo uocari non potest; nam in pluralitate uocat: 'o nos, faciamus hoc!'.

631, 6-10   CASVS ITEM PRONOMINVM SEX SVNT. Qui? NOMINATI-
135 VVS, GENITIVVS, DATIVVS, ACCVSATIVVS, VOCATIVVS ET
ABLATIVVS. Quomodo? Quia sicut in nomine sunt sex casus, ita
et in pronomine et participio. SVNT PRONOMINA QVAE NON
PER OMNES CASVS DECLINANTVR, VT 'ECCVM, ECCAM', 'EL-
LVM, ELLAM', 'CVIVS, CVIA, CVIVM', 'CVIATES', 'NOSTRATES',
140 nisi nominatiuum, accusatiuum et uocatiuum. SVNT ETIAM
SINE NOMINATIVO ET VOCATIVO, VT 'SVI, SIBI, SE, A SE'.
Quomodo? Quia nominatiuum et uocatiuum casum non
habent, nam ceteros habere uidentur. Et sunt minus quam finitae
qualitatis et communis numeri. Quomodo? 'Sui causa fecit et sui
145 causa fecerunt', 'sibi dat et sibi dant', 'se accusat et se accusant', 'a
se tulit et a se tulerunt'. SVNT SINE VOCATIVO, VT 'EGO, MEI,
MIHI, ME, A ME'. Quomodo? Quia in singularitate uocatiuum
non habent et in pluralitate habent: 'o nos, faciamus hoc!'.

631, 10-11   NVLLVM AVTEM PRONOMEN RECIPIT CONPARATIONEM,
150 QVAMVIS AVT QVALITATEM SIGNIFICET AVT QVANTITATEM.

Trad. text. α   F

---

123 longum¹ – est³] cfr supra II.3, 208/209   **126/127** ego – mancipium²] cfr supra I.2, 76/78   **128/129** Tertia – illud] cfr supra I.2, 121/123   **131/133** Quomodo – hoc] cfr supra I.2, 103/105   **136/137** Quomodo – participio] cfr supra I.2, 91/93   **140** nisi – uocatiuum] cfr POMP., *Gramm.* 210, 14-37   **142/146** Quomodo – tulerunt] cfr POMP., *Gramm.* 209, 26 - 210, 13   **147/148** Quomodo – hoc] cfr supra l. 131/133

122 esse] *sup. l. F*   **132** faciamus] *corr. Mun.*, facimus F (*cfr infra l. 148*)   **139** cuia] *corr. Mun.*, cuiam F   **148** habent¹] *corr. Mun.*, habet F

Quomodo? Quamuis pronomini qualitas aut quantitas accidat, conparationem numquam recipit.

631, 12-632, 3   INTER PRONOMINA ET ARTICVLOS quid INTEREST? QVOD PRONOMINA EA PVTANTVR QVAE, QVVM SOLA SINT, VICEM
155 NOMINIS CONPLENT, VT 'QVIS', 'IPSE', 'ISTE', 'ILLE'; ARTICVLI VERO CVM PRONOMINIBVS AVT NOMINIBVS AVT PARTICIPIIS ADIVNGVNTVR, VT 'HIC, HVIVS, HVIC, HVNC, O, AB HOC'. Quomodo? Tunc [non] sunt pronomina, quando sola ponuntur; quando nomini aut participiis adiunguntur, ut 'hic magister', 'hic
160 legens', articuli et casus sunt. HAEC EADEM PRONOMINA ET PRO ARTICVLIS ET PRO DEMONSTRATIONE PONVNTVR. Quomodo? Tunc sunt articuli, quando praeponuntur nomini et participio, ut 'hic magister' et 'hic legens'. Pro demonstratione, ut puta si dicam 'hic', singularis generis est pronomen. 'NEV-
165 TER', 'VTER', 'OMNIS', 'ALTER', 'ALIVS', 'VLLVS', 'AMBO', 'VTERQVE', SVNT QVI NOMINA, SVNT QVI PRONOMINA EXIS-TIMANT, IDEO QVOD ARTICVLIS IN DECLINATIONE NON INDIGENT.

V.3. DE VERBO

DON., *Mai.*   VERBVM EST PARS ORATIONIS CVM TEMPORE ET PERSONA
632, 5-7 SINE CASV AVT AGERE QVID AVT PATI AVT NEVTRVM SIGNI-FICANS. Sicut in primo tractatu tota adnotata sunt, ita hic inter-
5 rogentur. VERBO ACCIDVNT SEPTEM. Quae? QVALITAS, CON-IVGATIO, GENVS, NVMERVS, FIGVRA, TEMPVS, PERSONA.

632, 8-11   QVALITAS VERBORVM in quo est? IN MODIS ET IN FORMIS. MODI AVTEM SVNT, VT MVLTI EXISTIMANT, SEPTEM. INDI-CATIVVS, QVI ET PRONVNTIATIVVS, VT 'LEGO'. Quomodo?
10 Quia ipsud est indicare quod et pronuntiare. ⟨IMPERATIVVS, VT 'LEGE'⟩. PROMISSIVVS, VT 'LEGAM', SED HVNC NOS MODVM

Trad. text. α   *F*

158/164 Quomodo – pronomen] cfr POMP., *Gramm.* 210, 38 - 211, 5
V.3, 4 Sicut – interrogentur] cfr supra I.3, 2/38

158 non] *exclusi* **161** articulis] *corr. Mun.*, articulos *F* **162** nomini] *corr. Mun.*, pronomini *F* **163** ut] *corr. Mun.*, et *F* **164** ut] *corr. Mun.*, tñ *F* singularis] *corr. Mun.*, singulari *F* **167** articulis] *cum Don. corr. Mun.*, articulus *F*
V.3, 10/11 Imperatiuus – lege] *cum Don. suppl. Mun.*

NON ACCIPIMVS. Quomodo? Quod nos futurum tempus habemus indicatiuo modo, ueteres hoc non accipiebant pro tempore
sed pro modo. OPTATIVVS, 'VTINAM LEGEREM!'. CONIVNC-
15 TIVVS, 'QVVM LEGAM'. INFINITVS, 'LEGERE'. INPERSONALIS,
'LEGITVR'; hic non est modus, quia currit per modos. Quomodo? Inpersonalia uerba per modos currunt, nam faciunt indicatiuum modum 'pudet me, pudet te, pudet illum', imperatiuum
'pudeat te, pudeat illum'; sic et ceteros facit modos.

632, 12-633, 3 HVNC QVIDAM MODVM PRO GENERE ET SIGNIFICATIONE
21 VERBI ACCIPIVNT. Quare? Quia per totos modos currit et ideo
pro genere uerbi, non pro modo accipiunt. Istius autem modi
uerba in quibus syllabis exeunt? IN 'TVR', IN 'IT' ET IN 'ET'. SED
EA QVAE IN 'TVR' EXEVNT ET IN 'IT' A VERBO AB INDICATIVO
25 MODO VENIVNT, ut 'gero, geris, gerit', et facit inpersonale 'geritur a me, a te, ab illo', et deseruit casui ablatiuo; item 'contingo,
contingis, contingit', et facit inpersonale 'contingit mihi, tibi,
illi', et deseruit casui datiuo. QVAE VERO IN 'ET' EXEVNT, ea
modo a uerbo [modo] AB INDICATIVO MODO VENIVNT, ut
30 'deceo, deces, decet', modo A SE ORIVNTVR, VT 'TAEDET',
'PVDET'. Sed aliqua inpersonalia deseruiunt accusatiuo casui, ut
'decet me, te, illum'; alia datiuo, ut 'libet mihi, tibi, illi'.

633, 5-7 QVALITAS VERBORVM ETIAM IN FORMIS EST CONSTITVTA,
QVAS FORMAS ALII VERBORVM GENERIBVS SIGNIFICATIONI-
35 BVSQVE PERMISCENT. Quomodo? Quod nos formas habemus,
alii uerborum genera esse dicunt, non formas. Quot SVNT
FORMAE? QVATTVOR. Quae? PERFECTA, MEDITATIVA, FRE-
QVENTATIVA, INCHOATIVA. Nam in his deficit Graeca lingua.
Quomodo? Apud Graecos formae non habentur.

Trad. text. α F

12/14 Quomodo – modo] cfr Ps. SERG., *Explan. in Don.* 549, 4; supra I.3, 58/60
16/19 hic – modos] cfr POMP., *Gramm.* 216, 16-38; Ps. SERG., *Explan. in Don.* 504, 21-
30 22/32 Istius – illi] cfr supra I.3, 667/681 31/32 Sed – illi] cfr DON., *Mai.* 638,
10-12 38/39 Nam – habentur] cfr CONSENT., *Gramm.* 375, 30-31

16 modus] *corr. Hag.*, mudus *F* 17 currunt] *corr. Hag.*, currit *F* faciunt] *corr. Hag.*,
facit *F* 19 pudeat¹] *correxi*, pudet *F* pudeat²] *correxi*, pudet *F* 26 deseruit] *corr.*
Mun., deseruiunt *F* 29 modo²] *excl. Mun.* 30 deceo] doceo *F²* deces decet] *corr.*
Mun., doces docet *F* 32 decet] *corr. Mun.*, docet *F* 36 genera] *corr. Mun.*, genere *F*

633, 8-14   FREQVENTATIVA VERBA quotae CONIVGATIONIS SVNT?
41   PRIMAE. INCHOATIVA PER OMNIA DECLINANTVR an non?
NON. Quomodo? QVIA PRAETERITVM TEMPVS NON HABENT
ET ORIVNTVR A NEVTRALI VERBO. SVNT ETIAM FREQVENTA-
TIVA A NOMINE VENIENTIA, VT 'PATRISSAT', 'MATRISSAT',
45   'GRAECISSAT'. Quomodo 'patrissat'? Patris similis est. 'Matris-
sat'? Matris similis est. 'Graecissat'? Graeco similis est. SVNT
ALIA QVASI DIMINVTIVA QVAE A PERFECTA FORMA VENIVNT,
VT 'SORBILLO', 'SVGILLO'. Quomodo? Sic sonant quasi diminu-
tiua, sed perfectae formae uerba sunt. ⟨SVNT⟩ SINE ORIGINE
50   PERFECTAE FORMAE, VT 'PITISSO', 'VACILLO'. Quomodo non
ueniunt a perfecta forma? Quia non faciunt 'uaco, uacas, uacat'.
FREQVENTATIVA VERBA IN quibus GRADIBVS DEDVCVNTVR?
In TRIBVS, VT 'CVRRO, CVRSO, CVRSITO'; SEPE IN DVOBVS
TANTVM, VT 'VOLO, VOLITO'.

633, 14-634, 2   SVNT VERBA INCHOATIVIS SIMILIA QVAE INCHOATIVA
56   NON SVNT, SED TEMPORVM CONSIDERATIONE NOSCVNTVR,
VT 'CONPESCO, CONPESCVI'. Quomodo? Illa sunt inchoatiua
quae in uerbo praeteritum tempus carent et in participio futurum. Ista autem quamuis in 'esco' exeant in praesenti tempore
60   sicut uerba inchoatiua, quia praeteritum tempus habent in uerbo,
ut 'conpescui, conpescuisti, conpescuit', et participia futuri temporis, 'conpesciturus et conpescendus', ideo non sunt inchoatiua,
sed perfecta. SVNT ITEM INCHOATIVA QVAE A PERFECTA FOR-
MA VENIVNT, VT 'HORREO, HORRESCO'. Quomodo? Quia
65   'horreo, horres, horret' perfectae formae uerbum est, inde facit
'horresco'. SVNT QVAE ORIGINEM SVI NON HABENT, VT 'CON-
SVESCO', 'QVIESCO'. Quomodo 'originem sui non habent'?
Quia utrum faciant perfectam formam 'consuo, consuis, consuit'

Trad. text. α   F

---

45 Quomodo – est] POMP., *Gramm.* 221, 22   **50/51** Quomodo – uacat] cfr POMP.,
Gramm. 221, 1-12   **57/58** Quomodo – futurum] cfr supra I.3, 191/197

41 declinantur] *corr. Mun.*, declinant *F*   **48** sorbillo] *corr. Mun.*, surbillo *F*
sonant] *corr. Mun.*, sonat *F*   **49** Sunt] *cum Don. suppl. Mun.*   **61** conpescui] *corr.*
Mun., conpesco *F*   **62** conpesciturus] *corr. Mun.*, conpescuiturus *F*   sunt] *corr. Mun.*,
est *F*   **63** a] *cum Don. corr. Mun.*, ad *F*   **68** perfectam formam] *corr. Mun.*, perfecta
forma *F*

pro consuere an pro consuetudine, et 'quiescere' utrum pro quie-
70 te an pro tacere, incertum est.

<small>634, 3. 19-21</small> CONIVGATIONES VERBIS ACCIDVNT TRES. Quae? PRIMA
'A', SECVNDA 'E', TERTIA 'I'. EST ALTERA SPECIES TERTIAE
CONIVGATIONIS, QVAE IN 'I' PRODVCTVM ENVNTIATVR;
HANC NONNVLLI QVARTAM CONIVGATIONEM PVTANT. Quo-
75 modo NONNVLLI? Multi. Quare? EO QVOD FVTVRVM TEMPVS
IN 'AM' ET IN 'AR' ET IN 'BO' ET IN 'BOR' SYLLABAM MITTIT,
VT 'SERVIO, SERVIS, SERVIAM, SERVIBO', 'VINCIOR, VINCIRIS,
VINCIAR, VINCIBOR'. Sed non est quarta, nisi tertia producta.
<small>34, 21-635, 4</small> QVOD QVIDAM REFVTANTES NEGANT IN 'BO' ET IN 'BOR'
80 RITE EXIRE POSSE TERTIAM CONIVGATIONEM, NISI IN EO
VERBO QVOD IN PRIMA PERSONA TEMPORIS PRAESENTIS
NVMERI SINGVLARIS 'E' ANTE 'O' HABVERIT, VT 'EO', 'QVEO',
unde fit futurum tempus 'IBO', ⟨'QVIBO'⟩, ET A PASSIVO, quod
'ar' futurum tempus facit, 'QVEAR VEL QVIBOR', ET SI QVA
85 SVNT SIMILIA. Quomodo? Aliqui refutant et dicunt in 'am' et
in 'ar', in 'bo' et in 'bor' syllabam non mittunt, nisi in eo ubi 'e'
ante 'o' habuerit, sed mentiuntur, quia quandoquidem tertia
coniugatio producta fuerit de uerbo actiuo quod faciat ex se
passiuum, in 'bo' futurum tempus aut in 'am' mittere in potesta-
90 te uniuscuiusque consistit, et passiuum uult in 'ar', uult in 'bor'
mitti licitum est.

<small>635, 5-8</small> GENERA VERBORVM, QVAE AB ALIIS SIGNIFICATIONES
DICVNTVR, QVINQVE SVNT. Quae? ACTIVA, PASSIVA, NEV-
TRA, COMMVNIA, DEPONENTIA. Quomodo 'quae ab aliis signi-
95 ficationes dicuntur'? Ipsud est genus quod et significatio.
ACTIVA quae SVNT? QVAE 'O' LITTERA TERMINANTVR ET
ACCEPTA 'R' FACIVNT EX SE PASSIVA, VT EST 'LEGO, LEGOR'
<small>635, 12-14</small> et cetera, quae iam in primo notata sunt tractatu. SVNT ETIAM
NEVTRA QVAE 'I' LITTERA TERMINANTVR, VT 'ODI', 'NOVI',

Trad. text. α   F

85/91 Quomodo – est] cfr supra I.3, 305/308   95 Ipsud – significatio] cfr supra
I.5, 12   98 quae – tractatu] cfr supra I.3, 524/592

69 consuetudine] corr. Mun., consuetudinem F   quiete] corr. Mun., quietem F
71 uerbis] cum Don. corr. Mun., uerbi F   83 quibo] cum Don. suppleui   quod] corr.
Mun., quae F   84 quibor] cum Don. corr. Mun., quibo F   86 syllabam] scripsi,
sillabant F   89 am mittere] corr. Mun., bor mitteri F   90 passiuum] corr. Mun.,
passiuo F   99 terminantur] corr. Mun., terminatur F

100 'MEMINI'. Habent praesens tempus aut non? Non habent et
futurum habent, ut 'odero', 'nouero', 'meminero'. Da eius exemplum: "Odero si potero; si non, inuitus amabo". ETIAM QVAE
IN 'VM' SYLLABAM EXEVNT, VT 'SVM', 'PROSVM', 'OBSVM'.
Futurum tempus in quam syllabam mittis? In 'ro', ut 'prodero',
105 'obero', 'adero'. Haec participia ab isto uerbo ueniunt, ut est
'futurus, futura, futurum'. ITEM QVAE IN 'T' LITTERAM EXE-
VNT ET INPERSONALIA DICVNTVR, VT 'PVDET', 'TAEDET',
'LIBET', 'PAENITET'. Verba quae 't' littera terminantur inpersonalia sunt. Quomodo? 'Pudet', 'taedet', 'libet', 'paenitet'. Infinita
110 sunt numero et tempore et persona; ideo dicuntur infinita uel
defectiua, quae in primo notata sunt tractatu.

636, 6-637, 2   SVNT VERBA EXTRA HAS REGVLAS QVAE INAEQVALIA DI-
CVNTVR, VT 'SOLEO', 'FACIO' et cetera. Quomodo 'inaequalia'?
Eo quod declinationis suae praeteritum tempus et necessitate et
115 pro ea forma transeat in passiuam declinationem, ut 'solitus sum,
es, est', 'gauisus sum, es, est' et cetera. SVNT ETIAM MONOSYL-
LABA QVAE IN DECLINATIONE PRODVCTA SVNT, VT 'STO',
'DO', 'FLO'. Quomodo? Finalium ratione longa sunt. SVNT VER-
BA INCERTAE SIGNIFICATIONIS, incerti generis, ⟨VT 'TONDEO,
120 'LAVO' et cetera⟩. Quomodo? Quia utrum actiuum sit, quod facit
ex se passiuum, an neutrale incertum est. HAEC ETIAM OMNIA
ET IN 'O' ET IN 'R' LITTERA FINIVNTVR, ET IN HIS VERBIS
TEMPORA PARTICIPIORVM ACCIDVNT †haec sicut a me agitur
aguntur et in ab alio†, in quibusdam his uerbis tota accidunt

---

Trad. text. α   F

104/105 Futurum – adero] cfr Ps. SERG., *Explan. in Don.* 554, 4-6   **110/111** ideo –
defectiua] cfr POMP., *Gramm.* 217, 19-22   **111** quae – tractatu] cfr supra I.3, 630/681
114/116 Eo – cetera] cfr AVDAX, *Gramm.* 347, 13-21; Ps. SERG., *Explan. in Don.*
554, 1-3   **118** Quomodo – sunt] cfr supra II.3, 189/190   **120/121** Quomodo – est] cfr
POMP., *Gramm.* 233, 30-31

V.3, 102 Odero – amabo] Ov., *Am.* 3, 11, 35

---

100 Habent] *corr. Mun.*, habet *F*   habent] *corr. Mun.*, habet *F*   **101** habent] *corr.
Mun.*, habet *F*   **102** inuitus] *cum Ou. corr. Hag.*, inuitatus *F*   **105** adero] *correxi*, odero
F   **106** futurus] *corr. Mun.*, futuri *F*   **107** taedet] *cum Don. corr. Mun.*, etdecet *F* (*cfr
infra l. 109*)   **114** necessitate] *corr. Mun.*, necesitatem *F*   **115** passiuam declinationem]
corr. Mun., passiua declinatione *F*   **116** monosyllaba] *corr. Mun.*, monosillabae *F*
117 producta] *corr. Mun.*, productae *F*   **118** longa] *correxi*, longae *F*   **119** incertae]
corr. Mun., incerta *F*   **119/120** ut – cetera] *cum Don. suppleui*   **121** omnia] *cum Don.
corr. Mun.*, nomina *F*

125 participia. SVNT ETIAM VERBA QVAE CONPONERE POSSVMVS, VT 'PONO', 'TRAHO'. Quomodo? Addita praepositione conponuntur, ut 'REPONO', 'RETRAHO'. SVNT QVAE NON POSSVMVS, VT 'AIO', 'QVAESO'. Quomodo? Quia non dicendum est 'reaio', 'requaeso'.

637, 3-4 NVMERI VERBIS ACCIDVNT DVO. Qui? SINGVLARIS, VT
131 'LEGO'; PLVRALIS, VT 'LEGIMVS'. ITEM SECVNDVM QVOSDAM DVALIS, ⟨VT⟩ 'LEGERE'; infiniti modi uerba sunt. Ideo dualis dicitur, quia haec in uocali 'e' aut in 'i' exeunt in pluralitate sicut in singularitate; nam in 'e' exeunt de actiua declinatione, ut 'lege-
135 re', in 'i' de passiua declinatione, ut 'legi'.

637, 5-10 FIGVRAE VERBORVM DVAE SVNT. Quomodo? AVT ENIM SIMPLICIA SVNT VERBA, VT 'SCRIBO', AVT CONPOSITA, VT 'DESCRIBO'. CONPONVNTVR ETIAM VERBA MODIS QVATTVOR. Quomodo? EX DVOBVS CORRVPTIS, VT 'EFFICIO': 'effi'
140 nihil est, 'cio' similiter. EX DVOBVS INTEGRIS, VT 'OBDVCO'. Quomodo? 'Ob' praepositio est, 'duco' uerbum est. EX CORRVPTO ET INTEGRO, VT 'ALLIGO'. Quomodo? 'Al' nihil est, 'ligo' uerbum est. EX INTEGRO ET CORRVPTO, VT 'DEFRINGO'. Quomodo? 'De' praepositio est, 'fringo' nihil est. Ex pluribus, ut 'me-
145 deor'. Quomodo? 'Me' pronomen est, 'de' praepositio est, 'or' nomen est. SVNT VERBA ⟨CONPOSITA⟩ QVAE SIMPLICIA FIERI POSSVNT, VT 'REPONO', 'DISTRAHO'. Quomodo? Dempta praepositione, efficiuntur simplicia. SVNT QVAE NON POSSVNT, VT 'SVSCIPIO', 'CONPLEO'. Quomodo? Tultum 'sus' aut 'con',
150 nihil efficitur.

637, 11-638, 3 TEMPORA VERBIS ACCIDVNT TRIA: PRAESENS, PRAETERITVM ET FVTVRVM. Quomodo? Verbum ⟨'LEGO'⟩ praesentis temporis est, 'LEGI' praeteriti, futuri 'LEGAM'. ⟨INPERFECTA, VT 'LEGEBAM'⟩; PERFECTA, VT 'LEGI'; PLVSQVAMPERFECTA, VT

Trad. text. α F

128/129 Quomodo – requaeso] cfr POMP., *Gramm.* 234, 13-14 **136/146** Figurae – est] cfr supra I.3, 596/605

126 conponuntur] *corr. Mun.*, conponitur F **132** ut] *suppl. Mun.* modi] *correxi*, modo F **133** dicitur] *correxi*, dicuntur F haec] *correxi*, nec F in'] *correxi*, a F **146** conposita] *cum Don. suppl. Mun.* **152** lego] *suppl. Mun.* **153** futuri] *correxi*, futurum F **153/154** Inperfecta – legebam] *cum Don. suppleui* **154** plusquamperfecta] *correxi*, plusquamperfectam F

155 'LEGERAM'. Tantundem ipsae tres differentiae sunt? ⟨Non⟩. Quomodo? Quinque sunt cum tribus praeteritis, id est PRAESENS, PRAETERITVM INPERFECTVM, PRAETERITVM PERFECTVM, PRAETERITVM PLVSQVAMPERFECTVM ET FVTVRVM.

638, 4-8   Quae PERSONAE ACCIDVNT VERBIS? PRIMA, SECVNDA ET
160 TERTIA. EST PRIMA QVAE DICIT 'LEGO'; SECVNDA CVI DICITVR 'LEGIS'; TERTIA DE QVA DICITVR 'LEGIT'. Hae personae admittunt sibi casus an non? Admittunt. Quomodo? PRIMA PERSONA NON EGET CASVM, SED ADMITTIT SIBI NOMINATIVVM, VT 'EGO INNOCENS VERBEROR', 'LIBER SERVIO'. SE
165 CVNDA TRAHIT CASVM VOCATIVVM, VT 'TV INNOCENS VERBERARIS', 'LIBER SERVIS'. TERTIA TRAHIT CASVM NOMINATIVVM, VT 'HIC INNOCENS VERBERATVR', 'HIC LIBER SERVIT'.

638, 13-639, 1   SVNT VERBA PRAETEREA QVORVM ALIA GENITIVI CASVS FORMVLAM SERVANT, VT 'MISEREOR', 'REMINISCOR'. Quo
170 modo? 'Misereor tui', 'reminiscor ipsius'. ALIA DATIVI, VT 'MALEDICO', 'SVADEO'. Quomodo? 'Maledico tibi', 'suadeo illi'. ALIA ACCVSATIVI, VT 'ACCVSO', 'INVOCO'. Quomodo? 'Accuso te', 'inuoco ipsum'. ALIA ABLATIVI, VT 'ABSCEDO', 'AVERTOR'. Quomodo? 'Abscedo a te', 'auertor ab illo'. ALIA SEPTIMI
175 CASVS, VT 'FRVOR', 'POTIOR'. Quomodo? 'Fruor bono', 'potior fratre'.

639, 3-7   Quae litterae uocales sunt aut consonantes in uerbis? AVT 'E' AVT 'I' AVT 'V' ANTE 'O' litterae semper sunt; de consonantibus, EXCEPTIS 'F' ET 'K' ET 'Q' in uerbis, quae non habentur, CETE
180 RAS OMNES LATINAS RECIPIVNT CONSONANTES. Vocales 'e', 'i' et 'u', VT 'SEDEO', 'LANIO', 'INRVO'; consonantes ante 'o', ut 'LIBO', 'VOCO', 'AMO', 'CANO', 'SCALPO' et cetera. HIS ACCEDVNT 'I' ET 'V' PRO CONSONANTIBVS, VT 'AIO', 'ADIVVO'. Quomodo? Quia in consonantium transeunt potestatem. NAM

Trad. text. α   *F*

155 Non] *suppleui*   **156** praesens] *corr. Mun.*, presentis *F*   **160** Est] *corr. Mun.*, et *F*   **161** Hae] *scripsi*, haec *F*   **163** admittit] *cum Don. corr. Mun.*, amittit *F*   sibi] *cum Don. correxi*, ibi *F*   **169** seruant] *cum Don. corr. Mun.*, seruiant *F*   misereor] *cum Don. corr. Mun.*, miseor *F*   **170** Misereor] *corr. Mun.*, miseor *F*   ipsius] *corr. Mun.*, ipsi *F*   **173** ablatiui] *corr. Mun.*, ablatiuum *F*   **175** potior] *cum Don. corr. Mun.*, patior *F* (*cfr exemplum*)   **176** fratre] *corr. Mun.*, fratrem *F*   **178** litterae] *correxi*, litteram *F*   **179** k] *cum Don. corr. Mun.*, R *F*   **180** Vocales] *corr. Mun.*, uocalibus *F*   **182** accedunt] *cum Don. corr. Mun.*, accidunt *F*

185 TRIVMPHO PER 'P' ET 'H' SCRIBITVR. 'K' 'O' LITTERAE NON
PRAEPONITVR, nisi 'c', ut 'coma', 'color' et 'comptus'. Item 'q'
sine 'u' praeferri 'o' litterae non potest, ut 'quoniam', 'quondam'.

639, 8-12   SVNT VERBA DEFECTIVA ALIA PER MODOS, VT 'CEDO'.
Quare dicitur defectiua? Quia gerundum modum non habent,
190 ratione quia neutrale uerbum est, et ut faciamus 'cedendi, ceden-
do, cedendum', non sunt participialia uerba, quia passiui uerbi
sunt genitiuus, datiuus et accusatiuus casus, non neutri; nam a
neutrali uerbo participium futuri temporis in 'rus' facit, ut 'hic
lecturus'. ALIA PER FORMAS, VT 'FACESSO', 'LACESSO', quia per
195 formas deficiunt. ALIA ⟨PER⟩ CONIVGATIONES, VT 'ADSVM'.
ALIA PER GENERA, VT 'GAVDEO', quia utrum faciat 'gaudeo te'
et 'gaudeor a te' an generis neutri sit incertum est; nam talia
uerba inaequalia dicuntur. ALIA PER NVMEROS, VT 'FAXO', quae
pluralem numerum non habent. ALIA PER FIGVRAS, VT
200 'INPLEO': tolle 'in', 'pleo' nihil est. ALIA PER TEMPORA, VT
'FERO'. Quomodo? Quia ut faciam 'feri, feristi, ferit', ad percu-
tiendum pertinet, non ⟨ad⟩ portandum. ALIA PER PERSONAS,
VT 'EDO'. Quomodo? Vtrum faciat 'edo, edis, edit' an non incertum est, sicut et cetera. VERBA QVOQVE INPERSONALIA, QVVM
205 PER OMNES MODOS DECLINARI POSSVNT, INVENIVNTVR
QVAEDAM DEFECTIVA, VT 'LIQVET', 'MISERET'. Quomodo?
'Liquet' et 'miseret' per modos deficiunt.

V.4. DE ADVERBIO

DON., *Mai.*   ADVERBIVM PARS EST ORATIONIS, QVAE ADIECTA VERBO
640, 2-3 SIGNIFICATIONEM IPSIVS VERBI EXPLANAT ATQVE INPLET,
VT 'IAM FACIANT' VEL 'NON FACIANT'. Quomodo 'pars oratio-
5 nis'? Pars locutionis. Et cetera interroganda sunt per ordinem.

Trad. text. α   *F*

197/198 nam – dicuntur] cfr supra 112/116   **203/204** Quomodo – cetera] cfr
POMP., *Gramm.* 231, 23-26
  V.4, 4/5 Quomodo – locutionis] cfr supra I.4, 4

---

186 praeponitur] *corr. Mun.*, praeponuntur *F* **187** ut] *corr. Mun.*, aut *F* quondam]
correxi, quidem *F* **190/191** cedendi – cedendum] *correxi*, edendi edendo edendum *F*
191 participialia] *corr. Mun.*, participalia *F* **195** deficiunt] *corr. Mun.*, deficit *F* per]
cum Don. suppl. Mun. coniugationes] *cum Don. corr. Mun.*, coniunctiones *F* ut] *corr.*
Mun., aut *F* **202** ad] *suppl. Mun.* **206** defectiua] *corr. Mun.*, defectiuam *F*

641,8 ADVERBIO quot ACCIDVNT? TRIA. Quae? SIGNIFICATIO, CONPARATIO, FIGVRA.

640, 4-7 ADVERBIA AVT A SE NASCVNTVR, VT 'NVPER', 'HERI', AVT AB ALIIS PARTIBVS ORATIONIS VENIVNT. Quomodo? Illa
10 aduerbia a se oriuntur quae aliarum partium originem non seruant. Ea ueniunt ab aliis partibus quae aut casibus discernuntur, sicut de nomine uenientia, aut personis, sicut 'MEATIM', 'TVATIM', aut temporibus, VT 'CVRSIM', 'STRICTIM', aut casibus et temporibus, VT 'PEDETEMPTIM', aut casibus solis, VT 'INDVL-
15 GENS, INDVLGENTER', quod a participio ueniat.

640, 5-7 Da quot ueniant A NOMINE APPELLATIVO: 'DOCTVS, DOC-TE', 'AGILIS, AGILITER'. Quomodo? Quando datiuus casus 'o' littera terminatur, 'huic docto', aduerbium in 'e' exit, 'docte'; et quando datiuus casus in nomine 'i' littera terminatur, 'huic agili',
20 aduerbium in 'er' facit, 'agiliter'. A PROPRIO, VT 'TVLLIVS, TVL-LIANE'. Quomodo? Si habet quis nomen 'Tullius', proprium illi est, et si faciat quis domum sicut ille, 'Tulliane fecit'. ⟨A⟩ VOCA-BVLO, VT 'OSTIVM, OSTIATIM'. Quomodo? 'Ostium' possessi-uum est, quia possidetur, et si quis faciat domum multa habens
25 ostia pluresque fenestras, facit aduerbium: 'ostiatim fecit', 'fenes-tratim fecit'. A PRONOMINE, VT 'MEATIM', 'TVATIM'. Quomo-do? Si ego scribam librum, scribat quis talem, dico 'meatim fecit'; tu similiter, ideo 'tuatim fecit'; de tertia persona, 'suatim'. A VERBO, VT 'CVRSIM', 'STRICTIM'. Quomodo? Ab eo quod
30 facit 'stringo, stringis, stringit', inde facit aduerbium 'cursim', 'strictim'. A NOMINE ET VERBO, VT 'PEDETEMPTIM'. Quomo-do? 'Pes' nomen est, 'tempto' uerbum est, inde facit aduerbium 'pedetemptim'. A PARTICIPIO, ⟨VT⟩ 'INDVLGENS, INDVLGEN-TER'. Quomodo? Demptum 's', additum 'ter', quod est aduer-
35 bium numeri, facit 'indulgenter'.

Trad. text. α F

9/11 Quomodo – discernuntur] cfr POMP., *Gramm.* 241, 24-36   **17/ 20** Quomodo – agiliter] cfr supra I.4, 25/28, I.4, 178/184   **21/22** Quomodo – fecit] cfr supra I.4, 28/31   **23/26** Quomodo – fecit] cfr supra I.4, 33/36   **26/ 28** Quomodo – suatim] cfr supra I.4, 37/39   **29/31** Quomodo – strictim] cfr supra I.4, 40/42   **31/33** Quomodo – pedetemptim] cfr supra I.4, 42/44   **34/ 35** Quomodo – indulgenter] cfr supra I.4, 45/47

V.4, 22 A] *cum Don. suppl. Mun.*   **23** ostiatim] *cum Don. corr. Mun.*, hostiam (ost-F²) F   **25** facit] *correxi*, facitur F   **33** ut] *suppl. Mun.*

In quibus litteris aduerbia a nomine ueniunt? In octo. Quo-
640, 8-11 modo? AVT IN 'A', VT 'VNA'; AVT IN 'E' PRODVCTVM, VT
'DOCTE'; AVT IN 'E' CORREPTVM, VT 'RITE'; AVT IN 'I', VT
'VESPERI'; AVT IN 'O' PRODVCTVM, VT 'FALSO'; AVT IN 'O'
40 CORREPTVM, VT 'MODO'; AVT IN 'V', VT 'NOCTV'; AVT IN 'M',
VT 'STRICTIM'; AVT IN 'R', VT 'BREVITER'; AVT IN 'S', VT
'FVNDITVS'.

640, 12-15 ADVERBIA QVAE ⟨IN⟩ 'E' EXEVNT PRODVCI DEBENT PRAE-
TER ILLA QVAE AVT NON CONPARANTVR, VT 'RITE', AVT
45 CONPARATIONIS REGVLAM NON SERVANT, VT 'BENE', 'MALE'
(⟨FACIVNT ENIM 'MALE⟩, PEIVS, PESSIME', 'BENE, MELIVS,
OPTIME'), AVT EA QVAE A NOMINE VERBOVE NON VENIVNT,
VT 'INPVNE', 'SEPE'. Aduerbia quae a nomine ueniunt et ab una
syllaba inchoant in conparatione, positiuum longum habent, ut
50 'docte'; quae uero non conparantur, breuem habent positiuum,
ut 'rite'. Autem quae ab una syllaba in conparatione non inchoant, quae dicuntur anomala, ut 'bene', 'male', aut ea quae a se
oriuntur, ut 'inpune', 'sepe', [quae] habent positiuum breuem.
Omnia tamen aduerbia quae conparantur aut a se oriuntur aut ab
55 aliis partibus ueniunt, conparatiuum gradum semper breuem
40, 15-641, 1 habent, superlatiuum semper longum. CETERVM 'FACILE' ET
'DIFFICILE', QVAE VT ADVERBIA PONVNTVR, NOMINA POTIVS
DICENDA SVNT, ut 'ab hoc facile', 'ab hoc difficile'. Sed ponuntur ⟨nomina⟩ et pro aduerbiis, ut haec:
60 "TORVVMQVE REPENTE
CLAMAT"
pro 'torue', 'HORRENDVM SONAT' pro 'horrende'.

641, 2-7 ERGO ADVERBIA QVAE IN 'E' PRODVCTVM EXEVNT, AB EO
NOMINE VENIVNT QVOD DATIVO CASV 'O' LITTERA TERMI-
65 NATVR, VT 'HVIC DOCTO, DOCTE' ET 'HVIC SEDVLO, SEDVLE'.

Trad. text. α   *F*

48/56 Aduerbia – longum] cfr supra I.4, 158/177   **51/52** Autem – male] cfr supra
I, 257/260   **58/62** ut – horrende] cfr POMP., *Gramm.* 245, 20-33

V.4, 60/62 Toruumque – torue] VERG., *Aen.* 7, 399-400   **62** horrendum sonat] cfr
VERG., *Aen.* 9, 732

43 in] *cum Don. suppl. Mun.*   **46** faciunt – male] *cum Don. suppl. Mun.*
52 anomala] *corr. Mun.*, anomalia *F*   **53** quae] *exclusi*   **59** nomina] *suppl. Mun.*
60 Toruumque] *cum Verg. scripsi*, toruum quae *F*   **65** et] *corr. Mun.*, ut *F*

Contra qvam regvlam mvlta sepe vsvrpavit avctoritas. Nam qvaedam, vt diximvs, et in dativo casv per-
manent et adverbia facivnt, vt 'falso', 'sedvlo'; qvaedam mvlta contra facivnt, vt 'hvic dvro', non 'dvre',
70 sed 'dvriter'. Quomodo? Quando datiuus casus in nomine 'o'
littera terminatur, ut 'huic duro', aduerbium in 'e' debuit facere,
'dure, durius, durissime', sed contra regulam 'duriter' facit, non
'dure'.

642, 4-9   Significatio adverbiorvm in hoc cernitvr, qvia
75 svnt adverbia loci, temporis et cetera. Svnt item
adverbia infinita, vt 'vbi', 'qvando'. Quomodo? De in-
cognito loco et tempore dicit. Svnt finita, vt 'hic', 'modo'.
Quomodo? Quia cognitum atque praesentem locum et tempus
significant. Adverbia loci dvas species habent. Quae? In
80 loco et ad locvm. Quomodo 'in loco'? Quum situm significant, vt 'intvs svm', 'foris svm'. Quomodo 'ad locum'?
Quum motus significant, vt puta 'intro eo', 'foras eo'. Adicivnt qvidam de loco, qvod sic dicitvr tamqvam in
loco, quod motum significat, vt 'intvs exeo' et 'foris
85 venio'. Adicivnt qvidam etiam per locvm, vt 'hac',
'illac': sicut dicitur 'hac, illac ambulo'. 'Evs' et 'Ev' interiectiones mvlti pvtavervnt adverbia, dvm minime sint,
qvia non semper hoc seqvitvr verbvm.

642, 10-17   Conparatio accidit adverbio; conparationis
90 gradvs svnt tres. Qui? Positivvs, conparativvs et
svperlativvs: positivvs, vt 'docte'; conparativvs, vt
'doctivs'; svperlativvs, vt 'doctissime'. Et qvoniam
adverbia qvoqve svnt qvae per omnes gradvs ire non
possvnt, ideo his ad avgendam [vel minvendam] signi-
95 ficationem 'magis' et 'maxime' conivngimvs, ut 'magis
docte', 'maxime docte', ad minvendam 'minvs' et 'minime',

Trad. text. α   F

70/73 Quomodo – dure] cfr supra I.4, 178/188

72 duriter] *corr. Mun.*, dum ter *F*   **77** hic] *cum Don. corr. Mun.*, huic *F*   **79** Quae]
corr. Mun., quibus *F*   **80** loco²] *correxi*, locum *F*   **82** significant] *correxi*, significat *F*
Adiciunt] *cum Don. corr. Mun.*, adiciuntur *F*   **84** loco] *cum Don. correxi*, locum *F*
motum] *correxi*, mote *F*   intus exeo] *cum Don. correxi*, intro eo *F*   **85/86** hac illac]
huc illuc *F*ᵃˑᶜˑ   **94** uel minuendam] *cum Don. excl. Mun.*

ut 'minus male', 'minime male'. QVEMADMODVM CONPARAN-
TVR, ITA ET DIMINVVNTVR ADVERBIA: A POSITIVO, VT
'PRIMVM, PRIMVLE', 'LONGE, LONGVLE', sicut et in nomine
100 'scutella'; A CONPARATIVO, VT 'MELIVS, MELIVSCVLE', 'LON-
GIVS, LONGIVSCVLE'; A SVPERLATIVO VEL NVLLA EXEMPLA
VEL RARA SVNT. Quomodo? Superlatiui gradus diminutiua
aduerbia aut numquam inueniuntur, aut si inuenta fuerint, rare.

643, 1-3   FIGVRAE ADVERBIORVM DVAE SVNT. Quae? Simplex et con-
105 posita. Nam CONPONVNTVR ADVERBIA MODIS QVATTVOR.
Quomodo? Ex duobus integris, ut 'intus', 'inde'; ex duobus
corruptis ut 'foris'; ex integro et corrupto, ut 'sepe'; ex corrupto
et integro, ut 'nuper'; ex pluribus, ut 'hodie'.

643, 4-8   SVNT MVLTAE DICTIONES DVBIAE INTER ADVERBIVM ET
110 NOMEN, VT 'FALSO'; INTER ADVERBIVM ET VERBVM, VT 'PO-
NE'. Quomodo? Si ultimo loco habuerit accentum, erit aduerbium loci et praepositio casus accusatiui. INTER ADVERBIVM ET
PARTICIPIVM, VT 'PROFECTO'. Quomodo? Puta si dicam 'profecto modo fecit', erit aduerbium; si a uerbo deponenti significa-
115 tione uenerit, ut est 'proficiscor, proficiscitur', erit participium
praeteriti temporis datiui casus singularis. INTER ADVERBIVM
ET CONIVNCTIONEM, VT 'QVANDO'. Quomodo? Si interrogantis uox fuerit, ut si dicam 'quando uenisti?', erit aduerbium interrogantis; si dixero 'quandoquidem', erit coniunctio. INTER
120 ADVERBIVM ET PRAEPOSITIONEM, VT 'PROPTER'. Quomodo?
Si pro 'iuxta' positum fuerit, ut est "Plantauit Dominus paradi-
sum propter fluentes aquas", id est 'iuxta fluentes aquas', erit
aduerbium loci; si accusatiuus casus ⟨secutus⟩ fuerit, erit praepo-

---

Trad. text. α   *F*

106/108 Quomodo – hodie] cfr supra I.4, 191/204   **111/112** Quomodo –
accusatiui] cfr supra II.5, 77/87   **113/116** Quomodo – singularis] cfr POMP., *Gramm.*
251, 14-17   **117/119** Quomodo – coniunctio] cfr supra I.6, 128/129   **120/**
123 Quomodo – praepositio] cfr CLEDON., *Gramm.* 69, 9-11; SERG., *De orat.* 98, 13-15

121/122 Plantauit – aquas¹] cfr Gen. 2, 8

99 primum] *cum Don. corr. Mun.*, prime *F*   **100** scutella] *correxi*, scolella *F* (*cfr
supra 1, 422*)   **103** inuenta] *corr. Mun.*, inuenti *F*   **107** foris] *corr. Mun.*, furis *F*
111 ultimo] *correxi*, penultimo *F* (*cfr supra II.5, 81/87*)   **116** praeteriti] *corr. Mun.*,
futuri *F*   **120** propter] *cum Don. corr. Mun.*, preter *F* (*cfr l. 122*)   **123** secutus] *suppl.*
Mun.

sitio. INTER ADVERBIVM ET INTERIECTIONEM, VT 'EV'. Quo-
125 modo? Si in priore uocali habuerit accentum, erit aduerbium
respondentis; si ⟨in⟩ ultima, erit interiectio lugentis. HORVM
QVAEDAM ACCENTV DISCERNIMVS, QVAEDAM SENSV. Quo-
modo? Accentu discernimus, ut 'pone' et 'eu'; sensu, ut 'quando'
uel 'propter'; similiter et cetera.

643, 9-10   SVNT ADVERBIA LOCI QVAE INPRVDENTES PVTANT NOMI-
131 NA: IN LOCO, VT 'ROMAE SVM'; DE LOCO, VT 'ROMA VENIO';
AD LOCVM, VT 'ROMAM PERGO'. Quomodo? Illa sunt nomina
quae cum praepositione proferantur, ut 'ad uillam uado', 'ad
Hispaniam pergo'; ista quae sine praepositione proferuntur, non
135 nomina sed aduerbia sunt.

643, 13-15   PRAEPOSITIO SEPARATIM ADVERBIIS NON ADPLICABITVR,
QVAMVIS LEGERIMVS 'DE SVRSVM', 'DE SVBITO', 'EX INDE' ET
'AB VSQVE' ET 'DE HINC'. SED HAEC TAMQVAM VNAM PAR-
TEM ORATIONIS SVB VNO ACCENTV PRONVNTIABIMVS. Quo-
140 modo? Puta si dicam 'deinde': 'de' una pars est, 'inde' altera, sed
sub uno accentu.

V.5. DE PARTICIPIO

DON., *Mai.*   PARTICIPIVM EST PARS ORATIONIS, DICTA QVOD PARTEM
644, 2-5 CAPIAT NOMINIS ET PARTEM VERBI. Quomodo? RECIPIT
ENIM A NOMINE GENERA ET CASVS, A VERBO TEMPORA ET
5 SIGNIFICATIONES, AB VTROQVE NVMERVM ET FIGVRAM.
PARTICIPIO ACCIDVNT SEX. Quae? GENVS, CASVS, TEMPVS,
SIGNIFICATIO, NVMERVS ET FIGVRA.

644, 6-12   GENERA PARTICIPIIS ACCIDVNT QVATTVOR. Quae? MAS-
CVLINVM, VT 'LECTVS'; FEMININVM, VT 'LECTA'; NEVTRVM,
10 VT 'LECTVM'; ET COMMVNE, VT 'LEGENS'; NAM OMNIA PRAE-

Trad. text. α   F

124/126 Quomodo – lugentis] cfr supra I.4, 118/121   **139/141** Quomodo –
accentu] cfr POMP., *Gramm.* 255, 19-28

125 priore uocali] *corr. Mun.*, priorem uocabuli *F* **126** in] *suppl. Mun.* **127** sensu]
cum Don. corr. Mun., sensum *F* **129** propter] *corr. Mun.*, prope *F* **133** quae –
praepositione] *corr. Mun.*, quaecumque praepositionis *F*
V.5, 10 commune] *cum Don. corr. Mun.*, comuia *F*

SENTIS TEMPORIS PARTICIPIA GENERIS SVNT OMNIS. CASVS
TOTIDEM SVNT QVOT ET NOMINVM, NAM PER OMNES CASVS
ETIAM PARTICIPIA DECLINANTVR. TEMPORA PARTICIPIIS
ACCIDVNT TRIA. Quae? PRAESENS, PRAETERITVM ET FVTV-
15 RVM, VT 'LVCTANS, LVCTATVS, LVCTATVRVS'.

644, 13   SIGNIFICATIONES PARTICIPIORVM ET A GENERIBVS VER-
BORVM ET A FORMIS SVMVNTVR. Quomodo se regunt participia in temporibus? Participium praesentis temporis actiui regit
futurum passiui. Quomodo? 'Legens' facit: demptum 's', addito
20 'dus', et facit 'legendus'. Et participium praeteriti temporis passiui regit futurum actiui. Quomodo? 'Lectus' facit: demptum 's',
addito 'rus', et facit 'lecturus'.

645, 4-8   INCHOATIVA PARTICIPIA PRAESENTIS TEMPORIS SVNT
TANTVM, VT 'HORRESCENS', 'TEPESCENS' ET 'CALESCENS'.
25 Quomodo? Participium praeteriti temporis et futuri caret. DE-
FECTIVA INTERDVM ALICVIVS SVNT TEMPORIS, VT 'SOLEO,
SOLENS, SOLITVS'. Quomodo? 'Soleo' per tempora deficit in
uerbo, sed quamuis in uerbo deficiat, in participio tamen prae-
sens et praeteritum tempus habet. INTERDVM NVLLIVS, VT AB
30 EO QVOD EST 'MEMINI'. Quomodo? Ab isto uerbo NVLLVM
PARTICIPIVM REPERITVR. INTERDVM A NON DEFECTIVO
VERBO PARTICIPIA DEFECTIVA SVNT, VT EST 'STVDEO, STV-
DENS', 'CRESCO, CRESCENS': FVTVRVM TEMPVS NON
HABENT. Quomodo? Ista uerba neutri generis sunt et habent
35 tantummodo praesentis temporis participia, nam in futuro tempore deficiunt. AB INPERSONALI VERBO PARTICIPIA NISI
VSVRPATA NON VENIVNT. Quomodo? Quia et ab inpersonali
uerbo non ueniunt participia, nisi usurpatiuo modo quis illud
uoluerit facere.

645, 9-12   NVMERVS PARTICIPIIS ACCIDIT VTERQVE: SINGVLARIS,
41 VT 'HIC LEGENS'; PLVRALIS, VT 'HII LEGENTES'. FIGVRA PAR-

Trad. text. α   F

V.5, 17/22 Quomodo – lecturus] cfr supra I.5, 72/81

11 participia] *cum Don. corr. Mun.*, principia *F*   omnis] omnes *F^{a.c.}*   **17** se regunt]
corr. Mun., segregant *F (cfr supra I.3, 570/571)*   **18** regit] *corr. Mun.*, reget *F*   **21** regit]
corr. Mun., reget *F*   **27** solens solitus] *cum Don. corr. Mun.*, soles solet *F*   deficit] *corr.*
Mun., defecit *F*   **29** habet] *corr. Mun.*, habent *F*   **29/30** ab eo] *cum Don. corr. Mun.*,
habeo *F*   **30** est] *cum Don. corr. Mun.*, et *F*   **31** a] *cum Don. corr. Mun.*, an *F*

TICIPIORVM DVPLEX EST : AVT ENIM SIMPLICIA SVNT PARTI-
CIPIA, VT 'SCRIBENS', AVT CONPOSITA, VT 'DESCRIBENS'.
Conponuntur etiam participia modis quattuor. Quomodo? Ex
45 duobus integris, ut 'incedens'; ex duobus corruptis, ut 'ponens';
ex integro et corrupto, ut 'delens'; ex corrupto et integro, ut 'lectus'; ex pluribus, ut 'abdictus'.

645, 13-17   SVNT NOMINA SPECIEM PARTICIPIORVM HABENTIA, VT
'TVNICATVS', 'GALEATVS', QVAE, QVIA ⟨A⟩ VERBO NON VENI-
50 VNT, NON SVNT PARTICIPIIS ADPLICANDA. Quomodo? Sic
sonant quasi participia sint, sed quia non facit uerbum 'tunico,
tunicas, tunicat', nomina sunt 'tunicatus' et 'galeatus', non participia. EX QVIBVS SVNT ETIAM ILLA QVAE PARTICIPIA
VIDEANTVR, VERBORVM TAMEN SIGNIFICATIONE PRIVATA
55 SVNT, VT 'PRANSVS', 'CENATVS', 'PLACITA', 'NVPTA' et cetera.
NAM 'PRANDEOR', 'CENOR' et cetera NON FACIT. 'Prandeo' et
'ceno' neutralia uerba sunt; praesentis temporis et futuri participia habent, sicut actiuum uerbum, ut 'prandens et pransurus',
'cenans et cenaturus'; iam si 'pransus' et 'cenatus' fecerit aut
60 'prandendus' et 'cenandus', nomina erunt, non participia.

646, 1-4   SVNT ITEM ALIA PARTICIPIA QVAE ACCEPTA PRAEPOSI-
TIONE ET A VERBIS ET A PARTICIPIIS RECEDVNT, VT 'NO-
CENS, INNOCENS'. Quomodo? ⟨'Noceo⟩, noces, nocet' actiui
generis uerbum est, unde facit participium 'nocens'; iam si dixe-
65 rimus 'innocens', nomen erit, non participium, quia uerbum
'noceo' facit, non 'innoceo'. SVNT VELVTI PARTICIPIA DEFEC-
TIVA QVAE A VERBO VENIVNT ET, QVIA TEMPVS NON
HABENT, NOMINA MAGIS QVAM PARTICIPIA VOCANTVR, VT
'FVRIBVNDVS', 'MORIBVNDVS'. Quomodo? 'Furio, furis, furit'
70 neutri generis uerbum est et neutrale uerbum participia uerbi
passiui non recipit; nam si dixero 'furibundus', nomen erit, non
participium.

Trad. text. α   F

44/47 Conponuntur – abdictus] cfr supra I.5, 89/97   50/52 Quomodo –
participia] cfr POMP., *Gramm.* 262, 11-17   56/60 Prandeo – participia] cfr POMP.,
Gramm. 262, 33-39   63/66 Noceo – innoceo] cfr POMP., *Gramm.* 263, 29-35

44 Conponuntur] *corr. Mun.*, conponitur *F*   48 speciem] *corr. Mun.*, specie *F*
49 a] *cum Don. suppl. Mun.*   51 participia] *corr. Mun.*, participium *F*   56 Prandeo]
corr. Mun., prandeor *F*   57 ceno] *corr. Mun.*, cenor *F*   63 Noceo] *suppl. Mun.*   noces]
corr. Mun., nocens *F*

646, 5-6   SVNT MVLTA PARTICIPIA EADEM ET NOMINA, ⟨VT 'PASSVS', 'VISVS', 'CVLTVS'⟩. Quomodo? Si a uerbo uenerit ab eo quod
75 facit 'patior, pateris, patitur', 'uideo, uides', 'culto, cultas', erunt participia; si autem pro gressu aut uisu hominis aut cultu dicatur, nomina erunt, non participia. QVAE TAMEN IN CASIBVS DISCREPANT ET DE TEMPORIBVS DINOSCVNTVR ET CONPA-RATA MVTANTVR. Quomodo 'in casibus discrepant'? Quae si
80 quartae declinationis fuerint, 'passus' et 'uisus' erunt nomina; si dixero 'hic passus, huius passi', 'hic uisus, huius uisi', erunt parti-cipia. 'De temporibus dinoscuntur' quomodo? Quia 'passus' a deponenti uerbo uenit, 'uisus' et 'cultus' ab actiuo, quod facit ex se passiuum. 'Conparata mutantur' quomodo? Quia quando
85 conparationem receperint, erunt nomina, ut 'cultus, cultior et cultissimus'; quando a uerbo uenerint et conparationem non receperint, erunt participia.

646, 7-12   SVNT PARTICIPIA DEFECTIVA QVAE PER OMNIA TEMPORA IRE NON POSSVNT, VT EST 'COEPTVS', 'VRGVENDVS'. Quomo-
90 do? 'Coepio' et 'urgueo' actiui generis uerba sunt, sed deficiunt per tempora et non habent nisi praeteritum ⟨aut praesens⟩ tempus: 'coeptus' et 'urguens', quod est 'urguendus'. SVNT PAR-TICIPIA QVAE ACCEPTA CONPARATIONE FIVNT NOMINA, VT 'ACCEPTIOR', 'INCENSIOR'. Quomodo? 'Accipio, accipis, acci-
95 pit' actiui generis uerbum est, inde facit praeteriti temporis parti-cipium 'acceptus'; iam si fecero 'acceptior', nomen erit, non participium. ADVERBIVM DE PARTICIPIO FIERI POSSE NON-NVLLI NEGANT, SED HOS PLVRIMAE LECTIONIS REVINCIT AVCTORITAS. 'Indulgens' uero participium 'indulgenter' facit
100 aduerbium, sicut 'amans, amanter' et cetera.

Trad. text. α   F

    74/87 Quomodo – participia] cfr POMP., *Gramm.* 257, 1 - 258, 5   **94**/
97 Quomodo – participium] cfr POMP., *Gramm.* 263, 36 - 264, 5   **99**/
100 Indulgens – cetera] cfr POMP., *Gramm.* 264, 6-15

    73/74 ut – cultus] *cum Don. suppl. Mun.*   **75** patitur] partitur *F^{a.c.}*   **79** Quae si] *correxi,* quasi *F*   **80** fuerint] *corr. Mun.,* fuerit *F*   **85** receperint] *corr. Mun.,* reciperint *F*   **87** receperint] *corr. Mun.,* reciperint *F*   **89** coeptus urguendus] *cum Don. scr. Mun.,* ceptus urgendus *F*   **90** Coepio] *corr. Mun.,* queo *F*   uerba sunt] *corr. Mun.,* uerbum est *F*   **91** aut praesens] *suppleui*   **92** urguens] *correxi,* urgue *F*   urguendus] *scripsi,* urgendus *F*   **98** plurimae] *cum Don. corr. Mun.,* plurima *F*

V.6. De coniunctione

Don., *Mai.* Quid est coniunctio? Pars orationis adnectens
646, 14 ordinansqve sententiam. Quomodo 'pars orationis'? Pars
locutionis. Quomodo 'adnectens ordinansque sententiam'?
5 Coniungens et ordinans sententiam, et cetera quae in primo
646, 16-17 notata sunt tractatu. Potestas conivnctionvm quot species habet? Qvinqve. Quas? Copvlativas, disivnctivas,
647, 9-10 expletivas, cavsales et rationales. Ordo coniunc-
tionvm in quo est? Qvia avt praepositivae svnt
10 conivnctiones, vt 'ac', 'ast', svbivnctivae, vt 'qve',
'avtem', avt commvnes, vt 'et', 'igitvr'. Quomodo? Quia
et praeponuntur et subiunguntur.

647, 11-648, 2 Svnt etiam dictiones qvae incertvm est vtrvm
conivnctiones an praepositiones an adverbia nomi-
15 nemvs, vt 'qvvm' et 'vt'. Haec, nisi sententiam consi-
deraverimvs, incerta svnt. Quomodo? 'Quum' et 'ut' in
sententia maiorum considerandum est uel in unoquoque dicto
quae pars sit, nisi et ceterae coniunctiones sensv facile dinoscvntvr. Nam et conivnctiones pro aliis conivnctio-
20 nibvs positae invenivntvr potestate mvtata, sicut 'ne'
et 'que'. Quomodo? Quia coniunctio et disiunctiua est et causalis.

V.7. De praepositione

Don., *Mai.* Quid est praepositio? Pars orationis, qvae praepo-
648, 4-5 sita aliis partibvs orationis significationem earvm
avt conplet avt mvtat avt minvit. Quomodo? Iam supe-
648, 10-649, 1 rius notata sunt. Praepositiones quibus rebus deseruiunt? Avt
6 ⟨casibvs deservivnt avt loqvellis avt et casibvs et⟩

Trad. text. α *F*

V.6, 3/6 Quomodo – tractatu] cfr supra I.6, 2/19   11/12 Quomodo –
subiunguntur] cfr supra I.6, 187/203
V.7, 4/5 Quomodo – sunt] cfr supra I.7, 4/35

V.6, 2 orationis] *scripsi,* orsorationis *F*   7 habet] *corr. Mun.,* habent *F*   16 incerta
sunt] *cum Don. corr. Mun.,* incertum est *F*   17 unoquoque dicto] *corr. Mun.,*
unaquaeque dicta *F*
V.7, 4 superius] *corr. Mun.,* superus *F*   6 casibus¹ – et²] *cum Don. suppleui*

LOQVELLIS. AEQVE AVT CONIVNGVNTVR AVT SEPARANTVR
⟨AVT ET CONIVNGVNTVR ET SEPARANTVR⟩. Nam quae loquellis deseruiunt, CONIVNGVNTVR et non separantur, VT 'DI',
10 'DIS','RE', 'SE', 'AM', 'CON', 'O'; nam si dicam 'DIDVCO', non erit
dicendum illud 'di' una pars et 'duco' altera, sed sub uno accentu
pars integra dicitur, sicut et ceterae loquellares. SEPARANTVR,
VT 'APVD', 'PENES'. Quomodo? Vt si dicam 'apud me', 'penes
te', non dicendum est una pars, sed 'apud' una et 'me' altera.
15 CONIVNGVNTVR ET SEPARANTVR RELIQVAE OMNES. Quomodo? Certe praepositiones dum loquellis iunguntur, sub uno
accentu pronuntiandae sunt, ut 'disrumpo' et cetera; cum casibus
suis separantur, ut 'apud', 'penes'. EX QVIBVS 'IN' ET 'CON'
PRAEPOSITIONES, SI ITA CONPOSITAE FVERINT, VT EAS STA-
20 TIM 'S' VEL 'F' LITTERAE CONSEQVANTVR, PLERVMQVE PRO-
DVCVNTVR, VT 'INSVLAE', 'CONFESSIO'. Quomodo? 'In'
praepositio est, sequitur 's' et fit positione longum.

649, 2-5   PRAEPOSITIONI quot accidunt? CASVS TANTVM. Quot
casus? Duo. Qui? ACCVSATIVVS ET ABLATIVVS; NAM ALIAE
25 ACCVSATIVO CASVI SERVIVNT, ALIAE ABLATIVO, ALIAE
VTRISQVE CASIBVS. ACCVSATIVI CASVS PRAEPOSITIONES
649, 12-16   triginta SVNT. Nam EX HIS 'AD' ET 'APVD' DIVERSO MODO
PRAEPONVNTVR. Quomodo? DICIMVS ENIM 'AD AMICVM
VADO' ET 'APVD AMICVM SVM'; NAM NEQVE 'APVD AMICVM
30 VADO' RECTE DICITVR NEQVE 'AD AMICVM SVM'. 'VSQVE'
PRAEPOSITIO PLVRIMIS NON VIDETVR. Quomodo? QVIA
SINE ALIQVA PRAEPOSITIONE PROFERRI RECTE NON POTEST,
VNDE ET ADIVNGITVR VTRISQVE CASIBVS, ut est 'usque ad
amicum ambulaui' et 'usque ab alto descendi'.

649, 17   ABLATIVI CASVS SVNT PRAEPOSITIONES quindecim. Ex
650, 2-3   quibus 'tenus' praepositio subiungitur contra regulam et FACIT

Trad. text. α   F

8/12 Nam – loquellares] cfr supra I.7, 111/114   **35/39** Ex – pendunt] cfr supra
I.7, 56/70

7 Aeque] *cum Don. correxi,* eaeque F   **8** aut – separantur] *cum Don. suppl. Mun.*
10 non] *correxi,* nomen F   **12** Separantur] *corr. Mun.,* separatur F   **20** producuntur]
cum Don. corr. Mun., dicuntur F   **32** proferri] *cum Don. corr. Hag.,* proferre F

"Pvbe tenvs" non regulariter, sed sic in usum uersum est. Haec praepositio deseruit genitiuo plurali, ut est "Crurum tenus a mento palearia pendunt". 'Clam' praepositio casibvs ser-
40 vit ambobvs. Quomodo? 'Clam me fecit', 'clam illo disposuit agere'.

650, 4   Vtrivsqve casvs svnt praepositiones quattuor: 'in', 'svb', 'svper', 'svbter'. Quae, quando motum significant, accu-satiuo casui seruiunt; quando situm, ablatiuo, ut superius dixi-
650, 11-12 mus. 'Svper' vero et 'svbter', cvm accvsativo natvra-
46 liter praeponantvr, et ablativo tamen plervmqve ivngvntvr. Quomodo? Aut motum significant aut situm: tunc accusatiuo seruiunt quando locum significauerint, tunc
651, 2-4 ablatiuo quando de [longe] aliquo mentio fuerit. Extra qvam
50 formam 'svper' praepositio, qvvm 'de' significat, hoc est 'mentionem de aliqvo fieri', ablativi casvs est tantvm, vt dicam 'aliquando super Priamo multa peregi'.

651, 5-8   Separatae praepositiones acvvntvr. Quomodo? Si a suis casibus separentur, acuto pronuntiandae sunt accentu. Con-
55 ivnctae casibvs avt loqvellis vim svam sepe conmv-tant et graves fivnt. Praepositiones avt ipsa verba corrvmpvnt, vt 'conficio'. Quomodo? Tulta praepositione 'con', nihil remanet. Avt ipsae corrvmpvntvr, vt 'svffi-cio'. Quomodo? Si 'subficio' fuisset scriptum, praepositio esse
60 debuit. Avt corrvmpvnt et corrvmpvntvr, vt 'svspi-cio'. Quomodo? 'Sus' nihil est, 'picio' similiter.

Trad. text. α   F

37/39 Haec – pendunt] cfr Don., *Mai.* 651, 9   40/41 Quomodo – agere] cfr Pomp., *Gramm.* 275, 8-12   43/44 Quae – diximus] cfr Don., *Mai.* 650, 4-10; supra I.7, 72/75   47/49 Quomodo – fuerit] cfr supra I.7, 89/97   53/54 Quomodo – accentu] cfr Avdax, *Gramm.* 353, 16

V.7, 37 Pube tenus] Verg., *Aen.* 3, 427   38/39 Crurum – pendunt] Verg., *Georg.* 3, 53   52 aliquando – peregi] cfr Verg., *Aen.* 1, 750

37 in] *sup. l.* F   38 Crurum] *cum Verg. corr. Mun.*, corum F (*cfr supra I.7, 68*) 39 palearia] *cum Don. corr. Mun.*, palebria F (*cfr supra I.7, 69*)   40 illo] *corr. Mun.*, ille F   49 longe] *excl. Mun.*   aliquo] *corr. Mun.*, aliqua F   55 aut] *cum Don. corr. Hag.*, ut F   uim] *cum Don. corr. Mun.*, uiam F   conmutant] *cum Don. corr. Hag.*, comutat F   56 ipsa] *cum Don. corr. Hag.*, ipse F   58 ipsae] *scr. Hag.*, ipse F 59 subficio] *correxi*, sufetius F

651, 9-14 ITEM 'POST' ET 'ANTE' ⟨ET⟩ 'CIRCVM' VTRIVSQVE CASVS
ADIVNCTAS INVENIMVS: et 'post dominam meam stabam' et
'post domino meo ambulabam'. SED SCIRE NOS CONVENIT
65 PRAEPOSITIONES IVS SVVM TVNC OBTINERE, QVVM PRAE-
PONVNTVR; SVBPOSITAS VERO ET SIGNIFICATIONEM SVAM
ET VIM NOMINIS ET LEGEM PROPRIAM NON HABERE. Quo-
modo? Si casibus suis non praepositae fuerint, nec significationes
suas, id est motum aut situm, nec nomen praepositionis habe-
70 bunt nec legem propriam retinebunt, ut est "Pube tenus". SEPA-
RATAE PRAEPOSITIONES SEPARATIS PRAEPOSITIONIBVS NON
COHAERENT ET ADVERBIA FACIVNT, SI QVANDO ILLAS NON
SEQVITVR CASVS, ut est hoc: "Pone subit coniux; ferimur per
opaca locorum".

651, 15-652, 3 SVNT QVI PVTANT ACCIDERE PRAEPOSITIONI FIGVRAM ET
76 ORDINEM: FIGVRAM, QVIA SVNT PRAEPOSITIONES SIMPLI-
CES, VT 'ABS', CONPOSITAE, VT 'ABSQVE'; ORDINEM, QVIA
SVNT PRAEPOSITIONES PRAEPOSITIVAE, VT 'SINE', SVNT
SVBIVNCTIVAE, VT 'TENVS'. SED ⟨HAEC⟩ NOS ET HIS SIMILIA
80 IN HIS NVMERAVIMVS QVAE INAEQVALIA NVMERANTVR.
Sicut uerba inaequalia dicuntur, quae de sua declinatione in
alienam transeunt, ita et praepositiones, si suis casibus non deseruiunt, aut subiungantur et non praeponantur, inaequales dicuntur.

V.8. DE INTERIECTIONE

DON., Mai.   INTERIECTIO EST PARS ORATIONIS INTERIECTA ALIIS PAR-
652, 5-6   TIBVS ORATIONIS AD EXPRIMENDOS ANIMI AFFECTVS. Quo-
652, 8-13   modo? Sicut in primo notata sunt, ita hic interrogentur. SED

Trad. text. α   F

73/74 ut – locorum] cfr supra II.5, 86/87   81/82 Sicut – transeunt] cfr supra
3, 112/116
V.8, 3/4 Quomodo – interrogentur] cfr supra I.8, 2/26

70 Pube tenus] VERG., *Aen.* 3, 427   73/74 Pone – locorum] VERG., *Aen.* 2, 725

62 et²] *cum Don. suppl. Hag.*   63 adiunctas] *cum Don. corr. Mun.,* adiuntus *F*
66 subpositas] *cum Don. corr. Hag.,* subposita *F*   72 faciunt] *cum Don. corr. Mun.,*
facit *F* illas] *cum Don. corr. Mun.,* illam *F*   73 coniux] *cum Verg. corr. Hag.,* conlax *F*
74 locorum] *cum Verg. corr. Hag.,* calorum *F*   79 haec] *cum Don. suppleui*   83 aut]
corr. Mun., ut *F*   inaequales] *correxi,* inaequalia *F*

5 HAEC A GRAECIS ADVERBIIS ADPLICANTVR, QVOD IDEO
LATINI NON FACIVNT. Quare? QVIA HVIVSCEMODI VOCEM
NON STATIM SVBSEQVITVR VERBVM. LICET AVTEM PRO
INTERIECTIONE ETIAM ALIAS PARTES ORATIONIS SINGVLAS
PLVRESVE SVBPONERE, VT 'NEFAS', 'PRO NEFAS'. Quomodo?
10 'Nefas' nomen est, 'pro nefas' interiectio est exprobrantis.
ACCENTVS ⟨IN⟩ INTERIECTIONIBVS CERTI ESSE NON POS-
SVNT, VT FERE IN ALIIS VOCIBVS QVAS INCOGNITAS INVE-
NIMVS. Quomodo? Sicut in peregrinis uerbis aut in barbaris
nominibus accentus certi non sunt, ita et in interiectionibus.

Trad. text. α   F

9/10 Quomodo – exprobrantis] cfr POMP., *Gramm.* 281, 10-16   **13/14** Quomodo –
interiectionibus] cfr supra II.5, 67/70

V.8, 5 adplicantur] *cum Don. corr. Hag.*, adplicabitur *F*   **8** interiectione] *corr. Hag.*,
interiectionem *F*   **11** in] *cum Don. suppl. Mun.*

INDICES

Index locorvm S. Scriptvrae

Index fontivm

Index avctorvm

INDEX LOCORVM SACRAE SCRIPTVRAE

	lib..cap., rec.	lin.	pag.
Zacharias			
11, 2	III.6, α	35	366
	III.6, β	35	367
Matthaeus			
2, 20	III.5, α	94/95	350
	III.5, β	94/95	351
5, 4.8.9	III.5, α	125/126	354
11, 7	III.3, α	61/62	326
	III.3, β	61/62	327
26, 68	III.6, α	412	406
	III.6, β	412	407
27, 44	III.5, α	75	348
	III.5, β	75	349
27, 45	cfr III.6, β	200/201	385
	cfr III.6, α	200/201	386
28, 10	III.6, α	408/409	406
	III.6, β	408/409	407
Lucas			
1, 5	I.1, α	435/436	38
	I.1, β	400	39
	V.1, β	662	471
1, 33	I.3, α	618	126
	I.3, β	598/599	127
13, 32	III.6, α	526	416
	III.6, β	518	417
Iohannes			
9, 6.11	I.2, α	128/129	60
	I.2, β	139/140	61
9, 28	III.6, α	418	406
	III.6, β	418	407
10, 11	III.3, α	60	326
	III.3, β	60	327
15, 1	III.6, β	22	365
	III.6, α	22	366
	III.6, α	44	368
	III.6, β	44	369
15, 18	III.6, α	100	374
	III.6, β	101	375
15, 26	II.1, α	249/250	214
	II.1, β	240	215
21, 25	III.6, α	354/356	400
	III.6, β	354/356	401
Actus Apostolorum			
28, 26	III.3, α	18	322
	III.3, β	18	323

INDEX FONTIVM[*]

---

[*] En este índice están incluidos las fuentes del *Ars grammatica* y los lugares paralelos que orientan sobre el origen y la circulación de algunas doctrinas gramaticales; cfr en la introducción el capítulo 2.2., p. XXVI-XXXV.

		lib..cap., rec.	lin.	pag.
336, 9-12	cfr	II.4, α	210/216	278
	cfr	II.4, β	190/194	279
336, 17	cfr	II.2, β	124/127	229
	cfr	II.2, α	146/147	230
337, 3-5		IV.1, α	87/89	428
337, 11-15	cfr	II.4, α	124/125	270
	cfr	II.4, β	108/109	271
338, 25-29		IV.1, α	49/53	426
339, 3-5	cfr	IV.1, α	53/56	427
339, 5-10		IV.1, α	56/63	427
339, 10-13	cfr	IV.1, α	63/71	427
339, 13-15	cfr	IV.1, α	71/79	427
339, 15-18	cfr	IV.1, α	79/81	428
340, 3		IV.1, α	106/107	429
340, 6-9		IV.1, α	29/32	425
340, 11-13		IV.1, α	33/35	425
340, 14-16		IV.1, α	37/39	426
340, 17-20		IV.1, α	41/45	426
340, 21		IV.1, α	47/48	426
341, 15-17		I.1, α	356/357	32
		I.1, β	325/326	33
341, 21 - 342, 3	cfr	I.1, α	363/368	32
		I.1, β	330/336	33
343, 13-14	cfr	I.2, α	36/39	54
343, 14-15	cfr	I.2, α	41/42	54
343, 31-32	cfr	I.2, α	103/105	58
	cfr	I.2, β	112/115	59
344, 14-16		I.3, α	71/72	86
		I.3, β	61/62	87
344, 24-25		I.3, α	99/100	88
		I.3, β	84/85	89
344, 29-32	cfr	I.3, α	135/137	90
	cfr	I.3, β	122/124	91
345, 2-3		I.3, α	178/179	94
		I.3, β	157/158	95
345, 4-5		I.3, α	184/185	94
		I.3, β	161/163	95
345, 17-20		I.3, α	222/225	98
		I.3, β	195/198	99
346, 17-19		I.3, α	25/28	82
346, 26-29	cfr	I.3, α	599/605	126
	cfr	I.3, β	579/585	127
347, 5-10	cfr	I.3, α	611/617	126
	cfr	I.3, β	591/597	127
347, 13-21	cfr	V.3, α	114/116	484
347, 15-21	cfr	I.3, α	545/552	122
	cfr	I.3, β	525/532	123
348, 4-5		I.5, α	50/51	154
		I.5, β	47/49	155
348, 6-7		I.5, α	58/59	154

		lib..cap., rec.	lin.	pag.
AVGVSTINVS				
Contra mendacium				
10, 24 (p. 499, 17-18)		III.6, α	55/56	368
		III.6, β	55/56	369
10, 24 (p. 499, 18)		III.6, α	50/51	368
		III.6, β	50/51	369
	cfr	III.6, α	49/50	368
	cfr	III.6, β	49/50	369
10, 24 (p. 499, 21 - 500, 1)		III.6, α	52	368
		III.6, β	52	369
		III.6, β	19/20	365
		III.6, α	19/20	366
10, 24 (p. 500, 6-8)		III.6, β	427/428	407
		III.6, α	427/428	408
10, 24 (p. 500, 13-14)		III.6, α	59/61	370
		III.6, β	59/61	371
10, 24 (p. 500, 18 - 501, 1)		III.6, β	56/59	369
		III.6, α	56/59	370
De ciuitate Dei				
11, 8 (p. 328, 5-11)	cfr	III.6, α	107/108	374
	cfr	III.6, β	108/109	375
11, 8 (p. 328, 11-13)		III.6, α	111/112	376
		III.6, β	112/113	377
11, 8 (p. 328, 14-15)	cfr	III.6, β	130/132	377
	cfr	III.6, α	129/131	378
14, 23 (p. 446, 71-78)	cfr	III.6, α	235/236	388
	cfr	III.6, β	235/236	389
16, 21 (p. 523, 13-22)		III.6, α	356/361	400
		III.6, β	356/361	401
De consensu Euangelistarum				
3, 16, 53 (p. 340, 8-9)	cfr	III.5, α	74/76	348
	cfr	III.5, β	74/76	349
3, 16, 53 (p. 340, 11-12)	cfr	III.5, α	95/99	350
	cfr	III.5, β	95/98	351
De doctrina christiana				
3, 7, 11 (p. 84, 7-10)	cfr	III.6, α	38/40	368
	cfr	III.6, β	38/40	369
3, 29, 41 (p. 101-102, 26-30)		III.6, α	430/434	408
		III.6, β	430/434	409
3, 29, 41 (p. 102, 33-35)		III.6, α	434/436	408
		III.6, β	434/436	409
3, 35, 50 (p. 110, 5-6)	cfr	III.6, α	167/169	382
	cfr	III.6, β	168/170	383
De musica				
2 (p. 106, 23-28)	cfr	IV.1, α	152/153	432
De Trinitate				
3, 9 (p. 148, 61-67)		III.6, α	452/454	410

		lib..cap., rec.	*lin.*	*pag.*
627, 12-13	cfr	I.1, β	377/378	37
627, 13-16	cfr	I.1, α	509/514	44
	cfr	I.1, β	472/480	45
627, 14 - 628, 2		V.1, α	720/731	472
627, 16 - 628, 1		I.1, α	515/516	44
		I.1, β	480/482	45
628, 1-2	cfr	I.1, α	527/530	46
	cfr	I.1, β	485/489	47
628, 3-5		V.1, α	734/739	473
628, 6-9		V.1, α	746/766	473
628, 10-13		V.1, α	768/773	474
629, 2-3		V.2, α	2/4	474
629, 3-4		V.2, α	22/23	475
629, 5-7		V.2, α	30/37	475
629, 8-10		V.2, α	46/54	476
629, 10 - 630, 2		V.2, α	65/82	477
630, 3-5		V.2, α	85/87	477
630, 6-9		V.2, α	91/104	477
630, 10 - 631, 2		V.2, α	107/121	478
630, 11-13	cfr	I.2, α	386/393	80
		I.2, β	353/361	81
631, 3-5		V.2, α	124/131	479
631, 6-10		V.2, α	134/147	479
631, 10-11		V.2, α	149/150	479
631, 11-13	cfr	I.2, α	191/195	66
	cfr	I.2, β	185/188	67
631, 12 - 632, 3		V.2, α	153/168	480
632, 5-7		V.3, α	2/6	480
632, 8-11		V.3, α	7/16	480
632, 12 - 633, 3		V.3, α	20/31	481
632, 12 - 633, 4	cfr	I.3, α	670/681	130
	cfr	I.3, β	651/663	131
633, 5-7		V.3, α	33/38	481
633, 8-14		V.3, α	40/54	482
633, 14 - 634, 2		V.3, α	55/67	482
634, 3.19-21		V.3, α	71/78	483
634, 21 - 635, 4		V.3, α	79/85	483
635, 5-8		V.3, α	92/97	483
635, 12-14		V.3, α	98/108	483
636, 6 - 637, 2		V.3, α	112/128	484
636, 8-9	cfr	II.3, β	186/187	251
	cfr	II.3, α	189/190	252
637, 3-4		V.3, α	130/132	485
637, 5-10		V.3, α	136/149	485
637, 8-9		I.3, α	600/604	126
		I.3, β	580/583	127
637, 11 - 638, 3		V.3, α	151/158	485
638, 4-8		V.3, α	159/167	486
638, 9-12	cfr	I.3, α	667/670	130
	cfr	I.3, α	670/681	130

		lib..cap., rec.	*lin.*	*pag.*
238, 670-674	cfr	III.6, α	442/447	408
	cfr	III.6, β	442/447	409
238, 674-676	cfr	III.6, α	447/448	408
	cfr	III.6, β	447/448	409
238, 677 - 239, 679	cfr	III.6, β	450/452	409
	cfr	III.6, α	450/452	410
239, 679-681	cfr	III.6, α	452/454	410
	cfr	III.6, β	452/454	411
239, 682-683	cfr	III.6, α	454/455	410
	cfr	III.6, β	454/455	411
239, 683-685.688-691	cfr	III.6, α	456/460	410
	cfr	III.6, β	456/460	411
239, 692-695	cfr	III.6, α	461/464	410
	cfr	III.6, β	461/464	411
239, 696	cfr	III.6, α	465/467	410
	cfr	III.6, β	465/467	411
239, 696 - 240, 698	cfr	III.6, β	467/468	411
	cfr	III.6, α	467/468	412
240, 698-700	cfr	III.6, β	468/471	411
	cfr	III.6, α	468/471	412
240, 701-702	cfr	III.6, α	471/472	412
	cfr	III.6, β	471/472	413
240, 703-705	cfr	III.6, α	477/480	412
	cfr	III.6, β	477/480	413
240, 706-711	cfr	III.6, α	487/494	414
	cfr	III.6, β	487/494	415
240, 712-713	cfr	III.6, α	495/497	414
	cfr	III.6, β	495/497	415
240, 714	cfr	III.6, α	502/503	414
	cfr	III.6, β	502/503	415
241, 715-718	cfr	III.6, α	504/507	414
	cfr	III.6, β	504/507	415
241, 718-719	cfr	III.6, α	509/511	416
	cfr	III.6, β	509/511	417
241, 719-722	cfr	III.6, α	519/525	416
	cfr	III.6, β	512/517	417
241, 722-726	cfr	III.6, α	536/538	418
	cfr	III.6, β	524/527	419
241, 726	cfr	III.6, α	539	418
	cfr	III.6, β	527/528	419
241, 726-728	cfr	III.6, α	539/542	418
	cfr	III.6, β	528/530	419
241, 729-730	cfr	III.6, α	543/544	418
	cfr	III.6, β	531/532	419
241, 729-732	cfr	III.6, α	544/548	418
	cfr	III.6, β	532/536	419

		lib..cap., rec.	*lin.*	*pag.*
102, 20-26	cfr	II.1, β	54/60	195
	cfr	II.1, α	61/67	196
104, 19-23		II.1, β	90/91	199
		II.1, α	101/102	200
105, 3-19	cfr	II.1, β	93/99	199
	cfr	II.1, α	104/110	200
105, 26-29	cfr	II.1, β	72/75	197
	cfr	II.1, α	81/84	198
105, 30-37	cfr	II.1, β	122/127	203
105, 30 - 106, 3	cfr	II.1, α	133/139	202
106, 6-10		II.1, α	143/151	202
		II.1, β	134/143	203
107, 26-35	cfr	II.1, β	156/159	205
	cfr	II.1, α	165/166	206
	cfr	I.6, α	5/9	158
	cfr	I.6, β	5/9	159
108, 5-6		II.1, α	178/179	206
		II.1, β	170/171	207
108, 14-19	cfr	II.1, β	171/173	207
	cfr	II.1, α	182/186	208
109, 32-34	cfr	II.1, α	216/217	210
	cfr	II.1, β	209/210	211
110, 6-16	cfr	II.1, α	238/245	212
	cfr	II.1, β	229/231	213
111, 1-4	cfr	II.1, α	260/262	214
111, 4-5		II.1, α	269/272	216
111, 5-8		II.1, α	275/280	216
111, 6-8		II.1, β	268/274	217
111, 9-17	cfr	II.1, β	275/278	217
112, 20-33	cfr	II.2, β	173/186	233
	cfr	II.2, α	197/207	234
116, 3-4		II.2, α	83/84	224
		II.2, β	69	225
118, 20-22	cfr	II.2, α	121/122	226
	cfr	II.2, β	101/102	227
119, 6-8	cfr	II.2, α	140/141	228
	cfr	II.2, β	120/121	229
119, 13-18	cfr	II.2, α	144/149	228
	cfr	II.2, β	123/128	229
120, 23-26		II.4, α	8/11	260
		II.4, β	7/10	261
120, 29 - 121, 14	cfr	II.4, α	13/22	260
	cfr	II.4, β	11/19	261
121, 15-17	cfr	II.2, α	208/209	234
	cfr	II.2, β	187/188	235
	cfr	II.4, α	23/24	262
	cfr	II.4, β	20/21	263
121, 18-23	cfr	II.4, α	24/28	262
	cfr	II.4, β	21/24	263
121, 24 - 122, 14	cfr	II.4, α	28/34	262

		lib..cap., rec.	*lin.*	*pag.*
	cfr	II.4, β	24/30	263
122, 15-17	cfr	II.4, α	46/50	264
	cfr	II.4, β	35/39	265
122, 18-19	cfr	II.4, α	50/53	264
122, 22-26	cfr	II.4, α	78/80	266
	cfr	II.4, β	59/61	267
122, 34 - 123, 3		II.4, α	54/60	264
		II.4, β	40/46	265
123, 3-4	cfr	II.4, α	233/234	280
	cfr	II.4, β	208/210	281
123, 33 - 124, 6	cfr	II.4, α	292/294	286
	cfr	II.4, β	282/284	287
124, 9-13	cfr	II.4, α	290/292	286
	cfr	II.4, β	280/282	287
124, 13-19	cfr	II.4, α	300/305	286
	cfr	II.4, β	290/296	287
124, 21-33	cfr	II.4, α	321/326	288
	cfr	II.4, β	317/321	289
124, 26-27	cfr	II.4, α	298/300	286
	cfr	II.4, β	289/290	287
124, 28 - 125, 1	cfr	II.4, α	307/309	288
	cfr	II.4, β	298/300	289
125, 1-2	cfr	II.4, α	305/306	288
	cfr	II.4, β	296/298	289
125, 3-4	cfr	II.4, α	280/281	286
	cfr	II.4, β	271/273	287
125, 35 - 126, 2	cfr	II.5, α	7/9	290
	cfr	II.5, β	7/9	291
126, 2-4	cfr	II.5, α	2/4	290
	cfr	II.5, β	2/4	291
127, 11-15	cfr	II.5, α	26/30	292
	cfr	II.5, β	22/26	293
130, 31-35	cfr	II.5, β	71/79	297
131, 1-15	cfr	II.5, α	77/93	296
	cfr	II.5, β	80/94	297
131, 16-24	cfr	II.5, α	94/99	298
	cfr	II.5, β	95/101	299
132, 30-31	cfr	II.5, α	142/143	302
	cfr	II.5, β	157/158	303
134, 1-16	cfr	V, α	19/31	445
135, 3-24	cfr	V, α	9/17	445
137, 15-17		I.1, α	28/30	8
		I.1, β	27/29	9
137, 17-20	cfr	I.1, α	26/28	6
	cfr	I.1, β	25/27	7
137, 17-25	cfr	I.1, α	30/36	8
	cfr	I.1, β	29/35	9
137, 25-27		I.1, α	58/62	10
		I.1, β	55/59	11
137, 30		I.1, α	64	10

Priscianvs

Institutiones grammaticae

		lib..cap., rec.	lin.	pag.
516, 25-29		I.6, α	177/183	172
		I.6, β	174/178	173
516, 29-32	cfr	I.6, α	161/167	170
	cfr	I.6, β	161/165	171
516, 35-36	cfr	I.6, α	187/188	172
	cfr	I.6, β	183/184	173
516, 36	cfr	I.6, α	191	172
	cfr	I.6, β	187	173
516, 36-37	cfr	I.6, α	195/196	172
	cfr	I.6, β	189/190	175
517, 3-6	cfr	I.7, α	11/15	174
517, 8		I.7, β	13/14	175
		I.7, α	21/22	176
517, 8-9		I.7, α	26	176
		I.7, β	20	177
517, 9		I.7, α	26/29	176
517, 9-10		I.7, α	29/32	176
		I.7, β	24/25	177
518, 21-23	cfr	I.7, α	111/113	184
	cfr	I.7, β	130/132	185
518, 31 - 519, 1	cfr	II.1, α	31/34	192
	cfr	II.1, β	30/32	193
519, 2-11		II.1, α	35/43	192
		II.1, β	33/41	193
519, 11-12	cfr	II.1, α	56	194
	cfr	II.1, β	49	195
519, 14-18	cfr	II.1, α	24/31	192
	cfr	II.1, β	22/30	193
519, 26-27	cfr	II.1, α	56/57	194
	cfr	II.1, β	49/50	195
519, 27-28	cfr	II.1, α	57/59	194
	cfr	II.1, β	50/52	195
519, 29-31	cfr	II.1, α	67/68	196
	cfr	II.1, β	60/65	197
520, 3-4	cfr	II.1, β	52/53	195
	cfr	II.1, α	59/60	196
520, 4-6		II.1, α	141/143	202
		II.1, β	132/134	203
520, 8-16	cfr	II.1, α	167/176	206
	cfr	II.1, β	160/169	207
520, 16-18	cfr	II.1, α	222/228	210
	cfr	II.1, β	215/221	211
521, 34 - 522, 1	cfr	II.2, α	73/76	222
	cfr	II.2, β	64/66	223
522, 2-5	cfr	II.1, β	137/138	203
524, 19	cfr	II.5, α	7/8	290
	cfr	II.5, β	7/8	291
524, 21-22		II.5, α	32/33	292
		II.5, β	29/30	293
524, 23-24		II.5, α	34/35	292

		lib..cap., rec.	lin.	pag.
		II.5, β	30/31	293
524, 25 - 525, 2	cfr	II.5, α	35/42	292
	cfr	II.5, β	32/39	293
525, 24 - 526, 3	cfr	II.2, α	209/214	234
	cfr	II.2, β	188/197	235
534, 10	cfr	I.1, β	337	33
		II.6, β	27/28	307
		II.6, β	29	307
534, 23	cfr	I.1, α	356/357	32
	cfr	I.1, β	325/326	33
534, 26-27		I.1, α	369/370	32
534, 27-28		I.1, α	370/373	32
	cfr	I.1, β	339/340	33
534, 28-29		I.1, α	374/376	34
	cfr	I.1, β	346	35
534, 29-30		I.1, α	376/377	34
	cfr	I.1, β	347	35
534, 30-31		I.1, α	378/379	34
	cfr	I.1, β	348	35
534, 31 - 535, 2		I.1, α	379/381	34
	cfr	I.1, β	348/349	35
536, 6-7	cfr	V.1, α	22/23	447
536, 8-9	cfr	V.1, α	27/29	447
536, 10-21		V.1, α	41/56	448
536, 28		V.1, α	59	449
536, 30-31		V.1, α	211/212	454
537, 1-2	cfr	V.1, α	87/90	450
537, 8-9	cfr	V.1, α	135/137	452
538, 6-8	cfr	V.1, α	101/102	450
538, 10-14		V.1, α	111/117	451
538, 14-18		V.1, α	117/121	451
538, 34 - 539, 1		V.1, α	386/388	461
539, 6-7	cfr	V.1, α	163/164	453
539, 31-33	cfr	I.1, α	143/145	16
	cfr	I.1, β	142/144	17
540, 17-24		I.1, α	535/540	46
		I.1, β	493/501	47
542, 12-18	cfr	V.1, α	476/477	464
545, 21-22	cfr	V.2, α	5/6	474
548, 25-26	cfr	I.5, α	12	150
	cfr	I.5, β	14/15	153
549, 4	cfr	V.3, α	12/14	481
549, 5-9	cfr	I.3, α	641/646	128
	cfr	I.3, β	622/627	129
554, 1-3	cfr	V.3, α	114/116	484
554, 4-6	cfr	V.3, α	104/105	484
554, 19-21	cfr	I.3, α	655/657	130
	cfr	I.3, β	637/639	131
554, 33-34	cfr	I.3, α	662/664	130
	cfr	I.3, β	643/645	131

		lib..cap., rec.	lin.	pag.
556, 12-13	cfr	V.1, α	629/630	469
559, 1-4	cfr	I.4, α	87/89	138
	cfr	I.4, β	87/90	139
560, 5	cfr	I.4, α	163/164	144
	cfr	I.4, β	164/165	145

SERVIVS

Commentarius in artem Donati

423, 11-12	cfr	II.2, α	11/15	218
	cfr	II.2, β	12/15	219
429, 37-38	cfr	V.1, α	122/123	451
433, 15-16	cfr	V.1, α	562/564	467

SERVIVS / SERVIVS AVCTVS

Commentarius in Vergilii Aeneidem

I, 1	cfr	V.1, α	484	464
I, 12		III.3, α	43/44	324
		III.3, β	43/44	325
I, 22	cfr	III.6, α	424/425	406
	cfr	III.6, β	424/425	407
I, 114	cfr	III.6, α	179/182	382
	cfr	III.6, β	179/182	383
I, 118	cfr	III.3, α	55/57	326
	cfr	III.3, β	55/57	327
I, 130		III.3, β	89/91	329
		III.3, α	90/92	330
I, 139	cfr	III.6, α	423/424	406
	cfr	III.6, β	423/424	407
I, 140	cfr	III.6, α	405/406	404
	cfr	III.6, β	405/406	405
I, 148	cfr	III.6, α	539/542	418
	cfr	III.6, β	528/530	419
I, 179	cfr	III.6, α	242/243	390
	cfr	III.6, β	242/243	391
I, 191		III.3, α	6	320
		III.3, β	6	321
I, 202	cfr	III.6, α	132/133	378
	cfr	III.6, β	133/134	379
I, 203	cfr	III.4, α	41/42	334
	cfr	III.4, β	39/40	335
	cfr	III.4, β	47	335
	cfr	III.4, α	48/49	336
I, 212	cfr	III.6, α	147	380
	cfr	III.6, β	148	381
I, 264	cfr	III.6, α	247/249	390
	cfr	III.6, β	247/249	391
I, 284	cfr	III.6, α	187/192	384
	cfr	III.6, β	187/192	385
I, 297	cfr	III.6, α	141/142	378

INDEX AVCTORVM*

---

* En este índice están incluidos los autores y obras de los que, además de la Biblia, Julián de Toledo ha extraído los *exempla* para ilustrar los diferentes aspectos gramaticales explicados; cfr en la introducción el capítulo 2.3., p. XXXV-XLV.

CONSPECTVS MATERIAE